© Moulu Philippe/Hemis.fr

W0340958

Week-ends autour de Paris

2021/2022

Cofondateurs : Philippe GLOAGUEN et Michel DUVAL

Directeur de collection et auteur
Philippe GLOAGUEN

Secrétaire général
Gavin's CLEMENTE-RUIZ

Rédacteurs en chef
Amanda KERAVEL (France)
Benoît LUCCHINI (Étranger)

Directrice administrative
Bénédicte GLOAGUEN

Conseiller à la rédaction
Pierre JOSSE

Responsable voyages
Carole BORDES

Direction éditoriale
Élise ERNEST

Rédaction
Isabelle AL SUBAIHI
Emmanuelle BAUQUIS
Mathilde de BOISGROLLIER
Thierry BROUARD
Marie BURIN des ROZIERS
Diane CAPRON
Véronique de CHARDON
Laura CHARLIER
Florence CHARMETANT
Fiona DEBRABANDER
Anne-Caroline DUMAS
Éléonore FRIESS
Géraldine LEMAUF-BEAUVOIS
Olivier PAGE
Alain PALLIER
Anne POINSOT
André PONCELET

hachette

TABLE DES MATIÈRES

PRÉAMBULE

BON À SAVOIR AVANT LE DÉPART 33

NORD-OUEST 40

UNE PANDÉMIE INOUÏE !

Depuis toujours, ***Le Routard* se plaît à dénicher hôteliers et restaurateurs** qui accueillent nos lecteurs avec sourire et professionnalisme. Malgré toute notre vigilance, certains d'entre eux auront malheureusement fermé quand ce livre sortira. De même, les horaires et modalités d'accueil de certains sites et musées auront été momentanément modifiés. Cette terrible **pandémie de Coronavirus** a, on le sait, des conséquences importantes pour tous les professionnels du tourisme. **Nous sommes de tout cœur avec eux !**

Pictogrammes du Routard

Établissements

- Hôtel, auberge, chambre d'hôtes
- Camping
- Restaurant
- Spécial Burger
- Terrasse
- Pizzeria
- Boulangerie, sandwicherie
- Pâtisserie
- Glacier
- Café, salon de thé
- Café, bar
- Bar musical
- Club, boîte de nuit
- Salle de spectacle
- Boutique, magasin, marché

Infos pratiques

- Office de tourisme
- Poste
- Accès Internet
- Hôpital, urgences
- Adapté aux personnes handicapées

Sites

- Présente un intérêt touristique
- Église, abbaye
- Château
- Point de vue
- Plage
- Spot de surf
- Site de plongée
- Recommandé pour les enfants
- Inscrit au Patrimoine mondial de l'Unesco
- Pas de côté

Transports

- Aéroport
- Gare ferroviaire
- Gare routière, arrêt de bus
- Station de métro
- Station de tramway
- Parking
- Taxi
- Taxi collectif
- Bateau
- Bateau fluvial
- Piste cyclable, parcours à vélo, location de vélo

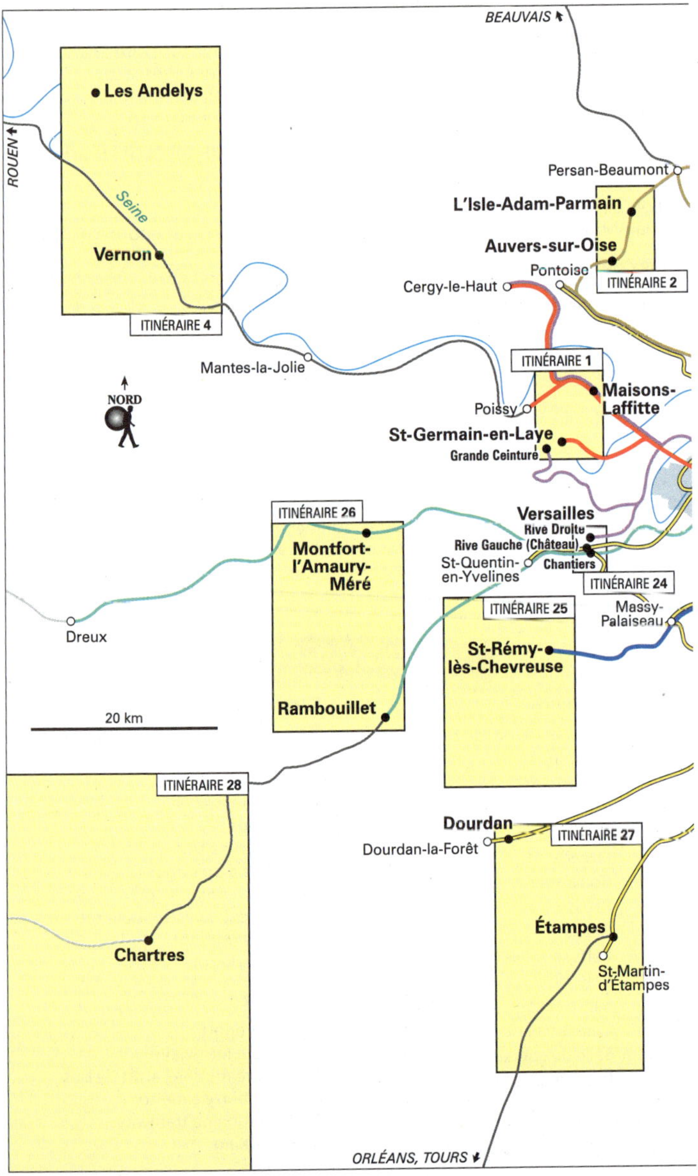
BEAUVAIS
ROUEN
Les Andelys
Seine
Vernon
ITINÉRAIRE 4
Mantes-la-Jolie
NORD
Persan-Beaumont
L'Isle-Adam-Parmain
Auvers-sur-Oise
Pontoise
ITINÉRAIRE 2
Cergy-le-Haut
ITINÉRAIRE 1
Maisons-Laffitte
Poissy
St-Germain-en-Laye
Grande Ceinture
ITINÉRAIRE 26
Versailles
Rive Droite
Rive Gauche (Château)
St-Quentin-en-Yvelines
Chantiers
ITINÉRAIRE 24
Montfort-l'Amaury-Méré
ITINÉRAIRE 25
Massy-Palaiseau
Dreux
St-Rémy-lès-Chevreuse
20 km
Rambouillet
ITINÉRAIRE 28
Dourdan
ITINÉRAIRE 27
Dourdan-la-Forêt
Chartres
Étampes
St-Martin-d'Étampes
ORLÉANS, TOURS

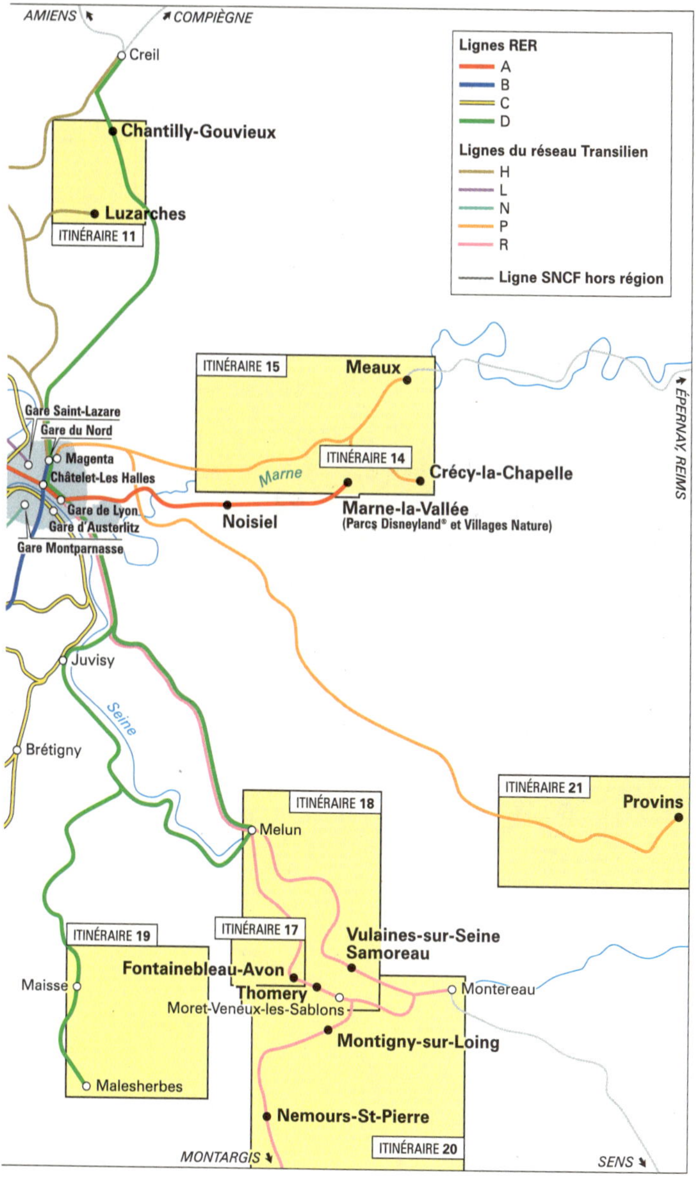

TRANSPORTS EN COMMUN

N 13
Utah Beach
Pointe du Hoc
Sainte-Mère-Église
Omaha Beach
Arromanches
St-Aubin-sur-Mer
Juno Beach
Sword Beach
p. 195
p. 185
N 13
E 46
D 514
Courseulles
Bayeux
Riva-Bella
Ouistreham
Bénouville
Cabourg
D 513
10
N 174
N 13 E 46
Caen
D 572
A 13
E 46
A 84
9
Saint-Lô
E 401
MANCHE
p. 148
Dieppe
Varengeville-sur-Mer
Veules-les-Roses
D 925
N 27
D 925
SEINE-MARITIME
(76)
Fécamp
Yport
7
Étretat
D 131
D 926
D 929
A 29
E 44
p. 100
D 925
E 44
5
D 927
N 15
A 151
A 29
le Havre
D 6015
Saint-Wandrille
Villequier
Duclair
p. 168
A 131
Forêt de Brotonne
E 5
Jumièges
Pont de Normandie
Rouen
Trouville
Honfleur
D 180
D 513
Deauville
8
A 13
Le Conihout
D 6015
La Bouille
D 677
Pont-Audemer
D 675
A 132
E 46
E 5
Houlgate
Cabourg
Dives-sur-Mer
A 28
A 13
La Côte de Nacre et les plages du débarquement
A 13
D 438
9
Beuvron-en-Auge
E 402
A 154
CALVADOS
(14)
Pays d'Auge
Lisieux
D 613
D 613
p. 185
D 613
A 28
N 154
Parc du Marquenterre
BELGIQUE
Étretat
Amiens
NORD-OUEST
NORD-EST
Évreux
Jumièges
Rouen
Beauvais
Compiègne
Reims
Deauville
Auvers-sur-O.
Chantilly
Cabourg
Giverny
Parc Astérix
E 402
D 438
St-Germain-en-Laye
PARIS
Disneyland
Versailles
Vaux-le-Vicomte
Rambouillet
Provins
Étampes
Fontainebleau
Milly-la-Forêt
Chartres
Troyes
SUD-OUEST
Château-Landon
SUD-EST
N 154
Orléans
Auxerre
Blois
Vézelay
0
10
20 km
Sites inscrits au Patrimoine mondial de l'Unesco

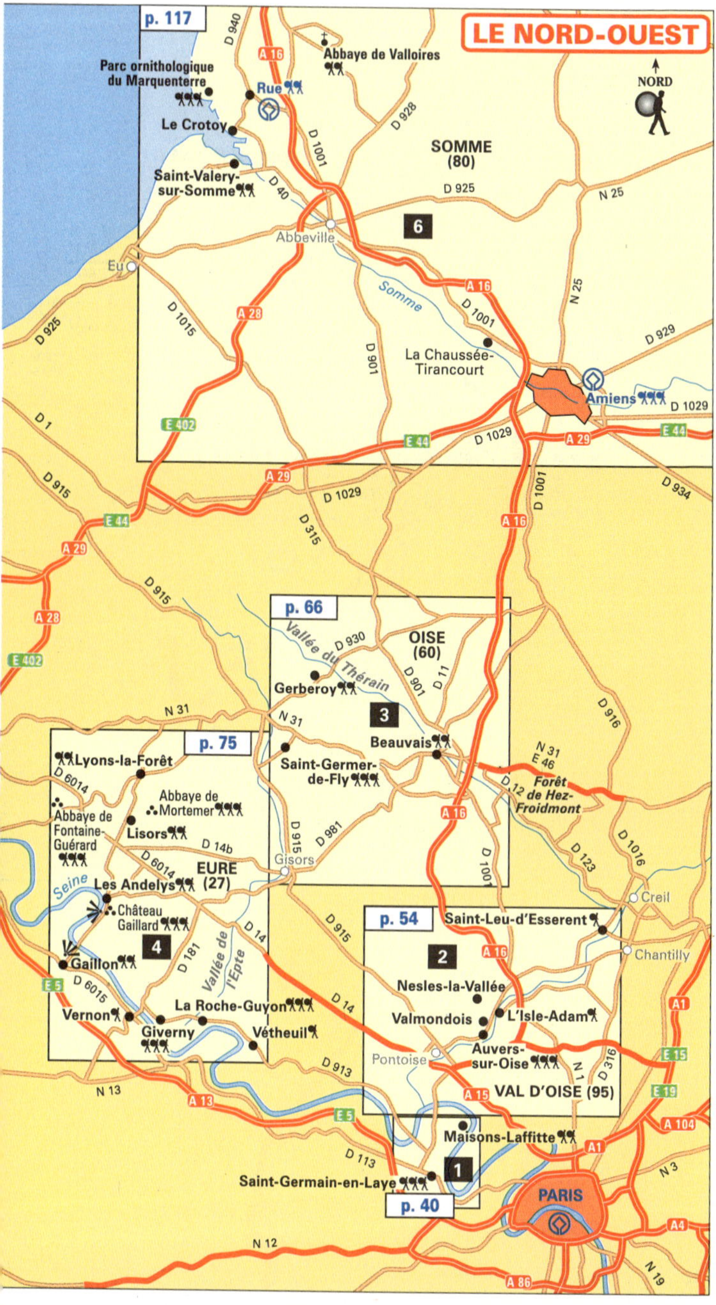
LE NORD-OUEST
NORD
p. 117
Parc ornithologique du Marquenterre
Rue
Le Crotoy
Saint-Valery-sur-Somme
Abbaye de Valloires
SOMME (80)
6
Abbeville
Eu
Somme
La Chaussée-Tirancourt
Amiens
p. 66
Vallée du Thérain
OISE (60)
Gerberoy
3
Beauvais
Saint-Germer-de-Fly
Forêt de Hez-Froidmont
Gisors
p. 75
Lyons-la-Forêt
Abbaye de Mortemer
Abbaye de Fontaine-Guérard
Lisors
EURE (27)
Seine
Les Andelys
Château Gaillard
4
Gaillon
Vallée de l'Epte
Vernon
Giverny
La Roche-Guyon
Vétheuil
p. 54
Saint-Leu-d'Esserent
Creil
Chantilly
2
Nesles-la-Vallée
Valmondois
L'Isle-Adam
Pontoise
Auvers-sur-Oise
VAL D'OISE (95)
Maisons-Laffitte
1
Saint-Germain-en-Laye
p. 40
PARIS
A 16
A 28
A 29
A 13
A 15
A 1
A 104
A 4
A 86
E 402
E 44
E 46
E 5
E 15
E 19
N 25
N 31
N 1
N 3
N 12
N 13
N 19
D 940
D 928
D 1001
D 40
D 925
D 1015
D 901
D 929
D 1029
D 934
D 1
D 915
D 315
D 930
D 11
D 916
D 12
D 123
D 1016
D 981
D 6014
D 14b
D 14
D 181
D 6015
D 913
D 113
D 316

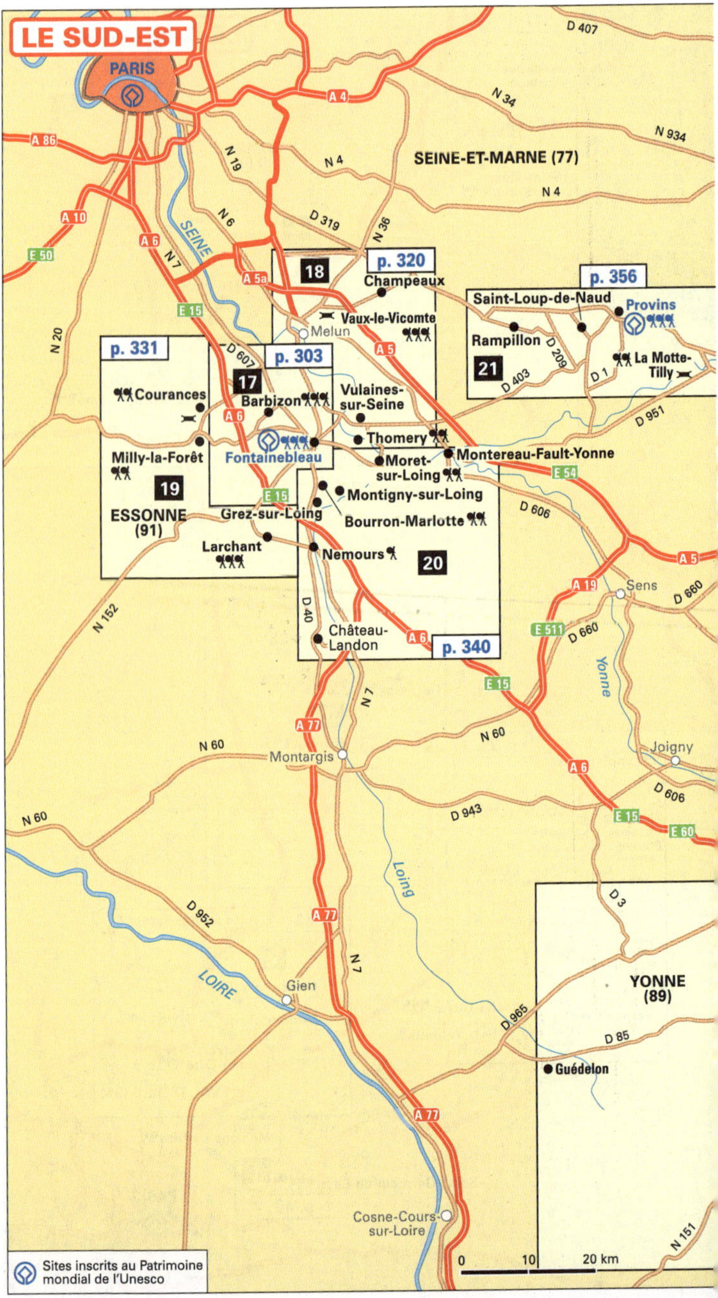
LE SUD-EST
PARIS
SEINE-ET-MARNE (77)
ESSONNE (91)
YONNE (89)
p. 320
18
Champeaux
Vaux-le-Vicomte
Melun
p. 356
Saint-Loup-de-Naud
Provins
Rampillon
21
La Motte-Tilly
p. 331
Courances
Milly-la-Forêt
19
p. 303
17
Barbizon
Fontainebleau
Vulaines-sur-Seine
Thomery
Montereau-Fault-Yonne
Moret-sur-Loing
Montigny-sur-Loing
Bourron-Marlotte
Grez-sur-Loing
Larchant
Nemours
20
Château-Landon
p. 340
Sens
Joigny
Montargis
Gien
Cosne-Cours-sur-Loire
Guédelon
SEINE
Yonne
Loing
LOIRE
A 4
A 86
A 10
A 6
A 5a
A 5
A 19
A 77
E 50
E 15
E 54
E 511
E 60
N 34
N 934
N 4
N 19
N 6
N 7
N 36
N 20
N 152
N 60
N 151
D 407
D 319
D 607
D 209
D 403
D 1
D 951
D 606
D 660
D 40
D 943
D 952
D 3
D 965
D 85
0
10
20 km
Sites inscrits au Patrimoine mondial de l'Unesco

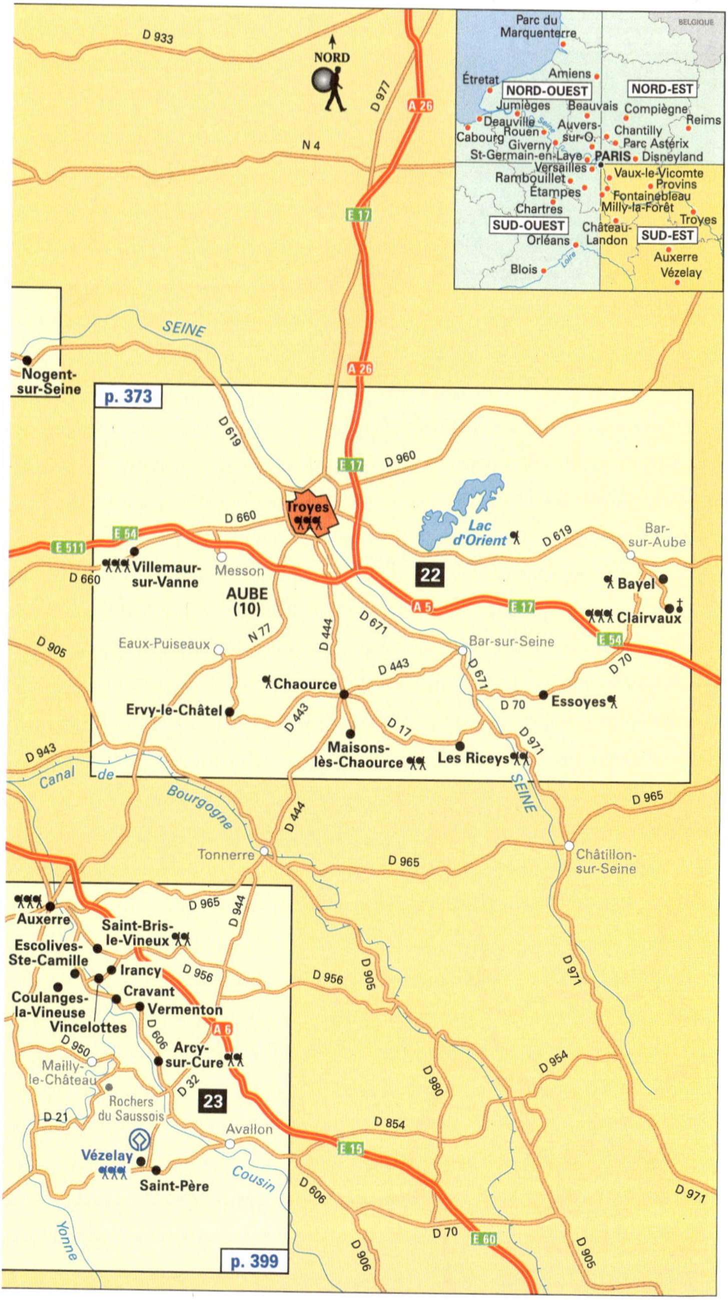
NORD
D 933
D 977
A 26
N 4
E 17
Parc du Marquenterre
Étretat
Amiens
NORD-OUEST
NORD-EST
Jumièges
Beauvais
Compiègne
Reims
Deauville
Cabourg
Rouen
Auvers-sur-O.
Chantilly
Giverny
Parc Astérix
St-Germain-en-Laye
PARIS
Disneyland
Versailles
Vaux-le-Vicomte
Rambouillet
Provins
Étampes
Fontainebleau
Chartres
Milly-la-Forêt
Troyes
SUD-OUEST
Château-Landon
SUD-EST
Orléans
Auxerre
Blois
Vézelay
SEINE
Nogent-sur-Seine
p. 373
D 619
D 960
Troyes
Lac d'Orient
D 660
E 54
E 511
Villemaur-sur-Vanne
Messon
AUBE (10)
Bar-sur-Aube
22
Bayel
A 5
Clairvaux
D 905
Eaux-Puiseaux
N 77
D 444
D 671
Bar-sur-Seine
D 443
D 70
Chaource
Ervy-le-Châtel
Essoyes
D 17
D 971
Maisons-lès-Chaource
Les Riceys
D 943
Canal de Bourgogne
SEINE
D 965
Tonnerre
Châtillon-sur-Seine
Auxerre
Saint-Bris-le-Vineux
D 944
Escolives-Ste-Camille
Irancy
D 956
Coulanges-la-Vineuse
Cravant
Vermenton
Vincelottes
D 606
A 6
D 950
Arcy-sur-Cure
D 980
D 954
Mailly-le-Château
D 32
23
Rochers du Saussois
D 21
D 854
Avallon
E 15
Vézelay
Saint-Père
Cousin
D 606
Yonne
D 70
E 60
D 906
D 905
p. 399

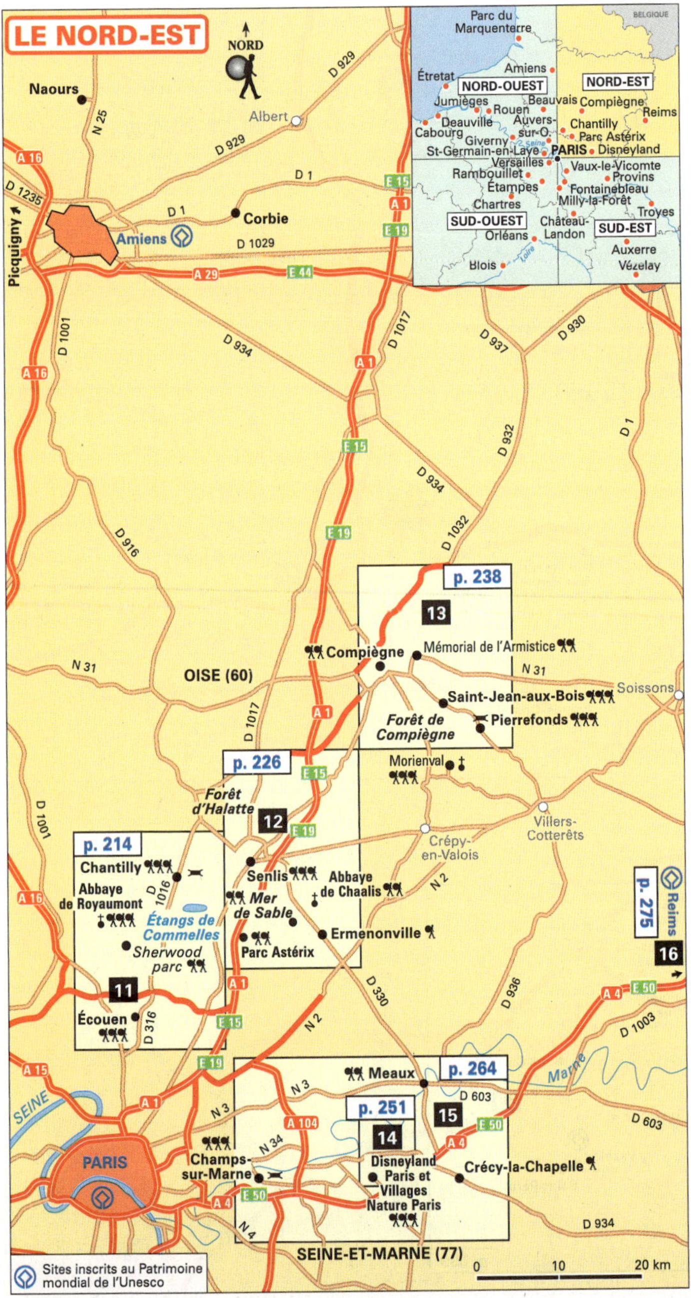
LE NORD-EST
NORD
Naours
Albert
Amiens
Corbie
Picquigny
OISE (60)
Compiègne
Mémorial de l'Armistice
Saint-Jean-aux-Bois
Soissons
Forêt de Compiègne
Pierrefonds
Morienval
Forêt d'Halatte
Villers-Cotterêts
Crépy-en-Valois
Chantilly
Abbaye de Royaumont
Étangs de Commelles
Sherwood parc
Senlis
Mer de Sable
Parc Astérix
Abbaye de Chaalis
Ermenonville
Écouen
Reims
Meaux
Marne
Seine
PARIS
Champs-sur-Marne
Disneyland Paris et Villages Nature Paris
Crécy-la-Chapelle
SEINE-ET-MARNE (77)
p. 238
13
p. 226
12
p. 214
11
p. 275
16
p. 264
15
p. 251
14
A 16
A 1
A 29
A 4
A 15
A 104
E 15
E 19
E 44
E 50
D 929
D 1
D 1029
D 1235
N 25
D 1001
D 934
D 1017
D 937
D 930
D 932
D 1032
D 916
N 31
D 1016
D 316
N 2
D 330
D 936
D 1003
D 603
N 3
N 34
N 4
0
10
20 km
Sites inscrits au Patrimoine mondial de l'Unesco
Parc du Marquenterre
Étretat
Amiens
NORD-OUEST
NORD-EST
BELGIQUE
Jumièges
Rouen
Beauvais
Compiègne
Reims
Deauville
Cabourg
Auvers-sur-O.
Chantilly
Parc Astérix
Giverny
St-Germain-en-Laye
PARIS
Disneyland
Versailles
Vaux-le-Vicomte
Provins
Rambouillet
Étampes
Fontainebleau
Milly-la-Forêt
Chartres
Troyes
SUD-OUEST
Château-Landon
SUD-EST
Orléans
Auxerre
Blois
Vézelay
Loire
Seine

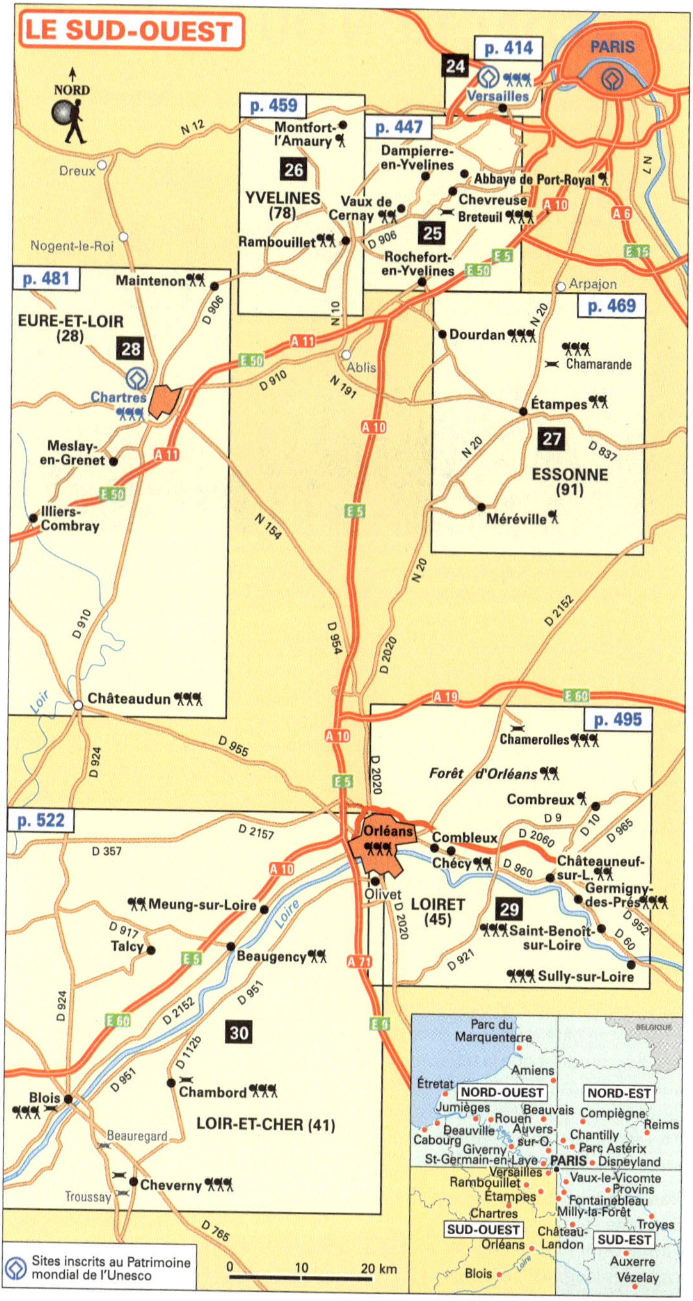
LE SUD-OUEST
NORD
p. 414
24
Versailles
PARIS
p. 459
p. 447
Montfort-l'Amaury
26
YVELINES (78)
Dampierre-en-Yvelines
Abbaye de Port-Royal
Chevreuse
Vaux de Cernay
Breteuil
Rambouillet
25
Rochefort-en-Yvelines
N 12
Dreux
Nogent-le-Roi
p. 481
Maintenon
EURE-ET-LOIR (28)
28
Chartres
Arpajon
p. 469
Dourdan
Chamarande
Étampes
27
ESSONNE (91)
Méréville
Ablis
Meslay-en-Grenet
Illiers-Combray
Châteaudun
Loir
p. 495
Chamerolles
Forêt d'Orléans
Combreux
Orléans
Combleux
Chécy
Châteauneuf-sur-L.
Germigny-des-Prés
Olivet
LOIRET (45)
29
Saint-Benoît-sur-Loire
Sully-sur-Loire
p. 522
Meung-sur-Loire
Loire
Talcy
Beaugency
30
Chambord
Blois
LOIR-ET-CHER (41)
Beauregard
Cheverny
Troussay
Sites inscrits au Patrimoine mondial de l'Unesco
0 10 20 km
Parc du Marquenterre
BELGIQUE
Amiens
Étretat
NORD-OUEST
NORD-EST
Jumièges
Rouen
Beauvais
Compiègne
Reims
Deauville
Cabourg
Auvers-sur-O.
Chantilly
Giverny
Parc Astérix
St-Germain-en-Laye
PARIS
Disneyland
Versailles
Vaux-le-Vicomte
Rambouillet
Provins
Étampes
Fontainebleau
Chartres
Milly-la-Forêt
SUD-OUEST
Château-Landon
Troyes
Orléans
SUD-EST
Auxerre
Blois
Vézelay

LA RÉDACTION DU ROUTARD

(sans oublier nos 50 enquêteurs, aussi sur le terrain)

Jean-Sébastien, Olivier, Mathilde, Thierry, Alain, Gavin's, Éléonore, Anne-Caroline, André, Laura, Florence, Véronique, Isabelle, Géraldine, Fiona, Amanda, Benoît, Emmanuelle, Bénédicte, Philippe, Carole, Diane, Anne, Marie.

La saga du *Routard* : en 1971, deux étudiants, Philippe et Michel, avaient une furieuse envie de découvrir le monde. De retour du Népal germe l'idée d'un guide différent qui regrouperait tuyaux malins et itinéraires sympa, destiné aux jeunes fauchés en quête de liberté. 1973. Après 19 refus d'éditeurs et la faillite de leur première maison d'édition, l'aventure commence vraiment avec Hachette. Aujourd'hui, le *Routard*, c'est plus d'une cinquantaine d'enquêteurs impliqués et sincères. Ils parcourent le monde toute l'année dans l'anonymat et s'acharnent à restituer leurs coups de cœur avec passion.

Merci à tous les Routards qui sont solidaires de nos convictions : liberté et indépendance d'esprit ; découverte et partage ; sincérité, tolérance et respect des autres.

NOS SPÉCIALISTES

Amanda, Mathilde, Marie : quand l'une arpente les routes bretonnes en quête de la meilleure pâte à crêpes, l'autre explore le bocage normand à coups de gorgées de cidre, pendant que la troisième chausse les skis pour dégoter le meilleur refuge alpin. La curiosité, l'enthousiasme et la gourmandise sont leur meilleur sonar, que complètent deux décennies d'expérience à user leurs semelles sur les routes de l'Hexagone. Un trio complice et indépendant qui essaie, entre deux voyages, de garder la ligne.

Claude Hervé-Bazin : passionné d'îles perdues et de nature très sauvage, il décline le voyage et l'écrit depuis l'âge de 17 ans. Un métier ? Non, une pulsion qui pousse à additionner les heures de vol, les *road trips* et les formules de politesse (dans toutes les langues) pour vérifier si l'herbe est plus verte ailleurs, si les couettes sont plus douillettes et les hommes plus heureux.

Thomas Rivallain : transbahuté dès l'enfance dans le combi familial, les sens affutés en tournée musicale ou louvoyant sur les itinéraires bis. Tout est prétexte aux carnets de route pour cet admirateur de fleuves. Souvent parti là où on ne l'attend pas, il travaille ses guides en Anjou, auprès de l'indomptable Loire. En bon apôtre du voyage, Thomas ne croit que ce qu'il voit.

UN GRAND MERCI À NOS AMI(E)S SUR PLACE

Pour cette nouvelle édition, nous remercions particulièrement :

- **Emilie Prai et Emilie Rochat,** de l'office de tourisme de Saint-Germain-en-Laye ;
- **Mme Catherine,** guide à l'abbaye de Fontaine-Guérard ;
- **Marie Petit,** chargée de communication à l'office de tourisme de Nouvelle Normandie ;
- **Coralie Menanteau,** responsable du pôle culture et patrimoine des Andelys ;
- **Dominique Langlois,** secrétaire général du musée national de Port-Royal-des-Champs ;
- **Julie Ruault,** de Seine-et-Marne Attractivité ;
- **Soeraja Van Riel,** de l'office de tourisme de Provins ;
- **Laura Martin** et toute l'équipe de l'office de tourisme de Fontainebleau ;
- **L'équipe du château** de Champs-sur-Marne ;
- **Fleur Colombini,** du Cyclop, Milly-la-Forêt ;
- **Pascale Léautey,** de la Maison Cocteau à Milly-la-Forêt ;
- **Dorothée Gouget de Landres,** à l'office de tourisme de Milly-la-Forêt ;
- **L'équipe du Conservatoire national des Plantes** de Milly-la-Forêt ;
- **Lyse Hautecoeur,** du musée de la Grande Guerre de Meaux ;
- Et bien sûr, l'ensemble des offices de tourisme qui nous apportent leur soutien, année après année. Impossible de tous les citer, mais qu'ils soient vivement remerciés !

« OSONS LE PAS DE CÔTÉ »

Le surtourisme ? Tous concernés. Et pourtant, à l'écart des grands flux touristiques, il existe plein de pépites méconnues, souvent oubliées des circuits trop encombrés. Ici un site ignoré ; là un quartier secret ; plus loin un village caché au charme discret, avec un troquet d'une autre époque. Il existe une infinité de lieux peinards que l'on a envie de mettre en avant avec ce pictogramme. Un vagabondage enfin calme favorisé aussi par les **visites aux heures creuses**. Vive le *slow trip* !

#osonslepasdecote

☎ **112 :** c'est le numéro d'urgence commun à la France et à tous les pays de l'UE, à composer en cas d'accident, agression ou détresse. Il permet de se faire localiser et aider en français, tout en améliorant les délais d'intervention des services de secours.

© HACHETTE LIVRE (Hachette Tourisme), 2021
Le *Routard* est imprimé sur un papier issu de forêts gérées.

Tous droits de traduction, de reproduction et d'adaptation réservés pour tous pays.
© Cartographie Hachette Tourisme
I.S.B.N. 978-2-01-713066-6

La réserve de Marquenterre

© Dupont Scanphoto/OnlyFrance.fr

« Les week-ends en famille sont une tradition plus tenace que la poule au pot. »
Michel Audiard

À vous, pour qui dépaysement rime forcément avec exotisme, ou tout au moins avec kilomètres, voilà un guide pour tordre le cou à la routine parisienne. Dans un rayon de 250 km autour de Paris, voici la preuve qu'un ticket de RER, de train, ou qu'un demi-plein d'essence suffisent à vous déconnecter du quotidien, même pour quelques heures.
Tout proche, c'est le **faste de Versailles,** la douceur royale de Saint-Germain-en-Laye, le château de Breteuil ou de Chantilly qui vous transportent ! Des grandiloquentes demeures royales aux **châteaux plus confidentiels** comme celui de Champs-sur-Marne, ils s'égrènent dans les environs de Paris, entourés de parcs et de jardins somptueux.
L'évasion est aux portes de la capitale: à Auvers-sur-Oise comme à Giverny, c'est aux **peintres impressionnistes** qu'on rend hommage. Chevalier en herbe, chevauchez jusqu'à la **cité médiévale de Provins** qui met intelligemment en valeur son patrimoine. Chapeau pour les spectacles ! À 2h de route, c'est déjà **la mer,** sur cette côte délicieusement fleurie…
Quelques kilomètres plus loin, en foulant le sable des **plages du Débarquement,** on se plonge dans une émouvante page d'histoire.
Du côté de la Bourgogne, petits et grands seront épatés par **l'incroyable chantier de Guédelon** : la construction d'un château-fort, en utilisant exclusivement les techniques de l'époque.
Parents intellos, enfants turbulents (à moins que ça ne soit l'inverse ?), âmes romantiques, sportifs et artistes, notre sélection de visites culturelles, de **parcs d'attractions** et de **bons gueuletons** s'adresse à vous !

Cayeux-sur-Mer

© Bryant Nicolas/Sagaphoto.com

NOS COUPS DE CŒUR

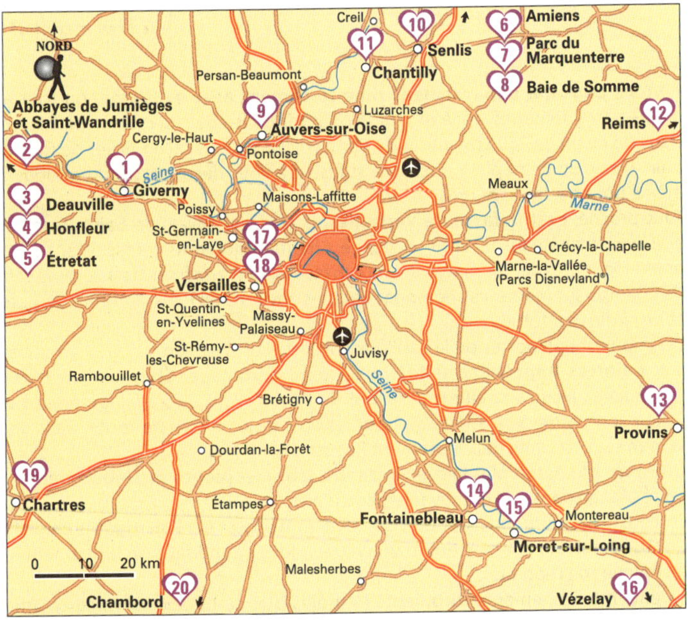

Contempler les nymphéas, au printemps, dans les jardins de Monet à Giverny, puis visiter le musée des Impressionnismes, en face.
Une plongée au cœur même de l'imaginaire de Monet : la maison et les jardins ont leur aspect d'origine et, à tout moment, on s'attend à ce qu'apparaisse le maître. Aucune œuvre originale, on vient admirer les superbes jardins fleuris : le jardin d'eau orientaliste, où l'artiste peignit les *Nymphéas* et, plus proche de la maison, le « clos normand ». *p. 84-87*

2 **Remonter le temps à travers les visites des abbayes millénaires que sont Jumièges et Saint-Wandrille, le long de la vallée de la Seine.**
À une quinzaine de kilomètres l'une de l'autre dans un cadre champêtre, il se dégage de chacune une sérénité apaisante. *p. 111, 113*

3 **Déguster des moules-frites sur une terrasse de Trouville et prendre un *pass* pour assister au Festival du cinéma américain de Deauville.**
Depuis 1975, le Festival du cinéma américain permet à la station de se prendre pour Cannes. Les stars du 7e art font revivre Deauville. Si les hôtels sont bondés, tentez les villages avoisinants ! Ensuite, partez à la découverte du bocage normand et de ses superbes chaumières, sans faire l'impasse sur la bien jolie route qui mène à Honfleur en longeant la mer. *p. 177, 182, 184*

4 Se balader dans Honfleur, parmi les plus mignons et les plus pittoresques des petits ports normands.

Depuis le XIXe s, Honfleur est le lieu d'élection des écrivains, des musiciens (Satie naquit ici) et des peintres (Boudin, enfant du pays, mais aussi Monet, Dufy...), séduits par la lumière changeante de l'embouchure de la Seine et par la verdure de la campagne. Il y a surtout l'atmosphère si dense d'une petite ville pourtant si fréquentée, et ce cachet unique parmi les ports normands, avec son vieux bassin, ses grosses barques de pêche, ses vieilles maisons aux écailles d'ardoise, son clocher d'opérette et ses ruelles de traviole... *p. 168*

© Antoine Lorgnier/OnlyFrance.fr

5 Partir sur les traces d'Arsène Lupin en admirant les falaises d'Étretat, et tenter d'élucider le mystère de L'Aiguille creuse.

Presque une légende tant l'arche de craie plongeant dans la mer fait partie des images les plus ancrées dans nos mémoires. Sans oublier cette aiguille, juste derrière, dont Arsène Lupin tente de percer le secret dans l'une de ses aventures... On ne se lasse pas de découvrir les falaises sous les lumières changeantes de l'aube au crépuscule. *p. 154*

© René Mattes

6 **Se balader en barque au milieu des hortillonnages d'Amiens, immense jardin sillonné de cours d'eau.**

La grande curiosité d'Amiens : des marais aux abords du centre-ville ! Mis en valeur par les Romains, les hortillonnages furent des jardins reconvertis d'abord dans la production de tourbe, puis en un vaste potager alimentant la ville. Imaginez d'étonnants jardins qui semblent flotter, des parcelles de terre quadrillées par de multiples petits cours d'eau. Ici se perpétuent l'horticulture et les cultures maraîchères, au milieu de toute une faune aquatique. *p. 130*

7 **Arpenter les chemins du parc du Marquenterre pour saisir l'envol de l'oie cendrée, la voltige du vanneau huppé ou l'élégance de la spatule blanche.**

Le parc ornithologique accueille des centaines d'oiseaux migrateurs. La région leur est propice : dunes, pinèdes, garennes. Ils choisissent l'environnement qui leur convient et y vivent en toute quiétude. Alors, ouvrez les yeux et n'oubliez pas vos jumelles. *p. 145*

© Preau Louis-Marie/Hemis.fr

8 **Traverser la baie de Somme à pied, à marée basse, pour découvrir la richesse chromatique de cette vaste échancrure.**

Joyau de la région, la baie de Somme est célèbre pour sa colonie de phoques, la plus importante de France, mais aussi pour sa traversée à pied, sans oublier une chevauchée sur un *henson*, le petit cheval de la baie. Un pays de terroirs et de découvertes qui laisse rêveur. *p. 142*

© Maisant Ludovic/Hemis.fr

9 **Partir sur les traces de Vincent Van Gogh à Auvers-sur-Oise, et sillonner à pied le village en suivant un petit circuit de 2h qui passe par les principaux sites.**

Nombreux sont les peintres venus chercher à Auvers des sensations et des couleurs nouvelles. Mais le village doit surtout sa notoriété à Vincent Van Gogh, qui y passa les 2 derniers mois de sa vie : il loua une chambre à l'*Auberge Ravoux,* minuscule mansarde que l'on peut visiter. Voir aussi les maisons des 2 autres personnages qui ont contribué à faire d'Auvers et de ses environs un lieu de prédilection pour les peintres : celle du peintre Daubigny et celle du docteur Gachet, amateur d'art et accessoirement médecin de Van Gogh. *p. 54*

10 Flâner de nuit dans le halo romantique des ruelles médiévales du vieux Senlis, tel un héros de cape et d'épée.

Charmante cité ancienne qui a curieusement échappé à la révolution industrielle, Senlis continue de vivre au rythme de la campagne. La ville se distingue par une belle homogénéité propice aux balades : hôtels particuliers bordant des ruelles sinueuses, maisons Renaissance, jardins secrets, murs mangés par le lierre. Sans compter les vestiges des périodes gallo-romaine et médiévale. *p. 226*

11 Errer dans le charmant désordre artistique du musée Condé de Chantilly, et découvrir un mini-Louvre dans le plus beau des écrins.

Reconstruit dans un style Renaissance par le duc d'Aumale, le musée renferme une fantastique collection de peintures anciennes ; une visite à compléter par celle du musée vivant du Cheval. *p. 219, 221*

12 S'émerveiller devant l'extraordinaire ensemble architectural de Reims, ville 2 fois inscrite au Patrimoine de l'Unesco pour son patrimoine exceptionnel !

Outre ses prestigieuses caves et maisons de champagne, dont les noms résonnent aux 4 coins du monde comme les symboles du raffinement à la française, ses monuments ont rythmé l'histoire de France : la cathédrale, bien sûr, qui possède l'une des plus belles façades gothiques de France, mais aussi le palais du Tau, l'étonnante basilique Saint-Remi et son musée-abbaye. *p. 275*

13 Musarder dans la cité médiévale de Provins avant d'applaudir un spectacle de chevalerie ou de vols de rapaces.

La découverte à pied de cette cité médiévale est un enchantement. Au détour des ruelles, chaque maison rappelle son passé, chaque pierre raconte une histoire. Superbe porte de Jouy qui fait entrer d'un coup dans le Moyen Âge, ruelles pleines de charme, venelles herbues, impressionnante tour César, grange aux dîmes à la halle voûtée… *p. 356*

© Rieger Bertrand/Hemis.fr

© Gautier Stephane/Sagaphoto.com

(14) **Visiter les appartements de Napoléon au château de Fontainebleau, puis partir en forêt escalader les rochers (ou faire semblant). En profiter pour découvrir le magnifique village de Barbizon, à l'orée de la forêt.**

Résidence de chasse, puis résidence des rois, et pour finir d'empereur, Fontainebleau se compose d'une série d'édifices construits par adjonctions successives du XVIe au XVIIIe s. Aujourd'hui, le « château » est un palais colossal, dont les 1 530 pièces se déploient au cœur d'un domaine de 130 ha. *p. 310, 315*

© Escudero Patrick/Hemis.fr

(15) **Descendre le Loing en canoë, de Grez à Moret-sur-Loing, puis musarder dans ce village tant apprécié des peintres impressionnistes.**

Le temps d'un après-midi, louer un canoë et naviguer sur le Loing, rivière encore sauvage par endroits, au cœur d'une nature verdoyante et accessible uniquement par voie d'eau. On quitte Grez, vieux village aux venelles mangées par les herbes folles, pour parcourir la plus jolie partie de la rivière. Arrivé à Moret, ancienne place forte aux belles demeures médiévales et Renaissance, il faut passer la porte de l'un des restaurants pour goûter quelques plats de terroir. Ensuite, tenter de saisir, à travers les ruelles, le petit quelque chose qui retint Sisley et séduisit bien d'autres peintres. *p. 340, 344, 350*

16 Ne manquer sous aucun prétexte l'admirable basilique de Vézelay, encore plus belle au crépuscule.

Vézelay ne mérite pas seulement une visite pour sa célèbre basilique, haut lieu de l'histoire et de la chrétienté, classée au Patrimoine mondial de l'Unesco. C'est aussi un joli village (classé lui aussi), perché sur une colline dominant à la fois la vallée de la Cure et le Morvan. *p. 407*

© Wysocki Pawel/Hemis.fr

© J-F Tripelon-Jarry/OnlyFrance.fr

17 **Revivre les fastes de la cour du Roi-Soleil à Versailles et découvrir avec émerveillement la célèbre galerie des Glaces, chef-d'œuvre de l'art baroque français.**

Il vous faudra du temps pour découvrir le somptueux palais né de la folie d'un roi. Impossible de présenter ici le détail historique, artistique et architectural de chacune des salles ouvertes au public, il y en a une centaine ! La visite de la galerie des Glaces est un must absolu. Longue de 73 m, elle est rythmée par 17 fenêtres cintrées répondant à 17 arcades ornées de 357 miroirs. Dans ce décor incomparable, lustres étincelants tombant du ciel, tableaux éclatants… Époustouflant ! *p. 421, 432*

18 **S'offrir une promenade royale dans le parc de Versailles, découvrir la perspective bluffante du Grand Canal, et s'imprégner de tout ce qui a fait le génie du jardin « à la française ».**

Du domaine royal, il reste plus de 300 statues, vases et bustes, soit le plus important musée de sculptures en plein air du monde. Et, dans leurs grandes lignes, les jardins n'ont pas trop changé depuis Le Nôtre. Pour vous donner une idée des distances, sachez que, à pied, il faut compter 15 mn pour aller du château au début du Grand Canal (1h pour l'extrémité). Ne pas manquer les Grandes Eaux musicales *(le w-e, avr-oct)*, et les Grandes Eaux nocturnes *(ts les sam, fin juin-début sept)*. p. 434, 440

© Bjorn Grotting/Alamy/Hemis

19 **Rester médusé devant la grâce de la cathédrale de Chartres puis arpenter les vieux quartiers de la ville.**

Bien sûr, Chartres, c'est avant tout sa fabuleuse cathédrale, célèbre dans le monde entier. Ses 2 flèches surgissant au milieu des champs de blé permettaient aux pèlerins de se repérer. Chartres, c'est aussi une vieille ville adorable, aux ruelles bordées d'édifices médiévaux et aux promenades romantiques le long de l'Eure. *p. 481*

20 Se promener à vélo dans le parc du château de Chambord, avant d'en faire la visite.

Bienvenue dans le château le plus fantasmatique de l'histoire de France : on est là, au milieu de nulle part, et l'on s'interroge aujourd'hui comme hier, sur ce monument très peu habité, œuvre d'un architecte méconnu, sinon inconnu… Vu du ciel, c'est un château fort qui se profile. À l'intérieur, c'est un palais à la campagne qui apparaît, organisé par niveau, comme en Italie à l'époque. *p. 531*

© Rieger Bertrand/Hemis.fr

BON À SAVOIR AVANT LE DÉPART

AVANT LE DÉPART

Adresses et infos utiles

Comité régional du tourisme Paris-Île-de-France : ☎ 01-73-00-77-00. • visitparisregion.com • Points d'accueil à Orly, Roissy, Disneyland (pl. François-Truffaut) et aux Galeries Lafayette à Paris.

Bourgogne Tourisme : ☎ 03-80-280-280. • bourgogne-tourisme.com •

Comité régional du tourisme de Centre – Val de Loire : ☎ 02-38-79-95-00. • valdeloire-france.com •

Champagne-Ardenne Tourisme : ☎ 03-26-21-85-80. • tourisme-champagne-ardenne.com •

Comité régional du tourisme de Normandie : 14, rue Charles-Corbeau, 27000 **Évreux.** ☎ 02-32-33-79-00. • normandie-tourisme.fr •

Mission Attractivité Hauts de France – Comité régional du tourisme et des Congrès : 3, rue Vincent-Auriol, 80000 **Amiens.** ☎ 03-22-22-33-66. • weekend-esprithautsdefrance.com •

Gîtes de France : **Maison des Gîtes de France et du tourisme vert.** ☎ 01-49-70-75-85. • info@gites-de-france.fr • gites-de-france.com • Lun-ven 9h-17h. Les réservations sont à faire auprès des relais départementaux des *Gîtes de France.*

Carte d'adhésion internationale aux auberges de jeunesse (carte FUAJ)

Cette carte vous ouvre les portes des 4 000 auberges de jeunesse du réseau *HI-Hostelling International* en France et dans le monde. Elle permet aussi de bénéficier de tarifs préférentiels avec les partenaires des auberges de jeunesse *HI* (locations de voitures, excursions et activités variées). Il n'y a pas de limite d'âge pour séjourner en auberge de jeunesse. Il faut simplement être adhérent ; carte valable 1 an à compter de la date d'achat (sur Internet ou dans les AJ).

Renseignements et inscriptions

– **En France :** • hihostels.com • Tarif : 11 €.
– **En Belgique :** • lesaubergesdejeunesse.be •
– **En Suisse :** • youthhostel.ch •
– **Au Canada :** • hihostels.ca •

Si vous prévoyez un séjour itinérant, vous pouvez réserver plusieurs auberges en 1 seule fois en France et dans le monde.

Carte internationale d'étudiant (carte ISIC)

Elle prouve le statut d'étudiant dans le monde entier et offre de nombreuses réduc (billets d'avion, hôtels et auberges de jeunesse, assurances, cartes SIM internationales, location de voiture...).

Renseignements et inscriptions

– ***En France :*** ● *isic.fr* ● *Tarif : 13 € pour 1 année scolaire.*
– ***En Belgique :*** ● *isic.be* ●
– ***En Suisse :*** ● *isic.ch* ●
– ***Au Canada :*** ● *isiccanada.com* ●

BUDGET

Recommandation à ceux qui souhaitent profiter des réductions et avantages proposés dans le *Routard* par les hôteliers et les restaurateurs.

À l'hôtel, pensez à les demander au moment de la réservation ou, si vous n'avez pas réservé, **à l'arrivée.** Ils ne sont valables que pour les réservations en direct et ne sont pas cumulables avec d'autres offres promotionnelles (notamment sur Internet). Au restaurant, parlez-en **au moment** de la commande et surtout **avant** que l'addition ne soit établie. Poser votre *Routard* sur la table ne suffit pas : le personnel de salle n'est pas toujours au courant et une fois le ticket de caisse imprimé, il est souvent difficile de modifier le total. En cas de doute, montrez la notice relative à l'établissement dans le *Routard* de l'année et, bien sûr, ne manquez pas de nous faire part de toute difficulté rencontrée.

Nous vous indiquons ci-après l'échelle des tarifs auxquels nous nous référons pour le classement de nos adresses en France.

Hébergement

D'une manière générale, nous indiquons des fourchettes de prix allant de la chambre double la moins chère en basse saison à celle la plus chère en haute saison. Ce qui implique parfois d'importantes fourchettes de prix, pas toujours en adéquation avec la rubrique dans laquelle l'établissement est cité. Le classement retenu est donc celui du prix moyen des chambres et de leur rapport qualité-prix.
– Les tarifs des ***campings*** sont calculés sur la base d'un emplacement pour 2 avec voiture et tente. Ils sont classés en tête de rubrique « Où dormir ? ».
– Pour les ***auberges de jeunesse,*** le tarif indiqué est celui du lit en dortoir et/ou parfois de la chambre double, quand il y en a.
– En ***chambres d'hôtes,*** les prix sont donnés sur la base d'une chambre double. Ils incluent presque toujours le petit déjeuner. Les cartes de paiement sont rarement acceptées. Dans les cas contraires, nous indiquons « petit déj en sus » et « CB acceptées ».
– Concernant les ***hôtels,*** le prix retenu reste celui d'une nuit en chambre double (sans petit déjeuner). La fourchette de prix englobe toutes les saisons, mais il est important de noter que dans les grandes villes, les prix baissent significativement le week-end. Lorsque l'établissement dispose de chambres familiales, nous l'indiquons sans précision de prix.
– ***Bon marché :*** jusqu'à 60 €.
– ***Prix moyens :*** de 60 à 90 €.
– ***Chic :*** de 90 à 120 €.
– ***Plus chic :*** de 120 à 150 €.
– ***Beaucoup plus chic :*** plus de 150 €.

– ***Logis*** est la 1re chaîne de restaurateurs-hôteliers indépendants en Europe avec 2 200 établissements répartis dans 8 pays. Fort de ses 70 années d'expérience, le réseau offre l'assurance d'un accueil personnalisé et chaleureux, d'un hébergement de qualité ainsi que d'une restauration faite maison mettant à l'honneur

Street Art Avenue saison 4 - Case Maclaim © Pierre le Tulzo

OFFICE DE TOURISME
PLAINE COMMUNE
Grand Paris

Maison Futuro – Marché Dauphine © OTI Plaine Commune Grand Paris

#GrandParisNord

Sur présentation du guide et du pass découverte, bénéficiez d'une visite gratuite*.

*valable jusqu'au 31 décembre 2022.

Office de Tourisme Plaine Commune Grand Paris
1, rue de la République – 93200 Saint-Denis - 01 55 870 870
19 avenue Jules Rimet – 93200 Saint-Denis - 01 71 86 32 44
124, rue des Rosiers - 93400 Saint-Ouen - 01 55 87 67 50
www.tourisme-plainecommune-paris.com

PASS DÉCOUVERTE

Grand Paris Nord

édition 2021

22 SITES À TARIF RÉDUIT

produits locaux et de saison. Engagés sur les territoires, tous les *Logis* sont impliqués dans une démarche d'économie locale, privilégiant les circuits courts et les produits régionaux. Plus d'infos : ● *logishotels.com* ●

Restos

Au restaurant, ***notre critère de classement est le prix du 1er menu servi le soir*** (hors boissons). Les notions de « Prix moyens » ou « Plus chic » n'engagent donc que les prix, pas le cadre, même si, souvent, ils vont de pair. Ainsi, certains restos gastronomiques (et chics) qui proposent parfois des formules avantageuses au déjeuner seront malgré tout classés dans la rubrique « Plus chic » en raison des tarifs pratiqués le soir. Ne boudez donc pas cette rubrique qui recèle parfois d'intéressantes pépites.

- ***Très bon marché :*** moins de 15 €.
- ***Bon marché :*** de 15 à 25 €.
- ***Prix moyens :*** de 25 à 35 €.
- ***Chic :*** de 35 à 50 €.
- ***Plus chic :*** plus de 50 €.

LOCATION DE VOITURE

■ ***ADA :*** *Offres sur l'application Ada et sur ● ada.fr ● Réduc de 10 % sur votre location avec le code ROUTARD.* Ada propose des véhicules particuliers et utilitaires à la location, à petits prix partout en France. Les véhicules sont disponibles en agence, mais aussi en libre-service. Grâce à l'application mobile, vous pouvez récupérer votre véhicule avec votre smartphone 24h/24 et 7j/7. Plus d'attente en agence et donc un gain de temps considérable. Location possible dès 18 ans, sans surcoût.

■ ***BSP Auto :*** *☎ 01-43-46-20-74 (tlj 9h-21h30, w-e 9h-20h). ● bsp-auto.com ● Réduc de 5 % aux lecteurs de ce guide avec le code « ROUTARD21 ».* *BSP Auto* est un courtier qui propose, sur son moteur de réservation en ligne, les locations de véhicules des grandes compagnies de location, assurant un très bon niveau de service. Les prix comparés sont attractifs et comprennent les assurances et, le plus souvent, le kilométrage illimité. Le plus : vous ne payez votre location que 5 jours avant le départ.

PERSONNES HANDICAPÉES

Tourisme et Handicap

Créé par le secrétariat d'État à la Consommation et au Tourisme en partenariat avec les professionnels du tourisme et les associations représentant les personnes handicapées, ce label permet d'identifier les lieux de vacances (hôtels, campings, sites naturels, etc.), de loisirs ou de culture (musées, monuments, etc.) mais aussi des offices de tourisme accessibles aux personnes en situation de handicap. Cette accessibilité, visualisée par un pictogramme correspondant aux 4 types de handicap (moteur, visuel, auditif et mental), garantit accueil, accessibilité et confort et une utilisation des services proposés avec un maximum d'autonomie dans un environnement sécurisant.

Pour connaître la liste des sites labellisés par départements ● *tourisme-handicaps.org* ●

TOURISME & HANDICAP

ada
ça roule pour moi

AVEC L'APPLI ADA, TROUVEZ, LOUEZ, PARTEZ !

-10%*
sur votre location avec le code
ROUTARD

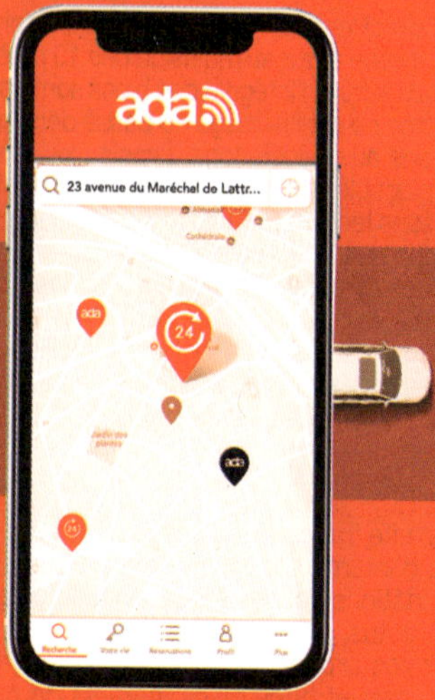

Besoin de louer un véhicule pour partir à la découverte des paysages français ?

Grâce à notre application, trouvez l'agence Ada la plus proche, louez français en quelques minutes et partez à l'aventure !

Plus de 1200 points de location partout en France : il y a forcément une agence proche de vous !

ada

DISPONIBLE SUR Google Play
Télécharger dans l'App Store

*Valable uniquement sur l'application mobile.

Par ailleurs, dans notre guide, nous indiquons par le logo ♿ les établissements qui possèdent un accès ou des chambres pouvant accueillir des personnes handicapées. Certaines adresses sont équipées selon les critères les plus modernes. D'autres, plus simples, plus anciennes aussi, sans répondre aux normes les plus récentes, favorisent l'accueil des personnes handicapées en facilitant l'accès à leur établissement, tant sur le plan matériel que sur le plan humain. Appelez donc auparavant pour savoir si l'équipement de l'hôtel ou du resto est compatible avec votre niveau de mobilité.

SITES INSCRITS AU PATRIMOINE MONDIAL DE L'UNESCO

UNESCO
Organisation des Nations Unies pour l'éducation, la science et la culture
En coopération avec le Centre du patrimoine mondial

Pour figurer sur la liste du Patrimoine mondial, les sites doivent avoir une valeur universelle exceptionnelle et satisfaire à au moins un des 10 critères de sélection. La protection, la gestion, l'authenticité et l'intégrité des biens sont également des considérations importantes. Le patrimoine est l'héritage du passé dont nous profitons aujourd'hui et que nous transmettons aux générations à venir. Nos patrimoines culturel et naturel sont 2 sources irremplaçables de vie et d'inspiration. Ces sites appartiennent à tous les peuples du monde, sans tenir compte du territoire sur lequel ils sont situés.
Pour plus d'informations : • *whc.unesco.org* •
Concernant ce guide, sont inscrits à l'Unesco : les cathédrales d'Amiens et de Chartres, le palais du Tau, la basilique Saint-Remi et la cathédrale de Reims, le château et le parc de Fontainebleau, le beffroi de Rue, la ville de Provins, le château de Versailles, les coteaux, maisons et caves de Champagne.

SITES INTERNET

• ***routard.com*** • Le site français de voyage n° 1, avec près de 800 000 membres et plusieurs millions d'internautes chaque mois. Pour s'inspirer et s'organiser, près de 300 guides destinations actualisés, avec les infos pratiques, les incontournables et les dernières actus, ainsi que les reportages terrain et idées week-end de la rédaction. Partagez vos expériences avec la communauté de voyageurs : forums de discussion avec avis et bons plans, carnets de route et photos de voyage. Enfin, vous trouverez tout pour vos vols, hébergements, voitures et activités, sans oublier nos suggestions pour réserver votre voyage au meilleur prix.
– ***Bon à savoir :*** entre 2 parutions, des événements fortuits (conditions d'accès aux sites, fermetures inopinées, etc.) peuvent intervenir et modifier vos projets de voyage ou de visite. Pour éviter les déconvenues, nous vous recommandons de consulter la rubrique « Inspirations » par région et cliquer sur l'onglet « Actus ».
• ***loireavelo.fr*** • Tout savoir sur les quelque 900 km de chemins sécurisés qui ont été aménagés le long de la Loire par les régions Centre-Val de Loire et Pays de la Loire. Locations de vélos (on peut rendre son vélo au terme de son périple, sans avoir à le rapporter au point de location initial), transport de bagages, gares SNCF à proximité... toutes les astuces pour vous rendre le coup de pédale facile, alors tous en selle ! Consulter également le site • ***chateauxavelo.com*** •
• ***franceballoons.com*** • Site de France Montgolfières. Infos pratiques et réservation en ligne pour un survol des plus beaux sites de France. Aux environs de Paris, Fontainebleau, Chenonceau, Vézelay, Reims. En tandem, voilà un cadeau ultra-romantique !
• ***pariscityvision.com*** • Nombreuses sorties et visites sur Paris et environs : visite guidée des châteaux de la Loire au départ de Paris (départ en bus), journée à Versailles avec accès prioritaire, visite guidée de Reims au départ de Paris, visite de la maison et des jardins de Claude Monet...

Embarquez POUR DES VOYAGES De Rêve !

DES BEAUX LIVRES D'INSPIRATION
POUR DÉNICHER VOTRE PROCHAINE DESTINATION
OU POUR VOYAGER DANS VOTRE CANAPÉ

LE Routard

• Carte Saint-Germain-en-Laye et ses environs *p. 43*

SAINT-GERMAIN-EN-LAYE (78100) 46 570 hab.

Longtemps résidence royale et ce, bien avant Versailles, Saint-Germain-en-Laye jouit d'un environnement de choix. Tandis que l'une des plus belles et des plus grandes forêts d'Île-de-France borde la ville au nord, le centre ancien se développe autour du château Vieux, aujourd'hui musée d'Archéologie nationale, et d'un ensemble d'immeubles et d'hôtels particuliers des XVIIe et XVIIIe s bien préservés. Une douce harmonie se dégage de la ville, et les rues du centre, en partie piétonnes, sont tout indiquées pour la promenade et le lèche-vitrines.

UN PEU D'HISTOIRE

Une résidence et une chasse prisées des Capétiens

L'acte de naissance de Saint-Germain-en-Laye ***remonte à l'an 1000*** et quelque, lorsque Robert le Pieux choisit le site pour y élever un petit ***monastère*** en une trouée dans la forêt, une « laye ». Vers 1120, Louis VI le Gros fait édifier un 1er « palatium » sur ce coteau contrôlant la Seine, et pouvant protéger Paris à l'ouest. De ce jour, les rois de France jusqu'à Louis XIV, c'est-à-dire ***la plupart des Capétiens, en feront l'une de leurs résidences préférées,*** y appréciant particulièrement la forêt giboyeuse, lieu de chasse idéal. ***François Ier s'y marie*** en 1514 avec Claude de France. Il fait ériger ce que l'on appellera plus tard le château Vieux (celui qu'on peut voir aujourd'hui). Sous son règne, la ville se développe, avec foire et marché.

> **AVEC UNE BÉARNAISE**
>
> *La célèbre sauce béarnaise, à base de beurre clarifié, n'a pas été inventée dans le Béarn. Elle fut créée en 1837 par le cuisinier du* Pavillon Henri IV, *à Saint-Germain-en-Laye. C'est juste en référence au bon roi, originaire du Béarn, qu'on la dénomma ainsi.*

Le château Neuf

Au milieu du XVIe s, ***Henri II fait construire*** dans le parc, non loin du château Vieux, une « maison de théâtre et de baignerie ». Il s'agit d'une résidence secondaire et privée, réservée aux fêtes et aux amis : un Trianon avant l'heure. ***Henri IV l'agrandit*** : le château Neuf, 2d château de Saint-Germain-en-Laye, est né ! Le roi fait aménager en contrebas de superbes jardins en terrasses (sur le modèle de ceux de Tivoli en Italie) s'étageant jusqu'à la Seine, sous lesquelles, dans des grottes artificielles, des automates mus par un ingénieux système hydraulique figurent des scènes mythologiques. Du château Neuf, seuls subsistent les rampes des terrasses supérieures, le pavillon Sully, au Pecq, et le *Pavillon Henri-IV,* où fut ondoyé (baptisé) ***Louis XIV*** le 5 septembre 1638, dans

PARCOUREZ LA FRANCE À VÉLO

★★★★★

AVEC LE ROUTARD

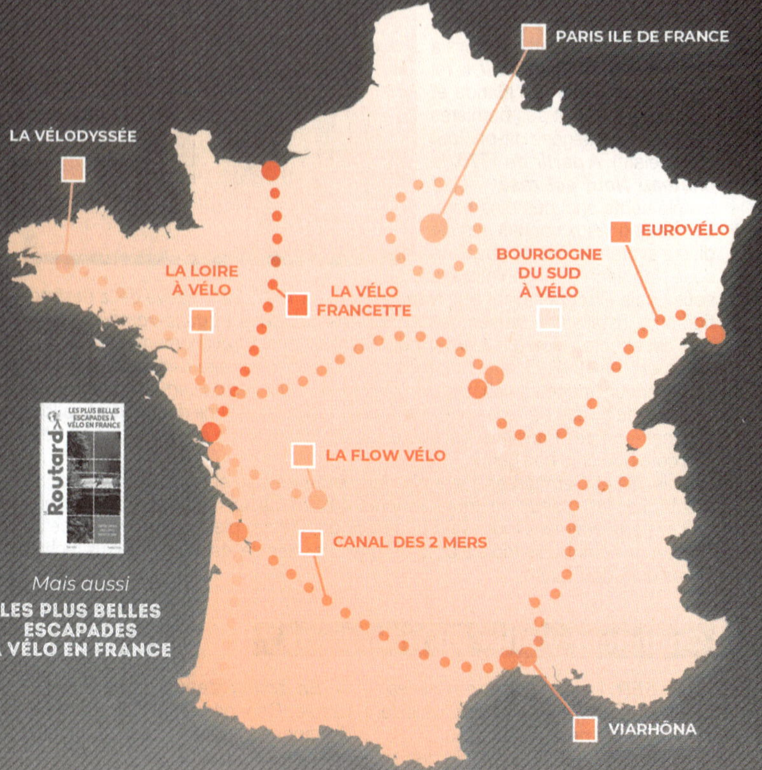

plus de **7700 km** *de voies cyclables*

388 *étapes*

69 *itinéraires*

ET TOUS LES BONS PLANS DU ROUTARD

le parc. ***Saint-Germain sera l'une de ses résidences habituelles,*** la principale même, avant qu'il ne s'installe définitivement à Versailles en 1682. C'est d'ailleurs à Saint-Germain qu'il trouve refuge pendant la Fronde. Mais s'il réaménagea un tant soit peu le château, le Roi-Soleil a surtout marqué la ville par la multiplication des hôtels particuliers que s'y fit construire, sous son règne, la noblesse. ***Le Nôtre,*** son jardinier attitré, a ***tracé le parc*** – avec, entre la ville et le château Neuf, le 1er boulingrin (terrain gazonné pour jouer aux boules) jamais créé en France – et la Grande Terrasse, avec sa vue imprenable sur la vallée de la Seine, la Défense et le mont valérien. Il a aussi replanté la forêt... de plus de 5 millions de pieds d'arbres !

Une ville toujours agréable

Le départ de la Cour pour Versailles marque la fin d'une certaine magnificence. Peu après, le château Vieux, déserté, est mis à la disposition de ***Jacques II,*** le roi déchu d'Angleterre, d'Irlande et d'Écosse, qui y vit ses dernières années, dans la gêne dit-on (tout étant relatif). ***À partir de 1776, le château Neuf est rasé*** – sauf les éléments énoncés plus haut. Le château Vieux connaît ensuite divers avatars (école de cavalerie sous Napoléon Ier, prison militaire sous Louis-Philippe) avant que ***Napoléon III,*** en 1867, ne le sauve de la destruction en y installant le ***musée des Antiquités celtiques et gallo-romaines*** – ce qu'il est encore aujourd'hui. Mais, pour Saint-Germain, l'événement majeur de ce XIXe s est, en 1837, l'inauguration de la 1re liaison ferroviaire dédiée au transport de voyageurs (du toit du château, on distingue 2 nuances de vert différentes sur la pelouse, au niveau de l'ancienne voie ferrée). Cela en fait l'une des 1res destinations de week-end des Parisiens, qui goûtaient fort le bon air de sa vaste forêt et, déjà, son côté bon chic bon genre.

Depuis, Saint-Germain-en-Laye n'a rien perdu de son charme et de ses agréments, car les grands chambardements urbains du XXe s, leurs excès surtout, ne l'ont pas vraiment touchée. Et l'arrivée du RER en plein centre-ville, face au château, a contribué encore à en faire l'une des villes de résidence les plus recherchées d'Île-de-France.

UN PARIS EN CARTON-PÂTE

Pour déjouer les bombardements allemands, en 1915, l'état-major français imagina de bâtir un faux Paris entre Saint-Germain-en-Laye et Pontoise. Tout en toc. On commença à ériger des bâtiments en bois. Tout y était, notamment le même méandre de la Seine et une forêt à l'ouest rappelant le bois de Boulogne. Le projet était trop délirant, et le secret fut vite éventé.

Comment y aller en transports ?

➢ ***En RER :*** ligne A1 (20 mn de Charles-de-Gaulle-Étoile). La station, terminus de la ligne, donne devant le château.

➢ ***En bus :*** RATP, ligne n° 258 depuis La Défense. Noctilien ligne N153 depuis la gare Saint-Lazare.

➢ ***En train :*** depuis la gare Saint-Lazare. Changement à Saint-Nom-la-Bretèche. 2 gares à Saint-Germain : gare de la Grande-Ceinture et gare Bel-Air.

Adresses et infos utiles

Office de tourisme intercommunal Saint-Germain Boucles de Seine : *jardin des Arts, Villa Eugénie-Désoyer, 3, rue Henri-IV. ☎ 01-30-87-20-63. • seine-saintgermain.fr • Mai-sept, lun-sam (sauf lun mat) 10h-13h, 14h-18h ;*

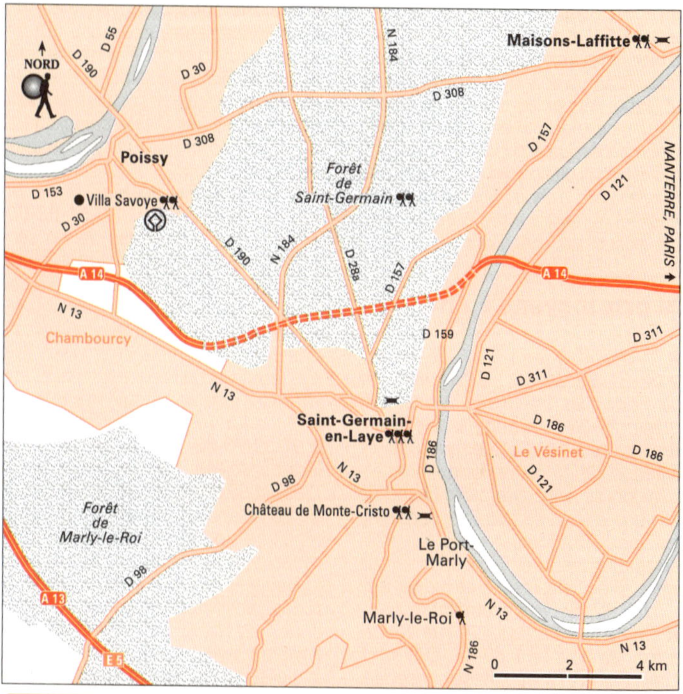

SAINT-GERMAIN-EN-LAYE ET SES ENVIRONS

dim 9h-13h. Horaires légèrement réduits hors saison. Programme bisannuel de visites guidées, randonnées, croisières, conférences.

– À l'étage du bâtiment, on peut découvrir une apothicairerie derrière une vitre : mobilier et pots en faïence, bocaux en verre et boîtes à plantes médicinales en bois décorées à la main, provenant de 2 hôpitaux royaux fondés à Saint-Germain-en-Laye au XVIIe s. *À savoir, pour les plus intéressés : explications (durée : 15 mn) proposées 2 fois/sem ; inscription obligatoire auprès de l'office.*

Cyc'lou : *sur le parking de la piscine, av. des Loges. ☎ 07-82-55-40-88. • cyclou.fr • Loc de vélos sur commande. Compter 9 €/h et 20 € la ½ journée.*

– ***Greeters :*** des balades gratuites d'environ 2h, sous la houlette d'un Saint-Germanois bénévole. Infos et inscriptions sur *• seine-saintgermain.fr/fr/le-blog/nos-greeters/ •*

Où manger ?

La présence du grand – et réputé – lycée international, explique que de nombreuses familles de tous horizons habitent la ville. Et côté restauration aussi du coup, un petit vent d'ailleurs souffle sur Saint-Germain.

Bon marché

Au Ballon Rouge : *2, rue de la Procession. ☎ 01-75-93-50-16. • contact@auballonrouge.com • Près de la poste centrale. Mar-sam 11h-14h,*

18h-minuit. Plats 12,50-14 €. Vins au verre 2-8 €. Le dim 11h-14h, bar à fruits de mer. Un sympathique bar à vins dans une salle sobre et agréablement ouverte sur la rue. Au bar, perché sur un tabouret ou installé autour des petites tables noires, on déguste un vin accompagné d'un délicieux plat chaud ou d'une bonne assiette froide, à choisir sur l'ardoise. Aux beaux jours, terrasse sur le trottoir d'en face. Accueil pro et souriant.

De prix moyens à chic

Lilla Krogen : *1, pl. de Mareil. ☎ 09-81-89-89-56. Tlj midi et soir. Fermé les 24-25 déc. Menus déj en sem 20-26 € ; brunch le w-e 24 € ; menu-carte 34 €. Café offert sur présentation de ce guide.* Une – bonne – occasion de découvrir autre chose de la Suède que notre familier géant bleu et jaune... Une courte carte qui vous sera expliquée avec le sourire. On se régale. Bien jolies assiettes, copieuses qui plus est. Service charmant.

Tasca de Lisboa : *2, rue Saint-Pierre. ☎ 09-87-11-80-45. Ouv midi et soir. Fermé dim-lun. Résa conseillée. Formules déj 18,50-25 € (en sem) ; pas de menu le soir ; plats 19-28 €.* Une escale lusitanienne de poche qui fait toujours le plein et pour cause : la carte est fraîche, élaborée et bien maîtrisée : *picanha* de bœuf (proche du rumsteck) grillée sauce *chimichurri, cataplana* de lotte, gambas et palourdes... Accueil gentil comme tout.

La Cantine de Marius : *1, pl. André-Malraux. ☎ 01-30-61-02-00. Fermé dim-lun. Formules déj en sem 17,50-21,50 €.* Une carte plutôt courte – c'est bon signe ! – qui convoque des saveurs méditerranéennes et notamment corses : sauté de veau aux olives, éperlans et encornets en friture... Des plats réussis et un service sympa. Et une grande terrasse pour couronner le tout.

Le Manège : *5, rue Saint-Louis. ☎ 01-39-73-22-12. Tlj sauf dim soir. Résa conseillée. Formules déj en sem 19,80-24,80 € ; carte env 40-45 €.* Non loin du château, un resto sympathique qui offrira une halte agréable au promeneur-visiteur. Ambiance bistrot avec poutres au plafond et murs couverts de plaques émaillées. Petits box ou tables rondes au choix. La cuisine est dans le même style. Aux beaux jours, une accueillante terrasse est dressée dans la rue.

Sur le pouce

More Than Cakes : *6, rue du Vieil-Abreuvoir. ☎ 09-86-39-78-59. Lun-sam 10h30 (10h sam)-19h, dim 10h45-18h. Congés : août. Brunch dominical (10h45-13h15) 27 €. Café offert sur présentation de ce guide pour un déj sur place.* Comme son nom l'indique, ce salon de thé – de poche ! – a un petit air d'outre-Manche. Atmosphère cosy et gérant charmant. Côté salé, tartes-salade et soupes. Pour les becs sucrés, *carrot cake,* cheese-cake, cookies... Thés et cafés bio, gingembre chaud l'hiver. Et, côté shopping, quelques carnets, foulards, mugs...

Le Café des Arts : *dans le même – beau – bâtiment que l'office de tourisme ; jardin des Arts, 3, rue Henri-IV. ☎ 01-30-61-40-07. Mar-sam 9h-18h, dim 10h-15h30. Ouv les soirs du théâtre (attenant).* Les plats du jour peuvent avoir des accents d'ici ou d'ailleurs. Charmante Radia et sa fille Sonia. Une halte au calme. Les proprios possèdent aussi une autre enseigne proposant le même type de cuisine, mais uniquement à emporter : *Enjoy Eat, 1, rue Armagis (lun-ven 8h-14h30).*

À voir

Le château et le musée d'Archéologie nationale : *☎ 01-39-10-13-00. • musee-archeologienationale.fr • Tlj sauf mar 10h-17h. Fermé certains j. fériés. Seuls le domaine, la cour intérieure et la chapelle se visitent gratuitement. Le reste* *du château est occupé par le musée d'Archéologie nationale. Entrée : 6 € (+ 2 € en cas d'expo temporaire) ou 6 € (seulement pour l'expo) ; réduc ; gratuit moins de 26 ans et pour tous le 1er dim du mois (sauf l'expo temporaire). Compter min 1h30 pour une visite de l'ensemble du musée. Visites-conférences et ateliers enfants. Visite des toits mai-sept, à partir de 12 ans, les mer, sam et dim à 14h45, sur résa le jour même (3,50 €). Application smartphone gratuite « ArcheoMAN ». Belle librairie.*

C'est vers 1122 que le gros Louis VI (on dit aussi Louis VI le Gros) bâtit ici un 1er château ; Saint Louis y adjoindra la chapelle, qui seule sera épargnée par les troupes anglaises, lorsqu'elles saccagent la forteresse en 1346. Ce n'est qu'avec Charles V, dit le Sage, que la couronne réinvestit Saint-Germain. De 1364 à 1367, il fait raser les ruines de l'ancien château pour en bâtir un nouveau – qui, soit dit en passant, abritera la 1re bibliothèque de France.

François Ier n'en conservera que le plan pentagonal et la base du donjon, ainsi que la chapelle, quand il fera édifier vers 1540 le château Renaissance, qui est à peu près celui qu'on voit aujourd'hui. Du moins l'architecte Eugène Millet, en 1862, a-t-il voulu restituer fidèlement l'édifice dont François Ier avait confié la réalisation à Pierre Chambiges, et dont il avait suivi de très près les travaux. Millet a donc supprimé des adjonctions du XVIIe s (d'énormes pavillons d'angle, notamment, de Jules Hardouin-Mansart) et repris beaucoup du gros œuvre : un important travail qui paraît dans l'aspect général de l'édifice, dont on voit bien qu'il a été très retapé.

Élément certainement le plus remarquable du bâtiment, la Sainte-Chapelle fut donc élevée entre 1234 et 1238 par Saint Louis. Attribuée à Hugues de Chelles, elle aurait servi de modèle pour la Sainte-Chapelle de Paris. Bel exemple d'art gothique, elle ne possède cependant pas les vitraux de sa petite sœur, ni ses 2 niveaux. À l'intérieur, notez les têtes sculptées aux clés de voûte. On a cru y reconnaître la famille royale : l'un d'eux serait ainsi le seul portrait contemporain de Saint Louis. À voir aussi, la maquette du château Vieux et du château Neuf avec ses somptueux jardins en terrasses.

Hormis le donjon et la Sainte-Chapelle, l'architecture porte la marque de François Ier, avec la salamandre et le chiffre du monarque sculptés dans le décor de la cour intérieure, et un style général typique de la Renaissance : cordons de brique rouge, tourelles d'angle rondes, toiture à l'italienne, en terrasse et bordée de balustres, d'une grande nouveauté alors.

– Les vastes salles abritent désormais le ***musée d'Archéologie nationale*** créé en 1862 par Napoléon III.

La variété et la richesse des pièces exposées (le plus important fonds archéologique de France, et, pour la section préhistorique, le plus important au monde) ainsi qu'une présentation claire font de ce musée une formidable machine à remonter le temps. Sur 2 étages, au fil d'une vingtaine de salles, on revit la suite des siècles et des millénaires : fossiles et ossements (impressionnants bois et crâne de mégacéros), balbutiements de l'humanité, puis son évolution jusqu'à la Gaule mérovingienne. Très nombreuses raretés et splendeurs, dont certaines valent à elles seules le déplacement. Citons, entre autres, les statues-menhirs en grès, les formidables collections de l'âge du bronze, du 1er âge du fer et de la période mérovingienne (avec les bijoux et parures en or de la basilique Saint-Denis), ou encore la grande *mosaïque de Saint-Romain-en-Gal* (Gaule gallo-romaine), véritable calendrier agricole.

UN SCULPTEUR MALICIEUX

En entrant dans le château, on découvre, au plafond, sous les voûtes, les 4 médaillons installés lors de la restauration du XIXe s, qui représentent François Ier et son fils Henri II, non pas accompagnés de leurs épouses respectives, mais avec leurs maîtresses, la duchesse d'Étampes pour le 1er, et Diane de Poitiers, qui séduisit tour à tour le père et le fils.

Le *département de la Tène* présente une image complètement dépoussiérée des Gaulois, avec plus de 1 350 objets. Rappelons que nos ancêtres excellaient dans les arts du feu – comme la poterie, la verrerie et la métallurgie – et par-dessus tout dans le travail du bronze et du fer. Ils étaient capables de ciseler et d'assembler avec une précision d'horloger. Des divinités ou des ancêtres vous accueillent dans une « chapelle » gauloise. Suit la présentation, grandeur nature, du char cérémoniel de Roissy-en-France. Des « décors » racontent l'histoire de la tribu, de la vie, de la mort. Enfin, à Alésia, l'armée gauloise, en armes et en marche lors de la dernière grande bataille livrée par Vercingétorix contre Jules César, clôt cette immersion chez les Gaulois.
Pour finir, dans la grande salle de bal, dite aussi *salle de Mars,* l'archéologie comparée avec environ 6 000 pièces provenant des 5 continents : de quoi faire ! Admirez la belle cheminée Renaissance décorée d'une salamandre couronnée. Au fond, tableau assez pompier sur les hommes des cavernes.
La *collection Piette,* consacrée au Paléolithique supérieur et située dans une autre aile du château, ne se visite que dans le cadre d'une visite spécialement consacrée à cette salle. On y trouve, entre autres chefs-d'œuvre, l'original de la célèbre *Dame à la capuche* de Brassempouy, la plus ancienne représentation connue de visage humain (25 000 ans avant notre ère), mais c'est en tout 10 000 pièces de l'époque magdalénienne que l'on peut admirer, bien protégées sous leurs vitrines à l'ancienne. Cette salle donne une bonne idée de ce qu'était le musée à l'origine.

Les jardins et les terrasses du château : *accès (entre autres) par la grille à gauche du château. De 8h au coucher du soleil (entre 17h et 20h30 selon saison), sauf pour les clients des 3 petits restos (il faut alors aussi une réservation pour pouvoir entrer).*
Le parterre, dessiné par Le Nôtre, mène à la *Petite Terrasse.* En passant le long des anciennes douves, remarquer sur la droite, dans les fossés, les mégalithes et les moulages de fragments de la *colonne Trajane.* Ces douves ne furent jamais mises en eau mais servirent de ménagerie pour les animaux de François Ier, de jeu de paume pour le jeune Louis XIII et de cour de promenade pour les prisonniers durant la Révolution.
De la balustrade de la Petite Terrasse, vue majestueuse sur la vallée de la Seine. Le peintre impressionniste Sisley s'en est souvent inspiré. 1 820 pieds de vigne (cépage pinot noir) y ont été replantés en respectant la perspective imaginée par Le Nôtre. Chaque année, lors des vendanges de septembre, ils donnent plusieurs centaines de bouteilles de vin des Grottes, en souvenir des vignes qui existaient autrefois sous les jardins.
Au bout de la Petite Terrasse, le début de la formidable allée longue de près de 2 km : la *Grande Terrasse,* dessinée par Le Nôtre. Longeant la forêt, elle surplombe là encore la vallée de la Seine, et offre un long panorama sur l'ouest de l'Île-de-France, qu'elle domine du haut de ses 84 m. Splendide : même Versailles n'a rien de tel ! Et l'on peut aussi s'y promener à vélo. Un aménagement qui revêt un sens politique : la cour de Louis XIV peut s'y déployer, et, de ce balcon, le souverain contemple son royaume.
Cette Petite Terrasse conduit aussi, de l'autre côté (vers la droite en regardant la Seine), au *Pavillon Henri-IV* (accès par la rue Thiers également). Aujourd'hui, l'hôtel-restaurant de luxe abrite l'un des derniers éléments du château Neuf,

LE COUP DE JARNAC

À l'emplacement de la colonne Trajane se déroula, en 1547, un duel mémorable, qui opposa les sieurs de Jarnac et de La Châtaigneraie sur fond de rivalité entre Anne de Pisseleu (favorite de François Ier, tombée en disgrâce à la mort du roi) et Diane de Poitiers (favorite de son successeur, Henri II). La Châtaigneraie, sûr de lui et passant pour l'une des meilleures lames du royaume, fut défait par un coup inattendu et très habile de son adversaire à l'arrière de la cuisse qui lui trancha net le jarret. Saigné, il expira peu après.

l'oratoire du roi, où Louis XIV fut ondoyé (accès libre à condition d'être vêtu correctement et en l'absence de séminaires dans l'hôtel). Superbe plafond en coupole, décoré d'une allégorie à la gloire de Louis XIV. Notez que cet hôtel connut un vif succès dès son ouverture, en 1836, et bien des artistes et du beau monde (et du moins beau aussi) l'ont fréquenté, dont Thiers, qui y mourut en 1877.

Le musée départemental Maurice-Denis : *2 bis, rue Maurice-Denis. ☎ 01-39-07-87-87. • musee-mauricedenis.fr • (accès partiel).* ***Attention, le musée est fermé pour travaux ; réouverture prévue, en principe, au printemps 2021.*** Le bâtiment, construit à la fin du XVIIe s à l'initiative de Mme de Montespan, favorite de Louis XIV, pour accueillir les déshérités de la ville, devient, en 1681, par lettres patentes du roi, un hôpital général royal. Il garde sa vocation jusqu'en 1803. Très belle bâtisse, à large escalier intérieur, sur plan carré voûté d'arêtes. En 1910, le peintre Maurice Denis vient y travailler, puis l'achète en 1914. Il habitera et travaillera, jusqu'à sa mort en 1943, dans cette maison qu'il appelle *Le Prieuré,* y recevant de nombreux artistes : Bonnard, Maillol, Debussy...

La maison natale de Claude-Debussy : *38, rue au Pain. ☎ 01-30-87-20-63. Ouv mer-ven 14h-18h, sam 15h-19h et dim 15h-18h (le w-e uniquement en juil-août). Entrée : 5 € ; réduc.* 2 pièces aménagées évoquent sa vie, son œuvre et le cadre de travail. Ce sont surtout les inconditionnels de Debussy qui y trouveront leur compte. Récitals régulièrement programmés pendant l'année ; se renseigner.

L'Espace Paul-et-André-Vera : *2, rue Henri-IV. ☎ 01-30-87-20-63. Mer-ven 14h-19h, sam-dim 15h-19h. GRATUIT.* Un autre petit musée qui présente la contribution des frères Paul Vera, peintre décorateur, et André Vera, théoricien des jardins, aux Arts déco : tapisserie, céramique, livre illustré...

L'église Saint-Germain : *face au château. Entrée sur la gauche de l'église. Ouv 8h30 (9h le w-e)-12h (13h dim) et 14h (16h dim)-19h.* Un monastère puis 2 églises l'ont précédée. C'est à Louis XV qu'on doit le projet d'édifier celle-ci, dont la 1re pierre fut posée en 1766. Mais le chantier, vite interrompu, ne s'est achevé qu'en 1827, sur des plans assez modifiés entre-temps. La restauration de 1848 lui donnera son gros porche dorique. Le beau plafond à caissons est une imitation de Sainte-Marie-Majeure à Rome (décor typiquement du milieu du XIXe s, peint par Amaury-Duval), et, dans l'une des chapelles, se trouve le mausolée de Jacques II Stuart d'Angleterre, réalisé à la Restauration. Une boîte placée à l'intérieur renferme « une portion de la chair et parties nobles » du roi déchu, mort au château en 1701.

Balade dans le vieux Saint-Germain : le centre-ville est jalonné de belles bâtisses (et de jolies boutiques !).

– Au *14, pl. Charles-de-Gaulle* (face au château), la façade imposante de l'*hôtel de Conti,* où vécut le prince de Conti, époux de Mlle de Blois, fille légitimée de Louis XIV et de Louise de La Vallière : du beau monde ! Juste à côté, au n° 16, l'*hôtel de Soubise,* acheté en 1676 par François de Rohan, prince de Soubise.

– De la place Charles-de-Gaulle part la *rue du Vieil-Abreuvoir,* où se trouvent plusieurs hôtels particuliers, dont l'*hôtel de Mme de Maintenon*. Un peu plus loin, rue de la République, l'*hôtel de la Vrillière,* du XVIIIe s, qui accueille aujourd'hui la Maison des associations ; on longe ensuite les bâtiments de l'*Institut Saint-Thomas de Villeneuve,* avec ses 4 colonnes ioniques. Cet ancien hôtel de Soissons devint bien plus tard un couvent pour les sœurs chargées de l'éducation des jeunes filles émigrées... à la suite de Jacques II d'Angleterre. En face, l'*hôtel de Richelieu,* pas très spectaculaire, est néanmoins l'un des plus anciens de la ville ; il a appartenu aux ducs de Montmorency avant d'être habité par le cardinal de Richelieu. L'un de ses descendants inspira par sa vie agitée le personnage du marquis de Valmont à Choderlos de Laclos pour ses *Liaisons dangereuses.* L'hôtel attend sa rénovation.

– Prendre la petite *rue des Louviers* puis, tout de suite à droite, la *rue des Écuyers* qui passe là encore devant quelques vieilles et nobles bâtisses, dont, notamment, l'*hôtel des Comtes d'Auvergne,* au n° 7. Sur la gauche, la façade d'un bâtiment est ornée d'un berceau doré sur fond bleu : ce blason a été commandé par Louis XVIII pour commémorer la naissance de son aïeul, Louis XIV.
– De là, gagner la *rue de Poissy* et la *place du Marché-Neuf* : belles maisons à arcades du XIXe s. Aux beaux jours, elle se couvre de terrasses et le marché s'y tient tous les mardis, vendredis et dimanches. Cette place du Marché-Neuf reste assez centrale dans le vieux Saint-Germain, puisque celui-ci se poursuit au sud par quelques rues étroites et, encore, des bâtiments du XVIIIe s. La *rue Wauthier,* qui part de cette place du Marché-Neuf, s'est longtemps appelée « rue Trompette ». La rue du Maréchal-Joffre croise la rue Wauthier : la prendre à gauche.
– On arrive *place Mareil* (en contrebas, l'excellent musée Maurice-Denis, là encore d'architecture intéressante). De cette place Mareil (en travaux jusqu'à fin 2020), prendre la *rue Saint-Pierre* pour remonter vers la *rue de Paris* : on est alors dans l'un des plus anciens secteurs de la ville. En effet, par le 40, rue de Paris, on accède à l'agréable *cour Larcher,* où, sous les maisons, reposent des caves voûtées, possibles vestiges de la maison-Dieu fondée par Régnault, archer du roi Philippe Auguste, en 1225. La place entièrement rénovée et isolée de la circulation est idéale pour une pause (terrasses, petit espace jeux pour les enfants...). Au n° 66, se dresse l'*hôtel de Toulouse,* demeure du 3e fils de Louis XIV et de Mme de Montespan, qui fut, à 5 ans, nommé Grand Amiral de France !
– Signalons aussi, dans le *jardin des Arts* (où se trouvent le théâtre Alexandre-Dumas, la bibliothèque multimédia et l'office de tourisme, place André-Malraux, sur la droite du château), les vestiges d'une maison Renaissance en provenance du Val de Loire : curieux aménagement mais du meilleur effet. Enfin, plus loin, de part et d'autre de la *rue d'Alsace,* les ailes de l'ancien *hôtel de Noailles* (où Mozart séjourna en 1778), dont la partie centrale a été rasée lors du percement de la rue sous Louis-Philippe (il est ouvert à la visite certains week-ends aux beaux jours).

La forêt domaniale de Saint-Germain : avec un peu plus de 3 500 ha, la forêt de Saint-Germain est le 2e massif forestier des Yvelines, et le plus important dans un rayon de 20 km autour de la capitale. Ses atouts ? Un boisement noble de hautes futaies, pour moitié de chênes rouvres, mais aussi hêtres, charmes, érables, frênes, pins sylvestres, sorbiers, merisiers, bouleaux, trembles et châtaigniers. L'autre caractéristique de ce massif est d'être traversé de véritables avenues forestières, héritage des chasses royales. On peut ainsi se promener tranquillement et à l'aise, et qui plus est sans se salir les bottes, car le sol, sablonneux, n'est jamais boueux.
➢ Divers chemins de randonnée la traversent, bien entretenus et balisés. Le plus connu d'entre eux est le PR 13, dit aussi sentier des Oratoires (réf. : *PR en Yvelines,* éd. FFRP, carte IGN au 1/25 000, n° 2214, et brochure descriptive) où l'on va d'oratoire en oratoire et de chêne vénérable en chêne vénérable (celui où pria Jacques Stuart, celui de sainte Geneviève, etc.).
– Au fil de vos déambulations dans la ville, vous tomberez peut-être sur la silhouette massive de l'un des 22 bunkers disséminés dans le centre, encore visibles pour certains. Pendant le 2d conflit mondial, près de 20 000 soldats et officiers allemands occupèrent la ville qui était le siège de l'état-major des forces allemandes de la zone occupée. Ces bunkers étaient avant tout des constructions de défense passive. Celui de la rue Félicien-David, invisible depuis la rue, abritait le PC du maréchal von Rundstedt, commandant en chef des armées de l'Ouest.

DANS LES ENVIRONS DE SAINT-GERMAIN-EN-LAYE

Le musée du Domaine royal de Marly : *1, Grille-Royale, parc de Marly, 78160* ***Marly-le-Roi.*** *☎ 01-39-69-06-26. ● musee-domaine-marly.fr ● Avr-oct, ouv mer-ven 9h30-12h30, 14h-18h, sam-dim 10h30-18h ; nov-mars, mer-ven*

9h30-12h30, 14h-17h, sam-dim 10h30-17h. Entrée : 7 € ; tarif réduit sur présentation de ce guide. Ateliers enfants pdt les vac scol.
C'est en 1678 que le roi, « lassé du beau et de la foule » (Saint-Simon), envisagea la construction du château de Marly, aidé dans cette entreprise par Charles Lebrun et Jules Hardouin-Mansart. Ce devait être une simple retraite, ce fut, comme toujours avec Louis XIV, quelque chose d'assez grandiose. Marly était le lieu privé du roi, voué aux divertissements et à l'intime. Cette résidence, comme Versailles, participait à la représentation du pouvoir royal codifiée par le souverain.
Le musée donne à voir... ce qui n'est plus. Son parcours, entièrement rénové, aborde différentes thématiques : l'architecture originale du château, son parc, sa statuaire et ses fontaines. On y découvre qui sont les privilégiés invités par le roi pour les fameux *Marlys* (séjours de quelques jours sur invitation du roi) et les activités proposées par le souverain à ces courtisans. Quant à la machine de Marly, ingénieux système conçu sous Louis XIV pour acheminer l'eau de la Seine à Marly et à Versailles, les contemporains de l'époque la surnommaient la « 8e merveille du monde ». On découvre son fonctionnement et ses évolutions. Une séquence de réalité virtuelle permet d'assister, aux côtés de Louis XIV, à l'éclipse de soleil du 3 mai 1715.
– ***Le parc de Marly :*** *en accès libre tlj ; avr-oct 7h30-19h30 (20h30 le w-e de mi-mai à mi-sept), nov-mars 8h-17h30.* S'il ne reste rien du château, des pavillons et des sculptures en extérieur, l'Abreuvoir subsiste, avec ses *Chevaux de Marly,* par Coustou, bêtes puissantes et magnifiques (il s'agit en fait de reproductions, les originaux sont au Louvre). Pourquoi « l'Abreuvoir » ? Parce qu'on y menait boire les chevaux. Certains bassins sont restés et, chaque 3e dimanche du mois, d'avril à septembre, le jet d'eau gicle à 37 m (à 16h30). On pourra, de là, se promener dans la forêt de Marly. Intéressants spécimens d'arbres pluriséculaires.

Le château de Monte-Cristo : ***Le Port-Marly,*** *à la limite de Saint-Germain-en-Laye. ☎ 01-39-16-49-49. • chateau-monte-cristo.com • Accès par la D 113 (sortie Marly-le-Roi) ou par l'A 13 (sortie Saint-Germain-en-Laye) puis prendre la N 186 jusqu'au Port-Marly et suivre le balisage de la « clinique de l'Europe », c'est le plus simple. Avr-oct : mar et jeu (mar-ven juil-août) 10h-12h30, 14h-18h, mer et ven 14h-18h, w-e et j. fériés (sauf lun fériés) 10h-18h ; nov-mars : le w-e 13h-17h. Dernière admission 1h avt. Fermé pdt les fêtes de fin d'année. Entrée : 7 € (8 € en cas de visite guidée ou surprise, 10 € si théâtralisée) ; réduc ; gratuit moins de 10 ans. Parc seulement : 3 € (non valable pdt l'expo d'art contemporain).*
L'édifice fut bâti à grands frais en 1844-1846 par Alexandre Dumas père qui ne put, à cause d'ennuis financiers, le conserver plus de 7 ans (et ne l'habiter que 3). L'auteur des *Trois Mousquetaires* gagnait des fortunes, mais dépensait plus encore avec ses innombrables maîtresses et les nombreux pique-assiettes qui gravitaient autour de lui, sans compter la révolution de 1848 qui acheva de le ruiner et son théâtre qui engloutissait des sommes folles. Il avait l'habitude

DUMAS ET SES NÈGRES

L'œuvre de Dumas (350 romans !) compte pas moins de 37 267 personnages. Parmi les plus célèbres : Athos, Porthos, Aramis... et D'Artagnan, mais aussi la reine Margot... D'où le fait qu'on lui ait prêté des « nègres » qui l'auraient aidé à remplir ses pages. Terme qui par ailleurs comportait de la moquerie, en allusion au métissage de Dumas. Ce dernier était le 1er à rire de ses origines... À quelque fâcheux qui avait osé lui dire : « Au fait, cher Maître, vous devez vous y connaître en nègres », il rétorqua : « Mon père était un mulâtre, mon grand-père était un nègre et mon arrière-grand-père un singe. Vous voyez, Monsieur, ma famille commence où la vôtre finit. »

de dire : « Je suis un panier percé, mais ce n'est pas moi qui ai percé le panier. » Dès lors, cette folie du Port-Marly n'a plus rien d'incongru, elle s'inscrit dans une logique toute dumasienne. « J'ai là une réduction du paradis terrestre », disait-il du château.

Au milieu d'un parc à l'anglaise de 3 ha où se cachent grottes, bassins, théâtre de verdure et rocailles, le château en question trône comme une bonbonnière, étonnamment préservé. Il faut dire qu'il a échappé de peu à la démolition dans les années 1970. Sans la mobilisation des 3 villes de Marly-le-Roi, du Port-Marly et du Pecq conjuguée avec la Société des amis de Dumas, alors présidée par Alain Decaux, des immeubles en rangs d'oignons en auraient effacé la mémoire. D'inspiration Renaissance, le château a la dimension d'une grosse villa. Des portraits en médaillons sculptés ornent la façade : effigies de Shakespeare, Dante, Chateaubriand... que Dumas appelait son panthéon personnel. La modestie ne l'étouffant pas (ou est-ce de l'humour ?), il y figure aussi.

À l'intérieur, des tableaux, quelques meubles dont un secrétaire ayant appartenu à Dumas, des portraits, des panneaux explicatifs retraçant la vie et l'œuvre de Dumas, un beau buste en marbre dans la salle à manger, etc. La visite des pièces bien proportionnées est un moment vraiment très agréable. On appréciera le charme romantique et baroque de l'ensemble, et le superbe *salon mauresque,* entièrement retapé aux frais de feu Sa Généreuse Majesté le roi Hassan II du Maroc. Une visite insolite et l'occasion d'une palpitante plongée dans le Paris littéraire et mondain de la fin du XIXᵉ s, à quelques dizaines de mètres seulement de la nationale (en contrebas).

SACRÉ DUMAS !

Au faîte de sa gloire, l'astucieux écrivain avait convaincu son éditeur de le payer 50 centimes de la ligne. Parfois, ces lignes étaient bien courtes. Du genre : « Où est Adrien ? – Avec Julie. – Ah bon ! » L'éditeur, flairant l'arnaque, continua à payer Dumas à la ligne, à condition que chacune contienne au moins 6 mots.

Dernière curiosité, le *château d'If,* petit pavillon atypique, néogothique, que l'écrivain avait fait construire à l'écart, dans le parc, pour s'isoler des nombreux amis qui squattaient le château, et pour travailler au calme. Sur chacune des pierres est gravé le titre d'une de ses œuvres.

POISSY

(78300) 37 680 hab.

Louis de Poissy, ça ne vous dira probablement rien, et pourtant, c'était ainsi que signait Louis IX, passé à la postérité sous le nom de Saint Louis. C'est dans cette ville qu'il naquit, fut baptisé à la collégiale Notre-Dame et passa une partie de son enfance, avant d'être sacré à Reims en 1226. Dès le Moyen Âge, la ville a acquis une certaine importance économique grâce à son marché aux bestiaux, qui alimentait Paris en viande. Plus tard à l'orée de la 2ᵈᵉ Guerre mondiale, c'est l'implantation de Ford qui marqua la ville, suivie par celle de plusieurs importantes unités de production de Peugeot, actuellement PSA. Outre la visite de la villa Savoye, ne pas manquer d'entrer dans la collégiale Notre-Dame *(8, rue de l'Église, tlj 8h30-19h30),* **dont l'origine remonte au XIIIᵉ s. Elle a conservé un portail gothique à décoration Renaissance. À l'intérieur, des pierres tombales originales, une chapelle ornée de splendides boiseries du XVIIIᵉ s, et de très belles statues. Quant au musée du Jouet, il fait le bonheur des familles grâce à sa nouvelle muséographie et à ses espaces de jeu.**

La villa Savoye : *82, rue de Villiers. ☎ 01-39-65-01-06. • villa-savoye.fr • Tlj sauf lun, 10h-17h (18h mai-août). Fermé certains j. fériés. Entrée : 8 € ; réduc ; gratuit moins de 26 ans. Audioguide : 3 €.*
Construite entre 1928 et 1931 par Le Corbusier, à la demande de la famille Savoye qui avait fait fortune dans les assurances, cette maison de campagne, à l'époque implantée sur un terrain de 7 ha totalement dégagé, a conservé toute sa modernité. Mettant en application sa théorie architecturale des « 5 points » (les pilotis, le toit-jardin, le plan libre, la façade libre et les fenêtres en longueur), Le Corbusier a voulu faire circuler l'air et la lumière dans cette maison d'un nouveau genre. Et, en effet, un sentiment de pureté et de légèreté se dégage de l'édifice en béton armé, qui apparaît comme un gros cube posé sur des pilotis, ou plutôt s'élevant au milieu de la nature. Une structure révolutionnaire pour l'époque dans son parti pris de sobriété aussi bien dans la forme que dans la couleur. Le bâtiment marie admirablement les lignes droites et les courbes (comme la rampe face à l'entrée, à laquelle répond le superbe escalier en hélice, à gauche), les baies vitrées et les murs blancs, l'intérieur et l'extérieur, tandis que la couleur vient rythmer, dynamiser l'ensemble avec parcimonie et intelligence...
Au rez-de-chaussée, les pièces de service, et au 1er étage, les pièces de vie avec une salle de séjour s'ouvrant au sud sur une grande terrasse via des baies vitrées. La cuisine, si elle peut nous sembler aujourd'hui presque banale dans son agencement, était pour l'époque novatrice. Notez également l'importance du mobilier intégré, nouvelle preuve de cette volonté d'architecture globale et cohérente. La modernité s'exprime aussi dans la salle de bains des parents ouverte sur la chambre, une suite parentale avant l'heure, séparée seulement par une méridienne et un placard. Sans oublier aussi le mur vitré courbe du vestibule défini par le rayon de braquage d'une auto des années 1930 et qui permet de repartir ou de pénétrer dans le garage. La chambre du chauffeur a même été prévue.
Durant la 2de Guerre mondiale, la villa, bien située pour surveiller la vallée de la Seine et les usines Ford en contrebas, est occupée par les Allemands. Lorsque les Savoye récupèrent la maison, ils n'ont pas les moyens de la remettre en état et transforment alors la propriété en domaine agricole. Dans les années 1960, la ville de Poissy achète le terrain pour y construire un lycée. Il s'en faut de peu pour que la maison soit rasée, mais Le Corbusier et André Malraux se mobilisent et la villa Savoye sera finalement le 1er exemple d'architecture moderniste à être inscrit aux Monuments historiques en 1964. Elle est, depuis 2016, inscrite au Patrimoine mondial de l'Unesco avec 16 autres œuvres de Le Corbusier.

MAISONS-LAFFITTE

(78600) 24 170 hab.

Maisons-Laffitte a la particularité d'offrir 2 villes pour le prix d'une : la ville commerçante, d'une part, et le parc, vaste poumon vert résidentiel, incluant l'hippodrome, d'autre part. 2 villes qui vivent en harmonie et fonctionnent selon le principe des vases communicants : les Mansonniens du parc viennent 2 fois par semaine au marché et font leur shopping avenue de Longueil, tandis que ceux de la vieille ville profitent au maximum des bienfaits du parc.

UN GÂTEAU QUI ROULE

En 1910, Louis Durand, jeune pâtissier de Maisons, crée le paris-brest en forme de pneu de vélo à la demande de Pierre Giffard, créateur de la course. Celui-ci, également rédacteur en chef au Petit Journal, *avait publié en 1890 un ouvrage intitulé* La Reine Bicyclette, *d'où le surnom (« la petite reine ») passé à la postérité.*

UN PEU D'HISTOIRE

Longtemps et déjà sous Charlemagne, Maisons ne fut qu'un des villages du vaste domaine de l'abbaye Saint-Germain-des-Prés. Au XIe s, il tomba dans l'escarcelle de la puissante famille de Poissy, qui le garda jusqu'à la Renaissance, où la seigneurie passa aux mains d'une riche famille de magistrats parisiens, les Longueil. C'est à l'un d'eux, René, seigneur de 1629 à 1677, que l'on doit la construction du château actuel, œuvre de François Mansart (« inventeur » de la mansarde et grand-oncle du futur Jules Hardouin-Mansart, l'architecte de Versailles). L'un de ses descendants vendit Maisons en 1777 au comte d'Artois, frère de Louis XVI et futur Charles X.
À la Révolution, le château est vendu à un fournisseur de chevaux de l'armée, qui le revend au maréchal Lannes, dont la veuve le cède en 1818 au baron Jacques Laffitte. Avec ce dernier, banquier de son état, Maisons va vivre une 2de révolution. Inspiré par les théories hygiénistes du jardin pour tous, Laffitte organise la vente du parc de Maisons en 1834. Le tracé du parc est conservé, avec ses allées cavalières et ses places en étoile, complétées par des avenues circulaires. En 1924, l'inauguration du nouveau champ de courses a ancré l'identité de Maisons-Laffitte comme ***cité du Cheval.***

Comment y aller en transports ?

➢ ***En RER :*** ligne A, direction Cergy-le-Haut ou Poissy.
➢ ***En bus :*** ligne n° 262 au départ de Pont de Bezons. Ligne de service urbain de Maisons-Laffitte : n° 12 ; ce bus permet au visiteur de faire en 45 mn un parcours de repérage. Il traverse le parc, passe devant le château, à proximité de l'hippodrome, etc.
➢ ***En train :*** de Paris, départ de la gare Saint-Lazare, direction Cergy-le-Haut.
– Rens RATP : ☎ 34-24 (prix d'un appel local). • ratp.fr •

Adresse utile

ℹ ***Office de tourisme :*** *41, av. de Longueil. ☎ 01-39-62-63-64. • tourisme-maisonslaffitte.fr • ♿ 15 juin-14 sept, tlj sauf dim 9h30-12h, 13h30-18h (17h sam) ; le reste de l'année, tlj sauf sam ap-m et dim.* Organise des visites guidées pour les individuels à la découverte aussi bien du patrimoine que du centre hippique.

Où dormir ? Où manger ?

Prix moyens

Hôtel-restaurant Au Pur Sang : *2, av. de la Pelouse. ☎ 01-39-62-03-21. • mb.cene@wanadoo.fr • Face à l'hippodrome. Resto tlj sauf sam soir-dim ; bar fermé le dim. Double 52 €. Menu 17,50 € ; carte env 30 €.* Quelques chambres simples (TV, douche et w-c dans la chambre), bien tenues. Apprécié en ville, le resto à l'ambiance provinciale et rustique est le rendez-vous de tout le petit monde des courses. Cuisine simple et soignée. Large terrasse ensoleillée face à l'hippodrome. Accueil franc et souriant. Une adresse intemporelle comme on les aime, malheureusement fermée une bonne partie du week-end.

Où goûter un bon paris-brest ?

De chaque côté de l'avenue de Longueil, 2 pâtisseries proposent la spécialité de la ville. La ***pâtisserie Durand,*** au n° 9, qui en revendique l'invention *(fermé lun et en août),* et la ***pâtisserie de Longueil,*** au n° 18 *(fermé lun).*

À voir

Le château de Maisons : *2, av. Carnot. ☎ 01-39-62-01-49. • chateau-maisons.fr • Tlj sauf mar 10h-12h30, 14h-17h (18h de mi-mai à mi-sept). Fermé certains j. fériés. Entrée : 8 € ; gratuit moins de 25 ans. Achat des billets en ligne possible sur : • ticket.monuments-nationaux.fr •*
Réalisé au milieu du XVIIe s pour René de Longueil, ambitieux président du parlement de Paris qui voulait une demeure grandiose capable de recevoir et d'impressionner le roi (ni Vaux-le-Vicomte ni Versailles n'existaient encore), le château de Maisons devait le surprendre dans une mise en scène baroque. Sa construction, qui dura 10 ans, fut confiée à François Mansart, et Louis XIV y fut reçu avec faste à plusieurs reprises. On pense que Maisons l'a influencé pour le futur château de Versailles. Entouré d'un petit parc au dessin rigoureux, précurseur des jardins à la française, ce château est une merveille de sobriété et d'équilibre. Son escalier d'un nouveau type pour l'époque présente la particularité de n'avoir besoin d'aucun pilier pour le soutenir. Mais seuls les anciens plans (que l'on peut voir à l'intérieur) rendent compte de la majesté générale des lieux au XVIIe s, car beaucoup de choses ont, hélas, disparu. Les superbes écuries ont été détruites au XIXe s, et le vaste fossé en saut-de-loup, appelé « ha-ha » tant il produisait un effet bœuf sur les visiteurs, a été comblé pour laisser la place à la circulation automobile.
Visite des petits appartements du château aux beaux jours pour découvrir l'envers du décor, et les chambres de Mansart, Lafayette et Voltaire.
Au rez-de-chaussée, *salon des Captifs,* avec l'exemple type d'une cheminée à la française, dont le décor, de Gilles Guérin, représente les 4 provinces gagnées à la Couronne par Louis XIII. Puis superbe vestibule d'honneur, aux 8 colonnes doriques, ornées des armes de René de Longueil (4 aigles au long œil) et ses bas-reliefs évoquant les 4 éléments. Dans la *salle à manger du Comte d'Artois,* remarquable décor sculpté de style néoclassique, là encore. Majestueux escalier d'honneur récemment restauré, surmonté d'une coupole et décoré de groupes d'angelots très expressifs représentant les différents arts.
Au 1er étage, l'*appartement du Roi* aligne des pièces dites à l'italienne où furent tournées certaines scènes des *Liaisons dangereuses,* de Stephen Frears, et de *Vatel,* de Roland Joffé ; la grande salle de bal décorée des toiles commandées par Jacques Laffitte, le salon d'Hercule avec son imposante cheminée surmontée du portrait du Roi-Soleil, et enfin la chambre du Roi avec son alcôve et un beau plafond à coupoles. Clou de la visite, le sublimissime *Cabinet aux miroirs* tout en rond, et son somptueux parquet en marqueterie de bois précieux, d'os et d'étain. Dans l'aile droite, ne pas manquer la chambre du maréchal Lannes, ancienne chambre de la reine, une pièce agréable, parfait exemple du style Empire, avec son lit en alcôve, sa table de jeu en loupe d'orme et son beau lustre en bronze doré.
Au sous-sol, outre les cuisines, l'exceptionnelle chambre des bains du XVIIe s (avec une vaste cuve creusée dans le sol et ouvragée) et des expositions temporaires.

Le parc : déjà, sur le plan de Maisons-Laffitte, le parc apparaît comme écrasant de toute la magnificence de son tracé le reste de la ville : aristocratique géométrie des allées de ce parc-paon qui fait la roue avec ses triangles et ses demi-cercles, mais où l'on s'égare facilement. Fort de ses 389 ha, hippodrome compris, et de ses clubs hippiques, c'est un espace privilégié, où l'on respire le bon air à pleins poumons et où il est agréable d'enfourcher son VTT pour pédaler relax d'allée en allée, à la recherche de la villa qui abrita les amours de l'Aga Khan et de Rita Hayworth, de la maison natale de Cocteau (au 4, place Sully) ou de la villa de la môme Moineau...

L'hippodrome : *1, av. de la Pelouse. ☎ 01-39-12-81-70.* ***Fermé en 2021.*** *Se renseigner à l'office de tourisme sur la date de réouverture.* C'est l'hippodrome le plus grand de la région parisienne ; il possède même la ligne droite la plus longue d'Europe.

• Carte La vallée de l'Oise *p. 55*

AUVERS-SUR-OISE (95430) 7 060 hab.

Auvers, petit village authentique et préservé qui s'étire le long de l'Oise, légèrement en surplomb sur une colline, s'enorgueillit d'avoir accueilli de nombreux peintres venus chercher hors de la ville et de leurs ateliers, grâce à l'invention du tube de peinture et du chevalet pliant, des sensations et des couleurs nouvelles. Si le village doit sa notoriété à *Vincent Van Gogh,* venu y passer les 2 derniers mois de sa vie, ce sont surtout 2 hommes qui ont contribué à faire d'Auvers et des alentours un lieu de prédilection pour les peintres. Tout d'abord *Charles-François Daubigny.* Élevé dans la région, c'est le 1er à peindre d'après nature, sur le motif, et il est, à ce titre, l'un des précurseurs de l'impressionnisme. Il navigue sur l'Oise à bord de son atelier flottant baptisé *Le Bottin* (visible sur l'eau, restauré et amarré) et se fixe à Auvers en 1861, dans sa maison des Vallées. Le 2d est un médecin, le *docteur Gachet,* amateur d'art, qui s'installe en 1872 à Auvers.
L'un et l'autre vont recevoir chez eux des artistes tels que Corot, avec lequel Daubigny décorera sa maison, Daumier, le fameux caricaturiste, Pissarro, qui s'installe non loin, à Pontoise, mais également Cézanne, qui loue une maison toute proche de celle du médecin et que le village inspirera beaucoup, sans oublier Van Gogh, qui arrive à Auvers en mai 1890. Ce dernier prend pension à l'*Auberge Ravoux* pour 3,50 francs par jour, repas compris, dans une minuscule chambre mansardée. Enthousiasmé par la région, il ne cessera de peindre (plus de 70 tableaux !) jusqu'au 29 juillet 1890, date à laquelle il décède suite à sa tentative de suicide au revolver 2 jours plus tôt. La ville est depuis marquée par ce passage illustre : l'artiste est enterré au cimetière municipal, où son frère Théo l'a ensuite rejoint. L'auberge, l'église et la mairie d'Auvers nous évoquent les toiles de l'artiste. Le film référence sur les 67 derniers jours du « Hollandais fou » fut réalisé par Maurice Pialat en 1991, avec Jacques Dutronc dans le rôle de Van Gogh.
Auvers a eu le bon goût de ne pas sacrifier son charme au culte du tourisme. Il fait bon y flâner, des tableaux plein la tête, à la recherche du temps perdu en suivant le fil d'un petit circuit de 2h qui passe devant les principaux sites.

Comment y aller en transports en commun ?

En RER

➢ ***De Paris :***
– RER C direction Pontoise jusqu'à Saint-Ouen-l'Aumône, puis train ligne H direction Creil.
– RER A, direction Cergy-Préfecture, puis bus n° 95-07, direction Parmain-Jouy-le-Comte (attention, 4 bus seulement le dim). Arrêt : Auvers-sur-Oise-Mairie. • *ceobus.fr* •

En train

➢ ***De Paris :***
– Au départ de la gare du Nord par la ligne H, soit direction Pontoise avec changement à Pontoise (direction Creil-Persan-Beaumont), soit Persan-Beaumont avec changement à Persan (direction Pontoise). Prévoir 1h05 de trajet. De plus, un train direct circule Pâques-Toussaint ts les w-e et j. fériés :

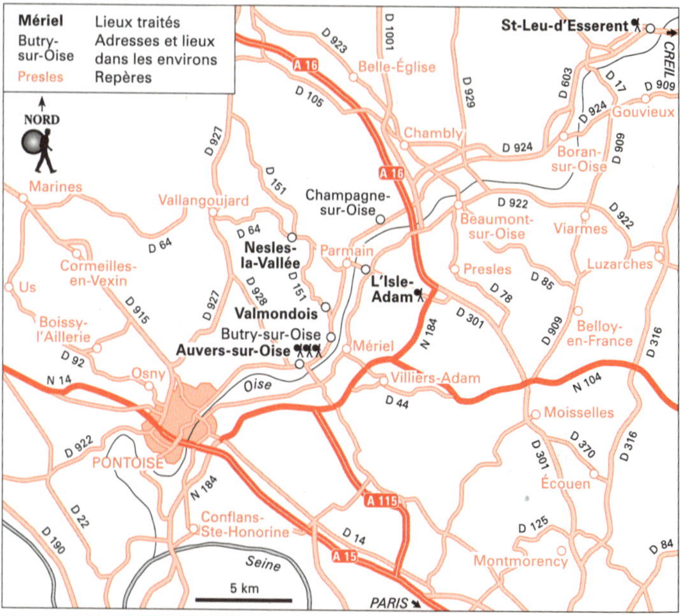

LA VALLÉE DE L'OISE

aller le mat et retour en fin d'ap-m (30 mn de trajet).
– Au départ de la gare Saint-Lazare, ligne J direction Pontoise, puis correspondance avec la ligne H direction Creil pour Auvers-sur-Oise. Trajet : 1h15.
– *Rens SNCF :* • *transilien.com* •

Adresse utile

Office de tourisme : *38, rue Charles-de-Gaulle, dans le parc Van-Gogh. ☎ 01-30-36-71-81.* • *tourisme-auverssuroise.fr* • *Avr-oct, mar-sam 9h30-18h, dim 9h30-13h, 14h-18h ; nov-mars, mar-sam 10h-16h30, dim 10h-13h, 14h-16h30. À noter, presque ts les sites sont fermés lun-mar (château, musée Daubigny et galerie d'art contemporain ouv mar).* Accueil souriant, équipe dynamique et compétente. Location d'un audioguide pour une visite libre de 2-3 h d'Auvers *(6 €).*

Où manger ?

Prix moyens

Le Chemin des Peintres : *3, rue de Paris. ☎ 01-30-36-14-15.* • *direction@le-chemin-des-peintres.fr* • *Au pied de l'église. Ouv mer-dim 12h-18h, fermé lun-mar et sam. Congés : 2 sem en août. Formules 22-29 € ; salon de thé l'ap-m.* Cette bonne table exploite à fond la thématique de la peinture impressionniste : cadre d'atelier décoré de chevalets, plats au dressage pensé comme une palette de peintre... Comme Vincent et Théo Van Gogh, 2 frères au piano qui fourmillent de bonnes idées et proposent une cuisine élaborée, avec de belles surprises qui rendent l'assiette savoureuse et ludique. Le rapport qualité-prix est exceptionnel ! Petite terrasse sur rue aux beaux jours et savoureuses gourmandises maison pour le goûter.

Café de la Paix : *11, rue du Général-de-Gaulle. ☎ 01-30-36-73-23. • cafedelapaixauvers@orange.fr • Près de la mairie. Tlj sauf dim soir et lun, 9h-22h, jusqu'à 23h en été. Formules déj en sem 14-16 € ; menus 25-31 €.* C'est l'ancienne salle de cinéma de la ville où l'on projeta pour la 1re fois le film de Vincente Minnelli *La Vie passionnée de Vincent Van Gogh* (1957), en présence de Kirk Douglas. Aujourd'hui, on y mange des plats simples de brasserie, genre salades, omelettes. Concerts certains week-ends, et bal musette le dimanche après-midi hors saison. Accueil aimable.

Le Relais des Peintres : *6, rue du Général-de-Gaulle. ☎ 01-30-36-70-74. Fermé dim soir. Formule et menu du jour en sem 22-28 € ; menu-carte 38 € ; plats 20 €. Parking.* Encore une bonne table à Auvers dans un registre bistronomique où se côtoient des plats classiques et d'autres plus originaux. Une cuisine à base de beaux produits qui suit le rythme des saisons, comme en témoigne la carte équilibrée. Les desserts sont excellents et originaux. Et pour cause, il y a un chef pâtissier en cuisine ! Service souriant, efficace et tables espacées (c'est assez rare pour être mentionné). En été, petite terrasse au fond de la salle.

Chic

Auberge Ravoux, dite Maison de Van Gogh : *pl. de la Mairie. ☎ 01-30-36-60-60. • contact@maisondevangogh.fr • ♿ Face à la mairie. Ouv le midi mer-dim et j. fériés, plus le soir ven-sam et j. fériés. Congés : déc-fév. Résa conseillée. Cocotte du marché 24 € ; menus 32-39 € ; carte env 40 €.* Il s'agit de la fameuse auberge dans laquelle Vincent Van Gogh séjourna et décéda en 1890 (se reporter plus loin à la rubrique « À voir »). Entièrement restaurée ; son décor a été reconstitué tel que son illustre hôte l'a connu. Cuisine plus que correcte, avec des produits de qualité et s'inspirant de recettes anciennes : pressé de lapereau aux lentilles du Puy, gigot de 7 heures, tarte Tatin. Pas donné, certes, mais d'un bon rapport qualité-prix tout de même. Service souriant.

À voir

Le parcours immersif du château d'Auvers « Vision impressionniste : naissance et descendance » : *rue de Léry. ☎ 01-34-48-48-48. • chateau-auvers.fr • ♿ Tlj sauf lun 10h-18h (17h oct-mars). Fermé de mi-déc à mi-janv. Entrée : 12 € ; réduc ; gratuit moins de 7 ans ; tarif famille. Parcours env 1h15. Parcs et jardins : entrée gratuite. Ateliers d'art floral tte l'année et ateliers d'éveil artistique pdt les vac scol. Livret-jeu pour enfants. Parking.*

Le château, construit au XVIIe s par un banquier italien de la suite de Marie de Médicis, abrite une présentation du mouvement qui révolutionna la peinture au XIXe s sous la forme d'un parcours immersif retraçant l'aventure de l'impressionnisme, de ses origines avec Turner aux mouvements postimpressionnistes comme le pointillisme ou le fauvisme, entre autres. Bien sûr, les séjours des peintres à Auvers sont évoqués.

Les spectateurs sont invités à passer de salle en salle où sont projetées sur des murs blancs les œuvres en grand format, au plus près de la touche impressionniste, accompagnées de commentaires entrecoupés de citations. Dans les couloirs, une trentaine d'œuvres d'artistes ayant choisi comme source d'inspiration la vallée de l'Oise, dont 2 œuvres remarquables : *La Gare d'Argenteuil* (1872) de Claude Monet et *Bateau à l'ancre à Argenteuil* (1891) de Gustave Caillebotte. L'ensemble, mis en scène dans un cadre très froid (voire d'une blancheur clinique) est très didactique mais manque de vie, de couleurs, de chair. Dommage pour un mouvement qui peignait sur le motif et donc au plus près de la vie. On retiendra la rivalité entre Gauguin et Van Gogh ; que Cézanne, considéré par Picasso comme son maître, fut à l'origine du cubisme, et Monet aux sources de l'abstraction avec des successeurs tels que Bazaine ou Rothko. À l'extérieur du château, un joli parc et des jardins à la française avec un belvédère et des parterres d'iris méritent la balade en saison.

La maison de Van Gogh : *entrée rue de la Sansonne (à l'arrière de l'Auberge Ravoux). ☎ 01-30-36-60-60. • maisondevangogh.fr • Se garer sur le parking de la mairie. Accès à pied. Mars-fin oct, mer-dim 10h-18h (dernière entrée à 17h30). Visites guidées seulement (30 mn). Entrée : 6 € ; réduc ; gratuit moins de 12 ans.*

TRISTE PARADOXE

Vincent Van Gogh, peintre aujourd'hui bien connu et reconnu, dont les toiles comptent parmi les plus coûteuses du monde de l'art, n'a vendu de son vivant qu'une seule peinture, La Vigne rouge, à la mécène Anna Boch, peintre et héritière des porcelaines Villeroy & Boch...

Cette maison est en fait l'*Auberge Ravoux* (voir « Où manger ? »), qui louait à l'étage des chambres meublées. On y accède par un petit escalier après avoir franchi une porte qui vous fait passer du XXIe au XIXe s. Attention : il n'y a pas de toile dans ce lieu malgré la présence d'une vitre de protection blindée dans l'attente utopique d'un tableau de Van Gogh.

La visite commence par la présentation de la chambre dans laquelle Vincent finit ses jours. Il s'y installe après son séjour à l'asile de Saint-Rémy-de-Provence. Il va y loger durant 67 jours, pendant lesquels il peint plus de 70 toiles. Il y meurt dans les bras de son frère le 29 juillet 1890. Il s'agit en fait d'une minuscule mansarde de 7 m^2 éclairée par une lucarne, et de celle de son voisin, Anton Hirschig, peintre hollandais qui résidait à l'auberge à la même époque. Attention, ne pas confondre cette chambre avec la fameuse chambre d'Arles peinte par l'artiste.

La chambre est là, vide, sans aucune mise en scène, intacte. Le commentaire est succinct. La visite, chronométrée, s'achève par un agréable diaporama de 13 mn : projection des toiles de Vincent illustrées d'extraits de sa correspondance.

Le musée de l'Absinthe : *44, rue Callé. ☎ 01-30-36-83-26. Près du château. Ouv sam-dim et j. fériés 13h30-18h. Entrée : 6 € ; réduc ; gratuit moins de 15 ans. Dégustation d'absinthe : 4 € (5 € sans la visite du musée).*

Par le biais de l'histoire de l'absinthe interdite en 1915, le musée présente un regard insolite sur la société et la vie des artistes au temps des impressionnistes. La passionnante Marie-Claude vous donnera toutes les explications souhaitées. Cette ancienne prof en biologie cellulaire a écrit de nombreux ouvrages sur le sujet, et elle est donc incollable sur la « Fée verte ».

Sur plus de 120 m^2, on découvre les objets utilisés pour le rituel de consommation. Également des lithographies, dessins et gravures originales. Une autre version du XIXe s s'affiche sous nos yeux. Un petit café littéraire est d'ailleurs reconstitué à l'étage, avec ses fontaines à eau à multiples robinets. On peut aussi voir et sentir les plantes aromatiques dans le jardin. Une salle est aussi entièrement consacrée à l'art. Parmi les toiles originales, on peut admirer celles de Bouvet, Stein et Zahrtmann, ainsi que les eaux-fortes de Félicien Rops et d'Apoux. Également, une des dernières œuvres du sculpteur César, *L'Absinthe,* qui avait compressé une centaine de cuillères.

À l'***Absinthe Café,*** on peut prendre un verre d'absinthe selon le rituel traditionnel. Autorisé de nouveau à la consommation depuis 2011, l'alcool, qui titre tout de même à 70°, est produit avec un faible taux de thuyone (la fameuse molécule qui rend fou).

La maison-atelier de Daubigny : *61, rue Daubigny. ☎ 01-34-48-03-03. • atelier-daubigny.com • Ouv sam-dim 10h30-12h30, 14h-18h30. Entrée : 6 € ; réduc ; gratuit moins de 12 ans.*
Peintre paysagiste, Charles-François Daubigny fait construire en 1861 cette maison, qui devient vite le 1er foyer artistique d'Auvers. Pendant les jours de pluie, il la décore en compagnie de son fils Karl et de ses copains, parmi lesquels Daumier et Corot. On visite d'abord l'entrée, puis la salle à manger décorée de charmantes scènes champêtres (les adorables petits lapins !), la chambre des parents qui contient des souvenirs de famille, dont un joli portrait de Marie-Sophie, la femme de Daubigny, en train de faire du crochet. Enfin, la chambre de leur fille Cécile, décorée de délicates peintures murales représentant les jeux en vogue à l'époque, ainsi que 2 contes de Perrault et une fable de La Fontaine. On termine par l'atelier : 100 m² de peintures murales faites avec Corot sur des thèmes italiens, un must ! On peut y voir également les maquettes des 2 bateaux-ateliers de Charles-François Daubigny.
À l'extérieur, agréable jardin qui fut peint par Karl Daubigny, son fils.

L'église : avec son clocher carré du XIIe s, typique de la région, c'est sans doute l'une des plus connues au monde grâce au célèbre tableau de Van Gogh, que l'on peut voir au musée d'Orsay. Elle a même eu un timbre à son effigie !

Le cimetière : au-dessus de l'église, un peu à l'écart du village, au milieu des champs immortalisés par l'artiste. C'est là que reposent Vincent et son frère Théo, mort 6 mois après le peintre. Mais il ne le rejoint à Auvers qu'en 1914 (il était auparavant enterré à Utrecht). 2 tombes côte à côte, réunies par un tapis de lierre, symbolisant l'attachement des 2 frères. Tâchez de vous y rendre quand il y a peu de monde (à midi par exemple).

Le musée Daubigny : *au manoir des Colombières, rue de la Sansonne, à l'arrière de l'Auberge Ravoux. ☎ 01-30-36-80-20. • museedaubigny.com • Juil-août, ouv mar-dim 10h30-12h30, 14h-17h30 ; sept-juin, ouv mar-ven 14h-17h, sam-dim 10h30-12h30, 14h-17h30. Entrée : 5 € ; réduc ; gratuit moins de 18 ans.*
Il présente au rez-de-chaussée une vingtaine d'œuvres de Charles-François Daubigny et de son fils Karl. À l'étage, d'intéressantes expos temporaires de peinture, sculpture et caricatures du XIXe s à nos jours (principalement d'artistes de la région).

La maison du Dr Gachet : *78, rue du Dr-Gachet. ☎ 01-30-36-81-27. À l'écart du centre, bien indiqué. Avr-fin oct, mer-dim 10h30-18h30. GRATUIT.*
Le docteur Gachet, amateur d'art éclairé (c'est le moins que l'on puisse dire), lui-même peintre et graveur, médecin homéopathe (spécialité avant-gardiste à l'époque), s'installa à Auvers en 1872. C'est en raison de son rôle auprès des peintres que Théo propose à Vincent de s'installer à Auvers, afin que le médecin puisse s'occuper de l'artiste. Le bon docteur avait installé depuis longtemps chez lui un atelier de gravure (eau-forte) dans lequel Pissarro, Cézanne, Guillaumin et Van Gogh ont travaillé. Le rez-de-chaussée évoque la vie de famille du docteur, tandis que le 1er étage est consacré à l'activité artistique de la demeure. Sur les murs, des phrases extraites de la correspondance de Vincent à Théo Van Gogh évoquent la venue du peintre... Expos temporaires. Une atmosphère, plus qu'un musée, qui se prolonge dans le jardin.

Randonnées

Pour les randonneurs, on signale que le ***GR 1*** passe par Auvers, Valmondois, Nesles-la-Vallée, puis retraverse l'Oise au niveau de Parmain pour ensuite cheminer dans la forêt de L'Isle-Adam. Topoguide en vente *(4 €)* à l'office de tourisme.

D'Auvers, on peut également se rendre à L'Isle-Adam à pied par un chemin étroit qui suit les bords de l'Oise. Le chemin de halage, plus large, est accessible aussi aux vélos, mais ne va pas jusqu'à L'Isle-Adam.

Manifestations

– ***Auvers'Jazz :*** *tte l'année sauf juil-août • auversjazz.com •* Programmation d'un concert par mois à la Maison de l'île.
– ***Festival d'Auvers-sur-Oise (Festival international de musique) :*** *de mi-juin à mi-juil. Rens et résas : ☎ 01-30-36-77-77. • festival-auvers.com •* Nombreux concerts de musique classique avec une programmation de haut niveau.
– ***L'Art au Jardin :*** *1er w-e de juin. Rens : ☎ 01-34-48-00-10 (service culturel de la commune).* Expos d'artistes disséminées dans les jardins et parcs publics ou privés de la ville.

VALMONDOIS

(95760) 1 250 hab.

Joli village environné de bois, qui accueillit, à des époques et dans des styles différents, La Fontaine, Daumier (voir l'extérieur de la maison où il vécut, jusqu'à sa mort en 1879, au 89, Grande-Rue), l'écrivain Georges Duhamel, mais également Daubigny, Corot et Vlaminck... Bescherelle, l'auteur du célèbre manuel de conjugaison éponyme, si cher ou détesté des élèves de classes primaires, repose au cimetière, au-dessus du village.

À voir

Le musée de la Meunerie : *moulin de la Naze, chemin du Moulin-Morel. ☎ 01-34-73-29-12 ou 01-34-73-06-26. ♿ Sam 14h-18h, dim 10h-18h ; 17h en hiver. Fermé en août. Entrée : 3 € ; réduc.* Pour tout savoir sur la vie quotidienne des meuniers et l'histoire des moulins. C'est ici que Jean de La Fontaine aurait écrit la fable *Le Meunier, son Fils et l'Âne.* Expos temporaires à l'étage sur le patrimoine rural.

NESLES-LA-VALLÉE

(95690) 1 850 hab.

Joli petit village qui mérite un détour pour ses beaux bâtiments de ferme anciens. L'un, la *ferme de Bertheuil,* avec son pigeonnier rond de la fin du XIVe s, se trouve en face de l'église ; l'autre, le *manoir de Launay,* sur la route de Frouville, à 2 km du centre sur la gauche. Au passage, profitez-en également pour admirer l'église du XIIe s et son clocher roman percé de baies géminées en son centre.

Où dormir ? Où manger ?

Le Val de Nesles : *chemin de la Garenne, dit « de Rochefort ». ☎ 01-34-70-63-24. • levaldenesles@gmail.com • Prendre la 1re à droite* *face à l'église, puis tt droit pdt 2 km. Ouv tte l'année. Compter 15 € pour 2 avec tente et voiture. CB refusées. 220 empl.* Perdu en pleine campagne, un camping familial réparti sur 2 grands espaces herbeux bien ombragés en lisière de forêt. Très calme évidemment.

|●| *La Quincaillerie :* *1, rue Jules-Chardon. ☎ 01-30-28-14-65. Au cœur du village, sur la place de la mairie. Fermé lun. Résa indispensable. Menus déj 16-20 €, le soir menu-carte 41 €.* L'ancienne bâtisse qui abritait... la quincaillerie est aujourd'hui un restaurant qui ne fait pas dans la bricole ! Nombreux sont les habitués d'ici et alentour qui viennent savourer un menu du marché qui porte bien son nom et change toutes les semaines. Les produits sont locaux autant que possible et les plats (créatifs à la carte) concoctés maison. Mais est-il besoin de le souligner à voir la mine réjouie des habitués narguant les recalés qui n'ont pas réservé ?

L'ISLE-ADAM (95290) 11 980 hab.

« Paradis terrestre » selon Balzac, qui y possédait une résidence secondaire, L'Isle-Adam est une banlieue résidentielle assez huppée qui coule des jours paisibles entre l'Oise (aux reflets verts), ses nombreux parcs et son immense domaine forestier. Un vrai paradis vert ! Pour ces raisons, L'Isle-Adam a de tout temps été un lieu de villégiature.
Les seigneurs y pratiquaient la chasse à courre. Plus tard, les Bourbon-Condé, princes de Conti, s'y installent et il s'y développe une vie culturelle si riche qu'on la surnomme le « Petit Versailles ». Mozart serait passé par là lors de sa grande tournée des cours européennes, et Fragonard y avait des attaches. Les écuries de L'Isle-Adam n'avaient rien à envier à celles de Chantilly et l'on dénombrait alors pas moins de 7 châteaux ! De cette époque faste et royale, il ne reste quasiment rien hormis de magnifiques parcs.
Après les turbulences de la Révolution, la petite ville ronronne puis renaît en même temps que l'on découvre les joies du canotage. Sur l'île du Prieuré, l'hôtel *Royal Conti,* construit à l'emplacement d'un ancien château, reçoit tout le gratin de la haute bourgeoisie parisienne de l'entre-deux-guerres venu se mettre au vert... et à l'eau depuis qu'un homme d'affaires avisé a construit une société de sauvetage et de natation, devenue la plage de L'Isle-Adam. Le succès est tel qu'on la surnomme Paris-Plage et qu'une ligne de chemin de fer est spécialement mise en place au départ de la gare du Nord. Avec ses cabines de bain datant de 1920, ses 2 bassins dont l'un bordé de sable fin, la plage est restée le lieu de villégiature préféré des Parisiens.

Comment y aller en transports en commun ?

En train

➢ ***De Paris :*** de la gare du Nord, ligne H, direction Persan-Beaumont par Valmondois, trains directs (50 mn de voyage) ou avec changement à Valmondois. Arrêt gare de L'Isle-Adam-Parmain.
– *Rens SNCF :* ● *transilien.com* ●

Adresse et info utiles

ℹ *Office de tourisme :* *18, av. des Écuries-de-Conti. ☎ 01-34-69-41-99.* ● *tourisme-isle-adam.net* ● *Derrière le musée. Tlj sauf lun 10h-13h, 14h-18h*

(17h nov-avr). Fermé dim ap-m en hiver. Plans de la ville, de la forêt, et documentation sur le département. Propose de nombreuses visites thématiques guidées sur résa *(dim à 10h30, 6 €)* et des rallyes. Organise également des promenades fluviales en été. Bon accueil, très dynamique.

– **Marché :** *mar, ven et dim à la halle.* Commerçants de bouche seulement en semaine. Le dimanche, tout autour de la halle, nombreux stands divers. Notre coup de cœur du dimanche (seulement), le stand de flans de la ***Maison Savary*** de Beauvais. Les locaux se les arrachent. Y aller tôt !

Où dormir ? Où manger ?

De prix moyens à plus chic

Le Cabouillet : *5, quai de l'Oise. ☎ 01-34-69-00-90. • lecabouillet.mia@orange.fr • lecabouillet.com • Resto tlj sauf dim soir-lun. Congés : août. Doubles 100-130 €. Formule déj en sem 20 € ; carte env 50 €.* Cette institution adamoise, reprise par un père (en cuisine) et sa fille, est installée dans une jolie maison bourgeoise sur les bords de la rivière et, vous l'aurez deviné, en face du pont du Cabouillet (le plus vieux de l'Oise reconnaissable à ses 3 arches). Certaines chambres ont d'ailleurs vue sur l'eau. Au restaurant, avec vue aussi, on sert une cuisine de tradition soignée et semi-gastro qui suit le marché et les saisons. Jolie terrasse et gentil accueil.

Il Paradiso : *4 bis, rue Nouvelle. ☎ 01-34-69-12-00. • il-paradiso@orange.fr • Derrière le cinéma. Tlj midi et soir, sauf dim-lun. Formule déj 12 €. Pizzas 12,50-16,50 €, plats 15-25 €.* Tenu par une famille sicilienne, ce resto séduit autant pour son décor de rue italienne (façades reconstituées, linge suspendu aux fenêtres) que pour ses pâtes et spécialités traditionnelles (hmm, les *polpette*) déclinées sur la *Gazzetta*. Tout est fait maison, y compris certaines pâtes et la pâte à pizza dont le temps de « pousse » fait indéniablement la différence. Bons petits vins italiens et accueil chaleureux. *Maa, il paradiso...* n'est pas loin.

Restaurant de la Plage : *1, av. du Général-de-Gaulle. ☎ 01-34-69-36-00. Dans l'enceinte de la plage de L'Isle-Adam, au fond. Ouv tlj midi et soir, sauf lun. Menus 27,90-32,90 €.* En voilà un qui porte bien son nom avec son architecture typique des stations de bord de mer, ses larges baies vitrées et sa terrasse quasi pieds dans le sable. À l'intérieur, grande salle chaleureuse aux tables espacées avec banquettes et fauteuils club façon lounge, où l'on savoure une cuisine classique de très bonne facture : viandes (canette, faux-filet) et burgers généreux, salades complètes, tartares. Mention spéciale aux desserts, à commencer par les savoureuses profiteroles. Et à l'accueil fort sympathique. Un bon plan pour profiter de la plage, même en hiver.

La Table de Gascogne : *9, Grande-Rue. ☎ 01-34-69-23-55. • mardia.martinsbexiga@free.fr • Tlj sauf mar-mer. Congés : 3 sem en août. Menus 14 € (déj en sem), puis 19-29 €.* Ici, on mange à sa faim, comme un bon Gascon ! Jean-François l'est, justement, et nous régale de ses manchons de canard, raviolis de cèpes, confit de canard maison, salade de cabécou concoctés par madame en cuisine, qui soigne le dressage de ses assiettes. Déco classique faite de pierres apparentes. Ambiance familiale et sympathique pour un service efficace. Un super rapport qualité-prix comme savent le faire les gens du Sud-Ouest.

Où manger dans les environs ?

Les Épis d'Or : *12, pl. du Général-de-Gaulle, 95660* ***Champagne-sur-Oise.*** *☎ 01-30-34-08-21. À 4 km au nord de L'Isle-Adam, sur la pl. de* *l'église. Tlj sauf sam dim soir et lun. Congés : 3 sem en août. Résa conseillée. Menu-carte 45 €.* Une table de haut vol, fraîchement reprise par un jeune chef créatif qui concocte une cuisine gastronomique raffinée. Des plats au dressage flamboyant, des produits « terre-mer » de grande qualité, variant au fil des saisons, et des associations de saveurs harmonieuses. Cadre un brin classique, avec quelques touches contemporaines et des tables bien espacées pour assurer un repas dans l'intimité. Service impeccable. L'une des meilleures tables du département, c'est dit.

À voir

Le musée d'Art et d'Histoire Louis-Senlecq : *31, Grande-Rue. ☎ 01-34-69-45-44. • musee.ville-isle-adam.fr • Uniquement lors des expos temporaires, tlj sauf lun-mar et certains j. fériés 14h-18h (dernière entrée à 17h30). Entrée : 4,30 € ; gratuit moins de 16 ans et pour tous le 1er dim du mois. Ts les dim, visite guidée gratuite à 15h.* Situé en plein centre-ville dans un ancien hôtel particulier, le musée a été fondé par le docteur Louis Senlecq, alors maire de la ville, chirurgien et amateur d'art et d'histoire régionale. Il possède une collection d'œuvres en lien avec le passé prestigieux de la ville : peintures de l'École des bords de l'Oise autour de Jules Dupré (1811-1899), dessins vénitiens de Jules Romain Joyant (1803-1854) et près de 200 figurines illustrant les nombreux aspects de la production de terres cuites de L'Isle-Adam de la fin du XIXe s aux années 1950... Le rez-de-chaussée comporte 3 sections : la 1re est consacrée à la présence des princes de Conti à L'Isle-Adam au XVIIIe s ; une 2e accueille une sélection de terres cuites de Joseph Le Guluche (1849-1915) issues des manufactures adamoises, et enfin une salle est dédiée au peintre Jules Dupré. À l'étage, expositions temporaires.

L'église : *en plein centre-ville. Tlj sauf lun.* Un bel édifice de style gothique Renaissance, consacré en 1499 et plusieurs fois remanié. On y a découvert le tombeau de l'avant-dernier des princes de Conti, mort en 1776. Son cercueil, gisant dans la crypte dans un état de conservation exceptionnel, est visible à travers une ouverture vitrée (monnayeur pour la lumière). Remarquables vitraux du maître verrier Gsell, élève du peintre Ingres.

Le pavillon chinois de Cassan : *route de Beaumont-sur-Oise en lisière de la forêt. Ouv seulement lors des visites guidées de la ville (voir le site de l'office de tourisme).* Un curieux pavillon octogonal du XVIIIe s dressé au bord d'un étang. Il était destiné à orner, avec d'autres pavillons, un immense parc à l'anglaise. La Révolution en a décidé autrement et celui-ci fut l'unique réalisation.

L'atelier du souffleur de verre : *1 ter, av. de Paris. 06-31-05-41-92. À côté du marché couvert, face au Castel Rose (annexe de la mairie). Mer-dim 10h-12h30, 14h-18h.* L'atelier jouxte le magasin. Cyril-John Rousseau souffle devant vous les week-ends d'avril à mi-juillet et de septembre à novembre. Il crée des verres, vases, flacons à parfum, bagues...

À faire

La plage de L'Isle-Adam : *sur les bords de l'Oise, 1, av. du Général-de-Gaulle. ☎ 01-34-69-01-68. Ouv en fonction de la météo, tlj fin juin-début sept 11h (10h le w-e)-19h. Selon saison, entrée : 12,20 € (en sem) et 16,70 € (le w-e) ; enfant 7,60-10,20 € ; gratuit moins de 5 ans.* Créée en 1920, cette grande ***plage fluviale*** ne manque pas de charme avec son allée de cabines de plage rétro de style normand (1920) dessinée par le même architecte qu'à Deauville (Eugène

du Pinet). D'ailleurs, l'illusion de se retrouver dans une station de bord de mer est saisissante ! C'est l'un des rares exemples d'architecture de complexe sportif de l'entre-deux-guerres. Il comprend 2 bassins alimentés par l'eau filtrée de la rivière (non chauffée) : l'un en bord d'Oise, entouré de sable fin ; l'autre, le bassin olympique (25 m), dit « record » construit en 1952, est doté de 2 plongeoirs (3 et 5 m) et de hublots qui permettent de voir sous l'eau. Ils ont été créés à l'origine afin de permettre aux entraîneurs de suivre les mouvements de jambes de leurs athlètes !
– Également des structures gonflables, terrain de beach-volley, minigolf, ping-pong, location de barques et d'embarcations à pédales, aires de pique-nique et de jeux.

DU BEAU LINGE À « PARIS-PLAGE »

L'Isle-Adam, ville mondaine, voit très tôt défiler des personnalités du monde du spectacle sur sa plage. Dans les années 1920, Mistinguett y lance la mode du pyjama de bain lors d'un défilé caritatif. En 1952, Johnny Weissmuller, alias Tarzan, vient inaugurer, en sa qualité de champion olympique, le nouveau bassin « record ». La presse est là, la foule se bouscule pour assister au grand plongeon... qui tombe à l'eau suite à un déjeuner trop arrosé ! La plage reste un lieu mythique de tournages de films : Gabin, Lelouch ou encore Patrick Bruel et Cécile de France dans Un secret *de Claude Miller.*

La forêt domaniale de L'Isle-Adam : elle couvre 1 600 ha. Traversée par le GR 1 qui passe aussi par le centre-ville, elle est essentiellement plantée de chênes, de hêtres et de châtaigniers. Ses allées tracées par Le Nôtre sont nombreuses et calmes. On peut toujours voir la *table de Cassan,* ancienne table de vénerie (XVIIIe s) constituée d'un monolithe de calcaire qui servait à exposer le gibier tué à la chasse. L'office de tourisme dispose de cartes des sentiers.

➢ Se promener sur les ***bords de l'Oise,*** bien entendu. Compter 2h-2h30 pour faire l'aller-retour jusqu'à Auvers en longeant l'Oise, quasiment en continu à partir du pont de la gare de Parmain. L'office de tourisme propose des cartes touristiques d'itinéraires à faire à pied ou à vélo le long de l'Oise.

SAINT-LEU-D'ESSERENT (60340) 4 690 hab.

Vous y trouverez, se dressant fièrement sur son promontoire à 4 km de Chantilly sur la D 44, dans une courbe de l'Oise, une magnifique église. Le contraste qu'elle offre avec la modestie du bourg frappe, lorsque apparaît de loin l'imposante masse de l'édifice. La belle pierre de Saint-Leu qui servit à sa construction fut également utilisée pour celle du Paris haussmannien, les cathédrales de Chartres, Sens...

LA TERRE DES JACQUES

Ce 28 mai 1358, quelques chevaliers du comte de Clermont passaient par Saint-Leu. Les villageois les prirent à partie. 4 chevaliers et 5 écuyers furent tués. La révolte fit tache d'huile, provoquant la plus importante révolte paysanne de l'histoire de France : la Jacquerie. On tua les seigneurs. On brûla les châteaux. Mais, dès la mi-juin, le soulèvement fut maté, provoquant de terribles représailles.

Comment y aller en transports en commun ?

En train

➢ ***De Paris :*** départ de la gare du Nord, changement à Creil ou Persan-Beaumont. Prévoir de 45 mn à 1h de trajet.
– Rens SNCF : ☎ 36-58 (0,25 €/mn). • transilien.com •

Adresse utile

Office de tourisme : *s'adresser à celui de Creil (6, av. Jules-Uhry ; ☎ 03-75-19-01-70 ; • creilsudoise-tourisme.fr •). Ouv du lun ap-m au ven (plus certains sam en été). Congés : 25 déc-1er janv.* Fiches de randonnées alentour. Promenades en bateau sur l'Oise en été à Saint-Leu et Creil.

Où dormir ? Où manger ?

Campix : *chemin des Carrières. ☎ 03-44-56-08-48. • campix@orange.fr • campingcampix.com • ♿ À env 1,5 km au nord-est. GPS : « rue du 19-Mars-1962 ». Ouv de mi-mars à nov. Emplacements pour 2 avec tente et voiture 13,50-22 € ; bungalows, roulottes et cabanes randonneurs 315-805 €/sem. 160 empl.* Installé dans une ancienne carrière remarquablement aménagée, au sein d'un environnement sauvage et verdoyant. Terrasses, recoins bucoliques et décrochements peuvent même donner l'illusion de faire du camping sauvage. Étonnante piscine dans un site naturel et pataugeoire pour les minots.

Hôtel et auberge de l'Oise : *25, quai d'Amont. ☎ 03-44-56-60-24. • hoteldeloise@wanadoo.fr • hotel-de-loise.com • ♿ Au bord de l'Oise. Resto fermé ven, sam midi et le soir des dim et j. fériés. Congés : 2 sem en août et 1 sem à Noël. Double 78 € ; familiales. Menus 19,50 € (déj en sem), puis 35-55 €. Parking clos.* Malgré un environnement peu bucolique, un charmant petit hôtel en bordure de l'Oise, où la tranquillité et l'hospitalité à 2 pas de Paris (ou presque !) sont de rigueur. Jim Morrison s'y est arrêté boire un verre avec sa compagne Pamela, quelques jours avant sa mort (1971). Simple, populaire, et d'un bon rapport qualité-prix, on croit rêver ! Chambres très bien tenues. Copieux petit déj-buffet et agréable resto sur place.

À voir. À faire

L'église abbatiale : *mai-sept, ouv dim et j. fériés 15h-18h ; oct-avr, abbatiale visible à travers un sas vitré 8h-18h. Visites régulières organisées par l'office de tourisme ; se renseigner.*
Construit pour les clunisiens, cet immense vaisseau sans transept, avec ses 71 m de long, 21 m de large et 27 m de hauteur (plus grand que la cathédrale de Senlis), est l'un des plus beaux exemples de style gothique primitif. Merveilleusement situé sur un escarpement surplombant l'Oise. Le porche, d'aspect roman, est la partie la plus ancienne (1140), formé de 3 travées, surmonté d'une salle haute faisant tribune. Tour romane à flèche de pierre d'une hauteur vertigineuse. Le pignon de la nef a été repercé au XVIe s d'une rosace flamboyante.
À l'intérieur, la nef comprend 6 travées et, dans le chœur, de beaux chapiteaux décorent les piles. À l'extérieur, prendre du recul pour admirer le chevet, ses absides, les arcs-boutants, les 2 tours carrées encadrant le tout et qui confèrent à l'église une grande simplicité et homogénéité. Au nord de l'église s'élevait le prieuré bénédictin dont il reste l'ancien ***mur d'enceinte*** percé d'une belle porte du XIIe s.

L'hôtel de ville est installé dans un ancien château du XIIe s, complété aux XVIe et XVIIe s. Beaux jardins à la française.

La tour du Guetteur : belle tourelle de pierre blanche, près du cimetière en remontant le village.

– Au sud de la ville, dans une boucle de l'Oise, une immense ***base de loisirs*** où l'on pratique, entre autres, baignade *(juin-sept, selon conditions météo, calendrier sur ● basestleu.com ● ; entrée payante),* bateaux pédaliers, kayaks, patinoire synthétique et promenades à poney. Aire de jeux, barbecue et aires de pique-nique. À proximité, se trouve le ***parc de la Garenne*** *(gratuit)* avec parcours santé et chemin de halage aménagé entre Creil et Précy-sur-Oise.

• Carte L'Oise normande *p. 67*

Comment y aller en train ?

De Paris

➢ ***En train :*** départ de la gare du Nord jusqu'à Beauvais ; en moyenne, 1-2 trains/h. Env 1h15 de trajet.
– *Rens SNCF :* • *oui.sncf* •

BEAUVAIS

(60000) 56 000 hab.

Si Beauvais, ville martyre de la 2de Guerre mondiale, a perdu la plupart de ses vieilles maisons, la municipalité multiplie les initiatives pour la rendre plus séduisante et donner envie de la découvrir : développement des zones piétonnes autour de la place Jeanne-Hachette, et création de plusieurs sentiers urbains pour découvrir le patrimoine historique et les différents quartiers. Beauvais mérite le détour, ne serait-ce que pour sa fantastique cathédrale, défi architectural jamais achevé, et pour l'église Saint-Étienne, l'un des monuments exprimant le mieux la transition du roman au gothique. C'est aussi une étape sur l'Avenue verte Paris-Londres.

JEANNE HACHETTE

En 1472, armée d'une hachette (et non d'un livre), cette jeune fille repoussa les assauts de Charles le Téméraire contre le roi Louis XI, lors du siège de Beauvais. L'histoire oublia son nom jusqu'en 1920, année de la canonisation de Jeanne d'Arc. Là, les républicains la ressuscitèrent pour promouvoir une héroïne... laïque.

Adresse et infos utiles

ℹ ***Office de tourisme de l'agglomération de Beauvais :*** *1, rue Beauregard, BP 537, 60005 Beauvais Cedex.* ☎ *03-44-15-30-30.* • *visitbeauvais.fr* • *Lun 14h-18h ; mar-sam 9h30-12h30, 13h30-18h ; plus dim et j. fériés 10h-13h, 14h-17h30 avr-oct.* Visites thématiques guidées d'avril à septembre (cathédrale, manufacture, églises, centre-ville, maladrerie, Marissel...). Boutique.
– ***Transports urbains :*** *infos au* ☎ *03-44-45-10-11.* • *corolis.fr* • Pour acheter les billets, *kiosque TUB* (pl. Clemenceau) et certains tabacs et commerçants.
🚗 ***Taxis :*** *borne à la gare SNCF ;* ☎ *03-44-45-12-50. Sinon, plusieurs compagnies à l'aéroport.*

Où dormir ?

De prix moyens à chic

🏠 ***Hôtel de la Cathédrale :*** *11-13, rue Chambiges.* ☎ *03-44-04-10-22.* • *hotelcathedrale60@gmail.com* • *hoteldelacathedrale.fr* • *Doubles 65-90 € ; familiale.* En plein centre, une douzaine de chambres standard, mais

L'OISE NORMANDE

de bon confort et bien tenues. Les suites (plus chères) ont le mérite d'offrir un peu plus d'espace. Accueil agréable.

Chenal Hôtel : *63, bd du Général-de-Gaulle. ☎ 03-44-06-04-60. • contact@chenalhotel.fr • hotel-chenal-beauvais.fr • En sortant de la gare, à 5 mn du centre. Doubles 74-94 € ; familiales. Parking payant 8 €.* Hôtel dont la façade arbore une curieuse reproduction de *Big Ben.* À l'intérieur, ambiance plutôt feutrée et des chambres confortables assez pimpantes. Mention spéciale pour la belle familiale. Au rez-de-chaussée, bar à l'épaisse moquette, dans un style très *british*. Petit déj-buffet complet.

Chambres d'hôtes Le Rhino Rayé : *6, rue Jules-Michelet. 06-75-83-44-66. • contact@lerhinoraye.fr • gites-de-France.com • Doubles 100-120 € ; familiale.* La façade de cette élégante demeure datant de 1880 en impose avec ses hauts murs de brique, ne manquant pas de caractère. Les 4 chambres ne dépareillent pas, tout en élégance entre parquets et literies modernes. Un cadre ravissant et lumineux, à l'ambiance un brin nordique. Quartier tout calme, idéal pour découvrir la ville à pied.

Où manger ?

Bon marché

La Part des Anges : *1, rue Gui-Patin. ☎ 03-44-15-27-97. Fermé sam midi et dim. Plats 11-24 €.* Ce sympathique bistrot mise avant tout sur la convivialité. Au menu, des petits plats simples et sans complications : hamburgers, planches de charcuterie, grillades, salades, plats du jour...

Le Chaudron : *6, pl. de l'Hôtel-Dieu. 06-95-65-25-96. • chaudron.pro@gmail.com • Fermé dim-lun et sam midi hors saison. Plat du jour 10 € ; carte env 32 €.* Un sympathique restaurant au cadre moderne et convivial. Les plats de brasserie côtoient les propositions régionales, et c'est réussi ! Quand la cuisine est maison, les produits frais et locaux et l'accueil décontracté, que demander de plus ? En prime, belle terrasse, à l'abri des nuisances sonores générées par la rue en contrebas.

Chic

Le Senso : *25, rue d'Agincourt. ☎ 03-64-19-69-06. • lesensorestaurant@free.fr • Fermé dim-lun. Résa indispensable. Menus déj (aussi sam) 20-25 €, puis 44-65 €.* On évolue ici dans la sphère du semi-gastronomique : le chef maîtrise parfaitement ses cuissons et tire de sa toque de belles associations de saveurs. De l'entrée au dessert, les papilles se délectent tandis que l'esprit s'amuse à identifier les goûts en bouche. Le tout dans un décor sobre et élégant, sans être compassé.

Où dormir ? Où manger dans les environs ?

Hôtel-restaurant Le Moulin des Forges : *8, rue du Moulin-des-Forges, 60860* **Saint-Omer-en-Chaussée** *(à env 15 km au nord). ☎ 03-44-84-09-16. • lemoulindesforges@wanadoo.fr • lemoulindesforges.com • Resto fermé dim soir. Double 71 €. Formules déj en sem 13,50-18,50 € ; menus 33-42 € ; carte 35-40 €.* En bordure du village, cette auberge est posée dans un cadre champêtre, bercée par le glouglou de l'impétueux ruisseau qui fait tourner la roue de cet ancien moulin. Les chambres, simples mais bien tenues, sont agréables, comme l'accueil.

Restaurant La Petite France : *7, rue du Moulin, 60112* **Crillon.** *☎ 03-44-81-01-13. • lapetitefrance@wanadoo.fr • À 17 km au nord-ouest de Beauvais. Ouv le midi mar-dim, le soir ven-sam. Formules déj (en sem) 15-18,50 € ; menus 30-39 € ; carte 40-55 €.* Dans une déco traditionnelle, une bonne cuisine, elle aussi traditionnelle, à base de produits frais. Plats du jour en fonction des arrivages. Quelques spécialités : bray picard, tête de veau ravigote, ris de veau vallée d'Auge... Le tout servi généreusement et sans forcer sur les prix.

Où acheter un flan mémorable ?

Maison Savary : *55, rue Desgroux. ☎ 03-44-45-21-32. Ouv tlj sauf lun 7h-19h30.* Le succès incontestable de cette boulangerie-pâtisserie, c'est le flan, devenu spécialité beauvaisienne ! Crémeux à souhait, riche, c'est un régal qui n'a pas son équivalent. Sans surprise, il n'est préparé qu'avec de bons produits. Parmi les autres classiques de la maison, le roulé à la banane.

À voir

La cathédrale Saint-Pierre : *rue Saint-Pierre. ☎ 03-44-48-11-60. • cathedrale-beauvais.fr • Avr-oct, tlj 10h-18h15 ; nov-mars, 10h-12h15, 14h-17h15. Audioguide : 4 €.*

La construction commença en 1225. Les architectes la voulaient grandiose et prirent le maximum de risques d'un point de vue technique. Résultat : le chœur achevé (en 1272), sa voûte s'écroula 12 ans plus tard. On reconstruisit les piliers et l'on renforça les arcs-boutants. Le **chœur** fut finalement achevé vers 1350 et resta en l'état, structure béante ouverte à tous les vents, pendant toute la guerre de Cent Ans. Les travaux du transept ne reprirent qu'en 1500. La monumentalité de la **façade sud,** son admirable rosace, le style flamboyant triomphant, le tout largement ouvert sur la ville, témoignent de la volonté de l'évêque de montrer sa puissance. **Extérieurement,** le chœur est flanqué d'une formidable armature, composée d'immenses contreforts grimpant jusqu'au niveau des combles et qui reçoivent la retombée des arcs-boutants à double volée. Noter également les tirants en fer qui viennent renforcer le dispositif. Le **transept** se termine par 2 grandes façades de style flamboyant. Celle du croisillon nord fut construite à partir de 1510 et financée par François Ier (salamandres et fleurs de lys de-ci de-là). Les vantaux de porte, de la même époque, représentent les 4 évangélistes et les 4 grands docteurs de l'Église latine (saint Ambroise, saint Grégoire, saint Jérôme et saint Augustin). Entre eux, les Sybilles. Le portail nord desservait le quartier canonial. Le portail du croisillon sud fut édifié de 1500 à 1510. Il est surmonté d'une double galerie à jour, d'une rose et d'un pignon. On y accède par un perron.

LES MESURES AU MOYEN ÂGE

Avant le système métrique, les mesures différaient d'une construction à l'autre. On se référait à la morphologie du maître d'œuvre. Une fois fixée, chaque mesure était inscrite sur une réglette, et tous les ouvriers du chantier utilisaient la même. En revanche, les proportions entre les mesures étaient identiques (exemple : 1 pied = 12 pouces).

À l'intérieur, en levant les yeux vers les **voûtes du chœur,** on a la sensation d'être aspiré vers le ciel. Avec ses 48 m (le chœur le plus haut du monde), on mesure toute la hardiesse et la difficulté de l'entreprise à l'époque. Les fenêtres hautes mesurent 17 m et inondent de lumière l'intérieur de l'édifice. L'abside avec sa voûte à 8 nervures et tout le chevet appartiennent à la construction initiale. Dans le transept de gauche, superbe verrière du XVIe s. C'est une *Descente de croix* d'Engrand Le Prince. Les vitraux de la rose au-dessus du portail d'entrée illustrent la Création du monde et plusieurs épisodes de l'Ancien Testament. Ne pas manquer le magnifique retable de la Passion-de-Paul du XVe s dans la chapelle Saint-Léonard.

On peut voir dans la partie nord du chœur un **carillon** du XIVe s, le plus ancien du monde encore en action, ainsi que l'**horloge astronomique,** datant de 1865.

De la Basse-Œuvre, **cathédrale carolingienne** qui date de 987, il ne subsiste plus que la partie inférieure de la façade et les 3 travées occidentales. Elle était appelée à disparaître lorsque la nouvelle cathédrale serait achevée. Sauf que cette dernière ne fut jamais détruite. Ouf ! D'ailleurs, on y célèbre toujours les offices ! C'est aujourd'hui l'une des rares églises en France antérieure au XIe s.

En face de la façade nord s'étend le **quartier canonial,** livrant encore de vénérables demeures, dont la plus ancienne date du XVe s. Elle accueille aujourd'hui des expos sur les maisons paysannes de l'Oise. Rue Nicolas-Pastour, bel ensemble intact. Noter le remplage original en brique de l'une des demeures. Dans le même coin, vestiges de l'enceinte gallo-romaine.

Le Quadrilatère : *22, rue Saint-Pierre. ☎ 03-44-15-67-00. Tlj sauf lun 13h (10h le w-e)-18h ; dernière entrée 30 mn avt la fermeture. GRATUIT.* Ce bâtiment moderne de 1976, au pied de la cathédrale, accueille des expositions temporaires sur l'histoire de la ville et/ou d'art contemporain. La grandeur des espaces permet d'apprécier les œuvres présentées (400 m de cimaises). Dans la crypte archéologique sont conservés les vestiges du forum gallo-romain.

MUDO – Musée de l'Oise : *1, rue du Musée. ☎ 03-44-10-40-50. • mudo.oise.fr • ♿ (sauf expos temporaires). Tlj sauf mar et certains j. fériés 10h-13h, 14-18h. GRATUIT.* Situé à côté de la cathédrale, ce magnifique ensemble fut l'ancien palais des évêques comtes de Beauvais ! Le châtelet d'entrée et ses 2 tours rondes furent construits par l'évêque après les émeutes populaires de 1305. Après être passé sous cette impressionnante entrée fortifiée, on découvre avec bonheur le jardin à la française. En attendant la réouverture du superbe palais Renaissance, l'aile Saint-Pierre invite à découvrir un extrait des riches collections du XIXe s de ce musée départemental. Pendant les travaux, une aile présente la peinture du XVIe au XXe s. Dans l'ancienne remise à carrosses donnant sur la cour du musée, une fresque richement illustrée relate les 1 000 ans d'histoire du palais épiscopal de l'an 1015 à 1981. Derrière le logis principal, l'aménagement paysager évoque la vocation vivrière des jardins de l'évêque comte.

L'église Saint-Étienne : *rue de l'Étamine, à l'entrée de la ville en venant de Paris. ☎ 03-44-48-11-60. ♿ Tlj 14h-17h.*
Un autre monument fascinant de Beauvais. L'église est composée de 2 parties très différentes : une nef et un transept du XIIe s de style roman, et le chœur du XVIe s, flanqué d'arcs-boutants à double volée, de style gothique flamboyant. Portail du début du XIIIe s avec l'une des toutes premières représentations du Couronnement de la Vierge. À l'intérieur de la partie romane, l'évolution vers le gothique se fait bien sentir. Les 3 nefs sont voûtées sur croisée d'ogives.
Les *vitraux* sont incontestablement le must de l'église. Les plus anciens se nichent dans les baies qui surmontent le portail. Les plus beaux sont les vitraux Renaissance des chapelles rayonnantes, dont le superbe *Arbre de Jessé,* chef-d'œuvre d'Engrand Le Prince (1522).

Fêtes et manifestations

– **Festival de blues :** *10 j. mi-mars.*
– **Les fêtes Jeanne-Hachette :** *dernier w-e de juin. • jeanne-hachette.fr •* Reconstitution historique dédiée à Jeanne Hachette (de son vrai nom Laisné) qui parvint, avec l'aide de nombreuses autres femmes et de sa hachette (si, si !), à repousser en 1472 les troupes de Charles le Téméraire qui tentaient d'assiéger Beauvais.
– **Les Photaumnales :** *oct-déc. Rens auprès de l'association Diaphane. • photaumnales.fr •* Variété d'expos photo regroupées autour d'un thème qui change chaque année.
– **Pianoscope :** *en oct. • pianoscope.beauvais.fr •* Croisements danse-piano, théâtre-chant...

DANS LES ENVIRONS DE BEAUVAIS

Le musée de l'Aviation : *rue des Bruyères,* **Warluis-Noailles** *(60430). ☎ 03-44-89-28-23. • museedelaviation-warluis.com • ♿ À 5 km au sud de Beauvais. Mars-15 nov, w-e et j. fériés 14h-18h. Entrée : 6 € ; réduc.*
Un musée attachant, créé par des passionnés d'avions de la 2de Guerre mondiale. Dans un hangar métallique, vous ferez une visite d'au moins 1h30 (avec un film de 20 mn), commentée par des pilotes enthousiastes.
L'espace est agencé en 5 secteurs : français, anglais, américain, allemand et moteurs d'aviation d'époque. Vous pourrez vous installer aux commandes d'un

avion *Broussard* en état de fonctionnement. Des mannequins en uniforme et en situation permettent de reconstituer certaines scènes de cette funeste période. Un parcours passionnant, du moteur d'avion au bouton de vareuse qui recèle un secret.

Le parc Saint-Paul : *RD 931, 60650* ***Saint-Paul.*** *☎ 03-44-82-20-16. • parcsaintpaul.fr • À 8 km à l'ouest de Beauvais. Avr-nov, ouv le w-e et tlj vac scol 10h-18h (fermeture des attractions à 17h30). Entrée : 24,50 € ; enfants jusqu'à 11 ans 20,50 € ; gratuit moins de 1 m.* Une quarantaine d'attractions pour s'amuser en famille : grande roue, embarcations à pédales, carrousel, aquasplash (toboggans aquatiques), trampolines, château hanté. Pour une montée d'adrénaline, optez pour *Dino Disk'O, The Wild Train,* ou *Wood Express,* la nouvelle attraction ! Également 2 spectacles pour toute la famille. Sur place, restauration et espaces pique-nique. Nombreuses attractions adaptées aux plus jeunes.

L'OISE NORMANDE ET LE PAYS DE BRAY

Nous voici dans l'Oise normande et, plus à l'ouest, en pays de Bray : prairies doucement vallonnées, haies et bosquets... l'idéal du cyclotouriste amoureux. À portée de pédales, une multitude d'intéressantes visites permettent de découvrir avec un autre œil le patrimoine artisanal et agricole de la région grâce au dynamisme de ses habitants, soucieux de préserver et de faire connaître leur culture.

GERBEROY (60380) 90 hab.

À 24 km au nord-ouest de Beauvais par la route d'Abbeville. Perché sur une petite colline dominant une campagne verdoyante arrosée par le Thérain, Gerberoy est l'un des « Plus Beaux Villages de France ».
La petite cité doit son renom à Henri Le Sidaner, postimpressionniste intimiste et désireux, comme Monet, de peindre un jardin qu'il aurait lui-même créé. Ses amis parisiens, tombés sous le charme de l'endroit, commencèrent peu à peu à restaurer cette ancienne ville fortifiée, fondée au Xᵉ s. Aujourd'hui encore, le décor semble n'avoir pas bougé depuis des siècles. On parcourt à pied les ruelles étroites aux gros pavés disjoints, bordées de maisons à colombages croulant sous la végétation et qui s'égaient de roses au printemps.

Adresse et info utiles

Office de tourisme : *20, rue du Logis-du-Roy. ☎ 03-44-46-32-20. Tlj sauf lun 10h-13h, 14h-17h. Fermé le dim nov-mars.* Plan guide en vente.

– ***Parking gratuit et obligatoire*** à l'entrée de Gerberoy en arrivant par la D930. Stationnement interdit au centre de Gerberoy d'avril à septembre.

Où dormir ? Où manger ?

De prix moyens à chic

Chambres d'hôtes Le Logis de Gerberoy : *chez Olivier et Cécile Gréboval, 4, rue du Logis-du-Roy. ☎ 03-44-82-36-80. 06-15-11-13-33. • lelogisdegerberoy@free.fr • lelogisdegerberoy.free.fr • Doubles*

77-93 € ; suite 138 €. Mars-oct, lun-mer soir table d'hôtes 24 €. Belle maison aux volets bleus qui mélange pierre, brique et enduit à la chaux. Aux 1er et 2e étages, 5 chambres élégantes, dont une vaste suite, possédant chacune une spacieuse salle de bains. Jolie salle à manger à l'ancienne avec poutres, cheminée et tomettes. Surtout, les propriétaires sont des fous de photos noir et blanc qui peuplent littéralement la maison. Une belle adresse, y a pas photo !

Les Jardins du Vidamé : *4, impasse du Vidamé. ☎ 03-44-82-45-32. • contact@lesjardinsduvidame.com • Avr-sept, horaires aléatoires tlj 12h-19h env au moment des cloches ; service en continu (tant qu'il y a du monde à déjeuner, puis place au goûter !). Assiette du bistrot 12,50 € ; repas 15-20 €.* Aménagé dans l'ancienne écurie et donnant sur le jardin de l'adorable maison de famille, un chaleureux petit salon de thé-snack (avec terrasse, bien sûr), pour se détendre et déguster de bons produits locaux comme ces tartines à la tomme et les gâteaux maison. Bières et cidres locaux.

Le Jardin des Ifs : *3, impasse du Vidamé. 07-66-20-51-41. • dhigonnet@gmail.com • Mai-sept, seulement le midi mer-dim. Carte ou menus env 25-35 €.* Une « bistronomie de campagne », en voilà une idée séduisante. D'autant plus quand on vous ouvre les portes d'une maison de famille historique (ancienne maison du gouverneur) et de son jardin remarquable, ainsi que de son potager dont l'extraordinaire variété de plantes aromatiques parfument avec bonheur les assiettes. Volontiers fleuries, ces dernières font la part belle aux végétaux et au porc fermier mariné, doré au miel. Le tout à savourer dans une ambiance conviviale et bucolique.

Le Vieux Logis : *25, rue du Logis-du-Roy. ☎ 03-44-82-71-66. • vieux.logis@free.fr • Ouv ts les midis, plus le soir jeu-sam (nov-fév, seulement ven-sam soir). Fermé mer. Menus 29-32 €.* À l'entrée de Gerberoy, une belle maison à colombages qui ne dépare pas ce beau village classé. L'intérieur rustique, avec tomettes, cheminée et vieux cuivres, inspire confiance et est à l'unisson avec la cuisine traditionnelle normando-picarde. La spécialité maison, pour le moins spectaculaire, c'est le barbecue « médiéval » : sur une potence imaginée par le chef, chacun fait rôtir sa viande ou son poisson à la flamme de calvados. Service au jardin aux beaux jours.

À voir

La collégiale Saint-Pierre : précédée de la tour-porte de l'ancien château. Bâtie au XIe s, elle fut reconstruite au XVe s en style gothique flamboyant, après avoir été incendiée pendant la guerre de Cent Ans. Voûte en bois en berceau et sol en vieilles tomettes de terre cuite. Belles stalles au baldaquin finement ciselé. À droite du chœur, l'ancien mécanisme d'horlogerie, œuvre du créateur de l'horloge astronomique de la cathédrale de Beauvais. Parmi les curiosités de l'église, les box fermés par un verrou que les familles louaient à l'année, ou le chapier (meuble de rangement des chapes ecclésiastiques, que l'on ne peut voir qu'à l'occasion des Journées du patrimoine).

Les jardins Henri-Le Sidaner : *06-59-09-36-77. • lesjardinshenrilesidaner.com • Mai-fin sept tlj, 11h-18h. Entrée : 6 € ; gratuit moins de 12 ans.* Créés dans les ruines de l'ancienne forteresse et labellisés Jardin remarquable. C'est en 1901 que le peintre s'installe à Gerberoy et qu'il crée ce délicieux petit jardin à l'italienne, utilisant habilement les dénivelées du terrain. Les petits espaces se succèdent, avec terrasses et débauche de roses dans un désordre poétique qui inspirèrent grandement l'artiste.

Le jardin des Ifs : *07-66-20-51-41. • jardinsdesifs.com • Mai-fin sept, tlj sauf lun-mar 10h-18h. Tarif : 5 €, gratuit enfants accompagnés. Visites-conférences de*

45 mn à certaines heures. On entre par la belle demeure qui, avant de devenir une maison de famille et un délicieux endroit où se restaurer (voir « Où manger ? »), constituait la maison du Vidamé, soit le gouverneur de Gerberoy. À l'arrière, un beau jardin d'inspiration Renaissance, tout en symétrie, avec ses étonnants et volumineux arbustes d'ifs et de buis pluricentaires. C'est d'ailleurs le dernier jardin d'ifs monumentaux du XVIIe s. À voir également une roseraie, un potager élaboré en permaculture et une épicerie de produits faits maison. Pour finir, le restaurant-salon de thé *(ouv mer-dim)* privilégiant les légumes et les herbes de leur potager et autres produits locaux bio.

Fête et manifestation

– ***Fête des Roses :*** *1er dim de juin, sauf élections !* Créée en 1928, elle a fêté ses 90 ans en 2018. Là aussi, on replonge dans l'histoire : défilés costumés, musique, danse, spectacles divers.
– ***Les Moments musicaux de Gerberoy :*** *courant juin.* • *momentsmusicauxdegerberoy.com* • Musique classique et contemporaine.

SAINT-GERMER-DE-FLY (60850) 1 720 hab.

Nous voici dans le pays de Bray : prairies doucement vallonnées, haies et bosquets... des paysages qui ne sont pas sans rappeler la Normandie voisine. À Saint-Germer, tout tourne autour de l'abbaye et de sa petite chapelle du XIIIe s, réplique de la Sainte-Chapelle de Paris. Il faut dire qu'elle a de l'allure. Tous les environs se prêtent merveilleusement aux balades à vélo... D'ailleurs, l'Avenue verte Paris-Londres passe juste devant l'abbaye !

Adresse utile

Office de tourisme intercommunal du pays de Bray : *11, pl. de Verdun.* ☎ *03-44-82-62-74.* • *ot-paysdebray.fr* • *De mai à mi-sept, tlj sauf lun et l'ap-m des dim et j. fériés 9h30-12h30, 14h-18h ; de mi-sept à avr, tlj sauf dim-lun et j. fériés jusqu'à 17h.* Vente de produits du terroir.

Où dormir ? Où manger ?

Chambres de l'Abbaye : *2, rue Michel-Greuet.* ☎ *03-44-81-98-38.* 📱 *06-09-27-75-41.* • *comte.resa@free.fr* • *chambres-abbaye.com* • *À l'entrée du village venant de Gerberoy. Doubles 98-110 €. Table d'hôtes 35 €.* Longue demeure de maître pleine de charme, abritant l'atelier et les œuvres de Jean-François Comte, peintre contemporain au remarquable talent. On a d'ailleurs été fascinés par le hall et les couloirs de couleur écarlate, mettant joliment en valeur les peintures. Superbe salon à l'élégant mobilier, chambres à la décoration raffinée, baignoires à l'ancienne. Tout concourt au bien-être. Jardin de rêve en prime.

L'Auberge de l'Abbaye : *face à l'abbaye.* ☎ *03-44-82-50-73.* ♿ *Tlj sauf mer et le soir dim-mar. Formule déj en sem 15 € ; menus 19-32 €.* Dans une grande salle chaleureuse à l'ancienne, on sert de bonnes spécialités traditionnelles. Des tables rondes pour les familles et groupes de retraités, ravis de profiter de l'aubaine du très beau 1er menu. Délicieuse tête de veau. Le tout généreusement servi. Service efficace.

À voir

L'abbatiale et la Sainte-Chapelle : tlj 9h-19h (17h en hiver). GRATUIT. Entrée par la petite porte (un peu cachée) entre l'abbatiale et la Sainte-Chapelle. L'abbaye fut construite au VIIe s par Germer, mais l'abbatiale, elle, date du XIIe s. Détruite puis reconstruite plusieurs fois jusqu'au XVe s, où elle perdit la 1re travée de la nef. On est saisi par la majesté des lieux et la grâce qui s'en dégage, par la beauté de l'abside et la longueur de la nef. Stalles en chêne sculpté, poutre de gloire et chancel en fer forgé du XVIIIe s. Devant un des piliers à gauche de la nef, vestiges du carrelage du XIIIe s.

La *Sainte-Chapelle,* elle, a été construite 11 ans après celle de Paris et sur le même modèle (en 1259). On la rejoint de l'abbatiale par un petit atrium du plus joli style gothique également. Et c'est l'émerveillement : extraordinaire rosace (de 7,20 m de diamètre) qui occupe quasiment tout le mur d'entrée, sur lequel on peut apercevoir encore des traces de polychromie murale. La nef de 4 travées se termine par une magnifique abside polygonale à 7 pans. Dans le chœur, superbes vitraux du XIIIe s au bleu de Chartres. On découvre encore une belle pierre tombale au fin graphisme (derrière l'autel), ainsi que 2 Vierges en pierre du XIIIe et XIVe s.

DANS LES ENVIRONS DE SAINT-GERMER-DE-FLY

***Le musée de la Poterie :** 17, av. Tristan-Klingsor, 60650 **Lachapelle-aux-Pots.** ☎ 03-44-04-50-72. ● museedelapoteriedelachapelleauxpots.blog4ever.com ● Ouv en saison seulement, sam-dim 14h30-18h30. Entrée : env 2 € ; réduc enfants.* Le musée, à travers plus de 300 pièces, rend compte de la riche production locale, qui connut son apogée entre le XVIe s et le début du XXe s. C'est surtout la poterie de grès qui domine, des grands plats de la cour aux poteries dites utilitaires, destinés à l'industrie, comme ces gros vases de plus de 50 l (appelés *touries*) pour transporter les produits chimiques dangereux. Outre ces grès, le musée abrite les œuvres de maîtres potiers internationalement reconnus.

• Carte Le Vexin normand et le pays de Lyons *p. 79*

La Seine, pourtant paresseuse, trouve le moyen d'entamer fortement le plateau crayeux du Vexin, y découpant de hautes falaises blanches pittoresques. Premières villes et sites agréables à l'ouest de Paris : Vétheuil, La Roche-Guyon et son château, Vernon, à l'ombre duquel prospère le Giverny de Claude Monet, enfin Les Andelys et les remparts de Château-Gaillard, presque aux portes de Rouen. À quelques foulées au nord s'étend la forêt de Lyons, une superbe région verdoyante et vallonnée qui se prête mieux qu'une autre à la douceur de vivre l'instant d'un week-end tranquille, sportif ou culturel (abbayes de Mortemer et de Fontaine-Guérard, château de Vascœuil).

Comment y aller en transports ?

➢ ***Vernon :*** au départ de Paris-gare Saint-Lazare, nombreux trains. Min 45 mn de trajet.

– Rens SNCF : ☎ 36-35. • transilien.com •

Adresse utile

■ ***Maison du Parc*** *(Parc naturel régional du Vexin français) : 95450* ***Théméricourt.*** *☎ 01-34-48-66-10. • pnr-vexin-francais.fr • Mar-ven 9h-12h30, 14h-18h et sam ap-m ; dim et j. fériés 10h-19h (14h-18h oct-avr).* Pour organiser ses visites, plusieurs brochures, dont un carnet de rendez-vous avec les sorties commentées (balades, randonnées, visites culturelles). La Maison du Parc est installée dans le château de Théméricourt (XVe s), entouré d'un grand parc (tables de pique-nique). Il abrite aussi le *musée du Vexin français* (voir plus loin « Dans les environs de Vétheuil »). Boutique avec produits du terroir et artisanat d'art. Location de vélos.

Où s'initier à la montgolfière ?

■ ***Airshow :*** *départ dans les environs de Giverny ou Gisors selon les vols. ☎ 01-53-24-95-47. • airshow.fr • Avr-oct. Vols en montgolfière à partir de 199 €/pers ; réduc.* Vol en montgolfière au-dessus des boucles de la Seine. Départ dans les 2h suivant le lever du soleil ou précédant son coucher. Compter environ 1h de navigation avant de terminer par un petit déj ou une coupe de champagne. Nacelle de 5 ou 12 personnes, vol de la cime des arbres à 500 m d'altitude à une vitesse de 7 à 20 km/h. Une expérience inoubliable.

VÉTHEUIL

(95510) 880 hab.

Petit bourg niché près d'une des boucles de la Seine, aimé du peintre Claude Monet, qui y vécut avant d'aller s'installer à Giverny. Cadre sympa, avec sa belle église.

Où manger à Vétheuil et dans le coin ?

Aux Vins Temps : *6-8, Grande-Rue, à Vétheuil. ☎ 01-34-78-14-23. • auxvinstemps@free.fr • Dans le centre de Vétheuil. Tlj sauf lun-mar. Congés : 1re quinzaine de sept. Formule déj en sem 17 € ; menus 24-31 €.* Installé dans une maison de ville, ce bon petit resto met en avant les produits de petits producteurs du Vexin, mais aussi quelques poissons travaillés avec précision. Des plats savoureux au dressage raffiné, servis dans un cadre moderne avec cuisine ouverte. Atmosphère reposante et service agréable pour déguster tout ça. Fait également de la vente à emporter.

La Table Verte : *10, pl. de l'Église, 95420* ***Genainville.*** *☎ 01-34-67-05-00. • restaurant-latableverte@orange.fr • À 9 km au nord de Vétheuil, par la route de Magny-en-Vexin. Ouv le midi mar-dim, ainsi que les ven et sam soirs. Résa conseillée. Formule déj en sem 16 € ; menus 28-38 €. Café offert sur présentation de ce guide.* Tout petit village hors des sentiers battus, jolie église, place paisible et cette sympathique auberge où l'on sert des plats traditionnels pas compliqués et réussis. Le midi, la formule laisse un petit choix et ne lésine pas sur les quantités... Cadre plaisant avec jardin de curé fleuri pour les beaux jours et des tables près d'un feu de cheminée en hiver.

Où acheter de bons produits dans le coin ?

Les Chocolats de Vétheuil : *1, rue de l'Église. Ouv mer-dim 10h-12h30, 14h-19h. ☎ 01-34-78-23-33.* Cet artisan chocolatier et glacier fait fureur auprès des habitants du coin : les glaces au lait de chèvre bio, au chocolat brésilien ou encore à la kalamansi (cousin du citron vert et spécialité de la maison) sont délicieuses... et les chocolats aussi ! À chaque saison, ses douceurs, et on ne s'en lasse pas !

Ferme-brasserie du Vexin : *3, rue de la Croix-des-Ruelles, 95450* ***Théméricourt.*** *☎ 01-30-39-24-43. • biere-du-vexin.com • Face à la Maison du Parc, sur la route d'Avernes. Visite du site le w-e (sauf j. fériés) 10h30-12h30, 14h30-18h. Congés : 2 sem en janv et 2 sem en août. GRATUIT.* La bière du Vexin décroche régulièrement une médaille au Salon de l'agriculture. Cette bière douce se présente en blanche, blonde ou ambrée, et la Véliocasse a déjà été primée meilleure bière au miel au monde. Accueil sympa, dégustation et vente. Vend aussi d'autres produits locaux.

À voir. À faire

L'église : *ouv Pâques-Toussaint, dim et j. fériés 15h-18h (en principe !) ; ou sur rdv au ☎ 01-34-78-27-49. Sinon, vous pouvez toujours la découvrir lors de la messe dominicale (ts les 15 j.) à 11h.* Un grand escalier aux marches disjointes mène à ce sanctuaire dominant le fleuve, auquel Monet consacra plusieurs tableaux. Construite au XIIe s et retouchée à la Renaissance (la façade et le porche sud en sont les plus beaux exemples). De la période gothique, elle conserve sa tour carrée. Belle galerie Renaissance qui relie les tourelles de la façade. À l'intérieur, plusieurs statues anciennes, boiseries et stalles gothiques. Dans le croisillon, un primitif français du XVe s. Fonts baptismaux du XIIe s.

La maison de Claude Monet : *16, av. Claude-Monet. 06-70-12-73-30. • claudemonetvetheuil@gmail.com • sejourimpressionniste.com • Repérer la maison jaune aux volets verts. Visite guidée mai-oct, les 1er et 2e dim du mois, ttes les heures 10h-12h (dernière visite du mat), 14h-18h (dernière entrée) : 5 € ; gratuit moins de 6 ans. Pas de CB. Durée : 30 mn et pas plus de 10 pers dans la maison.*

Vos week-ends bonheur à deux pas de chez vous.

l'Eure #JE SUIS AILLEURS EN NORMANDIE

PRÉPAREZ VOTRE SÉJOUR SUR EURE-TOURISME.FR

#JESUISAILLEURSENNORMANDIE

Lorsqu'il arrive à Vétheuil avec sa famille, l'artiste n'a pas encore rencontré le succès. Sans le sou, ils cohabitent pendant 3 ans et demi (1878-1881) avec les Hoschedé (Ernest, homme d'affaires alors ruiné, fut le mécène du peintre). Ils vivent à 14 dans la maison ! Difficile à imaginer, compte tenu du nombre et de la taille des pièces, aujourd'hui décorées de meubles d'époque. Sa femme Camille y décédera 1 an après leur arrivée. Néanmoins, Monet, inspiré par la Seine, réalise plus de 150 tableaux au cours de cette période, dont on peut voir quelques reproductions ici. Bon nombre de toiles sont exécutées depuis son bateau-atelier. D'ailleurs, en face de la demeure, un petit chemin descend jusqu'au bord de la Seine. Ne pas manquer non plus d'emprunter le bac fluvial, à 300 m. Il permet, comme autrefois, de rejoindre en 5 mn Lavacourt, sur la rive opposée, d'où l'on admire des vues sur Vétheuil, telles que Monet les observait. Le village, lui-même, n'a guère changé. Une immersion dans l'univers du peintre à découvrir avant (ou après) la visite de Giverny. Sachez qu'il est également possible de louer le dernier étage composé de 2 chambres *(mars-déc).*
De plus, Claire Gardie, la gérante, guide de profession, propose un circuit à la découverte des paysages peints par Monet. Elle organise aussi, toujours sur réservation, des visites guidées à la journée ou demi-journée de Vétheuil et des alentours.

DANS LES ENVIRONS DE VÉTHEUIL

Le domaine de Villarceaux : *95710* ***Chaussy.*** *01-34-67-74-33 (lun-ven).* • *villarceaux.iledefrance.fr* • *À 9 km au nord de Vétheuil, en direction de Chaussy ; bien indiqué. Ouv 1er w-e d'avr-3e w-e d'oct, tlj sauf lun 14h-18h. GRATUIT. Visites libres.* Bienvenue dans ce délicieux parc avec ses différents corps de bâtiment, ses bassins (voyez les effets d'optique avec les buis se reflétant dans l'eau), ses jardins à la française, son jardin sur l'eau et son vertugadin (jardin en escaliers) bordé de statues italiennes du XVIIe s, et ses différentes perspectives. Réhabilité par le conseil régional, ce site est une vraie réussite. Visite des salons du château du XVIIIe s présentant des meubles estampillés par les plus grands ébénistes parisiens, ainsi que du parc de 64 ha. Vue éblouissante depuis les terrasses. L'intérieur du manoir de Ninon se visite exceptionnellement lors de certaines manifestations du domaine (visite accompagnée – renseignements à l'accueil du site). En principe, programme de spectacles en été. Un lieu parfait et tranquille pour une agréable promenade dominicale... au temps de la Renaissance où plane le souvenir de Ninon de Lenclos et de Mme de Maintenon !

Le Musée archéologique du Val-d'Oise : *95450* ***Guiry-en-Vexin.*** *01-34-33-86-00. À 15 km au nord-est de Vétheuil (entre Magny-en-Vexin et Vigny). Mar-ven 9h-17h30, w-e et j. fériés 13h-18h. Fermé 1er janv et 25 déc. GRATUIT. Compter 1h30 de visite. Livret-jeu pour les enfants.*
Pour les amateurs d'archéologie, un must dans la région parisienne. Édifice moderne, spacieux et lumineux dans lequel sont réunies les plus belles trouvailles archéologiques des alentours. On passe en revue les différentes périodes dans un ordre chronologique depuis le Paléolithique jusqu'au Moyen Âge. Nombreuses poteries, objets en verre, outils, bijoux comme cette copie de phalère, pendentif pour les chevaux de guerrier, du IVe s av. J.-C. Parmi les plus belles pièces, une épée décorée de plaques de cuivre avec son fourreau, une admirable tête de bronze du IIe s (sur un socle tournant pour mieux l'admirer), un calice en verre polychrome de toute beauté, ainsi que de belles stèles de l'époque mérovingienne. Voir au sous-sol les reconstitutions de peintures murales. Une salle est également consacrée à l'archéologie contemporaine avec les statues soviétiques issues de l'Exposition universelle de 1937. Espace pédagogique *La Passerelle* pour se mettre dans la peau d'un archéologue.

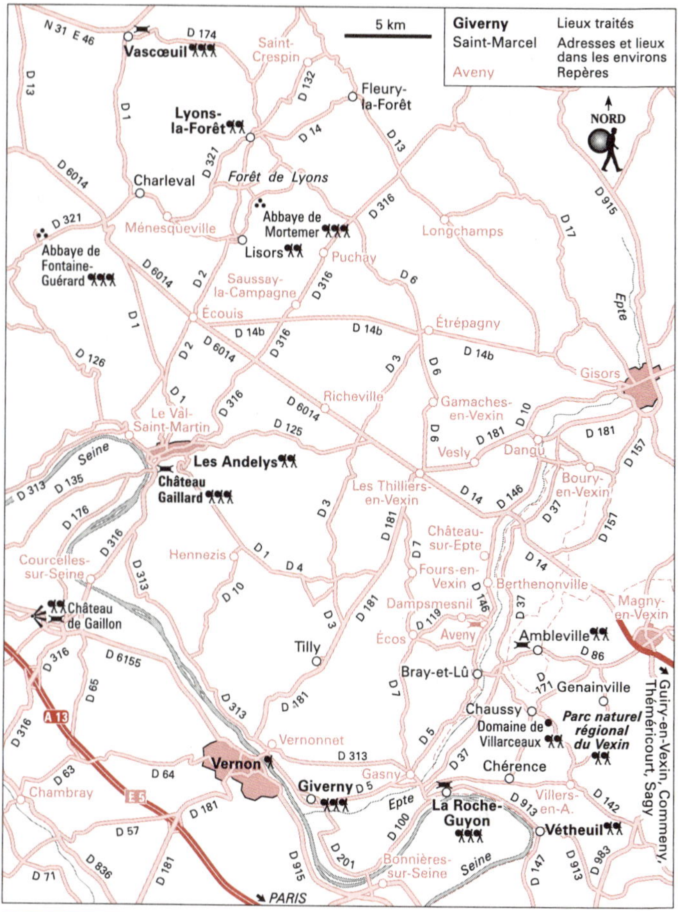

LE VEXIN NORMAND ET LE PAYS DE LYONS

Le musée numérique : et pour une plongée encore plus réaliste, on coiffe un *casque immersif* pour découvrir le site actuel de Genainville avant de le retrouver 2 000 ans plus tôt, alors à son apogée, en restitution 3D. Ne pas manquer non plus la *table tactile* pour revivre 60 ans de fouilles archéologiques et les occupations successives de l'âge de fer à nos jours. Visite interactive dans un temple et quiz pour tester ses connaissances.

➢ À partir du musée, un sentier pédestre de 1h30 aller-retour mène à l'*Allée couverte du Bois-Couturier,* une tombe mégalithique souterraine de 8 m de long sur 2 m de large dont la datation approximative est de 2 000 ans av. J.-C. Les restes humains de 200 corps ont été retrouvés dans la chambre funéraire fermée par un « bouchon » de calcaire de 150 kg, conservé au musée (plan d'accès disponible). Face au musée, le beau **château de Guiry**, du XVIIe s, que les individuels peuvent visiter à l'occasion des journées du Patrimoine et des Rendez-vous aux jardins *(● chateaudeguiry.fr ●).*

L'église, à côté du château, présente une jolie et étonnante tour-clocher et un dôme de pierre, marquant la transition entre les styles gothique et Renaissance. Belle restauration du village dans un pur style du Vexin.

Le château d'Ambleville *(95710) :* *1, pl. de la mairie. 06-25-64-75-73. À 15 km au nord de Vétheuil sur la D 86. Juil-août, tlj sauf lun 10h-12h, 14h15-18h ; de fin avr à fin sept, w-e 14h-17h30. Visite obligatoirement guidée du château, à 10h30, 15h et 16h30 en juil-août (à 15h30 seulement le reste du temps). Entrée : 6 € jardins seuls, 9 € jardins et château. CB refusées.*
Intéressant château que celui d'Ambleville, transformé au fil des époques, offrant un mélange de styles étonnant. Initialement, c'est un château féodal mais, à la Renaissance, Louis de Mornay fait appel à l'architecte Jean Grappin, auteur des sculptures de la cathédrale de Gisors, pour donner à la forteresse médiévale une allure moins sévère et plus italianisante. Au XVIIe s, le duc Nicolas de Villeroy, ambassadeur de Louis XIV à la cour des Médicis, apporta à son tour aux salons et aux jardins un parfum de Toscane. Mme de Maintenon, amie fidèle de Villeroy, y séjourne avec les enfants de France ; la façade sud est alors modifiée, une nouvelle aile remplace le donjon détruit. Acheté en 1928 par la marquise de Villefranche qui le restaure aussi en lui ajoutant sa touche personnelle, il appartient désormais à une famille passionnée de jardins, et est meublé par son propriétaire, commissaire-priseur à Drouot. Bureau Mazarin, armure Renaissance, tableau de Louis XVIII et une somptueuse collection de cabinets d'ébène sculptés ornent les belles pièces aux plafonds Renaissance bien restaurés. La visite est très vivante et enrichie d'anecdotes amusantes.
À ne pas manquer, les jardins en terrasses des XVIIe et XVIIIe s, inspirés de ceux de la villa Gamberaia à Florence. Celui *du Soleil* est occupé par un échiquier de végétaux taillés en topiaires, orné au printemps de 50 000 narcisses. Les 3 terrasses qui descendent vers l'Aubette juxtaposent le *jardin de l'Œil* et le *jardin de la Lune* avec son bassin en demi-lune qui reflète le portique à arcades en ifs taillés, la fontaine et les statues italiennes. Une vraie réussite !

Les musées et maisons à thème du Parc naturel régional du Vexin français : *rens et infos dans les musées ou à la Maison du Parc, à* ***Théméricourt.*** *Lire plus haut dans l'introduction de l'itinéraire, « adresse utile ». ● pnr-vexin-francais.fr ●*
– La Maison du Parc et le musée du Vexin français : *95450* ***Théméricourt.*** *☎ 01-34-48-66-00. À 15 km au nord-est de Vétheuil, entre Magny-en-Vexin et Pontoise. Mar-ven 9h-12h30, 14h-18h et sam ap-m ; dim et j. fériés 10h-19h (14h-18h oct-avr). Fermé en déc. Entrée musée : 4 € ; réduc ; gratuit moins de 5 ans. Accès gratuit au parc. Compter 2h de visite (musée et parc).* Dans le château, avec parc et étang où il fait bon se promener. Avant tout un lieu d'informations avec accès multimédia pour toutes les activités sur le territoire du Parc, on y trouve également un musée sur la faune, la flore, l'histoire et le travail de l'homme sur cet environnement, doté d'une bonne scénographie. Collection d'objets, vidéo, expos temporaires sur le Vexin. Une agréable intro sur la région avant d'aller en découvrir les recoins. Observer la jolie croix pattée (les bras sont étroits au centre et larges à la périphérie) qui trône dans la cour, symbole du Vexin.
– Le musée de la Moisson : *hameau du Petit-Mesnil, 95450* ***Sagy.*** *☎ 01-34-66-39-62. ● museedelamoisson.fr ● À 25 km à l'est de Vétheuil, entre Magny-en-Vexin et Pontoise. Dans un hameau à gauche après la sortie du village. C'est indiqué. Ouv tte l'année sur rdv, 9h30-12h30, 13h30-17h ; fin mars-fin oct, certains dim 14h-18h. Fermé en août. Entrée : 4 € ; réduc. Compter 1h de visite.* Un sympathique petit musée où est exposée l'histoire de la moisson et de la vie rurale à l'aide de machines et de mises en scène. Outils, moissonneuses de la fin du XIXe s, locomobile de 1920, etc., soit une vingtaine de machines diverses et variées. Une année sur 2 (les impaires), le 2e dimanche de septembre, pour la fête de la Moisson, on les sort et on les fait fonctionner. À l'étage, un film de 25 mn retrace

les évolutions techniques et les mutations de la société agricole au cours du XXe s dans le Vexin français. À voir aussi, le dernier week-end de mars, la fête de l'Épouvantail, un concours haut en couleur de personnages fabriqués par les participants (tout le monde peut y prendre part).

– ***La maison du Pain :*** *31, Grande-Rue, 95450* ***Commeny.*** *☎ 01-34-67-40-05. À 20 km au nord-est de Vétheuil, entre Magny-en-Vexin et Pontoise. Mai-fin sept (mais fermé juil-août), visite lun-mar et jeu-ven 9h-12h, 14h-16h, plus dim et j. fériés 14h-17h ; oct-avr, 1 dim sur 2 seulement. Entrée : 4 € ; réduc. Compter 30 mn de visite, 1h30 avec animations et ateliers.* Autre petit musée typique, situé dans l'ancien grenier à farine de la boulangerie du village, pour découvrir le rôle, l'importance et l'histoire du pain en Vexin. Explication de la fabrication, de l'usage des outils anciens et des traditions. Parcours audiovisuel du cycle blé-farine-pain.

➢ ***Randonnées pédestres :*** plusieurs chemins de randonnée d'une durée de 1h30 à 3h sont proposés dans le secteur (au départ de la maison du Pain, du musée de la Moisson ou de Théméricourt jusqu'à Guiry-en-Vexin). Itinéraires et renseignements à la Maison du Parc.

LA ROCHE-GUYON

(95780) 520 hab.

Du côté de La Roche-Guyon, à environ 65 km de Paris, la Seine glisse entre les falaises de craie parfois découpées d'aiguilles ou creusées de grottes. La Roche-Guyon s'annonce de loin avec son donjon majestueux. Il faisait partie, comme le château de Gisors, de la ligne de défense du duché de Normandie. Au pied de la falaise, un château présente toute la gamme des styles du XIIe au XIXe s. Le calme et le charme du site invitent au repos et à la détente… tant qu'on respecte ce petit bourg en laissant sa voiture au grand parking (près de l'hôpital). À découvrir à pied, donc. Très agréable promenade sur les bords de Seine.

UN ANNIVERSAIRE QUI TOMBE MAL

Le jour du Débarquement allié, Rommel, chef des armées allemandes en France, était en Allemagne… pour fêter l'anniversaire de sa femme ! Le 5 juin, la tempête était telle qu'il était persuadé qu'un débarquement serait impossible. Mauvaise pioche !

Adresse utile

ℹ ***Point d'informations touristiques*** *(La Gabelle) : ☎ 01-34-79-74-42 (château). • larocheguyon.fr • Face au château, contre le potager-verger. Mai-nov, sam 13h-18h, dim et j. fériés 10h-18h.*

Où dormir ? Où manger ?

De bon marché à prix moyens

🏠 ***Gîte d'étape-foyer rural :*** *4, rue de l'Audience. ☎ 01-34-79-72-67. • foyer-rural.laroche@wanadoo.fr • Rue qui jouxte le château, devant l'église. Tte l'année. Résa conseillée. Compter 15 €/pers.* L'ancien presbytère, retapé à neuf, accueille randonneurs et cyclotouristes dans 4 chambres de 2 à

6 lits, avec salles de bains communes (capacité : 19 personnes). Le GR passe devant la porte. Cuisine équipée, salle-réfectoire avec vaisselle, bibliothèque et cheminée. Accueil sympa.

Les Damiers : *3, rue de Gasny. ☎ 01-75-74-41-85. 06-10-14-94-25. • jacky.buffet@hotmail.fr • les-damiers.fr • À 200 m à gauche après le château, en venant de Vétheuil. Tte l'année. Doubles 85-100 €.* Dans une grande demeure des années 1930 recouverte de lierre avec un vaste jardin descendant vers la Seine, à quelques mètres du château. Chacune des chambres porte le nom d'un courant musical de ces Années folles (jazz, charleston, swing...), dont le charmant proprio est passionné. À l'inverse de ces trépidantes musiques, les chambres sont calmes et reposantes. Une adresse d'un bon rapport qualité-prix.

Hôtel-restaurant Les Bords de Seine : *21, rue du Dr-Duval. ☎ 01-30-98-32-52. • infocontact@bords-de-seine.fr • bords-de-seine.fr • Congés : 2 sem à Noël. Résa conseillée. Doubles 65-85 €. Formule déj en sem 18 € ; menu 26,50 €.* Les chambres sont soignées et fonctionnelles. Demandez-en une avec une vue sur la Seine, et de préférence au 2e étage, elles sont au même prix. Pour les autres, c'est campagne et falaises de craie. Le resto en forme d'entrepont apporte du cachet au lieu, la cuisine y est agréable et la carte variée (magret de canard, morue à l'aïoli, profiteroles au chocolat...). Une terrasse aux beaux jours face au petit parking qui borde la Seine.

Où dormir ? Où manger dans les environs ?

De chic à plus chic

Le Saint-Denis : *chez Andrée et René Pernelle, 1, rue des Cabarets, 95510* ***Chérence.*** *☎ 01-34-78-15-02. 06-48-26-16-00. • andree.pernelle@orange.fr • À 4 km à l'est de La Roche-Guyon, dans la rue qui fait face à l'église. Tte l'année, sur résa seulement. Double 80 €. Réduc de 10 € sur la 2e nuit sur présentation de ce guide.* Chambres d'hôtes au calme, à la déco assez kitsch, s'ouvrant sur un jardinet fleuri, dans un bien joli village. Confort et accueil sont les maîtres mots de la maison. Terrasse aux beaux jours ou salle rustique pour un riche petit déj avec croissants faits maison. Bien situé pour sillonner les environs ou pour un week-end au vert, non loin de Paris.

Les Jardins d'Épicure : *16, Grande-Rue, 95710* ***Bray-et-Lû.*** *☎ 01-34-67-75-87. • info@lesjardinsdepicure.com • lesjardinsdepicure.com • À 9 km au nord de La Roche-Guyon. Indiqué dans le village. Resto fermé lun-mar. Double 140 € ; suites. Menus 42-79 €.* Épicure aurait trouvé son bonheur dans cette adresse bucolique à souhait, perdue au cœur du Vexin. Maison bourgeoise entourée d'un grand parc où se promènent les paons. Chic et super équipées, les chambres sont réparties entre la demeure principale Napoléon III, la villa Florentine, de l'autre côté du pont où passe l'Epte, ou dans les anciennes écuries en briquettes rouges face à une volière dans le parc. Cuisine soignée, servie dans la belle salle de restaurant, autour de la piscine et face au parc, dont on profite pleinement grâce à la magnifique baie vitrée. Aussi un solarium et un spa. Certes, ce n'est pas donné, mais quand on veut se faire du bien...

À voir

Le château : *1, rue de l'Audience. ☎ 01-34-79-74-42. • chateaudelarocheguyon.fr • Entrée par le haut. Avr-oct, tlj 10h-18h (19h les w-e et j. fériés) ; fév-mars et nov, tlj 10h-17h ; attention, fermeture des guichets 1h avt ! Fermé déc-janv. Entrée : 7,80 € ; réduc ; gratuit moins de 6 ans. Compter env 1h30 de* *visite. Visite guidée w-e et j. fériés à 15h. Programmation culturelle riche et variée, expos temporaires. Boutique (fruits et légumes bio du potager en saison, confitures, jus).*

À flanc de falaise, surmonté de son donjon (XIIe s) qui domine les méandres de la Seine, le château a fière allure. Il faut dire que sa situation frontalière entre le royaume franc et le duché de Normandie lui donne une importance militaire. Au XVIIe s, François de La Rochefoucauld, l'auteur des *Maximes,* l'acquiert par alliance. 2 siècles plus tard, le château passe entre les mains du duc de Rohan-Chabot qui sera entouré de nombreux romantiques, comme Lamartine ou Victor Hugo. Puis le château revient définitivement aux La Rochefoucauld.

Depuis la cour d'honneur, les larges escaliers de pierre mènent à l'enfilade des salons du XVIIIe s. Outre les cours intérieures, les terrasses, le bâtiment médiéval, ne pas manquer les chapelles troglodytiques, le pigeonnier et le donjon (accessible par un escalier abrupt taillé dans la roche puis un 2^{d} en colimaçon plus difficile encore à gravir, qui culmine à 100 m de hauteur). Les plus courageux verront leurs efforts récompensés par une vue magnifique sur les méandres de la Seine, la campagne et l'ancien jardin potager-fruitier restauré.

AH ! QUELLE VACHERIE !

On raconte qu'Antoinette de Pons, dame de La Roche-Guyon, avait tenu tête aux avances du roi Henri IV lors d'un passage au château. Ne voulant pas passer la nuit avec lui, elle était allée dormir dans une ferme à vaches voisine, rebaptisée... La Vacherie ! Pour ses vaches ou pour l'affront fait au roi, nul ne sait.

Ceux qui ont encore du souffle (et des jambes !) emprunteront le chemin de ronde jusqu'à la tour sud-est qui servait d'observatoire astronomique au XVIIIe s. En redescendant, empruntez le circuit des casemates (cache d'armes) de la 2de Guerre mondiale. Le maréchal allemand Rommel y avait établi son quartier général pendant quelques mois. Le château inspira aussi un épisode de la célèbre B.D. *Le Piège diabolique* de *Blake et Mortimer,* auquel un hommage est rendu avec une réplique du « chronoscaphe » (une drôle de machine à remonter le temps). Enfin, le ***potager-verger*** (face au château) offre une balade (accès libre) dans ses jardins qui retrouvent leur vocation première, initiée au XVIIIe s par La Rochefoucauld : un espace de production et d'expérimentation horticole où semences et biodiversité tiennent une place primordiale. Le potager est organisé selon les thèmes majeurs permettant la rotation des cultures : cultures maraîchères et agricoles, légumes annuels et vivaces, plantes aromatiques, jachères, engrais verts, fumure et compost. Vente de ces productions bio. Le tout forme un lieu exceptionnel, à ne pas manquer !

LE MITRAILLAGE DE LA VOITURE DE ROMMEL

Le 17 juillet 1944 (6 semaines après le Débarquement), la voiture du chef des armées allemandes, Rommel, fut mitraillée par un avion allié. Celui-ci reçut quelques soins à l'hôpital de Bernay et s'en sortit très diminué. Ce n'est qu'en 1990 qu'on apprit que le pilote était français.

DANS LES ENVIRONS DE LA ROCHE-GUYON

La route des Crêtes : de La Roche-Guyon, prendre la rue de La Charrière-des-Bois qui grimpe jusqu'à la falaise. Au bout de 300 m, après les grottes, prendre à gauche un petit chemin (GR balisé blanc et rouge). On longe la falaise sur environ 3 km. Très beau panorama sur le val de Seine. Ne pas hésiter à faire un détour par ***Chérence,*** joli bourg où vécut et fut enterrée l'écrivaine Nathalie Sarraute. On redescend ensuite à La Roche-Guyon par une route goudronnée. Possibilité d'emprunter ce chemin en sens inverse. Les fainéants prendront la route au-dessus du chemin des Crêtes, où passent les voitures. Beaux points de vue.

➢ ***La route d'Haute-Isle et des Crêtes :*** la route reliant La Roche-Guyon à Vétheuil, le long de la Seine, vous permet d'approcher les falaises de craie, l'église troglodytique et même le poste DCA construit par Rommel en 1943. Cette route et celle des Crêtes, au sommet des falaises, offrent une belle vision d'ensemble de ce paysage singulier.

– ***Vol à voile :*** *aérodrome, 95510* ***Chérence*** *; accès par la route des Crêtes en direction de Chérence (indiqué) ; le terrain de vol à voile s'étend sur ce vaste plateau. ☎ 01-34-78-13-33. 📱 06-98-76-13-33. • aavo.free.fr • Tte l'année, sur résa le mat même. Pour un vol d'initiation, compter 110 € la balade de 20-30 mn.* Aucune compétence n'est requise... puisque vous êtes accompagné. Un grand moment de plaisir que de se retrouver dans un planeur à voler comme un oiseau avec le souffle du vent et un paysage digne des dieux. Formation possible, inscription au club.

GIVERNY (27620) 500 hab.

À environ 80 km de Paris, ce charmant village s'étage sur une douce colline en bordure de Seine. Le peintre Claude Monet contribua fortement à sa gloire lorsqu'il choisit d'y vivre de 1883 jusqu'à sa mort, en 1926. Il repose d'ailleurs dans le cimetière paroissial. Sous l'impulsion de Monet, nombre d'artistes (dont beaucoup d'Américains) vinrent à Giverny. Aujourd'hui, outre sa maison et ses jardins, on vient voir le superbe musée des Impressionnismes.

GIVERNY, LE PORTE-MONET

Si Giverny doit une fière chandelle au peintre, l'inverse n'est pas vrai. Difficilement accepté par les autochtones, Monet vivait sans véritable contact avec eux. Ils lui faisaient même payer très cher les meules de foin qu'il souhaitait coucher sur la toile. Il avait besoin de la nature pour peindre, de la lumière qui s'en dégage aux différentes heures de la journée, et plus particulièrement tôt le matin. Il fut l'un des premiers, conseillé par Eugène Boudin, à peindre sur le site même, symbolisant les images à l'extrême pour les « réduire » à une impression lumineuse, à un effet de lumière. La manière de peindre dépasse le sujet peint. *Impression, soleil levant* est la toile qui donna naissance à l'impressionnisme. Dans le jardin qu'il créa entièrement, il peignit certaines de ses toiles les plus célèbres, notamment la série des *Nymphéas.*

AVOIR L'ŒIL !

À la fin de sa vie, Monet commençait à souffrir de la cataracte. Alors qu'il perdait progressivement la vue, l'intensité des couleurs échappait à celui qui mit tout son art à jouer avec la lumière. Par la suite, il rangea avec ordre ses tubes de peinture et se fia aux étiquettes pour choisir ses teintes. Grâce à son ami Clemenceau, il accepta finalement de se faire opérer (mais d'un seul œil !).

À Giverny, ***Monet s'installa dans cette longue maison rose*** aux volets verts, le « Clos normand ». Il se levait avant le jour, prenait un copieux petit déjeuner et se hâtait d'étudier la lumière avant qu'elle ne se défilât. Souvent, il travaillait sur plusieurs tableaux à la fois, captant pour un même sujet les nuances de chaque heure. Par la suite s'installeront à Giverny de nombreux artistes français, mais aussi américains, qui logeront pour certains à l'hôtel *Baudy,* devenu aujourd'hui un resto-musée.

Comment y aller depuis la gare de Vernon ?

➢ ***Navette :*** *☎ 0800-27-27-00. • sngo-giverny.fr •* De fin mars à début nov, 4-8 allers-retours/j., en correspondance avec les trains de et vers Paris. Compter 10 € A/R.
– Un ***petit train touristique,*** le *Givernon,* relie aussi les 2 villes. *(📱 06-27-25-00-55 ; • givernon.fr •).* Fin mars-Toussaint, 4-5 fois/j., ttes les 2h env (8 € l'A/R).

🚲 ***Location de vélos et autres : Givernon Rental Station,*** *39-41, rue Émile-Steiner, à côté de la gare de Vernon. 📱 07-66-44-82-22. • rental-station.givernon.fr •* Vélos (standard, électrique, pour enfants, avec remorque...), trottinettes pour emprunter la ***voie verte,*** un itinéraire partagé piéton et ***vélo*** de 4,5 km environ, balisés depuis Vernon. Loue également des voitures électriques.

Adresse utile

ℹ ***Office de tourisme Nouvelle Normandie :*** *sur le parking du Verger, près des toilettes. ☎ 02-32-51-39-60 (office de tourisme à Vernon). • cape-tourisme.fr • Ouv fin mars-début nov, tlj 9h-14h, 15h-17h.* Vend une « box » de 15 randonnées à pied et à vélo à faire dans la région.

Où dormir ?

Chic

⌂ ***Chambres d'hôtes Au Bon Maréchal :*** *chez Mme Boscher, 1, rue du Colombier. ☎ 02-32-51-39-70. • boscher.marie-claire@orange.fr • À l'angle de la rue Claude-Monet, non loin du resto de l'ancien hôtel* Baudy. *Ouv de mi-mars à début nov. Résa conseillée. Double 95 €. Parking fermé gratuit.* Dans une grande maison de village qui était un café à l'époque de Monet. Au 1er étage, 2 chambres spacieuses et confortables. L'une dispose d'un balcon qui s'ouvre sur le jardin fleuri et l'autre, plein sud, donne sur la cour et le jardin. Piscine (hors-sol).

⌂ ***Hôtel La Musardière :*** *123, rue Claude-Monet. ☎ 02-32-21-03-18. • reservation@lamusardiere.fr • lamusardiere.fr • Avr-oct, jeu-lun ; nov-mars ven-lun. Congés : janv. Résa indispensable. Doubles 125-145 € ; familiales. Parking gratuit.* À l'écart de la foule, cette grande maison bourgeoise du XIXe s, entourée d'un jardin ombragé par de vénérables tilleuls, a été rénovée récemment. Les chambres, plutôt spacieuses, arborent un style moderne et épuré. Très bon accueil, doublé d'une belle table (voir plus bas « Où manger ? »). Une adresse aux multiples atouts.

⌂ ***Chambres d'hôtes La Réserve :*** *chez M. et Mme Jouyet, bois de la Réserve. ☎ 02-32-21-99-09. • mlreserve@gmail.com • giverny-lareserve.com • ♿ À 1,5 km au nord de Giverny, sur les hauteurs. Avr-oct. Doubles 140-170 € ; tarif dégressif à partir de 2 nuits. Loc de gîte 8 pers 650-950 € (3 nuits).* Dans une vaste et charmante demeure de style bordelais, entourée d'un beau parc, de vergers et d'une forêt, 5 chambres personnalisées, à l'atmosphère raffinée (parquet, meubles anciens, etc.). Petit déj gourmand et accueil charmant. Une belle adresse de charme, assez onéreuse, mais le calme et la détente sont assurés.

Où manger ? Où déguster une pâtisserie ? Où boire un verre ?

Au Coin du Pain'tre : ☎ 02-32-71-01-70. *Tlj 8h-19h. Menu env 20 €.* Cette boulangerie (comme son nom l'indique) réalise des pains spéciaux, mais propose en plus des petits déj, planches, salades, burgers, sandwichs et quelques plats chauds : toute une palette de propositions à consommer dans un cadre plaisant, en salle ou dans la cour fleurie à l'avant.

Restaurant de l'hôtel La Musardière : *voir coordonnées dans « Où dormir ? ». Avr-oct, jeu-lun ; nov-mars, ven-lun. Service midi et soir, plus une carte grignotage et boissons l'ap-m. Congés : janv. Formules 26 € (au déj, sauf dim)-32 €.* Cadre chaleureux, à l'unisson avec l'ambiance, où le chef décline des plats à base de produits locaux (tous les fournisseurs sont pointés sur une carte de la région). On apprécie ces influences qui font voyager, l'originalité et l'accueil, souriant et attentionné. Belle terrasse.

L'ancien hôtel Baudy : *81, rue Claude-Monet.* ☎ *02-32-21-10-03. Avr-oct, tlj sauf dim soir-lun 11h30-21h. C'est avt tout un resto (prix en rapport avec le lieu), mais il est possible de boire un verre en dehors des heures de service.* Ambiance XIXe s à l'intérieur, agréable terrasse ombragée de l'autre côté de la rue et beaux jardins à l'arrière (lire plus loin « À voir »).

La Capucine : *80, rue Claude-Monet.* ☎ *02-32-51-76-67. Café ouv en saison mer-dim 15h-19h (20h le w-e).* Un vaste jardin, idéal pour une pause aux beaux jours. Également de quoi se restaurer le midi.

À voir

La Fondation Claude-Monet (la maison de Monet) : *84, rue Claude-Monet.* ☎ *02-32-51-28-21. • claude-monet-giverny.fr • Tlj avr-oct ; visite de la maison et des jardins 9h30-18h (fermeture du guichet à 17h30. Entrée : 11 € (sur place ; plus cher en ligne) ; réduc ; gratuit moins de 7 ans.* **Pour éviter les files d'attente interminables, achetez au préalable vos billets en ligne (ne marche pas pour le jour même !).** *Interdit aux animaux et aux pique-niques.*

Pour commencer, sachez qu'on a restitué à la maison et aux jardins leur aspect d'origine. Aux amoureux de Monet, signalons quand même qu'il n'y a ici aucune œuvre originale du peintre, uniquement des reproductions. On vient pour contempler le cadre de vie et surtout admirer les superbes jardins fleuris du maître, qui détourna les eaux de l'Epte pour alimenter son petit univers japonais. À la saison des nénuphars, émotion garantie. Mais sans l'explosion de couleurs du jardin, la visite perd grandement de son intérêt.

L'étang aux nénuphars, situé de l'autre côté de la route, est accessible par un passage souterrain au fond du jardin. Au temps de Monet, l'endroit était bien plus romantique puisque seuls un chemin de terre et une voie ferrée (rares étaient les trains) séparaient le jardin du célèbre plan d'eau. C'est au bord du ***jardin d'eau orientaliste*** que le peintre réalisa ses séries de *Nymphéas*. ***Dans la maison***, notez la belle salle à

L'INVENTION DE LA PEINTURE EN TUBE

Autrefois, les peintres fabriquaient eux-mêmes leurs couleurs. Cela impliquait du temps et un matériel énorme. En 1841, un Américain, John Goffe Rand, inventa la peinture en tube, donc transportable. Enfin, les peintres pouvaient installer leur chevalet en pleine nature ou face à la mer. Cette invention permit l'impressionnisme : le peintre quittait son atelier pour travailler en pleine nature.

manger éclatante de jaune et la cuisine aux carreaux bleus en faïence de Rouen. Outre le mobilier, on verra de superbes estampes japonaises, collection personnelle de Monet. Une merveille ! Pour la petite histoire, sachez que Monet n'est jamais allé au Japon. Librairie-boutique de la fondation dans l'atelier des Nymphéas.

Le jardin et le musée des Impressionnismes – Giverny : *99, rue Claude-Monet. ☎ 02-32-51-94-65. • mdig.fr • Ouv avr-déc, tlj 10h-18h. Entrée : 9 € ; gratuit moins de 18 ans et pour tous le 1er dim du mois (sauf juil-sept). Visites guidées les dim à 14h30 : 4,50 €. Audioguide : 4 €. Jardin en accès libre. Resto sur place.*
Sa principale vocation est de mettre en lumière la richesse et la diversité de l'impressionnisme. Pour cela, le musée s'appuie sur une ***collection permanente***, qui s'enrichit constamment (Bonnard, Signac, Boudin, Caillebotte, sans oublier les œuvres délicates et poétiques de Hiramatsu rendant hommage à Monet). Il organise aussi une à deux ***expositions thématiques*** par an en partenariat avec d'autres musées. La présentation y est toujours passionnante et vivante, grâce aux nombreuses manifestations qui l'accompagnent (randonnées, visites olfactives, soirée électro, bal populaire, mais aussi conférences, ateliers adultes et enfants...). Une approche culturelle originale, à ne pas manquer. En 2021, le musée présente « Côté jardin. De Monet à Bonnard ». Voir l'agenda sur leur site.
À l'extérieur, ***très beau jardin*** paré d'œuvres d'art contemporain et une prairie de coquelicots ou de meules selon la saison. Beaux livres d'art dans la librairie-boutique.

L'ancien hôtel Baudy : *81, rue Claude-Monet. • restaurantbaudy.com •* C'est en 1886 que le 1er peintre américain vint ici chercher une chambre. Il s'appelait Metcalf. D'autres suivirent, nombreux. L'hôtel *Baudy* devint un lieu de rencontres artistiques : Robinson, Butler, Mary Cassatt, McMonnies, Sargent et bien d'autres y séjournèrent. Puis l'établissement accueillit Renoir, Rodin, Sisley et Pissarro. Monet et Clemenceau y devisaient souvent de longues heures durant dans le grand ***jardin*** en pente, à l'arrière, (7 000 m^2). Il a été recomposé comme à l'époque. Si on vous laisse le visiter, ne manquez pas la jolie ***roseraie*** un peu sauvage, ainsi que l'atelier. Voir aussi plus haut « Où boire un verre ? ».

La tombe de Monet : *sur le côté du cimetière communal, derrière l'église.* Elle est bordée de marbre blanc.

Manifestation

– ***Festival de Musique de chambre :*** *2de quinzaine d'août. • musiqueagiverny.fr •* Autour d'un compositeur invité, belle programmation de concerts réunissant des musiciens venus du monde entier. Concerts à Giverny et dans la région, possibilité d'assister aux répétitions.

VERNON

(27200) 24 530 hab.

À 6 km de Giverny. La ville fut bâtie au Xe s sur des fondations gallo-romaines par Rollon, Viking fasciné par la Normandie, 1er chef normand avec le titre de comte de Rouen. Plus tard, elle plut beaucoup à Louis IX, alias Saint Louis, qui venait s'y repaître de cresson, la culture locale (on en voit 3 bottes sur les armoiries de la ville). Vernon fut occupée par les Anglais au XVe s. Bombardée pendant la 2de Guerre mondiale, la ville perdit de son cachet avec

la reconstruction moderne du centre. Cependant, quelques vestiges intéressants du vieux Vernon demeurent. La ville est un point de départ idéal pour de belles balades dans la région.

Adresse et info utiles

Office de tourisme : *12, rue du Pont. ☎ 02-32-51-39-60. • cape-tourisme.fr • Dans le musée municipal. De mi-mars à mi-nov, tlj 10h-18h ; le reste de l'année, mar-dim et j. fériés 10h-12h30, 14h-17h.* Bonne documentation notamment sur les nombreuses randonnées autour de Vernon.

– **Marché :** *mer mat (pl. du Vieux-René) et sam 8h-14h30 (pl. de Gaulle, du Vieux-René et l'ancienne halle).*

Où dormir ?

De prix moyens à chic

Chambres d'hôtes Villa Géraldine : *5-7, rue du Pont. ☎ 02-32-71-14-77. • noelle.pariel@free.fr • Face au musée de Vernon. Double 75 € ; familiale.* Jolie et paisible propriété d'époque Napoléon III dans un jardin clos aux arbres centenaires, ayant résisté à l'urbanisation alentour. 3 chambres agréables avec lit de style Restauration ; 2 d'entre elles (louées ensemble) partagent la salle de bains sur le palier. Vaste jardin d'hiver pour un copieux petit déj. Bien qu'en plein centre-ville, une adresse qui donne l'impression d'être hors du temps. Accueil discret de la vénérable propriétaire.

Hôtel Normandy – Le Cottage : *1, av. Pierre-Mendès-France. ☎ 02-32-51-97-97. • contact@normandy-hotel.fr • normandy-hotel.fr • ♿ Double 114 € ; familiales. Parking payant.* Grand hôtel proposant une cinquantaine de chambres spacieuses et confortables, toutes refaites dans un style contemporain standardisé. Belle ambiance feutrée et cosy dans les salons du hall. Accueil agréable. Une bonne adresse.

Où manger ?

De bon marché à prix moyens

Bistrot des Fleurs : *73, rue Carnot. ☎ 02-32-21-29-19. • bistrotdesfleurs@gmail.com • Tlj sauf dim-lun. Congés : dernière sem de juil et 1re quinzaine d'août. Menus 21-23 €, plus 40 € (sur résa).* Cadre très sympa, genre petit bistrot chaleureux offrant une cuisine de marché traditionnelle, simple et goûteuse. Terrasse sur rue.

La Halle aux Grains : *31, rue de Gamilly. ☎ 02-32-21-31-99. • lahalleauxgrains@wanadoo.fr • ♿ Tlj sauf le soir dim-lun. Fermé le soir du 24 déc. Formule déj en sem 14,90 € ; menus 19-35 €. Apéritif offert sur présentation de ce guide.* On y vient notamment pour les viandes grillées de 1er choix et les plats traditionnels que l'on mange sur la terrasse fleurie aux beaux jours ou dans la salle au cadre un peu désuet. La formule du midi est simple mais efficace (un bon plan le lundi quand tout est fermé). Service rapide et ambiance conviviale, grâce à un accueil vraiment adorable.

De prix moyens à chic

L'Estampille by Érisay : *6, pl. de Paris. ☎ 02-77-19-00-12. • contact@restaurantlestampille.fr • ♿ Fermé dim soir-lun. Formules 19-29 € (sauf sam soir et dim midi) ; menu 39 €.* Ce traiteur reconnu prend ici ses aises dans un cadre très contemporain et sur le beau toit-terrasse (accessible par ascenseur !). Dans l'assiette, une cuisine bistronomique moderne et savoureuse. Une enseigne qui tient ses promesses.

Où dormir ? Où acheter de bons produits dans les environs ?

De bon marché à prix moyens

Chambres d'hôtes Les Greniers de la Ferme des Ruelles : *chez Michel et Chantal Galmel, Les Ruelles, 27510* ***Tilly.*** *06-12-17-40-06. • ch.galmel@orange.fr • fermedesruelles.com • À env 10 km au nord-est de Vernon (et Giverny). Fermé dim (sauf séjours de plus de 2 nuits). Double 78 € ; dégressif à partir de 2 nuits.* Loin de toute agitation, en pleine campagne, dans une belle ferme, 2 chambres spacieuses, avec entrée indépendante, installées dans d'anciens greniers. Murs blancs, plafonds mansardés, poutres en bois et sols en coco, l'ensemble possède beaucoup de charme. Vous trouverez aussi les produits de cette ferme cidricole et ceux des fermes « amies » dans la boutique *(tlj sauf dim).* Toutes ont pour souci commun le développement durable, à travers l'agriculture raisonnée et les circuits courts.

À voir. À faire

➢ ***Circuit touristique du centre-ville :*** demander à l'office de tourisme le plan du centre-ville.

Collégiale Notre-Dame de Vernon : *rue Carnot. Tlj 8h30-18h30 (messe). En travaux pour de nombreuses années, mais accessible.* Date du XIe s, mais fut sans cesse remaniée. Sur la façade du XVe s, autrefois colorée, admirable rosace flamboyante entre 2 galeries. Tour centrale du XIIIe s. À l'intérieur, nef élancée encerclée d'un triforium. Au fond, dans le chœur, une série d'arcades romanes supportant un étage du XVIe s. Beau buffet d'orgue et superbe maître-autel provenant de la chartreuse de Gaillon. Elle est aussi connue pour ses vitraux du XVe dans 3 des chapelles et du XVIe s de part et d'autre du portail.

Le musée municipal Alphonse-Georges-Poulain : *12, rue du Pont. ☎ 02-32-64-79-05. • vernon27.fr/la-ville/culture/musee • De mi-mars à mi-nov, tlj 10h-18h ; le reste de l'année, mar-dim et j. fériés 10h-12h30, 14h-17h30. Entrée : env 5 € ; gratuit moins de 26 ans et pour tous le 1er dim du mois.* ***Travaux prévus à partir de fin 2021.*** *Avant de se déplacer, se rens sur une possible fermeture.* Dans un bel hôtel particulier des XVe et XVIIIe s, sont exposées des œuvres originales de Monet, ainsi que des paysages impressionnistes de l'école de Giverny, notamment représentée par les œuvres américaines de Mary Fairchild et Frederick William MacMonnies, Will Hicok Low, ou encore Theodore Earl Butler. Le clou de la visite revient à *Falaise à Pourville* et au petit *Nymphéas* rond de 1908 légué par Monet lui-même. On ne manquera pas, au passage, les tableaux de sa belle-fille, Blanche Hoschedé-Monet, ni les peintures réalisées par ses amis (Bonnard, Vuillard, Maurice Denis, Vallotton...). Intéressant cabinet des dessins. Le dernier étage est dédié à la peinture et à la sculpture animalière (section unique en Normandie). Des expos temporaires également.

Château de Bizy : *☎ 02-32-51-00-82. • chateaudebizy.com • Fin mars-début nov, tlj sauf lun, 10h-18h. Pour le château, visite guidée obligatoire, ttes les heures, la dernière à 17h (durée : env 45 mn) ; parc en accès libre 14h-18h. Entrée : 9 € ou 5 € (parc seulement). Visites théâtralisées pour enfants pdt les vac scol (en supplément).*

Vaste domaine de 20 ha de parc et 60 ha de forêts, aux portes de Vernon. Un 1er château y est construit à la fin du XVIIe s. À partir du XVIIIe s, il passe entre les mains d'illustres propriétaires qui entreprennent de nombreux remaniements. D'abord le duc de Belle-Isle (héritier des goûts fastueux de son grand-père, le surintendant Fouquet), puis le duc de Penthièvre, la duchesse d'Orléans et son fils le

roi Louis-Philippe. C'est à lui que l'on doit le parc à l'anglaise, la restauration des bâtiments et la construction des 2 ailes du château. Au milieu du XIXe s, la propriété est rachetée par le baron de Schickler, grand collectionneur prussien, qui, réalisant que ses boiseries ne passeraient pas les portes, décide de raser la partie centrale de la demeure pour la remplacer par l'édifice de style palladien visible de nos jours. Légué à Louis Suchet, petit-neveu du baron et descendant des frères de Napoléon Bonaparte, le domaine appartient toujours à la même famille, qui y vit encore. Elle a restauré l'intérieur, bien endommagé après l'occupation allemande, et remis en service le système hydraulique du parc, qui datait du XVIIIe s (nombreux bassins et fontaines).
La beauté des jardins a d'ailleurs valu au château le surnom de « petit Versailles normand ». Enfin, pousser jusqu'à l'étable et la laiterie du XIXe s, de style gothique normand (ne se visite pas), heureuses bêtes !

En traversant le pont principal, on voit en contrebas le ***Vieux Moulin,*** une maison ancienne en encorbellement posée sur les 2 arches du pont du XIIe s aujourd'hui détruit. L'édifice semble défier les lois de la pesanteur ! Un tableau à lui tout seul !

LES ANDELYS (27700) 8 060 hab.

L'un des plus beaux sites de la vallée de la Seine, à 92 km de Paris. Célèbre pour son château fort surplombant la boucle du fleuve et pour le charme de ses rives. Du château, superbe panorama sur les falaises de craie encadrées de bois, les rives verdoyantes, la forêt de vieux toits du village, la Seine s'étalant langoureusement dans son méandre. Balzac, Hugo, Ingres, Monet, Signac, Léger vinrent souvent y chercher l'inspiration.
Pourquoi « Les » Andelys ? Tout simplement parce que la ville est scindée en 2 : Le Petit-Andely au bord de la Seine, de loin le plus charmant, protégé par les ruines de Château-Gaillard, et Le Grand-Andely, qui lui fait suite jusqu'à 3 km à l'intérieur des terres et qui a beaucoup souffert lors de la 2de Guerre mondiale.

Adresse et infos utiles

Bureau d'information touristique : *2, rue Grande. ☎ 02-32-21-31-29. • cape-tourisme.fr • Avr-oct, tlj 10h-13h, 14h-17h ; nov-mars, mar-sam 10h-13h, 14h-17h.* Organise des visites guidées du Château-Gaillard *(avr-oct ; payantes).* Coiffé d'un casque de réalité virtuelle, on peut également se plonger dans ce que furent Les Andelys à l'époque médiévale ; 1 parcours d'environ 2 h qui vous mènera, bien sûr, au Château-Gaillard (compter 22 € pour 2 adultes et 3 enfants, entrées au château incluses).

Piscine découverte : *en bordure de Seine, non loin du port. Ouv mai-août seulement.* Bien agréable.

– ***Marché :*** *pl. Poussin, sam 8h-18h.*

Où dormir ? Où manger ?
Où grignoter aux Andelys et dans les environs ?

Campings

Camping L'Île des Trois Rois : *1, rue Gilles-Nicolle. ☎ 02-32-54-23-79. • campingtroisrois@aol.com • camping-troisrois.com • ♿ De mi-mars à mi-nov. Compter 23-29 € pour 2 avec tente et voiture ; tarif spécial* *cyclistes et randonneurs.* Dans une vaste prairie ombragée, camping admirablement situé, entre un grand étang d'un côté et la Seine de l'autre. Grands emplacements, certains arborés et plusieurs offres d'hébergements, comme ces tipis avec kitchenette, salle de bains et 2 chambres, dont 1 en mezzanine que les enfants adorent, ou les *Coco Sweet*. Quelques mobile homes profitent d'une terrasse donnant sur la Seine. Il possède aussi 2 piscines chauffées, des jeux pour enfants et propose des locations de vélos.

Camping-caravaning du Château de Bouafles : *2, rue de Mousseaux, 27700* ***Bouafles.*** *☎ 02-32-54-03-15 et 02-32-54-56-99. • chateaudebouafles.com • À env 6,5 km au sud-ouest des Andelys. Ouv tlj mars-oct, seulement ven-lun nov-fév (sauf roulottes et Coco* Sweet *fermées en hiver). Pour 2, prévoir 17-19 € avec tente et voiture. Roulottes (2-4 pers) 57-78 € (dégressif dès la 2e nuit, loc à la sem possible).* Sur un terrain arboré qui s'étire tout en longueur au pied de cette propriété cossue et jusqu'à la Seine. Les beaux et vastes emplacements sont complétés par une offre tout à fait originale de roulottes anciennes (1900-1950) entièrement retapées sur place, à la déco vintage ou romantique, avec cabanon à part pour la salle de bains : du charme à revendre ! Parmi les services : un bar avec terrasse, une épicerie, un billard, un baby-foot et même un tennis. Le tout à prix démocratique.

De prix moyens à chic

Hôtel de Paris – Restaurant le Bistronomy : *10, av. de la République, Le Grand-Andely. ☎ 02-32-54-00-33. • accueil@bistronomy.fr • hotel-andelys.fr • Resto fermé dim soir et lun midi. Doubles standard 70-85 € ; familiales. Menus 21 € (déj en sem)-25 €.* À l'entrée du centre-ville, en bordure de la rue principale, cette maison normande plus que centenaire, en brique et au parquet qui craque, a été reprise par un couple franco-finnois. Les chambres standard restent simples, les plus grandes sont cossues. Côté resto, dans une salle à la déco un peu datée prolongée d'un bow-window, on se régale d'une cuisine traditionnelle, agrémentée de fleurs comestibles, concoctée avec passion par l'équipe du *Bistronomy*.

Hôtel de la Chaîne d'Or : *25-27, rue Grande, au Petit-Andely. ☎ 02-32-54-00-31. • contact@hotel-lachainedor.com • hotel-lachainedor.com • Face à l'église Saint-Sauveur. Tlj en saison. De mi-oct à mi-avr, resto fermé mar-mer et dim soir. Congés : de mi-fév à mi-mars et sem de Noël. Résa conseillée le w-e. Doubles 99-145 € ; junior suite également ; petit déj 14 €. Formules déj en sem 15 (en terrasse)-24 €, puis menus 32 (sauf sam soir, dim midi)-70 €. Résa conseillée en terrasse. Parking gratuit. Café offert sur présentation de ce guide.* Dans une maison fondée en 1751 qui abritait jadis les bureaux de péage pour traverser la Seine. La gigantesque chaîne, qui marquait l'octroi situé à cet endroit, rapportait tant d'argent qu'on l'appela la « chaîne d'or », d'où le nom de l'hôtel. L'actuel propriétaire, féru d'histoire, s'aventure bien au-delà de cet épisode. Il a fait de son établissement un vrai livre dans lequel évoluent des personnages en lien avec la ville : héros de guerre, rois et reines (admirez la chambre de « Richard Cœur de Lion », rouge forcément), peintres (« Nicolas Poussin », magnifique chambre ocre de « Turner »). On aime aussi beaucoup celle de « Conan Doyle » et l'extravagante « Lawrence d'Arabie » (familiale) où le proprio-décorateur s'est clairement fait plaisir. Elles portent toutes un univers bien particulier pour une plongée historique vraiment réussie, avec une vue sur la Seine, la cour ou la place de l'église. Au resto, la cuisine, tendance traditionnelle, est servie dans la belle salle aux baies vitrées face à la Seine, donnant l'impression d'être sur une péniche. Aux beaux jours, magnifique terrasse au-dessus du fleuve. Enfin, possibilité de louer des vélos et trottinettes électriques (la voie « Seine à Vélo » passe juste devant). Une belle adresse, bien qu'un peu onéreuse.

La Villa Aliénor : *1, rue Grande. 📱 06-44-19-15-22. • villaalienor@outlook.fr • villa-alienor.fr • Doubles 90-110 €, petit déj inclus ;*

également une suite et des gîtes. Petite restauration tlj, sur la terrasse 12h30-22h ou à l'intérieur par temps maussade 15h-18h. Cet ancien relais de poste du XVIIIe s, stratégiquement situé en bord de Seine, abrite désormais des chambres d'hôtes au style campagnard et romantique. Dès les premiers rayons, les visiteurs d'un jour peuvent profiter de la belle terrasse ombragée offrant une vue de choix sur le fleuve. Idéal pour un apéro et un grignotage au coucher du soleil. Petite boutique de produits artisanaux sur place. Possède une autre maison d'hôtes entre Pacy-sur-Eure et Louviers, dans un cadre bucolique, *Le Moulin de la Côte*.

Mistral : *26, rue Grande, au Petit-Andely. ☎ 02-32-54-09-00. • mistral.petitandelys@gmail.com • À 2 pas de l'église. Tlj sauf mer, jeu midi et dim soir. Congés : janv. Formule déj en sem 15,50 € ; carte env 35 €.* Petit resto proposant une cuisine traditionnelle à base de bons produits locaux, concoctée avec un grand savoir-faire. C'est frais, c'est bon, et le service est très amical. Cadre moderne de bistrot avec une gentille véranda sur l'arrière. Attention, le soir la cuisine ferme à 21h !

À voir

Château-Gaillard : *☎ 02-32-21-31-29. À pied depuis la rue Richard-Cœur-de-Lion par un chemin qui démarre au centre du Petit-Andely (compter env 25 mn), ou en voiture par Le Grand-Andely et les collines environnantes (suivre « Parking Château-Gaillard »). Avr-nov, tlj sauf lun-mar, 10h-12h30, 14h-18h. Dernière admission 30 mn avt. Entrée : 3,50 € ; réduc ; gratuit moins de 7 ans. Visite guidée : 4,50 €. Tte l'année, accès libre à la cour basse et à l'ouvrage avancé. Le billet permet d'entrer dans la haute cour et le donjon, un peu mieux conservé que le reste. Des animations et spectacles sont organisés en saison.*
Forteresse édifiée par Richard Ier dit « Cœur de Lion », duc de Normandie et roi d'Angleterre, pour prévenir les attaques de Philippe Auguste, roi de France. Aujourd'hui, le château est en ruine, mais il offre ***l'une des visions les plus magiques de la vallée de la Seine.*** Sa construction prit un peu plus d'un an. Le site fut choisi en raison de l'escarpement et de la configuration stratégique du paysage. Richard se serait écrié, une fois l'œuvre achevée : « Que voilà un château gaillard ! », d'où le nom... Philippe Auguste attendit la mort de Richard pour attaquer le château, en 1203. Après un siège de plusieurs mois, l'assaut fut donné en février 1204. Eu égard à l'épaisseur des murs et à la qualité des défenses, il aurait irrémédiablement échoué si quelques soldats n'avaient trouvé une faille en passant courageusement par les fenêtres basses situées sous la chapelle. La chute du Château-Gaillard précipita celle de Rouen, et Philippe Auguste reconquit la Normandie.
L'ouvrage militaire, malgré l'ordre de démantèlement d'Henri IV, présente des restes magnifiques qui donnent une idée de sa puissance. On distingue encore quelques éléments des remparts extérieurs. L'enceinte intérieure, bien conservée, présente une suite de saillies rondes contiguës et enveloppe le gros donjon de 8 m de diamètre intérieur. Ses murailles ont 4,50 m d'épaisseur à la base. Initialement, le donjon comptait 3 étages et présentait une conception géniale : sa base était en plan incliné, avec des contreforts triangulaires supportant le chemin de ronde. Cet appareillage permettait aux projectiles lancés des mâchicoulis de ricocher et de rebondir vers l'ennemi sans qu'il puisse prévoir leur trajectoire. La restauration de l'enceinte de la haute cour fait très bien ressortir la spécificité de ces murailles festonnées.

L'église Saint-Sauveur : *au Petit-Andely. Tlj 9h-18h.* Église de style gothique en forme de croix grecque, bâtie au XIIIe s. Elle conserve un riche patrimoine : vitraux, statues, retables, fresque du début du XVIe s et son orgue du XVIIe s, l'un des plus anciens de France encore en fonctionnement. Le clocher, arraché lors d'un orage en 1973, a été reconstruit.

La collégiale Notre-Dame : *au Grand-Andely. Tlj 9h-19h (17h30 en hiver).* Façade à 3 portails (XIXe s), flanquée de 2 tours, nef et chœur dans le style gothique du XIIIe s, révélant une parfaite harmonie dans les proportions. Au sud, le bras du transept et les chapelles sont de style gothique flamboyant et au nord de style Renaissance. Cette opposition se retrouve très nettement sur les façades extérieures correspondantes où l'on trouve au nord un rare exemple d'architecture religieuse de style Henri III (XVIe s). À l'intérieur, la chapelle immédiatement à droite de l'entrée abrite une belle *Mise au tombeau* du XVIe s et un *Christ aux liens* du XVe s. Les chapelles sud sont éclairées d'un ensemble de verrières du XVIe s. Au-dessus de l'entrée, un buffet d'orgue Renaissance en chêne sculpté dont les panneaux représentent les vertus chrétiennes, les arts, les sciences et les divinités mythologiques.

Le musée Nicolas-Poussin : *rue Sainte-Clotilde, au Grand-Andely. ☎ 02-32-54-31-78. Derrière la mairie. Avr-oct, tlj sauf mar 14h-18h. Entrée : 3,20 € ; réduc.* Ce petit musée d'art et d'histoire locale abrite une toile du maître du classicisme (né à Villers, hameau des Andelys), *Coriolan, supplié par sa famille*. Également, des tableaux de peintres postimpressionistes, du mobilier Régence et Louis XVI, une collection archéologique, ainsi que des objets d'art religieux. Expos temporaires.

La fontaine Sainte-Clotilde : *rue Sainte-Clotilde, au Grand-Andely. À 100 m du musée. Tlj 9h-19h.* Ce petit édifice abrite une source réputée miraculeuse. La reine Clotilde, épouse de Clovis Ier, faisait construire un monastère non loin. Pour les ouvriers assoiffés, elle pria afin que l'eau de la fontaine prenne le goût et la force du vin et leur donne suffisamment de courage pour continuer les travaux. Cette légende, fondatrice de la ville, est reprise sur les vitraux de la collégiale.

Fête et manifestation

– ***Foire à tout :*** *2e w-e complet de sept.* Les antiquaires et brocanteurs de la région s'y donnent tous rendez-vous.
– ***Fête de l'Automne :*** *pl. Saint-Sauveur, un dim fin oct.* Marché normand avec animations.

DANS LES ENVIRONS DES ANDELYS

Le château de Gaillon *(27600)* ***:*** *allée de l'Ermitage. À 15 km au sud des Andelys. Avr-oct, tlj sauf mar 11h-12h30, 14h-17h30. Visites guidées seulement : 11h15, 14h30, 16h. Tarif : 6 € ; réduc ; gratuit moins de 6 ans.*
Ses vestiges impressionnent par sa position stratégique au-dessus de la Seine. On comprend pourquoi le site fut choisi au XIIe s pour protéger la frontière entre la France et la Normandie anglaise. Il est situé entre Rouen et Paris, les 2 villes les plus importantes du royaume, accessible par voies terrestre et fluviale. Mais le château fort fut quasi entièrement détruit au XVe s par les Anglais (on voit encore la présence des douves). Ensuite, il devint la propriété des évêques de Rouen qui le reconstruisirent.
Il prend une tout autre dimension avec le cardinal Georges d'Amboise, maître des lieux jusqu'au début du XVIe s. Ce légat du pape, vice-roi de Milan, est un féru de culture italienne. Peintres, artisans et architectes de la péninsule en font un vrai château d'apparat, autant qu'un outil diplomatique et politique à la gloire du cardinal et du roi de France. L'entrée s'effectuait d'ailleurs par un arc de triomphe, telle une mise en scène pour impressionner les visiteurs. De la belle loggia, offrant une vue magnifique sur la vallée, on se rend bien compte de son positionnement stratégique. Aujourd'hui, Gaillon est considéré comme le 1er château français de style Renaissance.
La résidence épiscopale continua de s'agrandir et de s'embellir jusqu'à la Révolution, époque à laquelle elle fut démantelée, comme de nombreux biens de l'Église.

Les pierres furent utilisées pour construire les maisons du village. Napoléon transforma les ruines en prison avec pour leitmotiv : rééduquer par le travail et la religion. Visiblement, cela commençait très tôt, puisque le plus jeune prisonnier était âgé de 6 ans. Le réfectoire des détenus et la cuisine se visitent. Elle ne fermera ses portes qu'en 1901, car il était impossible de la diviser en cellules (il n'y avait que des dortoirs). Ce fut ensuite une caserne jusqu'en 1925, puis un camp de rétention pendant la 2de Guerre mondiale.
Même si la visite demande de l'imagination pour se représenter la splendeur de ce château, son importance historique et architecturale mérite le détour.

LYONS-LA-FORÊT (27480) 730 hab.

En plein cœur de la forêt de Lyons, la capitale de ce royaume discret et bucolique est disposée en rond autour de sa vieille halle. La plupart des maisons ont conservé leur caractère normand, avec de jolies façades aux colombages parfois sculptés. Celles que leur naissance a moins favorisées s'efforcent toutefois de leur ressembler par d'habiles coups de peinture, ce qui donne au village une apparente homogénéité. Beaucoup de maisons anciennes en brique. Ravel tira parti d'une atmosphère si douce et calme qu'il s'y installa dans les années 1920 pour travailler. De son côté, Claude Chabrol trouva le site idéal pour tourner quelques séquences de son film *Madame Bovary*, en 1991, là même où Jean Renoir avait réalisé sa propre version en 1933.

UN PEU D'HISTOIRE

Dès le XIe s, les ducs de Normandie y avaient une résidence. Guillaume le Conquérant signa ici plusieurs chartes et son fils, Henri Ier, fit bâtir un château fort (où il mourut) que Philippe Auguste fit démanteler. Philippe le Bel et Charles IX venaient y chasser. Aux XVIIe et XVIIIe s, la ville fut le siège d'importantes institutions : bailliage, élection, maîtrise des Eaux et Forêts...

Adresse et infos utiles

Office de tourisme : *25 bis, pl. Benserade. ☎ 02-32-49-31-65. • lyons-andelle-tourisme.com • Avr-oct, lun-sam 9h30-12h30, 14h-18h ; dim et j. fériés 10h-13h, 14h-17h30. Nov-mars, lun-ven 10h-12h, 14h-17h ; sam 10h-12h30, 14h-17h.* Propose des visites guidées du village à dates fixes *(env 5 €)*, sinon demander le dépliant pour une visite libre, avec historique de nombreuses maisons et monuments. Nombreux itinéraires de sentiers de randonnée. Boutique de produits locaux, livres et carterie.

Location de VTT : *au* **camping Saint-Paul.** *☎ 02-32-49-42-02. Fin mars-début nov.*

Location de vélos à assistance électrique : Loc'E Velo, *15, pl. Benserade, face au Restaurant La Halle. ☎ 02-77-13-14-63. • loc-e-velo.business.site • Mar-dim 9h-12h, 14h-18h (19h en saison).*

Où camper ?

Camping Saint-Paul : *2, route Saint-Paul. ☎ 02-32-49-42-02. 📱 06-47-98-16-75. • campingsaintpaulllf@gmail.com • campingsaintpaul.fr • Fin mars-début nov. Compter 20-23 € pour 2 avec tente et voiture.* Réparti sur un domaine verdoyant et fleuri de 3 ha, bordé par les bras de la Lieure, un camping idéal pour le repos ou les visites alentour. Emplacements bien ombragés et séparés par de hautes haies. Également des tentes équipées de lits et 2 *Coco Sweet*. Très bien entretenu. Laverie, petite épicerie et restauration sur place. Location de VTT *(mai-oct)*. Accès non loin à la piscine municipale *(mai-sept)*, chauffée, couverte, ainsi qu'au tennis et au minigolf (payants).

Où manger ? Où boire un verre ?

Café du Commerce – Restaurant La Halle : *17-19 et 6, pl. Benserade. ☎ 02-32-49-49-92. • lahalle.lyons@orange.fr • Café fermé lun, resto fermé mer midi (ouv mer soir juin-sept). Formules et menus au café (déj seulement) 14-18 € ; au resto 23-33 €.* Un café et un resto en vis-à-vis sur la place Benserade, dont parle si bien l'écrivain Philippe Delerm. Pour prendre un pot à l'une des terrasses les mieux placées de Lyons ou, en face, pour se restaurer d'une bonne petite cuisine traditionnelle du marché.

Le Petit Lyons : *1, rue Froide. ☎ 02-32-49-61-71. • lepetitlyons@orange.fr • Resto ouv le midi seulement, jeu-lun. Formule 16 € ; pique-nique 8-15 €. Salon de thé l'ap-m.* On passe par le petit café-tabac-presse pour déboucher... en pleine forêt de Lyons. Sur place, carte courte de pizzas et salades (rehaussées de fruits et de fleurs), à base de produits locaux. Mais la déco invite à coup sûr à opter la prochaine fois pour un pique-nique en forêt, la vraie. La formule « romantique » propose même la nappe et les verres. Tentant, non ? Également vente à emporter.

Où dormir ? Où manger dans les environs ?

Chambres d'hôtes Ferme de La Cacheterie : *chez Mme Follet, 2, chemin des Pâtures, hameau La Boulaye, 27480* ***Fleury-la-Forêt.*** *☎ 02-32-48-01-26. • ferme.cacheterie@gmail.com • ferme-cacheterie.com • Congés : déc-fév. Double 65 € ; triple.* Dans un calme hameau, une belle ferme normande construite en matériaux naturels, indépendante de celle des propriétaires, abrite une poignée de chambres simples mais bien tenues, avec salle de bains nickel. La ferme, en activité, se consacre à la production d'asperges et à l'élevage de poules pondeuses. Une adresse très nature, idéale pour se mettre au vert !

Gîte de Charleval : *chez Liliane et François Lebaube, 47, rue de la Fontaine-Bulant, 27380* ***Charleval.*** *☎ 02-32-49-20-48. 📱 06-85-70-38-50. • francois.lebaube@orange.fr • gitedecharleval.sitew.com • Accès peu évident, au niveau d'un grand pré. Doubles 75-80 €.* À l'étage de cette ancienne grange et entourées de verdure, 2 chambres mansardées à la déco simple, l'une avec salle de bains privée à l'extérieur, l'autre dans la chambre. Elles se partagent une agréable pièce à vivre avec un coin cuisine, illuminée par une large baie vitrée. Bon accueil. Cavaliers et leurs montures bienvenus.

La Bro'Cantine : *54, Grande-Rue, 27380* ***Charleval.*** *📱 07-69-35-04-93. • la.brocantine.27@gmail.com • Ouv le midi lun-ven, le soir jeu-sam (en été) ou ven-sam (en hiver).* Dans un cadre soigné et chaleureux, cuisine traditionnelle et de marché le midi, bar à tapas le soir. Une bonne petite adresse de la région.

Où faire des achats dans un cadre insolite ?

L'Insulaire : *Le Paviot, à* ***Charleval.*** *📱 07-86-22-14-35 ou 06-12-88-14-09. • brasserie-insulaire.com • À 9 km au sud-ouest de Lyons-La-Forêt. Sam 10h-17h. Visites possibles sur résa la veille.* La brasserie a réhabilité un ancien site industriel sur une île, certes petite, mais qui donne tout de même un petit goût d'évasion... Les bières y sont brassées « de père en fils depuis mars 2017 » et portent des noms qui ne manquent pas non plus d'humour : elles s'appellent KGB, Gueule d'Amour quand elle est ambrée, Beauté Fatale en blonde, Ho Ho Ho à Noël ! Bar pour déguster tout ce beau monde et vente sur place. Le lieu, très vivant, ne demande qu'à se développer et concrétiser ses nombreux projets. On croise les doigts.

Galerie Adrienne Desbiolles : *35, rue Bernard Buffet, Saint-Crespin, 27480* ***Lorleau.*** *☎ 02-32-68-13-46. • galerieadriennedesbiolles.com • À 6 km de Lyons-la-Forêt. Ouv de début juil 2021 à mi-janv 2022 : juil-août, tlj 12h30-19h ; le reste du temps mer-dim, mêmes horaires. En principe, fermé de mi-janv à mi-mars.* Dans l'orangerie du château où vécut Bernard Buffet, Adrienne Desbiolles vend de l'artisanat, des objets et des œuvres (peintures, sculptures, photos) rapportés de ses voyages dans le monde entier. Pour tous les budgets. Elle met en lumière un artiste et organise régulièrement des concerts. Moments forts aux périodes de Noël et de Pâques. Agréable salon de thé avec terrasse.

À voir

Voir la ***vieille halle*** (XVe-XVIIIe s) et les belles ***maisons,*** comme celle du poète et académicien Isaac de Benserade, beau spécimen de demeure bourgeoise normande du XVIIe s. On peut s'attarder aussi sur l'***hôtel de ville,*** dans la rue du même nom, tout en brique et restauré par le duc de Penthièvre vers 1780. Possibilité de visiter la salle du Tribunal (salle de bailliage) du XVIIIe s et le cachot *(lun, jeu et ven 9h-12h30 ; mar 14h-17h30 ; mer 9h-10h30 et jeu également 14h-17h30).* Dans l'escalier, remarquer la pierre provenant de la Bastille et représentant... la Bastille. Rejoindre l'église, à environ 1 km du centre. Sur le parcours, bifurquer vers le ***square des Trois-Moulins,*** agréable jardin baigné par la Lieure et dominé par un ancien couvent de bénédictines. Poursuivre par la rue du Bout-de-Bas qui permet de profiter d'un bel alignement de maisons à colombages, dont l'ancienne demeure d'André Masson, peintre surréaliste.
On atteint ensuite l'***église*** *(ouv seulement pdt les offices),* construite au XIIe s en grès et silex (matériau du pays). Des ajouts furent effectués du XVe au XVIIe s. Triple toit et flancs du clocher en ardoises. Vierge à l'Enfant en pierre au-dessus du portail. À l'intérieur, belle statue en bois de saint Christophe, du XVIe s. Si aujourd'hui l'église se retrouve excentrée, c'est qu'Henri Ier a transféré le bourg près du château fort qu'il a fait construire à l'époque près de l'actuelle halle.
Revenir au centre en empruntant la rue d'Enfer. On y croise la belle propriété où Ravel composa *Le Tombeau de Couperin* et travailla à l'orchestration des *Tableaux d'une exposition* de Moussorgski (elle ne se visite pas).

Vue dominante sur Lyons de ***Notre-Dame-de-la-Paix,*** à 1,5 km du centre de Lyons si vous empruntez la route de Vascœuil par Les Taisnières et Les Hogues.

La forêt de Lyons : *dépliants sur les randonnées disponibles à l'office de tourisme de Lyons.*
Splendide, c'est l'un des plus beaux coins proches de la région parisienne. Il s'agit d'une forêt « claire », c'est-à-dire à majorité de hêtres plusieurs fois centenaires, aux troncs élancés qui laissent passer les rayons du soleil. Les possibilités de promenade sur des routes désertes sont illimitées. De nombreux virages offrent des points de vue merveilleux sur d'adorables villages, où églises normandes et colombiers se disputent un quart de ciel.

Le château de Fleury-la-Forêt : *4, route de Lyons, 27480* ***Fleury-la-Forêt.*** *☎ 02-32-49-63-91. • info@chateau-fleury-la-foret.com • Visites privées possibles avec le propriétaire sur résa. Tarifs, infos et résas par téléphone ou par e-mail.* De ce château classique à la façade en brique rouge et silex, on visite une dizaine de pièces meublées de différents styles mais datant globalement du XVIIe s.

Bureau Napoléon III, chambre Empire, remarquable cuisine du XIXe s. Le château abrite également un musée des Poupées anciennes. C'est la passion de la châtelaine. Certaines sont d'une valeur inestimable. Dans la cour du château, voir encore le lavoir, bien reconstitué, et la chapelle. Rappelons que le château propose aussi de belles chambres d'hôtes.

DANS LES ENVIRONS DE LYONS-LA-FORÊT

L'Arboretum : *à 6 km au sud-est de Lyons (accès par la D6).* Il offre l'occasion de belles balades, certaines familiales (30 mn-1h), en admirant de magnifiques spécimens méditerranéens, asiatiques, américains et européens : un vrai tour du monde végétal. Aire de pique-nique à l'entrée.

Lisors : *à env 7 km au sud de Lyons.* Petit village aux maisons de brique ou toutes blanches, Lisors s'étire le long du Fouillebroc. Noter la croquignolette *église* du XVe s qui se tient un peu à l'écart. L'alternance des matériaux de construction (silex et calcaire) dessine de jolis graphismes réguliers. À l'intérieur, belle Vierge en pierre du XIVe s.

L'abbaye de Mortemer : *à env 2 km de Lisors. ☎ 02-32-49-54-34. • abbaye-de-mortemer.fr • Extérieur ouv avr-sept, tlj 11h-18h ; entrée : 6 € ; enfants 4 €. Pour les 2 musées, visites guidées uniquement : avr-août, tlj 13h30-18h ; hors saison, se renseigner. Entrée : 4 € supplémentaires par musée. Durée : env 30 mn par musée, et 25 mn de promenade en petit train. Fêtes des Contes, Légendes, Merveilles et Fantastiques les 17-18 juil ; grande Fête médiévale le w-e du 14 et 15 août ; Journée des fantômes les 11 et 12 sept.*

LES FANTÔMES DE L'ABBAYE

Les murs de l'abbaye de Mortemer regorgent de fantômes ! Pendant la Révolution, les sans-culottes égorgèrent les 4 derniers moines, au milieu des barriques de vin. Depuis, et pour l'éternité, les fantômes des religieux vont du cellier au pigeonnier. Mais le fantôme le plus célèbre est incontestablement celui de Mathilde, connue sous le nom de « Dame Blanche » et grand-mère de Richard Cœur de Lion. Elle apparaît, de temps en temps, les nuits de pleine lune. Mieux vaut ne pas la croiser !

Tapies dans un vallon séduisant, au détour d'une route étroite, les ***ruines*** d'une ancienne abbaye cistercienne s'élèvent dans un environnement romantique et exceptionnel qui invite à une promenade presque mystique. L'abbaye tire son nom de la « mer morte » (marécages) qui inondait jadis la région. Elle fut transformée en carrière après la Révolution, et ses pierres servirent à construire le village voisin de Lisors. Il ne reste que quelques pans de l'église du XIIe s édifiée par Henri Ier, 4e fils de Guillaume le Conquérant. Plus tard, un riche imprimeur acheta ce qu'il restait de l'abbaye et la transforma en petit château. C'est dans cet édifice que sont installés les musées.

– ***Le musée des Fantômes et des Légendes :*** dans les sous-sols, on passe en revue des scènes de la vie des moines. Ne pas rater la petite fontaine des célibataires dans laquelle il suffit de jeter une pièce pour trouver l'âme sœur. Plus loin, une superbe Vierge sculptée du XVIe s, qui allaite. Elle est assise et couronnée, chose rare. Plusieurs pièces ont été ingénieusement aménagées pour présenter les contes et légendes liés à l'abbaye et aux alentours, grâce à un système de son et lumière. Fort bien fait, et les mômes adorent.

– ***Le musée des Appartements à thèmes :*** l'ancien réfectoire, au rez-de-chaussée, comporte 5 pièces meublées et décorées par thème avec un éventail d'objets religieux et anciens. L'ancien réfectoire, à l'étage, comporte 4 pièces agencées par les différents propriétaires. Le mobilier n'a évidemment rien à voir avec l'abbaye. À noter tout de même, un superbe antiphonaire (recueil de chants liturgiques) du XVe s.

– Dans le ***parc,*** un ***colombier*** du XVᵉ s remanié au XVIIᵉ s, à la remarquable charpente en bois de châtaignier. Son lanterneau date du XVIIᵉ s. Ses 937 trous de boulins en torchis abritaient les pigeons qui servaient parfois à nourrir les voyageurs d'antan. Notez l'échelle tournante qui permettait d'aller chercher les plus dodus. Au fond du parc, un étang avec de nombreux oiseaux et des daims. Un petit train (tiré par un tracteur !) longe la pièce d'eau. À voir aussi les ***ruines de l'église*** et son cloître.

L'abbaye de Fontaine-Guérard : *à **Radepont.** 06-86-08-04-67. À 16 km au sud-ouest de Lyons et 2 km à l'ouest de Radepont. En 2021, ouv les 24-25 avr, les 5-6 juin, les 2-3 oct 10h30-18h ; 1-16 mai + lun de Pentecôte, 14h-18h ; 19 juil-27 août (fermé 21-22 août), tlj 14h-18h30 ; sept, les ven seulement 14h-18h. Parcours ludique gratuit destiné aux enfants. Entrée : 6 € ; réduc ; gratuit moins de 7 ans.*
Cette abbaye cistercienne de moniales fut fondée au XIIᵉ s, édifiée au XIIIᵉ s et classée Monument historique en 1937. Bâtie au pied d'une source abondante aux vertus dermatologiques (« la fontaine qui guérit »), elle est située dans une nature préservée de la vallée de l'Andelle. On découvre à flanc de colline la chapelle Saint-Michel (XVᵉ s), surmontant le cellier troglodytique utilisé comme garde-manger. De l'abbaye subsistent l'église abbatiale qui a conservé son chœur et ses murs latéraux, ainsi que le bâtiment des moniales.
On visite la salle capitulaire à 3 nefs, élégante et étroite, de style gothique anglo-normand, l'une des mieux conservées de France, le parloir et la très belle salle de travail en croisées d'ogives, encore en bon état. Un escalier mène à la chambre de l'abbesse et au dortoir des moniales (30 m de long) à la superbe charpente : une partie est d'origine (XIIIᵉ s), l'autre, en coque de bateau renversée, a été reconstruite après un incendie à la fin du XVIIᵉ s. Toutes nobles qu'elles étaient, elles dormaient là sur une simple paillasse. À l'est, le jardin des plantes médicinales de l'infirmerie, le jardin des éléments et le jardin de méditation, ainsi que des sculptures qui évoquent les moniales aujourd'hui disparues. De l'ensemble se dégage une merveilleuse impression de quiétude et de ***sérénité.*** Des concerts, animations et expositions sont organisés en saison, ainsi qu'une fête médiévale le 1ᵉʳ week-end de juin.
À 400 m de l'abbaye, extraordinaire ruine de la ***filature Levavasseur.*** Bâtie en 1861 dans le style néogothique anglais (!), elle ne servit guère, détruite par un incendie en 1874. Il ne reste qu'une sorte de cathédrale industrielle, flanquée de tours aux 4 angles. Étonnant et beau.
La petite route C 92 qui part de l'abbaye et longe la filature est réservée aux vélos et aux piétons les 1ᵉʳ et 3ᵉ dimanches du mois.

VASCŒUIL (27910) 360 hab. *Carte Eure, C1*

Pour commencer et afin de ne pas avoir l'air trop parachuté, prononcer « Vacœuil » (avaler le « s »). Ce joli village, situé au nord-ouest de la forêt de Lyons, abrite l'un des plus vivants centres d'art et d'histoire de Normandie.

Où dormir ? Où manger ?
Où acheter de bons produits ?

Chambres d'hôtes L'Épicerie du Pape : *5, rue de la Ferme. ☎ 02-35-23-64-37. 06-81-29-02-41. • lepiceriedupape@club.fr • lepicerieduрape.com • Dans le village (fléchage discret). Tente-lodge (début mai à mi-oct) 90 € ; doubles 100-110 €.* À l'intérieur de cette maison où les matous sont rois, 2 jolies chambres à la déco soignée. Également une originale petite cabane rouge dans le jardin, à l'esprit scandinave, joliment aménagée en chambre cosy, avec salle de bains équipée d'un abreuvoir à vache en guise de baignoire (!). Une caravane vintage et insolite, mitoyenne à la cabane, peut servir de couchage pour des enfants (location en sus ; juin-sept). Petite cuisine d'appoint à disposition de tous dans une véranda. Piscine chauffée. Accueil très sympa.

Graine des Champs : *20, rue de la Gare. ☎ 02-32-91-19-72. • grainedeschamps.com • Mar-sam 9h30-19h ; dim 9h30-12h30. Menus 9,50-13 €.* Un petit magasin organisé en coopérative et vendant les produits d'une cinquantaine de producteurs bio de la région. Fait aussi traiteur et resto (on choisit ses plats à l'étal et on s'attable dans la salle attenante).

À voir

Le château : *8, rue Jules-Michelet. ☎ 02-35-23-62-35. • chateauvascoeuil.com • (sauf château). Avr-nov, mer-dim et j. fériés 14h30-18h ; juil-août, tlj 11h-18h. Entrée : 12 € (visite globale du site et des jardins + expo en cours) ; réduc ; gratuit moins de 7 ans ; forfait famille 30 €.*
Modeste dans ses proportions mais charmant et élégant, ce château, ancienne maison forte, fut bâti entre les XVe et XVIIe s. Aujourd'hui labellisé « Maison des illustres », ce centre d'art et d'histoire fut créé dans les années 1970. Il accueille toujours des expositions temporaires et exceptionnelles d'artistes renommés (1 par an), dont les œuvres sont présentées sur les 3 niveaux du château et dans le colombier. Au sommet de la tour de guet octogone du XIIe s, reconstitution fidèle du cabinet de travail de l'historien Jules Michelet (1798-1874). Également une librairie-boutique-galerie.
– ***Le parc à l'anglaise et le jardin à la française*** *(site classé)* **:** traversés par les méandres d'une rivière, ils ont été transformés en galerie ouverte de sculptures où dialoguent une cinquantaine de bronzes, marbres, céramiques et mosaïques d'artistes reconnus du XXe s (Braque, Dalí, Volti, Vasarely, Corneille, Chemiakin, Folon, Szekely, Capron, Coville, Léger, Marcoville, Zoritchak...).
– ***Le colombier :*** du XVIIe s. En brique rouge, trapu, il n'en dégage pas moins une certaine élégance. L'intérieur restauré sert de salle d'exposition. Noter la superbe charpente d'origine et l'échelle tournante qui donnait jadis accès aux boulins (trous).
– ***Le musée Michelet :*** unique musée de France dédié au célèbre historien qui fit de ce domaine sa demeure familiale pendant 20 ans et y écrivit une partie de ses ouvrages.

Salon de thé La Cascade : *dans le parc du château, en bordure de rivière. ☎ 02-35-23-62-35. Juil-août, tlj ; de mi-mai à juin et sept, seulement w-e et j. fériés.* Idéalement situé devant une petite cascade. Après s'être gavé de culture, place aux quiches, tartes ou crêpes à dévorer dans la jolie salle colorée ou en terrasse. Coin boutique, produits normands.

• Carte Rouen et la vallée de la Seine *p. 101*

Notre itinéraire suit tout simplement les méandres du fleuve en aval de Rouen. Un parcours en douceur, en virgule, avec des pleins et des déliés, sur les traces de Maupassant. Il vous faudra faire des sauts de puce, rive droite rive gauche, pour mieux découvrir toutes les facettes de cette vallée, finalement assez méconnue. Un des plus beaux itinéraires normands.

Comment y aller ?

En train

➢ ***Rouen*** *(gare rive droite)* **:** départ de Paris-gare Saint-Lazare. Une bonne vingtaine de trains directs/j. Compter env 1h20.
– Infos SNCF : ☎ *36-35.* • *oui.sncf* •

Adresse utile

🅘 ***Comité départemental du tourisme de Seine-Maritime :*** *6, rue des Vipères-d'Or, CS 70060, 76420* ***Bihorel*** *Cedex.* ☎ *02-35-12-10-10.* • *seine-maritime-tourisme.com* • *Lun-ven 9h-12h30, 14h-17h30.* Riche documentation sur tout le département.

ROUEN (76000) 110 610 hab.

• Plan *p. 102-103*

5e port français (et 1er port céréalier), la ville qui vit naître Pierre Corneille et Gustave Flaubert cultive avec soin son image bourgeoise.
Ville martyre durant l'Occupation, elle a fidèlement restauré les témoins de son glorieux passé, laissant à la rive gauche l'essentiel des installations liées à son développement industriel. Car Rouen cache bien son jeu : une fois franchi le front de Seine et ses barres de béton construites dans l'urgence de l'après-guerre, on découvre, en déambulant au fil des nombreuses rues piétonnes, la flèche de son incomparable cathédrale, le charme discret de ses vieux quartiers et l'âme vénérable de ses 2 000 maisons à pans de bois. En septembre 2019, l'incendie chimique de l'usine Lubrizol a obscurci le ciel de Rouen, et le moral de ses habitants.

JEANNE D'ARC, UNE SAINTE ?

Le Vatican n'a jamais vraiment aimé notre Jeanne nationale. D'abord, ce serait contredire l'évêque (Cauchon) qui l'a condamnée au bûcher. Ensuite, elle pensa au suicide (péché mortel). Il fallut attendre le célèbre historien Michelet pour lui donner toute sa notoriété. Il la déclara « sainte... laïque ». C'en était trop pour le clergé, qui décida alors de la canoniser en 1920... donc 500 ans après sa mort !

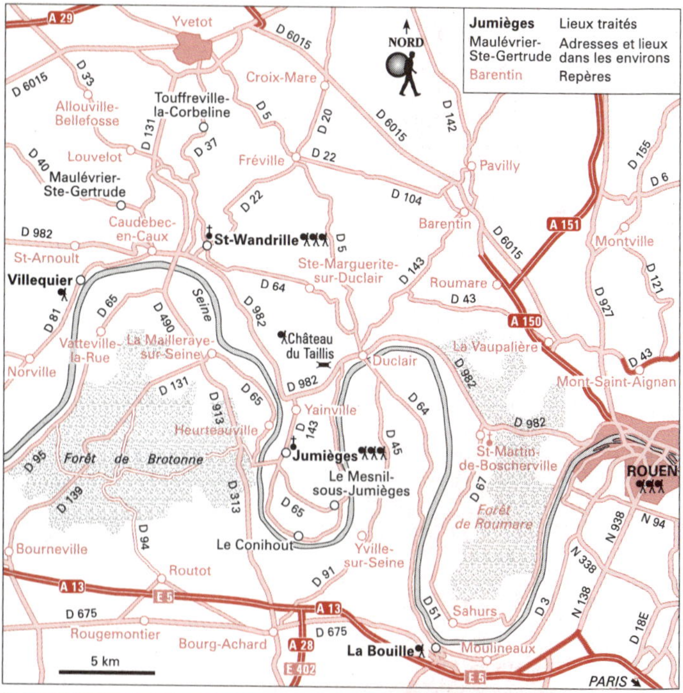

ROUEN ET LA VALLÉE DE LA SEINE

Adresses et info utiles

Rouen Normandie Tourisme & Congrès *(plan C3)* **:** *25, pl. de la Cathédrale.* ☎ *02-32-08-32-40.* • *rouentourisme.com* • *Mai-sept, lun-sam 9h-19h, dim et j. fériés 9h30-12h30, 14h-18h ; le reste de l'année, lun-sam 9h30-12h30, 13h30-18h, fermé dim et j. fériés sauf pdt les manifestations importantes (14h-18h).*

Location de vélos : ***Cy'clic,*** ☎ *0800-087-800 (n° Vert).* • *cyclic.rouen.fr* • 280 vélos en libre-service répartis sur 28 stations.

– ***Marchés :*** *mar, ven et sam jusqu'à 18h et dim mat, sur la pl. Saint-Marc (plan D3-4).* Tous les producteurs du coin. Très populaire. *Sinon, sous les halles de la pl. du Vieux-Marché (plan B-C2). Mar-dim mat jusqu'à 18h30.* Crémerie, volailles, fruits, légumes et poissonnerie.

Où dormir ?

Prix moyens

Chambres d'hôtes La Boulangerie *(hors plan par D2,* ***1****)* **:** *59, rue Saint-Nicaise.* *06-12-94-53-15.* • *aminata.boulangerie@gmail.com* • *laboulangerie.fr* • *Doubles 67-92 €.* Dans un quartier très plaisant, la vieille maison abrite 3 chambres (dont une grande familiale) très bien tenues et chaleureusement arrangées. Poutres apparentes et, ici et là, objets chinés

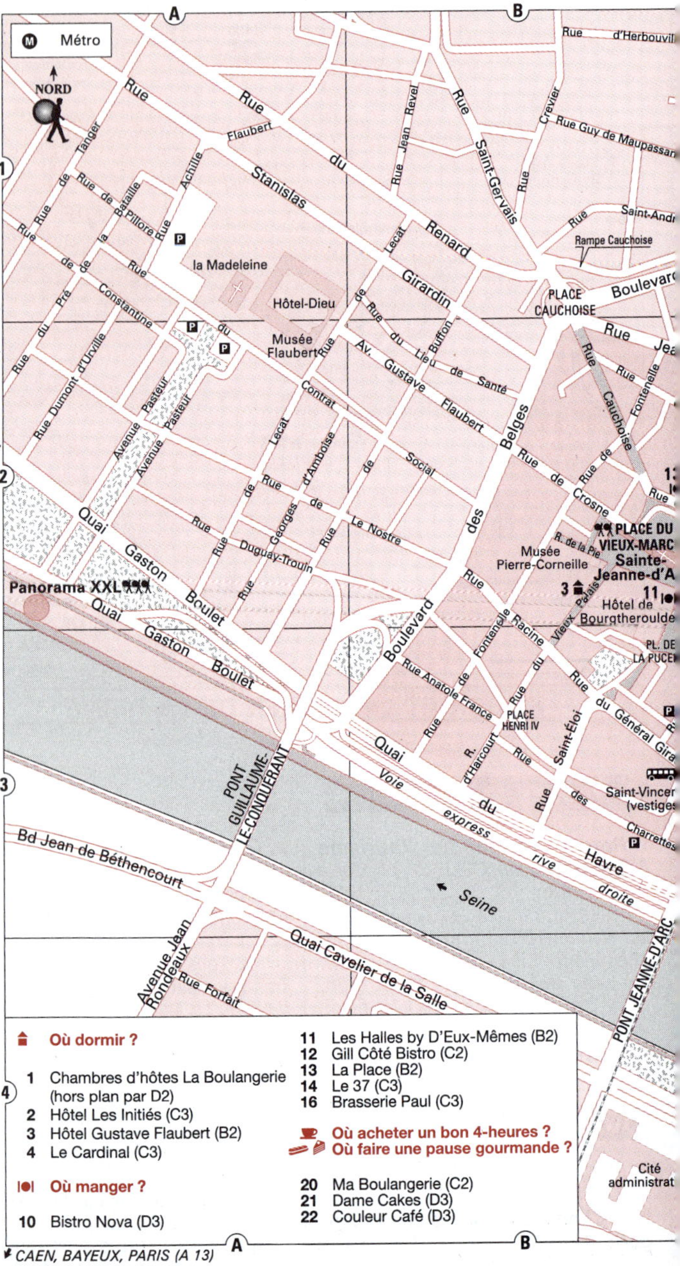

Où dormir ?

1 Chambres d'hôtes La Boulangerie (hors plan par D2)
2 Hôtel Les Initiés (C3)
3 Hôtel Gustave Flaubert (B2)
4 Le Cardinal (C3)

Où manger ?

10 Bistro Nova (D3)
11 Les Halles by D'Eux-Mêmes (B2)
12 Gill Côté Bistro (C2)
13 La Place (B2)
14 Le 37 (C3)
16 Brasserie Paul (C3)

Où acheter un bon 4-heures ?
Où faire une pause gourmande ?

20 Ma Boulangerie (C2)
21 Dame Cakes (D3)
22 Couleur Café (D3)

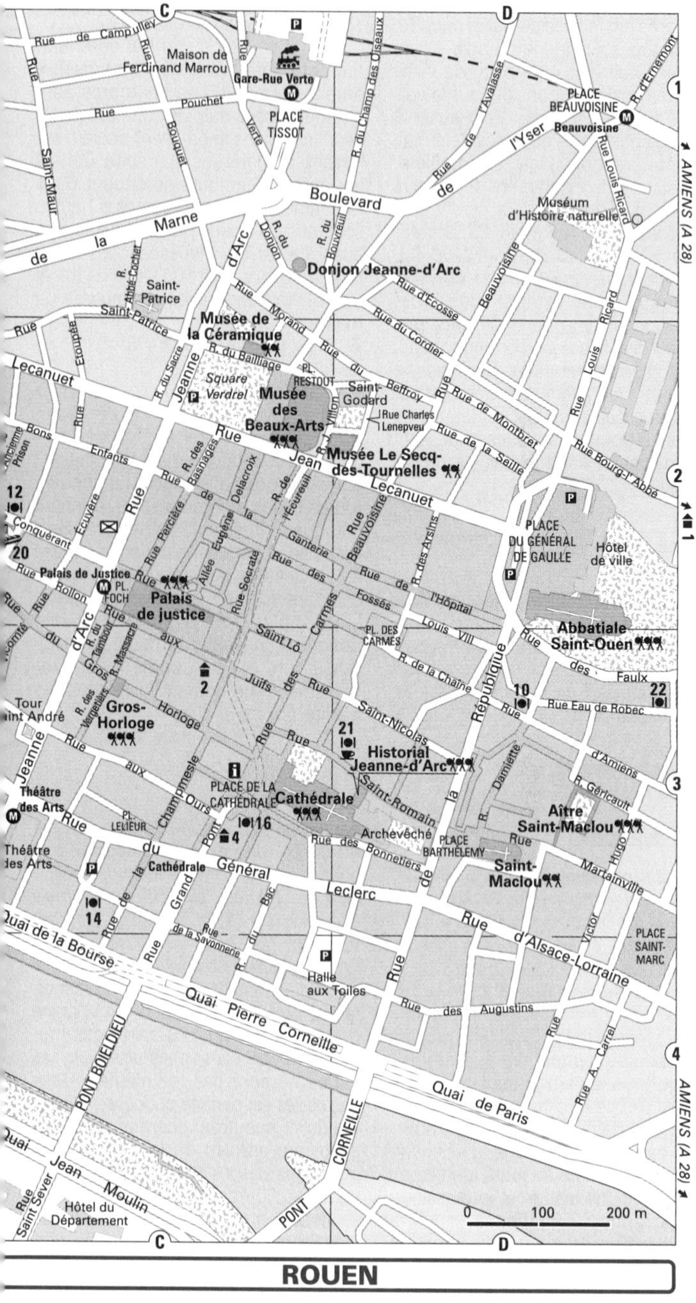
C
D
1
2
3
4
Maison de Ferdinand Marrou
Gare-Rue Verte
PLACE TISSOT
PLACE BEAUVOISINE
Beauvoisine
Muséum d'Histoire naturelle
Boulevard de la Marne
Boulevard de l'Yser
Donjon Jeanne-d'Arc
Saint-Patrice
Musée de la Céramique
Square Verdrel
PL. RESTOUT
Musée des Beaux-Arts
Saint-Godard
Rue Charles Lenepveu
Musée Le Secq-des-Tournelles
Rue Jean Lecanuet
PLACE DU GÉNÉRAL DE GAULLE
Hôtel de ville
Abbatiale Saint-Ouen
Palais de Justice
PL. FOCH
Palais de justice
PL. DES CARMES
Tour Saint André
Gros-Horloge
Historial Jeanne-d'Arc
Théâtre des Arts
PLACE DE LA CATHÉDRALE
Cathédrale
Archevêché
PL. LELIEUR
PLACE BARTHÉLEMY
Aître Saint-Maclou
Saint-Maclou
Rue du Général Leclerc
Rue d'Alsace-Lorraine
PLACE SAINT-MARC
Halle aux Toiles
Quai de la Bourse
Quai Pierre Corneille
Quai de Paris
Quai Jean Moulin
PONT BOIELDIEU
PONT CORNEILLE
Hôtel du Département
Rue Saint Sever
Rue Eau de Robec
Rue Martainville
Rue Damiette
Rue de la République
Rue Saint-Romain
Rue des Bonnetiers
Rue des Augustins
Rue Grand Pont
Rue aux Ours
Rue du Gros Horloge
Rue Jeanne d'Arc
Rue Ganterie
Rue des Carmes
Rue Saint-Nicolas
Rue Beauvoisine
Rue Louis Ricard
AMIENS (A 28)
0
100
200 m
2
4
10
12
14
16
20
21
22

ROUEN

par Aminata et photos de Franck. 2 des chambres ont la salle de bains ouverte. L'ancienne boulangerie d'angle existe encore et fait dépôt de pain, de viennoiseries et de bonbons (!) pour le voisinage tous les matins. C'est aussi là que vous prendrez votre petit déjeuner. Atmosphère conviviale et familiale, naturellement. Également 2 apparts pour les plus longs séjours.

Hôtel Les Initiés *(plan C3, **2**) : 45, rue aux Juifs. ☎ 02-35-71-50-93. • lesinitiesrouen.fr • Doubles 69-79 €.* Au-dessus d'une sympathique brasserie, une dizaine de chambres pas très grandes, à la déco contemporaine, toutes assez différentes. Certaines, à l'angle et avec 2 fenêtres, donnent sur le superbe palais de justice, les moins chères se trouvent sous les toits. Petit déjeuner servi dans le bar, parmi les habitués.

De chic à plus chic

Best Western Hôtel Gustave Flaubert *(plan B2, **3**) : 33, rue du Vieux-Palais. Entrée au fond de la cour. ☎ 02-35-71-00-88. • contact@hotelgustaveflaubert.com • hotelgustaveflaubert.com • ♿ Doubles 90-195 € selon confort et saison. Petit déj-buffet 16 €. Apéritif maison offert sur présentation de ce guide.* Un bel hôtel élégant et confortable, dédié au célèbre auteur normand. Les chambres sont personnalisées autour d'une œuvre de l'écrivain. Dans le bâtiment ancien, sur l'avant, 2 chambres et 1 suite. Toutes les autres chambres se situent dans le bâtiment moderne. Les plus hautes sont les plus claires ; les plus luxueuses aussi. Le rez-de-chaussée, consacré à Emma Bovary, abrite un salon de thé et une bibliothèque avec les œuvres du maître, cela va de soi.

Le Cardinal *(plan C3, **4**) : 1, pl. de la Cathédrale. ☎ 02-35-70-24-42. • hotelcardinal.rouen@orange.fr • cardinal-hotel.fr • Doubles 98-125 €.* Pour qui aime vibrer au son des cloches, on peut difficilement faire mieux : les chambres à la déco lumineuse, toutes belles et impeccables, donnent presque toutes sur la cathédrale ! Seul petit bémol pour cette maison sérieuse à l'accueil très agréable : les salles de bains, parfois très étroites. Les chambres les plus élevées, spacieuses, disposent d'une belle terrasse pour un tête-à-tête avec la cathédrale. Probablement l'un des meilleurs rapports qualité-prix de la ville.

Où manger ?

Bon marché

Bistro Nova *(plan D3, **10**) : 29, rue du Lieutenant-Aubert. ☎ 02-35-70-20-25. • 3615picou@gmail.com • ♿ Tlj sauf dim-lun et j. fériés, midi et soir. Congés : de fin juil à mi-août et vac de Noël. À l'ardoise seulement, env 25 €. Vins au verre 4 €.* Derrière l'abbatiale Saint-Ouen, un petit bistrot tenu par une jeune équipe sympathique. L'ardoise change tous les jours, midi et soir, et parfois même en cours de service. Un renouvellement qui plaît aux nombreux habitués, tandis que la sélection de plats, elle, reste toujours identique : un poisson, une viande et une assiette végétarienne. Excellente cuisine fraîche, qui privilégie les circuits courts et les saisons. Côté flacons, la grande ardoise sur le mur qui présente les vins par région et catégorie de prix simplifie les choix ! Une excellente adresse à la bonne humeur communicative.

Les Halles by D'Eux-Mêmes *(plan B2, **11**) : 9, pl. du Vieux-Marché. ☎ 02-35-71-22-92. Ouv tlj midi et soir. Résa préférable les soirs de fin de sem.* Il s'agit de l'adresse bistrotière du restaurant *D'Eux-Mêmes* (entrée par la place du Vieux-Marché). Les salles communiquent entre elles, mais attention, les cartes ne sont pas les mêmes. Celle des *Halles* est parfaite pour une grignote rapide et pas (trop) chère au déjeuner avec une ardoise du jour qui suit la marée, les saisons et le marché, et le soir une sélection de tapas autour de vins servis au verre. Ici, les viandes de la filière Normandie Bœuf Héritage (race normande, née, élevée et abattue en Normandie) sont réputées et bien cuisinées.

De bon marché à prix moyens

Brasserie Paul (plan C3, **16**) : *1, pl. de la Cathédrale. ☎ 02-35-71-86-07. • brasseriepaul@wanadoo.fr • Tlj jusqu'à 23h. Formule déj 18,50 € et carte env 30 €. Apéritif maison offert sur présentation de ce guide.* Idéalement située, face à la cathédrale, cette brasserie existe depuis 1898 et a vu passer du beau monde : Claude Monet, Guillaume Apollinaire, Marcel Duchamp ou Simone de Beauvoir. Depuis, le décor a évolué, tout en gardant son style rococo, mais l'adresse reste un classique de la ville.

Gill Côté Bistro (plan C2, **12**) : *14, pl. du Vieux-Marché. ☎ 02-35-89-88-72. • gillcotebistro@orange.fr • Tlj. Menus 22,50 et 29,50 €. Apéritif maison offert sur présentation de ce guide.* Le chef étoilé rouennais Gilles Tournadre supervise ici une cuisine de bistrot revue dans un cadre moderne dominé par le bois et le noir des banquettes. Rien de bouleversant, mais dans l'ensemble c'est bon et constant. Service souriant et efficace.

La Place (plan B2, **13**) : *26, pl. du Vieux-Marché. ☎ 02-35-71-97-06. • laplacerestauration@orange.fr • Tlj 12h-14h30, sam en continu jusqu'à 21h. Formule déj en sem 21,50 € ; menu 27,90 € le soir ; carte env 30-35 €.* Une adresse supervisée par le chef étoilé local Gilles Tournadre. Cadre contemporain plutôt classe pour une cuisine au fil du marché, sur laquelle souffle parfois, sinon souvent, un petit vent d'Orient. Bar à cocktails également, pour démarrer la soirée.

Voir aussi **Dame Cakes** (plan D3, **21**), décrit dans la rubrique suivante, pour ses formules déjeuner.

De prix moyens à chic

Le 37 (plan C3, **14**) : *37, rue Saint-Étienne-des-Tonneliers. ☎ 02-35-70-56-65. • contactle37@orange.fr • Tlj midi et soir sauf dim-lun et j. fériés. Résa conseillée. Menus 28-32 € et carte env 40 €.* Ne vous attendez pas à trouver dans ce bistrot à la déco contemporaine les grands standards de la cuisine normande. On vous propose, bien au contraire, une cuisine moderne, pleine de saveurs, tantôt sage, tantôt audacieuse, qui varie suivant les saisons et l'humeur du chef. Une réussite.

Où boire un bon café ?
Où faire une pause gourmande ?

Ma Boulangerie (plan C2, **20**) : *6, pl. du Vieux-Marché. ☎ 02-35-62-71-22. Tlj sauf dim ap-m et lun.* Immanquable, la belle boutique de Christophe Cressent, Meilleur Ouvrier de France, trône non loin du bûcher de Jeanne d'Arc ! La longue vitrine réfrigérée expose tout son savoir-faire : fines pâtisseries traditionnelles, fondantes viennoiseries et 2 spécialités maison : la brioche au chocolat blanc et la brioche feuilletée. Également d'épais sandwichs, fougasses et tartines à emporter et manger sur la place aux beaux jours. *Autre boutique : 44, rue Armand-Carrel. ☎ 02-35-71-00-64.*

Dame Cakes (plan D3, **21**) : *70, rue Saint-Romain. ☎ 02-35-07-49-31. • damecakes@orange.fr • Tlj sauf dim 10h-19h. Formules déj (12h-15h) 17,90-23,90 € ; formule goûter 9,90 € ; carte env 20-25 €. Café ou thé offert pour une formule complète sur présentation de ce guide.* Superbe maison ayant appartenu à un ferronnier qui s'est donc fait sa pub sur la façade (le même ferronnier a réalisé les clochetons de la cathédrale). Un cadre très *british*, avec tissus à motifs, points de croix et broderies dans tous les coins. Au déjeuner, des plats goûteux à base de produits locaux, comme le feuilleté de pommes au neufchâtel... Pour une pause sucrée, grand choix de thés, chocolats, pâtisseries et surtout de cakes sucrés à tous les parfums et sous toutes les formes ! Aux beaux jours, petit jardin et terrasse à l'arrière.

Couleur Café (plan D3, **22**) : *130, rue Eau-de-Robec. ☎ 09-81-85-12-07.*

• couleurcafe76000@free.fr • Tlj 9h (10h sam)-19h, dim 11h-18h. 10 % de réduc sur la vente de café/thé sur présentation de ce guide. L'antre des amateurs de café (torréfié sur place), mais aussi des chocolats ou des thés préparés de 1 001 façons, ou encore des milk-shakes et des smoothies. Cadre cosy et confortable où il fait vraiment bon se (re)poser et, aux beaux jours, difficile de résister à la terrasse dans la très jolie rue piétonne.

Où boire un verre ?

Pour boire un verre ou sortir, vous trouverez 2 ambiances complètement différentes selon que vous dirigerez vos pas vers le ***quartier Saint-Maclou*** *(plan D3)*, à l'ambiance de village bohème et festive, ou vers celui de la ***place du Vieux-Marché*** *(plan B2)*, un peu plus bourgeoise et touristique. La rue de la République marque une vraie frontière (pour les Rouennais en tout cas !) entre ces 2 quartiers.

À voir

Le Gros-Horloge *(plan C3)* **:** *rue du Gros-Horloge. ☎ 02-32-08-01-90. Avr-sept, mar-dim 10h-13h, 14h-19h ; oct-mars, mar-dim 14h-18h. Dernière entrée 1h avt la fermeture. Entrée avec audioguide : 7 € ; réduc ; gratuit moins de 6 ans.* C'est la carte postale la plus expédiée de Rouen ! Merveilleuse construction où se mêlent les époques : l'arche sculptée enjambant la rue et le pavillon orné de chaque côté d'un riche cadran d'horloge datent du XVIe s ; le beffroi leur est antérieur (XIVe s), tandis que l'atelier de l'horloger à côté remonte au XVIIe s et la fontaine au XVIIIe s. Au XIVe s déjà, le beffroi abritait le mécanisme du Gros-Horloge qui permet encore aujourd'hui de sonner l'heure et les quarts d'heure ; c'est le plus vieux mécanisme à sonner les quarts d'heure existant encore en Europe.
Le jour de la semaine est représenté par « sa » divinité (Mars pour mardi, Mercure pour mercredi...) ; chaque jour, à midi, on peut voir le semainier bouger.
L'espace muséographique à l'intérieur du Gros-Horloge est passionnant. Il dévoile de façon succincte, mais très claire, les secrets d'une des plus vieilles horloges d'Europe.
⋞ Panorama insolite sur les toits de Rouen depuis le sommet du beffroi.

La cathédrale *(plan C-D3)* **:** *pl. de la Cathédrale (vous vous en seriez douté !). ♿ Avr-oct, lun 14h-19h, mar-sam 9h-19h, dim et j. fériés 8h-18h ; nov-mars, mar-sam 9h-12h, 14h-18h, dim-lun et j. fériés 14h-18h. Déambulatoire fermé 30 mn avt la fermeture.*
– ***Cathédrale de lumière :*** *ts les soirs de juin à mi-sept. GRATUIT.* Projections grandioses sur la cathédrale Notre-Dame, avec, pour thématiques, Jeanne d'Arc, les Vikings, Guillaume le Conquérant...
La cathédrale, tout en majesté et en finesse, est le fruit de plusieurs campagnes de constructions successives, s'étalant sur plusieurs siècles. C'est l'une des plus belles constructions de style gothique français. On peut encore distinguer par endroits des traces de polychromie.
– La ***façade,*** qui inspira tant Monet, présente une série de clochetons et de fenestrages

CE COQUIN DE MONET !

Claude Monet a réalisé 28 tableaux différents de la cathédrale de Rouen. La plupart ont été peints à l'étage du magasin de lingerie féminine Lévy, qui accueille aujourd'hui l'office de tourisme. On y avait installé un paravent pour cacher les corps dénudés à la vue de l'artiste. En retrouvant ce paravent, bien plus tard, on s'est rendu compte que Monet y avait percé un trou...

ROUEN ET LA VALLÉE DE LA SEINE – ITINÉRAIRE 5

ajourés, encadrée par 2 grandes tours de styles différents : la *tour Saint-Romain* au nord, et la *tour de Beurre* au sud *(à droite),* du XVe s et dans le pur style gothique flamboyant. Haute de 75 m, elle a été édifiée (d'où son nom) grâce à la taxe perçue auprès de ceux qui souhaitaient consommer du beurre pendant le carême. La *tour centrale* et la *flèche,* d'un raffinement extrême, très visibles de la rue du Change, s'élèvent avec élégance à 151 m.

– Au centre, les ***3 portails historiés,*** chefs-d'œuvre de ciselage, véritable féerie de pierre, présentent toutes les caractéristiques de l'art gothique. Sur le flanc droit s'ouvre le *portail de la Calende,* merveilleuse réalisation du XIVe s avec un tympan représentant la Passion et la résurrection du Christ.

– ***L'intérieur :*** après le raffinement de l'extérieur, on est frappé par la sobriété de l'intérieur. La nef très haute, dépouillée, de style gothique primitif, est soutenue par d'épaisses colonnes mais d'une grande légèreté, grâce aux nervures qui les affinent. À la croisée du transept, 51 m vous séparent de la voûte. Dans le transept de gauche, élégant escalier qui donne accès à la librairie. En poussant la porte, à droite, on débouche dans la cour des Libraires (où étaient autrefois vendus les livres religieux). Il faut se retourner pour découvrir le ***portail des Libraires*** et son magnifique bestiaire fantastique. La partie supérieure est consacrée à la création du monde, avec Adam et Ève.

Dans le déambulatoire, la ***chapelle de la Vierge*** accueille des pièces remarquables et 4 vitraux admirables du XIIIe s, les plus anciens vitraux en place qu'on puisse trouver en Normandie. Voir aussi les gisants de 4 ducs de Normandie : Guillaume Longue Épée († 942), Henri le Jeune († 1183), Richard Cœur de Lion († 1189) et Rollon († v. 927). Ce dernier date seulement du XIXe s.

★★★ ***L'Historial Jeanne-d'Arc*** *(plan D3) :* *7, rue Saint-Romain.* ☎ *02-35-52-48-00.* • *historial-jeannedarc.fr* • *Ouv tte l'année, mar-dim 10h-19h ; fermé lun et j. fériés. Dernière visite à 17h15. Parcours vidéo avec départ ttes les 15 mn. Durée : env 1h15. Nombre de places limité à 25 par départ. Résa sur Internet conseillée pour éviter l'attente. Entrée : 10,50 € ; réduc ; billet couplé avec* Panorama XXL *15 € ; réduc ; tarif « tribu » (4 pers) 26 €.* Dans l'archevêché, sur le site même où eurent lieu les 3 procès de Jeanne d'Arc. Une remarquable scénographie audiovisuelle évoque son procès en réhabilitation, demandé par le roi (qui l'avait sacrément laissée tomber !), 25 ans après la mort de la petite bergère qui voulait bouter les Anglais hors de France. Des projections et effets sonores permettent de comprendre que bien des témoignages étaient biaisés, voire faux. À la fin, 4 historiens répondent en vidéo aux grandes questions telles que « Jeanne d'Arc était-elle une bâtarde de sang royal ? », ou encore évoquent le statut des femmes, les voix divines. Très dense (à éviter avec de jeunes enfants) mais passionnant. La visite est aussi l'occasion d'admirer une partie de l'intérieur du magnifique archevêché, le dernier en France à être encore relié directement à sa cathédrale.

★★ ***L'église Saint-Maclou*** *(plan D3) :* *7, pl. Barthélemy. Ouv sam-lun 10h-12h, 14h-18h (17h30 oct-mars). Fermé 1er janv et 25 déc.* Ce splendide édifice de la fin du XVe s de style gothique flamboyant donne une impression de grâce et de légèreté. Fortement endommagé pendant la 2de Guerre mondiale, il a heureusement conservé intact son grand porche à 5 arcades avec des vantaux Renaissance de toute beauté.

Tout autour de l'église Saint-Maclou, voir les très jolies ***maisons anciennes*** et l'indissociable ***aître Saint-Maclou.***

★★★ ***L'aître Saint-Maclou*** *(plan D3) :* *186, rue Martainville (au fond de la cour intérieure).* ♿ *Tlj (sauf 1er jan, 1er mai et 25 déc) 9h-19h. Dans la rue qui longe le flanc gauche de l'église Saint-Maclou.* Cet admirable ensemble architectural du XVIe s, bordant une grande cour plantée d'arbres et composé de maisons à pans de bois, était autrefois un cimetière de pestiférés. C'est l'un des derniers témoins des charniers urbains en Europe. Le terrain a été acheté en 1348, lors de la Peste noire, pour compléter le petit cimetière situé derrière l'église Saint-Maclou ; en période d'épidémie, il pouvait y avoir jusqu'à 5 ou 6 couches de cadavres superposées. Une fois les corps décomposés, les ossements étaient récupérés et mis dans l'ossuaire. Les sculptures macabres sur certaines colonnes soutenant les galeries, et les étonnantes frises à motifs de têtes de morts, tibias entrecroisés, haches... sur les poutres, évoquent ce funeste passé. De 1940 à 2014, l'école des Beaux-Arts a occupé les lieux. Des espaces destinés à promouvoir le local et le régional y ont pris place depuis la rénovation, notamment une galerie d'art contemporain entre les 2 rues qui encadrent le monument et le ***Café Hamlet***, resto-salon de thé que l'on vous recommande chaudement.

L'abbatiale Saint-Ouen *(plan D2-3)* **: *fermée pour travaux de rénovation jusqu'à l'automne 2021.***
Ancienne abbatiale du XIVᵉ s, un des joyaux du gothique français. Délicate à l'extrême, avec de beaux arcs-boutants dessinés comme des arcs-en-ciel. Le chœur, achevé avant 1339 dans le style rayonnant, mélange d'élégance et de légèreté, possède encore certains de ses vitraux d'origine.
Des jardins de l'hôtel de ville, magnifique vue sur le chevet avec sa forêt de contreforts et de pinacles.

Le musée des Beaux-Arts *(plan C2)* **:** *esplanade Marcel-Duchamp. ☎ 02-35-71-28-40. • mbarouen.fr • ♿ (accès 26 bis, rue Lecanuet). Tlj sauf mar et j. fériés 10h-18h. GRATUIT (sauf expos temporaires).*
Très bel ensemble de peintures européennes, sculptures, dessins et arts décoratifs du XVᵉ s à nos jours. Quelques chefs-d'œuvre à ne pas manquer dans les peintures du XVIIᵉ s, comme *Le Christ à la colonne* du Caravage. La lumière provenant d'en haut dévoile une scène d'un grand réalisme : très forte présence physique des personnages cadrés de près, beaucoup de mouvement dans la scène, épuisement du Christ, dont la tête inclinée semble prête à sortir du tableau. Le *Démocrite* de Vélasquez – initialement le portrait d'un bouffon de cour brandissant un verre de vin comme l'a révélé la radiographie – illustre l'attitude cynique du philosophe sur la façon dont va le monde ; une des 2 seules œuvres du peintre que l'on peut découvrir en France. Du côté des salles impressionnistes, le musée abrite une des plus importantes collections de France en la matière. On peut y admirer des œuvres parfois majeures de Monet *(Portail de la cathédrale de Rouen par temps gris)*, Sisley *(Inondation à Port-Marly, La Seine à La Bouille)*, Degas, Renoir, Pissarro, Caillebotte... À propos de Monet, il souhaitait vendre la série des 28 cathédrales dans son intégralité. Il la proposa à Félix Faure, alors président de la République, mais ce dernier préféra acheter la table de nuit de Napoléon !
Toutes les écoles du XIXᵉ s sont également superbement représentées : le romantisme avec Géricault et Delacroix, l'école de la nature avec Corot et Huet, les préimpressionnistes avec Jongkind, Boudin et Lépine, l'école de Rouen avec Lebourg, Delattre, Angrand. Le traitement des couleurs dans les œuvres de Guillaumin, Pinchon ou Fréchon, les rapproche des fauves. Une partie du rez-de-chaussée est consacrée aux œuvres contemporaines, avec notamment un petit espace dédié aux Duchamp (originaires des environs de Rouen). Le musée possède en effet un fonds particulièrement riche consacré à cette famille qui, sur une fratrie de 6 enfants, ne comptait pas moins de 4 artistes : Jacques Villon, Raymond Duchamp-Villon, Suzanne Duchamp et Marcel Duchamp.

Le musée de la Céramique *(plan C2)* **:** *dans l'hôtel d'Hocqueville, 1, rue Faucon ou 94, rue Jeanne-d'Arc. ☎ 02-35-07-31-74. • museedelaceramique.fr • Tlj sauf mar et j. fériés 14h-18h. GRATUIT (sauf expos temporaires).* ***Attention, certaines salles sont momentanément fermées en raison de travaux.*** Mis en scène dans un bel hôtel particulier donnant sur un jardin ornemental réaménagé sur le modèle de ceux du XVIIᵉ s, ce musée devrait intéresser autant les passionnés que les néophytes. Toute la céramique racontée à travers 900 objets divers et éléments de vaisselle, depuis les fragments archéologiques à l'aide desquels sont expliquées les étapes de fabrication, jusqu'aux plus belles réalisations de la faïence de Rouen, évidemment à l'honneur. Et si la collection concerne surtout Rouen (avec notamment une table superbement dressée), on découvre dans les vitrines des faïences de Delft, de Nevers, de Lille et de Moustiers, avec quelques pièces assez extraordinaires comme ce violon.

Le musée Le Secq des Tournelles *(plan D2)* **:** *à l'intérieur de l'église Saint-Laurent, 2, rue Jacques-Villon. ☎ 02-35-88-42-92. • museelesecqdestournelles.fr • ♿ (partiel, accès rue Deshays). Tlj 14h-18h. GRATUIT (sauf expos temporaires).* Installé dans une ancienne église du XVIe s et consacré à la ferronnerie d'art, une collection unique au monde. Plus de 12 000 pièces ont été léguées en 1920 à la ville de Rouen par un collectionneur : des clés romaines aux serrures en passant par les ustensiles de la vie domestique, les enseignes (très importantes jusqu'à la fin du XVIIIe s, quand la numérotation des maisons se généralisa), grilles (voir celle de l'église d'Ourscamp, chef-d'œuvre de ferronnerie romane), jouets... Et des objets exceptionnels comme cette clé du cabinet de Marie-Antoinette, avec chiffre et dauphins, et d'autres tout à fait insolites : serrure pince-voleur du XVIIe s, porte de coffre-fort avec un système d'alarme-pistolet, coffre à correspondance privée avec une serrure pour l'émetteur et une autre pour le récepteur...

Le palais de justice – Parlement de Normandie *(plan C2)* **:** *pl. Foch.* Du début du XVIe s (mais presque entièrement reconstruit après la 2de Guerre mondiale), c'est un véritable chef-d'œuvre de l'architecture gothique civile.

La place du Vieux-Marché *(plan B-C2)* **:** la place où tous les condamnés étaient exécutés au Moyen Âge et où Jeanne d'Arc fut brûlée vive en 1431 (une grande croix symbolise l'endroit). Revêtue de pavés, elle garde un certain caractère avec ses massifs arborés qui jouxtent l'église Sainte-Jeanne-d'Arc. Un des endroits les plus vivants de la ville.
– **_L'église Sainte-Jeanne-d'Arc :_** *tlj sauf mat des ven et dim 10h-12h, 14h-18h.* Elle a recueilli les beaux vitraux Renaissance d'une église rasée en 1944. Si son architecture extérieure trouve nombre de détracteurs, l'intérieur est fort réussi, avec une organisation originale de l'espace et une belle charpente de bois en forme de coque de bateau ; avec les ardoises du toit en écailles de poisson, c'est la mer et la symbolique chrétienne du poisson qui sont évoquées. La forme du toit rappelle quant à elle les flammes du bûcher.

Panorama XXL *(A2)* **:** *quai de Boisguilbert. ☎ 02-35-52-95-29. • panoramaxxl.com • TEOR nos 1, 2 ou 3, arrêt Pasteur-Panorama. Tlj sauf lun 10h-18h (19h mai-sept). Fermé 1er janv, 1er mai et 25 déc. Entrée : 9,50 € ; réduc ; tarif « tribu » 26 € ; billet couplé avec l'Historial Jeanne-d'Arc 15 €.* Cet énorme fût bleu posé en bord de Seine abrite un panorama, c'est-à-dire une immense toile circulaire représentant un lieu donné à une époque déterminée. Cette attraction, très en vogue au XIXe s et supplantée par l'apparition du cinéma, a été remise au goût du jour par l'artiste allemand Yadegar Asisi. Dans cette immense rotonde de 35 m de haut et 34 m de diamètre, depuis plusieurs plateformes (dont la plus haute, perchée à 15 m de haut), vous contemplez une œuvre panoramique à 360° saisissante de réalisme. Après *Titanic,* place aux cathédrales de Monet pour l'été 2020. Fin de l'aventure automne 2021...

Fêtes et manifestation

– **_Fêtes Jeanne d'Arc :_** *dernier w-e de mai.*
– **_Armada de la liberté :_** *en juin, ts les 4 à 6 ans. Prochaine édition du 8 au 18 juin 2023.* Magnifique rassemblement de voiliers.

LA VALLÉE DE LA SEINE

On ne peut rêver plus pittoresque pour traverser la Seine que ces bacs. En prime, ils sont gratuits ! Il existe 8 points de franchissement, largement utilisés par les locaux. Sur l'itinéraire qu'on vous propose, vous rencontrerez les liaisons La Bouille/Sahurs, Duclair/Berville et Jumièges/Heurteauville. Ils fonctionnent toute l'année (sauf le 1er mai), avec une fréquence allant de 10 mn à 1h, selon la saison et le lieu de passage. Celui reliant La Bouille à Sahurs fonctionne de 6h30 (7h le week-end) à 22h.

– Pour plus d'infos sur le trafic : ☎ 0800-876-876 (service et appel gratuits). ● seinemaritime.fr ●

LA BOUILLE (76530) 770 hab.

Ancien port de mer situé à une quinzaine de kilomètres en aval de Rouen, sur la rive gauche de la Seine, et sommeillant au pied de falaises bordant le plateau du Roumois. Son essor date du XVe s. Trait d'union entre Rouen et la basse Seine, La Bouille est à l'époque un carrefour animé, encombré de diligences, de voiliers au long cours et d'attelages de chevaux halant péniblement de lourds bateaux le long du fleuve. Au XIXe s, avec les 1ers bateaux à vapeur débarquent les peintres et les promeneurs du dimanche. Hector Malot (l'auteur de *Sans famille*) est né ici et décrit dans son œuvre les foules pittoresques qui se pressent alors aux terrasses des auberges.

Le site reste plutôt touristique, et on le comprend : le village offre une plongée directe dans l'époque médiévale. Allez à la recherche de la plus belle maison à colombages, de l'encorbellement le plus majestueux, du pignon le plus pittoresque...

Où manger ?

De prix moyens à plus chic

|●| **_La Maison Blanche :_** *1, quai Hector-Malot. ☎ 02-35-18-01-90. ● contact@restaurant-lamaisonblanche.com ● Tlj sauf dim soir-mar. Formules déj 18,50-24,50 € sauf dim ; menus 31-44 €.* En bord de Seine, une jolie salle fraîche à l'étage, pour admirer les bateaux qui passent. Les meilleures tables sont donc près de la fenêtre ! Un jeune chef à la barre, plein de talent, qui ne travaille que des produits frais de producteurs locaux et maîtrise l'utilisation des épices. Il mêle avec subtilité cuisine gastronomique française et influences d'Afrique du Nord. Service impeccable.

|●| **_Les Gastronomes :_** *1, pl. du Bateau. ☎ 02-35-18-02-07. Juste à droite de l'église. Tlj sauf mer-jeu. Congés : 2 sem en fév et 3 sem en nov. Formule déj 30 € ; menus 23 € (sauf dim et j. fériés)-35 € ; carte env 48 €.* Petit bistrot chic proposant une savoureuse cuisine de saison. On sent une réelle volonté de bien faire et de proposer les meilleurs produits.

À voir. À faire

Flâner dans les ruelles et découvrir les mille détails et raffinements de l'***architecture médiévale.*** Trouvez, place Saint-Michel, cette belle maison à l'angle orné d'un archange sculpté dans la masse. Admirez l'*ancienne mairie,* rue du Grenier-à-Sel, avec son toit à clochetons. Toutes les vieilles demeures sont abondamment fleuries, et beaucoup possèdent encore une poulie servant à monter le grain et de pittoresques toits à lucarnes. Dans l'***église,*** de beaux vitraux et 2 ex-voto de la mer, représentant 2 bateaux en pleine tempête.

Sur le quai et dans les ruelles du bourg, de nombreux peintres exposent dans leurs ***galeries*** *(ouv généralement l'ap-m le w-e).* Sans oublier le ***Grenier à Sel,*** et ses expos temporaires d'art contemporain.

L'ABBAYE DE JUMIÈGES (76480) 1 750 hab.

À 23 km de La Bouille, un site hautement touristique, et à juste titre, car il abrite l'une des plus admirables abbayes de France. Largement ruinée, elle n'en conserve pas moins une majestueuse prestance dans un environnement au charme fou.

IL ÉTAIT UNE FOIS...

Fondée au VIIe s par saint Philibert, sur l'ordre du roi Dagobert, l'abbaye bénédictine de Jumièges accueille d'emblée une centaine de moines chargés d'évangéliser la population. Très vite, on en compte 800. En 841, l'abbaye de Jumièges est incendiée par les Vikings, puis reconstruite plus tard sous l'influence du moine lombard Volpiano (fondateur de l'abbaye de Fécamp) et consacrée en 1067 en présence de Guillaume le Conquérant. L'abbaye ne cesse ensuite de prospérer et de s'agrandir jusqu'à la Révolution, époque à laquelle la communauté monastique se disperse. Elle est ensuite utilisée comme carrière de 1802 à 1824.
Un nouveau propriétaire, touché par la grâce, fait cesser les destructions en 1852 et entreprend des travaux de consolidation des vestiges (qui durent toujours).

L'ABBÉ ÉTAIT ASTRONOME

Sachez que la position des 7 abbayes de l'Eure et de la Seine-Maritime formerait la constellation de la Grande Ourse. Maurice Leblanc en parle dans son roman La Comtesse de Cagliostro.

Où dormir à Jumièges et dans les environs ?

Camping de la Forêt : *rue Mainberte. ☎ 02-35-37-93-43. • info@campinglaforet.com • campinglaforet.com • À 300 m du centre du village (fléché). Ouv avr-oct. Compter 23 € pour 2 en hte saison. Cottages et chalets en loc à la sem.* Sur les hauteurs de Jumièges, en pleine forêt, un camping 4 étoiles confortable avec piscine et pataugeoire chauffées (couverte ou découverte, au choix !). Calme, bien entretenu. Un vrai lieu de repos dans un cadre très nature.

Camping du lac : *4, route du Manoir, 76480* ***Le Mesnil-sous-Jumièges.*** *☎ 02-32-13-30-00. • contact@campinglacjumieges.fr • campinglacjumieges.fr • À env 2 km de Jumièges (fléché). Ouv début avr-oct. Compter env 14,50 € pour 2.* Le camping se situe légèrement à l'écart de la base de loisirs, qui offre 42 ha de plan d'eau pour la baignade et 30 ha aménagés en espaces sportifs, de détente et de loisirs. Simple, en partie ombragé, il n'est pas désagréable, mais aux beaux jours la base et le parc aventure (payant) drainent les foules, ce qui ne favorise pas franchement le calme.

Où manger ?

IOI ⛱ ***Auberge des Ruines :*** *17, pl. de la Mairie.* ☎ *02-35-37-24-05.* • *christophe_mauduit@yahoo.fr* • ♿ *Fermé mer-jeu et dim soir hors saison. Congés : déc-avr. Menus 30-55 € et carte env 45 €.* L'adresse gastronomique de Jumièges, où le chef Christophe Mauduit se plaît à travailler les meilleurs produits locaux et les plantes du terroir de façon peu traditionnelle. Que ce soit dans les salles claires ornées de peintures contemporaines ou sur la petite terrasse aux beaux jours, ambiance chic et soignée.

À voir

L'abbaye : ☎ *02-35-37-24-02.* ♿ *15 avr-15 sept, tlj 9h30-18h30 ; le reste de l'année, tlj 9h30-13h, 14h30-17h30. Fermé certains j. fériés. Fermeture billetterie 30 mn avt. Entrée : 7,50 € ; réduc ; gratuit moins de 18 ans, pers handicapées, demandeurs d'emploi et pour tous le 1er dim du mois nov-mars. Visite guidée comprise dans le prix.*
L'imposante *église Notre-Dame* garde entière sa façade flanquée de 2 tours (hautes de 46 m) et la majeure partie de la nef. L'impression est grandiose dans cette église à ciel ouvert. De la tour centrale, il ne subsiste qu'un pan de mur et surtout un arc d'entrée. Lorsqu'on élève le regard, la perspective est saisissante. Le style roman de l'ensemble est très dépouillé. La nef s'élevait à 25 m, ce qui est comparable en proportions à la cathédrale de Rouen et en fait la plus haute église de son temps en Normandie. De-ci, de-là, on devine quelques voûtes et chapelles gothiques qui furent ajoutées aux XIIIe et XIVe s. Du chœur, il ne reste presque plus rien, hormis des vestiges du déambulatoire et de 2 chapelles. Sur le côté droit du chœur, on trouve le passage de Charles VII, menant aux ruines de l'*église Saint-Pierre* dont une partie date du VIIIe s. Le porche d'entrée est encadré de 2 portes permettant l'accès aux tours et galeries par de petits escaliers. Une galerie s'ouvrait sur la nef par des baies jumelées en plein cintre. Retour devant la façade de l'abbatiale : sur le côté droit des tours, quelques visages sculptés au XIIe s. La végétation s'est évidemment emparée de l'ensemble. Arbres, taillis et pelouse fusionnent avec la pierre.
Si vous souhaitez avoir une idée de ce à quoi ressemblait l'abbaye autrefois, les supports numériques s'avèrent de bonnes aides à la reconstitution. En saison, surtout, ne négligez pas les belles ***expos photo*** dans le logis abbatial, présentées parmi quelques-unes des sculptures qu'abritait l'ancien musée lapidaire autrefois hébergé entre ces murs.
Belles promenades à faire dans le ***parc paysager*** à l'anglaise, sur 15 ha et 2,5 km de clôture.

LA MORT ÉTONNANTE D'AGNÈS SOREL

La favorite de Charles VII est décédée en 1450 à 28 ans, en accouchant. Une autopsie récente révèle qu'elle a succombé suite à l'absorption massive de mercure. Ce métal liquide était utilisé comme remède contre les accouchements difficiles et les maux de ventre, mais également comme poison. Le doute demeure.

DANS LES ENVIRONS DE JUMIÈGES

Le musée Août-44 : ***château du Taillis,*** *sur la D 982, à env 2 km de Duclair, en direction du Trait.* ☎ *02-35-37-95-46.* • *chateaudutaillis.com* • *15 juin-15 sept, mer-dim 14h-18h. Entrée : 5 € ; réduc.* Un petit musée aménagé dans les anciennes écuries du château qui retrace les événements d'août 1944 en vallée de Seine. Différents dioramas à partir d'objets d'époque retrouvés dans la région et collectés par un jeune passionné. Un musée modeste mais qui n'intéressera que ceux qui veulent en savoir plus sur cette période de l'histoire. Le parc à l'anglaise du château (5 ha) est en visite libre (arbres remarquables, séquoia, tulipier de Virginie, cèdre...).

➢ ***Le Conihout*** *(76480)* **:** une diversion agréable. Au lieu d'emprunter la route directe pour l'abbaye de Jumièges, au Mesnil-sous-Jumièges, tourner à gauche vers le lieu-dit Le Conihout et longer le méandre de la Seine. On traverse de beaux vergers parsemés de fermes pittoresques et de maisons rurales à l'architecture normande typique. Très peu de constructions modernes, un coin de Normandie authentique. Remarquer les « boîtes à pain » sur le bord de la route, dans lesquelles le boulanger dépose le pain tous les matins ; de forme rigolote, certaines vont jusqu'à reproduire des maisons.

L'ABBAYE SAINT-WANDRILLE (76490) 1 180 hab.

À 14 km à l'est de l'abbaye de Jumièges, le superbe village de Saint-Wandrille vous invite à la visite d'une abbaye bien différente de celle de Jumièges puisqu'elle accueille toujours une trentaine de moines bénédictins. Une halte à ne pas manquer, tant pour la messe avec chants grégoriens du matin que pour la visite guidée.

Où dormir ? Où manger à Saint-Wandrille et dans les environs ?

Bon marché

I●I ☂ ***Ô P'tit Troquet Toqué :*** *6, rue de l'Oiseau-Bleu. ☎ 02-32-70-94-63. • sophie76490@orange.fr • ♿ Tlj sauf mar. Congés : oct. Carte env 16 €. Apéritif maison offert sur présentation de ce guide.* Installée dans une partie de la poste du village, la petite adresse de campagne à la fois intemporelle (avec sa poignée de tables nappées de vichy) et bien d'aujourd'hui (avec ses petits plats d'une belle fraîcheur et pleins de bonnes idées). Accueil naturel de la patronne, au four et au service. Terrasse sous barnum au-dessus de la bucolique vallée de la Fontenelle.

Prix moyens

⌂ I●I ***Chambres d'hôtes Duck House :*** *38, rue de Caillouville. ☎ 02-32-70-00-13. 📱 06-12-50-52-39. • contact@duck-house.fr • duck-house.fr • Dans le village, en direction de Betteville. Double 75 €.* Dans cette maison, les canards (dans toutes les matières) se nichent un peu partout, mais en toute discrétion. Et on les comprend d'avoir élu domicile ici plutôt que dans une mare quelconque : si le rez-de-chaussée, largement occupé par le métier à tisser de madame, est assez sombre, les chambres, elles, jouissent d'une jolie déco lumineuse, où quelques touches de couleur réveillent les teintes naturelles et claires des murs, des sols et du mobilier. 2 peuvent accueillir 3 ou 4 personnes, dans des pièces habilement cloisonnées pour préserver une certaine intimité tout en conservant l'impression d'espace. Fait aussi table d'hôtes, avec de bons plats régionaux.

⌂ ***Chambres d'hôtes Château du Verbosc :*** *chez M. Allard, 425, chemin du Verbosc, 76190* ***Touffreville-la-Corbeline.*** *☎ 02-35-95-18-85. 📱 06-78-14-39-94. • verbosc@neuf.fr • verbosc.fr • À 10 km au nord de Saint-Wandrille. Doubles 65-70 €.* Au fond d'un beau parc planté de pommiers, un petit château du XVIIe s, de brique et de pierre, dégageant beaucoup de charme, entièrement meublé à l'ancienne avec des trophées de chasse... Une authentique halte pour jouer au châtelain sans devoir casser sa tirelire pour autant.

À voir

*** **_L'abbaye :_** *☎ 02-35-96-23-11. ● st-wandrille.com ● Ruines de l'ancienne abbatiale et nouvelle église, tlj 5h15-13h, 14h-21h15. Entrée : 4 € (gratuite pour l'église abbatiale). Messe chantée en grégorien tlj à 9h45 (10h dim et jour de fête). Monastère et cloître, 21 mars-Toussaint : visite guidée tlj à 15h30, plus dim et j. fériés à 11h30 (juil-août, visites à 11h30, 15h et 16h).*

Tout comme Jumièges, l'abbaye Saint-Wandrille fut fondée au VIIe s, ici par saint Wandrille, et connut les mêmes vicissitudes, notamment la destruction par les Vikings au IXe s. De cette époque date l'histoire de *La Geste des abbés de Fontenelle*. Ce sera la 1re à narrer la vie d'une abbaye. Au XVIe s, l'abbaye périclite doucement et il faudra attendre les 2 siècles suivants pour que l'ensemble soit restauré et agrandi. L'église sera transformée en carrière après la Révolution. Les moines en reprennent possession en 1894 mais ne s'y réinstallent définitivement qu'en 1931. Dans l'intervalle, plus précisément dans les années 1910, la comédienne Georgette Leblanc, sœur cadette de Maurice, le père d'Arsène Lupin, louait l'abbaye avec son amant Maurice Maeterlinck. Ils y recevaient Sarah Bernhardt, Réjane ou Lucien Guitry ! On ne veut pas savoir ce qu'ils y faisaient. En 1969, après bien des difficultés administratives, on fit venir une ancienne grange seigneuriale située dans l'Eure, qui deviendra la nouvelle église, absolument superbe par sa simplicité et ses proportions.

TOUJOURS PRÊT !

En 1954, l'abbaye fit la fortune de louveteaux qui, lors d'un jeu de piste, trouvèrent, en descellant certaines pierres gravées d'un signe, des jarres remplies de louis d'or très rares.

Les moines résidant à Saint-Wandrille appliquent la règle de saint Benoît : « Prie et travaille. » Les temps changent, le business aussi : *exit* la fameuse cire élaborée à l'abbaye ! On réalise à présent des microfiches et de la numérisation dans un atelier de reprographie à la pointe de la technologie, ainsi que des restaurations de tableaux...

Visite fort intéressante, conduite par un moine. On passe en revue les principaux points d'intérêt, dont le cloître, très élégant et le seul de style gothique encore complet en Haute-Normandie. Du réfectoire, on aperçoit une porte et un lavabo datant du XVIe s. Sur 3 côtés du cloître, splendide dentelle de pierre mi-gothique, mi-Renaissance, dont les remplages offrent un décor toujours différent. Au fond, admirable statue de Notre-Dame-de-Fontenelle, du XIVe s. À côté, tympan de la même époque. On termine par la nouvelle église dont on remarquera la superbe charpente de bois, entièrement montée au moyen de chevilles de bois, et une très belle « mise au tombeau » début XVIe s.

VILLEQUIER (76490) 760 hab.

À 9 km de Saint-Wandrille, en longeant la Seine vers son embouchure, voici un des panoramas les plus romantiques de Normandie ; un village s'étirant paresseusement sur une colline et en bord de Seine, dans une immuable douceur de vivre, avec la magnifique forêt de Brotonne occupant l'horizon.

Mais Villequier n'oublie pas la tragédie du 4 septembre 1843 qui vit la noyade de Léopoldine, la fille aînée de Victor Hugo, et de son mari, Charles Vacquerie, unis depuis 6 mois seulement. Le poète, alors en voyage à Rochefort, ne l'apprit que 5 jours plus tard en feuilletant *Le Siècle*. La statue de Victor Hugo s'élève près du lieu du drame, en bord de Seine, dans un parc paysager spécialement aménagé à l'entrée de Villequier.

UN COUPABLE TOUT TROUVÉ

Contrairement à ce que tout le monde dit, la noyade de la fille de Victor Hugo n'est pas liée au mascaret, cette terrible vague formée par la rencontre des eaux douces et de la mer, et observée pour la dernière fois en 1963. Léopoldine et son mari essayaient une nouvelle embarcation mal lestée qui fut renversée par un coup de vent.

Où dormir ?

Chambres d'hôtes La Maison Blanche : *11, rue Jean-Le-Gaffric. ☎ 02-35-56-76-82. • gabriel.craquelin@orange.fr • Doubles 90-100 €.* Dans un manoir classé du XVe s qui, perché sur sa petite butte, domine la Seine coulant de l'autre côté de la route. Intérieur très sobre, tout de pierre blanche et de tomettes. Ici, au moins, vous avez peu de risques de vous cogner dans les meubles, car les pièces sont vastes ! Dans la grande suite, ambiance plus royale, avec le lit à baldaquin ; pièce attenante avec kitchenette, micro-ondes et frigo pour casser la croûte. L'autre chambre, plus petite (façon de parler !) mais pas moins jolie, peut accueillir jusqu'à 6 personnes.

Où manger dans les environs ?

Au Rendez-Vous des Chasseurs : *1040, route de Sainte-Gertrude, 76490* ***Maulévrier-Sainte-Gertrude.*** *☎ 02-35-96-20-30. • elauem@orange.fr • À 7 km au nord de Villequier. Tlj sauf mar-mer et dim soir. Formules 26-38 €.* Point de chasseurs ici, mais un agréable rendez-vous ! Niché en pleine verdure, face à l'église du village et non loin d'une bucolique rivière, cette jolie ferme restaurée aux allures chics et cosy régale ses hôtes avec une cuisine de qualité constante. L'ardoise change tous les mois (sauf le foie gras maison, un must), avec toujours des plats simples et gourmands. Une bonne table traditionnelle que l'on apprécie en amoureux, en famille ou entre amis, près de la cheminée en hiver ou dans la véranda pour profiter du paysage. Terrasse dans le jardin aux beaux jours.

À voir. À faire

L'église Saint-Martin : *tlj 10h-18h.* Elle date des XVe et XVIe s, mais a subi diverses modifications. Grosse tour d'angle à l'extérieur. Belle nef en coque de navire, vitraux colorés du XVIe s, dont une intéressante bataille navale sur le côté gauche. À droite de l'église, les tombes où reposent Adèle, femme de Victor Hugo, leur fille cadette Adèle, et derrière, Léopoldine, fille aînée de Victor, et son époux Charles Vacquerie.

La maison Vacquerie – musée Victor-Hugo : *sur les bords de Seine, dans l'ancienne maison de famille des Vacquerie, au fond d'un beau jardin. ☎ 02-35-56-78-31. • museevictorhugo.fr • Tte l'année, tlj sauf mar et dim mat 10h-12h30, 14h-18h, seulement 14h-17h30 en oct-mars. Fermé certains* *j. fériés. Entrée : 4-5 € (selon saison) ; réduc ; gratuit moins de 18 ans.* Souvenirs, écrits, meubles d'époque (mais très peu ont appartenu à la famille Vacquerie), objets liés aux périodes normandes du poète et surtout une belle collection de ses dessins. Une salle évoque la mort de Léopoldine. Expos temporaires également.

La voie verte : on peut, par une portion de la véloroute du Val de Seine, de Villequier rejoindre Petiville par une piste cyclable, qui longe au plus près le fleuve sur 8 km ; la balade se termine sur la petite D 28 qui rejoint Petiville.

• Carte Amiens et la baie de Somme *p. 119*

Pour leurs vacances, peu de Parisiens ont l'idée de partir vers la Picardie, qui recèle pourtant des sites merveilleux et méconnus. Une petite incursion en terres amiénoises est une excellente occasion de s'offrir un dépaysement tout proche. Amiens a été frappé par les guerres, mais un miracle de pierre est sorti de ses entrailles et est parvenu à traverser tous les déchirements humains : chef-d'œuvre gothique absolu, la plus grande cathédrale de France s'offre à vous. Elle peut à elle seule constituer une raison de venir ici.
Du côté de la côte, la baie de Somme, trop méconnue, est un endroit merveilleux et riche en couleurs. C'est aussi un lieu de week-end idéal en famille. Les enfants apercevront des colonies d'oiseaux migrateurs dans le parc du Marquenterre et pourront se balader dans le petit train à vapeur qui contourne la baie de Somme. On pourra aussi aller observer les nombreux phoques qui viennent animer la baie toute l'année. Quant aux cyclistes amateurs, ils trouveront un site idéal, avec des centaines de kilomètres de sentiers balisés, permettant de rayonner tranquillement autour de la baie.

Comment y aller en train ?

➢ ***Paris :*** trains pour Amiens depuis la gare du Nord. Durée : env 1h. Gare SNCF d'Amiens, place A.-Fiquet *(plan C2).*
➢ On peut se rendre directement en baie de Somme en continuant jusqu'à Noyelles-sur-Mer (où il n'y a plus la mer depuis belle lurette). Puis bus privé jusqu'à Saint-Valery-sur-Somme (6 km).
– *Rens SNCF :* ☎ *36-35.* ● *oui.sncf* ●

AMIENS

(80000) 135 500 hab.

• Plan *p. 120-121*

« Un séjour à Amiens ? Quelle idée ! » se dit le lecteur, narquois... Eh bien justement, en voilà une bien bonne idée ! Où l'on découvre avec étonnement une ville vivante, colorée, historique, bien qu'elle ait été dévastée à plus de 60 % par la guerre. Amiens a été détruite, certes, mais sa cathédrale est toujours debout et constitue la figure de proue de la cité, fière et ancrée dans son cœur. Faites donc une balade dans les fameux hortillonnages, incroyable réseau de cultures maraîchères sillonnées par d'étonnants canaux, et passez une soirée chaleureuse dans les bars du quartier Saint-Leu.
Mais l'Amiens que l'on découvre aujourd'hui revient de loin. Après les vicissitudes des 2 guerres mondiales et une période de reconstruction, la ville stagna quelque peu... puis retroussa vigoureusement ses manches dans les années 1980. La capitale picarde fit alors peau neuve : le quartier Saint-Leu a retrouvé son originalité, son charme et son animation ; le centre-ville est devenu en grande partie piéton et on y entend davantage

résonner les sonnettes des vélos que le klaxon des automobiles. Enfin les *amiénoises,* ces maisons de brique et de pierre, ont retrouvé leur éclat. Mais ce qui frappe le plus, comme partout dans cette Picardie, c'est la simplicité et la gentillesse de l'accueil. Naturel et sincère, sans fioriture. Allez-y lors d'une *réderie,* ces vide-greniers de printemps ou d'automne qui déplacent les foules, et vous saisirez encore mieux les rondeurs de l'âme picarde.

Adresses et infos utiles

Somme Tourisme *(plan B2)* **:** *54, rue Saint-Fuscien. ☎ 03-22-71-22-71. • somme-tourisme.com • Lun-ven 9h-12h30, 13h30-17h30 (16h30 ven).* Différents thèmes pour des excursions : Baie de Somme, Nature, Grande Guerre, Vallée de Somme, Amiens... Également des idées de séjours « prêt-à-partir ».

Office de tourisme d'Amiens Métropole *(plan B1)* **:** *23, pl. Notre-Dame. ☎ 03-22-71-60-50. • amiens-tourisme.com • Lun-sam 9h30-18h30 (18h oct-mars) ; dim 10h-12h, 14h-17h.* Séjours thématiques : *• weekend-esprithautsdefrance.com •* Brochures en vente sur les itinéraires à VTT et les randos pédestres.

Transports verts

Vélam : *• velam.amiens.fr •* Sur le modèle des *Vélib'* à Paris, des stations installées en centre-ville. Particulièrement adapté à la taille de la ville.

Marchés

– ***Marché sur l'eau*** *(plan B1,* ***60****)* **:** *pl. Parmentier, en bord de Somme, face au quai Bélu, ts les sam mat.* On y retrouve tous les produits régionaux ainsi que les légumes des hortillonnages, le tout au bord de l'eau. Sympathique atmosphère. Marché costumé avec barques le 3e dimanche de juin.

– ***Marché bio :*** *impasse Marcel, à Rivery (en bordure des hortillonnages), ven 16h-19h.*

– ***Marché des halles du Beffroi*** *(plan A1)* **:** *pl. au Fil, mer et sam.* C'est surtout le samedi qui est particulièrement animé. Important marché généraliste sur la place devant les halles du Beffroi. Également un marché des produits de la ferme, rue Léon-Blum *(sam mat).*

Où dormir ?

Camping

Camping et location des Cygnes *(hors plan par A1,* ***10****)* **:** *111, av. des Cygnes. ☎ 03-22-43-29-28. • alban@parcdescygnes.com • amiens-campingdescygnes.com • Bus nos 9 et 1. À 3 km au nord-ouest de la ville. Ouv d'avr à mi-oct. Compter 17-20 € pour 2. Cottages 357-690 €/sem.* Sur 3 ha, de vastes espaces arborés et ombragés. Pas de caractère particulièrement champêtre, mais on n'est pas trop loin du centre. Sanitaires propres et en nombre suffisant. Les cottages pour 2 ou 6 personnes possèdent chambre, séjour, salle de bains, kitchenette et terrasse.

De bon marché à prix moyens

Hôtel Victor-Hugo *(plan B1-2,* ***11****)* **:** *2, rue de l'Oratoire. ☎ 03-22-91-57-91. • hotelvictorhugo@wanadoo.fr • hotel-a-amiens.com • Tte l'année. Résa conseillée. Doubles 55-64 € ; familiales.* Une dizaine de chambres dans une petite maison ancienne qui conserve un certain charme avec son escalier escarpé. Le célèbre écrivain y serait descendu. Confort variable selon les chambres, toutes différentes. Éviter celle du rez-de-chaussée, de plain-pied et un poil bruyante malgré le double vitrage. Quelques chambres mansardées plus cosy. Un bon rapport

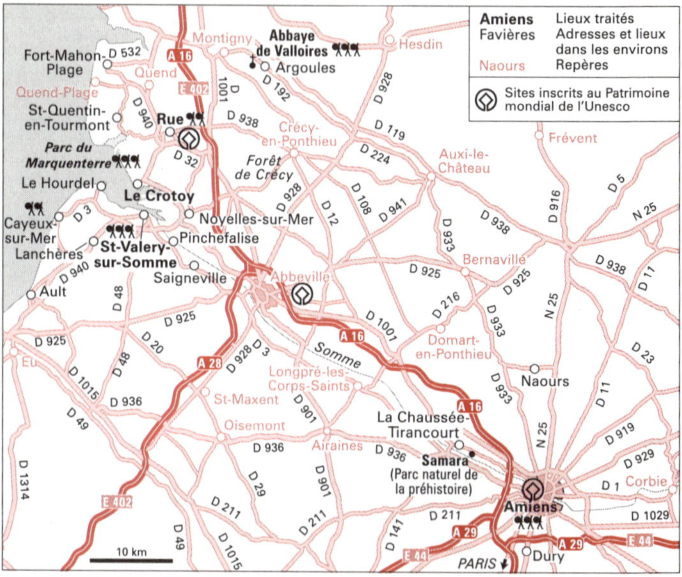

qualité-prix, quasiment au pied de la cathédrale.

Hôtel Central Anzac (plan B2, **15**) : *17, rue Alexandre-Fatton. ☎ 03-22-91-34-08. • hotelcentralanzac.com • Doubles 45-62 € ; familiale.* Petit hôtel discret aux chambres très correctes pour le prix, avec lavabo seulement pour les moins chères, douche mais w-c sur le palier pour les intermédiaires, ou tout confort. Décoration sans chichis, un peu dépassée, mais l'ensemble est suffisamment confortable.

Hôtel Au Spatial (plan B2, **15**) : *15, rue Alexandre-Fatton. ☎ 03-22-91-53-23. • hotelspatial@gmail.com • hotelauspatial.com • Doubles 65-75 €.* Ce petit hôtel situé dans une rue calme abrite des chambres de confort différent. En dépannage.

Hôtel de Normandie (plan B2, **13**) : *1 bis, rue Lamartine. ☎ 03-22-91-74-99. • normandie.hotel@wanadoo.fr • hotel-normandie-amiens.fr • À 2 pas de la gare. Doubles 58-75 €. Garage clos payant.* Bien situé, il abrite une trentaine de chambres de poche et de standing variable (cabine de douche et toilettes dans un quasi-placard, ou sur le palier pour les moins chères), intéressantes surtout pour les petits budgets. Ensemble fonctionnel avant tout, sans effort particulier de déco. À noter, le garage fermé de l'hôtel attenant au bâtiment principal.

De prix moyens à chic

Le Prieuré (plan B1, **16**) : *17, rue Porion. ☎ 03-22-71-16-71. • leprieureamiens@gmail.com • hotel-prieure-amiens.com • Dans une rue calme et pittoresque, à droite de la façade principale de la cathédrale. Doubles 77-105 €. Le Prieuré* dégage le charme désuet des vieilles demeures, notamment dans les parties communes. Chambres rénovées, certaines modestes et sans prétention, d'autres plus décorées et possédant un petit charme, avec un aménagement plus recherché. La n° 9, située dans une ancienne chapelle (la plus chère), est souvent réservée pour les amoureux…

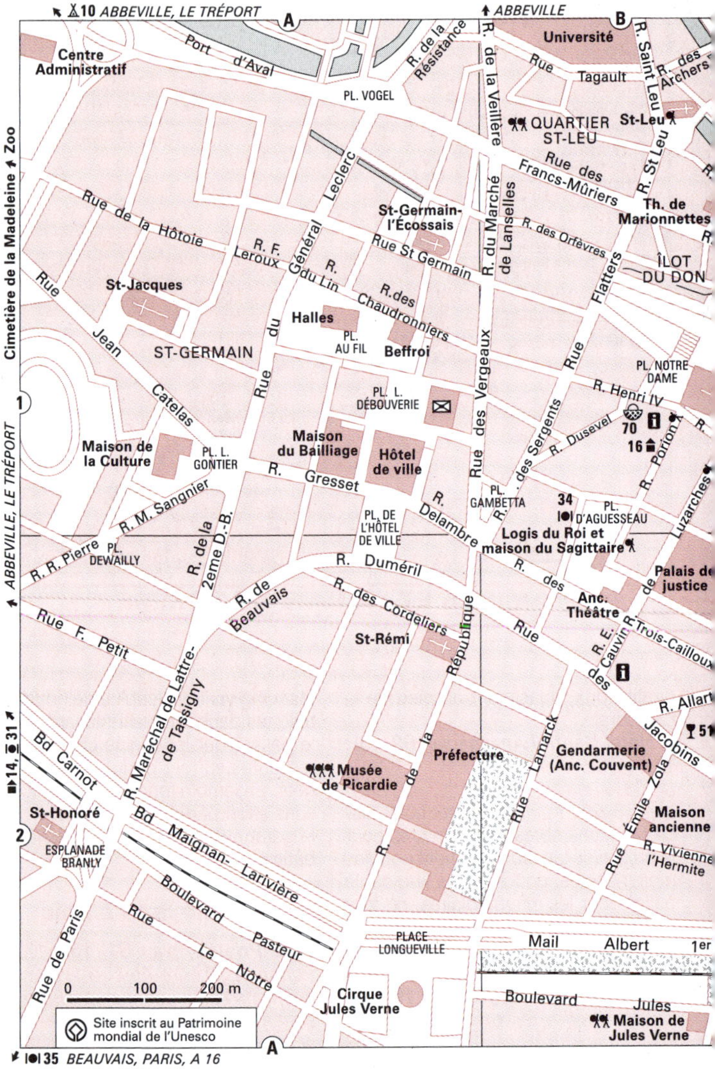

Adresses utiles

- Office de tourisme (B1) et Somme Tourisme (B2)
- **60** Marché sur l'eau (B1)

Où dormir ?

- **10** Camping et location des Cygnes (hors plan par A1)
- **11** Hôtel Victor-Hugo (B1-2)
- **12** Hôtel Le Saint-Louis (B2)
- **13** Hôtel de Normandie (B2)
- **14** Hôtel La Chambre d'Amiens (hors plan par A2)
- **15** Hôtel Central Anzac et Hôtel Au Spatial (B2)
- **16** Le Prieuré (B1)

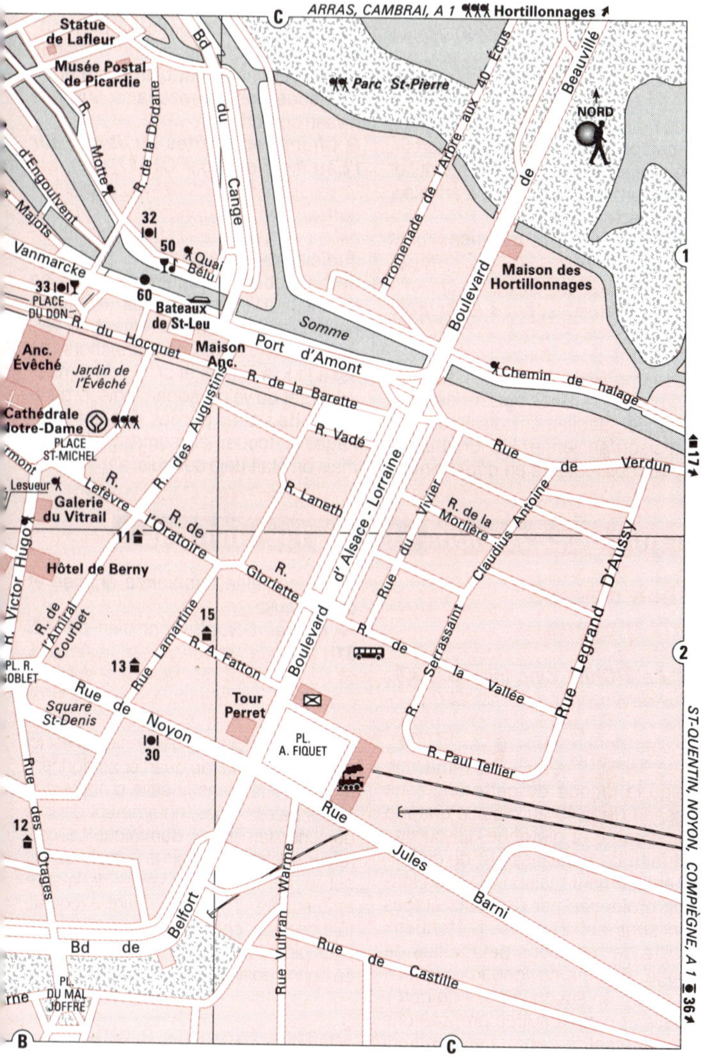

AMIENS

17 Chambres d'hôtes au Jardin sur l'Eau (hors plan par C1)

35 L'Aubergade (hors plan par A2)
36 La Table du Marais (hors plan par C2)

Où manger ?

30 Le T'Chiot Zinc (B2)
31 Le Saint-Roch (hors plan par A2)
32 Le Quai (B1)
33 Ad'Hoc Café (B1)
34 Ail des Ours (B1)

Où boire un verre ? Où sortir ?

50 La Lune des Pirates (B1)
51 Marott Street (B2)

Achats

70 Jean Trogneux Confiseries (B1)

Hôtel Le Saint-Louis *(plan B2, **12**) : 24, rue des Otages. ☎ 03-22-91-76-03. • info@amiens-hotel.fr • Dans le quartier de la rue des Jacobins. Doubles 84-98 € ; familiales.* Un hôtel du centre-ville au rapport qualité-prix avantageux. Tout confort. Déco épurée et discrète, lumineuse également. Accueil attentif et vraiment pro. Une bien bonne adresse, dans un secteur calme.

Hôtel La Chambre d'Amiens *(hors plan par A2, **14**) : 1, av. de l'Hippodrome. ☎ 03-22-22-50-50. • contact@lachambredamiens.com • lachambredamiens.com • Doubles 79-88 € ; supplément pour balcon ; familiale. 1 pression (25 cl) offerte sur présentation de ce guide.* Un *Logis* moderne et fonctionnel, habilement dissimulé par une maison ancienne. L'endroit pratique pour nos lecteurs en déplacement professionnel, mais aussi pour les autres. Drôle de situation à un rond-point certes (double vitrage efficace), mais c'est finalement bien placé et on ne risque pas de mauvaise surprise niveau confort.

Chambres d'hôtes au Jardin sur l'Eau *(hors plan par C1, **17**) : 60, rue Voyelle. 06-18-03-16-71. • aujardinsurleau.com • Auprès des Hortillonnages. Doubles 95-115 € ; 1 familiale.* Judicieuse rénovation de brique et de bois pour ces différents corps de bâtiment, à l'intérieur moderne et lumineux. Dans cet environnement de vergers et de champs de maraîchers, on est à la fois si près et si loin du centre-ville. Prêt de vélos, sophrologie, organisation de visites privées des hortillonnages... Accueil de surcroît souriant, mais on était déjà conquis.

Où manger à Amiens et dans les environs ?

De bon marché à prix moyens

Le T'Chiot Zinc *(plan B2, **30**) : 18, rue de Noyon, à Amiens. ☎ 03-22-91-43-79. Tlj sauf dim et j. fériés. Formules déj en sem 16,90-20,90 € ; menus 18,50-25,90 €.* On remarque à peine la façade de cette ancienne pâtisserie de 1643 au cœur d'une rue commerçante et piétonne. La cuisine y est faite de gentillesse et de simplicité, entièrement maison. Salle en longueur, prolongée par de petits étages et un sous-sol. Rien de prétentieux ici, juste de bien bons petits plats de ménage, comme ce fondant *caqhuse* (plat picard en sauce, à base de porc), la ficelle et plein d'autres propositions qui élargissent le débat. Les vendredi soir et samedi midi, c'est normalement couscous.

Ad'Hoc Café *(plan B1, **33**) : 1 et 3, pl. du Don, à Amiens. ☎ 03-22-22-00-06. Tlj. Plats env 12-17 €.* Au cœur d'une place animée, voici un bistrot-resto de quartier où l'on vient autant pour boire un verre que pour manger. Excellent accueil, service efficace et jeune. Cuisine maison, fraîche et sincère qui change souvent. En fin de semaine, ambiance animée et chaleureuse.

Le Saint-Roch *(hors plan par A2, **31**) : 2, pl. du Maréchal-Foch, à Amiens. ☎ 03-22-91-38-69. Tlj sauf le soir des dim-mar et j. fériés. Menus 14,90 € (déj en sem), puis 24,90-28,90 € ; carte env 30 €.* Depuis des décennies, c'est ici que les habitants du quartier se donnent rendez-vous, dans la salle d'angle aux larges baies vitrées, notamment pour le déjeuner familial et dominical. Le carrefour sur lequel est situé le resto se fait oublier par les plantes vertes de la salle et le sourire du service. Saint-Jacques, tête de veau, choucroute de la mer... les plats picards et du Nord en général sont en bonne position sur la carte.

De prix moyens à chic

Le Quai *(plan B1, **32**) : 13-15, quai Bélu, à Amiens. ☎ 03-22-72-10-80. • lequai.amiens@orange.fr • Tlj. Congés : 1re quinzaine de janv. Plat du jour 14 € ; formule déj 21 € ; carte env 35 €. Apéritif maison offert sur présentation de ce guide.* Avec sa belle terrasse au bord de l'eau et son élégante salle aux tonalités boisées, quelle belle surprise ! La carte propose de savoureuses spécialités picardes, généralement cuisinées à la bière, ainsi que des viandes de qualité, des poissons, des moules fraîches, etc. Accueil pro, service efficace et souriant (quand l'affluence le permet !)... Une excellente adresse.

Ail des Ours *(plan B1,* ***34****) : 11, rue Sire-Firmin-Leroux, à Amiens. ☎ 03-22-48-35-40. Fermé dim-mar midi. Résa obligatoire. Le midi, menus 19-26 € ; le soir menu unique 38 €.* Au fond d'une salle cosy, tout en longueur et à la dominante bleu canard, une cuisine grande ouverte où s'activent les 2 chefs. 4 mains donc pour penser et confectionner cette cuisine en tout point éblouissante. On peut se sentir brimé par la carte au choix limité le midi et le menu imposé le soir. Mais on peut aussi se laisser porter et accepter le défilé d'assiettes, toutes plus belles et gourmandes les unes que les autres. Un sans-faute, tout en couleurs et en saveurs. Un coup de cœur et (finalement) un remarquable rapport qualité-prix.

Plus chic

L'Aubergade *(hors plan par A2,* ***35****) : 78, route Nationale, à* ***Dury*** *(80480). ☎ 03-22-89-51-41. À 6 km au sud d'Amiens. ♿ Tlj sauf dim-lun. Congés : 2 sem à Pâques, 2 sem en août et 2 sem fin d'année. Menus 29 € (déj mar-ven), puis 45-90 €.* Éric Boutté est un bûcheur surdoué revenu en pays picard. Ce technicien sûr n'use que de produits de 1re qualité, et tout ce qu'il mitonne est digne d'intérêt. La carte évolue selon les saisons, et le chef est aussi à l'aise sur la volaille, le gibier à poil que sur le poisson. Une créativité réelle mais raisonnée à la fois, sans jamais tomber dans les tentations de l'apprenti sorcier. Et les desserts ne sont pas en reste. Ajoutons les conseils éclairés du sommelier, l'accueil gracieux de madame, et le bonheur n'est plus très loin.

La Table du Marais *(hors plan par C2,* ***36****) : 472, chaussée Jules-Ferry, à Amiens. ☎ 03-22-46-17-44. À 4 km au sud-est du centre-ville. Tlj sauf dim-lun et mer soir. Menu 33 € ; plats carte 19-26 €.* L'aspect de la maison au bord d'une grande route n'a rien de folichon. Pourtant, dès la porte passée, l'élégance et la sobriété de l'écrin moderne, la chaleur du décor, le professionnalisme du service et la terrasse donnant sur la campagne prennent le pas et mettent à l'aise. Côté cuisine, un mélange audacieux et une vraie créativité pour certains plats qui en côtoient d'autres d'un relatif traditionalisme. Du travail rond et bien fait.

Où boire un verre ? Où sortir ?

La place du Don et le quai Bélu *(plan B1) :* le grand rendez-vous de l'animation nocturne pour la jeunesse amiénoise, c'est le quartier Saint-Leu, avec une concentration particulière sur la place du Don et le quai Bélu. Certains soirs, avec un rayon de soleil dans l'œil et un verre dans le nez, c'est un vrai embouteillage humain. Les trottoirs occupent les terrasses (ou l'inverse), les étudiants, jeunes et moins jeunes se côtoient pour le pot de l'amitié, place du Don, que ce soit au *Rétroviseur*, au *Baobar* ou au *Living*. Le quai Bélu, même s'il est plutôt dédié aux restaurants, possède 2 ou 3 terrasses qui accueillent aussi les buveurs.

La Lune des Pirates *(plan B1,* ***50****) : 17, quai Bélu. ☎ 03-22-97-88-01. • lalune.net • Ouv seulement les soirs de concert plusieurs fois/sem, sauf juil-août.* Déménagement en 2021 dans le même quartier (rue Saint-Leu) pour plus que doubler de volume en places assises. La grande attraction de la vie nocturne amiénoise, où des grands ont fait leurs débuts. Tous styles de musique : rock, reggae, pop...

Marott Street *(plan B2,* ***51****) : 1, rue Marotte. ☎ 03-22-91-14-93. Tlj sauf dim 12h-1h.* Petite merveille d'architecture que cet ancien cabinet d'assurances reconverti en café intime. On se croirait un peu dans le monde de Jules Verne, avec les boiseries, la balustrade en fer forgé, les lourdes ferronneries, la verrière au plafond (très haut !). La clientèle mélange les générations mais descend rarement en dessous de 30 ans.

Achats

Jean Trogneux Confiseries *(plan B1, **70**) : pl. de la Cathédrale. ☎ 03-22-72-07-72. Autre adresse : 1, rue Delambre. ☎ 03-22-71-17-17. Lun-sam 10h-19h ; dim et j. fériés 10h15-12h15, 14h15-18h.* On y trouve depuis plusieurs générations les célèbres macarons d'Amiens, des tuiles, mais aussi des pâtés de canard, terrines et moutarde picarde, et même du gâteau battu picard. Tenu par la famille de Brigitte Macron.

À voir

Quelques infos à savoir :
– La ville d'Amiens propose des *city pass* (valables à partir de 18 ans) à 15 ou 20 € pour 3 ou 4 sites : visite audioguidée de la cathédrale, hortillonnages, musée Jules Verne, plus le zoo.
– On conseille d'emprunter la ligne de bus *Ametis* qui sillonne le centre en boucle en passant par les principaux lieux à voir : cathédrale, Saint-Leu, parc Saint-Pierre, etc. Fréquence : toutes les 20 mn.
– ***Pays d'art et d'histoire :*** le service patrimoine propose des visites guidées thématiques de la ville (cathédrale, vieil Amiens, beffroi, hôtel de ville, citadelle, cirque Jules-Verne) selon programmation *(voir brochure sur ● amiens-tourisme.com ● ou auprès de l'office). Rens : ☎ 03-22-22-58-90. Tarif : 4-6 € ; réduc.*

LE QUARTIER DE LA CATHÉDRALE (plan B1)

La cathédrale Notre-Dame (plan B1) : *pl. Notre-Dame. ☎ 03-22-80-03-41. ♿ (accès par l'entrée située rue Cormont, sur le côté du portail de la Vierge dorée – entrée sud – qui fait face à la rue Robert-de-Luzarches). Avr-sept, tlj 8h30-18h30 (17h30 le reste de l'année). Entrée libre et gratuite sauf pour les tours (voir plus bas). Visites guidées : 1 fois/j. (horaires variables) juil-août ; seulement dim et j. fériés hors saison. Rens et rdv à l'office de tourisme.*
– ***Spectacle « Chroma » :*** *ts les soirs du 15 juin aux 3ᵉ w-e de sept et en déc. GRATUIT.* À la nuit tombée (dès 19h l'hiver), sur le parvis de la cathédrale. Spectacle gratuit et féerique de restitution des polychromies de la façade occidentale telle qu'elle pouvait être peinte au Moyen Âge d'après des fragments de couleur retrouvés sur la pierre... Il faut savoir qu'en général, on retrouve à peine 1 % des traces chromatiques. Ici, on a retrouvé jusqu'à 10 % de la surface peinte ! Les couleurs sont d'une grande force, presque criardes, conçues ainsi pour marquer les esprits et être vues de loin.

Chef-d'œuvre de l'humanité

Plus que le plus grand trésor d'Amiens, cette vieille dame (800 ans en 2020 !) est tout simplement l'un des chefs-d'œuvre de l'Humanité, inscrite à ce titre au Patrimoine mondial de l'Unesco en 1981. Elle y fut même inscrite une 2ᵉ fois en 1998 en tant qu'étape sur le chemin de Saint-Jacques-de-Compostelle. Ce ne sont pas ses dimensions qui en font une merveille, mais bien l'accomplissement artistique qu'elle représente, considéré comme l'apogée du gothique. Pas étonnant qu'elle ait servi de modèle à tant d'autres cathédrales, dont celles de Bruges et de Cologne. On peut évidemment écrire plusieurs tomes sur son style, sa construction, sa statuaire... Pour faire simple, voici quelques éléments sur son histoire et quelques infos sur les principaux points d'intérêt, non exhaustifs évidemment.

Un peu d'histoire

Élevée à partir de 1220 sur les ruines brûlées de la cathédrale romane précédente, la cathédrale d'Amiens fut conçue pour abriter une relique de saint Jean-Baptiste, provenant de la 4ᵉ croisade de 1206. Réalisée en pierre picarde, un calcaire

mélangé à du silex, pierre réputée pour être gélive (qui gèle) et friable. Pour autant, la cathédrale passe plutôt bien les années et les siècles. Elle fut édifiée pour rappeler que la ville était alors l'une des plus riches de France, grâce à ses marchands drapiers, mais aussi grâce à ses « waidiers », du nom de ceux qui travaillent la waide, plante tinctoriale dont on extrait le célèbre « bleu d'Amiens » (également appelé « pastel amiénois »).
La majeure partie des travaux, fait suffisamment rare pour être souligné, dura environ 60 ans ; d'où l'étonnante homogénéité de l'ensemble. En 1918, le Kaiser ordonna à son artillerie, sur demande de l'évêque, d'épargner l'édifice et, en 1940, les bombes allemandes, à nouveau, enflamment le centre-ville mais laissent intacte la cathédrale, que les habitants avaient protégée avec des sacs de terre ! Le feu détruisit les maisons et s'arrêta juste au pied de l'édifice.

La façade principale (ou occidentale)

Elle a été restaurée, partiellement grâce une désincrustation au laser qui n'altère en rien la pierre puisque n'entrant pas en contact direct avec elle. La cathédrale d'Amiens fut la 1re au monde à profiter de cette technique. C'est une véritable bible de pierre, composée d'une statuaire d'une richesse inouïe. Une forêt de sculptures, plus de 3 000 en tout ! Cet univers narratif était entièrement coloré, à la manière d'une bande dessinée, écrasante et superbe pour les pauvres croyants à qui elle était contée. L'équilibre visuel de la façade est respecté grâce à l'alternance de parties pleines et ajourées. Noter la profondeur des voussures de chaque portail pour accuser le sentiment de relief.

Le ***portail central, dit du Beau Dieu,*** est des plus réussi : on peut admirer apôtres et prophètes merveilleusement sculptés, ainsi qu'un Christ célèbre, le « Beau Dieu d'Amiens » (sur le trumeau, entre les portes), considéré comme l'un des plus grands trésors artistiques du XIIIe s. Il est encadré par les apôtres, puis par les prophètes de l'Ancien Testament. Au tympan, le Jugement dernier, très évocateur et effrayant. À gauche, le ***portail Saint-Firmin,*** 1er évêque d'Amiens au IIIe s, agrémenté de saints régionaux. Sur la droite, le ***portail de la Mère-Dieu,*** avec une Vierge à l'Enfant (au trumeau), l'épopée d'Adam et Ève à sa base et le couronnement de la Vierge au tympan. À noter que toute la partie basse des 3 portails est occupée par 2 séries de remarquables quadrilobes (motifs à 4 feuilles) où est narré le quotidien médiéval. Ensemble d'une étonnante finesse d'exécution : les travaux des champs rythmés par les signes du Zodiaque voisinent avec tout l'enseignement chrétien. Ceux du portail central montrent les vertus, mais aussi les vices. Toujours très parlant ! On vous laisse les reconnaître. Tout en haut, sous l'énorme rosace, la ***galerie des Rois,*** imposante car destinée à être vue de loin.
Un mot sur la ***flèche,*** exceptionnelle : son observation permet de repérer qu'elle penche légèrement

LE POUVOIR DE L'ARGENT

On raconte que le sculpteur qui devait réaliser la tête du Christ de la façade de la cathédrale Notre-Dame venait chaque jour y chercher l'inspiration. Mais il était sans cesse importuné par un lépreux qui interrompait ses prières. D'agacement, il finit par lui donner une pièce. C'est alors que le visage du lépreux s'illumina de bonheur et ressembla à celui... du Christ. Le sculpteur avait trouvé son modèle.

GUIDE DES RECORDS

Quelques mensurations de Notre-Dame d'Amiens : 145 m de long, 70 m de large, 112 m de haut (à la pointe de la flèche, qui constitue presque la moitié de la hauteur de l'édifice à elle seule), 42,30 m sous les voûtes de la nef et du chœur, et des fondations allant jusqu'à 8 m de profondeur. La cathédrale d'Amiens est la plus grande de France : son volume total (200 000 m³) est le double de celui de Notre-Dame de Paris !

aux vents dominants. Brûlée par la foudre, elle fut immédiatement refaite en 1528, signe évident de l'incroyable opulence de la ville à l'époque. Elle conserva sa structure de chêne, entièrement couverte de plomb, pour des questions de poids.

Le flanc sud

C'est le côté opposé à la rivière. Voici encore une débauche de sculptures, également superbes, mais un peu plus tardives. On notera d'emblée l'imposant ***saint Christophe.*** Noter, entre la 2e et la 3e fenêtre des chapelles, la sculpture du centre où apparaît un couple de waidiers, avec devant eux un grand sac plein de coques de waides, qui firent la fortune de la ville, puisque c'est à partir de ces coques qu'on élaborait le célèbre « bleu d'Amiens ». Plus loin, dans le ***portail de la Vierge dorée,*** une Vierge à l'Enfant de la fin du XIIIe s, ciselée vers 1270-1280. Il s'agit d'une copie (l'original est dans le bras sud du transept de la cathédrale). Conformément à ce qu'elle était au Moyen Âge, on a tenté timidement de la redorer, mais de manière modérée, pas trop clinquante. Au tympan, l'histoire de saint Honoré, ancien évêque du diocèse d'Amiens.

La nef

Vous serez tout de suite saisi en pénétrant à l'intérieur de l'édifice. On n'a pas souvent l'habitude de confronter notre petitesse à de telles proportions (pourtant, des cathédrales, croyez-nous, on en a visité plus d'une)... Ce qui séduit d'emblée, c'est la clarté. Si l'on compare souvent les cathédrales à des forêts, eh bien, ici, on se croirait dans une clairière. Avec des baies de 12 m de haut et des voûtes s'élevant à 42,30 m, on comprend que la lumière se sente ici chez elle... Véritable prouesse technique, l'élévation de cette nef n'a pas été surpassée (même si le chœur de celle de Beauvais, avec ses 48,50 m, est plus haut, mais s'écroula en partie en 1284). Pourtant, comme le soulignait Claudel, qui s'y connaissait un peu, la cathédrale d'Amiens est « incomparable dans sa sublime simplicité ». Entre les piliers de la nef principale, à droite et à gauche, 2 gisants. À droite, celui d'Évrard de Fouilloy, évêque fondateur de la cathédrale, en bronze du XIIIe s. La dalle est soutenue par des lionceaux. À gauche, celui de son successeur, Geoffroy d'Eu.

DES POINTS PAS TRÈS CARDINAUX

La croix située au sol dans le chœur de la nef matérialise les points cardinaux. On note pourtant que, contrairement à la règle, la nef n'est pas tout à fait axée vers l'est (direction Jérusalem), comme l'indiquent les pointes de la croix. D'après certains, cela est dû à la présence, sur le flanc nord de la cathédrale, d'un hôtel-Dieu qui fit décaler les plans de l'ouvrage. D'autres pensent que c'est à cause de l'axe du lever du soleil en date du 24 juin (jour de la Saint-Jean-Baptiste) qui viendrait frapper le centre de la nef par un vitrail dans cet axe précis.

Au centre de la nef, remarquer le fameux ***labyrinthe*** du sol, dessiné au XIIIe s, mais reconstitué en marbre au début du XIXe. Pour l'anecdote, son parcours de 234 m était destiné aux pèlerins n'ayant pas les moyens de se rendre à... Jérusalem ! En fait, c'est tout le parterre de la cathédrale qui dessine un ensemble géométrique varié et stylisé.

Au cœur du labyrinthe, on voit une pierre centrale (l'original est au musée de Picardie) qui représente les 3 architectes de la cathédrale, ainsi que l'évêque fondateur. Les architectes tiennent respectivement dans leur main une règle, un compas et un parchemin. L'idée même de rendre hommage aux architectes est quelque chose de très rare dans l'histoire des cathédrales.

Les clôtures du chœur

Comme leur nom l'indique, ces hautes cloisons séparent le chœur du déambulatoire. Elles se distinguent par une décoration de style flamboyant de la fin XVe et milieu XVIe s, reconnue comme une véritable splendeur.

– ***Les sculptures de la clôture sud*** (les 1res en entrant, sur la droite) sont de loin les plus remarquables *:* elles représentent l'arrivée de saint Firmin à Amiens en 8 saynètes : les 4 premières montrent son arrivée en ville, sa prédiction, les baptêmes puis son arrestation et sa décollation. Le 2e tableau, de 1530, mais dont l'action se déroule à la fin du VIe s : saint Sauve qui prêche et demande où sont les reliques de saint Firmin, la prière des Amiénois, la découverte des reliques et le transfert de celles-ci dans la cité épiscopale d'Amiens. Là encore, les costumes des personnages et l'architecture sont totalement anachroniques, puisqu'on les inscrit dans un style Renaissance, donc en accord avec l'époque contemporaine, pas de l'histoire racontée.
– ***Les sculptures de la clôture nord :*** peut-être moins abouties que celles de la clôture sud, ces sculptures n'en sont pas moins passionnantes. Elles narrent l'histoire de saint Jean-Baptiste. Notez qu'on les lit de droite à gauche.
– ***La relique de saint Jean-Baptiste :*** *dans la salle du trésor ; fermé mar et dim. Entrée : 4 €.* Il s'agit d'un curieux crâne, protégé par un masque de cristal et enserré dans un plat de vermeil (argent plaqué d'or) réalisé au XIXe s. Rapporté en 1206 lors de la 4e croisade, il est avéré que ce crâne, serti de pierres précieuses et décoré d'émaux, date bien de l'époque de Jean-Baptiste. Cette relique fut découverte à Constantinople par des croisés picards qui la rapportèrent au XIIIe s. Rois et reines vinrent dès lors vénérer la précieuse relique. Saint Louis vint à Amiens en janvier 1264. À la Révolution, le reliquaire fut sauvé par... un maire révolutionnaire...

Le déambulatoire du chœur

On y voit quelques vitraux d'époque, même s'il en reste peu. Seules quelques chapelles rayonnantes présentent encore de beaux spécimens qui ont traversé les siècles. Les autres datent du XXe s. Leurs murs conservent quelques restes de polychromie du XIXe s (lors de la restauration de Viollet-le-Duc). Juste à l'arrière du chœur (exactement dans l'axe de la nef), tombeau de Guillain Lucas, chanoine du XVIIe s. Noter le petit ange pleureur au centre (voir encadré).

UN ANGE PORTÉ AUX NUES

Étonnamment, le petit ange pleureur de la cathédrale d'Amiens, caché dans le déambulatoire derrière le chœur, fut un personnage bien connu des soldats anglais, sénégalais, australiens et canadiens lors de la 1re Guerre mondiale. Entre 2 batailles, ils venaient se reposer à Amiens et prier à la cathédrale. La seule image sous forme de carte postale dont ils disposaient était celle de cet ange, contredisant toute la vanité guerrière, qu'ils envoyaient à leur famille.

Les stalles

La merveille des merveilles, à voir en priorité. Cet ensemble de 110 stalles incroyablement bien conservées est l'une des plus pures réussites de l'histoire de la sculpture sur bois. Il se compose de stalles basses et de stalles hautes, qui s'appuient sur une paroi en bois ornée de fleurs de lys et surmontée d'un dais orné de pendentifs très travaillés et de pinacles. À l'entrée, à droite et à gauche, les stalles maîtresses. Elles étaient réservées au roi de France et au doyen du chapitre. Réalisées au début du XVIe s, elles ont nécessité 11 ans de travail. Résultat : près de 4 000 personnages minuscules, criants de vérité, illustrent 400 scènes de l'Ancien Testament et de la vie de la Vierge, admirablement gravées dans le chêne. À voir encore, la grille du chœur, ainsi que l'autel baroque du XVIIIe s. Piliers décorés de la Vierge, de Jean-Baptiste et des 4 évangélistes. Au centre, une gloire de stuc et de bois, baroque en diable là aussi. Quand on lève les yeux, c'est de là qu'on peut le mieux observer le vitrail central tout au fond, datant de 1269. C'est le plus ancien de la cathédrale.

Les tours

En entrant dans la cathédrale, on y pénètre par la tour de droite (billetterie dans la boutique à l'entrée de la cathédrale). Pour la visite : ☎ 03-22-80-03-41. Tlj sauf mar et dim mat. Fermé 1er janv, 1er mai, dernier dim de sept, 25 déc et selon météo. Entrée : 8 € ; réduc ; gratuit moins de 26 ans. L'une fut achevée dans la 2de moitié du XIVe s, l'autre, début XVIe. Passage par la *galerie de la Rose* et très belle vue sur la flèche et surtout sur la ville d'Amiens depuis la tour nord (attention, 307 marches ; cardiaques et claustros, s'abstenir !).

Balade autour de la cathédrale

Sur le parvis, en tournant le dos à la cathédrale, noter que les 2 maisons néo-gothiques (début XXe s) à chaque angle sont les seules à avoir été épargnées par les bombardements. Le reste fut entièrement reconstruit dans les années 1950... et jusqu'à aujourd'hui.

Du flanc sud de la cathédrale, empruntez la ***rue Porion,*** une des principales artères du quartier canonial (quartier des chanoines), à l'époque où toutes les rues portaient des noms de cloîtres. Il faut rappeler que la charge de chanoine était réservée aux cadets des grandes familles, qui menaient bon train. Cette rue abrite plusieurs hôtels particuliers du XVIIIe s appartenant à chacune de ces riches familles. Noter l'ancienne numérotation des rues du XVIIIe où apparaissent 4 chiffres gravés dans la pierre.

Le logis du Roi et la maison du Sagittaire *(plan B1-2)* **:** *sq. Jules-Bocquet.* En bordure de ce petit jardin (autrefois jardin de l'abbaye et actuellement palais de justice) on trouve cette élégante tourelle d'escalier en brique et aux angles de pierre. C'est tout ce qu'il reste du logis du Roi, ancienne résidence des gouverneurs de la province, où Louis XIII et Louis XIV séjournèrent. Le 1er, lors du siège d'Arras en 1640, le 2d, durant la Fronde. Juste à côté, la maison du Sagittaire a une façade Renaissance qui fut déplacée ici pierre par pierre depuis la rue des Vergeaux.

On emprunte la ***rue de Luzarches,*** parallèle à la rue Porion. Percée au XIXe s à la manière d'un Haussmann, large et donnant une belle perspective sur le portail de la Vierge dorée. Elle est bordée d'élégants édifices de brique où résidait l'aristocratie locale. Au no 39, voir la maison à l'influence anglaise avec son bow-window et sa marquise. Celle d'à côté, au no 41, présente un style Art nouveau avec son asymétrie et sa petite chouette.

Poursuivons par la petite ***rue Lesueur,*** sur le flanc nord du palais de justice. Noter le bas-relief sur le mur, qui évoque le partage du manteau de saint Martin, soldat de l'armée romaine, avec un pauvre, là où la scène historique se déroula, ce qui démontre qu'au IVe s, Amiens était déjà évangélisé.

La rue Victor-Hugo : bordée d'hôtels particuliers de pierre et de brique, typique de l'Amiénois. De la petite place Saint-Michel, on découvre une vue superbe sur le chevet de la cathédrale.

La rue de Metz-l'Évêque : à partir de ce point, on quitte le quartier canonial (celui des chanoines) pour pénétrer dans le quartier épiscopal (celui de l'évêque).

LE QUARTIER SAINT-LEU *(plan B1)*

Situé au pied de la cathédrale et au bord de la Somme, c'est le cœur toujours vivant de la vieille ville. Traversé par les bras du fleuve, ce quartier bâti sur l'eau au Moyen Âge a de tout temps hébergé meuniers, tanneurs, artisans et artistes. Saint-Leu avait connu après la 2de Guerre mondiale plus de bas que de hauts. Mal-famé, laissé à l'abandon après la guerre, un sacré coup de fouet lui a été donné dans les années 1980 : l'idée de génie fut sans conteste l'implantation des universités au cœur du quartier.

Il faut prendre le temps de flâner sur l'îlot du Don, lieu de l'ancien port et centre névralgique de Saint-Leu, de pénétrer dans les passages couverts et d'explorer les coins reculés du quartier, encore riche en habitats populaires et mixtes. Des gens âgés, une grappe d'étudiants, une famille d'ouvriers, quelques bobos... un bar, un petit antiquaire, un kiosque à kebabs... On comptait autrefois 25 moulins dans ce quartier, dont une bonne vingtaine appartenait à l'évêque qui en tirait de larges profits. Aujourd'hui, le quartier réhabilité entame donc une nouvelle vie grâce à l'implantation des universités. Il a réussi à retrouver une âme, se repeuplant de brocanteurs, bouquinistes, galeristes, bars et autres fripiers. Les autochtones, à commencer par les étudiants, aiment se retrouver dans les troquets. Et les traditions se perpétuent, comme celle du *marché sur l'eau,* qui se tient quai Parmentier, héritée de l'époque où les hortillons venaient vendre leurs produits en barque. Le marché trouve d'ailleurs son point d'orgue festif le 3e (ou 4e) dimanche de juin, avec une grosse animation et (presque) tout le monde en costume traditionnel... On en a même fait une marque puisqu'on y achète désormais, non pas des légumes banals, mais les fameux « t'cho légumes des hortillons » !

➢ ***Promenade bucolique dans le quartier :*** on y pénètre soit par le ***pont de la Dodane*** (depuis la place du Don), soit par le ***pont du Cange.*** Empruntons ce dernier, qui date du XVe s. Fortifié au Moyen Âge, il conserve la base de ses tours qui furent arasées au XIXe s. Jetez un œil en contrebas : les piles du pont en forme de pointe cassaient le courant, ce qui permet de supposer que celui de la Somme était bien plus fort à cette époque qu'aujourd'hui. Une chaîne fermait le pont et constituait un point de péage.

Après le pont, on descend à gauche sur le ***quai Bélu,*** l'âme du quartier. Il fait à peine 150 m et n'est pas si ancien que ça puisqu'il fut aménagé par un certain Bélu au XIXe s, ingénieur des Ponts et Chaussées, alors qu'il n'y avait ici que des berges boueuses. Le quai, anciennement rue de la Queue-de-Vache, est bordé de maisonnettes à 1 ou 2 étages, croquignolettes en diable, toujours en brique simple ou en brique et pierre, quelques-unes à pans de bois. Tous les rez-de-chaussée sont occupés par des restos. Il faut dire que l'emplacement et l'axe plein sud sont une aubaine quand le soleil donne.

UNE RUE EN « QUEUE DE VACHE » !

Le quai Bélu connut un autre nom jusqu'au XIXe s. Il s'est longtemps appelé rue de la Queue-de-Vache. Une enseigne en atteste encore. C'est en effet ici que la Somme se divise en nombreux canaux, comme les poils d'une queue de vache. Délicat et imagé.

Poursuivre par la ***rue Motte,*** bordée de maisons basses du XVIe-XXe s, totalement au calme et à la grande cohérence architecturale malgré les constructions qui s'étirent au fil des siècles. En face, de l'autre côté de l'étroit canal, noter les maisons récentes de la fin du XXe s, faisant partie de cette habile réhabilitation des années 1980. Elles se dressent sur des pieux enfoncés à 14 m dans le sol tourbeux. Elles possèdent toutes leur petit bout de terrasse-jardin, comme au Moyen Âge, avec la différence qu'on y accédait à l'époque par bateau. Ne pas hésiter à emprunter les passerelles, à buter sur une cour, prendre un bout d'impasse. Tout est simple, bucolique et citadin à la fois.

La ***rue Daveluy*** mène à la place Aristide-Briand. On y voit la statue de pierre du personnage de Lafleur, marionnette des Cabotans picards et héros de Saint-Leu, habillé en valet de l'époque de Louis XV. Un peu plus loin, on tombe sur la faculté des sciences, complètement entourée de canaux. On longe la ***rue des Archers*** (les archers l'empruntaient pour aller s'entraîner en bas des remparts). Prendre à gauche la rue Grainville, encadrée encore par des maisons basses et un petit canal. On passe par le chevet de l'église Saint-Leu. Prendre à droite la rue Saint-Leu pour accéder à l'église.

L'église Saint-Leu *(plan B1)* **:** élevée en 1481, c'est le prototype de l'église-halle (à 3 nefs d'égale hauteur). Tour-clocher gothique flamboyant avec son porche, ses contreforts d'angle et son toit pointu en ardoise. Nef très simple, à la belle voûte de bois en forme de coque de bateau retournée. Noter que le chevet de l'église épouse le tracé de la rue.

On revient vers la rue Grainville qui devient ***rue d'Engoulvent,*** toujours bordée de maisonnettes tranquilles.

Les hortillonnages *(hors plan par C1)* **:** *54, bd Beauvillé. ☎ 03-22-92-12-18. • apsseh@wanadoo.fr • À l'est du quartier Saint-Leu. L'association pour la sauvegarde du site propose des visites guidées pour les individuels tlj avr-oct à partir de 13h30 (éventuellement le mat en fonction des résas des groupes ; appelez avt de vous déplacer). Entrée : 7 € ; réduc ; gratuit moins de 3 ans. Compter 45 mn de visite commentée par un sympathique batelier de l'Association pour la protection et la sauvegarde du site et de l'environnement des hortillonnages.*

La grande curiosité d'Amiens : des marais aux abords du centre-ville, à 2 pas de la cathédrale et de la gare ! Imaginez de fantastiques jardins qui semblent flotter, des parcelles de terres quadrillées par de multiples rieux (petits cours d'eau) et fossés, où se perpétuent l'horticulture et les cultures maraîchères, au milieu du sifflotement de toute une faune aquatique. Pour découvrir (ou plutôt entrapercevoir !) cet extraordinaire écosystème et ses traditions, il ne faut pas manquer cette promenade profondément bucolique, champêtre et originale, que 130 000 visiteurs effectuent chaque année. En tout, un puzzle de 300 ha, dont 50 % de terre fertile en alluvions et en tourbe, quadrillé par un système hydrographique ahurissant de près de 65 km de cours d'eau dont 18 km sont publics (le reste du réseau est privé). Il ne reste que 30 ha aujourd'hui cultivés dans un but professionnel (contre 300 au début du XXe s), avec de la friche qui est également utile. Il est en effet nécessaire pour l'équilibre de cet écosystème que certains espaces soient rendus régulièrement à la nature pour permettre la protection et la bonne nidification des oiseaux.

Anciens marais mis en valeur selon certains par les Romains, les hortillonnages furent d'abord des jardins (*hortus* en latin), reconvertis dans la production de tourbe, puis en vaste jardin potager alimentant la ville. Ses maraîchers utilisaient autrefois d'étranges barques de 10 m de long, pesant plus d'une tonne, aux apparences de gondoles. L'avant de la barque était très relevé pour faciliter l'accostage sur les berges et contribuait à tasser la terre sans la détériorer. Appelées *bateaux à cornets,* les barques étaient manipulées à l'aide d'une perche et d'une rame (la *pelle*) et sont aujourd'hui munies de moteurs électriques totalement silencieux, ce qui donne l'impression de glisser sur les rieux comme par magie. Il reste aujourd'hui 7 hortillons qui vendent leurs produits, notamment au « marché sur l'eau », dans le quartier de Saint-Leu le samedi matin.

La faune est très riche dans les hortillonnages : on trouve à la surface de l'eau hérons cendrés, colverts, poules d'eau, foulques, grèbes huppés, martins-pêcheurs, cygnes, rats musqués et batraciens. Sous l'eau, même richesse : goujons, gardon, carpes, perches, anguilles, brochets, sandres, ablettes et brèmes sont à la fête.

Au cours de la visite, vous découvrirez de-ci de-là de petites habitations. Certaines, très entretenues, sont de vrais bijoux. Elles sont privées mais ne sont pas viabilisées. Les propriétaires ne peuvent donc pas en faire leur résidence principale. Les rieux sont publics, et les fossés sont privés. Fragiles, les bordures des rieux et des fossés nécessitent un entretien régulier. Quelques années de laisser-aller plus l'érosion et les rats musqués creusent les berges et percent des galeries qui fragilisent les surfaces cultivées.

Le chemin de halage *(plan C1)* **:** ce pittoresque chemin peut se prendre à partir du parc Saint-Pierre. Il longe les 1ers « jardins » des hortillonnages, mais vous ne pouvez que les apercevoir. Belle promenade à travers la verdure et rythmée par des panneaux explicatifs sur environ 2 km.

Le parc Saint-Pierre *(plan C1)* **:** créé en 1992 par Jacqueline Osty, ce parc de 23 ha, superbe, fait le lien entre le quartier Saint-Leu et les hortillonnages. Populaire et esthétique, véritable point vert de la ville, il constitue un espace pensé pour tous, tout en étant architecturé avec intelligence et modernité. Vastes étendues verdoyantes (pour jouer au foot), espaces en escaliers, zones plus intimes protégées par des haies, bassin à la vision reposante...

AU SUD DE LA PLACE GAMBETTA *(plan A-B2)*

Le musée de Picardie *(plan A2)* **:** *48, rue de la République. ☎ 03-22-97-14-00. Entrée : 7 €*

L'un des musées majeurs du nord de la France inauguré en 1867 sous les yeux de Jules Verne. Comme le Louvre, dont il s'inspire en partie, le musée de Picardie vaut autant pour son architecture néoclassique que pour ses collections. Le grand hall d'entrée, le plafond aux armoiries de la Société des antiquaires de Picardie (qui initia la construction du musée et en fit don à la ville d'Amiens en 1869), soutenu par des colonnes à chapiteaux ioniques. Néoclassique en diable. Sur la droite, l'ancienne fausse chapelle au style mixte, mélange de néogothique mâtiné de néobyzantin.

L'escalier qui mène au 1er étage ainsi que la galerie du Dôme présentent de larges toiles marouflées de Puvis de Chavannes évoquant le travail, la Picardie nourricière et les « jeux » pour la patrie, dans une version antique.

La maison de Jules Verne *(plan B2)* **:** *2, rue Charles-Dubois. ☎ 03-22-45-45-75. • amiens.fr • ♿ De mi-avr à mi-oct, tlj (sauf mar mat) 10h-12h30, 14h-18h30. De mi-oct à mi-avr, lun-ven (sauf mar) 10h-12h30, 14h-18h ; le w-e 14h-18h. Fermé 1er janv, 1er mai, 25 déc. Entrée : 7,50 € ; réduc ; gratuit moins de 26 ans et pour tous le ven à partir de 16h30. À l'entrée, prêt d'un livret présentant les collections. Audioguide : 2 € (3 € pour 2 pers). Visites guidées d'env 1h mer, sam et dim à 15h. Selon programmation, visite costumée et thématique.*

La *Maison à la tour,* ce bel hôtel particulier où vécut l'écrivain pendant 18 ans (de 1882 à 1900), au sommet de sa gloire, a été entièrement restaurée et remeublée dans le style du XIXe s (donc mobilier d'époque mais n'ayant pas appartenu à l'écrivain). Sur 4 niveaux, le visiteur retrouve l'enchantement et la magie des *Voyages extraordinaires,* tout en entrant dans l'intimité et le quotidien de leur auteur... Du jardin d'hiver au grenier, on revit, au fil des pièces, les aventures de Phileas Fogg, du Capitaine Nemo et de nombreux autres héros nés sous la plume de l'écrivain. La plupart des documents originaux présentés ici proviennent du fonds privé d'un collectionneur italien fan de Jules Verne et racheté par Amiens Métropole en 2000.

– ***Le rez-de-chaussée :*** salle à manger typique du XIXe s, de style néogothique très sombre, avec plafond à caissons. Dans le grand salon d'à côté, portrait d'Honorine, sa femme. Puis fumoir avec cheminée en onyx, au-dessus de laquelle trône un portrait photographique de Jules Verne. Petite expo sur ses débuts littéraires et ses 1ers voyages. Maquette du bateau *Great Eastern,* à bord duquel il se rendit à New York en 1867. C'est ce bateau qui l'inspira pour son roman *Une ville flottante.*

– ***Le 1er étage :*** consacré à **Hetzel, son éditeur parisien,** le plus grand de l'époque. En vitrine, les très nombreuses éditions originales de la plupart des œuvres de Verne. Affiches publicitaires que l'on pouvait trouver à l'intérieur des librairies et qui vantaient les livres de l'ami Jules. Les romans de Jules Verne étaient traditionnellement offerts pour les étrennes. Bureau et salon de l'éditeur avec le canapé d'origine où s'assirent George Sand, Victor Hugo, les Dumas... Dans le bureau, la vie amiénoise de Jules Verne. Affiches du spectacle du cirque Rancy, inspiré lui-même de son roman *César Cascabel.*

– ***Le 2e étage :*** on a reconstitué la cabine de son dernier bateau, le *Saint-Michel III* (hommage à son fils), ancré au Crotoy. Beaucoup d'éléments consacrés au *Tour du monde en 80 jours.* Au sol, voir la carte d'un voyage autour du monde (trait rouge) proposé par une vraie agence de voyages en 1877 en 10 mois, par voie maritime (on a oublié le ballon pour l'occasion !). Le trait noir évoque le trajet réalisé par le héros du roman *Robur le Conquérant* à l'aide d'une machine volante. Sur les murs, prendre le temps d'observer les produits dérivés déjà conçus à l'époque, en rapport avec les romans. Il faut dire que dès son 1er livre, Jules Verne connut un succès foudroyant : papier peint, jeu de l'oie, images de tablettes de chocolat, pot à tabac à l'image de Phileas Fogg, figurines, assiettes de collection, jeu de loto, sans oublier les belles images d'Épinal, chromos marrantes (ancêtre des *Panini*). Tout cela n'a rien à envier aux personnages en plastique de Harry Potter, Peter Pan ou Batman... Reconstitution du bureau de l'écrivain où il rédigea plus de 30 ouvrages, soit la moitié de son œuvre.

LE GÉNIE QUI BOITE

Le 9 mars 1886, Jules Verne reçut 2 balles de revolver alors qu'il se trouvait devant le 2, rue Charles-Dubois à Amiens. L'une d'elles l'atteignit au pied. Un attentat ? Non, le tireur n'était autre que Gaston, le neveu de l'écrivain. La balle ne pouvant pas être extraite, Jules Verne boita jusqu'à la fin de sa vie. Jalousie d'un désaxé ? Le neveu déséquilibré fut interné peu de temps après son geste fou.

– ***Le grenier :*** éditions étrangères (plus de 80 traductions), ce qui en fait l'auteur français le plus traduit au monde. Observer les théâtres en carton (jeux à monter par les enfants). Belles affiches de films de différents pays puisque quasiment toutes ses œuvres furent adaptées à l'écran. Il ne faut pas oublier que le 1er film de Georges Méliès, *Le Voyage dans la Lune,* fut adapté du livre *De la Terre à la Lune.* Levez la tête : au plafond, maquettes du *Go-Ahead,* ancêtre du dirigeable, et de l'*Albatros,* ancêtre de l'hélicoptère. Redescente à l'accueil par l'escalier de la tour.

Manifestations

Pour toutes infos : • *amiens-tourisme.com* •

– ***Les Réderies :*** *au printemps et à l'automne.* C'est un grand vide-grenier très populaire. Typiquement picard et très prisé des Amiénois, des Anglais et des Néerlandais, grands amateurs d'authenticité pas chère !

– ***La Rue est à Amiens :*** *3e w-e de juin.* • *larueestaamiens.com* • Spectacles de rue, parades, et surtout le fameux marché sur l'eau des hortillons (costumé) qui se déroule le dimanche matin.

– ***Festival international des Jardins :*** *de mi-juin à mi-oct.* Découverte à pied et en barque des créations de jeunes paysagistes et plasticiens internationaux sur ces jardins flottants. Une trentaine d'œuvres originales jalonnent le parcours.

DANS LES ENVIRONS D'AMIENS

La Cité souterraine de Naours : *à* ***Naours*** *(80260), env 15 km au nord d'Amiens.* ☎ *03-22-93-71-78.* • *citesouterrainedenaours.fr* • *Juil-août, tlj 10h-18h30 ; avr-juin et sept-oct, tlj sauf lun 10h-17h30 (18h30 le w-e) ; fév-mars et nov,* *tlj sauf lun 10h-16h30. Fermé déc-janv. Dernier départ 1h15 avt. Entrée : 11 € ; réduc ; gratuit moins de 5 ans. Audioguide inclus, dont une version enfants. Compter 1h15. Possibilité de visites guidées classiques ou sur les graffitis (appeler pour plus d'infos). Lainage conseillé en été (température constante d'env 9,5 °C). Prévoir une lampe-torche pour les plus curieux. Petite restauration sur place.*

En arrivant sur le site, on découvre une grosse butte boisée sur laquelle s'adosse une maison qui évoque un cottage anglais et où se trouve la billetterie. Puis on plonge à 33 m sous terre à la rencontre de ces cachettes (ou *muches* en picard) creusées dans une ancienne carrière de craie du plateau picard. Le réseau aménagé est à son apogée lors des guerres incessantes et des maintes invasions des XVIe et XVIIe s. Il pouvait accueillir jusqu'à 2 000 personnes, leur bétail et leurs biens.

Y A PAS DE FUMÉE...

Dans les « muches » (cachettes) de la Cité souterraine de Naours, on peut observer plusieurs cheminées qui servaient à l'aération et à la cuisson des repas. Mais pour ne pas se faire repérer par la fumée, on détournait horizontalement celle-ci, grâce à des conduits qui étaient reliés aux cheminées des maisons de meuniers situées à proximité... Ainsi, la fumée n'attirait pas les assaillants et ne trahissait pas l'existence de cette incroyable cité souterraine.

Visité lors de permissions par des soldats du monde entier durant la 1re Guerre mondiale, il fut en revanche un lieu stratégique pour les Allemands durant la 2de. En tout, 28 galeries s'étalent sur 3 000 m de long, avec 300 chambres, des places publiques, une chapelle (avec une Vierge en majesté), des étables, des puits, une salle des congrès, un calvaire... Les 900 m de parcours permettent de bien se rendre compte de la vie souterraine que pouvaient mener ici les réfugiés de tout temps. La visite comprend aussi un petit ***musée des Anciens Métiers picards*** : teilleur de lin, bourrelier, tirloteuse, colporteur, garde champêtre... Surtout, ouverture au printemps 2020 d'un original ***musée des Soldats voyageurs.*** Ce sont plus de 3 000 graffitis ornant les murs du souterrain qui furent réalisés par ces soldats en visite lors de permissions en 1914-1918, 60 % par des Australiens. Plusieurs centaines d'entre eux ont déjà été identifiés. L'objectif est de mettre un visage sur tous ces noms, de numériser, conserver la mémoire de ces hommes venus du bout du monde parfois... Un musée assurément amené à s'enrichir.
Au-dessus de la Cité souterraine, ***un parc de 10 ha*** avec des animaux, un moulin à vent et son parc accrobranche (4 parcours pour petits et grands, à partir de 5 ans).

Samara – le parc naturel et archéologique : *sur la commune de* **La Chaussée-Tirancourt** *(80310). ☎ 03-22-71-83-83. • samara.fr • À env 15 km à l'ouest d'Amiens. Juil-août, tlj 10h-18h30 ; avr-juin et sept-nov, lun-ven 9h30-17h30 (10h-18h w-e, j. fériés et vac scol zone B). Entrée : 11-12,50 € selon saison ; réduc ; forfait famille (2 adultes, 2 enfants) 32-35 € ; gratuit moins de 4 ans. Visites guidées, démonstrations et ateliers les w-e et vac scol. Pique-nique possible sur tt le site. Resto.*

Le site de Samara – de *Samarobriva,* l'ancien nom d'Amiens – est une sorte de livre ouvert sur la préhistoire en Somme, de 600 000 ans av. J.-C. à l'an 50 de notre ère. Le parc se veut une vitrine vivante des richesses du patrimoine local : il même a été édifié à proximité de plusieurs sites archéologiques majeurs, notamment une sépulture datée de 10 000 ans. Les week-ends, différentes animations y sont organisées. Samara se compose de 2 parties : la ***partie nature*** et la ***partie archéologique.*** La 1re cherche à mettre en valeur ce qu'était la vallée d'Acon et ce qu'elle est aujourd'hui. On y trouve un arboretum avec 60 essences d'arbres ayant existé, un labyrinthe végétal et, tout au bout, une zone de marais. On passe sous une petite route pour gagner la partie archéologique de Samara.
Elle présente plusieurs habitations reconstituées grandeur nature : la maison du Néolithique est particulièrement impressionnante (elle mesure 28 m de long), une

autre de l'âge de bronze (1500 av. J.-C.) qui marque le début de la propriété privée et une autre de l'âge de fer (50 av. J.-C.), dite maison gauloise... Également un ancien oppidum (camp retranché romain). Le *pavillon des Expositions* abrite une expo commentée.

SAINT-VALERY-SUR-SOMME (80230) 2 613 hab.

Capitale touristique de la baie de Somme, Saint-Valery s'amarre sur son flanc sud, entre une attachante ville haute encore en partie cernée de ses remparts et une ville basse animée. On y déambule tout au long d'une promenade littorale charmante, passant en revue port de plaisance, quartier des pêcheurs du Courtgain, villas centenaires et plagette de sable chaud. Point de départ (ou d'arrivée) de la traversée de la baie à pied, de balades en bateau, du circuit du train à vapeur qui contourne la baie, Saint-Valery possède bien des atouts, sans compter ses bonnes petites adresses de restaurants. Juste à l'ouest, le cap Hornu déroule de beaux paysages d'aquarelle.

SAINT-VALERY OU SAINT-VAL'RY ?

Rares sont ceux qui prononcent correctement le nom de cette ville. Car Saint-Valery n'a rien à voir avec une hypothétique Valérie, ou un incontournable Valéry. Il s'agit en fait du moine Gualaric qui évangélisa la région en 611. Avec l'usage, le nom de Gualaric se transforma au fil du temps pour devenir Walaric, puis Walric et enfin Valery. On prononce donc Saint-Val'ry, en oubliant le « e », qui n'existait pas à l'origine !

Adresses et info utiles

Office de tourisme de la baie de Somme : *quai Lejoille. ☎ 03-22-60-93-50. • tourisme-baiedesomme.fr • Avr-sept, tlj sauf lun 9h30-12h30, 13h30-18h ; oct-mars, tlj sauf lun 10h12h30, 13h30-17h30.*

Location de vélos et de VTT : No Shoes, *17, rue de la Ferté. ☎ 03-22-30-57-29. Point d'info et loc de vélos ;* **Locations du Canal,** *quai Jules-Verne. ☎ 06-82-32-37-70. Loc de VTT et vélos électriques, charrettes bébé. Placé à quelques mètres de la piste cyclable en direction du Crotoy.*

– **Marchés :** *dim mat, pl. des Pilotes (en face du casino) ; c'est le grand marché où l'on trouve pas mal de produits locaux. Autre petit marché le mer mat, quai Courbet. Juil-août, ven soir, nocturnes valéricaines, petit marché alimentaire.*

Où dormir ?

Camping

Camping Le Domaine de Drancourt : *à* **Drancourt,** *à 3 km de Saint-Valery (BP 80022, 80230 Saint-Valery-sur-Somme). ☎ 03-22-26-93-45. • reservations.drancourt@orange.com • chateau-drancourt.fr • De mi-avr à mi-sept. Env 30 € (tente ou caravane) en hte saison. Mobile homes.* Un camping de luxe ! Le vaste espace de 12 ha s'organise devant un noble château, planté de vénérables arbres. Les aires de camping sont à l'avenant : toujours de l'espace, un entretien impeccable et un équipement très complet. Nombreux services et bon accueil. Également des mobile homes pour 4-6 personnes, avec terrasse, cuisine équipée... Location de vélos. 2 piscines couvertes et chauffées et une extérieure.

Prix moyens

Chambres d'hôtes chez Sophie et Patrick Deloison : *1, quai du Romerel. ☎ 03-22-26-92-17. 06-24-49-04-64. • sp.deloison@gmail.com • sp-deloison.com • En plein centre-ville. Infos au magasin d'antiquités. Double 56 € ; familiale ; loft 130 €. Parking (payant).* Quand des antiquaires retapent avec du bois un ancien hangar à bateau de 150 m², ils n'ont que l'embarras du choix pour le meubler. Cela donne un beau loft lumineux, décoré dans le style marin. Également 2 chambres d'hôtes dans le même esprit. Et tout cela à des tarifs parmi les plus raisonnables de la ville. Une aubaine ! N'oubliez pas de reconfirmer votre venue, comme demandé.

Chic

Chambres d'hôtes et restaurant Au Vélocipède – La Femme d'à Côté : *1, rue du Puits-Salé. ☎ 03-22-60-57-42. • info@auvelocipede.fr • auvelocipede.fr • ♿ (resto). Au pied de la ville haute, intra-muros. En été et vac scol, resto tlj sauf mar 12h-18h, en basse saison jeu-ven 12h-14h30 et sam-dim 12h-18h (le w-e seulement en très basse saison). Congés : janv-début fév. Doubles 99-135 €. Plats 8-20 €. CB refusées.* Derrière la porte de Nevers, à l'étage du resto, se cachent 5 grandes chambres tendance et cosy, avec plancher de bois rustique, grands lits moelleux et couleurs actuelles (gris, taupe, beige...). On s'y sent bien. Ajoutez-en 4 autres, juste en face, à ***La Femme d'à Côté,*** aux looks différents mais invariablement design (pas d'enfants). Au resto, à l'ambiance bistro chic, cuisine inspirée et réussie, conjuguant produits de saison essentiellement locaux et influences asiatiques, parfois sucré-salé. Sur le comptoir, de jolis desserts, sympa aussi pour une pause gourmande au cœur de l'après-midi (cheese-cake, fondant au chocolat, financier...).

Chambres d'hôtes Suivez le Lapin blanc : *49, rue de la Ferté. 06-12-63-08-20. • suivezlelapinblanc.com • Congés : janv. Doubles 109-135 €.* Mais quel est donc ce lapin blanc qu'il faut suivre ? Celui de *Matrix* et d'*Alice au pays des merveilles* de Tim Burton, bien sûr, qui sautent au visage dès la porte franchie. Passionnés de cinéma, Hervé et Christine, les sympathiques proprios, ont ludiquement décoré leurs 4 confortables chambres autour de personnages de fiction et de films : Lawrence d'Arabie, Mary Poppins, *Retour vers le Futur...* Pour s'extirper du monde des rêves, il y a le jardinet à l'arrière pour prendre le petit déj (avec son pain lapin !) et l'épicerie fine donnant sur la rue.

Plus chic

Chambres d'hôtes Le 21 : *21, quai Perrée. 06-75-87-54-33. • contact@le21.org • le21.org • Ouv w-e et pdt les vac scol. Double 120 €. Min 2 nuits. Attention, arrivée sur rdv seulement.* Qu'elles donnent sur le jardin à l'arrière ou sur le port et la baie, les 3 chambres de cette demeure d'armateur sont toutes belles, charmantes et agréables. La maison a beaucoup de style, mais elle n'a pas voulu se charger de luxe ostentatoire. Grands lits, douches italiennes... Ici, l'alliance du confort et du charme est une vraie réussite ! Accueil jovial du propriétaire Laurent Rivière, qui a rapporté des objets de ses voyages lointains.

Maison d'hôtes Le Castel : *rue du Castel. ☎ 03-22-60-45-79. • contact@castel-baie-de-somme.com • castel-baie-de-somme.com • Fermé de mi-nov à mi-mars. Doubles 175-195 € (dégressif) ; familiale.* Au cœur de la ville haute, près de la porte Jeanne-d'Arc, cette demeure de caractère de 1850 s'entoure d'un parc arboré de 2 ha ceinturé de remparts médiévaux – dont un pan s'invite jusque dans la chambre « Bonne Maman » ! Parquets, boiseries, tons clairs ou plus contemporains, vieux rose de la « Mimi », le séjour est ici invariablement confortable, pour ne pas dire douillet. Idéal pour un week-end en amoureux.

Où manger ?

Bon marché

Les Galettes de Tante Olympe : *36, rue de la Ferté. ☎ 03-22-60-42-59. Ouv tlj ; fermé mer et jeu en basse saison. Formule déj en sem 13 €, sinon repas 10-15 €.* L'adresse est idéale pour une bonne galette (tendance terroir) le midi ou une crêpe à l'heure de la pause gourmande. Au fond de la longue salle, pour les chanceux, quelques tables idéalement tournées vers la baie. Rapide, goûteux et souriant, malgré l'affluence.

Prix moyens

Hermann Fromagerie et cave à vins : *4, rue de la Ferté. ☎ 03-22-26-68-11. Tlj 9h-22h. Congés : de mi-janv à mi-fév. Formule 14,90 €.* C'est une jolie fromagerie, mais c'est aussi un endroit sympathique pour s'offrir (en terrasse) une planche de charcuterie ou un assortiment de fromages du coin. Également une salade du marché, pour compléter.

À L'Ardoise : *102, rue de la Ferté. ☎ 03-22-26-69-04. Fermé mar soir-mer. Plats 15-20 €.* On ne vient pas ici au débotté : l'adresse a sa réputation et la résa s'impose. Les chanceux auront droit à une table au fond, avec vue sur la baie. Du côté de l'assiette, le choix se limite aux 3 plats, 3 entrées et 3 desserts de l'ardoise. Rien que du frais, bien tourné, servi copieusement.

Le Relais Guillaume de Normandy : *45, quai du Romerel. ☎ 03-22-60-82-36. Menus 22-52 €.* Sacrée bâtisse ! Posé au bord de la baie, ce manoir 1900 abrite un hôtel 2 étoiles un peu daté. On vous conseille de privilégier son resto, aux élégantes salles en partie tournées vers le quai. On y déguste une bonne cuisine de la mer, servie avec professionnalisme.

Restaurant La Ferté : *2, rue de la Ferté. ☎ 03-22-30-15-27. • nicols@orange.fr • Au début de la rue principale. Tlj sauf mar hors saison. Congés : 2 sem en janv et de mi-nov à mi-déc. Menus 18-36 € ; carte 35-40 €.* Une brasserie-restaurant un peu tendance et branchée, tenue par des jeunes gens dynamiques. Les plats sont écrits sur l'ardoise. La carte change souvent, mais la base de la cuisine est la mer avec les moules-frites et les poissons de la baie. Spécialité : le pot-au-feu de poisson.

Où dormir ? Où manger dans les environs ?

De bon marché à prix moyens

Maison d'hôtes Au Presbytère : *3, rue de la Falise, 80230* ***Saigneville.*** *☎ 03-22-60-98-34. • info@aupresbytere.eu • aupresbytere.eu • À 10 km au sud-est de Saint-Valery. Tte l'année. Double 80 €, familiale ; roulotte 2 pers à partir de 90 €. Supplément de 5 € les w-e, vac scol et j. fériés. Table d'hôtes 20-25 € sur résa.* Joie de vivre et bien-être à la campagne : totalement métamorphosés, l'ancien presbytère de Saigneville (XVIIIe s), les dépendances et le jardin invitent à la détente. Luxe, charme et écotourisme sont les maîtres mots. Une belle adresse.

Restaurant L'Horizon : *31, rue de Saint-Valery, 80460* ***Ault.*** *☎ 03-22-60-43-21. • horizon-ault@orange.fr • À 20 km au sud-ouest de Saint-Valery. Tlj sauf mer soir-jeu (mer-jeu en basse saison). Congés : 2 sem en janv. Formule déj 12,90 € (seulement hors saison) ; menus env 18-39 €.* De ses baies vitrées plantées en rebord de falaise, l'œil plonge sur la mer. Mais la réservation s'impose pour les quelques tables vraiment bien placées. Le cadre est immuable et la cuisine fraîche, à prix corrects : moules de bouchot du Crotoy, agneau de pré-salé du hable d'Ault, sole du Tréport, Saint-Jacques d'octobre à mai... L'adresse est réputée pour son accueil et sa régularité.

Chic

Château de Noyelles : *30, rue du Maréchal-Foch, 80860* ***Noyelles-sur-Mer.*** *☎ 03-22-23-68-70. • info@chateaudenoyelles.com •*

chateaudenoyelles.com • Tlj sauf dim-lun hors saison. Congés : janv-fév. Résa conseillée. Doubles 135-175 € ; petit déj 10 €. Table d'hôtes le soir, sur résa 35 € (sans boisson). Parking. Apéritif maison offert sur présentation de ce guide. Ce remarquable petit château d'agrément, aux tours asymétriques, doté d'une longue terrasse au 1er étage précède un vaste parc. À l'intérieur, précieuse galerie d'inspiration chinoise qui ouvre sur de généreux salons, où le mobilier moderne vient pimenter le cadre classique. Une déco très pensée, avec ce qu'il faut de touches design pour se sentir dans son siècle. Même bonheur dans les chambres, luxueuses, dotées de salles de bains où l'on a pensé à tout. Les plus chères ouvrent sur une grande terrasse équipée de transats.

Le Lihoury : *quai Jules-Verne, à* ***Pinchefalise.*** *06-82-32-37-70. • peniche-baiedesomme.fr • À partir de 2 nuits min 280-380 € (ven-dim ou sam-lun) ; 560-760 € la sem, plus ménage 50 €. Draps 10 €/pers ; linge de toilette 7 €.* Vous avez le pied marin ? Ça tombe bien. Ce gîte a été aménagé dans une péniche, habituellement amarrée à proximité de la piste cyclable qui longe la Somme. On y trouve 2 chambres-cabines, un salon (avec canapé-lit et cuisine) et une salle de bains. En prime : le barbecue et 2 chaises longues sur le pont supérieur.

Cap Hornu : *1350, chaussée du Cap-Hornu, 80230 Saint-Valery-sur-Somme. ☎ 03-22-60-24-24. • cap.hornu@baiedesomme.fr • baiedesomme.fr • À 2 km à l'ouest de Saint-Valery. Doubles standard 81-122 €, jusqu'à 184 € avec vue. Petit-déj 14 €.* Opportunément situé à l'embouchure de la Somme, ce charmant ensemble de bâtiments a presque l'allure d'un hameau. Il accueille aujourd'hui un hôtel chic mais aux tarifs encore raisonnables dans cette gamme, selon les 3 niveaux de confort des chambres (classique, avec terrasse, avec vue, etc.). Le matin, réveil au chant des oiseaux. On y trouve aussi un restaurant agréable et toutes sortes d'activités (tennis, piscine, location de vélos...), à commencer par la randonnée le long de la baie, entre Saint-Valery et Le Hourdel.

Où boire un verre ?

La Buvette de la Plage : *plage de la Ville, 455, quai Jeanne-d'Arc, à Saint-Valery. ☎ 03-22-30-45-79. Ouv tlj (avr-oct) 9h-00h.* Idéal pour boire un verre en terrasse, les pieds dans le sable...

Achats

La Fournée de la Baie : *28, av. de la République. ☎ 03-22-26-71-65. Mai-sept, tlj 6h30-19h30 ; le reste de l'année, lun-ven (sauf mer) 6h30-13h30, 14h30-19h15, sam-dim 6h30-19h15.* De l'avis de tous, on y trouve le meilleur gâteau battu de la région !

À voir

La ville haute : appelant les regards depuis les hauteurs, le cœur ancien de Saint-Valery a conservé une partie de ses remparts médiévaux, ses rues pavées et quelques vénérables maisons à colombages. On y pénètre par la ***porte de Nevers*** (XVIe s), griffée au fronton des armes du seigneur local. Juste au-dessus, l'***église Saint-Martin,*** gothique, abrite une double nef – comme 2 églises juxtaposées, avec un chœur et un autel pour chacune d'elles (!), où pendent de nombreux ex-voto de bateaux. Grimpez ensuite vers la *place du Maréchal-Joffre,* au petit parterre gazonné, puis par la rue Jean-de-Bailleul jusqu'à la ***porte du Haut*** (ou porte Jeanne-d'Arc), remontant au XIe s. Côté extérieur, les remparts se déploient. Et, sur la droite, s'offre un superbe panorama sur la baie.

– *Vers la chapelle des Marins :* en poursuivant sur 600 m par la rue de l'Abbaye, on rejoint la chapelle de Saint-Valery, dite des Marins (fléchée). On ne s'extasiera pas devant son style néogothique, mais devant la belle vue sur la baie qui se découvre d'ici. Un sentier plonge vers le littoral et permet de rejoindre les vastes estrans du cap Hornu (à l'ouest) ou de revenir en ville par la promenade littorale – avec, pourquoi pas, un arrêt à la *Buvette de la Plage* pour un verre.

L'Herbarium – Fruticetum – Rues fleuries : *36, rue Brandt. ☎ 03-22-26-69-37. Accès par l'escalier face au monument aux morts. Mai-oct (seulement en sem en oct), lun-ven 10h-18h ; w-e et j. fériés 10h-12h30, 15h-18h. Visites guidées sur rdv. Entrée : 8 € ; réduc ; gratuit moins de 12 ans. Demander la feuille d'infos à l'entrée.* Une discrète porte bleue s'ouvre sur le délicieux *Herbarium,* réhabilitation de l'ancien jardin des religieuses de l'hôpital voisin, abandonné dans les années 1960. Remarquablement aménagé, il présente aujourd'hui une grande biodiversité, avec plus de 1 000 espèces de toutes sortes. Petite visite sympa au sein de ce patrimoine végétal.

Le musée Picarvie : *5, quai du Romerel (face au casino). ☎ 03-22-26-94-90. Avr-sept, ven-sam 10h-12h30, 13h30-18h, dim 14h-18h. Entrée : 5,90 € ; réduc. Demander la fiche à l'entrée, qui permet de suivre plus aisément la visite.* Derrière une façade modeste, ce musée cache une étonnante collection d'outils et d'objets picards anciens (plus de 6 500 pièces), constituée durant toute sa vie de maçon par un certain M. Longuein, qui récupéra au hasard de ses chantiers la plupart des objets présentés. Il reproduisit et aménagea chez lui, en 3 ans et à l'échelle, un véritable village picard du début du XXe s avec ateliers, échoppes, ferme, salle de classe, café, épicerie... Visite sympathique et instructive.

Balade sur les quais : les quais Blavet, de l'Amiral-Courbet et de Jeanne-d'Arc, situés dans la continuité les uns des autres, constituent une bien sympathique promenade vespérale le long de la Somme, puis de la baie, où s'alignent de belles demeures cossues, cachées derrière quelques arbres séculaires.

À faire

➢ ***Le chemin de fer de la baie de Somme :*** *de Pâques à la Toussaint, horaires variables, se renseigner au ☎ 03-22-26-96-96. • chemindefer-baiedesomme.fr • Tarifs A/R : 12-15 € ; réduc. Possibilité d'effectuer un A/R en combinant la randonnée ou le vélo (transport des vélos gratuit). Aller simple env 1h.* Cette ligne, qui assure la liaison entre Le Crotoy, Noyelles, Saint-Valery et Cayeux (et vice versa), faisait partie de ce « Réseau des Bains de mer », desservant les stations balnéaires au début du XXe s. Grâce aux efforts d'une association de bénévoles, le petit train à vapeur de la baie de Somme roule à nouveau, pour la plus grande joie des petits et des grands, offrant 27 km de promenade pittoresque. On peut y embarquer gratuitement son chien et son vélo. Également quelques ***manifestations*** et journées à thème (dîners à bord notamment).

➢ ***Promenades à pied en baie de Somme :*** *avec* **Rando-Nature,** *☎ 03-22-26-92-30 (infos également à l'office de tourisme). Basé à la mairie, donc préférable d'appeler. Autre association, le* **CPIE** *(Centre permanent d'initiatives pour l'environnement) : ☎ 03-22-33-24-24. • somme-nature.fr •* Ces 2 associations dynamiques organisent de nombreuses sorties à thème en toute saison, sur résa seulement. L'occasion de belles balades guidées dans la baie, à prix démocratique *(env 10 €/adulte).* Également avec ***Maxim Marzi,*** guide en baie de Somme *(📱 06-13-22-00-02 ; • maxim.nature@gmail.com •),* ***Sens Naturel*** *(• randonnee-baie-de-somme.com •),* des sorties nature orientées bien-être et ressourcement par un guide passionné et passionnant.

➢ ***Promenade en bateau en baie de Somme :*** *à bord du* Commandant Charcot III *au départ de Saint-Valery. ☎ 03-22-60-74-68. • bateau-baie-somme.com •*

Compter 13-22 € selon circuit choisi ; enfants 8-13 €. Plusieurs balades commentées sont proposées : le cap Hornu, Le Hourdel, pêche en mer, combinés bateau-train...

➢ ***Balade en kayak de mer :*** *avec l'association Club de Kayak de Mer et de Va'a de la* ***Baie des phoques,*** *située au bout du quai-promenade Jeanne-d'Arc. ☎ 03-22-60-08-44. 📱 06-74-37-50-74 (moniteur). • kayak-somme.com • Ouv mars-oct. À partir de 13 € selon parcours.* Initiation et promenade guidée dans l'estuaire à bord de kayaks (mono et biplaces), de *paddles* ou de pirogues polynésiennes (« *va'a* ») (6 à 12 places). Toutes sortes de sorties dans la baie de Somme pour voir les phoques, les hérons cendrés, bref, la nature dans ce qu'elle a de plus beau.

Fêtes et manifestations

– ***Nocturnes Valéricaines :*** *ven soir pdt tt l'été, quai Amiral-Courbet.* Marché du terroir et de l'artisanat, animations...
– ***Festival en baie de Somme :*** *sam, pl. des Pilotes, pdt l'été.* Concerts et spectacles en plein air (gratuits).
– ***Fêtes Guillaume :*** *pdt 2 j. en juil. • lesfetesguillaume.com •* Fête médiévale sur les traces de Guillaume le Conquérant.
– ***Fête de la Mer :*** *en août, lorsqu'il y a un fort coefficient de marée.* Messe et procession jusqu'au calvaire des marins. Une couronne est jetée à l'eau afin de rendre hommage aux marins disparus...
– ***Fête Saint-Fiacre :*** *pdt 3 j. début sept, dans le quartier de l'Abbaye.* Réderies (brocante), concerts...

DANS LES ENVIRONS DE SAINT-VALERY-SUR-SOMME

La Maison de la baie de Somme : *carrefour du Hourdel, commune de* ***Lanchères*** *(80230), entre Saint-Valery-sur-Somme et Cayeux-sur-Mer. ☎ 03-22-26-93-93. • baiedesomme.fr • ♿ De Saint-Valery, prendre la D 204 vers Le Hourdel (fléché sur la gauche). Avr-sept, tlj 10h-18h30 ; le reste de l'année, 10h-17h. Fermé nov-mars sauf vac scol de Noël. Entrée musée : 9 € ; enfant 6,70 € (gratuit moins de 6 ans) ; forfait famille (2 adultes, 2 enfants) 26,70 €.*
C'est un site consacré à l'une des plus belles composantes de la nature en baie de Somme, l'oiseau. Étonnante collection de plus de 250 oiseaux naturalisés, très élégamment présentée. En guise d'introduction, quelques spécimens rares mis en lumière : le plus grand et le plus petit des oiseaux, l'autruche et le colibri (ou plus familièrement oiseau-mouche), exposés côte à côte mais aussi le toucan, ou l'ibis rouge. Puis reconstitution de plusieurs paysages de la côte picarde. Présentation pédagogique de chaque espèce dans son environnement : la forêt, le marais, les dunes, les falaises...
À l'extérieur, on découvre un petit marais aménagé avec différentes espèces d'oies et de canards. Projection de films sur l'industrie du galet, l'ensablement de la baie... Une salle sur le phoque veau marin et le phoque gris : mode de vie, alimentation, reproduction... Et toujours des expositions temporaires sur des thèmes liés à l'oiseau. Une visite incontournable pour qui veut découvrir la richesse de la baie de Somme ou tout simplement se rapprocher des merveilles de la nature.
– La Maison organise des sorties nature *(adulte 12 €)* : sorties pendant les grandes marées, boucle de découverte de la pêche à pied, à la rencontre des phoques...
– Également location de vélos *(11 € la ½ journée et 15 €/j.).*

Cayeux-sur-Mer *(80410)* **:** capitale mondiale du galet, c'est une station balnéaire populaire et familiale dont la particularité remarquable est d'aligner plus de 400 cabines sur la plage. Une véritable armée de bois sur près de 2 km. Plage surveillée en juillet-août.

La pointe du Hourdel : c'est là que finit la Somme et que commence la mer ; Le Hourdel est la pointe sud de la baie de Somme. C'est de là que débute la balade qui permet d'observer les phoques. Avec un peu de chance, vous pourrez apercevoir au Hourdel la colonie de veaux marins et de phoques gris qui fréquente les côtes picardes toute l'année. Parfois visibles à l'œil nu, en train de prendre un bain de mer, ou à l'aide de jumelles, lorsqu'ils se chauffent au loin sur les bancs de sable à marée basse. On est prié de ne pas les déranger (distance minimum de 400 m à respecter), au risque de perturber leur développement et de les voir fuir le site vers des contrées plus paisibles...

Les hâbles d'Ault : il s'agit de marais entre la route d'Ault et la mer. Il est intéressant d'y flâner : on y voit les huttes camouflées pour la chasse, les pâturages, les étangs avec des cygnes et les mares peuplées de canards. Mais, ne vous y trompez pas, certains sont des leurres (en bois) installés par les chasseurs !

LE CROTOY (80550) 2 077 hab.

Au nord de la baie de Somme, le port du Crotoy a surtout une activité de station balnéaire familiale. La petite ville se vante d'avoir la seule plage de tout ce littoral exposée au midi. La lumière qui baigne la baie et ses hauts-fonds y est particulièrement éclatante. Ses variations constantes ont de quoi séduire peintres et photographes.
En 1430, Jeanne d'Arc fut enfermée au Crotoy avant d'aller à Rouen. De nombreux personnages célèbres y séjournèrent : Jules Verne, qui y écrivit des passages de *Vingt mille lieues sous les mers,* Toulouse-Lautrec, Boudin, Colette... Enfin, Le Crotoy fut aussi le théâtre des 1ers essais des avions créés par les fameux frères Caudron.

Adresses et info utiles

Office de tourisme : *1, rue Carnot. ☎ 03-22-27-05-25. Dans le centre-ville. • crotoybaiedesomme.com • Juil-août, tlj 9h30-13h, 14h-19h (10h-18h dim). Mars-juin et sept-oct, lun-sam 9h30-12h30, 14h-18h ; nov-fév, tlj sauf mar et dim 9h30-12h, 14h-17h.* Visite guidée de la ville *(jeu en juil-août),* sinon demandez le plan avec les principaux points d'intérêt.

Location de vélos : *au* ***Garage de la Baie,*** *2, rue Porte-du-Pont, ☎ 03-22-27-80-33, tlj sauf lun (et dim oct-fév).* ***No Shoes,*** *17, rue de la Porte-du-Pont, 03-22-20-47-82.* ***VéliBaie,*** *850, rue des Mouettes, 06-72-89-58-15. Dès 12 €/j.*
– ***Marché :*** *ven mat, plus mar mat en juil-août. Sam et dim, seulement vente de poisson sur le port (selon conditions météo).*

Où dormir ? Où manger ?

De prix moyens à chic

La Table et l'hôtel des Aviateurs : *18, rue Victor-Petit. ☎ 03-22-27-90-74. • hotelrestaurantlesaviateurs80@gmail.com • aviateurs-baiedesomme.com • Congés : 1 sem en janv. Resto fermé mar-mer (sauf vac scol). Double 80 €.* Dans les années 1910-1920, lorsqu'il s'appelait *Restaurant de la Plage* (elle n'est pas bien loin !), les élèves de l'école de pilotage du Crotoy s'y retrouvaient. L'hôtel est décoré de souvenirs et photos d'époque. La bâtisse est ancienne mais les 7 chambres (pas bien grandes) sont récentes, et très bien tenues. Chacune est dédiée à un aviateur spécifique.

Hôtel de la Baie de Somme : *16, quai de l'Amiral-Courbet. ☎ 03-22-27-80-65. • hotel-baie-somme.fr • Doubles 59-110 € ; familiale.* Ce Logis a un avantage de taille : il est planté sur la place du marché, grande ouverte sur la baie. Certes, la plupart des chambres n'ont pas de vue (et ne sont pas géantes), mais elles ont été bien rénovées et sont très bien tenues. Certaines, au 2e étage, sont mansardées. Bon accueil, pro.

Hôtel Les Tourelles : *2-4, rue Pierre-Guerlain. ☎ 03-22-27-16-33. • info@lestourelles.com • lestourelles.com • Congés : 3 sem en janv. Doubles 84-149 € ; familiales ; petit déj 14 € ; nuitée en dortoir (enfants) 29-34 €. Menus 31 € ; carte env 30-35 €. Résa à l'avance.* Posez vos valises dans cet ancien hôtel particulier du début du XXe s, qui fut la propriété de Pierre Guerlain, et remerciez le Bon Dieu... Cette étonnante maison de couleur rouge brique, rehaussée de 2 tourelles est une authentique adresse de charme surplombant la baie de Somme, avec la mer à ses pieds. Des chambres aux volumes généreux, baignées de lumière, au charme suranné. Les enfants partagent une salle de jeux et un grand dortoir (lits superposés) où ils peuvent faire les 400 coups. Un endroit qui cumule pas mal de qualités : accueil, cadre, confort, gastronomie, activités... Resto pas donné.

La Maison Bleue en Baie : *12, rue de la Croix. ☎ 03-22-27-73-86. • la.maison.bleue@baie-de-somme.fr • baie-de-somme.fr • Chambres 75-110 €. Vélos à disposition sur présentation de ce guide.* Artiste brésilienne parfaitement francophone, Rosana peint des tableaux au style naïf. Lumineuse et gaie, sa maison bleu ciel aux légers reflets grisés – comme un miroir tendu à la baie – est à son image : accueillante. Les 3 chambres sont plus ou moins grandes mais d'égal confort. Ambiance tendance mer, qu'on retrouve dans la grande cour, organisée en espace détente, avec plantes vertes et transats. S'il fait beau, on prendra le petit déj dehors. Une jolie adresse.

Auberge de la Marine : *1, rue Florentin-Lefils. ☎ 03-22-27-92-44. • contact@aubergedelamarine.com • aubergedelamarine.com • Tlj sauf mar et mer midi (plus mer soir hors saison). Menus déj sauf dim 36 €, puis 46-76 € ; carte env 50 €.* Au cœur de la ville, ce sympathique resto propose une cuisine de qualité, mettant en valeur les produits régionaux – escargots du Marquenterre, agneau de pré-salé, gibier en saison, plantes de la baie, safran local... On sait précisément qui fournit les produits ! Bon accueil.

Achats

Les Trois Conserveries : *9, rue de la Porte-du-Pont. ☎ 06-77-21-26-40. Avr-sept, tlj 10h-13h, 15h-19h ; fermé lun-mar en basse saison. Congés : janv.* On y vend des terrines de bulot, des soupes, des salicornes, des bières locales artisanales (notamment à l'aster maritime), etc. La conserverie elle-même se trouve à Argoules.

Épicerie fine Poivre et Sucre : *18, rue du Puits-Sucré (angle avec la rue du Général-Leclerc). ☎ 03-22-23-57-63. • poivreetsucre.com • Pdt vac scol, tlj 10h-13h, 15h-19h ; le reste de l'année, ven-dim aux mêmes horaires.* Thé, épices, produits du terroir, et salon de thé aux beaux jours.

Aux Saveurs de la Baie : *30, rue Desgardins. ☎ 03-22-27-87-26. Tlj (sauf mer sept-juin et mar de mi-nov à avr) 10h-12h30, 14h-19h. Réduc de 5 % (hors promos) sur présentation de ce guide.* Bière à la salicorne et à l'argousier, gâteau battu picard, cidre fermier à l'argousier, terrines de producteurs locaux...

À voir. À faire

La maison de Jules Verne : *9, rue Jules-Verne. Près du port de pêche.* L'écrivain habita de 1865 à 1870 dans cette belle demeure qu'il avait baptisée « La Solitude ». Son bateau était amarré au port. L'intérieur, hélas, ne se visite pas.

➢ ***Le chemin de fer de la baie de Somme :*** voir rubrique « À voir. À faire » de Saint-Valery-sur-Somme.

➢ ***Promenades en baie de Somme :*** à marée basse, il est tentant de s'aventurer sur les bancs de sable où stationnent des myriades d'oiseaux et parfois des phoques. Mais il est impératif de partir avec un guide : la baie peut être dangereuse, voire mortelle. La progression en baie peut s'avérer plus lente que prévu : on s'enfonce facilement jusqu'aux mollets dans certaines zones de sable mou... Attention aussi aux courants assez forts, surtout à l'ouverture des écluses. Une sirène annonce cette opération.

■ On peut faire aussi la promenade à cheval. Contacter le centre équestre **Cavalcade** *(5, rue des Jardins ; ☎ 03-22-27-79-15).* Ou en calèche avec M. Biharre *(📱 06-80-16-91-64 ; pensez à réserver bien à l'avance).* On peut également se laisser tenter par une excursion en pirogue *(📱 07-83-79-90-70 ; rens sur • mabaiedesomme.fr •).*

RUE

(80120) 3 113 hab.

Située à plusieurs kilomètres de la mer, cette petite ville bien tranquille était, au Moyen Âge, un port fort actif. Depuis, la terre a gagné sur la mer. De son lointain passé prospère subsistent quelques monuments remarquables, dont le beffroi et l'exceptionnelle chapelle du Saint-Esprit.

Adresse et info utiles

ℹ ***Bureau d'information touristique :*** *10, pl. Anatole-Gossellin. ☎ 03-22-25-69-94. • rue-baiedesomme.com • Avr-sept, mar-sam (plus lun juil-août) 9h30-13h, 14h-18h, dim 10h-13h ; oct-mars mar-sam 10h-12h30, 14h-17h.* Propose *(avr-sept sur résa)* des visites guidées du beffroi et des chapelles du Saint-Esprit et de l'Hospice.

Gare : Rue se trouve sur la ligne Paris/Boulogne-sur-Mer. Mais seulement quelques trains s'arrêtent ici.

Où dormir ?

Les Chambres de la Poste : *2, rue de la Porte-de-Bécray. ☎ 03-22-31-80-76. • leschambresdelaposte@free.fr • leschambresdelaposte.fr • Fermé nov-avr. Doubles 60-70 € ; familiale. Goûter gourmand offert sur présentation de ce guide.* L'ancienne poste de Rue a été complètement revue, et joliment, par le sympathique couple de proprios. 3 chambres coquettes et 1 suite, avec quelques bonnes idées décoratives. Un ensemble plein de fraîcheur. Salon avec cheminée au rez-de-chaussée. Une excellente petite adresse.

À voir

La chapelle du Saint-Esprit : *avr-sept, lun-sam 10h-17h30, dim 10h-13h ou en visite guidée (mar-ven) jumelée avec le beffroi et la chapelle de l'Hospice (6 €). L'accès au vestibule est libre et permet de voir l'intérieur de la chapelle à travers les grilles.*
Étape du pèlerinage de Compostelle, cet édifice gothique flamboyant des XVe et XVIe s est une pure merveille ! On y vénérait autrefois les restes d'un crucifix

miraculeux échoué sur la plage de Rue – dont ne subsiste qu'une main. La façade, restaurée, révèle une vraie dentelle de pierre. Sa richesse décorative doit beaucoup à la générosité de Louis XI et d'Isabeau de Portugal (épouse de Philippe le Bon, duc de Bourgogne), qui ont leur statue dans le narthex.
La visite guidée se poursuit par la découverte de la façade d'une maison voisine du XVe s (ancienne auberge de pèlerins avec encorbellement), puis, passant devant le beffroi aux 4 tourelles, on se dirige vers la ***chapelle de l'Hospice*** dédiée à saint Nicolas et saint Jacques et dotée d'une voûte en carène de bateau renversée.

Le beffroi : *avr-sept, mar-ven, visite guidée jumelée avec la chapelle du Saint-Esprit et la chapelle de l'Hospice, avec le bureau d'information touristique (6 €).* Classé au Patrimoine mondial de l'Unesco, ce superbe beffroi abrite 3 salles superposées, reliées par un escalier à vis. Depuis le chemin de ronde, jolie vue vers le Marquenterre ou la forêt de Crécy.

Le musée des Frères-Caudron : *dans le bureau d'information touristique (ouv aux mêmes horaires). Entrée : 1,50 € ; gratuit moins de 12 ans.* Pionniers de l'aviation originaires de la Picardie qui, curieusement, a engendré quelques grandes figures de l'aéronautique française : les techniciens Paul Deville et Marcel Riffard, les pilotes Pierre Chanteloup, Adrienne Bolland, Jules Védrines, Raymond Delmotte, Maurice Arnoux... Photos, documents, maquettes, témoignages, trophées... de quoi intéresser les fanas de cette époque héroïque.

L'ABBAYE DE VALLOIRES ET LA VALLÉE DE L'AUTHIE

À 16 km au nord-est de Rue et environ 20 km de la mer. De Nampont, prendre la petite route D 192. Voici un ancien monastère cistercien du XIIe s caché dans l'arrière-pays du Ponthieu, niché dans la vallée de l'Authie, aux confins de la Somme et du Pas-de-Calais. Par sa taille surprenante, sa décoration intérieure baroque du XVIIIe s, l'abbaye de Valloires étonne les voyageurs. De magnifiques jardins accolés à l'abbaye ont vu naître en 2004 une certaine rose... de Picardie. On visite l'abbaye, les jardins, on peut y manger, y dormir et se balader dans la petite vallée, loin de l'agitation du monde.

Où dormir ? Où manger ?

Bon marché

La Table du Jardinier : *dans le pavillon à l'entrée des jardins de l'abbaye de Valloires (et non dans l'abbaye elle-même). ☎ 03-22-23-71-13. • jardins.valloires@baiedesomme.fr • D'avr à mi-nov. Service tlj 12h-15h, salon de thé 10h-18h. Formule déj 17,40 € ; menu 27 €.* Les plats sont préparés à partir des produits du jardin. C'est bon, c'est beau et c'est naturel : on adore l'« assiette du potager », le cupcake des jardins ou encore quelques bonnes douceurs fruitées. Service dans le ton.

De prix moyens à chic

Hôtellerie de l'abbaye : *80120 Argoules. ☎ 03-22-29-62-33. • contact@abbaye-valloires.com • abbaye-valloires.com • Accueil 9h-18h en saison, sinon sur rdv. Doubles 64-134 €. Pour les clients, tarif préférentiel pour la visite guidée de l'abbaye.* Quelques chambres haut de gamme, rénovées dans le style XVIIIe s et dans un cadre privilégié, à l'intérieur même de l'abbaye. La plupart ont vue sur les magnifiques jardins. Un rapport qualité-prix assez avantageux pour les 1ers prix. Également des chambres mansardées, plus monacales, certaines avec les toilettes sur le palier. Calme absolu, fallait-il le préciser ? Personnel efficace et charmant.

🏠 🍽 ***Auberge du Gros Tilleul :*** *pl. du Château, 80120* ***Argoules.*** *☎ 03-22-29-91-00. • hotel.argoules@gmail.com • auberge-du-gros-tilleul.fr • À 2 km de l'abbaye. Resto fermé mar. Fermé de nov à mi-mars. Env 15 chambres tt confort 80-86 € ; également des familiales. Formules déj 13,50-18,50 € ; menus 22,50-28,50 €.* L'histoire voudrait que le gros tilleul, vieux de 4 siècles, ait été planté par Sully, et que cette auberge ait été un comptoir siennois au service des rois de France. Une quinzaine de chambres tout confort : quelques-unes mansardées dans l'édifice principal (déco un peu hétéroclite) et d'autres sur l'arrière, plus calmes, classiques et standard, mais donnant sur un espace verdoyant. Bon confort général. Petite piscine chauffée. Au resto, cuisine régionale.

À voir

L'abbaye : *80120* ***Argoules.*** *☎ 03-22-29-62-33. • abbaye-valloires.com • ♿ Tlj de début mars à mi-nov, seulement en visite guidée (env 1h). Mai-sept, 7 départs/j. 10h30-17h30 ; oct-nov, 2-3 visites/j. 11h-15h30. Entrée : 8 € ; réduc. Billet combiné avec les jardins de l'abbaye (à 300 m) : 15,90 €. Attention, l'abbaye peut être fermée en cas de mariage. Vérifier sur le site et consulter le programme culturel.*
Nichée dans la vallée de l'Authie, fondée au XIIe s par les comtes de Ponthieu (descendants d'Hugues Capet, qui en firent leur nécropole), cette ***abbaye cistercienne*** a été maintes fois remaniée, le Ponthieu ayant servi de champ de bataille durant plusieurs siècles... Vous remarquerez bien vite le contraste entre l'extérieur, austère et classique, et l'intérieur, nettement plus riche et bien plus baroque. C'est d'ailleurs la seule abbaye cistercienne de France qui conserve ce type de décoration intérieure en aussi bon état.
La visite est obligatoirement guidée, car l'abbaye est toujours un foyer pour enfants, après avoir été un préventorium contre la tuberculose de 1922 à 1976 ! L'intérêt de celle-ci réside, entre autres, dans l'église (où repose la fondatrice Thérèse Papillon) avec sa toile de Lebrun du XVIIe s et son buffet d'orgue baroque conçu vers 1750 par le sculpteur autrichien Pfaffenhoffen. Réfugié en baie de Somme, il fut engagé pour décorer l'abbaye alors à peine reconstruite. On lui doit, entre autres, les boiseries « rocaille » (style Louis XV) des stalles et les 2 anges qui dominent la voûte de l'église. À ce sujet, ce n'est qu'au début des années 1960 que l'on s'aperçut que Pfaffenhoffen avait réalisé ces anges en... papier mâché. À noter, les 4 statues du chœur dont la polychromie remarquable a été révélée lors d'une restauration en 2006. Le contraste est frappant lorsque l'on passe dans le cloître, sobre et dépouillé, bref, typiquement cistercien... Une très belle visite que l'on peut prolonger en restant dormir à l'abbaye.

Les jardins de l'abbaye : *pas la même gestion, ni la même entrée (300 m après l'abbaye). ☎ 03-22-23-53-55. Tlj 10h-18h (10h-19h mai-sept) ; dernier billet 1h avt la fermeture. Fermé mi-nov à mi-mars. Entrée : 9,50 € ; réduc. Billet combiné possible avec la visite de l'abbaye : à partir de 15,90 €.* Collection d'arbustes et de plantes rares présentée selon une conception thématique. On passe ainsi du jardin de l'évolution au jardin de marais, des plantes aromatiques à la roseraie. Sans oublier le jardin des sens et les jeux pour les enfants. Résultat : des floraisons à chaque saison. Les jardiniers du dimanche peuvent y faire leur marché et acquérir de nombreuses graines et plantes rares, dont la rose de Picardie. Des manifestations y sont régulièrement organisées. Également un resto, ***La Table du Jardinier,*** dans le pavillon d'accueil des jardins. Voir « Où dormir ? Où manger ? » plus haut.

LE PARC DU MARQUENTERRE

Si vous regardez une carte, vous verrez d'abord que la région du Marquenterre est très vaste : un site préservé de 10 000 ha de nature sauvage, de plages et de dunes qui remontent vers le nord, jusqu'à Quend et Fort-Mahon. Après la tentative ratée de création d'un polder pour étendre le domaine agricole en 1963, le site, lieu de prédilection depuis toujours des oiseaux migrateurs, fut pendant quelques années une réserve de chasse de 3 000 ha. Heureusement pour la survie de certaines espèces d'oiseaux menacées, le site fut classé et protégé en 1973, avec la création du parc ornithologique du Marquenterre. Celui-ci ne couvre « que » (si l'on ose dire) 200 ha. Michel Jeanson a réalisé un vieux rêve en créant cette réserve d'oiseaux migrateurs, unique, qui connaît un véritable succès touristique. Tout en parvenant à en maîtriser le flot, le parc compte environ 150 000 visiteurs chaque année. Aujourd'hui, des oiseaux y ont élu domicile et vivent en toute quiétude grâce au classement du site en réserve naturelle depuis 1994. La région est propice : dunes, pinèdes et garennes. Moitié terre, moitié eau, *marquenterre* signifie d'ailleurs « mer qui est en terre ».

Aujourd'hui, ornithologues, botanistes et pédagogues y travaillent main dans la main pour un développement durable.

LES OISEAUX ? DES ANIMAUX PRÉHISTORIQUES

Leurs plumes en sont la preuve. Elles proviennent des écailles de reptiles marins. En sortant de la mer, voilà des millions d'années, certains ont pris la voie des airs. Peu à peu, les écailles se sont transformées en plumes, quand même plus légères.

Infos pratiques

➢ ***Accès :*** compter env 10 km depuis Le Crotoy, puis Saint-Quentin-en-Tourmont et parc du Marquenterre. Ensuite, suivre les flèches. Il y a également des trains pour Rue (ville à env 10 km du parc) sur les lignes Paris-Calais et Paris-Boulogne. De Rue, mais en été seulement, bus sur la ligne Le Crotoy-Marquenterre.

– ***Rens et résas :*** ☎ 03-22-25-68-99. • parcdumarquenterre.com •

– ***Horaires et tarifs :*** *avr-sept, tlj 10h-19h ; fév-mars et d'oct à mi-nov, tlj 10h-18h ; janv et de mi-nov à fin déc, tlj 10h-17h ; dernier billet 2h avt la fermeture. Fermé 1er janv et 25 déc. Entrée : 10,50 € ; enfant 7,90 € (gratuit moins de 6 ans). Billet valable tte la journée.*

– Les chiens sont interdits dans le parc, mais il y a un chenil gratuit. Aire de pique-nique couverte à l'entrée (pique-niques interdits dans la réserve naturelle et dans le parc du Marquenterre). On conseille d'apporter des jumelles ou d'en louer sur place (4 €). Un carnet de parcours est fourni à l'entrée, et des « guides naturalistes » vous attendent dans le parc.

Self-service de produits locaux et boutique.

|●| Le restaurant ***La Tablée du Marquenterre*** propose une cuisine locale dans une ambiance conviviale.

La visite du parc

➢ ***3 parcours d'observation :*** ceux fléchés en bleu et en rouge (totalité du parc) sont les plus intéressants. Durée : 2-3h. Il s'agit d'aller à la rencontre d'oiseaux migrateurs en totale liberté. Pour ne pas les effrayer, l'itinéraire est jalonné de postes de guet permettant d'observer sans être vu. Sur les parcours, des « guides nature » (équipés de longues-vues et badges) sont disponibles pour vous parler du site et identifier les espèces. Au printemps et en été, vous ne manquerez pas d'observer les avocettes élégantes, vanneaux huppés et petits échassiers venus de Sibérie ; dès l'automne et en hiver, le domaine est investi par les cormorans, canards siffleurs, souchets, oies rieuses...

➢ ***Sorties initiation :*** *tte l'année, tlj à 10h30 et 14h, un guide naturaliste vous accompagne (gratuitement) pdt 1h.* Sortie extra pour mieux comprendre l'équilibre de la réserve, la gestion des milieux, le travail au quotidien des naturalistes, des biologistes...

➢ ***Rencontres nature :*** quelques exemples : « Les rencontres nature » avant l'ouverture du site au public *(avr-sept, dim à 9h, sur résa ; durée : 2-3h ; prix : 18-30 €, réduc).* « À l'écoute des chants d'oiseaux » avec paraboles et casques pour écouter les bruits de la nature, recommandé aux passionnés du chant des petits oiseaux et aux personnes non voyantes. *Avr-juin, le sam à 9h, mêmes tarifs.*

➢ ***Autres activités :*** *infos et résas par tél ou sur Internet.* De très nombreuses sorties vous sont proposées. En vrac, sorties calèches, « grandes marées » *(août-sept),* « sorties crépusculaires » *(juil-août)...*

Où manger dans le parc ?

🍽 ☂ ***La Tablée du Marquenterre :*** *dans le pavillon d'accueil. Ouv 12h-15h. Formules 20-25 €, plats env 14 €.* Ce self est pour le moins original : attaché aux produits locaux et de saison, il intègre dans ses préparations diverses plantes sauvages comme l'oxalis (citronné), le fenouil sauvage ou encore l'aster préparé en soupe, au goût iodé. Les plats sont vendus en... bocaux. En très haute saison, un snack s'ajoute.

Où dormir ? Où manger dans le coin ?

À Saint-Quentin-en-Tourmont (80120)

Campings

Tous ces campings sont situés à proximité de l'entrée du parc et au plus près de la baie. Idéal donc pour une exploration matinale.

⛺ ***Le Champ Neuf :*** *8, rue du Champ-Neuf, lieu-dit Le Bout-des-Crocs. ☎ 03-22-25-07-94. • campinglechampneuf@orange.fr • camping-lechampneuf.com • Ouv avr-oct. Compter env 34-41 €. Mobile homes et chalets ; loc à la sem en juil-août.* Cette ancienne ferme devenue camping 4 étoiles se trouve à tout juste 800 m du centre équestre. Multiples activités et animations, parc aquatique avec piscine couverte, toboggans et jacuzzi.

⛺ ***L'Espace Vert des Trémières :*** *18, rue de Forest-Montiers. ☎ 03-22-25-74-27. • georges.defosse@wanadoo.fr • campinglestremieres.fr • Ouv avr-oct. Compter 22 € en hte saison. Quelques mobile homes en loc.* Sympathique camping familial, à 4 km du bord de mer.

Prix moyens

🏠 🍽 ***Domaine du Marquenterre :*** *32, chemin des Garennes. ☎ 03-22-25-03-06. • domainedumarquenterre.fr • ♿ Près de l'entrée du parc ornithologique. Résidences de tourisme pour 2-5 pers : 75-190 €/nuit selon le logement et la saison. Nombreuses formules d'activités. Resto.* Quel espace ! Le domaine, privé, s'étend sur 1 000 ha de pâturages et de dunes boisées... Résidences tout équipées, au confort actuel : coin cuisine, séjour, terrasse, barbecue, etc. Des activités « nature » également : découverte du domaine en voiturette électrique, équitation, etc.

À faire

➢ ***Promenades à cheval :*** ***espace équestre Henson,*** *34, chemin des Garennes, à* ***Saint-Quentin-en-Tourmont.*** *☎ 03-22-25-68-64 (infos) ou ☎ 03-22-25-03-06 (résas). • henson.fr • De la balade de 3h à la chevauchée avec bivouac. En été, 2 à 3 randos/j. Compter 56 € pour une balade de 2h30.* Activité encadrée pour découvrir les joies de l'équitation à travers la baie de Somme et le domaine du Marquenterre (mais pas dans le parc ornithologique voisin, bien sûr). Idéal pour les débutants.

LE DADA DE LA CÔTE PICARDE

Issu du croisement entre un étalon fjord et une jument de selle, le cheval henson est une race née au début des années 1980. Rustique et robuste, il est aussi d'une grande douceur. Voici un petit cheval parfait pour être monté lors d'une 1re fois ou par des enfants. Très stable, résistant à l'effort, il se plaît dans les vastes espaces de la côte picarde, où il est élevé. Dressage, randonnées, et même saut d'obstacles : le chouchou de la côte picarde est d'une étonnante polyvalence !

– ***Char à voile :*** ***Éolia,*** *à* ***Fort-Mahon-Plage,*** *au bout du bd Maritime-Nord, en bord de plage. ☎ 03-22-23-42-60. • eolia-charavoile.fr • Tlj, tte l'année. Prix : 50 € (compter 2-3h) ; réduc.* Cours en fonction des marées. Séances de 3h sur un parcours balisé. Initiation où l'on apprend la manipulation du char suivie d'une randonnée. Une expérience extraordinaire, particulièrement grisante. Initiation accessible à tous, dès 7 ans.

• Carte Étretat et la Côte d'Albâtre *p. 150-151*

Partie intégrante du pays de Caux (du Havre jusqu'à Dieppe), puis du Petit Caux (de Dieppe au Tréport), la Côte d'Albâtre doit son nom à la blancheur de ses falaises. C'est la carte postale la plus vendue de la région. Ses falaises sont à la Normandie ce que la baguette est à la France : une image de marque. Paysage unique au monde que ces 120 km de falaises qui courent pratiquement tout le long de la côte, arrêtant à peine leur chevauchée pour reprendre leur souffle au débouché des vallées, avant de repartir plus belles, plus hautes, offrant à chaque fois un panorama dont l'œil n'a jamais fini d'épuiser les contours selon les variations de la lumière, tantôt limpide, tantôt laiteuse, toujours unique.
Seuls 3 fleuves ont eu la force de creuser des brèches suffisantes pour permettre l'établissement de vraies villes : Fécamp s'est développée dans la faille de la Valmont, Dieppe dans celle de l'Arques, tandis que Le Tréport s'est moulé dans les étroites formes de la vallée de la Bresle. La grande magie de cette côte réside dans son accessibilité. Sur une bonne partie de son parcours, de petites routes longent la mer au plus près, offrant sans cesse des points de vue grandioses ou intimistes.
Mieux : les amateurs de randonnées comme les marcheurs du dimanche pourront suivre un bout du fabuleux GR 21 qui longe la côte d'Étretat jusqu'à Berneval-le-Grand, à quelques kilomètres au nord de Dieppe. De nombreux artistes aimèrent cette côte. Ainsi Boudin nous a-t-il laissé les lumières les plus touchantes, précédé par Turner et Jongkind, qui s'attachèrent aux régions de Dieppe et du Tréport. Corot et Delacroix couchèrent sur la toile leur passion pour les falaises. Courbet fut également un fidèle, puis Marquet. Enfants du pays, Braque et Dufy se régalèrent, chacun avec son style si particulier, à évoquer les célèbres pans de craie. Mais, au fait, pourquoi ces falaises, et de quoi sont-elles constituées ?

FALAISES, GALETS, VALLÉES ET VALLEUSES

Haut mur de calcaire s'élevant de 60 à 120 m au-dessus de la mer en barres parfaitement verticales, les falaises sont souvent lardées de veines de silex noir. La mer les attaque et gagne du terrain depuis toujours. Par endroits, elle conquiert 1 mètre par an, en rongeant les falaises et le pied des falaises à coups de vagues incessantes. Alors, la partie haute cède, ne s'appuyant plus sur rien. La craie de la falaise se dissout dans les eaux, leur donnant cette couleur gris bronze laiteux, tandis que les parties dures, les morceaux de silex libérés, vont être roulées et érodées par les flots à l'infini, jusqu'à devenir ces merveilleux galets aux belles formes ovales. Longtemps considéré comme un métier parmi d'autres, comme le prouve la statue kitsch de Saint-Jouin-Bruneval, le ramassage des galets est désormais interdit depuis 1985.

ET VOGUE LE GALET

Les galets de la région entrent dans la composition de nombreux produits : dans la porcelaine, l'industrie chimique pour fabriquer du béton, le papier de verre, la peinture des bandes blanches qu'il vaut mieux ne pas franchir sur la route, et même dans l'agent blanchissant du dentifrice ! Rien ne se perd, tout se transforme...

La mer n'est pas la seule à combattre la falaise. Les fleuves côtiers l'ont entaillée aussi, ouvrant à Fécamp, à Dieppe et au Tréport de larges estuaires où les villes se sont développées. Images singulières de la Normandie, les « valleuses » sont ces petites vallées étroites et sèches où courait autrefois un ruisseau. La falaise, en cédant du terrain sur la mer, les a laissées en quelque sorte suspendues. Au fond, on trouve de petites plages croquignolettes. Bien souvent, pour y accéder, les municipalités ont installé un escalier de béton. Il faut alors descendre (puis remonter) 100, 200, voire 300 marches. Mais quel plaisir, car l'effort éloigne bien des baigneurs ! Reste à trouver les plus belles valleuses...

Comment y aller en train ?

➢ ***Étretat :*** au départ de Paris-gare Saint-Lazare, 2 possibilités :
– arrivée au Havre (une douzaine de trains/j.) puis correspondance en bus pour Étretat avec la compagnie des cars *Keolis* (☎ *02-35-28-19-88 ;* • *keolis-seine-maritime.com* •) ;
– arrivée à Bréauté-Beuzeville (meilleur temps de trajet : 1h45), puis prendre le bus pour Étretat. Tlj en hte saison et en basse saison ven-dim, 1 bus mat et/ou soir de la compagnie *Keolis* entre Bréauté et Étretat.

➢ ***Fécamp :*** au départ de Paris-gare Saint-Lazare, 6 allers-retours/j. en moyenne, avec un changement à Bréauté-Beuzeville. On prend un TER ou un car TER. Compter 2h30-3h de trajet.

– *Infos SNCF :* ☎ *36-35.* • *oui.sncf.com* •

ÉTRETAT

(76790) 1 254 hab.

Presque une légende tant l'arche de craie plongeant dans la mer fait partie des images les plus ancrées dans nos mémoires, dès l'école et les photos de nos livres scolaires. Sa plage de galets a été chantée ou couchée sur toile par maints artistes. Mais après les artistes... voici venu le temps des touristes ! Ils viennent nombreux et de toutes parts pour voir cette merveille naturelle. Car si l'on connaît la carte postale de la falaise, c'est vraiment tout autre chose que de se balader au sommet de cet extraordinaire site, un des plus poignants qui soient, rencontre brutale de la terre et de la mer.

UN JOYEUX NON-ANNIVERSAIRE

La série Lupin, *qui a connu un succès mondial, évoque la commémoration de l'anniversaire de Maurice Leblanc (auteur des aventures du célèbre cambrioleur), le 19 décembre, avec la venue de fans costumés pour l'occasion. Cependant, ne vous attendez pas à un tel spectacle : cet évènement est purement fictif !*

Adresse utile

i @ *Office de tourisme :* *pl. de la Mairie.* ☎ *02-35-27-05-21.* • *lehavre-etretat-tourisme.com* • *Avr-oct, tlj 9h30-13h, 14h-18h ; janv-mars et nov-déc, mar-sam 10h-12h30, 13h30-17h plus les dim pdt les vac scol.* Personnel disponible et efficace, proposant de nombreux circuits pédestres dans les environs.

Où dormir ?

Camping

Camping municipal d'Étretat : *69, rue Guy-de-Maupassant. ☎ 02-35-27-07-67. À l'entrée de la ville, sur la D 39. Ouv d'avr à mi-oct. Env 12,50 € pour 2 en hte saison.* Très simple, sur un espace vert et plat, sans beaucoup d'ombre et à côté de la route. Sanitaires chauffés corrects. En dépannage donc, d'autant que la résa n'est pas possible (1er arrivé, 1er servi !).

De bon marché à prix moyens

Détective Hotel : *6, av. George-V. ☎ 02-35-27-01-34. • contact@detective.hotel.com • detectivehotel.com • Congés : 7-31 janv. Doubles 69-149 €.* Avec ses chambres aux noms, à la décoration et aux accessoires évocateurs, cet hôtel hors norme fait dans l'insolite et le ludique...

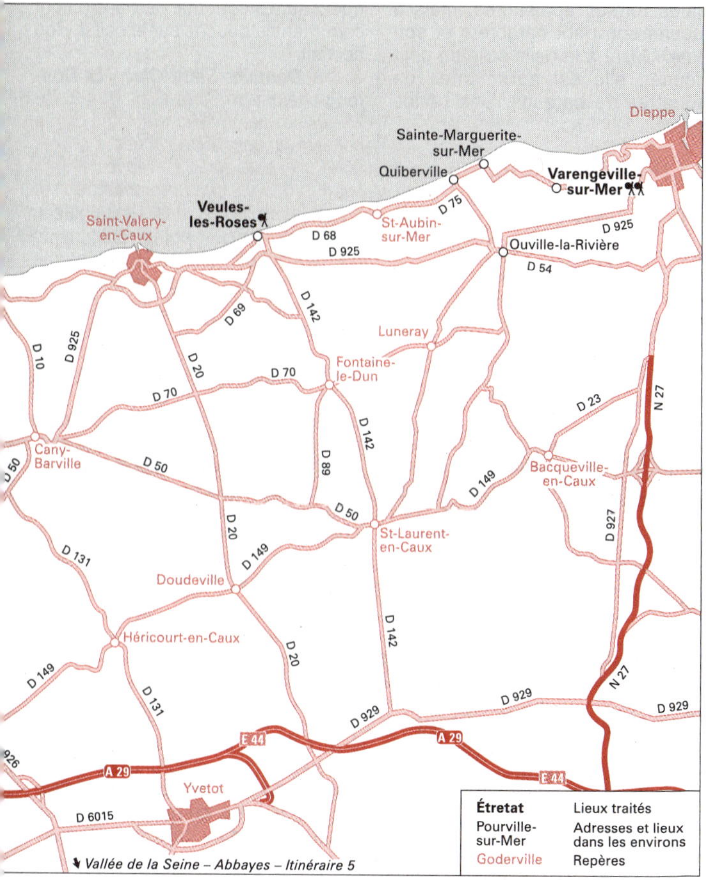

ÉTRETAT ET LA CÔTE D'ALBÂTRE

Serez-vous tenté par les nostalgiques « Miss Marple » et « Nestor Burma », par la « Danny Wilde », plus sexy, ou par « Les Experts », plus froide et plus rationnelle ? Et puis essayez donc de trouver la salle de bains dans les chambres « Arsène Lupin » et « Sherlock Holmes », les plus drôles peut-être ! Courette-jardin et petit salon-bar avec TV, jeux d'échecs et bouquins. Bon, au fait, qui a tué le colonel Moutarde ?

Hôtel d'Angleterre : *35, av. George-V.* ☎ *02-35-28-84-97.* • *etretathotelangleterre@gmail.com* • *etretat-hotel-angleterre.com* • *Congés : janv. Doubles 75-155 €. Un petit déj/pers offert la 1re nuit (résa directe seulement) sur présentation de ce guide.* Petit hôtel de charme à l'ambiance feutrée dans une belle demeure de 1850. Le prix des chambres varie selon leur taille, leur situation et le niveau de confort mais, à l'exception de la petite au rez-de-chaussée (située sur un lieu de passage et donc un peu bruyante), toutes restent très agréables. On retrouve partout les mêmes teintes apaisantes, mais à chacune son petit caractère et son thème. Quant à la belle salle de petit déjeuner, elle est agrémentée de maquettes de bateaux. Une bonne adresse.

De chic à plus chic

Hôtel La Résidence : *manoir de la Salamandre, 4, bd René-Coty. ☎ 02-35-27-02-87. • salamandre@vivaldi.net • hotel.salamandre.etretat.com • Doubles 69-117 €. Un petit déj/pers et par nuit offert (résa directe seulement) sur présentation de ce guide.* De l'extérieur, c'est l'un des plus beaux hôtels de Normandie, photogénique à souhait avec ses boiseries sculptées. Il s'agit d'une maison du XIVe s bâtie à Lisieux et remontée en 1912 à Étretat. À l'intérieur, c'est l'éclectisme qui prime. Les chambres sont toutes différentes, à tous les prix et, par conséquent, très inégales. Certaines sont joliment décorées avec lits à baldaquin, alors que d'autres sont mansardées ou ont carrément la douche sur le palier. Bon accueil.

Domaine Saint-Clair – Le Donjon : *chemin de Saint-Clair. ☎ 02-35-27-08-23. • info@hoteletretat.com • hoteletretat.com • Tte l'année. Doubles 90-290 € ; petit déj 20 €. Réduc de 10 % sur le prix de la chambre accordée sur présentation de ce guide.* Petit château posé sur l'un des points culminants d'Étretat. Cet hôtel chic et charme jouit d'une vue plongeante sur la mer, l'Aiguille creuse et le bourg d'Étretat, notamment depuis le jardin, le restaurant et quelques chambres. Réparties entre la maison principale et une villa, toutes ont un décor différent (dédié à une personnalité littéraire), dans un style cosy très XIXe s ou plus moderne. Musique d'ambiance, peignoirs, balnéo dans la plupart ou jacuzzi pour les plus luxueuses. Agréables salons pour bouquiner et se détendre, et piscine chauffée. Restaurant chic sur place (produits du potager et de la mer ; 1er menu abordable).

Où dormir dans les environs ?

Camping L'Aiguille Creuse : *24, résidence de l'Aiguille-Creuse, 76790* ***Les Loges.*** *☎ 02-35-29-52-10. • camping@aiguillecreuse.com • campingaiguillecreuse.com • À 6 km d'Étretat. Ouv avr-sept. Compter 18-37 € pour 2 avec tente et voiture ; hébergements locatifs à la sem. 80 empl.* Si l'aiguille chère à Arsène Lupin est creuse, ici, le terrain est plat et plutôt vaste, avec des emplacements séparés par des haies, ainsi que des hébergements locatifs. Bon entretien et bonne infrastructure au calme (groupes refusés et aucune animation). Dépôt de pain et de viennoiseries. Piscine.

Hôtel Saint-Christophe : *rue du Maréchal-Leclerc, 76790* ***Le Tilleul.*** *☎ 02-35-28-84-29. • contact@saintchristophehotel.fr • saintchristophehotel.fr • À 2 km d'Étretat sur la route du Havre. Congés : 2 sem début janv. Doubles 65-70 €. Un petit déj offert/chambre sur présentation de ce guide.* Un petit établissement convivial tout proche d'Étretat... mais à prix doux ! Du coup, les habitués sont légion, accueillis par une équipe très sympa qui s'efforce de bien faire, à l'image des chambres simples, fonctionnelles et très bien tenues. Quant à la route qui passe à côté, pas de panique, la nuit, c'est le calme plat !

Le Clos des Hautes Loges : *1047, Grande-Rue, 76790* ***Les Loges.*** *06-14-05-58-11. • leclosdeshautesloges@gmail.com • leclosdeshautesloges.fr • À env 6 km à l'est d'Étretat. Doubles 77-100 €. 10 % de réduc accordée 1er janv-6 fév sur présentation de ce guide.* Ça vaut la peine de s'éloigner d'Étretat : l'environnement verdoyant est paisible, la maison a de l'allure (une demeure du XVIIIe s et ses dépendances), et les chambres décorées avec soin sont cosy à souhait. Il y a même une roulotte de luxe pour les voyageurs dans l'âme ! Ajoutez à cela un petit déj copieux et vous obtenez un formidable point de chute.

Où manger ?

Crêperie Lann-Bihoué : *45, rue Notre-Dame. ☎ 02-35-27-04-65. • nicolas.valerie76@orange.fr • À 2 pas du centre. Tlj pdt vac scol ; sauf mer-jeu hors saison. Congés : 2 sem début janv. Formule enfant 8,90 €, gourmande 15,30 €, et carte.* C'est la valeur sûre du secteur dans sa catégorie. Bonnes galettes et crêpes pour tous les goûts, certaines baptisées de noms impressionnistes. Le tout à déguster dans un cadre pimpant, avec une petite terrasse logée dans une cour de poche. Accueil très sympa.

Le Bistretatais : *17, rue Adolphe-Boissaye. ☎ 02-35-28-89-43. Tlj sauf mar-mer hors saison. Congés : 1er-15 janv. Formule et menu déj 18,90-31,90 €.* À 2 pas du front de mer, cette petite brasserie contemporaine s'efforce de bien faire : le cadre est agréable, le service efficace et sympathique et, surtout, la cuisine est élaborée avec des produits frais, au maximum locaux. C'est sans complication (moules-frites, andouillettes, délicieuses rillettes de poisson maison...), mais c'est bien fait et d'un bon rapport qualité-prix.

Restaurant du Golf : *au bord du golf, route du Havre. ☎ 02-35-27-04-56. À la sortie d'Étretat (direction Le Havre), suivre l'indication (très discrète) du golf ; c'est tt en haut (il faut passer la Dormy House). Tlj sauf dim soir et lun soir. Menus 30 € (le midi seulement) et 37-45 €.* Même si vous n'êtes pas un adepte du golf, ce resto vaut le détour, ne serait-ce que pour le cadre et la vue imprenable à travers les baies vitrées. D'un seul coup d'œil, on embrasse toutes les falaises... et son voisin, tellement on est content ! Quant à la cuisine, elle est tout à fait honorable, à base de produits frais, et le menu varie régulièrement. Ambiance sympa qui n'a rien de guindé.

Le Romain d'Étretat : *1, rue Georges-Bureau. ☎ 02-35-28-45-97. • contact@leromaindetretat.com • Tlj sauf mer (et mar hors saison). Menus 14,90-24,90 € et carte env 15-25 €. Café offert sur présentation de ce guide.* Cette petite adresse discrète, tenue par une équipe jeune et très souriante, est une bonne solution pour se restaurer correctement sans se ruiner : les plats (principalement italiens) sont simples et bons, de même que les généreuses pizzas. Quelques tables en terrasse.

Où manger dans les environs ?

Après tout, il n'y a pas qu'Étretat pour se restaurer, on a le droit de sortir du centre touristique !

Auberge du Puits Fleuri : *à* **Vattetot-sur-Mer,** *à 7 km au nord par la route côtière vers Fécamp (D 211). ☎ 02-35-28-31-02. • puitsfleuri@gmail.com • Tlj sauf lun-mar. Congés : 3 sem en fév-mars. Menus 15,90 € (déj en sem), puis 25-35 € ; carte 30-35 €.* Face à la jolie mairie de Vattetot, une petite auberge de campagne bâtie en brique et silex, bien sympathique avec son jardin, son puits fleuri (ben oui) et sa véranda pour les beaux jours. Excellente cuisine régionale. Et c'est bon dès le 1er menu ! Superbe plateau de fromages dans les suivants... Une vraie bonne adresse.

Le Tilleulais : *759, route du Havre,* **Le Tilleul.** *☎ 02-35-27-10-48. • vivilleetbo@gmail.com • À 3 km d'Étretat sur la route du Havre, au centre du village. Tlj sauf dim soir et lun-mar. Congés : 3 sem à Pâques, 1 sem en sept et 15 j. à Noël. Menus déj en sem 13,90 €, puis 19,90-30,90 €. Carte env 20 €. Un digestif maison offert sur présentation de ce guide.* Certes, le resto est sur une rue passante, et le cadre est assez désuet, mais on y mange une bonne cuisine familiale, concoctée par un cuistot breton et servie par une patronne normande. Service très nature et cuisine maison de bonne facture, dans tous les sens du terme. Comme quoi, c'est possible près d'Étretat...

Où boire un verre ?

Le bar de la Dormy House : *route du Havre. ☎ 02-35-27-07-88. Accessible par la petite route qui monte au golf, mais visible du front de mer. Tlj sauf lun-mar.* Cet hôtel chic, de charme, perché sur sa hauteur, a aussi un bar avec intérieur en bois et fauteuils en cuir ainsi qu'une terrasse offrant une très belle vue.

À voir. À faire

Avertissement : ne vous approchez pas trop près du précipice ! C'est peut-être bête, mais ***aucun garde-fou*** n'est là pour donner la limite de l'inconscience. Quant à la balade par le bas en aval, elle est tout simplement interdite.

LES FALAISES

Pour se repérer, savoir qu'à gauche de la plage d'Étretat se trouve la falaise d'Aval (avec sa fameuse arche) et à droite la falaise d'Amont...

En aval

La falaise d'Aval : on parvient au sommet (71 m) en empruntant un escalier situé à gauche de la digue, puis un sentier. À la fin du XIXe s, une curieuse tour dominait la falaise (on la voit sur d'anciennes cartes postales). Elle fut dynamitée en 1911. À cet endroit se trouvait un fort du XIVe s. À l'extrémité, un ancien blockhaus. Cette superbe falaise est bordée d'un chemin de randonnée, le GR 21, qui court du Havre au Tréport. Cette portion est l'une des plus belles. Le vaste espace tout autour est occupé par un golf, face à la mer. Quel charme !

La porte d'Aval : splendeur d'Étretat, considérée comme l'une des merveilles naturelles du monde. C'est une arche à l'incroyable harmonie, à la délicate découpe. Contrairement à ce que l'on pourrait imaginer, c'est principalement une rivière souterraine qui a provoqué cette belle érosion. Certes, aidée par la mer... Et contrairement à ce que l'on colporte généralement, ce n'est pas cette porte de calcaire que Maupassant comparait à un éléphant plongeant sa trompe dans la mer mais la porte d'Amont (voir plus loin) !

L'Aiguille : *un peu en retrait, derrière la porte, on la voit de la plage.* Pour mieux l'admirer, ne pas manquer de monter au sommet de la falaise d'Amont. L'aiguille mesure 70 m de haut mais n'est pas creuse, contrairement à ce qu'Arsène Lupin affirmait. Taillée comme un obélisque par la mer et le temps, c'est la dureté de son calcaire qui lui a permis de ne pas disparaître totalement. Symboliquement, c'est le complément parfait de la porte d'Aval : le plein, le creux ; le mâle, la femelle...

Le Trou à l'homme : *grotte nichée au pied de la falaise d'Aval.* Immense, elle est pavée de pierre blanche et tapissée de mousse. On la surnomme ainsi depuis qu'un matelot, seul survivant du naufrage d'une goélette nordique, y fut retrouvé (vivant) à la fin du XVIIIe s. Un tunnel creusé dans la falaise permettait d'accéder à la plage de Jambourg en la traversant ; il est désormais interdit d'accès par arrêté municipal. Tout près, on trouve les vestiges de parcs à huîtres (visibles à marée basse), le coquillage y était en effet cultivé et affiné pour être ensuite expédié à Versailles pour la reine Marie-Antoinette.

La Manneporte : *à gauche de la falaise d'Aval. Accès en 25 mn depuis le perrey (le front de mer, au choix).* Arche imposante, moins élancée que celle d'Aval et surtout moins connue puisqu'elle est située derrière. Maupassant, toujours lui, affirmait déjà en son temps qu'un navire pouvait passer sans problème sous cette « grande porte » (d'où son nom, dérivé de *Magna Porta*). C'était aussi l'un des « motifs » de prédilection de Claude Monet.

En amont

La falaise d'Amont : *les courageux grimperont sur la falaise en empruntant un escalier situé à l'extrémité droite de la plage. Pour les autres, petit train avr-sept.* Là-haut, on trouve un calvaire, une charmante petite chapelle et une flèche blanche pointée vers le ciel, monument dédié aux aviateurs Nungesser et Coli. *L'Oiseau blanc,* leur biplan Levasseur pesant 5 t (dont 4 t de carburant), s'élança sur la piste du Bourget le 8 mai 1927 à 5h22 pour tenter de traverser l'Atlantique nord. La dernière fois qu'on les vit, c'est au large d'Étretat. Certains pensent que leur avion s'est écrasé près de Saint-Pierre-et-Miquelon, d'autres que la mafia américaine (on est à l'époque de la Prohibition) aurait pu dézinguer leur zingue... Charles Lindbergh réussira finalement l'exploit de relier New York à Paris sans escale, 12 jours à peine après la tentative des 2 Français. C'était le 20 mai 1927, à bord du *Spirit of Saint Louis.* Du bord de la falaise, panorama d'un romantisme absolu sur la ville, bordée par la falaise d'Aval, l'arche et l'Aiguille creuse. Belle brochette d'aiguilles avec le clocher de la chapelle, la flèche du monument et l'Aiguille en enfilade...

GOERING REVANCHARD !

Lors de la 1re Guerre mondiale, le pilote de guerre Nungesser sortit vainqueur d'un combat singulier contre un certain Hermann Goering. Plus tard, il croisa de nouveau l'aviateur allemand et, le trouvant particulièrement grossier, le gifla en public. Nungesser disparut en mer peu après avec Coli. Devenu maréchal au sein du IIIe Reich, Goering vint à Étretat en 1942. Découvrant le monument élevé à la mémoire des 2 aviateurs, il aurait ordonné qu'on le fasse sauter à la dynamite !

La porte d'Amont : *visible depuis la falaise d'Amont.* C'est cette porte de calcaire que Maupassant comparait à une trompe d'éléphant plongée dans la mer !

L'aiguille de Belval : *à droite de la falaise d'Amont, au bout de la plage. Pour s'y rendre, monter sur la falaise d'Amont. Prendre le GR 21. Bien indiqué. Compter 1h-1h30 de balade A/R.* Moins connue que l'aiguille d'Aval, elle est pourtant surprenante. On dirait un gigantesque menhir à la base dévorée par les vagues ou bien une incisive plantée dans la mer ! On s'attend à la voir s'effondrer d'un instant à l'autre...

À voir encore

Le clos Lupin : *maison Maurice-Leblanc, 15, rue Guy-de-Maupassant. ☎ 02-35-10-59-53. En principe (mieux vaut téléphoner avt), avr-sept, tlj sauf lun 10h-12h-30, 13h30-18h ; hors saison, le w-e seulement, et mar-dim pdt vac scol 10h-12h30, 13h30-17h30. Entrée : 7,50 € ; réduc.* C'est le plus grand des voleurs, oui, mais c'est aussi un gentleman, épaulé par son fidèle

PARANOÏA

À la fin de sa vie, Maurice Leblanc était paniqué par cet Arsène Lupin qu'il avait inventé. Il entendait le gentleman-cambrioleur toutes les nuits, tentant de le dévaliser. Impossible de dormir. N'y tenant plus, l'écrivain finit par condamner la porte du jardin – encore clouée aujourd'hui.

Grognard, qui vous accueille dans la « demeure » de son papa Maurice Leblanc, qui a rédigé quelques-unes de ses célèbres aventures. Il vint ici écrire chaque été pendant 20 ans avant de s'exiler dans le Midi pendant la 2de Guerre mondiale. La visite de 45 mn avec audioguide suit un itinéraire qui nous conduit de pièce en pièce pour vivre les tribulations d'Arsène Lupin. Dans de délicieuses ambiances, celui-ci nous conte ses secrets et ses aventures, nous parle de ses amours passionnées, tout en cherchant à élucider la fameuse énigme de l'Aiguille creuse. Très théâtral.

Les Jardins d'Étretat : *av. Damilaville ; sur les hauteurs. • etretatgarden.fr • Tte l'année, mer-dim 10h-17h. Tarif : 9,50 € ; réduc.* Accroché à la pente, créé par un architecte-paysagiste russe tombé amoureux du coin, un petit jardin contemporain où se cachent sculptures et autres installations tout aussi contemporaines. Vues imprenables sur l'Aiguille creuse et Étretat. Plaisant (les amateurs de jardins y trouveront sûrement leur compte), mais le prix d'entrée nous a quand même semblé chérot !

Le musée du Patrimoine : *av. Damilaville, falaise d'Amont. ☎ 02-27-43-58-94. Ouv début avr-début mai, tlj 14h30-18h ; de mi-juin à mi-sept, tlj 10h30-12h30, 15h-18h. Tarif : 3 € ; gratuit jusqu'à 14 ans.* Toute l'histoire d'Étretat, des origines à nos jours : formation des falaises, village des pêcheurs, création de la station balnéaire, patrimoine architectural, les 1re et 2de guerres mondiales, les aviateurs Nungesser et Coli... L'ensemble est agrémenté d'objets, de photos et de documents.

Les vieilles halles : *au bout du bd René-Coty.* Superbe bâtiment en bois construit avec des matériaux anciens provenant de la ville de Brionne (dans l'Eure), datant de 1926, avec ses boutiques et son étage à galerie.

Nombreuses **villas** fin XIXe s et Belle Époque dans et autour d'Étretat, toutes plus belles les unes que les autres. Les plus connues : la *villa Orphée,* rue Offenbach en direction de Fécamp, que fit construire Offenbach ; le *clos Lupin* (voir plus haut), au carrefour de la rue Guy-de-Maupassant et de la rue du Bec-Castel, baptisé ainsi par Maurice Leblanc ; la *villa La Guillette,* 57, rue Guy-de-Maupassant, que l'écrivain fit construire ; la *villa La Chaufferette,* 10 bis, rue Notre-Dame, où habitait le peintre Eugène Le Poittevin ; la *maison de René Coty* (*La Ramée,* au début de la rue Offenbach, en direction de Fécamp).
Enfin, le **château des Aygues** (rue Offenbach, en direction de Fécamp, à environ 400 m du centre d'Étretat), où séjournèrent les reines d'Espagne, Marie-Christine et Isabelle II au XIXe s. Il est ouvert à la visite de juillet à septembre (infos : *• chateaulesaygues.com •*

Manifestations

- **Les Galetjades :** *en juil-août.* Spectacles de rue, expositions, concerts, animations...
- **Festival Hello Birds :** *en juil.* Concerts. Balades.
- **Festival Offenbach :** *en août.*

YPORT (76111) 730 hab.

On atteint ce village par une charmante route sinueuse et vallonnée, à une dizaine de kilomètres au nord-est d'Étretat. C'est une petite station balnéaire familiale, pittoresque, intime et moins chère que sa célèbre voisine. Belles falaises là aussi. Plage de galets avec quelques barques colorées, les

fameux *doris* qui, embarqués sur les trois-mâts, servaient à partir à la pêche à Terre-Neuve. Beaucoup de charme dans les ruelles de ce petit bourg grâce à plusieurs villas et jolies maisons de pêcheurs, ainsi qu'une petite église restaurée, avec une voûte en bois, remplie d'ex-voto.
Maupassant, Boudin, Corot, Gide et bien d'autres aimaient séjourner à Yport.

Adresse et info utiles

Office de tourisme : *rue Alfred-Nunès. ☎ 02-35-29-77-31. • fecamptourisme.com • Tte l'année : en saison, tlj 9h30-12h30, 14h-18h (14h30-18h30 en juil-août) ; hors saison, tlj sauf dim-mar mat.* L'application « Fécamp Discovery » vous propose 2 itinéraires pour découvrir le village et le chemin des Ramendeuses (réparatrices de filets) sur les falaises. Expos temporaires.
– ***Marché :*** *mer mat.*

Où dormir ? Où manger ? Où boire un verre ?

Camping

Camping, chambres d'hôtes et gîtes Le Rivage : *rue Hottière, sur la D 211 (route côtière), direction Vattetot-sur-Mer. ☎ 02-35-27-33-78. • camping.lerivage@orange.fr • camping-lerivage.com • Ouv avr-sept. Compter 16 € pour 2 avec tente et voiture ; hébergements locatifs 295-655 €/sem. 90 empl.* Waouh, quelle vue et quel site ! De votre emplacement, le regard embrasse (au propre comme au figuré, tellement c'est beau !) la falaise, la mer, Yport et les toits de ses maisons, ainsi que Fécamp au loin. Le tout dans un espace en terrasses, verdoyant et parfaitement tenu (mais sans vraies délimitations entre les emplacements). Pour couronner le tout, un chemin permet de rejoindre la plage en 5 mn (plus dur à la remontée). Sanitaires rénovés.

Prix moyens

Le Nautique : *73, rue Alfred-Nunès. ☎ 02-35-29-76-10. • contact@lenautique.fr • Face à l'église et à l'office de tourisme. Tlj (sauf mer et dim soir hors saison). Congés : 15 j. en oct. Formule en sem 14,50 € ; menus 20,50-24,50 €.* Un joli bistrot de village avec un zinc en bois, une déco marine et une courette de poche à l'arrière avec vue sur l'église. Tout simple et souvent plein. À la carte, spécialités de moules à toutes les sauces (notamment au cidre et aux pommes), fruits de mer, coquillages, ou tout simplement une grosse tartine avec salade. Service sympa. Propose aussi des concours de tarot et diverses animations !

FÉCAMP

(76400) 18 400 hab.

Nichée au creux de la Valmont qui a fendu les falaises, Fécamp est une petite ville industrieuse doublée d'un port de pêche, de commerce et de plaisance. Ville au passé prestigieux, Fécamp fut l'ancienne résidence des ducs de Normandie avant qu'il ne leur prît l'envie de traverser la mer et de bâtir une véritable industrie de la pêche, celle des Terre-Neuvas. Riche de son passé industriel et maritime, la ville séduit le voyageur par sa forte personnalité, même si son front de mer est un peu trop bétonné à notre goût. Mais elle possède des sites et des musées exceptionnels, qui méritent assurément le détour. Ce passé et ce patrimoine uniques lui ont permis d'obtenir le label « Ville d'art et d'histoire ».

FÉCAMP, BORD DE MER

En 1849, Delacroix s'y emballait déjà pour « cette grande ligne bleue, verte, rose, de cette couleur indéfinissable qui est celle de la vaste mer ». L'hyperactif Claude Monet s'attaque aux falaises en 1881, d'où sortira *Fécamp, bord de mer,* visible au musée Malraux du Havre, et une vingtaine d'autres toiles peintes sur les hauteurs de Grainval et du cap Fagnet. Autre habituée de Fécamp, Berthe Morisot, arrière-petite-nièce de Fragonard, élève de Corot et modèle favori de Manet, l'une des rares femmes chez les impressionnistes.

Arriver – Quitter

En bus

➢ ***Paris :*** liaisons FlixBus.
➢ ***Étretat, Yport, Le Havre :*** liaisons tlj avec la ligne n° 24.
➢ ***Saint-Valery-en-Caux, Dieppe :*** liaisons avec la ligne n° 60. Pour la liaison Fécamp-Dieppe, changement de ligne à Saint-Valery-en-Caux pour la ligne n° 61.
➢ ***Goderville, Le Havre :*** liaisons tlj avec la ligne n° 23.
➢ ***Bolbec :*** liaisons avec la ligne n° 22.
➢ ***Yvetot :*** liaisons avec la ligne n° 25.

Adresses et info utiles

Office de tourisme : *quai Sadi-Carnot (sur le port, direction Dieppe). ☎ 02-35-28-51-01. • fecamptourisme.com • Juil-août, tlj 9h-18h30 ; janv-mars et oct-déc, lun-sam 9h-12h30, 14h-17h30 ; dim pdt les vac scol d'hiver 10h-13h. Avr-juin et sept, lun-ven 9h-18h ; w-e et j. fériés 10h-18h.* Dynamique et efficace.

Points information : *sur le front de mer et au Palais Bénédictine (en juil-août).*

– ***Coffee Bike :*** *10A, bd Suzanne-Clément. 07-67-70-40-65. • coffeebike-normandie.com • Ouv mer ap-m et jeu-ven 10h-13h15, 14h-18h ; w-e 10h-18h.* Sympathique loueur de vélos qui fait aussi cafétéria. VTT, tandem, vélos à assistance électrique, etc. Sur résa, possibilité de se faire livrer à Fécamp et dans les environs.

– ***Marché :*** *sam mat pl. Bellet.*

Où dormir ?

Camping

Camping de Reneville : *chemin de Nesmond. ☎ 02-35-28-20-97. • reneville@aliceadsl.fr • campingdereneville.com • À 2 km de la gare ferroviaire. Prendre la direction d'Étretat, puis fléché sur la droite. D'avr à mi-nov. Compter 15-26 € pour 2 avec tente et voiture ; hébergements locatifs 4-6 pers env 200-650 €/sem. 157 empl.* Un beau et confortable camping superbement situé dans une impasse sur les hauteurs de la ville, tel un amphithéâtre naturel offrant une vue formidable sur la mer. Propose aussi des chalets en bois, des mobile homes et des roulottes. Un court sentier mène directement à la mer. Très bon accueil.

De prix moyens à chic

Hôtel de la Plage : *87, rue de la Plage. ☎ 02-35-29-76-51. • reception@hotel-fecamp.com • hotel-fecamp.com • Congés : 2 sem début janv. Résa fortement conseillée. Doubles 62-71 €.* Les chambres sont simples mais propres, et chacune a son petit caractère : la patronne a laissé parler son inspiration du moment, et là que je te colle une grande Africaine, ici un vol d'oiseaux ou une grande fleur rougeoyante qui mange tout un mur. C'est gai, frais et charmant, comme l'accueil ! Le prix varie selon la taille des chambres, dont certaines disposent même d'un tout petit bout de vue sur la mer.

Hôtel Normandy : *4, av. Gambetta. ☎ 02-35-29-55-11. • info@normandy-fecamp.com • normandy-fecamp.com • Doubles 67-73 €. Parking.* Une gentille petite adresse à l'écart de l'agitation du bord de mer. La réception, comme le resto de la maison, a un petit côté rétro sympa. Les chambres, quant à elles, sont modernes, simples, propres sur elles et avenantes. Bon accueil.

Hôtel de la Mer : *89, bd Albert-Ier. ☎ 02-35-28-24-64. • pannier.georges@wanadoo.fr • hotel-dela-mer.com • Congés : 3 sem en janv. Doubles 54 € (1 seule avec w-c et sdb sur le palier), puis 65-73 €.* Un petit hôtel fonctionnel et sans prétention mais tout à fait correct, et qui a le mérite d'être situé en front de mer. Chambres simples et classiques, certaines disposant même d'un balcon avec vue sur le large. En revanche, l'insonorisation est parfois un peu juste, d'autant que l'établissement possède un resto-bar au rez-de-chaussée. Accueil charmant.

Hôtel d'Angleterre : *93, rue de la Plage. ☎ 02-35-28-01-60. • etretat.fecamp.hotel@orange.fr • fecamp-hotelangleterre.com • Congés : début déc-début janv. Doubles 75-130 €. Parking payant 10 €.* Un hôtel convivial à 2 pas du front de mer, aux chambres très cosy et colorées, voire fleuries. Les privilégiés auront même droit à un petit bout de mer de leur fenêtre, ou à un petit balcon. Bon confort général. Pub sympa au rez-de-chaussée. Bon accueil.

Où dormir dans les environs ?

Auberge Les Tonnelles : *2, chemin des Falaises, Grainval, 76400* **Saint-Léonard.** *☎ 02-35-28-77-18. • info@hotel-lestonnelles-etretat.com • hotel-lestonnelles-etretat.com • À env 3 km de Fécamp. Resto fermé mer et jeu midi (plus le midi lun-mar et jeu en basse saison). Double 64 €, familiales 74-84 €. Menu 23 € et carte. Parking. Apéritif maison offert sur présentation de ce guide.* Proche de tout mais hors des sentiers battus, cette toute petite auberge tenue par un jeune couple très accueillant est idéale pour se poser au calme. Les chambres se comptent presque sur les doigts de la main. Un peu à l'ancienne, mais confortables, elles se répartissent entre la maison principale et une annexe de plain-pied. Simple et sans chichis, comme le bon petit déj. Au resto, cuisine maison bien amenée et à base de produits aussi frais et locaux que possible. Impeccable... surtout avec la mer au bout du chemin !

Où manger ?

Le Barbican : *97, quai Bérigny. ☎ 02-27-30-59-95. Tlj sauf lun et mer, et le soir dim. Congés fin déc. Résa conseillée. Fish & chips + verre de vin 15,50 €.* Le jeune patron est anglais, et sa spécialité... c'est le *fish & chips* ! Frites maison maousses, bon poisson frais, c'est un must dans son genre. Sinon, c'est l'ardoise du jour : 2 plats au choix (une viande ou un poisson) élaborés avec soin en fonction du marché et de l'humeur. Simple et délicieux. Du coup, c'est vite complet, d'autant que la salle aux couleurs de la mer n'est pas bien grande.

Chez Nounoute : *3, pl. Nicolas-Selle. ☎ 02-35-29-38-08. Sur le port, au Bout-Menteux. Tlj sauf mer. Formule déj en sem 16,50 € ; menus 22-38 €.* Nounoute est un personnage emblématique à Fécamp... Elle vous accueille avec sa gouaille gentiment maternelle et vous met tout de suite à l'aise. Ex-poissonnière reconvertie, elle propose le meilleur de la pêche fécampoise. Vous ne pouvez rêver mieux pour vous régaler de maquereaux marinés, de harengs fumés, de morue fraîche et on en passe... Terrasse en été qui prolonge une salle toute simple toujours bondée.

Le Vicomté : *4, rue du Président-Coty. ☎ 02-35-28-47-63. Tlj sauf mer, dim et j. fériés. Congés : 1 sem vac scol* *de Pâques, 3 sem fin août et 2 sem fin déc. Menu unique 23 €.* Un petit bistrot très accueillant et assez original. Nappes à carreaux, affiches du *Petit Journal*. Dans cette ambiance rétro très plaisante, Jean-Paul, avec ses belles moustaches, vous sert un menu unique et différent tous les jours. Cuisine régionale à base de produits frais, préparée par Dominique. Choix entre 2 entrées, 2 plats, fromage et dessert. Un excellent rapport qualité-prix et un service impeccable, qui font régulièrement le bonheur de nos lecteurs.

À voir

Si vous logez sur l'une des communes de Fécamp/Valmont, procurez-vous l'application « ***Carte d'hôte*** » qui vous donnera des réductions sur les entrées des musées et diverses activités dans la région.

➢ ***Circuits du patrimoine historique :*** les monuments et édifices patrimoniaux de la ville font l'objet d'un balisage avec panneaux explicatifs à la clé. L'application gratuite « Fécamp Discovery » permet d'être guidé dans la ville, à Yport et dans d'autres lieux (circuits adultes et enfants).

★★★ ***L'abbatiale de la Sainte-Trinité :*** *tlj 9h-17h30. Juil-août, visite guidée hebdomadaire.*
Sur un édifice construit au VIIe s et abandonné face à la menace des Vikings se sont accumulés des siècles d'architecture et de décoration. Pas d'unité donc, mais un merveilleux ensemble de pierre dont l'histoire s'étale dans le temps. Au XIIe s, les ducs de Normandie (qui étaient devenus rois d'Angleterre) décidèrent sa reconstruction après un grand incendie. L'abbatiale devint alors l'un des centres les plus importants de réforme de l'institution monastique.
L'édifice, sur le plan extérieur, impose son humble dépouillement et son austérité, caractéristiques du 1er style gothique prévalant à l'époque. Sur le flanc sud, le tympan du portail, de style gothique également. La façade, en revanche, fut reconstruite au XVIIIe s dans un style jésuite.
En entrant, on est frappé par l'ampleur de la nef de plus de 127 m de longueur et 23 m de hauteur. L'intérieur recèle quelques pièces rares : dans le transept de droite, remarquable Dormition de la Vierge du XVIe s ; sur sa droite, une amusante sculpture de pierre en forme de tourelle abrite une scène dite « du Pas de l'Ange ». Transept rehaussé d'une belle *tour-lanterne,* caractéristique des clochers normands. Dans le sanctuaire, voir le beau *baldaquin* en bois doré finement ciselé, que supportent 4 colonnes de marbre, offert par Louis XV.
Les chapelles du déambulatoire sont ceintes de clôtures de pierres sculptées à motifs floraux et fantastiques, du XVIe s. La *chapelle* absidiale *de la Vierge* (située dans le déambulatoire, juste dans l'alignement du chœur) reste le clou de la visite. D'un style gothique flamboyant cohérent, car elle fut entièrement élevée au XVe s et recouverte de panneaux de bois. Face à la chapelle, noter le *tabernacle* Renaissance qui contient le *Précieux Sang* du Christ qu'on aurait trouvé dans le tronc d'un figuier échoué à Fécamp. En poursuivant, 2 chapelles romanes dont l'une possède une porte à décor flamboyant admirable. Dans le transept de gauche,

UN ABBÉ TRÈS ATTACHÉ AUX FILLETTES DU ROI

Doué d'un charisme extraordinaire, l'abbé de Fécamp, Jean Balue, gravit rapidement les échelons de l'Eglise, puis devint même le 1er ministre de Louis XI. Cependant, il usait aussi de son charme auprès des femmes et fut compromis dans un complot contre le roi, organisé par Charles le Téméraire... Finalement, Louis XI le fit enfermer près de Blois, pendant 11 ans, dans une petite cage en fer, attaché à de lourdes chaînes appelées « fillettes du roi ». Sans doute pour qu'il médite sur les notions d'attachement et de fidélité !

lever la tête : intéressante *horloge* du XVIIe s indiquant les marées (disques noirs ou verts selon celles-ci) et les phases de la Lune.
Face à l'abbatiale, vestiges du palais des ducs de Normandie (XIIe s).

Le Palais, le musée et la distillerie Bénédictine : *110, rue Alexandre-le-Grand. ☎ 02-35-10-26-10. • benedictinedom.com • ♿ (accès partiel). Tlj. Ouv le w-e seulement en janv. Fermé 1er janv, 1er mai et 25 déc. Durée de la visite (libre) : env 1h30. Entrée : 14 € ; réduc ; gratuit moins de 12 ans.*
En 1863, Alexandre Le Grand (rien à voir avec l'autre, bien plus grand) retrouve la formule d'une liqueur mise au point par un moine bénédictin de l'abbatiale de Fécamp au XVIe s, et perdue pendant la Révolution. Ce moine d'origine vénitienne, dom Bernardo Vincelli, avait eu la riche idée de concocter un élixir de santé à base de 3 plantes cauchoises : la mélisse, l'angélique et l'hysope, mélangées à des épices orientales. Cette liqueur, composée au total de 27 plantes et épices, devint la Bénédictine, bien connue des amateurs de digestifs (mais dont, aujourd'hui, 95 % de la production sont exportés, notamment vers les États-Unis)... Le Grand est un visionnaire : en 1864, il dépose la marque et, dans la foulée, fait de la publicité dans les journaux ! Enrichi, il fait construire ce vaste palais « romantique » mâtiné de néogothique et de néo-Renaissance, destiné à accueillir à la fois ses unités de production et son musée personnel, car Le Grand était aussi un collectionneur averti.
– ***Le musée :*** on pénètre d'abord dans la *salle gothique* à l'étonnante charpente, véritable coque de navire renversée, réalisée par les charpentiers du port. Parmi les merveilles, dans le désordre : une très belle tête de saint Jacques en pierre du XIVe s, de délicats ivoires de Dieppe, un monumental antiphonaire (recueil de chants religieux) du XVIe s avec un marque-page du XIXe s taillé dans un seul morceau de chêne, des émaux de Limoges et des statues polychromes des XVe-XVIIIe s. La *salle du Dôme* est à signaler pour son amusant vitrail représentant le fondateur confiant sa bouteille de Bénédictine à La Renommée, la main posée sur le globe afin de développer ses exportations ! Plus insolite, la *salle Renaissance* réunit la 5e collection de ferronneries de France provenant de divers châteaux de la Loire. Remarquez les coffres de mariage du XVIe s avec leur incroyable système de verrous. Dans le cabinet des manuscrits, voir les chartes, manuscrits et autres livres d'heures enluminés. Ensuite, l'oratoire avec les vestiges du jubé de l'église abbatiale de Fécamp, d'un gothique absolument flamboyant, la cuve baptismale en plomb du XIIIe s et la Nativité en marbre blanc du XVIe s. Enfin, la *pinacothèque,* avec quelques peintures du XVIe s, dont un polyptyque de l'école de Cologne. Dans la *salle des Abbés,* les 16 principaux sont représentés, dont le cardinal puis archevêque Jean Balue que Louis XI fit enfermer. On notera aussi le vitrail illustrant l'accueil réservé à François Ier en 1534.
– La 2e partie de la visite est consacrée à ***l'histoire puis à l'élaboration de la Bénédictine.*** L'histoire est évoquée au gré de différents panneaux thématiques, dans une vaste salle qui abrita, jusqu'en 1972, la mise en bouteilles. Parmi les curiosités, noter la vitrine rassemblant les contrefaçons repérées aux 4 coins du globe ! Puis on aborde la fabrication, détaillée dans une vidéo, avant de découvrir quelques-unes des plantes et épices nécessaires à l'élaboration de la liqueur. Vient alors le moment de pénétrer dans le cœur de la maison : la distillerie aux alambics de cuivre martelé et les vastes caves à foudres de chêne centenaire où vieillissent les alcools. La visite s'achève, logiquement, par une dégustation (réservée aux personnes majeures) des différentes liqueurs de Bénédictine, dans les anciennes salles d'embouteillage.

Panorama sur le cap Fagnet : *route du Phare, sur la falaise nord.*
C'est le point de vue le plus élevé de la Côte d'Albâtre. Il faut y grimper pour découvrir le panorama incroyable sur Fécamp, le cap Fagnet, les falaises s'étirant vers le sud et les blockhaus du mur de l'Atlantique. Bien sûr, on peut y accéder en voiture et se garer au parking face au parc d'éoliennes, mais il est bien plus agréable d'emprunter, à partir du quai Guy-de-Maupassant (entre les n°s 64 et 66), la sente aux Matelots.

La falaise est dominée par la chapelle ***Notre-Dame-de-Salut,*** érigée au XIe s par Robert le Magnifique, duc de Normandie. Rescapé d'un naufrage, il s'était juré de faire bâtir 3 chapelles dans la région, dont celle-ci, plus la Délivrande à Caen et Notre-Dame-de-Grâce à Honfleur. Reconstruite plusieurs fois et même étayée par des mâts de navire en 1790, elle vaut plus pour le symbole qu'elle représente que pour son architecture lourde et massive. Elle servait de point de repère aux navigateurs et fut de tout temps fréquentée par les marins qui venaient y prier avant de prendre la mer. Depuis qu'une grosse tempête a dégradé la voûte et la charpente en 2018, la chapelle est fermée à la visite.

TOUT TRAVAIL MÉRITE SALAIRE

En remerciement à Notre-Dame-de-Salut pour sa miséricorde, des marins rescapés de naufrages passaient commande de tableaux auprès de peintres de marines. Le plus célèbre d'entre eux était le « portraitiste de navires » Eugène Grandin. Selon la somme que pouvait payer le marin, le peintre peaufinait plus ou moins son tableau, d'où la qualité très variable des peintures votives de la chapelle Notre-Dame-de-Salut !

Les pêcheries – Musée de Fécamp : *3, quai Capitaine-Jean-Recher. ☎ 02-35-28-31-99. Ouv tte l'année, tlj (sauf mar avr-sept) 10h-18h. Entrée 7 € ; réduc ; gratuit moins de 18 ans et 1er dim du mois. Audioguide : 2 €.* Installé dans l'immense espace d'une ancienne usine de transformation de poissons, ce musée est consacré à la pêche en général et aux Terre-Neuvas en particulier. Une galerie évoque également l'histoire de Fécamp, des ducs de Normandie au mur de l'Atlantique. D'autres sections abritent les collections municipales autour des traditions populaires ; ou un musée de l'enfance avec une étonnante collection de... biberons. Du haut du belvédère (et de la terrasse accessible aux beaux jours), vous aurez une vue imprenable sur le port et sur la ville.

À faire

➢ ***Promenade à pied sur les estacades :*** *tt au bout de la digue.* Superbes estacades de bois, d'où vous pouvez apercevoir Étretat. Jolie vue sur le port et la plage.

➢ ***Randonnée à pied et à vélo sur Fécamp et sa région :*** il existe une vingtaine de boucles de chemins balisés à faire à pied autour de Fécamp et Valmont, en plus du GR 21 qui longe la côte. Renseignements et dépliants à l'office intercommunal de tourisme. On vous indique aussi un loueur dans la rubrique « Adresses et infos utiles ».

Les ouvrages du Mur de l'Atlantique : un circuit de randonnée « 39-45 » balisé par des bornes permet de découvrir de nombreux blockhaus et un curieux « hôpital allemand » creusé dans la craie, vestiges du mur de l'Atlantique. *Visite guidée hebdomadaire des ouvrages à 15h en juil-août.*

Manifestations

– ***Le Saint-Pierre des Marins :*** *1er dim de fév.* Célébration datant du XIXe s annonçant le début de la saison morutière (les bateaux partant pour Terre-Neuve en mars). Bénédiction de la mer célébrée dans le port.
– ***Foire aux Harengs :*** *dernier w-e de nov.* Autour de la criée, sur la presqu'île du Grand Quai, où les anciennes boucanes ont rouvert après restauration... Animations avec chants de marins.

– ***Fécamp Grand Escale 2022 :*** *5 j. début juil.* 1er grand rassemblement festif de vieux gréements, visites, embarquements et navigations, chants de marins et restauration de la pêche locale sur les quais.

DANS LES ENVIRONS DE FÉCAMP

Les Petites-Dalles : *à env 20 km de Fécamp par la D 925 (direction Saint-Valery), puis la D 17 (direction Sassetot-le-Mauconduit).* On adore ce petit bout de village coincé au creux d'une étroite valleuse, avec son charme paisible et ses belles résidences secondaires du début du XXe s. D'ailleurs, les Boudin, Monet, Berthe Morisot et autre Pissarro ne nous ont pas attendus pour s'en inspirer ! S'y trouve résumé tout l'enchantement de la Côte d'Albâtre. Hors saison, calme parfait.

VEULES-LES-ROSES (76980) 550 hab.

Petite station balnéaire adorable, située dans une vallée verdoyante, qui mérite largement une halte. Une colonie de peintres russes y séjourna au début du XXe s. Leurs toiles représentant le pays de Caux et des entrées de fermes typiquement normandes sont exposées aujourd'hui au musée de l'Ermitage, à Saint-Pétersbourg !
Bien que Veules ait beaucoup souffert de la guerre, l'atmosphère qui s'en dégage n'a rien perdu de sa séduction. Bien sûr, il y a une plage, mais il n'y a pas que ça. Au milieu du bourg coule la Veules, le fleuve le plus petit de France puisqu'il ne mesure que 1,1 km, fruit de la résurgence d'une nappe phréatique. Encore plus surprenantes sont les cressonnières, cultivées aux sources de la Veules depuis le XIVe s. Le précieux cresson est vendu le mercredi matin sur le marché local d'octobre à mars. Tant que vous êtes aux cressonnières, jetez donc un œil aux belles chaumières à colombages, bâties en grès, en silex, et recouvertes d'un toit de chaume. Vous en trouverez d'autres autour de l'abreuvoir du village.

Adresse et info utiles

Office de tourisme : *27, rue Victor-Hugo. ☎ 02-35-97-63-05. • veules-les-roses.fr • Tlj 9h30-12h30, 14h-18h30 (18h oct-mars).* Propose différents circuits pédestres à Veules et dans les environs *(plan-randonnée payant).* En juillet-août, visite guidée du village *(juil-août et vac scol mar mat, 3 €).*

– ***Marché :*** *mer mat.*

Où dormir ?

Camping

Les Mouettes : *av. Jean-Moulin. ☎ 02-35-97-61-98. • contact@camping-les-mouettes-normandie.com • camping-lesmouettes-normandie.com • Ouv Pâques-11 oct. Compter 15-24 € pour 2 avec tente et voiture ; hébergements locatifs 350-875 €/sem. 152 empl.* Un vaste camping bien tenu et bien équipé (piscine couverte et chauffée, espace bien-être, et tout et tout), avec des emplacements semi-ombragés et délimités par des haies. Sanitaires un peu justes toutefois. Bon accueil.

ÉTRETAT ET LA CÔTE D'ALBÂTRE – ITINÉRAIRE 7

Chambres d'hôtes et résidence

Le Moulin des Cressonnières : *chez Chantal de Crepy, 74, voie Charles-de-Gaulle. ☎ 02-35-97-60-27. 📱 06-13-17-34-67. • chantal.decrepy@orange.fr • veulesmoulin.fr • À l'entrée de Veules en venant de Saint-Valery-en-Caux. Doubles 95-115 € (tarifs dégressifs) ; min 2 nuits avr-sept.* Dans les dépendances d'une ravissante maison adossée aux cressonnières, 2 chambres. L'une assez sobre, mais tout confort, avec une belle salle de bains. L'autre, avec plus de caractère grâce à son mur de pierres apparentes, peut être louée à toute une famille puisqu'elle dispose, en duplex, d'une chambre sous les toits dotée de 4 lits et de son propre petit cabinet de toilette. Une belle adresse, au calme, tenue avec beaucoup de gentillesse.

Résidence Douce France : *13, rue du Dr-Pierre-Girard. ☎ 02-35-57-85-30. • contact@doucefrance.fr • doucefrance.fr • En plein centre. Congés : 13 janv-7 fév. Doubles 102-182 €. Appartements 4 pers. Petit déj en sus 14 €.* Une adresse de charme située dans un ancien relais de poste du XVIIe s, admirablement restauré. L'immense bâtisse fortifiée en brique et bois vert clair entoure une jolie cour verdoyante, avec, sur le côté, un jardin cloîtré au bord de la Veules. Les chambres (quasiment des suites) sont spacieuses et douillettes, avec kitchenette pour le plus grand nombre. Certaines en duplex et mansardées, d'autres avec vue sur la Veules ! Salon de thé, bien appréciable pour profiter du cadre.

Où manger ? Où prendre le thé ?

Atelier 2 : *2, rue du Bouloir. 📱 06-38-21-27-37. Ouv le w-e en été et pdt les vac scol.* Ravissant salon de thé pour une pause cosy. Au programme, thés de qualité et de délicieux gâteaux maison... Bref, l'endroit parfait pour un vrai *tea time* dans la plus pure tradition anglaise !

Le P'tit Veulais : *1, rue du Docteur-Pierre-Girard. ☎ 02-35-97-59-19. • pascalgarcia69@sfr.fr • Fermé lun, plus mar hors saison. Congés : nov-fév. Formules en sem 16-22 € et carte env 25-30 €. Café offert sur présentation de ce guide.* Une adresse toute simple qui fait l'unanimité, fréquentée aussi bien par les gens du coin que par ceux de passage. Au menu, une cuisine normande sans chichis mais bonne et copieuse. Ambiance chaleureuse.

Les Galets : *3, rue Victor-Hugo. ☎ 02-35-97-61-33. • restaurantlesgalets-veuleslesroses@orange.fr • Fermé mar, plus mer hors saison. Congés : janv. Formule déj en sem (sauf j. fériés) 30 € ; menus 40, 55 et 85 € ; carte env 60 €.* C'est le resto gastronomique de Veules-les-Roses. Cadre classique, dans un style feutré contemporain et chic, en harmonie avec une cuisine élégante et soignée élaborée avec de beaux ingrédients locaux.

VARENGEVILLE-SUR-MER (76119) 1 020 hab.

À 8 km de Dieppe, charmant village qui s'étire le long de la route et de la valleuse de Vasterival. Certainement l'endroit de la côte qui recèle le plus de petites merveilles. Atmosphère champêtre et bourgeoise à la fois, grâce aux superbes demeures du début du XXe s, bien camouflées derrière des écrans d'arbres. Chance supplémentaire, la terre plutôt acide favoriserait, paraît-il, le développement des plantes rares. Dans le genre, ne manquez surtout pas le parc du Bois-des-Moutiers (bon, il est fermé jusqu'en 2021...) et ses

rhododendrons géants, ni la collection Shamrock, la plus grande collection d'hortensias au monde. C'est là tout son charme. Varengeville a toujours été célébrée par les artistes : Braque et Queneau adoraient l'endroit. Miró, captivé par les cieux étoilés, y séjourna de 1937 à 1940 et s'inspira de ce coin pour réaliser son cycle *Constellations* et ses œuvres *Varengeville 1* et *Varengeville 2*. À ne pas rater.

Où manger ? Où boire un verre ?

Bon marché

La Maison de Jules : *1, pl. des Canadiens. ☎ 02-35-84-28-97. • contact@lamaisondejules.com • Ts les midis sauf mar et soir ven-sam. Congés : janv (ouv les w-e) et fin sept. Carte 15-20 €.* Logé dans une longue maison en brique, doté d'une chapelle de silex et d'une galerie d'art, ce salon de thé et bar à vins cosy propose une petite restauration toute simple : quiche du jour, hamburger, assiettes de charcuterie et fromages, etc. Convenable et servi à toute heure.

Où dormir ? Où manger dans les environs ?

Voir aussi nos adresses « Où dormir dans les environs ? » et « Où manger dans les environs ? » à Dieppe.

Chambres d'hôtes Le Manoir de Tessy : *route de Gellersen, 76860* ***Ouville-la-Rivière.*** *☎ 02-32-06-34-44. • lemanoirdetessy.com • À env 7 km au sud-ouest de Varengeville. Doubles 66-90 €. Table d'hôtes 20 €. Parking. Apéritif maison offert sur présentation de ce guide.* Dans une belle propriété verdoyante, un manoir du XVIe s restauré et modernisé, avec un colombier en excellent état, une cave à cidre, des dépendances en pierre et en brique, et un grand et beau jardin. Impeccables et avenantes, les chambres ont moins de cachet que la bâtisse elle-même, mais leur prix reste tout à fait raisonnable. Toutes donnent sur le grand potager qui alimente les repas de bonne qualité proposés en table d'hôtes. Accueil souriant et d'une grande gentillesse.

Chambres d'hôtes Fenêtres sur Mer : *220, rue aux Juifs, 76119* ***Sainte-Marguerite-sur-Mer.*** *☎ 02-35-40-32-48. 06-70-29-83-38. • fenetres.sur.mer@orange.fr • fenetres-sur-mer.fr • À env 3 km à l'ouest de Varengeville. Congés : janv. Doubles 115-135 €. Une bouteille de cidre offerte sur présentation de ce guide.* La vue est exceptionnelle, car cette belle maison d'architecte n'a pas de vis-à-vis : elle domine les falaises et la mer. Depuis les terrasses, ou carrément installé dans le jacuzzi tout en baies vitrées, c'est vraiment le top ! Repos garanti, d'autant que les chambres sont cosy et soignées, et que l'accueil est très relax.

Hôtel de la Plage : *1, route de la Mer, 76860* ***Quiberville-sur-Mer.*** *☎ 02-35-83-37-46. • hoteldelaplage76@orange.fr • À l'ouest de Varengeville par la D 75. Doubles 85-105 €.* Au bout du front de mer, ce petit hôtel convivial profite d'un emplacement de choix, face au grand large. En salle pour le petit déj ou dans les 9 jolies chambres de style sobre et contemporain, on ne s'en lasse pas ! Fait aussi resto. Accueil très sympa.

Achats

Lin et l'Autre : *46, pl. des Canadiens. ☎ 02-35-04-93-37. • linetlautre-normandie.fr • En face de La Maison de Jules. Tte l'année, tlj sauf mer ap-m 10h-13h, 14h-18h (19h en été).* Une boutique d'articles en lin, quoi de plus naturel dans le 1er département producteur de France ? Cette boutique, qui fabrique elle-même ses vêtements, n'utilise, bien sûr, que du lin régional, réputé pour sa qualité. Vêtements, écharpes, tissu au mètre, rideaux sur commande, graines de lin à cuisiner, et bien d'autres jolies choses.

À voir. À faire

Le parc du Bois-des-Moutiers : *sur la D 27 vers la mer. ☎ 02-35-85-10-02. ● boisdesmoutiers.com ●* ***Attention, le parc est fermé pour travaux jusqu'en 2021.***
À la fin du XIXe s, Guillaume Mallet, le propriétaire, fit construire sa demeure et développer un jardin aux essences multiples et lointaines. Pour mener à bien son projet, il fit appel à de jeunes artistes britanniques : Edwin Lutyens, architecte, et Gertrude Jekyll, paysagiste. C'est ainsi qu'en 1898 fut construit en pleine Normandie un chef-d'œuvre de l'école *Arts & Crafts,* l'équivalent anglais de l'Art nouveau. C'est même le seul exemple en Europe occidentale, hors d'Angleterre. Le mouvement anglais est fortement marqué par le Moyen Âge, et on retrouve dans l'architecture l'aspect massif et quelque peu austère des châteaux forts. Il s'agissait pourtant d'une maison résolument d'avant-garde. Par exemple, ici, pas d'escalier de service. Ne manquez pas le salon monumental, avec le piano où jouait 5h par jour le grand-père de l'actuel propriétaire. Notez les plaques de plâtre coloré et les innombrables détails de ferronnerie et d'ébénisterie qui sont autant de chefs-d'œuvre d'ingéniosité... De nombreux artistes fréquentèrent les lieux : Rodin, Picasso, Miró, Cocteau... On vous conseille vivement la visite guidée de cette merveilleuse demeure, héritage d'une passion familiale.
Et maintenant, passons au ***jardin***, si vous le voulez bien... à travers les chemins qui zigzaguent dans de superbes massifs aux couleurs éclatantes. Planté de fleurs et d'arbres provenant de Chine, d'Amérique du Nord, du Chili et du Japon, ce magnifique parc de 12 ha occupe une charmante valleuse débouchant sur la mer, au bout de laquelle Monet a peint *La Maison du douanier à Varengeville.* Des parcours fléchés permettent de suivre la floraison en fonction de la date de votre passage. La pleine floraison s'étale de mi-mars à mi-novembre. De mi-mai à mi-juin, le parc est certes paradisiaque à l'occasion de l'éclosion des rhododendrons géants, mais l'automne lui sied tout autant, quand le calme revient, et que les arbres se parent de belles couleurs orangées. Prévoir au minimum 1h de visite (3 km de promenade fléchée). Très bien conçu. Des chemins mènent de clairière en clairière, de thème en thème : les odeurs, le bruit d'un ruisseau, les couleurs du feuillage...

L'église et le cimetière marin : suivre la route qui passe devant le parc des Moutiers. Elle aboutit à une petite ***église*** du XIIe s, d'où la vue est époustouflante. À l'intérieur, curieuse double nef, traditionnelle à gauche et en coque de navire renversée à droite. 2 jolies colonnes torses symbolisant le cordage marin, agrémentées de coquilles Saint-Jacques. Sur l'une d'elles apparaissent une sirène et des têtes de marins. Au fond de la nef, sur la droite, un vitrail représentant un *arbre de Jessé,* que l'on doit à Braque. Sur l'autel, tabernacle en émaux, de Braque également. Voir aussi le surprenant *Christ rédempteur* de Michel Ciry, peintre mystique vivant à Varengeville.
L'attachant ***cimetière marin*** qui entoure l'église a été célébré dans un poème de Paul Valéry en 1920 et a servi de décor pour de nombreux films. Les perspicaces chercheront la tombe de Braque et celle d'Albert Roussel. Ne manquez pas non plus celle du soldat du Premier Empire... devenu percepteur (curieuse inscription).

Le « Jardin des Hortensias » – Collection Shamrock : *route de la Cayenne (bien fléché). ☎ 02-35-85-14-64. ● hortensias-hydrangea.com ● De mi-juin à mi-sept, tlj sauf mar 10h-12h, 14h30-18h (dernier accès à 17h15). Entrée : 8 €, 9 € de mi-juil à mi-août ; réduc ; gratuit moins de 15 ans.* Avec plus de 1 200 variétés présentées ici, il s'agit de la plus grande collection d'hortensias du monde, rassemblée par Corinne Mallet, spécialiste passionnée qui a effectué plusieurs expéditions au Japon et aux États-Unis. La collection rassemble les espèces asiatiques et américaines. La période de pleine floraison (de mi-juillet à fin août) est bien sûr le moment idéal pour visiter la collection, mais le début et la fin de la saison offrent des formes et des couleurs assez exceptionnelles.

Le manoir d'Ango : *chemin de la Cayenne. ☎ 02-35-83-61-56. • manoirdango.fr • Mai-sept, tlj 10h-12h30, 14h-18h ; avr et oct, seulement le w-e et j. fériés. Entrée : 5,50 € ; réduc ; gratuit moins de 12 ans.*
Incendié à la Révolution, transformé un temps en ferme (et même en buvette !), le lieu, pillé et dégradé, est sauvé par Prosper Mérimée en 1862 lorsqu'il l'inscrit sur la même liste que le Louvre et Notre-Dame de Paris, parmi les 1ers sites classés Monuments historiques en France.
En 1927, André Breton y écrit des pages de *Nadja,* en compagnie d'Aragon qui travaille sur son *Traité de style.* L'édifice a finalement été restauré par une riche famille d'industriels textiles du Nord, en 1928, les Hugot, qui entreprirent sa restauration, aujourd'hui reprise en main par les héritiers.
Surnommé le « Médicis dieppois », Jehan Ango, proche de François Ier, se fit bâtir ce palais d'été entre 1530 et 1544, en utilisant les matériaux locaux : grès et silex (la brique ne fut ajoutée qu'ultérieurement). Ce vaste rectangle qui, à l'origine, trônait sur un domaine de 5 000 ha (contre 28 aujourd'hui), est conçu sur le modèle de la Renaissance italienne, une rareté en Normandie. Au sud, la partie noble autour de la cour d'honneur et, au nord, les communs. Notez les médaillons représentant François Ier, Ango et leurs épouses respectives au-dessus des voûtes d'entrée de l'aile est et le long de la façade sud.

LE VOLEUR VOLÉ

En 1522, Cortés déroba le fabuleux trésor de Montezuma, le dernier empereur aztèque. Il remplit 3 caravelles destinées à Charles Quint. Mais tout cet or fut ensuite intercepté en mer par le grand armateur dieppois Jehan Ango, ami de François Ier. Outre cette fabuleuse capture, la plus importante de l'histoire maritime, on découvrit alors les cartes espagnoles qui mentionnaient les Antilles. C'est l'origine de la conquête de la Martinique et de la Guadeloupe... Bonne pêche !

À l'intérieur, on visite les salles en partie meublées du rez-de-chaussée, où figurent des panneaux explicatifs sur les grandes découvertes de l'armateur. Cheminées Renaissance, petite salle de bains 1900 et loggia avec vue sur la cour. Le clou de la visite reste sans aucun doute le colombier, à l'époque le plus grand de France avec ses 1 600 boulins capables d'accueillir autant de couples de pigeons. Sachant que seule la noblesse avait ce droit à l'époque, cela donne une petite idée de la puissance d'Ango ! Superbe architecture, que ce soit la toiture byzantine, la charpente ou les motifs géométriques polychromes.
Enfin, on peut se promener tranquillement dans les 6 ha de jardins et autour de la pièce d'eau.

• Carte La Côte Fleurie *p. 169*

Que de rêves, de fantasmes même, à l'énoncé de ces noms prestigieux qui, sur 15 km de côte normande, brillent de tous leurs feux : Honfleur l'artiste, Trouville la familiale, Deauville la show-biz...

LE PONT DE NORMANDIE

Voici la plus belle passerelle au-dessus de l'estuaire de la Seine : le pont de Normandie. D'une longueur totale de 2 141 m, presque l'équivalent des Champs-Élysées, il relie Le Havre aux environs de Honfleur. Son tablier central s'étire sur 856 m, tandis que le viaduc nord et le viaduc sud viennent compléter l'ensemble. Décidé en 1985 et commencé en 1988, il est haubané et non suspendu comme celui de Tancarville. C'est-à-dire que des 2 pylônes (nord et sud) partent 92 paires de haubans qui portent le tablier central composé d'acier.
Chaque pylône rappelle la forme d'un compas dont les éléments se rejoignent dans la partie haute. L'avantage du pont haubané par rapport au pont suspendu réside dans le fait qu'une faiblesse dans l'un des haubans n'implique pas l'arrêt total de l'utilisation du pont. Par ailleurs, l'ancrage nécessaire des câbles porteurs d'un pont suspendu doit se faire très profondément dans les berges du fleuve à traverser. Pour ces différentes raisons, le pont haubané a semblé une meilleure solution aux spécialistes. Nous, on n'y voit pas d'inconvénient !
Nul besoin de rappeler qu'à ce niveau-là une batterie d'ordinateurs est entrée en action afin de calculer les résistances et la stabilité d'un tel ouvrage. Ainsi les 2 pylônes descendent-ils à 50 m de profondeur pour venir s'appuyer sur une couche de sous-sol suffisamment dure, après avoir traversé des nappes argileuses, sablonneuses, calcaires, etc. De même, la forme du pont a été étudiée en soufflerie pour résister à des vents d'une violence comparable à celle des tornades. À cet effet, le flanc du tablier a été profilé comme une aile d'avion. Bref, un bel ouvrage, de haute technicité, que l'on peut franchir depuis janvier 1995.
Gratuit pour les piétons et les cyclistes, il reste cependant assez onéreux pour les automobilistes : 5,50 € par passage.

HONFLEUR (14600) 8 125 hab.

• Plan *p. 170-171*

Le plus mignon, le plus fou, le plus choucard des petits ports normands... pour ne pas dire français. Depuis le XIXe s, Honfleur est le lieu d'élection des écrivains (Baudelaire, Flaubert...), des musiciens (Satie naquit ici) et des

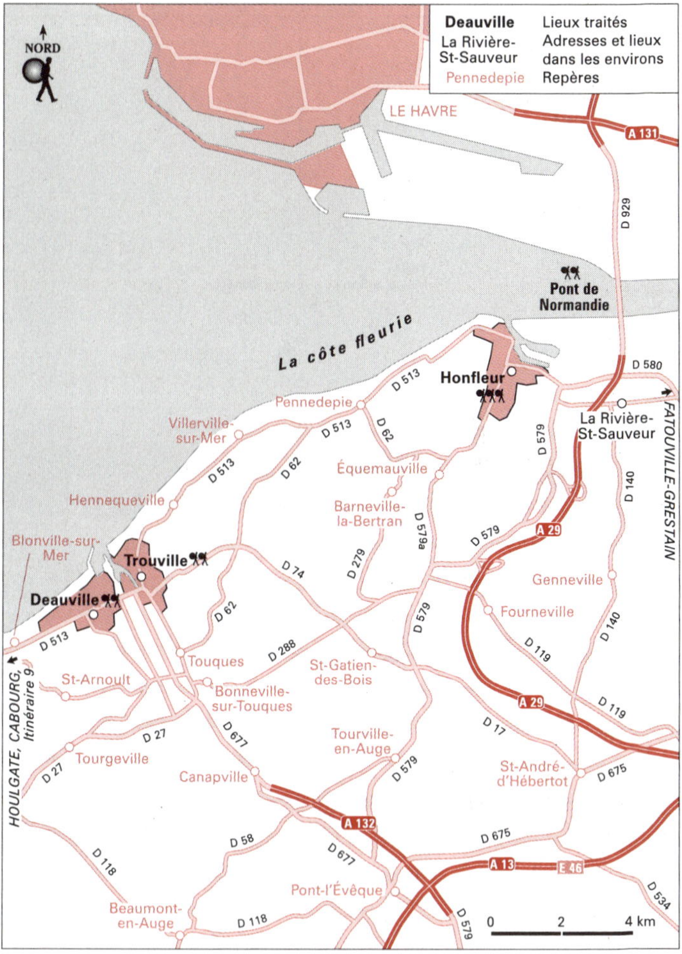

LA CÔTE FLEURIE

peintres (Boudin, l'enfant du pays, mais aussi Monet, Dufy...), séduits par la lumière changeante de l'embouchure de la Seine et par la verdure de la campagne augeronne. Honfleur est en fait une cité à 2 visages : la semaine avec ses pêcheurs et le week-end ou pendant les vacances avec ses touristes. Mais il n'y a pas que la mer, le fleuve, l'arrière-pays et les basses collines de son site, encore vierges (par quel miracle ?) de toute colonisation immobilière... Il y a surtout l'atmosphère si dense d'une petite ville pourtant si fréquentée, et ce cachet unique parmi les ports normands, avec ses bassins intérieurs, ses vieux gréements et ses grosses barques de pêche, ses vieilles maisons aux écailles d'ardoise, son clocher d'opérette, ses ruelles de traviole...

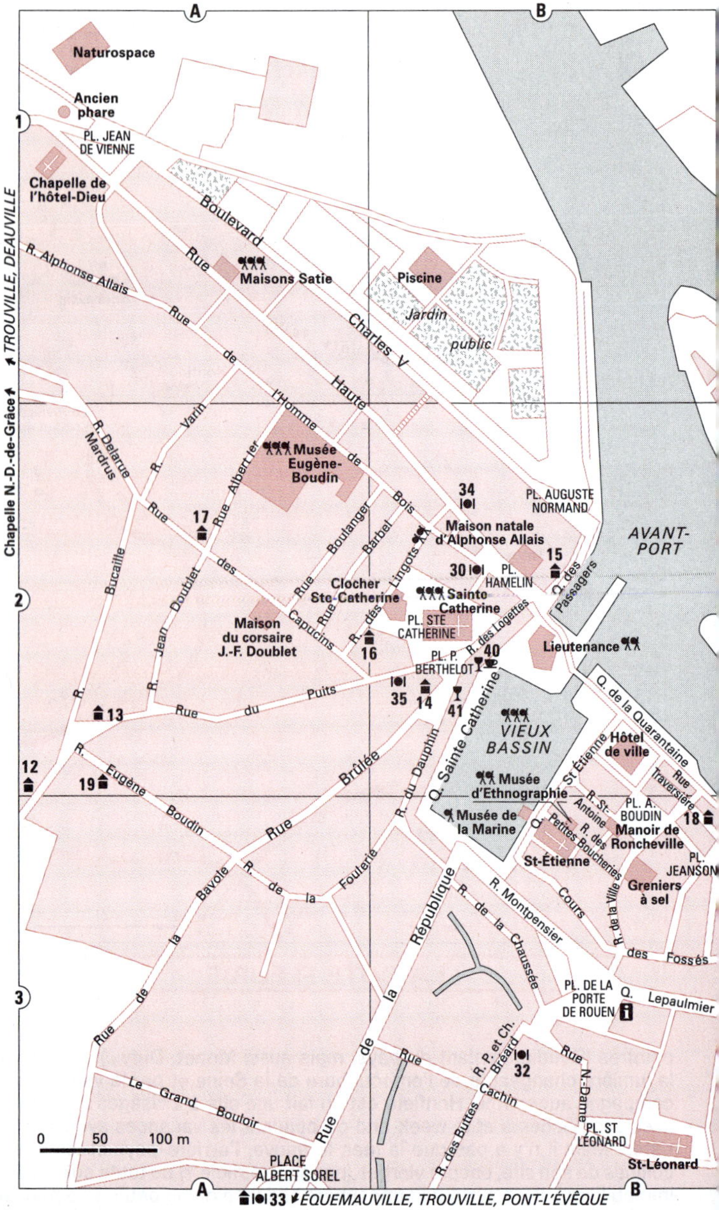
A
B
1
2
3
Naturospace
Ancien phare
PL. JEAN DE VIENNE
Chapelle de l'hôtel-Dieu
TROUVILLE, DEAUVILLE
Chapelle N.-D.-de-Grâce
R. Alphonse Allais
Boulevard Charles V
Rue Haute
Maisons Satie
Piscine
Jardin public
Rue de l'Homme de Bois
R. Varin
R. Delarue Mardrus
Musée Eugène-Boudin
Rue Albert 1er
Rue des Capucins
17
R. Bucaille
R. Jean Doublet
Rue Boulanger
Barbel
Rue des Lingots
34
PL. AUGUSTE NORMAND
Maison natale d'Alphonse Allais
15
30
PL. HAMELIN
Q. des Passagers
AVANT-PORT
Clocher Ste-Catherine
Sainte Catherine
PL. STE CATHERINE
Maison du corsaire J.-F. Doublet
16
R. des Logettes
40
Lieutenance
PL. P. BERTHELOT
35
14
41
Rue du Puits
13
Q. de la Quarantaine
Q. Sainte Catherine
VIEUX BASSIN
Hôtel de ville
12
19
R. Eugène Boudin
Rue Brûlée
R. du Dauphin
Musée d'Ethnographie
Rue Traversière
R. St Étienne
R. St Antoine
PL. A. BOUDIN
18
Musée de la Marine
Q.
R. des Petites Boucheries
Manoir de Roncheville
St-Étienne
PL. JEANSON
Greniers à sel
R. de la Bavole
R. de la Fouterie
Rue de la République
R. de la Chaussée
R. Montpensier
Cours des Fossés
R. de la Ville
PL. DE LA PORTE DE ROUEN
Q. Lepaulmier
Rue de la Bavole
R. P. et Ch. Bréard
32
Rue Cachin
Rue N.-Dame
Le Grand Bouloir
0 50 100 m
R. des Buttes
PL. ST LÉONARD
St-Léonard
PLACE ALBERT SOREL
33 ÉQUEMAUVILLE, TROUVILLE, PONT-L'ÉVÊQUE

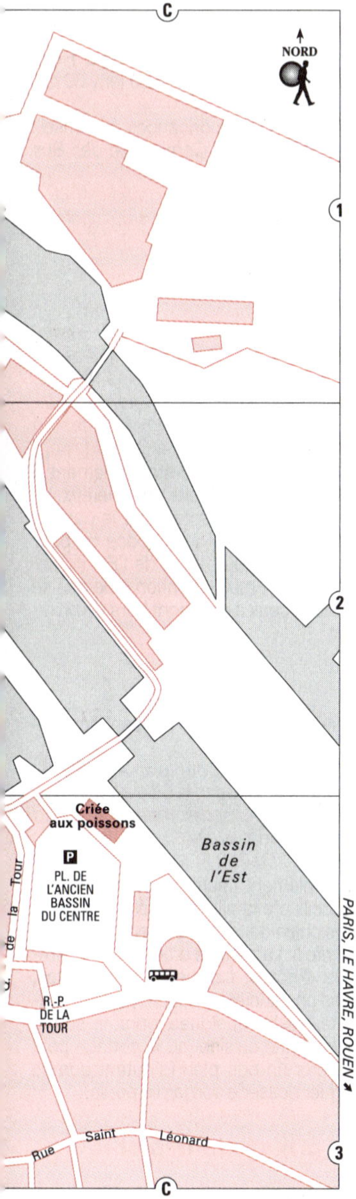

Adresse utile

Office de tourisme (B3)

Où dormir ?

12 Hôtel Monet (A2)
13 La Cour Sainte-Catherine (A2)
14 Hôtel du Dauphin et des Loges (B2)
15 Hôtel du Cheval Blanc (B2)
16 Hôtel Les Maisons de Léa (A-B2)
17 Hôtel La Maison de Lucie (A2)
18 L'Absinthe (B3)
19 Le Fond de la Cour (A2)

Où manger ?

30 La Cidrerie (B2)
32 L'Endroit (B3)
33 Ex-Voto (hors plan par A3)
34 Au P'tit Mareyeur (B2)
35 Le Bréard (B2)

Où prendre le petit déjeuner ? Où boire un verre ?

40 Bar L'Albatros (B2)
41 Le Perroquet Vert (B2)

HONFLEUR

Comment y aller en train ?

Plusieurs possibilités s'offrent à vous pour rejoindre Honfleur :
➢ ***Paris-gare Saint-Lazare – Lisieux :*** nombreux trains tlj pour 1h30 de trajet en moyenne. Liaison pour Honfleur en bus, ligne nº 50 (env 1h30 de trajet).
➢ ***Paris-gare Saint-Lazare – Deauville :*** nombreux trains tlj pour 2h de trajet en moyenne. Liaison pour Honfleur par navette, ligne nº 20 (env 30 mn de trajet).
– Pour les correspondances, se renseigner auprès de la *Compagnie des Bus Verts du Calvados* : ☎ *0810-214-214 (prix d'un appel local).* ● *nomadcar14.fr* ●
– *Rens SNCF :* ☎ *36-35.* ● *oui.sncf* ●

Adresse et infos utiles

🛈 ***Office de tourisme*** *(plan B3)* **:** *quai Lepaulmier.* ☎ *02-31-89-23-30.* ● *ot-honfleur.fr* ● *Juil-août, lun-sam 9h30-19h, dim 10h-17h ; Pâques-juin et sept, lun-sam 9h30-12h30, 14h-18h30, dim et j. fériés 10h-12h30, 14h-17h ; oct-Pâques, lun-sam 9h30-12h30, 14h-18h (ouv dim mat pdt vac scol hors saison).* Organise de nombreuses animations dont d'intéressantes visites de nuit avec lampes tempête (« Histoire et Légendes »).
– ***Marchés :*** *ts les sam, sur la pl. Sainte-Catherine et le cours des Fossés.* ***Marché nocturne*** *mer soir (juil-août). Également un* ***marché bio*** *le mer, pl. Sainte-Catherine, et un* ***marché aux poissons,*** *jeu-dim, selon arrivages de la pêche, sur le quai de la Quarantaine.*
– ***Stationnement :*** le stationnement à Honfleur peut se révéler très onéreux. Le plus simple est d'opter pour le parking gratuit à côté du *Naturospace* ou pour celui au bord du bassin de l'Est *(forfait journée 4 €),* mais attention à ne pas se tromper, ceux à côté sont hors de prix.

Où dormir ?

Chambres d'hôtes

🏠 ⛱ ***La Cour Sainte-Catherine*** *(plan A2,* ***13****)* **:** *74, rue du Puits.* 📱 *07-87-04-49-16* ● *coursaintecatherine@orange.fr* ● *coursaintecatherine.com* ● *Tte l'année (salon de thé avr-sept). Doubles 130-170 € ; familiales 3-4 pers 150-170 €. Parking payant.* Au calme et pourtant dans la vieille ville, voici une excellente adresse de charme, tapie dans une courette autour de laquelle s'organisent les chambres. C'est cosy et chaleureux, avec une touche marine dans les chambres et une atmosphère de brocante chic dans le salon du petit déjeuner : vieux pressoir équipé d'un sympathique comptoir de troquet dans un angle et des fauteuils club dans un autre. Courette très verte, aménagée agréablement, avec tables et quelques transats. Fait également spa et salon de thé avec plat du jour, tartes salées ou sucrées... Simplicité et charme. 2 autres petites maisons entièrement équipées peuvent accueillir 2 à 6 personnes.

🏠 **Le Fond de la Cour** *(plan A2,* ***19****)* **:** *29, rue Eugène-Boudin.* 📱 *06-72-20-72-98.* ● *amanda.ferguson@orange.fr* ● *lefonddelacour.com* ● *Doubles 99-110 € ; 4-5 pers 200-250 €.* Autour d'une cour agréablement fleurie et tranquille, une accueillante famille écossaise (même le gros chien de la maison semble avoir le sourire !) a aménagé d'agréables chambres d'hôtes, fraîches et pimpantes, dans une ancienne écurie. Si vous souhaitez rester quelques jours, le studio (avec petite cuisine) ou le cottage peut s'avérer un bon plan (d'autant que ce dernier possède son jardin perso).

De prix moyens à chic

🏠 ***Hôtel Monet*** *(plan A2,* ***12****)* **:** *charrière du Puits.* ☎ *02-31-89-00-90.* ● *contact@hotel-monet-honfleur.com* ● *hotel-monet-honfleur.com* ● ♿ *Doubles 70-150 € ; familiales. Parking privé* *gratuit.* Dans un cadre verdoyant, situé sur les hauteurs de Honfleur, entre côte de Grâce et Mont-Joli. Ce petit hôtel familial offre une quinzaine de jolies chambres indépendantes, confortables et soigneusement entretenues, avec terrasse privative. Bon accueil. Bref, une belle petite halte romantique.

De chic à beaucoup plus chic

Hôtel du Dauphin et des Loges *(plan B2,* ***14****) : 10, pl. Pierre-Berthelot. ☎ 02-31-89-15-53. • info@hotelhonfleur.com • hotelhonfleur.com • ♿ Doubles 60-192 €.* Un établissement sérieux, installé au cœur de la ville, dans plusieurs maisons typiques de Honfleur, mais à l'intérieur contemporain : les chambres d'hôtel proprement dites se répartissent entre les Maisons du *Dauphin* et des *Loges*. Quant à la *Maison Sainte-Catherine,* elle abrite des appartements pour 2 à 6 personnes, parfaitement équipés, très confortables, avec vue sur l'église du même nom. À moins que vous ne préfériez la *Maison de Louise*... Quelle que soit l'option choisie, l'équipe vous réserve un bel accueil et vous aurez accès à la salle de fitness, à la salle de massage et au sauna (payant). Salon de thé ouvert à tous.

Hôtel du Cheval Blanc *(plan B2,* ***15****) : 2, quai des Passagers. ☎ 02-31-81-65-00. • info@hotel-honfleur.com • hotel-honfleur.com • ♿ Doubles climatisées 85-179 € ; familiales.* Un 3-étoiles merveilleusement situé, au bord du vieux bassin, face à la lieutenance. La maison date du XVe s. La plupart des chambres, d'un excellent confort, donnent sur le port. Également un hammam et une salle de massage.

Hôtel Les Maisons de Léa *(plan A-B2,* ***16****) : pl. Sainte-Catherine. ☎ 02-31-14-49-49. • contact@lesmaisonsdelea.com • lesmaisonsdelea.com • Doubles 145-540 €. Petit déj 22-26 €.* 3 vieilles maisons et un ancien grenier à sel du XVIe s qui ne font aujourd'hui plus qu'une somptueuse demeure en pierre recouverte de vigne vierge. Pourtant, chacune de ces 4 maisons a un style différent, toujours cosy et raffiné. Et pour la détente, spa *Nuxe,* hammam, cabines de massage... Accueil très attentionné.

Hôtel La Maison de Lucie *(plan A2,* ***17****) : 44, rue des Capucins. ☎ 02-31-14-40-40. • info@lamaisondelucie.com • lamaisondelucie.com • ♿ Congés : 10 j. mi-janv. Doubles 220-360 €. Petit déj 14 €.* Dans l'ancienne maison magnifiquement rénovée de la poétesse Lucie Delarue-Mardrus, un écrin de calme et de volupté sur les hauteurs de Honfleur. Charme des tentures, des carreaux de céramique, des lustres à pampilles, parquets et autres robinets 1930. Sans parler des lits moelleux à souhait ! Et de cette touche d'exotisme oriental, à l'ombre du palmier, sous les ventilateurs des salons, bien calé dans les canapés Chesterfield, un thé à la menthe à la main, ou dans le jacuzzi aux allures de hammam marocain.

L'Absinthe *(plan B3,* ***18****) : 1, rue de la Ville. ☎ 02-31-89-23-23. • reservation@absinthe.fr • absinthe.fr • ♿ Congés : 15 nov-15 déc. Doubles 140-220 €, petit déj inclus.* Adorable hôtel de poche qui allie le chic, la chaleur et la modernité. La partie de l'hôtel située rue de la Ville (où l'on trouve la réception) est la plus ancienne, alliant les vieilles poutres, un côté très cosy et une baignoire balnéo pour le confort. Beaux dessus-de-lit, double vitrage... Les chambres donnant sur le quai sont dans le même esprit mais plus récentes simplement. On perd en charge historique ce qu'on gagne en vue (sur le port). Du charme et de la discrétion.

Où manger ?

De bon marché à prix moyens

La Cidrerie *(plan B2,* ***30****) : 26, pl. Hamelin. ☎ 02-31-89-59-85. • lacidrerie.honfleur@gmail.com • ♿ Tlj service continu à partir de 12h pdt les vac scol. Congés : début janv-vac scol d'hiver. Repas env 18 €.* Une salle genre bonne vieille taverne où l'on boira tout ce qu'il est possible de fabriquer avec des pommes (et des poires !). Spécialité de « galichot », sorte de galette à base de froment et de seigle. Galettes et crêpes faites sous vos yeux.

Ex-Voto (hors plan par A3, **33**) : 8, pl. Albert-Sorel. ☎ 02-31-89-19-69. • honfleurexvoto@gmail.com • Tlj (sauf mer hors saison). 5 chambres assez simples 65-110 €, petit déj inclus. Formules 12-16 € ; carte env 16 €. Authentique petit bistrot de quartier aux banquettes de moleskine. La maîtresse de maison, une véritable Augeronne, mijote avec amour au gré du marché : pot-au-feu, goulasch, andouille... Également quelques omelettes et salades de saison... Pour notre plus grand bonheur, elle a su constituer une véritable clientèle d'habitués et créer une ambiance conviviale. Pour en profiter, il faut arriver assez tôt, car la salle n'est pas très grande. Petite terrasse en été.

L'Endroit (plan B3, **32**) : 3, rue P.-et-C.-Bréard. ☎ 02-31-88-08-43. • lendroit.honfleur@gmail.com • Formule déj 29 €, menu 35 € ; carte 50-60 €. Un loft esprit bistrot ou un bistrot esprit loft, au choix, où la table avec nappe à carreaux côtoie la grande table en verre et ses fauteuils Chesterfield, ou encore le comptoir en tôle ondulée. Un mélange des genres vraiment réussi, à la fois classe et chaleureux, notamment grâce au bel éclairage. Dans l'assiette, une cuisine aussi belle que savoureuse et bien d'aujourd'hui, où les légumes ne sont en rien négligés. Le choix du menu, intéressant, n'est pas très étoffé, mais les plats à la carte sont généreux et d'un excellent rapport qualité-prix.

Au P'tit Mareyeur (plan B2, **34**) : 4, rue Haute. ☎ 02-31-98-84-23. • resa.mareyeur@gmail.com • Tlj sauf mar-mer. Congés : janv. Réserver en saison. Menus 25 € le midi, 35 € le soir ; carte 45-50 €. Bonne cuisine, fine et recherchée. Le chef met ici un point d'honneur à la préparation et à la présentation de ses plats. Carte renouvelée régulièrement, mais gare aux suppléments ! Endroit chaleureux, à la déco chic et stylée mais pas trop pompeuse. Spécialité à découvrir : la bouillabaisse honfleuraise. Service rapide et souriant.

De chic à plus chic

Le Bréard (plan B2, **35**) : 7, rue du Puits. ☎ 02-31-89-53-40. • lebreard@wanadoo.fr • Fermé lun et au déj mar-jeu. Congés : 3 sem en janv. Menus 34-65 € ; carte env 50 €. Revenu au pays, Fabrice Sébire n'en a pas pour autant oublié ses passages au *Grand Véfour*, à *La Tour d'Argent* ou encore chez *Lucas Carton*. Il a également rapporté de ses voyages de nombreuses épices et dissidences de goût qui font le plaisir de nos palais. C'est imaginatif, inventif, toujours renouvelé et inspiré. Plats toujours bien présentés, service souriant, et agréable jardin d'hiver.

Où dormir ? Où manger dans les environs ?

Chambres d'hôtes Le Phare : 386, route du Phare, 27210 **Fatouville-Grestain.** ☎ 02-32-57-66-56. 06-89-23-56-59. • pharedefatouville@orange.fr • pharedefatouville.fr • À 7 km à l'est de Honfleur en allant vers le pont de Normandie. Congés : 1er nov-15 mars. Sur résa, 3 mois à l'avance (uniquement par tél). Double 79 € ; familiales. 4 chambres dans la maison des gardiens. Seuls les clients peuvent admirer, du haut des 32 m, l'embouchure de la Seine et le pont de Normandie. Adresse exceptionnelle, notamment pour les amoureux... les jours de tempête !

La Fraîchette : chemin de Crémanville, 14600 **La Rivière-Saint-Sauveur.** ☎ 02-31-89-37-36. • info@lafraichette.com • lafraichette.com • À 4 km au sud-est de Honfleur par la D 580. Bien fléché depuis le village. Tlj sauf le midi mer-jeu (fermé seulement jeu midi en juil-août). Congés : janv. Résa conseillée. Doubles 100-160 € ; familiales. Menus 25-29 €. Parking. Dans une petite maison noyée dans la végétation. Accueil charmant. Salle à manger joliment arrangée. Les repas sont servis près de la cheminée en hiver et sur la terrasse en été. Bonne petite cuisine maison : poulet ou veau au cidre. Au dessert, ne ratez pas le crumble aux fruits de saison ! Également 10 chambres dans le ton de la maison, spacieuses et agréables. Certaines avec terrasse privative. Piscine et spa.

Auberge de la Source : *chemin du Moulin, 14600* ***Barneville-la-Bertran.*** *☎ 02-31-89-25-02. • contact@auberge-de-la-source.fr • auberge-de-la-source.fr • À 6,5 km de Honfleur, par la D 279. Resto ouv tlj. Doubles 115-310 € ; familiales. Menus 34-48 € ; carte 50 €.* Difficile d'imaginer plus bucolique, plus charmant, plus impressionniste ! À quelques encablures de la côte, au cœur du bocage normand, cette auberge de charme est un véritable havre de paix. Une ferme à colombages et une demeure de brique rouge enserrent un jardin fleuri et un bassin poissonneux ; l'ensemble, pour sûr, n'aurait pas déplu à Monet. Les chambres, plus ou moins spacieuses, allient confort moderne et charme rustique, dans un esprit et des tons actuels. Vélos à disposition.

Où prendre le petit déjeuner ? Où boire un verre ?

Bar L'Albatros (plan B2, **40**) **:** *32, quai Sainte-Catherine. ☎ 02-31-89-25-30. Tlj. Petits déj env 5,90-15 €.* Ce bar de marins, jeune et sympa, est l'endroit favori des amateurs de bonne musique et autres philosophes, qui, confortablement installés, refont le monde tout en sirotant une « eau chaude »... Spécialité du coin : façon soft et originale de découvrir le calva. Quelques tables face aux bateaux. Petite restauration rapide (crêpes, bagels...)

Le Perroquet Vert (plan B2, **41**) **:** *52, quai Sainte-Catherine. ☎ 02-31-89-14-19.* Situé à tribord de *L'Albatros,* ce bar, ambiance taverne, tenu par un vieux loup de mer, propose d'excellentes mousses (une centaine au catalogue) à déguster sur fond de musique rock. Chaleur humaine assurée le week-end et les soirs de régate. En fin d'après-midi, installez-vous en terrasse et contemplez le ballet permanent des plaisanciers.

À voir

Un pass donne accès aux 4 musées de la ville : 11-13 €/adulte ; réduc ; à acheter dans les musées. Intéressant, même si vous ne visitez que 2 musées (sauf s'il s'agit des musées d'Ethnographie et de la Marine, pour lesquels il existe un billet jumelé à 5,30 €).

Le vieux bassin *(plan B2)* **:** l'endroit le plus connu de la ville, 1er au hit-parade des couvertures de calendriers des Postes. Créé sous Louis XIV sur ordre de Colbert, il a gardé un cachet tout particulier. Il est bordé par le quai Sainte-Catherine qui aligne ses hautes maisons revêtues d'ardoise, aux étages en saillie, tassées les unes contre les autres. Chacune possède 2 entrées, l'une donnant bien sûr sur le quai, l'autre au 3e étage s'ouvrant sur la rue du Dauphin ou la rue des Logettes. Certaines atteignent 7 niveaux, avec seulement 2 fenêtres en façade. Le quai Saint-Étienne lui fait face.

La lieutenance *(plan B2)* **:** cet étonnant bâtiment construit sur le quai, avec des tourelles d'angle, veille sur le vieux bassin. Vestige d'un castel du XVIe s, c'était la résidence du lieutenant du roi. Enclavée dans la construction, la porte de Caen permettait l'entrée dans la ville. Sur le mur face à la mer, une plaque à la mémoire de Champlain qui partit pour le Canada en 1608 et fut à l'origine de la fondation du Québec.

Le musée de la Marine *(plan B3)* **:** *quai Saint-Étienne. ☎ 02-31-89-14-12. Avr-sept, tlj sauf lun 10h-12h, 14h-18h30 ; de mi-fév à nov, tlj sauf lun 14h30-17h30, plus 10h-12h le w-e. Fermeture annuelle de déc à mi-fév. Entrée : 4,20 € ; réduc.* Dans la jolie petite église Saint-Étienne, le long du vieux bassin. Des documents et des objets soulignent le rôle des marins de Honfleur dans la découverte et la colonisation du Nouveau Monde : pêche à la morue, à la baleine, traite négrière... Maquettes de bateaux, canons, une figure de proue, coffres de marine, un superbe scaphandre...

Le musée d'Ethnographie *(plan B3)* **:** *rue de la Prison. ☎ 02-31-89-14-12. En sortant du musée de la Marine, prendre immédiatement à gauche. Mêmes horaires et tarifs.* Dans 9 pièces, reconstitution d'intérieurs normands avec meubles anciens, costumes et faïences. La visite se termine par l'échoppe du mercier, véritable boutique du XVIe s. Dans la cour, un curieux puits à roue sous sa charpente de bois, ainsi que la prison et ses cachots.

L'église Sainte-Catherine *(plan B2)* **:** *ouv 8h30-18h (19h en été). Billet du clocher jumelé avec le musée Eugène-Boudin (et ouv aux mêmes horaires).* Sans doute le monument le plus original de Honfleur. La façade extérieure est recouverte de bardeaux (tuiles de bois). L'ancien clocher, très pittoresque, est séparé de l'église par une petite place. La raison du divorce, au dire de certains Honfleurais, est que l'église lui reprochait de sonner trop fort... et que ça lui flanquait le bourdon... En réalité, c'est simplement que le clocher était trop lourd pour cette charpente de bois. Construit en bois et consolidé par des poutres de châtaignier, on craignait aussi qu'un incendie ne se propage en cas de foudre. Sa forme rappelle certaines églises norvégiennes. L'église fut donc reconstruite au milieu du XVe s ; à la fin de ce même siècle, il fallut lui ajouter une 2de nef car elle était devenue trop petite. L'ensemble fut restauré par le père de Viollet-le-Duc puis quelque peu modifié au début du XXe s. À l'intérieur, objets et costumes liturgiques.

DU PROVISOIRE QUI DURE !

Après le départ des troupes anglaises, il ne restait que des ruines de l'église Sainte-Catherine. Pour la reconstruire à moindre coût, on utilisa le bois de la région et on fit appel aux charpentiers de marine. Voilà pourquoi l'intérieur fait penser à un immense bateau renversé. Reconstruite à la hâte et de manière provisoire, elle tient pourtant le coup depuis bientôt... 6 siècles.

La rue des Lingots *(plan A-B2)* **:** derrière le clocher, l'une des rues les plus caractéristiques de la vieille ville. Elle a conservé son pavage, et la plupart de ses maisons en bois sont anciennes. La maison du n° 30 accueillit promptement en 1802 le général Bonaparte, alors Premier consul.

Le musée Eugène-Boudin *(plan A2)* **:** *pl. Erik-Satie. ☎ 02-31-89-54-00. ♿ (en partie). Fermé mar et en janv. Ouv 10h-18h juil-août ; avr-sept ouv 10h-12h et 14h-18h ; le reste de l'année 10h-12h, 14h30-17h30. Entrée : 6-8 € selon saison (se renseigner) ; réduc ; gratuit moins de 16 ans. Audioguide : 2 €. Le billet donne accès au clocher Sainte-Catherine.*

Musée consacré bien sûr à l'enfant du pays, Boudin, mais aussi à tous ceux qui formèrent ce que l'on appela « Les rencontres de Saint-Siméon », avant-garde de l'impressionnisme. C'est dans une charmante auberge des environs (aujourd'hui luxueux *Relais et Châteaux*) que Boudin retrouvait ses amis, Courbet par exemple. Baudelaire se joindra à eux en 1859 et y écrira sa fameuse *Invitation au voyage.*

– *Au 1er étage :* la salle Désiré-Louveau réunit une collection d'ethnographie normande. Vêtements traditionnels, coiffes, bonnets d'enfants (certains du XVIIIe s), vaisselle ancienne, dentelle, poupées en peau et porcelaine du XIXe s.

– *Au 2e étage :* les peintures. Les Boudin sont dans le fond après la chapelle. En tout, près d'une centaine d'œuvres (peintures et dessins) qui évoquent Honfleur et le pays d'Auge. Boudin y est entouré de ses amis, Courbet, Monet, Jongkind, Cals, Dubourg, Pécrus et Michel-Lévy. Dans une vitrine, les études de ciels (couvert ou couchant, lever de lune...) de Boudin montrent de façon évidente le rôle précurseur de ce peintre dans le mouvement impressionniste. Un escalier permet de gagner une salle largement consacrée à André Hambourg, peintre du XXe s qui affectionnait les marines. Et un cabinet de dessins et de gravures, avec une centaine d'œuvres à « feuilleter ».

– *Au 3e étage :* des toiles du nabi Vallotton, des fauves de Duby ou de Friesz ; et des œuvres de quelques-uns des piliers de l'école de Rouen (proches du néo-impressionnisme), Frechon, Couchaux ou Louvrier.

Les Maisons Satie (plan A1) **:** *67, bd Charles-V. ☎ 02-31-89-11-11. Tlj sauf mar 10h-18h. Congés : début janv-début fév. Entrée : 6,30 € ; gratuit moins de 16 ans. Compter 1h de visite.*
Erik Satie, musicien dont les artistes d'avant-garde (jusqu'à la techno !) revendiquent l'influence, est né à Honfleur en 1866.
Aujourd'hui, on peut découvrir l'univers personnel et artistique du musicien, précurseur du dadaïsme et du surréalisme, à travers un stupéfiant parcours. D'abord, il y a la musique (chaque visiteur est muni d'un casque à infrarouge) : des célèbres *Gymnopédies* et autres *Gnossiennes* pour piano aux *musiques d'ameublement,* toute l'œuvre de Satie est donnée à entendre. En même temps, on se balade de pièce en pièce, croisant une poire géante qui s'envole à tire-d'aile, découvrant 100 000 traces de pas au sol d'une chambrette, pédalant sur un bizarre carrousel, assistant sur une banquette à une houleuse représentation de l'opéra *Parade...*
Les maisons Satie se vivent autant qu'elles se visitent et, en sortant, on méditera encore longtemps sur les aphorismes et pensées de Satie délivrés pendant la visite par la voix de Michael Lonsdale. « Chérie, si tu trouves mon style décousu, fais-y un point », « Le piano comme l'argent n'est agréable qu'à celui qui en touche », etc. Génial !

À faire

Les plages : celle de Honfleur, accessible par la route de la côte et la jetée. À 2 km du centre, la *plage du Butin,* au pied du phare du même nom. Plus loin, à quelques kilomètres, par la corniche en direction de Deauville, la *plage de Vasouy,* un peu moins fréquentée.

Promenades en mer : *avec la vedette* La Lieutenance, *quai des Passagers ; 06-14-96-37-95. Ou avec le* Jolie France, *de l'autre côté du bassin ; 06-71-64-50-46. D'avr à mi-oct, 4 départs min/j. Balade de 1h30. Tarif : compter 11-12 € adulte ; réduc.*

DEAUVILLE-TROUVILLE (14800 et 14360) 3 580 et 4 800 hab.

• Plan *p. 180-181*

La station balnéaire chic par excellence, fréquentée depuis ses débuts (sous le Second Empire) par un nombre impressionnant d'artistes et de vedettes. Deauville fut immortalisée au cinéma par Lelouch dans *Un homme et une femme* (chabada-bada...). Les causes de son succès ? Sa magnifique plage de sable fin, longue de 2 km, bordée par les célèbres Planches, mais aussi son casino royal, ses palaces, ses villas et son champ de courses. Certains se damneraient pour passer un week-end au *Normandy,* assister aux galas et flamber le reste au casino.
Indissociable de Deauville, dont elle n'est séparée que par une rivière (la Touques), Trouville a pourtant réussi à se créer une identité bien à elle. Ancien village de pêcheurs devenu lieu de villégiature grâce à sa grande plage de sable fin, la station connaît un essor remarquable à la fin du XIXe s, bien avant Deauville. On y découvre les 1ers bains de mer, les joies (et les méfaits) du casino, les

chalets, puis les villas... Parallèlement, les artistes viennent y faire trempette ou y trouver l'inspiration. On y voit d'abord Alexandre Dumas, puis Flaubert, suivi des impressionnistes, de Maupassant et de Marguerite Duras. Depuis, de nombreuses personnalités ont fait de Trouville leur résidence privilégiée.
Curieusement, après une longue période de décadence, due essentiellement à la concurrence effrénée de Deauville, Trouville est redevenue à la mode. Le charme de son port de pêche et son petit côté familial font des adeptes chez une certaine bourgeoisie en quête de simplicité. Parce que Trouville a su, semble-t-il, trouver le fragile équilibre entre tourisme et activités traditionnelles.

LA CHANCE FAIT MARCHE ARRIÈRE

Un soir d'août 1930, André Citroën fut frappé par une chance insolente à la table de baccara du casino de Deauville. En une heure, il se retrouva avec une centaine de plaques de 100 000 F devant lui. Du coup, il offrit une 10-CV aux chefs de parties, une 5-CV aux croupiers, et distribua généreusement ses gains aux clochards, aux religieuses et, pour finir, aux filles du quartier de la gare. Mais il se mit à jouer de manière inconsidérée, par passion plus que par amour de l'argent. Un jour de folie, il engagea même ses usines de Javel comme mise, toujours avec le sourire... Il perdit tout.

DEAUVILLE ET COCO CHANEL

La célébrité de Coco Chanel est en grande partie liée à Deauville. Elle y avait ouvert boutique en 1913 ; en août 1914, avec la guerre, ce fut l'afflux des châtelains de la Meuse, des Ardennes, puis... de Seine-et-Oise ; ils fuyaient leurs demeures menacées pour se réfugier dans leurs résidences secondaires. Les femmes, parties précipitamment, se firent faire une garde-robe chez Chanel. Il y avait tellement de monde qu'elle avait installé chaises et tables sur le trottoir pour faire patienter ses clientes. C'est cette même année que Coco Chanel se procura 2 tissus britanniques, le tricot des sweaters masculins et la flanelle des blazers, et créa un modèle révolutionnaire dont la ligne, lâche, permettait l'aisance des mouvements et n'exigeait plus le port du corset...

Comment y aller en train ?

➢ ***Paris-gare Saint-Lazare :*** une dizaine d'allers-retours/j. en moyenne, directs ou avec un changement à Lisieux. Compter au moins 2h de trajet.
– Rens SNCF : ☎ 36-35. ● oui.sncf ●

Adresses et infos utiles

🅸 ***Office de tourisme de Deauville*** *(plan A3)* ***:*** *quai de l'Impératrice-Eugénie.* ☎ 02-31-14-40-00. ● indeauville.fr ● *Tte l'année, tlj sauf 1er janv et 25 déc.* On y trouve la liste des hébergements et une petite documentation très bien faite avec le plan de la ville. Demander aussi la liste des manifestations, nombreuses tout au long de l'année. En saison, propose des visites de la ville ; départ de l'office de tourisme. Également des visites guidées payantes *(5-7 € ; réduc ; gratuit moins de 12 ans),* déclinées par thèmes.

🅸 ***Office de tourisme de Trouville*** *(plan C2)* ***:*** *32, bd Fernand-Moureaux.* ☎ 02-31-14-60-70. ● trouvillesurmer.org ● *Juil-août, lun-sam 9h30-19h, dim et j. fériés 10h-18h ; avr-oct, lun-sam 10h-18h, dim et j. fériés 10h-17h (vac scol mêmes horaires) ; nov-mars,* *lun-sam 10h-18h, dim et j. fériés 10h-13h30. Fermé 1er janv et 25 déc.* Documentation disponible sur la ville et la région. Visites commentées et promenades à thème, animations pour les enfants pendant les vacances scolaires.

Location de vélos à Deauville : ***Cycles Lucas,*** *92, av. de la République ; ☎ 02-31-88-53-55.* ***Cycles Jamme,*** *11 bis, av. de la République ; ☎ 02-31-88-40-22. Dans ces 2 boutiques, compter 16 € la loc d'un vélo pour la journée.*

– ***Marché de Deauville :*** *pl. Morny. Tlj en juil-août ; mar, ven-sam hors saison, aussi dim mai-oct.* Vente des produits locaux.

– ***Marché de Trouville :*** *quai Fernand-Moureaux. Mer mat et dim mat pour le* ***grand marché,*** *tlj pour le* ***marché aux poissons, marché bio*** *sam mat et* ***marché nocturne*** *jeu soir en juil-août.*

Où dormir ?

À Deauville

De prix moyens à chic

Le Patio *(plan A3,* ***12*** *)* ***:*** *180, av. de la République. ☎ 02-31-88-25-07. • contact@hotel-lepatio.fr • hotel-lepatio.fr • Doubles 63-90 €.* Hôtel confortable et coquet installé dans une grande bâtisse blanche dont le patio fleuri et ombragé dispense une fraîcheur agréable. Le tarif des chambres varie selon leur taille et leur situation (patio ou pas patio, là est la question). Les moins chères, même si elles sont étroites, n'en restent pas moins douillettes et leur déco, fraîche et lumineuse. Le tout à des tarifs relativement doux pour la ville.

Hôtel de la Côte Fleurie *(plan B3,* ***14*** *)* ***:*** *55, av. de la République. ☎ 02-31-98-47-47. • info@hoteldelacotefleurie.com • hoteldelacotefleurie.com • Congés : janv. Doubles 69-109 € ; familiales.* Dans une jolie maison, de belles chambres très claires, accueillantes et à la déco personnalisée. Délicieuse courette, fleurie aux beaux jours, où vous pourrez vous prélasser au calme et sur laquelle donne une grande chambre double, un peu plus chère que les autres mais exquise. Une excellente adresse où l'on se sent plus à la maison qu'à l'hôtel.

À Trouville

De prix moyens à chic

Le Trouville *(plan C1,* ***15*** *)* ***:*** *1, rue Thiers. ☎ 02-31-98-45-48. • info@hotelletrouville.com • hotelletrouville.com • Congés : 15 nov-15 déc, et 3 sem en janv. Doubles 75-105 €.* Comme bien souvent à Trouville, l'escalier (sans ascenseur) est un peu raide, et la vieille bâtisse relativement sonore. Mais les chambres, simplement arrangées, sont plutôt pimpantes et confortables (bonne literie notamment). Et puis l'accueil est avenant, à l'image du petit salon de la réception : il donne l'impression de poser son sac à la maison ou chez des amis. Côté petit déj, les simples buveurs de café ou thé apprécieront la formule « express » à petit prix.

Hôtel L'Estran *(plan C3,* ***16*** *)* ***:*** *4, pl. Fernand-Moureaux. ☎ 02-31-88-35-15. • contact@hotelestran.com • hotel-trouville-deauville.com • Congés : 2 sem en déc. Doubles 57-99 € ; familiales. Garage pour motos.* Établissement accueillant et bien tenu qui, peu à peu, fait peau neuve. Les chambres sont claires et agréables, et les plus grandes ont vue sur le port.

La Maison Normande *(plan B-C1-2,* ***19*** *)* ***:*** *4, pl. de Lattre-de-Tassigny. ☎ 02-31-88-12-25. 📱 06-75-14-46-58. • lamaisonnormande@outlook.fr • la-maison-normande.com • Dans un coin tranquille du centre. Doubles 59-99 € (les moins chères avec toilettes sur le palier) ; familiales.* Maison... normande, donc à colombages (à l'extérieur, jetez un coup d'œil aux colonnes sculptées). Charme indéniable dès le hall d'entrée, né de la réunion de 2 anciennes boutiques. La maison et les chambres sont tout doucement rénovées, en respectant l'ambiance du lieu.

Hôtel Le Reynita *(plan B2,* ***13*** *)* ***:*** *29, rue Carnot. ☎ 02-31-88-15-13. • info@*

■ Adresse utile

- Offices de tourisme (A3) et (C2)

Où dormir ?

12 Le Patio (A3)
13 Hôtel Le Reynita (B2)
14 Hôtel de la Côte Fleurie (B3)
15 Le Trouville (C1)
16 Hôtel L'Estran (C3)
17 Hôtel Le Fer à Cheval (B2)
18 Hôtel Le Flaubert (B1-2)
19 La Maison Normande (B-C1-2)

Où manger ?

21 La Péniche (A2)
22 Le Comptoir et la Table (B2)
23 La Poissonnerie (B-C2)
24 Villa Gypsy (C2)
25 Brasserie Le Central (C2)
26 La Petite Auberge (B2)
27 Tivoli Bistro (B-C2)

Où boire un verre ?

30 Brok Café (A3)

Où manger une bonne glace ?

31 Martine Lambert (A3)

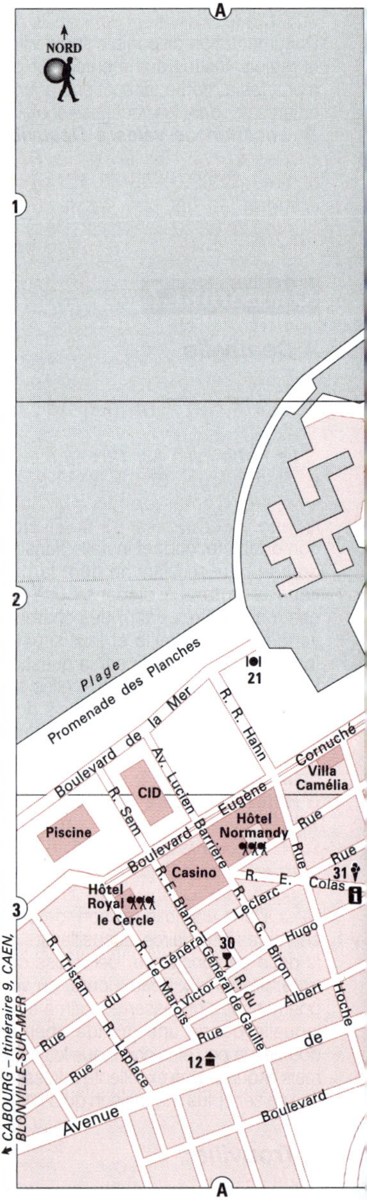

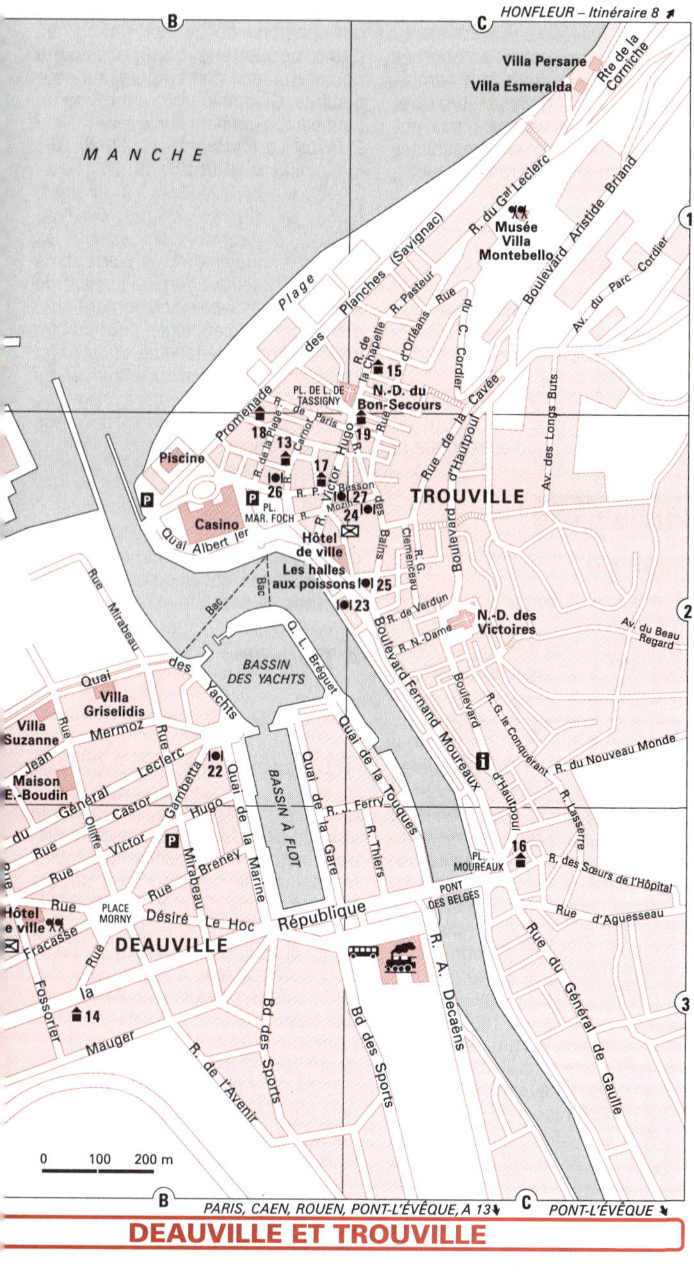

DEAUVILLE ET TROUVILLE

hotelreynita.com • hotelreynita.com • De mi-fév à nov. Doubles 80-110 €. À 50 m de la plage, dans un quartier plutôt calme. Belle maison à l'architecture début XXe s assez typique. Chambres de tailles variables, souvent dans un esprit assez cosy. Atmosphère familiale et accueil très professionnel.

De chic à beaucoup plus chic

🏠 ***Hôtel Le Fer à Cheval*** *(plan B2,* ***17****) : 11, rue Victor-Hugo. ☎ 02-31-98-30-20. • info@hotel-trouville.com • hotel-trouville.com • ♿ Doubles env 84-155 € ; familiales. Petit déj 12,50 €.* Dans une belle maison du début du XXe s à la façade en partie en brique et embellie par de beaux balcons fleuris, des chambres accueillantes et claires, d'une coquetterie plutôt classique pour certaines, contemporaines pour d'autres. Quelques-unes ont même un petit balcon donnant sur la rue.

🏠 ***Hôtel Le Flaubert*** *(plan B1-2,* ***18****) : rue Gustave-Flaubert. ☎ 02-31-88-37-23. • hotel@flaubert.fr • flaubert.fr • ♿ De mi-fév à mi-nov. Doubles 139-319 €, petit déj compris.* Sur les Planches, quasiment les pieds dans l'eau, un hôtel qui domine le front de mer. Pour un week-end romantique, demandez celle en angle, pour profiter inlassablement de la jetée et du ballet incessant des voiliers qui entrent et qui sortent du port. Les autres chambres sont ravissantes, elles aussi, décorées avec grand soin.

Où manger ?

À Deauville

Comme pour le logement, les porte-monnaie maigrichons souffriront moins à Trouville qu'à Deauville, où la bonne cuisine tend à se payer très cher.

De prix moyens à chic

🍽 ⛱ ***Le Comptoir et la Table*** *(plan B2,* ***22****) : 1, quai de la Marine. ☎ 02-31-88-92-51. Congés : 3 sem en janv, 1 sem fin nov. Le midi en sem, menu 20 € ; carte 60 €.* On aime bien ce troquet de marins, à l'ambiance populo-chic avec sa terrasse sur le port et ses habitués agglutinés autour du zinc. Cela donne le midi une jolie brasserie, simple et conviviale, ce qui semble une gageure à Deauville. Le soir, le week-end et à la carte, les prix montent singulièrement, mais il faut reconnaître que les portions sont belles et les produits, tout ce qu'il y a de plus nobles.

🍽 ⛱ ***La Péniche*** *(plan A2,* ***21****) : bd de la Mer. ☎ 02-31-98-52-75. • peniche@orange.fr • Tlj (sauf mer et dim soir hors saison). Congés : janv. Formules déj en sem 17,50-22 € ; menus 24,90-35,90 €.* En voilà une bonne idée, une péniche ancrée dans le port ! Les baies vitrées offrent une vue agréable, tandis que les assiettes proposent des réalisations classiques et pas mal tournées, que ce soit au rayon salades ou dans la partie poissons. Service pro et rapide.

À Trouville

Sur le pouce

🍽 ***La Poissonnerie*** *(plan B-C2,* ***23****) : marché aux poissons, bd F.-Moureaux, côté parking. Tlj 9h-19h30.* Situés le long du port de pêche, plusieurs bistrots mettent à disposition des tables et chaises hautes pour une dégustation de fruits de mer. On choisit la composition de son plateau selon la pêche du jour, en l'accompagnant d'un petit verre de blanc. Un bon plan !

🍽 ⛱ ***Villa Gypsy*** *(plan C2,* ***24****) : 65, rue des Bains. ☎ 09-53-83-88-90. ♿ Tlj sauf lun-mar 10h30-18h. Congés : début janv. Carte env 12 € ; brunch le dim 18 €. Lifestyle & coffeeshop,* c'est écrit sur la carte en langage international, car vous allez tomber ici sur un nid de voyageuses (mère et filles) qui ont vu du pays avant d'ouvrir ce sympathique salon de thé avec son coin boutique du monde, son salon de lecture et sa terrasse, cachée dans la seule cour fermée de Trouville. L'après-midi, pâtisseries sans gluten (mais gourmandes).

De prix moyens à chic

Brasserie Le Central *(plan C2,* **25***) : 158, bd F.-Moureaux. ☎ 02-31-88-13-68. • central-hotel@wanadoo.fr • ♿ Tlj 8h-minuit. Fermé 24 déc au soir et 25 déc. Menus 21,90-32,70 € ; carte env 35 €.* Grande salle typiquement parisienne avec terrasse face au port. Les serveurs sont speedés mais efficaces, la clientèle est très mélangée et la carte, longue comme le bras. On peut s'en tirer à des prix tout à fait convenables, car les plats sont copieux, et un seul peut suffire. Notre péché mignon : la friture de pays encore toute croustillante, qui se mange avec les doigts, accompagnée d'un verre de sancerre... le bonheur !

Tivoli Bistro *(plan B-C2,* **27***) : 27, rue Charles-Mozin. ☎ 02-31-98-43-44. Tlj sauf mer-jeu. Congés : 2 sem en juin et 3 sem de mi-nov à début déc. Formule 17,50 € ; menu 33,50 € ; carte env 40 €.* Petit bistrot à la décoration hétéroclite, dominée par le bois. Poisson fumé maison et très bons petits plats : gratin de poisson, escalope de veau aux morilles, sole meunière, clafoutis aux fruits de saison, etc.

Où boire un verre ?

À Deauville

Brok Café *(plan A3,* **30***) : 14, av. du Général-de-Gaulle. ☎ 02-31-81-30-81. Tlj sauf lun 18h30 (17h30 en été)-2h.* Pour la déco, c'est La Havane en Normandie ; dans les verres, c'est caïpirinhas, margaritas et mojitos (dont un au champagne, *so chic* !) en place du pommeau et du calva. Musique latino, bien entendu. Un bar sympathique qui s'anime pas mal le week-end, fréquenté par quelques people et les joueurs de polo de l'hippodrome voisin.

Où manger une bonne glace ?

À Deauville

Martine Lambert *(plan A3,* **31***) : 76 bis, rue Eugène-Colas. ☎ 02-31-88-94-04. Tlj en hte saison.* Une cinquantaine de parfums de glaces et de sorbets ! Du plus classique au plus créatif et original. Artisanales, on s'en doute, ces glaces sont élaborées à base de bons produits fermiers, de fruits frais et d'arômes naturels. Les prix se chargeront eux aussi de vous rafraîchir et de calmer votre ardeur gourmande !

À voir

Le musée Villa Montebello *(plan C1) : 64, rue du Général-Leclerc à Trouville. ☎ 02-31-88-16-26. ♿ (expos temporaires). Juin-sept, mer-dim 10h-12h, 14h-17h30 ; oct-mai, mer-ven 14h-17h30, w-e, vac scol et j. fériés 10h-12h, 14h-17h30. Entrée : 5 € ; réduc. Le billet donne accès à la Galerie du Musée, située dans le bâtiment de l'office de tourisme.* Dans une villa balnéaire du Second Empire, typique de la côte normande, les collections de ce musée (tableaux, affiches,

À LA MODE DE HOLLYWOOD !

Pastichant Los Angeles, pour remercier les stars hollywoodiennes d'être venues lors du Festival du cinéma américain, Deauville choisit d'inscrire leurs noms sur les cabines de bains situées le long des Planches. C'est moins classe que Sunset Boulevard, mais bon... Bette Davis, Liz Taylor, Rock Hudson, Clint Eastwood et Kirk Douglas ont déjà été mis à l'honneur. Chez les plus jeunes, Matt Damon, Orlando Bloom, Robert Pattinson, Salma Hayek ou Cate Blanchett.

dessins, etc.) vous content l'histoire de la station et le développement de la mode des bains de mer. On peut notamment y voir les œuvres du peintre Charles Mozin, qui découvrit Trouville en 1825. Toute l'année, animations culturelles.

Les villas balnéaires : Deauville comme Trouville ont su conserver un grand nombre de ces villas et grands hôtels, témoignages de l'aisance dans laquelle on vivait au XIXe s (et encore aujourd'hui d'ailleurs !) sur la côte. Il suffit de se balader le nez en l'air dans les rues ou sur le front de mer des 2 villes pour en découvrir quelques beaux spécimens.

***Les palaces** (plan A2-3) :* de chaque côté du casino, les 2 plus beaux fleurons de la chaîne Lucien-Barrière, à savoir le *Royal Barrière* (1913) et le *Normandy Barrière* (1912). Le 1er, somptueux, porte bien son nom. Mais on peut préférer l'architecture du 2d, plus typique avec ses colombages auxquels une rénovation a redonné leurs couleurs d'origine, soit blanc et vert. Les suites portent des noms mythiques : « Jane Russell », « Robert De Niro », etc.

***L'hôtel de ville de Deauville** (plan B3) : 20, rue Robert-Fossorier, au croisement des rues Eugène-Colas et Victor-Hugo.* Sur une ravissante placette fleurie, décorée de pommiers. Charmant bâtiment normand à tourelle, aux colombages sertis de briquettes.

À faire

Deauville ne serait pas tout à fait Deauville sans sa piscine d'eau de mer, son tennis-club, son centre nautique (planche à voile, char à voile, catamaran, kayak, kitesurf, etc.), son école d'équitation, son poney-club et... son casino ! Le même genre d'activités est proposé sur Trouville.

On trouve à Deauville et Trouville les 2 plus belles plages de sable fin de Normandie. Célèbres pour leurs cabines et leurs Planches...

➢ Les 2 offices de tourisme proposent tout un programme de ***visites guidées thématiques.*** Trouville, en outre, propose 2 ***circuits pédestres*** sur les hauteurs, à l'est de Trouville. Le *circuit bleu* fait 7 km, tandis que le *circuit jaune* est long de 11 km.

Promenades en mer : *avec la vedette* Gulf Stream II *de M. Perchey, quai Albert-Ier. 06-07-47-14-12. • gulfstream2-trouville.com • En route pour une promenade le long de la côte entre Trouville et Deauville (30 mn). Départ quai Albert-Ier juste derrière le casino de Trouville à l'heure de la marée, sauf en cas de mauvais temps. Balade : 10 € ; réduc.*

Manifestations

Les 2 villes proposent nombre de manifestations toute l'année. En voici quelques-unes :

– ***Festival du cinéma américain de Deauville :*** *ts les ans, en sept. • festival-deauville.com •* Presque inutile de faire les présentations ! Une trentaine de films à l'affiche, dont certains en exclusivité mondiale. À la grande différence de Cannes, tout le monde peut assister aux projections. Beaucoup de monde (et de stars) : difficile de trouver une chambre pendant cette période !

– ***Festival Off-Courts :*** *à Trouville, début sept, en même temps que le Festival du cinéma américain de Deauville. Rens : ☎ 02-31-14-39-05. • off-courts.com •* Films courts de tous les pays. Projections gratuites dans la salle des congrès de Trouville. À l'origine, ce festival se posait comme une sorte de « off » au festival de Deauville qui tombait en même temps, avec une programmation « non cinématographiquement correcte » et ne touchant pas forcément le même public.

• Carte Cabourg et le pays d'Auge *p. 187*

CABOURG

(14390) 3 527 hab.

Au milieu du XIXe s, un avocat parisien, séduit par la plage de Cabourg, eut l'idée d'y développer une station balnéaire. Il fallut vaincre les réticences de toutes sortes et les problèmes purement topographiques : construire sur du sable n'est pas chose facile. Et pourtant, le projet aboutit. Cabourg devint une station balnéaire mondaine au début du XXe s, à l'époque où Marcel Proust la décrivit sous le nom de Balbec dans *À la recherche du temps perdu.* C'est d'ailleurs cette époque que se propose de vous faire revivre *La Villa du Temps Retrouvé (15, av. du Président-Raymond-Poincaré),* un espace muséal qui devrait ouvrir ses portes au printemps 2021.

Le centre-ville avec ses magnifiques villas est pratiquement resté intact, ce qui lui donne un certain charme. La ville est bâtie selon un plan très régulier, tiré au cordeau, avec de longues avenues rayonnant en éventail autour du casino. Les parterres de fleurs, la longue promenade piétonne Marcel-Proust qui longe la mer et une belle plage accentuent le charme gentiment décadent de cette petite ville bourgeoise qui a aussi, bizarrement, de sérieux airs de station bien populaire.

Comment y aller en train ?

Les villes de Dives-sur-Mer et Houlgate ont une petite gare. Celle de Dives-sur-Mer est située presque à cheval entre Dives et Cabourg et celle de Houlgate n'est qu'à un arrêt (les billets s'achètent donc dans le train ou à la gare de Dives-sur-Mer). Les liaisons avec Paris sont rares : 1 à 3 trains avec correspondance à Deauville-Trouville le w-e et également dans la sem en été.

Autres possibilités, au départ de Paris (gare Saint-Lazare) :

➢ ***Paris-Caen :*** plus de 12 trains directs/j. (1h45-2h de trajet) ; liaison en bus pour Cabourg avec certains trains seulement (45 mn).

➢ ***Paris-Deauville :*** une dizaine de trains/j. (min 2h de trajet) ; liaison en bus pour Cabourg avec certains trains seulement (40 mn).

Pour les correspondances en bus, rens auprès de la compagnie des *Bus Verts du Calvados (☎ 09-70-83-00-14 ; • nomadcar14.fr •).* Desserte régulière (excepté dim où les bus sont beaucoup plus rares) par la ligne n° 20 qui relie Caen, Cabourg, Houlgate, Deauville, Honfleur et Le Havre.

– Rens SNCF : ☎ 36-35. • oui.sncf •

Adresse et info utiles

Office de tourisme : *jardins de l'Hôtel-de-Ville. ☎ 02-31-91-20-00. • cabourg.net • Juil-août, tlj 9h30-13h, 14h-18h ; sept-juin, lun-sam 10h-13h, 14h-18h (tlj pdt vac scol).* En été, l'office de tourisme propose diverses visites guidées sur l'histoire et l'architecture de Cabourg *(selon programmation, env 7 €).*

– **Marché :** *mer et dim mat tte l'année ; sous les halles ven mat et sam mat ; ts les mat vac scol zone C.* **Marché nocturne** *sam juil-août.*

Où dormir ? Où manger ?

De prix moyens à chic

Hôtel La Villa Les Mots Passants : *24, av. du Général-Leclerc. ☎ 02-61-45-17-01. • info@hotel-cabourg-lesmotspassants.com • hotel-cabourg-lesmotspassants.com • Doubles 60-129 €.* Au bord de la route, sans vue sur la mer donc, et très légèrement hors du centre. Cette adresse n'en reste pas moins le meilleur rapport qualité-prix-charme d'une ville qui peine à rajeunir son parc hôtelier. Déco aux couleurs tendres et au mobilier blanc rétro, en accord avec Cabourg la romantique. En revanche, si les nids sont douillets et apprêtés, les moins chers sont vraiment petits. Accueil agréable.

La Casa : *14, av. de la Mer. ☎ 02-31-50-68-21. Fermé mer-jeu. Formules déj en sem 17-23 € ; carte 20-25 €.* Ici, pain, pâte à pizza, galettes et crêpes ainsi que tous les desserts sont vraiment fabriqués maison, par un pro, et ça se sent sous la dent ! L'adresse parfaite en famille (ou pas) puisque même si le menu est assez restreint, on y trouve un peu de tout : des pizzas, donc, mais aussi des galettes ou de bonnes viandes accompagnées de leurs bonnes frites... sans parler des redoutables profiteroles qui raviront les gourmands. Pas étonnant en conséquence que la jolie petite salle tout en longueur (et qui déborde dans la rue aux beaux jours) se remplisse vite, d'autant que l'on vous y accueille avec le sourire.

Le Biquet's : *promenade Marcel-Proust. ☎ 02-31-91-50-66. • lebiquets@gmail.com • ♿ Presque à l'extrémité ouest de la promenade, à 10 mn du centre. Tlj (sauf mar-mer hors saison). Congés : nov-début fév. Menus 18-29 € ; carte env 35 €.* En surplomb de la plage, avec sa terrasse vue sur mer, le genre d'adresse vers laquelle on dirige presque spontanément ses pas. En se disant qu'au moins il y aura le paysage... Bonne surprise, la cuisine, entre terre et mer, se tient plutôt bien, le service est d'une souriante efficacité, et l'addition n'atteint pas les sommets auxquels Cabourg nous a (malheureusement) habitués.

Le Baligan : *8, av. Alfred-Piat. ☎ 02-31-24-10-92. • lebaligan@orange.fr • ♿ Depuis l'office de tourisme, descendre l'av. de la Mer et prendre la 2e rue à droite. Tlj (sauf mer hors saison). Congés : déc. Menus déj en sem 21,50 €, puis 33,50-50 € ; carte 35-40 €.* Les produits de la mer sont ici traités avec amour et doigté. Les amoureux de la chose maritime pourront choisir, dans le grand panier d'osier que l'on apportera à leur table, la belle pêche du jour : saint-pierre, sole, raie... On vous les prépare à votre convenance et vous payez au poids. Salle bistrot chic, avec fresque sépia terre-mer. Fraîcheur des produits, professionnalisme dans le travail réalisé, bonne humeur dans le service.

Où s'imprégner le mieux de Cabourg ?

Le Grand Hôtel de Cabourg : *les Jardins du Casino, promenade Marcel-Proust. ☎ 02-31-91-01-79. • h1282@accor.com • grand-hotel-cabourg.com • Doubles à partir de 166 €. Petit déj 25 €. Brunch dim (12h30-14h) 75 €.* Palace rendu mythique par Marcel Proust qui y avait ses habitudes et sa chambre réservée. 5-étoiles, faisant face à la mer, les prix sont évidemment trèèèès élevés, mais nombreuses promotions sur Internet. Certains week-ends d'hiver, l'hôtel devient abordable. Sinon, vous pourrez profiter de cette ambiance délicieusement surannée le temps du brunch dominical (cher mais mémorable avec, entre autres, un buffet de fruits de mer à volonté !) ou le temps d'une pause au salon de thé.

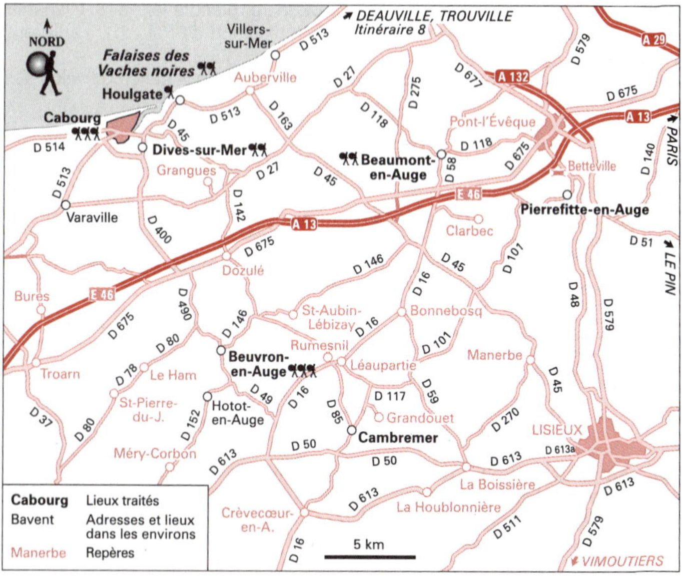

CABOURG ET LE PAYS D'AUGE

Où manger dans les environs ?

|●| *Au Pied des Marais :* *26, av. du Président-René-Coty, 14390* ***Varaville.*** *☎ 02-31-91-27-55. • au-pied-des-marais@orange.fr • À la sortie ouest de Cabourg, sur la D 514. Fermé mar-mer (sauf le soir en été). Congés : 15 j. fin janv-début fév, 3e sem de juin et 2 sem en déc. Formule déj (sauf dim) 24 € ; menus 39-49 € ; carte 45-60 €.* Le chef est bonhomme, tout comme sa cuisine (spécialités : les pieds de cochon et la cuisson à la cheminée), qui exprime la douceur et l'amour du travail bien fait. Il choisit ses produits, élabore des recettes pour en dégager le meilleur et les présente avec beaucoup de soin. C'est de la belle ouvrage, tout en conservant des prix sages. Et l'homme est aussi à l'aise pour travailler la plume, l'écaille et le poil !

À faire

Comme dans toute station balnéaire de ce standing, Cabourg offre toutes sortes d'activités, tout au long de l'année : casino, discothèque, piscine, activités nautiques (char à voile, kitesurf, etc.), golf, tennis, équitation, etc.

➢ ***Suivre le Méridien de l'Amour :*** une ligne de 104 clous (réalisés par la Monnaie de Paris) qui jalonne la promenade Marcel-Proust. 5 colonnes représentant chacune un continent déclinent en 104 langues le mot « amour » sous la forme de télégrammes dessinés.

➢ ***Randonnées de la route des marais :*** à ne pas rater. Autrefois, la mer s'enfonçait dans ces zones marécageuses. Les salines du Moyen Âge ont fait place aux prairies d'embouche. De nombreux canaux de drainage croisent encore ces routes

étroites. La boucle fait environ 30 km. De Cabourg, prendre la D 513. L'itinéraire fléché commence à Varaville. De là, suivre la direction de Paris par l'autoroute (carrefour indiqué à 500 m à droite).
La véritable découverte du marais se fait à pied ou à vélo (location de vélos possible, se renseigner à l'office de tourisme).

Manifestation

– ***Festival du film romantique de Cabourg :*** *un grand w-e (mer-dim) en juin. Projections payantes. Rens à l'office de tourisme.*
Un festival à la fois professionnel et grand public avec projections (payantes), pour certaines en plein air. Thème central : l'amour !

DIVES-SUR-MER (14160) 5 940 hab.

Coincée entre Houlgate et Cabourg, au fond de l'estuaire de la Dives, cette bourgade étrangement éparpillée est de celles que l'on peut rater si l'on ne fait pas l'effort de s'y arrêter. Alors, garez-vous et partez découvrir son centre croquignolet, concentré en quelques rues. Étonnamment, cette ville est sans doute la plus chargée d'histoire de la Côte Fleurie, puisqu'elle fut jadis un port de mer important. Essayez d'y passer un samedi, jour où la ville est transformée par un des marchés les plus vivants de la région.

DIVES-« PRESQUE »-SUR-MER

C'est de Dives que Guillaume le Conquérant repartit, après une escale forcée, à la conquête de l'Angleterre avec 55 000 soldats embarqués sur plus de 700 bateaux. Belle flotte ! Mais où est donc passée la mer ? Comme pour nombre de villes voisines, au fil des siècles, celle-ci s'est retirée à plus de... 2 km. On conserva malgré tout le suffixe quelque peu abusif de la ville.

Adresses et info utiles

Bureau d'information touristique : *dans le village d'art Guillaume-le-Conquérant. ☎ 02-31-91-24-66. • dives-sur-mer.fr • ♿ Mars-oct, mar-sam 10h-13h, 14h-18h (tlj juil-août) ; nov-fév, mar-sam pdt les vac scol.* Visites commentées (1h30) durant les vacances scolaires.

Gare SNCF de Dives-Cabourg : *à l'entrée de Dives, en venant de Cabourg. ☎ 36-35.*

– ***Marchés :*** *sam mat tte l'année. Autre marché lun mat en été, à Port-Guillaume. Marché aux poissons le mat tte l'année sur le port de pêche.*

Où manger ?

De bon marché à prix moyens

À l'Intuition : *64, rue du Général-de-Gaulle. ☎ 02-31-24-55-61. • a-l-intuition1@orange.fr • Fermé mar-mer, plus dim soir hors saison. Formules déj 16-18 € ; carte 30-35 €.* Il faut reconnaître que le quartier n'est pas le plus glamour de la Côte Fleurie. Mais qu'importe car la table, elle, se distingue et la salle est accueillante. Quelques plats seulement à la carte, un menu qui puise fortement dans le terroir, mais en mettant à l'honneur des ingrédients que l'on croise assez rarement au détour d'un menu, comme ces délicieuses poêlées de couteaux. Les produits, soigneusement choisis, sont simplement mais habilement travaillés. Ajoutez à cela un accueil aussi pro que charmant, vous comprendrez que l'on ressorte de là l'estomac et le cœur contents.

Où acheter de bons produits à Dives et dans les environs ?

La Cave de l'Abbaye : *2, pl. de la République. ☎ 02-31-28-04-37. • caveabbaye.com • Juste à côté des vieilles halles. Pâques-déc, mar-sam 10h-12h30, 15h-19h, et dim mat ; janv-Pâques, fermé dim-mar.* Dans les sous-sols de l'ancienne lieutenance, vente et dégustation de calvados du pays d'Auge et toutes les explications sur la fabrication du calvados et du pommeau.

Ferme de l'Oraille : *chemin de Deraine, 14430* ***Douville-en-Auge****. ☎ 02-31-79-93-43. À env 9 km au sud-est de Dives-sur-Mer. Juil-août, lun-ven 10h30-12h30, 15h30-19h ; sept-juin, mer et ven 16h-19h. Présent aussi sur le marché de Dives-sur-Mer le sam mat.* Il reste 6 producteurs de pont-l'évêque fermier AOP dans le coin, et c'est l'un d'entre eux. Mais on peut aussi acheter dans leur boutique le yaourt, la crème fraîche, le fromage blanc et le pavé d'Auge de la ferme, ainsi que les fromages de quelques autres producteurs et une sélection de produits du terroir.

À voir

Le village d'art Guillaume-le-Conquérant : *entre la rue d'Hastings et celle de la Baronnie, à 2 pas des halles.* Une enfilade de petits commerces, restos, boutiques d'antiquités et d'artisanat. Les bâtiments, restaurés dans le plus pur style normand, donnent sur 4 cours intérieures, dont une (ravissante) de style Louis XIV. Nombreuses sculptures et quelques belles façades anciennes : poutres sculptées, galerie en brique, petit clocher, fenêtres ouvragées, pots de fleurs, grilles en fer forgé, etc.

L'église Notre-Dame : *rue Hélène-Boucher.* Son aspect rappelle un bon nombre d'églises anglaises construites à l'époque de Guillaume le Conquérant. L'abside est flanquée de 2 tourelles octogonales. Beau portail flamboyant. À l'intérieur, au-dessus de la porte principale, la liste des compagnons de Guillaume qui prirent part à l'expédition d'Angleterre. Dans le mur de la 1re travée du chœur, le « trou aux lépreux », creusé au XIVe s pour leur permettre de suivre les offices de l'extérieur sans contaminer les autres fidèles ! Riche mobilier : tableaux, Vierge polychrome, lutrin en bois doré du XVIIIe s.

Les halles : en sortant de l'église, prendre à gauche puis encore à gauche la rue Paul-Canta. Les halles du XVe s, encore utilisées aujourd'hui, sont impressionnantes par la taille de leur toiture. C'est toujours là qu'a lieu le beau marché du samedi (toute l'année).

HOULGATE (14510) 1 870 hab.

Séduisante station balnéaire construite à la fin du XIXe s le long d'une plage de sable fin. Coincée entre l'estuaire de la Dives et les falaises des Vaches noires, la petite ville échappa à la « défiguration » immobilière. Elle conserve

l'un des plus beaux échantillons de villas de toute la côte normande, ainsi qu'une très belle plage. Sur le front de mer et sur les flancs des collines voisines, ce ne sont que chalets fantaisistes, manoirs de la fin du XIXe s et hôtels somptueux, témoins du passé prestigieux de Houlgate, du temps où banquiers et têtes couronnées venaient y prendre l'air. Napoléon III, Debussy, Saint-Saëns, Sacha Guitry et toute l'aristocratie européenne s'y rendirent. Zola s'y promenait en fiacre et Proust allait y acheter ses fleurs ! Depuis cette grande époque, Houlgate s'est transformée en station plus modeste, qui s'endort profondément hors saison. Elle garde néanmoins un charme indéniable.

Adresse et info utiles

Bureau d'information touristique : *10, bd des Belges. ☎ 02-31-24-34-79. • houlgate-tourisme.fr • Avr-oct, lun-sam 10h-13h, 14h-18h (tlj juil-août) ; nov-mars, mar-sam 10h-13h, 14h-18h.* Propose pendant les vacances scolaires des promenades commentées (1h30) sur différents thèmes *(résa indispensable ; env 6 €/pers).*

– **Marché :** *sous les halles, les jeu, sam et dim mat tte l'année ; tlj pdt vac scol.*

Où dormir ? Où manger ?

Camping Les Chevaliers : *chemin des Chevaliers. ☎ 02-31-24-37-93. • camping.leschevaliers@houlgate.com • campinghoulgate.com • Ouv avr-oct. Emplacement 2 pers 17 €.* Juste à la périphérie de Houlgate, en bordure d'un quartier résidentiel et adossé à des collines verdoyantes. Enfin un camping de cette côte où tout l'espace n'est pas dévoré par les locatifs. Oui, un certain nombre d'emplacements sont loués au semestre ou à l'année par des camping-cars ou des caravanes, mais il y a aussi plein d'autres rectangles de pelouse destinés aux visiteurs de passage. Installations simples, mais cadre et accueil plaisants.

Hôtel La Maison d'Émilie : *25, av. des Alliés. ☎ 02-31-57-24-15. • lamaisondemilie@yahoo.fr • lamaisondemilie.net • À 100 m de la plage, dans une rue perpendiculaire à la rue principale. Doubles 85-160 € ; familiales. Parking 10 €.* Dans l'escalier en bois de cette pittoresque villa balnéaire de 1880, on s'attendrait presque à croiser des messieurs à moustaches en maillot de bain rayé. Le salon est lui aussi resté dans son jus avec ses boiseries et une belle curiosité : sa tapisserie peinte d'origine. Les chambres, en revanche, ont subi une complète transformation. Confort d'aujourd'hui et meubles d'hier, elles s'avèrent aussi charmantes que l'accueil.

Restaurant des Halles : *34, rue du Général-Leclerc. ☎ 02-31-24-82-25. • resa.leshalles@gmail.com • Fermé lun en saison, mar-mer hors saison. Formules déj express en sem 16,90-21 € ; carte 25-30 €.* Une adresse sûre à Houlgate, face au marché couvert. Personnel qui se démène, cadre chaleureux. L'ardoise suit la pêche et les saisons. C'est sain, c'est bon. Que demander de plus ?

Le Royalty : *2, rue des Bains. ☎ 02-31-28-09-15. • leroyaltyhoulgaterestaurant@gmail.com • Tlj sauf mer, 12h-23h. Congés : en mars et nov. Menus déj en sem 16,90 ; carte 20-25 €. Digestif offert sur présentation de ce guide.* Une brasserie qui fait plutôt du bon boulot : carte variée et bien équilibrée, qualité régulière, cadre agréable, bonne atmosphère et tarifs abordables.

Les Passantes : *41, rue des Bains. ☎ 02-61-92-39-69. • lespassantes.houlgate@gmail.com • Tlj sauf lun, plus mar hors juil-août. Menu 27 €.* Le menu à l'ardoise change toutes les semaines, le frère marin-pêcheur à Trouville se charge de l'approvisionnement en poisson, pour ce qui est du reste cela vient des petits producteurs des environs. Et l'équipe aux fourneaux se charge de transformer ces produits de saison et d'une grande fraîcheur en une réjouissante cuisine bistronomique. Le tout servi avec le sourire et dans une ambiance décontractée. Très agréable patio sur l'arrière et terrasse donnant dans la rue.

À voir

Les villas : l'un des attraits essentiels de la station. Même si elles furent construites au cours d'une période réduite (de 1860 à 1914), les styles diffèrent suffisamment pour satisfaire tous les goûts. Houlgate compte près de 300 villas dignes d'intérêt.

ÉCLECTIQUE

Durant la 2de moitié du XIXe s, à l'heure où l'architecture était peu imaginative, les bourgeois qui désiraient se faire édifier des demeures en bord de mer afin d'étaler leur nouvelle richesse s'inspirèrent de divers styles passés : cottages anglais, manoirs gothiques, château rococo, chalets suisses, palais médiévaux, maisons mauresques... À cette absence d'unité architecturale, on finit par trouver un nom : le style éclectique ! Manière pudique de qualifier un style... qui n'en est pas un.

Les Vaches noires et Villers-sur-Mer : accès par la plage de Villers à marée basse. Étonnantes falaises de craie et de marnes grises d'une centaine de mètres de haut, qui s'achèvent en chaos dans la mer. Du sommet (en passant par Auberville), large point de vue sur la Côte Fleurie et la Côte de Nacre (à l'ouest). En passant, n'hésitez pas à pousser jusqu'à la petite station balnéaire de Villers-sur-Mer et à vous attarder un peu : son petit centre-ville est plutôt coquet.

LE PAYS D'AUGE

Les habitués de la Côte Fleurie connaissent bien le pays augeron, en tout cas dans sa partie nord, plus fréquentée, plus léchée, plus glamour. On y trouve tous les ingrédients du week-end réussi : manoirs de rêve, ruisseaux vagabonds, chemins de traverse (qui semblent avoir été conçus pour le cheval et le VTT), chapelles rafraîchissantes et paisibles hameaux échappés des gravures des siècles passés. Quant aux fromages qui ont fait, avec le cidre et le calva, la renommée du coin, leurs fiefs (Livarot, Pont-l'Évêque, etc.) parlent d'eux-mêmes !
Bref, le pays d'Auge, c'est la carte postale de la Normandie, avec ses pâturages d'un vert profond, ses pommiers, ses vaches, ses chaumières ou ses adorables fermettes à pans de bois. Le territoire est vaste, car si la partie la plus grande et la plus connue de celui-ci se trouve dans le Calvados, il s'étend jusque dans l'Eure et l'Orne. Doucement vallonnés, ses paysages contrastent avec les grandes terres céréalières qui l'entourent (la plaine de Caen à l'ouest et le plateau du Roumois à l'est). D'ailleurs, contrairement à eux, il est plutôt une terre d'élevage, bovin, mais aussi équin. Mais si les haras sont très nombreux, ils sont aussi bien cachés, on n'en aperçoit souvent que les barrières.
Dans sa partie calvadosienne, le pays d'Auge est bordé à l'ouest par la Dives et à l'est par la Touques. Suivre cette dernière de Trouville ou Deauville jusqu'au sud de Lisieux, en privilégiant les petites routes, est une délicieuse

façon de découvrir cette microrégion. Au cours de vos pérégrinations, vous buterez de temps en temps sur l'A 13 (qui suit pratiquement la même trajectoire que la D 675) ou la D 613 reliant Caen et Lisieux – les 2 grandes artères qui tailladent ce territoire d'est en ouest –, avant de replonger avec bonheur dans les méandres des chemins creux.
Est-il besoin de préciser que le pays d'Auge est particulièrement enchanteur au printemps, quand les paysages luxuriants se parent de leur manteau vert profond, illuminé par la blancheur des pommiers en fleur. Ou à l'automne, quand leurs fruits s'épanouissent et ajoutent de nouvelles nuances de vert, de jaune, ou de rouge au tableau.

BEUVRON-EN-AUGE (14430)

Certainement un des plus jolis villages de la région (et c'est pour cette raison qu'il est aussi devenu un des plus touristiques !). La place principale avec ses halles à la curieuse allure est si typique qu'on l'imagine sortie d'un décor de cinéma. De Beuvron, les amateurs de randonnée pourront grimper jusqu'à la *chapelle de Clermont-en-Auge* et profiter du superbe panorama sur les vallées alentour.

UN MONUMENT NON HISTORIQUE !

Les halles d'origine de Beuvron, qui dataient du XVIIIe s, furent détruites en 1958 afin de permettre la construction d'un parking sur la place... Un maire s'émut de cette scandaleuse destruction. Aussi, profitant du fait que le tracé de la toute nouvelle autoroute passait non loin, il démarcha les constructeurs et récupéra toutes sortes de matériaux anciens, provenant des nombreux bâtiments, maisons, granges, etc., démolis par les bulldozers. C'est ainsi que de nouvelles halles, plus vraies que nature, virent le jour en 1975.

Adresse utile

Bureau d'information touristique : *2, esplanade Woolsery. ☎ 02-31-39-59-14. Juil-août, tlj 10h-13h, 14h-18h ; mars-juin et sept-oct, mar-sam, mêmes horaires ; nov-janv, ouv seulement pdt vac scol, mar-sam.*

Où dormir ? Où manger ?

Chambres d'hôtes Le Clos Fleuri : *23, pl. M.-Vermughen. ☎ 02-31-39-00-62. • hamelinmonique@wanadoo.fr • leclosfleuri-14.fr • Résa conseillée. Compter 75 € pour 2.* Sur la place du village. Ancienne ferme à pans de bois, superbement restaurée, séparée de la rue par un haut mur de pierre. Jardin intérieur adorable. Accueil d'une grande gentillesse. Les chambres, douillettes comme tout, sont installées dans l'ancien cellier et la bouillerie. L'une des 2 dispose même d'une kitchenette.

Le Pavé d'Auge : *☎ 02-31-79-26-71. • info@pavedauge.com • Tlj sauf lun (plus mar hors juil-août). Congés : vac scol d'hiver et fin nov-fin déc. Menus 45,50-65,50 €.* L'une des meilleures tables du département, un remarquable rapport qualité-prix ! Le chef a les pieds ancrés dans le terroir normand et, du produit le plus rustique, il fait une merveille de délicatesse. Son « petit » menu, avec sa farandole de mises en bouche et de mignardises, est un véritable enchantement. Atmosphère un peu bourgeoise et compassée. Propose également des chambres d'hôtes.

Où dormir dans les environs ?

Chambres d'hôtes et gîte Les Vignes : *chez Mme Gallot, Les Vignes, 14430* ***Hotot-en-Auge.*** *☎ 02-31-79-22-89. 06-16-33-26-42. • contact@chambreslesvignes.fr • chambreslesvignes.fr • À env 5 km à l'ouest de Beuvron. Compter 74 € pour 2. Gîte 5 pers.* Quel plaisir de passer quelques jours dans cette ferme typique du coin dans un bel environnement boisé et tout vert ! 3 des chambres se trouvent à l'étage de la maison des propriétaires. Sobres, fraîches et coquettes avec, dans les espaces communs, le vieux parquet qui craque. L'une d'entre elles a ses toilettes sur le palier et les autres ont la douche directement dans la chambre. La 4e chambre, tout aussi agréable mais en rez-de-chaussée, fait bande à part. Loue également un petit gîte. Accueil direct et agréable.

CAMBREMER *(14340)*

La capitale du cidre et du calvados se présente comme un paisible bourg non dénué de charme et de bonhomie, d'autant qu'en toute saison elle garde une certaine animation. Église massive avec une jolie tour romane.

Le cidre, vous connaissez ?

On fait le cidre en combinant les qualités de plusieurs variétés de pommes que l'on mélange le plus harmonieusement possible. Les fruits, recueillis à parfaite maturité, sont triés, lavés, brassés puis pressés : 100 kg de pommes donnent environ 70 l de jus. La fermentation se déroule en caves fraîches et transforme le sucre en alcool. Si cette fermentation est arrêtée lorsque le jus atteint 3° d'alcool, on obtient du cidre doux. Au contraire, en prolongeant la fermentation, le cidre sera demi-sec ou brut. Il existe 2 types de cidre : le cidre (industriel ou de marque), gazéifié et stabilisé par pasteurisation, qui représente environ 85 % de la production, et le cidre fermier à prise de mousse en bouteille, qui peut revendiquer une AOC et la mention « cidre de Cambremer », à acheter directement au producteur.
Route du cidre pour les amateurs ; un circuit fléché très prisé, parmi les plus séduisants de Normandie. On peut se procurer la petite brochure dans les offices de tourisme.

Adresse et infos utiles

Bureau d'information touristique : *2, pl. de la Mairie. ☎ 02-31-48-18-10. • authenticnormandy.fr • Face à la poste. Tte l'année, mar-sam 9h-12h30, 14h-18h.*

– **Marchés :** *ven mat.* ***Marché à l'ancienne,*** *dim mat à partir de 10h à Pâques, le 1er dim de mai, à la Pentecôte et en juil-août.*

Où dormir ?

Domaine Le Coq Enchanté : *impasse du Lavoir. ☎ 02-31-31-90-37. • reservation@le-coq-enchante.com • le-coq-enchante.com • Ouv tte l'année. Roulotte (mars-oct seulement) 80-150 € pour 2 pers ; maisonnettes pour 5 pers 190-250 €/nuit ; maison 15 pers 480-630 € ; séjour de 2 nuits min.* Avec pareil domaine, le coq serait bien culotté de ne pas être enchanté ! On est en plein village, mais avec l'impression d'être en pleine campagne. Sur le terrain d'une ancienne ferme – à laquelle les descendants ont entrepris d'offrir une 2de vie – et dans le verger de pommiers, plusieurs types d'hébergements disséminés, tous jouissant de la plus grande tranquillité. La magnifique « Pommeraie » est une grande maison abritant 6 chambres avec salon, salle de billard, cuisine et terrasse dotée d'un spa et d'un étonnant sauna (entre la bulle et le tonneau). Plus modestes, mais non moins ravissantes, 2 maisonnettes avec 2 chambres, un salon, une cheminée, une cuisine et une terrasse. Et partout, un mobilier choisi, élégant, et des matériaux de qualité offrant tout le confort pour un séjour cocooning. De mars à octobre, possibilité également de louer une bulle. Et pour prendre de la hauteur, une salle de soins dans une cabane perchée et une bulle pour le yoga.

Où manger ?

Prix moyens

Au P'tit Normand : *pl. de l'Église. ☎ 02-31-32-03-20. • huguette.besnard@orange.fr • Tlj sauf dim soir-lun. Congés : de fin déc à mi-fév. Formule déj en sem 16 € ; menu-carte 28 € ; carte env 35 €. Apéritif maison offert sur présentation de ce guide.* En plein centre de Cambremer, une jolie petite salle beige proposant une cuisine normande goûteuse et copieuse. Entre autres spécialités, l'entrecôte sauce camembert, préparée par maman qui œuvre aux fourneaux tandis que sa fille s'occupe de la salle.

Où acheter de bons produits du terroir ?

Fromages de chèvre de la ferme de la Mimarnel : *Le Petit-Motte, Le Cadran, 14340* ***Cambremer.*** *☎ 02-31-63-00-50. • lamimarnel.motte@laposte.net • Sur la D 50. Lun-ven 9h-12h (passer un petit coup de fil avt d'y aller).* De très bons produits.

L'Épicerie : *pl. de l'Église. ☎ 02-31-32-08-99. • produits-normandie.fr • Tlj sauf dim ap-m et lun, 9h-13h, 15h-19h.* Propose une belle sélection saisonnière de produits de Normandie.

BEAUMONT-EN-AUGE (14950)

À voir. À faire

Les jardins et l'écomusée du pays d'Auge : *av. des Tilleuls. 06-84-43-59-29 ou 06-08-92-99-07. • lesjardinsdupaysdauge.com • Début mai-fin sept, tlj 10h-18h30 (dernière entrée) ; oct, lun-ven 10h-17h. Entrée : 8,50 € ; réduc ; gratuit moins de 5 ans.* Les propriétaires, pépiniéristes, ont créé ce beau jardin en 1994 sur une prairie de 3 ha, labellisé Jardin remarquable en 2006. Parallèlement, ils « récupèrent » dans la région les bâtisses traditionnelles abandonnées qu'ils rapatrient dans leur jardin et restaurent. De fil en aiguille, ils reconstituent seuls un village d'antan. On peut actuellement voir la boulangerie, le musée des outils anciens, la forge, la bouillerie, la vieille grange et la ferme des animaux. Chapeau ! Également une crêperie sur place.

PIERREFITTE-EN-AUGE (14130)

Absolument exquis. Bâties à flanc de coteau dans un site vallonné et feuillu, quelques habitations surplombent la vallée de la Touques. Au milieu du village, église du XIIIe s. Les poutres soutenant la voûte furent peintes au XVIIe s.

• Carte La Côte de Nacre et les plages du Débarquement *p. 196-197*

Une côte qui porte bien son nom : sur des dizaines de kilomètres, des étendues de sable clair dont tout le monde connaît les images, ponctuées de-ci de-là par d'impressionnantes falaises de craie. Des plages que l'occupant tenta de noyer dans le béton : ces sites superbes sont désormais associés aux centaines de blockhaus, casemates et autres batteries censés en interdire l'accès aux forces alliées...

Ici se déroulèrent des combats sans merci pour la libération de l'Europe. Des moments d'héroïsme dignes des récits médiévaux, comme la fameuse prise de la pointe du Hoc par les hommes du colonel Rudder. Des exploits techniques incroyables, comme la construction et l'acheminement (!) du port artificiel d'Arromanches. Des catastrophes humaines, comme l'hécatombe des soldats américains à Omaha Beach, dite « la Sanglante ».

ON CHANGE DE DATE !

Le débarquement allié fut initialement fixé au 5 juin 1944, sur 2 critères : marée très basse et pleine lune. Les prévisions météo étaient défavorables. Les navires partirent le 4 et furent rappelés très vite à cause d'une mer démontée. La date suivante idéale était en septembre. Le secret du Débarquement étant impossible à tenir si l'on attendait 3 mois, Eisenhower décida alors de débarquer le 6 juin.

Le circuit traditionnel relie Ouistreham à Sainte-Mère-Église, via Arromanches, Bayeux, Colleville et la pointe du Hoc. Plusieurs communes se partagent le territoire des 5 plages aux noms de code (Sword, Juno, Gold, Omaha et Utah), conservant d'innombrables souvenirs du mur de l'Atlantique et du Débarquement : batteries et bunkers allemands, matériel de transport, musées, monuments et cimetières.

Nous conseillons de commencer la visite des sites liés au Débarquement par l'indispensable Mémorial de Caen (prévoir 3h).

Comment y aller en train ?

➢ ***Pour Caen :*** au départ de Paris-gare Saint-Lazare, une douzaine d'A/R directs/j. Temps de trajet : 1h45-2h.
– *Rens SNCF : ☎ 36-35. • oui.sncf •*
– *Rens voyageurs pour les correspondances en bus : ☎ 09-70-83-00-14.*
• nomadcar14.fr • Informations, horaires et plan du réseau dans les points d'accueil des gares routières de Caen, Bayeux, Honfleur, Lisieux et Deauville.

À voir à Caen

Le Mémorial de Caen (Cité de l'Histoire pour la paix) : *esplanade Général-Eisenhower. ☎ 02-31-06-06-45. • memorial-caen.fr • Depuis la gare, Ⓣ Université, puis bus nº 2. ♿ Accès en voiture : par le bd périphérique nord (sortie nº 7) ; très bien fléché du centre-ville. Avr-sept, tlj 9h-19h ; oct-déc, tlj 9h30-18h ; janv-mars, tlj 9h-18h. Fermé 3 premières sem janv et les lun de nov-déc. Entrée : 19,80 € ; réduc. Forfait famille (2 adultes et nombre d'enfants illimité) : 51 €. Audioguide : 4,50 €. Billetterie en ligne.*

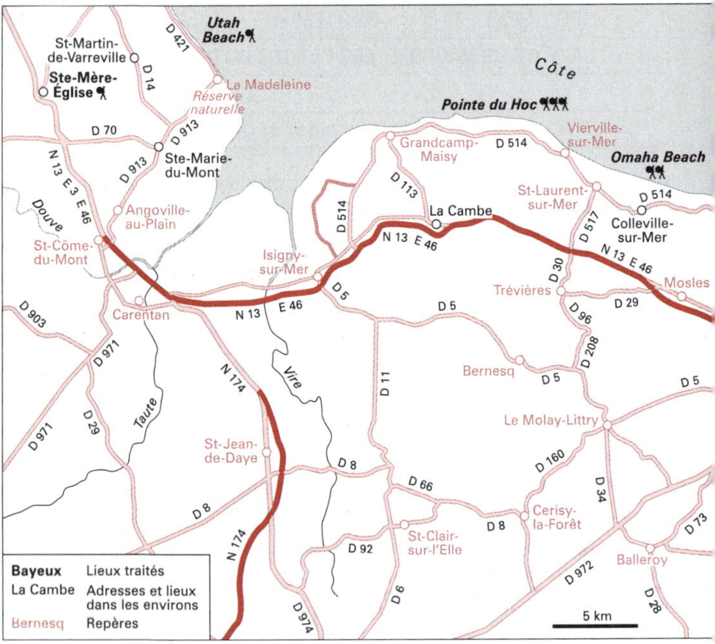

Inauguré le 6 juin 1988 par François Mitterrand, le Mémorial de Caen est devenu l'un des passages obligatoires en Normandie. Il s'agit davantage d'un centre pédagogique que d'un musée, d'un outil de réflexion sur la folie humaine et les moyens d'éviter les guerres. C'est à la fois un centre culturel (musée, cinéma, expos...), un forum d'échanges, une banque de données (documentation, librairie spécialisée, bureau de recherches), un « monument » dédié à la paix et un lieu de rassemblement (conférences, concours international de plaidoiries d'avocats et de lycéens, concerts, etc.). Sobriété, clarté du propos, intelligence de la mise en scène, sélection rigoureuse des documents font du Mémorial un site unique et passionnant. Pas étonnant que de nombreuses écoles de France mettent cette visite à leur programme.

Le Mémorial se divise en 2 grandes parties : d'une part, tout ce qui se rapporte à la 2de Guerre mondiale et, d'autre part, tout ce qui touche à l'après-guerre (la guerre froide et les relations Est-Ouest, etc.). En tout, plus de 4 500 m² d'espaces consacrés aux XXe et XXIe s à partir de 1918. Le plus cohérent est de visiter ces 2 parties dans l'ordre chronologique. Cependant, commencer par la 2de partie permet souvent d'éviter la foule, surtout si vous venez en matinée. Mais quand on arrive à l'ouverture, aucun problème.

– ***Le bâtiment*** proprement dit, construit sur les restes d'un bunker de commandement allemand, est une massive bâtisse en pierre de Caen. 1er symbole : la grande fracture centrale, évoquant la percée opérée par les Alliés dans le mur de l'Atlantique.

– ***La 2de Guerre mondiale :*** la 1re partie présente la situation économique et sociale en Europe et la dégradation des relations internationales entre 1918 et 1939 *(Faillite de la paix)* et le conflit lui-même *(La France des années noires ; Guerre*

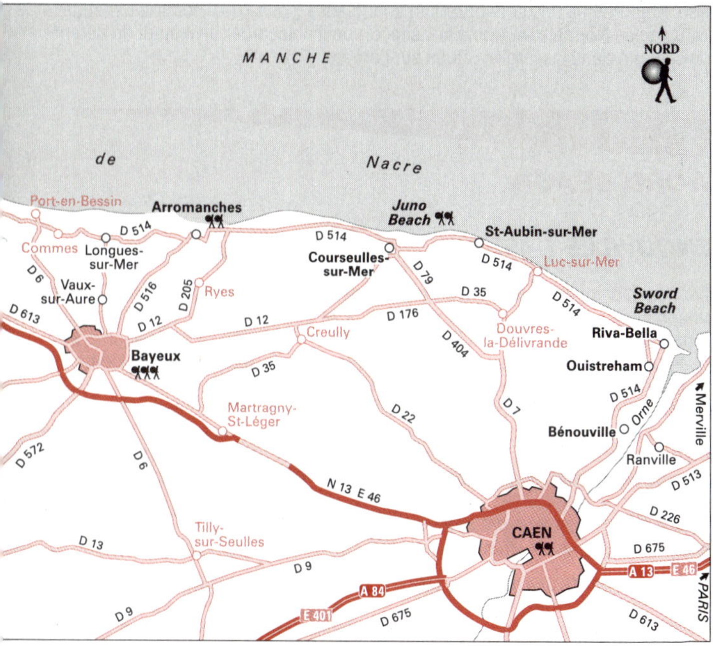

LA CÔTE DE NACRE ET LES PLAGES DU DÉBARQUEMENT

mondiale/Guerre totale). Puis viennent le rebondissement et la naissance de l'espoir avec *Le Débarquement et la Bataille de Normandie.* L'ensemble s'appuie sur une muséographie vraiment réussie, des documents d'archives le plus souvent poignants (articles de presse, photos, correspondances, films), des maquettes, des véhicules et des uniformes militaires. Ne ratez pas le film *Le Jour J et la Bataille de Normandie.*

– ***Le monde après 1945 :*** on y aborde la période entre la fin de la guerre et la chute du mur de Berlin, avec des thèmes comme *le face-à-face des deux systèmes, les temps, les lieux, les hommes de la guerre froide, les armes de la guerre froide,* puis *Berlin au cœur de la guerre froide.* Bien que sans doute un rien scolaire, cette section mérite vraiment qu'on s'y attarde car elle fait le lien de manière limpide entre la situation à la fin de la guerre et les tensions d'aujourd'hui. Vous y traverserez la *galerie des villes détruites* (espace de transition entre la fin de la guerre et l'après-guerre), qui offre un spectacle visuel et sonore inédit pour comprendre l'histoire du XXe s en Europe. *L'Europe notre histoire* démarre par la promesse naissante d'un siècle éblouissant et se termine par un avertissement pour toutes celles et ceux qui oublient que la paix est le bien commun le plus précieux, mais aussi le plus fragile. Ce nouveau bâtiment circulaire, constitue une transition essentielle entre les parcours, avant et après 1945. Une liaison qui permet de saisir l'enchaînement entre la 1re et la 2de Guerre mondiale puis la guerre froide, les causes et les conséquences de ces conflits.

Également plusieurs expos temporaires par an.

– ***Le bunker du général allemand Richter :*** le 6 juin 1944, une partie de l'état-major allemand était entassé dans cette sorte de long tunnel de métro sous la falaise. Aujourd'hui, une scénographie audacieuse y parle de l'Occupation et de la Résistance en Normandie. Après la visite, on peut s'accorder un instant de détente et de sérénité dans les jardins situés sur l'arrière.

SWORD BEACH

BÉNOUVILLE *(14970)*

À mi-chemin entre Caen et Ouistreham, une petite cité des bords de l'Orne, célèbre pour son pont, le *Pegasus Bridge.* Ce nom lui fut donné en hommage à la division aéroportée britannique qui le libéra, la 6th Airborne, dont l'écusson était un cheval ailé. Ce pont historique, à la charpente métallique originale, a, hélas, été démonté. Vous pouvez désormais le voir au ***Mémorial Pegasus*** (voir plus loin « À voir dans les environs »). Au grand dam des habitants de Bénouville, mais aussi des Bérets rouges survivants qui risquèrent leur vie pour le défendre. La conquête du site, qui entra dans l'Histoire sous le nom de *Pegasus Bridge,* fut confiée à la compagnie britannique du major John Howard, immortalisée dans le film *Le Jour le plus long.*

Où dormir ? Où manger ?

Hôtel-restaurant La Glycine : *11, pl. du Commando-N° 4. ☎ 02-31-44-61-94. • la-glycine14@gmail.com • la-glycine.com • ♿ Au centre-bourg, face à l'église. Tlj (sauf dim soir et lun midi). Doubles 77-120 €. Menus 19,50 € (en sem), puis 29,50-39,50 €. Parking privé gratuit.* Dans une bâtisse en pierre couverte de glycine (évidemment !), cette auberge abrite de jolies chambres à la déco contemporaine. Quelques-unes, tout aussi agréables, se situent dans l'annexe en face. Côté table, une cuisine entre terre et mer, de tradition, mais avec un ton d'aujourd'hui.

À voir

Le Café Gondrée : *dans le village. ☎ 02-31-44-62-25. Tlj avr-fin oct. GRATUIT, mais la moindre des choses est d'y prendre un petit verre. CB refusées. Photos interdites.* La 1re maison libérée le jour du Débarquement ! Les lieux furent d'ailleurs transformés en hôpital de campagne dès l'arrivée des Anglais. Bref, un endroit mythique, que l'on pourrait prendre pour un musée tant les souvenirs de l'époque débordent sur les murs ! Une sacrée ambiance à chaque anniversaire du D-Day !

UNE VICTOIRE QUI S'ARROSE

Le patron du Café Gondrée, *pour fêter dignement la libération du village, apporta 3 000 bouteilles de champagne qu'il avait enterrées pour qu'elles échappent aux Allemands. Les troupes anglaises ne s'attendaient certainement pas à un accueil* « so French » *!*

À voir dans les environs

Le Mémorial Pegasus : *av. du Major-Howard, à* ***Ranville.*** *☎ 02-31-78-19-44. • musee.memorial-pegasus.com • ♿ Le musée, officiellement à Ranville, se situe en fait à la limite de Bénouville, juste à côté du Pegasus Bridge. Début* *fév à mi-déc, tlj 9h30-18h30 ; hors saison, 10h-17h. Fermé de mi-déc à fin janv. Entrée : 8 € ; réduc. Visite guidée (env 1h30) comprise dans le prix, inscription à l'office de tourisme (☎ 02-31-24-23-57).* Musée consacré tout particulièrement à la 6e division aéroportée britannique, les 1ers soldats débarqués dans la nuit du 5 au 6 juin 1944. Collection d'objets et de documents authentiques. Muséographie plutôt réussie. Une maquette géante permet de visualiser toutes les zones d'intervention de la 6e division. Le parc du musée abrite le « vrai » Pegasus Bridge, un pont Bailey (un pont provisoire), et la réplique grandeur nature d'un planeur *Horsa* (unique au monde) : 352 de ces engins atterrirent dans la région de Ranville-Bénouville dans la journée du 6 juin 1944. Expo temporaire à partir de juin dans l'un des baraquements.

La batterie de Merville : *14810* ***Merville-Franceville.*** *☎ 02-31-91-47-53. • batterie-merville.com • ♿ Au sud du village. De mi-mars à mi-nov, tlj 10h-19h (10h-18h30 d'oct à mi-nov). Entrée : 8 € ; réduc.* Sur un site de 16 ha protégé de barbelés, mines et fosses antitanks, ce dispositif était l'un des plus impressionnants du mur de l'Atlantique. La batterie côtière de 4 gros canons protégeait tous les environs. Pas étonnant que les Britanniques en aient fait l'un de leurs principaux objectifs avant le débarquement sur les plages de Sword... L'une des 4 casemates (protégées par 2 m de béton armé) est transformée en petit *musée.*

OUISTREHAM ET RIVA-BELLA *(14150)*

Un village ancien ainsi que son port – Ouistreham – et une station balnéaire, Riva-Bella. La proximité de Caen et la gare maritime permettent à cette petite ville de rester relativement vivante toute l'année. Vaste plage de sable fin. C'est aussi l'une des portes ouvertes sur l'Angleterre, avec des liaisons régulières en ferry pour Portsmouth.

Adresse et infos utiles

Bureau d'information touristique : *jardins du Casino, esplanade Alexandre-Lofi. ☎ 02-31-97-18-63. • ouistreham@caenlamer-tourisme.fr • À Riva-Bella, juste à côté du casino et du principal parking de la plage. Avr-sept, tlj 10h-13h, 14h-18h ; le reste de l'année, tlj sauf mar et j. fériés 10h-12h30, 14h30-17h.* Plein d'infos. Nombreuses activités et loisirs (équitation, minigolf et voile). Organise, toute l'année, des visites guidées payantes de la ville et du phare en été.

– **Marchés :** *mar et sam dans le bourg, pl. de la Grange-aux-Dîmes ; à Riva-Bella, pl. du Marché : ven tte l'année, mer et ven-dim juil-août.* ***Marché aux poissons*** *ts les mat dans la halle aux poissons, sur le port ;* ***marché nocturne*** *juil-août, mar soir à l'entrée de la plage.*

Où dormir ? Où manger ?

Hôtel de la Plage : *39-41, av. Pasteur, à Riva-Bella ; à 100 m de la plage. ☎ 02-31-96-85-16. • info@hotel-ouistreham.com • Congés : 3 sem fin nov-début déc. Doubles 69-89 € ; familiales. Parking clos.* Joli hôtel installé dans une ancienne villa balnéaire du XIXe s à la façade fleurie de géraniums. Un certain charme, donc. Chambres claires, à la déco discrète mais coquette. 4 chambres familiales. Aux beaux jours, petit déj servi sur la terrasse.

La Table d'Hôtes : *10, av. du Général-Leclerc. ☎ 02-31-97-18-44. • latabledhotes@orange.fr • Tlj sauf mar soir, mer et dim soir. Formule déj en sem 23 € ; menus 34-52 € ; carte 45-50 €.* Une maison à l'intérieur lumineux, où les bouteilles de vin vous accueillent, alignées sur le vieux comptoir. La carte est courte (2 menus seulement, dont un de type plutôt « dégustation »), mais elle change tous les mois. Les produits sont soigneusement choisis, puis travaillés et associés avec respect et doigté. Ajoutez à cela un service pro, attentif et charmant, et vous avez tous les ingrédients de la bonne table.

À voir. À faire

Le Grand Bunker – musée du Mur de l'Atlantique : *av. du 6-Juin. ☎ 02-31-97-28-69. Dans le grand bunker de l'avenue. Avr-sept, tlj 9h-19h ; oct-mars, tlj 10h-18h. Fermé début janv (après les vac de Noël)-début fév. Entrée : 8 € ; réduc.* Sur 5 niveaux, dans une impressionnante tour-blockhaus ayant servi de poste de direction de tir aux Allemands. On visite la salle des filtres antigaz, le poste de direction des batteries, puis l'infirmerie (nombreux souvenirs sur la vie quotidienne des soldats). Dans la salle radio, expo sur l'assaut des Alliés et la libération de Ouistreham. Au dernier étage, le poste d'observation avec son télémètre géant. On imagine un peu mieux, d'ici, le choc qu'ont dû ressentir les Allemands en voyant foncer sur eux les milliers de navires alliés.

L'église Saint-Samson : *pl. Lemarignier.* Dans le centre de Ouistreham. Belle et vaste, elle fut édifiée par les seigneurs normands aux XIIe et XIIIe s. Façade remarquable pour ses rangées de piliers imposants, surmontés de chapiteaux, aux voûtes en partie boisées. Originale aussi, la galerie intérieure creusée dans le mur.

JUNO BEACH

Les plages englobées sous l'appellation *Juno* furent affectées aux unités de la 3e DI canadienne. Pour tout savoir du D-Day sur ce secteur, nous vous recommandons la visite du *Centre Juno Beach* à Courseulles-sur-Mer (voir plus loin).

SAINT-AUBIN-SUR-MER *(14750)*

Ancien village de pêcheurs qui s'est transformé en station balnéaire familiale au charme indéniable. Un lacis de ruelles étroites qui servaient autrefois à étendre les filets et une belle promenade le long de la grande plage. Certes, pour la baignade, il vous faudra souvent patauger dans les algues et marcher 3 km pour que l'eau dépasse vos genoux (on exagère peut-être un peu...), mais l'endroit est tellement plaisant qu'on lui pardonne ces petits aléas.

Où dormir ?

Hôtel Le Saint-Aubin : *26, rue de Verdun. ☎ 02-31-97-30-39. • hotelsaintaubin@wanadoo.fr • hotelsaintaubin.com • À l'extrémité de la digue, face à la plage. Doubles 50-180 € ; familiales. Parking dans l'enceinte de l'hôtel.* Bâtiment assez banal en forme de cube, mais face à la mer. Chambres rénovées agréables, fonctionnelles et confortables. La majorité d'entre elles ont vue sur la mer.

COURSEULLES-SUR-MER (14470)

Importante station balnéaire connue pour son port, sa plage... et ses huîtres. La ville est particulièrement bien équipée pour le tourisme, mais son bord de mer (côté « plage est ») a largement été saccagé par le béton. On y trouve cependant quelques belles adresses et si une subite envie de moules-frites vous saisit, c'est ici que vous aurez le plus de chances, en toute saison, de trouver votre bonheur. De plus, pour les amateurs de fruits de mer, un marché aux poissons se tient sur le port. Du côté de Graye-sur-mer (« plage ouest »), la plage de sable fin est en revanche restée naturelle, dépourvue de constructions.

LE DÉFILÉ DU GRATIN

En 1944, les habitants de Courseulles passèrent en quelques jours de l'abattement à l'espoir. Imaginez un peu : le 12 juin, sidérés, ils voient débarquer Winston Churchill, venu vérifier les 1ers résultats du Débarquement. 2 jours plus tard, c'est au tour du général de Gaulle, qui prononce son 1er discours à Bayeux. Puis le 16 juin, apothéose, Sa Majesté le roi d'Angleterre, George VI en personne, débarque sur la plage pour féliciter ses hommes. Une folle semaine !

Adresse et infos utiles

Office de tourisme : *5, rue du 11-Novembre. ☎ 02-31-37-46-80. • infos@terresdenacre.com • terresdenacre.com • Juil-août, tlj 10h-18h30 ; horaires réduits en basse saison.*

– **Marchés :** *mar et ven sur la pl. du Marché et sur le port le dim mat en saison.* ***Marché aux poissons*** *tlj, le long du port.*

Où dormir ? Où manger ?

La Pêcherie : *7, pl. du 6-Juin. ☎ 02-31-37-45-84. • pecherie@wanadoo.fr • la-pecherie.com • (resto). Doubles 79-180 €. Formules 16,50 € (déj en sem) et 24,50 € ; menu 35 €.* Petit hôtel assez chic (7 chambres), avec une déco évoluant autour du thème de la cabine de bateau, et quelques objets en série comme ces pendules arrêtées dans la salle de resto ou ces anciens postes de radio à l'accueil. Ensemble propre et plutôt original même si les chambres ne sont pas bien grandes. Au resto, verrière à l'ancienne et cuisine qui respire l'air du large, mais on a failli boire la tasse en lisant le prix des boissons. Également 1 gîte, attenant à l'hôtel, décoré avec du bois flotté.

À voir

Le Centre Juno Beach : *voie des Français-Libres. ☎ 02-31-37-32-17. • junobeach.org • Tlj ; avr-oct, visite guidée du parc Juno sur la plage à 11h30 et 15h30 ; juin-août, tlj à 11h30, 12h30, 15h30 et 16h30. Fermé janv et 25 déc. Entrée : 7,50 € (12 € avec la visite guidée du parc Juno) ; réduc ; gratuit moins de 8 ans.* Il s'agit ici du mémorial canadien élevé en mémoire des 45 000 soldats canadiens morts durant la 2de Guerre mondiale. Bonne présentation du Canada au XXe s : son entrée dans la guerre aux côtés des Alliés, sa position, son action et les influences de cette guerre sur la société canadienne. Le parcours « Explore Juno en famille » rendra la visite du musée particulièrement intéressante et instructive pour les enfants. Expos temporaires. Par ailleurs, une agréable promenade agrémentée de panneaux d'information passe devant le musée.

ARROMANCHES (14117) 550 hab.

Cette toute petite station de la côte normande n'est pas une plage du Débarquement à proprement parler, comme on l'imagine souvent à tort. Arromanches est devenue l'un des hauts lieux de l'espace historique de la bataille de Normandie grâce à l'inimaginable port flottant qui y fut installé, considéré comme la plus grande prouesse technique de la guerre...

L'INCROYABLE HISTOIRE DU PORT ARTIFICIEL

« Qui tient les ports tient l'Europe », disaient les Allemands. Malins comme tout, Churchill et lord Mountbatten avaient trouvé la parade : on ne peut pas prendre les ports, trop bien gardés, alors autant en... apporter un !
Le *Mulberry,* vaste port flottant préfabriqué, est construit en Angleterre en 1943, dans le plus grand secret. Le projet est à la mesure de l'enjeu : 115 caissons géants en béton armé, pesant chacun 7 000 t, serviront de brise-lames, sur 8 km de long ; 22 plateformes métalliques supportées par des béquilles accrochées au fond de la mer feront office de quais de déchargement ; d'immenses routes sur flotteurs, reliées aux plages par éléments télescopiques, permettront de faire circuler le matériel et les troupes. Pour compléter le dispositif, 60 navires seront volontairement sabordés au large d'Arromanches, pour former un abri contre la houle. Le 9 juin, les éléments arrivent, tirés par 200 remorqueurs.
En 100 jours, le port d'Arromanches aura vu passer 2,5 millions d'hommes, 1 demi-million de véhicules et 4 millions de tonnes de matériel !

LA JEEP, VÉHICULE À TOUT FAIRE

Sortie en 1941, la GP (General Purpose, « à tout faire », prononcez « jeep ») fut fabriquée par Bantam, petit constructeur inconnu qui remporta le marché. Comme il ne pouvait suivre la cadence de production, elle fut fabriquée en parallèle par Ford. Son écart de roues réduit lui permettait de circuler sur les rails, une fois les pneus démontés. Chaque véhicule avait un format cubique pour être transportable dans une boîte.

Adresse utile

Office de tourisme : *2, rue du Maréchal-Joffre. ☎ 02-31-22-36-45. • bayeux-bessin-tourisme.com • Tte l'année, tlj 10h-13h, 14h-17h30 (légères variations selon les mois).* Borne Internet utilisable d'avril à octobre avec une carte de paiement.

Où dormir ? Où manger ? Où boire un verre ?

Hôtel Le Mulberry – Restaurant Les P'tites Assiettes : *6, rue Maurice-Lithare. ☎ 02-31-22-36-05. • courrier@lemulberry.fr • lemulberry.fr • Congés : de janv à mi-fév. Resto ouv le soir seulement ; fermé dim. Doubles 57-99 € ; familiales. Formules 22-31 €.* Petit établissement proposant un bouquet de chambres fonctionnelles, proprettes et tranquilles. La moitié donne sur la rue, mais le soir, c'est calme. Accueil dont on se souvient. Quant au resto, c'est madame qui est aux fourneaux. Produits frais, cuisine de ménage et plutôt du terroir, mais en plus léger et un peu revu et corrigé selon l'inspiration et l'humeur.

Hôtel-restaurant La Marine : *1, quai du Canada. ☎ 02-31-22-34-19. • hotel.de.la.marine@wanadoo.fr • hotel-de-la-marine.fr • Sur la digue. Tlj. Congés : début nov-début fév. Doubles 89-145 € ; familiales. Petit déj 12 €. Menus 25-38 €.* Grosse maison blanche à l'ambiance un brin huppée, posée sur la digue, face à la mer. Un tiers des jolies chambres, belles et rénovées, donne de ce côté-là, comme les tables installées près des grandes baies vitrées d'où l'on voit la plage jalonnée par les pontons du Débarquement. La qualité de la cuisine et des produits est là, la terrasse jouit d'une des plus belles vues sur la mer de la région. C'est aussi l'une des meilleures adresses du littoral, offrant un excellent rapport qualité-prix. Évidemment, homards et soles feront grimper l'addition. Mais les menus restent très attractifs.

Où manger dans les environs ?

La Cale : *28, rue de Southampton, 14960* ***Asnelles.*** *☎ 02-31-21-48-78. • lacale3@gmail.com • Tlj. Congés : nov. Formule déj en sem 12,50 € ; menus 29,50-42,50 € ; carte env 40 €.* « Cuisine d'hier et d'aujourd'hui », annonce la carte. C'est bien vu. Moderne et décontractée, voici une vraie réussite culinaire que le bouche-à-oreille suffit à remplir. Inutile de jouer sur la présentation, les goûts sont dans les plats et les saveurs dans la bouche. Que du bon, servi avec le sourire.

À voir

Le port artificiel : ou ce qu'il en reste, une partie ayant été démontée juste après la guerre. Les vestiges, léchés par les flots depuis presque 70 ans, témoignent tout de même de la solidité du système. Les caissons les plus éloignés (à 2 km du rivage !) montrent à quel point le port pouvait être étendu. On se rend mieux compte du dispositif de l'époque après avoir vu les maquettes exposées au musée de la ville.

Le musée du Débarquement : *pl. du 6-Juin, face aux vestiges du port. ☎ 02-31-22-34-31. • musee-arromanches.fr • Tlj fév-déc : en saison 9h-19h (ou 18h) ; hors saison 9h30-12h30, 13h30-17h30. Entrée : 8,20 € ; réduc. Visite guidée (1h15) gratuite. Arriver tôt en hte saison, car les visiteurs sont nombreux !* Des dizaines de vitrines et de souvenirs d'époque, rares pour certains. Animation 3D du port, alignement de maquettes, très bien faites, sur le fonctionnement du port artificiel. Ensuite, un diorama de 7 mn, exposé très clair relatant les 1res manœuvres du Débarquement. Puis un petit film d'archives de 15 mn, produit à l'époque par l'armée britannique, sur la construction du port. Passionnant.

DANS LES ENVIRONS D'ARROMANCHES

La batterie de Longues-sur-Mer *(14400)* **:** *à la sortie du village de Longues, vers la mer. GRATUIT. Possibilité de visite guidée tlj juin-août ; seulement le w-e avr-mai et sept-oct ; visites à 11h40 et 14h15. 5 €/pers ; réduc ; gratuit moins de 10 ans. Rens : ☎ 02-31-21-46-87 ou 02-31-51-28-28 (office de tourisme de Bayeux).* Il s'agit de 4 casemates en béton et de leur poste de commandement. La 1re est en ruine, mais les autres conservent leurs longs canons. Impressionnant. Plus loin, en continuant vers la mer, un chemin mène à une petite crique de galets, au pied d'une falaise surnommée « le Chaos ». Joli cadre de verdure.

BAYEUX (14400) 13 120 hab.

Voici une ville gâtée. D'abord, c'est l'une des rares de Normandie à ne pas avoir souffert des destructions de la guerre. La vieille ville de la capitale du Bessin, fort jolie, est donc restée intacte. Elle abrite par ailleurs la fameuse tapisserie et une fastueuse cathédrale, qui attirent beaucoup de touristes. Mais ne vous contentez pas de ces 2 trésors : le centre-ville abrite un nombre considérable de vieilles maisons médiévales et de superbes hôtels particuliers, ainsi que le passionnant musée d'Art et d'Histoire Baron-Gérard, et celui consacré à la bataille de Normandie. Et, cerise sur le gâteau, l'Aure qui la traverse nonchalamment (et dont les rives sont aménagées en promenade) lui donne un petit cachet supplémentaire.

Adresses et infos utiles

Office de tourisme : *pont Saint-Jean (au début de la rue Saint-Jean). ☎ 02-31-51-28-28. • bayeux-bessin-tourisme.com • Juil-août, lun-sam 9h-19h, dim et j. fériés 9h-13h, 14h-18h ; avr-juin et sept-oct, lun-sam 9h30-12h30, 14h-18h (dim et j. fériés 10h-13h, 14h-18h ; nov-mars, fermeture à 17h30).* Programme détaillé des visites et des animations estivales.

Gare SNCF : *bd Sadi-Carnot. ☎ 36-35. • oui.sncf •* Au sud de la ville. Une dizaine de trains/j. en moyenne (directs ou avec changement à Caen) de/vers Paris-gare Saint-Lazare. Compter 2h15 de voyage.

– **Marchés :** *pl. Saint-Patrice sam mat, et* ***petit marché*** *rue Saint-Jean mer mat.*

Où dormir ?

De prix moyens à plus chic

Hôtel de la Reine Mathilde : *23, rue Larcher. ☎ 02-31-92-08-13. • info@hotel-reinemathilde.fr • hotel-bayeux-reinemathilde.fr • ♿ Fermé 24 (soir)-25 déc. Doubles 60-185 € ; familiales ; petit déj 12 €. Formules et menus 14,50 € (midi en sem)-27 € ; carte env 30 €.* Pas d'ascenseur. 3 catégories de chambres réparties dans 3 bâtiments différents, certaines légèrement mansardées, d'autres donnant sur la cathédrale ou côté Aure. Jolie déco dans l'air du temps et un coup de cœur pour la *Maison de Mathilde,* maison d'origine médiévale bien au calme, dont l'aménagement laisse éclater la blondeur de la pierre de Caen (en revanche, c'est aussi là que se trouvent les chambres les plus chères). Également un resto avec terrasse, où l'on peut prendre le petit déj.

Hôtel d'Argouges : *21, rue Saint-Patrice. ☎ 02-31-92-88-86. • hotel.dargouges@gmail.com • hotel-dargouges.com • Congés : déc-janv. Doubles 85-169 € ; familiales et 2 appart 4 pers. Petit déj 14 €. Parking.* Un ancien hôtel particulier du XVIIIe s, en plein centre mais au calme, au fond d'une grande cour pavée. Boiseries, cheminées anciennes : les chambres sont franchement réussies. Une partie des chambres dites « standard » se trouvent dans les 2 annexes. Et, pour une fois, il ne s'agit pas de bâtiments anodins mais d'une vieille et belle bâtisse dévorée par le lierre pour l'un et une maison de caractère pour l'autre. Salle à manger somptueuse mais, quand il fait beau, prendre le petit déj dans le jardin fait partie de ces petits bonheurs qu'on ne se refuse pas. Une adresse chic, quelque peu guindée.

Où dormir dans les environs ?

Côté Campagne : *1, le Lieu-Aubin, 14400* ***Vaux-sur-Aure.*** *06-17-39-13-56. • cote.campagne@wanadoo.fr • campagneennormandie.com • À 5 km au nord de Bayeux. Double 60 € ; familiale.* En pleine campagne, autour de la cour-jardin fleurie d'une ferme, 5 chambres d'hôtes, très simples pour 2 d'entre elles ; petit coup de cœur pour celle avec baies vitrées et balconnet. Petit déj servi dans une agréable véranda, le nez dans la verdure. Cuisine et salon (un peu tristounets) à disposition.

Où manger ?

De prix moyens à chic

L'Alchimie : *49, rue Saint-Jean. ☎ 02-14-08-03-97. • lalchimie.bayeux@gmail.com • Fermé jeu et dim tte l'année, plus mer soir en hiver. Formules déj en sem 15-20 € ; carte 30-35 €.* Dans les salles gris et blanc dans l'air du temps, l'ardoise égrène des plats bien tournés, bien dans leur époque : les classiques sont volontiers revisités et relevés d'une petite touche d'exotisme. La formule du midi change toutes les semaines, les menus tous les 3 mois, histoire de ne pas lasser les nombreux habitués qui se donnent rendez-vous ici autour d'une cuisine pleine de saveurs, à base de bons produits. Terrasse.

L'Angle Saint-Laurent : *4, rue des Bouchers. ☎ 02-31-92-03-01. • langlesaintlaurent@gmail.com • Tlj sauf sam midi et dim-lun. Formule déj en sem 19 € ; menus 34-46 €.* Jolie cuisine d'époque qui accompagne de saveurs nouvelles cochon de Bayeux, le veau normand, sans oublier les huîtres ni le poisson. De belles trouvailles dans la carte des vins, un accueil et un service qui savent trouver le juste équilibre entre élégance et décontraction, et une salle entre hier et aujourd'hui où l'on se sent tout simplement bien.

À voir

➢ Des maisons médiévales à pans de bois au classicisme des hôtels particuliers du XVIIIe s, il y en a pour tous les amateurs d'architecture ! Sachez que l'office de tourisme propose un plan-circuit jalonné de bornes explicatives pour découvrir ce précieux patrimoine qui mérite vraiment le coup d'œil.

– Si vous prévoyez de visiter plusieurs musées, sachez qu'il existe un billet combiné pour la tapisserie, le MAHB et le musée-mémorial de la Bataille de Normandie : *compter 12 € pour la visite de 2 musées et 15 € pour les 3 ; réduc. • bayeuxmuseum.com •*

La cathédrale : *entrée rue du Bienvenu. Tlj juil-sept 9h-19h ; oct-déc 9h-18h ; janv-mars 9h-17h ; avr-juin 8h30-18h, sauf pdt les offices. Visites guidées en juil-août et vac scol (5 € ; réduc ; gratuit moins de 10 ans ; rens auprès de l'office de tourisme).*

– *Rendez-vous à la cathédrale : juil-août, mar, jeu et sam soir ; GRATUIT.* Mise en lumière et projections d'images monumentales sur la cathédrale et l'arbre de la Liberté. Très réussi.

Cette cathédrale, l'une des plus belles de France, fut élevée au XIe s. On en doit l'essentiel à Odon, évêque de Bayeux et accessoirement demi-frère de Guillaume le Conquérant. Très belle façade principale, avec ses 5 portails décorés de sculptures. On est saisi dès l'entrée par les vastes proportions de la nef (102 m de long, tout de même). Remarquables sculptures aux murs, caractéristiques de l'art roman mais remplies de références anglo-saxonnes, scandinaves et même orientales. Outre les frises, on remarque des motifs décorant les chapiteaux : personnages grimaçants, animaux fantastiques, trèfles à 4 feuilles, etc. C'est sous les grandes arcades que l'évêque Odon avait décidé d'installer la tapisserie. Elle y était accrochée une fois par an (et cela pendant 4 siècles). Chœur d'une grande luminosité, sur 3 niveaux, d'époque gothique. Au plafond, peintures du XIIIe s. Dans les chapelles du déambulatoire, fresques restaurées des XIIIe et XVe s. Riche mobilier un peu partout. Dans la nef, jolie chaire sculptée (XVIIIe s) ; dans le chœur, une cinquantaine de stalles Renaissance et un maître-autel très travaillé du XVIIIe s. Dans l'une des chapelles (côté gauche) subsistent des vitraux du XIIIe s.

– *La crypte :* sous le chœur. Les 3 petites nefs sont séparées par des colonnes peintes aux chapiteaux sculptés (art roman là aussi). Fresque du XVe s au plafond. À l'occasion des visites guidées proposées par l'office de tourisme, vous pourrez accéder à la salle du Trésor et à la salle du Chapitre.

La tapisserie de Bayeux : *centre Guillaume-le-Conquérant, rue de Nesmond. ☎ 02-31-51-25-50. • bayeuxmuseum.com • ♿ Mars-oct, tlj 9h-18h30 (19h mai-sept) ; le reste de l'année, tlj 9h30-12h30, 14h-18h. Fermeture de la billetterie 45 mn avt. Fermé en janv, 24 déc ap-m, 25 déc et 31 déc ap-m. Entrée : 9,50 € ; réduc ; gratuit moins de 10 ans. Excellent audioguide inclus dans le billet, dont un spécialement destiné aux enfants ; durée : 25 mn.*

LEÇON DE COUTURE

Un rectificatif s'impose. Communément appelé « tapisserie », le chef-d'œuvre de Bayeux n'en est pourtant pas une, car il n'est pas tissé. C'est plus exactement une broderie, réalisée sur une toile de lin. Cependant, on fera comme tout le monde, et on l'appellera « tapisserie » !

Incroyable bande dessinée brodée, longue de 70 m, inscrite depuis 2007 au Registre de la Mémoire du monde, établi par l'Unesco. La salle, plongée dans la pénombre, met parfaitement en valeur la grande broderie, protégée par une vitre blindée et éclairée de l'intérieur. En suivant cette bande lumineuse, on croirait presque assister à un dessin animé. Les coloris (intacts), le relief donné aux dessins par les « points », le mouvement de certaines scènes (de combats notamment) entretiennent l'illusion. La naïveté des traits et la déformation des proportions expliquent la comparaison souvent faite avec la bande dessinée. On trouve même des textes tout au long de la broderie, que les forts en latin pourront décrypter sans trop de mal ! Mais il s'agit avant tout d'un chef-d'œuvre pictural. La force et l'originalité de l'ensemble sont évidentes, ainsi que la qualité des matériaux (qui ont résisté plus de 900 ans) et l'impressionnant travail fourni, digne de Pénélope... Les détails dans les costumes, la robe des chevaux, sans oublier le fabuleux bestiaire imaginaire sont absolument époustouflants ; surtout si l'on songe que seuls 3 colorants végétaux ont donné quelque 10 teintes de fil ! La tapisserie fut pourtant plusieurs fois rapiécée au fil des siècles. Il paraît qu'il fut prévu de s'en servir comme d'une vulgaire bâche pendant la Révolution... En tout cas, l'œuvre semble inachevée : il manque apparemment une partie, à la fin, qui devait représenter le couronnement du duc Guillaume, devenu roi d'Angleterre. Notez bien que l'audioguide saute des passages entiers de la tapisserie. N'hésitez donc pas, pour apprécier au mieux l'infinité de détails, à effectuer un 2d passage à votre rythme.

Les salles situées aux étages donnent les clés de ce fabuleux récit, en le resituant dans son contexte historique. Des maquettes, des outils, de la vaisselle, des costumes et des infos sur le mode de vie plongent le visiteur dans l'Angleterre du temps de Guillaume. Au 2e étage, une salle est consacrée à la Normandie et à la vie de Guillaume. On peut compléter la visite par la projection toutes les 40 mn d'un excellent film pédagogique de 15 mn consacré à l'histoire relatée par la tapisserie.

Le MAHB *(musée d'Art et d'Histoire Baron-Gérard)* ***:*** *37, rue du Bienvenu, attenant à la cathédrale. ☎ 02-31-51-25-50. ♿ Mai-sept, tlj 9h30-18h30 ; reste* *de l'année, tlj 10h-12h30, 14h-18h. Fermeture billetterie 45 mn avt. Fermé en janv, 24 déc ap-m, 25 déc et 31 déc ap-m. Entrée : 7,50 € ; réduc ; gratuit moins de 10 ans.* Un bien beau musée. Depuis l'entrée par la plus ancienne chapelle du palais épiscopal (XIIIe s), la visite chronologique fait voyager le visiteur dans différentes périodes de l'art européen, de la préhistoire au XXe s, et dans différentes ambiances. Au rez-de-chaussée, décors peints de plusieurs pièces d'une villa gallo-romaine de Bayeux au IIe s. L'escalier d'honneur avec ses grilles en fer forgé mène à l'étage où la dentelle fait son défilé ! Ensuite, tribunal, chapelle épiscopale et verrière présentent les peintures et estampes du XVe au XXe s, dont le superbe *Portraits à la campagne* de Caillebotte, et les pièces de porcelaine de Bayeux, mises en valeur par un jeu de vitrine et de lumière. D'ailleurs, si vous êtes séduit par cette porcelaine, allez découvrir comment Aline Gineste *(7, rue des Cuisiniers ; ☎ 02-31-21-98-00)* s'inspire de ces motifs aujourd'hui. De nombreuses bornes tactiles présentent virtuellement environ 20 000 œuvres numérisées.

Le musée-mémorial de la Bataille de Normandie : *bd Fabian-Ware. ☎ 02-31-51-25-50. Mai-sept, tlj 9h30-18h30, le reste de l'année, tlj 10h-12h30, 14h-18h. Dernière visite 45 mn avt la fermeture. Fermé janv et certains j. fériés. Entrée : 7,50 € ; réduc ; gratuit moins de 10 ans.*
Ce vaste bâtiment moderne présente un panorama complet et passionnant des opérations militaires de 1944. La scénographie met l'accent sur la tactique, la logistique, la stratégie et le déroulement de cette grande bataille de Normandie, le tout à grand renfort de couleurs et de cartes. On y trouve également des archives, des photos, des témoignages. Un vibrant hommage est aussi rendu à de Gaulle, au chef de la France combattante, au « visionnaire rebelle » qui lui-même rendit de nombreux hommages à la ville. On apprend qu'il revint en France libérée à bord du destroyer *La Combattante*. Puis qu'il prononça à Bayeux (sur la place qui porte aujourd'hui son nom) un discours qui enflamma les esprits : « Nous allons tous ensemble, bouleversés et fraternels, [...] remonter du fond des abîmes... » Il revint dans la ville en 1945 pour accueillir les déportés, mais c'est son passage du 16 juin 1946 qui aura la plus grande portée historique.
Le choix de Bayeux pour ce musée était évident : 1re ville (continentale) libérée, elle fut choisie par le général de Gaulle comme « capitale territoriale du gouvernement provisoire de la République ». C'est également ici (juste en face du musée) que reposent le plus grand nombre de combattants anglais morts en Normandie.

À ne pas manquer non plus :

Le mémorial des Reporters *(hors plan par A2)* ***:*** *à côté du cimetière britannique.* Ce lieu, entièrement dédié aux reporters et à la liberté de la presse, en collaboration avec « Reporters sans frontières », est le seul de ce genre en Europe. Le site est constitué d'une promenade paysagère.

Le cimetière britannique : de l'autre côté de la route, face au musée-mémorial de la Bataille de Normandie. Sous de sobres piquets blancs reposent près de 4 700 soldats du Commonwealth, morts pour libérer la France. Un monument entretient la mémoire de quelque 2 000 disparus.

ET TOC !

Décidément, ces Anglais ne manquent pas d'humour, y compris dans les endroits où on l'attendrait le moins. Sur le monument juste en face du cimetière britannique, on peut ainsi lire l'inscription suivante (en latin) : Nos a Gulielmo victi victoris patriam liberavimus, *soit « Nous, vaincus par Guillaume, avons libéré la patrie du vainqueur »... Ou comment mettre en boîte « l'ennemi » héréditaire avec la plus grande élégance !*

Le conservatoire de la Dentelle de Bayeux *(plan A2)* ***:*** *maison Adam-et-Ève, 6, rue du Bienvenu. ☎ 02-31-92-73-80. • dentellesbayeux.com • Face à la cathédrale.*

LA CÔTE DE NACRE ET LES PLAGES DU DÉBARQUEMENT – ITINÉRAIRE 10

OMAHA BEACH

Sous le nom de code d'Omaha (une ville de l'État du Nebraska), entré dans la légende, les plages de 3 villages paisibles : Vierville, Colleville et Saint-Laurent. Les Américains qui débarquèrent ici connurent les pires conditions : mer démontée, obstacles meurtriers, site quasi imprenable, ennemis plus nombreux que prévu, etc. Omaha, seule plage où le réembarquement fut envisagé (au risque de compromettre les opérations futures), reste le symbole de la détermination des militaires américains. Mais aussi, avec le bilan le plus catastrophique du D-Day (on estime le nombre de blessés, tués et disparus à environ 3 000), le symbole du sacrifice pour libérer l'Europe. Ce n'est pas sans raison que le site qui surplombe la plage, concession à perpétuité accordée par la France aux États-Unis, fut choisi pour accueillir le cimetière.
Le plus étrange reste que ces plages au passé tragique sont certainement aussi parmi les plus belles du Calvados. Au pied de collines verdoyantes, du sable fin à perte de vue. Méfiance, cependant, ces plages peuvent être dangereuses pour les baigneurs du fait des baïnes qui se créent à marée montante. Celle de Saint-Laurent est surveillée en été, mais pas les autres.

À voir

Le cimetière américain : *à Colleville-sur-Mer, au bord de la falaise. ☎ 02-31-51-62-00. • info@abmc.gov • abmc.gov • ♿ Prêt de fauteuils roulants. Tlj 9h-17h (18h de avr-sept). Fermé 1er janv et 25 déc. GRATUIT. Tenue correcte exigée (et chiens interdits).*

C'EST L'AMÉRIQUE !

L'aménagement du site et l'agencement du cimetière américain de Colleville-sur-Mer donnent presque l'impression d'être aux États-Unis... D'ailleurs, on y est ! Car, en vertu d'un accord passé avec la France, l'endroit a acquis le statut très particulier de territoire américain en sol français.

Le site se compose en fait de 3 parties : le *Visitor Center,* qu'on vous conseille de visiter en premier ; le *mémorial,* hommage solennel aux soldats, puis le *cimetière* proprement dit dont la vue depuis la table d'orientation se prolonge sur la plage et la mer.
– ***Le Visitor Center :*** s'y rendre avant la visite proprement dite du cimetière donne un éclairage plus humain et poignant à ces milliers de croix blanches qui semblent si présentes. Un excellent film (diffusé en permanence dans le grand auditorium) met l'accent sur quelques jeunes militaires embringués dans l'aventure du Débarquement et qui ne revinrent jamais. Par ailleurs, une vaste salle présente, par le biais d'une muséographie de qualité, l'enchaînement des événements. Un film d'époque rappelle le difficile choix de la date du Débarquement par Eisenhower (le 5 ou le 6 ?). Pour finir, on traverse un couloir de béton où les noms de tous les jeunes Américains morts sur le sol français sont égrenés. Quand on retourne à la lumière, les croix blanches du cimetière prennent vie.
– ***Le mémorial :*** composé d'un monumental péristyle néogrec, d'une statue de bronze de 7 m de haut (symbolisant l'*Âme de la jeunesse américaine*), d'un « jardin des Disparus » et d'un plan d'eau. Sur les murs encadrant le portique, d'immenses cartes sculptées retracent les opérations du Débarquement.
– ***Le cimetière :*** le plus grand, le plus connu et le plus émouvant des cimetières du Débarquement, étendu sur environ 70 ha, fut achevé en 1956 pour qu'y soient

réunis les corps des soldats initialement enterrés sur la plage de Vierville et différents autres champs de bataille. Le cimetière, avec sa majestueuse esplanade de gazon verdoyant, donne accès aux alignements de croix blanches (9 387, dont celles de 307 soldats inconnus) et d'étoiles de David (pour les soldats juifs). Pour finir, allez vous balader du côté des *falaises,* où une table d'orientation indique l'emplacement des différentes plages attaquées le 6 juin.

Overlord Museum : *rond-point d'accès au cimetière américain, 14710* ***Colleville-sur-Mer.*** *☎ 02-31-22-00-55. • overlordmuseum.com • Juin-août, tlj 9h30-19h ; avr-mai et sept, tlj 10h-18h30 ; oct-mars, tlj 10h-17h30. Fermé quelques jours à Noël et de janv à mi-fév. Entrée : 8,60 € ; réduc ; gratuit moins de 10 ans.*
L'ouverture de ce musée, en 2013, est l'aboutissement du projet familial de la famille Leloup et d'une passion dont on vous laisse découvrir la genèse. Des effets de soldats jusqu'aux plus gros blindés de l'époque, les 6 armées en présence en Normandie y sont présentées au travers de décors et de scènes reconstitués avec le déploiement de 40 véhicules, chars et canons. Les mannequins, aux postures plus mobiles que ce qu'on peut voir habituellement, donnent vie à ces scènes. La plupart des pièces exposées ont été retrouvées dans la région, où le gros matériel avait souvent été adapté pour servir aux travaux agricoles. Ce qui l'a préservé de la dégradation. Un espace éclaire le visiteur sur la contribution des forces aériennes dans la bataille de Normandie et offre une galerie de portraits.
Cheminement fluide et sans surcharge muséographique. On regrette juste que si peu de photos soient légendées.

LA POINTE DU HOC

L'un des plus beaux sites naturels de la côte normande. Imaginez une falaise abrupte, atteignant 35 m de haut à certains endroits, constamment battue par les vents.

UN PEU D'HISTOIRE

Ce lieu sublime fut choisi par les Allemands pour l'implantation d'une puissante batterie de canons, particulièrement bien gardée. L'héroïque prise du site par les rangers américains allait faire de l'assaut de la pointe du Hoc l'une des pages les plus lues de l'histoire du Débarquement.
La délicate mission de prendre ce site réputé imprenable fut confiée au colonel James Rudder, ancien entraîneur de foot d'un lycée ! Il existe en Angleterre une falaise comparable à celle du Hoc. Les 225 rangers américains, durant des semaines, vont y simuler des attaques, tout en mettant au point un équipement spécial : lance-grappins, échelles emboîtables et cordes à nœuds. Le 6 juin, peu de choses se passent comme prévu. Le Débarquement est retardé à cause du brouillard, puis une erreur de navigation

LA MISSION LA PLUS PÉRILLEUSE

Escalader une falaise de 35 m avec des grappins et échelles de corde imbibés d'eau pour mettre hors d'état 6 dangereux canons relevait de l'héroïsme. Cette batterie mettait en péril les débarquements d'Omaha et d'Utah. L'échec de cette mission était donc inenvisageable. Après de lourdes pertes, on se rendit compte que les canons des Allemands avaient tout simplement été déplacés en cachette, dans les champs, par crainte des bombardements ! Ils n'étaient pas opérationnels.

oblige la troupe à passer sous le nez de l'ennemi ! Les hommes de Rudder mettent enfin pied à terre. 5 minutes plus tard, un 1er ranger parvient au sommet de la falaise. Les autres sont terrassés sur les galets par le feu de la garnison allemande. Mais le plus dur reste à faire : déloger l'ennemi, replié dans ses casemates de béton armé. Il faudra plus de 2 jours pour y parvenir. Une fois le site maîtrisé, les rangers ne comptent plus parmi eux que 90 hommes valides.

À voir

Le site de la pointe du Hoc : *à 5 km à l'est de Grandcamp-Maisy. Accès par la D 514. GRATUIT. Beaucoup de monde en saison ; arriver tôt (ou tard). Application smartphone (Pointe du Hoc by ABMC) disponible pour mieux découvrir le site.* Entièrement protégé, le site est une concession à perpétuité, propriété des États-Unis. Il est en grande partie resté intact, c'est-à-dire dans l'état même où il fut laissé par les rangers le 8 juin 1944. Exception faite, bien sûr, du monument élevé à la gloire des héroïques rangers, des sentiers de promenade, des panneaux explicatifs, et du bâtiment d'accueil. On visite donc un champ de bataille où se mêlent bunkers en ruine et cratères de bombes, barbelés, amas de rocaille et béton criblé de balles. Certains des bunkers, restés intacts, peuvent se visiter, notamment le grand poste de direction de tir. Beau panorama, même si l'accès à la pointe proprement dite est interdit.

Le cimetière militaire allemand : *à* **La Cambe** *(14230), à 7 km au sud de Grandcamp. ☎ 02-31-22-70-76. Une fois au village de La Cambe, prendre la N 13 direction Isigny sur 1 km ; l'entrée du cimetière est à gauche de la route. Tlj 8h (9h le w-e)-17h (19h avr-oct).* L'un des plus grands cimetières allemands de France. Près de 21 300 soldats sont enterrés ici, issus de 1 400 communes d'outre-Rhin. Site poignant, dans un genre radicalement différent de celui de Colleville. Pleine de sagesse, la devise du cimetière est « Réconciliation par-dessus les tombes »...

SAINTE-MÈRE-ÉGLISE (50480) 1 630 hab.

L'une des villes symboles du Débarquement, popularisée par le film *Le Jour le plus long* et l'aventure de John Steele, le parachutiste américain glorieusement passé dans l'histoire pour être resté accroché par son parachute au clocher de l'église. Devant l'hôtel de ville, la borne 00 de la voie de la Liberté.

UN PEU D'HISTOIRE

C'est à partir de 0h15, le mardi 6 juin 1944, que les parachutistes des 82e et 101e divisions sautent au-dessus du Cotentin, précédés par quelques éclaireurs. Ils ont pour objectif de s'emparer de la zone comprise entre la côte est du Cotentin et les marais d'Amfreville, et préparer ainsi le terrain aux troupes débarquant à Utah Beach. Malgré des largages très imprécis qui éparpillent les paras sur un périmètre de près de

LE CRIQUET DU D-DAY

Les parachutistes américains disposaient chacun d'un criquet. Le clic-clac leur permettait de se retrouver sans être repérés par les Allemands. L'état-major n'a pas eu le bon déclic : il n'y a jamais eu de criquets en Normandie, ces insectes préférant les zones plus au sud. Mais bon, aucun Allemand ne s'en est rendu compte.

60 km de large, quelques groupes isolés arrivent à s'emparer de points stratégiques importants. Parmi eux, le 3e bataillon du 505e régiment qui atterrit sur la place centrale de Sainte-Mère-Église et qui, dès 4h30, hisse le 1er drapeau américain de la journée.

Adresse utile

Office de tourisme de la Baie du Cotentin : *6, rue Eisenhower. ☎ 02-33-21-00-33. • encotentin.fr • Avr-sept, lun-sam 9h-13h, 14h-18h (non-stop juil-août jusqu'à 18h30), ainsi que dim et j. fériés 9h30-13h30 (10h-16h juil-août) ; horaires restreints le reste de l'année.*

Où dormir ? Où manger ?

Prix moyens

Auberge Le John Steele : *4, rue du Cap-de-Laine. ☎ 02-33-41-41-16. • auberge-lejohnsteele@orange.fr • auberge-john-steele.com • Fermé dim soir-lun hors juil-août (sauf w-e spéciaux). Doubles à partir de 65 €. Plat du jour env 15 €, menus 30-33 € et carte env 40 €.* Une vraie auberge de campagne, à la façade cachée sous la végétation et à l'intérieur rustique. Une poignée de chambres au-dessus du resto (un peu vieillottes et mal insonorisées) ou dans le bâtiment annexe, toutes neuves celles-ci. Au resto, une cuisine régionale de qualité. Équipe professionnelle et bon accueil.

À voir

L'église : édifiée aux XIIe et XVe s. S'attarder sur le portail. Sur les chapiteaux, lapin, feuillages sculptés. Archivoltes tombant sur des modillons bizarres, presque obscènes... L'une des figures, à droite, semble se tenir les testicules. À gauche, on jurerait qu'une autre exhibe ses fesses ! Chaire et retable du XVIIIe s. Le lutrin, du XVIIIe s également, est l'un des plus beaux du département.

GUERRE ET PAIX

2 vitraux inhabituels dans l'église de Sainte-Mère-Église attirent l'attention : l'un représente des parachutistes avec les écussons, symboles des troupes Airbone, et saint Michel, patron des paras. L'autre, qui honore le Débarquement, est probablement le seul vitrail au monde avec une Vierge à l'Enfant entourée d'avions et de parachutistes... Une vraie B.D. !

Le musée Airborne : *14, rue Eisenhower, dans le bourg. ☎ 02-33-41-41-35. • airborne-museum.org • Tlj : mai-août, 9h-19h ; avr et sept, 10h-18h30 ; oct-mars, 10h-18h. Fermé déc-janv, sauf vac scol, 1er janv, 24-25 et 31 déc. Entrée : 9,90 € ; réduc ; gratuit moins de 6 ans.* Histoire du parachutage sur Sainte-Mère-Église et de sa libération. Nombreuses vitrines avec souvenirs, documents, photos, armes et uniformes. Parmi les pièces exposées les plus spectaculaires : un C-47 « Dakota » transport de troupes, l'un des 512 planeurs Waco qui participèrent à l'attaque, un char Sherman, un *half-track,* des jeeps, etc. Une partie plus récente du musée vous fait aussi vivre le jour J aux côtés des parachutistes américains des 82e et 101e Airborne : vous embarquez à bord d'un C-47 et atterrissez sur Sainte-Mère-Église. De la préparation du Débarquement en Angleterre jusqu'aux combats qui menèrent à la liberté, vous accompagnez les troupes aéroportées dans leur chemin vers la victoire. Encore un musée très bien fait et vraiment intéressant.

La ferme-musée du Cotentin : *chemin de Beauvais. ☎ 02-33-95-40-20. • patrimoine.manche.fr • Juil-août, tlj sauf sam 11h-19h ; avr-juin, sept et pdt vac scol de printemps et de la Toussaint, tlj sauf sam 14h-18h. Fermé 1er mai. Entrée : 5 € adulte, 2,50 € 7-18 ans.* Coup de cœur pour ce musée installé dans une ancienne ferme des XVIIe et XVIIIe s. Belle expo qui revoit tous les clichés sur la Normandie (on y apprend notamment que, jusqu'au XIXe s, ce coin de France vivotait grâce à la culture des céréales et que l'« avènement de la vache » ne date que de la fin du XIXe s). Également une reconstitution visuelle, sonore et olfactive d'intérieurs du XIXe et du début du XXe s. Expo de matériel et outils agricoles, mobilier paysan, objets domestiques divers. Animations et ateliers pendant les vacances scolaires. Expositions.

UTAH BEACH

6h25, le 6 juin 1944. Ils sont les premiers parmi les premiers à surgir de la mer pour poser le pied sur le sol de France. Une plage dont ils ne connaissent que le nom de code : Utah, voire une section de plage nommée, par exemple, « Uncle Red » ou « Tare Green ». En Normandie, on l'appelait « la Madeleine » : dunes, marécages et tarets (ruisseaux débouchant sur la mer). 20 péniches de débarquement transportent l'avant-garde du 8e régiment d'infanterie américain. Derrière suivent les compagnies A et B du 70e bataillon de chars Sherman. Le soir du 6, ils seront 23 250 à avoir pris pied sur Utah. Pour l'heure, l'adjoint au commandant de la 4e DI, le général Theodore Roosevelt, cousin éloigné du président des États-Unis, se promène de long en large sur la dune « comme s'il cherchait un terrain à acheter » et plante sa canne dans le sol en criant d'une voix rauque : « On commence ici ! » Le général ne se doute pas qu'il vient de désigner l'emplacement de la borne 00 de la voie de la Liberté.

Où dormir ? Où manger dans la région ?

Bon marché

Chambres d'hôtes La Bedelle : *chez Nathalie et Bertrand Leconte, 50480* ***Sainte-Marie-du-Mont.*** *☎ 02-33-71-52-99. • labedelle@laposte.net • D'Utah Beach, prendre la D 913, puis à gauche direction Pouppeville, c'est fléché ensuite. Tte l'année. Doubles env 45-59 €.* Une grande et ancienne ferme, tout en pierre, au cœur d'une jolie campagne. 2 belles chambres très « maison de famille », avec bibelots et meubles anciens. Accueil vraiment charmant. Chiens et chats complètent le tableau. Cavaliers bienvenus (les proprios sont – comme beaucoup dans la région – des passionnés de cheval). Doc sur le parc naturel régional à disposition. Un excellent rapport qualité-prix.

Crêperie Montoise : *52, pl. de l'Église, 50480* ***Sainte-Marie-du-Mont.*** *☎ 02-33-71-90-28. Devant l'église. Tlj sauf lun et dim soir hors saison. Fermé oct-mars. Repas env 15-20 €.* Petite crêperie sympathique et fraîche : des crêpes très honnêtes et des salades, servies avec le sourire... voire en terrasse. Avec le sourire aussi.

De prix moyens à chic

Le Manoir de Juganville : *39, Les Mézières, 50480* ***Saint-Martin-de-Varreville.*** *☎ 02-33-95-01-97. 06-60-63-46-22. • manoirdejuganville@gmail.com • juganville.com • Congés : janv. Doubles 80-95 € ; familiale. Table d'hôtes à partir de 25 € selon saison.* Dans une demeure du XVIIIe s, au milieu d'un grand parc, 4 ravissantes chambres d'hôtes ont été aménagées, chacune avec son ambiance. La « Baldaquin », baignée de lumière, ou la « Chambre de la Tour » mansardée, avec ses poutres apparentes, sont nos coups de cœur, s'il faut choisir. Produits frais et de saison sur la table d'hôtes.

À voir

Le musée du Débarquement d'Utah Beach : *50480* ***Sainte-Marie-du-Mont.*** *☎ 02-33-71-53-35. • utah-beach.com • Juin-sept, tlj 9h30-19h ; oct-mai, tlj 10h-18h ; dernière entrée 1h avt la fermeture. Fermé 1er janv, 1er-25 déc et 31 déc. Entrée : 8 € ; réduc ; gratuit moins de 6 ans. Visite guidée du musée et du site d'Utah sur résa.*

Construit sur la dune autour d'un blockhaus allemand, ce musée est consacré au débarquement sur la plage d'Utah. Sa grande superficie (3 000 m^2) permet d'abriter une barge d'assaut et un chenillé amphibie restauré (pièce unique en Europe). Sous un énorme hangar de verre et d'acier, on peut observer l'un des 5 modèles restants du bombardier B26 Marauder qui participa à l'opération *Overlord,* et ce, grâce à l'initiative et à la générosité de 2 frères texans, fils d'un vétéran et héros du D-Day. Doté de moyens multimédias et de bornes interactives, le musée propose un parcours scénographique selon un cheminement chronologique. Avec panneaux, témoignages, films d'archives... Après 6 séquences, le visiteur « débarque » sur la plage dans une salle panoramique.

À l'extérieur, monuments commémoratifs et engins. Les routes et chemins autour du musée portent les noms de soldats morts le 6 juin, donnés par leurs camarades de combat.

• Carte Chantilly et ses environs *p. 215*

CHANTILLY

(60500) 11 200 hab.

Quelques mots suffisent pour évoquer Chantilly : château, forêt, cheval et... crème ! Certes, la ville ne présente pas la même homogénéité que Senlis ou Compiègne et se révèle plus difficile à appréhender. Son château n'en abrite pas moins l'un des plus beaux musées de France et la forêt de chênes et de tilleuls qui l'entoure est considérée comme l'un des fleurons de la ceinture verte de Paris (et fait partie du parc naturel régional Oise-Pays de France). Chantilly est par ailleurs célèbre dans le monde hippique pour son champ de courses et son centre d'entraînement de chevaux (près de 3 000 pur-sang s'y entraînent avec les prix de Diane et du Jockey Club, entre autres).
Enfin, avis aux cyclotouristes : Chantilly se trouve sur l'Avenue verte Paris-Londres.

IL ÉTAIT UNE FOIS...

Un Gallo-Romain, *Cantilius* (origine du nom de Chantilly), trouvant la région splendide, y bâtit un grand domaine agricole. À la fin du XIIIe s, les seigneurs de Senlis y élevèrent un château, qui fut détruit lors de la Grande Jacquerie (1358). Le célèbre connétable de Montmorency, de retour de ses guerres d'Italie, fit ajouter, ***en 1527,*** à l'ancien château, un ***palais Renaissance*** appelé aujourd'hui « petit château » ou « Capitainerie », seul témoin encore visible de cette époque.

Le dernier des Montmorency, Henri II, vexé de n'avoir pas obtenu le titre de connétable comme grand-papa et de n'être « que » maréchal de France (on comprend !), prit les armes contre le roi Louis XIII, qui lui fit trancher la tête à la 1re occasion (1633). Ses biens passèrent alors à son beau-frère, Henri II de Bourbon, prince de Condé. Le fils de ce dernier, le Grand Condé (qui ne mesurait que 1,57 m), tout auréolé de sa victoire à Rocroi en 1643, fit magnifiquement aménager le parc par Le Nôtre et y donna de brillantes fêtes.

À QUI DOIT-ON LA CHANTILLY ?

La recette existait dès le XVIe s, donc avant le célèbre François Vatel (1631-1671) à qui l'on attribue parfois l'invention, à tort. Mais le terme « crème chantilly » ne serait apparu qu'à la fin du XVIIIe s pour les « goûters champêtres » des princes de Condé, voire au début du XIXe s. Rien à voir en tout cas avec la mousse en aérosol que l'on peut se procurer aujourd'hui !

À la Révolution française, seule la Capitainerie (ou petit château) échappa à la destruction. Le dernier des Condé (dont le fils unique, le duc d'Enghien, avait été exécuté en 1804 sur l'ordre de Bonaparte) se « suicida » dans des conditions plus que troubles, léguant la propriété à son filleul le ***duc d'Aumale,*** 5e fils de Louis-Philippe. De 1876 à 1883, le duc fit reconstruire le château dans un style Renaissance, tel qu'on peut le voir aujourd'hui. À la fin de sa vie, en 1886, il en fit don, ainsi que de ses magnifiques collections, à l'Institut de France, mais avec des conditions très strictes : ne rien vendre, ne rien prêter et conserver la disposition des œuvres telle quelle.

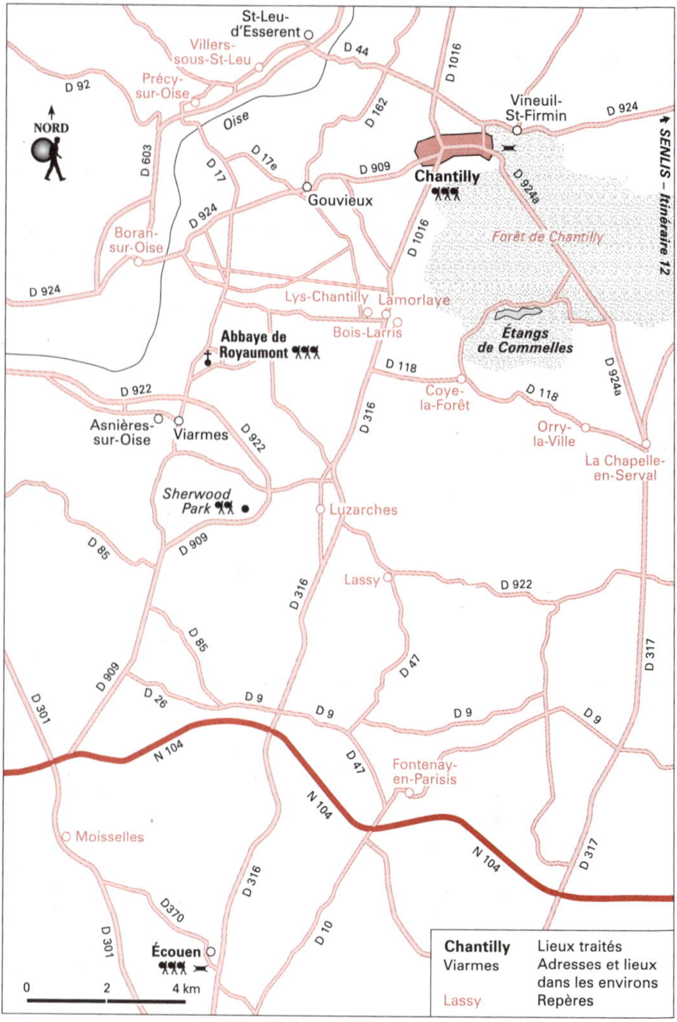

CHANTILLY ET SES ENVIRONS

L'Aga Khan entre en scène

À l'orée du XXIe s, faute de moyens, l'Institut de France peine à maintenir à flot un domaine qui a perdu de son lustre. C'est alors qu'intervient l'Aga Khan, qui possède une propriété et ses prestigieuses écuries non loin de là, à Aiglemont. Dans les années 1990, déjà, il avait participé au sauvetage de l'hippodrome de Chantilly (son dada !). En 2004, il décide de remettre Chantilly en selle. Une fondation est créée et dotée de 40 millions d'euros. Elle assure la gestion du domaine jusqu'en 2025, en collaboration avec l'Institut de France, avec l'aide financière de l'État et des collectivités. Une politique de grands travaux est lancée et le site peu à peu restauré.

SUR TOUS LES FRONTS

Le 24 février 1916, le front français est sur le point de céder. Joffre, commandant en chef des armées françaises, convoque Pétain de toute urgence à l'état-major de Chantilly. Impossible à dénicher ! Ce n'est que le lendemain matin qu'on le trouvera à Paris à l'hôtel Terminus, *face à la gare du Nord... en galante compagnie.*

Comment y aller en train ?

➢ ***Paris :*** nombreux trains (1-2/h) au départ de la gare du Nord jusqu'à Chantilly-Gouvieux (TER). Trajet : 25 mn. – *Rens SNCF :* ☎ *36-35.* ● *oui.sncf* ●

Adresse utile

🛈 ***Office de tourisme :*** *73, rue du Connétable.* ☎ *03-44-67-37-37.* ● *chantilly-senlis-tourisme.com* ● *Lun-sam sauf mar ap-m, 9h30-13h, 14-17h30 (plus dim et j. fériés mai-sept, 9h30-13h, 14h-17h30).* Organise des visites guidées, des ateliers enfants et des animations familles. Inscription aux sorties « À l'écoute du brame du cerf en forêt de Chantilly » *(dès août, 15 €).*

Où dormir chic ?

🏠 ***L'Avenue :*** *3, av. du Maréchal-Joffre.* ☎ *03-44-57-02-55.* ● *contact@hotel-avenue-chantilly.com* ● *hotel-avenue-chantilly.com* ● *Doubles 80-105 €. Parking gratuit.* Au rez-de-chaussée, une brasserie très appréciée *(plats 15-20 €)*, et dans les étages, une dizaine de chambres correctes, à la déco tendance, dans les tons rouge et noir. Même si celles donnant sur la route peuvent être bruyantes, elles ont le mérite de conserver des prix raisonnables pour la ville.

🏠 ***Hôtel du Parc :*** *36, av. du Maréchal-Joffre.* ☎ *03-44-58-20-00.* ● *reception@chantillyhotelduparc.com* ● *hotel-parc-chantilly.com* ● *Doubles standard 100-150 €.* Ambiance design aux tons bucoliques pour ce *Best Western* accueillant, décoré de belles photos sur le thème du cheval. Bar lounge, restaurant, terrasse donnant sur un petit jardin, espace bien-être... Il y a de quoi se sentir à l'aise jusque dans les chambres, fonctionnelles et confortables, toutes avec baignoire.

🏠 ***Hôtel Le Chantilly :*** *9, pl. Omer-Vallon.* ☎ *03-44-21-42-84.* ● *reservation@hotel-lechantilly.com* ● *hotel-lechantilly.com* ● *Doubles 151-208 €. Réduc de 5 % sur le tarif de la chambre sur présentation de ce guide (1re nuit).* Un hôtel de charme, d'une vingtaine de chambres seulement où vieilles pierres et jolies poutres côtoient en toute élégance une déco bien actuelle. Ambiance plutôt intime et feutrée.

Où manger ? Où goûter à la crème Chantilly ?

De bon marché à prix moyens

🍽 ☕ ⛱ ***La Capitainerie du Château, les Cuisines de Vatel :*** *à l'intérieur du château (accès par le bas).* ☎ *03-44-57-15-89.* ● *restaurant@domainedechantilly.com* ● *Ouv 12h-17h45 (16h45 nov-mars) ; fermé mar nov-mars. Congés : janv. Réservez pour éviter de payer le prix d'entrée du château.*

Snacks et goûter 12-20 € ; formules 32-38 € ; plats 19-23 €. Quelle belle idée que d'installer un resto dans les anciennes cuisines du célèbre Vatel. Bien sûr, on aurait aimé un rapport qualité-prix plus manifeste et plus qu'une simple allusion à Vatel... Mais c'est le moment ou jamais de goûter à l'exquise spécialité maison : la crème Chantilly ! *La Capitainerie* reste d'ailleurs un vrai bon plan à l'heure du goûter. Sans compter que vous « festoierez » dans une superbe salle où l'on peut voir la rôtissoire installée par le duc d'Aumale...

Bar-brasserie Le Sylvia : *14, av. du Maréchal-Joffre. ☎ 03-44-57-01-46. Tlj sauf dim-lun. Plats 8-12 €.* Ce bar-brasserie créé en 1920 propose des plats simples mais copieux, bien présentés et, surtout, élaborés sérieusement, à partir de bons produits. Sinon, sandwichs, paninis, là aussi bien garnis. Cadre rétro et confortable, avec une insolite collection de siphons et « carafes-pubs ». Grand choix de bières de toutes nationalités. Service sympa et efficace.

Giorgio Trattoria : *6, av. du Maréchal-Joffre. ☎ 03-44-57-80-00. Tlj sauf mar. Résa conseillée. Plats 10-20 €.* Un resto italien tout ce qu'il y a de plus traditionnel avec pâtes fraîches et pizzas, mais aussi quelques spécialités de viande ou de poisson, ainsi que de délicieuses grillades. On déguste le tout dans un cadre intime et plutôt chic avec de jolies gravures aux murs, à moins d'opter pour la véranda sur le trottoir.

Le restaurant du Hameau, Les Goûters Champêtres : *à l'intérieur du parc du château (entrée payante), dans le Hameau. ☎ 03-44-57-46-21. De début mars à mi-nov, tlj 12h-18h (déj jusqu'à 15h). Résa indispensable le w-e. Menus 25-49 €. Café offert sur présentation de ce guide.* Le seul nom de ce resto donne envie de s'attabler dans ce hameau rustique, et c'est une excellente idée quand le soleil pointe son nez. Dans de charmants jardinets, on déguste, à l'ombre des parasols, confits, magrets, salades ou encore une inoubliable crème Chantilly. Demandez à voir le salon de thé du prince de Condé (fresques murales). Accueil et service aimables.

Restaurant Le Goutillon : *61, rue du Connétable. ☎ 03-44-58-01-00. Fermé mer. Menus déj en sem 17-25 € ; plats 20-35 €.* Une institution de Chantilly où l'esprit un brin gouailleur est de mise, à l'image de l'imposant menu à l'ardoise et de la déco brocante. Plats de bistrot variés, dont une savoureuse andouillette. Dommage que les prix ne soient pas franchement amicaux en soirée et le week-end.

Où dormir ? Où manger dans les environs ?

Camping

Camping Le Mont César : *10, av. de Toutevoie, 60270* ***Gouvieux.*** *☎ 03-44-57-02-05. • lemontcesar@orange.fr • lemontcesar.com • À 4 km de Chantilly, direction Gouvieux. Ouv début avr-fin oct (loc tte l'année). Prix : env 14 € pour 2. Mobile homes également. CB acceptées. 130 empl.* Joliment situé dans la verdure, sur une colline de 7 ha, voici un camping simple, tranquille, très « nature », sans haies entre les emplacements et à l'accueil chaleureux. Côté sanitaires, c'est assez rustique, mais bien tenu. Camping-cars et caravanes de plus de 7 m ne peuvent pas y accéder.

De prix moyens à chic

Le Pavillon Saint-Hubert : *33 av. de Toutevoie, 60270* ***Gouvieux.*** *☎ 03-44-57-07-04. • pavillon.sthubert@wanadoo.fr • pavillon-saint-hubert.com • À 7 km à l'ouest de Chantilly. Dans Gouvieux, direction « Toutevoie » ; persévérer, c'est assez loin. Fermé janv. Resto tlj sauf dim soir-mar midi ; résa conseillée, surtout le w-e. Doubles 80-85 € ; familiales. Menus 27 € (sauf sam soir)-39 € ; carte env 55 €. Parking.* Ancienne et grande maison de pêcheurs, sur le chemin de halage, dans une boucle de l'Oise. Les chambres sont confortables, celles avec vue sur la rivière sont évidemment prises d'assaut. On peut toujours s'installer sur la terrasse et regarder passer les péniches avec, pour toute musique, le chant des oiseaux... Dans l'assiette, une bonne cuisine française traditionnelle. Les chambres avec vue sur l'Oise, confortables et rénovées, sont prises d'assaut.

|●| ***Restaurant-grill La Renardière :*** *2, rue des Frères-Segard, La Chaussée, 60270* ***Gouvieux.*** *☎ 03-44-57-08-23. • larenardiere60270@gmail.com • ♿ À 5 km à l'ouest de Chantilly. Tlj sauf dim soir-lun. Résa conseillée le w-e. Menus 25 € (déj en sem), puis 40-55 €.* Auberge de village où il fait bon s'arrêter pour déjeuner ou dîner, car l'ambiance y est fort paisible. Cartes et menus longs comme le bras pour une belle cuisine traditionnelle. À signaler que le chef est membre de la Confrérie des chevaliers fouetteurs de crème Chantilly !

Très chic

|●| ***Château de la Tour :*** *chemin de la Chaussée, 60270* ***Gouvieux.*** *☎ 03-44-62-38-38. • reception@lechateaudelatour.fr • lechateaudelatour.fr • Doubles 130-270 €, petit déj 15 €. Menus 37-70 €. Parking gratuit.* Le « château » est en fait une immense demeure de style anglo-normand qu'ont fréquentée, entre autres, Édith Piaf et Jean Gabin. Il est vrai que ce havre de paix a tout pour séduire : parc de 8 ha, piscine chauffée en saison. Vous aurez le choix entre des chambres meublées à l'ancienne dans le bâtiment principal ou des chambres plus contemporaines dans l'extension moderne. Cuisine traditionnelle mettant en valeur les produits frais et de saison dans une salle haute de plafond, avec grande cheminée. Une belle terrasse domine le parc.

À voir

LE DOMAINE DE CHANTILLY

– ***Infos :*** *☎ 03-44-27-31-80. • domainedechantilly.com •*
– **Horaires :** *avr-oct, tlj 10h-18h ; nov-mars, tlj sauf mar 10h30-17h. Fermé janv. Parc ouv jusqu'à 18h (20h avr-oct) : profitez-en, il n'y a personne dans le parc (peut-être parce que l'entrée est payante ?).*
– **Entrée :** pass Domaine *(château, parc et musée du Cheval – spectacle en sus) : 17 € ; tarif réduit 13,50 €. Parc seul : 8 € ; tarif réduit 6 €. Audioguide inclus. Visites guidées des appartements privés du duc d'Aumale, tlj (places limitées) : 5 € de supplément.*
– ***Accès au château :*** par le pont entre les 2 étangs. Sur la droite, on remarque un long bâtiment tout blanc de style classique, le château d'Enghien.
– Sur place, il est difficile d'avoir une ***vue d'ensemble du domaine.*** En revanche, en arrivant à Chantilly par la D 924, la vue est somptueuse depuis le village de Vineuil-Saint-Firmin.

Le château : abrite les ***grands appartements*** et le ***musée Condé,*** un des musées de peintures les plus riches de France après le Louvre, avec une fantastique collection de peintures anciennes. ***Les petits appartements se visitent aussi, mais seulement sur résa et avec supplément.***

Les grands appartements : visite libre, comprise dans le pass
– ***Le cabinet des Livres :*** près de 19 000 volumes plus rares les uns que les autres font de cet ensemble la plus belle collection réunie par un amateur. Notamment les *Très Riches Heures du duc de Berry* (dont le fac-similé est exposé), les œuvres de Ronsard, de Du Bellay...
– Commodes de Riesener (dorures et marqueterie) dans ***la chambre de Monsieur le Prince,*** mobilier recouvert de tapisserie de Beauvais, horloge en marqueterie de Boulle.

– **Le Grand Cabinet de Monsieur le Prince :** mobilier décoré de tapisseries de Beauvais entièrement réalisées à la main. Un travail considérable : 1 cm^2 par jour et par ouvrière ! Lustre en cristal de 350 kg.
– **La Grande Singerie :** dorée à la feuille d'or. L'un des rares exemples des *Singeries,* œuvre de Christophe Huet, très en vogue au XVIIIe s. Il s'agit de peintures mettant en scène des singes (musiciens, apothicaire...) se comportant tels des humains, soulignant ainsi la vanité des hommes. Remarquez aussi la chaise au dossier en forme d'ancre de marine, les pieds recouverts d'algues. Elle appartenait au duc de Penthièvre, grand amiral de France.
– **La galerie des Actions :** grands tableaux peints vers 1686, commémorant les victoires du Grand Condé (notez la représentation du *Blocus de Paris* de 1649 : 400 000 habitants, la capitale est encore bien petite). Table exceptionnelle de Boulle (dessus à carapace de tortue).

Le musée Condé
– **La galerie des Cerfs :** ancienne salle à manger du duc d'Aumale, dominée par la galerie où étaient installés les musiciens qui jouaient pendant les repas. Plafond à caissons de bois ornés des armoiries des familles qui se succédèrent à Chantilly. Imposantes tapisseries des Gobelins (XVIIe s) et, bien sûr, la collection de trophées de chasse (d'où son nom).
– **La galerie de peinture :** surmontée d'une verrière favorisant l'éclairage naturel. Noter l'accrochage des 85 peintures, à la mode du XIXe s, qui, selon les dernières volontés du duc d'Aumale, ne saurait être modifié. Un grand nombre de chefs-d'œuvre toutes époques confondues, dont beaucoup de toiles de Poussin *(Le Massacre des innocents* de 1628*),* Carrache... Également, typiques du XIXe s, les « patrioticards » comme Meissonier *(Les Cuirassés avant la charge),* les orientalistes comme Vernet *(Chefs arabes en conseil)* : l'occasion de se rappeler que le duc d'Aumale a été gouverneur d'Algérie. Et encore, *Cardinal Mazarin* par Philippe de Champaigne, *Les Deux Foscari* de Delacroix et *Le Concert champêtre* par Corot. Dans *Le Déjeuner d'huîtres,* certains regards suivent la trajectoire du bouchon de champagne !
– **La rotonde :** d'autres chefs-d'œuvre, dont *Simonetta Vespucci* de Piero di Cosimo, *Odet de Coligny* par Clouet, une superbe *Sainte Famille, La Madone de Lorette* de Raphaël...
– **La salle Caroline :** portraits français des XVIIe et XVIIIe s, ainsi que *L'Amante inquiète* et *Le Donneur de sérénades* de Watteau.
– **Le cabinet des Clouet :** l'une des salles les plus fascinantes du musée. Portraits datant du XVIe s attribués aux Clouet père et fils, dont ceux de François II et Ier, Montaigne, Charles IX ou Henri II enfant, Jeanne d'Albret, ou encore du connétable Anne de Montmorency. Un talent diabolique.
– **Le salon d'Orléans :** exposition de dentelles et de porcelaines de Chantilly sur lesquelles veillent les portraits de la famille du duc d'Aumale.
– **La salle Isabelle :** des tableaux appartenant à différents courants de la peinture française au XIXe s (Delacroix, Théodore Rousseau et Ingres) et des marines hollandaises.
– **Le cabinet du Giotto :** nombreuses toiles de l'école italienne et *La Vierge de Miséricorde* (1453), par Enguerrand Quarton, chef-d'œuvre de l'école d'Avignon.
– Suivent ***le cabinet des Antiques*** (noter la précision des détails sur la *place du Dam à Amsterdam* de Jacob Van der Ulft, daté de 1659), ***la rotonde de la Minerve, la salle de la Smala*** (portraits du duc d'Aumale), ***la galerie du Logis*** (tableaux montrant le château de Chantilly à différentes époques) ainsi que ***la galerie de Psyché*** (vitraux exécutés en 1542).

– De là, on accède au **Santuario :** probablement les œuvres les plus importantes du musée, notamment la sublime *Madone de la maison d'Orléans* et *Les Trois Grâces* de Raphaël (on s'attendait à un tableau plus grand !) et, surtout, 40 miniatures réalisées vers 1455 par Jean Fouquet, pour un livre d'heures.

– ***Le cabinet des Gemmes :*** là encore, nombreuses et délicates miniatures représentant des membres des grandes familles royales et princières, et des émaux. Collection d'éventails. Dans une vitrine, exposition d'une copie du célèbre diamant rose.

– ***La tribune :*** grande salle octogonale éclairée par une lanterne centrale qui mérite toutes les épithètes. D'abord, le riche plafond ornementé. Nombreux chefs-d'œuvre, dont le portrait le plus connu de *Molière* par Mignard. Puis un *autoportrait* d'Ingres à 24 ans et le non moins admirable diptyque de Hans Memling. Sans oublier Sassetta, Gérard, Watteau, le *Gaston de France* de Van Dyck, les *Deux Waldegrave* de sir Joshua Reynolds ou *L'Entrée des croisés à Constantinople* de Delacroix.

CROQUEUSE DE DIAMANTS

Selon la légende, le Grand Condé arborait un diamant rose sur le pommeau d'une canne. Il fut volé en 1926. Mais le voleur oublia sa valise dans un hôtel parisien. Une femme de chambre intriguée l'ouvrit par curiosité et ne résista pas à l'envie de manger une belle pomme qui s'y trouvait... En croquant dans le diamant rose, elle perdit une dent... et dénonça le voleur !

– ***La chapelle :*** reconstruite en 1882, elle recèle de très belles boiseries et des vitraux Renaissance provenant du château d'Écouen. Derrière l'autel, le mausolée d'Henri II, prince de Condé, par Jacques Sarrazin et l'urne contenant les cœurs des princes de Condé. Le tout est assez lugubre.

– ***Le cabinet d'arts graphiques :*** accueille des expositions temporaires de dessins, de gravures ou de photographies anciennes venant du fonds du musée.

Les petits appartements privés du duc d'Aumale

Ils sont ouverts uniquement dans le cadre d'une visite guidée *(12 pers/groupe), avec supplément de 5 €. Résa sur place ou, mieux, en ligne.*

Dans ***la chambre de la Duchesse,*** superbe plafond doré, berceau à nacelle (l'un des rares subsistant encore aujourd'hui), table en micromosaïque (*L'Éruption du Vésuve*) et curieux oreiller marqué « J'attendrai » (le duc attendit effectivement 23 ans avant de revenir en France). ***Le Salon violet*** abrite de jolis pastels, dont un portrait du duc d'Enghien enfant. On découvre aussi ***la Petite Singerie,*** la 2de réalisée à Chantilly (1735), ***la chambre du duc d'Aumale*** (il appelait cette pièce son « cimetière » car il avait perdu sa femme et tous ses enfants), ***le bureau,*** tendu de soie rouge, ***la salle à manger,*** avec son sol en marbre d'Italie et son plafond à caissons style Renaissance. Dans ***la galerie Duban*** (1846), très beaux vitraux dont certains du XVIe s avec armoiries. ***La bibliothèque du théâtre*** au vaste volume et à l'architecture de fer (1890) abrite quant à elle les livres du duc d'Aumale.

Le parc : *voir les infos pratiques plus haut pour les horaires et tarifs. Possibilité (en saison) de balade nautique (embarcation à pédales, barque), location de voiturettes électriques ou rosalies (avec supplément). Les chiens y sont interdits, même tenus en laisse.*

Continuer l'allée jusqu'à la *maison de Sylvie,* précédée d'un beau jardin tracé par Le Nôtre. Le sentier rejoint alors les parterres et bassins de Le Nôtre qui aménagea le *Grand Canal* et son appendice perpendiculaire, la *Manche,* en détournant la rivière *Nonette.* Dans l'axe de la Manche s'étend la pelouse en amphithéâtre du *Vertugadin.* De part et d'autre des parterres, 2 futaies dites « *des Philosophes* », car les intellos qui rendaient visite au Grand Condé aimaient y phosphorer à l'ombre des platanes. Tout à gauche, on trouve le jardin anglais, aménagé au début du XIXe s, avec une jolie décoration : *l'île d'Amour, le temple de Vénus, les cascades de Beauvais.* La visite s'achève au jeu de paume, construit en 1756, à hauteur de la *porte Saint-Denis.*

– On peut passer au *Hameau,* séduisant moulin faisant resto en saison (voir plus haut le resto *Les Goûters Champêtres*).
– Un petit train permet aussi de faire le tour du parc avec un parcours commenté. On peut également déplier la nappe de pique-nique près du labyrinthe, dans l'espace réservé. Derrière le jardin anglo-chinois, voir l'enclos des kangourous, avec notamment un albinos !

Le musée du Cheval – Grandes Écuries : *☎ 03-44-27-31-80. • domainedechantilly.com • Mêmes horaires que le château. Entrée incluse dans le pass Domaine : 17 € ; tarif réduit 13,50 €. Outre la visite du château, elle comprend ici les écuries, le musée du Cheval avec une animation équestre de 30-45 mn (à 11h et/ou 14h30, sauf ap-m de « grand spectacle »). Sur résa (fortement conseillée sur Internet), avr-oct (plus pour Noël), « grand spectacle » équestre : 22 € (plus de 70 représentations, incluant la visite des écuries). Bar-snack sur place.*
Au XVIIIe s, le duc de Bourbon fit construire ces superbes écuries, persuadé qu'il se réincarnerait en cheval. Manifestement, il ne savait pas faire simple. À l'époque, ce véritable palais abritait 220 chevaux, les 23 voitures hippomobiles du duc ainsi que tout le personnel afférent : palefreniers, cochers, etc.
Aujourd'hui, on y trouve notamment un ***musée du Cheval.*** Il retrace l'importance de cet animal dans l'histoire de l'homme à travers 15 salles et des centaines d'objets artistiques et ethnologiques, dans une présentation plutôt ludique. Une visite intéressante que l'on soit un passionné du sujet ou non. Cela va de la domestication du cheval ou de sa représentation dans l'art aux différents harnachements, aux cavaliers de plomb de l'époque napoléonienne, en passant par les courses hippiques et les chevaux de carrousels en bois.
Autres intérêts des lieux : les ***écuries*** avec leurs box toujours occupés et l'impressionnant dôme de 28 m de haut sous lequel sont proposées des animations équestres quotidiennes. C'est aussi là que la troupe des Grandes Écuries donne son ***spectacle chorégraphié*** en costumes.

Le potager des Princes, parc animalier animé : *17, rue de la Faisanderie. ☎ 03-44-57-39-66. • potagerdesprinces.com • Tlj 10h-12h, 14h-17h (se renseigner sur le site pour les horaires en saison). Entrée : 9,50 € ; enfant 8,50 € ; réduc. Animations enfants tlj pdt les vac scol ; sinon, mer et w-e.*
Après avoir fait revivre les Grandes Écuries, notamment grâce à ses spectacles de haute volée, Yves Bienaimé s'est attaqué à la botanique en redonnant vie à ce parc oublié, créé autrefois par Le Nôtre, et aujourd'hui classé Jardin remarquable. En tout (2,5 ha), le « potager » compte une vingtaine de jardins thématiques et des dizaines d'animaux en semi-liberté (perruches, lapins, faisans, moutons, chèvres...).
Un jardin japonais, un jardin kitsch, des jeux d'eau, un jardin exotique, un village des lapins, une basse-cour, une roseraie, des arbustes taillés, des vergers... et bien entendu, un somptueux potager fleuri, planté de légumes anciens et de plantes aromatiques ou médicinales. Au printemps, près de 80 000 jonquilles fleurissent les parterres. Les week-ends, de juillet à septembre, le ravissant Théâtre de la Faisanderie accueille des représentations théâtrales en (semi-)plein air. Également un musée de la Basse-Cour, un conservatoire des races de poules assez uniques.

Le Pavillon de Manse : *34, rue des Cascades. ☎ 03-44-62-01-33. • pavillondemanse.com • Tlj sauf lun 10h-18h (14h-17h30 en oct-avr ; le mat sur rdv). Entrée : visite libre env 7 € ; réduc ; différentes visites guidées (sur résa).* Ce pavillon datant de 1678 abrite les incroyables mécanismes qui, depuis le XVIIe s, alimentent les jets d'eau du parc de Chantilly. Grandes roues crantées, pompes et machines en tout genre vous feront comprendre les prouesses des ingénieurs et architectes de Chantilly. Surtout, c'est une fascinante évocation de l'évolution des techniques hydrauliques du XVIIe au XXe s. Entre autres, on y admirera, avec sa roue à aubes de 7,80 m de diamètre, l'imposante machine du Grand Condé reconstituée. Visite également de la blanchisserie du château, la plus moderne du pays à l'époque (1890).

Le musée de la Dentelle de Chantilly : *34, rue d'Aumale. ☎ 03-44-60-92-36. • chantilly-dentelle.com • Ouv ven-dim, 14h-18h. Entrée : 5 €, réduc ; gratuit moins de 18 ans.* L'histoire de la dentelle noire de Chantilly est ici racontée au fil de 3 petites salles. Ce n'est pas grand, mais vraiment intéressant avec notamment des pièces uniques de toute beauté. La production de la dentelle fut introduite à Chantilly en 1693 par Anne de Bavière (princesse de Condé), qui y créa une école. La chantilly, dentelle de soie noire réalisée aux fuseaux, connut un succès retentissant durant le Second Empire. Malheureusement, si en 1825 Chantilly et sa région comptaient pas moins de 1 025 dentellières, la mécanisation du métier entraîna sa mort et le dernier atelier cantilien mit la clé sous la porte peu avant la 1re Guerre mondiale.

NOIRE, LA CHANTILLY ?

Du XVIIIe au XIXe s, Chantilly était surtout connue pour sa dentelle, la chantilly, principale activité économique de la ville et des villages avoisinants. Les femmes de la région réalisaient des voilettes, châles ou éventails très en vogue sous Napoléon III. Cette dentelle était en soie noire. Comme quoi la chantilly n'est pas toujours blanche !

Manifestations

– ***Courses hippiques et jumping :*** *tte l'année. Rens auprès de l'office de tourisme et sur • lescourseshippiques.com • Prix du Jockey Club et de Diane début juin. Pour le Global Champions Tour (le meilleur du jumping mondial), infos sur • chantilly-tourisme.com •*

LES ÉTANGS DE COMMELLES

À environ 6 km au sud de Chantilly, 4 étangs en pleine forêt, bordés de beaux chênes et de hêtres. Selon la saison, des lentilles d'eau flottent sur l'eau calme, seulement troublée par quelques cygnes. Une des promenades les plus bucoliques de la région. La route des Tombes offre, du haut des collines surplombant les étangs, un pittoresque point de vue.

Le *château de la Reine-Blanche*, rendez-vous de chasse construit au début du XIXe s dans un style pseudo-gothique, donne au site un caractère gentiment romantique.

Un petit chemin fait le ***tour des 4 étangs.*** Compter 8 km pour cette balade très pittoresque et sans voitures.

SINISTRES « ÉLEVAGES »

Himmler, d'abord éleveur de volailles, entreprit d'aryaniser certaines populations envahies... Pour ce faire, les nazis réquisitionnèrent le centre médical de Bois-Larris, au sud de Chantilly. Ils le transformèrent en Lebensborn, sorte de « haras humain ». Ici, on « accouplait » des femmes d'aspect nordique (blondes si possible) aux soldats SS. Les rejetons étaient ensuite envoyés en Allemagne, en vue d'être adoptés. Aujourd'hui, le centre médical appartient à la Croix-Rouge, mais ne se visite pas.

L'ABBAYE DE ROYAUMONT

Certainement l'une des plus belles abbayes cisterciennes d'Île-de-France. Situés dans un cadre boisé, les bâtiments sont d'autant plus beaux qu'ils sont entourés de nombreux petits canaux et plans d'eau.
Fondée au XIIIe s par Louis IX sous la conduite de sa mère Blanche de Castille, l'abbaye fut richement dotée. Le roi y avait sa cellule et enterra 3 de ses enfants dans l'église (aujourd'hui « rapatriés » à Saint-Denis). Cette abbaye royale, au cœur du pays de France, berceau des Capétiens, aurait accueilli jusqu'à 120 moines sous Louis IX dont c'était la 1re fondation. Il la géra même depuis la Terre sainte, où il fut emprisonné. Richelieu y fit rédiger des « articles » sur les réformes des abbayes, et Mazarin en fut l'abbé. À la Révolution, l'abbaye, vendue comme bien national, fut rachetée par le banquier de jeu de Marie-Antoinette. Il la transforma en manufacture de coton. Des religieuses en firent leur noviciat de 1869 à 1905, et entreprirent d'importants travaux de restauration. Ensuite, elle servit d'hôpital militaire durant la Grande Guerre.
Aujourd'hui, Royaumont est une fondation qui accueille des artistes venus du monde entier pour participer à des programmes de recherche et de création.

L'abbaye

*À 10 km au sud-ouest de Chantilly par la D 909, sur la commune d'**Asnières-sur-Oise** (95270). ☎ 01-30-35-59-00. • royaumont.com • ♿ (à 90 %). Navettes gratuites les w-e depuis la gare de Luzarches (Paris-gare du Nord). Tlj 10h-18h (17h30 nov-mars) en visite libre, avec le parcours numérique.*
***Visites guidées** : avr-oct, sam à 14h30 et 15h45, dim et j. fériés à 11h30, 14h et 15h30 ; nov-mars, sam 14h et 15h15, dim et j. fériés 11h30, 14h et 15h15. Billetterie fermée 12h45-13h45. Entrée : 10 € (accès à l'abbaye et au parc ; visite guidée incluse) ; réduc ; gratuit moins de 3 ans. Forfait famille : 28 €. Compter 1h de visite. Belle librairie à l'entrée.*
*– Certains **dimanches à 15h30, rencontres** autour de thèmes variés : la musique, l'histoire, l'architecture, la nature, l'artisanat d'art ou la danse. Sans supplément de prix.*
*– **Festival de Royaumont :** à l'abbaye, concerts de musique vocale ou instrumentale chaque w-e de fin août à mi-oct ; spectacles de danse également. Programme sur le site internet. Résas : ☎ 01-30-35-58-00.*

La visite

On entre par un chemin ombragé entouré de canaux, l'abbaye en face de soi se reflétant dans l'eau. Elle a retrouvé toute sa splendeur après d'importants travaux de restauration. À gauche, le bâtiment traversé par un petit canal est celui des latrines (60 sièges dos à dos, que l'on imagine au-dessus des arcs). Les moines avaient pour consigne de mettre leur capuche quand ils les utilisaient afin de cacher leur identité. Pratiquement unique en son genre. On peut être étonné de la hauteur au-dessus de l'écoulement (peut-être pour éviter tout risque en période de crues !). À droite, il ne subsiste que les bases des piliers de l'église abbatiale (ébranlés à la Révolution pour construire des logements ouvriers) et une surprenante et romantique tourelle d'escalier de 40 m qui défie les lois de l'équilibre. Cherchez à la base de son toit les petites têtes grimaçantes, pied de nez aux cisterciens qui ne toléraient aucune représentation figurative dans leur enceinte.
– On ne visite que le ***rez-de-chaussée du bâtiment principal*** (les étages sont réservés à l'hébergement des artistes et à l'administration de la fondation). Le plus grand cloître cistercien de France, bien conservé, entoure un agréable

jardin dessiné par Achille Duchêne en 1912. Sur la gauche en entrant, admirable réfectoire du XIIIe s avec ses 2 nefs séparées par des colonnes d'un seul bloc (monolithe), où l'on peut admirer un grand orgue d'Aristide Cavaillé-Coll et ses 2 573 tuyaux, de 1864, et un impressionnant sol composé de plus de 40 000 carreaux, fabriqués à la main, d'après des modèles d'époque. La chaire du lecteur s'inscrit en partie dans le mur. Du réfectoire, on accède aux cuisines. Près de la porte, remarquez le passe-plat. Saint Louis, lorsqu'il séjournait à l'abbaye, aimait à porter lui-même les rations aux moines. Présence d'une émouvante *Vierge de Royaumont* du XIVe s, une des rares représentations sculptées de la Vierge donnant le sein. Toujours dans le cloître, à droite de l'entrée principale, la sacristie présente une étonnante voûte en berceau brisé et abrite une statuaire médiévale.
– Dehors, un ***jardin médiéval*** de 1 000 m², composé de plusieurs dizaines de plantes dans 9 carrés de cultures, au pied des cuisines et du réfectoire. Au-delà de l'aspect esthétique, il permet d'évoquer les principes du jardin au Moyen Âge et invite le visiteur à se plonger dans l'histoire des plantes. Cachée dans le parc (à droite de l'entrée), une grotte artificielle a été conçue par les sœurs, au XIXe s, avec des pierres de l'église. Un belvédère a été aménagé à son sommet et permet d'observer le ***potager-jardin,*** traité en permaculture (les mauvaises herbes ne sont pas arrachées). Enfin, pour la petite histoire, on utilisa le cadre de Royaumont pour de nombreux tournages de films, dont *Hibernatus* avec Louis de Funès, *Les Rois maudits* de Josée Dayan ou la série *Dix pour cent* (saison 3).

Bar-salon de thé : *le w-e à partir de 12h. Restauration simple et pâtisseries.* Dans le bâtiment des latrines, on s'installe dans de confortables fauteuils en osier autour d'un bar en bois moderne qui s'intègre parfaitement dans le décor de vieille pierre. Ou bien en terrasse, quand le temps le permet, au bord du petit canal où nagent les canards.

À faire dans les environs de Royaumont

Sherwood Parc : *chemin des Rouliers, 95270* ***Viarmes.*** *☎ 01-34-09-36-44. • contact@sherwoodparc.com • sherwoodparc.com • À 6 km au sud-est de Royaumont. Entrée face au golf de Mont-Griffon, route de Viarmes à La Croix-Verte (bien indiqué). Ouv avr-début nov, mer, w-e, vac scol et j. fériés 10h-19h. Entrée : 23 € pour 2h30 ; 28 € en illimité ; réduc enfants de moins de 1,40 m et étudiants. Également des packs pour cumuler plusieurs activités.* Sur 11 ha de châtaigniers et de chênes, 450 ateliers (ponts de singe, tyroliennes, échelles de corde...), pour 41 parcours dans les arbres, sont proposés aux « accrobranchés ». 5 niveaux de difficulté. Pour finir, si vous n'en avez pas plein le carquois, le *Sherwood Trek* offre un parcours de tyroliennes de 1 000 m, dont la plus longue d'Île-de-France : 260 m, accroché à votre poulie, que vous dévalez à 60 km/h, ça décoiffe ! *Explor'Game* pour retrouver le trésor perdu du Shérif de Nottingham. Aire de jeux avec toboggans sur 7 gonflables géants pour les 3-14 ans. Village de cabanes dans les arbres, suspendues à 6 m de haut, avec piscine à balles et toboggans géants, *Bungy Ejection* pour s'envoler à 20 m de haut, tir à l'arc et à l'arbalète, laserball, paintball, balade à dos de poney, labyrinthe géant. Petit snack pour une restauration rapide et aire de pique-nique.

LE CHÂTEAU D'ÉCOUEN

Le musée national de la Renaissance : *château d'Écouen, 95440* ***Écouen.*** *☎ 01-34-38-38-50. • musee-renaissance.fr • Entre Paris et Royaumont par la D 316 (à 20 km de chacune). Tlj sauf mar 9h30-12h45, 14h-17h45*

(17h15 d'oct à mi-avr). Fermé 1er janv, 1er mai et 25 déc. Entrée : 5 € ; réduc ; gratuit moins de 26 ans et pour tous le 1er dim du mois. Le w-e à 11h et à 15h30, visite guidée du château et des collections du musée (6,50 €), à 14h15 (de mi-mai à sept) visite de l'expo en cours (4,50 €). Visites ateliers en famille le 1er dim du mois 14h-16h. L'accès au parc, dessiné par Jules Hardouin-Mansart au XVIIe s, est gratuit (tlj 8h-19h – 18h d'oct à mi-avr).

Il ne faut pas seulement visiter le château de Chantilly mais aussi celui d'Écouen : leurs histoires sont très liées. Points communs : un même initiateur à leur construction, Anne de Montmorency (faut-il le rappeler, il s'agit bien d'un homme), et les mêmes propriétaires, les Condé. Le château reçut en outre des hôtes prestigieux : le couple royal Henri II et Catherine de Médicis, pour lesquels des appartements ont été spécifiquement aménagés. De plus, beaucoup d'œuvres du XVIe et du XVIIe s exposées à Chantilly proviennent du château d'Écouen, comme les superbes vitraux de la galerie de Psyché et de la chapelle. Grâce à une tablette numérique, le visiteur peut voyager dans la chapelle restituée d'Anne de Montmorency.

L'ensemble du château est presque conservé tel qu'à sa construction, entre 1538 et 1555, excepté l'aile orientale (aile de l'entrée).

– ***Au 1er étage,*** on découvrira entre autres les *appartements de Madeleine de Savoie,* avec son épinette vénitienne recouverte d'une marqueterie de bois polychromes rehaussée d'or. Incontournable, la *galerie de Psyché,* avec la tenture de *David et Bethsabée,* tissée à Bruxelles au début du XVIe s pour Henry VIII d'Angleterre (la manufacture des Gobelins n'existait pas) et qui mesure au total pas moins de 75 m (en 10 pièces, les scènes empruntées à la Bible racontent l'histoire du roi David et de la belle Bethsabée et rassemblent près de 600 personnes), ainsi que la *salle des Cuirs de Scipion,* avec 7 panneaux de cuir peints, d'impressionnantes dimensions. Autre attrait immanquable, les 12 cheminées peintes, dont les plus belles se situent à cet étage (voir celle en marbre polychrome dans les appartements d'Henri II, face au pavement en faïence).

– ***Au 2e étage,*** la céramique d'Iznik, en Turquie. Parmi les services de vaisselle en céramique du XVIe s (on ne mangeait pas dedans, c'était juste pour montrer ses moyens !), remarquez cette superbe aiguière dite de Saint-Porchaire, avec un satyre agrippé d'un côté et un lézard gueule béante de l'autre. Puis vient la *salle des vitraux* du XVIe s et celle *des Cassoni* avec ses peintures sur bois, qui étaient en fait les parois ou les couvercles des coffres de mariage destinés à agrémenter la chambre des jeunes époux. La *galerie des arts du feu* présente, elle, une collection de céramiques italiennes, d'émaux peints et de verrerie. Pour terminer, la *salle de l'orfèvrerie,* dont la plupart des pièces ont été léguées par la famille de Rothschild.

– ***Au rez-de-chaussée,*** passé la chapelle, la *salle des armes* présente une riche collection d'arquebuses, d'arbalètes à cranequin, de nombreux pistolets du XVIe s et des armures qui raviront les enfants. Ensuite vient la *salle de la mesure du temps et de l'espace* avec une belle horloge-automate en forme de nef, dite de *Charles Quint.* Également un intéressant banc d'orfèvre, tout en marqueterie, représentant des scènes de chasse, de guerre et de tournois, et une salle des arts du métal.

– 2 expos temporaires par an autour de la Renaissance (arts de la table, médecine, diplomatie, livres, etc.).

– Des concerts sont proposés certains samedis, dans la grande salle de la reine, à la fermeture du musée *(gratuit, sur résa ; durée : 1h).*

• Carte Senlis et ses environs *p. 227*

SENLIS

(60300) 14 600 hab.

Cette charmante cité ancienne a curieusement échappé à la révolution industrielle et continue de vivre au rythme de la campagne. Les notables qui gouvernaient la ville au XIXᵉ s ne purent s'entendre pour la venue du chemin de fer, qui s'en alla musarder à Creil. Ce qui explique sans doute qu'aujourd'hui encore la ville soit merveilleusement préservée et d'une formidable homogénéité. Et il n'y a toujours pas de gare aujourd'hui d'ailleurs !
Paradis des promeneurs (avec des pavés qui vous musclent les chevilles !), il vous faudra bien une journée pour découvrir les hôtels particuliers bordant les sinueuses ruelles, les maisons Renaissance, les jardins secrets et les murs recouverts de lierre. Sans compter les vestiges des périodes gallo-romaine et médiévale. En outre, Senlis est aussi un lieu apprécié des randonneurs puisque, au départ de la ville, de nombreux sentiers conduisent au parc naturel régional Oise-Pays de France. Et, juste aux portes de la ville (au nord-est), on peut se promener dans un beau « parc écologique » de 9 ha, aménagé sur un ancien marais.

Comment y aller en transports en commun ?

En train et bus

➢ ***Paris :*** trains fréquents entre la gare du Nord et la gare de Chantilly-Gouvieux (durée : 25 mn) ou Creil ; de là, un bus prend le relais jusqu'à Senlis en 30 mn env. Sinon, RER D jusqu'à Orry-la-Ville (compter 1h de trajet).
– Rens SNCF : ☎ *36-35.* • *oui.sncf* • *transilien.com* •
– *Horaires et liaisons de bus avec Senlis sur* • *oise-mobilite.fr* •
– ***Aéroport Roissy-CDG :*** *bus nº 40 (navette Picardie-Roissy).*

Adresse utile

ℹ ***Office de tourisme Chantilly-Senlis :*** *pl. du Parvis-Notre-Dame.* ☎ *03-44-53-06-40.* • *chantilly-senlis-tourisme.com* • *En face de la cathédrale. Ouv mar-sam 10h-12h30, 14h-18h (17h nov-fév). Fermé lun.* Dépliant avec 3 promenades détaillées intra-muros. Propose aussi des visites guidées de Senlis.

Où dormir à Senlis et dans les environs ?

De prix moyens à chic

🏠 ***Chambres d'hôtes Fab House :*** *6, rue du Périer.* 📱 *06-81-64-83-89.* • *contact@fabhouse.fr* • *fabhouse.fr* • *Doubles 79-100 € ; familiale.* Dans une ravissante ruelle, le portail dissimule une gentille petite maison d'hôtes et sa bien agréable cour fermée. Au choix, 8 chambres douillettes dont le

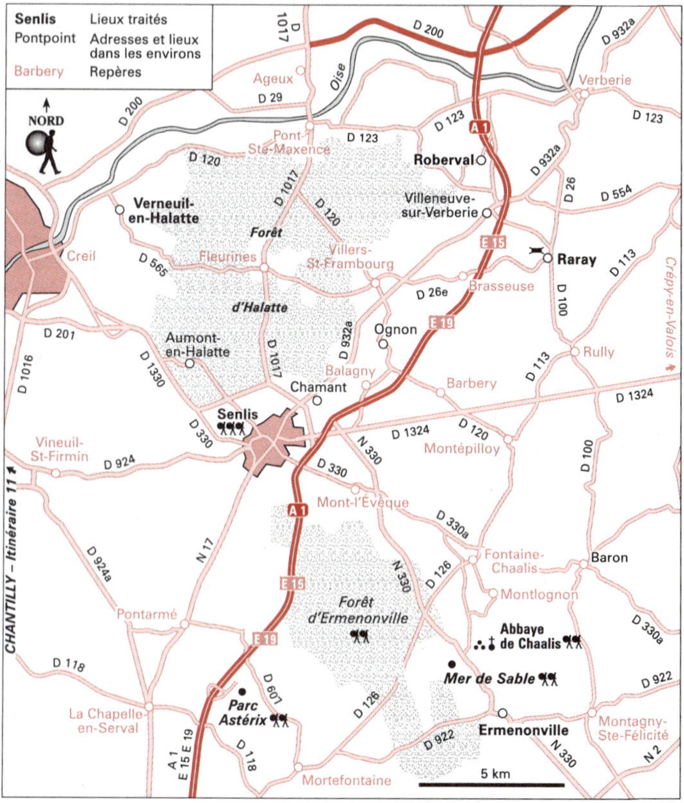

SENLIS ET SES ENVIRONS

prix varie selon la taille. À disposition, une belle cuisine équipée. À moins que vous ne souhaitiez faire maison à part et préfériez le duplex pour 4 personnes aménagé dans l'ancienne écurie.

Chambres d'hôtes L'Atelier des Magnolias : *55, rue Louis-Blanchet, 60300* ***Aumont-en-Halatte.*** *07-78-04-03-64. À 4 km au nord-ouest de Senlis. Double 110 €. Repas sur demande 25 €.* On en pince pour cet adorable village aux pavés disjoints en lisière de forêt, tout indiqué pour un séjour nature. C'est là que Nathalie et Ludovic ont aménagé l'élégante dépendance en brique pour accueillir leurs hôtes. Les 3 belles chambres, indépendantes, ont un sacré cachet avec leur plancher en bois clair et leur déco douillette. On aime prolonger le petit déj dans l'atelier baigné de lumière avec sa grande baie vitrée qui ouvre sur les magnolias et la verdure. La botte secrète : une porte au fond du grand jardin arboré qui ouvre directement sur la forêt ! En prime, une magnifique piscine pour se la couler douce. Un coup de cœur !

De chic à plus chic

Maison d'hôtes Côté Jardin : *25, rue Vieille-de-Paris. ☎ 03-44-53-69-04. • francine@cotejardin-senlis.fr • cotejardin-senlis.fr • Doubles 135-160 €.*

Parking gratuit. On ne peut s'empêcher de soupirer d'aise en pénétrant dans ce superbe hôtel particulier derrière lequel se cache, comme dans beaucoup de demeures de Senlis, un délicieux jardin (et sa petite piscine). Tout est fait ici pour votre confort et votre bien-être. Les chambres, de très belle taille, ont chacune leur style. Toutes sont merveilleusement aménagées avec une déco qui respecte le caractère des vieux murs mais n'hésite pas non plus à leur donner un petit coup de jeune. Aux commandes de ce beau navire, une hôtesse dotée d'un véritable sens de l'accueil.

Hostellerie de la Porte Bellon : *51, rue Bellon. ☎ 03-44-53-03-05. • laportebellon@wanadoo.fr • porte bellon.fr • La rue Bellon donne dans la rue de la République. Résa conseillée. Doubles 89-102 € ; familiales. Formules déj en sem 21-26 € ; carte env 40 €.* Cet ancien relais de poste abrite des chambres spacieuses et confortables, restaurées au goût du jour mais dans un style qui respecte le charme de l'ancien. Au resto, excellente cuisine de saison, entièrement maison, utilisant les meilleurs produits des régions de France. Agréable jardin ombragé pour déjeuner ou dîner par beau temps (dans ce cas, il est conseillé de réserver). Et pour les curieux : une belle cave du XIIIe s (visite sur demande). Une très belle adresse.

Où manger ?

De bon marché à prix moyens

Le Scaramouche : *4, pl. Notre-Dame. ☎ 03-44-53-01-26. • laportebellon@wanadoo.fr • Fermé dim-lun. Menus déj en sem 20-25 € ; menu et carte env 25-35 €.* Voilà un restaurant qui jouit sans doute d'une des plus jolies vues de Senlis, puisqu'il donne sur la cathédrale. Mais ce n'est pas son seul attrait : sa cuisine de terroir inventive se révèle elle aussi réjouissante. Pour les amateurs, mousse au chocolat au lait servie au pot !

Le Gril des Barbares : *19, rue du Châtel. ☎ 03-44-53-12-00. Tlj sauf dim soir-lun. Au déj en sem, formules 13-16 € ; menus 30-39 €.* Le cadre a de quoi envoûter. Installé dans des caves du XIIe s, on y déguste une cuisine simplissime cuite au feu de bois. Mais on vient également ici pour l'ambiance et pour les soirées musicales proposées le samedi à partir de 19h. À la carte : foie gras maison, côte de bœuf...

Julianon : *5, pl. Gérard-de-Nerval. ☎ 03-44-32-12-05. • contact@le-julianon.fr • Tlj sauf sam midi et dim-lun. Résa obligatoire le w-e. Formules et menu déj en sem 25-29 € ; le soir, menus-carte 39-59 €.* Mignonne maison d'époque en angle et une petite salle accueillante, à la déco contemporaine épurée. Peu de tables aussi, un parti pris du chef. Découvrez ici l'une des cuisines les plus imaginatives qu'on connaisse. Il concocte une cuisine très personnelle, fougueuse, n'utilisant que de beaux produits, télescopant les goûts, créant des alliances sucrées-salées aux cuissons parfaites.

Chez Nous : *8, rue du Long-Filet. ☎ 03-44-60-95-50. • carl@cheznoussenlis.com • Tlj sauf lun-mar. Carte env 35 € ; menu 50 €.* Dans une belle maison en pierre du centre-ville, un resto comme on les aime, au cadre chaleureux : tables espacées, tableaux contemporains aux murs et terrasse à lorgner dès les beaux jours. La carte succincte se renouvelle sans cesse pour le plus grand plaisir des habitués. Ici, tout est frais et même ceux qui ont les crocs ne se sentiront pas lésés sur les quantités. En prime, l'accueil tout sourire achève de nous convaincre.

À voir

– ***Visites guidées de la ville :*** le dimanche à 15h d'avril à octobre ; le 1er dimanche du mois, visite du patrimoine gallo-romain (à savoir, les arènes, la muraille et le sous-sol du musée d'Art et d'Archéologie) ; le 3e dimanche du mois, circuit découverte de la ville et, ponctuellement, visites avec un thème spécifique *(prix : 9 €, réduc ; rens à l'office de tourisme).*

La cathédrale Notre-Dame : résidence privilégiée des rois de France, Senlis est l'un des 1ers foyers d'épanouissement de l'art gothique. Marquée par 400 ans d'évolution et de transformations, la cathédrale de Senlis est un édifice de dimensions modestes : 70 m de long et 24 m sous voûte. C'est la plus petite des cathédrales gothiques du nord de la France. Elle fut construite de 1153 à 1191, alors que la ville connaissait une grande prospérité économique, grâce aux activités viticoles notamment. Remaniée aux XIIIe et XVIe s, Notre-Dame apparaît comme un témoin majeur de l'évolution du style gothique. Le palais épiscopal, situé au fond de la place Notre-Dame, est construit le long de la muraille gallo-romaine au XIVe s. Il abrite le musée d'Art et d'Archéologie. Le chevet et, à l'opposé, la façade principale (côté ouest) présentent la sobriété du gothique primitif (XIIe s). Le portail central, considéré comme un joyau de la sculpture de ce siècle, inspira les architectes de Notre-Dame de Paris. Pour la 1re fois, le thème du Triomphe de la Vierge apparaît dans la sculpture monumentale : au tympan, la Vierge couronnée est assise près de son fils. C'est la plus belle sculpture de la façade : mouvement d'une grâce parfaite, justesse des proportions, remarquable travail sur les plis. Par miracle, elle ne fut pas martelée à la Révolution. Le linteau présente la Dormition à gauche et l'Assomption à droite. Bien sûr, à l'intérieur, moins haute que la plupart des autres cathédrales, on éprouve moins le sentiment d'élévation. Le transept, curieusement, se retrouve au milieu de la nef. Large triforium, quasiment une galerie, avec balustrade travaillée en gothique flamboyant.

Le musée de la Vénerie : *pl. du Parvis-Notre-Dame. ☎ 03-44-29-49-93. • musees.ville-senlis.fr • Tlj sauf lun-mar 10h-13h, 14h-18h. Entrée : 6 € ; réduc ; gratuit moins de 18 ans et pour tous le 1er dim du mois. Billet jumelé pour les 3 musées (incluant le musée des Spahis – ouv sam-dim, non développé dans le guide – et le musée d'Art et d'Archéologie).*
Abrité dans le *logis du Prieur,* du XVIIIe s, il réunit les témoignages artistiques et culturels d'une pratique très importante au sein des forêts de l'Oise (et pour le moins controversée) : la chasse à courre. C'est aussi l'occasion de voir de belles œuvres d'art.
– *Au 1er étage :* dans le couloir, les fresques du restaurant de l'hôtel du Grand Cerf (1911). Dans la *salle Hallo,* grande toile de Pierre-Denis Martin (1737). Le *Rendez-vous de chasse de Bougival* se révèle une vraie photographie de la région : au fond, Saint-Germain-en-Laye et au milieu Port-Marly.
– *Au 2e étage :* la vénerie allemande. *Salle de la louveterie :* ravissante tête de loup attribuée à J.-B. Oudry (1751). Beau travail sur le contraste ombre et lumière.
– *Au 3e étage, salle des combles :* uniformes, costumes divers, porcelaines, couteaux, collection de boutons d'équipage.

Le musée d'Art et d'Archéologie : *dans l'ancien palais épiscopal, pl. Notre-Dame. ☎ 03-44-24-86-72. • musees.ville-senlis.fr • Tlj sauf lun-mar 10h-13h, 14h-18h. Entrée : 6 € ; réduc ; gratuit moins de 18 ans et pour tous le 1er dim du mois. Billet jumelé pour les 3 musées (incluant le musée des Spahis – ouv sam-dim, non développé dans le guide – et le musée de la Vénerie).*
Un écrin de choix que cet ancien palais épiscopal pour abriter les collections archéologiques. Surtout depuis que la muséographie, belle et ingénieuse, met très bien en valeur les vestiges architecturaux et les œuvres présentées. Au sous-sol, on peut voir les fondations d'une *domus* et du rempart gallo-romain du Bas-Empire, dont les vestiges sont visibles en différents points de la ville. Parmi les objets exposés, une surprenante et étrange collection de 300 ex-voto anatomiques en pierre, et une imposante statue de femme enceinte (unique en Gaule du Nord), retrouvés dans un temple, en forêt d'Halatte, et très bien mis en scène grâce à une vidéo-lumière. Au rez-de-chaussée, une étonnante section lapidaire en provenance de la cathédrale Notre-Dame, avec une magnifique tête d'homme barbu ainsi que des monstres et grotesques assez irrésistibles.

La salle Renaissance mène à la chapelle des Anges. Également des peintures des XVIIe et XXe s articulées autour de 2 artistes natifs de Senlis, Thomas Couture, le maître de Manet, et Séraphine Louis, dite Séraphine de Senlis, immortalisée à l'écran par Yolande Moreau.

En vous baladant à l'ouest du centre-ville, découvrez les beaux ***hôtels particuliers*** du XVIIe s, notamment rue de Beauvais. Aux nos 23 et 25, porches monumentaux. En face, un genre de lanterne des morts. L'***église Saint-Aignan,*** privée, possède toujours son clocher roman et un portail du XVIe s. Au sud de la place de Creil, on découvre les ***arènes gallo-romaines*** du Ier s *(visite guidée le 1er dim du mois avr-oct)* ; elles pouvaient accueillir 8 000 personnes. Place Henri-IV s'élève l'***hôtel de ville*** reconstruit en 1498. Au no 31 de la rue Vieille-de-Paris, l'ancienne poste aux chevaux et, aux nos 42 (ancien *hôtel du Mouton* où séjourna Alexandre Dumas) et 44, de vieilles maisons. Au no 39, ancienne *hôtellerie de l'Ange* du XVIe s : large porte à accolade, fenêtres à meneaux ornés de petits anges et animaux fantastiques. Rue des Cordeliers, découvrez l'***hôtel du Flamant,*** ancienne sous-préfecture. Enfin, flânez à pas lents dans la mignonne rue de la Treille pour repérer les vestiges d'une poterne de l'enceinte gallo-romaine et les 2 tours de l'***hôtel d'Hérivaux.***

LA FORÊT D'HALATTE

La forêt d'Halatte est un beau massif forestier, entre l'Oise et l'Aunette. Cet ancien domaine royal situé entre Senlis et Pont-Sainte-Maxence abrite des réserves de chasse à courre. La famille Rothschild y a ses habitudes. Du haut du mont Pagnotte, on peut admirer le très beau panorama qui s'étend au-delà de la forêt.
Malgré une urbanisation rampante, cette région conserve un charme bucolique indéniable grâce à sa forêt étendue et ses villages où d'étonnantes églises rurales et le château de Raray, méconnu, invitent à une agréable balade. Ce bel environnement a d'ailleurs donné lieu à la création du parc naturel régional Oise-Pays de France, qui regroupe les forêts d'Halatte, d'Ermenonville et de Chantilly.

FILM PRÉMONITOIRE

À l'automne 1991, Jean-Jacques Beinex tourne les dernières images d'IP5 dans la forêt d'Halatte. On y voit un vieillard, interprété par Yves Montand, se baigner dans un étang puis mourir d'une crise cardiaque. Or, au lendemain de la fin du tournage, le 9 novembre 1991, l'acteur, âgé de 70 ans, mourut à Senlis, d'une crise cardiaque, comme son personnage dans le film.

VERNEUIL-EN-HALATTE *(60550)*

À la lisière de la forêt, côté ouest, non loin de l'Oise. Un village agréable, hospitalier, qui constitue une base idéale pour les balades en forêt. À Verneuil, jetez un œil à l'église des XIIe et XVIe s.

À voir

Le musée de la Mémoire des murs Serge-Ramond : *pl. de Piérago. ☎ 03-44-24-54-81. Fléché à partir du centre. Tlj sauf mar et j. fériés (sauf 11 nov) 14h-18h. Entrée : 5 € ; gratuit les sam déc-avr et jeu en juil-août. Supports de visite* *pour adultes et enfants.* Sur 4 étages, une curieuse collection de graffitis anciens, prélevés aux 4 coins du pays, datant de l'âge du bronze à la 2de Guerre mondiale. En tout, près de 3 500 moulages d'œuvres sculptées ou gravées. 40 années de recherche à courir derrière les graffitis des geôles, des églises, des châteaux, des caves ou dans les carrières souterraines... jusqu'à ceux de bateaux (du XVIe au XVIIIe s). Une belle lumière rasante renforce curiosité et découverte. Unique en Europe.

ROBERVAL *(60410)*

Gentil village encaissé dans un vallon, sur la D 100 et sous... l'autoroute du Nord. Ça a dû faire tout drôle aux habitants de se réveiller un beau matin... Voir l'église, au charme particulier : porche en bois, portail sculpté, large toit, des proportions et une conception intéressantes.

RARAY *(60810)*

À une douzaine de kilomètres au nord-est de Senlis, dans une plaine, à l'intersection de la D 26 et de la D 100. Un hameau préservé qui s'enorgueillit de posséder un **château** du début du XVIIe s ayant servi de décor au film de Jean Cocteau, *La Belle et la Bête.* Il ne se visite pas, mais on peut tout de même entrer pour admirer les merveilleux plafonds peints du salon. Dans le bourg, ne pas manquer d'admirer le joli manoir Renaissance et ses tourelles d'angle, ainsi que l'église des XVe et XVIe s.

Où dormir ? Où manger à Raray et dans les environs ?

L'Orangerie : *6, rue Nicolas-de-Lancy, à Raray. ☎ 03-44-54-13-13. • hotel@orangerie-raray.fr • orangerie-raray.fr • Tte l'année. Doubles 79-99 €.* 5 chambres de charme aménagées dans l'orangerie du château de Raray au beau milieu des bâtiments agricoles. Un bon moment de calme dans un cadre privilégié, dans une petite structure hôtelière dont l'ambiance se rapproche plus d'une chambre d'hôtes.

Hôtel L'Aunette Cottage : *9-11, rue Alain-de-Rothschild, 60300* ***Chamant.*** *☎ 06-74-63-84-25. • reservation@launettecottage.com • launettecottage.com • ♿ Doubles 136-185 € ; petit déj 14 €. Resto (sauf dim) carte env 32 €. 1 petit déj/chambre et par nuit offert sur présentation de ce guide.* Les chambres sont ici réparties dans de coquets cottages nichés dans un ravissant parc fleuri. Déco dans l'air du temps, à la fois rustique et bucolique. Petit déj servi au coin du feu ou au jardin selon la saison. Piscine extérieure chauffée *(mai-sept).* Accueil charmant et attentionné.

Bistrot de pays Chez Jako, Auberge du Clocher : *30, rue de Flandres, à* ***Villeneuve-sur-Verberie.*** *☎ 03-44-54-70-13. • contact@restaurant-chezjako.fr • Tlj sauf mar-mer ; service jusqu'à 21h30. Menus 25-35 €.* Sympathique auberge rustique à souhait avec ses poutres, son pressoir, ses toiles cirées à carreaux et son vieux buffet. Cuisine populaire et roborative. Quelques spécialités : la tête de veau ravigote, le pied de cochon béarnaise, le « péché du patron » (crêpe aux pommes flambée au calva)... Un coup de cœur.

Auberge des Trois Canards : *3, pl. de l'Église, 60810* ***Ognon.*** *☎ 03-44-54-41-21. ♿ Fermé lun-mar, plus dim soir. Menus 25 € (mer-ven), puis 38-53 € ; plats 22-33 €.* Dans une vieille auberge du début du XXe s, une cuisine traditionnelle qui décline parfaitement devinez quoi ? Mais pas que ! On y sert aussi poisson et viande bovine. Sur l'arrière, véranda et belle terrasse ombragée, au calme. En hiver, la grande cheminée ajoute au charme rustique. Accueil souriant.

L'ABBAYE DE CHAALIS

Située en pleine forêt et arrosée par l'Aunette qui y remplit de beaux étangs, l'abbaye cistercienne gérait un vaste domaine agricole. Les abbés entreprirent vers 1200 la construction d'une église qui fut l'un des 1ers monuments gothiques d'Île-de-France. Cet établissement religieux devint l'un des plus puissants du domaine royal. Entourées d'arbres et de verdure, les superbes ruines font face au magnifique musée Jacquemart-André.

➢ *Pour s'y rendre :* à 10 km au sud-est de Senlis par la N 330.

Où dormir dans le coin ?

Chambres d'hôtes Le Domaine de Cyclone : *chez Denise Petitot, 2, rue de la Gonesse, 60305* ***Baron.*** *06-08-98-05-50. • domainedecyclone@wanadoo.fr • domainedecyclone.e-monsite.com • À 12 km au sud-est de Senlis. Doubles 95-100 €.* Dans un parc arboré, cette demeure du XVIIe s avec son pigeonnier abrite 5 chambres confortables et joliment décorées. Cyclone est le nom du 1er cheval de Denise, la propriétaire. Celle-ci est vraiment aux petits soins pour ses invités : petit déj près de la cheminée et, aux beaux jours, possibilité de pique-niquer ou de faire un barbecue dans le jardin... Bref, tous les ingrédients sont réunis pour se sentir vraiment chez soi. Possibilité de balades à cheval en forêt d'Ermenonville.

À voir

Domaine de Chaalis – Musée Jacquemart-André : *☎ 03-44-54-04-02. • domainedechaalis.fr • Parc : tlj sauf 1er janv et 25 déc, 10h-17h50 (17h30 en hiver). Musée : tlj 11h-18h 1er mars-11 nov ; le reste de l'année, seulement dim et j. fériés 10h30-12h30, 13h30-17h20. Tarifs : parc, roseraie et chapelle 4 € ; musée 8 € ; réduc. Un* ***sentier des écrivains*** *permet de relier à pied ou à vélo les sites de Chaalis et d'Ermenonville (4 €). Café avr-sept.*

Le domaine s'étend sur 1 000 ha de terres, de forêts et d'étangs ! Fondée en 1137 par le roi Louis VI, cette abbaye est devenue au cours du XIXe s un lieu de séjour imprégné par le romantisme. Installé dans le grand bâtiment abbatial (XVIIIe s), le musée, legs de Nélie Jacquemart-André à l'Institut de France, est un merveilleux bric-à-brac d'œuvres d'art. On y trouve pêle-mêle : des antiquités égyptiennes, romaines, des sculptures et objets d'art du Moyen Âge et surtout de la Renaissance italienne, des tableaux de grands maîtres (Giotto, Van Loo). Au 1er étage, la collection Jean-Jacques Rousseau constituée par le marquis de Girardin, et dotée d'une ravissante scénographie. Enfin, on peut visiter les ***appartements privés de Mme André*** (visite guidée seulement, et en fonction des disponibilités), grande voyageuse qui rapporta notamment de superbes bouddhas, ainsi que des armes et instruments de musique des Indes et de Birmanie. C'est aussi l'occasion de découvrir ses œuvres, car, on a tendance à l'oublier, Nélie Jacquemart-André était – aussi – une artiste-peintre reconnue en son temps, notamment pour la grande qualité de ses portraits (une belle brochette de VIP !). Il faut également admirer les fresques de Primatice dans la ***chapelle Sainte-Marie.***

Au fond du parc, une magnifique ***roseraie*** (une des plus belles du nord de la France). Ateliers de parfums : on peut repartir avec l'eau de parfum de sa composition *(dim à 15h mars-oct sur résa ; supplément de 3 €).*

– ***Fête des Roses :*** *2e w-e de juin.*

LA MER DE SABLE

Située juste en face de l'abbaye de Chaalis, cette mer de sable est d'abord une curiosité géologique. À l'ère tertiaire, le nord de Paris était sous la mer. Quand les moines cisterciens décidèrent de déboiser la forêt, le sable réapparut. Transformé en *parc d'attractions* en 1963 à l'initiative de l'acteur Jean Richard, le site fait figure de pionnier mais n'en continue pas moins d'attirer les foules.

Le parc à thèmes La Mer de Sable : *☎ 03-44-54-00-96 • merdesable.fr • À proximité de l'abbaye de Chaalis. Prendre l'A 1 jusqu'à Survilliers (sortie n° 7). De mi-avr à début nov, ouv 10h-18h (19h en saison). Entrée : 27,50 € ; enfants 3-11 ans 22 € ; gratuit moins de 3 ans.* L'endroit a tout pour séduire les enfants. Le billet donne droit aux attractions habituelles et à d'autres, plus originales : descente de la Cheyenne River, jungle des Chikapas, Safarigolo à bord de petites jeeps, 3 grands spectacles western équestres mêlant humour, effets spéciaux et cascades humaines, ou encore le tourbillon du Simoun et le Camp des explorateurs (les enfants sont invités à retrouver les trésors enfouis en fouillant les lieux). Également 3 univers pour vivre des aventures dans des paysages extrêmes : univers saharien, jungle et reconstitution d'une ancienne ville du Far West.

Les divers ***snacks*** et ***restos*** sont tout à fait abordables.

ERMENONVILLE (60950) 980 hab.

Célèbre pour sa forêt autant que pour son parc Astérix, le village d'Ermenonville reste l'un des lieux de prédilection des romantiques. Rien de tel pour fuir le stress parisien que de marcher dans les pas de Rousseau ou de Nerval en attendant la réouverture du parc Jean-Jacques-Rousseau, l'un des plus beaux parcs paysagers de France où reposa durant 17 ans l'écrivain avant d'être transféré au Panthéon.

Adresse et info utiles

Bureau d'information touristique : *maison Joseph-II, 2 bis, rue René-de-Girardin. ☎ 03-44-54-01-58. • valois-tourisme.com • Mai-sept, ouv sam-dim 9h30-12h30, 13h30-17h30 ; fermé oct-avr.*

– ***Marché campagnard :*** *2e dim du mois, face au château.*

Où grignoter ? Où boire un délicieux thé ?

Les Rêveries dans la Théière : *15, rue du Prince-Radziwill. ☎ 03-44-21-52-71. • lesreveries@orange.fr • Ven-dim 12h-18h. Formules 9,50-18,50 € ; carte 15-20 € ; brunch 18-24 € (sam-dim sur résa).* Un chaleureux salon de thé-snack, chai à vin, le tout bio, dans une vénérable demeure. Délicieuses tartes, quiches, tartines, soupe du jour ou gaspacho, gâteaux divers. Aux beaux jours, en terrasse dans le jardin. Tout est fait maison. En prime, une petite partie boutique et artisanat.

À voir

En face du parc (fermé jusqu'à nouvel ordre), le superbe ***château*** d'Ermenonville, où séjourna et mourut Jean-Jacques Rousseau (en fait, il logeait dans les dépendances), est aujourd'hui transformé en hôtel chic (on y a tourné *Les Visiteurs* !).

STAR-SYSTÈME

Invité au château d'Ermenonville par son admirateur, le marquis de Girardin, Rousseau y résida pendant 1 mois et demi avant de s'y éteindre, en juillet 1778. Le propriétaire des lieux choisit alors l'île des Peupliers, au cœur du parc, pour y faire enterrer son ami philosophe. Saint-Just, Robespierre, Franklin, Bonaparte, puis Nerval, Chateaubriand et bien d'autres y vinrent en pèlerinage.

La forêt d'Ermenonville : 3 200 ha de verdure (chênes et pins) parcourus d'une dizaine d'itinéraires pédestres. La forêt est parsemée de buttes de sable dont les plaques de grès se colorent de bruyère chaque fin d'été. Il est conseillé de se munir de la carte IGN n° 404 ou 2412 OT.

LE PARC ASTÉRIX

30 ans après les 1ers exploits de notre petit Gaulois à moustaches, créé par le duo Uderzo-Goscinny, est né le parc Astérix en 1989. À l'aube du XXIe s, recréer un village gaulois à 35 km de Lutèce, vous nous direz, ils sont fous ces Gaulois ! Pourtant, le parc Astérix, est aujourd'hui le 2e parc d'attractions familial en France et accueille chaque année 2 millions de visiteurs. De taille humaine, il est sympathique comme tout, bon enfant, authentique comme on aime et surtout pas prétentieux pour un sou. En outre, le décor est parfaitement réussi (validé par Uderzo, d'ailleurs) et, de menhir en hutte à toit de chaume, on a vraiment l'impression d'être entré dans la B.D. Côté attractions, il y en a pour tous les âges : du manège de chevaux de bois au vertigineux *Oziris,* en passant par le récent cinéma 4D *Attention Menhir* qui nous plonge en plein cœur de la B.D., tout le monde s'y retrouvera. Enfin, un grand bravo pour les spectacles : rondement menés et de qualité. Pour la visite, suivez le druide. En avant, c'est partix !

Comment y aller ?

Par la route

➢ Par l'A 1 (Paris-Lille), sortie directe « Parc Astérix » entre les sorties nos 7 et 8 (35 km au nord de Paris).

En RER

➢ ***Paris :*** RER B, arrêt Roissy-Charles-de-Gaulle-1 puis rendez-vous au guichet Parc Astérix, quai A3. Navette toutes les 30 mn, 1h avant l'ouverture du parc et jusqu'à 1h après sa fermeture.

En navette directe

➢ Au départ du Louvre (parking bus ; accès par l'escalator situé hall Charles-V, dans le Carrousel du Louvre). Tarif : env 20 € ; réduc. • *navettes-parcasterix.com* •

Infos pratiques

– **Rens :** *billetterie ☎ 09-86-86-86-87 ou ● parcasterix.fr ●*
– **Dates et horaires d'ouverture :** *ouv avr-déc (se renseigner pour les dates précises, qui changent chaque année). Tlj avr et juil-août et pdt vac de la Toussaint (fermé lun-mar mai-juin, et ouv le w-e seulement en sept-oct) 10h-18h ou 19h (heure de fermeture des attractions) + vac de Noël 11h-19h.*
– **Tarifs :** *adulte 53 € ; enfant 45 € ; billet Futé (J-7) adulte 45 € ; enfant 42 € ; gratuit moins de 3 ans.* Pass Saison *(valable 1 an pour un nombre illimité de visites au parc Astérix) : adulte 124 € ; enfant 114 €. Promos sur le site internet.*
– **Parking payant :** *15 €/j.*
– **Distributeurs de billets, poste et téléphones :** *près de la fontaine dans la rue de Paris et au Crédit Latin, à gauche à l'entrée du parc (distributeur seulement).*
– **Chenil :** *à l'accueil du parc (payant).*
– **Bureau de change :** *au Crédit Latin, à gauche de l'entrée du parc.*
– **Consigne, poussettes payantes et fauteuils pour personnes handicapées, point de rencontre, objets trouvés :** *à l'accueil visiteurs, tt de suite à droite après l'entrée du parc.*
– **Premiers secours :** *au pied du rocher « Astérix ».*
– **Relais bébés :** *avec micro-ondes en libre-service.*

Conseils du Gaulois malin

– Si vous le pouvez, venez chez nos amis les Gaulois de préférence en début de saison en semaine (avril, mai), il y a moins de monde.
– Certaines attractions étant basées sur l'eau, n'oubliez pas votre vêtement de pluie.
– Munissez-vous, dès votre arrivée, du plan du parc (qui comprend aussi la programmation des spectacles), disponible à l'entrée.
– Adoptez la « Touche Gauloise » avec l'application mobile du Parc Astérix qui donne des informations en temps réel sur les temps d'attente et permet d'accéder rapidement à toutes les informations sur les attractions et spectacles du parc ; également des offres en matière de restauration ou dans les boutiques, plan du parc et système de géolocalisation.
– Possibilité de mesurer votre enfant à l'accueil ou dans les boutiques situées à l'entrée du parc. Il recevra un tampon ou un bracelet correspondant à sa taille. Plus besoin de le mesurer avant d'embarquer dans l'attraction !
– Pour éviter les files d'attente, allez à contre-courant. Le matin en arrivant, commencez par les attractions du fond du parc, puis enchaînez avec 1 ou 2 spectacles, ce qui devrait vous occuper jusque vers 14h. Après une pause déjeuner tardive (la tranche horaire 12h-13h30 étant saturée, boudez-la sans remords), profitez des attractions du début du parc, et terminez cette journée riche en aventures assis tranquillou devant un spectacle.
– Enfin, pour ceux qui auraient décidé de repartir les bras chargés de cadeaux souvenirs, sachez qu'il est possible de tout laisser sur place et de récupérer ses emplettes le soir, à l'accueil.

Où dormir ?

🏠 |●| ***Hôtel des Trois Hiboux :*** *☎ 09-86-86-86-87. Doubles 90-100 € ; familiales.* Pour ceux qui voudraient passer 2 jours au parc Astérix, et donc dormir sur place, cet hôtel situé en bordure du parc, au cœur de la forêt, est la meilleure solution avec des enfants. Les chambres familiales, avec un coin enfants séparé des parents, sont spacieuses et joliment décorées, tout en bois, et offrent une jolie vue sur la forêt. Restauration buffet et espaces enfants au sein de l'hôtel.

Où manger ?

– Possibilité de ***pique-niquer*** à l'intérieur et à l'extérieur du parc, sur les aires spécialement aménagées : dans la forêt, près des parkings 2, 3 et 4.

|●| ***Caïus Pizza :*** *quasi à l'entrée du parc, face aux Arènes.* Grosses parts de pizza et terrasse ombragée.
|●| ***Aux Fastes de Rome :*** *dans la Cité romaine, en face du carrousel de César. ♿ Service de 10h30 à la fermeture du parc.* Fast-food pas trop cher bénéficiant d'une agréable terrasse ensoleillée et fleurie donnant sur la descente en bouée *Romus et Rapidus*.
|●| ***Le Restaurant du Lac :*** *en face du Grand Lac, à côté du théâtre de magie de Panoramix. ♿ Service 11h30-15h.* Superbe déco de fruits et légumes géants, et du sanglier au menu !
|●| ***La Halte des Chevaliers :*** *à côté de Goudurix, sur la pl. du Moyen-Âge. ♿ Horaires d'ouverture calés sur ceux du parc.* Un resto en plein air, à l'ambiance médiévale. Au menu, des sandwichs-brochettes qui rassasieront les preux chevaliers...
|●| ***Le Cirque :*** *non loin de l'Oxygénarium. ♿* Le plus joli resto du parc, avec son décor de cirque très réussi. Il y a même la cage aux lions, mais elle est transformée en aire de jeux !
|●| Et de nombreux points de vente « à emporter ».

À voir. À faire

Le parc Astérix est divisé en 6 univers : la ***Gaule,*** où l'on trouve le village d'Astérix, l'***Empire romain,*** la ***Grèce antique*** (géniale reconstitution d'un petit village sur les côtes de la mer Égée, avec ses tavernes et ses maisons blanc et bleu), ***À travers le temps,*** pour un voyage du Moyen Âge au XIXe s, la ***zone Vikings,*** pour ceux qui ont le goudurix et, enfin, l'***Égypte,*** avec son attraction pharaonique, Oziris ! En fait, ce n'est pas immense, on peut raisonnablement tout découvrir en une journée sans trop se presser. Et comme, de toute façon, on vous remet un plan détaillé à l'entrée, nous avons pris le parti d'établir notre sélection par type d'attraction et non par secteur géographique.
En matière d'animations, le parc se partage entre 2 points forts : les spectacles (3, plus les animations dans le Village) et les attractions à sensations.

Spécial p'tits moutards

Astérix est un chic type, il a pensé à toute la famille, même aux tout-petits avec la Forêt d'Idéfix (quelques manèges leur sont exclusivement réservés). Pratique, le plan remis à l'entrée propose des idées d'itinéraires avec des enfants jusqu'à 6 ans et entre 6 et 12 ans.

Les meilleures attractions

– ***Pégase Express :*** un parcours de près de 1 km de rails où sommeille la terrifiante Méduse. Cette attraction familiale est accessible à partir de 1 m. Un tiers du parcours en marche arrière.
– ***La Trace du Hourra :*** *à partir de 1,20 m.* À bord d'un petit train, on dévale à 60 km/h une piste de bobsleigh de 900 m de long pour vivre en famille des sensations de glisse incroyables.
– ***Le Grand Splatch :*** descente de chutes d'eau sur des bateaux, dans un décor fleuri. Plus gentil que Menhir Express, mais éclaboussures garanties quand même.
– ***Menhir Express :*** parcours aquatique avec une chute de 13 m à la clé (vraiment impressionnant, ça mouille !). La promenade se fait à bord d'un menhir, dans un chouette décor de bois, et on peut même repartir avec sa photo.

– ***Goudurix :*** *à partir de 1,40 m.* 7 fois la tête en bas à une vitesse qui atteint parfois 75 km/h ! À réserver aux plus endurcis, qui ne craignent pas que le ciel leur tombe sur la tête !
– ***Tonnerre de Zeus :*** *à partir de 1,30 m.* Une fantastique montagne russe en bois culminant à 32 m de haut, avec des pointes à 80 km/h et un parcours aussi tortueux qu'original. Moins brutal que Goudurix, à faire en famille.
– ***Le Vol d'Icare :*** on patiente au fil d'un labyrinthe avant d'embarquer par 2 dans les wagons d'un train fou qui frôle le looping. Émotion et rires garantis (mais un peu court, dommage).
– ***L'Hydre de l'Herne :*** expérience en apesanteur dans des nacelles qui tournoient... Attention aux estomacs fragiles.
– ***Les Espions de César :*** les Romains cherchent à découvrir le secret de la force des Gaulois. Pour les observer sans être vu, embarquez à bord de chars romains, perchés sur des rails à 5 m du sol.
– ***Les Chaises volantes :*** *à partir de 1,20 m.* Balançoires à l'ancienne qui s'envolent haut et vite. Très impressionnant (on frôle les arbres) et jolie sensation.
– ***L'Oxygénarium :*** embarquez à bord de bouées géantes à la découverte d'une drôle de machine. Dans un décor de tuyaux dignes du Centre Georges-Pompidou, un immense tapis vous hisse vers la cime des arbres. Là-haut, vue panoramique sur le parc et... un toboggan de 400 m qui vous entraîne dans une tourbillonnante descente. Peu impressionnant, idéal pour les familles.
– ***Le Transdemonium :*** un train fantôme avec son lot de squelettes, de monstres, de freinages et d'accélérations.
– ***Le Défi de César :*** *par groupes de 10-15 pers.* Vous voici recruté dans l'armée de César pour aller infiltrer le village des irréductibles... et c'est l'embarquement sur un bateau vers la Côte armoricaine. Attention, ça tangue !
– ***OzIris :*** *à partir de 1,30 m.* Un *roller coaster* inversé, les pieds dans les nuages, en apesanteur, pour des sensations extrêmes garanties !
– ***Discobélix :*** un grand disque qui glisse d'un bout à l'autre d'une double vague en tournant sur lui-même. De belles sensations sans être trop chamboulé non plus : parfait pour les familles.

Spectacles

Programme et horaires disponibles à l'entrée. Pensez à organiser votre journée en fonction des spectacles que vous voulez voir (certains ne sont donnés que 1 ou 2 fois par jour).
– ***Gaulois-Romain, le Match :*** 3 épreuves physiques qui décideront du sort des Gaulois ; un seul enjeu : la liberté définitive !
– ***Du rififi dans la basse-cour :*** ce spectacle animalier met en scène un soldat romain catapulté accidentellement dans le village gaulois au pied de l'arbre d'Assurancetourix, le barde du village. Les animaux de la ferme se chargeront de le faire fuir.
– ***Crypto illusions et mentalisme :*** un spectacle à découvrir en famille dans l'univers de la 4ᵉ dimension. Humour et effets magiques garantis au théâtre de Panoramix !

Sans oublier...

– ***La rue de Paris :*** un vrai plongeon dans l'histoire du Moyen Âge au XXᵉ s. Après avoir traversé une place médiévale flanquée de superbes maisons à colombages, petit à petit, on remonte le fil du temps. Nous voilà bientôt au cœur du XIXᵉ s, à l'intérieur d'un immeuble parisien où vivent à la fois Offenbach, Verlaine, Victor Hugo, Toulouse-Lautrec et Degas ! Décors, automates, et reconstitutions extraordinaires. À ne pas manquer.

• Carte Compiègne et sa forêt *p. 239*

COMPIÈGNE

(60200) 41 235 hab.

Compiègne, ville royale qui ronronne, la province à l'état pur à quelques encablures de Paris et à la sortie de la ville, l'un de ses poumons verts les plus séduisants. Compiègne et son château pétri d'histoire, dont le dernier fait d'armes de Jeanne d'Arc et de fastueux mariages royaux et impériaux... Enfin, vous y découvrirez l'un des plus riches et émouvants mémoriaux aux victimes du nazisme qu'on connaisse.

Comment y aller en train ?

➢ ***De Paris-gare du Nord :*** une vingtaine de trains directs/j. en moyenne. Compter 40 mn à 1h10 de voyage.
– *Rens SNCF : ☎ 36-35. • oui.sncf •*

Adresse et info utiles

ℹ ***Office de tourisme :*** *pl. de l'Hôtel-de-Ville. ☎ 03-44-40-01-00. • compiegne-tourisme.fr • ♿ Avr-sept, lun-sam 9h15-12h15, 13h45-18h15 ; oct-mars, du lun ap-m au sam 9h15-12h15, 13h45-17h15 ; Pâques-31 oct, ouv également dim et j. fériés 10h-12h15, 14h15-17h.* Visites guidées de la ville *(dim et j. fériés avr-oct, sauf 15 juil-15 août ; prévoir env 1h30 et 5 € ; min 5 pers)* ainsi que des visites découvertes nocturnes en forêt en période de brame du cerf *(sur résa).*
– ***Marché :*** *mer et sam mat rue Saint-Corneille.*

Où dormir ?

Prix moyens

🏠 ***Hôtel de Flandre :*** *16, quai de la République. ☎ 03-44-83-24-40. • hoteldeflandre@orange.fr • hoteldeflandre.com • ♿ Doubles à partir de 75 €. Parking payant 7 €.* Un hôtel proche de la gare, au cœur de la ville. Chambres calmes et assez spacieuses. Certaines donnent sur l'Oise. Ne fait pas resto, mais plusieurs solutions à 2 pas. Accueil particulièrement attentionné et serviable. Fort agréable salle pour un copieux petit déj.

🏠 ***Chambres d'hôtes le Quatorze :*** *14, rue Notre-Dame-de-Bon-Secours. 📱 06-83-44-13-50. • frederique.debouverie@orange.fr • Doubles 85-95 €.* La façade quelconque dans une rue passante cache bien son jeu. L'intérieur, rénové, abrite 4 chambres (pour 2 ou 4 personnes) aux couleurs acidulées, simples dans le style mais confortables et au calme. L'une d'elles avec salle de bains... en mezzanine : les contraintes des vieux murs ! À l'étage, cuisine et lave-linge à disposition.

De chic à plus chic

🏠 ***Hôtel de Harlay :*** *3, rue de Harlay. ☎ 03-44-23-01-50. • contact@hotel-compiegne.net • hotel-compiegne.net • Doubles 84-94 € ; familiales.*

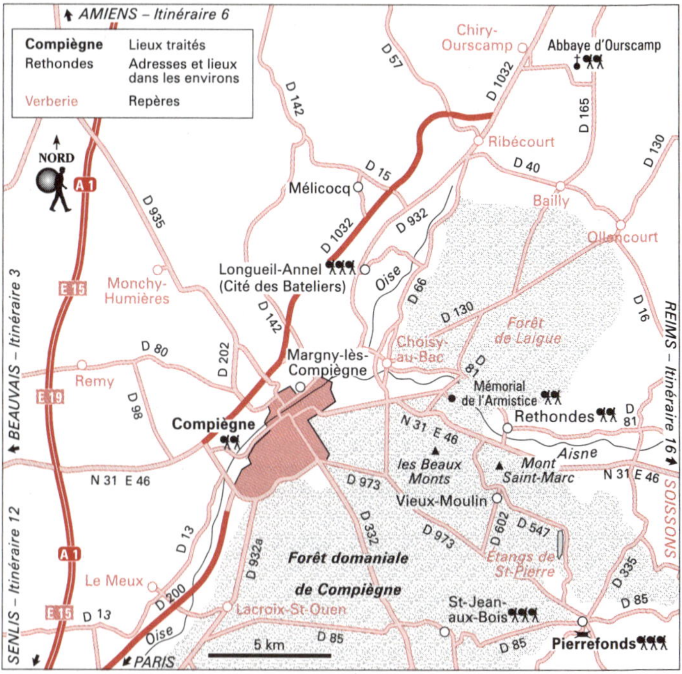

COMPIÈGNE ET SA FORÊT

Parking clos payant 5 €. Cet hôtel, installé dans un immeuble de la reconstruction et entièrement rénové en 2018, propose une quinzaine de chambres climatisées et bien isolées. Certaines plus spacieuses.

🏠 ***T'Aim Hôtel :*** *70 A, rue Pont-Neuf, 60280* ***Margny-Lès-Compiègne.*** *☎ 03-75-46-01-42. • contact@taimhotel.com • taimhotel.com • Doubles à partir de 97 € ; familiales. Plats 13-29 €. Parking privé.* L'adresse contemporaine qui manquait à Compiègne, au niveau du Pont Neuf, à 10 mn à pied du centre. Design en façade et dans les chambres, luminosité jusqu'au restaurant vitré, ouvert sur l'Oise. Le confort est au rendez-vous, l'ambiance chaleureuse et l'accueil pro. En prime, piscine intérieure chauffée et hammam. À table, des plats d'ici et d'ailleurs.

Où manger ?

De bon marché à prix moyens

IOI ***Au Jardin de Léna :*** *20, rue de l'Étoile. ☎ 09-81-45-04-36. Fermé lun. Menu 14,90 €. Résa conseillée le midi.* Un buffet de salades et de desserts, midi et soir, rien de plus. Fraîcheur, couleurs et saveurs : la formule ne prend pas la tête et convient très bien aux Compiégnois, ravis de profiter de l'agréable placette aux beaux jours avec sa fontaine. Belle animation sous les grands arbres.

IOI ***Bistrot du Terroir :*** *13, rue Eugène-Floquet. ☎ 03-44-40-06-36. Fermé* *dim. Menus 18-25 € le midi en sem, puis 26-32 €. Résa conseillée le midi.* À l'origine, il y avait là une imprimerie dont il ne reste plus, grosso modo, que les grands tuyaux au plafond. Pour l'ambiance, on est aujourd'hui plutôt dans ce qui ressemble à une vaste cantine avec plusieurs salles et de grandes photos évoquant la campagne et la nature. Quant à la carte, relativement fournie, elle penche du côté d'une bistronomie de bon aloi.

Chic

|●| ***Les Ferlempins :*** *13, cours Guynemer. ☎ 03-44-83-53-31. ● contact@lesferlempins.fr ● ♿ Fermé dim-lun et courant août. Menus 21-25,90 € (en sem)-39 €.* 2 frères partageant la même passion de la cuisine sont aux manettes de cette belle adresse gourmande. Tandis que l'un veille à ce que votre verre soit rempli des meilleurs breuvages, l'autre, en cuisine, s'applique à rendre honneur à tous les beaux produits qu'il va chercher chez les producteurs régionaux, quitte pour cela à s'inspirer de cuisines d'ailleurs.

|●| ***Rhizome restaurant :*** *6, rue des Pâtissiers. ☎ 09-83-77-42-22. ● contact@restaurant-rhizome.fr ● Fermé dim-lun. Formules déj mar-ven 21-25 € ; dîner et sam midi 38 €.* « Menu locavore, paysan, sauvage et généreux. » Le ton est donné derrière cette devanture vert olive, dans un cadre agréable, boisé, apaisant. Les légumes croquent sous la dent, les saveurs s'expriment, les fines herbes s'invitent dans les desserts et les fleurs colorent cette carte 100 % agriculture raisonnée et biologique qui fait honneur à nos racines.

Où manger dans les environs ?

|●| ***Auberge des Chiens Rouges :*** *10, rue Emerson-White, 60150* ***Mellcocq.*** *☎ 03-44-96-08-44. ● perrin.aubergedeschiensrouges@sfr.fr ● ♿ À env 8 km de Compiègne. Tlj sauf lun, et le soir lun-mer. Menu unique 24 €.* Ça vaut le coup de rendre visite à ce sympathique village et à ces étranges chiens rouges. Cette fort accueillante auberge est tenue par un patron affable et chaleureux qui connaît son métier sur le bout des ongles et choisit avec passion ses produits du marché. Surtout, ne pas rater cette andouillette d'anthologie, goûteuse à souhait, suave, parfumée, et servie avec purée ou frites maison. Portions généreuses et beaux desserts. Et une addition très raisonnable.

Où boire un verre ?

🍷 ⛱ Place du Change, au coin des rues de l'Étoile et des Lombards, large terrasse du ***Coq d'Or,*** prise d'assaut aux beaux jours. Belle animation sous les grands arbres.

À voir

LES MUSÉES ET DOMAINE NATIONAUX DU CHÂTEAU DE COMPIÈGNE

L'ensemble regroupe les appartements de l'empereur et de l'impératrice, le musée national de la Voiture, le musée du Second Empire et le parc.

– ***Infos pratiques :*** *☎ 03-44-38-47-00. ● chateaudecompiegne.fr ● Tlj sauf mar 10h-18h (dernière admission à 17h15 ; attention, certains musées peuvent fermer plus tôt, consulter le site internet). Fermé 1er janv, 1er mai, 25 déc et certains j. fériés. Entrée : 7,50 € (+ 2 € en période d'expo) ; réduc ; gratuit moins de*

26 ans et pour tous le 1er dim du mois. Visites-conférences thématiques (rens : ☎ 03-44-38-47-02). Appli téléchargeable gratuitement. Catalogue plus de 650 peintures des collections sur ● compiegne-peintures.fr ●

Le château : reconstruit sous Louis XV selon les plans d'Ange-Jacques Gabriel et achevé sous Louis XVI, le château de Compiègne obtint son titre de résidence impériale sous le règne de Napoléon Ier. Par la suite, il devint la demeure préférée de l'impératrice Eugénie et de son époux Napoléon III qui venaient y passer l'automne accompagnés d'une centaine d'invités. Pour l'anecdote, c'est au palais de Compiègne que Mérimée composa sa célèbre dictée dans le but de distraire la Cour. Napoléon III aurait fait 75 fautes, Eugénie 62, la princesse de Metternich 42, Alexandre Dumas 24, Octave Feuillet (un académicien !) 19 et, enfin, le prince de Metternich, ambassadeur d'Autriche, « seulement » 3 !

DES SÉRIES À GROS BUDGET

Pendant plusieurs années, tous les automnes, Napoléon III et Eugénie invitèrent en leur palais des personnalités telles que des diplomates, des princes et des dignitaires étrangers. Ils y menaient une vraie vie de château : grands banquets, discussions intellectuelles, fumeuses et libertines, chasses, spectacles, et même concours de charades. On y vit Flaubert, Sainte-Beuve, Dumas fils, Delacroix, Bartholdi, Gounod, Verdi, Pasteur... Mais le plus assidu fut encore Viollet-le-Duc qui, avec fierté, en profitait pour faire visiter son chantier de Pierrefonds tout proche !

La forme bizarrement triangulaire du bâtiment était due au tracé des anciens remparts de la ville. L'extérieur est très bien conservé, tandis que les décors intérieurs d'une cinquantaine de salles parquetées et aménagées pour ses différents hôtes, de Marie-Antoinette à Napoléon III, sont soigneusement restaurés et restitués.
Les musées sont situés dans des ailes du château. On avoue une affection particulière pour celui de la Voiture. Le théâtre Louis Philippe, les appartements d'invités n° 33 et 34 et les appartements du Roi de Rome et double de Prince se visitent avec conférencier.

Le musée du Second Empire
Dans l'autre aile du château. Visite libre à travers des œuvres remarquables et de nombreux objets liés à la famille impériale, notamment, des souvenirs du palais des Tuileries ou de Saint-Cloud. Quelques chefs-d'œuvre aussi comme ce *Saint Jean-Baptiste* en mosaïque et, surtout, une superbe *Vierge à la chaise* d'après Raphaël, don du pape Pie IX à l'occasion du baptême du prince impérial. D'autres petits souvenirs personnels de Napoléon III, dont sa cuirasse. Beau portrait en pied d'Eugénie par Winterhalter.
Dans le couloir, différents portraits, émaux, médaillons. Dans une vitrine, l'impératrice à Farnborough et souvenirs du prince impérial en exil.
Salle consacrée au prince. On trouve une curieuse balançoire de poche. Faire-part de la mort de Napoléon III du 16 janvier 1873. Quelques tableaux intéressants comme *L'Empereur et le Prince* par James Tissot et le *Prince impérial tué par les Zoulous en Afrique du Sud* en 1879 (mais que diable allait-il faire dans cette galère ?). Son gilet percé de trous de sagaie y est exposé. À voir encore, le salon des jeux et l'ancienne chambre de la reine Marie-Antoinette qui devint celle du roi de Rome, le salon des jeux, la grande chambre à coucher avec un superbe mobilier Jacob Desmalter. Enfin, la *galerie Natoire,* ornée de cartons de tapisserie de l'histoire de Don Quichotte par l'artiste.
– *Le parc :* parc à l'anglaise qui se prolonge par la forêt et par la longue perspective des Beaux-Monts (5 km). Elle fut créée par Napoléon Ier pour évoquer à l'impératrice Marie-Louise celle du château de Schönbrunn à Vienne. Labellisé Jardin remarquable, il poursuit sa restauration.
☕ Joli salon de thé sur place et pique-nique autorisé.

Le musée national de la Voiture : *dans une aile du château. Visite libre.* Il s'agit plutôt d'un musée des transports. Certains modèles utilisés par les cours royales d'Europe sont de véritables chefs-d'œuvre, notamment la berline de gala réalisée pour l'entrée de Napoléon Ier à Bologne et le wagon-salon de Napoléon III. Ne pas manquer la berline dite Aventurine Italie (1740-1750) ou encore la berline de voyage pour la venue du tsar Nicolas II et de son épouse (1896). L'une des pièces les plus remarquables est l'autochenille Citroën ayant servi en 1924 lors de la Croisière noire. On a aussi aimé la diligence à vapeur (7 t et 16 km/h maxi, vous parlez d'un engin !) et – si elle est là – la « Jamais Contente », de 1899, 1re voiture à dépasser les 100 km/h, nommée ainsi, paraît-il, en souvenir de la femme de son inventeur. Également des cycles, traîneaux et vénérables automobiles.

L'hôtel de ville : *dans le centre.* De style gothique flamboyant (XVIe s), la façade fut restaurée sous la direction de Viollet-le-Duc. Le beffroi abrite la « Bancloque », superbe horloge communale animée par les 3 « Picantins ». Ces jacquemarts en bois figurent les 3 ennemis traditionnels au XVIe s : l'Anglais, l'Allemand et le Flamand.

Le musée de la Figurine historique : *dans l'annexe de l'hôtel de ville. ☎ 03-44-20-26-04. • musees-compiegne.fr • Tlj sauf lun 10h-13h, 14h-18h. Entrée : 4 € ; réduc ; gratuit moins de 26 ans et pour tous le 1er dim du mois. Billet couplé avec le musée Antoine-Vivenel et le musée du cloître Saint-Corneille.* Un petit musée intime et coloré, riche de plus de 100 000 figurines civiles et militaires de toutes les époques. Le clou de cette exposition est une immense maquette de la bataille de Waterloo, le 18 juin 1815 à 16h30 précises (12 000 figurines et 18 ans de travail). Également des scènes des guerres 1914-1918 et 1939-1945, mais aussi de la vie civile comme l'*Arrivée de la diligence.* Intéressante expo sur le mode de fabrication des figurines. Pour les jeunes enfants, des marchepieds sont à disposition pour se hisser au niveau des vitrines.

Le musée du cloître Saint-Corneille : *rue Saint-Corneille, dans la rue face à l'hôtel de ville. • musees-compiegne.fr • Tlj sauf lun et certains j. fériés 10h-13h, 14h-18h. Entrée : 4 € ; réduc ; gratuit moins de 26 ans et pour tous le 1er dim du mois. Billet couplé avec le musée Antoine-Vivenel et le musée de la Figurine historique. Audioguide gratuit inclus (avec la voix envoûtante d'André Dussollier), ainsi qu'un livret enfants.* Fondée au IXe s par l'empereur Charles le Chauve, l'abbaye Saint-Corneille fut rasée à la Révolution, à l'exception du cloître dont une partie héberge aujourd'hui la bibliothèque municipale et l'autre, ce très beau petit musée. En plus de retracer brièvement l'histoire de l'abbaye (avec une maquette telle qu'elle était au XVIIe s), présente un bel ensemble de sculptures religieuses d'époques médiévale et Renaissance. Ces dernières sont vraiment bien mises en valeur. Vous pourrez notamment y contempler *La Vierge au pied d'argent,* de l'église Saint-Jacques. Autre trésor : 3 têtes sculptées du XIVe s découvertes par hasard là où se trouvait autrefois l'abbaye de Royallieu. Elles représentent Saint Louis, Philippe le Bel et Jeanne de Navarre ou Marguerite de Provence.

L'église Saint-Jacques : commencée en 1235 dans le style gothique francilien, elle retrouve son lustre après des travaux de rénovation des façades. Plan à 3 nefs classiques et de proportions harmonieuses. Transepts très courts. Juste à gauche de l'entrée, ancien banc d'œuvre Renaissance finement ciselé. Détail assez rare, tous les piliers et murs de la nef sont habillés de lambris sombres. Quelques chapelles et mobilier intéressants. Les vitraux : ceux dans la nef, bien que du XIXe s, sont de grande qualité et montrent d'éblouissantes couleurs (surtout quand le soleil donne le matin). Face au chœur, dans la dernière chapelle de droite, le *trésor,* avec 37 châsses et 150 reliques. Impressionnant grand orgue (1768) avec buffet en bois sculpté.

Le musée d'Art et d'Archéologie Antoine-Vivenel : *2, rue d'Austerlitz. ☎ 03-44-20-26-04. • musees-compiegne.fr • (rdc seulement ; entrée par*

le parc Songeons). Rue de Solférino, vers l'Oise ; avt le pont, à gauche, rue du Harlay, et descendre la rue en biais. Tlj sauf lun et certains j. fériés 10h-13h, 14h-18h. Entrée : 4 € ; réduc ; gratuit moins de 26 ans et pour tous le 1er dim du mois. Billet couplé avec le musée du cloître Saint-Corneille et le musée de la Figurine historique.
Générosité d'un mécène local, Antoine Vivenel (1799-1862), entrepreneur architecte. Celui-ci rassembla une extraordinaire collection d'objets d'art, véritable « recueil encyclopédique de tous les arts et de toutes les époques ».

Rez-de-chaussée
1re salle, avec une riche collection d'antiquités grecques, dont de magnifiques coupes et cratères. Petite section égyptienne avec momies d'ibis et vestiges. ***2e salle*** présentant l'archéologie régionale avec une nouvelle présentation de la préhistoire qui plonge dans le quotidien des chasseurs de rennes des bords de l'Oise à la fin de la période glaciaire. Riches trouvailles du sanctuaire gaulois de Gournay-sur-Aronde et du sanctuaire gallo-romain de Champlieu.

1er étage
Peintures, sculptures et objets d'art du Moyen Âge au XIXe s. Beau mobilier picard sculpté. Remarquable section de porcelaine, céramique et émaux. Notamment les faïences et majoliques italiennes (la *Belle Madeleine,* du *Deruta,* de 1520). On admirera également une rare collection de ***portraits en émail*** de Léonard Limosin (Limoges, XVIe s). ***Galerie de peinture,*** avec une *Sainte Famille,* de Lucas Giordano et une intéressante série de petits maîtres du XVIIe s. Quelques toiles sur l'Italie (paysages aux chaudes couleurs) et des orientalistes. Et un original *Singes musiciens,* de A. G. Decamps. Une salle évoque Compiègne et sa forêt, et abrite les anciens jacquemarts (automates indiquant l'heure) en bois de l'hôtel de ville (1768).
En sortant par l'arrière de l'hôtel particulier, jolie promenade dans le ***parc de Songeons.*** Au fond du parc, accès au ***centre Antoine-Vivenel*** avec salle d'expositions temporaires du musée Antoine-Vivenel *(17, rue James-de-Rothschild).*

L'église Saint-Antoine : *10, rue Saint-Antoine. En principe, tlj 9h30-12h30, 14h30-17h.* Construite du XIIIe au XVIe s. Façade et chevet remarquables, riche festival d'arcs-boutants, balustrades flamboyantes et gargouilles alambiquées. À l'intérieur, style gothique pur. 3 nefs sans transept. Vitraux du XIXe s intéressants, comme dans la chapelle Saint-Joseph, avec la maison de Nazareth, la Fuite en Égypte, la Mort de Joseph. Dans le chœur, toujours du XIXe s, l'histoire de Jeanne d'Arc qui vint prier ici après le sacre de Charles VII, mais surtout un admirable arbre de Jessé Renaissance aux couleurs éclatantes. Voûte du déambulatoire assez élaborée, débauche de fines nervures. Dans la chapelle Saint-François-de-Sales (côté droit), toile de saint Nicolas de 1692.

Le mémorial de l'Internement et de la Déportation – Camp de Royallieu : *2 bis, av. des Martyrs-de-la-Liberté. ☎ 03-44-96-37-00. • memorial-compiegne.fr • À la sortie sud de la ville. Venant de Paris par l'A 1, sortie no 9. Mar et w-e 10h-18h ; mer-ven 14h-18h. Fermé lun et certains j. fériés. Entrée : 5 € (audioguide compris) ; réduc ; gratuit moins de 26 ans. Compter au moins 2h de visite.*
Le camp de Royallieu, d'abord caserne au début du XXe s, servit d'hôpital au début de la 2de Guerre mondiale. Après l'occupation allemande, il devient un camp de prisonniers de guerre géré par la Wehrmacht puis, de juin 1941 à fin août 1944, camp d'internement et de transit pour les camps de concentration du Reich. Constitué de 24 bâtiments sur 20 ha, ce fut le seul camp dirigé totalement par l'administration allemande. Divisé en 3 secteurs : le camp A pour les prisonniers français (réfractaires du STO, politiques, résistants), le camp B destiné aux ressortissants civils alliés (entre autres, une centaine d'Américains arrêtés à Paris après l'entrée en guerre des États-Unis), et le camp C qui accueillit d'abord les juifs, puis les « cas » (prisonniers dits difficiles) et les femmes résistantes.

Au total, environ 50 000 internés séjournèrent à Royallieu, dans des conditions d'existence très difficiles. L'organisation de la vie à l'intérieur du camp était d'ailleurs du ressort des prisonniers. Punitions collectives pour les tentatives d'évasion (chambrée rouée de coups et laissée nue dehors l'hiver, etc.). L'évasion la plus spectaculaire fut celle de 19 militants communistes par un tunnel de 48 m de long. Pour éviter de sombrer, les détenus organisaient de nombreuses activités sportives et culturelles, mais la nourriture était épouvantable, et les détenus déportés vers l'Allemagne partaient dans un état de faiblesse extrême. Régulièrement, des prisonniers communistes étaient fusillés comme otages dans la forêt de Compiègne. De 1941 à 1944, 28 grands convois quittèrent le camp pour l'Allemagne (environ 40 000 personnes). Celui du 2 juillet 1944, pour Dachau, fut surnommé le « train de la mort »... Sur 2 200 déportés, 900 moururent pendant le voyage. Le dernier convoi partit le 25 août, mais il fut détourné par des cheminots de la Résistance et libéré par l'armée britannique. Parmi les internés les plus connus, il y eut le poète et écrivain *Robert Desnos* (mort du typhus au camp de concentration de Terezín, Tchécoslovaquie), *Albert Sarraut* (1872-1962), homme politique (président du Conseil de 1933 à 1936), *Jorge Semprún*, écrivain (auteur de l'admirable *L'Écriture ou la Vie*), ministre de la Culture du gouvernement espagnol de 1988 à 1991 et membre de l'Académie des Goncourt, *Pierre de Gaulle* et *Geneviève de Gaulle-Anthonioz,* frère et nièce du Général, *Marie-Claude Vaillant-Couturier,* veuve du rédacteur en chef de *L'Humanité* de 1928 à 1937, *Michel Clemenceau* (fils du Père la Victoire), Charlotte Delbo, assistante de Louis Jouvet et grande femme de lettres...
Seuls 3 bâtiments ont été conservés, dont 2 transformés en musée. La belle muséographie laisse intacte la capacité d'imagination et d'évocation du camp. Ayant été réutilisé comme caserne après 1945, le lieu a été débarrassé de tous ses rajouts pour tenter de le restituer dans son aspect initial. Projections de films sur les murs nus, livrant de-ci de-là des strates de ses différentes identités.

À faire

– ***Le Théâtre impérial :*** *3, rue Othenin. Programmation et résas : ☎ 03-44-40-17-10. • theatresdecompiegne.com •* Superbe salle de pur style Napoléon III. Le théâtre, qui devait initialement ouvrir en 1871, ne fut pourtant inauguré qu'en... 1991. Une place particulière est accordée au théâtre musical et lyrique qui bénéficie d'une excellente acoustique.

– ***L'Espace Jean-Legendre :*** *pl. Briet-Daubigny. ☎ 03-44-92-76-76. • theatresdecompiegne.com •* L'une des scènes les plus dynamiques de Picardie, une riche programmation (théâtre, cirque, danse, opéra, jazz). Plus de 50 spectacles, 140 représentations. 2 salles, espaces d'exposition, café du théâtre (également lieu de concert).

– ***Le Ziquodrome :*** *rue Jacques-Daguerre (ZAC des Mercières). ☎ 03-44-23-34-46. • ziquodrome.fr • À côté de la patinoire.* La grande salle de concerts de Compiègne propose une énergique programmation.

DANS LES ENVIRONS DE COMPIÈGNE

La Cité des bateliers : *59, av. de la Canonnière, 60150* ***Longueil-Annel.*** *☎ 03-44-96-05-55. • citedesbateliers.com • ♿ (sauf pour la péniche). À 6 km au nord de Compiègne par la N 32. 1er avr-31 oct, tlj sauf lun 10h-18h ; le reste de l'année, tlj sauf lun 13h (10h le w-e et sur résa)-17h30. Fermé en janv. Entrée : 6 € ; enfant 3 € ; réduc ; 4 € sur présentation de ce guide. Extérieurs en visite libre. Compter 1h45 de visite.*

Un lieu unique en son genre qui tient plus du parcours découverte que du musée ! Et c'est tant mieux. Pour tout savoir sur la batellerie et la vie des « gens de l'eau ». Jusqu'au milieu du siècle dernier, les mariniers, madame leur marinière et leur péniche, traversaient la France par dizaines de milliers, à la fois libres et solidaires...

Le simulateur d'écluse permet aux petits comme aux grands de découvrir ce métier particulier. L'aventure se poursuit par la visite de la cale d'une péniche amarrée au pied du musée (intérieur de la timonerie et de la cabine), et celle de la Maison des bateliers où sont projetés des extraits de films avec une scénographie ludique et efficace. Au rez-de-chaussée, la salle des grandes inventions de la batellerie. À l'étage, les luttes sociales, la vocation de marinier à travers des témoignages audio et textuels.

Ensuite vous flânez, à votre rythme, en suivant le long des berges, toute une série de bornes sonores illustrant des scènes de la vie quotidienne du marinier : discussions de bistrot, passage de l'écluse... Bref, les « 10 commandements du marinier ». Avec un peu de chance, vous assisterez à la mise en mouvement de « l'écluse de Janville », impressionnante car à double sas, elle permet à 2 péniches de se croiser en sens inverse.

VOUS ÉCLUSEREZ BIEN UN GORGEON ?

Les passages d'écluses pouvaient autrefois être très longs et fastidieux. C'est pour cela que l'on trouvait le long des canaux de petits troquets pour boire un coup. Ça n'empêchait pas non plus, en cours de route, de trinquer avec l'éclusier. D'où l'origine d'« écluser un canon », « écluser un gorgeon »...

L'abbaye d'Ourscamp : *☎ 03-44-75-72-00. Entre Compiègne et Noyon, par la D 1032 ; avt Chiry-Ourscamp, tourner sur la D 48, vers Ourscamp et Carlepont ; attention, c'est très mal fléché. Tlj sauf lun 9h-12h, 14h-18h. Visites guidées, Toussaint-Pâques, sur rdv seulement en sem, plus le dim à 15h. Entrée : 3 € ; gratuit moins de 12 ans.*

Cette abbaye mérite le détour. Il ne faut pas s'arrêter au logis massif que l'on aperçoit à travers les grilles et qui est encore occupé par les frères. Juste derrière se cachent les vestiges à ciel ouvert d'une imposante abbatiale du XIIIe s, miraculeusement préservés des tourbillons de l'Histoire. Les romantiques du XIXe s ont craqué pour ces ruines et ont tout fait pour qu'elles tiennent debout... même si, paraît-il, ils ont un peu encouragé, par goût du pittoresque, ce côté ruine !

Un peu plus loin, l'ancienne infirmerie du XIIIe s sert aujourd'hui d'église et de salle de concerts de musique classique. Appelée aussi « salle des morts », car c'est ici que les moines se réunissaient pour assister leurs frères mourants. Dans les petites niches, les malades disposaient leur lampe à huile. Large bâtiment à 3 nefs (46 m sur 16).

LA FORÊT DOMANIALE DE COMPIÈGNE

La forêt domaniale de Compiègne est l'une des plus grandes de France. D'un relief varié, elle est bordée d'une série de collines appelées « monts », offrant de superbes points de vue, notamment dans sa partie nord. Elle est également traversée de gorges arrosées par de nombreux ruisseaux : le plus joli, le ru de Berne, traverse le chapelet des étangs entre Vieux-Moulin et Pierrefonds ; le plus apprécié reste l'étang de Saint-Pierre, qui bénéficie d'une aire de pique-nique. Enfin, l'intérêt de cette forêt réside aussi dans la diversité des essences que l'on y croise, hêtres gigantesques, chênes, charmes et pins.

Pour se balader, la partie la plus intéressante est celle qui s'étend à l'est d'une ligne formée par les routes de Champlieu et du Moulin. Notre circuit préféré est celui du mont Saint-Marc (10 km) reliant Vivier-Frère-Robert à l'étang de Saint-Pierre.

Comment se déplacer en forêt ?

Location de vélos : ***Picardie Forêts Vertes,*** *emplacement le w-e au carrefour Royal, le reste du temps sur appel au 06-07-54-99-26. • picardieforetsvertes.com •* Il est possible de se faire livrer gratuitement le vélo à son hôtel ou à la descente du train (le week-end)... Sympa ! À signaler : une piste cyclable (une boucle de 25 km) qui relie Compiègne à Pierrefonds à travers bois, via Saint-Jean-aux-Bois.

■ ***Promenades à cheval :*** *rens auprès de l'office de tourisme de l'agglomération de Compiègne ou de Pierrefonds, de la communauté de communes du canton d'Attichy, ainsi qu'au cercle hippique de Compiègne.*

Où dormir ? Où manger dans les environs ?

De chic à plus chic

Auberge À la Bonne Idée : *3, rue des Meuniers, 60350* ***Saint-Jean-aux-Bois.*** *☎ 03-44-42-84-09. • a-la-bonne-idee.auberge@wanadoo.fr • a-la-bonne-idee.fr • Dans la forêt de Compiègne, par la D 85. Resto tlj sauf dim soir-mar midi. Doubles 130-140 €. Menus 53 € (en sem et hors j. fériés), puis 63-135 €.* L'auberge de province dans toute sa splendeur, avec ses volets en bois et ses stores à rayures, dans un village au joli nom. Les chambres sont décorées avec goût et personnalisées. Une adresse intemporelle, avec des serveurs en livrée... Dans les assiettes à la présentation savante et artistique, des plats de toujours revisités par un chef particulièrement inspiré. Abats, gibier et légumes oubliés sont à l'honneur, subtils et raffinés. Desserts divinement suaves. Une adresse hautement délectable ! Terrasse de poche.

Auberge du Pont de Rethondes : *21, rue du Maréchal-Foch, 60153* ***Rethondes.*** *☎ 03-44-85-60-24. • aubergedupont.rethondes@gmail.com • Fermé dim soir-mar. Formule déj et dîner mer-ven (hors j. fériés) 32 €, puis menus 47-88 €.* Les 1ers menus affichent un profil relativement modeste, ce qui n'empêche pas les plats proposés d'être réjouissants ! Le « Retour de papilles », quant à lui, ose se consacrer exclusivement aux légumes (évidemment, de saison et rigoureusement sélectionnés). Chapeau ! Vraiment un bel endroit qui s'appuie sur des produits de qualité travaillés avec adresse.

Auberge du Daguet : *face à la jolie petite église de* ***Vieux-Moulin*** *(60350). ☎ 03-44-85-60-72. • auberge.du.daguet@free.fr • De la D 973 (av. du 1er-Septembre) prendre la D 14 puis la D 602. Hors saison, fermé dim soir-mar. Formule en sem 20 € ; menus 37-95 €.* Ce resto tenu par la même famille depuis 1952 est une véritable institution. Le chef, en cuisine depuis des années, collectionne les prix, et la salle à la déco médiévale ne désemplit pas. Spécialités de gibier en sauce à se pâmer (d'octobre à janvier).

À voir

La clairière de l'Armistice : *à 6 km à l'est de Compiègne, en pleine forêt. Accès libre.* Le maréchal Foch y signa l'armistice le 11 novembre 1918, comme le rappelle la phrase sculptée au centre de la clairière : « Ici le 11 novembre 1918 succomba le criminel orgueil de l'Empire allemand VAINCU par les peuples libres qu'il prétendait asservir. » On y trouve un intéressant *musée-mémorial,* agrandi et modernisé en 2018, où se trouve le jumeau du fameux wagon.

Le mémorial de l'Armistice : *clairière de l'Armistice, route de Soissons. ☎ 03-44-85-14-18. • musee-armistice-14-18.fr • Avr-sept, tlj 10h-18h ; oct-mars, tlj sauf mar 10h-17h30 (dernière admission 45 mn avt la fermeture). Entrée : 7 € ; réduc.* En 1927, un mémorial avait déjà été construit autour du wagon de l'Armistice, mais après que Hitler, plutôt revanchard, y eut fait signer l'armistice du 22 juin 1940, le wagon fut emporté à Berlin, et l'abri fut rasé. En 1950, il fut décidé d'y exposer un wagon strictement identique. En dehors du wagon, savamment mis en scène et dans lequel on ne peut pénétrer, on s'intéresse aux 32 stéréoscopes présentant plus de 800 superbes photographies en noir et blanc (et en 3D !) sur différents thèmes : mobilisation, vie du poilu, Verdun, fête de la Victoire. Certaines sont saisissantes et passionneront les amateurs d'histoire. Des vestiges du wagon original sont exposés dans 2 vitrines. Le musée a été entièrement rénové et agrandi. 4 salles permettent désormais de suivre un parcours historique et mémoriel depuis l'armistice de 1918 à celui de 1940. Une salle vidéo 3D permet de vivre de façon saisissante la vie quotidienne des poilus.

UN TRAITÉ ILLISIBLE

Henri Deledicq, secrétaire du maréchal Foch, était tellement ému en dactylographiant la convention d'armistice qu'il plaça le papier carbone à l'envers... rendant tous les doubles illisibles. Personne ne s'en aperçut sur le moment, et il fallut tout retaper à 5h du matin dans l'urgence.

Dans le village de ***Rethondes,*** à 10 km à l'est de Compiègne, faites un petit tour à l'*église* pour voir sa nef primitive du XIe s. Approchez-vous de l'autel et observez les vitraux : eh oui ! il y a un médaillon du maréchal Foch, qui est venu ici même, le dimanche 10 novembre 1918, assister à la messe avant d'aller signer l'armistice dans le célèbre wagon.

Le village forestier de Saint-Jean-aux-Bois *(60350)* **:** *à env 11 km au sud-est de Compiègne, par la D 332, puis la D 85.* Construit autour d'une vieille abbatiale, c'est une petite merveille qui semble hors du temps. Les maisons suivent le tracé circulaire des remparts dont on voit encore quelques vestiges. Un petit pont de pierre permet de franchir le fossé qui entourait le monastère. Splendide le soir avec les éclairages, et il n'y a personne. En face de l'église, qu'il faut visiter, ainsi que la salle capitulaire des XIIe et XIIIe s, subsiste la porte de l'ancienne ferme abbatiale. Pont fortifié et lavoir, et même un chêne vieux de 800 ans ! Une carte des chemins pédestres placée au bout de la rue de l'auberge suggère d'agréables promenades en forêt.

À faire

➢ ***Randonnées pédestres :*** vous pouvez vous procurer auprès de l'office de tourisme de l'agglomération de Compiègne des cartes IGN présentant des circuits de randonnée.

– L'Office national des forêts propose des ***visites guidées de la forêt*** avec un forestier de terrain. Renseignements à l'office de tourisme de l'agglomération de Compiègne *(☎ 03-44-40-01-00).*

PIERREFONDS

(60350) 1 860 hab.

Gros village à la lisière de la forêt de Compiègne, à 9,5 km sur la D 973, connu pour son impressionnant château féodal.

Adresse et infos utiles

Office de tourisme : *1, pl. de l'Hôtel-de-Ville. ☎ 03-44-42-81-44. • contact@destination-pierrefonds.fr • destination-pierrefonds.fr • Avr-sept, lun-sam 10h-13h, 14h-18h plus dim 10h30-13h, 14h30-18h ; oct-mars, mar-sam 10h-13h, 14h-17h (plus lun ap-m). Fermé 1re sem de janv, 1er mai, 1er nov, 11 nov et 25 déc.* Nombreuses visites proposées l'été. Vente de cartes IGN.

– **Marché campagnard :** *1er dim du mois. Sinon marché ven mat.*

➢ Des **bus** relient Compiègne à Pierrefonds (ligne 27 et ligne 27-28) ainsi que des **pistes cyclables** (25 km à travers la forêt).

– Au milieu de la ville, un **étang.** Également des circuits de randonnée.

Où camper ?

Camping Le Cœur de la forêt : *34, rue de l'Armistice. ☎ 03-44-42-80-83. • contact@lecoeurdelaforet.fr • lecoeurdelaforet.fr • ♿ Accès par la D 973. Ouv 1er avr-début oct pour les tentes. Hébergements insolites tte l'année sauf 15 déc-15 janv. Emplacement 17 € pour 2 avec électricité. Hébergements insolites 80-140 €/nuit pour 2, petit déj inclus. 45 empl.* De l'espace et de l'ombre, un endroit paisible à la lisière de la forêt de Compiègne et à 2 pas du village. Équitation et pêche à 5 km. Caravane vintage, cabanes en bois, maison hobbit, chalet Eugénie... les idées insolites ne manquent pas.

À voir

Le château national de Pierrefonds : *☎ 03-44-42-72-72. • chateau-pierrefonds.fr • Début mai-début sept, tlj 9h30-18h ; début sept-fin avr, tlj 10h-17h30. Dernière admission 45 mn avt la fermeture. Fermé 1er janv, 1er mai et 25 déc. Entrée : 8 € ; réduc ; gratuit moins de 26 ans (ressortissants de l'UE), hors groupe, et pour tous le 1er dim du mois nov-mars. Audioguide : 3 €. Visites-conférences.*

Sa restauration fut critiquée par des générations d'historiens et d'architectes. Le côté « flambant neuf » de Pierrefonds lui ôte certainement une partie de son charme romantique, mais sans l'intervention de Viollet-le-Duc le château n'existerait tout simplement plus. Et aujourd'hui on vient de loin pour étudier l'œuvre de ce génie visionnaire (dont s'inspira Gaudí).

LE CHOUCHOU D'EUGÉNIE

Napoléon III et Eugénie avaient commandé à Viollet-le-Duc la restauration d'un château dans le simple but d'en faire une résidence secondaire qui leur ressemblerait. On raconte que l'empereur hésitait entre 2 châteaux et que l'impératrice lui proposa alors de les tirer au sort. Pierrefonds l'emporta, après que la belle et filoute Eugénie eut inscrit son nom sur les 2 papiers ! Après leur exil en Angleterre, c'est en tant que comtesse de Pierrefonds que l'ancienne impératrice choisit de voyager incognito (Ceylan, Afrique du Sud...), ce qui en dit long sur son attachement au château.

Napoléon III demanda à Viollet-le-Duc de transformer la forteresse de Louis d'Orléans en résidence impériale, ce qui explique en grande partie son aspect de palais médiéval et le souci accordé à la décoration intérieure. En réalité, Viollet-le-Duc voyait Pierrefonds comme un testament, une démonstration idéalisée de son Moyen Âge. Et même si l'on y trouve pont-levis, donjon, poterne, créneaux, il s'agit avant tout d'une création, d'une réinvention, d'une synthèse de sources archéologiques, de l'esthétique en vogue, de son imagination luxuriante ; et en

aucun cas d'une restauration... C'est sans doute cette part de rêve qui donne au château son allure de conte de fées. Et s'il est vrai que Walt Disney s'inspira du château de Neuschwanstein, il faut savoir que Louis II de Bavière s'était, quant à lui, inspiré de Pierrefonds et des travaux de Viollet-le-Duc. Enfin, en utilisant des matériaux high-tech (pour l'époque !) et en créant, de toutes pièces, mobilier et décor, il s'inscrit également dans la mouvance *Arts & Crafts* qui faisait alors fureur en Grande-Bretagne. Il nous offre ainsi un véritable prélude à l'Art nouveau.
N'oublions pas non plus que c'est grâce à son action, conjuguée à celle de Prosper Mérimée, que de nombreux monuments historiques de 1er plan sont ainsi parvenus jusqu'à nous.

Un peu d'histoire

Un 1er château dès le XIIe s, puis un autre au début du XVe s – construit par Louis d'Orléans – qui sera démantelé au XVIIe s. En 1810, Napoléon fait racheter les ruines par l'État. Puis, dans les 50 années qui suivent, elles deviennent une étape obligée des villégiatures des romantiques, et Corot n'est pas le dernier à l'immortaliser. Jusqu'à l'intervention de Viollet-le-Duc en 1857.

UN CHÂTEAU EN CLINS D'ŒIL

La statuaire du château de Pierrefonds fait parfois référence à des personnages célèbres liés à l'époque de reconstruction. Par exemple, dans la salle de bal, les femmes affublées par ironie de noms grecs par Viollet-le-Duc sont en fait l'impératrice Eugénie (femme de Napoléon III) et ses dames d'honneur. Au milieu du portail de la chapelle, saint Jacques le Majeur est représenté sous les traits de... Viollet-le-Duc lui-même.

La visite

Le château se compose de 8 tours de défense situées aux angles et au milieu de chacune des parois, dont la plus longue fait 103 m de long. Après avoir passé le châtelet, puis franchi le pont-levis parfaitement reconstitué, nous voilà arrivés dans la cour d'honneur et son splendide grand corps de logis de style Renaissance. On y notera en différents endroits d'insolites gouttières en forme de salamandre, très *Arts & Crafts* là encore.
– *La collection Monduit :* l'un des musts du château. Plusieurs salles sont consacrées aux ateliers Monduit, « plombier d'art », spécialisé dans les arêtiers, faîtages et poinçons, et qui en a réalisé pour nombre de monuments. Au passage, gargouilles, têtes de griffons, puis la splendide statue de lion du beffroi d'Arras ou la réduction de la statue de la Liberté de Bartholdi à laquelle la société Monduit collabora.
– *La chapelle :* elle fut rehaussée par Viollet-le-Duc et procure un véritable sentiment d'élévation. Avec une très rare tribune au-dessus du chœur (normal, c'est l'architecte qui l'inventa).
– Au rez-de-chaussée, expo Viollet-le-Duc, avec des lithogravures sur la restauration du château, photos anciennes et quelques objets retrouvés lors des travaux.
– *Le salon de réception :* au 1er étage du donjon. Décor néogothique chargé, typique du XIXe s. Cheminée monumentale et plafond peint orné de feuillages. Au-dessus des niches avec banquette, décor de porcs-épics, symbole de Louis XII. Un clin d'œil aux origines du château, complété par les aigles napoléoniens de la période de reconstruction. On notera la large utilisation du pochoir.
– *Le cabinet de travail :* beaux lambris et décor au pochoir à nouveau (abeilles impériales sur la cheminée). On y trouve aussi quelques tableaux, et les toilettes de l'empereur.
– *La chambre de Napoléon III :* toujours les abeilles sur le linteau de la cheminée. Autour de la pièce, frise racontant les différentes séquences d'une existence de chevalier au Moyen Âge.
– *La chambre de l'Impératrice* (accessible en visite-conférence uniquement, sur résa) *:* présente curieusement l'apparence d'une chapelle. Sur la cheminée, un genre d'arbre de Jessé représentant les chevaliers de la Table ronde (au sommet, le roi Arthur).

– *La salle de bal ou des Preuses :* impressionnante par ses dimensions (52 m de long et 9,50 m de large). Voûte en forme de carène de navire renversée. Décor d'une richesse assez époustouflante. À l'entrée, la tribune d'orchestre, sous laquelle se trouvent Charlemagne et ses paladins. Tout au fond, la fameuse cheminée monumentale à double foyer. Sur le manteau, 9 statues de « preuses », l'équivalent féminin des héros médiévaux. Au milieu, Eugénie sous les traits de la reine Sémiramis, la légendaire reine assyrienne. Curieusement, l'une des statues ne possède pas de couronne : normal, c'est la secrétaire et confidente de l'impératrice !

– Voir encore la *tour Alexandre* et l'élégant escalier dessiné par Viollet-le-Duc, le *chemin de ronde* couvert offrant une belle vue sur le bourg, les salles de casernement, l'*escalier à double révolution* qui évoque inévitablement ceux de Chambord et de Blois. Dans la *salle des Gardes,* petite collection de vestiges lapidaires, plus une maquette en pierre du château.

– Enfin, dans les caves du château une remarquable *scénographie,* le *Bal des gisants,* avec éclairages, murmures, poèmes chuchotés, qui donne vie à une centaine de gisants. À ne pas rater !

Indiscutablement, le prix d'une entrée à Disneyland Paris reste encore le billet le moins cher du monde pour l'Amérique !
Disneyland Paris est situé à *Marne-la-Vallée,* à 32 km à l'est de la capitale. Tout a été pensé pour que l'on y soit heureux. Dès le tronçon d'autoroute menant tout spécialement aux parcs, on se sent glisser vers le pays du rêve, et notre voiture devient une *Oldsmobile* !
Reconnaissons que la visite est dépaysante, pour peu qu'on évite les périodes de cohue, et puis, comme on dit, « c'est à voir » ! Et les queues aux attractions sont rendues supportables par l'ambiance générale, vivante et colorée.
Attention, du fait de la diversité des attractions, en fonction de l'âge des enfants et du temps dont on dispose, les parcs doivent être appréhendés de façon différente. Disons-le, une journée ne suffit pas à épuiser tous les plaisirs qu'offre le parc. Idéalement, il faudrait y passer un week-end. D'autant plus que Disneyland Paris comprend en fait 2 parcs, le *parc Disneyland,* créé en 1992, que tout le monde connaît, mais aussi le *parc Walt Disney Studios,* inauguré 10 ans après et dédié aux coulisses du cinéma et du dessin animé.

ET POURQUOI MICKEY N'A QUE 4 DOIGTS ?

Quand Disney l'inventa en 1928, tous les dessins étaient faits à la main. Même à 12 images/seconde (rythme de l'époque), le travail était énorme, donc on simplifiait au maximum. Pinocchio, les 7 nains, qui comptent parmi les personnages de dessins animés les plus anciens, n'ont eux aussi que 4 doigts.

Comment y aller ?

Par la route

➢ ***Paris :*** par l'A 4 (porte de Bercy), sortie nº 14 (Parcs Disney Paris-Chessy). Immense parking payant (voiture 30 € ; moto 25 €) divisé en plusieurs sections dont chacune porte le nom d'un personnage Disney (assez loin de l'entrée des parcs, compter 15 bonnes minutes de marche). Notez bien la section et, très important, le numéro de l'allée dans laquelle votre véhicule est garé, par exemple Donald 23.

En RER

➢ RER A direction Marne-la-Vallée. Descendre à la station Marne-la-Vallée-Chessy. Pas de parking à la gare RER, les riverains (Marne-la-Vallée et Chessy) doivent donc se garer sur le parking (payant !) de Disneyland Paris.

En avion

➢ Des navettes *Magical Shuttle* relient les aéroports d'Orly, Roissy-Charles-de-Gaulle et Beauvais à Disneyland Paris *(adulte 23 €, moins de 12 ans, 10 € ; horaires et résas possibles sur • magicalshuttle.fr •).*

En TGV

➢ Eh oui ! on n'a pas lésiné sur les moyens chez Disney ! Des TGV directs (au départ de nombreuses villes de régions) et des *low-cost* OUIGO desservent directement le parc ; arrivée à la gare de Marne-la-Vallée-Chessy.
– Rens et résas SNCF : ☎ 36-35. • oui.sncf • et • ouigo.com •

Infos pratiques

– **Rens :** ☎ 0825-300-500 ou 0825-95-45-28. ● disneylandparis.com ●

♿ **Rens visiteurs handicapés :** un guide spécial est disponible au City Hall et à la réception de tous les hôtels de Disneyland Paris.

– **Horaires :** *variables selon saison. Ouv souvent 9h30-20h (18h pour Disney Studios en basse saison). Toujours se renseigner à l'avance par tél ou sur Internet.*

– **Bon à savoir :** *hte saison = de mi-mars à début nov et pdt les vac scol de Noël ; basse saison = de début nov à mi-déc, puis de début janv à mi-mars selon vac scol.*

– **Un bon tuyau :** pour éviter l'attente aux guichets à l'entrée, mieux vaut acheter les passeports (billets) d'accès au parc à l'avance. Disponibles par téléphone *au ☎ 0825-300-500* et sur le site internet ● *disneylandparis.com* ●, dans les *Fnac,* à certains guichets RATP, à l'office de tourisme de Paris par courrier ou dans l'un des *Disney Stores* d'Île-de-France et de province *(● shopdisney.fr ●).*

– **Tarifs :** n'oubliez pas qu'Onc' Picsou tient la caisse ! C'est donc cher, même si la direction a considérablement revu à la baisse les tarifs depuis la création du 1er parc et qu'il existe des promos intéressantes à certaines périodes de l'année, surtout de janvier à mars (guettez les offres spéciales sur leur site internet) et des billets moins chers si on réserve à l'avance (voir plus loin). Il existe ***plusieurs types de passeports, de 1 à 4 jours...*** Gratuit jusqu'à 3 ans. Les enfants de moins de 7 ans doivent être accompagnés d'un adulte.

➢ **Billet daté 1 jour/1 parc :** *valable pour Disneyland OU Walt Disney Studios. Adulte : 54-89 € ; 3-11 ans : 50-82 €, selon périodes. Si vous avez choisi Walt Disney Studios, vous aurez accès au parc Disneyland 3h avt sa fermeture.* Honnêtement, c'est d'un bon rapport qualité-prix pour le parc Disneyland, mais pas pour le parc Walt Disney Studios, beaucoup plus petit.

➢ **Billet Flex 1 jour/2 parcs :** *valable pour le parc Disneyland ET le parc Walt Disney Studios. Adulte : 109 € ; enfant : 102 €.* Possibilité de naviguer d'un parc à l'autre autant de fois que l'on veut. Attention à ne pas passer votre temps à courir !

➢ **Billet Flex 2 jours/2 parcs :** *valable pour les 2 parcs à thème. Adulte : 179 € ; enfant : 165 €.* Ce passeport offre une totale liberté de mouvement puisque vous pouvez naviguer à votre guise entre les 2 parcs. Les 2 jours ne doivent pas nécessairement être consécutifs (un bon point pour les Franciliens) mais la deuxième visite est à effectuer dans les 7 jours suivant la première.

➢ **Billet 3 jours/2 parcs :** *adulte : 219 € ; enfant : 201 €.*

➢ **Billet 4 jours/2 parcs :** *adulte : 259€ ; enfant : 238€.*

Où dormir ?

À proximité des parcs

Disneyland Paris propose, à proximité des 2 parcs, 6 hôtels assez chers et un ranch. Le principe est le suivant : il faut réserver un forfait parc-hôtel d'un minimum de 1 nuit/2 jours, petit déj inclus, qui permet l'accès illimité aux 2 parcs sur 2 jours, sur la base de 2 adultes et de 1 ou 2 enfants. Le prix indiqué est valable pour un adulte ; les 7-11 ans bénéficient d'environ 60 % sur ce tarif, les moins de 6 ans sont hébergés gratuitement. Ouf, on espère que vous avez tout compris !

Des navettes de bus gratuites vous mènent à l'entrée des parcs. Possibilité de prendre son petit déj sur le site du parc Disneyland (au resto *Walt's* et en compagnie des fameux amis de Mickey), 1h avant l'ouverture.

Les 2 hôtels les « moins chers » sont le ***Santa Fe*** *(♿)* qui rappelle un *pueblo* indien, et le ***Cheyenne*** *(♿)* qui évoque le Far West *(☎ 0825-30-05-00 ; 0,15 €/mn).* Les prix – toujours élevés – sont néanmoins très variables en fonction des jours, saisons et offres. Compter un forfait minimum de 200 €/personne pour une chambre double.

Assez loin des parcs (mais moins cher)

Davy Crockett Ranch : *route Ranch-Davy-Crockett, 77700* **Bailly-Romainvilliers.** *☎ 0825-30-05-00. Résa sur • disneylandparis.com • Forfait (jusqu'à 6 pers) 350-530 €, petit déj en plus (9 €/pers). Pas de navette pour les parcs : voiture indispensable.* Une solution intéressante pour ceux qui n'envisagent pas obligatoirement de passer tout un week-end dans les parcs. Dans un charmant bosquet, ce ranch cache un hôtel de « maisons mobiles » à l'américaine, tout en bois, avec salon, TV, téléphone, cuisine équipée, 1 ou 2 chambres, salle de bains et toilettes, une place de parking juste devant son bungalow, une table et des bancs pour déjeuner à l'extérieur, et un barbecue. Sur place, un resto, la *Crockett's Tavern* (sauf le midi), tout en rondins de bois, dont la déco évoque les contes et légendes qui ont fait de Davy Crockett le roi de la conquête de l'Ouest. Également une boutique d'alimentation si vous préférez manger dans votre bungalow, une immense piscine tropicale, poney, tir à l'arc, tennis, parcours aventure avec tyroliennes, etc. Petite ferme avec aire de jeux. Dépaysement pionnier garanti aux portes de Paris.

PARC DISNEYLAND

Infos pratiques

– ***Consigne :*** *à droite de l'entrée principale, à côté du guichet « Relations visiteurs ». Tarif : 6-10 €/article en fonction du format.*
– ***Location de poussettes et fauteuils roulants :*** *à Town Square Terrace (à l'entrée, pl. de Main Street). Prix : 25 € ; caution de 50 € demandée pour les poussettes, et 200 € pour les fauteuils roulants (!).*
– ***Objets trouvés, premiers soins, relais bébés et rendez-vous enfants perdus :*** *au bout de Main Street, à droite à côté du Plaza Garden Restaurant.*
– ***Distributeurs de billets :*** *près de Studio Services dans le parc Walt Disney Studios, à Discoveryland et à Adventureland dans le parc Disneyland.*
– ***Baby Switch :*** ce service, destiné aux parents qui veulent faire une attraction inaccessible aux plus petits, leur permet d'y accéder à tour de rôle sans faire la queue une 2de fois. Il suffit de le signaler aux employés à l'entrée de l'attraction.

Comprendre le plan des parcs

Ne pas oublier de prendre justement le plan (et le programme des animations) à ***City Hall,*** bâtiment sur la gauche de la 1re place après avoir franchi les guichets. L'entrée franchie, on débouche sur une petite place d'où partent un tramway tiré par un cheval et de vieux tacots dans lesquels les voyageurs montent gratuitement pour parcourir ***Main Street USA.*** La rue est bordée de restos et de boutiques.
Depuis cette place centrale et dans le prolongement de Main Street, une rampe conduit jusqu'au ***château de la Belle au bois dormant,*** que l'on traverse pour parvenir à ***Fantasyland.*** C'est le royaume des petits et des amoureux de Disney, les attractions ayant pour thèmes les principaux dessins animés de Walt Disney.
Toujours en partant du rond-point, à gauche, une autre allée mène à ***Frontierland*** et à ***Adventureland.*** Dépaysement et émotions garantis dans Frontierland, avec le train fou de la mine, la maison

hantée et des paysages du Colorado et du Mississippi extraordinairement reconstitués. Le climat tropical d'Adventureland accueille les aventures d'Indiana Jones et des Pirates des Caraïbes dans une végétation luxuriante.
Retour au rond-point central, à droite cette fois, l'avenir est en marche à ***Discoveryland.*** Dans un décor minéral, attractions futuristes à sensations comme ***Star Wars Hyperspace Mountain*** ou ***Star Tours,*** et plus familiales comme ***Buzz l'Éclair.***
Chacun de ces « mondes » offre, outre de grandes attractions, des activités libres (sans queue pour une fois !) ou des aires de jeux, des boutiques et des restos en rapport avec le thème illustré.

Trucs et tuyaux pour éviter de trop attendre...

Disneyland Paris est la 1re destination touristique européenne. Entendez par là que le parc est plein comme un œuf tout au long de l'année, principalement de mars à décembre (avec des pics de fréquentation pendant les vacances scolaires ou les longs week-ends), et qu'il faudra vous armer de patience pour affronter les files d'attente interminables aux attractions... Si l'on peut, le meilleur plan est d'y aller en semaine (en évitant le mercredi...), ou à la rigueur un week-end de janvier-février.
Voici quelques tuyaux testés et approuvés pour vous permettre d'optimiser votre séjour dans le Royaume magique.
– Quand l'***ouverture*** est à 10h, les caisses ouvrent dès 9h30. On conseille donc de s'y présenter entre 9h15 et 9h30, surtout si vous n'avez pas acheté votre billet à l'avance. En effet, les files aux diverses attractions sont réduites à l'ouverture. Faites au pas de course les attractions les plus visitées et prenez tout de suite un ticket *FastPass* (explications plus loin). Vous serez tranquille une grosse heure (un peu plus à Fantasyland). Ensuite, quand des milliers de visiteurs débarquent de tous côtés, utilisez votre système *FastPass,* allez vers les attractions moins prisées, assistez à un show ou à la parade, faites-vous photographier avec les fameux personnages de Disney et baladez-vous dans le parc pour profiter de l'ambiance et des décors. Bref, variez les plaisirs. En fin de journée, tous les visiteurs n'attendent pas l'heure de la fermeture pour rentrer chez eux. Profitez de ce moment de grâce pour faire ou refaire les grosses attractions.
– Autre combine : ceux qui décident de dormir dans l'un des *hôtels Disney* de Disneyland Paris se voient ouvrir les portes du parc dès 8h en haute saison (les « *Heures de magie en plus* »). Avantage énorme qui permet de profiter de quelques attractions en amont sans files d'attente.
– Le système ***FastPass*** : permet de réduire l'attente aux attractions en réservant gratuitement son passage dans l'une d'elles. Ce système s'applique à 6 grandes attractions génératrices des plus longues files d'attente du parc : *Star Wars Hyperspace Mountain, Indiana Jones, Big Thunder Mountain, Star Tours, Buzz Lightyear Laser Blast* et *Peter Pan* (pas pour les *Pirates,* malheureusement). Le système est également applicable à 2 attractions de Walt Disney Studios : *La Tour de la Terreur* et *Ratatouille.* Le principe est simple : après avoir passé les tourniquets de la file d'accès *FastPass* (située à l'entrée de l'attraction concernée) et introduit son billet d'entrée au parc dans une machine, on récupère un ticket *FastPass.* À l'heure indiquée par le ticket, il suffit d'emprunter directement la file *FastPass.* On accède en quelques minutes à l'attraction. 2 bémols : on est obligé de faire l'attraction avant de se présenter à une nouvelle file *FastPass* ; et comme il y a un quota de billets *FastPast,* il arrive qu'il n'y en ait plus à distribuer dès la fin de la matinée.

On vous aura prévenu !

Une visite à Disneyland ne s'improvise pas, surtout les jours de grande affluence. Si vous venez avec des enfants de ***moins de 4 ans,*** sachez que le nombre d'attractions les concernant est vraiment limité. Cela dit, il existe le service *Baby Switch,* destiné aux parents qui veulent faire une attraction inaccessible aux plus petits. Il leur permet d'y accéder à tour de rôle sans faire la queue une 2de fois. Il suffit de le signaler aux employés à l'entrée de l'attraction.
Quant aux animations, on trouve dans le programme donné à l'entrée les horaires

des shows, de la parade, des rencontres avec les *characters* (traduisez les personnages des dessins animés les plus célèbres). Pour ceux qui ont acheté leurs billets à l'avance, le plan du parc et le programme des animations de la journée sont disponibles au *City Hall,* bâtiment sur la gauche de la 1re place après avoir franchi les guichets. Pour une 1re visite, la plupart de ces spectacles semblent moins intéressants que les grandes activités, mais on peut aussi profiter de ces moments pour souffler un peu ou se réchauffer à ***Videopolis.***

Où manger ?

Chez Mickey, il y en a pour tous les goûts et tous les prix, du burger servi en fast-food un peu partout aux spécialités des Caraïbes servies dans l'antre des *Pirates* à Adventureland. Tout au long des allées, on vous propose pop-corn, hot-dogs, glaces, etc. (pas franchement diététique, tout ça !). Dans chaque « monde », on peut manger des mets en rapport avec le thème : cow-boy et mexicain à Frontierland, exotique à Adventureland, etc.

Un conseil, ***évitez la tranche horaire 12h-13h30,*** si vous ne voulez pas vous taper une heure de queue pour déjeuner. *Vers 16h-17h,* à l'heure où on se poserait bien pour goûter, rebelote, c'est saturé un peu partout. Conclusion : mieux vaut être décalé.

Quelques restos, bien que chers, méritent qu'on s'y arrête, non seulement parce qu'ils offrent une halte appréciable, mais parce que leur décor vaut le détour. La résa par téléphone est fortement conseillée. Comparativement à la qualité proposée, tout cela est quand même bien onéreux.

Les gens de Disney n'apprécient pas beaucoup les pique-niques importés à l'intérieur des parcs, mais personne ne vous empêchera de grignoter votre sandwich maison sur un banc...

Les fast-foods

Menus 13-17 € ; pour les enfants 9 €.

|●| ***Colonel Hathi's Pizza Outpost :*** *dans Adventureland.* Superbe maison coloniale entourée de végétation tropicale. Plusieurs terrasses sur différents niveaux, ombragées ou non, dont une donnant sur une cascade. Très agréable.

|●| ***Hakuna Matata :*** *dans Adventureland.* Décor réussi de case africaine, inspiré par *Le Roi Lion.*

|●| ***Pizzeria Bella Notte :*** *dans Fantasyland.* Une taverne italienne comme l'auberge de *La Belle et le Clochard.* Pizzas, pâtes, pain à l'ail.

|●| ***Café Hyperion :*** *à Discoveryland.* Donne directement dans la salle de spectacle *Videopolis.* Pour gagner du temps et faire d'une pierre 2 coups : avaler un burger tout en regardant le show ! Il y a aussi des tables dehors, agréables par beau temps.

|●| ***Cowboy Cookout Barbecue :*** *tt au fond de Frontierland, après le petit train de la mine.* ♿ Dans une immense grange pleine de charme. Spécialités texanes (*spare-ribs,* burgers, poulet sauce barbecue). Animation, groupe country.

Les restos avec service à table

Nous indiquons les meilleurs rapports qualité-prix, mais il y en a d'autres, plus onéreux donc, comme l'***Auberge de Cendrillon,*** devenue très gastronomique (et avec la présence des princesses Disney !). *Résa recommandée (☎ 01-60-30-40-50).* Attention, pour vous éviter une déception, sachez que les restaurants sont parfois fermés en semaine en basse saison.

|●| ***Toad Hall Restaurant :*** *à la sortie de Meet Mickey Mouse, Fantasyland.* Inspiré de Mr. Toad, personnage du *Crapaud et le maître d'école* (1949) et de la littérature jeunesse britannique. Briques rouges, bois, ambiance dandy et spécialités anglaises *(fish & chips).*

|●| ***Captain Jack's – Restaurant des pirates :*** *dans Adventureland.* ♿ *Menu adulte 42 €, enfant 20-37 €.* On déjeune au cœur même du repaire des pirates, sous la voûte étoilée, au son des insectes tropicaux et du murmure des vagues. Cuisine des îles (poulet au curry, espadon grillé, banane flambée). L'éclairage tamisé recrée bien l'illusion

Caraïbes. Dommage, le service n'est pas toujours très rapide.
Lucky Nugget : *dans Frontierland. Service au comptoir : adulte 22 €, enfant 13 €.* Saloon en forme de fer à cheval où l'on peut déjeuner ou dîner (quand le parc ferme à 23h). Animation, groupe country.

À voir. À faire

Le secret de Disney : le *FastPass* ! Bien peu de lecteurs savent que ce coupe-file est gratuit ! Il suffit d'aller à l'attraction souhaitée et d'enregistrer votre billet à la borne *FastPass*. L'ordinateur vous proposera un horaire où vous n'aurez pas de file d'attente. Le plus simple est de réserver au préalable sur • *disneyworld.com* •

MAIN STREET, USA

La grande rue face à l'entrée. À faire plutôt en dernier, pour acheter le petit cadeau-souvenir. Les jours de grande affluence, il peut être néanmoins malin de faire ses emplettes en milieu de journée, pour se ménager une pause entre 2 attractions bondées. Main Street évoque une grande rue de ville américaine du début du XXe s, sortie tout droit des souvenirs d'enfance de Walt Disney. Pour bâtir les maisons qui la bordent, on a utilisé la « perspective forcée », technique très employée pour les décors de cinéma. Ainsi, les 2e et 3e étages sont de plus en plus petits pour accroître l'impression de hauteur et d'intimité. Les Grecs avaient déjà mis en œuvre ce procédé pour la construction du Parthénon ! C'est d'ici que partent les *Main Street Vehicles,* automobiles anciennes qui vous amènent à Central Plaza, ou les tramways tirés par de magnifiques percherons.
Direction le Far West ! Grimpez à bord d'un train à vapeur (tout en bois) typique de la fin du XIXe s américain à ***Main Street Station*** et filez vers le monde de votre choix, à moins que vous ne préfériez longer l'avenue dans un tramway, un ***Horse-Drawn Streetcar,*** tiré par des chevaux. Messieurs, entrez chez ***Dapper Dan's Hair Cuts,*** superbe échoppe de barbier d'époque pour vous faire faire une belle barbe à la Lincoln, puis rendez-vous à ***Liberty Arcade*** afin de découvrir l'histoire de la statue de la Liberté. À moins que vous ne préfériez admirer les miniatures des plus grandes inventions du XXe s à ***Discovery Arcade.***

FANTASYLAND

Dominée par le château, où un terrible dragon enchaîné se réveille de sa torpeur pour lancer des jets de fumée menaçants, cette partie du parc est surtout destinée aux tout-petits, qui y retrouvent tous leurs amis d'enfance... Ce pays féerique réunit des attractions telles que *Blanche-Neige et les sept nains, Les Voyages de Pinocchio* ou *Le Vol de Peter Pan,* inspirées de contes et légendes populaires. Les visiteurs voyagent dans des nacelles et assistent à la reconstitution des dessins animés avec des automates dans des décors réels. *Peter Pan's Flight,* en particulier, offre un pur moment de poésie (*FastPass* ; non accessible aux personnes handicapées). Ne pas manquer de se renseigner quant aux spectacles joués sur *Fantasy Festival Stage* ou encore au Théâtre du Château.

FRONTIERLAND

Finie la douceur de Fantasyland, ici, l'adrénaline monte ! Sur un promontoire se dresse l'inquiétante maison hantée, reproduction de celle du fameux *Psychose* de

Hitchcock. C'est le *Phantom Manor,* évidemment hanté... Aurez-vous le courage de vérifier ? Si vous en sortez sans dommages, filez vers le *Big Thunder Mountain (FastPass)* et prenez-vous pour John Wayne ou Clint Eastwood en vous engageant dans une course folle à travers le Far West, au temps de la ruée vers l'or. Attention ! Taille minimum requise (1,02 m). Terminez là par le *Thunder Mesa Riverboat Landing,* superbe bateau à aubes, typique de la région du Mississippi. De là, vous découvrirez des détails invisibles aux autres : la cabane du vieux pêcheur et son chien fidèle, par exemple. On s'y croirait presque...

ADVENTURELAND

On y entre par une superbe casbah, où un chameau en bois sculpté sert de banc. L'arbre aménagé par les *Robinson suisses* (à escalader, en suivant un jeu de marches pour découvrir les différentes pièces de la « maison ») n'est que le prélude aux 2 attractions majeures de cette partie du parc. *Les Pirates des Caraïbes* (♿), vraiment fabuleux pour tous les âges, et *Indiana Jones et le Temple du Péril (FastPass)* où des wagonnets dévalent à toute allure (54 km/h en moyenne) de mystérieuses ruines indochinoises. Le 1er looping dans l'histoire (vieille de plus de 40 ans) des parcs Disney. (Taille minimum requise – 1,40 m –, avec une toise à l'entrée, correspondant à celle d'un adolescent de 12 ans environ.)

DISCOVERYLAND

L'attraction phare est *Star Wars Hyperspace Mountain* qui vous propulse (littéralement !) dans l'espace. En sortant, allez roder au *Star Tours* (*FastPass* ; ♿), point de départ d'un voyage intergalactique, grâce à la rencontre entre la technique des simulateurs de vol et la saga des *Star Wars.* Pour les plus petits : *Buzz l'Éclair, Bataille Lazer (FastPass).* Enfin, visite d'un authentique *Nautilus,* conduite de véritables autos des années 1950 à *Autopia* ou pilotage de machines volantes avec *Orbitron.*

PARC WALT DISNEY STUDIOS

Attenant au parc Disneyland, ce 2d parc à thème propose aux visiteurs de découvrir les coulisses du cinéma, de l'animation et de la télévision, à travers 4 « zones de production ». Le parc est petit à côté de son grand frère. Il n'y a qu'une quinzaine d'attractions, en plus, de qualité inégale. Certaines sont vraiment extra, d'autres beaucoup moins. Dans l'ensemble, ça manque de sensations. Et de magie aussi. D'ailleurs, la foule se presse moins nombreuse ici que chez le voisin. Un bon point ! Et puis on approche du coup bien plus facilement Mickey, Minnie et tous leurs amis ! Pas négligeable non plus. Dernière chose : quelques attractions réservées aux jeunes enfants *(Playhouse Disney, Stitch Live, Animagique...),* mais c'est plutôt à partir de 12-14 ans qu'ils seront intéressés.

Infos pratiques

La plupart des services sont rassemblés tout de suite à droite après l'entrée, au *Studio Services* (voir infos pratiques parc Disneyland) :

– ***Location de poussettes et fauteuils roulants.***
– ***Objets trouvés, premiers soins, relais bébé et rendez-vous enfants perdus.***
– ***Distributeur de billets et bureau de change.***
– ***Baby Switch.***

Où manger ?

Bon marché

|●| ***En coulisse :*** *dans Studio 1.* Vaste fast-food figurant une cantine de cinéma. Détails amusants : les façades ne sont que des décors. Et qu'est-ce qu'on mange ? Essentiellement des burgers de fast-food.

De prix moyens à chic

|●| ***Rendez-vous des Stars :*** *dans Production Courtyard.* Le resto le plus chic des Walt Disney Studios. Belle bâtisse Art déco, vaste salle éclairée par une verrière. Aux murs, de grandes photos de stars de Hollywood immortalisées en train de manger ! On a bien aimé celle de Hitchcock, levant le petit doigt en croquant dans son sandwich. Formule buffet à volonté (qualité tout à fait correcte).

|●| ***Blockbuster Café :*** *dans Backlot.* Le bâtiment entrepose des décors de cinéma, et abrite aujourd'hui une salle *High School Musical* et une salle *Pirates des Caraïbes.* Sandwichs.

À voir. À faire

FRONTLOT

On arrive sur une place néo-hispanique plantée de palmiers. Pour la petite histoire, sachez que cette espèce de palmier fut sélectionnée pour sa résistance au froid (la Brie, c'est pas la Californie !) : habituellement, ils poussent sur les contreforts de l'Himalaya. Sur la gauche trône un réservoir d'eau de 33 m de haut, surmonté des fameuses oreilles de Mickey et inspiré de celui qui trône à l'entrée des studios Disney de Burbank (Californie) depuis 1939. Ce type de réservoir d'eau sert de repère traditionnel dans les studios de cinéma et il fait office de symbole du parc. Puis on pénètre obligatoirement dans le ***Studio 1,*** reconstitution d'un Hollywood mythique. En fait, c'est surtout un passage pour accéder aux attractions et à un minicentre commercial avec des boutiques et des restos (l'équivalent de Main Street finalement). Les murs ne sont que des façades, des décors en fait, puisque ne l'oublions pas, on est au cinéma.

TOON STUDIO

Cette zone est consacrée à l'art de l'animation, à l'origine du succès de Disney. C'est ici que vous vous dirigerez en priorité avec des enfants de moins de 10 ans.
- ***Crush's Coaster :*** cette attraction inspirée par *Nemo* entraîne toute la famille dans une course vertigineuse à travers la barrière de corail pour terminer le voyage dans l'épave rouillée d'un sous-marin échoué au fond de la mer, où une dernière petite surprise vous attend.
- ***Ratatouille, l'aventure totalement toquée de Rémy :*** la course folle d'un rat (bien connu) dans un grand restaurant parisien. Expérience multisensorielle qui en met plein les mirettes, il faut l'avouer. Quant aux tomates de la ratatouille, on peut en voir 10 variétés au potager, tout récemment créé (à côté de l'*Hôtel Cheyenne*) avec l'aide de Louis-Albert de Broglie, botaniste passionné.
- ***Cars, Quatre roues rallye :*** sur le thème du film *Cars,* cette aventure vous embarque dans une rutilante décapotable, et c'est parti mon kiki pour un rallye sur la légendaire *Route 66.* Bien sûr, vous retrouverez au cours de vos pérégrinations Flash McQueen, le bolide arrogant, et Martin, la dépanneuse rouillée au grand cœur.
- ***Les Tapis volants*** *(FastPass)* **:** manège classique sur le thème du dessin animé *Aladdin.* Un peu court, mais ça plaira aux tout-petits.
- À découvrir aussi, ***Toy Story Playland*** et ses 3 attractions : ***Toy Soldier Parachute Drop,*** une simulation de saut en parachute à 27 m d'altitude ; le manège

Slinky Dog Zig Zag Spin ; et le circuit ***RC Racer*** en forme de U qui monte à quelque 25 m (réservé aux amateurs de sensations fortes).

PRODUCTION COURTYARD

Nous voilà dans les coulisses du cinéma et de la télévision.

– ***Stitch Live :*** en vedette Stitch, petit alien révélé dans un film *Lilo & Stitch.* Fruit des toutes dernières techniques d'animation numérique, cette animation permet de bavarder, plaisanter et jouer avec Stitch en temps réel. Les visiteurs sont en quelque sorte les héros de ce spectacle, qui n'est jamais 2 fois le même.

– ***Cars Route 66 Road Trip** (FastPass)* **:** une nouvelle attraction familiale qui remplace l'actuel *Studios Tram Tour*, tout en restant très similaire. Dans le décor de la mythique route 66 des États-Unis, les visiteurs prennent part à un voyage divertissant dans le monde de *Cars* et ses coulisses.

BACKLOT

Cette dernière zone est tout spécialement consacrée aux effets spéciaux et aux cascades.

– ***La Tour de la Terreur, un saut dans la 4e dimension** (FastPass)* **:** l'une des attractions les plus courues aux États-Unis ! Il faut dire, chuter de 13 étages dans un ascenseur plongé dans l'obscurité, ça fait des adeptes. Mais avant, un petit préambule vous met délicieusement dans l'ambiance. Un décor époustouflant et des sensations inégalées, remises au goût du jour récemment.

– ***Moteur... Action ! Stunt Show Spectacular :*** spectacle à heures fixes de cascades motorisées (voiture, moto), mis en scène par Rémy Julienne, le célèbre cascadeur, qui nous montre les trucages utilisés. Un tuyau : présentez-vous 30 mn à l'avance, sinon vous risquez de ne pas avoir de place.

À L'EXTÉRIEUR DES PARCS

DISNEY VILLAGE

Aux portes des parcs, le *Disney Village* (accès gratuit), créé par l'architecte californien Frank O. Gehry, offre à ceux qui souhaitent se dépayser la possibilité de passer une soirée américaine avec ses bars, ses restos, sa discothèque et ses boutiques où l'on trouve non seulement toutes les peluches et tous les gadgets signés Disney, mais aussi et probablement le meilleur choix de déguisements de Paris. Sans oublier les 15 salles du cinéma Gaumont, dont l'une dispose d'un des plus grands écrans jamais installés en France. Et enfin, le plus grand ballon captif au monde, *PanoraMagique,* qui permet aux visiteurs de s'embarquer pour un voyage de 6 mn dans le ciel de Disneyland. Par temps clair, on peut même voir la tour Eiffel ! À midi, pour déjeuner, il y a généralement beaucoup moins de monde ici que dans le parc.

Où manger ?

Rainforest Café : *☎ 01-60-43-65-65. ♿ Ouv 11h30-23h (minuit sam). Compter env 21-25 € pour les burgers. À la carte, 19-32 €.* Un décor de forêt amazonienne plus vrai que nature. Des lianes pendent partout, les gorilles secouent les arbres et se frappent le torse, les éléphants barrissent en remuant la trompe, les papillons géants battent des ailes en cadence. Et toutes les demi-heures on a droit à la tempête tropicale qui déclenche éclairs, tonnerre et pluie diluvienne ! Côté cuisine, grosses salades, pâtes, burgers, sandwichs et plats exotiques. Rien de transcendant, mais on ne vient pas pour ça. Cela dit, les assiettes sont copieuses.

King Ludwig's Castle : *☎ 01-60-42-71-80. Ouv 11h30-23h (minuit le w-e). Formule express 15,99 €. Menus 26-30 € (déj lun-sam). À la carte, env 20-26 €.* Bières, spécialités bavaroises (saucisses, choucroute, strudel aux pommes...) aussi bien que françaises dans un décor de château du XIXe s. Toutefois, réservations vivement recommandées.

Planet Hollywood : *☎ 01-60-43-78-27. Ouv 11h30-23h30. Plats 20-30 €.* Pâtes, salades et burgers... Desserts hyper copieux.

Buffalo Bill Wild West Show : *à l'entrée du Disney Village, en face du parc ; il n'est donc pas nécessaire de payer l'entrée au parc pour y assister. • disneylandparis.com • Tlj sauf mer-jeu. Dîners-spectacles à 18h30 et 21h30 : 65 € en 2e catégorie (supplément de 15 € en 1re) et 48 € pour les 3-11 ans en 2e catégorie. Résa très recommandée (en ligne sur le site).* Fabuleux spectacle qui fait revivre chaque soir l'épopée de la conquête de l'Ouest, avec cow-boys, bisons, « vrais » Indiens et faux Buffalo Bill... et même Mickey, Minnie et Dingo ! La 1re partie du spectacle est plus réussie que la 2de, qui fait trop « Intervilles », avec son lot de jeux d'adresse à cheval. À déconseiller aux asthmatiques et aux allergiques au poil de bête, mais à recommander aux adeptes des shows à l'américaine. Repas texan (plutôt décevant) compris dans le prix.

Où dormir ? Où manger dans les environs ?

Camping

Camping de Jablines : *base de loisirs Jablines-Annet, 77450* ***Jablines.*** *☎ 01-60-26-09-37. • welcome@camping-jablines.com • camping-jablines.com • À 10 km au nord de Disneyland Paris. Ouv fin mars-fin oct. Mobile homes 68-80 €/nuit (min 3 nuits, hors juil-août) ; forfait tente 2 pers avec voiture, ou caravane, électricité incluse, 27-34 €.* Situé sur l'immense base de loisirs de Jablines (plus de 500 ha) où l'on peut profiter d'une pléthore d'activités (voir « À voir. À faire dans les environs » plus loin). Camping bien entretenu avec tout l'espace désiré. En revanche, pour un 3-étoiles, c'est un peu juste concernant les équipements. Une navette pour Disneyland Paris relie chaque heure le camping à l'entrée du parc.

De prix moyens à plus chic

Chambres d'hôtes Les Hauts de Montguillon : *22, rue Saint-Quentin, Montguillon, 77860* ***Saint-Germain-sur-Morin.*** *☎ 01-60-04-45-53. • chantal.legendre@wanadoo.fr • les-hauts-de-montguillon.com • À env 8 km à l'est de Disneyland Paris. Double 70 €.* Dans une grosse maison briarde de caractère, avec de jolies terrasses en escalier, 2 chambres calmes et confortables meublées d'ancien. Chacune d'elles est équipée d'une mezzanine permettant d'accueillir au besoin les familles ou les groupes d'amis. Cuisine à disposition. Simple et agréable. Un bon rapport qualité-prix.

Voir plus loin les adresses de ***Crécy-la-Chapelle*** dans l'itinéraire 15.

À voir. À faire dans les environs

L'aquarium SEA LIFE Paris Val d'Europe : *centre commercial Val d'Europe, 14, cours du Danube, Serris, 77711* ***Marne-la-Vallée*** *Cedex 4. ☎ 01-60-42-33-50. • visitsealife.com • (au sous-sol de l'espace Restauration* *du centre commercial). RER A, station : Val-d'Europe. Tlj sauf 25 déc 10h-18h30 (20h sam) (dernière admission 1h avt la fermeture). Entrée : 20,95 € ; 3-11 ans 16,90 € (- 10 % sur résa Internet).* Surtout didactique, ce complexe multi-aquariums ne fait pas dans le gigantisme. Au contraire, chaque bassin est adapté à la taille des enfants. Mais on est ici surtout pour apprendre, et là, *SEA LIFE* fait honneur à sa réputation : les exposés sont clairs, et soutenus par une mise en scène très ludique. On découvre les habitants cachés de notre bonne vieille Seine, la faune et la flore des estuaires, l'environnement des côtes françaises, les animaux évoluant dans les grandes profondeurs (jusqu'à - 800 m !), les mystères de la cité engloutie de l'*Atlantis,* et un petit tunnel transparent pour se retrouver entouré de raies et de requins. Tout cela est habilement décoré et donne au parcours un vrai parfum d'aventure. Exposés, ateliers et nourrissages. Jeux interactifs et bassin tactile pour les enfants.

Le Parc des Félins : *à* ***Lumigny.*** *☎ 01-64-51-33-33. • parcs-zoologiques-lumigny.fr • Sortie n° 13 de l'autoroute A 4, puis direction Provins jusqu'au rond-point de l'obélisque et suivre les panneaux. Ouv 9h30-19h30 juil-août ; 10h-17h fév-mars et oct-nov (18h avr-juin et sept), horaires variables, se renseigner. Fermé déc-janv et lun en nov. Entrée : 21 € ; 3-9 ans 12,50 € ; réduc. Sur place, resto, snack, aires de pique-nique et ferme pédagogique.*
Près de 170 félins et 26 espèces et sous-espèces à découvrir au cœur d'un site exceptionnel de 71 ha ! Unique en Europe, le parc accueille des espèces rares, nées en captivité et regroupées selon leur continent d'origine. À travers 4 circuits de promenade (possibilité de balade commentée en petit train, horaires des départs affichés en gare), le visiteur effectue un véritable périple autour du monde. Tantôt surpris et séduits par un léopard de l'Amour ou un tigre blanc, tantôt par une panthère des neiges, un margay ou un lynx de Sibérie, les apprentis aventuriers resteront sans voix devant le plus grand enclos de guépards européens. Le plus ludique, c'est sans doute la visite des 2 îles où les lémuriens se baladent en liberté (horaires d'ouverture affichés à l'entrée du parc).
Le Parc des Félins est avant tout destiné à la sauvegarde et à la reproduction ; un véritable havre de paix pour des animaux de plus en plus menacés de disparition dans leur milieu naturel.

VILLAGES NATURE® PARIS

De grands architectes français ont imaginé un village de loisirs à la fois attractif et basé sur un tourisme durable et responsable. Une expérience unique en France.

Comment y aller ?

En RER A, direction Marne-la-Vallée-Chessy puis bus 47 (tte les 30 mn), env 30 mn de trajet. Depuis l'aéroport CDG, 3 navettes/j. à 13h, 14h et 15h30. Infos et résa sur *• you-moov.fr •*

Infos utiles

– ***Infos et résas :*** *☎ 01-61-10-77-02 ou 05. • lesvillagesnature.com •* On peut profiter des activités sans dormir sur place : *entrée à la journée 35-50 € adulte, 20-40 € enfant.* Sur place, les trajets se font à vélo, en voiturette de golf... ou à pied !

Où dormir ?

3 types d'hébergements. Pensez aussi à regarder sur leur site internet les offres promotionnelles.
Les appartements peuvent accueillir de 2 à 4 personnes, et les cottages (logements individuels plus proches de la forêt) de 4 à 12 personnes, avec une gamme de prix allant du *Comfort* (pour les cottages seulement) au *VIP* en passant par le *Premium*.

■ ***Cottage Comfort :*** *à partir de 299 € (hors promos) pour 4 pers et 2 nuits.* Terrasse privée avec table et chaises. TV écran plat dans le salon. Ces cottages sont les plus abordables.

■ ***Cottage ou appartement Premium :*** *à partir de 319 € (hors promos) pour 4 pers et 2 nuits.* En appartement ou en cottage, de plain-pied ou sur 2 niveaux, le décor est idéal pour un séjour en famille, entre amis ou en couple.

■ ***Cottage ou appartement VIP :*** *à partir de 369 € (hors promos) pour 4 pers et 2 nuits.* Les appartements et cottages offrent un écrin de bien-être, de douceur et de raffinement. Dans un décor blanc, la douche massante et le jacuzzi invitent au bien-être et à la relaxation avec une vue panoramique sur la nature.

À faire

L'AQUALAGON

Grâce à la géothermie, on peut se baigner dans l'Aqualagon et le lagon extérieur toute l'année dans une eau à 30 °C. Au menu, piscine à vagues, rivière à courant en extérieur (génial et sans risque : profondeur 1,20 m), 7 toboggans géants, mur d'escalade, 3 jacuzzis, bassin dédié aux tout-petits : pataugeoires intérieures, 2 pataugeoires extérieures et arbre à eau. Le spa *Deep Nature* propose différentes offres, sous réservation, afin de profiter des 5 salles de soins dont 1 double, 1 sauna, 1 hammam et 1 cabine de sel, ainsi que des soins du corps et du visage.

LA FERME BELLEVIE

Chèvres, poneys, lapins, animaux de la basse-cour, la ferme Bellevie offre une véritable immersion dans le monde de la ferme. Restaurant sur place. De nombreuses animations et ateliers pour apprendre en s'amusant sont proposés tels que la fabrication du pain, du chocolat, la découverte de l'apiculture, des balades à poney...

LES JARDINS EXTRAORDINAIRES

Ils s'étendent sur 2,1 ha. Véritable festival de couleurs et de senteurs, de formes et de matières. Jeux grandeur nature, cabinets de curiosités et orgues à senteurs ponctuent le parcours de découvertes. De nombreuses animations sont proposées et ouvertes à tous les âges.

LA FORÊT DES LÉGENDES

Dans un écrin boisé de 2,5 ha, la Forêt des Légendes inspirée des légendes de la forêt comble les enfants de 2 à 12 ans. Au milieu des arbres, des aires de jeux enchantent les plus petits. Les plus grands s'amusent à construire des cabanes, parcourir des ponts suspendus.

LA PROMENADE DU LAC

Elle invite à flâner, se restaurer et découvrir les enseignes de Villages Nature® Paris. Produits frais et plats gourmands sont à déguster sur place.

■ ***Franprix :*** si vous avez décidé d'acheter vos victuailles et de les préparer dans votre kitchenette.
|●| ***Cépages :*** l'endroit idéal pour partager une cuisine familiale et les plaisirs du vin.
|●| ***Restaurant Vapiano :*** propose des plats italiens. Des pâtes aux desserts, tout est fait maison (*pasta,* pizzas et salades).
Chez Meunier : Meilleur Ouvrier de France, cet artisan boulanger permet de déguster pâtisseries et pains artisanaux.
■ ***Bowling :*** parties de 50 mn.
Boutique by Shop & Smile : différentes collections de vêtements *(Adidas, Desigual...),* de produits cosmétiques et souvenirs.

DAVY CROCKETT AVENTURE

Un grand parc d'accrobranche 100 % sécurisé aux portes de Paris. Il propose 7 parcours Aventure classés vert, bleu, rouge et noir dont 3 parcours en ligne de vie continue (LVC) pour assurer la meilleure sécurité possible aux plus jeunes aventuriers (1,10 m minimum) et 6 parcours équipés de mousquetons intelligents *Clic-iT,* uniques en Île-de-France, pour assurer sécurité ET autonomie aux plus grands (à partir de 1,40 m).
Le parc Davy Crockett propose également un parcours sans baudrier pour les 3-5 ans (pas de taille minimum), un trampoline et une aire de pique-nique installés en forêt classée.
Pour avoir des billets moins chers, réservez-les sur leur site internet et arrivez le matin ! • *aventure-aventure.com* •
– ***Petit Acrobate :*** enfant de 3 à 5 ans (moins de 1,10 m), accompagné d'un adulte au sol. *Parcours sans baudrier + trampoline : 10 €.*
– ***Petit Aventurier :*** enfants entre 1,10 m et 1,39 m, accompagnés d'un adulte en hauteur. *Forfait dans la limite de 3h pour 1 pers : 20 €.*
– ***Grand Aventurier :*** adultes et enfants dépassant 1,40 m et 9 ans (accompagnés d'un adulte en hauteur jusqu'à 11 ans et d'un adulte au sol ou en hauteur à partir de 2 ans). *Forfait : 27 €.*

• Carte La Marne et le Grand Morin *p. 265*

Voilà un itinéraire très varié dans une région injustement réputée sans relief. Incursions historiques au château de Champs-sur-Marne ou à la crypte de Jouarre ; poésie des canaux de Crécy et des rivières au creux de vertes vallées... Mais aussi fascination de l'histoire moderne au musée de la Grande Guerre de Meaux et séduction de l'art contemporain à la Galleria Continua. Quelques tables recommandables achèveront de convaincre les indécis...

CHAMPS-SUR-MARNE (77420) 25 195 hab.

Comment y aller en RER ?

➢ RER A direction Marne-la-Vallée, arrêt Noisiel (20 mn). Ensuite, à pied sur 1,5 km (très bien fléché) ou bus n° 220 (direction Bry).

À voir à Champs-sur-Marne et dans les proches environs

Le château de Champs-sur-Marne

– **Renseignements :** *31, rue de Paris. ☎ 01-64-62-74-42. • chateau-champs-sur-marne.fr •*
– **Horaires :** *château : tlj sauf mar 10h-12h15, 13h30-18h (17h oct-fin mai). Dernier accès 30 mn avt. Le parc ferme 30 mn plus tard. Fermé 1er janv, 1er mai, 1er et 11 nov, 25 déc.*
– **Entrée :** *♿ 8 € ; réduc ; gratuit moins de 26 ans et pour tous le 1er dim du mois nov-mars. Librairie-boutique-billetterie dans le pavillon de la cour. Compter 1h30-2h de visite pour l'intérieur.*
Injustement méconnu, le château de Champs-sur-Marne est exceptionnel à plus d'un titre : à l'opposé de la pompe et de la sévérité des demeures royales d'Île-de-France, le château, entouré de splendides jardins à la française, fut dès son origine conçu comme une villégiature confortable et raffinée – une « maison de plaisance » –, idéale pour des séjours à la campagne, des chasses ou de grandes fêtes. Aujourd'hui, son atout principal, outre d'être à taille humaine, réside dans sa magnifique collection de meubles, l'une des plus riches d'Île-de-France.

Il était une fois...

L'histoire du château de Champs-sur-Marne est riche en rebondissements. Il est construit par J.-B. Bullet et son fils sur les fondations d'un ancien château, pour le compte de 2 des nombreux financiers de Louis XIV, entre 1703 et 1708. Son organisation intérieure est originale pour l'époque ; les pièces sont indépendantes et desservies par un couloir, les chambres disposent de cabinets et de garde-robes,

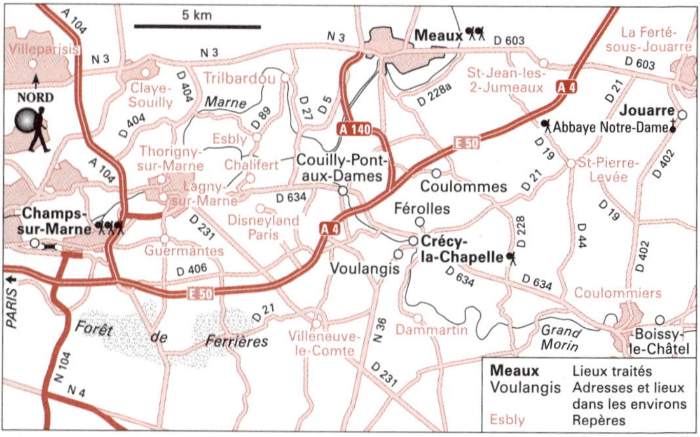

LA MARNE ET LE GRAND MORIN

et la salle à manger est l'une des 1res pièces de ce type exclusivement destinées à cette fonction, annonçant la fin des tables dressées dans les antichambres.
La Pompadour, qui y séjourne entre 1757 et 1760, après la vente de son domaine de Crécy, met le château au goût du jour avec des chinoiseries, des décors rocaille et fait aménager des boudoirs plus intimes que les grands salons. En 1763, son propriétaire, le duc de La Vallière, vend le domaine. Sauvé en 1801 par le duc de Lévis après les pillages de la Révolution, le château connaît à partir de 1830 une lente traversée du désert.

Le legs des Cahen d'Anvers

Il renaît brillamment en 1895, grâce au comte Cahen d'Anvers qui le restaure entièrement, et le remeuble. Collectionneur avisé et amoureux du XVIIIe s, Cahen d'Anvers donne toutefois au château toutes les nouvelles commodités. L'électricité est installée, et de nombreuses salles de bains sont aménagées dans les garde-robes. Un étonnant hammam est même intégré au sous-sol ! Le comte fait également agrandir la perspective centrale du jardin et le transforme en parc mixte ; jardin à la française avec ses parterres réguliers inséré dans un parc paysager à l'anglaise. Il y installe des statues et fait aussi construire une orangerie.
C'est ce « lifting » réussi qui permet à Champs, après son legs à l'État en 1934 (État qui a la bonne idée de racheter le mobilier), de devenir l'une des résidences de la présidence de la République jusqu'en 1972. De Gaulle fait de ce lieu une sorte de « terra Africa » en donnant l'occasion aux chefs d'État africains d'y organiser leurs réceptions...

La visite

Vous serez accueilli par une superbe grille d'honneur surmontée du chiffre des Cahen d'Anvers. Le château frappe plutôt par sa sobriété extérieure, ses proportions humaines, et la luminosité apportée par de nombreuses et grandes fenêtres. Sa physionomie d'ensemble rappelle celle des grands hôtels particuliers parisiens de la même époque. La façade avant est classique et sobre, toute d'élégance et de géométrie avec ses 3 avant-corps ; celui du milieu, composé d'un portique dorique, rappelle celui de l'Élysée.

À l'intérieur, chaque salle a retrouvé son décor et l'usage que Charles Cahen d'Anvers lui avait attribué. La visite est libre et, dans chaque pièce, une tablette tactile permet d'accéder à des infos supplémentaires concernant l'usage de la pièce, son décor, son mobilier et les tournages de films.

Au rez-de-chaussée

On commence par le grand salon rythmé par des pilastres, qui offre une vue superbe sur le parc. Le fumoir, avec ses boiseries et sa belle tapisserie de Beauvais, communique avec le billard-bibliothèque. Dans l'angle, bénéficiant d'une double exposition, la pièce majeure du château : le salon chinois, avec ses délicieuses et superbes boiseries peintes par Christophe Huet vers 1748, représentant des scènes de la vie quotidienne dans une maison de plaisance d'un Orient rêvé. Les chaises recouvertes de tapisseries illustrent les fables de La Fontaine. On vous laisse deviner lesquelles ! Après le salon rouge, on voit encore, dans une belle et douce combinaison de bleu et de gris, les délicates fresques bucoliques et orientales du cabinet camaïeu, elles aussi peintes par Huet. Quel talent ! Avec les tapisseries assorties au mobilier, son plafond plus bas, la pièce forme un très joli ensemble intime, propice à la confidence. Dans l'autre aile, on découvre une vaste salle à manger avec une grande scène de chasse complétée, au-dessus des portes, par des tableaux de chiens – Champs fut, en son temps, un important domaine de chasse. Dans la chambre attenante, remarquez le bureau et la commode de type Boulle, en marqueterie typique du XVIIIe s ; décor en laiton sur écaille de tortue teinté en rouge. Le couloir des offices, avec son tableau d'appel pour les domestiques et ses buffets remplis de vaisselle, témoigne aussi d'un autre temps. Il dessert la salle à manger des enfants, ancienne salle de bains de la Pompadour, au décor unique de faux marbre commandé à l'architecte Gabriel (celui de la place de la Concorde).

SILENCE, ÇA TOURNE !

Avec son décor XVIIIe s presque intact, Champs est très prisé des cinéastes. Ils ont volontiers fait passer le château pour Versailles dans de nombreux films, comme Les Liaisons dangereuses, *de Stephen Frears,* Marie-Antoinette, *de Sofia Coppola, ou* Ridicule, *de Patrice Leconte. Un autre travestissement notoire eut lieu lors du tournage du* Promeneur du Champs-de-Mars, *de Robert Guédiguian : on fit passer la salle de bal... pour l'Élysée !*

Au 1er étage

– On accède au *1er étage* par l'escalier d'honneur, dont la rampe est ornée du chiffre de son dernier propriétaire, « LC ». Le vaste et somptueux salon de musique permet de découvrir, d'en haut, les parterres de broderies du jardin. On y est reçu par Louis Cahen peint par Léon Bonnat, et sa femme, la belle Louise de Morpurgo, représentée par Charles Carolus-Duran. À côté, la chambre bleue, avec son cabinet de toilette et son antichambre, forme un appartement privé. Au-dessus des portes : de jolies scènes de marivaudage. Un lit en alcôve du XVIIIe s, outre son côté pratique pour se protéger du froid, annonce l'apparition de l'intimité dans la vie quotidienne. Dans l'autre aile, la chambre d'honneur pour les invités de marque adopte elle aussi le style du XVIIIe s, avec lit à la duchesse et son dais fixé au plafond. Le salon d'angle servait de bureau à Louis Cahen, mais était à l'origine une chambre à coucher, comme le rappellent au-dessus des portes les attendrissants tableaux de jeux d'enfants. Louis XIV enfant, en revanche, n'a pas l'air de rigoler ! La chambre de M. et Mme Cahen mérite que l'on s'y attarde pour sa corniche décorée de couples mythologiques célèbres. Allez, on vous aide un peu : il y a Mars et Vénus, Jupiter et Junon, Bacchus et Ariane, Diane et Adonis, entre autres. On passe ensuite dans les couloirs qui desservent les salles de bains installées au XIXe s. À voir encore, avant de ressortir sur le palier, le plan du jardin. Au 2e étage (qui se découvre dans le cadre de visites guidées) se trouvaient les chambres d'enfants et celles du personnel.

Le parc

Dessiné vers 1710 par le neveu de Le Nôtre, Claude Desgots, il constitue un subtil mélange de jardin « à la française » et de parc « à l'anglaise » (rajout du début du XIXe s), sur une superficie de 85 ha. La perspective principale (980 m de long) s'ouvre sur des parterres en déclinaison d'une parfaite symétrie, pour se poursuivre par 2 bassins successifs jusqu'aux « bains des chevaux du soleil d'Apollon » des frères Marsy, reproduction monumentale de ceux du jardin de Versailles. On y trouve également une orangerie, une fabrique, et de nombreuses statues que Louis Cahen avait fait installer pour ennoblir le parc. Prenez le temps de vous y promener, car il réserve quelques surprises.

NOISIEL

Noisiel et la cité ouvrière Menier : *quartier situé autour de la pl. Émile-Menier. Visite de la cité ouvrière 2 sam/mois (rens et inscriptions auprès du service patrimoine de la mairie : ☎ 01-60-37-73-99). Pour les groupes, visite de la cité tlj sur demande, plus chocolaterie 2 jeu/mois. Déambulation dans le quartier d'autant plus sympa le sam mat, j. de marché sur la pl. Émile-Menier.*
Commune voisine de Champs-sur-Marne (et même accessible à pied depuis le château de Champs), on peut faire un crochet par la cité ouvrière de Noisiel.
Tout commence au début du XIXe s, quand M. Menier, apothicaire à Paris, rachète un ancien moulin à blé à Noisiel pour préparer des poudres pharmaceutiques, dont la poudre de cacao, alors considérée comme une drogue à usage pharmaceutique et un produit de luxe. L'apothicaire était loin de se douter qu'il serait à l'origine d'une véritable dynastie industrielle durant 5 générations...
En 1836, les chocolatiers Menier inventent... la tablette de chocolat ! Jusque-là le chocolat, outre son usage pharmaceutique, était conditionné en « pains », qu'il fallait râper (on le consommait en chocolat chaud) : avec la tablette, son usage en pâtisserie est lancé, et surtout, on découvre le chocolat « à croquer » ! Alors, merci qui ?
À la fin du XIXe s, les industriels Menier, influencés par les utopies sociales, hygiénistes et urbaines de l'époque, et pour fidéliser leurs employés dans un contexte où le travail ne manquait pas, décident d'édifier une cité ouvrière. Près de 300 maisons de bon confort et avec jardin sortent de terre, implantées en quinconce de part et d'autre des rues pour plus d'intimité. Outre les maisons, c'est toute une série d'infrastructures collectives qui voient aussi le jour.
Un groupe scolaire est construit (à l'heure où l'école n'était pas encore obligatoire) ; une bibliothèque, de jolis réfectoires aux tuiles vernissées ; l'ancienne mairie mais aussi des magasins d'approvisionnement, un domaine agricole qui fournit céréales, œufs, laitages, une maison de retraite, 2 hôtels-restaurants complètent les équipements collectifs. Un service médical et une compagnie privée de sapeurs-pompiers assurent hygiène et sécurité... Bref, Menier s'occupe de tout, du berceau à la tombe !
Et, clou architectural : les bâtiments de la chocolaterie bien sûr ! L'architecture industrielle des années 1860-1920 est recouverte d'un joli décor de briques émaillées. On distingue de-ci de-là le monogramme de Menier, un décor de fleurs et de cabosses de cacao. Le site, prochainement quitté par son actuel propriétaire Nestlé France, va se muer en un nouveau quartier de Noisiel, où se trouvera, entre autres, la Cité du goût – autour du chocolat *of course* – à l'horizon 2023.
On peut déambuler dans les petites rues de l'ancienne cité ouvrière mais on ne pourra découvrir le bâtiment de la chocolaterie dans le cadre de visites guidées qu'à partir de janvier 2021 (ou en s'en approchant en kayak) !
Les Menier furent élus maires pendant près d'un siècle, jusqu'en 1959 ; c'est dire s'ils ont laissé leur empreinte dans la ville. Une riche famille qui possèdera jusqu'à 15 châteaux, dont celui de Chenonceau (toujours dans la famille aujourd'hui).

MEAUX

(77100) 55 461 hab.

Aux avant-postes de la Brie, Meaux s'est établie sur un méandre de la Marne. Longtemps un marché en denrées essentiel pour alimenter Paris, la cité est aujourd'hui classée « Ville d'art et d'histoire ». Sa cathédrale gothique et son palais épiscopal témoignent ainsi de son riche passé. Mais, depuis quelques années, c'est son fabuleux musée de la Grande Guerre qui attire les foules.

Comment y aller en transports en commun ?

En train

➢ ***Paris :*** ttes les 10-30 mn, 5h10-1h, au départ de la gare de l'Est (ligne P). Trajet : 25-40 mn (direct ou omnibus).
– *Rens Transilien : ☎ 36-58. • transilien.com •*

Adresse utile

ℹ ***Office de tourisme :*** *Cité épiscopale, 5, pl. Charles-de-Gaulle. ☎ 01-64-33-02-26. • tourisme-paysdemeaux.fr • Tlj 9h30-12h30, 14h-18h30 (17h oct-mars et fermé dim mat).* Le rez-de-chaussée abrite l'office de tourisme ; à l'étage, la *Maison du brie,* où l'on détaille l'histoire du fromage-roi à travers une expo bien faite *(GRATUIT, ou 6 € avec dégustation).* L'occasion de découvrir les jolis « chapeaux-fromages » des membres de la confrérie du brie de Meaux ! Visites guidées, de la ville ou à thème *(avr-nov, sam ou dim à 15h en général ; demandez le programme).* Sinon, téléchargez les visites audioguidées à thème (gratuit) sur *• soundcloud.com •* Parcours-jeux pour enfants également (Marne 1914).

Où dormir ?

Chic

🏠 ***Ibis Style :*** *27, pl. Jean-Bureaux. ☎ 01-60-25-12-10. • h9657@accor.com • ibis.accor.com • ♿ À 250 m de la gare, après le pont sur la Marne. Doubles 82-122 €, (bon) petit déj compris. Parking gratuit.* Au bord de la Marne, dans un immeuble des années 1970, des chambres fonctionnelles à l'équipement classique, pour la plupart rénovées : simples, propres, efficaces mais pas très grandes. Ça reste cher, mais le centre-ville est juste de l'autre côté de la rivière.

Où manger ?

Sur le pouce

Patate à Modeler : *2, petite rue Saint-Christophe. ☎ 01-64-33-94-83. Tlj sauf dim-lun 9h-18h (15h jeu). Formules env 10 €.* Le jeu de mots n'est pas vain : ici, on choisit parmi un vaste assortiment pour accompagner sa pomme de terre au four. C'est pas cher, ça cale et la patronne est fort accueillante. On peut aussi prendre un café, un muffin, un *wrap,* une quiche...

Pensez aussi au ***marché du samedi matin,*** qui a lieu sous la halle, rive gauche (au sud du centre) : on y trouve de nombreux producteurs locaux et quelques tables pour grignoter. Parmi les vendeurs, un très bon traiteur grec : *Christos.*

De bon marché à prix moyens

Les Bistro'Zof : *6, rue Louis-Geoffroy. ☎ 09-67-45-38-04. • lesbistrozof@gmail.com • Le midi, mar-sam ; le soir jeu-sam seulement. Fermé dim-lun. Formules 19-24 € ; plat 15 €.* C'est notre meilleure trouvaille à Meaux : un petit bistro sans chichis côté cadre, où l'on mange fort bien, en piochant dans une carte très courte (3-5 propositions) qui met en valeur les produits frais et change chaque semaine. L'accueil est convivial et les conseils pour les vins (presque tous servis au verre) judicieux. On vous proposera peut-être même de goûter si vous ne connaissez pas ! Extra, même si on aimerait en avoir un peu plus dans l'assiette.

La Péniche : *en face du 6, quai Sadi-Carnot. ☎ 01-60-01-16-16. • penichemeaux@free.fr • Tlj sauf dim-lun. Formules 17-29 €.* Difficile de rater cette péniche amarrée en plein centre-ville. Alors la tentation est grande d'embarquer pour un voyage immobile, de préférence sur la terrasse du pont supérieur pour profiter de la vue (de mai à septembre). Cuisine de bon aloi, mais on vient avant tout pour le cadre. Accueil très sympa.

L'Ardoise : *5, rue Saint-Rémy. ☎ 01-64-34-54-35. • l-ardoise@orange.fr • Mar-sam. Congés : 1 sem en fév et 3 sem en août. Formules déj 20-24 € en sem, 27-31 € soir et w-e.* Une brasserie idéalement située face à la cathédrale (grande terrasse), qui sert de bons plats maison, à choisir à l'ardoise. On y croise aussi bien locaux en pause déj que touristes en goguette. Un classique.

Où acheter un bon brie ?

La Fromagère : *4, rue du Général-Leclerc. ☎ 01-64-34-22-82. Au bas de la grand-rue piétonne. Mar-jeu 9h-12h30, 15h30-19h ; ven-sam 9h-13h30 et 15h-19h15, dim 9h30-13h (sauf de mi-juil à mi-août).* L'adresse parfaite pour se fournir en fromages locaux ! Brie de Meaux, bien sûr, mais aussi brie de Melun ou de Nangis, coulommiers ou triple-crème.

La Fromagerie Saint-Faron : *rue Jehan-de-Brie. ☎ 01-64-36-69-44. Aller en direction du musée de la Grande Guerre et prendre à droite un peu avt direction Poincy, puis tt de suite à droite. Vente directe mar-sam 10h-12h30, 15h30-17h. Visite guidée à 9h et 14h30 (4 €, réduc, gratuit moins de 12 ans).* En période d'activité, on peut à la fois voir la fabrication (moulage manuel à la pelle) et acheter le produit fini !

À voir

La cité épiscopale

La cathédrale Saint-Étienne : *tlj 14h-18h.* Élevé à partir de la fin du XIIe s, puis remanié jusqu'au XVIIe s sans être vraiment achevé, cet imposant édifice (en restauration) s'inspire de Notre-Dame de Paris. Le chœur édifié sous Louis IX, haut de 31 m, présente un bel exemple de gothique rayonnant, très lumineux. On y admire le vitrail de la Crucifixion et de la Résurrection (XIVe s), mais aussi un orgue du XVIIe s, le tombeau de Bossuet et 2 grandiloquents monuments à sa mémoire, sans oublier la magnifique dalle funéraire de pierre noire des époux Rose (XIVe s).

Le palais épiscopal et son musée Bossuet : *sur le flanc nord de la cathédrale, 5, pl. Charles-de-Gaulle. ☎ 01-64-34-84-45. • musee-bossuet.fr • Avr-sept, tlj sauf mar 9h30-12h30, 14h-18h ; oct-mars, mer-sam 9h30-12h30, 14h-17h et dim ap-m. Fermé 1er janv, 1er mai, 14 juil et 25 déc. Entrée : 3,10 € ; gratuit moins*

de 18 ans et étudiants, plus le mer pour tous. Audioguide inclus.
Cette noble construction de style Renaissance fut la résidence des puissants évêques de Meaux (XIIe-XVIIIe s), dont le plus illustre fut l'inévitable Bossuet. Ses belles salles et sa chapelle renferment une collection de peinture française s'étalant du maniérisme à l'impressionnisme.

À CHEVAL !

L'escalier du musée Bossuet a été remplacé au XVIe s par une rampe inclinée. Mais pourquoi diable ? Pour que l'évêque Guillaume Briçonnet puisse accéder aux étages à dos de mule. Nulle excentricité là-dessous, mais une raison médicale : il souffrait de la goutte !

Peu d'artistes majeurs, si l'on excepte un *Saut du Doubs* de Gustave Courbet (très sombre), une *Femme portant un panier* de Millet, un Van Loo et quelques Flamands. Une section regroupe 3 portraits de Bossuet, dont un par Mignard, portraitiste de l'aristocratie (et ami de Molière). À signaler encore : une belle châsse en émail de Limoges et une pietà polychrome du XVe s dans la chapelle, plus une série de pots à pharmacie du XVIIe s provenant de l'hôtel-Dieu de Meaux. Les belles salles basses voûtées accueillent les expos temporaires (de qualité) et une section archéologique. Vous devriez y voir la tête fracassée d'Ogier le Danois, compagnon de Charlemagne.
Ensuite, on pourra se promener à l'arrière dans le ***jardin Bossuet,*** créé au XVIIe s par le jeune Le Nôtre, paraît-il. Un drôle de petit jardin à la française assez dépouillé, en forme de mitre d'évêque (!), bordé par des remparts d'origine gallo-romaine.
Côté rue Notre-Dame, jetez un coup d'œil au bel édifice du ***Vieux Chapitre*** (fin XIIe s, sauf escalier du XVe s).

Le musée de la Grande Guerre : *rue Lazare-Ponticelli. À 3 km au nord-est du centre (fléché) ; 10 mn en bus depuis la gare (ligne G). ☎ 01-60-32-14-18. ● museedelagrandeguerre.eu ● Tlj sauf mar 9h30-18h (dernière entrée 30 mn avt). Fermé 1er janv, 1er mai, 10 j. courant août, et 25 déc. Entrée : 10 € ; gratuit moins de 26 ans ; réduc. Audioguides inclus pour adultes et enfants. Librairie. Compter 2h de visite. Expos temporaires, concerts, conférences, reconstitutions, etc.*

PARLONS POILU...

Au musée de la Grande Guerre de Meaux, une vitrine est consacrée à l'argot des tranchées. Attention, donc, à ne pas confondre le singe (du corned-beef), l'abeille (éclat d'obus ou de balle), la tortue (une grenade) et l'albatros (avion allemand) ! C'est dans la rage des combats que l'on commence à compter ses abatis (membres), en essayant d'éviter les bastos (du nom d'une marque de cigarettes) et les cigares (obus de 75)...

Inauguré le 11 novembre 2011, ce magnifique et vaste musée, le plus intéressant de ceux dédiés à la 1re Guerre mondiale, s'amarre au pied du grand monument américain commémorant les batailles de la Marne, « La Liberté éplorée ». Installé dans un beau bâtiment édifié spécialement pour présenter la formidable collection de 50 000 pièces réunies par Jean-Pierre Verney, spécialiste de la question, il accueille les visiteurs par des bruitages plongeant d'emblée dans le contexte de la guerre.
À l'intérieur, la muséographie moderne et efficace retrace avec brio les terribles heures du conflit selon un ***double parcours.*** L'un, ***chronologique,*** va de la guerre de 1870 jusqu'à la fin de la guerre 1914-1918 : il explore l'émergence de l'idée de vengeance en France après la perte de l'Alsace-Lorraine, le modelage patriotique des jeunes esprits (à travers des jeux, des déguisements de soldats), avant de présenter le contexte européen. Survient l'attentat de Sarajevo : les ordres de mobilisation se succèdent en cascade, en toutes langues.

2 couloirs étroits, empruntés en compagnie des soldats en uniforme marchant au son des rengaines de l'époque, débouchent sur un immense espace où explose la guerre dans toute son horreur. Les tranchées, la Marne, le musée donnent à comprendre, à penser, mais aussi à voir : un monoplan Blériot, un taxi de la Marne, un pigeonnier mobile de campagne, une cuisine roulante, un char Renault, mais aussi un masque à gaz pour cheval (eh oui !) et 1 001 autres objets du quotidien et du front. À cet égard, le 2d parcours, où l'humain est cette fois placé au centre de la présentation, se déroule autour de thématiques dans des ***galeries latérales*** plus intimes. Sont évoqués le rôle des soldats venus des colonies et des femmes à l'arrière (les marraines de guerre), les mutilés de guerre (impressionnante section « corps et souffrances ») ou bien encore la vie quotidienne dans les tranchées, avec reconstitution d'un boyau et d'astucieux objets réalisés par les poilus à base de débris ou de douilles d'obus. On termine par « L'illusion de la victoire » et les exigences très dures du traité de Versailles, qui déboucheront sur l'inévitable 2de Guerre mondiale. L'espace famille permet quant à lui plusieurs activités ludiques : essais d'uniformes et de casques, écriture de cartes postales à la famille ou encore lecture d'ouvrages consacrés au conflit... Un musée passionnant à recommander à toutes les générations.

Le parc naturel du Pâtis : *dans une boucle de la Marne, à 10 mn à pied du centre-ville. ☎ 01-64-33-21-16. Loc de canoës-kayaks, d'avirons, promenades à cheval...* Cet espace de 150 ha dédié aux loisirs, à la détente et à la nature englobe étangs, bords de Marne, prairies fleuries, roselières et espaces boisés. On y a recensé plus de 70 espèces d'oiseaux et 370 espèces végétales avec des plantes rares comme des orchidées. Autant de richesses à découvrir au fil des 14 km de promenades (3 boucles balisées de 1,4 à 6,5 km). Côté est : d'attachants petits jardins ouvriers.

JOUARRE (77260) 4 379 hab.

À 20 km à l'est de Meaux (par la D 603), la bourgade de Jouarre vit depuis plus de 13 siècles à l'ombre de son abbaye, fondée vers l'an 635 par un certain Adon, sous le règne du roi Dagobert. Une sacrée fratrie : Adon et ses frères Radon et Dadon ont chacun fondé un monastère. Les 2 premières abbesses de Jouarre furent d'ailleurs ses nièces et l'évêque de Meaux son neveu ! Un bon paquet de membres de la famille, guidés sur la voie de Dieu par le missionnaire irlandais saint Colomban, furent béatifiés...

L'abbaye Notre-Dame : c'était à l'origine une abbaye double, qui accueillait à la fois moines et moniales, dans 2 ailes séparées, naturellement. Brûlée pendant la guerre de Cent Ans, vendue et en partie démolie à la Révolution, elle est à nouveau habitée par une communauté de Bénédictines depuis 1837. L'accueil y est charmant, mais la visite rapide : on ne peut accéder qu'à la boutique des sœurs (qui fabriquent santons et confitures) et à la ***tour romane*** (XIIe-XVIe s), rapidement vue, où a été aménagé un petit parcours de découverte sur la vie monastique à Jouarre *(● abbayejouarre.org ● ; tlj 10h-12h, 14h-17h (dim à partir de 11h) sous réserve de petites variations ; entrée : 4,50 €, réduc).* Un audiovisuel de 18 mn présente les lieux. L'église de l'abbaye, reconstruite, n'a pas d'intérêt architectural.

La crypte mérovingienne : *tte l'année : hte saison tlj (sauf lun) 10h-12h, 14h30-17h ; basse saison mar-sam 11h-12h30, 14h30-16h30. Départ de l'espace tourisme (5, Grand-Place ; ☎ 01-64-03-88-09 ;*

• coulommierspaysdebrie-tourisme.fr •). Entrée : crypte 4 €, tablette incluse ; réduc, gratuit moins de 6 ans. Située derrière l'église, elle date de la fin du VIIe s ; c'est l'un des rares témoignages connus de l'époque mérovingienne ! Elle se divise en fait en 2 cryptes contiguës. À droite, celle de Saint-Ébrégésile, évêque de Meaux, a été bricolée au XIIe s, mêlant voûtes romanes sur colonnettes de remploi. Côté gauche, la crypte Saint-Paul est autrement plus intéressante : on y découvre plusieurs cénotaphes reposant sous de courtes voûtes aux colonnes gallo-romaines et chapiteaux en marbre des Pyrénées remarquablement conservés. Là reposent Adon, Sainte-Telchilde (1re abbesse) inhumée dans un tombeau aux flancs sculptés de conques marines, et sa cousine Sainte-Aguilberte (2e abbesse). Le tombeau trapézoïdal d'Agilbert (évêque de Paris et frère de Telchilde), le plus remarquable, est sculpté sur le flanc d'une scène d'acclamation du Christ et, en tête, d'une représentation du Christ en Majesté, à l'apparence très juvénile, entouré des 4 évangélistes symbolisés par l'homme, l'aigle, le taureau et le lion. Exceptionnel. On le découvre depuis l'alcôve de l'extérieur.

L'église Saint-Pierre-Saint-Paul : *elle fait face à l'abbaye, côté nord.* Datant des XVe-XVIe s, l'église paroissiale est presque aussi large que longue. On y découvre de fort belles sculptures, telle cette grande *Mise au tombeau* en pierre polychrome de 1510 et d'impressionnantes châsses des XIIe-XIIIe s. Beaucoup de trésors de l'abbaye y furent cachés à la Révolution. Très beau encore : une pietà en pierre polychrome du XVe s.

CRÉCY-LA-CHAPELLE (77580) 4 592 hab.

La Venise de la Brie n'a pas volé son surnom. Lovée au creux d'une boucle du Grand Morin, cette ancienne cité de tanneurs dégage un charme certain : 3 bras canalisés de la rivière, bordés de lavoirs, la traversent et l'enserrent poétiquement. Ailleurs, ce sont de belles tours médiévales, rondes et trapues, qui captent le regard. Adorable. On ne s'étonne pas que nombre de monarques y aient résidé, dont Philippe le Bel, Charles VI, Charles VII, Henri IV et Catherine de Médicis (elle y faisait cultiver des potirons). Bossuet y vint aussi, naturellement, de même que de nombreux artistes : Corot, Dunoyer de Segonzac ou encore André Planson.

Comment y aller ?

Par la route

➢ Par l'A 4, sortie Crécy-la-Chapelle (env 40 km de Paris). De Meaux, route bucolique : par la D 228 passer Nanteuil, puis 5,5 km plus loin prendre à droite la D 33 par Magny et Bouleurs.

Adresse utile

Espace Tourisme Crécy-la-Chapelle : *1, pl. du Marché. ☎ 01-64-03-88-09. • coulommierspaysdebrie.fr • Lun-ven 9h-12h30, 14h-17h30.* Plan de ville et brochures détaillant 12 circuits pédestres du Pays créçois. Visites guidées théâtralisées de la collégiale et de la vallée des peintres à Crécy-la-Chapelle et Villiers-sur-Morin *(1 fois/mois mai-oct ; 5 €, réduc).*

Où dormir ? Où manger à Crécy et dans les environs ?

Camping

⛺ ***Camping Le Soleil de Crécy :*** *route de Serbonne. ☎ 01-60-43-57-00. • reception@campinglesoleil.com • campinglesoleil.com • ♿ À la sortie de Crécy-la-Chapelle en direction de Coulommiers, juste après la collégiale à droite (fléché). Ouv avr-fin oct. Forfait 20-32 € pour 2. 180 empl.* Dans une paisible vallée verdoyante, cet agréable camping regroupe de nombreux mobile homes en bois (avec terrasse), avenants, pas trop proches les uns des autres, et une longue bande herbeuse pour les tentes, du côté opposé à la route – qu'on entend un peu en bruit de fond. Piscine et pataugeoire, aires de jeux, salle TV, épicerie, bar-resto... Un bus passant devant conduit directement à Disneyland toutes les 25 à 60 mn (1-2h le week-end).

De prix moyens à chic

🏠 ***Chambres d'hôtes Le Moulin de Saint-Martin :*** *7, rue de Saint-Martin,* ***Voulangis****, face à Crécy. ☎ 01-64-63-69-90. • moulindesaintmartin@orange.fr • À la sortie de Crécy-la-Chapelle en direction de Tigeaux. Double 95 €.* Situé sur une île au milieu de la rivière du Grand Morin, dans une oasis de verdure et de calme, ce moulin du XVIe s regorge de charme. À l'étage, 2 chambres élégantes et confortables au décor raffiné. Les petits déj et les repas sont servis dans la salle à manger rustico-chic, ou sur la terrasse donnant sur la rivière bordée des saules immortalisés par Corot. Accueil chaleureux.

🏠 ***Chambres d'hôtes La Ferme du Colombier :*** *24, pl. de l'Église, 77580* ***Coulommes****. ☎ 01-60-25-71-51. 📱 06-62-31-94-67. • nicolas.courboin@wanadoo.fr • ferme-du-colombier.com • À env 5 km au nord de Crécy-la-Chapelle. Doubles 65-70 €.* Au centre du village, cette grosse ferme briarde, grandie en lieu et place d'un vieux château fort, ne passe pas inaperçue avec sa tour imposante devenue pigeonnier. L'ancien grenier, à la charpente du XVIIIe s, accueille désormais 3 chambres d'hôtes aux couleurs différentes : poutres apparentes, dessus-de-lit en toile de Jouy, jolis meubles cérusés, salles de bains modernes. Une bonne adresse.

🏠 ***Le Clos des Bergenias :*** *10, impasse Charles-Dullin,* ***Férolles****, 77580 Crécy-la-Chapelle. ☎ 01-64-63-73-65. 📱 06-08-74-46-99. • sacha_leberre@yahoo.fr • bergenias.fr • À 1,8 km au nord de Crécy-la-Chapelle. Doubles 80-90 €. Min 2 nuits.* Cachée derrière un grand portail en bois, cette ancienne ferme briarde recouverte de vigne vierge se niche au cœur d'un agréable jardin fleuri et arboré. 2 belles chambres, une grande double et une suite familiale (pour 4) à la déco « parisienne », chacune avec coin cuisine et terrasse privée. Beaucoup de charme et un accueil convivial.

Très chic

🍽 ***L'Auberge de la Brie :*** *14, av. Alphonse-Boulingre, à* ***Couilly-Pont-aux-Dames****. ☎ 01-64-63-51-80. • aubergedelabrie.net • À 5 km au nord-ouest de Crécy-la-Chapelle. Fermé dim-lun et mar midi. Congés : août. Menus dégustation 62-92 €. Plats 32-44 €.* Chef étoilé, Alain Pavard mitonne une cuisine aux nombreux élans marins, qui ne dédaigne pas pour autant le terroir – sublimé par des cuissons maîtrisées, des touches inventives et des mélanges sucré-salé perspicaces. C'est beau, bon et même très bon – jusqu'au dessert. L'ambiance est raffinée sans être guindée et la salle, piquetée de toiles aux couleurs chaudes, lumineuse grâce aux baies vitrées donnant sur le jardin.

Où prendre un bon 4-heures ?

La Librairie Café : *4, pl. du Marché. ☎ 01-60-04-15-74. • lalibrairiecafe@gmail.com • Mar-dim 10h-13h, 14h30-19h. Café offert sur présentation de ce guide.* Cette jolie librairie très bien fournie propose une véranda et une terrasse de poche pour prendre le goûter les pieds dans l'eau. Au menu, cafés et thés de qualité, jus locaux, pâtisseries et glaces artisanales. Animations et rencontres régulières.

À voir. À faire

La collégiale : *pl. de Moustier. À la sortie de Crécy, direction Coulommiers. Fermé sauf visites guidées de l'Espace Tourisme ou lors des offices religieux, mais on peut apercevoir l'intérieur par la porte grillagée.* Ce bel édifice, élevé au XIIe s sur la rive droite du Grand Morin, s'appuie sur de larges arcs-boutants pour ne pas risquer de chavirer sur le terrain meuble ! Cette architecture spéciale a permis l'allégement des murs eux-mêmes, ajourés par 3 niveaux de vitraux, et une élévation tout aérienne. Face au petit portail historié s'alanguit un vieux lavoir.

Le Moulin Jaune : *1, sente du Moulin-Nicole (au bout de la rue des Abbesses). • moulinjaune.com • Accessible seulement lors des événements (consulter le site internet).* Ce domaine appartient au clown-artiste russe Slava, qui tourne dans le monde entier avec son spectacle « Slava's Snowshow » et accueille ici plein d'artistes en résidence. Quelques fois par an, il organise de rocambolesques manifestations artistiques, réunissant sans distinction cirque, théâtre, musique ou danse. Les visiteurs sont invités à participer, œuvrant à la création d'une « vie théâtre ». Tout se passe entre les 4 ha du poétique jardin et les fantasques constructions qui peuplent ce lieu étonnant.

Flânerie dans la vallée des peintres du Grand Morin : dès le XIXe s, les peintres, en recherche de lumières et paysages naturels, trouvèrent une source d'inspiration dans la vallée du Grand Morin, ses paysages vallonnés, ses villages à l'architecture typique et la présence de l'eau. C'est autour d'Amédée Servin, qui débuta à Barbizon, que se constitua, vers 1860, la 1re colonie d'artistes. À sa suite, vinrent Toulouse-Lautrec, Corot, Van Gogh, Derain... Des sculpteurs ou des photographes comme Man Ray et Brancusi... À partir de la localisation des lieux peints, un circuit reliant Crécy-la-Chapelle à Saint-Germain-sur-Morin a été élaboré (itinéraire à retirer à l'Espace Tourisme).

À voir dans les environs

Galleria Continua – Les Moulins : *46, rue de La Ferté-Gaucher, 77169* ***Boissy-le-Châtel.*** *☎ 01-64-20-39-50. • galleriacontinua.com • À 20 mn à l'est de Crécy-la-Chapelle, aux portes de Coulommiers (nombreux panneaux). Ven-dim 12h-18h ou sur rdv. GRATUIT. Visite guidée obligatoire, accompagnée par des médiateurs culturels.* 3 galeristes italiens ont eu la folle idée d'ouvrir, dans 2 anciennes papeteries, une galerie d'art contemporain totalement hors norme. Ce sont pas moins de 10 000 m² d'expositions qui vous attendent ! Pour occuper ces différents espaces, aussi bien intérieurs qu'extérieurs, une collection qui ferait pâlir d'envie bon nombre de musées : Anish Kapoor, Daniel Buren ou Ai Weiwei y sont, par exemple, régulièrement présentés. Les expos se renouvellent constamment, et des dizaines d'artistes ont déjà eu le plaisir de se poser ici, au bord du Grand Morin.

• Carte Reims et le nord de la Champagne *p. 277*

Adresse utile

🅸 ***Agence de Développement Touristique de la Marne :*** *13 bis, rue Carnot, CS 50074, 51006* ***Châlons-en-Champagne.*** ☎ *03-26-68-37-52.* • *tourisme-en-champagne.com* • *champagne.fr* • Le site officiel du produit français le plus connu au monde.

REIMS

(51100) 183 113 hab.

• Plan *p. 278-279*

Reims, pour ceux qui l'ignoreraient encore, possède un patrimoine exceptionnel qui bénéficie d'une double inscription au Patrimoine mondial de l'Unesco : d'une part pour la cathédrale, le palais du Tau et l'ancienne abbaye Saint-Remi ; et depuis 2015, ce sont les Coteaux, les maisons et les caves de Champagne qui sont auréolés de la même distinction. Des noms prestigieux qui résonnent aux 4 coins du monde comme les symboles du raffinement à la française. Même si la ville a été en grande partie détruite lors des bombardements de la 1re Guerre mondiale, sa reconstruction a permis l'éclosion de nombreux édifices de style Art déco.

Reims offre au visiteur une multitude de monuments qui ont rythmé l'histoire de France, et même de la Gaule (Reims s'appelait alors *Durocortorum*) : la cathédrale, bien sûr, où fut baptisé Clovis en 498 et où plus de 30 rois reçurent l'onction de l'archevêque après lui, mais aussi le palais du Tau, l'étonnante basilique Saint-Remi et son musée-abbaye... Ce riche passé ne doit cependant pas donner de Reims une image poussiéreuse car, aujourd'hui, c'est une ville universitaire qui bouge : pour vous en convaincre, rendez-vous sur la longue place piétonne Drouet-d'Erlon, le centre de la vie nocturne rémoise.

UN « FLIP » SANS CRAINTE

Dans les années 1930, le grand cocktail à la mode s'appelait « Champagne flip » : cognac, champagne, noix de muscade... et jaune d'œuf battu à la fourchette ! Les goûts changent... mais pas de panique, ce mélange se révèle particulièrement savoureux, et figure toujours à la carte des secoués du shaker. À servir dans une flûte à champagne, bien sûr.

Comment y aller en train ?

➢ ***Paris :*** liaison en TGV entre la gare de l'Est et Reims-centre (durée : env 45 mn). Sinon, gare Reims-Champagne-Ardenne TGV, à 7 km de Reims (liaison tram ou TER avec le centre).
– Rens SNCF : ☎ *36-35.* • *oui.sncf* •

Adresses et infos utiles

Office de tourisme (plan B2) : *6, rue Rockefeller. ☎ 03-26-77-45-00. • reims-tourisme.com • En face de la cathédrale. Lun-sam 9h-19h (10h-18h hors saison) ; dim et j. fériés 9h-18h (17h hors saison).* Un autre point d'accueil à la gare. Propose des visites guidées de la ville et des visites sur tablettes tactiles (6 parcours). Vente du *Reims City Pass (22 €/24h, 32 €/48h, 42 €/72h)* qui inclut les transports en commun en illimité, 18 sites incontournables en accès gratuit et près de 50 partenaires proposant des réductions.

– **Transports urbains :** *• citura.fr •*
– **Marché du Boulingrin** (plan B1) : *halles du Boulingrin, 50, rue de Mars. Mer, ven-sam 6h-13h.*

Taxis : *☎ 03-26-47-05-05 (à la gare).*

Agence Instants : *☎ 03-26-24-60-75. • instants-tours.com •* Cette agence, fondée par 2 compères passionnés par la région champenoise, propose des séjours en hébergements de charme entre Reims et Épernay, des excursions sur mesure et des week-ends pétillants, très tournés vers les vins de Champagne !

Où dormir ?

De bon marché à prix moyens

Ethic Étapes CIS de Champagne (plan A2, **1**) : *parc Léo-Lagrange, 21, chaussée Bocquaine. ☎ 03-26-40-52-60. • info@cis-reims.com • cis-reims.com • Ⓣ Comédie. ♿ En dortoir, env 22-26,50 €/pers, draps inclus et petit déj 5,50 € ; double env 60 €.* À 10 mn à pied du centre-ville par le pont de Venise qui enjambe l'autoroute, sur la rive gauche de la Vesle. Un important centre de séjour à mi-chemin entre l'auberge de jeunesse et l'hôtel, avec 217 lits répartis en chambres non mixtes de 1 à 5 lits. Basique mais fonctionnel, avec lits superposés, toilettes dans la chambre ou sur le palier. Cuisine équipée à disposition. Resto self-service et espaces de détente (billard, baby-foot, TV...).

Ardenn' Hôtel (plan A2, **2**) : *6, rue Caqué. ☎ 03-26-47-42-38. • ardennhotel@wanadoo.fr • ardennhotel.fr • Doubles 53 € ; familiale. Petit déj 6 €.* Un hôtel modeste à l'esprit pension de famille, situé dans une rue calme du centre-ville. Sur 3 étages, des chambres simples et propres, dotées de petites salles de bains. Si la façade est passablement défraîchie, l'intérieur est plus riant. Accueil souriant.

Appart'City (plan C2, **3**) : *33, rue Ponsardin. ☎ 03-10-73-10-70. • reims-centre@appartcity.com • appartcity.com • Studios 67-107 €.* Ces appartements offrent un équipement de standing avec un coin cuisine aménagé et équipé, ainsi qu'un espace bureau avec toute la connectique nécessaire et Internet. En couple ou en famille pour ses vacances, l'appart-hôtel permet d'économiser sur son budget restauration. Ces établissements proposent des services (parfois) identiques à ceux des hôtels, avec, selon la gamme, accueil 24h/24, ménage quotidien, laverie, restaurant...

De prix moyens à chic

Hôtel Azur (plan B1, **4**) : *9, rue des Écrevées. ☎ 03-26-47-43-39. • contact@hotel-azur-reims.com • hotel-azur-reims.com • Résa fortement conseillée. Doubles 75-99 € ; familiales. Parking payant.* Charmant hôtel installé dans une rue paisible. Tenu avec cœur et décoré avec goût, ce 2-étoiles impeccable appartient à une espèce en voie de disparition ! Chambres mignonnes comme tout, petit déj aux beaux jours dans le petit jardin-patio verdoyant, et atmosphère proche de celle d'une chambre d'hôtes. Très demandé, pensez à réserver à l'avance.

Hôtel de la Cathédrale (plan B2, **5**) : *20, rue Libergier. ☎ 03-26-47-28-46. • contact@hotel-cathedrale-reims.fr •*

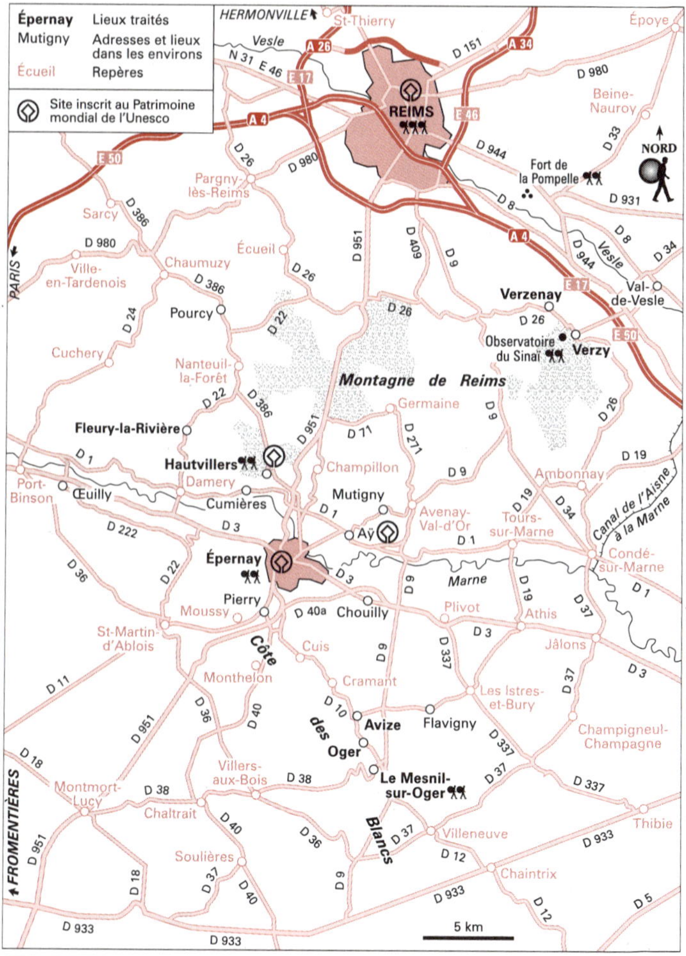

REIMS ET LE NORD DE LA CHAMPAGNE

hotel-cathedrale-reims.fr • Doubles 65-74 € ; familiales. Parking public payant (à côté). Une adresse centrale, ayant su préserver une véritable ambiance familiale. Si les murs des escaliers sont assez décrépis, les chambres rénovées sont coquettes avec leur mobilier neuf et leurs couleurs unies. Les familiales sont équipées de 2 grands lits. Malgré sa situation sur la grande artère qui mène à la cathédrale, ambiance tranquille (double vitrage). Accueil aimable.

Hôtel Crystal *(plan A1,* ***6****) : 86, pl. Drouet-d'Erlon. ☎ 03-26-88-44-44. • reservation@hotel-crystal.fr • hotel-crystal.fr • À 150 m de la gare, à l'entrée de la place. Doubles 95-100 €. Réduc de 10 % sur le prix de la chambre pour la 1re nuitée sur présentation de ce guide.* La façade, coincée entre 2 restos de la place, est discrète !

Adresse utile

- Office de tourisme (B2)

Où dormir ?

1 Ethic Étapes CIS de Champagne (A2)
2 Ardenn' Hôtel (A2)
3 Appart'City (C2)
4 Hôtel Azur (B1)
5 Hôtel de la Cathédrale (B2)
6 Hôtel Crystal (A1)
7 Hôtel Cecyl (A1-2)
8 Hôtel de la Paix (A2)

Où manger ?

20 Casa d'Urso (C2)
22 La Vigneraie (A2)
23 Restaurant Chèvre et Menthe (C2)
24 Le Bocal (B1)
25 Le Crypto (B1)
27 L'Alambic (A2)
28 Le Café du Palais (B2)
29 Version Originale (B1)
30 Au Petit Comptoir (B1)

Où boire un verre ? Où sortir ?

40 Le Wine Bar by Le Vintage (B1)
41 Trésors de Champagne (B1)
42 Joseph (B2)
43 Le Cochon à Plumes (A1)
44 La Loge (A2)

Achats

50 Fossier (B1)

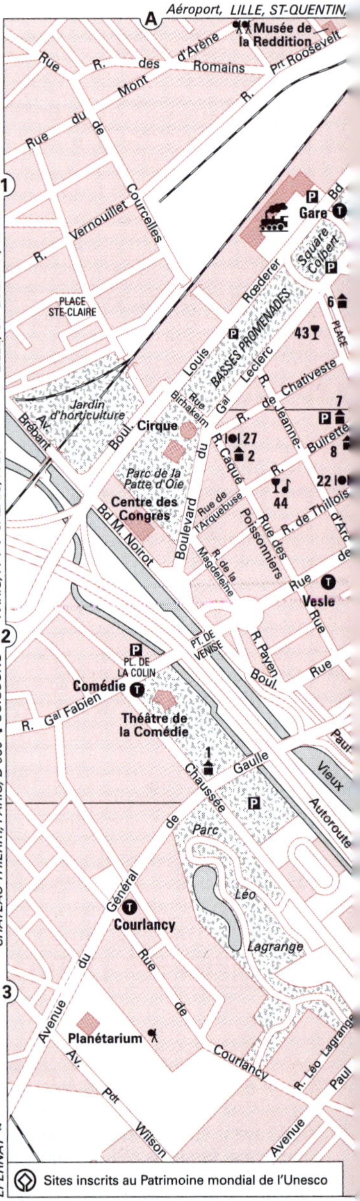

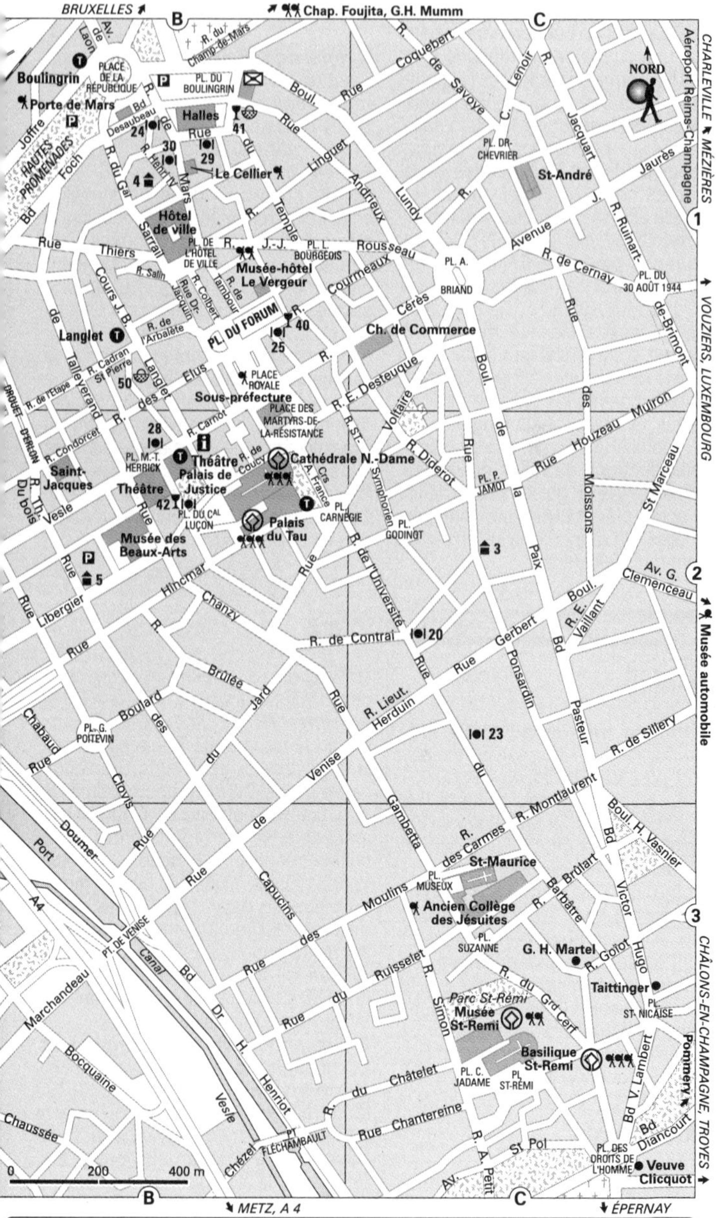
BRUXELLES
Chap. Foujita, G.H. Mumm
B
C
NORD
CHARLEVILLE MÉZIÈRES
Aéroport Reims-Champagne
VOUZIERS, LUXEMBOURG
Musée automobile
CHÂLONS-EN-CHAMPAGNE, TROYES
METZ, A 4
ÉPERNAY
1
2
3
Boulingrin
PLACE DE LA RÉPUBLIQUE
PL. DU BOULINGRIN
Porte de Mars
Halles
41
24
30
29
4
Le Cellier
HAUTES PROMENADES
Hôtel de ville
PL. DE L'HÔTEL DE VILLE
Musée-hôtel Le Vergeur
PL. L. BOURGEOIS
PL. A. BRIAND
PL. DU 30 AOÛT 1944
PL. DR-CHEVRIER
St-André
PL. DU FORUM
40
25
Langlet
Ch. de Commerce
50
PLACE ROYALE
Sous-préfecture
PLACE DES MARTYRS-DE-LA-RÉSISTANCE
28
PL. M.-T. HERRICK
Théâtre
Palais de Justice
Cathédrale N.-Dame
Saint-Jacques
42
PL. DU Cal LUÇON
PL. CARNÉGIE
Palais du Tau
PL. GODINOT
PL. P. JAMOT
3
Musée des Beaux-Arts
5
20
23
PL. G. POITEVIN
St-Maurice
PL. MUSEUX
Ancien Collège des Jésuites
PL. SUZANNE
G. H. Martel
Taittinger
PL. ST-NICAISE
Parc St-Rémi
Musée St-Remi
Basilique St-Remi
PL. C. JADAME
PL. ST-RÉMI
Pommery
PL. DES DROITS DE L'HOMME
Veuve Clicquot
PT DE VENISE
PT FLÉCHAMBAULT
A4
0
200
400 m

REIMS

L'hôtel se cache derrière un paisible jardin fleuri où l'on peut prendre le petit déj ou une coupe de champagne si le temps le permet. Intérieur à la gloire passée, dont il reste quelques beaux vestiges (l'ascenseur de 1923, la salle à manger...) patinés par le temps. Salles de bains pas bien grandes, mais chambres confortables et au calme. Une belle adresse à l'accueil adorable.

■ ***Hôtel Cecyl*** *(plan A1-2,* ***7****)* **:** *24, rue Buirette. ☎ 03-26-47-57-47. • reservation@hotel-cecyl.fr • hotel-cecyl.fr • Doubles 90-99,50 €.* Derrière une élégante façade classée Monument historique, c'est l'hôtel tout entier qui a bénéficié d'une cure de jouvence. Les chambres comme les salles de bains, de tailles variables, ont la fringance du neuf : mobilier moderne, murs colorés et reproductions de toiles du musée des Beaux-Arts en guise de tête de lit. TV à écran plat et clim dans certaines chambres. Un rapport qualité-prix intéressant dans le centre.

De chic à plus chic

■ ***Hôtel de la Paix*** *(plan A2,* ***8****)* **:** *9, rue Buirette. ☎ 03-26-40-04-08. • reservation@hotel-lapaix.fr • bestwestern-lapaix-reims.com • ♿ Doubles 140-240 €. Petit déj-buffet 17 €. Piscine. Parking payant sur résa 15 €.* Plus de 160 chambres dans un superbe ensemble architectural. La magnifique cour a de l'allure, et les chambres avec terrasse (aux 1er et 5e étages) profitent pleinement de cette quiétude. Une escale ultra-reposante, à une enjambée de la rue la plus animée de Reims. Au charme des chambres au design le plus accompli s'ajoute le confort d'une piscine couverte chauffée, d'un sauna, d'un hammam et d'une salle de fitness. Brasserie réputée, spécialisée dans les fruits de mer et poissons : le *Café de la Paix.* Très agréable aussi pour boire un verre au bar, prolongé par une véranda donnant sur la cour.

Où dormir dans les environs ?

Camping

⛺ ***Camping municipal de Val-de-Vesle*** **:** *8, rue du Routoir-Courmelois, 51360* ***Val-de-Vesle.*** *☎ 03-26-03-91-79. • camping@valdevesle.fr • ♿ À 20 km au sud-est de Reims. Ouv 1er avr-15 oct. Compter 12,80 € la nuit. 50 empl.* Dans un paisible village, un camping à l'ancienne sans hébergements locatifs. Tout simplement serein, avec une pelouse ombragée et des emplacements pas délimités. Un véritable havre de paix bercé par le chant des oiseaux. Clientèle d'habitués et familles. Sanitaires impeccables et chauffés ! Ping-pong, pétanque, et service de boulangerie.

Prix moyens

■ ***Chambres d'hôtes Joy Lapie*** **:** *chez Joy et Laurent Lapie, 1, rue Jeanne-d'Arc, Courmelois, 51360* ***Val-de-Vesle.*** *☎ 03-26-03-92-88. 📱 06-04-47-33-65. • info@chambrejoylapie.fr • chambrejoylapie.fr • ♿ À 20 km au sud-est de Reims. Fermé déc-début mars. Double 74 € ; familiales possibles. Réduc de 10 % sur le prix de la chambre pour 2 nuitées consécutives (sauf juil-août) sur présentation de ce guide.* Dans un bourg calme de la plaine, au hameau de Courmelois, les Lapie se partagent entre agriculture (monsieur) et accueil des hôtes (madame). Dans une aile de leur ferme en pierre du pays, 5 chambres cosy, de plain-pied ou à l'étage, avec salle de bains spacieuse. Dans certaines, un canapé clic-clac permet de loger jusqu'à 3 personnes. Petit salon TV-bibliothèque et cuisine équipée.

■ ***Chambres d'hôtes La Grange en Champagne*** **:** *6, rue de l'Église, 51220* ***Hermonville.*** *☎ 03-51-42-08-20. 📱 06-16-67-15-64. • lagrange.hermonville@gmail.com • lagrangeenchampagne.com • À 14 km au nord-ouest de Reims. Résa indispensable. Doubles 85-105 € ; familiales. Table d'hôtes sur demande (env 25 €). Réduc sur le prix de la chambre pour 1 nuitée sur présentation de ce guide.* Un joli village de la campagne rémoise, des balades à pied dans le vignoble à 5 mn et une ravissante église pour bercer les réveils : il n'en fallait pas plus pour qu'un couple jovial de Néerlandais pose ses valises dans cette ancienne ferme, la retape avec l'énergie des passionnés pour la transformer en lieu de vie dynamique, à leur image ! 4 chambres soignées et lumineuses, prolongées de salles de bains modernes, pouvant accueillir jusqu'à 4 personnes. Également un charmant studio avec un bout de jardin. Dans la cour, un salon de thé convivial. Madame est artiste peintre et vous accueille dans un joyeux bric-à-brac de récup'. Sa boutique de déco et d'épicerie fine installée dans les anciennes étables est un enchantement. Cours de peinture, concerts dehors l'été... Une adresse antidéprime !

Où manger ?

De bon marché à prix moyens

Casa d'Urso (*plan C2,* **20**) **:** *1, rue du Barbâtre. ☎ 03-26-04-29-78. Tlj sauf dim. Menus du jour 14-15,50 € ; carte env 20 €.* Le cadre ne paie pas de mine, mais le chef napolitain connaît son métier ! Des pâtes *al dente* comme il se doit, et copieusement servies, à choisir entre *linguine* et *penne.* On a un faible pour celles *alle vongole* (palourdes). Aussi des risottos en suggestion du jour, des viandes... mais pas de pizzas. Pensez à réserver, l'excellent rapport qualité-prix en fait une adresse courue.

Restaurant Chèvre et Menthe (*plan C2,* **23**) **:** *63, rue du Barbâtre. ☎ 03-26-05-17-03. • char.loth51@gmail.com • Tlj sauf dim-lun. Congés : 1 sem à Pâques, août et 1 sem en fin d'année. Carte env 20 €.* Un petit resto sans prétention à la décoration naïve autour de la biquette, où l'on mange une généreuse cuisine. Tarte au chèvre et à la menthe, rognons de veau aux pleurotes... passent comme une lettre à la poste. Belle sélection de salades et pâtisseries maison.

De prix moyens à chic

Le Bocal (*plan B1,* **24**) **:** *27, rue de Mars (en face des halles). ☎ 03-26-47-02-51. Tlj sauf dim-lun. Congés : 20 déc-4 janv pour le resto. Résa conseillée. Carte env 35 €.* Les habitués savent bien que derrière cette poissonnerie quelques tables de jardin sont installées dans une petite salle. Comme l'excellente réputation du *Bocal* s'est ébruitée depuis belle lurette, mieux vaut réserver. À la bonne franquette, on coche le nombre de portions désirées sur un carnet de bord. Huîtres, crevettes, bulots, tourteau sont tous d'une fraîcheur exemplaire, tout comme les salades généreuses. Poissons réjouissants, mais pas donnés. Notre coup de cœur : les tartares de poisson.

Le Crypto (*plan B1,* **25**) **:** *14, pl. du Forum. ☎ 03-26-25-27-81. • restaurantlecrypto@free.fr • ♿ Tlj sauf dim-lun. Congés : 1er janv, 1 sem en fév, 3 sem en août et 25 déc. Résa recommandée. Le midi, menus 21-25 € ; carte 45 €.* Avec ses murs framboise, ses tables en bois et son zinc, la salle est coquette. Dès les 1ers rayons de soleil, on lui préfère néanmoins la terrasse sur la charmante place du forum, gentiment animée. Chapeau bas pour le menu concis qui privilégie les beaux produits et laisse le choix des accompagnements, tous plus réussis les uns que les autres. Risotto ou fleur de courgette, dur de se décider... Une cuisine appliquée, qui respecte les produits et les saisons et qui a tout bon, addition comprise !

L'Alambic (*plan A2,* **27**) **:** *63 bis, rue de Chativesle (face au cirque). ☎ 03-26-35-64-93. • alambic.restaurant@orange.fr • Ouv mer-ven midi et soir, et le soir seulement lun-mar. Fermé dim. Formule déj 16 € (sem) ; menu 33 € ; carte env 35 €. Café offert sur présentation de ce guide.* La particularité de ce resto, c'est son caveau champenois où sont dressées la majorité des tables. On apprécie d'autant plus l'ambiance intime que la cuisine maison est bien troussée, sans accroc ni faux-semblants. À l'image du couple charmant aux manettes de l'établissement. Mention spéciale pour les sorbets arrosés aux eaux-de-vie (une quarantaine sont d'ailleurs proposées à la carte). Quant à l'alambic, il trône à l'entrée !

Le Café du Palais (plan B2, **28**) : *14, pl. Myron-T.-Herrick. ☎ 03-26-47-52-54. • vogt@cafedupalais.fr • Resto tlj sauf dim-lun. Carte env 20 €. Un ratafia de champagne offert pour un repas sur présentation de ce guide.* Ce vénérable bistrot reste une véritable institution locale de 1930 (et toujours dans la même famille). Le superbe décor rococo, la verrière Art déco, la terrasse devant les voies du tram et le palais de justice... tout concourt à créer une atmosphère à la fois élégante et détendue. Cuisine de brasserie enjouée. Grandes assiettes gourmandes, croque-monsieur et desserts délicieux.

Version Originale (plan B1, **29**) : *25 bis, rue du Temple. ☎ 03-26-02-69-32. • vo@vo-reims.fr • En face des halles. Tlj sauf dim-lun et j. fériés. Congés : fêtes de fin d'année. Menus 25 (déj)-45 €. Apéro maison offert sur présentation de ce guide.* La déco moderne et raffinée de cette petite adresse reflète l'esprit du chef. La cuisine explore en effet des saveurs culinaires aux parfums d'ici et d'ailleurs (Thaïlande, Antilles, Maghreb) sur des assiettes nécessairement originales. Le choix est succinct, mais pas d'erreur de goût ! Mon tout bercé par les musiques du monde... forcément ! Sympathique terrasse sur la rue piétonne face aux halles.

Au Petit Comptoir (plan B1, **30**) : *17, rue de Mars. ☎ 03-26-40-58-58. • au.petit.comptoir@wanadoo.fr • Tlj sauf dim. Formules bistrot au déj 23-28 € ; menu 46 € ; carte env 50 €.* Une brasserie moderno-chic, lumineuse, à la décoration contemporaine. Dans une ambiance conviviale, le chef signe une cuisine enlevée qui met à l'honneur les produits de saison et de la région. De grandes tablées rondes pour les bandes de potes, sans troubler les tête-à-tête en amoureux. Terrasse pour les beaux jours.

Plus chic

La Vigneraie (plan A2, **22**) : *12-14, rue de Thillois. ☎ 03-26-88-67-27. • lavigneraie@orange.fr • Tlj sauf dim soir-lun et mer midi. Congés : 22 fév-2 mars, août. Formules déj en sem 20-27 € ; menus 48-62 € ; carte env 68 €.* Entrée plutôt discrète et cadre élégant, aux couleurs des expos de tableaux d'artistes régionaux. Découvrez ici une cuisine ne pratiquant pas nécessairement l'agression en matière de goût, mais sachant rester dans le coup grâce à un registre classique, allégé avec originalité. Chaque plat démontre la jeunesse d'esprit, la générosité du chef. Il élabore ses mets sous le signe de la douceur et de la finesse.

Où boire un verre ? Où sortir ?

Le Wine Bar by Le Vintage (plan B1, **40**) : *16, pl. du Forum. ☎ 03-26-05-89-94. Tlj sauf dim midi et soir.* Une adresse comme on les aime, à l'ambiance joyeuse. Juché sur des tables hautes ou installé sur des banquettes de cuir, laissez-vous guider par les conseils de Nicolas et de son équipe de connaisseurs. Bien évidemment, des champagnes de vignerons ou de maisons connues et des vins au verre qui changent régulièrement. Dégustation de vins d'exception le mercredi en 3, 6 ou 12 cl. Belle carte de rhums également. Pour accompagner, tartines, tapas de charcuterie ou de fromages.

Trésors de Champagne (plan B1, **41**) : *2, rue Olivier-Métra (derrière les halles du Boulingrin). ☎ 03-26-48-28-42. • contact@boutique-tresors-champagne.com • boutique-tresors-champagne.com • Mar-mer 14h-19h ; jeu-ven 10h-12h, 14h-20h ; sam 10h-13h, 14h-20h. Coupe de champagne à partir de 7,50 €.* La vitrine du club *Trésors de Champagne,* qui regroupe 27 vignerons récoltants, fait découvrir ses vins dans un bel espace de dégustation. Pour se repérer, une carte peinte au sol. Il n'y a qu'à tirer sur les bouteilles suspendues au plafond pour découvrir les caractéristiques d'un vin en particulier. Sympathique, ludique et instructif, d'autant plus que toutes les régions de production sont ici représentées. Sur près de 200 cuvées différentes, 6 à 8 sont en dégustation chaque semaine, par roulement.

Joseph *(plan B2,* ***42****) : 18, rue Tronsson-Ducoudray. ☎ 03-26-06-54-05. • joseph.cathedrale@gmail.com • Mar-ven midi et soir, sam non-stop 10h-23h et dim midi (brunch).* Aux 1res loges face à la cathédrale, la terrasse bénéficie d'une situation des plus enviable. D'ailleurs, on se rappelle avec nostalgie des tapas qui accompagnent fort à propos une coupette : rillettes de maquereaux, ravioles du Royans, escargots... À l'intérieur, quelques tables hautes, un mange-debout devant le comptoir et des murs blancs maculés de graffitis. Service jeune, parfois débordé mais bonne ambiance.

Le Cochon à Plumes *(plan A1,* ***43****) : 91, pl. Drouet-d'Erlon. ☎ 03-26-47-82-27. Tlj sauf dim.* Joyeux brouhaha et déco assez délirante, entre ancien entrepôt et ambiance industrielle, dans cette adresse courue de Reims, plébiscitée par les étudiants qui, le soir, ne rechignent pas à avaler une bière debout. Toute cette volubile volière déborde facilement dans la rue quand le soleil pointe son groin.

La Loge *(plan A2,* ***44****) : 35, rue Buirette. ☎ 06-62-96-00-18. • phd@laloge-reims.com • ♿ Mer-sam, le soir seulement.* L'*after work* des quadras, qui viennent picorer dans ce vaste espace lounge. Ambiance musicale, resto et boîte, pour qui veut jouer les prolongations.

Achats

Fossier *(plan B1,* ***50****) : 25, cours Langlet. ☎ 03-26-47-59-84. Lun 14h-19h ; mar-sam 10h-19h. Fermé dim.* C'est dans cette antique pâtisserie (créée en 1756) que fut inventé le biscuit rose de Reims qui accompagne divinement une bonne coupe de champagne. Essayez également les croquignoles, idéales pour le café.

À voir

La cathédrale Notre-Dame *(plan B2) :* *• cathedrale-reims.fr • Tlj sauf dim mat (offices) 7h30-19h30.*

– L'office de tourisme propose tte l'année une visite guidée payante de Notre-Dame, avec un guide conférencier. Très intéressant.

– Pour la visite des tours de la cathédrale, s'adresser au palais du Tau (☎ 03-26-47-81-79 ; • cathedrale-reims.fr •). Début mai-début sept, tlj sauf lun et dim mat, plusieurs visites/j. ; de mi-fév à début mai et de début sept à mi-nov, visite seulement sam et dim ap-m. Résa chaque mat pour le jour même seulement, pas de visite en cas d'intempéries. Entrée : 8 € ; billet jumelé avec le palais du Tau 11 € ; réduc ; gratuit moins de 26 ans.

– Son et lumière après la tombée de la nuit. GRATUIT. Il s'agit d'un spectacle de polychromie, évoquant la journée du sacre d'un roi.

Sur le plan historique, la cathédrale de Reims joue le rôle

HUILES ESSENTIELLES

Une fiole renfermait le saint chrême (huile bénite) utilisé pour l'onction des rois de France, lors de la cérémonie du sacre. Ce liquide vénérable aurait été donné par une colombe à saint Remi, évêque de Reims, pour oindre Clovis pendant son baptême. Au total, plus de 30 rois ont bénéficié de la sainte huile. Henri IV n'eut pas cette bénédiction ; ça ne lui a pas porté chance ! La sainte ampoule sera brisée en 1793, lors de la Révolution, sur la place Royale de Reims.

d'église sainte, à la fois nationale et royale. La cathédrale primitive vit la nation franque baptisée par saint Remi en la personne de son roi, Clovis, en l'an 498. Après de multiples incendies et reconstructions, la réalisation de l'édifice actuel débuta en 1211 pour se terminer un siècle plus tard, à part les tours dont la construction se poursuivit jusqu'en 1480. Après les terribles dégâts causés par la guerre de 1914-1918 (300 obus !), sa restauration fut entreprise en partie grâce à la donation Rockefeller. L'édifice fut restitué au culte en 1937. Le 8 juillet 1962, le président de Gaulle et le chancelier Adenauer scellèrent la réconciliation franco-allemande dans la cathédrale.

– ***La façade :*** c'est l'une des façades gothiques de France les plus belles et les plus ornementées, car l'une des dernières à avoir été érigées. Elle comporte, par exemple, 2 rosaces et 4 magnifiques gargouilles en plomb et cuivre. Tous les guides vous diront qu'il faut l'admirer en fin d'après-midi : le soleil couchant fait jouer les reliefs et les ombres, ajoutant une note mystérieuse à l'édifice. Les statues des portails ont été souvent comparées à celles des cathédrales de Chartres ou d'Amiens ; autant là-bas, elles restent stylisées, liées aux colonnes, autant à Reims, elles s'animent (et il y en a 2 300 en tout !) : les visages sont expressifs, émouvants, les gestes surprennent par leur aisance. C'est une véritable dentelle de fleurs sculptées qui a miraculeusement traversé les siècles jusqu'à nous.

L'étage inférieur de la façade est divisé en 3 parties : le grand portail est consacré à la Vierge, le portail latéral droit au Jugement dernier et celui de gauche à la Passion. À gauche, justement, le célèbre *Ange au sourire*, presque malicieux. Au-dessus de la grande rose, la fameuse galerie des rois avec, au milieu, un groupe représentant le baptême de Clovis. Les statues des rois ne semblent pas extraordinaires vues du parvis, mais elles mesurent en réalité environ 4,50 m et pèsent quelque 6 t... Les tours, elles, frappent par leur légèreté.

LA CATHÉDRALE, UN VRAI MONUMENT HISTORIQUE

Il existait autrefois un labyrinthe tracé dans la nef, qui, parcouru à genoux, évoquait le chemin vers le paradis. Mais les prêtres le détruisirent en 1779, agacés par les gamins qui s'y amusaient pendant les offices... Le dessin du labyrinthe disparu est depuis devenu l'emblème des « Monuments historiques ».

Les culées des arcs-boutants abritent les statues des anges aux ailes déployées qui confèrent à la cathédrale son originalité et sa beauté, et lui ont valu le surnom de « cathédrale des Anges ».

Avant de pénétrer dans la cathédrale, jetez un œil sur les 3 *portails du transept nord* (façade latérale, à gauche). Celui du centre représente les saints de Reims (Remi, Nicaise, Calixte) et... Clovis (la 3e statue-colonne sur la gauche) auquel des révolutionnaires ont pris sa couronne. Le portail de gauche représente le Jugement dernier. Remarquez la scène représentant Abraham recevant des anges les âmes des purs, symbolisées par des nourrissons.

– ***À l'intérieur :*** vous serez surpris par l'impression de hauteur, due en partie à l'étroitesse de la nef (138 m de long pour 38 m de haut). Le revers du portail central est entièrement recouvert d'un ensemble décoratif de la fin du XIIIe s unique en son genre. Les 2 roses de la façade sont dédiées à la Vierge. Dans le chœur, les vitraux supérieurs du XIIIe s dominent les 3 superbes vitraux de Chagall à dominante bleue. Ils sont encadrés par les vitraux abstraits de l'Allemand Imi Knoebel (né en 1940).

LE SYMBOLE DU TAU

Le tau est la lettre T, dans l'alphabet grec, et renvoie au plan des bâtiments du palais, disposés en T jusqu'au XVIe s. C'est aussi la forme de la 1re crosse épiscopale.

Le palais du Tau *(plan B2)* **:** *juste à droite de la cathédrale. ☎ 03-26-47-81-79. • palais-du-tau.fr • ♿ Tlj sauf lun et certains j. fériés ; début mai-début sept 9h30-18h30 ; le reste de l'année 9h30-12h30, 14h-17h30. Entrée : 8 € ; billet jumelé avec les tours de la cathédrale Notre-Dame 11 € ; réduc ; gratuit moins de 26 ans ressortissants de l'UE. Possibilité de visites guidées gratuites (à 10h30 et 15h30). Audioguide : 3 €.*
Une visite essentielle en complément de celle de la cathédrale. C'était le palais des archevêques de Reims et la résidence du roi et de sa suite à l'occasion du sacre. Si un palais existait déjà dès le IVe s, il a été reconstruit et complété par une chapelle palatine après l'incendie de 1027, puis remanié au XVIe s dans un style gothique flamboyant. Il subit de plein fouet les conséquences de la Grande Guerre et dut attendre près de 30 ans avant d'être restauré. Le palais du Tau a été transformé en musée en 1972.
Après une vidéo instructive, la visite débute au rez-de-chaussée par la *salle Basse,* longue et voûtée d'ogives, prolongée par l'émouvante *chapelle Basse* qui abrite une collection lapidaire. À voir, entre autres, la *salle du Festin,* où se déroulait le banquet royal à l'issue du sacre. Vous y admirerez les splendides tapisseries du « Fort roy Clovis », tissées à Arras à la fin du XVe s pour la cour de Bourgogne. À côté, les 2 chambres consacrées au *trésor* présentent quelques pièces superbes (talisman de Charlemagne du IXe s, calice du sacre des rois de France, délicat reliquaire de sainte Ursule en forme de vaisseau, reliquaire de la Sainte-Épine, croix Stuart en cristal de roche...).
À admirer encore au fil des salles : un grand nombre de tapisseries, le dernier manteau porté lors d'un sacre, celui de Charles X... Moult beautés que l'on vous laisse le soin de découvrir. La visite permet aussi d'approcher les sculptures déposées au cours des campagnes de restauration de la cathédrale et de se rendre compte de leur taille (dans les 5 m) ainsi que de la finesse des détails (salle du Goliath). Impressionnant. C'est aussi l'occasion de comprendre la structure de la statuaire de la cathédrale, une organisation de groupes de saints, de rois, de scènes bibliques, qui ne doit rien au hasard.

La place Royale *(plan B1)* **:** élégant ensemble architectural du XVIIIe s, bordé au sud par la sous-préfecture, l'ancien hôtel des Fermes. Sur son fronton, joli groupe de Mercure entouré d'enfants qui portent des raisins à la cuve. Au milieu de la place, statue de Louis XV. Pour la petite histoire, sous la Révolution, le conventionnel Ruhl brisa sur son socle la fameuse *sainte ampoule* qui, depuis Clovis, servait au sacre des rois.

Le cryptoportique gallo-romain *(plan B1)* **:** *pl. du Forum. Mai-sept, tlj 14h-18h. GRATUIT. De mi-juin à mi-sept, plusieurs concerts gratuits/sem dans le cadre d'« Un été à Reims ».* Sur l'emplacement du forum de la Reims antique, cet édifice en forme de U et en partie enterré date du Ier s de notre ère. Une aile seulement a été mise au jour (60 m sur 9,50 m tout de même).

Le musée Le Vergeur *(plan B1)* **:** *36, pl. du Forum. ☎ 03-26-35-61-95. • musees-reims.fr • ♿ (rdc). Tlj sauf lun et certains j. fériés 14h-18h. Entrée : 5 € ; réduc ; gratuit moins de 18 ans et pour tous le 1er dim du mois. Visite guidée comprise, ttes les ½ heures.* Très bel hôtel particulier des XIIIe, XVIe et XVIIe s, restauré après la 1re Guerre mondiale par son dernier propriétaire, Hugues Krafft, grand voyageur et collectionneur éclairé qui y vécut jusqu'à sa mort. Les nombreuses pièces sont ornées de boiseries, de superbes objets, de meubles anciens et d'œuvres hétéroclites parmi lesquelles une série intégrale et originale de gravures de Dürer, des peintures et des plans évoquant l'histoire de Reims. Une belle visite qui plonge avec délice le visiteur dans l'intimité d'une vieille et noble demeure rémoise. Voir également le jardin (accès libre), décoré de façades sauvegardées d'immeubles de la ville des XVe-XVIIIe s.

La basilique Saint-Remi *(plan C3)* **:** *entrée par le transept sud. Ouv de 8h à la tombée du jour (19h au plus tard) ; pas de visite pdt les offices.*

Possibilité de visite sur tablette tactile (payant). Résa à l'office de tourisme. En prévision : son et lumière à la nuit tombée.
Elle fut édifiée au XIe s sur le tombeau de saint Remi, et remaniée au XIIe s. L'ancienne abbatiale, presque aussi vaste que la cathédrale, est remarquable autant pour sa nef romane que pour l'architecture du chœur, chef-d'œuvre du style ogival champenois.
Elle subit de nombreux dommages pendant la 1re Guerre mondiale, la charpente et les voûtes de la nef ayant été détruites par un incendie. Sur la façade, les 2 tours sont hautes de 56 m. Seule la tour sud est ancienne (XIe s), la tour nord ayant été refaite au XIXe s. Les 2 colonnes en marbre qui encadrent la porte centrale, surmontées des statues de saint Pierre et de saint Remi, sont gallo-romaines. Admirez ensuite le chevet, très bien dégagé, aux contreforts de style archaïque.
À l'intérieur, vous serez saisi par les dimensions impressionnantes de l'édifice, dignes d'une basilique de pèlerinage : 122 m de longueur sur seulement 26 m de large. Sous la nef, la grande couronne de lumière, copie d'une couronne primitive du XIIe s, symbolise les 96 années de la vie de saint Remi à travers ses 96 lumières. Dans le chœur, les tribunes sont surmontées d'un petit triforium au-dessus duquel on peut admirer des vitraux anciens : remarquez surtout la Crucifixion, très représentative de la technique du vitrail au XIIe s. Derrière le maître-autel, tombeau de saint Remi, qui ne date que du XIXe s, mais dont les statues sont du XVIe. On peut reconnaître Clovis et le saint patron. Enfin, le clou de la visite : le pourtour du chœur et ses colonnades qui séparent le déambulatoire des chapelles rayonnantes. Dans la 1re travée du bas-côté, remarquer les dalles à incrustations de plomb gravées de scènes bibliques (XIIIe s) très stylisées qui proviennent de l'ancienne abbaye Saint-Nicaise, 1er martyr de la ville.

Le musée historique Saint-Remi *(plan C3)* **:** *53, rue Simon. ☎ 03-26-35-36-90. • musee-reims.fr • Tlj sauf lun 10h-12h, 14h-18h. Fermé certains j. fériés. Entrée : 5 € ; gratuit moins de 18 ans et pour tous le 1er dim du mois. Possibilité de visites sur tablette tactile (résas à l'office de tourisme). Questionnaires-jeux pour les enfants.* Il se trouve dans l'ancienne abbaye royale Saint-Remi, un bel ensemble de bâtiments avec cloître des XVIIe et XVIIIe s conservant quelques parties de l'abbaye médiévale (parloir et salle capitulaire du XIIe s). L'ensemble abrite de très belles collections illustrant l'histoire et l'art de Reims et de la Champagne depuis la préhistoire, sans oublier une intéressante section consacrée à l'histoire militaire (équipements et uniformes du XVIe au XIXe s). À voir, entre autres, les importantes collections gallo-romaines, dont le tombeau en marbre sculpté du consul Jovin (IVe s), la galerie des arcs-boutants où sont présentés quelques objets issus du trésor de l'abbaye, les tapisseries du XVIe s qui évoquent les miracles de la vie de saint Remi. Dans la salle gothique sont conservés les vestiges de monuments de Reims aujourd'hui disparus, telle la maison des musiciens (XIIIe s). Les collections sont très bien mises en valeur. Parmi tous les musées rémois, une visite que nous vous conseillons vivement.

Le Fonds régional d'art contemporain : *installé dans l'aile droite de l'ancien* ***collège des Jésuites,*** *qui abrite aussi le campus de Sciences-Po, 1, pl. Museux. ☎ 03-26-05-78-32. • frac-champagneardenne.org • Mer-dim 14h-18h. Visite guidée dim à 16h. GRATUIT.* Dispose d'une collection de plus de 800 œuvres contemporaines, des années 1960 à nos jours. Programmation et réalisation d'expos temporaires d'artistes contemporains.

Le planétarium *(plan A3)* **:** *49, av. du Général-de-Gaulle. ☎ 03-26-35-34-70. • reims.fr/planetarium • Ⓣ A et B ou bus nos 7 et 11 ; arrêt Franchet-d'Esperey. Séances ts les sam et dim ainsi que le mer, et tlj pdt les vac scol de la zone B. Se renseigner pour les horaires. À partir de 5 ans. Différents thèmes. Durée : entre 25 et 55 mn. Entrée : 6 € pour les séances en direct (4 € pour les séances enregistrées) ; moins de 18 ans et étudiants 3 € (2 € pour les séances enregistrées).* Ne manquera pas d'intéresser les enfants en leur faisant découvrir la voûte céleste sous toutes les latitudes.

Le Cellier *(plan B1) : 4 bis, rue de Mars. ☎ 03-26-24-58-20. Mer-dim 14h-18h.* La bâtisse, construite en 1898 par la maison Mumm pour stocker son champagne, a été réhabilitée par la Ville et reconvertie en espace culturel (spectacles, expos). Sur la façade, au-dessus de la porte circulaire, 5 mosaïques autour de l'élaboration du champagne.

Le musée automobile Reims-Champagne *(hors plan par C2) : 84, av. Clemenceau. ☎ 03-26-82-83-84. • musee-automobile-reims-champagne.com • ♿ Tlj sauf mar 10h-12h, 14h-18h (17h l'hiver). Entrée : 9,50 € ; réduc.* Créé en 1985 par Philippe Charbonneaux, célèbre designer automobile. On peut y admirer près de 250 véhicules anciens, dont de nombreuses marques prestigieuses (Delahaye, Panhard, Delage). Également des miniatures, plus de 7 000 jouets automobiles, des voitures à pédales, des plaques émaillées, les réclames de l'époque... Un plaisir des yeux qui ravira autant les parents que les enfants.

N'OUBLIEZ PAS LE COMPTEUR !

Le 6 septembre 1914, les Allemands n'étaient qu'à 40 km de Paris. Le général Gallieni réquisitionna 600 taxis pour transporter 5 000 soldats, à la vitesse moyenne de 25 km/h. La France gagna la 1re bataille de la Marne. La somme indiquée au compteur fut réglée par l'armée.

La chapelle Foujita *(hors plan par B1) : 33, rue du Champ-de-Mars. ☎ 03-26-35-36-07. ♿ Mai-sept, tlj sauf mar 10h-12h, 14h-18h. Entrée : 5 € ; gratuit moins de 18 ans et pour tous le 1er dim du mois.* Pour Claudel, ce fut un pilier de Notre-Dame de Paris ; pour le peintre japonais Tsugouharu Léonard Foujita, c'est la basilique Saint-Remi qui lui révéla Dieu. Il décida de symboliser sa conversion au catholicisme (il fut baptisé à Reims en 1959) en concevant à plus de 80 ans cette chapelle en la décorant de fresques délicates aux tons lumineux, mélange de références à la culture japonaise et à la Renaissance, notamment par les costumes. Il s'est peint discrètement à gauche de la porte principale avec ses petites lunettes rondes. À ses côtés, René Lalou, président des champagnes Mumm, passionné d'art, et son parrain en religion, qui offrit le terrain pour la construction de la chapelle. Fujita est inhumé avec sa dernière épouse à droite de la nef. Voir aussi dans une petite chapelle à gauche Notre-Dame-des-Vendanges avec au fond les silhouettes de la cathédrale de Reims et de la basilique Saint-Remi. Juste en face, une amusante fresque des 7 Péchés capitaux dans un style flamand. On vous laisse les reconnaître.

FOUJITA, LE PATACHON DEVENU MYSTIQUE

Avec le succès, il collectionnait aussi bien les épouses que les maîtresses. L'argent facile déclencha un énorme contrôle fiscal qui le fit redémarrer à zéro. Et puis, en 1959, il rencontra Dieu. Finie la vie parisienne, il s'isola dans la vallée de Chevreuse pour finir sa vie dans la dévotion.

La porte de Mars *(plan B1) : pl. de la République. À 400 m à gauche en sortant de la gare.* C'est en fait une sorte d'arc de triomphe, le plus important du genre après celui d'Orange. Il fut construit vers 200 apr. J.-C., marquant la puissance de la ville de l'époque, métropole de la province romaine de Gaule Belgique. Les travaux de rénovation lui rendront tout son lustre en 2021 !

Le musée de la Reddition du 7 mai 1945 *(plan A1) : 12, rue Franklin-Roosevelt. ☎ 03-26-47-84-19. ♿ Juste derrière la gare. Ouv mar-dim 9h30-17h30 (dernière visite 16h15). Fermé lun. Entrée : 5 € ; réduc ; gratuit moins de 26 ans et pour tous le 1er dim du mois.* C'est dans ce « collège moderne et technique » de

Reims qu'Eisenhower avait choisi d'installer son QG à la fin de la 2de Guerre mondiale. Seuls quelques privilégiés étaient au courant, dont le maire. Reims présente l'avantage de disposer d'un excellent nœud de communication (routes, gare, aérodrome). Et c'est donc ici que fut signée, dans la nuit du 7 mai 1945 à 2h41, la capitulation sans conditions des armées allemandes par le général allemand Jodl, en présence des représentants américains, britanniques, soviétiques et français. Une 2e cérémonie aura lieu dans la nuit du 8 au 9 mai à Berlin en secteur soviétique sur ordre de Staline, furieux d'être absent. Voir d'abord absolument le film de 20 mn qui exprime bien toute la gravité de cette séance de signature peu ordinaire, avant de pénétrer dans la salle en elle-même, laissée telle quelle depuis : cartes d'état-major aux murs avec les différents fronts, mannequins de soldats de la Royal Air Force d'une part, de la Luftwaffe par ailleurs, retour sur l'opération Overlord et nombreux témoignages...

Le patrimoine Art déco

Reims possède un remarquable patrimoine architectural Art déco dû à la reconstruction de la ville, détruite à 80 % durant la 1re Guerre mondiale. Parmi les édifices significatifs, en centre-ville, la *bibliothèque Carnegie*, les *halles du Boulingrin*, l'Opéra, pour sa décoration intérieure, et la *villa Douce* (présidence de l'université). Voir encore la place *Drouet-d'Erlon*, pour ses nombreuses façades, et sa pâtisserie *Waïda*. Plus excentrée, l'*église Saint-Nicaise*, sans oublier le *cours Langlet* (dans l'axe de la tour nord de la cathédrale). Enfin, on peut visiter la *Villa Demoiselle (hors plan par C3)*, en face du domaine Pommery (elle abrite le siège de la célèbre cave de champagne). Cette liste n'étant pas exhaustive, pour plus de détails, consulter le site • *reims.fr* •

Les caves de champagne

De l'histoire du champagne

Ce sont sans doute les Romains qui, lors de leur installation dans la région, découvrent les 1ers les vertus de ce bon vin. Les célèbres foires de Champagne du Moyen Âge firent ensuite connaître et aimer ce vin aux marchands venus de toute l'Europe. À chaque sacre royal, la noblesse l'appréciait également. Les papes eux-mêmes n'y étaient pas insensibles : Léon X, sous la Renaissance, possédait un vignoble en Champagne. Mais le vin de l'époque ne ressemblait guère au champagne actuel. Il avait tendance à pétiller, certes, mais on s'efforçait par tous les moyens de dominer cette fâcheuse inclination. La légende raconte que c'est un moine de l'abbaye d'Hautvillers, un certain Dom Pérignon qui, à la fin du XVIIe s, réussit à maîtriser la fermentation après avoir eu l'idée de marier les raisins de différents cépages pour former des cuvées. En fait, plusieurs générations de vignerons anonymes se succédèrent pour, de manière souvent empirique, parvenir à élaborer ce « vin clair à la mousse persistante », tel que nous le connaissons aujourd'hui. Toutefois, dès le XVIIe, le champagne connaît un succès incroyable. Poètes et philosophes des Lumières en font même la pub, tel Voltaire

> **ATTENTION, CHAMPAGNE DÉTONANT**
>
> *Le tsar Alexandre II commanda aux champagnes Roederer une cuvée spéciale appelée « Cristal ». Ce breuvage exceptionnel existe toujours. Les bouteilles avaient la particularité d'avoir un culot plat : impossible d'y cacher un explosif. Faut dire que le bonhomme était sensible en la matière puisqu'il essuya 6 attentats... et mourut au 7e.*

qui écrit : « De ce vin frais l'écume pétillante/De nos Français est l'image brillante. » Talleyrand, lui, trouve des vertus « civilisatrices » à ce vin qu'il utilise pour essayer d'amadouer les participants au congrès de Vienne. Et, dès le milieu du XIXe s, le champagne est exporté dans le monde entier. L'AOC est étendue aujourd'hui à quelque 319 villes, bourgs et villages (ou crus).

L'élaboration du champagne

Après la ***1re fermentation,*** qui est une fermentation alcoolique à l'aide de levures naturelles (transformation du sucre en alcool), aux environs de Noël, on procède au mélange des différents crus. C'est la phase de l'***assemblage.*** De l'opération dépendra la valeur de la cuvée. Il faut réaliser un ensemble harmonieux en mariant des vins issus d'années et de 3 cépages différents : chardonnay, pinot noir et pinot meunier. Si le vin n'est obtenu qu'avec des raisins blancs de cépage chardonnay, le champagne est appelé blanc de blancs. Lorsque le vin d'une récolte est exceptionnel, on peut réaliser la cuvée avec le seul vin de l'année, le champagne est alors millésimé.
Dans les mélanges, le pinot noir de la Montagne de Reims apporte la vinosité et la luminosité, le pinot meunier de la vallée de la Marne le moelleux, et, enfin, le chardonnay de la Côte des Blancs (où il est le seul cépage autorisé) la finesse et la légèreté. Chaque maison de champagne garde jalousement le secret de ces savants assemblages.
Le vin est ensuite mis en bouteilles. C'est l'opération du ***tirage,*** au cours de laquelle on ajoute des levures naturelles et une légère quantité de sucre. Les bouteilles sont descendues en cave où la température, été comme hiver, doit être maintenue à 10-12 °C. Pendant cette ***2de fermentation,*** plus lente que la 1re, le vin prend mousse. On le laisse ensuite séjourner en cave 1 an minimum, mais, le plus souvent, 3 ou 4 ans, et bien davantage pour les champagnes millésimés. Ce vieillissement dans ces caves de craie typiques de la zone d'appellation est considéré comme l'un des facteurs essentiels de l'incomparable délicatesse du champagne.
Pendant la 2de fermentation, un dépôt se forme dans les bouteilles. Après le vieillissement, les bouteilles sont donc installées sur des pupitres, plus ou moins inclinées, et tournées d'un quart de tour chaque jour pendant plusieurs semaines pour faire glisser le dépôt vers le bouchon : c'est le ***remuage.*** Vient alors l'opération du ***dégorgement,*** qui consiste à expulser ce dépôt. Le col de la bouteille est plongé dans un bain réfrigérant. À son ouverture, le dépôt est expulsé naturellement par la pression interne. Comme un peu de vin s'échappe à ce moment, on le remplace par du champagne qui peut contenir un peu de sucre de canne suivant le type de champagne que l'on veut obtenir : brut, extra dry, sec ou demi-sec.

« SABLER » OU « SABRER » LE CHAMPAGNE ?

Eh bien, les deux ! « Sabler » est un mot ancien qui signifie « boire d'un trait ». « Sabrer » se réfère, quant à lui, à l'ouverture pratiquée en cassant le goulot d'un coup (adroit) de sabre.

Après toutes ces opérations, la bouteille reçoit un bouchon définitif, maintenu par un « muselet » et une capsule (que collectionnent les fameux placomusophiles). Il n'y a plus qu'à l'expédier (ouf !).

Visites

L'une des maisons de champagne les plus anciennes est ***Ruinart*** (fondée en 1729), appartenant au groupe Moët Hennessy. Elle compte 24 ***crayères*** en tout, dont 4 classées aux Monuments historiques. Depuis, de nombreuses autres maisons tout aussi prestigieuses ont fleuri à Reims et ont ouvert leurs portes à la visite (prévoyez une petite laine !). Parmi les plus intéressantes :

– **Taittinger** (plan C3) **:** *9, pl. Saint-Nicaise. ☎ 03-26-85-84-33. • cellars-booking.taittinger.fr • Accès : env 30 mn de marche depuis la cathédrale ; bus n°s 4 ou 5. Tte l'année, visites mar-dim 9h30-17h30 (dernière visite 16h15). Entrée : à partir de 25 € avec dégustation.* Visite des crayères gallo-romaines de la célèbre maison rémoise fondée en 1932 par Pierre Taittinger. La famille est toujours à la tête de l'entreprise et propriétaire d'un vignoble de 288 ha.

BOIRE AU SEIN

Si aujourd'hui le champagne se déguste très souvent dans des flûtes qui préservent la qualité des arômes comme des bulles – même si cette habitude est sujette à débat, notamment chez les Champenois –, la mode était autrefois à la coupe, à la forme beaucoup plus ample. Il se raconte que la 1re a été moulée sur le sein de la Pompadour, favorite de Louis XV qui aurait déclaré au sujet du champagne, sa boisson favorite : « C'est le seul vin qui laisse les femmes belles après boire »...

– **Pommery** (hors plan par C3) **:** *5, pl. du Général-Gouraud, à l'est de la pl. Saint-Nicaise. ☎ 03-26-61-62-56. • vrankenpommery.com • Visite des celliers tlj 10h-18h, sur résa de préférence. Billetterie en ligne • pommery.tickeasy.com • ou par tél. Entrée : à partir de 25 € avec dégustation ; réduc ; gratuit moins de 10 ans. Durée de la visite : 1h.* Accès par la magnifique maison Pommery, de style néogothique élisabéthain. Dans le hall d'accueil, imposant foudre en chêne d'Émile Gallé. Sans doute les plus belles caves de la ville : les crayères gallo-romaines s'étendent sur 18 km. Parfois, les galeries s'élargissent en salles voûtées décorées de bas-reliefs sculptés à même la craie. La maison Pommery, fondée par un vendeur de textile et un négociant en 1836, a été gérée de main de maître par la veuve Pommery. Aujourd'hui rachetée par le groupe Vranken-Pommery Monopole, la maison possède un domaine de 288 ha et vend chaque année 5 à 6 millions de bouteilles (60 % à l'exportation). Expos régulières d'art contemporain dans les caves. Siège de la compagnie en face, dans la ravissante *Villa Demoiselle,* le plus bel exemple d'Art déco de la ville où peuvent avoir lieu des expositions (Henry Vasnier en 2016, en partenariat avec le musée des Beaux-Arts).

– **Veuve Clicquot** (plan C3) **:** *1, rue Albert-Thomas. ☎ 03-26-89-53-90. Billetterie en ligne : • veuveclicquot.com • Visite mar-sam seulement sur rdv ; durée : env 1h. Entrée : 28-55 €, avec dégustation selon la visite ; gratuit moins de 10 ans.* La visite commence par une présentation sur carte de la Champagne viticole et se poursuit dans une partie des 25 km de caves (ce sont les plus longues de toutes les maisons de champagne). Les crayères datent de l'époque gallo-romaine (IIIe et IVe s). Vous saliverez en passant devant la vinothèque privée remplie de vieux millésimes (les plus anciens datent de 1928-1930).

– **G.H. Mumm** (hors plan par B1) **:** *34, rue du Champ-de-Mars, en face de la chapelle Foujita. ☎ 03-26-49-59-70. • mumm.com • Mars-oct, visite tlj 10h-13h (dernier départ à 11h30) et 14h-18h (dernier départ à 16h30) ; janv-fév, mer-sam 10h-13h, 14h-17h30 ; nov-déc, mer-dim 10h-13h, 14h-17h30. Sur résa. Entrée : 23-42 € selon type de dégustation.* Créée en 1827, la maison Mumm

L'ALLEMAGNE AIME LE CHAMPAGNE

Dès la chute de Napoléon Ier, plusieurs familles allemandes investirent dans ces vignes mythiques : Mumm, Heidsieck, Krug, Bollinger... Et pourtant, pendant la guerre, le pillage des nazis fut considérable. Les nazis envoyaient du champagne aux officiers qui devaient envahir un territoire. On apprit ainsi que Rommel s'apprêtait à occuper l'Afrique du Nord.

stocke dans ses caves quelque 25 millions de bouteilles. La visite débute par une petite vidéo retraçant l'histoire de la maison et la fabrication du champagne, depuis la récolte jusqu'à sa dégustation. On descend ensuite dans un 1er niveau transformé en musée (outils traditionnels, machines, etc.) et l'on poursuit dans une partie des 25 km de galeries taillées dans la craie. Pour se remettre de la fraîcheur des caves, une petite coupe de Cordon Rouge est offerte à l'issue de la visite.

– ***G.H. Martel*** *(plan C3) : 17, rue des Créneaux. ☎ 03-26-82-70-67. • champagnemartel.com • ♿ (accès partiel). Tlj 10h-13h, 14h-19h (dernier départ à 17h30) sauf 25 déc et 1er janv. Entrée payante avec dégustation commentée de 3 champagnes (sur résa).* Le plus petit site de Reims (la maison mère se trouve à Épernay), plus convivial donc, et abritant des crayères parmi les plus anciennes (remontant jusqu'au IVe s). Visite guidée des anciennes caves pour découvrir des crayères d'époque gallo-romaine et médiévale, des galeries du XVIIIe ainsi qu'une collection d'outils du XIXe s.

Fêtes et manifestations

– ***Puces de Reims :*** *1er dim du mois (sauf août) aux halles du Boulingrin. « Europuces » début mars.*

– ***Fêtes johanniques :*** *début juin. Rens à l'office de tourisme.* Pour fêter les exploits de la pucelle Jeanne, défilé médiéval, village médiéval, tournois de chevalerie.

– ***Sacres du Folklore :*** *mi-juin (certaines années seulement).* La ville invite des groupes de danses folkloriques étrangers.

– ***La Magnifique Society :*** *3 j. fin juin.* Festival (concerts, espace dédié à la culture pop asiatique...).

– ***Flâneries musicales :*** *de mi-juin à mi-juil. Programme à l'office de tourisme.* Une soixantaine de concerts classiques, la plupart gratuits, dans les lieux les plus prestigieux comme la cathédrale, le palais du Tau, la basilique Saint-Remi, mais aussi dans les cafés, églises, usines, cours et jardins de la ville.

– ***Festival Clin d'œil :*** *ts les 2 ans, 4 j. autour du 1er w-e de juil.* ***Prochaine édition en 2021.*** Ce festival international sur les arts en langue des signes propose un riche programme : arts de rue, spectacles vivants, cinéma, expos, ateliers jeunes, débats...

– ***Marché de Noël :*** *fin nov-fin déc.* Autour de 120 chalets, nombreuses animations, exposition au palais du Tau, chants de Noël, patinoire.

DANS LES ENVIRONS DE REIMS

Le fort de la Pompelle : *☎ 03-26-49-11-85. À 8 km au sud-est de Reims, direction Châlons-en-Champagne par la D 944. Tlj sauf lun et certains j. fériés 10h-18h. Entrée : 5 € ; gratuit étudiants, moins de 18 ans et pour tous le 1er dim du mois. Questionnaire-jeux pour les enfants.*

Un étonnant témoignage de la guerre. Cette place forte semi-souterraine, construite après la guerre de 1870, devint la clé de voûte du système défensif du saillant de Reims après la chute des 6 autres forts de la région. Pendant 4 ans, ses défenseurs français et russes résistèrent vaillamment aux chars, aux gaz, aux bombardements et aux lance-flammes allemands, sans jamais céder. Ce fort Alamo avait 2 secrets : un puits et une batterie de canonnières fluviales circulant en soutien sur le canal de la Marne à l'Aisne.

Le musée du fort remonte le cours de l'histoire à travers petit film et vitrines. Aux côtés des canons et uniformes de toutes origines, on découvre une fantastique collection (unique au monde) de 560 casques et coiffures de l'armée impériale allemande – tous différents en fonction du grade, du corps et de la région d'origine. Ceux des hussards, si redoutés, sont en fourrure, greffés d'une tête de mort ! Des sections présentent le corps expéditionnaire russe, l'aviation, l'évolution des tenues militaires françaises et allemandes, des exemples d'artisanat des tranchées aussi.

LA MONTAGNE DE REIMS

Un agréable circuit au départ de Reims, qui vous fera découvrir cette vraie montagne (même si le point culminant n'atteint pas les 300 m !). Classée parc naturel régional depuis 1976, la Montagne de Reims offre de jolis paysages entre vignobles et forêts, ponctués d'adorables petits villages.

➢ *Accès :* de Reims, prendre la D 951 direction Épernay et, à Montchenot, tourner à gauche (D 26) vers Verzenay ou à droite vers Pourcy, où se trouve la Maison du parc.

UN PUCERON QUI FAIT TACHE

En 1862, un certain Joseph-Antoine Borty de Roquemaure, dans le Gard, importa des ceps de vigne du Nouveau Monde... pour voir. Et, avec eux, un puceron aussi microscopique que ravageur, qui se répandit sur tout le territoire et détruisit une grande partie des vignes françaises : 2 ha en Champagne en 1892, 6 500 ha en 1910 (la moitié du vignoble). C'est la fameuse tache brune de Roquemaure, autrement nommée phylloxéra. Il a vu !

Adresse utile

ℹ *Maison du parc :* *chemin de Nanteuil, 51480* ***Pourcy.*** *☎ 03-26-59-44-44. • parc-montagnedereims.fr • Tte l'année, lun-ven 8h30-12h30, 13h30-17h30 (16h30 ven), plus w-e et j. fériés Pâques-fin oct 13h30-17h30. Verger et mare pédagogique ouv tte l'année en accès libre.* Propose aux visiteurs cartes, topoguides, exposition, conférences, sorties nature... Nombreux documents à télécharger sur leur site.

VERZENAY *(51360)*

Joli village ceinturé par un vignoble où pointent 2 petits monts. Sur l'un, vieux ***moulin à vent,*** construit en 1820. Il a servi d'observatoire militaire en 1914-1918 et appartient aujourd'hui à la maison Mumm. Sur l'autre mont, un... phare !

LE CHAMPAGNE DANS LA BATAILLE

Le vignoble champenois souffrit beaucoup durant la 1re Guerre mondiale : obus, tranchées, manque de sucre et de produits phytosanitaires, réquisition de la main-d'œuvre masculine et des chevaux, sans compter le phylloxéra... Alors que ce précieux vin pétillant était servi aux troupes pour maintenir leur moral, la production chuta de 2/3. Malgré cela, 1914 et 1915 resteront de grands millésimes !

👥 ⚘ ***Le phare de Verzenay (Écomusée de la Vigne) :*** *☎ 03-26-07-87-87. • phare-verzenay.com • ♿ Avr-sept, tlj 10h-18h30 ; oct-mars, mar-dim 10h30-17h. Entrée : phare seul 3 € ; musée 8 € ; musée + phare*

9 € ; réduc. Audioguide compris. Dégustation à partir de 4 €. Ce phare, une folie imaginée en 1909 par le fils du fondateur des épiceries Goulet-Turpin à seule fin publicitaire (on imagine mal les marins égarés à ce point...), éclairait l'océan des vignes à 28 km. Il a été sauvé de la ruine et, à son pied, un bâtiment contemporain accueille désormais un intéressant écomusée de la Vigne. Plusieurs films et une superbe muséographie pour tout savoir sur le et la Champagne. Possibilité de grimper, pour la vue, en haut du phare. Dégustation de champagnes de la Montagne de Reims.

VERZY (51380)

Tranquille village viticole, connu à la fois pour la qualité de ses crus et ses fameux « faux ».

Les faux de Verzy : *à env 2 km au sud-ouest de Verzy (c'est très bien fléché depuis le village). Sentier aménagé d'env 3 km (compter 1h). Application pour smartphone.* Les faux de Verzy, dont les plus vieux ont plus de 300 ans, sont des hêtres aux formes tortueuses se développant en forme de parasol ou laissant traîner leurs branches jusqu'au ras du sol. L'origine de ces arbres étranges a donné naissance à pas mal de légendes et de rumeurs populaires. Accessoirement, la balade dans la forêt est très agréable, faux ou pas.

L'observatoire du Sinaï : *même route que pour les faux de Verzy, parking (fléché) sur la droite de la D 34 ; accès ensuite en 5 mn à pied.* Le nom de Sinaï fut donné par les Poilus à cette crête boisée où sommeillent des casemates, vestiges d'un observatoire militaire créé après la libération de Reims en 1914 pour surveiller les positions allemandes. Par beau temps, la vue s'étend jusqu'à la forêt de l'Argonne. Dans la forêt, juste à côté, possibilité de prendre un verre de champagne dans un drôle de bar dans les arbres, le *Perching Bar* (*• perchingbar.eu • sur résa mer-dim 12h-20h, au 06-07-67-94-42),* au cœur d'un site accrobranches. Vraiment insolite.

HAUTVILLERS (51160)

L'un des plus beaux villages de Champagne avec ses rues sinueuses et ses demeures anciennes aux enseignes en fer forgé, accrochées sur les pentes de la Montagne de Reims. Vue étendue sur la vallée de la Marne et Épernay. En haut du village, une belle propriété cache la célèbre abbaye bénédictine où la légende raconte que Dom Pérignon a « inventé » le champagne, à la fin du XVIIe s. Ce lieu béni des dieux appartient à la maison Moët & Chandon et, malheureusement, ne se visite pas. En revanche, on peut s'incliner sur la tombe du célèbre moine dans l'église abbatiale qui, elle, est ouverte aux passants. Depuis 2015, les vignobles historiques d'Hautvillers figurent parmi ceux classés au Patrimoine mondial de l'Unesco sous l'appellation « Coteaux, Maisons et Caves de Champagne ».

Chambres d'hôtes La Chevalée : *53, rue Henri-Martin. ☎ 03-26-51-52-24 06-18-15-63-65. • contact.lachevalee@orange.fr • champagne-fedyk-chambres-hotes-hautvillers.com • Doubles 125-140 €. CB acceptées.* Dans le village, cette imposante demeure de pierre abritait autrefois une boucherie, comme l'atteste l'enseigne de vache qui surmonte l'entrée. Depuis la terrasse comme des chambres, vue magnifique et apaisante sur les vignes que l'on surplombe. Les 4 suites de charme (2 dans chaque aile et 1 par niveau) sont séduisantes et rénovées avec goût. On a un faible pour la charpente apparente dans les suites « Zingaro » et « Bucéphale », mais elles ont toutes du cachet. Les propriétaires, viticulteurs et férus de chevaux (les cavaliers sont d'ailleurs les bienvenus avec leur monture), accueillent leurs hôtes avec le sourire et une flûte de champagne dès que le courant passe. Beau jardin en contrebas.

Au 36 : *36, rue Dom-Pérignon. ☎ 03-26-51-58-37. Tlj avr-oct 10h30-18h (dim 11h-17h), fermé mer-jeu en basse saison* Dans cette jolie boutique avec bar de dégustation, plusieurs formules avec 6 champagnes à la coupe chaque jour, des « champard'ises », assiettes de produits locaux, de fromages et quelques bocaux et autres cassolettes en guise de plats chauds. Bouteilles à prix producteur, souvenirs et produits régionaux.

FLEURY-LA-RIVIÈRE *(51480)*

Joli village qui n'est pas, comme on pourrait le croire, au bord de la Marne mais au milieu du vignoble. Un vignoble dont on visite ici le sous-sol avec l'insolite *Cave aux Coquillages,* œuvre d'un passionné qui a embarqué sa famille dans cette fabuleuse aventure géologique !

La Cave aux Coquillages : *41, rue du Bourg-de-Vesle. ☎ 03-26-58-36-43. • geologie-oenologie.fr • Ouv tlj sur résa. Visites à 10h, 14h30, 16h et 17h30 (env 1h). Entrée : 15 €, dégustation comprise ; réduc.* En s'évaporant, la mer tropicale qui s'étendait à perte de vue il y a 45 millions d'années a laissé des gastéropodes, conservés dans les strates du sous-sol. Frontale vissée sur la tête, marteau-piqueur ou couteau en main, Patrice Legrand creuse des galeries pour extraire ces précieux fossiles, passionnants témoignages de l'époque tertiaire ! Ils sont exposés tout au long de l'itinéraire, commenté par sa femme ou son fils, également viticulteurs. On s'intéresse donc à l'influence du sous-sol sur la vigne avant de terminer par une flûte au bar à champagne. Également 3 chambres d'hôtes.

ÉPERNAY (51200) 23 700 hab.

Entre placettes plantées de fontaines style Wallace et immeubles cossus d'après-guerre, Épernay dégage un charme certain. Mais le véritable attrait réside dans la visite des caves de champagne, qui s'égrènent le long de l'avenue de Champagne, surnommée l'« avenue la plus riche du monde » en référence aux nombreuses bouteilles de valeur qui patientent dans ses caves.

Depuis 2015, elle fait partie des « Coteaux, Maisons et Caves de Champagne » inscrits au Patrimoine mondial de l'Unesco. Les immenses galeries, creusées à même la craie ou voûtées de brique, s'étendent en un inextricable labyrinthe sous les coteaux environnants. Il se raconte qu'il n'y aurait pas moins de 110 km de caves sous les pieds des Sparnaciens !

UNE FAMILLE SOUS PRESSION

La bouteille de champagne se décline aujourd'hui en 8 contenances : le quart (20 cl), la demie (37,5 cl), la champenoise (c'est la bouteille classique de 75 cl), le magnum (1,5 l), le jéroboam (3 l), le réhoboam (4,5 l), le mathusalem (6 l) et le salmanazar (9 l). Mais on a connu jusqu'à 11 sortes de bouteilles avec un melchisédech de 30 l ! Quant au verre des bouteilles, il doit être suffisamment épais pour résister à une pression de 5 kg/cm².

Comment y aller en train ?

➢ ***De Paris-gare de l'Est :*** 10-15 allers-retours/j. Compter 1h15 de voyage.

– Rens SNCF : ☎ 36-35. • oui.sncf •

Adresses utiles

ℹ ***Office de tourisme :*** *7, av. de Champagne. ☎ 03-26-53-33-00. • ot-epernay.fr • Mai-sept, lun-sam 9h30-13h, 14h-18h30 ; dim et j. fériés 10h30-13h, 14h-16h30. Le reste de l'année, lun-sam 10h-13h, 14h-17h.* Prestations très complètes : boutique, animations et dégustations de champagne, location de vélos et voitures électriques...

Blue Nautic : *au camping, allée de Cumières. 📱 06-15-40-79-72. • bluenautic.fr • De mai à sept. Compter 48-80 € pour 1h30 selon la taille.* Location de bateaux électriques sans permis (2 à 7 places), pour des balades en silence sur la Marne.

Où dormir ?

Camping

Camping municipal : *allée de Cumières. ☎ 03-26-55-32-14. • camping.epernay@free.fr • epernay.fr • ♿ Au nord du centre-ville ; accès par la D 951. Ouv juin-sept. Prix tente 16,40 € pour 2. 109 empl.* Situé en bord de Marne, entre 2 stades, un paisible camping, très classique. Emplacements espacés et herbeux (préférer ceux au bord de l'eau), sanitaires bien tenus. Pain frais, petite restauration dans un esprit guinguette. Location de bateaux électriques sans permis (voir la rubrique « Adresses utiles »), de vélos et de canoës. Pour se dépenser, terrain de volley, et jeux pour enfants.

De bon marché à prix moyens

Résidence Les Demeures champenoises : *2-6, rue François-Bonal. ☎ 03-26-55-36-10. • ldchampenoises@vacanceole.com • ♿ À 2,5 km du centre, au sud d'Épernay. Parking gratuit. Doubles 44-89 € ; familiales.* Belle reconversion d'une ancienne caserne (1893), à l'écart de la ville, dans un lotissement assez verdoyant et aéré. Les grands bâtiments en enfilade ne manquent pas d'allure, mais les chambres n'ont pas le même panache. Elles sont toutefois spacieuses, fonctionnelles, toutes équipées d'une kitchenette, et l'on bénéficie d'une belle vue sur la ville ou le vignoble. Et tout cela a au moins le mérite de l'originalité pour une gamme de tarifs rare à Épernay. Mieux vaut être véhiculé.

Plus chic

Hôtel Jean Moët : *7, rue Jean-Moët. ☎ 03-26-32-19-22. • contact@hoteljeanmoet.com • ♿ En plein centre. Doubles 170-270 € ; petit déj 15 €.* Joliment située, à l'orée de la prestigieuse avenue de Champagne, une solide maison bourgeoise récemment rénovée dans un style contemporain qui va bien avec ses murs du XVIIIe s. Chambres au goût d'aujourd'hui donc, dans un camaïeu de beige et blanc des plus reposant. Plusieurs (les moins chères notamment) sont mansardées, ce qui ajoute à leur charme. Accueil très pro, à même de vous faire découvrir vignoble et caves.

Hôtel de Champagne : *30, rue Eugène-Mercier. ☎ 03-26-53-10-60. • hoteldechampagne@orange.fr • hoteldechampagne.fr • Près de la pl. de la République. Congés : fêtes de fin d'année. Doubles 92-137 € ; familiales.* Un hôtel rénové, proche de l'avenue de champagne. Chambres à la jolie déco contemporaine pour les « supérieures », plus cosy pour les « standard » (de petite taille). Excellent confort dans toutes : double vitrage, frigo, clim... Petits plats en chambres possibles. Bar, sauna. Accueil très pro.

Où manger à Épernay et dans le coin ?

De bon marché à prix moyens

Au Petit Fourneau : *31, rue de l'Hôpital-Auban-Moët, à Épernay. ☎ 03-26-32-44-74. • aupetitfourneau@orange.fr • Un peu excentré. Tlj sauf dim soir et mer. Congés : 2de quinzaine d'août et fêtes de fin d'année. Résa nécessaire le w-e. Menus 14 € (déj en sem), puis 20-29,90 €.* Plaisante petite salle et tranquille terrasse sur l'arrière pour une gentille cuisine populaire. Spécialités : les œufs cocotte (de toutes sortes) et les pommes de terre au four nappées de fromages d'ici ou d'ailleurs et accompagnées de divers ingrédients. Clientèle réjouie d'habitués assurés de manger à leur faim, à prix modérés. Accueil naturellement sympa.

Chez Max : *13, av. Thévenet, à* ***Magenta*** *(51530). ☎ 03-26-55-23-59. • chezmax51@gmail.com • À même pas 10 mn à pied du centre d'Épernay, de l'autre côté du pont sur la Marne. Tlj sauf dim soir-lun et mer soir. Congés : fin déc-début janv et 3 sem fin juil-début août. Menus 23-56 € ; carte env 35 €. Digestif maison offert le soir en sem sur présentation de ce guide.* Une institution locale, en activité depuis 1946, et qui n'a jamais démérité. Bonne cuisine de tradition et de région, avec des menus qui changent au fil des saisons. Quant au cadre, même rénové, il reste délicieusement à l'ancienne. Accueil affable.

De prix moyens à chic

La Grillade Gourmande : *16, rue de Reims, à Épernay. ☎ 03-26-55-44-22. • grilla2gourmande@aol.com • Tlj sauf dim-lun. Congés : 2 sem vac de fév, 3 sem en août et sem de Noël. Menus 33-59 € ; carte env 60 €.* Une valeur sûre de la ville où le chef, passé par quelques grandes et belles maisons, s'est forgé une solide et méritée réputation. Belles assiettes où il juxtapose habilement les saveurs, viandes et poissons grillés au feu de bois, sous vos yeux. Salle cossue ou terrasse pavée, au calme. Carte des vins très complète. Service pro et souriant.

Bistrot le 7 : *13, rue des Berceaux, à Épernay. ☎ 03-26-55-28-84. • les.berceaux@wanadoo.fr • Tlj midi et soir. Menus 36-42 € ; carte min 60 €.* C'est le bistrot du fameux étoilé voisin *Les Berceaux*. Chaleureux cadre contemporain, clientèle de cadres dynamiques pour une cuisine plus simple que la table gastronomique, mais toujours innovante. Service efficace et atmosphère détendue sont les ultimes qualités de ce bistrot souvent plein (réservez !).

La Cave à Champagne : *16, rue Gambetta, à Épernay. ☎ 03-26-55-50-70. • contact@cave-champagne.fr • Au centre, entre la gare et la pl. de la République. Tlj sauf mar soir. Résa conseillée le w-e. Menus 21,90-42,90 €.* 2 jolies petites salles façon bistrot chic, pour des plats de terroir et de tradition, simplement bons, comme la potée champenoise. L'occasion (l'enseigne y invite...) de manger au champagne sans que l'addition ne vous laisse sur la paille, grâce à une intéressante sélection de petits producteurs.

À voir

Les caves

Ne pas manquer la visite des caves, aussi réputées que celles de Reims. Prévoir une petite laine, la température ne devant pas dépasser 12 °C... La plupart se situent le long de l'avenue de Champagne, où l'on trouve également de petits producteurs ayant ouvert des boutiques pour des dégustations comparées *(compter 10 €).* Parmi les caves les plus intéressantes :

– **Moët & Chandon :** *20, av. de Champagne. ☎ 03-26-51-20-20. Visite tlj (sauf lun-mar en basse saison), 9h30-16h30. Fermé en janv. Entrée : 26-47 € selon le type de visite et le nombre de dégustations ; réduc ; gratuit moins de 10 ans. Résa sur • moet.com • Durée : env 1h30.* Une belle visite, qui permet de voir une toute petite partie de cette fastueuse maison familiale. On jette un coup d'œil au salon impérial dans lequel Napoléon fut reçu par Jean-Rémy Moët. C'est ce dernier, petit-fils du fondateur, qui donna son essor à la maison à partir de 1792. Après un film rapide, descente dans les caves, le long d'un parcours commenté de 1 km, notamment dans la galerie impériale traversée par Napoléon. Il fallut plus d'un siècle pour creuser les 28 km de galeries, sur 3 étages ! Parmi les hôtes illustres qui honorèrent les lieux : le tsar Alexandre Ier, Nikita Khrouchtchev, Charles X, la reine Elizabeth II... Dégustation en fin de visite, bien évidemment, et passage par la boutique, tout en marbre.

LA DOUCHE AU CHAMPAGNE

En 1950, Moët & Chandon eut l'excellente idée d'offrir un jéroboam aux vainqueurs de courses automobiles. En 1967, Dan Gurney, vainqueur des 24 Heures du Mans, agita tellement la bouteille que pilotes et public furent arrosés. La tradition était née même si, dans certains pays musulmans, les vainqueurs s'aspergent au... jus de fruits pétillant.

– € **De Castellane :** *63, av. de Champagne. ☎ 03-26-51-19-19. Mars-déc, visites mer-dim 10h-12h, 14h-18h (derniers départs à 11h et 17h). Visite des caves : 14 € (dégustation comprise) ; le musée et la tour sont en accès libre.* Outre ses caves qui s'enfoncent jusqu'à 30 m de profondeur (avec 6 km de galeries), la maison De Castellane propose la visite de ses musées qui occupent le rez-de-chaussée et les étages de la tour aux 237 marches (belle vue de là-haut) : salle de bouteilles anciennes, outils de jadis, dont un « pressoir à écureuil » du XVIIIe s, affiches publicitaires dont la plus ancienne date de 1922 ; et reconstitution de scènes liées à l'élaboration du champagne. Il y a aussi un *musée de l'Imprimerie,* conçu avec l'école Estienne de Paris : beaucoup de machines anciennes et une étonnante collection d'étiquettes.

– **Mercier :** *68-70, av. de Champagne. ☎ 03-26-51-22-22. • champagnemercier.com • Tlj (sauf mar-mer en basse saison) 9h30-16h30. Fermé début janv-début fév. Entrée : 18-30 € (selon type de dégustation) avec audioguide ; réduc ; gratuit moins de 10 ans. Durée de la visite : env 1h.* Petit film sur l'histoire (étonnante) d'Eugène Mercier, descente en ascenseur panoramique, visite de galeries (dont une de 1 km de long !) en petit train, et dégustation à la fin. On peut admirer quelques sculptures taillées dans la craie, ainsi que le fameux « foudre géant ».

UN FOUDRE DE LA COM'

À l'entrée des caves Mercier, on peut admirer le « foudre géant » (tonneau à champagne), d'une capacité de 213 000 bouteilles. Il fut commandé par Eugène Mercier – un vrai pro de la com' – pour l'Exposition universelle de 1889. Ce tonneau pesait 23 t à vide, sa construction dura 20 ans et nécessita 150 chênes. Il fut tiré jusqu'à Paris par 24 bœufs et 18 chevaux, le voyage nécessitant la construction de ponts et l'aménagement de certaines routes. Ce foudre fit sensation à Paris, presque autant que l'autre guest star... la tour Eiffel !

– **Nicolas Feuillatte :** *CD 40A, Plumecoq, 51530* ***Chouilly.*** *☎ 03-26-59-63-74. • nicolas-feuillatte.com • À 4 km à l'est d'Épernay (sur la D 40A, c'est bien fléché). Visite guidée (env 1h30) tlj (sauf w-e de mi-nov à fin mars), sur résa seulement. Boutique tte l'année,* *lun-ven. Entrée : 14-25 € selon type de dégustation ; réduc ; gratuit moins de 12 ans.* Certes, ce ne sont pas les plus vieilles caves de Champagne, mais ce sont assurément les plus impressionnantes concernant la modernité et la production. Pas moins de 30 millions de litres et 70 millions de bouteilles en stock... L'intérêt principal de cette visite est de comprendre le processus d'élaboration du champagne. Parcours en 8 étapes, de la fermentation à l'habillage de la bouteille, avec un diaporama à chaque étape et des panneaux explicatifs. On déambule par des passerelles entre des cuves de 15 m de haut. Pédagogique et ludique à la fois. Enfin, bien sûr, une dégustation.

– Et pour ceux qui en redemandent, on peut poursuivre la visite des caves avec le *champagne* **Gonet Sulcova** *(13, rue Henri-Martin ; ☎ 03-26-54-37-63)* : visite des crayères du XIXe s sur réservation, et dégustation (5 €) ; ou le champagne ***Charles Mignon*** *(6, rue Irène-Joliot-Curie ; ☎ 03-26-58-33-33 ; lun-sam 9h30-12h, 14h-17h plus dim 10h-15h en juil-août) ; visites : 10-25 €).*

DANS LES ENVIRONS D'ÉPERNAY

AŸ (51160)

À 3 km au nord-est d'Épernay. Gros bourg sans supplément de charme, mais au centre de l'un des vignobles les plus réputés de Champagne, inscrit au Patrimoine mondial de l'Unesco depuis 2015 dans le cadre des « Coteaux, Maisons et Caves de Champagne ». Tous les 2 ans (les années paires), lors d'une grande fête traditionnelle et populaire le 1er week-end de juillet, on fait honneur à Henri IV, grand fan des vins d'Aÿ *(infos au ☎ 03-26-56-92-10).*

Où dormir ? Où manger à Aÿ et dans les environs ?

Hôtel Castel Jeanson : *24, rue Jeanson, à Aÿ. ☎ 03-26-54-21-75. • info@casteljeanson.fr • casteljeanson.fr • Congés : 20 déc-20 janv. Doubles 129-167 € ; familiales. Petit déj 16 €. Garage.* Cette élégante maison bourgeoise à l'ambiance feutrée a été restaurée et transformée en hôtel sous l'impulsion d'une famille de viticulteurs. Un bon point de chute donc pour s'initier aux vins de champagne puisqu'on est, de surcroît, juste à côté de la Cité du champagne et en face de l'Institut international des vins de Champagne ! Bel endroit : salon pour déguster une flûte de champagne, piscine couverte et chauffée.... Chambres, spacieuses, charmantes et confortables (TV, clim...).

Chambres d'hôtes du manoir de Montflambert : *Montflambert, 51160* ***Mutigny.*** *☎ 03-26-52-33-21. • contact@manoirdemontflambert.fr • manoirdemontflambert.fr • À 5 km au nord-est d'Aÿ, fléché depuis Mutigny. Double 148 € ; familiale. Accueil sur résa. CB acceptées. 1 flûte de champagne offerte sur présentation de ce guide.* Solidement ancré, entre vignes et forêt, ce manoir du XVIIe s aurait abrité les amours d'Henri IV et de la comtesse du cru... Dans une atmosphère bourgeoise, 5 chambres personnalisées à l'étage, dont une familiale « secrète » qui nous plaît bien. Ce qu'on vient trouver avant tout ici, c'est le cadre, serein et bucolique, en harmonie avec l'accueil charmant de la famille de viticulteurs. Parc avec une pièce d'eau, romantique à souhait. Au village, un sentier vigneron permet de se balader dans les vignobles, tout en profitant d'un superbe panorama sur les coteaux.

Rôtisserie Henri IV : *46, bd Charles-de-Gaulle, à Aÿ. ☎ 03-26-54-77-40. Tlj sauf mar soir-mer. Carte 25-30 €.* On s'en doute dès l'enseigne : on sert ici, dans la bonne humeur, d'excellentes viandes et volailles (poulet entier, jarret...) rôties, qu'accompagnent d'excellentes frites maison. Quelques grands classiques de brasserie également. Et un très joli décor.

À voir

La Cité du champagne Collet-Cogevi : *32 bis, rue Jeanson. ☎ 03-26-55-98-88. • citeduchampagnecolletcogevi.com • Tlj 10h-18h (dernière visite à 16h) ; janv-fév, tlj sauf lun-mar. Résa recommandée. Visites 20-30 €, dégustation incluse ; réduc ; gratuit moins de 7 ans. Compter 1h30. Animations tte l'année.*
Ce lieu de découverte de la culture champenoise est installé sur le site de la plus ancienne coopérative de champagne, la Cogévi (pour la Coopérative générale de vignerons de la Champagne délimitée), créée en 1921 pour affirmer l'indépendance des vignerons face au pouvoir grandissant des négociants. Une visite des plus intéressante parce qu'elle aborde bien des aspects du métier de vigneron, juste effleurés ailleurs, comme l'engagement coopératif. 4 espaces thématiques :
– On plonge d'abord dans l'histoire de la Cogévi. Un film retrace avec de rares images d'archives la révolte des vignerons en 1911. Souvenirs en tout genre (affiches militantes, articles de presse, armes permettent également de restituer le contexte historique de ce mouvement qui, 10 ans plus tard, conduira à la création de la Cogévi.
– Les *caves centenaires* : du XVIIIe s à nos jours, ces caves creusées à flanc de coteaux offrent un voyage dans le temps et l'évolution de la production du Champagne.
– Le *musée des Métiers du champagne* : outils, machines et objets liés au travail de la vigne sont exposés dans une seule salle moderne, avec vue imprenable sur le vignoble. Ouvrez la baie vitrée, vous êtes dans les vignes ! Un sentier d'interprétation permet, entre autres, de découvrir les « essors », ces cheminées d'aération des caves souterraines.
– La *villa Collet* : inspirée par le fondateur de la marque, Raoul Collet. Délicieusement Art déco, elle n'est ouverte que dans le cadre des expositions temporaires.

Aux beaux jours, concerts gratuits (champagne en supplément) dans les jardins de la *villa Collet Arts Déco* pour déguster l'une des cuvées de la maison Collet *(Club Collet ; mai-juil et sept, jeu-ven 18h-21h).*

Aÿ Écovisite : *☎ 03-26-55-14-97. 06-13-49-09-45. Ouv avr-oct, mar-sam. • m.ay-eco-visite.com • À partir de 45 €/pers (2h de visite avec audioguide). 3 pers max.* Original et sympa : un viticulteur qui propose la visite du vignoble en voiture électrique, selon plusieurs formules, à la découverte des grands crus.

ŒUILLY *(51480)*

Un charmant et paisible village de la vallée de la Marne, situé entre Épernay et Dormans. Il abrite un riche petit ensemble ethnographique que l'on découvre en déambulant dans les rues, entre église du XIIIe s, lavoir (toujours utilisé !), fontaines...

L'Écomusée champenois : *cour des Maillets. ☎ 03-26-57-10-30. • ecomusee-oeuilly.fr • Visites guidées tlj sauf mar et dim mat à 10h, 14h30 et 16h Visite guidée des 3 sites env 1h15. Entrée : 7 € ; réduc.*

COPIEUR COPIÉ

À une poignée de kilomètres d'Œuilly, le somptueux château de Boursault, que l'on se contentera d'entrevoir, a été construit au milieu du XIXe s mais emprunte beaucoup (énormément même !) aux châteaux de la Loire. Et l'actuel casino de la ville d'Arcachon en est une copie conforme : un caprice d'Adalbert Deganne, amoureux éconduit de la châtelaine de Boursault, petite-fille de la célèbre Veuve Clicquot. Bon, on ne va pas en faire un fromage.

Il s'agit d'une mignonne maison de vigneron datant de 1642, toujours dans son jus. 3 petites pièces et un grenier, aménagés simplement, nous font découvrir une reconstitution de la vie en milieu rural en 1900. Dans l'ancien cellier, exposition d'outils de vigneron. Le prix d'entrée comprend aussi la visite du ***musée de la Goutte,*** en fait de l'atelier public de distillation des villageois (vieil alambic, exposition sur la tonnellerie) et de l'***École 1900,*** un peu plus loin. Une école *Jules-Ferry* de 1882 qui aurait sans aucun doute plu à Doisneau : pupitres en bois, encriers et bonnets d'âne, écriture à la plume...

CUMIÈRES *(51480)*

À 6 km au nord-ouest d'Épernay, au pied de la Montagne de Reims, un paisible village des bords de Marne, largement viticole où, outre le champagne, les vignerons proposent un vin rouge, réputé depuis (au moins !) le XIVe s.

Adresse utile

Croisière Champagne Vallée : *embarcadère quai de Marne. ☎ 03-26-54-49-51. • champagne-et-croisiere.com • De mi-mars à mi-déc. Plusieurs types de croisières : promenade, déj et dîner. Tarif : 12,50 € pour la promenade (1h30) ; réduc.* Une manière originale de découvrir la Marne au fil de l'eau entre les coteaux des vignobles champenois. Balade commentée à bord d'une réplique de bateau à aube.

Où manger ?

Le Caveau : *44, rue de la Coopérative. ☎ 03-26-54-83-23. • jc-rambach@lecaveau-cumieres.com • ♿ En face de la coopérative viticole. Tlj sauf dim soir-lun et mar soir. Congés : 15 j. en mars. Menus 14-16,50 € (déj en sem), puis 25-45 €.* Le nom de ce resto n'a rien d'usurpé, puisqu'il est aménagé sous les voûtes d'un authentique caveau taillé dans la craie. Un cadre typiquement champenois, souligné par un jeune personnel en costume régional. Dans les assiettes, même hymne aux saveurs locales et belle carte des vins, où les nectars de Cumières occupent une bonne place.

LA CÔTE DES BLANCS

Une région ainsi nommée, parce que la « côte » est presque exclusivement plantée en raisin blanc. Entre villages, coteaux et relief vallonné, on y produit les fameux crus de champagne : les blancs de blancs.

➢ *Pour s'y rendre :* sortir d'Épernay au sud par la route de Sézanne (D 951) jusqu'à Pierry, puis à gauche la D 10, qui offre de jolies vues sur la vallée de la Marne.

AVIZE *(51190)*

Au-dessus de ce bourg tranquille qui cache quelques beaux hôtels particuliers de négociants en champagne, sympathique sentier d'interprétation de Vix, avec de belles vues sur le vignoble.

Où dormir ? Où manger à Avize et dans les environs ?

Chambres d'hôtes La Grange de Flavigny : *98, rue Saint-Thibault, 51190* **Flavigny.** *☎ 03-26-55-20-27. 06-88-46-39-21. • contact@la-grange-de-flavigny.com • la-grange-de-flavigny.com • À 2 km à l'est d'Avize. Double 70 € ; familiales. Réduc de 10 % sur le prix de la chambre déc-mars sur présentation de ce guide.* Dans une ancienne grange, 4 chambres simples et agréables avec salle de bains et toilettes pour chacune, et clim réversible. Petit plus, une cuisine tout équipée à disposition et une cour. Le tout se révèle fonctionnel et accueillant, à l'image de vos hôtes. Ils ne se feront pas prier longtemps pour partager leurs connaissances œnologiques et touristiques sur la région.

Hôtel Les Avisés : *59, rue de Cramant, à Avize. ☎ 03-26-57-70-06. • hotel@selosse-lesavises.com • selosse-lesavises.com • Au centre d'Avize. Resto tlj sauf mar-mer. Fermé en août. Résa obligatoire. Doubles 200-390 €. Menus 42 € (déj) et 65 € (le soir).* Élégante maison bourgeoise d'autrefois, récemment transformée de fond en comble en un hôtel-resto très classe et (plutôt) décontracté. Salle un peu champêtre un peu design où on est accueilli avec le sourire par une ancienne de chez *Pic,* à Valence. Même parcours pour son mari aux fourneaux. À l'ardoise, au gré du marché, de remarquables plats à la fois d'une évidente simplicité et d'une vraie inventivité. Grande terrasse ensoleillée l'été. Espace détente avec jacuzzi et sauna. Chambres contemporaines et vraiment confortables. Tout cela a évidemment un prix...

OGER (51190)

Un peu caché dans un vignoble classé Grand Cru, un agréable village, superbement fleuri, avec des fontaines, un imposant lavoir, une ***église*** au clocher carré du XIIe s, avec chœur à chevet plat du XIIIe s et statues du XVIIIe s.

À voir

Le musée du Mariage : *1, rue d'Avize. ☎ 03-26-57-50-89. Mar-dim 9h30-12h, 14h-18h. Entrée : 9 € (avec dégustation).* Ce musée privé retrace l'art populaire autour du mariage, de 1800 à 1940. On reste interloqué devant les quelque 600 objets, curieux ou insolites, comme la porcelaine de Saxe représentant la voiture de mariage de Napoléon Ier. Également un ***petit musée d'étiquettes anciennes*** montrant l'évolution de l'appellation champagne. La visite se poursuit dans les caves du XVIIIe s où sont exposés de vieux outils, et se conclut enfin par une dégustation de la cuvée maison.

LE MESNIL-SUR-OGER (51190)

Également renommé pour ses vignobles (classés Grand Cru), le village possède, sur les hauteurs, une église romane, avec clocher central et joli portail sud du XVIe s. Au centre, un terrain entièrement clos de murs renferme la vigne à partir de laquelle est exclusivement élaborée la cuvée Clos du Mesnil de la maison *Krug,* l'un des champagnes les plus rares et les plus chers !

Où manger ?

La Gare : *3, pl. de la Gare. ☎ 03-26-51-59-55. • contact@lagare lemesnil.com • Ouv au déj lun-sam et le soir jeu-sam. Fermé 1 sem en fév* *et 3 sem en août et fêtes de fin d'année. Formules déj en semaine 19-22 € et menu 27 €. Carte env 35-40 €.* Un lieu de passage décontracté, voilà ce qu'est devenue cette ancienne gare réhabilitée où ne passent plus que quelques rares trains de marchandises. Joli décor contemporain avec des poutres d'un rouge éclatant et de grandes photos noir et blanc qui évoquent le passé de l'endroit. Cuisine de marché qui assure et rassure. Sympathique terrasse.

À voir

Le musée de la Vigne et du Vin : *2, av. Eugène-Guillaume. ☎ 03-26-57-50-15. • museedelavigneetduvin.com • Visite guidée (compter 2h) sur résa seulement, lun-ven 10h et 14h30, le w-e 10h30. Entrée : 15 €, avec une dégustation de 3 champagnes différents.* Un musée qui existe grâce à la passion d'un homme, M. Launois, vigneron et infatigable chineur. Environ 5 000 outils et objets liés au travail du vin et de la vigne (pas exclusivement champenois). La pièce la plus intéressante est un ancien pressoir qui date de 1630. Remarquables aussi, les 400 ceps de vigne sculptés par Marc Fetizon. Cet ouvrier vigneron, artiste autodidacte, a réalisé un travail fabuleux, et ses personnages, diables et chimères tordues laissent pantois.

FROMENTIÈRES (51210)

Pas grand-chose à se mettre sous la dent à Fromentières, si ce n'est un petit bijou dissimulé dans l'église.

À voir

Le retable de l'église Sainte-Marie-Madeleine (XVe s) **:** *église ouv tlj 8h-16h30 (18h le w-e). Selon disponibilité, visites guidées sur résa (tarif : 5 € ; ☎ 03-26-81-62-36).* Si l'extérieur de cette église du XVe s mérite un coup d'œil, à l'intérieur, le regard est inévitablement happé par le retable installé dans le chœur. Le curé de Fromentières, qui fit l'acquisition en 1715 de ce magnifique retable flamand du XVIe s, pour la modique somme de 12 pistoles, avait un sacré flair. Il s'agit en effet d'un chef-d'œuvre du gothique flamboyant ou prismatique, remarquable par ses dimensions (4,25 m sur 3 m) et la finesse de ses sculptures et peintures. Diverses scènes de la vie du Christ y sont représentées dans les moindres détails.

• Carte La forêt de Fontainebleau *p. 307*

Aux portes de Paris, l'immense poumon vert de la forêt de Fontainebleau (250 km²) déroule son réseau dense de sentiers et de chemins au fil d'un paysage patiemment modelé par l'érosion, aux nombreux mamelons et chaos gréseux (certains rochers atteignent ici 20 m !). Un vrai paradis pour les *bleausards* (grimpeurs) et randonneurs à pied, à vélo ou à cheval. Au total, plus de 230 parcours d'escalade, 500 km de balades balisées et 1 000 km de routes forestières ! Ils ne sont d'ailleurs pas moins de 13 millions à fréquenter les lieux chaque année, formant quelques embouteillages dans les secteurs les plus populaires aux beaux jours...

En 1998, les 20 000 ha de la forêt domaniale (dont 2 350 ha de réserves biologiques) ont été classés Réserve de la biosphère par l'Unesco. Sous ce couvercle d'un vert intense, ont été répertoriées 54 espèces de mammifères, plus de 200 sortes d'oiseaux et 1 424 arbres et plantes ! Si le chêne domine, on trouve aussi beaucoup de pins sylvestres (introduits au XIXᵉ s), des hêtres, bouleaux, châtaigniers, alisiers, charmes, etc. On peut espérer croiser cerfs, daims, sangliers, écureuils...

Les GR 1, 2, 11 et 13, faciles à suivre, sillonnent la forêt en tous sens. La carte au 1/25 000 de l'IGN reste néanmoins indispensable pour éviter de se fourvoyer dans les centaines de petits chemins qui en font perdre le fil...

Destinations principales : les gorges de Franchard et celles d'Apremont, les rochers de la Dame-Jouanne, la tour Denecourt, le rocher des Demoiselles et le circuit des Trois-Pignons, dans le massif forestier du même nom, qui jouxte à l'ouest celui de Fontainebleau.

Comment y aller en train ?

➢ ***Paris :*** départ de la gare de Lyon, direction Montereau/Montargis, jusqu'à Fontainebleau-Avon, ttes les 12 mn à 1h, 6h16-22h46. Durée : 40 mn. De la gare *(plan D1),* à env 3 km à l'est de Fontainebleau, on rejoint le centre en bus (nº 1).

– Rens Transilien : ☎ *36-58.* • *transilien.com* •

FONTAINEBLEAU

(77300) 14 820 hab.

• Plan *p. 308-309*

C'est une oasis dans la forêt : une trouée urbaine aux ampleurs royales, grandie dans le sillage de son fastueux château, entre les murs duquel se sont succédé toutes les dynasties ayant régné sur la France. Pourquoi ici ? Pour la chasse, pardi ! Et parce que Bliau, le chien de Louis IX, aurait découvert la source qui lui a donné son nom... Dans un environnement de sable assoiffé, cette fontaine-miracle permit de ceinturer le château fort initial de douves, puis de développer de magnifiques jardins. Par la suite, les nobles se firent construire des résidences à proximité, puis les militaires

s'installèrent, avec leur cavalerie. Des administrations et des écoles suivirent. De nos jours, Fontainebleau, belle bourgeoise figée sur son histoire, vit à un rythme pépère. En revanche, le cheval a colonisé la cité (et les environs), fière de ses centres équestres, poneys-clubs, hippodrome et concours hippiques.

LE CHÂTEAU SAUVÉ PAR LE LOTO

S'inspirant de Stéphane Bern, François Ier fut le 1er roi à se rendre compte que les gens donnaient plus facilement leur argent s'ils avaient l'espoir d'en gagner. Voilà pourquoi il inventa la 1re loterie française en 1539, inspirée du loto italien. Cette manne extraordinaire, versée volontairement par le peuple, lui permit de terminer les travaux du château de Fontainebleau.

Adresses et infos utiles

ℹ ***Fontainebleau Tourisme*** *(plan B2)* **:** *4 bis, pl. de la République. ☎ 01-60-74-99-99. • fontainebleau-tourisme.com • Lun-sam 10h-18h ; dim et j. fériés 10h-13h (plus 14h-17h30 mai-oct). Visites guidées de la ville : 10 €. Gratuité du guide promenades en forêt sur présentation de ce guide.* Vente de cartes IGN, de guides promenade en forêt et d'escalade, livres et souvenirs locaux. Accueil charmant et compétent. Organise des visites guidées de la ville et gère les réservations pour toutes sortes d'activités : promenades en forêt, initiations à l'escalade, sorties avec chiens de traîneau, etc. Espace de réalité virtuelle avec des casques pour une immersion en 360° au château, dans la forêt et dans les villages alentour.

ℹ ***Seine-et-Marne Attractivité*** *(plan B3,* ***3****)* **:** *château de Fontainebleau, quartier Henri-IV (accès par la pl. d'Armes). ☎ 01-60-39-60-39. • tourisme.seine-et-marne-attractivite.com • Lun-ven 9h-17h30 (17h ven).* Brochures disponibles à l'accueil, mais c'est avant tout un bureau de promotion.

■ ***Gîtes de France Seine-et-Marne*** *(plan B3,* ***3****)* **:** *château de Fontainebleau, quartier Henri-IV (accès par la pl. d'Armes). ☎ 01-60-39-60-53 ou 54. • gites-seine-et-marne.com • Lun-ven 9h-17h30 (17h ven).*

🚲 **Location de vélos : *À la Petite Reine*** *(plan B2,* ***1****), 14, rue de la Paroisse. ☎ 01-60-74-57-57. • alapetitereine.com • Tlj sauf lun 9h-19h30 (18h dim et j. fériés) ; également le lun début avr-sept 10h-18h. Aussi auprès de* ***We Are Wheelers****, (plan B3,* ***2****), 4, rue Royale. ☎ 09-81-07-47-02. • wearewheelers.com • Tlj sauf mar 10h-18h.* VTT et VTC. Le 2d propose même triporteurs, *fatbikes* (excellent sur les pistes sablonneuses) et service de conciergerie !

■ ***Stationnement :*** si tout est payant dans le centre, on peut se ***garer gratuitement*** au sud du parc du château, av. des Cascades *(plan C3)* de part et d'autre du feu et, plus difficile à trouver, av. de Maintenon, une ruelle pavée de guingois qui mène à l'École militaire d'équitation *(plan B3)*, avec entrée directe dans les jardins par la grille de Maintenon *(9h-17h, 18h mars-avr et oct, 19h mai-sept)* ; on y accède depuis la D 606 en venant de l'est, peu avant l'obélisque.

– ***Application de l'ONF « balade branchée » :*** *gratuite, elle propose des balades enrichies de contenus audio, photo, vidéo.*

Où dormir ?

Plus chic

🏠 ***Chambres d'hôtes Demeure Les Aiglons*** *(plan A3,* ***11****)* **:** *25, rue Royale. 📱 06-07-70-82-77. • demeurelesaiglons@orange.fr • demeurelesaiglons.com • Doubles 100-160 €.* La porte de cette vaste demeure (340 m²) joliment rénovée, datant du tout début du XIXe s, s'ouvre

LA FORÊT DE FONTAINEBLEAU – ITINÉRAIRE 17

routard.com

Simplifier votre voyage

S'INSPIRER
Grâce aux conseils et tendances (où et quand partir...)

PRÉPARER
avec nos 300 fiches destinations et nos dossiers pratiques

RÉSERVER
avec les meilleurs partenaires, votre vol, votre hôtel, votre location

PARTAGER
vos bons plans avec une communauté de 6 millions d'internautes

RETROUVEZ-NOUS AUSSI SUR

sur une perle : une piscine-écrin encadrée de ses murs. On prend le petit déj sur son flanc (ou dans le salon familial), avant de regagner l'une des 4 belles chambres (3 avec cuisine) situées dans les étages – fort bien tenues par l'accueillante Perrine. Si toutes sont spacieuses, les 2 du 2e étage sont gigantesques (40 et 70 m²!). Situées sous la charpente, elles dégagent un charme indéniable, avec fenêtres côté jardin et velux côté rue.

Chambres d'hôtes Le Clos Saint-Honoré (plan A3, **10**) : *11, rue Saint-Honoré. 06-72-87-60-17. • leclossainthonore@orange.fr • leclossainthonore.com • Fermé 2 sem fêtes de fin d'année. Doubles 105-125 € ; suite familiale.* Le bâti est ancien, l'esprit contemporain, incarné par la superbe verrière de la cuisine et sa terrasse qui accueillent les hôtes. Dans le prolongement : un jardin en longueur au gazon impeccable avec hamac et recoins. Sur ses flancs : un spa (en supplément) et 2 petites chambres à la déco individualisée (et entrée privative) dans une extension moderne. Au-dessus : 3 autres chambres fort accueillantes et une suite de 85 m² de belle allure. La boss, ex-décoratrice, s'en est donné à cœur joie avec les beaux espaces, la moquette douillette et les cotons bio.

Hôtel Victoria (plan A2, **12**) : *112 et 122, rue de France. ☎ 01-60-74-90-00. • resa@hotelvictoria.com • hotelvictoria.com • Congés : 25 déc-début janv. Doubles 100-160 € ; petit déj 12 €. Parking 10 €/j.* George Sand et Alfred de Musset y avaient leurs habitudes dans les années 1830. Ils avaient bon goût, les bougres, même si le lieu a nécessairement changé. Les 2 bâtisses, reliées par un grand jardin, se sont largement modernisées, adoptant même une déco résolument contemporaine (aux couleurs chaudes) au nº 122, tout en conservant les beaux parquets. Au 112, les chambres sont plus inégales : certaines rénovées récemment, d'autres pas encore. Dans tous les cas, le confort est bon, et l'on a accès au vaste jardin ainsi qu'au café très agréable. Une adresse de choix, où vous serez accueilli avec gentillesse. Vélos en prêt.

La Demeure du Parc (plan B3, **13**) : *36, rue Paul-Séramy. ☎ 01-60-70-20-00. • contact@lademeureduparc.fr • lademeureduparc.fr • Resto fermé 1 sem en fév (vac scol zone C), du dernier w-e de juil à mi-août et sem de Noël. Doubles 160-200 € ; suites.* Dernier-né des beaux hôtels de Fontainebleau, *La Demeure du Parc* n'a pas usurpé son nom : installé dans d'anciens bâtiments royaux attenants au château et à ses jardins, ce boutique-hôtel abrite 27 chambres fort élégantes, épurées, trahissant de vraies intonations scandinaves. Bois blanc, parquet clair, grandes douches vitrées, le look est assurément contemporain et le confort abouti (avec clim). Les *luxe* ont une terrasse. Pour ne rien gâcher, *La Table du Parc* sert une fort belle cuisine, avec un menu « végétal » qui fait entrer les légumes dans la gastronomie par la grande porte !

Où manger ?

De bon marché à prix moyens

L'Hirondelle (plan B2, **20**) : *49, rue de France. ☎ 01-64-22-23-29. • creperiehirondelle@gmail.com • Tlj sauf dim soir-lun. Carte 10-18 €. Apéro maison offert sur présentation de ce guide.* Ici, pas de galettes bêtement garnies, mais de la *vraie* cuisine présentée sur des galettes, réalisées à partir de farine bio bretonne (et servies avec un excellent cidre artisanal). Celles aux Saint-Jacques, spécialité de la maison, sont tout simplement divines, et ça se sait : mieux vaut réserver, même le midi en semaine.

Le Bacchus (plan B3, **23**) : *4, rue de Richelieu. ☎ 01-60-71-10-29. • richelieu@bhrservices.com • Tlj sauf dim soir-lun et mer midi. Plats 14,50-29,50 €.* La petite salle de bistro sans chichis, avec son bar au fond, convient parfaitement à l'accueil affable et à la cuisine généreuse, qui fait la part (très)

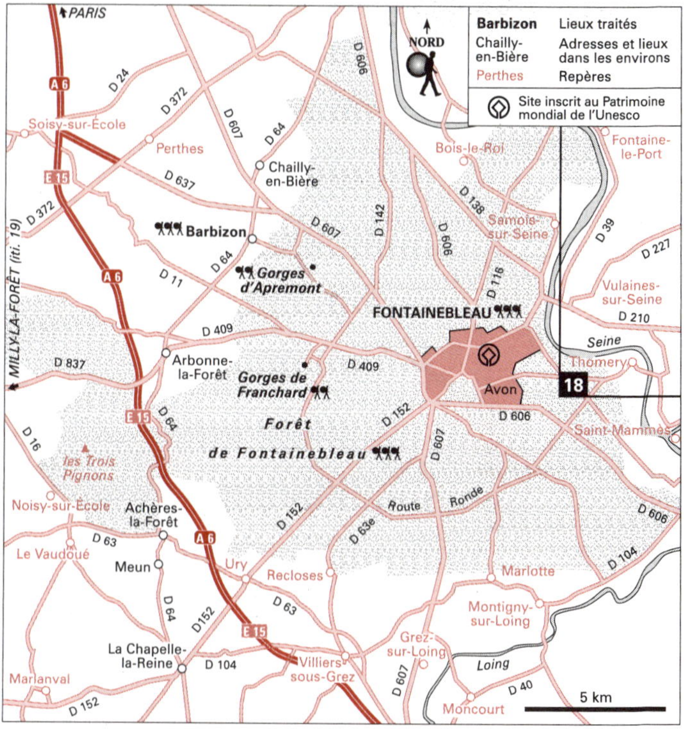

LA FORÊT DE FONTAINEBLEAU

belle aux viandes – bavette, onglet, tartare, entrecôte du boucher, andouillette, canard confit... Quelques salades et 2 poissons complètent le menu avec aussi, en entrée, un remarquable saumon gravelax mariné à l'aneth et aux baies roses. Terrasse sur rue et beau choix de vins.

La Petite Ardoise (plan B3, **21**) : *16, rue de Montebello. ☎ 01-64-24-08-66. • restaurantlapetiteardoise@gmail.com • Tlj sauf dim-lun. Fermé 1er janv et 25 déc. Formule déj en sem 19,50 € ; menu 35 € ; plats 19,50 €.* Dans la rue des restos, voici une adresse de qualité, une valeur sûre, tenue par une jeune équipe fort sympathique, qui propose une cuisine fraîcheur, goûteuse et inspirée. Certains plats sont proposés en entrée ou en « petits plats » : une bonne idée pour les appétits à géométrie variable. Service efficace et souriant. Terrasse couverte sur la ruelle.

Il Primo Bacio (plan B2-3, **22**) : *3, rue de Montebello. ☎ 01-60-72-74-36. • ilprimobacio@yahoo.fr • Tlj midi et soir. Résa conseillée. Plats 11-21,50 €.* Un vrai italien qui fait vite le plein. Les locaux comme les visiteurs de passage ne s'y trompent pas : pizzas généreuses, beau choix de pâtes et salades, tout est fait maison avec des produits frais, et la carte est modulée tous les jours. Le service, parfois sportif vu l'affluence, est jeune et dynamique.

Très chic

Fuùmi (plan B2, **24**) : *39, rue de France. ☎ 01-60-72-10-32. • restaurant-fuumi.com • Tlj sauf dim-lun.*

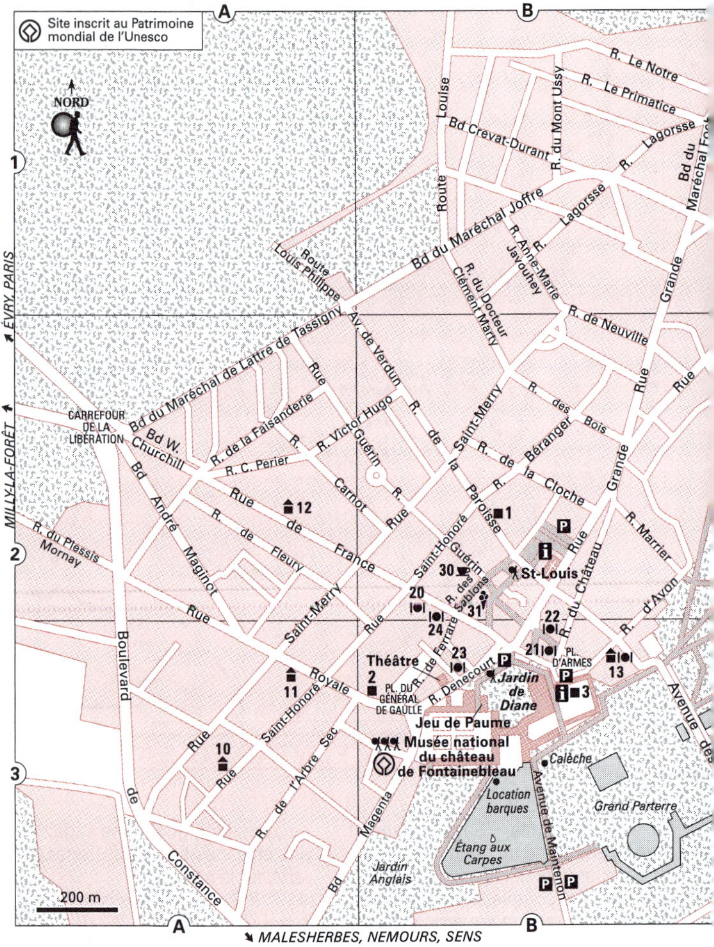

■ **Adresses utiles**

- Fontainebleau Tourisme (B2)
- 1 À la Petite Reine (location de vélos ; B2)
- 2 We Are Wheelers (location de vélos ; B3)
- 3 Seine-et-Marne Attractivité et Gîtes de France (B3)

Où dormir ?

- 10 Chambres d'hôtes Le Clos Saint-Honoré (A3)
- 11 Chambres d'hôtes Demeure Les Aiglons (A3)

Menus 21-38 € le midi, menus teppanyaki (7 plats) le soir 65-90 €. Plats 15-20 €. Ce jeune restaurant n'est autre que l'annexe du très chic et gastronomique *Axel*, situé juste à côté. Il partage avec lui un authentique chef

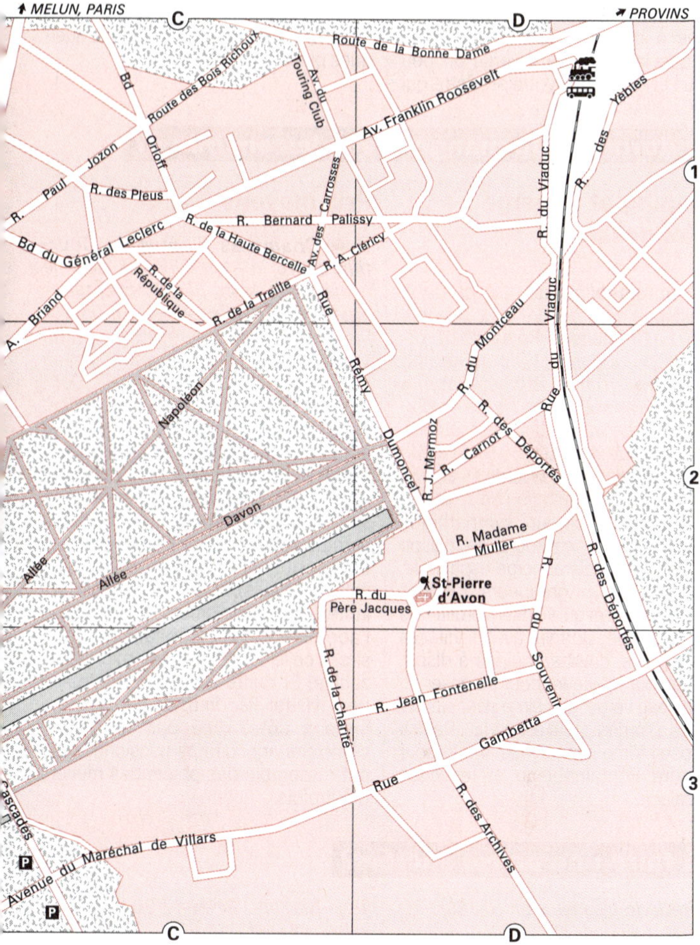

FONTAINEBLEAU

12 Hôtel Victoria (A2) **13** La Demeure du Parc (B3)	**22** Il Primo Bacio (B2-3) **23** Le Bacchus (B3) **24** Fuùmi (B2)
Où manger ? **20** L'Hirondelle (B2) **21** La Petite Ardoise (B3)	**Où faire une pause sucrée ?** **30** Frédéric Cassel (B2) **31** Via Veneto (B2)

japonais, qui jongle avec les meilleurs produits du pays du Soleil-Levant (ah, ce gingembre confit maison !). Résultat : une cuisine divine d'un rapport qualité-prix inégalé si vous prenez le menu du midi. Et si vous vous demandez à quoi sert cette pastille posée à côté des assiettes, attendez que la serveuse y verse un peu d'eau : et hop, voilà votre serviette qui surgit ! Réservez, il n'y a que 6 tables devant, une terrasse à l'arrière et quelques places au bar. Génial.

Où dormir ? Où manger dans les environs ?

Camping et auberge de jeunesse

Fontainebl'hostel : *14, pl. de la République (entrée rue des Sœurs), 77760* ***La Chapelle-la-Reine.*** *☎ 01-78-90-12-90. • contact@fontaineblhostel.com • fontaineblhostel.com • À 15 km au sud-ouest. Nuitée en dortoir de 4-12 pers 32 €/nuit (draps fournis), 25 € à partir de la 2e nuit ; 50 % de réduc moins de 12 ans. Nuit en tente 16 €/pers. Café offert sur présentation de ce guide.* Tenue par Patrick, un sympathique Franco-Allemand, cette grande maison de village, véritable auberge espagnole, accueille tous les grimpeurs, randonneurs et cavaliers qui viennent profiter de la forêt voisine. Dortoirs avec sanitaires impeccables, cuisine équipée à dispo, grande cour intérieure pour se poser au soleil, beau verger au calme pour planter la tente à l'arrière : tout est parfait. Patrick propose même une navette *(4-7 €)* pour rejoindre Fontainebleau et les sites d'escalade.

Prix moyens

Chambres d'hôtes La Courtilière : *16, rue du Closeau, dans le hameau de Meun, 77760* ***Achères-la-Forêt.*** *☎ 01-64-69-88-41. 📱 06-70-98-87-21. • cidalia.le-bail@orange.fr • lacourtiliere.com • À env 10 km au sud-ouest par la D 152 et la D 63. Double 70 €. Table d'hôtes sur résa 25 €.* Face à leur grande maison typique donnant sur une belle cour intérieure pavée et un jardin clos, les Le Bail ont aménagé 3 chambres dans une maisonnette indépendante, avec un salon commun cosy (cheminée, bouquins...). Elles sont confortables (chacune avec salle de bains) et colorées : accueillantes, tout simplement, à l'image de l'adorable Cidalia. Les familles choisiront celle équipée d'une micromezzanine. Et quitte à être là, profitez-en pour visiter l'*écomusée du Closeau,* juste à côté, créé par un couple d'anciens agriculteurs passionnés qui ont rassemblé des objets des métiers d'autrefois.

Où faire une pause sucrée ?

Frédéric Cassel *(plan B2,* ***30****)* ***:*** *21, rue des Sablons. ☎ 01-60-71-00-64. Mar-sam 10h-19h, dim 10h-13h ; fermé lun.* Il y a les chocolats pour vous tenter en vitrine et, à l'arrière, un salon de thé étroit pour une pause gourmande. Pointure de la pâtisserie, Cassel a essaimé jusqu'à Tunis et Tokyo ! Pas facile de trouver une place aux heures de pointe.

Via Veneto *(plan B2,* ***31****)* ***:*** *15, rue des Trois-Maillets. ☎ 06-17-38-56-78. En saison, tlj sauf lun 13h30-20h30 (21h30 sam, et jusqu'à 22h30 en juil-sept).* Le jaune citron des tables et des fauteuils donne le ton : ici, c'est sorbets et glaces à tous les étages, élaborés à partir de lait bio local. Les classiques et les moins classiques (pain d'épice, ananas-basilic, fève tonka, rose, etc.). Grosses queues en été.

À voir

Le Musée national du château de Fontainebleau *(plan B3)* ***:*** « Vraie demeure des rois, maison des siècles » (disait Napoléon), le château actuel se compose d'une série d'édifices construits par adjonctions successives du XVIe au XVIIIe s (et d'un donjon antérieur). Cependant, dès le XIIe s, Fontainebleau fut résidence de chasse royale. Durant près de 8 siècles, pas moins de 36 souverains y ont séjourné à l'automne pour courir la forêt et traquer le gibier... C'est à François Ier que l'on doit l'essentiel du palais actuel, ainsi que la célèbre galerie ornée par Rosso. L'escalier dit du « Fer-à-cheval » date, lui, de Louis XIII – qui fut d'ailleurs baptisé ici. Louis XV y célébra son mariage avec Marie Leszczynska. Plus tard, Napoléon fit entre autres aménager une salle du Trône, en toute modestie.

Le « château » de Fontainebleau est en réalité un palais colossal, dont les 1 530 pièces se déploient au cœur d'un domaine de 130 ha de parc et jardins. On y pénètre traditionnellement par la cour d'honneur, appelée communément « cour des Adieux » : c'est là que, le 20 avril 1814, l'Empereur défait tira sa révérence devant la garde impériale en pleurs... Une telle continuité est unique, et fait de Fontainebleau l'un des sites majeurs du patrimoine français.

AVEZ-VOUS VU MA BRAGUETTE ?

Connue depuis le Moyen Âge, la braguette n'a pas toujours été ce qu'elle est aujourd'hui : à la Renaissance, elle prenait la forme d'une pièce de tissu, rembourrée pour accroître l'impression de virilité de son propriétaire... Beaucoup l'arboraient ainsi avec fierté, n'hésitant pas à la garnir de mouchoirs – ce qui fit dire à Montaigne qu'elle « accroît la grandeur naturelle par fausseté et imposture ». Une sorte de version masculine du soutien-gorge à balconnets... De nombreux tableaux de l'époque l'attestent au Musée national du château de Fontainebleau.

Informations pratiques

– ***Infos :*** *☎ 01-60-71-50-70 et 01-60-71-50-60 (répondeur).* • *chateaudefontainebleau.fr* • *Achat de billets en ligne.*

– ♿ Les ***visiteurs à mobilité réduite*** demanderont le livret gratuit indiquant les accès.

– ***Cours et jardins :*** *accès tlj 9h-19h mai-sept, jusqu'à 18h mars-avr et oct et 17h nov-fév. GRATUIT.* Attention, le Jardin anglais et le jardin de Diane ferment respectivement 1h et 30 mn plus tôt ; on pensera donc à les visiter avant le Jardin français.

– ***Château :*** *tlj sauf mar 9h30-18h (17h oct-mars) ; dernier accès 45 mn avt. Fermé 1er janv, 1er mai et 25 déc. Attention, ces horaires concernent seulement les Grands Appartements et le musée Napoléon-Ier (visite classique). Entrée : 12 € (17 € avec visite guidée) ; réduc ; gratuit moins de 26 ans citoyens de l'UE et pour tous le 1er dim du mois (hors juil-août) ; tarif 1h avt la fermeture 8 €. Visioguide : 4 € (jusqu'à 15h15/16h15). Prévoir 2h pour la visite du château. Les Petits Appartements et le théâtre impérial font l'objet de visites guidées, à réserver de préférence à l'avance sur le site internet. Compter respectivement 17 € et 15 €.*

– ***Attention :*** jeunes parents, seuls les porte-bébés sans armatures sont autorisés. Pas de poussettes.

– ***Attention :*** certaines salles sont susceptibles d'être fermées, de grands travaux de restauration courant jusqu'en 2030.

Le musée Napoléon-Ier

On le découvre en 1er, au tout début de la visite des Grands Appartements (à gauche de l'escalier). Une dizaine de salles y rendent gloire à l'Empereur et son Empire à travers une succession de salles fastueuses, d'expositions thématiques et de vitrines bourrées de souvenirs précieux. On y voit notamment l'épée du sacre, des habits de cérémonie de Napoléon, des portraits, des meubles, des armes, de la vaisselle en vermeil et même... une tente de campagne reconstituée, à côté de laquelle sont précieusement conservés redingote et chapeau de l'Empereur. Une section est consacrée au roi de Rome, avec son affreux berceau et quelques-uns de ses jouets destinés à forger un personnage : minifusil, minicanon... Du terreau pour la délinquance.

Les Grands Appartements

– On commence par la ***galerie des Fastes,*** aménagée par Napoléon III, où trône (notamment) un célèbre portrait de François Ier par Joos Van Cleve.

– La ***galerie des Assiettes,*** due à Louis-Philippe, arbore une succession de 128 assiettes en porcelaine de Sèvres encastrées dans les boiseries ; elles représentent le château et la forêt, différentes maisons royales et les pays visités par le souverain.

LA PRISON DORÉE DU PAPE

En 1809, Napoléon annexa les États pontificaux à la France. Le pape faillit en avaler sa tiare et excommunia l'Empereur. Pie VII fut alors arrêté et transféré à Fontainebleau en 1812. Il y resta 19 mois sans dire une seule fois la messe. Par bouderie.

– En face s'ouvrent les ***appartements du Pape,*** une enfilade de 11 pièces où séjourna Pie VII à 2 reprises : en 1804, alors qu'il était en route pour le couronnement de Napoléon, puis lorsqu'il fut retenu en captivité de juin 1812 à janvier 1814. Cabinet, chambres et salons ont pour l'essentiel été réaménagés à l'époque de Napoléon III et d'Eugénie. Notez toutefois, dans le salon de réception, le plafond sculpté en 1558 provenant de la chambre d'Henri II. Pièce maîtresse, l'ex-chambre à coucher d'Anne d'Autriche, décorée en 1660, conserve le lit de Louis XVI… réutilisé par Napoléon ! Tout au bout, coup d'œil à la chapelle depuis la tribune (on y descend en fin de parcours).

– La ***galerie François-Ier*** a été construite en 1528 pour relier les appartements royaux à la chapelle. On y retrouve les 3 fleurs de lys, la salamandre emblème de François Ier et sa devise, « *Nutrisco et extinguo* » : « Je nourris (le bon feu) et j'éteins (le mauvais). » Rosso Fiorentino (disciple de Michel-Ange) et le Primatice y ont exercé leur art, célébrant notamment les vertus du roi à travers des sujets allégoriques. Ils imposèrent leur style à toute l'Europe sous le nom d'école de Fontainebleau.

– Passent la ***salle des gardes*** (cheminée monumentale), puis les appartements de Mme de Maintenon, la 2de épouse de Louis XIV (visite guidée).

– La ***salle de Bal*** ou ***galerie Henri-II*** fait son effet ! Séparant la cour Ovale du Grand Parterre à la française, c'est une très belle salle lumineuse aux volumes bien équilibrés, richement décorée, qui témoigne elle aussi de l'impact de la Renaissance italienne en France (avec musique d'époque, s'il vous plaît !). Notez le balcon où étaient placés les musiciens et allez, tout au fond, jusqu'à la chapelle haute Saint-Saturnin (1546), où se trouvait à l'origine la *Sainte Famille* de Raphaël (aujourd'hui au Louvre).

– On rebrousse chemin pour traverser le grand escalier (stucs et fresques du Primatice) et rejoindre une mini-***rotonde*** où trône *La Nature,* sculpture du Tribolo : une étonnante image de la fécondité aux 13 seins inspirée d'une divinité romaine.

– Viennent ensuite les 2 ***salles Saint-Louis,*** plus sobres, avec leurs magnifiques plafonds ouvragés bleu et or en… carton-pâte (merci Louis-Philippe). On se trouve là dans le donjon du Moyen Âge, où mourut Philippe le Bel en 1314. Difficile d'échapper au grand bas-relief d'Henri IV sur la cheminée !

– Suit le ***salon Louis-XIII,*** où naquit le souverain en 1601. Le baptême fut célébré en grande pompe dans la cour Ovale.

– La ***bibliothèque,*** occupant la ***galerie de Diane*** réalisée par Henri IV, longue de 80 m, contient plus de 16 000 ouvrages ! Le globe terrestre appartenait à Napoléon.

– Toutes les souveraines, à partir de Marie de Médicis, occupèrent la ***chambre dite de l'Impératrice.*** Là trône un invraisemblable lit à baldaquin fabriqué pour Marie-Antoinette, avec son ciel de lit collé au plafond (hauteur : 5 m). Pas de bol : elle n'eut jamais le temps d'y dormir. Après 1805, ce fut la chambre de Joséphine, puis de Marie-Louise.

– Réalisée dans un style versaillais et modifiée par Napoléon, l'***ancienne chambre du Roi*** est la seule et unique ***salle du trône*** conservée en l'état que possède encore la France : tapis de la Savonnerie, lustre en cristal de roche. La ***salle du Conseil,*** aux panneaux peints d'allégories, date, elle, de Louis XV.

– Suivent le ***salon François-Ier,*** puis le ***salon des Tapisseries,*** tous deux décorés de grandes tapisseries du XVIIe s.

– Enfin, on découvre l'***appartement intérieur de Napoléon Ier.*** L'Empereur installa sa chambre dans l'ancien « cabinet à la poudre » (les sanitaires, quoi...) de Louis XVI. Le décor est celui du roi guillotiné, enrichi sous l'Empire d'abeilles, de « N » et de victoires... Le mobilier est Empire. C'est là que Napoléon tenta de se suicider dans la nuit du 12 au 13 avril 1814 (voir encadré). Dans le ***cabinet de travail,*** trône, au centre, le bureau mécanique sur lequel il travaillait de 2h à 5h du matin. On entre ensuite dans le ***salon de l'abdication,*** dans lequel a été signé l'acte mettant fin à l'Empire le 6 avril 1814. Enfin, on termine par la salle de bains avec une baignoire en cuivre étamé qui connut les ablutions de l'Empereur !

NAPOLÉON SUICIDAIRE

L'Empereur voulut se donner la mort dans la nuit du 12 au 13 avril 1814, à Fontainebleau. Ses maréchaux et ses conseillers le pressaient d'abdiquer. Humiliation suprême ! Il choisit le poison, mais vomit le tout. La mort ne voulant pas de lui, il se résolut et partit pour l'île d'Elbe.

– En redescendant, on accède à la partie basse de la ***chapelle de la Trinité*** (XVIe s), où la cour assistait à la messe. Roi et reine étaient installés à la tribune, les princesses aux balcons. Louis XV s'y est marié et Napoléon III y a été baptisé.

Le musée chinois

Accès : 3 € en plus, loc de tablette comprise. Un « histopad » permet une exploration interactive des collections en réalité augmentée. Créé par Eugénie pour Napoléon III, le musée rassemble une large collection de vases, bibelots et meubles notamment rapportés de Chine par l'armée française, lors de la mise à sac, avec les Anglais, du palais d'Été de Pékin en 1860. De superbes objets. Certains ont été offerts par l'ambassadeur du roi du Siam, lors de sa réception en 1861 à Fontainebleau.

Les Petits Appartements

Visite guidée seulement (compter env 1h30), sur résa par Internet ou aux caisses du château. En général 2 départ/j. à 14h30, plus ou moins selon affluence (parfois aucune visite en basse saison). Visite : 17 € avec le reste du château (à peine plus !). Moins spectaculaires que les grands, les Petits Appartements ont été peu restaurés et sont par conséquent restés proches de leur état d'origine (Premier et Second Empire). L'Empereur et ses épouses successives les occupèrent à titre personnel.

Le théâtre impérial

Visite guidée seulement (1h), sur résa par Internet ou aux caisses du château. En général 2 départs/j. à 16h15, plus ou moins selon affluence. Inauguré en 1857, récemment restauré, c'est le plus beau théâtre de cour du Second Empire conservé en France ! L'occasion de voir la loge impériale.

Le boudoir turc (pas toujours accessible)

Visite guidée seulement (45 mn), sur résa par Internet ou aux caisses du château. En général 1 départ/j. à 16h15, plus ou moins selon affluence. Sanctuaire préféré de Marie-Antoinette à Fontainebleau, ce joyau fut réoccupé par Joséphine qui y aménagea sa chambre. L'accès est limité à 7 personnes à la fois (avec 63 marches à grimper) ; pendant que les uns montent, les autres regardent une vidéo.

Les jardins

On les adore, ces jardins, modelés au fil du temps et des modes. Leurs bassins et fontaines sont alimentés en eau par pas moins de 19 sources, captées par un ingénieux système de puits et d'aqueducs créé au XVIe s par l'Italien Francini. D'un côté, on découvre le ***Grand Parterre*** à la française, le plus vaste

d'Europe, conçu par François Ier, retracé par Henri IV, puis redessiné par Le Nôtre au XVIIe s sur une superficie de 14 ha ! Il était digne du Roi-Soleil avec ses jeux de perspective.
Côté ouest, il s'adosse au superbe ***étang des Carpes,*** œuvre de François Ier, qui fit transformer un vulgaire marécage en « miroir » renvoyant l'image du château – une idée bientôt reprise par toutes les cours d'Europe. On y canote l'été jusqu'à un délicat kiosque insulaire. Les carpes, offertes par le duc de Lorraine à Henri IV, arrivèrent le 2 avril 1605. Quant aux cygnes, ils viennent y pondre leurs œufs certaines années.
Au-delà se dessine le grand ***Jardin anglais,*** bucolique, semé de sentes torses, de statues à l'antique, mêlant platanes colossaux, séquoias, rhododendrons et buis XXL.
Côté ville, il ne faut pas rater, non plus, le joli ***jardin de Diane*** *(plan B3),* caché derrière la salle du Jeu-de-Paume. Catherine de Médicis, épouse d'Henri II, en conçut l'espace. Diane, déesse de la Chasse, se devait d'avoir sa statue dans ce temple de la chasse à courre qu'était Fontainebleau. À ses pieds, les chiens de bronze jouent les Manneken-Pis canins.

JEUX DE MAINS, JEUX DE VILAINS

Cette expression évoque le jeu de paume, sport le plus célèbre de l'Ancien Régime. La noblesse utilisa rapidement des raquettes pour ne pas s'abîmer les mains. Seul le peuple (les vilains) continua à frapper la balle à mains nues.

Si vous avez le temps, n'hésitez pas à poursuivre votre déambulation vers la partie orientale du parc, de l'autre côté de l'avenue des Cascades (accessible par le Grand Parterre). Là se déroule un ***grand canal*** de plus de 1 km de long, voulu par Henri IV et bordé d'allées rectilignes plantées de marronniers. Certains y pêchent, d'autres y pique-niquent librement.

À voir encore

Rue Grande, l'***église Saint-Louis*** *(plan B2),* construite en 1661 par Louis XIV, a été restaurée après un incendie survenu en 2016 (l'intérieur est encore en travaux). Si vous êtes en voiture, poussez jusqu'à la petite ***église Saint-Pierre d'Avon*** *(plan D2),* bel exemple d'architecture de la fin du Ier millénaire, greffée d'un portail et d'un inhabituel porche en bois du XVIe s curviligne, recouvert d'ardoises.

À faire

Jeu de paume : *à gauche de l'escalier en fer à cheval. Parfois ouv à la visite (GRATUIT). Tel : 01-64-22-47-67. Tarif sur demande.* Cet ancêtre du tennis est de nouveau pratiqué ici, dans l'une des 3 salles existant en France.

Location de barques sur l'étang aux Carpes : *Pâques-Toussaint, départ cour de la Fontaine tlj (sauf lun-mar en avr) à partir de 10h30 ; oct-nov, selon météo. Compter 8 €/h par pers (pas de réduc enfant).*

Tour en calèche : *départ en face de la porte Dorée, entre Grand Parterre et étang aux Carpes. 06-81-50-09-20. Tte l'année selon météo. Tarif adulte : 7,50 €/pers ; réduc.* Circuit touristique du parc et du château (20-40 mn).

Tour en petit train : *départ de la cour d'honneur du château. Pâques-oct, tlj sauf mar, ttes les heures, 12h-16h (17h été), 12h-15h nov-déc. Durée : 35 mn. Tarif : 7 € ; réduc.* Le circuit (commenté) permet de traverser les différents jardins.

Balades en forêt :
– *Les Amis de la Forêt : 26, rue de la Cloche. ☎ 01-64-23-46-45. • aaff.fr • Permanence sur place mar 10h-12h.* Balades organisées en forêt de Fontainebleau 1-2 fois/mois.
– *Les Sylvains Randonneurs : ☎ 01-60-55-19-38. 06-10-22-55-43. • sylvains randonneurs@gmail.com •* Association sympa qui organise de fréquentes balades en forêt (comme son nom l'indique) et dans les villages voisins de Fontainebleau, de 2h à la journée. Téléphonez pour connaître le programme (ou demandez-le à l'office de tourisme) et vous inscrire.
– Également des balades guidées en forêt, spéciales biodiversité ou histoire de la forêt, contées ou stages photos en forêt organisées par l'office de tourisme avec des partenaires locaux. À réserver en ligne : *• fontainebleau-tourisme.com •*
– *Groupe Raymond Barthélemy : 06-02-38-96-60. • asso.barthelemy@gmail.com •* Balades en forêt de Fontainebleau tous les mercredis et dimanches à 9h.

Les gorges de Franchard : *à 7,5 km à l'ouest de Fontainebleau. Prendre la D 409 en direction d'Étampes, puis fléché à gauche.* Le site de Franchard fut le 1er espace protégé au monde, classé dès 1863 « Réserve artistique » ! Le détour s'impose... Du parking, on rejoint le *Centre d'écotourisme (mer-sam 10h-18h ; w-c),* tout en bois et bardeaux, pratique qui informe sur les possibilités de balades, puis on rejoint rapidement l'ancien ermitage (retapé), point de départ de certaines balades.
➢ Offrant de jolis points de vue, la ***promenade des gorges de Franchard*** (2,5 km, env 1h10) suit le rebord du plateau souligné de dalles de grès jusqu'à un belvédère, avant de dévaler sur un escalier en bois dans une jolie combe tapissée de fougères, et de revenir par un large chemin (moins évocateur). Attention, le balisage (jaune) n'est pas toujours facile à repérer.
➢ Envie de fouler le sable fin du fond des gorges ? Plusieurs escaliers y dévalent depuis les abords du parking. De là, tout est possible, notamment d'embrayer sur les GR 1 ou 11.

– ***Balades en trottinettes électriques (tout-terrain) :*** **Tous en Trott.** *06-56-84-34-08. • tousentrott.net •* Plusieurs options à la journée en forêt de Fontainebleau, à Barbizon, Grez, Moret, sur les berges du Loing et de la Seine, etc., avec dépose des trottinettes en fonction de l'itinéraire choisi.

– ***Autres activités :*** l'office de tourisme de Fontainebleau vous renseignera sur les nombreuses autres activités à faire dans le secteur (résa en ligne), notamment l'initiation à l'escalade *(par exemple avec* ***Globe Climber,*** *☎ 06-86-70-81-11 ; • globeclimber.com • ; dim 10h-13h, adulte 35 €, enfant 25 €, min 5 pers)* et les sorties à l'année en traîneau à chiens *(06-32-68-82-26 ; • evasion-canine.fr • ; avr-nov, tlj, 36-70 €).*

– ***Équitation :*** plusieurs centres équestres et poneys-clubs dans la région pour des cours et/ou balades en forêt. *Rens à l'office de tourisme.*

BARBIZON (77630) 1 070 hab.

À 9 km au nord de Fontainebleau, voici le village le plus célèbre et le plus touristique de la région : une longue rue bordée de galeries, d'auberges luxueuses et de maisons vénérables cachées derrière de hauts murs se déroule jusqu'à la forêt – par laquelle on rejoint les proches gorges d'Apremont. Dès les années 1830, Barbizon devint la Mecque des peintres paysagistes, à l'origine d'un style appelé école de Barbizon, et dont les représentants les

plus marquants furent Théodore Rousseau, Jean-François Millet et Charles-François Daubigny. Trotski lui-même vint se reposer ici de la révolution permanente !

L'ÉCOLE DE BARBIZON

C'est du désir de quitter l'atelier, d'aller voir en direct, « sur le motif », les paysages de la vie rurale, qu'est né ce mouvement vers la campagne qui a donné naissance à l'école de Barbizon. ***Influencés par les peintres anglais et hollandais,*** D'Aligny, Corot, Bruandet et Michallon font le voyage dès le début des années 1820. La diligence les dépose à Chailly-en-Bière et ils poursuivent à pied jusqu'à Barbizon, qui n'est encore qu'un simple hameau forestier. Pour les accueillir, François Ganne et sa femme ouvrent une sorte d'auberge-épicerie et aménagent des chambres à l'étage. Lestés du panier-repas que leur a préparé Mme Ganne, les pensionnaires partent en forêt toute la journée avec la volonté de trouver la lumière naturelle, de transmettre l'émotion sincère qui émane de ces moments de solitude. Suivent Théodore Rousseau, Diaz, les frères Dupré dans les années 1830, et enfin Millet en 1849, qui fuit le choléra et la misère à Paris. L'Académie n'a qu'à bien se tenir : les voilà partis pour remplacer la peinture cérébrale et copieuse de la réalité, alors consacrée, par une œuvre qui privilégie les sensations. Ces artistes, surtout Millet le besogneux, qui ne repartira plus, deviennent les ***peintres de la vie paysanne.***

Les frères Goncourt évoquent la vie fraternelle et féconde qui règne alors dans ce groupement d'artistes. En 1872, Barbizon compte une centaine de peintres, presque autant que de paysans ! Au fil des années, Cézanne, Renoir, Seurat, Pissarro y passent, tout comme Verlaine, George Sand ou Heredia... Il en vient même désormais de l'Europe entière et d'Amérique. C'est l'apparition, début XIXe s, de peintures en tubes suffisamment nuancées qui a permis de peindre sur le motif. Mais une autre circonstance favorise singulièrement Barbizon : la ***proximité de Fontainebleau,*** et donc du possible mécénat de la Cour impériale et de sa bourgeoisie... gagne-pain vital.

UN ANGÉLUS MORBIDE

Dalí était littéralement fasciné par L'Angélus, *le tableau de Millet. Une toile qui hanta son enfance, et qui plus tard pénétrera à plusieurs reprises son œuvre ; il la reproduisit une soixantaine de fois ! En 1938, il lui consacra même un livre tout entier. Mais le plus impressionnant, c'est que le Maître eut l'incroyable intuition qu'à la place du panier, Millet avait d'abord peint un cercueil d'enfant. Alors, quand les rayons X commencèrent à être utilisés par les experts en art, on s'empressa de vérifier : Dalí, dans son délire paranoïaque, avait vu juste !*

Comment y aller ?

En train

➢ ***Paris :*** gare de Lyon pour Melun, puis bus no 9. Sinon, continuer jusqu'à Fontainebleau-Avon. Ensuite, rejoindre le centre-ville par le bus no 1 et enchaîner avec le 9M depuis la place de l'Étape ou le 22A depuis le bd Maginot.
– ***Taxi et VTC :*** 07-62-16-41-22.

Adresses utiles

Office de tourisme : *pl. Marc-Jacquet (face à l'Espace culturel Marc-Jacquet).* ☎ *01-60-66-41-87.* • *fontainebleau-tourisme.fr* • *De* *mi-fév à mi-nov, mer-dim 9h30-13h, 14h-17h30 ; de mi-nov à mi-fév, mer-sam 10h-13h, 14h-17h, plus dim mat.* Fichier MP3 gratuit « Barbizon, le circuit des peintres et la route des Arts » à télécharger sur • *zevisit.com* •

Location de vélos : ***Cycles Lekeuss**, 63, rue Gabriel-Séailles. ☎ 01-60-68-12-57. • Facebook • Au niveau du grand rond-point menant à Barbizon-Forêt, sur la D 607, direction Fontainebleau. Tlj sauf dim 10h (14h lun)-19h.* Vélos de route, VTT, vélos électriques. Tenu par des fanas de VTT.

Où dormir ? Où manger à Barbizon et dans les environs ?

Peu d'hôtels à Barbizon, souvent hors de prix, ciblés sur une clientèle étrangère fortunée, et accueil pas toujours à la hauteur.

De bon marché à prix moyens

Gîte Arbonne et Acousmahome : *159, chemin du Bois-de-la-Fontaine, 77630 **Arbonne-la-Forêt.** 06-60-41-67-48. • sandra@gitearbonne.com • gitearbonne.com • À 5 km au sud-ouest de Barbizon par la D 64 ; suivre direction Courances, puis les petits panneaux verts discrets « hébergement ». Doubles 50-60 €, chalets 65-80 € (pour 2), cabane perchée 80-100 €. Tarifs dégressifs selon la durée.* Randonneurs, grimpeurs et autres amoureux de la nature, ce lieu est fait pour vous ! En lisière de forêt, dans un grand jardin boisé et fleuri un peu fou, il regroupe 3 chalets mignons (le « Charme » est le plus intime), une chambre d'hôtes simple et rustique, et une drôle de cabane perchée à laquelle on accède par un escalier très (très) étroit. Chaque hébergement dispose d'une douche, de w-c, et d'une kitchenette, même la cabane dans l'arbre ! On partage avec les autres résidents kiosque, transats et barbecue. Sympa, à l'image de l'atmosphère très décontractée et familiale.

Le Gaulois sur le Grill : *64 bis, Grande-Rue. ☎ 01-64-52-35-04. • fernande.augun@orange.fr • Tlj sauf lun. Plats 15-30 €.* La vitrine de boucher, la provenance des bêtes indiquée au tableau et le vieux hachoir XXL exposé dans la courette, où l'on s'installe en été, donnent le ton : ici, c'est viande à gogo. « Viandes blanches », « viandes rouges » ou « triperie fraîche », faites votre choix ! D'ailleurs, le boss était boucher. Il y a tout de même des salades pour les égarés et un burger végétarien... Service un peu irrégulier.

De prix moyens à chic

L'Ermitage Saint-Antoine : *51, Grande-Rue. ☎ 01-64-81-96-96. Tlj sauf mer-jeu. Résa conseillée. Plats 20-24 €.* Ce joli resto, repris par l'ancien chef de la très chic *Hôtellerie du Bas-Bréau,* propose une cuisine de bistrot savoureuse qui évolue tranquillement au gré des saisons et de l'inspiration. Pour goûter ces bons petits plats bien tournés, on choisit entre la salle d'auberge néorustique (très magazine), un passage pavé, le patio aux bambous ou le recoin sous verrières. Un bon rapport qualité-prix pour Barbizon.

Le Relais de Barbizon : *2, av. Charles-de-Gaulle. ☎ 01-60-66-40-28. • lerelaisdebarbizon@gmail.com • C'est le 1er resto quand on arrive, en bas de la Grande-Rue. Tlj sauf mar-mer. Congés : 1 sem en juil, 3 sem en août. Menu 29 € le midi en sem. Plats env 20-52 €.* La cuisine, semi-gastronomique, raffinée, est élaborée par un chef breton qui ne transige pas avec la qualité de ses produits. Sa carte, qui évolue peu, est très mer, façon ravioles de homard et bar rôti en croûte de sel (ouverte devant vous), mais il y a aussi la copieuse tête de veau sauce gribiche. Tout est excellent ! Déco sobre, ambiance calme et, l'été, grande terrasse agréable sous les marronniers. L'un des meilleurs restos de Barbizon.

Où boire un verre ? Où écouter de la musique ? Où danser à Barbizon et dans les environs ?

Le Bobo Club : *1, Grande-Rue, à Barbizon. ☎ 06-07-74-53-16. • bobo club.fr • En lisière de forêt. Ven-sam et veilles de fêtes 23h-5h. Navette depuis Fontainebleau (poste) à 22h45 et 1h. Entrée gratuite le ven soir sur présentation de ce guide.* 2 salles et 2 ambiances pour cette boîte mythique qui connut son heure de gloire dans les années 1960-1970.

Le Paddy Rock : *27, route de Paris, 77930* **Chailly-en-Bière.** *06-15-07-51-55. À 2,5 km de Barbizon, à la sortie nord de Chailly. Ouv mer-sam 18h-1h. Concerts ven-sam.* Vaste pub irlandais traditionnel, avec bar imposant, belles pompes à bière, jeux de fléchettes, billard et un *beer garden* sympa à l'arrière. Ambiance festive, surtout pour les concerts (scènes ouvertes le jeudi, rock le vendredi soir) ou les soirées à thème (disco le samedi).

À voir

Une jolie manière de découvrir la Grande-Rue de Barbizon et ses abords consiste à suivre le ***Parcours des Peintres,*** un itinéraire en 20 étapes (6 km, env 2h) permettant d'apprécier des mosaïques figurant les principales œuvres des artistes de l'école de Barbizon. Plan disponible à l'office de tourisme.

Le Musée départemental des peintres de Barbizon : *92, Grande-Rue. ☎ 01-60-66-22-27. • musee-peintres-barbizon.fr • Tlj sauf mar 10h-12h30, 14h-17h30 (18h juil-août). Fermé 1er mai et 22 déc-1er janv. Entrée : 6 € ; réduc ; gratuit moins de 18 ans.* Fréquentée et décorée par les peintres de 1820 à 1870, l'auberge Ganne permet de s'immerger dans le cadre de vie de ces artistes fêtards et peu soucieux de l'étiquette. Sur leurs traces, on pénètre, au rez-de-chaussée, dans 3 pièces reconstituées selon des toiles de l'époque et des descriptions qu'en firent les écrivains de la bande : d'abord la salle à manger, à la table bien dressée et aux panneaux peints, ensuite la chambre-épicerie (!), puis la chambre à manger des officiers. À l'étage, les murs des 2 chambres-dortoirs des peintres à la « barbe de bison » sont encore recouverts de dessins, peintures, ébauches et autres caricatures. Au milieu : une exposition de toiles, bien sûr. Poulaillers, chiens de chasse, vie rurale, vues de la forêt, série bêlante de Chaigneau, justement surnommé le « Raphaël des moutons » : on est là en pleine école de Barbizon. Ne ratez pas non plus l'enseigne peinte de l'*Auberge Siron* et, si vous avez le temps, la vidéo haute en couleur de 35 mn (à l'accueil) qui vous fera revivre cette époque de joyeuse camaraderie artistique. Un régal !

Un peu plus loin, contre la mignonne ***église Saint-Paul,*** aménagée au début du XXe s dans une grange, l'ancienne ***maison-atelier*** où vécut et travailla Théodore Rousseau de 1847 jusqu'à sa mort en 1867, accueille les expos temporaires du musée départemental *(périodes d'ouverture variables, mêmes horaires mais ven-dim seulement).*

> **SACRÉ COROT !**
>
> *Assez fortuné, Corot avait le cœur sur la main et aidait ses amis comme Millet ou Daumier. Il accepta même de signer des « faux Corot » pour secourir des faussaires dans le besoin. Au total, il peignit 3 000 tableaux dont... 10 000 se trouvent aux États-Unis !*

Le musée Jean-François-Millet : *entrée à droite du 27, Grande-Rue. ☎ 01-60-66-21-55. • musee-millet.com • Tlj sauf mar 9h30-12h30, 14h-17h30 (18h30 juil-août) ; tlj sauf mar-mer nov-mars. Entrée : 5 € ; gratuit moins de 12 ans.* Millet ne fut jamais propriétaire de cette maison où il s'installa en 1849. De nombreux témoignages évoquent sa vie dans les 3 salles accessibles, qui ont peu changé après sa mort : l'atelier, la salle à manger et, au fond, une salle d'expo-vente de peintres du XIXe et contemporains (le musée appartient à la galerie d'en face). Un charmant bric-à-brac de souvenirs personnels (photos de famille, missel, palette), de dessins et gravures du peintre et d'œuvres de ses amis (Rousseau, Chaigneau, Bodmer), et même de petits objets associés au culte dont l'auteur de *L'Angélus* a fait l'objet, tant en France qu'à l'étranger.

L'Espace culturel Marc-Jacquet : *pl. Marc-Jacquet, face à l'office de tourisme.* Expositions et rétrospectives de peinture et photo tout au long de l'année, mais aussi théâtre, concerts, etc. *(rens à l'office de tourisme).*

Jeter un coup d'œil à la belle façade à colombages sculptés de l'***hostellerie du Bas-Bréau.*** Poètes, écrivains et peintres fréquentèrent l'endroit. Contrairement à la légende, ce n'est pas ici que Stevenson écrivit *L'Île au trésor.* Il y rédigea, en revanche, *Forest Notes,* ce qui est plus logique.

Le monument de Millet et de Rousseau : en suivant la Grande-Rue, on débouche sur la forêt. Côté droit, un sentier grimpe vers un rocher encadré d'un grand médaillon de bronze du sculpteur Chapu représentant Millet et Rousseau de profil.

Balades

Les gorges d'Apremont : partie intégrante de la forêt de Fontainebleau, ces gorges sont facilement accessibles à pied ou à vélo depuis le carrefour du Bas-Bréau (parking), à 1,5 km du centre de Barbizon (dans le prolongement de la Grande-Rue). Le terme de « gorges » est un peu exagéré, mais certains points de vue sur ce chaos rocheux magnifique invitent à y descendre. D'autres accès sont possibles (D 607, D 301...).

➢ ***Promenade de la Cavalière des Brigands :*** *boucle de 1,7 km, env 30-45 mn (facile).* La « cavalière » était à l'origine une piste pour chevaux (plus aujourd'hui). Au menu : chaos de grès, caverne des Brigands et beau point de vue sur la forêt.

Le point de vue d'Apremont : *on y accède par la route Marie-Thérèse (chemin goudronné réservé aux piétons et cyclistes) en partant vers l'ouest (côté buvette). Ne tournez pas à gauche sur la route de Sully, continuez tt droit en montant (chemin), puis à droite une fois sur les hauteurs (ou suivez les indications du GR 1).* Ceux qui continuent par la route de Sully passeront devant le très beau chêne Sully, vieux de 400 ans. Au-delà, on rejoint le parking de la *gorge aux Néfliers,* pour un autre point de vue panoramique sur la forêt (ou accès par la D 301). Une très jolie balade à vélo.

➢ Pour ceux qui disposent de plus de temps, une grande ***boucle de 7 km*** (3h) permet d'emprunter les gorges dans toute leur longueur et de revenir par la caverne des Brigands.

• Carte Des bords de Seine à Vaux-le-Vicomte *p. 321*

D'un côté, l'épaisseur de la forêt de Fontainebleau. De l'autre, le cours de la Seine et, de loin en loin, de jolies maisons se mirant dans ses eaux. On les surnomme les *affolantes* : de grandes bourgeoises un peu extravagantes, au style éclectique de faux colombages, influences néogothiques, Renaissance, Louis XIII ou Art nouveau. Degas, Renoir, Debussy, Saint-Saëns s'y ressourçaient. La balade révèle ici de délicieux petits bourgs que ne réveille même plus guère le lent passage des péniches. Et quand la Seine se rapproche trop de la civilisation, il est temps de pénétrer quelques kilomètres dans les terres pour admirer le château de Vaux-le-Vicomte, précurseur de Versailles.

Comment y aller en train ?

➢ ***Paris-gare de Lyon :*** prendre le Transilien ligne R direction Montereau ou Montargis, env ttes les heures. Il dessert notamment les gares de Fontainebleau-Avon et Thomery. En changeant à Melun, on rejoint facilement Fontaine-le-Port et Vulaines-sur-Seine-Samoreau (trains env ttes les 30-60 mn).
– Rens Transilien : ☎ 36-58. • transilien.com •

➢ ***Paris-gare de l'Est :*** pour Vaux-le-Vicomte et Blandy-les-Tours prendre le train ligne P (direction Provins) jusqu'à la gare de Verneuil-l'Étang, ttes 30-60 mn ; durée : 35 mn. Prendre ensuite la navette « Châteaubus » pdt 20 mn.
– Rens Transilien : ☎ 36-58. • transilien.com •

THOMERY

(77810) 3 585 hab.

Étagée sur un coteau dans une boucle de la Seine, à 8 km au nord de Moret (voir l'itinéraire 20), cette petite agglomération résidentielle est la dernière terre à vignes avant Paris. À partir de 1730, on y cultiva le chasselas, sur des murs qui se sont étendus jusqu'à 300 km au XIXe s ! Le court chemin des « longs sillons » (inscrit aux Monuments historiques), bordé de murs caractéristiques surmontés de tuiles rouges, et le jardin Salomon (face à l'église Saint-Amand) témoignent encore de cette pratique, entretenue par quelques particuliers. Au-delà, on jettera un coup d'œil aux vitraux de l'église (XIIe-XVIIIe s), sur la place centrale, avant de suivre la rue Sadi-Carnot, bordée de maisons du XIXe s, qui longe la Seine en direction du quartier d'Effondré et de sa cale – où plus de 800 t de raisin de luxe étaient expédiées vers Paris pour être vendues, entre autres, chez *Fauchon*...

Où dormir ?

Chic

🏠 ***Chambres d'hôtes Propriété Auclair :*** *9, rue du 14-Juillet (à 300 m du musée Rosa-Bonheur, en descendant vers la Seine). ☎ 01-64-70-88-83. 📱 06-76-08-80-99. • kreher.thomery@wanadoo.fr • laproprieteauclair.com • Sur résa. Double 95 €.* Située

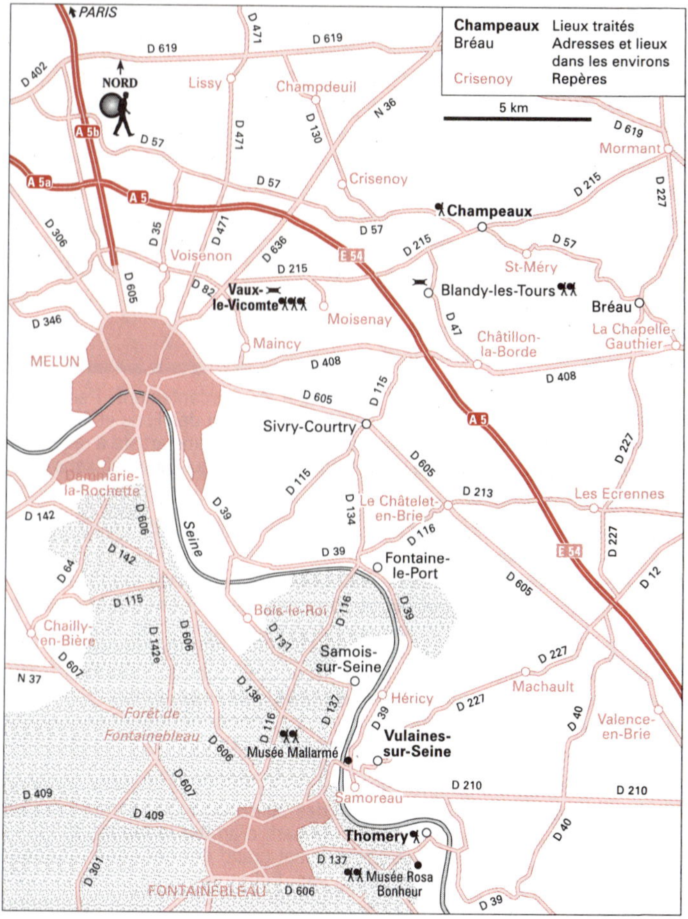

DES BORDS DE SEINE À VAUX-LE-VICOMTE

dans le haut du village, la maison, du XIXe s, s'entoure d'anciens murs à vignes, dont certains enclosent un jardin séparé avec piscine (chauffée). Les 3 chambres, indépendantes, ont été aménagées dans les anciennes chambres à raisin, ce qui explique leur caractère un peu confiné.

À voir

Le musée Rosa-Bonheur : *château de By, 12, rue Rosa-Bonheur. ☎ 09-87-12-35-04. • chateau-rosa-bonheur.fr • Tlj sauf lun, 4 visites guidées/j., sur résa : à 10h, 12h, 14h et 16h. Durée : 1h30 à 2h. Entrée : 12 € ; moins de 25 ans 8 € ; moins de 6 ans 1 €. En saison froide, prévoir d'être bien couvert.*

L'artiste française la plus célèbre à l'international au XIXe s ? Rosa Bonheur. La plus vendue, et vendue la plus chère ? Elle aussi. Celle avec laquelle démarra le phénomène de la spéculation sur le marché de l'art ? Elle encore. Rosa Bonheur (1822-1899) n'a pas seulement été poussée au firmament de son époque par une vocation artistique précoce (à 14 ans, ses œuvres étaient déjà vendues aussi cher que celles de Sisley à la fin de sa vie...). Cette femme d'avant-garde et de caractère a su s'imposer, tolérant tout juste la préséance d'alors et se refusant au mariage et à l'enfantement ! Peintre animalière – car c'est bien de cela qu'il s'agit –, elle éleva des lions et 200 autres bestioles (!) dans le parc de son château et fut la 1re femme artiste à recevoir la Légion d'honneur, des mains de l'impératrice Eugénie, qui l'admirait sans doute un peu...

PAS FACILE DE PORTER LA CULOTTE !

Rosa Bonheur dut réclamer à la préfecture de police un permis de travestissement (affiché au mur de son petit salon) l'autorisant à porter des pantalons pour pouvoir fréquenter plus discrètement les foires aux bestiaux et abattoirs, traditionnellement interdits aux femmes au XIXe s... Cette étrange autorisation était renouvelable tous les 6 mois. Quant à la loi interdisant le port du pantalon pour les femmes, elle a été abrogée en... 2013 !

Une trajectoire fulgurante, contée avec passion et humour dans l'atelier de l'intéressée, entre gravures et bestiaire empaillé – saluez donc Kiki le sanglier, Jack le cerf, Patrocle le caïman...
L'exploration de ce petit château-musée prend tout son relief avec la verve de Katherine Brault, la châtelaine fascinante car fascinée par son fantôme familier, qui a racheté la demeure avec la quasi intégralité des meubles, tableaux, gravures et archives – sans oublier le costume d'indien issu de sa rencontre avec Buffalo Bill et la cantate que lui écrivit Bizet. Son combat, désormais : faire reconnaître l'ampleur du talent et du personnage de Rosa Bonheur – dont une seule peinture, croyez-le ou non, se trouve au musée d'Orsay. Derrière le château, le parc (3 ha) englobe un pan de forêt aux arbres vieux de 400 ans.

Un beau moment à compléter par une pause au ***salon de thé*** *(tlj sauf lun, à partir de 11h, jusqu'après la dernière visite).* Sous une grande verrière, thé servi à la théière entière, pâtisseries inventives, salades et tartes le midi, qu'on déguste dans un cadre raffiné, aussi sobre qu'agréable.

Pour prolonger ce voyage dans l'intimité de l'artiste, on peut loger dans 4 ***chambres d'hôtes,*** ou plutôt des suites *(250-350 €),* qui prennent le parti d'arrêter le temps, en conjuguant grand confort actuel (lits douillets, belles salles de bains) et cadre ancien dans son jus. Que des meubles authentiques, comme la vaisselle que vous utiliserez au petit déjeuner. Belle piscine.

VULAINES-SUR-SEINE (77870) 2 784 hab.

Rive droite de la Seine, ce village calme aligne quelques villas cossues le long du fleuve. Mallarmé, qui avait bon goût, s'y plut, et on le comprend. En poursuivant le long des rives vers l'aval (nord), par le chemin du Bas-de-la-Varenne (carrossable), on découvre plusieurs berges verdoyantes idéales pour un pique-nique au calme.

Où dormir ? Où manger à Vulaines et dans les environs ?

Prix moyens

L'Anneau de Mallarmé : *8, quai Stéphane-Mallarmé. ☎ 01-64-23-71-61. • contact@anneau-mallarme.fr • anneau-mallarme.fr • À côté du musée Mallarmé. Tlj sauf mer. Formules 21-23 € en sem (sauf ven soir, menus 38-44 € ; plats 24-29 €.* L'adresse est appréciée des habitués pour sa superbe terrasse semi-ombragée accolée à la Seine (la salle, elle, est banale). La cuisine se tient, mais les prix des plats sont bien élevés. Quant à l'accueil, c'est variable : il peut être dynamique et sans façon, ou peu amène.

De chic à plus chic

La péniche Éden : *quai de la République, à* ***Samois-sur-Seine.*** *06-98-89-17-23. • fcgcroisiere@gmail.com • penicheeden.com • Fermé nov-fév. Double 130 €, petit déj inclus. Réduc de 10 % sur le prix de la croisière sur présentation de ce guide.* Plutôt que de regarder la Seine de la berge, pourquoi ne pas se laisser bercer par le clapotis de ses eaux ? Ici, on emménage à bord d'une péniche hollandaise entièrement revisitée, où ont été aménagées 5 cabines, certes étroites mais confortables, climatisées, toutes avec sanitaires privés. En prime : salon et salle à manger communs, jacuzzi sur le pont (si, si !) et vélos en location. Idéal pour une balade le long des berges, à moins que vous ne préfériez larguer les amarres pour une petite croisière (50-75 €) aux beaux jours... Les passants peuvent boire un verre au pied du bateau et jeter un œil à bord si la sympathique Florence est là.

Le Clos de Nathalie, kotas finlandais : *6, rue Féricy, hameau de La Coudre, 77590* ***Fontaine-le-Port.*** *☎ 01-64-38-32-44. 06-83-57-02-20. • contact@leclosdenathalie.fr • leclosdenathalie.fr • À 9 km au nord de Vulaines, 1,5 km après Fontaine-le-Port (traversez le village en montant). Pour 2, compter 130-145 € (30 €/pers supplémentaire), petit déj compris. Sauna 30 €/h ; utilisation grill-kota 30 € pour 2 pers.* Nathalie et son mari ont assemblé 4 kotas finlandais dans un joli pré entouré d'arbres et de quelques animaux. Mais késako que le kota ? De petits chalets ronds en pin, chaleureux et ludiques, aussi confortables qu'une chambre d'hôtel (avec douche et toilettes). 2 kotas font office de chambres (un de 25 m² pour 3 personnes et un de 17 m² pour 2), un autre se réserve pour pique-niquer autour d'un grill et le dernier abrite un sauna. Une manière différente et insolite de vivre la campagne. Sympa en famille ou entre amis.

À voir

Le musée Mallarmé : *4, promenade Stéphane-Mallarmé. ☎ 01-64-23-73-27. Ouv tte l'année. Tlj sauf mer 10h-12h30, 14h-17h30 (18h juil-août). Entrée : 5 € ; réduc ; gratuit moins de 18 ans. Audioguide : 2 €. Visite guidée 1 w-e sur 2 (+ 4 €), sans résa. Livret découverte pour les enfants et animations régulières très sympa, tte l'année.* Mallarmé ne fut jamais propriétaire de cette belle maison recouverte de glycines et

MERDE ALORS !

Dans la 1re salle du musée Mallarmé, à l'étage, on découvre au mur un tout petit poème gravé dans le plâtre par le poète, irrité du mauvais entretien de ses toilettes (au fond du jardin) par ses employés et visiteurs.
« Toi qui soulages ta tripe/Tu peux dans ce gîte obscur/Chanter ou fumer la pipe/Sans mettre les doigts aux murs. »

plantée en bord de Seine. Il y vécut néanmoins de 1874 jusqu'à sa mort, en 1898. Si le rez-de-chaussée accueille les expositions temporaires, l'étage permet de pénétrer dans l'intimité du poète. On a presque l'impression de déranger en traversant sur la pointe des pieds les chambres et la salle à manger, qui rassemblent encore tous ses objets les plus chers : l'éventail-poème de sa fille Geneviève, un beau cabinet laqué japonais dans lequel il enfermait ses notes, sa bibliothèque anglaise (il fut prof d'anglais), la fameuse pendule de Saxe « qui retarde et sonne 13h parmi ses fleurs et ses dieux », son rocking-chair avec son châle pied-de-poule et, dans la chambre de Geneviève, son piano, sa lanterne magique d'enfant et un petit tableau d'elle peint par Whistler. Le tout est superbement présenté, d'une façon très didactique, avec un réel effort pour intéresser les plus jeunes. Offrez-vous ensuite une pause dans le beau jardin, où s'épanouissent les roses. Mallarmé les chérissait. On peut s'y poser avec un livre ou y croquer une pomme (cultivées en cordon, façon haie courte !).

LE CHÂTEAU DE VAUX-LE-VICOMTE

Parmi les plus beaux châteaux d'Île-de-France, Vaux-le-Vicomte donna à Louis XIV l'idée de construire Versailles. Fier, élégant, planté en pleine campagne, il reste l'un des symboles de la magnificence du Grand Siècle, produit du talent des plus grands artistes de ce temps.

Où dormir et manger dans les environs ?

Prix moyens

La Vieille Auberge : *19, RN 105, 77115* ***Sivry-Courtry.*** *☎ 01-64-71-07-77. • lavieilleauberge-sivry@orange.fr • lavieilleauberge77.com • À 8 km au sud-est de Vaux-le-Vicomte. Ouv au déj tlj plus le ven soir quand il y a un concert. Fermé lun. Formule déj en sem 14,90 € (café et verre de vin) ; menus 19-40 €.. Plats 22-33 €.* Cette auberge tenue par un couple dynamique n'a rien de poussiéreux. En hiver, le feu crépite dans la cheminée de la grande salle de bistrot aux nappes blanches, animée certains vendredis par un groupe de jazz manouche – à moins que la soirée ne soit plutôt au flamenco ou au rockabilly. Le boss était dans la musique, avant de passer derrière les fourneaux. En été, c'est dans le jardin ombragé que l'on se délecte d'une cuisine de terroir (très) copieuse, où les produits frais sont bien choisis et travaillés avec une touche de créativité. L'accueil gentil et discret ne gâte rien ! Seule la situation sur la nationale n'est pas terrible.

Chic

Chambres d'hôtes Château de Courtry : *12, rue du Château, hameau de Courtry, 77115* ***Sivry-Courtry.*** *☎ 01-60-69-36-01. 📱 06-62-79-78-20. • daggabrunn@gmail.com • À 5 km au sud-est de Vaux-le-Vicomte. Doubles 99-106 €. Table d'hôtes sur résa 29-39 € (aux chandelles pour le plus cher).* Caché dans un écrin de verdure, entouré de ses anciennes douves (à sec), ce petit château aux bases médiévales, en grande partie reconstruit aux XVIIe-XVIIIe s, ne manque pas d'allure. Les 3 chambres, au 2e étage, ont un certain cachet : tomettes, poutres, c'est selon. La plus grande (40 m²) révèle même une belle charpente. Attention, la chambre ronde, dans la tour, et l'orange, sont accessibles uniquement par un escalier à vis étroit (on montera vos bagages). Une adresse charmante, à l'accueil fort sympathique.

À voir

Le château

77950 **Maincy.** ☎ 01-64-14-41-90. • vaux-le-vicomte.com • *Jardins et château tlj 10h-19h de mi-mars à début nov (fermeture guichet à 17h), ainsi que ts les w-e de déc et vac scol de Noël (sauf j. fériés) 11h-19h30 (fermeture guichet à 18h). Fermé janv-mars. Entrée jardins, château et musée des Équipages : 16,90 € ; réduc ; gratuit moins de 6 ans. Supplément dôme : 3 €.* Pass annuel possible.

– ***Accès :*** *navette « Châteaubus » depuis la gare de Verneuil-l'Étang. 5 A/R tlj de mi-mars à début nov (navettes supplémentaires lors des soirées aux chandelles et retour 23h30 jusqu'à gare de Lyon).* Infos sur le site internet du château.

– ***Parcours sonore immersif*** (adulte/famille) **:** le billet d'entrée inclut l'usage de casques permettant la perception des sons « en 3D » en quelque sorte. Des scènes relatant la vie de Fouquet et la construction du château s'animent au moment où le visiteur entre dans une pièce, après avoir monté l'escalier en compagnie de Fouquet.... Chuchotements, bruits de vaisselle, froissements de tissu... Tout y est ! Une belle innovation.

– ***Visite aux chandelles :*** *fin mai-début oct, sam 19h-minuit (accès possible à partir de 14h). Entrée : 19,90 € ; gratuit moins de 6 ans. Le château ferme au public entre 18h et 19h pour l'installation des bougies. Un conseil : commencer par la visite du château pdt que la majorité des visiteurs prend le temps de dîner (env 19h-20h30).* Les jardins, les salons d'apparat et les salles du sous-sol sont éclairés de plus de 2 000 bougies, comme probablement durant la nuit d'août 1661 où Fouquet accueillit Louis XIV. Une visite magnifique.

– ***Jeux d'eau et cascades :*** *mars-oct, ts les 2es et derniers sam, 15h-18h.*

– ***Visite des jardins en voiture électrique :*** *20 €. Durée : 45 mn.*

– ***Visite ludique pour les enfants :*** livret de jeux et d'énigmes sur le château et son jardin. Documents remis gratuitement aux enfants.

– ***Le Styx, rivière des enfers :*** *2-6 pers, 60 € ; principalement possible en saison et pdt les vac scol zone C ; se renseigner.* Un petit parcours scénarisé ludique et guidé vous mène, en bottes et lampe frontale, dans la rivière souterraine détournée par Le Nôtre.

– ***Différentes animations :*** chasse aux trésors et aux œufs (35 000 !) à Pâques, journée « Grand Siècle » mi-juin et, pendant les vacances de la Toussaint, visite costumée du château et animations pour les enfants. Décors et illuminations pendant les vacances scolaires de Noël. Location de costumes pour les enfants toute l'année.

COLBERT, UN JALOUX INSATIABLE

En 1653, Mazarin nomma Fouquet surintendant des Finances. Colbert n'était que le modeste gestionnaire de la fortune de Mazarin. Colbert, teigneux, aiguisa l'agacement du roi face à la splendeur de Fouquet, sa gloire et ses fêtes. Fouquet riche ? Ce n'était rien comparé à Mazarin, l'homme le plus fortuné du royaume...

Un libre-service, ***Le Relais de l'Écureuil,*** installé dans les dépendances du château *(ouv 10h-16h30 et jusqu'à 23h lors des soirées aux chandelles ; carte env 22 €),* propose des plats du jour simples (salades, grillades,) dans un cadre rustique. Grande terrasse sur cour, genre cour de ferme.

Possibilité de ***pique-niquer*** sur l'herbe le long du Grand Canal au bout du parc (marche de 20 à 30 mn) ou sur les tables de pique-nique face à l'entrée des guichets.

Il était une fois...

... un château de rêve construit par Nicolas Fouquet, surintendant des Finances sous le ministériat de Mazarin. Il amassa une énorme fortune et décida de posséder une demeure au niveau de sa puissance, de ses ambitions, de ses goûts artistiques et de sa devise : « *Quo non ascendet ?* » (« Jusqu'où ne montera-t-il pas ? ») De sinistres marécages, il décida de tirer un domaine superbe. Il s'adjoignit pour cela le talent des artistes les plus doués de l'époque : Louis Le Vau pour l'architecture, le peintre Le Brun pour la décoration et Le Nôtre pour l'aménagement des jardins. Les travaux furent extrêmement rapides (de 1656 à 1661) et nécessitèrent plus de 18 000 travailleurs sur ce chantier à l'égyptienne. Il alla même jusqu'à créer un atelier de tapisserie dans le village voisin du *Maincy,* au seul bénéfice de l'aménagement de sa propriété.

LA DÉMESURE DE FOUQUET

À l'instar des grands bourgeois de l'époque, Fouquet acheta toutes les terres aux alentours du château. Afin de constituer son magnifique domaine, il fit table rase de l'ancien château féodal, des hameaux et du village après avoir signé environ 200 actes notariés. Le chantier pharaonique nécessita même d'araser les collines et de déplacer le lit de la rivière pour créer les jardins à la française.

Le 17 août 1661, Fouquet convia le jeune Louis XIV à la « pendaison de crémaillère ». Il organisa en son honneur une fête d'une magnificence incroyable. Preuve supplémentaire de son bon goût, le grand argentier employa Vatel aux fourneaux et Molière pour l'animation culturelle. Souper servi dans une vaisselle en vermeil, des dizaines de buffets croulant sous les victuailles, d'innombrables divertissements dans les jardins avec plus de 1 000 jets d'eau et fontaines. Molière interpréta *Les Fâcheux,* comédie-ballet créée spécialement pour la soirée. ***Rien ne fut trop beau pour impressionner Louis XIV.*** Celui-ci prit-il ombrage d'un tel luxe, ou Fouquet fut-il victime de la jalousie de Colbert ? Les polémiques sont vives à ce sujet. Toujours est-il que le surintendant fut arrêté à Nantes 15 jours plus tard par le comte d'Artagnan et se retrouva en prison. Ses biens furent confisqués. La manufacture de tapisseries déménagée à Paris devint les Gobelins, et les artistes qui avaient contribué au succès de Vaux-le-Vicomte furent engagés à l'édification du château de Versailles, qui sans cela n'aurait certainement pas le profil qu'on lui connaît.

À son procès, qui dura 3 ans, Fouquet fut condamné au bannissement. Mais le roi récusa cette sentence et le maintint en prison... jusqu'à la fin de sa vie. L'orgueilleux terminera ses jours dans la forteresse de Pignerol, malgré les efforts de ses amis, Mme de Sévigné et La Fontaine, qui tentèrent de le réhabiliter. Rien n'y fit. Il ne faut pas fâcher un roi !

Ce n'est qu'en 1965 que Vaux fut classé Monument historique, menacé par la construction d'une autoroute. Aujourd'hui, le plus grand domaine privé de France appartient à la famille de Vogüé, qui s'efforce de restaurer au mieux ce véritable chef-d'œuvre.

VENDU AUX ENCHÈRES

En ruine et vidé, le château fut abandonné pendant 40 ans. En 1875, Alfred Sommier, jeune industriel dans le sucre, le racheta à la bougie. Il passa une bonne partie de sa vie (et de sa fortune) à restaurer l'édifice et les jardins, et à remeubler le château. Les propriétaires actuels sont ses arrière-arrière-petit-fils.

La visite

Avant d'entrer, placez-vous devant le château pour observer la perspective. À travers le château, on aperçoit les jardins et la statue d'Hercule à quelque 1 200 m de là.

À l'intérieur, on visite toutes les pièces du sous-sol et du rez-de-chaussée, ainsi qu'une partie du 1er étage (dôme en option). On vous laisse compter les ***écureuils, emblème de Fouquet.***

Au 1er étage

– ***L'antichambre :*** quelques reproductions d'œuvres italiennes ayant appartenu à Fouquet, ainsi qu'un superbe cabinet en placage d'ébène (XVIIe s).

– ***Le cabinet du surintendant :*** statue d'Orant, la sculpture préférée de Fouquet et, au-dessus de la cheminée, le seul portrait de Mme Fouquet, commandé pour leur mariage : *La Beauté coupant les ailes de l'Amour.* Dans le couloir, 2 très belles éditions des *Fables* de La Fontaine.

– ***La chambre de Fouquet :*** admirez le fantastique plafond de Jean Cotelle, sans aucune retouche depuis le XVIIe s. C'est la pièce où Fouquet dormit avant son arrestation. Jolies tentures des Mois (janvier, août, novembre et avril) attribuées à Lucas de Leyde.

– ***Le cabinet de Mme Fouquet :*** avec un superbe cabinet en écaille rouge du XVIIe s.

– ***Le cabinet La Fontaine :*** buste de La Fontaine en terre cuite devant 6 tapisseries (qui formaient à l'origine un paravent) illustrant 6 fables telles que *Le Coq et le Renard, Le Loup et la Cigogne...* Ami et protégé de Fouquet, il l'avait prévenu de son arrestation et implorera la clémence de Louis XIV.

– ***La chambre de style Louis XV :*** lit à crosse et à baldaquin estampillé Leroy et adorable fauteuil d'enfant.

– ***La chambre Praslin-Choiseul :*** mobilier Louis XVI, lit d'alcôve et chaises lyres.

– ***La galerie Sommier :*** ornée de photos de familles, précède une salle d'exposition (vêtements liturgiques) où se trouvait l'ancienne chapelle.

– ***Le dôme :*** accès *(payant ; 3 €)* par un escalier étroit d'où l'on peut admirer la magnifique charpente. Depuis le balcon circulaire, vue somptueuse sur les jardins. On prend alors pleinement conscience du génie de Le Nôtre.

SACRÉ LA FONTAINE

Chacun d'entre nous a appris des fables de La Fontaine, bien gentilles, bien moralisatrices. Notre gloire nationale a aussi écrit des contes libertins, voire paillards, dont certains, il faut l'avouer, sont sacrément drôles. Ajoutez à cela ses aventures extra-conjugales... Bref, sa femme l'a quitté sans regret.

Au rez-de-chaussée

– ***Les Maîtres créateurs :*** exposition d'une série de portraits des artistes qui travaillèrent au château pour Fouquet : André Le Nôtre, jardinier (1613-1700), Louis Le Vau, architecte (1612-1670), Charles Le Brun, décorateur (1619-1690).

– ***La Grande Chambre carrée :*** seule pièce de style Louis XIII. Au plafond, poutres apparentes et décorées. La frise haute est une peinture en camaïeu 5 tapisseries de l'histoire de Diane dont les compositions sont dues à Toussaint Dubreuil. Les 2 tables ovales en marbre sont les seuls meubles du château qui n'ont jamais quitté ce lieu.

– ***Le cabinet des Gravures** (cabinet Sommier)* ***:*** est en réalité une galerie d'architecture regroupant quelques plans du château par Louis Le Vau. Il avait un temps été prévu que le château soit recouvert de briques, comme les dépendances. La pierre l'a finalement emporté.

– ***La chambres des Muses :*** magnifique plafond peint par Le Brun, représentant les 9 Muses. Ici, Molière joua pour la 1re fois *L'École des maris,* devant la reine Henriette d'Angleterre et Fouquet. 5 superbes tapisseries réalisées en 1630, de la série Aminte et Sylvie, qui remplacent celles prises par le roi.

– ***Le cabinet des Jeux :*** au plafond, l'une des plus belles œuvres de Le Brun, *Le Sommeil.* Pour réaliser la décoration de Vaux, Le Brun s'y était installé 2 ans avec sa femme. Table à jeu Louis XV pour s'essayer au jacquet ou à la bassette, très à la mode en leur temps.

– ***L'antichambre d'Hercule :*** décoré dans un style italianisant. Parmi d'autres portraits, ne pas manquer celui du maréchal de Luxembourg.
– ***Le Grand Salon :*** « Le 17 août à 18h, Fouquet était le roi de France ; à 2h du matin, il n'était plus rien », raconte Voltaire. En quelques heures, il connut la gloire et la déchéance dans cette pièce qui est le 1er salon en rotonde construit en France sur une idée italienne. L'arrestation de Fouquet interrompit les travaux. La fresque du plafond reste inachevée mais des travaux de restauration sont en cours pour y projeter le plan initial prévu par Le Brun.
– ***La bibliothèque (antichambre du roi) :*** mobilier Régence et festival de moulures dorées au plafond. Très beau bureau en ébène à 6 pieds de Boulle, siège Régence et 2 lustres du XVIIe s en cristal de roche.
– ***La chambre du Roi :*** elle est la plus ornée de Vaux et donna naissance au style Louis XIV qui servit de modèle pour Versailles et les palais d'Europe. La tradition voulait que chaque riche demeure possédât une chambre destinée à recevoir le roi... Ici, aucun souverain n'y dormit jamais. Au plafond figurent les dieux Mars, Vertumne (dieu étrusque ou italien, protecteur de la végétation), Jupiter et, entre les fenêtres, Mercure. La toile centrale de Le Brun représente *La Vérité soutenue par le Temps.*
– ***La salle des Buffets :*** décoration réalisée par Le Brun. Au plafond, peinture symbolisant *La Paix ramenant l'Abondance,* encadrée par les 4 éléments et les saisons. C'est l'une des 1res fois que l'on construisait une pièce destinée uniquement à servir de salle à manger. La famille Vogüé l'utilisait encore au début de l'ouverture du château au public en 1992...
– ***Les cuisines :*** elles sont précédées de nombreux garde-manger et celliers. L'abondance des ustensiles présentés tient au fait que la grande cuisine a servi jusqu'en 1956. Aux murs, quelques exemples de menus pour vous mettre en appétit.
– Dans les sous-sols du château, l'***exposition « André Le Nôtre »*** rend hommage au créateur du parc du château et, par là même, créateur du jardin à la française.
– Pour finir, la visite des ***jardins*** permet de mesurer le talent de Le Nôtre, « jardinier débutant » à Vaux. Il sut transformer la nature pour en faire une œuvre d'art. Le parc représente une succession de terrasses en 3 plans, ornées de parterres de broderies, de gazon, statues et jeux d'eau qui mènent à une petite rivière : l'*Anqueuil.* Il a su utiliser de façon spectaculaire la topographie de l'endroit, créant un véritable prototype de jardins à la française avec de nombreuses illusions d'optique par le reflet. Devant le château, les buis de 2 parterres – dits « des Boulingrins » –, malades, ont dû être arrachés. Ils ont été remplacés pour quelques années par des buis en arabesque d'un nouveau genre, *Les Rubans éphémères*, œuvre en aluminium de Patrick Hourcade. Le motif s'inspire de dessins eux-mêmes inspirés par les broderies de Le Nôtre, et les plaques d'aluminium, de dimensions variables, sont diversement inclinées. Un jeu de lumières changeant s'instaure, en dialogue avec les humeurs du ciel... Étonnant.
– À voir encore, le ***musée des Équipages,*** installé dans les écuries. Collection de voitures exposées avec leurs chevaux harnachés, cochers et passagers (coupés, berlines, phaétons, voitures de poste...).

CHAMPEAUX (77720) 835 hab.

Bourg fortifié à 8 km à l'est de Vaux-le-Vicomte et à 4 km de Blandy-les-Tours, célèbre pour son ex-collégiale du XIIe s devenue église.

Où dormir ? Où manger dans les environs ?

Prix moyens

La Ferme du Couvent : *à* ***Bréau*** *(6,5 km à l'est de Champeaux). ☎ 01-64-38-75-15. 06-18-10-91-68. • ferme.couvent@wanadoo.fr • Doubles 65-70 € ; familiale ; petit déj inclus. Réduc de 10 % sur le prix de la chambre sur présentation de ce guide.* On débarque ici dans une vieille ferme briarde, entourée de 7 ha de terres et... d'une piste d'atterrissage pour ULM et hélicos ! Le lieu est apprécié pour les mariages, ce qui nous pousse à vous conseiller de ne venir qu'en semaine pour profiter du paysage au calme. On choisit entre les 5 chambres d'hôtes fonctionnelles et confortables, et la roulotte (avec salle de bains !) pour les escapades romantiques. Dommage que cette dernière ne soit pas située dans un recoin plus secret. Très bon accueil.

Le 12Vin : *19, pl des Tours, à* ***Blandy-les-Tours.*** *☎ 01-60-66-90-66. • le12vin@gmail.com • Fermé le soir mar et dim, plus mer tte la journée. Menus 15,50-25 €.* Ah ! quelle jolie terrasse ! Plantée face à l'enceinte du château, elle n'est pourtant que la mise en bouche. Suit une cuisine traditionnelle de qualité, sans folie ni fausse note, troussée par un chef qui a de la bouteille (et une belle cave !). L'accueil est sympathique, même au moment du coup de feu.

À voir

La collégiale Saint-Martin : *• collegialedechampeaux.com • Tlj 9h-18h (19h en été) sauf offices.* Longue de 68 m, cette ancienne collégiale, inspirée des cathédrales de Paris et de Sens, fut au moment de sa construction (1160-1315) l'un des plus grands sanctuaires d'Île-de-France. La nef à voûtes sexpartites et l'alternance des colonnes fortes et légères donnent une belle élégance au vaisseau de pierre malgré sa sobriété. On verra les stalles de 1522, sculptées de personnages, centaures et dromadaires, et les grandes dalles funéraires (les plus belles dans le chœur).

DANS LES ENVIRONS DE CHAMPEAUX

Le château de Blandy-les-Tours *(77115) : à 3,5 km à l'ouest de Champeaux en direction de Vaux-le-Vicomte. ☎ 01-60-59-17-80. • chateau-blandy.fr • ♿ (rdc). Accès : navette « Châteaubus » depuis la gare de Verneuil-l'Étang. 5 A/R tlj fin mars-début nov, en correspondance avec les trains. Ouv avr-oct, tlj sauf mar 10h-18h ; nov-mars, tlj sauf mar 10h-12h30, 13h30-17h. Fermé 1er janv, 1er mai et 25 déc. Entrée : 7 € ; réduc ; gratuit moins de 18 ans. Audioguide : 3 € (ou version MP3 à télécharger sur le site internet). Visites commentées, visites enfants, jeux et ateliers le w-e et pdt vac scol (2-5 €). Spectacles des « dimanches de Blandy » (concert, danse, théâtre, arts numériques, performances, cirque...) sans supplément les dim à 15h30 avr-oct (sauf août). En août, ciné en plein air dans la cour le sam soir (films familiaux).*

Le château fort de Blandy-les-Tours est ***l'un des derniers témoins de l'architecture militaire médiévale d'Île-de-France.*** Datant des XIIIe-XIVe s, il fut tour à tour manoir, château, puis simple ferme avant de tomber en ruine. On a même mis au jour des tombes mérovingiennes dans son sous-sol ! Son impressionnante enceinte a été (superbement) restaurée selon les plans du XVIIe s, période où il présentait sa forme la plus complète. Elle est greffée de 5 tours plus... un donjon, très haut (30 m), inhabituellement placé sur le flanc et non au centre. Ce dernier avait même un accès direct vers l'extérieur. Risqué !

Pour bien comprendre l'évolution des lieux, on vous conseille de regarder les 2 petits films (10-15 mn) dans la ***salle d'exposition,*** à l'entrée, où l'on découvre aussi une grande maquette et quelques objets exhumés pour la plupart... dans les latrines ! Leur analyse a permis aux archéologues de reconstituer l'alimentation à l'époque. Ensuite, direction la cour, où l'on remarque au sol les contours de l'ancienne chapelle et du logis, avant de pénétrer dans le ***donjon*** (notez la vénérable herse du XIVe s, la seule de ce type en France avec celle d'Angers), avec cheminée et accès aux latrines à chacun de ses 6 niveaux. Du sommet, la vue panoramique sur les environs est superbe. On redescend ensuite de 2 étages pour enchaîner avec le tour complet des remparts par le ***chemin de ronde*** et les courtines, de tour en tour. On passe même un instant sous la charpente de la *salle haute de l'Auditoire*.
Un bel endroit, un peu vide mais qui n'a rien de figé, puisque l'on y organise des performances artistiques et culturelles et des séances de cinéma en plein air.

• Carte Milly-la-Forêt et ses environs *p. 333*

Cet itinéraire à cheval sur l'Essonne et la Seine-et-Marne permet de découvrir la belle nature du Gâtinais français, classé « Parc naturel régional », et également un beau patrimoine avec le château de Courances. Il est possible de conjuguer cet itinéraire à celui de Fontainebleau, Milly-la-Forêt étant sa voisine proche, ou de panacher les 2.

Comment y aller en train ?

➢ ***Paris :*** RER D direction Malesherbes ; descendre à Maisse (env 1h de trajet). Milly se trouve encore à 7 km... *(taxi : ☎ 01-64-98-88-51 ; 📱 06-80-40-50-58 ; compter 15 €).*
– Rens SNCF : ☎ 36-35. • oui.sncf •

Adresses utiles

ℹ ***CDT de l'Essonne :*** *19, rue des Mazières, 91000* ***Évry.*** *☎ 01-64-97-36-91. • tourisme-essonne.com •* Toutes les infos sur le département, sur place ou sur le site : hébergements, restos, loisirs, calendrier des manifestations, culture, etc.

ℹ ***Seine-et-Marne Attractivité :*** *quartier Henri-IV, pl. d'Armes, 77300* ***Fontainebleau.*** *☎ 01-60-39-60-39. • seine-et-marne-attractivite.fr • Lun-ven 9h-12h30, 13h30-17h30 (17h ven).* Bon accueil et plein de bonnes infos à glaner.

MILLY-LA-FORÊT

(91490) 4 697 hab.

L'un des bourgs les plus célèbres de l'Essonne, à seulement 20 km à l'ouest de Fontainebleau. Depuis longtemps zone résidentielle, Milly est également réputée pour sa production de plantes médicinales et aromatiques, cultivées depuis le Xe s, et tout spécialement de menthe poivrée. Le poète Jean Cocteau, en choisissant d'y vivre de 1947 à sa mort en 1963, contribua également à son renom, tout comme la sculpture monumentale du *Cyclop*.

Adresse et info utiles

ℹ ***Office de tourisme :*** *47, rue Langlois, près de la halle. ☎ 01-64-98-83-17. • info@millylaforet-tourisme.com • millylaforet-tourisme.com • En principe, tlj sauf lun 10h-13h, 14h-17h.* Donne de bonnes infos sur les communes environnantes, des idées de circuits... En particulier dans le massif des Trois-Pignons, l'une des plus belles balades de la forêt de Fontainebleau, accessible par la Croix-Saint-Jérôme : superbe perspective sur les hauteurs où est plantée l'immense croix de Lorraine. Un autre sentier mène à une mer de sable avec, au milieu, le rocher des sables du Cul-du-Chien.

🅿 ***Parking :*** *sur la pl. du Marché, autorisé et gratuit (avec disque, max 1h30)* *tlj sauf jeu (jour de marché) 12h-18h ; parking du Colombier, près de l'office de tourisme (gratuit, avec disque, max 4h).*

Où dormir ? Où manger ?

Camping

Camping de la Musardière : *route des Grandes-Vallées, sur la route de la Croix-Saint-Jérôme, à 4 km au sud de Milly. ☎ 01-64-98-91-91. • lamusardiere91@orange.fr • camping-lamusardiere.fr • Ouv de mars à mi-nov. Compter 22,30 € pour 2 avec tente et voiture. Loc de mobile homes 2-4 pers pour 2 nuits min ; petit chalet à la nuit 38 € pour 2. Au-delà de 10 nuits, réduc de 10 % offerte sur la totalité du séjour sur présentation de ce guide.* En plein centre du massif des Trois-Pignons, au cœur d'une superbe forêt de chênes et de pins. Le camping s'étend sur 12 ha, dans un calme total. Tous les mobile homes avec sanitaires, chauffage et cuisine. Une grande piscine chauffée *(de juin à mi-sept)* est aménagée dans la clairière. De chouettes sites d'escalade très réputés se trouvent à 2 pas. Location de vélos. Le club hippique est à côté. Accueil très sympathique.

Bon marché

La Crêperie de Milly : *41, pl. du Marché. ☎ 01-64-98-63-49. Tlj sauf lun et mer soir (plus dim en hiver). Congés : de fin déc à mi-janv. Formules déj en sem 10,50-13,50 € ; carte 5-16,10 €.* Jolie petite crêperie, centrale et sympathique, parfaite pour grignoter un morceau sans chichis, après ou avant la visite de Milly. Au milieu des grands classiques de la crêpitude, quelques galettes aux combinaisons originales, pour les plus aventureux.

Où manger dans les environs ?

Chic

Auberge d'Auvers Galant : *7, rue d'Auvers, 77123* ***Noisy-sur-École.*** *☎ 01-64-24-51-02. À 5 km au sud de Milly-la-Forêt. Tlj sauf lun-mar. Menus 25-27 € (en sem) et 37-57 €.* Salle bourgeoise, on ne peut plus classique, tout comme la cuisine, franco-française, fort bien tournée, où résonne le poids des traditions : fricassée de pintade de Bresse aux girolles, quasi de veau à la berrichonne, etc. Les 1ers menus sont déjà très bien ficelés.

Où manger ? Où boire un verre ? Où écouter de la musique à Tousson ?

La Tête des Trains : *6, pl. de l'Église. ☎ 01-64-24-76-37. • contact@latetedestrains.com • latetedestrains.com • À 8 km au sud de Milly-la-Forêt. Attention, pas d'enseigne : quand vous êtes face à l'église, c'est sur le côté gauche. Ven-sam 17h-minuit, dim 15h-21h30, plus j. fériés. Congés : août. Entrée aux concerts : 10-15 €. Repas (sur résa) les soirs d'ouverture, mais en principe réservé aux spectateurs du concert le sam (rdv à 19h30 ; formule à 18 €). Petits plats du dim sur résa. CB refusées. Apéritif maison ou café offert sur présentation de ce guide.* Ce petit rade associatif (café-resto-musique) sympa comme tout existe depuis 1981. Ici, on ne se prend pas la tête (des trains !) : les horaires peuvent varier selon l'humeur, les événements, les concerts (tous les samedis et certains vendredis)... Endroit rare et vraiment cool, qu'apprécieront les routards. Programmation éclectique : jazz, rock, blues, musiques du monde ou bretonne, etc. Pierre Souchon, Dick Annegarn, Bénabar, Aldebert, Gilles

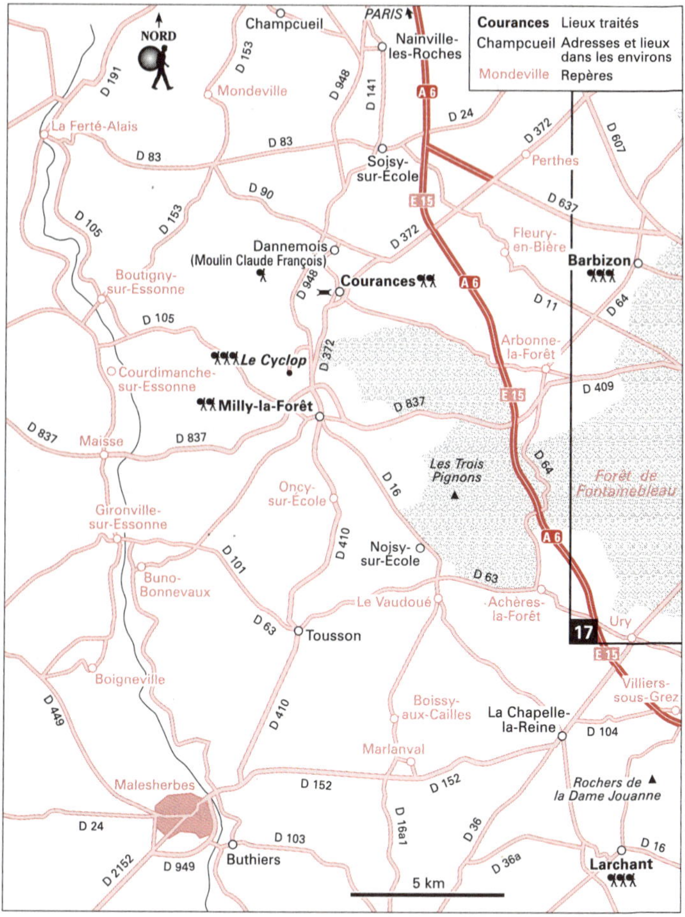

MILLY-LA-FORÊT ET SES ENVIRONS

Servat, La Tordue, Ti Jaz y ont joué. La carte affiche un ton décalé et prévient : « *Slow food,* service très lent. » Elle propose des poutines québécoises (frites agrémentées de fromage et de sauce), des « tartines puantes », salades, etc. Pas cher du tout, mais les fauchés peuvent venir avec leurs provisions, excepté les boissons. En effet, il y a le choix, surtout en matière de bières (entre 50 et 100 différentes). Vraiment un bon endroit où passer la soirée en toute convivialité.

Achats

Millymenthe : *35, pl. du Marché. ☎ 01-64-98-80-87. Tlj sauf lun 9h30-13h, 15h-19h (dim 10h-13h).* Maison vénérable fondée en 1934 et spécialisée dans la confiserie et la tisanerie à base de plantes médicinales et, si possible, locales. Dès que vous entrez dans la boutique, les arômes vous chatouillent les narines. Sur les étagères, huiles essentielles, miels du Gâtinais, bonbons à la menthe poivrée, à la citronnelle, à l'anis-angélique, etc.

L'Herbier de Milly-la-Forêt : *16, pl. du Marché. ☎ 01-64-98-92-39. Tlj sauf lun.* Catherine Bosc-Bierne est la sœur du dernier producteur de menthe poivrée de Milly dont la ferme est située à Oncy-sur-École (c'est la 4e génération de cultivateurs de plantes médicinales !). Elle propose donc tout naturellement de nombreux produits à base de cette plante : sirop, bonbons, tisanes, chocolats... ainsi qu'un vaste choix de produits biologiques. Les propriétaires ont acquis une distillerie où ils élaborent de délicieuses liqueurs et des sirops floraux.

Au Pavé de la Halle : *4, pl. du Marché. ☎ 01-64-98-81-55. Tlj sauf mer-jeu 6h30-19h30.* En plus de proposer de savoureuses viennoiseries et pâtisseries, cette boulangerie a une spécialité : le pavé de la halle, une sorte de quatre-quarts aux fruits confits finement hachés et macérés dans le cherry, le tout recouvert de pâte d'amandes. Avis aux gourmands !

Charcuterie artisanale Christian Mouret : *9, pl. du Marché. ☎ 01-64-98-86-57. Tlj sauf dim ap-m et lun.* Cet artisan vous propose des spécialités gâtinaises : saucisse sèche à la menthe poivrée ou pâté du même acabit, saucisson, terrine, etc.

À voir

➢ Un circuit touristique a été réalisé dans la ville, sous la forme d'un itinéraire jalonné de plaques d'information.

La chapelle Saint-Blaise-des-Simples : *vers la sortie du village, la rue de l'Amiral-de-Graville. ☎ 01-64-98-84-94. Ouv mars-nov tlj sauf lun-mar, 10h-12h30 (seulement juin-août), 14h-18h. Nov w-e ap-m seulement. Entrée : 3 € ; réduc ; gratuit moins de 10 ans.* Chapelle datant du XIIe s, dernier vestige d'une ancienne maladrerie où les lépreux venaient invoquer saint Blaise pour le soulagement de leurs souffrances. Elle fut restaurée en 1959. Jean Cocteau exécuta de grandes fresques sur ses murs intérieurs représentant une alternance de thèmes laïques et religieux : un Christ aux épines, la Résurrection, et les plantes médicinales – ou « simples » – poussant traditionnellement à Milly (menthe, valériane, belladone, etc.). Les vitraux, dont 2 représentent des visages stylisés, furent exécutés par un maître verrier d'après des cartons de Cocteau. Le poète y a été enterré en 1963, rejoint par son dernier compagnon, l'acteur Édouard Dermit. Sur la dalle, ces quelques mots : « Je reste avec vous. » Un commentaire dit par Jean Marais, et diffusé en boucle, accentue l'atmosphère poétique et recueillie du lieu. À l'extérieur, un petit jardin où l'on cultive les simples les plus connues, dont la célèbre menthe poivrée de Milly, et la copie de la cloche des halles qui sonnait les heures d'ouverture et de fermeture du marché de 1479 à 1926.

Le Conservatoire national des plantes à parfum, médicinales et aromatiques : *route de Nemours, à la sortie du village, 400 m après la chapelle Saint-Blaise. ☎ 01-64-98-83-77. • cnpmai.net • ♿ Juil-août, mer-dim 10h30-12h30 et 14h-18h ; avr-juin et sept, mer-dim 14h-18h ; oct, seulement le w-e 14h-18h. Fermé nov-mars. Entrée : 7,50 € ; réduc ; gratuit moins de 12 ans.* Sur plus de 2 ha, vous pouvez admirer plus de 2 000 espèces de plantes aromatiques, tinctoriales, médicinales et à parfum. Les missions du conservatoire sont de gérer, valoriser et sauvegarder les ressources génétiques de ces plantes, cultivées dans la région depuis le Moyen Âge. Une petite boutique permet d'acheter des plants, huiles essentielles, miels, bonbons, livres... Également un intéressant parcours scénographique sensoriel et multimédia sur la description, la production et l'utilisation de ces plantes en France à travers le temps, et dans d'autres cultures.

La vieille halle : *pl. du Marché.* Construites en 1479 par le sire (amiral) de Graville. Robuste charpente en bois de chêne. Sol pavé désormais apparent (avant, il était recouvert de béton). Tous les jeudis après-midi, elles abritent un marché, et le 2e dimanche de chaque mois, entre mi-mars et mi-novembre, une foire à l'antiquité.

L'église Notre-Dame : *en principe, ouv sam-dim 14h30-17h.* Ancienne collégiale, partiellement détruite pendant la guerre de Cent Ans, elle fut reconstruite en 1485 par l'amiral de Graville. De style prégothique, elle possède un clocher haut de 57 m, datant du XIe s dans sa partie basse, des XIIe et XIIIe s dans sa partie haute. Elle abrite notamment une étonnante sculpture de Chomo, le *Christ,* en fer forgé (art de récupération).

On peut jeter un coup d'œil, à 50 m après l'église, sur le charmant ***lavoir*** et sur le ***château*** des sires de Graville, avec ses douves où évoluent quelques cygnes.

La maison Jean-Cocteau : *15, rue de Lau. ☎ 01-64-98-11-50. • p.leautey@maisoncocteau.net • maisoncocteau.net • Juin-oct, ouv le w-e 14h-18h30. Entrée : 7,50 € ; réduc ; gratuit moins de 10 ans.* « C'est la maison qui m'attendait », écrit Cocteau en 1947 quand il achète – avec Jean Marais – cette maison qui le verra mourir en 1963. On plonge ici dans l'intimité, l'univers et l'inspiration de l'artiste touche-à-tout de génie, romancier, auteur de théâtre et d'œuvres poétiques, illustrateur, réalisateur de films et céramiste. Dans cette demeure du XVIIe s, ancienne dépendance du château de la Bonde, dont on peut admirer les douves et les créneaux, le mondain a reçu ses amis artistes comme Marlene Dietrich, Max Ernst, Aragon, Gide, Picasso ou Dufy. La belle scénographie (jeux de miroirs, vidéos, sons, etc.) met en valeur les œuvres de Cocteau, comme ses croquis ou ses manuscrits qui montrent qu'il ne faisait pas de différence entre dessins et écrits : ils expriment la même virtuosité ; une créativité stimulée par sa consommation d'opium. Dans la partie « Cocteau vu par... » sont exposées des créations de Picasso, Modigliani, Man Ray, Buffet et Andy Warhol. Le clou de la visite, c'est la restitution exacte de 3 pièces : le salon, la chambre et le bureau du poète. Les jolis objets et meubles forment un bric-à-brac chic, hétéroclite et poétique. Cocteau avait su garder une âme d'enfant, lui qui ne manquait pas d'acheter, tous les mardis, le nouveau numéro du *Journal de Mickey...* Très agréable balade également dans les 2 ha de bois et verger. Un petit paradis !
Et ne manquez pas de pousser la porte de la chapelle Notre-Dame-des-Simples, entièrement décorée par Cocteau (lire plus haut).

UN COCKTAIL, DES COCTEAU

Cocteau s'interrogeait toujours sur la mort. Des artistes de son époque, il est celui qui a décoré le plus de chapelles. Milly-la-Forêt, Villefranche-sur-Mer et Fréjus (inachevée). Et pourtant, il réussit tout de sa vie... sauf sa mort ! En effet, il mourut le 11 octobre 1963, le lendemain de la disparition d'Édith Piaf, qui prit toute la place dans les médias.

La porte du Moustier-de-Péronne : vestige le plus ancien de la cité (il daterait du VIIe s), ce beau portail donnait accès à la propriété de Fulbert Ier, officier à la cour de Dagobert Ier, qui mourut en 720. Son reliquaire en trompe l'œil se trouve dans l'église Notre-Dame. Derrière cette entrée se niche, à moitié enterrée, une belle salle voûtée de l'époque gothique. Cette crypte accueille des expos artistiques ouvertes aux horaires de l'office de tourisme (qui y donne accès).

L'espace culturel Paul-Bédu : *8 bis, rue Farnault, en face de la mairie. ☎ 01-64-98-75-52. ♿ Jeu-dim 14h-18h (17h nov-mars). GRATUIT.* Dans une ancienne école, rénovée de façon un peu trop moderne et clinquante à notre goût, la Mairie a mis en place l'espace culturel qui manquait à la ville. Au 1er étage est présentée la collection particulière d'un certain Paul Bédu, amateur d'art milliacois, dont la Mairie a hérité. Le clou de l'expo est la toile *Le soleil se coucha sur l'Adriatique* du célèbre peintre Boronali, qui défraya la chronique artistique mondiale (rien que ça) du milieu du XXe s. Il s'agissait en fait d'un superbe canular monté par le journaliste Dorgelès : la toile a été peinte avec... la queue de l'âne Lolo, du *Lapin Agile*, à Montmartre ! À voir également, des dessins, lithographies et céramiques de Jean Cocteau, citoyen d'honneur de la ville.

FRANCHE RIGOLADE SUR LA BUTTE

Habituée du Lapin Agile, *la joyeuse bande des Roland Dorgelès, Mac Orlan and Co fit peindre un tableau à l'âne du cabaret. Ils lui montrèrent une carotte, ce qui lui fit remuer la queue, queue à laquelle ils avaient attaché un pinceau ! Ils exposèrent ce tableau au Salon des indépendants comme exemple du courant « excessiviste ». La critique, dit-on, fut partagée ! Et* Le soleil se coucha sur l'Adriatique *fut même acheté 500 francs de l'époque par un collectionneur.*

ΨΨΨ ***Le Cyclop (de Jean Tinguely) :*** *le Bois-des-Pauvres. ☎ 01-64-98-95-18. • lecyclop.com • association@lecyclop.com • Du rond-point à l'entrée de Milly, prendre la direction d'Étampes (D 837) ; 200 m plus loin, tourner à droite, et suivre le chemin fléché jusqu'au parking ; poursuivre à pied quelques centaines de mètres. Ouv juin-sept, ven-dim 14h-18h30 (plus mer-jeu en juil-août). GRATUIT.*
La construction de cette sculpture monumentale – une tête en l'occurrence – au cœur de la forêt de Milly a débuté en 1969, sous la houlette de Jean Tinguely et de son épouse Niki de Saint Phalle, qui en ont fait don à l'État en 1987. L'œuvre collaborative a été considérée comme achevée en 1994 par Niki, alors veuve de Tinguely, et ouverte au public. De nombreux artistes contemporains (dont César et Arman) furent associés à cette gigantesque entreprise dont le concept, à l'image de la marginalité créatrice de Tinguely, était la « recherche d'un acte gratuit et inutile », affranchi des contraintes (commandes d'institutions, financements). La construction de cette tête colossale représentant le mythique cyclope et s'élevant à 22,50 m (la taille d'un immeuble de 7 étages !) a nécessité plus de 350 t d'acier et de matériel de récupération. Mon tout élevé à la force des bras (à une exception près), sans aucun engin de levage. Les artistes ont mis plus de 20 ans à façonner cette œuvre d'art complexe, finalement constituée de nombreuses autres : comme le wagon suspendu, posé sur des rails qui n'aboutissent nulle part, hommage aux déportés, de l'artiste Eva Aeppli, des gisants en plâtre de son propre corps et un tableau électrique détourné, de Rico Weber, ou encore une jauge disproportionnée de Jean-Pierre Reynaud. *Le Cyclop* est difficilement descriptible. Véritable musée vivant et interactif, certains éléments sont des mobiles et les visiteurs peuvent actionner des machines ou déclencher des sons. Ce monstre est constitué, à l'extérieur, d'éléments anthropomorphiques : langue pendante par laquelle s'écoule de l'eau, face tout en mosaïque de miroirs brisés (conception de Niki de Saint Phalle), oreille et œil uniques dominant les bois environnants. À l'intérieur, il est composé d'un incroyable labyrinthe d'escaliers, de passerelles et de réduits secrets symbolisant les méandres de la pensée.
S'y trouve un invraisemblable théâtre (inspiré du principe du théâtre japonais kabuki où le public participe au spectacle autant que l'acteur) où l'on assiste, sur des sièges mouvants, au spectacle de *L'Amour entre une dame-jeanne et un marteau.* Tout ce délire visuel est accompagné d'un véritable concert de rouages grinçants et de roulements divers parfaitement étudiés. Impressionnant, original et à ne pas manquer !
Le Cyclop accompagne des artistes dans la production d'œuvres et diffuse des vidéos d'artistes et films documentaires.

DANS LES ENVIRONS DE MILLY-LA-FORÊT

La base de plein air de Buthiers : *à 15 km au sud de Milly-la-Forêt. ☎ 01-64-24-12-87. • buthiers.iledeloisirs.fr • Ouv juin-août pour la piscine. Bien fléché. Accès piscine : env 8 € ; réduc. Possibilité de camper le w-e sur résa.* Centre de détente de 9 ha en pleine forêt comprenant une vaste et superbe piscine en plein air dans un cadre bucolique à souhait, avec jeux d'eau, toboggan, minigolf, cafétéria et aire de pique-nique. La base de loisirs est ouverte toute l'année. On y trouve des circuits VTT, une salle d'escalade, un parcours acrobatique en hauteur et un de course d'orientation, divers clubs (poney, escalade, multisport, fitness), un simulateur de surf et un pumptrack (circuit à bosses), du tir à l'arc, 2 télescopes pour admirer les étoiles, un planétarium...

COURANCES ET SON CHÂTEAU (91490) 352 hab.

À 5 km au nord de Milly, sur la D 372, le charmant village de Courances abrite, près de la mairie, une église du XIIe s et en face, un beau lavoir double.

Où manger dans les environs ?

De prix moyens à chic

Auberge del Païs Vert : *2, rue du Gazon, hameau de Beauvais, 91750* **Champcueil.** *☎ 01-64-98-01-00. • michel.greck@free.fr • delpais.fr • Accès par la petite route V 8, depuis la D 948, direction Auvernaux-Corbeil. En principe, tlj midi et soir, mais résa conseillée. Menus 26-49 €. Carte 40 €. Digestif maison offert sur présentation de ce guide.* Au programme, « le bonheur est dans le Gers » : cassoulet, magret, confit, cailles confites aux cèpes, foie gras chaud aux fruits et croustade gersoise aux pommes. Salle très classique, aux tables nappées de blanc. Cuisine bien tournée, mais on n'aurait pas été contre des portions un peu plus copieuses. Attenante au resto, une boutique dans laquelle on peut s'approvisionner en produits du Sud-Ouest. Accueil chaleureux.

À voir

Le château : *le long de la route qui mène au village. ☎ 01-64-98-07-36. • courances.net • Visite du château et du parc avr-fin oct, w-e et j. fériés 14h-18h (visite du château obligatoirement guidée ; durée : env 50 mn). Pas de visite du château en juil-août, mais le parc reste ouv. Entrée : 12 € (parc seul 9 €) ; gratuit moins de 7 ans ; réduc sur présentation de ce guide.*
Ce grand château privé, en marge d'un tout petit village, est un exemple de l'architecture Louis XIII. La vue sur le château et les jardins, depuis la grille extérieure, est superbe. Une grande allée, bordée de 2 canaux et de platanes 2 fois centenaires, donne accès au bâtiment principal.
Au milieu du XVIe s s'éleva ici la demeure du secrétaire des Finances d'Henri II, mais c'est au cours du XVIIe s que l'édifice fut construit pour Claude Gallard, conseiller de Louis XIII, et qu'il prit son aspect actuel. C'est à cette époque que le parc fut dessiné de manière aussi noble et que les 14 sources et les 17 pièces d'eau claire qui le traversent furent domestiquées. Le château servit d'hôpital durant la 1re Guerre mondiale, mais, pendant la dernière guerre, ce

furent les Allemands qui l'occupèrent. Puis vinrent les Américains à la Libération. Le maréchal Montgomery y séjourna de 1947 à 1954. Il laissa d'ailleurs son billard.
Dans la cour d'honneur, le recouvrement de la façade avec des briques, l'aile droite et l'escalier en fer à cheval (copie de celui de Fontainebleau) ont été ajoutés au XIXe s. Visite intérieure sans grand intérêt : seulement 4 salles (vestibule, salle de billard, salle des trophées et salle à manger), la bibliothèque et la chapelle, entièrement réaménagées au XIXe s.
Le principal intérêt réside dans la visite des ***jardins,*** qui ont inspiré Le Nôtre pour réaliser Versailles et Vaux-le-Vicomte. Douves, parterres ornés d'arabesques, plans d'eau, cascades et cascatelles, nombreuses statues et jardin anglo-japonais réputé. La signalétique, en harmonie avec la nature, agrémente la visite du parc.
C'est dans ce château que furent tournés *L'Homme au masque de fer* (Randall Wallace), et *Que la fête commence* (Bertrand Tavernier), ou, plus récemment, *Le Sens de la fête* (Éric Toledano et Olivier Nakache)

DANS LES ENVIRONS DE COURANCES

Le moulin de Claude François : *32, rue du Moulin, 91490* ***Dannemois,*** *juste à côté de Courances. ☎ 01-64-98-45-54. • moulindedannemois.com • Parking privé aménagé rue des Prés. Visites guidées (obligatoires) tlj à 11h, 14h, 15h et 16h (plus 17h le w-e et 18h en hte saison). Entrée : 10 € au lieu de 12 € sur présentation de ce guide (offre non cumulable) ; réduc.*
En 1964, Claude François achète la propriété et entame de grands travaux : piscine géante (3,50 m de profondeur) et sonorisée, aquarium de 4 500 l, creusement d'un étang... Il recevait dans cet endroit les grands noms de la variété du moment. À sa mort, le moulin est vendu, transformé en resto, puis laissé à l'abandon et pillé. Il est racheté par des admirateurs qui en font un musée-resto. Pour le chanteur, c'était la « maison du bonheur », abritant sa famille, accueillant ses amis pour faire la fête ou partager des moments de joie simple dans le très beau jardin où coule une rivière, détournée par un ingénieux système... imaginé par Cloclo ! Dans la partie musée sont exposés de nombreux costumes, photos, etc., de l'artiste. Sa chambre a été reconstituée à l'identique, avec couvre-lit en patchwork de cuir ! Un vaste choix de souvenirs est proposé dans la boutique en fin de visite.
Des retransmissions des meilleurs moments des spectacles de Claude François sont projetées sur écran géant dans la grande salle de ***restaurant*** *(ouv le midi seulement, sur résa en principe ; menu 35 € et carte)* qui fait aussi salon de thé. Agréable terrasse au bord du cours d'eau. Environ 1 fois par mois a lieu une soirée animée par des imitateurs qui rendent hommage au cher disparu et à ses copains Johnny et Sardou *(sur résa ; compter env 90 € pour le spectacle et le repas, boisson comprise).*

En sortant, les fans ou les curieux peuvent aller se recueillir sur la tombe de Cloclo au ***cimetière*** tout proche, à l'entrée du village. Statue grandeur nature en bronze du chanteur, mort en 1978, et plaques de remerciement d'admirateurs.

La verrerie d'art de Soisy-sur-École : *12, rue du Moulin-des-Noues, 91840* ***Soisy-sur-École,*** *à 5 km au nord de Dannemois (D 141). ☎ 01-64-98-00-03. • verrerie-soisy.fr • ♿ Tlj sauf lun-mar 10h-12h30, 14h-18h ; dim 14h-18h (18h30 mars-oct). Congés des verriers de mi-juil à mi-août. GRATUIT.* Située dans un superbe parc agrémenté de sculptures, cette manufacture vous fera découvrir la magie du verre soufflé à la canne qui prend forme et couleur devant vous. À l'entrée, une expo sur le travail du verre et son histoire. À côté de l'atelier, magasin de vente des objets fabriqués sur place.

LARCHANT

(77760) 739 hab.

À 15 km au sud-est de Milly par la D 16, une ancienne petite ville fortifiée, adorablement nichée au creux de collines couvertes de rochers et de bois. Elle possède l'une des églises les plus impressionnantes de la région.

Où dormir dans les environs ?

Chambres d'hôtes Le Clos du Tertre : *6, chemin des Vallées, 77760* ***La Chapelle-la-Reine.*** *☎ 01-64-24-37-80. 06-20-14-70-17. • leclosdutertre@wanadoo.fr • leclosdutertre.com • À 5 km au nord de Larchant. Double 65 €.* La vaste grange typique du Gâtinais accueille des chambres confortables (salles de bains impeccables et lit en 160 cm), avec ici ou là quelques pierres apparentes, des poutres, et une petite déco pour personnaliser le tout. Mais le plus ici, ce sont les espaces communs : grande cuisine équipée, coin salon sympa, et de bons équipements (du lave-linge au matériel pour bébé !). Comme à la maison ! Accueil jeune et souriant.

À voir

– Des brochures sur l'histoire de la ville et l'architecture de l'église sont en vente à la boulangerie, d'autres sont disponibles dans la basilique.

L'église Saint-Mathurin : *visites libres ou guidées avec l'association culturelle, par e-mail • contact@larchant.com •*
Édifiée du XIIe au XVe s, Larchant fut au Moyen Âge un haut lieu de pèlerinage. C'est ici que serait né saint Mathurin qui accomplit de nombreux miracles au IIIe s. Après sa mort à Rome, ses restes furent rapportés à Larchant, où ils devinrent l'objet d'une grande vénération populaire. L'église reçut la visite de tous les rois de l'époque, de Charles IV à Henri IV.
Elle subit différentes dégradations dues aux événements climatiques et aux guerres de Religion. Depuis 1568, elle présente l'originalité d'avoir une moitié encore intacte et l'autre en ruine. Le chœur, achevé en 1180, possède une abside de style gothique primitif. La partie couverte est séparée de la nef en ruine et de la tour de 50 m par un mur édifié en 1600. Nombreux points d'intérêt : à gauche du chœur, une chapelle de la Vierge très élancée, de style gothique classique, avec un magnifique retable en pierre du XVe s finement sculpté. Vous ne verrez ni la splendide *Mater Dolorosa* ni la statue de saint Vincent, malheureusement volées en 1982. Notez la porte de la sacristie, à droite du chœur, avec ses ferrures d'origine. Dans la nef, l'original du linteau du portail extérieur, très dégradé.
À l'extérieur, ruines impressionnantes de la nef et de la tour. On dit que l'architecture de l'église présente de nombreuses similitudes avec Notre-Dame de Paris. La tour donne une impression de grandiose envolée. Le portail qui donne accès à la partie en ruine de la nef représente le Jugement dernier avec un Christ en majesté entouré d'anges, de la Vierge et de saint Jean. Ces superbes sculptures datent de la 1re moitié du XIIIe s. Les scènes de la Résurrection des morts, œuvre plus tardive du XVIe s, sont une copie. L'original est à l'intérieur.

• Carte La vallée du Loing *p. 341*

À moins de 1h de Paris par l'autoroute, la région, particulièrement pittoresque, est ponctuée de gros villages endormis au bord du Loing, presque inchangés depuis que les impressionnistes les immortalisèrent.

Comment y aller ?

Par la route

➢ A 6, sortie Fontainebleau, ou D 607 jusqu'à Fontainebleau, puis N 6.

MORET-SUR-LOING

(77250) 12 552 hab.

Bourg tranquille chargé d'histoire, Moret n'a que peu changé depuis plus d'un siècle. À la frontière entre l'Île-de-France et la Bourgogne, aux marges du Gâtinais, cette ancienne place forte a conservé 2 puissantes portes et un charme acquis au fil de l'eau du Loing qui a séduit bien des peintres. Un impressionniste anglais nommé Alfred Sisley passa un jour par là et n'en repartit plus, participant à la notoriété de la petite ville.

LA MYSTÉRIEUSE MAURESSE DE MORET

On n'a jamais su qui était vraiment cette religieuse métisse du couvent de Moret-sur-Loing qui recevait une pension royale. Une fille adultérine de Louis XIV, comme elle semble l'avoir affirmé elle-même ? Ou le fruit de l'union de son épouse délaissée, la reine Marie-Thérèse, et de son page africain ? Une chose est sûre : une bonne partie de la Cour lui rendait visite.

Adresses et info utiles

Gare de Moret-Veneux-les-Sablons : *☎ 36-58. • transilien.com • À env 1 km au nord-ouest du centre de Moret (bus lun-sam ; • transdev-idf.com •).* De Paris-gare de Lyon, ttes les 30 mn, 6h16-22h46, puis ttes les heures jusqu'à 0h46. Trajet : 45-55 mn.

Office de tourisme : *4 bis, pl. de Samois. ☎ 01-60-70-41-66. • msl-tourisme.fr • Avr-sept, lun-ven 10h-12h30, 14h-18h (17h lun) ; w-e et j. fériés 10h-18h. Hors saison, mar-sam 9h30-12h, 14h-17h.* Accueil super efficace. Nombreuses brochures et plan de la ville. *Visites guidées 2 sam/mois mai-sept.*

Les Amis d'Alfred Sisley : *24, rue Grande, pl. de l'Hôtel-de-Ville. ☎ 01-60-70-39-99. Avr-oct, jeu, w-e et j. fériés 15h-18h ou sur demande.* Des bénévoles passionnés vous donneront toutes les informations nécessaires à la découverte de ce peintre au gré du « Parcours Sisley », entrecoupé de plaques-tableaux indiquant les endroits où il posa son chevalet. Demandez la brochure dédiée *(6 €).*

Les Cyclos du Loing : *12, rue*

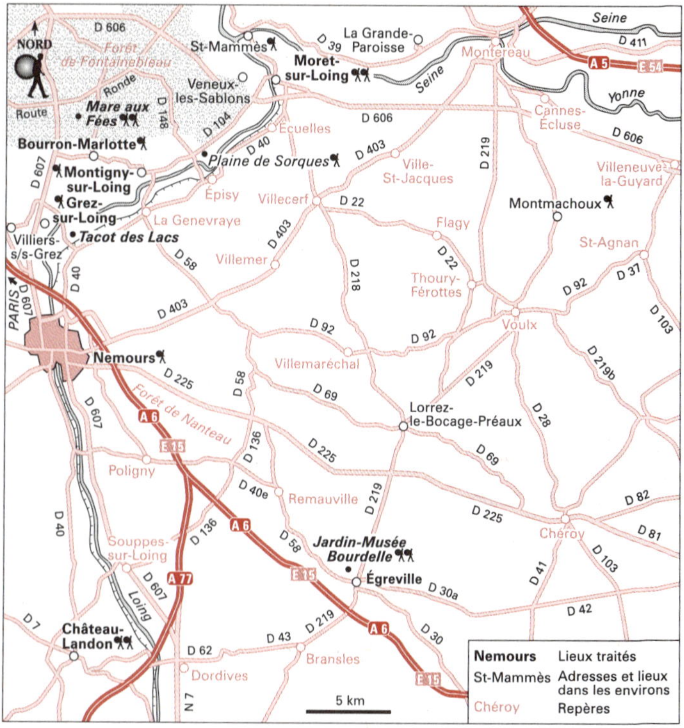

LA VALLÉE DU LOING

Eugène-Moussoir. *06-42-50-98-13.* • *lescyclosduloing.fr* • *Ouv 9h30-18h30 w-e, vac scol et j. fériés. Sur résa en sem.* Location de vélos classiques *(15 € la ½ journée)*, électriques *(25 € la ½ journée)* et VTT *(16 € la ½ journée).* Partez à la découverte de villages de caractère et des paysages situés le long du canal du Loing en suivant la *Scandibérique – EuroVelo 3.*

Où dormir ? Où manger ?

De bon marché à prix moyens

La Poterne : *1, rue du Pont-du-Loing.* ☎ *01-60-96-91-50. Tlj sauf lun-mar 8h-14h, 19h-21h. Galettes env 6-13,50 €.* Quelle situation ! Accolée à la porte de Bourgogne, *La Poterne* occupe une bâtisse de 1764 en surplomb du Loing, avec salle rustique et balcon offrant une bien belle vue – malgré le passage des véhicules qui empruntent le très beau pont. Quant aux galettes, bien faites et bonnes, elles méritent la mention bien ! Une adresse sympa tenue par une équipe jeune et dynamique.

Pour des crêpes, ***La Gavotte*** *(43, av. Jean-Jaurès ;* ☎ *01-60-70-41-92 ;* • *lagavotte@orange.fr* • *; tlj sauf lun et jeu soir),* à l'autre bout de la rue Grande, juste après l'office de tourisme, est très bien aussi, mais sa terrasse donne sur la route et non sur le Loing.

Le Refuge : *8, rue de l'Église. ☎ 01-60-70-86-65. • lerefuge77@gmail.com • Fermé mer-jeu et dim soir. Plat du jour 12 € ; formules 16-18 €.* Façade lambda, petite salle toute simple malgré quelques poutres au plafond : on ne vient pas ici pour le décor, mais pour la cuisine traditionnelle, préparée à base de produits frais. Le foie gras mi-cuit au sel de Guérande, avec sa note de porto-cognac, est une (excellente) spécialité. On le retrouve au menu, d'un bon rapport qualité-prix. En prime : un service efficace et souriant.

Chic

Chambres d'hôtes La Bélandre : *21, rue des Granges. ☎ 01-60-70-42-41. 06-76-58-14-22. Double 94 € ; familiale 4 pers 129 €.* Au cœur du centre-ville, cette petite maison d'hôtes, qui fait face à la jolie demeure en pierre d'Odile, griffée d'une glycine, ne manque pas de charme. En duplex, elle comprend un petit salon rustique et une chambre familiale confortable pour 4 personnes. On se sent vite comme chez soi !

Où dormir dans les environs ?

Camping

Les Courtilles du Lido : *49, chemin du Passeur, 77250* ***Veneux-les-Sablons.*** *☎ 01-60-70-46-05. • camping@courtillesdulido.com • les-courtilles-du-lido.fr • À 2 km de Moret (fléché en voiture, ou en longeant le Loing à pied). Ouv fin mars-sept. Forfait tente 2 pers 20 €. Mobile homes 4-6 pers 339-689 €/sem. Juil-août : min 5 nuits.* En lisière de forêt, ce 3-étoiles, occupant un domaine de 5 ha, est à 300 m du confluent de la Seine et du Loing, face au port fluvial de Saint-Mammès (que l'on peut rejoindre par une passerelle). Un lieu tranquille et bien tenu, aux emplacements spacieux, délimités par des haies, la plupart ombragés. Piscine chauffée, minigolf, ping-pong, petit tennis, pizzeria-friterie, terrain de jeux et petit mur d'escalade pour les enfants.

Prix moyens

Chambres d'hôtes 41 Quai d'Seine : *41, quai de Seine, 77670* ***Saint-Mammès.*** *06-79-90-77-67. • 41quaideseine@orange.fr • 41quaideseine.eu • Double 85 €, les 2 chambres (4 pers) 170 € (tarif dégressif dès la 2e nuit). Apéritif offert sur présentation de ce guide.* Face au quai, la vieille porte s'ouvre sur un étroit jardinet fleuri, au fond duquel se cache une adorable maison d'hôtes indépendante. Au rez-de-chaussée : une petite cuisine. Au-dessus : 2 chambres de charme, lumineuses et rénovées avec goût. L'une, parentale (30 m²), donne sur le jardin, l'autre, aménagée dans le grenier, est mansardée et dispose de 2 lits simples. Le proprio, Michel Bianchi, est aux petits soins pour ses hôtes, à qui il ne loue qu'une chambre afin de ne pas imposer un partage de la maison à des gens qui ne se connaissent pas ! Sa femme Claire, artiste peintre talentueuse, naviguant entre impressionnisme et abstraction, vous montrera volontiers son atelier. Aux beaux jours, les chaises longues sont installées sous la treille. Et, l'hiver, le sauna prend le relais. Un havre de paix !

Où manger une glace ?

Les 1001 Glaces : *13, rue de l'Église. ☎ 09-51-62-58-51. Mar-sam 10h-12h30, 14h30-18h30 ; fermé dim-lun. Congés : oct-mars.* Glaces et sorbets artisanaux de qualité, avec une trentaine de parfums en été : pamplemousse, mojito, carottes-gingembre, ananas, basilic, coquelicot par moments (!) et tous les classiques. Pas de salle ni de terrasse, mais les berges du Loing sont toutes proches.

À voir

Le petit centre, qui sut si bien charmer les peintres naguère, a conservé des témoins du temps où Moret était ville-frontière aux portes du duché de Bourgogne. Côté ouest, la ***porte de Samois*** (XIIe s), incrustée encore d'un boulet de canon autrichien au revers (la ville fut assiégée en 1814), s'ouvre sur la ***rue Grande,*** bordée de quelques belles maisons à colombages et Renaissance. Napoléon passa la nuit au no 24 à son retour de l'île d'Elbe.

Au no 30, rentrez dans la cour de l'hôtel de ville pour aller voir, au fond à gauche, la très belle galerie Renaissance (1527) de la ***maison Chabouillé*** (dite de « François Ier ») incrustée de médaillons de souverains français. En 1823, un officier, Fortuné de Brack, la fit transporter à Paris pour plaire à la célèbre comédienne Mlle Mars ! La façade fut finalement rapatriée à Moret en 1956, à 60 m de l'emplacement initial (qui va à la chasse perd sa place !). Voyez aussi, côté gauche, le très beau portail orné d'une salamandre, symbole notamment du roi François Ier. Côté rue, la façade d'inspiration Renaissance de la mairie présente de jolis détails.

Plus bas, prenez à droite la rue de l'église ; elle monte rapidement vers l'***église Notre-Dame*** (XIIe-XVe s), à laquelle Sisley consacra pas moins de 14 toiles ! Sa façade en gothique flamboyant a été superbement restaurée. Ses orgues du XVIe s s'appuient sur une balustrade du XVe s très bien conservée.

SISLEY TROUVE UN SPONSOR

Eugène Murer, pâtissier boulevard Voltaire à Paris, nourrissait ses amis impressionnistes tous les mercredis. Un jour, il acheta un tableau à Sisley, sans le sou, et organisa une tombola dans sa boutique. La gagnante, voyant le tableau impressionniste, demanda à l'échanger contre 2 religieuses. Ses héritiers doivent encore s'en mordre les doigts !

Juste au-dessus de l'église, place Royale, la vénérable ***Maison du Bon Saint-Jacques*** (XVe), aux vieux colombages sculptés et statue de saint Jacques, abrite la jolie *Maison du sucre d'orge (☎ 01-60-70-24-53 ; tlj sauf lun 10h-12h30, 15h-18h ; dim 15h-18h mars-oct).* C'est là que les sœurs de la Charité fabriquaient les fameux sucres d'orge d'après une recette élaborée par les bénédictines de Moret en 1638. Elles sont restées dans l'échoppe jusqu'en 1972. Ils sont toujours confectionnés à Moret-sur-Loing, selon la même recette tenue secrète. Après l'échoppe, en remontant la rue, on peut encore voir 3 belles maisons à colombages.

Du fond de la place Royale, la rue du Donjon mène, à l'angle de la rue Montmartre, à la maison où ***Sisley*** vécut de 1880 jusqu'à sa mort en 1899. Au-delà se dresse le ***donjon,*** dernier vestige d'un château royal du XIIe s, transformé en résidence privée, avec rosace gothique rapportée en façade. Fouquet y fut emprisonné en 1664. Dénichez dans le coin le charmant ***passage des Cours-Communes,*** parallèle à la rue Montmartre, pavé, avec plantes en pots et treille au no 6 bis.

Pour achever la balade, redescendez vers la rue Grande, qui rejoint le Loing en franchissant la ***porte de Bourgogne,*** partie intégrante de l'enceinte de la fin du XIIe s. La cage en bois où étaient enfermés les petits délinquants au XVIe s est encore conservée à l'étage (mais on ne peut pas la voir sauf lors des Journées du patrimoine)...

Le musée du Sucre d'orge : *moulin Provencher, sur le pont. Pâques-oct, mer-dim et j. fériés 15h-18h (19h mai-août). Entrée : 2 € ; enfant 1 €. Dégustation gratuite.* Ce sucre d'orge est le bonbon le plus ancien de France : il a été concocté pour la 1re fois en 1638 par les bénédictines de Moret. Prévu à l'origine pour soigner les maux de gorge, il devint rapidement la coqueluche des dames de la cour de Louis XIV. À la fin du XVIIIe s, la cousine de Jean de La Fontaine, mère-abbesse de la communauté, créa les 1ers bâtons de sucre d'orge. Avec la Révolution et la dissolution des ordres religieux, la friandise cessa d'être fabriquée, mais Napoléon demanda à y goûter et, fort heureusement, une vieille religieuse se souvenait de la recette ! Bien des personnalités vinrent s'approvisionner à Moret, comme Aristide Briand et Jean Jaurès, dont on peut voir les signatures dans le livre d'or exposé. Le musée, installé dans une belle bâtisse néo-XVIIIe s amarrée sur un îlot du Loing, rassemble du matériel ancien, une petite section sur la confrérie du sucre d'orge et une vidéo sur sa fabrication.

Les autres musées : outre le ***Musée municipal*** *(mars-début nov, ven-dim et j. fériés 14h-18h – 19h mai-août),* attenant à l'office de tourisme, à la belle saison, 2 sites mettent en valeur l'art contemporain au gré d'expositions temporaires : le vieux ***moulin à Tan,*** sous le pont, où était jadis traitée l'écorce de chêne pour assouplir les peaux *(juin-sept, w-e et j. fériés 14h-19h)* et le beau ***prieuré roman de Pont-Loup,*** 150 m plus loin *(rue du Peintre-Sisley, dans l'axe du pont ; avr-oct, ven-dim et j. fériés 14h-18h et 19h en été).* Mentionnons aussi, dans un genre très différent, le petit ***musée du Vélo*** *(au fond de l'allée Gustave-Prugnat ; mar-ven 10h-13h, 14h-19h ; sam 10h-18h ; GRATUIT),* installé le long du canal du Loing, où passe l'*EuroVelo,* sur le site d'une ancienne entreprise qui fabriquait des raccords de cadres et des pinces à vélo. L'occasion de remonter à l'origine de la petite reine, entre inventeurs français et anglais, et de voir un grand-bi et un drôle de vélo-ambulance ! Atelier de réparation sur place.

La plus belle vue sur Moret se découvre depuis la rive droite du Loing, au débouché de la route de Saint-Mammès : le pont de pierre, de petites îles greffées de vieux moulins, des lavoirs, un ensemble charmant d'anciennes demeures et d'éléments de fortifications, le tout dominé par la splendide église et se mirant dans les eaux de la rivière.

La prairie Clemenceau : *accès par la rue Madame, puis prendre le chemin sur la gauche juste avt le pont de la nationale.* Cette agréable balade en boucle de 1,4 km dans un espace naturel sensible offre notamment une belle perspective sur la maison du fils Clemenceau et d'autres résidences du bord de Loing.

À faire

– ***Location de canoës-kayaks :*** *auprès de* ***Nature Loisir Évasion*** *à* ***Grez-sur-Loing*** *(☎ 06-19-37-43-24, • nature-loisir.fr •) ;* ***Top Loisirs,*** *☎ 06-14-75-53-69, • toploisirs.fr • ; ou* ***Apikopa,*** *☎ 06-21-09-37-50, • apikopa.fr • ; mer-dim mai-sept ou oct, selon météo. Env 38-60 € le canoë (2 adultes) pour 2h-6h de descente libre, 25-30 € le kayak individuel. Résa indispensable.* On descend le Loing, rivière encore sauvage par endroits, au cœur d'une nature verdoyante. 3 parcours possibles : le petit, d'Épisy à Moret (½ journée), le moyen entre Grez-sur-Loing et Épisy (½ journée) ou le grand (1 journée), depuis Grez-sur-Loing. Les opérateurs vous déposeront au point de départ en amont ou viendront vous chercher à l'arrivée sur demande. *Top Loisirs* et *Nature Loisir Evasion* louent aussi des VTT *(21 €/j.).*

➢ ***Balades à pied ou à vélo :*** une carte des itinéraires pédestres du secteur est disponible à l'office de tourisme. Belle balade le long du canal du Loing, en remontant vers La Genevraye et Montigny-sur-Loing. La partie la plus bucolique du parcours se termine un peu avant Nemours.

Fêtes et manifestation

– ***Fête de Printemps :*** *mi-mai.* Animations, artisanat.
– ***Fête 1900 :*** *3ᵉ w-e de sept.* Habitants et commerçants s'habillent en costume d'époque.
– ***Festival de l'Humour :*** *mi-nov pdt 4 j.* Présidé chaque année par des célébrités différentes du monde du spectacle, ce festival rassemble des jeunes talents du café-théâtre.

DANS LES ENVIRONS DE MORET-SUR-LOING

Saint-Mammès *(77670) : juste en aval (au nord) de Moret, à 2,5 km par la route.* 2ᵉ ville batelière d'Île-de-France après Conflans-Sainte-Honorine, Saint-Mammès, au confluent de la Seine et du Loing, est le point de rencontre de toutes les voies d'eau traversant le centre de la France. La commune s'est tournée vers la plaisance avec la présence d'une halte fluviale, mais les quais n'ont pas perdu leur culture batelière. L'office de tourisme de Moret propose un circuit de 1h30 empruntant un labyrinthe de sentiers et venelles bordés de nombreux petits jardins privés typiques (demandez la brochure).

Montmachoux *(77940) : à 16 km au sud-est de Moret.* Pittoresque village sur une colline, lové autour de sa charmante église.
– ***L'élevage d'autruches et de nandous de la famille Robert :*** *1, Grande-Rue, à Montmachoux. ☎ 01-60-96-29-49. • autrucherieuse.com • Avr-oct, visite w-e et j. fériés à 15h (durée : 2h) ; en juil-août, également mar et jeu. Entrée : 6,50 € ; 5-12 ans 5,50 €.*
Voici le plus ancien élevage d'autruches, d'émeus et de nandous de France, et l'un des plus importants, avec 800 à 1 200 naissances par an ! Autant dire que les Robert en connaissent long sur la question. La meilleure époque pour admirer les volatiles se situe entre avril et octobre (en élevage), période des amours pendant laquelle les mâles se livrent à d'impressionnantes parades. Après la visite des enclos, on vous explique en détail l'anatomie et l'utilisation des différentes parties des animaux (œufs, plumes, cuir, viande...). Possibilité d'acheter de la volaille de ferme (en plus de la viande d'autruche), ainsi que des œufs décorés par madame, de la cosmétique et de la maroquinerie dans la boutique *(w-e 14h30-19h).*

LA POLITIQUE DE L'AUTRUCHE

Savez-vous pourquoi l'autruche enfouit sa tête dans le sable ? Non pour fuir un quelconque danger (car, à l'encontre de toute idée reçue, l'animal est futé et courageux), mais pour vérifier tout simplement que ses œufs sont bien en place et qu'aucun rongeur ou prédateur ne perturbe leur incubation. Une bien sage politique, en somme.

MONTIGNY-SUR-LOING (77690) 2 680 hab.

Autre village pittoresque à 6 km de Moret (par la D 104), Montigny s'amarre entre les berges du Loing et la lisière sud de la forêt de Fontainebleau. Là encore, vu de la rivière, une vieille église (XIIᵉ s) veille sur un joli tableau de vénérables demeures les pieds dans l'eau, face à un enchevêtrement de berges verdoyantes, de cascatelles et de petites îles reliées par de frêles passerelles. Un cadre parmi les plus sereins d'Île-de-France.

Comment y aller en train ?

Gare de Montigny : *☎ 36-58 (0,25 €/mn). • transilien.com •* De Paris-gare de Lyon, directs ttes les heures env, 6h16-22h16 (55 mn de trajet).

Où dormir ?

Le Parc du Gué : *46, rue Renée-Montgermont. ☎ 01-64-45-87-79. • camping-parcdugue.com • Ouv de mi-mars à nov. De la gare, descendre vers l'église, puis traverser le pont sur le Loing ; c'est au bout de la 1re rue à gauche. En tente, compter 13,50-17 € pour 2 ; randonneur 11-13 €. Abris Cocosweet 40-45 € (4 pers). Mobile homes 140-305 € le w-e, 325-445 € la sem.* Voilà un des campings les plus sereins d'Île-de-France. Les emplacements sont espacés et le site entouré de verdure, sauf côté étang, où l'on plante avec plaisir la tente avec vue sur les canards et les oies qui barbotent. Il y a aussi 2 abris *Coco Sweet* tout neufs avec frigo, bouilloire et plaque chauffante. En prime : piscine chauffée, ping-pong, aire de jeux, pêche.

Chambres d'hôtes chez Delphine et Jean-Michel Gicquel : *46, rue Renée-Montgermont. ☎ 01-64-45-87-92. 📱 06-83-59-02-45. • delphine.ciocchi@gmail.com • Dans le centre, avt le virage vers Bourron-Marlotte, prendre à droite. Double 72 €. Réduc de 10 % sur le prix de la chambre sur présentation de ce guide.* Cette maison de caractère organisée autour d'une petite cour intérieure pavée propose 2 chambres pas géantes mais douillettes, avec une belle hauteur sous plafond : une jaune (Velux) et une rose (petite fenêtre). Bon confort, déco soignée. Accueil très sympa.

Chambres d'hôtes Haras du Croc Marin : *chemin des Trembleaux. ☎ 01-64-45-84-01. 📱 07-63-82-79-83. • contact@harasducrocmarin.com • harasducrocmarin.wixsite.com • De la gare, aller vers Bourron-Marlotte et, après le 1er rond-point, prendre à droite (fléché). Double 76 €.* C'est avant tout un haras, où l'on peut pensionner ses chevaux, mais c'est aussi un bon endroit pour loger. On y trouve 4 chambres confortables, très similaires, toutes avec salle de bains, alignées à l'étage le long d'un couloir donnant directement... sur le manège ! L'adresse a été ouverte par Florence, une puriste du dressage (stages), accessoirement fille du célèbre photographe Édouard Boubat, dont on retrouve quelques posters aux murs et invitations au prix de Diane. Accueil sympathique.

Où manger ? Où boire un thé ?

Le Div'20 : *20, rue du Loing. ☎ 01-64-45-76-79. • restaurant.lediv20@gmail.com • Ouv mer-dim midi. Formule déj en sem 22 € ; menus 31-72 €.* L'adresse, au cadre épuré et à l'éclairage chaleureux, est tenue par une équipe jeune, dynamique et sympathique. On tient là une bonne adresse dirigée par un chef qui ne manque ni d'idées ni de talent. S'appuyant sur des fournisseurs locaux (légumes bio), il ne manque pas d'inventivité et emprunte volontiers des saveurs à des contrées plus ou moins lointaines. De la rhubarbe confite avec le pavé de saumon ? Il fallait y penser. Pour le vin, conseils avisés.

Le Petit Cormier : *2, ruelle des Cormiers (angle rue des Corvées). ☎ 01-64-78-27-49. • jean@lepetitcormier.fr • Dans la ruelle partant à l'angle de la supérette Carrefour Contact. Tlj sauf lun 10h-12h30, 14h30-18h30 (19h avr-sept) ; fermé mar janv-mars et oct-nov. Photophore marocain « Beldi » en verre recyclé soufflé offert sur présentation de ce guide.* Cette jolie petite boutique de déco et artisanat du monde, bien planquée, se double d'un microsalon de thé où l'on peut aussi grignoter une pâtisserie ou s'offrir une glace (fabriquée par *1001 Glaces* à Moret), à déguster sur la terrasse fleurie à la belle saison.

À faire

Franchissez le pont sur le Loing (joli point de vue), direction Nemours par la D 58, et prenez la 1re rue à droite : tout au bout, vous tomberez sur une bien belle ***aire de pique-nique,*** avec vue de carte postale sur le village et son déversoir. La baignade est théoriquement interdite, mais, en été, nombreux sont ceux qui y trempent les pieds (et un peu plus...).

Aire naturelle sensible de la Plaine de Sorques : *sortir de Montigny-sur-Loing vers Moret (par la D 104) et, 100 m après le croisement de la D 148 (feu), se garer à droite (parking).* Quelque 129 ha de plaine alluviale entrecoupée de marais et de friches s'étend ici, offrant un joli cadre pour une boucle pédestre d'environ 45 mn-1h. On peut espérer observer des martins-pêcheurs et, en saison, quelques migrateurs rares, notamment depuis l'affût installé sur place.

VOUS AVEZ DIT CRAPAUDUC ?

Pour réduire la mortalité des crapauds et grenouilles qui traversent la D 104 en descendant de la forêt de Fontainebleau vers les zones humides de la plaine de Sorques pour se reproduire, les abords de la route ont été grillagés, canalisant toutes ces petites bestioles vers une sorte d'entonnoir salvateur, joliment baptisé... crapauduc !

BOURRON-MARLOTTE (77780) 2 854 hab.

Immortalisée par Renoir (Auguste) à travers son tableau *Le Cabaret de la mère Antony* (1866), cette bourgade, candidate en 2019 au titre de « Plus Beau Village de France », fut le lieu d'une intense vie culturelle et mondaine. Corot vécut ici 39 ans car il appréciait la lumière au bord du Loing, le long de la forêt de Fontainebleau. De 1855 à 1945, tout peintre qui se respectait se devait de venir faire un tour dans ce « petit Barbizon » à la limite du Gâtinais. Manet y aurait peint des fragments du *Déjeuner sur l'herbe,* alors que Sisley et Pissarro auraient plutôt été attirés par le climat de fête permanente... On y butine aujourd'hui sur leurs traces entre villas opulentes, allées secrètes et rues charmantes à parcourir sur la pointe des pieds. Côté ouest : Bourron. Côté est : Marlotte, la plus chic. Quelques bons restos offrent autant d'escales bienvenues et la forêt s'épanche partout autour, avec ses innombrables sentiers.

Adresse et info utiles

Office de tourisme : *137, rue du Général-Leclerc, à côté de la mairie. 06-71-40-70-83. • bourronmarlotte.fr • Ouv mars-oct, ven-dim 10h-12h30, 13h30-17h30 (16h30 dim).* Vous pourrez y consulter quelques livres détaillant le patrimoine local. Le délégué à la culture et au patrimoine de la mairie, Nicolas Quénu, organise régulièrement des visites guidées à la belle saison *(06-85-12-85-34).*

Gare SNCF de Bourron-Marlotte-Grez : *☎ 36-58 (0,25 €/mn). • transilien.com •* À 4 mn de Montigny (voir plus haut), sur la même ligne, même fréquence. Pour visiter Marlotte (partie est du village, la plus intéressante historiquement), mieux vaut descendre à la gare de Montigny, plus proche.

Où dormir ? Où manger ?

Les campeurs s'intéresseront à l'***aire de bivouac*** *(gratuite, accessible tte l'année sauf exception)* située au début du sentier de la Mare-aux-Fées, à la sortie de Bourron-Marlotte en direction de Fontainebleau. Tentes et camping-cars autorisés. Point d'eau en saison. Feux interdits.

Le Bistrot du Broc : *5-7, rue Murger. ☎ 01-64-45-64-43. • lebistrotdubroc@gmail.com • Tlj sauf dim soir-lun 12h-14h, 19h-22h. Plats 16-32 €, menus 24-28 €. Apéritif maison offert sur présentation de ce guide.* Le cadre est à l'image de l'assiette : traditionnels l'un comme l'autre, saupoudrés d'une touche un peu théâtrale. Une petite sélection de « plats gourmands » à prix contenus permet de se rassasier, les autres viandes et poissons étant, eux, pas mal plus chers. Parmi les spécialités maison : le braisé de bœuf au foie gras et le cassoulet languedocien au confit de canard. Très belle carte des vins (250 références sur place ou à emporter) mais, là encore, les prix s'envolent (petit choix au verre). Terrasse cachée bien accueillante aux beaux jours.

Le Café de la Paix : *59, rue du Général-de-Gaulle. ☎ 01-64-78-31-28. • cafedelapaix-bourron@orange.fr • Tlj sauf lun-mar. Formule déj 22 € ; menu 44 € ; plats env 23-30 €.* La terrasse sur rue, à l'ombre des tilleuls, est accueillante, et les salles intérieures, assurément cossues, sont bien jolies. La cuisine, bistronomique, fait la part belle aux produits locaux de saison, entre grands classiques et petites audaces. Le menu du midi est un peu en deçà, mais contente déjà bien son monde, locaux comme visiteurs de passage. Service plutôt prévenant.

La Marlotte : *35 bis, rue Murger. ☎ 01-64-45-64-21. • lamarlotte@orange.fr • la-marlotte.com • Tlj sauf lun-mar 12h (10h le w-e)-14h (14h30 dim), 19h-22h. Doubles 95-110 €. Formules déj en sem 16-20 € (choix unique) ; plats 19-29 €.* Reprise par le fils de la maison, *La Marlotte* s'est offert une légère cure de jeunesse. On s'installe désormais de préférence dans la grande salle du fond, à côté de la cheminée qui crépite, ou en terrasse dans la cour. Le tout reste rustique, à l'image de la cuisine très terroir, qui jongle aussi avec grandes salades-repas et fondues pour 2 (mon tout bien copieux). Vins au verre à prix raisonnable. Les 4 chambres (dont 2 sur rue) sont confortables, mais trop chères à notre avis.

À voir. À faire

➢ ***Circuit des maisons d'artistes :*** l'*Association des amis de Bourron-Marlotte* (• *bourronmarlotte.free.fr* •), qui aime bien les plaques, en a posé quelques-unes pour vous. Nous vous proposons de les suivre. En arrivant de Fontainebleau par la ***rue Murger,*** on verra tour à tour l'ancien QG de la 2e DB où séjourna quelques jours le maréchal Leclerc (au nº 94), la résidence bourgeoise de l'écrivain Paul Morand entre les 2 guerres (nº 84) puis, au nº 75, la villa de l'écrivain Murger, « prince de la bohème », mondain et ami des peintres, qui les attira ici à partir de 1855. L'artiste voyageur Eugène Cicéri résida au nº 57. Au nº 42, derrière sa grande grille blanche, se cache la demeure où Jean Renoir tourna *La Fille de l'eau,* 1re révélation de sa vocation cinématographique. Quant à l'immeuble du nº 37, il abritait le ***cabaret de la mère Antony,*** peint par Renoir. Zola y aurait écrit *L'Assommoir* en s'inspirant de la fille de la maison pour le personnage de Nana...

Tournez ensuite à gauche dans la jolie petite ***rue Delort,*** pavée et fleurie. Le peintre italien Cesare Detti vécut au nº 23 (beau pignon), avant de le louer au romancier Paul Marguerite, membre fondateur de l'académie Goncourt. Corot résida aux nºs 22-24. Au nº 16, Armand Point, peintre orientaliste devenu symboliste, réunissait chaque dimanche de nombreux artistes et artisans autour d'un méchoui !

Revenez ensuite par la rue Armand-Charnay (à droite) pour regagner le carrefour de la rue Murger. Là, dans un recoin, se cache un buste du peintre animalier Olivier de Penne, avec un chien à ses pieds. « Il n'y a pas de peintre de chiens, la place est à prendre », lui avait conseillé un ami... Attention, il est impossible de se garer dans le haut de la rue Murger : mieux vaut donc faire cette balade à pied ou à vélo.

La mairie-musée : *133, rue du Général-de-Gaulle. Lun-ven, plus sam mat, 9h-12h, 14h-17h30 (17h ven). GRATUIT.* Depuis 1907, la mairie expose des œuvres de peintres ayant résidé dans le village, comme Auguste Allongé et Armand Point (grand dessin Art nouveau à l'étage).

La mare aux Fées : *parking à la sortie de Bourron-Marlotte en direction de Fontainebleau (à gauche).* On y accède en 15-20 mn par un chemin goudronné ou, plus agréablement, par un sentier balisé sinuant entre les rochers d'escalade, sur les crêtes du rocher des Étroitures (beaux panoramas sur la forêt). Au bout, un simple étang coassant et, en mai-juin, plein d'iris jaunes. Le secteur regorge de châtaigniers, propices à une récolte automnale. L'itinéraire complet, en boucle, permet de s'offrir une balade plus longue (3h).

Manifestation

– ***Académie d'orgue :*** *début juil.* On peut assister gratuitement aux répétitions et en profiter pour jeter un coup d'œil à l'intérieur de l'église Saint-Sévère (XIe-XIXe s).

GREZ-SUR-LOING

(77880) 1 451 hab.

À 5 km au sud de Bourron-Marlotte, Grez sommeille sur les berges tranquilles du Loing, entre prairies verdoyantes, ruines (modestes) d'un château royal et vieille église. Au XIXe s, les artistes paysagistes de l'école de Fontainebleau attirèrent ici des disciples de tous les pays, notamment scandinaves – comme le raconte Philippe Delerm dans *Sundborn ou les Jours de lumière*. Les frères Goncourt y séjournèrent en 1863, précédant de peu l'Écossais Robert Louis Stevenson, auteur entre autres de *Dr Jekyll et Mr Hyde*, qui y rencontra sa future épouse, l'Américaine Fanny Osbourne. Aujourd'hui, l'*hôtel Chevillon,* où ils résidèrent tous, bat pavillon suédois et abrite un foyer d'artistes scandinaves, la Fondation Grez-sur-Loing.

Où dormir ? Où manger à Grez et dans les environs ?

Camping

Camping Les Prés-Aquadis loisirs : *1, chemin des Prés. ☎ 01-64-45-72-75. • camping.grez@aquadis-loisirs.com • aquadis.com • ♿ À 5 mn à pied du village, de l'autre côté du pont de pierre. Ouv mars-nov. Réception 9h-12h, 15h-19h. Forfait pour 2 pers 13,50-14,90 €.* Ce vaste camping municipal, bien entretenu, s'étend juste en retrait du Loing (pas d'accès direct) et en lisière de forêt, avec de vastes pelouses et de nombreux petits recoins tranquilles et ombragés. Machines à laver et sanitaires chauffés (corrects). Bon accueil de la gérante anglaise. Vite complet en saison : réservez. La base de location de canoës et kayaks *Top Loisirs* est située juste en face (voir plus haut « Moret-sur-Loing. À faire »).

De prix moyens à chic

Chambres d'hôtes Au Grez du vent : *26, rue Victor-Hugo. ☎ 01-64-31-05-17. 06-40-11-78-89. • augrezduvent@outlook.fr • augrezduvent.over-blog.com • En plein centre. Double 80 € ; familiales. Table d'hôtes 25 €/pers (1 bouteille de vin incluse/table). Apéritif maison offert sur présentation de ce guide.* Profs au civil, Martine et Laurent louent 2 chambres ravissantes, décorées dans un style cottage anglais, chacune avec sanitaires privés et coin salon. L'une, baptisée du nom de Stevenson, est en pierres apparentes et donne sur un balcon-véranda divin avec vue sur l'église. L'autre, en hommage à Kuroda Seiki, Japonais précurseur de la peinture moderne dans son pays, est située sous les toits ; elle communique avec une chambre « complémentaire » pour les familles. Petit déj servi dans le jardinet ou en chambre... dans de la porcelaine, s'il vous plaît, avec confitures maison ! Cuisine à disposition.

Chambres d'hôtes La Cerisaie : *10, rue de Larchant, 77760* ***Villiers-sous-Grez.*** *☎ 01-64-24-23-71. 06-66-22-65-92. • andre.chastel@free.fr • cerisaie.fr • À 3 km à l'ouest de Grez, face à l'église. Doubles 80-90 € ; familiale.* Passé la porte de cette maison de village du XIXe s, s'ouvre une superbe cour pavée et fleurie – précurseur d'un bien beau jardin dissimulé à l'arrière. Vous voilà dans l'univers de Christiane et André, ancien photographe qui a roulé sa bosse dans le monde entier. Les 4 chambres, confortables et soignées, au mobilier à l'ancienne et papiers peints, sont à l'image des propriétaires, pleines de fantaisie : chambre du photographe, chambre orientale, suite musicale ou chambre du voyageur sous les toits, toutes vastes et multipliant les détails insolites à découvrir. Kitchenette et vaisselle à disposition. D'ici, le rocher de la Dame Jouanne n'est pas bien loin, pour une belle balade en forêt.

À voir

Il ne vous faudra pas bien longtemps pour faire le tour de Grez. D'abord un coup d'œil à l'***église*** du XIIe s, précédée par un massif clocher-porche aux solides contreforts, sous lequel nichent les hirondelles, puis un coup d'œil à la ***tour de Ganne,*** vestige d'un château dont on attribue la construction à Louis VI le Gros en l'an 1127. Blanche de Castille s'y arrêta au XIIIe s et Louise de Savoie, mère de François Ier, y mourut de la peste en 1531 ! En contrebas : un vieux ***lavoir*** et des vergers, par lesquels on accède aux berges du Loing pour un bien joli point de vue sur le vieux ***pont de pierre.*** Détruit pendant la 2de Guerre mondiale et reconstruit à l'ancienne, il a été emballé par Christo pour s'exercer avant le Pont-Neuf à Paris en 1985 ! Sur la rive opposée, ***les Prés du Vieux-Pont*** étalent leur grande prairie verdoyante pour un pique-nique bucolique.

Le musée-mairie : *86, rue Wilson. ☎ 01-64-45-95-15. Ouv lun-ven 10h-12h et 16h-18h ; sam 10h-12h ; fermé mer et dim. GRATUIT.* La salle du conseil abrite une collection d'œuvres témoignant du séjour des artistes à Grez, dont un beau *Portrait d'Alexandre Dupérat* par l'Américain Vonnoh et *La Jeune Fille dans le pré* de Birge Harrison. Mieux vaut téléphoner avant pour s'assurer que la salle est bien accessible.

À faire

– ***Descente du Loing en canoë-kayak :*** voir « À faire », plus haut, à Moret-sur-Loing (mêmes prestataires). Le parcours de Grez jusqu'à Épisy (½ journée), puis Moret (journée entière) est certainement la plus belle partie du Loing.

– ***Tacot des Lacs :*** *à 1 km, sur la route de Montcourt-Fromonville. ☎ 01-64-28-67-67. 06-37-69-13-63. • tacotdeslacs.free.fr • Avr-oct ; tlj à 14h30 et 16h10 en juil-août ; le w-e seulement mai-sept (dim avr et oct). Tarif : 8,50 € ; réduc*

(CB refusées). Balade de 40 mn à bord d'un authentique vieux train sur la voie étroite (5 km) d'une ancienne sablière reconquise par la nature, entre canal du Loing et forêt. Suit la visite de la collection de locomotives et wagons du dépôt (40 mn).

NEMOURS (77140) 13 200 hab.

Déjà, la forêt de Fontainebleau s'efface au profit des champs : le Gâtinais se fait ici de plus en plus agricole et industrieux. Touchée de plein fouet par les terribles inondations du printemps 2016, Nemours peine un peu à se relever. Mais son château-musée tient encore la dragée haute à ce Loing remuant qui lui baigne les pieds. L'occasion d'une courte escale curieuse.

TRANSATLANTIQUE, C'EST CHIC

Nemours est la patrie d'un certain Dupont, qui partit à la fin du XVIIIe s faire fortune en Amérique. Il y a fondé l'une des multinationales les plus colossales de notre époque : DuPont de Nemours, inventeur du nylon.

Comment y aller en train ?

Gare SNCF : *av. Carnot, à Saint-Pierre-les-Nemours (1 km à l'ouest du centre). Rens : ☎ 36-58. • transilien.com •* De Paris gare de Lyon, direction Montargis, ttes les heures, 6h16-22h16 (trajet : 1h05).

Adresse utile

Office de tourisme du Pays de Nemours : *28, rue Gautier-Ier, dans la cour du château. ☎ 01-64-28-03-95. • tourisme-paysdenemours.fr • En juil-août, mar-sam 9h30-13h, 14h-18h et dim 11h30-16h30. Sept-juin, mar-sam 10h-12h30, 14h-18h. Fermé lun et j. fériés. Visites guidées 5-6 €.* Personnel aimable et efficace. Propose toute l'année des visites guidées de Nemours, Grez et Larchant (quelques dates) et les applis gratuites *• Cirkwi •* et *• Balad'Nature •* répertoriant les options de balades pédestres, équestres, à vélo, canoë, etc. Vente de cartes et topoguides.

Où manger ?

O' Forum : *39, pl. de la République. ☎ 01-64-78-81-30. Ouv mar-sam. Formule déj en sem 19 €.* On se serre dans la petite salle de 6 tables, toute simple (lustres exceptés), pour se concentrer sur la cuisine fraîche. Produits locaux, carte courte, fait maison et en prime, charcuterie et vins corses, renvoyant aux origines de ce charmant jeune couple.

Restaurant l'Entre Deux : *35, quai Victor-Hugo. ☎ 01-60-55-12-46. • restaurantlentredeux@outlook.fr • Ouv le midi mar-dim, et le soir mer-ven. Formules déj en sem 16-25 € ; plats 16-27 €.* Face au canal du Loing (mais du mauvais côté de la rue), l'adresse détonne par sa devanture rouge anglais. À l'intérieur, c'est pourtant du 100 % français : vieilles pubs aux murs et cuisine traditionnelle très viandarde dans l'assiette, avec d'excellentes terrines « maison », suivies de rognons de veau aux 2 moutardes, par exemple. Dur, dur pour les végétariens... Bonne crème brûlée et quelques vins au verre. Accueil gentil.

Achats

Des Lis Chocolat : *6, rue Louis-Blériot, ZI du Rocher-Vert (200 m après le musée de Préhistoire). ☎ 01-64-29-20-20. • deslischocolat.com • Tlj sauf dim-lun 10h-12h30, 14h-18h30.* Spécialité de la maison : les chocolats au coquelicot ! Également des liqueurs au coquelicot et les sucres d'orge de Moret.

À voir

L'église Saint-Jean-Baptiste : *pl. de la République. Tlj 8h-19h (certaines parties en restauration).* Derrière le clocher-porche du XIIe s se révèle une nef en gothique flamboyant mâtinée d'influences Renaissance (XVIe-XVIIe s). Notez la pietà du sculpteur Sanson au dos du chœur et les curieuses nervures en bois de la voûte. Du pont sur le Loing, jolie perspective sur le chevet avec les chapelles saillantes et les arcs-boutants.

Le château-musée : *rue Gautier-Ier. ☎ 01-64-28-27-42. • nemours.fr • Mer-sam 10h-12h30, 14h-18h et dim ap-m. Fermé lun-mar, 1er janv, 1er mai et 25 déc. Entrée : 5 € ; réduc ; gratuit moins de 19 ans. Visite commentée : 7 € ; réduc.* Rive gauche du Loing, au cœur de la cité médiévale disparue, voilà l'un des seuls châteaux de ville d'Île-de-France ayant survécu aux vicissitudes de l'Histoire. Il a été fondé au milieu du XIIe s par Gauthier Ier de Villebéon, seigneur de Nemours, grand chambellan de Louis VII et de Philippe Auguste, avant de passer à la famille d'Armagnac. L'édifice fut profondément remanié en 1673 lorsque Louis XIV donna le duché de Nemours en apanage à son frère Philippe d'Orléans. Ce colosse flanqué de 4 tours d'angle et relié à une haute tour carrée par une étroite galerie, est aujourd'hui un espace muséographique destiné à accueillir des expositions temporaires provenant d'un fonds remarquable d'arts graphiques, de peintures et de sculptures de la fin du XIXe s et du début du XXe s.

Le musée de Préhistoire d'Île-de-France : *48, av. Étienne-Dailly. ☎ 01-64-78-54-80. • musee-prehistoire-idf.fr • À 2 km au sud-est du centre, en direction de Sens. Tlj sauf mer mat et sam mat 10h-12h30, 14h-17h30 (18h juil-août). Fermé 1er janv, 1er mai et 25 déc. Entrée : 5 € ; réduc ; gratuit moins de 18 ans. Appli gratuite avec 2 parcours commentés.* Cet intéressant musée occupe un édifice atypique, alliant aux salles d'exposition, déroulées chronologiquement, des espaces jardin vitrés recréant la flore de l'époque concernée (très belles fougères arborescentes au début du parcours). La visite se décompose en 4 séquences, du Paléolithique à la fin de la période gauloise avec, à mi-chemin, un diaporama très didactique (14 mn) mettant en lumière les recherches réalisées sur le proche site de Pincevent – une excellente introduction à l'archéologie. La dernière salle abrite les artefacts (produits créés par l'homme) les plus parlants : beaux bracelets en pierre, poteries, objets en bronze et haches parfaitement polies. En sortant, encore : une barque carolingienne de 15 m taillée dans un seul tronc !

À faire

Croisière sur le canal du Loing : *☎ 01-64-28-07-09. 📱 06-24-37-75-31. • vedette.le.zia.pagesperso-orange.fr • D'avr à mi-oct, tlj sauf lun-mar. Départ du port fluvial de* ***Montcourt-Fromonville*** *à 9h30, et 14h30 ou 15h. Durée : 1h30.*

Tarifs : 13 €/pers ; 9 € moins de 12 ans. Résa fortement recommandée. Étiré sur 50 km entre Montargis et Saint-Mammès (sur la Seine), le canal du Loing présente quelques belles sections bucoliques, notamment au-delà de Nemours, en allant vers Moret.

Location de bateaux sans permis et d'embarcations à pédales : *à Nemours. 06-01-46-10-78. • bateauxcanalduloing.com • Tlj juil-août, w-e et j. fériés le reste de l'année, 10h-18h. Compter 35-45 €/h (5-7 places).*
– ***Location de canoës et kayaks :*** *auprès d'**Airescapades 77** à Nemours (06-75-37-56-24, • airescapade77.com •) ; **Kawak** à **Bagneaux-sur-Loing** (07-68-54-95-25, • canoe-kawak.com •) ou **No Limit Aventure** (06-12-35-40-50, • nolimit-aventure.com •) à Nemours. Ce dernier propose aussi d'autres activités, notamment des parcours accrobranches et du paintball (classique et à l'arc). Mai-sept ou oct, selon météo. Résa indispensable.* La classique : la descente du Loing entre Bagneaux et Nemours, plus courte et moins bucolique qu'au départ de Grez ou d'Épisy (voir « À faire ; Moret-sur-Loing »).

ÉGREVILLE

(77620) 2 189 hab.

À 12 km à l'est par la D 30, cette bourgade d'entre-champs accueillait au Moyen Âge d'importantes foires et marchés. Il en reste une imposante halle des XVᵉ-XVIIᵉ s en châtaignier qui repose sur 28 piliers, site du marché hebdomadaire (lundi). L'église voisine (XIIIᵉ-XVᵉ s) est, elle, remarquable pour son clocher-porche monumental, coiffé d'une sorte d'échauguette (tour d'angle). Mais si l'on vient ici, c'est avant tout pour le jardin-musée Bourdelle.

Adresse utile

Office de tourisme : *1, rue Saint-Martin. ☎ 01-64-29-21-66. • ot-egreville.fr • Près de l'église. Ouv lun 9h-12h30, ven-sam 9h-12h30, 14h-17h30.* Accueil très aimable.

À voir. À faire

Le jardin-musée Bourdelle : *1, rue Dufet-Bourdelle, hameau Le Coudray. ☎ 01-64-78-50-90. • musee-jardin-bourdelle.fr • Juste à la sortie nord d'Égreville, direction Le Coudray (panneaux). Ouv mai-oct, mer-dim 10h30-13h, 14h-18h. Entrée : 5 € ; réduc ; gratuit moins de 18 ans. Audioguide : 2 €. Cannes-sièges à disposition. Ateliers de peinture et modelage payants et sur résa.* Marqué par l'influence de Rodin, dont il fut le praticien de 1893 à 1908, puis enseignant de Germaine Richier, de Maillol ou encore de Giacometti, Antoine Bourdelle (1861-1929) est l'un des sculpteurs majeurs du XXᵉ s. Sa fille et son gendre Michel Dufet, architecte d'intérieur, ont créé, puis légué au conseil départemental de Seine-et-Marne ce beau jardin art décoratif (classé Jardin remarquable), destiné à accueillir ses œuvres. Confrontés à la nature, installés dans des haies de buis, des rosiers ou au centre du potager, les 57 bronzes exposés acquièrent ici une force exceptionnelle. On y verra notamment le fameux *Héraklès archer,* les sculptures monumentales du monument au général Alvéar installées à Buenos Aires en 1926, mais également de nombreux bas-reliefs du Théâtre des Champs-Élysées à Paris, le très beau *Centaure mourant* et bien d'autres encore. Une très belle déambulation au milieu d'œuvres puissantes et expressives.

➢ Intéressante ***randonnée*** en boucle de 14 km à faire en 3h30 au départ de ***Lorrez-le-Bocage-Préaux,*** en descendant le *Lunain* à la rencontre des moulins de la vallée. On traverse le bocage gâtinais dont les terres, moins riches que ses voisines de Brie et de Beauce, sont plus vallonnées, plus parcellisées et closes de haies naturelles. Sur le chemin, lavoir de Paley et château de la Motte dont l'origine remonte au XVᵉ s (ne se visite pas). Itinéraire à retirer à l'office de tourisme.

CHÂTEAU-LANDON (77570) 3 013 hab.

À 14 km au sud de Nemours par la D 40 et 16 km à l'ouest d'Égreville, ce petit bourg endormi est surnommé le « Rocamadour du Gâtinais ». Riche de 2 000 ans d'histoire, fortifié depuis le haut Moyen Âge, il s'amarre sur un éperon rocheux souligné de bouts de remparts et de vieilles maisons, dominant la jolie vallée du Fusain, où l'on se balade de lavoir en lavoir, dans un cadre très bucolique.

Adresse utile

ℹ ***Office de tourisme :*** *6, rue Hetzel. ☎ 01-64-29-38-08. • tourisme.chateau-landon.com • tourisme-gatinaisvaldeloing.fr • Mar-sam 9h30-12h30, 13h30-17h30.* Demandez le plan de la ville avec circuit de découverte des monuments (4 km). Petite boutique de produits locaux.

Où manger ?

🍽 ☂ ***Le Cheval Blanc :*** *1, pl. du Général-Leclerc. ☎ 01-64-29-34-28. • contact@lechevalblanc77.fr • Ouv le midi mar-dim et le sam soir (plus lun midi mai-début sept). Menu du jour 14,10 € et menu de saison 26,10 €.* Le choix est vite fait : c'est le seul bon resto du coin ! La carte, qui évolue au gré des saisons, oscille entre terre et mer, avec une belle sélection de produits locaux. Miel, volaille, lentilles, fromage de chèvre, safran du Gâtinais, pralines Mazet de Montargis, bière *La Gâtine,* crème brûlée à la liqueur de coquelicot de Nemours... autant de produits que l'on retrouve à l'achat, côté boutique. Bon accueil.

À voir. À faire

★★ Tout commence par une vue superbe depuis le ***belvédère de la place du Larry,*** la vue sur les vieilles maisons soulignant le rocher se livre amplement au regard. Entre elles subsistent plusieurs tours et bastions : la *tour ronde du Notaire,* où s'est installé un gîte *(• rempartsvilleforte.fr •)* et, plus avant, la ***tour Saint-Thugal,*** vestige d'une église romane, dont on s'approche par la rue de la Ville-Forte. De là, des escaliers dévalent joliment vers le Fusain par la poterne Sud (80 marches), mais on vous conseille de pousser d'abord jusqu'à l'***ancienne abbaye Saint-Séverin*** (XIIᵉ s), devenue maison de retraite. Si le lieu ne se visite pas, on peut accéder au jardin pour un autre très beau panorama sur le village fortifié et la vallée.

★★ Rue de Saint-Séverin, les escaliers vous conduiront au pied de l'abbaye et à l'adorable ***sentier des Amoureux*** (GR 13). Il longe une des branches du Fusain. Là se multiplient les petits lavoirs restaurés (17 !), les saules pleureurs et les rosiers grimpants débordant des jardins clos. La vue sur Château-Landon et ses tours est superbe. Dans le prolongement, on atteint le *parc de la Tabarderie,* puis la *zone humide des Prés Patouillats* (panneaux pédagogiques).

Des abords du lavoir communal (le plus grand), un escalier grimpe jusqu'au pied de la grande ***église Notre-Dame*** *(tlj 9h-18h ; brochure-plan de la ville disponible si l'office de tourisme est fermé),* bel exemple de transition entre le roman et le gothique. L'essentiel date des Xe-XIIe s, à l'exception de la partie basse du bas-côté sud, ouverte par de grandes baies gothiques du XIVe s. Clocher unique, ajouré, de 57 m.

Au début de la route de Montargis le clocher-porche de l'ancien ***prieuré de Saint-André*** (XIIe s) s'élève dans la cour d'une ferme. On peut demander à s'approcher pour détailler les chapiteaux naïfs représentant des personnages.

➢ Des ***boucles pédestres*** de 8, 13 et 14 km permettent de découvrir le secteur. La plus courte *(circuit d'Émeraude)* reste constamment aux abords des cours d'eau. Une ***boucle vélo*** (10 km) permet en outre de rejoindre la Scandibérique. Mais vous n'êtes pas obligé d'aller jusqu'au bout.

Manifestations

– ***Les Tabarderies :*** *au parc de la Tabarderie, à la Pentecôte.* Un festival alternatif à vocation écologique, proposant concerts, spectacles participatifs, ateliers, installations artistiques éphémères...
– ***Trail des Remparts :*** *août.*

• Carte Provins et le Provinois *p. 357*

PROVINS

(77160) 11 900 hab.

• Plan *p. 358-359*

La découverte à pied de cette cité médiévale – classée au Patrimoine mondial de l'Unesco – est un véritable enchantement ! Au détour des ruelles fleuries, dans les caves voûtées romano-gothiques, chaque maison rappelle les siècles écoulés, chaque pierre raconte une histoire. Quelle cité de la région parisienne pourrait tout à la fois évoquer ce passé émouvant et correspondre au vieux rêve d'Alphonse Allais : une ville à la campagne ? Dans les pas de Chrétien de Troyes et de ses chevaliers de la Table ronde, de Balzac qui décrivit les charmes de Provins dans son roman *Pierrette,* de Jules Verne qui y passait ses vacances enfant chez ses tantes, ou de Proust qui venait s'y balader, offrez-vous au moins un week-end à Provins, où de nombreuses animations vous replongeront dans l'ambiance de la cité au Moyen Âge.

UN PEU D'HISTOIRE

Provins, c'est d'abord un gros bourg fortifié au Xe s, doublé d'une ville basse qui se développe à partir du XIe s avec la découverte des reliques de saint Ayoul, la construction d'un monastère et l'affluence des pèlerins. La ville atteint son apogée aux XIIe et XIIIe s, sous le règne des comtes de Champagne. C'est alors la 3e agglomération de France après Paris et Rouen. On y fabrique une étoffe célèbre et coûteuse, le drap « ners » de Provins (d'un bleu-noir difficile à obtenir), et de grandes foires s'y tiennent, attirant nombre de marchands de gros de toute l'Europe. La cité se trouve alors au confluent de 9 chemins principaux et 11 secondaires... et le denier provinois est accepté à travers tout le continent.

> **DÉJÀ DES GROUPIES**
>
> *Les tournois du Moyen Âge échauffaient souvent les gentes dames. Il arrivait même alors qu'elles « décollent » (retirent) leur corsage pour le jeter au chevalier de leur élection... Ne cherchez pas plus loin : le mot « décolleté » vient de là.*

À la cour de Thibault de Champagne (1201-1253), la littérature courtoise se diffuse dans le sillage de Chrétien de Troyes ; le comte compose d'ailleurs lui-même. Il encourage aussi la culture de la rose dite de Provins et, dit-on, rapporte de croisade ce cépage chardonnay aujourd'hui indissociable du champagne... Cette longue période florissante se termine avec le rattachement formel de la Champagne et de la Brie au royaume de France en 1284, la concurrence accrue des cols alpins et du détroit de Gibraltar, les épidémies et la fin des privilèges des marchands, au XIVe s.

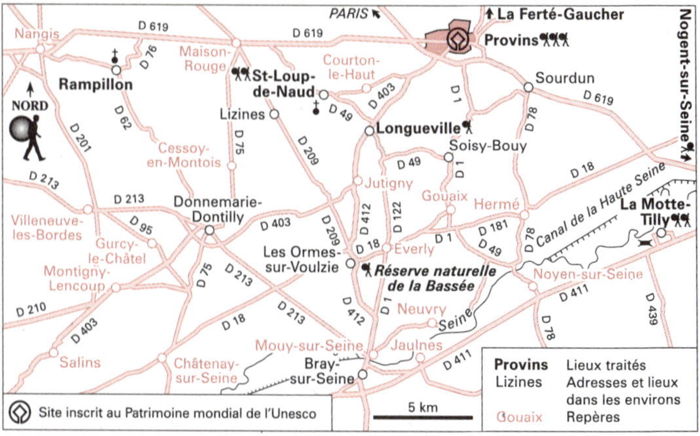

PROVINS ET LE PROVINOIS

Comment y aller ?

Par la route

➢ ***Paris :*** accès à la cité médiévale (ville haute) fermé à la circulation w-e, ponts et j. fériés 9h-18h, fin mars-1er nov.

En train

Gare ferroviaire *(plan D2)* **:** *rue François-Rayer. ☎ 36-58. • transilien.com •*

➢ ***Paris :*** au départ de la gare de l'Est, env 20 trains/j. dans chaque sens (un peu moins le w-e). Trajet : 1h20. Dernier retour de Provins à 21h46.

De la gare, un ***minibus*** électrique dessert la ville basse, la cité médiévale ainsi que l'office de tourisme *(avr-août, w-e et j. fériés ; 2,50 €/billet, 4 €/j., ttes les heures, 10h15-17h15, sauf 14h15).* Le reste du temps, prendre le bus n° 50 direction Chessy, ttes les 20 mn à 1h en sem, 1h w-e et j. fériés. Infos *ProCars* : *☎ 01-60-67-30-67. • procars.com •*

Topographie

Le centre de Provins se compose de 2 quartiers. Le ***Châtel,*** ou ville haute médiévale, est la partie la plus pittoresque de la cité. Elle se visite exclusivement à pied. Le quartier du ***Val,*** ou ville basse, construit plus tardivement, a le charme de ses vieilles maisons avec jardin et de ses rues commerçantes animées. Les 2 quartiers sont reliés entre eux par des rues en pente et des escaliers. Faites chauffer les mollets !

Adresses et infos utiles

Office de tourisme *(plan A1,* ***1****)* **:** *4, chemin de Villecran. ☎ 01-64-60-26-26. • provins.net • Juste avt la porte Saint-Jean (enceinte de la ville haute). Tlj 9h-18h30 (17h nov-mars). Fermé 1er janv et 25 déc.* Demandez-y le plan de la ville avec ses points d'intérêt et propositions de circuits de découverte à pied, très bien fait. Visites guidées à thème payantes ou appli « CloudGuide » *(• cloudguide.me •)* gratuite à télécharger. Et pour la région

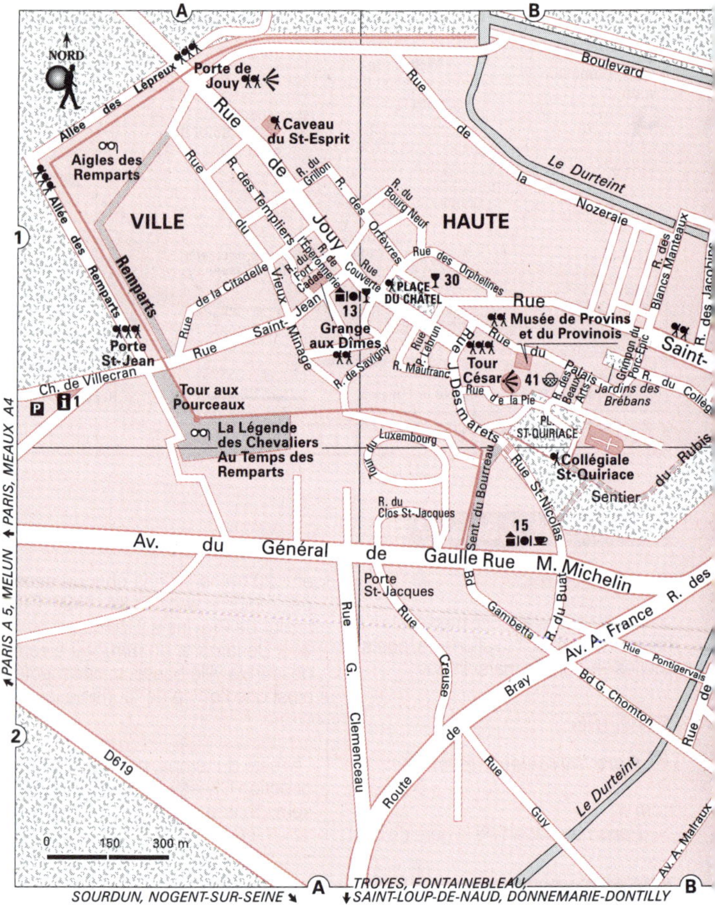

Adresses utiles

- 1 Office de tourisme principal (A1)
- 2 Office de tourisme de la gare (D2)

Où dormir ?

- **10** Chambres d'hôtes Le Clos de Provins (C1)
- **11** Chambres d'hôtes Le Logis de la Voulzie (C2)
- **12** Le César Hôtel (C1)
- **13** Hostellerie Aux Vieux Remparts (A-B1)
- **14** Demeure des Vieux Bains (C1)
- **15** Maison d'hôtes Stella Cadente (B2)

proche : les 3 guides-découvertes du *Provinois*, du *Bassée-Montois* et des *Deux Morin*. Sur place : boutique, panneaux interactifs, maquette de la ville, aire de pique-nique couverte, w-c. Location de VTT et VTC électriques

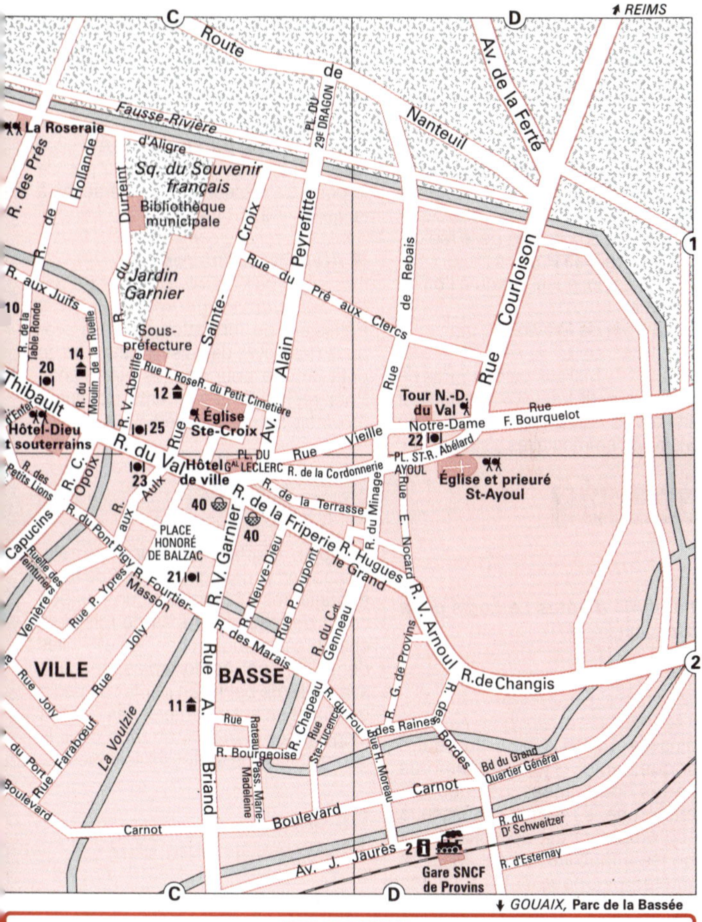

PROVINS

Où manger ?	Où boire un verre ?
15 Il était une fois (B2)	**13** Bar lounge de l'Hostellerie Aux Vieux Remparts (A-B1)
20 Le Banquet des Troubadours (C1)	**30** La Terrasse du Châtel (B1)
21 Restaurant Rosalie (C2)	**Achats**
22 L'Inattendu (D1)	**40** Pâtisserie Gaufillier (C2)
23 L'Appart (C2)	**41** La Ronde des Abeilles (B1)
25 Les Bistrophiles (C1)	

hauts de gamme de fin avril à début novembre *(compter 8 € pour 2h, 13 € la ½ journée, 20 €/j.)* ; remorque enfants et siège bébé sur demande. Résa conseillée. Proposition de balades commentées à vélo électrique certains samedis de mai à août à 11h (durée : 1h30). Accueil souriant et efficace.

Antenne de l'office de tourisme à la gare (plan D2, **2**) **:** *à gauche en sortant. Ouv mar-dim 10h-12h30, 13h30-18h. Fermé lun.*

Outre le *Pass Provins* (voir « À voir ») pour la visite des monuments les plus emblématiques, signalons l'existence du **Pass Jardins,** qui permet d'accéder à 6 des plus beaux jardins de la région, dont la Roseraie de Provins *(15 €, valable 1 an).* Il est lui aussi vendu à l'office de tourisme.

– **Le petit train de Provins :** *tlj mai-août, w-e et j. fériés en avr et sept-oct. Tarif : env 7 € ; réduc.* Mal aux petons ? Pas de problème, le petit train vous trimbale à travers la ville haute en une boucle de 30 mn, avec commentaires historiques.

Spécial personnes handicapées : la Roseraie et le spectacle des aigles sont accessibles aux personnes handicapées, mais aucun monument ne peut les accueillir.

Stationnement : mieux vaut se garer au **grand parking** *(plan A1)* situé face à l'office de tourisme, à 2 pas de la porte Saint-Jean qui donne accès à la vieille ville. *Gratuit lun-ven, 4 € w-e, ponts et j. fériés ; camping-car 8 €.*

Ateliers culinaires : *21, rue du Palais (pl. du Châtel). 06-23-63-86-84. • lestabliersgourmands.com •* Pâtissière de formation, la boss propose des cours de cuisine privés ou en petit groupe pour adultes ou enfants. Pour rester dans le thème dominant provinois : la cuisine médiévale.

Où dormir ?

De prix moyens à chic

Chambres d'hôtes Le Logis de la Voulzie *(plan C2,* **11***)* **:** *16, rue Aristide-Briand. 06-14-02-25-10. • contact@logisdelavoulzie.com • logisdelavoulzie.com • (chambre au rdc). Dans la ville basse. Doubles 75-95 €.* À moins de 15 mn à pied du centre historique, voici 3 jolies chambres coquettes, parsemées de meubles anciens. L'une, au rez-de-chaussée, à la déco ethnique, est accessible aux personnes à mobilité réduite. Mais on lui préfère la « Coquelicot », à l'étage (qui fait une suite familiale en lui adjoignant la petite « Bleuet ») et la chambre du 2[d] étage, agréablement mansardée et lumineuse. Attention, si toutes ont une salle de bains privée, elle se trouve dans certains cas sur le palier. Gentil jardin à l'arrière où prendre le petit déj aux beaux jours. Cuisine à disposition. Accueil sympathique de Mme Martin.

Chambres d'hôtes Le Clos de Provins *(plan C1,* **10***)* **:** *4, rue des Jacobins. 06-85-80-86-45. • contact@leclosdeprovins.com • leclosdeprovins.com • Doubles 95-103 €.* À la retraite, Francine et Jean-Jacques s'investissent à fond dans leur chambre d'hôtes. Ils adorent papoter et servent le matin un petit déj incroyablement complet, alignant jus d'orange frais, viennoiseries chaudes, salade de fruits et confitures maison (dont un très bon confit de rose). Un repas de rois ! Les chambres, au mobilier ancien et vieilles dentelles, sont confortables, chacune avec salle de bains. En prime : un jardin devant et un autre derrière, des chaises longues sur le gazon, un frigo dans le garage et 2 gros toutous pacifiques.

De chic à beaucoup plus chic

Maison d'hôtes Stella Cadente *(plan B2,* **15***)* **:** *28, rue Maximilien-Michelin. 06-10-22-88-30. • contact@maisonprovins.com • stellacadente-provins.com • Doubles 79-150 € ; suite.* Amoureuse des contes de fées, la décoratrice Stella Cadente a laissé libre cours à son inspiration dans cette belle bâtisse bourgeoise posée juste au pied de la ville haute, au cœur d'un parc aux allées de buis. On grimpe à l'étage par le vieil escalier à la cage nappée d'or pour déboucher sur le blanc éthéré de la chambre « Reine des Neiges », aux centaines d'étoiles scintillant au plafond, ou sur le rouge intense et provocateur de la « Moulin Rouge » (redécoré en son temps par Stella). À moins que vous ne préfériez l'univers d'« Alice au pays des merveilles »... Le confort est excellent à des tarifs somme toute très raisonnables. La maison abrite un bon resto-salon de thé tout aussi décalé (voir « Où manger ? »).

Le César Hôtel *(plan C1,* ***12****) : 13, rue Sainte-Croix. ☎ 01-60-52-05-20. • contact@lecesarhotel.com • lecesarhotel.com • Doubles env 105-150 € ; familiale ; promos sur le site en basse saison.* Cet hôtel récent aligne des chambres douillettes, lumineuses et très design, aux tons gris et blanc, nappées de moquettes bien épaisses. Pour le clin d'œil : un luminaire épuré rappelant les lustres médiévaux, des rideaux évoquant les « cottes de mailles », une (fausse) peau de bête sur le lit, des carreaux néomédiévaux à l'accueil... Toutes les chambres ont w-c et salle de bains (parfois étroite) séparés. Massages à la rose et gentil patio verdoyant. Bref, une belle escale.

Hostellerie Aux Vieux Remparts *(plan A-B1,* ***13****) : 3, rue Couverte. ☎ 01-64-08-94-00 ou 01-64-08-95-90 (Demeure des Remparts). • info@auxvieuxremparts.com • auxvieuxremparts.com • Dans la ville haute. Doubles 155-255 € ; suite. Petit déj 16 €. Parking gratuit.* En plein cœur de la vieille ville, ce vaste hôtel regroupe pas moins de 3 bâtiments abritant 55 chambres assez différentes, tant en termes de taille que de déco. Certaines, séduisantes, laissent apparaître poutres et pierres vénérables, là où quelques-unes traînent encore d'anciennes moquettes. Et puis il y a celles de la toute proche *Demeure des Remparts,* à la déco assurément contemporaine. Bref, de tout pour tout le monde. En prime : bel espace détente lumineux (piscine, jacuzzi, sauna, hammam et soins à la carte, et à la rose bien sûr !), superbe bar lounge installé dans les caves voûtées du XIIe s et restaurant de bonne tenue, le *Bistrot des Remparts (formules 28-33 €, menu 43 €),* dont la vaste et agréable terrasse ombragée accueille le petit déj.

Demeure des Vieux Bains *(plan C1,* ***14****) : 7, rue du Moulin-de-la-Ruelle. 06-74-64-54-00. • demeure.des.vieux.bains@gmail.com • demeure-des-vieux-bains.com • Dans la ville basse. Congés : nov. Doubles 125-180 € ; familiale. Table d'hôtes (sur résa) 25 €/pers. Parking.* Plusieurs beaux bâtiments du XIIe s encadrent une grande cour avec fontaine, veillée par un délicieux jardin suspendu. Les 5 chambres et suites, thématiques, sont spacieuses et souvent meublées d'époque ; certaines ont une terrasse privée et toutes de belles salles de bains ou douche balnéo. Une manière de rappeler que cette demeure classée abritait au Moyen Âge les bains publics ! La salle, où est aujourd'hui servi le petit déj, a d'ailleurs conservé ses voûtes et dallages d'origine (billard et cheminée).

Où manger ? Où prendre un goûter ?

Pas vraiment de bons restos dans la cité médiévale. Préférez ceux de la ville basse – moins chers et de meilleure qualité –, fréquentés au long cours par les gens du cru.

Les amateurs de fantaisie craqueront pour le ludique **Banquet des Troubadours** *(plan C1,* ***20****) : 14, rue Saint-Thibault. 06-70-50-08-58. • banquetdestroubadours@gmail.com • Sam midi (12h) et soir (20h). Fermé en août. 40-45 €/pers ; réduc.* Ici, on ripaille médiéval, sous de superbes voûtes du XIIe s, sur fond de jongleries et de ménestrels, en se costumant si l'on en a envie !

De bon marché à prix moyens

Restaurant Rosalie *(plan C2,* ***21****) : 7, pl. Honoré-de-Balzac. ☎ 01-60-67-62-10. • rosalie-grill@orange.fr • Tlj sauf dim-lun et mar soir. Formules 17-22 € ; carte env 27 €. Café offert sur présentation de ce guide.* Les Provinois y reviennent dès qu'ils peuvent pour profiter de sa terrasse aux beaux jours et de sa bonne cuisine de brasserie, sans prétention mais à tarif démocratique. Spécialité de la maison : les grillades de viande ou de poisson.

L'Inattendu *(plan D1, **22**) : 5, rue Abeilard. ☎ 01-64-01-64-24. • linattenduprovins@gmail.com • Mar-sam 12h-14h, 19h-21h30. Menus 24-32 € ; plats 14-19,50 €.* Face à l'église Saint-Ayoul, la maison (salle climatisée) propose une carte courte mettant en valeur ses spécialités de brochettes : rognons, Saint-Jacques au chorizo, saumon-bacon notamment, joliment servies sur un mini-brasero épousant leur forme. Également des salades complètes et, pour le dessert, une crème brûlée qui change de parfum selon l'humeur du chef (rose, pistache, pécan...). Aux murs, des tableaux surprenants en mousse, lichens et bois.

De prix moyens à chic

Les Bistrophiles *(plan C1, **25**) : 44, rue du Val. ☎ 01-64-01-46-94. • lesbistrophiles@gmail.com • Tlj le midi, et le soir ven-sam. Congés : 2 sem en août et fin déc-début janv. Formules déj 15,50-19 € ; menus 25-30 €, et carte env 25 €.* On se sent bien dans ce petit resto style bistrot (climatisé) dont les casiers garnis de bons produits du terroir mettent en appétit. À acheter certes, mais aussi à déguster dans les plats généreux et goûteux servis avec le sourire. Ici tout est fait maison y compris la pâtisserie, alors gardez-lui une petite place ! Bon rapport qualité-prix-accueil... On reviendra.

Il était une fois *(plan B2, **15**) : 28, rue Maximilien-Michelin. 06-10-22-88-30. • contact@maisonprovins.com • Mer-sam 12h-14h, 19h-21h30 ; mar le soir seulement ; dim 11h-15h. Menus 29-36 € ; plat 24 €.* La maison d'hôtes de la décoratrice Stella Cadente (voir « Où dormir ? ») se double d'un surprenant resto. L'été, on s'installe sur la belle terrasse gravillonnée, entre parasols et grands arbres. Le reste du temps, on se faufile dans les différentes salles du rez-de-chaussée, où surgit tout un bestiaire de plumes et de poils mis en scène sur fond baroque : un paon empaillé qui fait la roue, un oryx trophée qui touche au plafond, un sanglier taquin... La cuisine du moment est bonne, voire très bonne, joliment servie (belle vaisselle), et le service est décontracté, mais parfois un peu flou.

L'Appart *(plan C2, **23**) : 37, rue du Val. ☎ 01-64-08-32-91. • lappartcafe37@gmail.com • Dans la ville basse. Tlj sauf mar-mer 10h-15h, 18h30-22h. Formule déj en sem 18 € ; menus 25-32 € ; carte env 30 €.* La cuisine de bistrot, concoctée avec soin selon le marché, est joliment présentée, servie avec le sourire et honorée par une belle carte des vins, triés sur le volet. Les viandards apprécieront les tartares et burger de boudin ! Petite salle moderne et terrasse. Une valeur sûre, appréciée des locaux.

Où dormir ? Où manger dans les environs ?

De bon marché à prix moyens

Chambres d'hôtes chez Annick et Jean-Mary Dormion : *24, route du Perré, 77650 **Lizines.** ☎ 01-60-67-32-47. • ajm.dormion@gmail.com • À 12 km au sud-ouest de Provins. Derrière l'église, dans l'ancien presbytère. Double 60 €.* On est ici à la ferme. Très enjouée, l'adorable Annick veille gentiment sur ses 3 chambres rustiques aux meubles anciens (une au rez-de-chaussée), avec entrée indépendante, salle de bains et TV. On a même accès à une cuisine pour se mitonner son frichti !

Chambres d'hôtes chez Christine et Jean-Claude Dormion : *2, rue des Glycines, 77650 **Lizines.** ☎ 01-60-67-32-56. • cjcdormion@gmail.com • dormion.cpur.fr • Double 70 €. Gîte 4 pers.* On est là chez le frère de Jean-Mary et sa femme. 5 chambres ont été aménagées dans les dépendances de cette ancienne ferme : 2 un peu plus récentes dans le corps de bâtiment central, avec kitchenette, 3 de l'autre côté de la ruelle (sans voitures), avec cuisine complète. Chacune a sa salle de bains, l'ensemble est fort bien (entre)tenu et il y a même une piscine dans le jardin ! Petit déj à l'intérieur ou, en été, dans une belle grange aménagée. Accueil sympa.

Chambres d'hôtes La Loutinière : *19, rue Creuse, 77171* ***Sourdun.*** *☎ 01-60-58-06-33. • planckaert.valerie@orange.fr • loutiniere-chambredhote.e-monsite.com • À 3 km au sud-est de Provins. Double 75 € ; tipi 90 € pour 2 pers (maisept selon météo). Table d'hôtes 25 €/pers.* Au cœur d'un village campagnard tranquille, cette vieille grange rénovée abrite 4 chambres confortables (avec salle de bains privée) turquoise, vert et rose, à l'agréable déco rustique. À l'arrière, dans le jardin, un vrai tipi sioux tout droit venu du Canada, attenant à un petit bloc sanitaire privé ! En prime : un salon de jardin donnant sur un petit océan de fraisiers et l'accueil dynamique de Valérie, une femme de caractère, ex-éducatrice spécialisée.

Au Bon Laboureur : *2, rue Grande, 77480* ***Bray-sur-Seine.*** *☎ 01-60-67-10-81. • aubonlaboureur@hotmail.fr • aubonlaboureur.com • À 20 km au sud de Provins. À côté de la mairie. Resto tlj sauf mer et dim soir. Congés : 1 mois en juil-août et 10 j. fêtes de fin d'année. Doubles 60 € (sdb dans la chambre, mais w-c sur le palier)-90 €. Formule déj en sem 18 € ; menus 33-40 € ; carte env 35 €.* Ce petit établissement à l'ancienne est bien connu pour sa bonne cuisine traditionnelle servie avec le sourire, d'un bon rapport qualité-prix : c'est d'ailleurs vite complet et animé à midi (mais plus tristoune le soir) ! Les 9 chambres, dans un bâtiment annexe, sont simples mais propres.

La Cucina : *1, rue du Bois-aux-Dames, 77650* ***Soisy-Bouy.*** *☎ 09-84-23-00-18. • lacucina@live.fr • À 7 km au sud de Provins. Le soir, tlj sauf dim-lun 19h-22h ; le midi, seulement sam 12h-14h. Pizzas et pâtes 11-16 €.* Originaire des Pouilles, Michele sert de délicieuses pizzas généreusement garnies et des pâtes maison, plus quelques bons petits plats soignés et bien goûteux, mitonnés avec des produits bien frais. Il s'assura que vous n'en laisserez pas une miette dans votre assiette ! On s'est régalés à prix copain.

De prix moyens à chic

Restaurant La Croix Blanche : *2, pl. du Marché, 77520* ***Donnemarie-Dontilly.*** *☎ 01-64-60-67-86. À 18 km au sud-ouest de Provins. Tlj sauf mer et le soir des lun-mar plus dim. Congés : 2 sem en fév, 2 sem en juil-août et 1 sem en nov. Formules déj en sem 26,50-29,50 € ; menus 45-67 € ; carte env 35-40 €.* Ne vous laissez pas abuser par un nom vieille France et une façade d'auberge de campagne. C'est à l'inverse une adresse jeune et actuelle, dotée d'une déco tout en sobriété qui s'accommode à merveille des pierres apparentes, réveillées par des chaises aubergine ! À l'image du cadre, cuisine alerte et présentée avec art, qui puise son inspiration dans le terroir et les saisons en sublimant ses produits. Accueil sympa. Pour beaucoup, c'est la meilleure adresse du coin. Foncez !

Où boire un verre ?

La Terrasse du Châtel *(plan B1,* ***30****) :* *8, pl. du Châtel. ☎ 01-64-00-01-16. • terrasseduchatel@gmail.com • Tlj sauf lun. Dans la ville haute.* Installé dans une allée entre 2 vieilles maisons, ce resto-bar-lounge demeure le haut lieu de l'animation en soirée dans la cité médiévale. Ambiance jeune et moins jeune vraiment sympa.

N'hésitez pas à faire escale, aussi, dans les caves voûtées du XIIe s du ***bar lounge des Vieux Remparts*** *(plan A-B1,* ***13****)*, où l'on grignote une *plancha* avec son verre *(tlj 12h-00h ; 1h le sam).*

Achats

Pâtisserie Gaufillier *(plan C2,* ***40****) :* *2, rue Victor-Garnier. Dans la ville basse. ☎ 01-64-00-03-71. Tlj sauf lun 7h-19h15 (13h dim).* Vous ne pouvez quitter Provins sans avoir dégusté l'excellente et originale confiture à la rose de Dominique Gaufillier. *Également une chocolaterie à 2 pas, 10, rue* *de la Friperie (tlj sauf dim-lun 9h30-12h30, 15h-19h ; fermée juil-août).*

La Ronde des Abeilles (plan B1, **41**) **:** *3, rue des Beaux-Arts. ☎ 01-60-67-65-97. • provins.org/larondedesabeilles • Dans la ville haute. En saison, tlj 11h (10h30 w-e)-19h ; hors saison, tlj sauf mer 13h30-19h30.* Pour compléter votre panier gourmand sur le thème de la rose, direction cette belle boutique pour goûter au miel et pain d'épices maison, bonbons à la rose et autre moutarde de rose.

À voir

Soulignons le bel effort de mise en valeur du patrimoine réalisé à Provins. Spectacles, visites guidées, à l'office de tourisme on ne chôme pas ! On peut acheter le *Pass Provins* qui donne accès à la tour César, aux souterrains, à la grange aux Dîmes et au musée de Provins et du Provinois (valable 1 an), et propose des tarifs réduits – le jour même – pour les spectacles, la Roseraie et le petit train. *Prix : 12 € ; enfant 8,50 € ; tarif famille 35,50 € (2 adultes et leurs enfants de 5-12 ans).* Achat en ligne, à l'office de tourisme ou dans les sites concernés, sauf au musée.
– Pour découvrir le patrimoine de Provins, 3 circuits touristiques pédestres ont été aménagés, avec bornes et lutrins. N'oubliez pas de demander le plan-guide à l'office de tourisme !

➢ Il faut aborder la ville par la partie haute afin d'éprouver le choc de pénétrer sans transition dans le Moyen Âge. Au niveau de la ***porte Saint-Jean*** (plan A1), l'allée des Remparts, sur la gauche, prolongée par l'allée des Lépreux, longe par l'extérieur les magnifiques ***remparts,*** jusqu'à la porte de Jouy, puis la poterne Faneron... On peut aussi suivre la muraille par un large chemin côté intérieur, avec accès à un bout de chemin de ronde, mais l'impression n'est pas aussi saisissante.

LE BLASPHÈME EST AU COIN DE LA RUE

Au Moyen Âge, les sanisettes n'étant pas inventées, les passants avaient la fâcheuse habitude d'uriner sur les murs. Pour les en dissuader, certains propriétaires peignaient des croix au bas de leur maison. Les blasphémateurs étaient alors passibles du pilori.

La porte de Jouy (plan A1) est l'une des plus belles de la ville. Démolie en 1733, restaurée, elle a retrouvé l'aspect qu'elle avait au XIIIe s, et l'on peut désormais y grimper pour admirer la campagne à perte de vue !

➢ Au nº 3 de la rue de Jouy, le ***caveau du Saint-Esprit*** (plan A1), salle basse de l'ancien hôpital du Saint-Esprit, fondé en 1177 pour accueillir pèlerins, pauvres, enfants et vieillards, ne se visite que pendant les Journées du patrimoine. Le coin est sillonné de tranquilles ruelles pleines de charme ; on y découvre même de grandes fermes en pleine ville !

La grange aux Dîmes (plan A1) **:** *rue Saint-Jean. Avr-août, tlj 10h-18h ; sept-début nov, tlj 14h (10h le w-e)-18h ; nov-mars, seulement w-e et j. fériés et tlj pdt les vac scol (zones B et C) 14h-17h. Fermé 1er janv et 25 déc. Entrée : 4,30 € ; réduc. Accessible avec le* Pass Provins. *Audioguide gratuit (35 mn).* La magnifique halle voûtée de cette bâtisse du XIIe s servit longtemps de local commercial et de lieu d'hébergement pour les marchands, sa cave monumentale étant utilisée pour le stockage des marchandises. Une sorte de caravansérail, donc ! Ce n'est qu'à partir du XVe s que le lieu devint entrepôt des dîmes. Son passé commerçant est le prétexte à une visite ludique sur le thème des foires de Champagne, illustré par une dizaine de reconstitutions représentant, avec des mannequins en costume d'époque, les différents corps de métiers du Moyen Âge : marchands, changeur et écrivain public, potier, tailleur de pierre, parcheminier... À vrai dire, l'intérêt réside surtout dans les commentaires passionnants de l'audioguide : une excellente façon de se faire une idée de la vie de Provins au temps des grandes foires médiévales.

La place du Châtel *(plan B1)* **:** encadrée de tilleuls et plantée d'un vieux puits, elle accueillit les grandes foires de Champagne. De belles demeures l'entourent, notamment, à l'angle de la rue Couverte, la *maison aux Quatre Pignons.*

La tour César *(plan B1)* **:** *rue de la Pie. Avr-nov, tlj 10h-18h ; le reste de l'année, 11h-17h le w-e et 14h-17h en sem ; dernier accès 15 mn avt. Fermé 1er janv et 25 déc. Entrée : 4,30 € ; réduc. Accessible avec le* Pass Provins. Ce superbe donjon du début du XIIe s comporte 3 niveaux : une enceinte ronde à la base, construite par les Anglais pendant la guerre de Cent Ans ; le corps du donjon, de forme carrée et flanqué de tourelles d'angle ; enfin, l'étage supérieur de forme octogonale, dont le toit a été ajouté à la fin du XVIIe s. Symbole de l'autorité des comtes de Champagne, l'édifice servit aussi de tour de guet, de prison et de refuge. Après avoir détaillé une maquette du site, on grimpe vers la vaste salle de garde puis, par un escalier court mais extrêmement raide et étroit, jusque sous les combles pour admirer la charpente, une véritable œuvre d'art. On y trouve les cloches que l'église Saint-Quiriace lui a léguées après avoir perdu son clocher en 1662. De là ou, mieux encore, du niveau inférieur, le panorama sur la ville est splendide.

La collégiale Saint-Quiriace *(plan B1-2)* **:** *pl. Saint-Quiriace. Tlj 9h30-19h (18h hors saison).* ***Fermée pour travaux jusqu'à l'horizon 2021.*** Débutée en 1157, la construction se prolongea au XIIIe s, mais le déclin des foires de Champagne la laissa inachevée : elle aurait dû se prolonger sur la place. Un incendie, en 1662, acheva de la mutiler, lui laissant cette façade fruste, qu'adoucissent heureusement les baies latérales. Le dôme fut rebâti dans la foulée – pour la petite histoire, les habitants nés en ville haute étaient appelés les « enfants du dôme ». L'intérieur est plus majestueux, avec un triforium (galerie en hauteur autour du chœur) dont les arcs en plein cintre révèlent la transition vers le gothique.

Musée de Provins et du Provinois *(plan B1)* **:** *7, rue du Palais.* ☎ *01-64-01-40-19. Début fév-Toussaint, tlj 12h-17h30 (11h-18h30 de mi-juin à mi-sept) ; en hiver, w-e, j. fériés et tlj pdt les vac scol (zone C) 12h-17h30 ; dernier accès 30 mn avt. Fermé dernier dim d'août (fête de la Moisson) et 2 sem pdt les vac scol. Entrée : 4 € ; réduc. Accessible avec le* Pass Provins. À 2 pas de la collégiale, le musée, installé dans une maison romane parmi les plus anciennes de la ville, abrite des collections intéressantes quoiqu'un peu disparates : ensemble lapidaire au sous-sol (dont sarcophages mérovingiens), mobilier et arts décoratifs des XVe-XIXe s au rez-de-chaussée et au 1er étage, art sacré au 2d (avec une très rare icône trinitaire du XVe s et une chasuble dite de « saint Edme » du XIIIe s). Au 1er étage les amateurs de frissons s'arrêteront devant l'*instrument à rompre* – au milieu d'une petite collection d'armes anciennes – utilisé par le dernier bourreau de Provins pour casser les membres des condamnés au supplice de la roue. Superbes : les 3 bouches à eau en bronze du XIIe s, à têtes de chiens (loups ?), provenant de la fontaine de l'hôtel-Dieu.

LE TOUR D'ABANDON

Il s'agit d'une caisse ronde pivotant sur un axe, genre guichet à colis des bureaux de poste, jadis installée aux portes des couvents. On y déposait les bébés abandonnés. Les « colis » étaient récupérés de l'autre côté. Le musée de Provins et du Provinois en possède encore un, qui fut utilisé jusqu'en 1859 ! En 5 ans, pas moins de 1 258 bébés y furent déposés...

➢ **La rue Saint-Thibault** *(plan B-C1)*, bordée de demeures intéressantes et se perdant en adorables venelles herbues, mène à la ville basse. Là se dresse l'***hôtel-Dieu*** *(plan C1)*, ex-palais des comtesses de Blois et de Champagne (XIIe s), reconverti en centre d'accueil pour pèlerins venus vénérer les reliques de saint Ayoul. Les marchands étrangers y résidaient aussi pendant les foires. Le lieu est fermé à la visite, mais on peut voir sa salle basse voûtée mi-romane mi-gothique en visitant les souterrains de la ville (voir ci-après).

Les souterrains *(plan C1)* **:** *rue Saint-Thibault. Accès par la salle basse de l'hôtel-Dieu. Se renseigner sur l'ouverture à l'office de tourisme. Entrée : 4,50 € ; réduc. Accessible avec le* Pass Provins. *L'accueil n'ouvre que 10 mn env avt le départ des visites. Conseil : réservez votre créneau à l'office de tourisme dès votre arrivée, ou dans les autres monuments vendant le* Pass Provins. *Et prenez une petite laine en été : il fait en moyenne 12 °C ici !* Un réseau inextricable de galeries creusées par l'homme au Moyen Âge a transformé le sous-sol de Provins en véritable gruyère. Exploité à l'origine comme carrière pour la construction des monuments, ce dédale d'alcôves en quinconces et de couloirs, plus ou moins interconnectés, a ensuite été réutilisé pour entreposer vin et marchandises. La preuve ? Les noms des dépositaires (et même un inventaire de bouteilles !) gravés sur les parois de craie... Les francs-maçons se sont aussi réunis ici : les candidats à la loge de Provins y passaient 12h dans le noir avant d'émerger à la lumière du jour, symbolisant le passage de l'ignorance à la connaissance. Après 200 m sous terre, on ressort par une 2de belle cave voûtée (magasin du XIIIe s), comme il en existe encore 150 en ville haute.

La Roseraie *(plan C1)* **:** *11, rue des Prés. ☎ 01-60-58-05-78. Avr-11 nov, tlj 10h-19h30 ; fév-mars et nov-déc, sam-lun 10h-18h, plus ven et tlj vac scol (ttes zones) 14h-18h. Entrée : 7 € (tarif réduit selon floraison en basse saison) ; gratuit moins de 12 ans. Visite guidée sur résa.* Dans un charmant écrin de verdure de 3 ha, dominé en toile de fond par les monuments de la vieille ville, la Roseraie regroupe plus de 500 variétés joliment mises en scène. Bruno, le boss, n'est pas avare de bons conseils pour les jardiniers en herbe. Le 1er : venez en priorité en mai-juin, au pic de la floraison ! Agréable boutique de déco-salon de thé avec terrasse, à l'entrée du parc, proposant thé à la rose et glaces au parfum de... « pétales de rose » ! Au fait, le saviez-vous ? Les armées napoléoniennes se fournissaient en pétales de rose de Provins pour traiter les hémorroïdes de leurs cavaliers et soldats !

LA VIE EN ROSE

On redécouvre la rose de Provins pour ses propriétés médicinales : confit et sirop facilitent la digestion ; en lotion, elle assainit et purifie la peau ; en version sucre d'orge, elle adoucit la gorge... La rose est fortement associée à la créativité gourmande provinoise : à côté du confit de rose et des bonbons traditionnels, vous trouverez du miel, des chocolats, de la liqueur, des pâtes de fruits, des glaces ou encore du vinaigre à la rose...

L'église Sainte-Croix *(plan C1)* **:** *rue du Petit-Cimetière-Sainte-Croix.* Elle est dotée d'un remarquable portail Renaissance sculpté aux accents gothiques (ne se visite pas).

L'église et le prieuré Saint-Ayoul *(plan D1-2)* **:** *pl. Saint-Ayoul. Avr-août, tlj 10h-18h ; sept-oct, ouv w-e 10h-18h, sem 14h-18h ; le reste de l'année 14h-17h. Entrée : 4,30 €, audioguide inclus.* Le sanctuaire fut à l'origine du développement de la ville basse au XIe s, après la découverte d'un sarcophage contenant les restes supposés de saint Ayoul – qui attirèrent bientôt en ville de nombreux pèlerins. Son culte se répandit et fut très vite lié aux foires de Champagne. Étrange ensemble à vrai dire... D'un côté, l'***église*** présente un portail assez abîmé greffé d'un trumeau moderne par le sculpteur Georges Jeanclos, des vitraux contemporains et, dans le bas-côté droit, les boiseries de l'ancien couvent des Cordeliers (1650). Une entrée séparée permet d'accéder au ***cloître*** et, tout au fond, à la belle ***salle capitulaire*** (XIIe-XIIIe s) et à un morceau séparé de l'église. Pourquoi séparé ? Parce que les bénédictins et la paroisse se disputèrent longtemps l'édifice, coupé en 2 par un mur en 1527 pour mettre fin aux querelles ! On découvre donc là le transept roman et les chapelles rayonnantes du chevet ! Fraîchement restaurées en exposant les différentes structures juxtaposées au fil du temps ; on peut y voir des enduits peints médiévaux aux motifs colorés, une grande représentation du Christ (blond !) et, au-dessus de l'arche principale, 2 loups. Une partie des soubassements anciens a été mise au jour.

Juste au nord (par la rue Notre-Dame) s'élève la ***tour Notre-Dame-du-Val*** *(plan D1),* dernier vestige d'une ancienne collégiale (ne se visite pas). Son portail royal (XVIe s), qui enjambe la rue, a été restauré.

Fêtes et manifestations

On vient également à Provins pour les nombreux spectacles et fêtes qui jalonnent la vie de la cité durant la belle saison. ***Important :*** le *Pass Provins* donne droit à des réductions.

– ***Les Médiévales de Provins :*** *ts les ans, un w-e en juin. Rens : ☎ 01-64-00-39-39 ou auprès de l'office de tourisme. • provins-medieval.com • Billet : 12 €/1 j., 16 €/2 j. ; réduc pour ceux qui se costument !* **L'un des grands événements annuels :** 100 000 visiteurs, 1 000 personnes costumées lors du défilé...
– ***Son et lumière :*** *4 spectacles en juin, sur la terrasse du couvent des Cordelières. Rens à la MJC : ☎ 01-64-00-57-00. • sonlumiere.provins.free.fr •*
– ***Spectacle « Épées et Donjon »*** *(plan A1)* **:** *au pied de la tour aux Pourceaux. De mi-avr à début juil, en sem (sauf mer), à 11h. Prix : 8 € ; enfant (4-12 ans) 5,50 €. Billet jumelé avec le spectacle « La Légende des chevaliers » : 17,50 € ; enfant (4-12 ans) 11,50 €. Durée : 45 mn.* Démonstration de machines de siège. Ne parlez pas de catapultes, c'est une hérésie : dites « mangonneau », « trébuchet », « couillard » (silence dans les rangs !). Le propre de ces engins, c'est le balancier (la catapulte, elle, tire son énergie du boyau tendu). Vous assisterez à des tirs de boulets-baudruches, on vous expliquera la préparation d'un siège, ateliers à l'appui : taille de boulets, ferronnerie... Intéressant et ludique.
– ***Spectacle « La Légende des chevaliers »*** *(plan A1)* **:** *tour aux Pourceaux. ☎ 01-60-67-39-95. • equestrio.fr • Avr-sept, à 14h30 en sem (15h en juil-août), 15h45 les w-e et j. fériés ; oct, seulement le w-e. Prix : 12,50 € ; enfant (4-12 ans) 8,50 €. Billet jumelé avec le spectacle « Épées et Donjon » : 17,50 € ; enfant (4-12 ans) 11,50 €. Durée : 45 mn.* Mais quel est ce vil chevalier qui ose chercher noise à notre bon et splendide Thibaud de Champagne et à sa douce Blanche ? Des tirs de couillard débutent les hostilités, puis, lors d'un tournoi épique, notre seigneur croise le fer avec l'ignoble assaillant ! Chevaux harnachés, costumes d'époque et huées de la cour de Champagne (et des spectateurs) animent ce spectacle vivant et drôle. Et d'après vous, c'est qui qui gagne ?
– ***Spectacle « Les Aigles des remparts »*** *(plan A1)* **:** *à la porte de Jouy. ☎ 01-60-58-80-32. • vollibre.fr • Tlj avr-début nov. Demander les horaires à l'office de tourisme (1-2 représentations par ap-m). Prix : 12,50 € ; enfant 8,50 €. Durée : 50 mn.* En plus du spectacle, présentation, à l'attache dans les abris, de nombreux rapaces. Vautour, grand-duc, milan, caracara, buse féroce, aigle royal... et impérial : ils sont tous là. Sur fond de musique classique ou d'opéra, ils exécutent pour vous leurs vols majestueux ou acrobatiques, en vous frôlant éventuellement les oreilles... Chevaux, loups et dromadaires complètent le tableau. Visite libre des volières après le spectacle.

– ***Chasse aux œufs de Pâques :*** *dim et lun de Pâques. GRATUIT.* Pour les moins de 12 ans, chaque année à Pâques, des milliers d'œufs sont cachés dans la ville ! Petite aide : une carte au trésor est disponible à l'office de tourisme.
– ***Les Lueurs du Temps :*** *1er sam de juil et d'août.* La ville et son donjon sont illuminés de milliers de bougies. Ambiance musicale, notamment place du Châtel et à la Roseraie, spectacle équestre nocturne et animations de rue... L'office de tourisme propose aussi des visites nocturnes et promenades contées.
– ***Les ripailles de Saint-Ayoul :*** *un sam soir en juil.* Rôtisseurs et ripailleurs invitent à savourer leurs mets place Saint-Ayoul. Pour leur tenir compagnie : conteurs et cracheurs de feu. Une fête familiale très appréciée des locaux.
– ***Fête de la Moisson :*** *le dernier w-e d'août (prélude la veille). Tarif : 10 € (gratuit moins de 12 ans) ; Pass Provins (17 €).* Une vieille tradition française ravivée à Provins avec défilé de chars, parade et danses folkloriques pour fêter l'ultime récolte de l'année. Un joyeux mélange de traditions et d'animations contemporaines : chars décorés de blé, danses folkloriques, battage à l'ancienne, concerts de jazz et fête foraine. C'est la seule fête de la moisson qui se déroule non pas dans les champs mais en ville, comme autrefois.
– ***Fête de la Niflette :*** *le 11 nov, en ville basse (rue du Val).* Vous ne connaissez pas la niflette ? Une spécialité locale, tartelette feuilletée à la crème pâtissière, aromatisée ou non à la fleur d'oranger. On la mange, on apprend à la fabriquer et des animations couronnent le tout.
– ***Noël à Provins :*** *crèche vivante, marché médiéval et artisanal, patinoire... spectacles gratuits dans la collégiale Saint-Quiriace, au cœur de la cité médiévale, pdt le 2e ou 3e w-e de déc.*

Randonnées pédestres

L'office de tourisme de Provins édite de petits dépliants très bien faits décrivant une trentaine de circuits de randonnées entre 7 et 17 km pour découvrir les lieux insolites de Provins et de sa région (téléchargeables sur le site de l'office de tourisme). On vous en suggère 2 parmi d'autres :

➢ ***« Sur les coteaux de la Voulzie » :*** *circuit en boucle de 14 km. Durée : 4h sans les arrêts. Départ et retour à l'office de tourisme de Provins.* Il s'agit d'une rivière dont le cours fut détourné au XIIIe s afin de drainer les eaux et les marais alentour. Attention, quelques pentes glissantes par temps humide. N'oubliez pas vos jumelles.

➢ ***« Aux sources de la Vicomté » :*** *circuit en boucle de 17 km. Durée : 4h sans les arrêts. Départ et retour pl. de l'Église, à Sourdun, à 5 km au sud-est de Provins.* On passe devant la chapelle Saint-Hubert, où autrefois on ne manquait pas de verser son obole tant la région était réputée dangereuse, on frôle Provins, avant de continuer vers Saint-Brice, dont les eaux de la source délient les langues des enfants (on ne sait pas si c'est toujours le cas !) et de revenir par la campagne à Sourdun.

DANS LES ENVIRONS DE PROVINS

Dans le grand Provinois, la Brie se révèle moins plate et monotone qu'on l'imagine souvent. Là, entre champs, bois et rivières, se dispersent des villages tranquilles et quelques sites incontournables. Demandez à l'office de tourisme les guides (gratuits) du Provinois, de la Bassée-Montois et des Deux Morin.

Saint-Loup-de-Naud : *par la D 106, à 7 km au sud-ouest.* Proust, Colette, Virginia Woolf, Francis Poulenc ont tous été inspirés par ce gentil village, dont les maisons se blottissent sur une colline, enserrant la vénérable *église du prieuré (tlj 9h-19h ; 18h en hiver).* Du XIIe s, elle possède un remarquable portail sculpté représentant le Christ en majesté au tympan, 8 des apôtres sur le linteau et des scènes de la vie de saint Loup sur les voussures. Les statues-colonnes représentent saints Pierre et Paul, le roi Salomon et la reine de Saba, Isaïe et Jérémie. Ancien et Nouveau Testaments mélangés, donc. À l'intérieur, ne manquez pas les fonts baptismaux du XIIIe s.

Le musée vivant du Chemin de fer – AJECTA : *rotonde des locomotives, rue Louis-Platriez, 77650* ***Longueville*** *(à 7,5 km au sud-ouest de Provins). ☎ 01-64-08-60-62. • ajecta.org • Mai-oct, sam-dim et j. fériés 10h30-18h ; nov-avr, dim 13h-17h. Entrée : 6 € en visite guidée ; 4 € en visite libre. Animations et sorties en train à vapeur juin-déc : téléphoner ou consulter le calendrier sur leur site.* Une dizaine de locomotives à vapeur, bichonnées avec amour par les bénévoles de l'Association de jeunes pour l'entretien et la conservation des trains d'autrefois (AJECTA), attendent sagement les beaux jours dans leur rotonde en bois et brique de 1906 (classée Monument historique) pour faire une de leurs (trop) rares sorties. Rame *Paris-Saint-Germain* de 1837, wagon-restaurant du *Train Bleu,* wagon de *La Flèche d'Or* ou loco de *L'Orient-Express*... La collection s'étale sur 150 ans d'histoire ferroviaire. Même à l'arrêt, ces monstres d'acier restent des plus impressionnants et méritent largement une visite. Un musée pas comme les autres qui nous a vraiment séduits par son caractère vivant et ses passionnés qui ont à cœur de perpétuer les traditions et les métiers des machines à vapeur.

Le musée de la Vie d'autrefois : *chemin de Frilure, aux* ***Ormes-sur-Voulzie,*** *14 km au sud de Provins. ☎ 01-60-58-72-07. • museedelaviedautrefois.com • Tlj sauf lun 9h30-19h (dernière entrée à 17h30). Entrée : 15 € ; réduc ; forfait famille (2 adultes et 2 enfants) 47 €. Resto le midi : formules 15,50-19,50 € en sem (sauf ven soir).* Impressionnant ! Ce musée privé, fondé par la châtelaine locale, qui fut commissaire-priseur spécialisée dans l'art populaire, replonge le visiteur dans la France rurale des années 1800 à 1950, à travers 101 scènes de la vie quotidienne reconstituées. Tout y est et plus encore : la vieille école, le maréchal-ferrant, le vannier, la boutique de jouets, le barbier (au salon racheté en entier !), la boulangerie (au très beau plafond récupéré à Bray-sur-Seine), l'horloger, le chapelier, la modiste, etc. L'audioguide (inclus) fournit pléthore d'infos intéressantes et d'anecdotes qui rendent vivant ce fantastique bric-à-brac constitué de plus de 60 000 objets patiemment accumulés, répertoriés et classés. Mme la Comtesse en ajoute encore presque quotidiennement ! Parmi les pièces les plus surprenantes ou méconnues, notons l'alambic mobile, le garde-garnement, les botte-culs (tabourets), les chaussures à déboguer les châtaignes, les masques en plomb pour aveugler les chevaux des puits de mine, la calèche à chèvre et la carriole à chien ou encore, à la fin du parcours, la maison de la sorcière avec ses objets rituels (authentiques). Ajoutons aussi de nombreux véhicules anciens.

La réserve naturelle de la Bassée : plus grand espace naturel protégé d'Île-de-France, elle occupe 854 ha de forêts alluviales au cœur de la vallée de la Seine. 2 sentiers de découverte s'offrent à vous, l'un sur la commune de Gouaix (boucle de 2km) et l'autre sur Neuvry (boucle de 3,7km). Parkings. Au niveau de Neuvry, un observatoire à oiseaux : n'oubliez pas vos jumelles ! Des visites thématiques guidées organisées par les animateurs de la Réserve Naturelle sont possibles à la demande. Pour tous renseignements, n'hésitez pas à contacter la ***Maison de la réserve*** : *1, rue de l'Église, 77114* ***Gouaix.*** *☎ 01-64-00-06-23. 📱 06-50-25-89-16. • reserve-labassee.fr • ; lun-ven 9h-12h, 14h-18h.* On peut y demander le petit guide des balades.

L'église et le cloître de Donnemarie-Dontilly : *à 18 km au sud-ouest de Provins.* Si le grand portail de cette église du XIIIe s est assez abîmé, on découvre avec plaisir, côté nord, un cloître du XVe s à demi préservé *(tlj 9h-17h ; GRATUIT).* Un petit jardin médiéval l'occupe désormais, aux 12 parterres évoquant les apôtres et les mois de l'année.

L'église Saint-Éliphe de Rampillon : *à 4 km à l'est de Nangis (19 km à l'ouest de Provins), sur la D 62 ; on l'aperçoit depuis la D 619 en retournant vers Paris. • eglise-rampillon.com • Pâques-Toussaint, ouv dim et j. fériés 15h-18h30 ; sinon, demander les clés à la mairie, lun-mar et jeu 13h30-16h30, ven 17h30-19h.* Probablement l'un des plus beaux portails sculptés d'Île-de-France, remarquablement préservé. Il date du XIIIe s. On peut remarquer, sur le tympan, le Christ en gloire, et, sur le linteau, la Résurrection des morts. Dans les ébrasements, les statues des 12 apôtres.

Ferra Botanica : *77320* **La Ferté-Gaucher,** *à 27 km au nord de Provins. ☎ 01-64-04-06-68. • ferrabotanica.com • Avr-début nov, départs à 11h, 14h, plus 17h et 20h selon saison. Tarif : 38-45 €/vélorail (2-5 pers).* Le vélorail, késéksa ? Une sorte de draisine à pédales, qui circule sur un tronçon de 7 km de l'ancienne voie de chemin de fer qui reliait Paris à Sézanne. Le principe : on se retrouve à l'office de tourisme de La Ferté-Gaucher à une heure dite, d'où on est transférés au départ en petit train (ou, alternativement, on le rejoint à vélo électrique). À destination, on saute sur son vélorail et il ne reste plus qu'à pédaler jusqu'au village, sur un parcours en pleine nature largement boisé, à travers la vallée du Grand Morin. Ateliers nature (inclus) en chemin. Il y a même des nocturnes régulières (venir avec sa frontale). Attention, mieux vaut être au moins 2 pour réussir à avancer sans se tuer à la tâche !

NOGENT-SUR-SEINE (10400) 6 000 hab.

Elle a la sérénité de ces petites villes au bord de l'eau, où le temps semble s'écouler un peu plus lentement. Flânez dans le petit centre ancien, où séjournèrent tant de personnages célèbres : Henri IV, Napoléon, Flaubert, Camille Claudel... dont on visite le beau musée. Les berges de la Seine et l'île Olive invitent aussi à de belles promenades.

Adresse utile

Office de tourisme du Nogentais et de la vallée de la Seine : *5, rue Saint-Époing. ☎ 03-25-39-42-07. • tourisme-nogentais.fr • Lun-sam 10h-12h30, 14h-17h30, plus dim 10h-12h30, 14h-17h30 juin-sept ; fermé j. fériés.* Visites commentées tous les jours en juillet-août *(5 €/pers, sur résa min 48h avt)* ou doc avec 2 options de balades libres, « Entre Seine et jardins » (5 km, env 2h) ou « Sur les pas de Flaubert » – l'illustre écrivain, natif de Rouen, a souvent séjourné dans la maison familiale habitée par ses cousins, les Parain-Bonenfant ; son roman *L'Éducation sentimentale* se déroule d'ailleurs en partie à Nogent, dont il fait des descriptions précises. Location de vélos classiques ou à assistance électrique de juin à septembre.

Où dormir ? Où manger ? Où boire un verre ?

Prix moyens

Hôtel Saint Laurent : *21, rue des Fossés. ☎ 03-25-39-71-46. • contact@hotelsaintlaurent.fr • hotel-saint-laurent.com • ♿ Congés : 2 sem à Noël. Doubles 70-77 € ; petit déj 9 €. Garage fermé payant ou parking de l'église gratuit.* En plein centre mais au calme, ce petit hôtel de bon aloi propose des chambres nickel, lumineuses grâce à leurs baies vitrées, réparties dans 2 bâtiments encadrant une piscine (ouverte de mai à octobre).

On préfère celles donnant de ce côté, de catégorie *confort,* complètement rénovées, très bien équipées, avec w-c séparés et lits bien confortables. Bon accueil.

Chambres d'hôtes Au Richebourg Nogent : *13, rue de l'Étape-au-Vin. ☎ 03-25-23-01-47. • auricheburgnogent@gmail.com • À 150 m du musée Camille-Claudel, dans le prolongement de la rue Saint-Époing. Doubles 72-86 €.* Les 4 « suites d'hôtes » (de 30-41 m²) de cette demeure ancienne (relais de poste) fort joliment rénovée disposent chacune d'un coin salon, d'une cuisine, d'une salle de bains privée et d'un accès à une terrasse : le luxe à prix contenus ! Pour ne rien gâcher, l'accueil est fort sympathique.

Au Numéro Vins : *5, rue de l'Étape-au-Vin. ☎ 03-25-25-73-47. 06-63-76-22-45. Tlj sauf lun-mar 10h-23h (16h dim), en continu. Le midi mer-ven, formule 15,90 € ; carte env 20 €.* On aime bien ce bar à vins où Christophe sert de belles *planchas* pour accompagner sancerre, bourgueil, pomerol ou autre tokay. La plupart des vins sont proposés au verre ! Tables rondes et coin fauteuils à l'intérieur, un autre sur la rue, une cave voûtée : le lieu est accueillant. Soirées à thème.

À voir. À faire

Le musée Camille-Claudel : *10, rue Gustave-Flaubert. ☎ 03-25-24-76-35. • museecamilleclaudel.fr • Ouv avr-oct, mar-ven 11h-18h, sam-dim 19h ; nov-mars, fermé lun et mar. Dernier accès 30 mn avt. Fermé 1er janv, 1er mai et 25 déc. Entrée : 7 € ; billet jumelé avec le château de la Motte-Tilly : 10 € ; réduc ; gratuit moins de 26 ans et 1er dim du mois ; visites commentées (voir programme) 3 € en plus ; livret « Échappées nogentaises, de sculptures en paysages » pour un parcours dans la ville.*
Camille Claudel a vécu 3 ans à Nogent, de 1876 à 1879. Alors qu'elle n'avait que 12 ans, le sculpteur Alfred Boucher remarqua son talent : elle devint son élève, avant de passer chez Rodin. Elle était la sœur de l'écrivain et diplomate Paul Claudel, et devint l'égérie de Rodin, puis sa maîtresse. Ce musée récent et très lumineux retrace l'évolution de la sculpture dans la 2de moitié du XIXe s, en replaçant la quarantaine d'œuvres de Camille Claudel dans le contexte de l'époque. On découvre ainsi d'abord ses contemporains, à commencer par Alfred Boucher et Paul Dubois, tous 2 enfants du pays, émergeant graduellement des commandes publiques et œuvres théâtrales figées pour évoluer vers le symbolisme et l'Art nouveau. Rodin est là aussi, bien entendu, ainsi que Bourdelle. Enfin, salle 11.2, Camille Claudel s'installe, avec le plâtre de sa *Femme accroupie* à côté de celui de Rodin, puis le bronze de *L'Abandon.* Suivent un bronze de son frère Paul Claudel, *La Valse* et le célèbre *Autour de l'âge mûr,* allégorie de sa séparation d'avec Rodin en 1892. Ici et là, quelques œuvres contemporaines sont présentées en contrepoint.
Un documentaire raconte la vie lumineuse et douloureuse de l'artiste. Devenue solitaire et paranoïaque, elle vit dans la misère dans son atelier parisien, quai Bourbon. En 1912, elle détruit toutes ses œuvres. L'année suivante, sa mère et son frère Paul demandent qu'elle soit internée. Elle a 48 ans et passera la fin de son existence à l'asile de Montfavet dans le Vaucluse où elle meurt en 1943, âgée de 73 ans, dans l'indigence et l'oubli. Une œuvre géniale, mais un destin tragique ! Le film *Camille Claudel* de Bruno Nuytten (1988) a grandement contribué à la faire connaître au grand public.

L'église Saint-Laurent : *tlj 9h-18h.* Construite aux XVe-XVIe s, elle a été dotée à la Renaissance d'une originale tour-clocher (de 37 m) surmontée d'une statue de saint Laurent. Celui-ci était couronné par les pompiers, dont il est le patron, chaque 10 août. Compte tenu du danger de l'ascension, c'est maintenant la statue de saint Laurent dans l'église qui reçoit l'hommage... Côté extérieur, voyez le portail gothique sur le flanc nord, joliment restauré. À l'intérieur, on remarque la belle voûte carénée et, dans la 1re chapelle à gauche en entrant, un saint Jérôme au visage très expressif du Guerchin qui fait face à une pietà d'Alfred Boucher – l'un des maîtres de Camille Claudel. La 4e chapelle présente, elle, un surprenant bas-relief Renaissance dit des « litanies de la Vierge », évoquant toutes ses qualités – où figure même une lune à visage. Quant à l'orgue monumental, à la tribune, il repose sur un très beau buffet en bois sculpté, lui aussi Renaissance (XVIe s).

DANS LES ENVIRONS DE NOGENT-SUR-SEINE

Le château de La Motte-Tilly : *à 5 km à l'ouest de Nogent (direction Bray-sur-Seine). ☎ 03-25-39-99-67. • château-la-motte-tilly.fr • Visites guidées (1h) obligatoires pour le château, tlj sauf lun 10h30-11h30, puis 14h-17h (16h de mi-oct à mi-avr, plus fermé mar). Fermé 1er janv, 1er mai et 25 déc. Entrée : 8 € ; billet jumelé avec le musée Camille-Claudel : 10 € ; réduc ; gratuit moins de 18 ans (et moins de 26 ans ressortissants de l'UE). Accès au parc GRATUIT.*

C'est un peu l'archétype du château classique. Bâti en 1754 pour l'abbé Terray, dernier ministre des Finances de Louis XV, il doit sa résurrection à la marquise de Maillé, historienne et présidente de la Sauvegarde de l'art français qui, en 1964, s'est chargée de le remeubler dans le style de l'époque, avant de le léguer à l'État, en 1972, afin que « ce lieu restât vivant ». Merci Madame !

On visite une quinzaine de pièces joliment décorées : salons de réception, appartements privés, chambres d'invités, superbe billard Louis-Philippe, d'où émergent beaucoup d'élégants et prestigieux meubles, dont l'un des 1ers canapés-lits convertibles (Louis XVI), plus quelques jolies toiles. Les trompe-l'œil en grisé ornant certaines pièces ressemblent à s'y méprendre à des bas-reliefs. On se promène librement dans le superbe parc, entre les différentes sortes de tilleuls – arbre important dans le paysage local, à l'origine du nom du village « La Motte-Tilly ».

• Carte Troyes et le sud de la Champagne *p. 374-375*

Ah ! les couleurs de l'Aube... Les tableaux de Renoir, les sculptures polychromes et les vitraux de l'école troyenne, les maisons et les églises à pans de bois, le savoureux rosé du vin des Riceys, le doré délicat d'un champagne sont autant de tons qui constituent sa palette. La richesse de ces nuances se retrouve dans la diversité des paysages : bois et lacs de la forêt d'Orient, vignobles sur la côte des Bar, vergers et vallons verdoyants en pays d'Othe... et l'histoire, partout présente, dans ces espaces naturels. L'Aube mérite une visite approfondie, et ce, à toute heure... et à tout âge. Qui sait que l'un des parcs d'attractions les plus visités de France se trouve dans la vallée de l'Aube ? Qu'une Vélovoie de 42 km traverse la forêt d'Orient ? Et que ses 9 000 m² de verrières réparties dans près de 200 églises constituent un patrimoine unique ? 1er département de France pour le nombre de ses vitraux, l'Aube compte en effet 1 160 baies vitrées, dont 1 042 classées aux Monuments historiques ! Dans un autre genre, les magasins d'usine de vêtements de Troyes font bien des heureux... Il ne vous reste plus qu'à composer un week-end selon vos goûts... et vos couleurs !

TROYES

(10000) 62 600 hab.

• Plan *p. 376-377*

À moins de 2h de Paris, la capitale historique de la Champagne se révèle l'une des villes les plus riches et les plus étonnantes qui soient, une destination de choix qui mérite largement le voyage à elle seule.
Épargnée par Attila au Ve s, protégée par les évêques jusqu'au Xe s, récupérée puis enrichie par les comtes de Champagne, pour finalement tomber dans le giron des rois de France fin XIIIe s, Troyes n'en finit pas de dérouler son prestigieux passé. En 1524, un incendie ravage une grande partie de la ville, aussitôt reconstruite. C'est donc au cœur du XVIe s que nous transporte aujourd'hui la surprenante cité champenoise. Les ruelles pavées cheminent au milieu d'un vaste centre piéton, très homogène, entre les maisons à pans de bois (ou colombages ; le plus grand ensemble qui subsiste de nos jours en France) superbement rénovées, les monuments religieux (cathédrale, basilique et églises) auxquels l'étendue et la beauté des vitraux et des statues confèrent toute leur renommée. La qualité des verrières est telle que de nombreux spécialistes ont baptisé Troyes « Ville sainte du vitrail » ! Et puis les musées, qui profitent à merveille de l'architecture locale pour rendre leur contenu si vivant.

LES FLAGELLANTS

Dès le XIIIe s, les Flagellants considéraient que la peste était une punition de Dieu. Originaire d'Italie, ce mouvement s'étendit à l'est de l'Europe, en Allemagne et en Belgique. En France, il s'arrêta à Troyes. Les Flagellants allaient de ville en ville et se fouettaient en place publique. Très croyants, ils critiquaient l'Église pour ses turpitudes. Inquiet, le pape Clément VI interdit le mouvement en 1349. Certains, d'ailleurs, furent condamnés... à la flagellation !

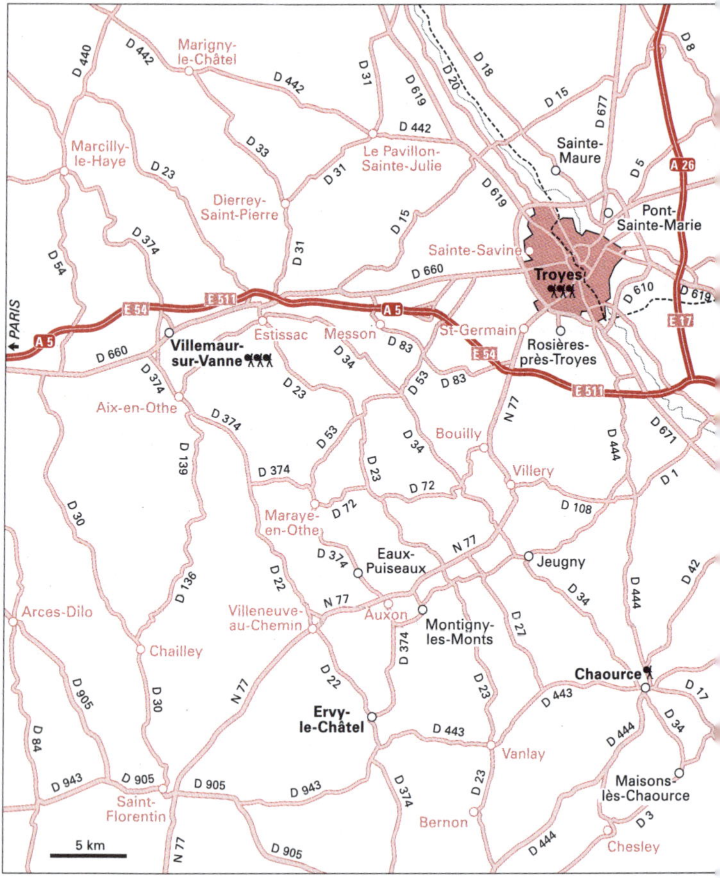

On trouve des vestiges des 3 phases de développement de la ville. Le dynamisme commercial qui remonte aux foires du Moyen Âge, le rayonnement artistique et culturel grâce à l'école champenoise de sculpture du XVIe s et, enfin, le savoir-faire industriel avec le textile de qualité, car Troyes s'est érigée en capitale de la bonneterie dès le XIXe s. Et tandis que ses magasins d'usine et de négoce, à la périphérie de la ville, perpétuent cette tradition, son centre, dynamisé par les nombreux étudiants, arbore ses plus beaux atours pour charmer les visiteurs qui ont eu la bonne idée de s'y aventurer.

Comment y aller en train ?

➢ ***Paris :*** gare de l'Est, env 10-15 allers-retours/j. Durée du trajet : 1h30-2h.

– Rens SNCF : ☎ 36-35. • oui.sncf •

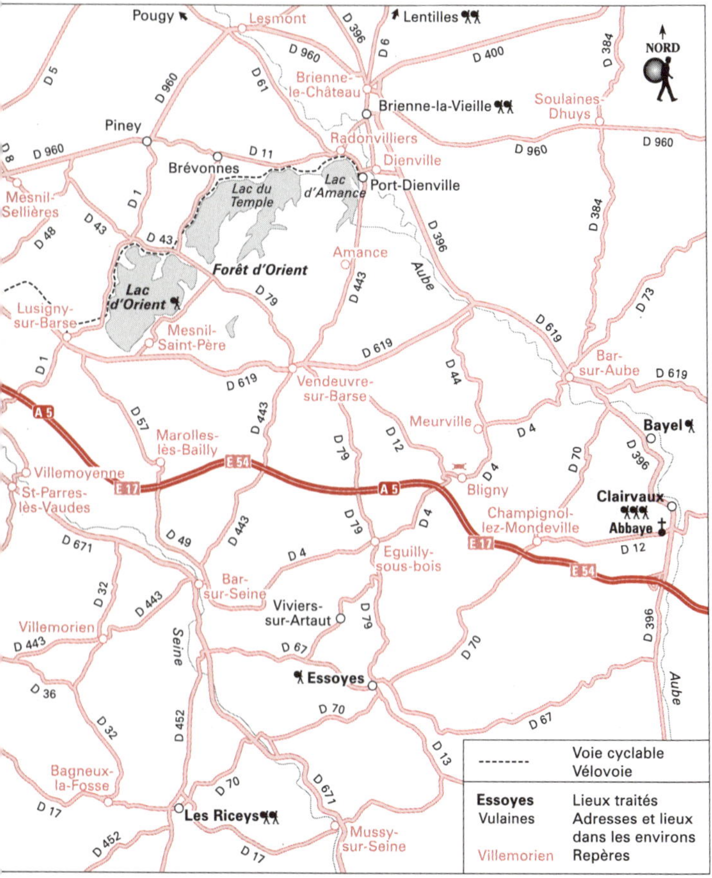

TROYES ET LE SUD DE LA CHAMPAGNE

Adresses et infos utiles

Troyes La Champagne Tourisme *(plan B2)* **:** *16, rue Aristide-Briand (angle de la pl. A.-Israël). ☎ 03-25-82-62-70. • troyeslachampagne.com • ♿ Mai-oct, lun-sam 9h30-18h30, dim 10h-13h, 14h-18h ; le reste de l'année, lun-sam 9h30-12h30, 14h-18h.* Propose des visites guidées du cœur historique de la ville, des visites thématiques (l'été) ainsi que des visites audioguidées toute l'année. Également de nombreuses infos spécifiques proposées dans le cadre de la prestation originale *office du Toutourisme* (guide pratique sur les hébergements où les animaux sont acceptés, les restos...). Pour une découverte ludique de la ville en famille, des livrets *À'kid'jouer ?* et *Les Petits Secrets de Troyes* (ados et adultes ; *3 €*) proposent des rallyes découvertes à travers les rues de la ville. Également des chasses au trésor, avec le « géocaching » (avec GPS ou son propre téléphone), et un *Urban Game (30 €/groupe de 5 pers max).*

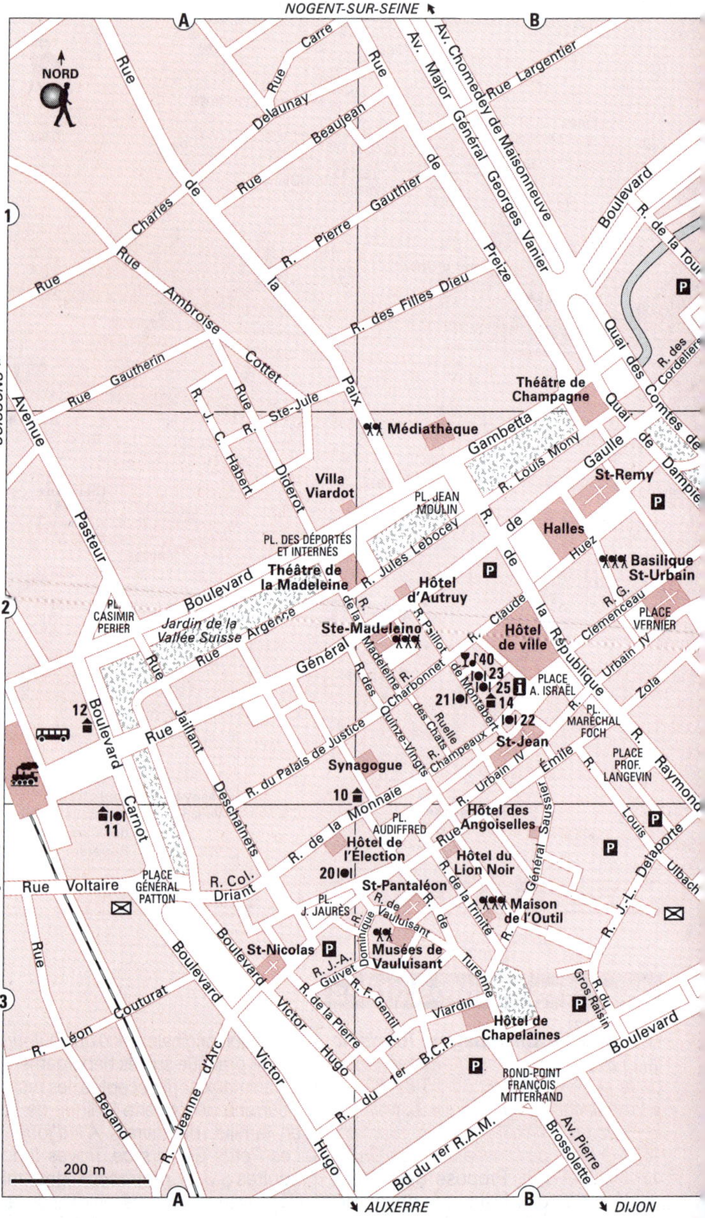
NOGENT-SUR-SEINE
SOISSONS
SENS
AUXERRE
DIJON
NORD
200 m
A
B
1
2
3
Rue Carre
Rue Delaunay
Rue Beaujean
Rue Charles de Gaulle
Rue de la Paix
R. Pierre Gauthier
R. des Filles Dieu
Av. Major Général Georges Vanier
Av. Chomedey de Maisonneuve
Rue Largentier
Rue Preize
Boulevard
R. de la Tour
R. des Cordeliers
Quai des Comtes de Champagne
Quai de Dampierre
Rue Ambroise Cottet
Rue Gautherin
Avenue Pasteur
R. J. C. Habert
Rue Ste-Jule
R. Diderot
Théâtre de Champagne
Médiathèque
Gambetta
R. Louis Mony
St-Remy
Villa Viardot
PL. JEAN MOULIN
R. Jules Lebocey
R. de la République
Halles
R. Huez
Basilique St-Urbain
PL. DES DÉPORTÉS ET INTERNÉS
Théâtre de la Madeleine
Boulevard
Hôtel d'Autruy
R. G. Clemenceau
PLACE VERNIER
PL. CASIMIR PERIER
Jardin de la Vallée Suisse
Rue Argence
Ste-Madeleine
R. Paillot de Montabert
R. Claude
Hôtel de ville
Rue Urbain IV
Zola
Rue Général
40
23
25
PLACE A. ISRAËL
21
14
22
12
Boulevard Carnot
Rue Jaillant Deschaînets
R. de la Madeleine
R. des Quinze-Vingts
R. Charbonnet
Ruelle des Chats
R. Champeaux
St-Jean
PL. MARÉCHAL FOCH
R. Émile
PLACE PROF. LANGEVIN
R. Raymond
R. du Palais de Justice
Synagogue
10
R. Urbain IV
R. de la Monnaie
PL. AUDIFFRED
Hôtel des Angoiselles
R. Général Saussier
R. Louis Ulbach
Hôtel de l'Élection
Hôtel du Lion Noir
11
Rue Voltaire
PLACE GÉNÉRAL PATTON
R. Col. Driant
20
St-Pantaléon
R. de Vauluisant
R. de la Trinité
Maison de l'Outil
R. J.-L. Delaporte
PL. J. JAURÈS
R. Dominique
St-Nicolas
Musées de Vauluisant
R. J.-A. Guivet
R. de la Pierre
R. F. Gentil
Turenne
R. du Gros Raisin
Rue Léon Couturat
Boulevard Victor Hugo
Viardin
Hôtel de Chapelaines
R. du 1er B.C.P.
R. Begand
R. Jeanne d'Arc
ROND-POINT FRANÇOIS MITTERRAND
Bd du 1er R.A.M.
Av. Pierre Brossolette

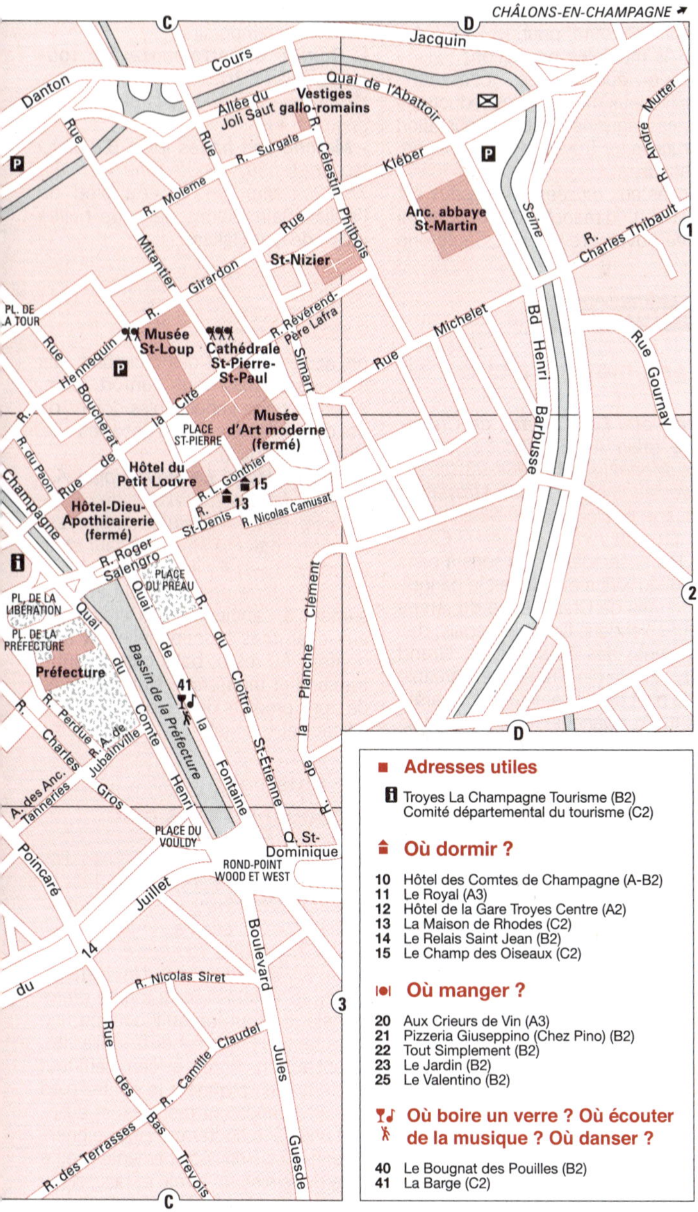

■ **Adresses utiles**

Troyes La Champagne Tourisme (B2)
Comité départemental du tourisme (C2)

Où dormir ?

10 Hôtel des Comtes de Champagne (A-B2)
11 Le Royal (A3)
12 Hôtel de la Gare Troyes Centre (A2)
13 La Maison de Rhodes (C2)
14 Le Relais Saint Jean (B2)
15 Le Champ des Oiseaux (C2)

Où manger ?

20 Aux Crieurs de Vin (A3)
21 Pizzeria Giuseppino (Chez Pino) (B2)
22 Tout Simplement (B2)
23 Le Jardin (B2)
25 Le Valentino (B2)

Où boire un verre ? Où écouter de la musique ? Où danser ?

40 Le Bougnat des Pouilles (B2)
41 La Barge (C2)

TROYES

– Le *City Pass' Troyes*, vendu à l'office de tourisme, offre, pour 15-25 € (24 à 72h), de multiples prestations : visite guidée ou audioguidée, accès dans les principaux musées, des réductions dans les magasins d'usine, dégustation de prunelle de Troyes, de champagne, de chocolats...
– L'accès aux *musées municipaux* est gratuit le 1er dimanche du mois, ainsi que de novembre à mars. Seule une participation est demandée lors d'une exposition temporaire.

Comité départemental du tourisme *(plan C2)* **:** *34, quai Dampierre. ☎ 03-25-42-50-00. • aube-champagne.com •*

– ***Marché des halles*** *(plan B2)* **:** *lun-jeu 8h-12h30, 15h30-19h ; ven-sam 7h-19h ; dim 8h-13h.* Au pied de l'église Saint-Remy, dans de belles halles de type Baltard.

Où dormir ?

De prix moyens à chic

Brit Hôtel Les Comtes de Champagne *(plan A-B2,* ***10****)* **:** *54-56, rue de la Monnaie. ☎ 07-64-08-02-21. • troyes@brithotel.fr • hotel-troyes.brithotel.fr • ♿ Doubles 60-95 € ; familiale. Garage fermé payant (7 €) sur résa.* Bel ensemble de maisons à pans de bois du XVIe s qui abritait la banque des comtes de Champagne du temps de leur splendeur. Des murs épais, des cheminées, des boiseries du Grand Siècle, et un jardin d'hiver bien agréable pour le petit déj lui confèrent un charme évident. En revanche, les chambres se révèlent inégales. Toutes différentes, certaines sont petites, un peu datées, voire vieillottes et fonctionnelles, tandis que d'autres sont très spacieuses et pleines de personnalité (baldaquins...). En face, l'annexe renferme des chambres plus simples, ainsi que la plupart des familiales – avec ou sans kitchenette (payante) – pouvant héberger jusqu'à 6 personnes. Accueil sympathique.

Hôtel de la Gare Troyes Centre *(plan A2,* ***12****)* **:** *8-10, bd Carnot. ☎ 03-25-78-22-84. • contact@hoteldelagaretroyes.com • hoteldelagaretroyes.com • ♿ Doubles 66-92 €. Parking public (payant) face à l'hôtel ou garage privé sur résa. 1 petit déj/chambre offert sur présentation de ce guide.* Situation stratégique pour cet hôtel convivial, à la fois proche de la gare et aux portes de la vieille ville. Tenu par une équipe dynamique très sympa, il est progressivement rénové dans un style contemporain dans l'air du temps : parties communes pimpantes et colorées, salle de petit déj accueillante, et des chambres pas immenses mais tout confort (clim, salles de bains impeccables dotées de douches à l'italienne), à la déco actuelle. Une bonne option.

Brit Hotel Le Royal *(plan A3,* ***11****)* **:** *22, bd Carnot. ☎ 03-25-73-19-99. • troyes-royal@brithotel.fr • troyes-royal.brithotel.fr • Resto tlj sauf sam. Doubles 62-81 € ; familiales. Menus 20-37 € ; carte env 40 €.* Un établissement à l'ancienne très classique, aux chambres fonctionnelles et tout confort. Au resto, belle cuisine entre tradition et modernité, élaborée avec de bons produits de saison. Personnel efficace et souriant.

De plus chic à beaucoup plus chic

Le Relais Saint Jean *(plan B2,* ***14****)* **:** *51, rue Paillot-de-Montabert. ☎ 03-25-73-89-90. • infos@relais-st-jean.com • relais-saint-jean-hotel.com • ♿ Doubles 100-200 €. Petit déj 15,90 €. Parking payant.* Un 4-étoiles à prix acceptables, cela mérite d'être signalé. Surtout lorsqu'il occupe une belle demeure au cœur de la vieille ville. Quant aux chambres, évidemment tout confort, elles prennent le contre-pied de l'environnement médiéval et arborent une déco contemporaine soignée, de bon goût. Bons équipements : petite salle de remise en forme et jacuzzi (en supplément). Excellent accueil.

Le Champ des Oiseaux *(plan C2,* ***15****)* **:** *20, rue Linard-Gonthier. ☎ 03-25-80-58-50. • message@champdesoiseaux.com • champdesoiseaux.*

TROYES ET LE SUD DE LA CHAMPAGNE - ITINÉRAIRE 22

com • ♿ 209-269 €. Petit déj 26 €. Formule 43 €. Parking payant. Apéritif maison offert sur présentation de ce guide. Dans une ruelle pavée à l'écart de l'agitation du centre, 2 splendides demeures à pans de bois des XVe et XVIe s rénovées en hôtel de grand charme. Cour intérieure fleurie, salons cosy, vastes chambres décorées avec un goût exquis, et des suites inoubliables... Idéal pour les amoureux en quête d'un endroit romantique. Resto réservé à la clientèle, où l'on sert le soir une cuisine à base de produits bio. Accueil adorable et attentionné. Un véritable coup de cœur. Piscine, spa et sauna payants.

La Maison de Rhodes (plan C2, **13**) : *18, rue Linard-Gonthier. ☎ 03-25-43-11-11. • message@maisonderhodes.com • maisonderhodes.com • ♿ Tlj. Doubles 209-269 € ; familiales. Petit déj 26 €. Formule 43 € ; carte env 50 €. Parking payant. Apéritif maison offert sur présentation de ce guide.* Le même esprit que celui qui anime *Le Champ des Oiseaux*, et c'est bien normal, nous direz-vous... les propriétaires sont les mêmes. Mais *La Maison de Rhodes* est encore plus chic, avec des chambres mieux équipées et, avantage déterminant, offre un accès à une piscine nichée dans un ancien jardin de curé. Irrésistible. Espace balnéo.

Où manger ?

Bon marché

Pizzeria Giuseppino (Chez Pino ; plan B2, **21**) : *26, rue Paillot-de-Montabert. ☎ 03-25-73-92-44. • tricarico.nat@gmail.com • Tlj sauf dim-lun et j. fériés. Pizzas env 9-15 € ; carte env 25 €.* Pour tout le monde, la meilleure pizza du centre-ville, à pâte fine et cuite au feu de bois. Belle carte de vins au verre. Cadre simple (la salle à l'étage est la plus sympa), bonne ambiance. Souvent bondé.

De prix moyens à beaucoup plus chic

Aux Crieurs de Vin (plan A3, **20**) : *4, pl. Jean-Jaurès. ☎ 03-25-40-01-01. • aux.crieurs.de.vin@wanadoo.fr • Tlj sauf dim-lun et j. fériés. Congés : 1re sem de janv, 1 sem fin avr et 3 sem en août. Formule déj en sem 12,50 € ; carte 31 €.* C'est l'adresse qui met tout le monde d'accord. Les amateurs font l'éloge de la grande qualité de la cave (belle sélection très pointue, privilégiant les vins naturels), et les gourmands ont leurs habitudes pour les planches de charcuterie et les plats du jour solides et savoureux, à base de bons produits régionaux. Mettez les 2 ensemble et vous aurez un repas sans faille ! D'autant que l'accueil est sympa, et le cadre charmant, dans un style de bistrot vintage, avec d'innombrables rayonnages de bouteilles dans la partie cave et une terrasse bien agréable pour capter les rayons de soleil. Un incontournable !

Tout Simplement (plan B2, **22**) : *29, pl. Alexandre Israël. ☎ 03-25-40-83-72. • contact@resto-toutsimplement.fr • Tlj sauf dim-lun. Plats env 11-20 €.* Une adresse à retenir parmi les innombrables terrasses de ce secteur ô combien touristique. Ce qui fait la différence, ce sont les nombreux vins au verre qui permettent d'accompagner au mieux les tartines, salades et autres tartares copieux, et non dénués d'originalité. Simple et bon : de quoi passer un moment agréable au soleil ou dans la salle lumineuse à la déco de brasserie actuelle. Service efficace et sympathique.

Le Jardin (plan B2, **23**) : *31, rue Paillot-de-Montabert. ☎ 03-25-73-36-13. • lejardin.troyes@gmail.com • Tlj sauf dim-lun. Fermé 2 sem en mars et 3 sem en sept. Menus 20 € (déj en sem), puis 36 € ; carte env 40 €.* L'une des adresses bien connues du vieux Troyes, appréciée pour la qualité et la régularité de sa cuisine de terroir. Décor classique et élégant ; cour intérieure joliment fleurie, couverte et chauffée en hiver. Excellent accueil. Un passage obligé pour les amateurs d'andouillette (artisanale et cuisinée, ici, de 10 façons différentes).

Le Valentino (plan B2, **25**) : *35, rue Paillot-de-Montabert.*

☎ 03-25-73-14-14. • le.valentino@orange.fr • Au cœur du centre ancien. Tlj sauf dim-lun. Congés : 2 sem début janv et 3 sem fin août. Résa conseillée. Menus 30 € (midi), puis 40-59 €. Bien à l'abri de l'agitation qui caractérise le quartier, cette maison du XVIe s, prolongée par une terrasse dans une charmante cour fleurie, abrite la meilleure table de la ville. Le menu de la mer est une référence, parfaitement équilibré et composé de spécialités créatives savoureuses. Une cuisine légère, parfaitement maîtrisée, pour le plus grand plaisir des gourmets qui ne s'y trompent pas... Ils reviennent souvent découvrir une carte qui change au fil des saisons...

Où dormir ? Où manger dans les environs ?

Bon marché

Auberge de jeunesse : *chemin de Sainte-Scholastique, à* ***Rosières-près-Troyes*** *(10430). ☎ 03-25-82-00-65. • troyes-rosieres@fuaj.org • ♿ À 6 km au sud de Troyes. Carte FUAJ obligatoire (en vente sur place). Nuitée 18 €/pers. Petit déj 5 €. Repas 13 €. 88 lits. Parking gratuit. Réduc de 10 % sur le prix de la chambre sur présentation de ce guide.* Au bout d'une impasse arborée, on débouche sur les vestiges d'un prieuré du XIIe s, dont subsistent une chapelle et un parloir entouré de douves en eau. Les autres bâtiments de l'auberge sont modernes mais n'enlèvent rien au charme du lieu : parc boisé de 2 ha, grand jardin... Barbecues. Et tout ça loin du bruit de la ville. Au total, une centaine de lits répartis en dortoirs basiques de 5-6 places, avec une salle de bains à partager avec la chambre voisine. Cuisines à disposition. Billard. Accueil très sympa.

De chic à plus chic

Auberge de Sainte-Maure : *99, route de Méry, 10150* ***Sainte-Maure.*** *☎ 03-25-76-90-41. • auberge.saintemaure@gmail.com • auberge-saintemaure.fr • À env 8 km au nord de Troyes. Resto tlj sauf dim soir-lun. Congés : fêtes de fin d'année et les 3 premières sem de janv. Double 145 €, petit déj compris. Menus 29,50 € (en sem), puis 52,50-62,50 €.* C'est l'auberge des amoureux ! Au bord de la rivière, dans un jardin touffu et bien caché, les 3 roulottes de luxe sont autant de nids douillets tout confort (TV à écran plat, minibar, douches, w-c), au charme irrésistible. Avec les oiseaux en guise de réveille-matin et une terrasse les pieds dans l'eau pour le petit déj, le rapport qualité-prix-sérénité est garanti ! Quant à la table, elle séduit autant pour le cadre (une salle élégante prolongée par une autre terrasse sur pilotis) que pour la qualité de sa cuisine, fraîche et inspirée. Accueil très sympathique.

Où boire un verre ? Où écouter de la musique ? Où danser ?

Le Bougnat des Pouilles (plan B2, **40**) **:** *29, rue Paillot-de-Montabert. ☎ 03-25-73-59-85. Tlj sauf dim-lun 17h-1h30 (3h jeu-sam).* Terrasse prise d'assaut en fin de semaine, atmosphère animée et conviviale, clientèle étudiante et trentenaire, c'est le bar sympa de la rue Paillot. Possibilité de se restaurer autour de planches de dégustation (fromage, charcuterie...) ou tapas. Expos de peinture, sculpture ou photos, et concerts éclectiques.

La Barge (plan C2, **41**) **:** *quai La Fontaine. ☎ 03-25-73-06-54. Tlj sauf lun et dim hors saison, dès 12h (fait aussi resto).* Une belle croisière immobile en perspective, car l'équipe jeune et dynamique à la barre de cette péniche a bien fait les choses : à la proue, la terrasse est irrésistible, sur le pont, la salle tout en baies vitrées est idéale pour un verre, et dans la cale, le club programme de la *house* capable de prendre au filet tous les marins noctambules !

À voir

La cathédrale Saint-Pierre-Saint-Paul *(plan C1-2)* **:** *au nord-est de la ville. Tlj sauf dim mat (et certains j. fériés) 9h30-12h30, 14h-18h (17h oct-avr et le dim).*
Imposant édifice construit entre le début du XIIIe s et le début du XVIIe s à l'emplacement d'une église du IXe s. ***Façade gothique*** avec laquelle jouer au jeu des 2 erreurs. Facile ! Il n'y a qu'une tour, l'autre n'a jamais été élevée. Immanquable, le portail du XVIe s (il aura fallu, de fait, pas loin d'un demi-siècle pour le construire), surmonté d'une rosace flamboyante. Les statues qui ornaient sa façade ont disparu dans les bras des révolutionnaires.
L'intérieur, aux lumineuses pierres blanches, présente une remarquable unité malgré les siècles qu'a nécessités sa construction. Chaque architecte a respecté le principe du nombre d'or, soit une parfaite harmonie des proportions, du chœur à la nef.
Mais c'est aussi et surtout à ses ***vitraux*** que le monument doit toute son originalité. Imaginez : 1 500 m² de verrières qui résument à elles seules l'histoire du vitrail du XIIIe au XIXe s. Tout petit récapitulatif : dans les chapelles du chœur, les vitraux sont du XIIIe s, en grisaille, avec des dessins qui rappellent les enluminures médiévales, reproduits en vis-à-vis sur le pavage du sol. Les œuvres plus limpides (mais aussi plus froides) situées dans la nef proche du transept datent du XIVe s. 2 siècles plus tard, en pleine Renaissance, le verre peint fait fureur et orne les verrières hautes de la nef. On assiste alors à la composition de véritables tableaux. Alors que le vitrail se dégage peu à peu de ses caractéristiques originelles, Linard Gonthier offre au XVIIe s un sursaut à un art en pleine décadence, où domine désormais le verre blanc. Allez faire un tour dans la 4e chapelle, côté sud. Elle abrite l'une des plus célèbres œuvres de ce maître verrier : le *Pressoir mystique,* qui représente Jésus étendu sous le pressoir, et dont le sang emplit un calice. Dans la chapelle du Saint-Sacrement, autre œuvre d'importance de Linard Gonthier, l'*Immaculée Conception* (1623), époustouflante de détails. Cette chapelle accueille également une des œuvres contemporaines que compte la cathédrale : une tour d'eucharistie toute de transparence. Le voyage dans le temps se poursuit vers le chœur, sur la droite, où sont posés des vitraux du XVIIIe s, tandis que la rosace colorée du transept droit date de la restauration de Viollet-le-Duc au XIXe s.
Un très beau triforium ajoute encore à la clarté de l'édifice. Les colossaux orgues proviennent, comme les sobres stalles du XVIIIe s du chœur, de l'abbaye de Clairvaux. Intéressante statuaire également : une Vierge Mère du XIVe s, un *ecce homo* du XVIe s...
Dans une chapelle à gauche au niveau du chœur, jetez un œil au meuble un peu sombre. Il s'agit d'une chaire montée sur roulettes ! L'orateur pouvait ainsi se déplacer dans la cathédrale et se rapprocher de ses fidèles, s'ils étaient peu nombreux.
Quant à ce qui reste du trésor religieux, en grande partie pillé pendant la Révolution et qui abrite la châsse de saint Bernard, il a trouvé refuge dans une salle voûtée du XIIIe s (visite libre aux mêmes jours et horaires que la cathédrale).

La Maison de l'outil et de la pensée ouvrière *(plan B3)* **:** *7, rue de la Trinité. ☎ 03-25-73-28-26. • mopo3.com • Tlj (sauf mar oct-mars) 10h-18h. Entrée : 3,50 € (au lieu de 7 €) sur présentation de ce guide ; réduc ; gratuit moins de 12 ans. Audioguide : 1 €. Livret de visite pour les enfants.*
Construit en 1556, ce remarquable hôtel de style Renaissance (l'hôtel Mauroy) fut tour à tour entrepôt, hôpital de la Trinité, manufacture où les enfants apprenaient la bonneterie, salle de bal, estaminet, caserne, journal... jusqu'à ce que la ville de Troyes en confie la restauration aux compagnons du Devoir et que la Maison de l'outil et de la pensée ouvrière en occupe les murs.
Dans ce musée original, l'objectif est de ne pas seulement montrer les outils mais de donner l'opportunité aux visiteurs d'imaginer les hommes et les femmes derrière ces outils. Des cycles de conférences, expositions temporaires (jardins

éphémères dans la cour) et démonstrations sont donc mis en place ponctuellement. C'est quand même à Troyes qu'apparaissent pour la 1re fois dans un document daté de 1419 les compagnons du Devoir du tour de France. Juste retour des choses : ce sont les Compagnons qui président aujourd'hui à la destinée du musée.
L'intérieur, superbe, avec notamment de remarquables charpentes, rassemble une vaste collection de plus de 12 000 outils dits « de façonnage à main », répartis par genres et par corps de métiers, du XVIIIe s au XIXe s. La scénographie proposée met en valeur chaque vitrine et chaque outil.
Les 1res pièces ont été collectées par un jésuite, fondateur de la Maison de l'outil, Paul Feller, puis complétées par les Compagnons et quelques donateurs. Paul Feller avait fait du travail manuel et du « devenir ouvrier » (tant technologique que spirituel) son credo. L'ouvrier établit un lien avec son outil : la plupart sont gravés, sculptés, personnalisés, repensés pour mieux servir et s'adapter à leur utilisation. Après restauration, l'outil devient lui-même œuvre d'art et est présenté comme tel grâce à une scénographie séduisante, réussissant l'exploit de mettre en valeur une série de truelles et de les faire ressembler à autant de notes de musique ou d'oiseaux suspendus en vol. Ah, le pouvoir de l'imagination !
Le bâtiment abrite également le *centre de ressources Paul-Feller* : une bibliothèque ancienne avec 32 000 ouvrages (2e fonds technique français) et un centre de documentation en accès libre qui rassemble bouquins, revues, postes multimédias. On peut notamment y trouver les 35 volumes de la première édition de l'*Encyclopédie* de Diderot et d'Alembert (1751-1780).
Une *librairie* propose de nombreux ouvrages autour des métiers traditionnels, des outils, etc.

Les musées de Vauluisant *(le musée de l'Art troyen et le musée de la Bonneterie ; plan B3)* **:** *4, rue de Vauluisant. ☎ 03-25-43-43-20. Ouv mar-dim. Avr-oct 10h-13h, 14h-18h ; nov-mars 10h-13h, 14h-17h. Entrée : 3 € ; gratuit moins de 18 ans, étudiants jusqu'à 25 ans et pour tous le 1er dim du mois ainsi que nov-mars.*
Face à l'église Saint-Pantaléon, l'hôtel de Vauluisant, à la séduisante façade Renaissance, abrite 2 musées tout à fait intéressants pour bien comprendre ce qui fait la spécificité de la région.
Le 1er musée retrace l'âge d'or de l'***art champenois,*** qui est à son apogée au XVIe s. Le 2e étage permet de découvrir que les artistes de la capitale de la Champagne se sont exprimés dans tous les domaines : peinture (avec notamment une belle *Vierge au manteau rouge* ou un exceptionnel *Jugement dernier*), vitrail (belles réalisations de l'incontournable Linard Gonthier, actif dès la fin du XVIe s), ou encore architecture (châssis de fenêtres, abouts de poutres sculptés...). Mais la grosse affaire de l'art du XVIe s dans la région reste quand même la ***sculpture,*** que l'on découvre au 1er étage. Très expressif Christ de pitié en bois polychrome, presque naïve *Vierge à l'Enfant* de Villenauxe, et quelques belles sculptures du célèbre Dominique Le Florentin, qui symbolisent le passage à la Renaissance.
Réparti entre le 1er étage et le rez-de-chaussée, le 2d musée rappelle l'***histoire de la bonneterie*** de 1750 environ à nos jours. Reconstitution d'un atelier de bonnetier au XIXe s, exposition de nombreux métiers de toutes les époques, et d'articles en maille dont une belle collection de bas de soie brodés, évocation des marques emblématiques de la région, etc.

Le musée des Beaux-Arts et d'Archéologie, dit musée Saint-Loup *(plan C1)* **:** *entrée par le jardin, rue de la Cité. ☎ 03-25-42-20-09. ♿ (salles du rdc). Ouv tlj sauf mar. Avr-oct 10h-13h, 14h-18h ; nov-mars 10h-13h, 14h-17h. Entrée : 5,50 € ; réduc ; gratuit moins de 18 ans, étudiants jusqu'à 25 ans et pour tous le 1er dim du mois. Gratuit nov-mars.*
L'ancienne abbaye Saint-Loup (XVIIe-XVIIIe s), appelée à devenir le grand musée d'Art et d'Histoire de la ville après une future campagne de restauration et une réorganisation complète de ses collections, abrite pour le moment plusieurs musées à l'ancienne.

– ***Le Muséum d'histoire naturelle*** s'étend au rez-de-chaussée, avec la panoplie classique d'animaux naturalisés d'ici et d'ailleurs, du moineau domestique au phoque barbu. Intéressante galerie qui explique les techniques de naturalisation aux XIXe et XXe s.

– ***Le musée d'Archéologie*** a naturellement trouvé place dans les anciennes caves. Il couvre une vaste période de la préhistoire aux Mérovingiens : superbe trésor de Pouan-les-Vallées (Ve s ; épées, bijoux d'influence danubienne), délicat Apollon gallo-romain en bronze (acheté pour quelques francs en 1820...), le trésor monétaire de Chaillouet (un des plus importants de l'Empire romain), d'élégants bijoux mérovingiens (du site de la butte d'Isle-Aumont)...

– ***Le musée des Beaux-Arts,*** enfin, à l'étage, rassemble une belle série de peintures françaises et étrangères du XIVe s au XIXe s : le Troyen Pierre Mignard avec sa dernière œuvre, un *Saint Luc peignant la Vierge,* où l'artiste s'est représenté fixant le spectateur, une rarissime paire de tableaux sur le thème des *Fêtes galantes* de Watteau, les nudités et les figures historiques d'un ensemble rococo unique en France de Charles Natoire, le superbe travail sur la lumière du *Repos de la Sainte Famille* de Fragonard... Parmi les peintures nordiques et italiennes, des raretés : *Vénus et l'Amour* de Bartholomeus Spranger, d'un vrai érotisme. On se calme avec une *Nature morte au homard* de Jasper Geerards, avec son citron à demi pelé, classique de l'époque qu'on retrouve à quelques mètres dans le *Fils prodigue chez les courtisanes* de Hyeronymus Janssens. Un Rubens (même s'il a été, un temps, attribué à Vélasquez), *L'Homme au luth,* qu'on s'attendrait presque à entendre jouer... Enfin, un étonnant et rare Bellotto, *Les Ruines de Dresde.*

Bref, chacun devrait trouver son bonheur dans ce vrai musée grand public. D'ailleurs, les 1res peintures qui ont permis de le créer provenaient de saisies révolutionnaires !

*** ***La basilique Saint-Urbain*** *(plan B2)* **:** *pl. Vernier. ♿ Ouv tlj sauf dim mat 9h30-12h30, 14h-18h (17h nov-mars).*

Jacques Pantaléon, originaire de Troyes, devint pape en 1261 sous le nom d'Urbain IV. Il fit construire la basilique à l'emplacement de la boutique de son père, un savetier. Ses restes sont conservés dans une niche à gauche du chœur, protégés par une pierre tombale moderne.

L'édifice, pourtant largement remanié au XIXe s, est considéré comme un chef-d'œuvre de l'art gothique rayonnant, un aboutissement dans la recherche de légèreté architecturale et de clarté intérieure. Les vitraux occupent par conséquent une large place. Dans la chapelle située à droite du chœur, noter un bel exemple de l'école troyenne avec *La Vierge aux raisins,* sculptée pendant la période transitoire entre celle du maître de Chaource et celle de Dominique Le Florentin.

Remarquer encore la belle série de pierres tombales exposées sur les murs, ainsi que les gargouilles à tête humaine sur les parois extérieures de la basilique.

DES BONNES SŒURS QUI DÉCOIFFENT

Les travaux d'édification de la basilique Saint-Urbain, démarrés au XIIIe s, ont duré plus d'un siècle, freinés dès le début par les religieuses de l'abbaye Notre-Dame-aux-Nonnains (actuelle préfecture), qui jugeaient inadmissible de voir ériger un monument, tout sacré fût-il, sur leur territoire ! Emmenées par leur abbesse, ces sœurs envahirent le chantier à 2 reprises, dispersèrent les outils, firent fuir les ouvriers et finirent par souffleter l'archevêque de passage. Quel tempérament !

*** ***L'église Sainte-Madeleine*** *(plan B2)* **:** *face à la ruelle des Chats, la rue de la Madeleine conduit à l'église du même nom. Tlj sauf dim mat 9h30-12h30, 14h-18h (17h nov-mars).*

Les 1ers murs furent élevés au milieu du XIIe s, puis le chœur au XVIe s. Au centre domine le célèbre jubé de pierre, comme suspendu entre le chœur et la nef. La plupart des jubés ayant disparu à la Révolution française (on leur préférait les

chaires, symboles du rapprochement entre l'Église et le peuple), celui-ci est l'un des derniers exemples visibles en France. Il fut édifié par l'architecte Jean Gailde dans un style gothique flamboyant, orné de quelques touches Renaissance. On note encore quelques traces de polychromie. Alors que tout le monde restait convaincu de la fragilité de l'œuvre, l'artiste demanda par voie testamentaire à se faire enterrer sous le jubé avec l'épitaphe suivante : « J'attends la résurrection sans crainte d'être écrasé par mon œuvre. » Ironie du sort, le jubé est effectivement encore debout, mais la tombe de l'artiste fut enlevée à l'occasion d'une rénovation de l'église. En contournant l'escalier à droite, on peut apercevoir des barres de fer plantées dans la pierre, ancêtre du béton armé en quelque sorte, bien qu'il s'agisse d'une technique cistercienne des XIe et XIIe s.
Face au jubé, sur la droite, une sculpture de l'école champenoise représentant *sainte Marthe,* sœur de sainte Madeleine, habillée en Champenoise. Elle est attribuée au fameux Maître de Chaource.
Enfin, on ne ratera pas les magnifiques *vitraux* du chœur, dont la réalisation s'est échelonnée entre la fin du XVe s et le début du XVIe s. Au centre, la vie de saint Éloi, à droite, l'arbre de Jessé, à gauche, la Genèse, et sur le chapitre inférieur, les riches donateurs (ils se sont fait représenter selon la coutume). Détail amusant : le vitrail figurant la Création du Monde ne comporte que 4 continents, connaissances de l'époque obligent ! Pour en admirer toute la beauté et la luminosité, mieux vaut venir tôt le matin, lorsque les rayons du soleil illuminent les verrières.
En repartant, n'oubliez pas de jeter un coup d'œil au jardin médiéval créé à l'emplacement de l'ancien cimetière.

👍👍 ***La médiathèque Jacques-Chirac*** (plan B2) **:** *bd Gambetta. ☎ 03-25-43-56-20. • troyes-champagne-mediatheque.fr • L'été, mer 10h-19h, sam 10h-18h, mar et jeu-ven 13h-19h ; le reste de l'année, mar-mer et ven-sam 10h-19h (18h sam), jeu 12h-19h et 1 dim/mois 14h-18h. Entrée libre.*
Cette belle médiathèque contemporaine, labellisée « Bibliothèque numérique » depuis 2015, est l'une des plus riches de France pour son remarquable fonds ancien constitué de manuscrits et d'imprimés (dont près de 700 incunables du XVe s). Fondée par saint Bernard en 1115, sans cesse enrichie jusqu'à la veille de la Révolution, épargnée par les guerres, la bibliothèque de Clairvaux est restée intacte jusqu'à son arrivée à Troyes en 1795. C'est une exposition permanente de ce fonds émouvant qui est proposée sur 800 m². Il s'agit d'un parcours scénographique très bien conçu, qui entraîne les visiteurs le long d'une rampe en pente douce déroulée autour de la bibliothèque. Vue impressionnante sur les milliers d'ouvrages alignés comme à la parade !
La visite s'effectue à contre-courant, du XXIe s jusqu'à l'époque de saint Bernard. Présentation moderne de documents originaux, de magnifiques manuscrits médiévaux et d'enluminures aux couleurs resplendissantes, le tout étoffé de reconstitutions virtuelles... Parmi les musts, visibles par roulement, la célèbre Grande Bible de Clairvaux réalisée par le scriptorium de l'abbaye vers 1150, et la bible ayant appartenu à saint Bernard. Une des plus grandes collections bibliophiles médiévales du monde chrétien occidental, inscrite au registre Mémoire du monde de l'Unesco.

Petit trek urbain

➢ Depuis la cathédrale, rejoindre la ***rue de la Cité,*** ancienne voie romaine (la *via Agrippa*) qui reliait Milan à Boulogne-sur-Mer. *Augustobona* (ancien nom de la ville) s'érigeait alors en véritable nœud commercial. Descendre quelques mètres pour parvenir à la ***rue du Paon,*** sur la droite, où l'on peut voir un bel exemple de maison à appareillage champenois en brique et craie, ainsi que des hôtels particuliers à pans de bois. Au Moyen Âge, les poutres veinant les murs étaient peintes. C'est pourquoi on trouve aujourd'hui des demeures restaurées dans les coloris de l'époque et plus seulement en vernis sombre.

➢ La rue de la Cité débouche ensuite sur le ***quai des Comtes-de-Champagne*** et le ***quai Dampierre*** qui étreignent l'ancien canal de la Haute-Seine. La maison à pans de bois (« Maison du préposé aux ponts tournants ») qui forme l'angle du quai Dampierre et de la rue Georges-Clemenceau abritait le mécanisme qui servait à faire pivoter le pont, régulant ainsi la navigation fluviale.

➢ On peut poursuivre jusqu'à la ***rue Gambey,*** typique du XVe s (l'incendie de 1524 n'atteignit pas cette partie de la ville). Un sillon creuse la rue en son centre, en guise d'égout. Également, de belles maisons en encorbellement.

➢ Rejoindre ensuite la ***rue Pithou,*** parallèle à la rue Gambey. Elle débouche sur la ***halle*** de style Baltard, qui abrite aujourd'hui le marché couvert, dominée par l'***église Saint-Remy*** à l'étonnante flèche hélicoïdale, tout à fait unique. La forme vrillée du clocher laisse glisser le vent sur les parois, sans heurts. Ce qui lui permet de résister aux nombreuses tempêtes. De là, se rendre à la médiathèque. En revenant sur la rue de la République, on arrive à l'***hôtel de ville,*** de style Louis XIII, avec Minerve, déesse de la Guerre, en façade et la devise révolutionnaire restée (c'est rarissime) dans son intégralité : « Unité, indivisibilité de la République, liberté, égalité, fraternité ou la mort. »

TOUT À LA RUE

Au Moyen Âge, les rues étaient parcourues par un caniveau central. Il faisait office d'égout ; un aménagement qui a donné naissance à l'expression « tenir le haut du pavé » : les riches déambulaient sur le bord le plus élevé du pavé pentu, en rasant les murs, pour éviter les eaux sales du milieu de la rue.

➢ On emprunte ensuite la ***rue Champeaux*** *(plan B2),* magnifique alignement de maisons à pans de bois du XVIe s. Face à la rue Paillot-de-Montabert, la ***tourelle de l'Orfèvre,*** datant là encore du XVIe s. La demeure est supportée par des cariatides et un atlante, tandis que la tourelle cache en fait un escalier. Au 16, rue Champeaux, une intéressante ***maison à colombages*** du XVIe s appelée « maison du boulanger ». Décoration gothique. Plus loin, sur la droite, l'***hôtel Juvénal-des-Ursins,*** un hôtel particulier au très bel oratoire Renaissance.

➢ ***La ruelle des Chats*** *(plan B2)* perce juste après sur la droite. Son nom vient de son étroitesse qui permettait aux chats de sauter très facilement d'un toit à l'autre, des 2 côtés de la rue. La herse, à l'entrée, en fermait jadis le passage. L'accès au jardin Juvénal-des-Ursins se fait par cette rue *(de mi-mars à mi-oct, 9h-19h ; de mi-oct à mi-mars, 9h-18h).*

➢ De la ruelle des Chats, on pénètre sur la gauche dans l'adorable ***cour du Mortier-d'Or.*** Une partie de la cour, et notamment la loggia, a été joliment restaurée. Ainsi, de chaque côté du porche (côté ruelle), remarque-t-on la poutre droite d'époque Renaissance, tandis que celle de gauche est contemporaine. Au-dessus fut sculptée une *Annonciation.* À l'étage, noter les abouts de poutre sculptés, tous différents.

➢ En repassant par la ruelle des Chats, on rejoint la ***rue Charbonnet*** et l'***hôtel de Marisy,*** construit au XVIe s. Rénové au XIXe s de façon peut-être un peu trop clinquante, il mérite toutefois d'être signalé pour cette anecdote amusante : les grilles de protection posées aux fenêtres s'appellent des *cabars.* Elles furent utilisées par la suite pour tous les lieux fermés, comme les estaminets, ce qui aurait donné le mot « cabaret ». Belle tourelle d'angle. À 2 pas, ne pas rater l'***église Sainte-Madeleine*** *(plan B2),* absolument incontournable pour le coup (voir plus haut).

➢ Parallèle à la rue Clemenceau, la ***rue Émile-Zola*** *(plan B2-3)* est l'artère commerciale de Troyes. Remarquablement restaurée et entièrement réaménagée, elle distribue des rues et ruelles tout à fait intéressantes et recèle quelques petites perles pas évidentes à dénicher.

➢ La ***rue de Turenne*** *(plan B3)* conduit, elle, à l'***église Saint-Pantaléon*** *(tlj sauf dim mat 9h30-12h30, 14h-18h – 17h nov-mars),* remarquable pour sa statuaire représentative de l'ensemble de l'école champenoise (on peut comparer les 3 périodes successives, entre le début et la fin du XVIe s). On verra notamment 2 sculptures réalisées par Dominique Le Florentin, chef de file du courant Renaissance à Troyes (fin XVIe s). À noter, également, une belle voûte en bois du XVIIe s.

➢ Face à l'église, l'***hôtel de Vauluisant*** et ses 2 musées : le *musée de l'Art troyen du XVIe s* et le *musée de la Bonneterie* (voir plus haut).

À faire

➢ ***Excursions à vélo :*** au départ de Troyes, différents itinéraires bien balisés permettent de découvrir le canal de la Haute-Seine, les forêts du pays d'Othe, ou encore les rivages des lacs en empruntant la ***Vélovoie,*** une balade de plus de 40 km sur une voie verte qui rejoint ***Port-Dienville,*** à travers le parc naturel régional de la forêt d'Orient (lire « Les grands lacs de la forêt d'Orient », plus loin). Infos auprès de l'office de tourisme.

Les magasins d'usine

Fidèle à son statut de capitale de la bonneterie, Troyes a développé des magasins d'usine dans sa périphérie dès le début des années 1990, à la fois pour répondre à une demande croissante et pour renforcer un secteur en crise. Il s'agit d'invendus, de fins de série, de surstocks de grandes marques à écouler. Les articles sont censés coûter 30 % moins cher qu'en boutique.
Il existe 2 grands centres situés à la périphérie de la ville : ***Marques Avenue,*** à Saint-Julien-les-Villas, et ***McArthurGlen, Marques City*** et le ***Village de Marques,*** à Pont-Sainte-Marie.

Renseignements pratiques

➢ ***Pour s'y rendre :*** de Troyes, en voiture, suivre la direction Nancy pour Pont-Saint-Marie (*McArthurGlen, Marques City* et le *Village de Marques*) et la direction Dijon pour Saint-Julien-les Villas (*Marques Avenue* et *Marques Avenue Maison*). En bus, pour *McArthurGlen, Marques City* et le *Village de Marques,* départs fréquents de la station centrale de bus, place du Marché-des-Halles (près de la halle Baltard, dans le centre-ville). Emprunter la ligne n° 1 à destination de Pont-Sainte-Marie/Creney (arrêt Magasins). Pour *Marques Avenue,* ligne n° 2 au départ de la place de l'Hôtel-de-Ville, direction Bréviandes/Buchères/Saint-Léger (arrêt Magasins-de-l'Avenue).
– ***Infos :*** ***Marques Avenue,*** *☎ 03-25-82-80-80 ; • marquesavenue.com/Troyes-Mode •* ***McArthurGlen,*** *☎ 03-25-70-47-10 ; • mcarthurglen.com/fr/outlets/fr/designer-outlet-troyes • Les 2 principaux centres sont ouv lun-sam 10h-18h (à partir de 9h30 pour* Marques Avenue, *et dim pour* McArthurGlen*), les 2 premiers dim des soldes officiels et certains autres dim et j. fériés.*

Marques Avenue

Il s'agit de plusieurs bâtiments indépendants (style entrepôt), situés côté gauche, en bordure et derrière le boulevard de Dijon. Ils sont consacrés à la mode (dont 4 pour les enfants), et à la maison. Tout à côté se sont installés d'autres entrepôts exclusivement consacrés à une marque : *Petit Bateau, Lacoste* et *Adidas.* Parmi les marques représentées, citons : *Absorba, Armor Lux, Caroll, Descamps, Heyraud, Hugo Boss, IKKS, Levi's, Saint James, Sergent Major...*

McArthurGlen, Marques City et le Village de Marques

Sa conception architecturale plus réjouissante, un peu « parc d'attractions américain » tout de même, accueille 105 boutiques : *Ralph Lauren, Lacoste, Calvin Klein, Olympia, Quiksilver, Chevignon, Clarks...*
– Après le rond-point, le long de la rue Marc-Verdier, le ***centre Marques City*** *(☎ 09-71-27-02-66 ; • marquescity.fr •)* regroupe une vingtaine d'entrepôts et de magasins qui concentrent eux aussi des articles de déstockage. Multimarques ou exclusifs comme *Adidas.*
– Jouxtant le centre McArthurGlen, le ***Village de Marques*** *(voie du Bois ; ☎ 03-25-81-48-05 ; • villagedemarques.com •),* regroupe une quinzaine de boutiques.

Conseils

Bref, pour tous les goûts, pas forcément pour toutes les bourses. D'abord, parce qu'il s'agit de grandes marques, souvent chères. Et puis, dans ces temples de la consommation, la tentation est d'autant plus grande qu'on est persuadé de faire des affaires. Enfin, parce qu'on ne fait justement pas toujours des affaires. Tous les prix ne sont pas intéressants. Sous couvert de magasins d'usine, on trouve des enseignes présentes uniquement dans l'espoir de profiter de l'attraction exercée par d'autres marques. Attention également aux articles avec défaut, notamment chez les marques américaines (un *irregular* sur une étiquette veut tout dire !).
En période de soldes, on peut toutefois vraiment dénicher des perles rares... quand on ne vous ressort pas les collections de grand-maman ou que les prix ne sont pas augmentés au préalable, pour être mieux baissés. Mais ça, c'est comme partout ma bonne dame !
Soyez donc vigilant, et partez en ayant déjà une idée des prix en boutiques.

Fêtes et manifestations

Agenda complet disponible sur le site de l'office de tourisme *• troyeslachampagne.com/agenda •* Parmi les rendez-vous les plus intéressants :
– ***Ville en Musiques :*** *ven-dim, de la fête de la Musique à début août.* Programme très varié de concerts gratuits organisés dans plusieurs endroits emblématiques (les églises, les places, le marché des halles...).
– ***Nuits de Champagne :*** *1 sem fin oct. • nuitsdechampagne.com •* Chaque année, un artiste de renom a carte blanche pour inviter les groupes de son choix, et composer l'agenda d'un festival qui correspond à ses goûts et son univers musical. Concerts payants pour les têtes d'affiche, et gratuits pour les concerts off proposés dans plusieurs bars de la ville.

LE PAYS D'OTHE

Paysage verdoyant et vallonné, le pays d'Othe fut longtemps considéré comme une petite Normandie. Sans doute en raison du contraste marqué avec la plaine de Troyes (*othe* signifie « forêt » en langue d'oïl), mais aussi parce que de nombreux pommiers couvraient jadis le pays ; on produisait d'ailleurs du cidre dans le coin. Aujourd'hui, la terre fertile épargnée par la forêt ressemble plutôt à un vaste champ de céréales. La région est aussi réputée pour ses randonnées et les GR (chemins de grande randonnée) qui la traversent.

VILLEMAUR-SUR-VANNE (10190) 501 hab.

Ce village recèle un trésor, son église, et plus particulièrement son *jubé* en bois. Voici l'un des plus beaux qui soient, d'autant que les jubés ont presque tous disparu vers la fin du XVIe s, remplacés par les chaires.

La collégiale Notre-Dame : à 5,5 km au nord-est. Visites guidées seulement (2h passionnantes !), le w-e à 15h30. S'adresser à l'office de tourisme Othe-Armance : ☎ 03-25-80-81-71. Fermé fin nov-fin mars.
Ancienne collégiale construite à l'emplacement de la chapelle du château au XIIe s et lieu de pèlerinage important, car l'église abrite les reliques d'un saint, guérisseur fameux. Saint Flavitus avait soigné par imposition des mains le fils de Clotaire II, Dagobert, victime de la lèpre. Villemaur devint, à partir de cet épisode, un ***lieu de passage pour les rois de France.*** Notamment Louis XIV qui, en route pour tenter de conquérir la Franche-Comté, fit une halte pieuse dans l'église. C'est pourquoi la magnifique voûte en châtaignier est ornée d'un soleil, à l'origine doré à l'or fin. Vous aurez déjà remarqué la tour-clocher (reconstruite à l'identique au XVIe s), recouverte de bardeaux de bois, et le nouveau portail, délicatement sculpté par un artisan local.
Passons au ***jubé,*** d'autant plus remarquable qu'il est complet (il a pourtant failli disparaître en 1906 : ses panneaux furent vendus... puis aussitôt rachetés par des passionnés). Il se compose d'un *cancel* (une clôture de chœur), surmonté d'une *tribune,* le tout couronné de la *Crucifixion.* Le meuble, en chêne (ce qui explique sa conservation), avait pour but de séparer le chœur (où se tenaient le clergé et la noblesse) de la nef (dévolue au bon peuple). Un escalier permet d'accéder à la tribune où se tenait le diacre pour la proclamation de l'Évangile. Le jubé, finement sculpté par 2 compagnons du Devoir, représente la Passion du Christ côté nef et la vie de la Vierge côté chœur. Les personnages sont en *ronde-bosse,* c'est-à-dire sculptés tout autour, et apparaissent par conséquent en relief. Toujours côté chœur, admirer la délicatesse des mains, des doigts jusqu'à l'extrémité des ongles. Sur chaque panneau, on ne peut que s'émerveiller des effets de perspective. Bref, ce véritable chef-d'œuvre mérite largement le détour.

LE CHAOURÇOIS

Cette microrégion située au sud de Troyes doit bien sûr son nom au village de Chaource, à l'origine d'un fromage fameux, à déguster sans modération. Il serait toutefois injuste de résumer le Chaourçois aux plaisirs du palais. D'autres curiosités méritent le détour, dont une église passionnante et un musée étonnant, teinté de nostalgie.

ERVY-LE-CHÂTEL (10130) 1 240 hab.

Ancienne ville fortifiée, un peu perchée au-dessus de la *vallée de l'Armance.* Si des anciens remparts ne subsiste que la solide porte Saint-Nicolas, Ervy-le-Châtel possède encore un agréable patrimoine : belle halle circulaire du XIXe s à pans de bois, unique en Europe, et église des XVe et XVIe s.

Adresse et info utiles

Bureau d'information touristique : *dans la halle, bd des Grands-Fossés. ☎ 03-25-70-04-45. • tourisme-chaource-othe-armance.com • Tte l'année. Juil-août, mar-sam (sauf mar mat) 9h-12h30, 15h-18h ; dim 9h30-12h30. Le reste de l'année, mar-sam (sauf jeu ap-m) 10h-12h30, 15h-17h30.* Documentation très complète sur les environs (circuits thématiques intéressants sur les ruelles, les lavoirs, les chapelles...). Accueil très sympathique.

– **Marché :** *ven et dim mat.*

Où dormir à Ervy et dans les environs ?

Camping

Camping Ferme des Hauts Frênes : *6, voie de Puiseaux, 10130* ***Eaux-Puiseaux.*** *☎ 03-25-42-15-04. • les.hauts.frenes@wanadoo.fr • les-hauts-frenes.com • ♿ À 9 km au nord d'Ervy. Forfait 17 € pour 2.* Un havre de paix. C'est ce qui vient à l'esprit en découvrant ce camping de poche, avec à peine une trentaine d'emplacements bien délimités et suffisamment ombragés, ainsi qu'une petite aire de jeux pour les enfants. Les sanitaires et douches, nickel, sont aménagés dans les belles dépendances de la ferme, tandis qu'une grande véranda lumineuse abrite un salon cosy à la dispo des résidents. Très agréable.

Prix moyens

Chambres d'hôtes L'Aquarelle en Champagne : *8, rue Danton, à* ***Ervy-le-Châtel.*** *☎ 03-25-42-03-71. • laquarelle.ervy@gmail.com • laquarelle-ervy.com • Doubles 85-90 €. Table d'hôtes sur résa 29 €.* L'aquarelliste en herbe a remplacé l'artiste peintre dans cette grande et belle maison de caractère, mais la source d'inspiration n'a pas changé : la vue sur la campagne est toujours aussi formidable depuis le jardin en terrasses, un vrai balcon sur la nature ! Qu'on en profite depuis les séduisantes chambres meublées avec goût et tout confort, le salon cosy (avec sa cheminée active en hiver), ou la terrasse où est servi le savoureux petit déj, on ne s'en lasse pas. Ajoutez un accueil chaleureux et disponible, et vous obtenez l'adresse de charme du coin.

Chambres d'hôtes Le Clos Poli : *2, rue de l'Église, 10130* ***Montigny-les-Monts.*** *☎ 03-25-80-89-60. • clos.poli@gmail.com • leclospoli.fr • À 10 km au nord d'Ervy. ♿ Doubles 85-90 €. Table d'hôtes sur résa 28 €.* La sympathique propriétaire aime recevoir, et cela se sent : l'ancienne grange, indépendante de la maison principale, a été soigneusement rénovée pour garantir le meilleur confort aux hôtes (douches et salles de bains impeccables, plateau de courtoisie, TV, et parfois la clim), la déco des chambres et de la salle à manger ne manque pas de coquetterie (pierres apparentes et bibelots choisis), et la cuisine, simple et bonne, offre un excellent rapport qualité-prix (pas mal de spécialités corses, d'où est originaire la famille). Du sur-mesure !

CHAOURCE

(10210) 1 110 hab.

Petit village typique perdu aux confins de la Champagne, aux portes de la Bourgogne, célèbre pour son fromage (AOC depuis 1970, mais déjà prisé à l'époque de Philippe le Bel !) et à découvrir impérativement pour son église. C'est ici que s'est distingué le fameux Maître de Chaource, sculpteur dont l'influence n'est plus à démontrer. Vaut par conséquent le détour.

Adresse et info utiles

Office de tourisme : *2, Grande-Rue.* ☎ *03-25-40-97-22.* • *tourisme-chaource-othe-armance.com* • *Ouv tte l'année. Juil-août, lun 10h-16h ; du mar ap-m au dim mat 9h30-12h30, 15h-18h. Le reste de l'année, lun 10h-16h ; mar-sam (sauf jeu ap-m) 10h-12h30, 15h-17h30.* Expos d'artiste toute l'année.
– **Marché :** *lun mat.*

Où dormir ? Où manger à Chaource et dans les environs ?

De bon marché à prix moyens

Chambres d'hôtes La Louvière : *22, rue de la Villeneuve, 10320* **Jeugny.** *06-16-39-18-30.* • *jean.chalons@yahoo.fr* • *À 12 km au nord-ouest de Chaource. Double 54 €.* Ce secteur du village est fort agréable, la maison très typique avec ses colombages de la fin du XVIIIe s, et l'accueil gentil comme tout. Quant aux chambres, fonctionnelles et de plain-pied, elles ne déçoivent pas pour le prix. À dispo, un salon commun avec TV, une kitchenette, et un grand jardin fleuri pour lézarder. Une bonne affaire.

Hôtel-restaurant Le Cadusia : *21, route de Troyes, à Chaource.* ☎ *03-25-42-10-10.* • *bonjour@le-cadusia.com* • *le-cadusia.com* • *À la sortie de Chaource. Fermé 24-25 déc. Doubles 75-80 €. Petit déj 12 €. Menus 20 € (au déj), puis 26-34 €. Parking.* À la sortie de la ville, au calme, un bel établissement contemporain de plain-pied, aux chambres impeccables et tout confort (clim, salles de bains actuelles...). Les plus agréables sont sur l'arrière, car, l'hôtel étant construit à flanc de colline, on bénéficie d'une vue plongeante sur la campagne. Même vue depuis la vaste salle de resto tout en baies vitrées et prolongée par une super terrasse, où l'on sert une cuisine de brasserie améliorée : andouillette 5A, pièce du boucher et frites maison, et, en saison, de belles pièces de viande saisies à point sur la rôtissoire. Simple et bon. Un bon point de chute, d'autant que l'accueil est jeune, dynamique et vraiment sympa.

Hôtel-restaurant Aux Maisons : *11, rue des AFN, 10210* **Maisons-lès-Chaource.** ☎ *03-25-70-07-19.* • *accueil@logis-aux-maisons.com* • *logis-aux-maisons.com* • *À 6 km au sud-est de Chaource. Tte l'année, tlj sauf dim soir-lun. Double 98 € ; suites et familiales. Formule déj 18 € ; menus 32-58 €. Piscine, spa, hammam. Parking.* Au cœur d'un charmant petit village, une ancienne ferme restaurée sur laquelle se sont greffées des annexes modernes. Chambres impeccables, tranquilles et bien tenues. Les plus confortables disposent même d'équipements balnéo. Une adresse agréable, d'autant qu'on y sert une très bonne cuisine de terroir dans un cadre élégant. Piscine couverte. Accueil pro et sympathique.

À voir

L'église Saint-Jean-Baptiste : *ouv 9h-18h (8h30-19h avr-oct).* Principalement du XIIIe s (pour le chœur) et du XVIe s (pour les nefs), cette église recèle un véritable trésor dans une crypte : une *Mise au tombeau* extraordinaire réalisée en 1515 par un artiste (ou un atelier anonyme), connu sous le nom de Maître de Chaource. Descendre quelques marches à gauche du chœur, après avoir allumé la lumière sur le côté. Les personnages penchés sur le Christ sont saisissants d'intensité dans la douleur. À voir aussi, dans la 3e chapelle de gauche, une magnifique crèche en bois doré. Datée du XVIe s, elle est représentative de l'école troyenne. L'église possède aussi plusieurs retables remarquables, de nombreuses statues de l'école troyenne du XVIe s, ainsi qu'un orgue baroque du XVIIe s provenant de l'abbaye de Montiéramey. Également de beaux vitraux.

LA CÔTE DES BAR

La côte des Bar occupe la région reliant Bar-sur-Seine à Bar-sur-Aube, au sud-est de Troyes. Traversée par les vallées de l'Aube et de la Seine, plantée de vignobles produisant des vins aussi gouleyants que le champagne, le coteaux-champenois ou l'unique rosé-des-riceys, elle présente un intérêt immédiatement décelable, non ?

LES RICEYS (10340) 1 430 hab.

Les 3 bourgs des Riceys (Ricey-Haut, Ricey-Bas et Ricey-Haute-Rive) constituaient à l'origine 3 paroisses distinctes, réunies à la Révolution. Avec ses 3 églises, ses 2 châteaux (l'un privé, l'autre abrite la mairie) et ses 9 chapelles, Les Riceys détiennent le record d'Europe du pourcentage de Monuments historiques classés, par rapport au nombre d'habitants.
Les Riceys se distinguent, en effet, par leur agencement, leur dédale de ruelles étroites serpentant entre les maisons en pierre, mais c'est surtout le vin qui a fait toute la renommée. Ou plutôt leurs vins, puisque c'est le seul village de France à détenir 3 appellations d'origine contrôlée : le coteaux-champenois, le champagne et le rosé-des-riceys, vin royal s'il en est.
Louis XIV, intrigué par la bonne humeur des maçons aubois venus travailler au château de Versailles, en aurait goûté l'origine. Conquise, Sa Majesté ! Le rosé-des-riceys acquit dès lors ses lettres de noblesse.
Le rosé est élaboré à partir d'un cépage de pinot noir. Il possède la puissance du rouge sans tanin et la légèreté du rosé. Il s'obtient après une manipulation particulièrement délicate. Sa rareté, sa technique de vinification ainsi que son temps de maturation expliquent son prix, celui d'une bouteille de champagne.

TRÉSOR CACHÉ

Aux Riceys, dans la maison de champagne Alexandre-Bonnet, des ouvriers ont découvert un trésor de 17 kg en dollars-or. Ce pactole fut versé par des bars clandestins américains à l'époque de la prohibition. Ils payaient... en liquide, pour plus de discrétion.

TROYES ET LE SUD DE LA CHAMPAGNE – ITINÉRAIRE 22

Adresse utile

Bureau d'information touristique : *14, pl. des Héros-de-la-Résistance, Ricey-Haut. ☎ 03-25-29-15-38. • tourisme-cotedesbar.com • Avr-oct, mar-sam 9h-12h30, 14h-17h30.* On s'y procure notamment le plan pour le *circuit des Cadoles* (voir « À faire dans les environs »). Location de vélos.

Où dormir ? Où manger ? Où boire un verre ?

Hôtel-restaurant Le Marius : *2, pl. de l'Église, à Ricey-Bas. ☎ 03-25-29-31-65. • contact@hotel-le-marius.com • hotel-le-marius.com •*

Ouv le soir mer-sam et au déj sam-dim. Fermé lun-mar. Doubles 65-160 €. Menus 29-59 €. C'est l'adresse de charme du secteur. On pénètre dans un labyrinthe formé par 4 maisons imbriquées, où la restauration soignée mêle habilement l'ancien et le moderne. Les chambres sont dans le même esprit, avec ici ou là une cheminée, des poutres... et bien sûr tous les équipements pour assurer le meilleur confort. Quant au resto, son cadre exceptionnel mérite une halte. Les repas sont servis dans une superbe cave voûtée, digne d'un château ! Bien également pour déguster une coupette, réfugié dans le bar plein de cachet ou sur la petite terrasse face à l'église.

Hôtel-restaurant Le Magny : *38, rue du Général-Leclerc, sur la route de Tonnerre. ☎ 03-25-29-38-39. • lemagny@wanadoo.fr • hotel-lemagny.com • Resto fermé mar-mer. Congés : janv-fév, 1 sem fin août. Doubles 80-90 €. Menus 17-55 € ; carte env 35 €.* Cette belle maison pleine de caractère abrite des chambres modernes, classiques, tout confort, bien tenues et tranquilles, d'un bon rapport qualité-prix. Les plus agréables (les plus chères aussi, logique...) donnent sur le jardin et sa piscine (chauffée). Table traditionnelle bien maîtrisée, qui a su fidéliser une clientèle locale, notamment avec son menu du terroir impeccable, servi avec une flûte de champagne et un verre de rosé-des-riceys. Agréable terrasse s'ouvrant sur le jardin. Une bonne adresse, d'autant que l'accueil familial est très sympathique.

Le Caveau des Riceys : *3, pl. des Héros-de-la-Résistance, Ricey-Haut. ☎ 03-25-29-70-18. • contact@caveaudesriceys.com • Tlj sauf mer 10h-20h (22h jeu-dim).* Cet espace chaleureux, à la fois bar à vins, caviste et épicerie fine, propose chaque jour à la dégustation de nouvelles sélections de champagnes provenant uniquement du secteur, ainsi que plusieurs rosés. Parfait pour se faire une idée de la typicité des vins, avant de partir à la rencontre des vignerons de son choix. Et si on a faim, possibilité d'accompagner la dégustation avec des planches de charcuterie et de fromages, ou des feuilletés à l'andouillette ou au chaource.

Caves

Voici 2 caves, à titre indicatif, bien sûr. Beaucoup d'autres dans le village, comme Gallimard (pour le champagne) ou Olivier Horiot (pour le rosé-des-riceys). À noter que les vignerons s'arrangent entre eux pour assurer à tour de rôle des « permanences » le dimanche, jour habituel de fermeture des caves. Liste disponible à l'office du tourisme.

– ***Champagne Morel :*** *93, rue du Général-de-Gaulle, Ricey-Haut. ☎ 03-25-29-10-88. • champagnemorel.com • Accueil lun-sam 9h-12h, 14h-18h. Visite de la cave sur rdv (15 € avec dégustation de 3 vins) ; durée : 1h.* La famille Morel produit un champagne brut élégant, un champagne rosé de cuvaison, élaboré de façon traditionnelle, et le fameux rosé-des-riceys. Pédagogique, et accueil particulièrement sympathique.

– ***Morize Père et Fils :*** *122, rue du Général-de-Gaulle, Ricey-Haut. ☎ 03-25-29-30-02. • champagnemorize.com • Accueil lun-sam. Visite des caves et dégustation sur résa, 10h-12h, 14h30-17h ; durée : 1h.* Belles caves du XIIe s où reposent 100 000 bouteilles de champagne (ça fait rêver !). Ça tombe bien, on peut le déguster dans une salle rustique (table en pierre bien épaisse), ou préférer goûter le coteaux-champenois ou le rosé-des-riceys. Remarquer le vitrail, il représente saint Vincent et... la famille Morize.

À faire dans les environs

➢ ***Le circuit des Cadoles :*** les cadoles, également appelées « loges », sont des cabanes de vignerons, des refuges contre les intempéries, des abris pour « siester » et prendre ses repas. Différentes, car personnalisées, elles sont toutes

TROYES ET LE SUD DE LA CHAMPAGNE – ITINÉRAIRE 22

construites selon le même principe : ni liant ni charpente, les pierres qui composent cette sorte d'igloo champenois sont larges et plates, posées les unes sur les autres. Elles arborent une forme ronde, plus ou moins haute, trapue ou coquette, à chacun son style. Elles bordaient autrefois les vignobles, mais le phylloxéra détruisit une partie des vignes à la fin du XIXe s. Les terres furent abandonnées et la végétation encercla peu à peu ces curieuses huttes, les intégrant totalement au paysage. Plusieurs circuits partent des Riceys. L'office de tourisme fournit les plans indispensables pour effectuer les balades.

ESSOYES

(10360) 730 hab.

Ce très joli village qui s'étend de part et d'autre de l'Ource doit sa réputation à Renoir, dont la femme était originaire d'Essoyes. La famille y séjourna tous les étés jusqu'à la mort de l'artiste, en 1919. Il y est d'ailleurs enterré avec sa famille. Nombre de ses toiles sont inspirées des paysages alentour ou des habitantes de la région : *La Blanchisseuse et son enfant, Les Laveuses, La Marchande de pommes.*

Adresse utile

Point d'information : *pl. de la Mairie, dans l'Espace des Renoir. ☎ 03-25-29-10-94. • renoir-essoyes.fr • Ouv mars-nov. Juil-sept, tlj 10h-12h30, 13h30-18h ; mai-juin, fermé mar ; mars-avr et oct-nov, fermé lun-mar.* Visites guidées et infos sur les randos à faire sur Essoyes et aux alentours.

Où dormir dans les environs ?

Chambres d'hôtes La Combernée : *4, Grande-Rue, 10110* ***Viviers-sur-Artaut.*** *☎ 03-25-38-41-49. • lacombernee@wanadoo.fr • À env 9 km au nord-ouest d'Essoyes. Double 60 € ; table d'hôtes 25 €.* Les enfants seront à la fête ! Car ces sympathiques agriculteurs incitent les petits à rendre visite à leurs animaux. Sinon, la maison abrite des chambres classiques, coquettes et parfaitement tenues. À la table d'hôtes, cuisine élaborée avec les produits de la ferme. Une adresse simple et chaleureuse, au cœur d'un joli village cerné par les vignes.

À voir

Le centre culturel « Du côté des Renoir » : *☎ 03-25-29-10-94. • renoir-essoyes.fr • Ouv mars-nov. Juil-sept, tlj 10h-12h30, 13h30-18h ; mai-juin, fermé mar ; mars-avr et oct-nov fermé lun-mar. Dernière entrée 1h avt la fermeture. Fermé déc-fév (sauf visites guidées sur résa). Entrée : 12 € ; réduc. Visites accompagnées (départ pl. de la Mairie ; se renseigner sur les horaires). Durée : 1h30-2h.*

Cette entité comprend en réalité 3 sites complémentaires (même ticket d'entrée), dédiés à la famille Renoir. Un parcours à travers le village permet de se rendre de l'un à l'autre, en passant par le cimetière où est enterré le maître de l'impressionnisme.

– ***L'Espace des Renoir :*** dans les anciennes écuries du château, un petit espace d'interprétation qui s'intéresse plus largement à l'ensemble de la famille

Renoir : évocation du travail du peintre, mais également hommage à son épouse Aline Charigot, native d'Essoyes, ainsi qu'à ses enfants, Pierre, Jean et Claude. On apprend notamment que c'est Gabrielle Renard, modèle favori d'Auguste et nourrice de Jean, qui a développé le goût de ce dernier pour le cinéma ! Reproduction de tableaux, bandes-son, vidéo et photos. Au 1er étage, des expos temporaires de peinture, sculpture et photo. Film sur les sources d'inspiration chez les Renoir.

– ***L'atelier Renoir,*** au fond du jardin, où le peintre a tant travaillé. Cette petite maison précédée par un charmant jardin-promenade comprend une petite exposition sur son œuvre au rez-de-chaussée, et une reconstitution de son atelier à l'étage, dans une vaste pièce baignée de lumière. Pour symboliser le courage du peintre atteint de polyarthrite rhumatoïde, son fauteuil roulant y est suspendu.

– ***La maison des Renoir,*** dans cette maison, vous rentrez dans l'intimité de cette famille d'artistes. Visitez la cuisine, le salon, aussi l'atelier du peintre dans lequel sont exposées certaines toiles en été, mais aussi les chambres.

À faire

➢ 4 circuits de ***randonnées pédestres*** de 3 à 14 km ont été aménagés dans le but de dévoiler un peu plus les sources d'inspiration et les émotions vécues du peintre. Se procurer à l'office de tourisme ou sur le site *• tourisme-cotedesbar.com •* la brochure *Les Chemins de Renoir* (itinéraires, durée...).

BAYEL (10310) 840 hab.

Ce village fait tinter le cristal depuis plus de 3 siècles. Les amateurs d'art religieux en profiteront pour visiter l'église, décidément très riche, comme dans toute la région. Elle recèle notamment une superbe pietà du célèbre Maître de Chaource, ainsi qu'une Vierge à l'Enfant de Belroy, du XIVe s.

Adresse utile

ℹ ***Musée du Cristal – Informations touristiques :*** *2, rue Belle-Verrière. ☎ 03-25-92-42-68. • tourisme-cotedesbar.com • Tte l'année mar-sam 9h-12h30, 14h-17h30.* Vend les billets pour la visite du musée.

À voir

Le musée du Cristal : *dans les locaux de l'office de tourisme ; mêmes horaires. ♿ (rdc). Fermé 25 déc-1er janv. Entrée : 5 € ; réduc.* L'histoire du verre de l'Antiquité à nos jours, photos et maquettes sur les processus de fabrication et, bien sûr, présentation des plus belles créations de la maison. Belle collection de vases des années 1930, commandes particulières (notamment pour les grandes maisons de luxe). Vidéo de quelques minutes sur les techniques de fabrication. Exposition sur la vie des Bayellois autrefois.

Atelier du Verre : *Musée du Cristal de Bayel, 2, rue Belle-Verrière. ☎ 03-25-92-42-68. ♿ Ouv mar-sam (horaires à consulter sur site internet • tourisme-cotedesbar.com •). Fermé janv. Démonstration : env 45 mn. Entrée : 10 € (forfait démonstration et visite libre du musée) ; réduc ; gratuit moins de 7 ans. Ateliers* *à thèmes sur résa.* Démonstrations de soufflage réalisées par un maître verrier et son apprentie, organisées par le musée du Cristal. Après la fermeture de la Cristallerie royale de Champagne en 2016, le musée du Cristal de Bayel a souhaité préserver son patrimoine vieux de plus de 3 siècles en proposant au public de découvrir le métier de souffleur de verre. Les visiteurs pourront participer en s'initiant à certains gestes du métier de verrier (soufflage dans la canne, cueillage de la matière dans le four, façonnage de la matière avec les outils propres aux verriers...).

CLAIRVAUX (10310)

Ah, Clairvaux ! son abbaye, sa... prison. Une tradition d'austérité à toute épreuve. Ironie mise à part, le remarquable monument cistercien mérite une attention toute particulière.

À voir

L'abbaye cistercienne : *☎ 03-25-27-52-55. • abbayedeclairvaux.com • Visites **guidées** seulement (compter 1h30), tlj mars-oct et mer-dim nov-fév. Congés : janv. Téléphoner pour les horaires de départ. Entrée : 8,50 € ; gratuit moins de 18 ans. Se présenter 15 mn avt à l'*Hostellerie des Dames *; se munir impérativement d'une pièce d'identité et oublier appareils photo, caméscopes, sacs à dos, téléphones portables... (on pénètre dans une enceinte carcérale).*

L'histoire de Clairvaux, c'est 7 siècles de vie monastique et 2 siècles de vie carcérale... 9 siècles d'enfermement dans des contextes bien différents, à l'ombre dans une « vallée claire » ! 5 grandes périodes marquent l'évolution du site : 3 phases de construction monastique, la transformation de l'abbaye en prison, et le rattachement de la partie historique des bâtiments au ministère de la Culture en 2002, qui depuis restaure peu à peu le site. C'est l'un des bâtiments cisterciens majeurs de l'époque médiévale, il mérite donc que l'on s'attarde sur son histoire.

Alors que le monachisme sombrait peu à peu dans une glorification de Dieu par un art au luxe outrageux (telle l'abbaye de Cluny), 3 moines de l'abbaye de Molesme décidaient de revenir à un mode de vie plus ascétique, consacré au travail et à la prière, comme le voulait la règle de saint Benoît. Ils fondent l'abbaye de Cîteaux en 1098. Contrairement aux bénédictins, dominants à l'époque, les cisterciens prônent une vie austère, de non-consommation, les rendant ainsi moins dépendants de leurs donateurs. Le succès de ce nouvel ordre les incite à créer des petites sœurs ou plutôt des filles, puisque c'est ainsi qu'on nomme les 4 premières abbayes construites dans la lignée de celle de Cîteaux (La Ferté, Pontigny, Morimond et Clairvaux).

La 1re abbaye de Clairvaux est édifiée en 1115 sous l'égide de saint Bernard, moine très célèbre et influent, à forte personnalité, qui contribua beaucoup au rayonnement de Clairvaux dans l'Europe entière. À tel point qu'elle s'érigea en capitale religieuse du monde occidental pendant près de 25 ans. De la 1re abbaye, il ne reste que quelques vestiges. Saint Bernard en fit construire une 2e, chef-d'œuvre de l'architecture monacale, typique de l'ordre cistercien, aussi épurée que devait l'être leur vie. De cette période, il ne subsiste que le superbe bâtiment des convers (l'un des plus grands de toute l'architecture cistercienne). Long de 80 m, il se compose de 2 étages, le cellier et le réfectoire au rez-de-chaussée, en gothique primitif, et l'immense dortoir, devenu rapidement grenier à grain, situé à l'étage et conçu en voûte d'arête, perfection du style roman. Dans chaque abbaye cistercienne cohabitaient des moines « clercs » et des religieux illettrés, appelés *convers* (convertis). Ils vivaient et travaillaient séparément, les premiers à l'église et au scriptorium, les seconds dans les fameuses granges de l'abbaye. Ce sont les convers qui permirent d'assurer le souci constant d'autonomie des cisterciens en développant les techniques industrielles (forges) et agricoles (leur apport est d'ailleurs considérable dans ce domaine). Ainsi, ils étendent leurs propriétés, s'enrichissent et finissent par se préoccuper davantage de leur profit que de la spiritualité de leurs ouailles. L'hostilité croissante des paysans devant tant de richesses, les famines, les guerres de Religion, la guerre de Cent Ans... ont fini par ruiner les abbayes. Nombre d'entre elles seront fermées avant la Révolution. Mais Clairvaux garde intacts ses 20 000 ha de forêts et de terres labourables. Pour leur confort, les moines démolissent leur abbaye, sauf l'église et (heureusement) le bâtiment des convers, et construisent la grande abbaye classique, la 3e, connue sous le nom de grand cloître, qui demeure aujourd'hui avec ses 130 m de façade.

Mais la Révolution chasse les moines. L'abbaye devient verrerie et filature. Sous Napoléon, l'abbaye est rachetée par l'État, transformée en dépôt de mendicité, puis en maison centrale. Funeste destin ! L'église sert de carrière pour les travaux et disparaît. Le bâtiment des convers sert quant à lui de prison de femmes, puis d'ateliers pour les détenus. ***Clairvaux devient la plus grande prison française du XIXe s !*** En 1970, le ministère de la Justice libère les bâtiments historiques et construit une prison moderne... à l'emplacement de l'ancienne abbatiale. Une association de bénévoles entreprend alors de faire visiter les lieux et d'y développer l'activité culturelle qui existe aujourd'hui. En 2002, le ministère de la Culture récupère la partie historique du site, et le bâtiment des convers est magnifiquement restauré dans son état originel.

La prison accueillit, entre autres, Claude Gueux. Incarcéré en 1831, il inspira à Victor Hugo le personnage de Jean Valjean pour *Les Misérables*. Auguste Blanqui et Charles Maurras occupèrent (mais pas en même temps !) la même cellule.

La visite, très intéressante, car pleine d'anecdotes érudites sur le mode de vie monacal et sur le fonctionnement de la prison, permet, dans un 1er temps, de découvrir la partie médiévale (le fameux bâtiment des convers du XIIe s), puis la partie XVIIIe s, qui a conservé en l'état tous les aménagements nécessaires à la création d'une prison : le réfectoire modifié en chapelle pour les besoins des prisonniers (le culte est resté obligatoire jusqu'en 1905 !), le cloître utilisé pour la promenade, et les cellules. Celles du 1er étage accueillaient jusqu'à 15 détenus, tandis que celles du 2e étage étaient individuelles. Sinistres « cages à poule », sans aucune intimité et sordides, elles ont été utilisées jusqu'en 1971 ! Dans la cour, un lavoir et une grange complètent cette visite fascinante, à l'ombre d'une des prisons les mieux gardées de France. Une belle occasion de réfléchir sur la liberté.

LES POULES DE LA MAISON POULAGA

Clairvaux compte encore de nombreuses cellules de 4 m², alignées côte à côte en longues rangées et fermées. On les appelle des « cages à poule ». Aucun rapport avec de sympathiques pondeuses, mais c'était le surnom donné aux cellules de la prison Saint-Lazare à Paris, principalement affectées à ces dames qui travaillaient de nuit en tenue légère.

L'Hostellerie des Dames : *mêmes horaires que pour l'abbaye (voir ci-dessus). Entrée libre.* Petite exposition sur l'histoire de l'abbaye (gravures, plans...). Vente de livres et produits monastiques. C'est là que l'on prend son billet pour la visite de l'abbaye. Présentation d'un film 3D sur Clairvaux.

LES GRANDS LACS DE LA FORÊT D'ORIENT

Conçus pour réguler les cours de la Seine et de l'Aube, et approvisionner la capitale en eau, les 3 lacs artificiels de la forêt d'Orient s'étendent aujourd'hui au cœur d'une région particulièrement riche. Ils se situent au carrefour de formations géologiques et géographiques très distinctes : Champagne humide et argileuse d'un côté, sèche et crayeuse de l'autre, entre plateau, plaine et vallée. Cet environnement particulier a permis le développement d'écosystèmes multiples (forêt, lacs, prairies) que l'on peut étudier dans un espace restreint, érigé en parc naturel régional. Cerfs, sangliers, oiseaux migrateurs, arbres centenaires... Une faune et une flore à découvrir à pied, à vélo ou à cheval. Des postes d'observation ornithologique ont même été mis en place (infos auprès de l'office de tourisme intercommunal).
Quant aux grands lacs, façonnés par l'homme jusqu'à devenir bases de loisirs, ils constituent l'un des principaux pôles touristiques de la région. Ainsi, chacun possède-t-il sa spécificité. Le *lac d'Orient* (2 300 ha) est consacré à la voile, à la planche à voile, à la baignade et à la pêche. Le *lac du Temple* est le plus sauvage dans son aménagement. On y vient surtout pour pêcher (carpes, brochets, sandres...). Le *lac d'Amance,* le plus au nord, est consacré aux activités motonautiques (jet-ski, ski nautique, etc.) et s'étend au pied du plus grand port du genre de la région, Port-Dienville. Enfin, sachez que la voie verte « Vélovoie » relie Port-Dienville à Troyes en 42 km à découvrir à vélo ou à rollers (voir la rubrique « À faire » à Troyes).

Adresse utile

i ***Bureau d'information de la Maison du parc :*** *Maison du parc, dans le parc naturel régional, 10220* ***Piney*** *(mais à 15 km, entre Mesnil-Saint-Père et Géraudot. ☎ 03-25-43-38-88. • info@pnrfo.org • pnr-foret-orient.fr • De Piney, emprunter la D 1 en direction de Géraudot et bifurquer vers la D 43 ; c'est indiqué. Juil-août, tlj 10h-12h30, 13h30-18h ; avr-juin et sept, lun-ven 10h-12h30, 13h30-17h, sam-dim et j. fériés 10h-12h30, 13h30-18h ; oct, tlj 10h-12h30, 13h30-17h ; nov-mars, lun-ven 13h30-17h.* Expositions sur le patrimoine bâti et naturel. Organise des sorties tout au long de l'année (résa obligatoire). Documentations touristiques. Boutique souvenirs et produits locaux.

AU NORD DES GRANDS LACS

Où dormir ?

⌂ ***Chambres d'hôtes Château de Pougy :*** *28, Grande-Rue, 10240* ***Pougy.*** *☎ 03-25-37-09-41. • antoine.morlet@wanadoo.fr • chateau-de-pougy.com • À env 15 km au nord-ouest des lacs. Double 70 €.* Un rapport qualité-prix-cadre étonnant. Une très belle demeure pleine de cachet, environnée par un parc défendu par de hautes grilles. À l'intérieur, des pièces à vivre de caractère, et des chambres agréables et de bon confort. Accueil jeune, dynamique et très sympa en prime. Bref, tout pour plaire.

À voir

L'église Saint-Jacques-et-Saint-Philippe : *10330* ***Lentilles.*** *Tlj de 8h jusqu'à la tombée du jour.* Construite dans la 1re moitié du XVIe s, cette église est l'un des plus beaux exemples d'église à pans de bois : justesse des proportions, raffinement de l'architecture et perfection de l'aménagement. Vous remarquerez le revêtement en bardeaux de la façade et de la flèche. À l'intérieur, très beau plafond continu en lambris décoré de lattes losangées, et vitraux du XVIe s en forme de médaillon.

L'écomusée de la forêt d'Orient : *1, chemin Milbert, 10500* ***Brienne-la-Vieille.*** *☎ 03-25-92-95-84 ou 06-52-12-98-32. • lacs-champagne.fr • Mar-sam 10h-12h, 14h-18h ; dim et j. fériés 14h-18h. Fermé déc-mars. Visite libre : 5 €, guidée : 6 € pour un site, 8 € pour les 2 ; 6-12 ans 1 € ; gratuit moins de 6 ans.* Cet écomusée très riche occupe 2 sites distincts, distants de moins de 500 m. Le 1er, le plus important, s'intéresse à la ***vie agricole.*** Il comprend un vaste musée (impressionnante collection d'outils et de matériels de 1850 à 1950 ; sections sur la laiterie, la boulangerie ou encore les lavandières), une maison champenoise traditionnelle du début du XXe s dont les principales pièces ont été reconstituées avec du mobilier d'époque, ainsi que 2 granges à pans de bois remarquables par leur architecture et leur volume (démontées puis reconstruites à l'identique). Elles abritent du gros matériel, comme de belles batteuses en bois du XIXe s, et les ateliers de différents corps de métiers (menuisier, bourrelier...).
À quelques centaines de mètres de là, dans la rue principale, on visite l'***atelier du charron.*** Un étonnant atelier de forge créé en 1903, où la traditionnelle forge côtoie une « locomobile » en parfait état de marche. Des quantités de poulies et courroies entraînent de rudimentaires machines-outils, comme le rare tour à fabriquer 5 rayons de char en simultané. Photogénique !

Espace Faune de la Forêt d'Orient : *à 4 km de la Maison du parc vers Mesnil-Saint-Père. ☎ 03-25-43-38-88 (Maison du parc). Juil-août, ouv tlj 10h-18h ; juin et sept-oct plus dim de nov, ouv mer-dim 14h-17h (10h-17h les w-e de juin) ; fermé déc-janv. Entrée : 7 € ; réduc (compter env 1h30). Visite guidée : 10 € (env 2h). Soirée « brame du cerf » : 15 €. Prêt de jumelles sur demande.* Un beau parc animalier où vivent en semi-liberté cerfs, chevreuils, aurochs, mouflons, élans, sangliers, daims et bisons d'Europe... Pour avoir l'œil sur ces mammifères, un sentier pédagogique de 1,5 km à travers la forêt et 3 observatoires avec vue sur le lac d'Orient. Tables de pique-nique.

• Carte D'Auxerre à Vézelay *p. 403*

AUXERRE

(89000) 36 850 hab.

Si vous ne voulez pas vous faire remarquer en arrivant, Auxerre se prononce « Ausserre ». C'est en tout cas une ville bien agréable à vivre : de bonnes petites tables, de beaux musées, d'imposants édifices religieux et une incontournable tour de l'Horloge.

Commerçant et en grande partie piéton, le vieux centre d'Auxerre est plaisant à parcourir, un œil sur les vitrines, l'autre sur les jolies maisons à pans de bois. Et puis on se balade avec plaisir le long des quais de l'Yonne en contemplant les flèches des églises médiévales qui paraissent encore plus s'élancer vers le ciel depuis le pont Paul-Bert qui enjambe la rivière.

LA GRAND-MESSE DU DIMANCHE

Auxerre reste très catholique, jusque dans son club de foot, fondé en 1905 par... l'abbé Deschamps. Le stade porte le nom de l'abbé, et les maillots de l'AJ Auxerre affichent toujours les couleurs bleu et blanc de la Vierge. Les miracles sont les bienvenus.

Adresses et infos utiles

Office de tourisme de l'Auxerrois : *7, pl. de l'Hôtel-de-Ville (près de la tour de l'Horloge). ☎ 03-86-52-06-19. Avr-sept, ouv tlj (9h-19h juil-août).*

Gare SNCF : *6, rue Paul-Doumer (rive droite de l'Yonne). ☎ 36-35.* Trains pour Dijon, Paris, Lyon, Avallon et Clamecy. TER direct de Paris depuis la gare de Bercy. Trajet : 1h45.

À vélo : un parcours complet de 174 km entre Auxerre et Decize, le long du canal du Nivernais et de l'Yonne. Possibilité de prendre le train avec vélos pour l'un des trajets. Carte à l'office de tourisme.

La Maison du Vélo : *pl. Achille-Ribain. ☎ 03-86-46-24-99. • maison.velo@gmail.com • maison-velo.fr • Avr-oct, tlj 9h-12h, 14h-18h (17h avr).* Location de biclous « classiques » ou électriques. Résa conseillée. Possibilité de parking auto fermé sur place (payant) et de navette de retour le long du canal du Nivernais. Également location de bateaux électriques sans permis et d'embarcations à pédales.

Location de voitures : *quelques loueurs à la gare comme* ***Hertz*** *(☎ 03-86-46-57-30) ou* ***Avis*** *(☎ 03-86-46-83-47).*

Taxi : *07-88-97-07-96 ou 07-80-06-55-02*

– **Marchés :** *mar et ven à l'Arquebuse, mer et sam en centre-ville et dim pl. Degas.*

Où dormir ? Où manger ? Où boire un verre ?

De bon marché à prix moyens

La Maison des Randonneurs : *parc Paul-Bert, 5, rue Germain-Bénard. ☎ 03-86-41-43-22. • accueil@maison-rando.fr • maison-rando.fr • Bus nos 1 et 6 depuis la gare SNCF, arrêt Vaulabelle. ♿ Proche du centre-ville, sur les routes de Saint-Jacques et le circuit Cadet Roussel. Ouv tte l'année* *(sur résa seulement Pâques-Toussaint). Env 19 €/pers, plus draps 3,70 € ; familiales (6 pers max, 2 douches) ; petit déj 5,80 € ; supplément chauffage 1 € oct-mars. Loc de vélos. Café offert sur présentation de ce guide.* Au fond d'une impasse, en lisière d'un parc, un gîte d'étape agréable, très calme, décontracté, fonctionnel et propre. Chambres simples, sobres mais lumineuses pour 1-3 personnes ou dortoirs pour 4-6, certains donnant sur le parc et la plupart partageant les nombreux w-c et salles de bains. Lits superposés, cuisine à dispo, vente de cartes et topoguides sur place. Ah ! une contrainte, le ménage est obligatoire. Mais le cadre et l'accueil compensent.

Le Schaeffer : *14, pl. Charles-Lepère. ☎ 03-86-52-16-17. • contact@leschaeffer.com • Fermé dim. Formules déj mar-sam 15,60-18 €, plats env 14-20 €.* Une cantine remplie d'Auxerrois, très pratique en centre-ville. Glissez-vous jusqu'à la salle à l'arrière pour déguster un bon jambon à la chablisienne ou l'un des croque-monsieur maison. Allez-y, sinon, pour boire un verre l'après-midi, c'est plus calme.

Le Flobert : *71, rue du Pont. ☎ 03-86-51-16-19. Fermé dim (plus le soir mar-mer sept-juin). Menu déj 14,50 € ; carte 25-30 €.* Pourquoi aller chercher la perche dans le Nil lorsqu'il y a d'excellentes truites bio dans le département de l'Yonne ? Cette cuisine saine sélectionne strictement ses produits dans le champ du locavore. Veau, vache, cochon, couvée s'y accommodent avec réussite de bavarois de radis, ail des ours et champignons des bois. Pas mal non plus du côté des desserts, façon gâteau au yaourt du lac Sauvin. Des saveurs très nature, un service simple et efficace, une chouette adresse !

La P'tite Beursaude : *55, rue Joubert. ☎ 03-86-51-10-21. • laptitebeursaude@gmail.com • Tlj sauf mar, et le midi mer-jeu. Résa conseillée. Formule déj env 22 €, menus autour de 30 €. Café offert sur présentation de ce guide.* Une trentaine de couverts et 6 seulement en terrasse, dans une rue typique du vieil Auxerre. Tables en bois et carrelage. Cuisine régionale qui joue la carte nostalgie, sans exagération, avec une pointe d'humour décalé.

La Péniche : *1, quai de la Marine. ☎ 03-86-42-59-00. Fermé dim soir-lun.* Les pieds dans l'eau, voici l'endroit rêvé pour siroter un cocktail ou un vin du cru, à piocher dans une carte fournie. Salle au ras des flots ou agréable terrasse sur le pont supérieur, dominée par la cathédrale.

De prix moyens à chic

The Originals Hôtel Normandie : *41, bd Vauban. ☎ 03-86-52-57-80. • reception@hotelnormandie.fr • hotelnormandie.fr • Sur la promenade autour du centre-ville. Congés : fêtes de fin d'année. Doubles à partir de 84 €.* Grande et belle maison bourgeoise de la fin du XIXe s, avec un petit jardin sur l'arrière et de la vigne vierge sur la façade. L'enseigne rend hommage au fameux paquebot. Et il y a quelque chose de l'ambiance des grandes croisières transatlantiques dans ce lieu. Une cinquantaine de chambres, de styles différents, toutes climatisées, spacieuses et calmes. Salle de gym, sauna, billard et garage pour voitures et vélos.

Les Maréchaux : *6, av. Foch. ☎ 03-86-51-43-77. • contact@hotel-lesmarechaux.com • hotel-lesmarechaux.com • Proche du centre-ville, sur la route de Montargis. Doubles climatisées env 70-100 €, voire plus. Congés en fév.* L'un des beaux hôtels d'Auxerre. Cette vaste bâtisse ayant été édifiée sous Napoléon III, on a le choix entre les chambres « Bernadotte », « Lannes », « Murat »... d'après les noms des maréchaux de France. Les « petites » le sont vraiment et tous les 10 €, elles s'agrandissent. Piscine chauffée extérieure. Et beau parc.

Poivre et Sel : *32, pl. des Cordeliers. ☎ 03-86-33-81-86. Fermé le w-e. Carte 30-40 €.* Décor de bistrot (vieilles pubs, banquettes, chaises anciennes) et carte qui fait saliver, des œufs cocotte au filet mignon servi avec des girolles, en passant par des tartares mis à toutes les sauces. Envie de salade, de cochonnailles ? Pas de souci. Envie d'un bon vin ? Entre 130 et 180 références à la carte...

DANS L'YONNE en BOURGOGNE

DES VACANCES AU GOÛT D'ESSENTIEL

© Jonas Jacquel

Vézelay, La colline éternelle

Vos prochaines vacances en un clic sur

www.tourisme-yonne.com

Vézelay Guédelon Chablis
Canal de Bourgogne Canal du Nivernais
Avallon Joigny Noyers-sur-Serein
Abbatiale de Pontigny Tonnerre
Sens Auxerre Morvan

L'Yonne in bourgogne
Icône du week-end

l'Yonne
CONSEIL DÉPARTEMENTAL

#yonnetourisme

Le Bistrot de l'Aspérule : *34, rue du Pont. ☎ 03-86-33-24-32. Fermé dim-lun. Formule déj (sauf dim) 27 €, menu 38 €.* Une salle zen, aux tons crème et... crème qui fait moins rêver que ce que contiendra votre assiette. Le chef japonais a quitté cette adresse et laissé les poussières de son étoile entre les mains de son équipe. Pari réussi côté cuisine : simple, raffinée, qui change du « tout terroir bourguignon ». Réussi également côté service, aussi effacé qu'efficace.

À voir. À faire

Pour visiter le centre historique, suivre les pavés en bronze à l'effigie de Cadet Roussel (brochure payante). Pour les 6-12 ans, prendre aussi le carnet d'énigmes de *Cadet'Chou*. Visites guidées payantes *(sam à 15h)* suivant des thèmes variables. Infos à l'office de tourisme.

Sur les traces de Cadet Roussel : *circuit de 5 km dans la vieille ville ; compter 2h-2h30 hors visite des monuments et sites. Brochure payante à l'office de tourisme (1,50 €).* « Cadet Roussel est bon enfant », il vous mènera sur ses pas, ou plutôt sur ses plaques. « Cadet Roussel a 3 maisons... », il vous en montrera beaucoup d'autres à travers la ville dont de bien belles à pans de bois et poutres sculptées de toute beauté. Vous croiserez en cours de chemin sa statue polychrome.

La passerelle : la balade peut commencer sur cette passerelle début XXe s. Belle vue sur la vieille ville hérissée de clochers. Superbe de nuit. Pratique pour rejoindre le centre depuis les stationnements gratuits de la rive droite.

Le quartier de la Marine : quelques rues jalonnées de maisons à pans de bois autour de la délicieuse place Saint-Nicolas sur laquelle veille, depuis 1774, la statue du patron des mariniers. À la fois discrètement chic et popu, ce quartier, qui perpétue le souvenir d'une activité marinière disparue au début du XXe s, recèle beaucoup de charme.

L'abbaye Saint-Germain : *2 bis, pl. Saint-Germain. ☎ 03-86-18-02-90. • abbaye.saintgermain@auxerre.com • ♿ (salles médiévales seulement). Juil-août, tlj 10h-12h30, 13h30-18h. Le reste de l'année, tlj sauf certains j. fériés (et mar sept-juin) 10h-12h, 14h-18h (17h nov-mars).*

– **L'ensemble abbatial** (cloître et église) **:** *GRATUIT. Visite guidée (1h30) mer, dim 15h, certains ven nocturne ; sur résa seulement : 7,50 €.* Il y avait déjà ici, au Ve s, un oratoire contenant le corps de saint Germain. Une église, édifiée selon la légende par sainte Clotilde, épouse de Clovis, l'a remplacé un siècle plus tard. En 1812, l'édification de l'hôpital ampute l'édifice de son narthex, isolant littéralement la tour Saint-Jean (XIIe s). On comprend toutes ces transformations en visitant l'***avant-nef archéologique*** (tombes et limites de la basilique mérovingienne bien visibles). Jetez un œil aux intéressantes vidéos de l'entrée avant de vous attarder dans le cloître, sa salle capitulaire et sa grande claire-voie gothique devançant l'accès à l'église.

– ***Les cryptes :*** *visites guidées uniquement (40 mn) ttes les heures : 7 €.* Une véritable église souterraine : une succession de voûtes, des poutres d'origine du IXe s, le ***tombeau de saint Germain*** et, surtout, un exceptionnel ensemble de ***fresques carolingiennes*** exécutées vers 850 représentant le jugement, l'extase et le martyre de saint Étienne.

– ***Le musée d'Art et d'Histoire :*** *GRATUIT.* Installé dans les anciens dortoirs des moines (fin XVIIe s). ***Collections archéologiques.*** Le 1er étage fait revivre *Autessiodurum* (nom romain de la ville) avec un atelier de céramiste reconstitué, des objets usuels et une belle collection de statues. Au rez-de-chaussée, salles consacrées au Moyen Âge et à l'histoire de l'abbaye, avec notamment le « ***suaire de saint***

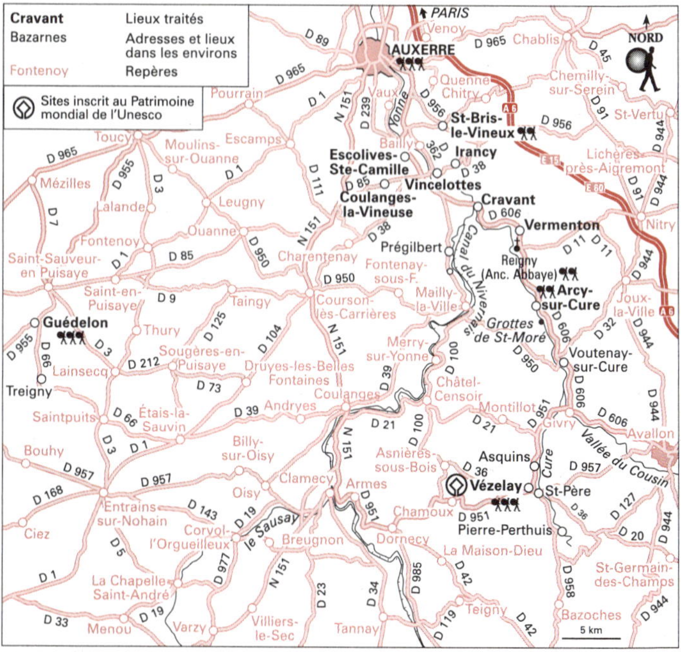

D'AUXERRE À VÉZELAY

Germain », exceptionnel tissu de soie provenant des ateliers impériaux de Constantinople en l'an mil. Parcours pédagogique pour les plus jeunes. Expositions temporaires.

La cathédrale Saint-Étienne : *☎ 03-86-51-29-20. ♿ (prévenir l'accueil du trésor). Tlj 9h-18h (sauf dim 11h-12h pdt la messe). Festival d'orgue en été. Visites nocturnes certains ven-sam en juil-août, à 22h. Participation libre.*
Façade gothique percée de 3 portails surmontés de motifs et hauts-reliefs superbes, même s'ils ont été mutilés lors des guerres de Religion. Une imposante rosace de 7 m de diamètre domine le portail central. À l'intérieur, nef et chœur d'un très pur style gothique sont d'une surprenante harmonie. Ensemble lumineux. Au fond du déambulatoire, superbes vitraux du XIIIe s *(La Création)* aux bleus encore très vifs. Dans la chapelle absidiale, rarissimes peintures murales du XIe s traitées dans les ocres.
– **Crypte et trésor :** *avr-déc, mar-sam 10h15-11h45, 14h15-17h30 ; fév-mars, mar-ven ap-m seulement, sam 10h15-11h45, 14h15-17h30 ; janv, sam ap-m seulement. Entrée : 3,50 €.* La crypte est le seul vestige d'un ancien édifice roman (XIe s). Le **trésor** (accès depuis la nef) n'est pas celui de la cathédrale,

DRESS CODE HISTORIQUE

Claude de Chastellux s'est largement distingué à la bataille de Cravant (1423). Pour l'en gratifier, il fut inhumé dans la cathédrale d'Auxerre où les comtes en titre de sa dynastie bourguignonne pur jus ont été depuis autorisés à pénétrer « à cheval, en armes et un faucon au poing ». Les autres sont autorisés à pied, désarmés et un Routard à la main...

fondu par les huguenots au XVIe s, mais une collection privée. Environ 400 pièces exposées par rotation dans une petite chapelle.

La tour de l'Horloge : élevée en 1483, elle témoigne de l'entrée symbolique du temps civil et de la bourgeoisie dans une cité que les nobles et les clercs verrouillaient jusqu'alors. L'horloge présente 2 cadrans : d'un côté, les heures ; de l'autre, le cadran astronomique. Juste à côté s'élevait la maison d'un certain Cadet Roussel, huissier de justice, fervent partisan de la Révolution en 1791. Il doit sa réputation et la comptine enfantine qu'on lui dédia à la curieuse surélévation de sa maison et à un mode de vie quelque peu excentrique pour l'époque. Au no 7, place de l'Hôtel-de-Ville, le fameux écrivain libertin Nicolas Rétif de La Bretonne (qui n'avait pas non plus un mode de vie très catholique) travailla comme imprimeur.

Les vieilles maisons : le quartier piéton n'en manque pas. Du genre pour lesquelles l'expression « avoir pignon sur rue » semble avoir été inventée, comme rue de l'Horloge ! Belles maisons également place Surugue. C'est là que vous retrouverez la statue de Cadet Roussel. À l'angle des rues Joubert et Fécauderie, découvrez les plus beaux poteaux corniers (des piliers d'angle, quoi !) d'Auxerre.

La salle Eckmühl : *pl. du Maréchal-Leclerc. ☎ 03-86-18-05-50. Avr-sept, mer-dim 14h-18h. Visites accompagnées : ttes les heures, gratuites et sans résa.* Rescapée de l'ancien palais des comtes d'Auxerre, la salle recèle des trésors légués à la ville par la fille du maréchal Davout, la marquise de Blocqueville. Splendide travail de lambrissage et toile peinte au plafond. Vitrine renfermant quelques témoins de la vie du XIXe s mondain dont la tenue de cérémonie du maréchal Davout au sacre de Napoléon.

Le musée Leblanc-Duvernoy : *9 bis, rue d'Égleny. ☎ 03-86-18-05-50. Fermé 1er et 8 mai. Avr-sept, mer-dim 14h-18h, sinon ouv pour les groupes seulement sur résa. GRATUIT.* Dans une élégante demeure du XVIIIe s. Importante collection de faïences et grès de Puisaye, dont une nouvelle série de faïences patronymiques qui commémore des événements et la mémoire de grandes familles. Intéressant ensemble (230 pièces fabriquées entre 1789 et 1794) d'assiettes décorées de thèmes et de slogans révolutionnaires.

Bateaux touristiques de l'Auxerrois : *embarquement 1, quai de la République (plan B2). 📱 06-30-37-66-17. • bateaux-auxerrois.com • De mi-avr à mi-oct, tlj sauf lun non fériés. Croisières 1-2h et croisière-repas.* À bord de l'*Hirondelle*, croisières touristiques et une dédiée aux enfants. Propose aussi **Les Jeudis du Goût** *(juil-août, jeu 17h ; durée : 1h30),* une minicroisière sur le canal du Nivernais avec dégustation de produits du terroir.

LES VILLAGES DE L'AUXERROIS

Avec les cerisiers en fleur ou simplement par un beau jour d'été, l'un des plus beaux circuits à faire au cœur de la Bourgogne.

COULANGES-LA-VINEUSE *(89580 ; 930 hab.)*

À 15 km au sud d'Auxerre par la N 151, un village, un de ces villages paisibles au nom chantant, cachés dans les vignobles, qui a conservé de belles demeures et une église émouvante... On l'appelait autrefois Coulanges-la-Sèche, car le village n'avait aucun point d'eau.
Un pays agréable pour les amateurs de rando ou de balade à VTT. Et pour les amateurs de pinot noir, un vin très aromatique tiré des quelque 120 ha de cette petite appellation.

Adresse utile

Maison du Pays coulangeois : *9, bd Livras. ☎ 03-86-42-51-00. • cc-payscoulangeois.fr • Mer-ven 14h-17h, plus en saison, w-e et j. fériés 14h-18h.* Circuits rando *(fiches payantes),* « circuit des vieilles pierres » à la découverte du patrimoine ; également des circuits VTT.

Où dormir ? Où manger ? Où boire un verre ?

Chambres d'hôtes Domaine Maltoff : *20, rue d'Aguesseau. ☎ 03-86-42-32-48. • contact@maltoff.com • maltoff.com • Au centre du village ; fléché. Double 80 € ; familiale.* 4 belles chambres – dont un duplex avec mezzanine pour une famille – dans la propriété restaurée d'un excellent vigneron. Terrasse.

J'MCA : *12, rue André-Vildieu. ☎ 03-86-34-33-41. • jmca-restaurant-coulanges-la-vse@outlook.fr • Fermé mer midi et les soirs dim-jeu. Congés : 15 j. en fév et en août, 1 sem à Noël. Menus 27-43 €.* Cette maison joliment réaménagée abrite un couple de jeunes restaurateurs qui aiment leur métier et qui n'ont pas peur de l'écrire en gros (on précise au cas où vous auriez mal décrypté le nom du lieu). Une cuisine de passion qui ne triche pas sur la qualité, un cadre agréable et des vins de Coulanges qui coulent bien. Une jolie découverte, à tous égards.

Le Clos du Roi : *17, rue Vildieu. ☎ 03-86-42-25-72. • magali@closduroi.com • En saison, lun-sam 9h30-19h30, hors saison, se renseigner avt. Visite gourmande autour de 25 €. Café offert sur présentation de ce guide.* Le caveau de ce domaine a ouvert un agréable bar à vins, pour poser un coude sur une table-barrique tout en levant l'autre (coude). Des nectars à accompagner de planches de fromages ou charcuterie, sélectionnant en priorité des produits du cru. Terrine de truite bio de Prégilbert et glace artisanale tomate-basilic à tomber !

ESCOLIVES-SAINTE-CAMILLE *(89290)*

Au sud d'Auxerre, village charmant avec son église du XIIe s surmontée d'un clocher octogonal et précédée d'un beau porche à arcades. Et un site archéologique pour ceux qui sont intéressés *(9, rue Raymond-Kapps ; ☎ 03-86-42-71-89).*

Où dormir ?

Chambres d'hôtes Domaine Borgnat, Le Colombier : *1, rue de l'Église. ☎ 03-86-53-35-28. • sejour@domaineborgnat.fr • domaineborgnat.com • Doubles env 95-120 €.* Belle maison de vignerons fortifiée datant du XVIIe s. Dans une aile, des chambres lumineuses avec parquet, beaux meubles rustiques et jolis tissus (en revanche, éviter la chambre d'appoint, au grenier). Cuisine à disposition. N'hésitez pas à rendre une petite visite aux 2 étages de caves superbement voûtées où le coulanges du domaine vieillit dans un bel alignement de tonneaux. Vente de vins à la propriété (à prix très sages). Piscine chauffée et un gîte dans le colombier.

VINCELOTTES *(89290)*

Adorable village bourguignon longeant la rive droite de l'Yonne, qui fut jadis un port d'embarquement pour le vin. À 3 km au nord-ouest de Vincelottes, sur la D 362, les *caves Bailly-Lapierre (☎ 03-86-53-77-77 ; • bailly-lapierre.fr •),* de spectaculaires caves (4 ha, creusées à 50 m sous la roche) où sont stockées 7 millions de bouteilles de crémant de Bourgogne, méritent une visite guidée.

IRANCY *(89290 ; 315 hab.)*

À 2 km au nord-est de Vincelottes par la D 38. Village à la belle pierre blanche issue des carrières voisines (la pierre de Bourgogne a obtenu en 2018 le label convoité d'indication géographique protégée, IGP). Fleuri, blotti au creux d'un vallon et tout entouré de vignes. Bourgogne oblige, une trentaine de producteurs y vendent directement leur vin au goût de fruits rouges. Un vin bien en bouche qui ne déçoit pas et se garde plus de 10 ans. Particularité unique : il peut contenir du césar, un vieux cépage local costaud.

SAINT-BRIS-LE-VINEUX *(89530)*

Sur la route depuis Irancy via le col du Crémant ou celle venant d'Auxerre, très joli *panorama* sur le vignoble et la vallée de l'Yonne (table d'orientation).
Saint-Bris est une grosse bourgade vinicole agrémentée d'une charmante église, dans un paysage qui rappelle les plus belles affiches de promotion pour la Bourgogne. Depuis 2003, le vin tiré de ses coteaux, un sauvignon blanc pur souche, est gratifié d'une AOC. Sans aller bien loin, derrière l'église, la *cave Bersan* (☎ *03-86-53-07-22*) est certainement l'une des plus belles. Côté patrimoine, ne pas manquer la belle église édifiée du XIIe au XVIIe s qui dresse sa splendide façade sur la place centrale.

CRAVANT *(89460 ; 840 hab.)*

Au confluent de la Cure et de l'Yonne, une aimable bourgade anciennement fortifiée. Devant Cravant s'est déroulée, en 1423, une célèbre bataille entre Anglais et Bourguignons d'un côté, Français et Écossais de l'autre. On entre dans le bourg par la ***porte d'Orléans*** (XVIIIe s). Dans son prolongement, la rue d'Orléans cache une ***maison forte*** avec tourelle ronde d'angle et surtout la ***maison de Bois,*** la plus ancienne du bourg (XIVe s), qui a conservé un charme émouvant. La légende prétend que Jeanne d'Arc y séjourna au XVe s. Le ***beffroi*** (1387) et le ***donjon*** (XIVe s) ajoutent au cachet médiéval de ce village fréquenté un moment par Georges Descrières, l'acteur d'Arsène Lupin. À 2 pas, église des XIIIe et XVIe s au remarquable clocher Renaissance.

Adresse utile

Office de Chablis, Cure, Yonne et Tonnerrois : *à la halte nautique de* ***Cravant-Bazarnes.*** ☎ *03-86-81-54-26.* • *escale-chablis.fr* • Location de vélos, vente de glaces et boissons. Aire de camping-cars, eau et électricité pour bateaux, wifi gratuit.

À faire dans les environs

La ferme aquacole de Crisenon : *lieu-dit Crisenon, 89460* ***Prégilbert.*** ☎ *03-86-46-76-77.* • *fermeaquacoledecrisenon.com* • *Rive gauche, à 800 m à l'ouest de Prégilbert par la D 100. Juil-août, tlj 9h-12h, 14h-19h ; avr-juin et sept, mar-dim 9h-12h, 14h-18h ; oct-mars, mar-sam 9h-12h, 14h-17h. GRATUIT.* Élevage de truites bio que l'on peut pêcher soi-même sans supplément (les enfants adoreront !) ou acheter comme chez le poissonnier. Propose également des produits dérivés : truite fumée, œufs, rillettes.

ARCY-SUR-CURE *(89270 ; 500 hab.)*

Arcy-sur-Cure ? Un petit village célèbre pour ses fameuses grottes (peintures et gravures d'animaux ; ☎ *03-86-81-90-63 ;* ● *grottes-arcy.net* ●). À visiter, sauf si vous n'en avez cure !

Où dormir ? Où manger dans les environs ?

Auberge Le Voutenay : *D 906 (ex-N 6), 89270* ***Voutenay-sur-Cure.*** *☎ 03-86-33-51-92. ● auberge.voutenay@wanadoo.fr ● aubergelevoutenay.com ● À 6 km au sud d'Arcy-sur-Cure. Resto fermé dim soir-mar. Doubles env 60-80 €. Formule 17 € (sauf sam soir et dim) et menus 25-42 €.* D'abord, un parc délicieux au milieu duquel coule une charmante rivière au nom tout indiqué pour un restaurateur : le Vau de Bouche. Des chambres spacieuses et confortables, dont certaines avec salon dans la tour. Et pour les épicuriens, une cuisine traditionnelle goûteuse, élaborée à base de bons produits du terroir. VTT à disposition.

VERMENTON *(89270)*

Anciennement point de départ principal du bois exporté du Morvan vers Paris par flottage le long du canal du Nivernais, ce gros bourg propose de bien paisibles balades le long des rives de la Cure jusqu'au parc des Îles, par exemple, d'où l'on a une chouette vue sur la ***tour du XIIIe s de l'église*** et où, en été, sont parfois organisés des concerts. À 3 km au sud, l'***abbaye cistercienne de Reigny*** accueille des expositions, des concerts et des manifestations culturelles.

Où dormir ?

Camping Les Coullemières : *chemin des Coullemières. ☎ 03-86-81-53-02. ● contact@camping-vermenton.com ● camping-vermenton.com ● Ouv avr-sept. Tente pour 2 env 13 €. Hébergements locatifs 370-485 €/sem. 49 empl.* Au bord de la Cure, un superbe camping très calme et verdoyant. Grands emplacements bien ombragés. Location de mobile homes spacieux et bien équipés, dans une zone ombragée, mais aussi de *Pod* et tentes lodges. Jeux et espaces verts tout autour. Bien au calme. Baignade possible dans la Cure.

Chambres d'hôtes et gîte de l'abbaye de Reigny : *chez Louis-Marie et Béatrice Mauvais, 89270 Vermenton. ☎ 03-86-81-59-30. ● abbayedereigny.com ● Au sud de Vermenton par la D 906. Tlj sauf lun. Doubles env 100-120 € (réduc de 10 € de mi-oct à avr). Table d'hôtes 40 €.* 2 très beaux gîtes, dont 1 adapté aux personnes à mobilité réduite (4-6 personnes) et un 2d au bord de la Cure (6-8 personnes) et 5 chambres d'hôtes (dont 1 familiale) permettent de séjourner dans ce haut lieu d'histoire où a résidé Coco Chanel dans les années 1930. Un lieu exceptionnel resté en partie dans son jus, mais des chambres de grand confort, et un superbe petit déj.

VÉZELAY

(89450) 435 hab.

Vézelay ne mérite pas seulement une visite pour sa célèbre basilique, haut lieu de l'histoire et de la chrétienté, classée au Patrimoine mondial de l'Unesco. C'est aussi un charmant petit village (labellisé parmi les « Plus

Beaux Villages de France »), perché sur une colline dominant à la fois la vallée de la Cure et le nord du Morvan. Connue de l'Europe entière, dès le XIe s, pour abriter les reliques de sainte Marie Madeleine, l'abbaye fut le point de départ de la 2e croisade prêchée au XIIe s par saint Bernard. Plus tard, le roi de France Philippe Auguste et le roi d'Angleterre Richard Cœur de Lion y débutèrent la 3e croisade. Saint François d'Assise choisit la « Colline Éternelle » pour y fonder le 1er monastère franciscain en France. Au cours des siècles, Vézelay fut une étape essentielle pour les pèlerins qui se dirigeaient vers Saint-Jacques-de-Compostelle. D'où l'importance de la basilique, comparée à la taille du village.
Vézelay est aussi un village d'écrivains : Éluard a écrit ici *Liberté,* René Char et Georges Bataille y sont passés, et les maisons de Romain Rolland (aujourd'hui musée Zervos) et de Max-Pol Fouchet sont cachées dans les petites rues du village où s'est éteint Jules Roy.

Adresse et infos utiles

Office de tourisme : *12, rue Saint-Étienne. ☎ 03-86-33-23-69. • destinationgrandvezelay.com • Tlj (sauf dim avr-juin, et lun sept-mars) 10h-13h, 14h-18h (17h30 sept-mars).* Documentation sur le parc du Morvan et toute la Bourgogne : circuits pédestres, cyclo et VTT dans la région. Location d'audioguides. Pour les enfants, petit livret pour visiter la basilique (payant), et parcours-jeu à la découverte de Vézelay.

➢ ***Transport :*** *• viamobigo.fr •* Tte l'année, 3 navettes/j. (moins le w-e) depuis la gare de Sermizelles.

Stationnement : parkings (payants) au bas du village. De là, pour ceux qui ont des difficultés de déplacement, ***navettes gratuites et régulières*** jusqu'à la basilique *(tlj, ttes les 15 mn, 10h-13h, 14h-18h en été).*

Où dormir ? Où manger à Vézelay et dans les environs ?

Camping

Camping municipal de Saint-Père : *rue du Gravier, 89450* ***Saint-Père.*** *☎ 03-86-33-36-58 (22-62 hors saison). • mairie-saint-pere@orange.fr • saint-pere.fr • À 300 m du village. Ouv Pâques-Toussaint. Env 9 € pour 2 avec tente et voiture (vélo gratuit). Pas de résa. Loc de mobile homes et bungalows.* Tout mignon, tout simple et familial, au bord de la Cure, dans un environnement bucolique. Emplacements herbeux et semi-ombragés. Bloc sanitaire réduit au strict minimum mais cuisine à dispo. Et surtout base de canoë-kayak, maraîcher bio et brasserie à proximité. Allez, on sort les sardines !

Bon marché

La Mijotée : *4, rue du Pont, 89450* ***Saint-Père.*** *☎ 03-86-81-07-93. À 2,5 km au pied de Vézelay, au niveau du pont de ce joli bourg. Midi et soir en sem, fermé le w-e. Résa conseillée. Menu 15 € le midi, 18 € le soir.* Un menu unique, composé d'un buffet d'entrées, un plat du jour et un dessert. C'est pas compliqué et c'est exactement ce qu'il nous faut. Dans cette maisonnette de bourg toute simple, on se sent accueilli comme chez tante Jeanne par la jeune chef, seule en cuisine et au service. Ici les pommes de terre sont épluchées sous vos yeux, les gâteaux tout juste tièdes et les vins bio du village presque livrés à pied. Aux beaux jours, terrasse à l'arrière. Gros succès à midi.

Le Vézelien : *pl. du Grand-Puits. ☎ 03-86-33-25-09. • levezelien@gmail.com • Repas le midi seulement. Fermé mar-mer. Plats 10-16 €.* Ce bar-tabac situé à un croisement stratégique et touristique, dans la montée pour la basilique, cache bien son jeu. C'est la cantine des Vézeliens à midi, dans une ambiance bistrot. La carte de brasserie mérite nos louanges, dans le registre circuit court et efficace. Une omelette, simple mais parfaite, un tartare de charolais ou un gâteau à la noix à se damner ? Tout cela tient sur une page et s'accompagne fort bien du meilleur des vins de l'Yonne, l'autre credo de la maison.

De prix moyens à chic

SY La Terrasse : *2, pl. de la Basilique, à Vézelay. ☎ 03-86-33-25-50. • sybarlaterrasse@gmail.com • vezelay-laterrasse.com • Tlj. Congés : janv-fév. Doubles 70-150 €. Formules déj 20-25 € ; carte env 30 €.* Notre chouchou à Vézelay. Un vrai hôtel de charme, avec un resto-bar sympa au rez-de-chaussée faisant dans le simple, le local et le bio. Chambres d'un confort total, d'un design contemporain. Terrasse face à la basilique, excusez du peu ! Concerts jazz de temps en temps. Équipe qui s'active, avec le sourire, en plus.

SY Les Glycines : *33, rue Saint-Pierre, à Vézelay. ☎ 03-86-47-29-81. • sylesglycines@gmail.com • vezelay-laterrasse.com • Congés : janv-fév. Doubles 68-195 €.* Établissement de charme de la même maison, établi dans un hôtel particulier du XVIIIe s. Les rez-de-chaussée et 1er étage déclinent un décor à l'ancienne, éclectique et rococo, bien dans l'esprit de ces vieux murs : colonial, baldaquins, tapisseries d'époque... Le 2d niveau est plus moderne et situé sous les combles. Confort assuré dans les chambres et l'établissement compte même un ascenseur

Restaurant Le Cheval Blanc : *16, pl. du Champ-de-Foire, à Vézelay. ☎ 03-86-33-22-12. Fermé jeu soir-mer Formule et menu déj 25-30 € ; plats 19-29 €.* Un restaurant que l'on découvre en arrivant. Des « Cheval Blanc » boiteux, on en a connu. Ici, rien de bien compliqué mais l'accueil courtois et la carte qui suit les saisons en ne trichant pas avec les produits du pays nous ont mis au pas. Terrasse un peu à l'écart, pour prendre un bain de soleil plutôt qu'un bain de foule, on préfère.

Les Deux Ponts : *1, route de Vézelay, 89450* ***Pierre-Perthuis.*** *☎ 03-86-32-31-31. • lesdeuxponts@gmail.com • lesdeuxponts.com • ♿ À 5 km de Saint-Père, direction Bazoches. De mi-mars à mi-nov. Resto fermé mer, plus mar hors saison. Doubles 70-110 €. Menus 31-37 €.* On se sent bien dans cette ancienne auberge rénovée, près des 2 ponts de la Cure. Dans les 7 chambres, coquettes et fonctionnelles, mais aussi l'été en terrasse, sous le marronnier, à déguster la cuisine créative où herbes et épices sont toujours à l'honneur jusque dans les sorbets. Ambiance intimiste le soir dans la grande salle claire, devant la cheminée. Agréable balade digestive, ensuite, le long de la rivière, et du haut du village, jolie vue sur Vézelay au loin.

Où boire un verre dans les environs ?

Les Hirondelles : *pl. Sous-l'Orme, 89450* ***Asquins.*** *☎ 03-86-33-24-22. À 3 km au nord de Vézelay. Tlj sauf lun (midi seulement pour le resto). Repas env 15 €.* Un bar-resto qui propose une cuisine bien sympathique le midi et... 2 pompes à essence en dépannage. Providentiel !

Où acheter de bons produits dans les environs ?

Brasserie de Vézelay : *rue du Gravier, 89450* ***Saint-Père.*** *À 2,5 km de Vézelay. ☎ 03-86-34-98-38. ♿ En saison, tlj 12h-19h ; (11h-20h ven-sam) ; hors saison, 13h-17h en sem, parfois plus le sam. Boutique et beer garden.* Bière artisanale bio de qualité, sans sucres ajoutés, multi-médaillée avec une gamme sans gluten. Boutique et bar (6 becs en pression). Concerts occasionnels. Plus qu'une brasserie au final !

Pour déguster les beaux et encore peu connus vins de Vézelay, plusieurs boutiques-cavistes en ville et dans les environs, comme le *Domaine des Cœuriots* (37, rue du Pont, 89450 **Saint-Père** ; 06-72-34-65-12), le *Domaine La Sœur Cadette* (47, rue du Pont, 89450 **Saint-Père** ; ☎ 03-86-48-10-33) ou encore le *Domaine des Faverelles* (15, rue du Four, 89450 **Asquins**).

Bières de la Colline : *4, route d'Avallon, 89450 Vézelay. ☎ 09-72-45-65-60. • bieresdelacolline.fr • Proche du parking, à l'entrée de Vézelay. Fermé mer-jeu et le mat en sem.* Une micro-brasserie bio qui propose blondes, brunes et blanches brassées à la main et forcément bénies des dieux.

À voir

Comme dans tous les hauts lieux du tourisme, arriver tôt le matin, en été, ou attendre la fin de la journée, quand les cars sont partis. La Colline Éternelle reste aussi très belle à la nuit tombée...

La basilique Sainte-Marie-Madeleine : *☎ 03-86-33-39-50. • basiliquedevezelay.org • Tte l'année, tlj 7h-20h. Visites guidées de la basilique : juil-août, tlj sauf jeu 10h-12h, 14h-17h (guides étudiants) ; sinon, tlj sauf lun et mer à 14h30 (15h sam) par la Fraternité de Jérusalem. Libre participation.* L'aboutissement de la montée est parfois éprouvant sous le soleil, mais la beauté de la basilique récompense, aujourd'hui comme hier, les visiteurs arrivés jusqu'à elle. Elle comprend, du point de vue architectural, à la fois des ***éléments romans*** du XIIe s (la nef et le narthex) et des ***parties gothiques*** du XIIIe s (chœur et transept). Le mariage des 2 styles se fait avec une homogénéité presque naturelle. Mais ce qui frappe en 1er, c'est la façade, sobre et humble, restaurée et à nouveau éclatante de blancheur depuis 2020. ***Viollet-le-Duc*** au XIXe s, à la demande de Prosper Mérimée, inspecteur des Monuments historiques, avait déjà apporté sa touche à l'ensemble.

Dans le narthex (lieu d'accueil des pèlerins), supporté par d'imposants piliers, levez le nez vers les chapiteaux historiés. Au-dessus du portail central, l'admirable ***tympan de la Pentecôte,*** fort bien conservé, date de 1120. Il représente la mission des apôtres après la Résurrection. Au centre, Christ en majesté, assis sur un trône. Superbe drapé, presque en mouvement ! Tympans foisonnant, eux aussi, de détails : côté droit, thèmes de l'Annonciation, de la Visitation, de la Nativité, et, au-dessus, de l'Adoration des Mages.

La ***nef romane,*** haute de 18 m, impressionne par sa perspective. Les chapiteaux des colonnes offrent les scènes les plus variées, dont les thèmes sont généralement tirés de la Bible. Un des plus connus est le ***Moulin mystique*** (4e pilier sur la droite) : un homme verse du blé dans un moulin, un autre recueille la farine. La seule ornementation se limite aux décorations florales qui soulignent les lignes architecturales principales de l'église (étages, voûtes, etc.). Le 21 juin (solstice d'été), les rayons du soleil viennent frapper le sol et forment des croix : c'est le fameux « chemin de lumière » qui guidera vos pas ce jour-là.

APPELLATION CONTRÔLÉE

« Basilique » est un nom donné directement par le pape en hommage à un(e) grand(e) saint ou sainte : Saint-Pierre de Rome, la basilique de Saint-Denis... « Cathédrale » est le lieu où se trouve la cathèdre, autrement dit le siège d'un évêque.

LA GUERRE DES RELIQUES

Vézelay a toujours été un haut lieu de la chrétienté. Il fallait donc des reliques à la hauteur de cette « colline sacrée ». Les Sarrasins envahissant le Midi, il était urgent de sauver les reliques de Marie Madeleine conservées à Saint-Maximin (Var). On envoya le moine Badilon – quand même escorté de soldats – pour faire le boulot. Bien sûr, le clergé de Saint-Maximin prétend aujourd'hui que les reliques de Vézelay sont fausses...

En vous dirigeant vers le ***chœur gothique,*** n'oubliez pas de descendre dans la petite ***crypte carolingienne*** qui abrite des reliques de sainte Marie Madeleine. 12 colonnes reposant directement sur le rocher et une faible hauteur de voûte qui lui donne une atmosphère recueillie. Par une porte dans le bas-côté droit, on peut jeter un œil à la partie du ***cloître*** restaurée par Viollet-le-Duc. La salle capitulaire est soutenue par 6 voûtes d'ogives assez harmonieuses.
Depuis 1993, les frères et sœurs des Fraternités de Jérusalem ont redonné un peu de vie monastique à la basilique.

Le musée de l'Œuvre Viollet-le-Duc : *☎ 03-86-33-24-62. Dans l'ancien dortoir des moines, au-dessus de l'aile du cloître. Avr-oct, w-e et j. fériés 14h30-18h30 (tlj en juil-août). Entrée : 3 € ; réduc ; gratuit moins de 12 ans.* Le musée comprend 2 salles abritant des sculptures médiévales et des moulages provenant des travaux de restauration de la basilique. 1er chantier d'envergure mené par le jeune architecte Viollet-le-Duc.

Derrière la basilique s'étend une vaste ***terrasse*** plantée d'arbres. Un ancien chemin de ronde longe les remparts. La vue sur les vallons du Morvan et une douce campagne, tellement bien préservée ici, est superbe.

La Maison du visiteur : *pl. Guillon. ☎ 03-86-32-35-65. • maisonduvisiteur@orange.fr • vezelay-visiteur.com • Juil-août, tlj sauf dim à 10h et 10h30, 14h30 et 15h ; Pâques-Toussaint, tlj sauf mer, dim et j. fériés à 14h30 et 15h ; déc et juin, visites-solstices (voir horaires sur le site). Visite (1h15) : 9 € ; réduc.* À travers films et ateliers animés par des guides, on découvre l'art et la science des bâtisseurs. Une expérience qui nous éclaire aujourd'hui.

La maison Jules Roy : *le Clos du Couvent, rue des Écoles. ☎ 03-86-33-35-01. • yonne.fr • Ouv avr-oct, mer-dim 14h-18h. GRATUIT (parc et bureau).* Jules Roy adorait Vézelay. Il y vécut, lui consacra de belles pages d'écriture (*Vézelay ou l'amour fou,* Albin Michel), et y mourut en 2000. Gainsbourg ou Mitterrand, à l'occasion, lui rendaient visite. On découvre librement son bureau (laissé en l'état), son cadre de vie et, depuis les jardins répartis sur plusieurs niveaux, un panorama splendide sur la basilique et la vallée de la Cure. Désormais, la maison accueille en résidence des écrivains à la recherche d'inspiration. On les envie !

Le musée Zervos : *rue Saint-Étienne. ☎ 03-86-32-39-26. ♿ 15 mars-15 nov, tlj sauf mar 10h-18h (tlj juil-août) ; dernière entrée à 17h20. Entrée : 5 € ; réduc ; gratuit moins de 25 ans et pour tous le dernier dim du mois.* Musée d'***art moderne*** aussi remarquable qu'attachant, installé dans l'ancienne ***maison de l'écrivain Romain Rolland*** (dont la chambre a été conservée quasiment en l'état). Le dépouillement des murs, leurs nuances mêlées à la lumière diffuse et aux volumes mettent les œuvres en valeur. Des œuvres des années 1925 à 1965, dont de nombreux ***Picasso, Giacometti, Miró, Calder, Kandinsky...,*** léguées par Christian (éditeur et critique d'art) et Yvonne Zervos, qui réalisèrent la revue *Cahiers d'art*. La collection, certainement l'une des plus belles dans le genre, suit le cheminement artistique de Zervos, depuis son entrée « en art ». La 1re œuvre est une superbe peinture de ***Le Corbusier*** (on apprend incidemment qu'il resta 9 mois à Vichy, en tant que solide collabo). Une approche intimiste de Picasso, l'ami de Zervos. Les œuvres des vitrines tournent chaque année, preuve de la richesse de cette collection. Et la petite maison du jardinier abrite 2 ou 3 fois par an des expos temporaires.

À faire dans les environs

■ ***France Montgolfières :*** *départs de Vézelay (bureaux à Semur-en-Auxois). ☎ 03-80-97-38-61. • francemontgolfieres.com • Vols avr-oct.* Un vrai bonheur de pouvoir survoler Vézelay en montgolfière, entre patrimoine historique et naturel !

■ ***Avallon Morvan Canoë-kayak :*** *rue*

du Gravier, 89450 ***Saint-Père.*** *☎ 03-86-33-35-64. • amck.org •* À la base de Saint-Père, location et initiation à la descente en canoë-kayak sur la Cure.

■ ***A.B. Loisirs :*** *rue du Gracier, 89450* ***Saint-Père.*** *☎ 03-86-33-38-38. • abloisirs.com •* Belle et grande infrastructure gérée avec sérieux par une équipe jeune et dynamique qui propose, dans les alentours : canoë-kayak, rafting, VTT, vélos électriques, parcours aventure... On recommande vivement les descentes de la Cure en canoë-kayak à partir de Saint-Père (8 ou 18 km, 1h30 ou 4h). Un autre centre au bois du Thureau, proche d'Auxerre.

GUÉDELON (89520)

Depuis 1997, un nouveau nom est apparu sur les cartes routières : Guédelon. Incroyable château médiéval (mais neuf !) dont le chantier est situé entre les communes de Treigny, Saint-Sauveur et Saint-Fargeau. Le chantier de construction de Guédelon attire à lui seul des milliers de visiteurs chaque jour sur des routes sinueuses qui étaient peu habituées à en voir passer autant...

Où manger ? Où boire un verre dans les environs de Guédelon ?

Voir aussi nos adresses autour de Saint-Sauveur et Saint-Fargeau.

Bon marché

Le Carrouge : *5, pl. de la Mairie, 89520* ***Treigny.*** *☎ 03-86-74-64-33. • le.carrouge@wanadoo.fr • Ouv le midi seulement. Formules 12,50-18 €, carte 15-25 €. Café offert sur les menus, sur présentation de ce guide.* À la croisée des chemins (« carrouge » en patois régional), un café-brasserie sympa comme tout pour casser la croûte sans attaquer son portefeuille, ou pour boire un verre à la petite terrasse. Pour la culture aussi : expos, concerts et soirées à thème.

À voir. À faire

Le chantier du château fort de Guédelon : *D 955, 89520* ***Treigny.*** *☎ 03-86-45-66-66. • guedelon.fr • ♿ (partiel). Sur la D 955, à 6 km au sud-ouest de Saint-Sauveur. Juil-août, tlj 9h30-18h30 ; avr-juin, 10h-18h (18h30 sam) ; sept-début nov, 10h-17h30. Fermeture des caisses 1h avt. Fermé mar-mer sauf juil-août, et certains j. au printemps et à l'automne. Congés : nov-mars. Entrée : 15 € ; 5-17 ans 12 €. Réduc à 14 € pour 1 adulte, sur présentation de ce guide. Atelier d'initiation à la taille de pierre : 6,50 € (1h). Compter min 3-4h de visite. Pique-nique possible (aires abritées ou pas, résa de paniers pique-nique en ligne). Restos.*
Dans une carrière abandonnée s'élève, pierre après pierre, un ***château féodal.*** Un vrai, avec pont dormant, fossés, tour maîtresse et tout le toutim ! Une pure création utilisant les canons architecturaux instaurés par Philippe Auguste aux XIIe et XIIIe s !
On a pu voir s'ériger, depuis plus de 20 ans, les murs du château fort, 1, puis 2, puis 3 ***tours,*** le ***corps de logis*** percé d'élégantes ***fenêtres géminées*** gothiques, qui abrite les pièces de vie (cuisine, chambre...), revêtues pour certaines de ***peintures murales.*** Quant aux matériaux, le grès est extrait d'une carrière au pied du château et la pierre calcaire vient d'à peine plus loin. On visite tout cela en observant les ***artisans au travail.***

D'ailleurs, tout autour du château les ***ateliers*** (tailleurs de pierre, charpentiers, forgerons, tuiliers, cordiers, bûcherons, tavillonneurs...) permettent aux visiteurs d'observer le labeur des quelque 40 ouvriers ou artisans (et 600 stagiaires par an !) et de les questionner. Hyperpointus dans leurs domaines respectifs, ils expliquent avec sourire et verve les techniques de construction à l'ancienne (du XIIIe s), qu'ils pratiquent tout en respectant les normes de sécurité et de santé du XXIe. Les chevaux tirent les tombereaux de pierres, le forgeron bat les fers rougis à la forge...

LES E-MAILS DU MOYEN @GE !

Aujourd'hui, le signe @ est entré dans notre quotidien, mais son origine daterait du Moyen Âge, comme abréviation du « ad » latin, le « d » entourant le « a ». Puis les Américains le reprirent au XIXe s, comme abréviation de « at » pour désigner un prix. L'arobase a ainsi toujours figuré sur les machines à écrire depuis le XIXe s, puis sur les claviers d'ordinateur avant d'être choisi par Ray Tomlinson, l'inventeur de l'e-mail en 1971.

Pas mal de visiteurs, frappés de « guédôlatrie », reviennent régulièrement apprécier l'évolution des travaux. Un afflux de touristes (300 000 par an) qui a permis à cette entreprise de s'autofinancer, dès la 3e saison. On adhère à 100 % au créneau de ce lieu dont la devise est « ***Construire pour comprendre*** » !

En marge du château, voir aussi le ***moulin hydraulique à farine,*** une reconstitution inspirée de vestiges du XIIe s retrouvés à Thervay dans le Jura. Il est situé à environ 500 m du chantier (15 mn à pied). Se munir de bonnes chaussures en période de pluie.

Les ateliers de ***taille de pierre*** sont ouverts aux enfants comme aux adultes ; chacun repart avec un souvenir unique confectionné sur place. À faire en famille.

VERSAILLES

(78000) 84 650 hab.

• Plan *p. 416-417* • Plan Versailles – le château *p. 423*
• Plan Versailles – les jardins *p. 435*
• Plan Versailles – Trianon et domaine de la Reine *p. 439*

Créée à partir de 1671 à l'initiative du Roi-Soleil pour loger le personnel et les équipages de la noblesse hébergée au château, Versailles est l'une des 1res « villes nouvelles ». Son plan, fort simple – une gigantesque patte d'oie convergeant vers la place d'Armes –, servira de modèle à bien d'autres grandes réalisations urbaines comme Saint-Pétersbourg, Karlsruhe ou Washington. Bientôt érigé au rang de capitale – le gouvernement y siège de 1682 à la Révolution, et de 1871 à 1879 –, le petit bourg de quelques centaines d'âmes sous le règne de Louis XIII se mue en une ville de 30 000 habitants en 1715, à la mort de Louis XIV !
Voilà pour l'urbanisme. Quant à l'esprit, il est tout entier issu de cette génération spontanée... et royale. Un esprit tenace, vaguement nostalgique de la Couronne, conservateur comme l'étaient les Versaillais, justement, quand ils réprimaient la Commune de Paris. Bien sûr, nous n'en sommes plus là, mais Versailles n'en reste pas moins la ville bourgeoise par excellence, où l'on peut encore croiser des familles trèèès B.C.B.G., et des avenues bordées de bâtiments austères, à l'image de l'avenue de Paris, plus large que les Champs-Élysées !
Pourtant, passé cette 1re impression, on découvre bientôt, dans les quartiers Saint-Louis et Notre-Dame, en plus des belles architectures qui témoignent de son royal passé, beaucoup de vie et des restos et boutiques dans l'air du temps. Alors, laissons nos préjugés au vestiaire !

UN PEU D'HISTOIRE

Rien ne subsiste du modeste village d'avant Louis XIV, d'avant Versailles, pourrait-on dire. La ville est sortie de terre lorsque, par un décret du 22 mai 1671, le roi octroya de nombreux terrains aux nobles à des conditions fiscales très avantageuses et sous réserve que le bénéficiaire bâtît. Afin d'ordonner la ville par rapport au palais, et que celui-ci la domine, le service des Bâtiments du Roi établit que la hauteur des habitations ne devait pas dépasser le niveau de la cour de Marbre (contrainte assouplie sous Louis XV). Les rues, les immeubles sont répartis symétriquement par rapport à l'avenue de Paris – formant ainsi de part et d'autre les ***quartiers Notre-Dame*** et ***Saint-Louis.*** Louis XV la développe encore, y installant d'importants ministères (hôtels de la Guerre, des Affaires étrangères et de la Marine).
Capitale politique, siège de la Cour et du gouvernement, Versailles a naturellement été le berceau de la Révolution : les états généraux s'y réunissent le 5 mai 1789 ; les députés du tiers état prononcent le serment du Jeu de paume le 20 juin ; le 4 août, l'Assemblée nationale constituante y abolit les privilèges, et le 26 elle vote la Déclaration des droits de l'homme et du citoyen. Enfin, le 6 octobre, le peuple investit le château et ramène « le boulanger, la boulangère et le p'tit mitron »

à Paris. Ce départ marque le déclin de Versailles, qui se dépeuple pendant le XIXe s. Louis-Philippe sauve le château de la démolition et en fait un musée « à toutes les gloires de la France », et à la sienne en particulier. Puis survient la Commune de Paris, qui amène le gouvernement à s'installer de nouveau à Versailles ; il y restera jusqu'en 1879.

LE DIAMANT D'INDE

En 1668, Tavernier, un aventurier, acheta à Hyderabad l'un des plus gros diamants bleus du monde. Une pierre inouïe qu'il eut au rabais car, à l'époque, pour les Indiens, le bleu portait malheur. Il le revendit une fortune à Louis XIV. Ce diamant bleu orna, plus tard, la Toison d'or de Louis XV. Il fut volé pendant la Révolution française et disparut définitivement.

Aujourd'hui, la ville, préfecture du département, a conservé son plan monumental et ses immeubles bourgeois, dont quelques hôtels particuliers des XVIIe et XVIIIe s – mais relativement peu : la plupart ont disparu, et les immeubles d'habitation, même dans les quartiers anciens, sont en général postérieurs. D'autres quartiers se sont développés ensuite en périphérie – Montreuil, Porchefontaine, Glatigny et Satory –, parfois plus populaires. Mais dans l'ensemble, Versailles reste fidèle à son image, respectable et rangée, active mais manquant toutefois d'un vrai centre. Trop divisée peut-être par ses larges avenues, la ville est éclatée en quartiers qui s'ignorent, dont aucun en tout cas ne ressemble vraiment à l'autre. Il est vrai qu'à l'origine le château, qui n'est plus que la grande attraction locale, était un lieu de vie ouvert à tous, et le vrai centre-ville.

Comment y aller ?

➢ ***En RER :*** ligne C, direction Versailles-Rive-Gauche Château-de-Versailles. Le terminus s'appelle Versailles-Château-Rive-Gauche.

➢ ***En train :*** de la gare Montparnasse, ligne N, arrêt Versailles-Chantiers (30 mn de trajet max). De la gare Saint-Lazare, ligne L, Paris-La Défense/Saint-Nom-la-Bretèche : arrêt au terminus, Versailles-Rive-Droite (env 30 mn). Horaires, infos trafic, tarifs par tél : ☎ *36-58 (prix d'un appel local).* • *transilien.com* •

N.B. : des gares RER et SNCF versaillaises, des bus de ville rapprochent du château : le bus 2 (de l'arrêt Versailles-Chantiers, s'arrêter à Préfecture) ou les bus 3 ou 4 (de l'arrêt Versailles-Rive-Droite, s'arrêter à Préfecture).

➢ ***En bus :*** ligne n° 171 au départ de Pont-de-Sèvres, jusqu'au terminus Château-de-Versailles (30 mn). Noctilien N145 (de gare de l'Est à Versailles-Rive-Gauche et Versailles-Chantiers).

– *Rens RATP :* ☎ *34-24 (service gratuit + prix d'un appel).* • *ratp.fr* •

➢ ***En voiture :*** notez que l'on peut entrer en voiture dans le parc par la grille de la Reine *(ouv tlj 9h-17h50)* et la porte Saint-Antoine *(ouv seulement w-e et j. fériés 9h-17h50). Entrée : 6 €.*

Adresse et infos utiles

ℹ ***Office de tourisme*** *(plan B2)* ***:*** *2 bis, av. de Paris et 1 bis, rue du Jeu-de-Paume (tlj sauf lun 14h-18h).* ☎ *01-39-24-88-88.* • *versailles-tourisme.com* • *Avr-oct, lun 9h30-18h, mar-dim 8h30-19h ; nov-mars, mar-dim 8h30-17h30, lun 11h-17h. Infos sur Versailles-Ville, le château de Versailles et ttes les Yvelines.* Sympa et efficace. Brochures et visites-conférences de la ville *(tarif : env 11 €).* L'office de tourisme propose aussi à ceux qui sont intéressés de les mettre en relation avec un habitant membre de l'association *Greeters,* un réseau de Versaillais qui offrent d'accompagner bénévolement le visiteur de passage dans « leur » ville, dans des lieux qui leur tiennent à

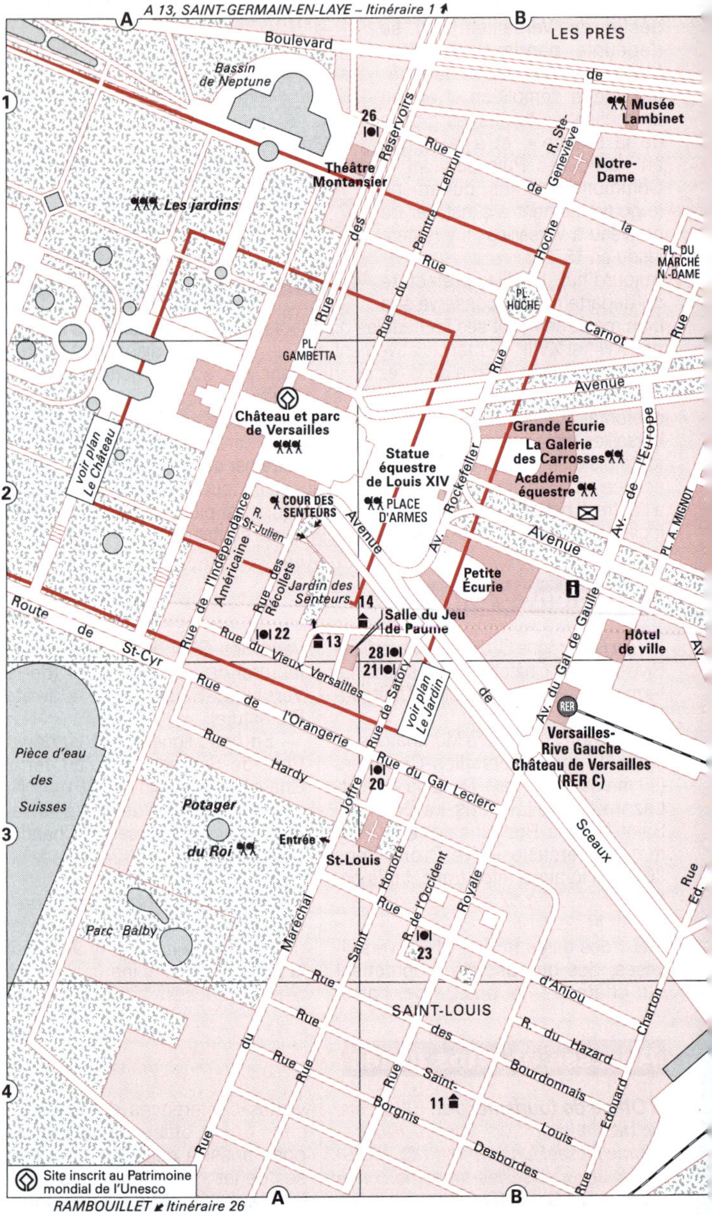
A 13, SAINT-GERMAIN-EN-LAYE – Itinéraire 1
A
B
LES PRÉS
Boulevard
de
Bassin de Neptune
Musée Lambinet
26
Théâtre Montansier
Rue des Réservoirs
Rue du Peintre Lebrun
R. Ste-Geneviève
Notre-Dame
Rue de la
Les jardins
Rue Hoche
PL. DU MARCHÉ N.-DAME
PL. HOCHE
Carnot
PL. GAMBETTA
Avenue
Château et parc de Versailles
voir plan Le Château
Statue équestre de Louis XIV
Grande Écurie
La Galerie des Carrosses
Académie équestre
Av. de l'Europe
PL. A. MIGNOT
COUR DES SENTEURS
PLACE D'ARMES
Av. Rockefeller
Avenue
R. St-Julien
Rue de l'Indépendance Américaine
Rue des Récollets
Jardin des Senteurs
Petite Écurie
14
Salle du Jeu de Paume
Av. du Gal de Gaulle
Hôtel de ville
Route de St-Cyr
22
13
Rue du Vieux Versailles
28
21
Rue de Satory
voir plan Le Jardin
de
RER
Versailles-Rive Gauche Château de Versailles (RER C)
Rue de l'Orangerie
Rue Hardy
Rue du Gal Leclerc
Pièce d'eau des Suisses
Potager du Roi
20
Joffre
Entrée
St-Louis
Sceaux
Rue Saint Honoré
R. de l'Occident
Royale
Rue Ed.
Parc Balby
23
Maréchal
Rue d'Anjou
SAINT-LOUIS
Rue des Bourdonnais
R. du Hazard
Charton
Rue du
Rue Saint-Louis
Rue Borgnis Desbordes
11
Edouard
Rue
1
2
3
4
Site inscrit au Patrimoine mondial de l'Unesco
RAMBOUILLET Itinéraire 26

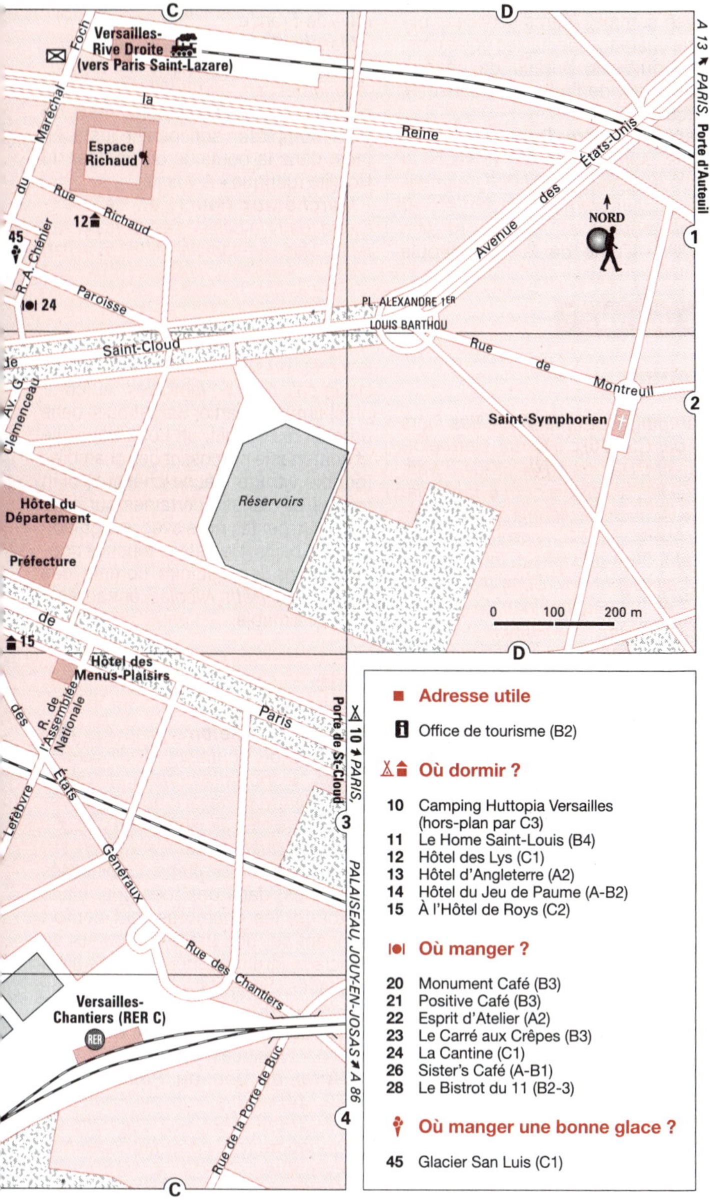

■ Adresse utile

- Office de tourisme (B2)

Où dormir ?

10 Camping Huttopia Versailles (hors-plan par C3)
11 Le Home Saint-Louis (B4)
12 Hôtel des Lys (C1)
13 Hôtel d'Angleterre (A2)
14 Hôtel du Jeu de Paume (A-B2)
15 À l'Hôtel de Roys (C2)

Où manger ?

20 Monument Café (B3)
21 Positive Café (B3)
22 Esprit d'Atelier (A2)
23 Le Carré aux Crêpes (B3)
24 La Cantine (C1)
26 Sister's Café (A-B1)
28 Le Bistrot du 11 (B2-3)

Où manger une bonne glace ?

45 Glacier San Luis (C1)

VERSAILLES

cœur ; une découverte atypique de la ville, en somme. Autres services : billetterie château, spectacles équestres, visites guidées, bureau de change (indépendant de l'office de tourisme), boutique.

– ***Marché Notre-Dame :*** *pl. du Marché, sous les halles, tlj sauf lun 7h-19h30 (14h dim). Marché alimentaire les mar, ven et dim 7h-14h et non alimentaire les mer, jeu et sam 10h-19h.* L'âme de la ville depuis 3 siècles. L'un des plus beaux marchés d'Île-de-France.

– ***Marché Saint-Louis :*** *pl. de la cathédrale Saint-Louis. Minimarché alimentaire jeu et sam mat 7h30-13h30.* Une poignée d'étals seulement, mais on peut compléter son panier juste en face, dans la boutique du potager du Roi (lire rubrique « À voir »).

– ***Marché aux fleurs :*** *av. de Saint-Cloud (dans le bas de l'av., vers le château). Mar, ven-sam 8h-19h et dim mat.*

Où dormir ?

Camping

⛺ ***Camping Huttopia Versailles*** *(hors plan par C3,* ***10****) : 31, rue Berthelot. ☎ 01-39-51-23-61 ou 04-37-64-22-35. • versailles@huttopia.com • huttopia.com • ♿ Juste derrière la gare de Porchefontaine (RER C, ligne Paris-Invalides) et à 3 km du château (bus B). Ouv début avr-début nov. Compter 49,50 € pour 2 en hte saison. Sinon, 5 possibilités d'hébergement différentes (4-6 pers, 18-35 m² ; min 2 nuits) 71-195 €.* Calme et très ombragé par de grands et beaux arbres, mais pas de séparation végétale entre les emplacements. Plusieurs types d'emplacements dont le tout nouveau « passage », un minuscule espace pour les campeurs à vélo. Sinon, plusieurs types d'hébergements, de la luxueuse cabane aux tentes trappeur ou canadienne en passant par le chalet évasion tout en bois, au design moderne et la cahute. Concernant les cabanes, éviter les 1res, devant l'entrée, vraiment dans le passage. Tous les chalets viennent d'être rénovés, comme les parties communes : sanitaires, impeccables et spacieux, salles communes, resto. Piscine. Épicerie de produits bio et locaux. Location de vélos. Commerces à proximité. Bref, prix élevés en haute saison, mais intéressant et sympa pour les familles.

De prix moyens à chic

🏠 ***Le Home Saint-Louis*** *(plan B4,* ***11****) : 28, rue Saint-Louis. ☎ 01-39-50-23-55. • hotel@lehomestlouis.com • lehomestlouis.com • Doubles 60 € (w-c sur le palier)-80 € ; familiales.* Au cœur du charmant quartier Saint-Louis, dans un coin résidentiel, un hôtel tranquille et confortable proposant des chambres (double vitrage, sèche-cheveux) bien tenues et claires ; certaines sur cour sont plus petites mais avec une grande salle de bains. De petites touches rigolotes dans les couloirs comme ces scènes du *Petit Nicolas* encadrées. Accueil aimable.

Chic

🏠 ***Hôtel d'Angleterre*** *(plan A2,* ***13****) : 2 bis, rue de Fontenay. ☎ 01-39-51-43-50. • contact@hotel-angleterre-versailles.fr • hotel-angleterre-versailles.fr • ♿ Doubles 80-105 € ; quelques quadruples. Café offert sur présentation de ce guide.* Lumineuses et calmes, dans des tons gris, blanc et rouge, les chambres tout confort donnent sur une petite rue ou sur un délicieux jardin intérieur. Toutes avec sanitaires. Situé juste derrière la salle du Jeu-de-Paume, l'hôtel est un QG idéal pour découvrir la ville et le château dont l'entrée n'est qu'à 800 m.

🏠 ***Hôtel du Jeu de Paume*** *(plan A-B2,* ***14****) : 5 bis, rue de Fontenay. ☎ 01-30-84-14-00. • contact@hotel-jeudepaume.fr • hotel-jeudepaume.fr • Doubles 125-135 € ; familiales. Café offert sur présentation de ce guide.* Moderne, au style coloré et malin, cet hôtel créé de toutes pièces dans un ancien immeuble de bureaux a exploité ses espaces avec intelligence. Les chambres développent toutes des thèmes citadins : Paris, New York, Megève, dans des dominantes de rouge, noir et bois. Le petit déj se prend dans une sorte de yourte ou dans le jardin à l'arrière. Bons services. Même proprio que l'*Hôtel d'Angleterre*.

Hôtel des Roys *(plan C2, **15**) : 14, av. de Paris. ☎ 01-39-50-56-00. • contact@hotel-roys-versailles.com • hotel-roys-versailles.com • Doubles env 85-115 € ; familiales. Petit déj-buffet 12,50 €.* Excellent accueil dans cet hôtel entièrement rénové, situé à proximité de la place d'Armes. Chambres sobres et de tailles variables. Certaines sont parées de toiles de Jouy, très classiques, d'autres plus modernes. Double vitrage pour celles sur l'avenue, préférer néanmoins celles donnant sur la courette intérieure. Beau petit déj pour couronner le tout.

Hôtel des Lys *(plan C1, **12**) : 16, rue Richaud. ☎ 01-39-50-10-42. • contact@hoteldeslys-versailles.com • hoteldeslys-versailles.com • Tte l'année. Doubles env 85-110 €. Triples. Parking (9 €/nuit).* Un hôtel calme, central et bien tenu qui a subi un lifting pas déplaisant. Parties communes bien léchées et modernes, tandis que la déco des chambres, modernes elles aussi, rappelle que Versailles (le château) n'est pas loin. Bon confort et bon accueil. Et en plus l'hôtel est doté d'un parking privé, ce qui est bien pratique !

Où manger ?

De bon marché à prix moyens

Monument Café *(plan B3, **20**) : 1, rue du Maréchal-Joffre. ☎ 01-39-66-07-12. • contact@monument-cafe.com • Ouv tlj ; lun-ven 12h-14h30, sam-dim 9h-16h. Formules variées 15-29 € ; buffets à volonté 26 € ; brunch le w-e 29 €. Café offert sur présentation de ce guide.* Plus locavore, tu meurs ! Car, dans ce self revisité est proposé un choix varié de verrines et plats de saison en cocotte, mitonnés sur place avec les légumes du potager du Roi, juste en face ! Après avoir pris place dans la salle lumineuse, on pioche librement au buffet en composant son repas à sa guise selon les formules proposées. Astucieux et gourmand comme qui dirait. Ce d'autant que les becs sucrés peuvent opter pour la formule 4 verrines au choix. Ludique et fameux.

Positive Café *(plan B3, **21**) : 9, rue de Satory. ☎ 01-72-78-47-44. Mar-sam 12h-14h30, 19h-22h ; dim 11h-15h. Fermé lun. Formules du jour 17 €. Brunch dim à la carte 20-25 €.* Une adresse positive (vous l'aviez compris), où les produits bio sont à l'honneur pour composer de jolies assiettes du jour vitaminées, accompagnées de jus de fruits frais et de bons desserts maison. À déguster en terrasse dans la rue piétonne la plus sympathique de Versailles. Un lieu bien dans la tendance, mené par une équipe jeune et souriante qui propose aussi des ateliers de cuisine (à réserver sur le site *• lapositiveacademy.com •*).

Esprit d'Atelier *(plan A2, **22**) : 5, rue du Vieux-Versailles (angle rue des Récollets). ☎ 01-30-21-73-86. • virginie.bommelaer@espritdatelier.com • Mer-dim 10h-16h. Résa conseillée. Menu en sem 15 €. Brunch 25 €. Plats env 10-15 €.* Cet espace insolite est avant tout un atelier où petits et grands peuvent venir s'initier ou se perfectionner en peinture, sculpture, photo, gravure... (programme disponible sur *• espritdatelier.com •*). Un endroit où il fait bon se retrouver à l'heure du déjeuner. Carte courte pour une cuisine toute simple à base d'ingrédients frais et de qualité : salades, plat du jour, planches, brunch... Accueil aimable, et chouette terrasse d'angle bien exposée. *Également une autre adresse au 9, rue de la Paroisse.*

Le Carré aux Crêpes *(plan B3, **23**) : 22, rue d'Anjou. ☎ 01-39-49-50-47. Mar-sam, midi et soir. Fermé dim-lun. Formule déj en sem 12 € avec verre de cidre. Carte 15-20 €.* Salle chaleureuse et bien agréable dont les murs vantent les stations balnéaires bretonnes tandis que les bien bonnes galettes, joliment garnies, attirent le midi de joyeuses bandes d'employés, cadres ainsi que quelques touristes qui ont su dénicher l'adresse. Nombreuses bières bretonnes pour rester dans la cohérence culinaire.

|●| ⛱ ***La Cantine*** *(plan C1,* ***24****) : 2, rue André-Chénier. ☎ 01-39-50-24-54. Tlj midi et soir. Carte env 25 €. Coupe de champagne offerte sur présentation de ce guide.* Un drôle de petit resto, à la déco ludique qui vous replongera sans doute en enfance avec son mobilier d'écolier... La carte joue elle aussi le jeu en consacrant le steak tartare et le carpaccio. Que ceux qui n'aiment pas la viande crue se rassurent, on trouve toutes sortes de salades sur le tableau noir.

|●| ***Grand Café d'Orléans*** *(plan du château,* ***30****) : pavillon Gabriel, dans l'aile du Midi, au château. Mêmes horaires que le château. Compter 8-30 € pour un repas.* On a le choix entre le self-service et le resto. Le self propose les traditionnels sandwichs, soupes, etc. Au resto, déco élégante et contemporaine, cultivant l'esprit Grand Siècle (musique baroque en fond sonore). Et l'après-midi on pourra y revenir pour un thé et une pâtisserie.

|●| ⛱ ***Sister's Café*** *(plan A-B1,* ***26****) : 15, rue des Réservoirs. ☎ 01-30-21-21-22. • sisterscafe78@gmail.com • Tlj midi et soir, et en continu le dim. Formule déj 18,50 €. Carte 20-25 €.* Bar-restaurant tout en longueur, à la déco récup-vintage réussie. L'un des rendez-vous de la jeunesse versaillaise, pour s'offrir quelques plats américains (plusieurs burgers, certains surprenants), de grosses salades, un plat tex-mex (fajitas, chili con carne...), sans négliger de conclure par une *pecan pie* ou un « cheese-cake comme à New York ».

VERSAILLES – ITINÉRAIRE 24

Prix moyens

|●| ⛱ ***Le Bistrot du 11*** *(plan B2-3,* ***28****) : 10, rue de Sartory. Tlj midi et soir sauf dim-lun. Congés : août. Résa obligatoire midi et soir. Formules et menus 27-38 €.* L'excellent chef de LA table étoilée de Versailles a eu la bonne idée d'ouvrir un bistrot, pour que tout le monde puisse profiter de son talent. Les salles sont élégantes, aux codes décoratifs bien actuels, épuré et élégant. Le menu aux énoncés simples (c'est déjà bon signe), s'appuie sur des produits parfaits et va à l'essentiel : volaille/aubergine/marjolaine, cabillaud/brocoli/sésame... Service discret et impeccable. Bref, royal pour le prix !

|●| ***Ore*** *(plan du château,* ***31****) : dans le château, pavillon Dufour (entrée par la cour des Princes). ☎ 01-30-84-12-96. • ore@ducasse-chateauversailles.com • Tlj sauf lun 9h-18h30 (17h30 nov-mars). Petits déj 12-20 € ou 40 € (avec coupe-file). Formule déj 35 € ou 60 € avec le billet coupe-file du château.* Sous les ors et murs lambrissés de cette aile rénovée, Ducasse, secondé par des chefs qu'il a formés, nous offre la vie de château à prix d'amis (enfin presque) dans ce qui ressemble à une cafét'. Du *Lever du Roi* ou *de la Reine*, généreux petits déj, aux *Délices de Marie-Antoinette*, royales pâtisseries à savourer au goûter, on croque à toute heure dans un traditionnel croque-monsieur, un plat de saison bien tourné ou une régressive assiette de coquillettes-jambon-truffe.

Où manger une bonne glace ?

Glacier San Luis *(plan C1,* ***45****) : 5, rue André-Chénier, dans les halles du marché. ☎ 01-30-21-56-67. Tlj sauf lun 10h-19h.* Quotidiennement, une cinquantaine de glaces et sorbets, selon la qualité des fruits de saison : pêche de vigne, fruits rouges-poivre, verveine, lait de brebis et cerises noires... Également des gaufres, nougat, chocolat chaud à la cannelle. Et, cerise sur le cornet, l'accueil du proprio, un passionné (4e génération de glaciers !). Du beau et du bon, à déguster sur place ou à emporter.

Où boire un verre ?

La rue de Satory *(plan B3)*, partiellement piétonne, est l'endroit idéal pour se poser en terrasse à l'heure de l'apéro.

Où sortir ?

■ ***Théâtre Montansier*** *(plan A-B1)* **:** *13, rue des Réservoirs. Rens et résas : ☎ 01-39-20-16-00. • theatremontansier.com •* Le théâtre tire son nom d'une intrigante, Marguerite Brunet, dite la Montansier, qui obtint de Louis XVI d'ouvrir cette salle, en 1777. Le théâtre a retrouvé l'authenticité de sa façade et le décor en vogue à la fin du XVIIIe s : blanc, bleu et or, marbres peints, lustres, balcons sculptés et superbe plafond de Boquet. Pièces classiques et créations contemporaines.

LE CHÂTEAU DE VERSAILLES

Pavillon de chasse et refuge pour Louis XIII

Pays de bois et de broussailles, marécageux aussi par endroits, le site de Versailles était habité dès le Moyen Âge. Cependant, ce n'est qu'un modeste village lorsque, en 1607, Henri IV y emmène le Dauphin, alors âgé de 6 ans, pour une partie de chasse que celui-ci n'oubliera pas. Devenu roi, Louis XIII reviendra chasser là, sur ce ***terrain giboyeux*** et ***proche de Saint-Germain-en-Laye,*** qui est alors une des principales résidences royales. Il y fait bâtir en 1623 un 1er pavillon, qu'il fait reconstruire de 1631 à 1634 par Philibert Le Roy : forme en U et toiture pentue, appareil de pierre et de brique, c'est l'âme de Versailles, le petit château que plus tard Louis XIV se défend d'abattre, et qui reste imbriqué au cœur du palais.
C'est donc de cette passion toute royale, la chasse – à laquelle étaient précocement formés les princes, et d'ailleurs interdite aux roturiers –, que Versailles est né. Et c'est encore en tant que chasseur, et chasseur passionné – on dit qu'il n'était pas rare qu'il tirât jusqu'à 250 pièces en une journée ! –, que Louis XIV découvre le site. Mais l'attachement du Roi-Soleil pour Versailles vient peut-être d'abord de ce que son père s'y était lui-même beaucoup plu. Car ***Louis XIII,*** ce roi mélancolique, s'était aménagé ici un ***ermitage,*** un refuge où il pouvait s'isoler de la Cour et de ses contraintes. Le soir, après avoir chassé le cerf toute la journée, il écoutait un concert avec quelques intimes ; la musique était sa 2de passion, et il lui arrivait parfois de composer, voire d'interpréter sa composition devant quelques amis... On peut supposer que Louis XIV, plus tard, souhaitera respecter le jardin secret d'un père qu'il perdit à 5 ans ; mieux, d'un refuge il fera naître un somptueux palais, façonné à sa grandeur, dont il fera un instrument de son absolutisme.

Folle entreprise

Dès son accession au pouvoir – à la mort de Mazarin – en 1661, Louis XIV entreprend de magnifier Versailles et commence à y investir des sommes rondelettes. Mais c'est contre l'avis de tous. Déjà, on s'était un peu gaussé de Louis XIII, de son « chétif château de Versailles, de la construction duquel un simple gentilhomme ne voudrait pas prendre vanité ». Saint-Simon estime, quant à lui, qu'il est aberrant de quitter Saint-Germain pour Versailles « le plus triste de tous les lieux, sans vue, sans bois, sans eau, sans terre, parce que tout y est sable mouvant ou marécage ». Et Colbert, le fidèle ministre, dans une *Adresse au Roi* de 1663, s'inquiète : « Si Votre Majesté veut bien chercher dans Versailles où sont plus de 500 000 écus qui y ont été dépensés depuis 2 ans, elle aura assurément peine à

les trouver... Votre Majesté sait que [...] rien ne marque davantage la grandeur et l'esprit des princes que les bâtiments ; et toute la postérité les mesure à l'aune de ces superbes maisons qu'ils ont élevées pendant leur vie. Ô quelle pitié, que le plus grand roi et le plus vertueux, de la véritable vertu qui fait les plus grands princes, fût mesuré à l'aune de Versailles ! »
Et, en effet, pourquoi choisir un lieu pareil, ***inhospitalier et sans eau*** ? Il y a des étangs, mais point d'eau vive, pas assez en tout cas pour alimenter les plantations et les jeux d'eau dont les jardins devaient être parés. Un lieu sans espace aussi : le château est construit sur une butte... nul moyen d'agrandir ! Oui, pourquoi cette folie alors qu'on trouverait partout ailleurs, s'il fallait, meilleur endroit où bâtir ? Mais, justement, Louis XIV est un bâtisseur, de ces hommes qui forcent la nature et les hommes. Il n'y a pas d'eau ? Il y en aura. Le terrain ne s'y prête pas ? Il s'y prêtera. Ainsi s'ouvre un ***titanesque chantier*** qui se prolongera sur toute la durée de son règne, et même après...

Le Brun, Le Nôtre, Le Vau : l'équipe de Fouquet... sans Fouquet !

Les travaux débutèrent sous l'égide de l'architecte Le Vau, du jardinier Le Nôtre et du peintre Le Brun, avec, pour ce dernier, mission d'harmoniser les décors, peintures, sculptures, tapisseries et autres créations d'art, dans le château comme dans le parc. Comment Louis XIV les a-t-il trouvés, ces trois-là ? C'est fort simple. Le 17 août 1661, Fouquet, le surintendant des Finances, donne une fête mémorable en son ***extraordinaire château de Vaux-le-Vicomte*** (près de Paris), tout juste achevé. Le jeune monarque n'a jamais rien vu d'aussi beau. Et il en tire aussitôt 2 conclusions : primo, ce Fouquet en fait trop ; secundo, mon château doit être plus beau encore ou je ne suis pas roi. 3 semaines plus tard, le 5 septembre, d'Artagnan, mousquetaire du roi, arrête le sieur Fouquet, qui est banni et emprisonné à vie, trouvant sans doute alors la réponse à sa fière devise « *Quo non ascendet ?* » (« Jusqu'où ne montera-t-il pas ? ») Louis XIV n'a plus alors qu'à embaucher à Versailles l'équipe qui avait conçu, construit et décoré Vaux-le-Vicomte : Le Vau, Le Nôtre, Le Brun.

UN JARDINIER TAQUIN

Louis XIV se plaignait souvent auprès de Le Nôtre que les jardins progressaient trop lentement. Voilà pourquoi, quand il fut anobli en 1675, le grand paysagiste décida d'apposer 3 escargots sur son blason.

Les étapes de la construction

Le chantier commence en 1661 ; seules les guerres l'interrompent, mais, dès la paix signée, il reprend. De 1661 à 1665, sous la direction de Le Vau, le « château Vieux » est d'abord orné de bustes et d'ors, et augmenté de 2 communs. Puis Le Vau édifie *L'Enveloppe* (1668-1670) : un château d'un style tout différent, à l'italienne, aux façades de pierre et aux toits en terrasse qui vient enrober l'ancien sur 3 côtés par l'ouest.
À sa mort, Hardouin-Mansart poursuit l'ouvrage (1670-1685) et crée, toujours dans le grand style classique, la splendide *galerie des Glaces* et les 2 imposantes *ailes du Nord et du Midi* ; l'avant-cour est encore prolongée par les *ailes des Ministres*, et les *Petite et Grande Écuries* ferment la place d'Armes. Dans le parc, il construit le *Grand Trianon* (1687), résidence d'été. La *chapelle* (1699-1710), qu'il commence et que Robert de Cotte achèvera, est la dernière réalisation du règne de Louis XIV. Les seuls compléments ultérieurs importants seront l'*opéra* et le *Petit Trianon* sous Louis XV par Gabriel (1770-1772), et enfin le *hameau de la Reine* (1775), par Mique, pour Marie-Antoinette.

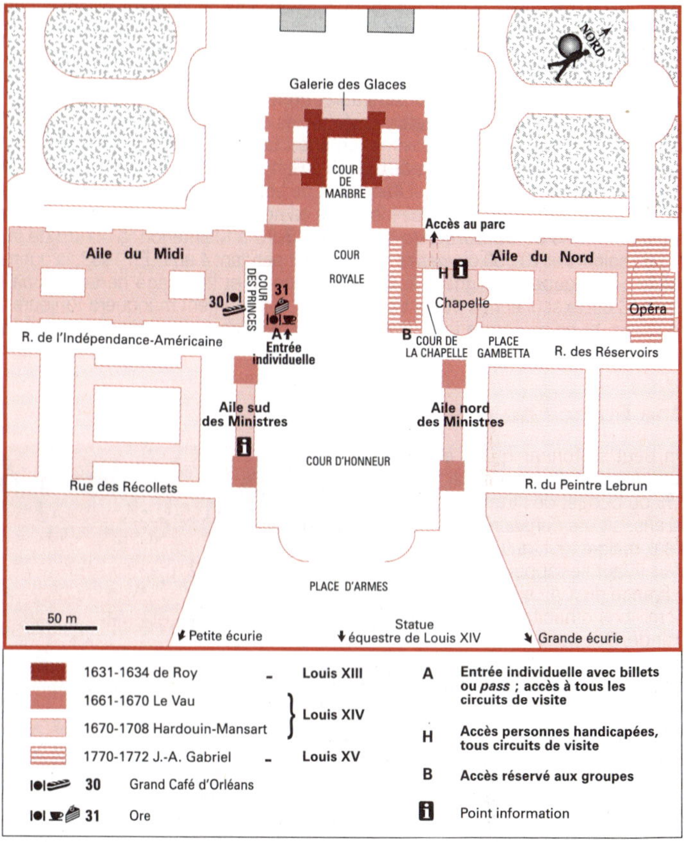

VERSAILLES – Le château

D'autre part, en même temps qu'on élève les bâtiments, et jusqu'en 1700, Le Nôtre réalise ce qui fait pour beaucoup l'originalité de Versailles : des jardins qui sont le chef-d'œuvre des *jardins à la française.* De son côté, Le Brun dirige un bataillon d'artistes, orfèvres, ébénistes, peintres et sculpteurs (Girardon et Coysevox, entre autres) ; lui-même décore les plafonds des salons d'apparat.
De ce travail d'équipe naît une harmonie, un style élégant et grandiose qui, se dégageant peu à peu de l'influence italienne, fera école et évoluera pendant plus d'un siècle : ainsi Versailles a donné successivement les styles Louis XIV (1re et 2de périodes), Louis XV (Régence et rocaille), Louis XVI enfin, ce dernier annonçant largement le style Empire.

Travail de Romains

Le chantier, colossal, occupe des milliers d'ouvriers. En 1685, « pour le calcul que l'on fit de tous les gens qui travaillent présentement ici ou aux environs de Versailles, estime le mémorialiste Dangeau, on trouve qu'il y en avait plus de 36 000 ».

Et 5 000 à 6 000 chevaux pour les charrois divers. Les ouvriers travaillent 6 jours sur 7 de 5h du matin à 19h en été... La mortalité est importante, tout comme les accidents bien sûr, et la désertion est sévèrement punie. Des soldats étaient versés dans le flot des ouvriers, pour travailler, certes, et pour éviter les émeutes. Des « remuements » de terre considérables sont nécessaires pour aplanir le terrain, faire de cette butte un plateau, assécher les marais. Les jardins, notamment, demandent un gros travail. En prime, un effort titanesque est fourni pour acheminer l'eau : on ***draine les plateaux*** jusqu'à Rambouillet, on conçoit et construit l'énorme « machine de Marly » et l'aqueduc de Louveciennes, pour pomper l'eau de « la rivière Seine » et la conduire ici. Mais ça ne suffit pas : on entreprend alors ni plus ni moins de ***détourner le cours de l'Eure*** à Maintenon, à 40 km de là ; 20 000 soldats et 10 000 ouvriers s'y échineront pendant 4 ans ! En 1689, la guerre éclate : les troupes rejoignent le front, exténuées, et l'ouvrage ne sera jamais repris. C'est le seul échec du roi bâtisseur : l'eau finalement manquera toujours à Versailles, et on ne pourra faire jouer les 1 400 fontaines, les cascades et les jets qu'avec parcimonie.

Une France au mieux de sa forme

On peut s'étonner qu'un effort aussi énorme, d'un coût estimé à 2 % du budget de l'État pendant 40 ans, ait été consacré à ce qui n'est, malgré tout, qu'un château. Mais il faut se rappeler ce qu'est la France du XVIIe s : un géant de 22 millions d'habitants, quand la grande Russie elle-même n'en compte que 11, l'Angleterre 5 ! Quant à l'Allemagne et l'Italie, morcelées en États, elles n'existent pas.
Par ailleurs, durant la 1re partie de son règne, Louis XIV connaît d'***éclatantes victoires militaires*** (Flandre, Alsace, Franche-Comté, guerres de Dévolution puis de Hollande). À l'intérieur, l'autorité royale est affermie, et les grands travaux, les colonies et la réussite de Colbert aux Finances et ailleurs dynamisent l'économie. Ainsi, en 20 ans, de 1660 à 1680, ***la France devient le 1er producteur et exportateur européen.*** Versailles n'est d'ailleurs pas étranger à cette vitalité : pour sa réalisation, les manufactures des Gobelins et de Saint-Gobain, par exemple, sont créées, d'autres sont réorganisées, et des carrières de marbre, inexploitées depuis les Romains, sont remises en activité. Sur le plan culturel, le pays semble touché par la grâce : Racine, Molière, La Fontaine, Rigaud, Mignard, Charpentier, Couperin font des merveilles – et même un Lulli quitte l'Italie pour Versailles... où il gagnera un « y ». Jamais, en fait, la France et son gouvernement n'ont connu et ne connaîtront meilleure conjoncture qu'au cours de ces décennies. S'offrir un palais à la mesure de cette suprématie économique, culturelle et militaire était donc naturel.

LE SECRET BANCAIRE, INVENTION DE LOUIS XIV

Quand le roi révoqua l'édit de Nantes en 1685, de nombreux banquiers protestants s'enfuirent en Suisse. Or, Louis XIV avait l'habitude de leur emprunter largement pour financer ses guerres et Versailles. Pour lui, impossible d'avouer que les caisses de l'État étaient alimentées par des « hérétiques » protestants. Voilà pourquoi il imposa le secret absolu sur ces transactions. Cette discrétion a perduré au cours des siècles.

Briller et gouverner

Oui, naturel, et cela d'autant plus que Louis XIV a pour les « bâtiments » et, d'une façon générale, les arts, la plus haute estime : par eux l'on mesure la grandeur d'une nation et d'un roi. « Je vous confie la chose la plus précieuse au monde, ma renommée », annonce-t-il sans rire aux membres de l'Académie des arts et lettres, nouvellement créée. Ainsi, Versailles doit-il briller, et brillera ; et ses splendeurs, la vie fastueuse qu'on y mène rayonneront bien vite au-delà des frontières.

Mais si Versailles permet d'éblouir le pays et le monde, il est aussi ***au cœur d'un système de gouvernement.*** Car le roi n'a pas oublié la Fronde des princes, qu'il a vécue enfant ; la Fronde encore lui a appris à se méfier d'une capitale jamais à l'abri d'une insurrection populaire. Or Versailles, loin de ce Paris imprévisible, lui permet d'avoir les ministres sous la main, et de tenir les rênes courtes aux courtisans, en distribuant faveurs et peines, la plus dure étant la disgrâce.

L'étiquette

Et c'est au sommet de sa gloire, en 1682, que le roi installe la Cour et les ministères à Versailles, dans ce qui n'est encore qu'un gigantesque chantier. C'est une innovation : jusqu'alors, la Cour était itinérante, demeurant rarement plus de 3 mois au même endroit. Mais, surtout, aucun souverain n'avait poussé « l'hospitalité » aussi loin : quelque ***4 000 personnes sont alors logées et nourries au château*** et dans ses dépendances ! Leurs appartements sont meublés, le bois et les bougies sont fournis aussi. Certes, on est à l'étroit, et de grands seigneurs doivent se contenter d'un deux-pièces. Souvent sombre et malcommode. La circulation dans les couloirs est ralentie par des étuis de chaise à porteurs, des coffres à charbon, des lavoirs, des réchauffoirs (pour la cuisine)...

À ces « logés », il convient d'ajouter les « galopins », courtisans de condition plus modeste, présents au château dans la journée, mais qui n'y habitent pas et doivent le soir regagner leurs quartiers par leurs propres moyens. Mais tous, logés ou galopins, se plient à l'étiquette, cérémonial strict que le roi impose à chacun – et donc à lui-même, « anoblissant tous ses gestes pour donner du sens à des riens » (Saint-Simon). La chambre de parade, par exemple : magnifiquement décorée, Louis XIV s'y couchait et s'y levait devant la Cour. Une fois la cérémonie du coucher terminée, il se relevait et se rendait dans sa chambre du petit appartement où il... dormait. Le lendemain matin, il repartait dans la chambre officielle pour la cérémonie du lever. Bref, rien n'était simple...

LES MOUCHES SAVENT PARLER

Au XVIIIe s, les élégantes ornaient leur visage de « mouches », ces petits ronds de mousseline sombre. Elles permettaient de souligner la blancheur de la peau. Leur emplacement délivrait un message très explicite : sur la joue, galante ; sur le nez, effrontée ; près de l'œil, passionnée ; sur la lèvre, friponne ; sur le menton, discrète.

Mais il est sans doute le 1er tenu dans cette mise en scène où tous ses actes, du lever au coucher, sont publics, et auxquels on assiste plus ou moins facilement. Ainsi y a-t-il des degrés dans la faveur et l'intimité : n'importe qui ou presque peut s'adresser au roi à certains moments et en certains lieux, le matin par exemple, quand il traverse la galerie des Glaces pour se rendre à la chapelle ; être invité à assister au Lever ou au Souper est, en revanche, une faveur recherchée ; mais rien ne vaut le « brevet d'affaires » (voir encadré).

LE BREVET D'AFFAIRES

Cette charge, chère payée, donnait le droit à son bénéficiaire d'assister le roi sur sa chaise percée (ou chaise d'affaires). 2 grands avantages : il était seul avec le roi et pouvait connaître son état de santé en observant ses selles.

Luxe et voluptés

Mais si l'étiquette est contraignante (« Il n'y a point dans les couvents d'austérités pareilles », déplore la Maintenon), les fêtes tiennent une bonne place dans la vie de la Cour versaillaise. Il y en eut d'immenses, de vraies féeries qui ont parfois duré une semaine, débauche de luxe et d'abondance pour tous les sens : feux d'artifice, musique, danse, banquets, comédies et opéras étourdissaient des milliers de convives, mais sans qu'une mise en garde ou qu'un message politique ne soit jamais loin... Les artistes – Le Nôtre dans ses jardins, Molière et son *Tartuffe...* – servent et fortifient le pouvoir, au même titre que l'étiquette ou l'attribution de faveurs ; et ce presque autant qu'une victoire militaire !

Mais, même en dehors de ces moments forts, la musique et la danse régnaient en permanence ou presque. « On se réjouit à Versailles tous les jours, des plaisirs, des comédies, des musiques, des soupers sur l'eau » (Mme de Sévigné). Les concerts sont donnés soit à l'intérieur, soit dans les « Bosquets », véritables salons en plein air.

Et, 3 fois par semaine, il y a « appartement » – c'est-à-dire que le roi reçoit : collations, danses et jeux (billard, tric-trac) animent la soirée, durant laquelle se font et se défont les fortunes (bien que les jeux d'argent soient en principe interdits...).

Et, d'une façon générale, il y a un monde fou à Versailles : chacun peut y entrer (certes, pas partout) dans la journée, à condition d'apporter son épée et son chapeau – qu'on peut louer à l'entrée. Et de fait, on y rencontre de tout : aigrefins, gourgandines, artistes et nobliaux s'y pressent.

LA CRAINTE DE DIEU

Louis XIV eut 6 enfants légitimes et au moins 16 enfants naturels. Tous ses descendants pouvant lui succéder moururent avant lui (Louis XV était son arrière-petit-fils !). Louis XIV était persuadé que Dieu lui avait jeté une malédiction à cause de ses infidélités. Quand il épousa Mme de Maintenon, il devint fidèle et pieux. Méconnaissable.

Louis XV, Louis XVI : le règne de l'intimité

Sous Louis XV, puis Louis XVI, Versailles s'assagit. Déjà, sur la fin de son règne, le Roi-Soleil avait mis de l'eau dans son vin. Les deuils, l'âge et la défaite l'accablent, et, sous l'influence peut-être de Mme de Maintenon, sa dernière et pieuse maîtresse qu'il épousa en secret, il devient dévot. La Cour s'assombrit.

Louis XV, puis Louis XVI, qui n'auront ni l'un ni l'autre l'étoffe de leur aïeul, ne se plieront à l'étiquette que par obligation, abandonnant certains usages : ils s'enferment, par exemple, dans leurs petits cabinets, et la chambre du Roi ne sert plus qu'à un Grand Lever de parade.

Ils préfèrent l'intimité de leurs appartements privés, ou des châteaux de Trianon, et Versailles connaît alors d'importantes modifications intérieures. On aménage des pièces plus petites, décorées avec une grâce et un raffinement extrêmes.

Des temps difficiles

La fin du règne de Louis XVI est ternie par l'absence de grands ministres, le déficit monétaire qui ne cesse de s'accroître, l'augmentation des impôts, la suppression de charges (or, elles étaient achetées par les titulaires)... De plus, la pénurie de logements au château s'accentue, incitant les courtisans à rejoindre Paris en dehors de leur période de service. Ils vont progressivement tourner le dos à Versailles et lui préférer Paris. Une grande dame raconte qu'« on allait faire sa cour à Versailles qu'en se plaignant et en gémissant ; on répétait que rien n'était ennuyeux comme la Cour, et tout ce que la Cour approuvait était désapprouvé par le public ». Quant au surnom de « pauvre homme » dont Marie-Antoinette gratifie son mari, il n'a probablement pas arrangé l'image de la royauté... Si le gouvernement et les ministères résident presque toujours à Versailles, Paris redevient la capitale des plaisirs et de la fête.

La Révolution aurait pu être fatale à Versailles. Eh bien, non. Les sans-culottes se sont contentés de liquider le mobilier : ***sa vente aux enchères, en 17 000 lots, durera toute l'année 1793*** ! Le château accueille ensuite brièvement une école des Arts nationaux. Puis Napoléon envisage d'y séjourner l'été, au Grand Trianon ; il ne le fera pas, mais le réaménage en partie. Puis rien... Il est alors question de raser le château. Louis-Philippe s'y oppose, et propose d'en faire un musée dédié « à toutes les gloires de la France ». Versailles est sauvé, mais y perd les petits appartements des ailes du Nord et du Midi, dont on abat les cloisons pour faire place aux galeries d'exposition, inaugurées en 1837. Dernier affront, l'occupation par les Prussiens en 1871. L'hiver est rude, les braves casques à pointe prennent les boiseries pour du bois de chauffage... et c'est un miracle si la chambre du Roi n'y est pas passée !

RIEN NE SE PERD

Pendant la Révolution française, le château de Versailles fut saccagé et le mobilier vendu aux enchères par la Convention. Les plus belles pièces furent discrètement rachetées par le roi d'Angleterre. Porcelaines et meubles français ornent toujours le château de Windsor et le palais de Buckingham.

La résurrection

C'est seulement depuis l'entre-deux-guerres que d'importants travaux de rénovation ont été entrepris, notamment grâce au mécénat de Rockefeller. À partir de 1952 commence une grande campagne de consolidation des bâtiments et de reconstitution des décors intérieurs. Malraux dirigea la rénovation du Grand Trianon. En 1961, un décret ordonne aux administrations et collections de l'État de rendre au château le mobilier qui en proviendrait. Dans les années 1980, la galerie des Glaces et la chambre du Roi retrouvent tout leur éclat.

Il faut d'ailleurs souligner l'énorme travail des historiens et des architectes. Sur la base des plans et gravures d'époque, on a ainsi surélevé la cour de Marbre pour redonner à l'ensemble ses proportions originelles. On a reconstruit des entresols, retissé les soieries (travail d'art réalisé notamment par les canuts lyonnais), et, au hasard de ventes aux enchères, l'État reprend possession d'un canapé à Tokyo, d'une commode à Chicago...

ASPIRINE ET TRAITÉ DE VERSAILLES

Le médicament toujours le plus vendu au monde est extrait de l'écorce du saule. En 1894, Hoffman, chimiste pour la firme allemande Bayer, put isoler le principe actif. Cette invention eut un tel succès que la France exigea de récupérer le brevet lors du traité de paix de Versailles. En pharmacie, vous pouvez toujours choisir entre les aspirines allemandes ou françaises.

Mais où sont les toilettes ?

En fait, on a tendance à noircir le tableau : le roi ne faisait quand même pas ça n'importe où, et il y avait 200 chaises d'affaires au château. Par ailleurs, les dames disposaient d'un petit urinoir portable, réceptacle discret qui tenait dans la manche, et appelé « bourdaloue », du nom d'un jésuite réputé pour ses interminables sermons. Notons enfin qu'une vraie révolution apparut sous Louis XVI (qui en aura donc connu 2) : les *lieux à l'anglaise,* équipés, tenez-vous bien, d'une chasse d'eau ; ni plus ni moins que nos water-closets.

Comment y aller ?

Se reporter à Versailles-Ville, plus haut. Des gares RER et SNCF, des navettes *Phébus* mènent au château.

Adresse et infos utiles

■ ***Établissement public du musée et du domaine national de Versailles :*** *RP 834, 78008 Versailles Cedex.* ☎ *01-30-83-78-00.* • *chateauversailles.fr* • Site quasi indispensable, hyper complet et détaillé, pour préparer sa visite (horaires, billets et passeports, agenda pour connaître les temps forts et fermetures de salles) en fonction de ses centres d'intérêt et de son timing.

– ***Les spectacles :*** *rens sur* • *chateauversailles-spectacles.fr* • *ou au* ☎ *01-30-83-78-89.*

– ***La Librairie des Princes :*** *à gauche en arrivant dans la cour d'Honneur. Horaires et rens au* ☎ *01-30-97-71-12.* • *librairiedesprinces.com* • *boutique-chateauversailles.fr* • Une mine d'infos et d'ouvrages pour préparer ou compléter la visite de Versailles (une centaine de salles au château !) – et des jardins.

Horaires et tarifs

ATTENTION : dernière admission 30 mn avant la fermeture, au château et au Grand Trianon comme au Petit Trianon.

Les billets sont valables toute la journée.

– ***Château :*** *tlj sauf lun et certains j. fériés 9h-18h30 (17h30 nov-mars). Entrée : 18 € (audioguide compris) ; tarif réduit (famille nombreuse...) 13 € ; gratuit moins de 18 ans (et moins de 26 ans ressortissants de l'UE), pers handicapées et leur accompagnant, demandeurs d'emploi... et pour tous le 1er dim du mois nov-mars.* Donne accès à la galerie de l'Histoire du château, aux Grands Appartements, à la galerie des Glaces, aux appartements de Mesdames, à la galerie des Carrosses et aux expositions temporaires lorsqu'il y en a.

– ***Domaine de Trianon :*** *tlj sauf lun et certains j. fériés 12h-18h30 (17h30 nov-mars). Accès aux espaces intérieurs jusqu'à 17h nov-mars, 18h le reste de l'année. Entrée : 12 € ; tarif réduit 8 €. Mêmes gratuités que pour le château.* La visite comprend : le Grand Trianon, le Petit Trianon, leurs jardins, le hameau de la Reine avec la ferme et ses animaux et les expos temporaires quand il y en a.

– ***Passeport :*** *il coûte 20 € en temps normal, et 27 € les jours de Grandes Eaux musicales et de Jardins musicaux (rens sur le site internet). Avec la réservation horaire, il garantit l'accès au château dans la ½ h suivant l'horaire choisi.* Il permet d'accéder à TOUS les circuits en visite libre (comprenez les non-guidés) : le château, les jardins, le Domaine de Trianon (qui comprend le Grand Trianon, le Petit Trianon et le hameau de la Reine), la galerie des Carrosses et les expositions temporaires. Mais il n'y a pas de caisse dédiée à la vente des passeports, et vous devez faire la queue pour l'entrée au musée ; l'avantage c'est qu'ensuite vous ne repassez plus en caisse. Il s'achète sur place ou à l'office de tourisme de Versailles mais, surtout, il peut s'acheter à l'avance, sur la billetterie en ligne, ce qui évite de faire la queue *(• billetterie.chateauversailles.fr •).* Quoi qu'il en soit, notre conseil est d'arriver tôt, à savoir dès l'ouverture, et d'acheter votre billet en ligne.

– ***Passeport 2 jours :*** *25 € ou 30 € les jours de Grandes Eaux musicales et de Jardins musicaux (mar, ven, w-e avr-oct et certains j. fériés). Permet d'accéder à ts les circuits en visite libre du Domaine sur 2 j. consécutifs.* Il donne droit également à des tarifs réduits sur de nombreux spectacles et des réductions spéciales chez les partenaires du château (voir le site internet).

– **Parc et jardins :** *jardins ouv 8h-20h30 avr-nov et 8h-18h nov-mars. Parc ouv 7h-20h30 avr-nov (19h pour les véhicules) et 8h-18h nov-mars.* Parc en accès libre pour les piétons et les cyclistes. L'accès aux jardins est gratuit hors jours des Grandes Eaux musicales et Jardins musicaux (voir plus loin la rubrique « Animations » ; compter 9,50 € (10,50 € sur place) les jours de Grandes Eaux musicales ; 8,50 € (9,50 € sur place) les jours de Jardins musicaux).

– ***Applis :*** une appli « Château de Versailles » est disponible sur Android et iPhone.

Organisation des visites du château

Visite libre du château, avec audioguide

La visite du château, désormais un circuit en sens unique, comprend la *galerie de l'Histoire du château,* les *salles Louis-XIV,* les *Grands Appartements*, la *galerie des Glaces,* la *galerie des Batailles* en fin de circuit (seulement s'il y a assez de personnel) et au rez-de-chaussée, les *appartements de Mesdames,* filles de Louis XV.

Visites guidées pour les individuels

Infos et résas sur le site internet du château, par tél (voir plus bas), ou sur place le jour même (dans la limite des places disponibles) ; se renseigner au point information billetterie à l'aile des Ministres nord du château (bâtiment sur la droite en entrant dans la cour ; 9h-17h). Durée : 1h30. Tarif : 10 € + droit d'entrée ; gratuit moins de 10 ans. De nombreuses visites guidées sont programmées chaque jour (en français et en anglais), menées par des guides-conférenciers. *Pour l'agenda, voir • chateauversailles.fr • Il existe également un magazine-programme « Les Carnets de Versailles », abonnement sur demande à • carnetsdeversailles@chateauversailles.fr • ou au ☎ 01-30-83-78-00. Gratuit.*

En résumé

Le circuit en visite libre du château regroupe tous les espaces ouverts au public en visite libre ; les visites guidées, quant à elles, permettent l'accès à des lieux plus intimes et protégés (petits appartements), ou d'avoir une approche différente, thématique et plus fouillée.

Conseils divers

– **Il est fortement recommandé d'acheter ses billets en ligne**, sous peine d'une longue attente (billets horodatés).

– Dans la région parisienne, Versailles et le musée d'Orsay sont les seuls musées nationaux ouverts le ***mardi*** : ÉVITER D'Y ALLER CE JOUR-LÀ, il y a forcément plus de monde. Par l'entrée H (voir plan), accès pour les ***personnes handicapées par le pavillon Dufour (porte de droite, accès prioritaire).*** Possibilité de se faire déposer à proximité en voiture, sans stationnement, et prêt de fauteuils roulants. Également des ***visites*** pour personnes handicapées ; renseignements : *☎ 01-30-83-75-05 ou • versaillespourtous@chateauversailles.fr •*

– Prévoir de bonnes ***chaussures,*** et éviter les talons hauts : pavés mortels. Et une tenue correcte, bien sûr.

– ***Un guichet d'information*** existe au point I ainsi qu'à l'entrée du circuit des Grands Appartements, au niveau du vestibule bas de la chapelle : aller plutôt à ce dernier, il n'y a pas de queue.

– ***Les visites guidées,*** conduites par des guides-conférenciers, sont généralement excellentes. Maximum 10 personnes selon circuit.

– Des visites guidées et des animations sont également proposées pour les familles, (programme sur le site). Quelques thèmes parmi d'autres : le roi et sa famille, les 4 visages de Versailles...

– Enfin, rappelons que la visite des

Grands Appartements est un ***must absolu.*** Mais mieux vaut en profiter en tout début de journée ou en fin d'après-midi : il y a moins de monde, et le soleil éclaire la galerie des Glaces.
– En raison de la fragilité des décors, les poussettes – même pliantes – les sacs à dos, les valises, les parapluies et les animaux ne sont pas admis dans les salles. L'utilisation des perches à selfie est interdite à l'intérieur du musée.

Si vous n'avez qu'une journée

Difficile – et dommage – de visiter Versailles en un jour. Cependant, si vous n'avez pas le choix, voici comment vous organiser : ***commencer par une visite guidée*** (la visite des ***appartements privés des rois*** s'impose) ; on peut même en suivre 2... et poursuivez par la visite libre du château.
Ensuite, pour une pause déjeuner, sachez que le pique-nique est toléré dans le parc ; l'idéal est alors de passer s'approvisionner sur le beau marché... de la place du Marché (lire « Adresses et infos utiles » au début du chapitre) ; sinon, il existe plusieurs possibilités de se restaurer dans le domaine. Puis ***visite des jardins*** (les *Trianons* en priorité et, au pire, le *Domaine de Marie-Antoinette* ce sera pour la prochaine fois). Vous pouvez aussi revenir au château en fin de journée (30 mn à pied, ou en petit train payant) pour terminer par les ***Grands Appartements*** et la ***galerie des Glaces.***
Ce parcours nécessite l'achat du Passeport, billet valable une journée (voir les tarifs plus haut). Il donne accès à l'ensemble des espaces ouverts à la visite libre du château, aux expos temporaires, aux jardins (et Grandes Eaux musicales si vous êtes là à cette époque), ainsi qu'au Domaine de Trianon.

L'arrivée au château

De la place d'Armes, on pénètre dans l'avant-cour par une grille dont le portail est flanqué de groupes sculptés, œuvres de Girardon, Marsy, Tuby et Coysevox : de grands artistes versaillais. Avant de franchir le portail, se retourner pour apprécier l'amplitude de ***la place d'Armes*** et, de part et d'autre de l'avenue de Paris, les écuries d'Hardouin-Mansart, monumentales. On entre dans la ***cour d'Honneur,*** encadrée par les ailes des Ministres.
On avance toujours, le pavé est rude, et le faux plat mène à la ***cour Royale*** qui précède la ***cour de Marbre.*** Les bâtiments qui la bordent sont ceux du « château Vieux » de Louis XIII – remaniés par son fils. On accède à cette cour de Marbre par quelques marches. Sur ces marches, au matin du 6 octobre 1789, périt un jeune menuisier, d'une mauvaise chute ou d'un coup tiré par la garde, nul ne sait. Toujours est-il que l'incident mit le feu aux poudres, et la foule furieuse investit le château, tuant 2 gardes suisses : un dénommé Coupe-Tête, féroce, décapita ces gardes, et ce sont ces 2 têtes que l'on voit plantées au bout de piques, sur les images représentant la foule ramenant la famille royale à Paris, en ce jour fameux.
Aujourd'hui, la « ***grille royale*** » sépare la cour d'Honneur de la cour Royale (qui mène à la cour de Marbre) ; l'entrée des visiteurs individuels se fait par le pavillon Dufour (entrée A).

Les visites dans le château

Circuit des Grands Appartements

➢ Pour commencer, on suit à droite, après avoir admiré la chapelle royale, les ***salles Louis XIV,*** qui retracent les étapes de la construction, en remettant dans son contexte la généalogie de la famille royale ainsi que les événements plus récents qui ont marqué l'histoire du château.

➢ On monte et l'on suit la galerie de pierre haute (opéra royal à gauche en débouchant de l'escalier dans la galerie de pierre, visitable uniquement avec conférencier). On arrive ensuite au ***vestibule de la chapelle,*** avec son sol en marbre, ses colonnes corinthiennes, ses stucs et statues, qui ouvre sur la tribune royale de la ***chapelle.*** Décor formidable, notamment les somptueux plafonds peints (Jouvenel, Houasse, La Fosse) ; la décoration sculptée est tout aussi remarquable (Coustou), et nous avons là, dans cette chapelle, un parfait exemple du grand style élégant de la fin du règne de Louis XIV.

UN VASTE TRIPOT

Les jeux d'argent étaient interdits dans le royaume, sauf à Versailles ! Le roi savait que l'aristocratie endettée se retrouvait à sa merci. Certains nobles, y compris des femmes, perdaient des fortunes. Et le roi, en prêtant ou en épongeant les dettes, les tenait sous sa coupe.

➢ L'***opéra,*** édifié à la fin du règne de Louis XV par Gabriel, fut inauguré pour le mariage du Dauphin et de Marie-Antoinette en 1770 – l'une des dernières grandes fêtes versaillaises. À cette occasion, les quelque 1 300 convives de l'opéra eurent le grand honneur d'assister, sur la scène, au dîner de la famille royale ! C'est l'un des plus beaux théâtres du monde, en bois, avec une excellente acoustique (Gabriel avait voulu que la salle « résonne comme un violon »), mais aussi par son esthétique soignée : beau plan elliptique, colonnades, miroirs où se reflètent des demi-lustres paraissant ainsi des lustres entiers, délicat plafond peint, marbre en trompe l'œil (par économie, mais aussi pour l'acoustique). Et enfin par ses équipements : un système de treuils permettait d'élever le parterre au niveau de l'amphithéâtre et de la scène, permettant ainsi une transformation en grande salle de bal. *À noter :* l'*opéra royal* et la *chapelle royale* peuvent se visiter certains jours dans le cadre de la visite guidée des *Versailles, côté privé,* qui remplace celle des *appartements privés des rois* en raison de travaux de restauration. Cela permet de voir beaucoup plus en détail la chapelle où l'on se contente de jeter un œil depuis le seuil lors de la visite libre. Là, on y entre, et c'est quand même autre chose.

➢ Le ***Grand Appartement du Roi*** est une suite de 7 pièces monumentales, lambrissées de marbre, dédiées chacune à un dieu et un astre, et dont les plafonds peints, très bien mis en valeur par l'éclairage actuel, laissent baba. Les dieux de l'Olympe (Hercule, l'Abondance, Vénus, Diane, Mars, Mercure, Apollon), mis en scène par Le Brun, ou Houasse, La Fosse, Vouet ou encore Lemoyne, y forment un décor grandiose et magnifique ; des sculptures, des bas-reliefs le soulignent, et le mobilier – commode Boulle, pièces d'orfèvrerie admirables, bronzes ciselés – émerveille. Enfin, des toiles de maître, Van Loo, Rigaud, ou encore le superbe et géant *Repas chez Simon le Pharisien,* de Véronèse, complètent le tableau. Dans le salon de Vénus, un *Louis XIV en costume à l'antique,* par Jean Warin : quelle classe ! L'*Apothéose d'Hercule,* de François Lemoyne, a été entièrement restaurée. Les 480 m^2 de peinture ont retrouvé leur éclat originel. Lemoyne, épuisé au sortir de son exécution (3 ans de boulot), se suicida quelques mois après.

UN CHÂTEAU ? NON, UN TAUDIS !

Un millier de courtisans flagorneurs vivaient dans 220 appartements, souvent dans les combles du château, sans eau courante ni chauffage. Des cuisines, exiguës, voire clandestines, étaient installées dans des réduits nauséabonds. On respirait le graillon, et les meubles et les vêtements poissaient. Tant d'inconfort juste pour être proche du Soleil...

➢ On pénètre ensuite dans le *salon de la Guerre,* dont le dessus de cheminée est orné d'un médaillon géant, *Louis XIV victorieux et couronné par la Gloire,* par Coysevox. Au centre de la coupole, la figure de *La France, portant sur son bouclier le portrait de Louis XIV.* Et de-ci, de-là, des bustes d'empereurs romains en porphyre, marbre et bronze doré...

➢ La ***Grande Galerie,*** ou ***galerie des Glaces,*** c'était initialement une terrasse, empruntée quotidiennement par souverains et courtisans, qui s'est vite révélée inadaptée au climat et aux besoins de la circulation. Elle est longue de 73 m et rythmée par 17 fenêtres cintrées répondant à 17 arcades ornées de 357 miroirs ; des lustres étincelants tombent du ciel ; celui-ci est entièrement peint de tableaux éclatants. Époustouflant ! La dernière rénovation a rendu à ce joyau tout son lustre, toute sa magnificence baroque. Le Brun a réalisé là son chef-d'œuvre ; de grandes compositions pleines de vie, somptueuses et encadrées de dorures, illustrent les thèmes inscrits en légende : *Le Roy gouverne par lui-même, Le Roy donne ses ordres pour attaquer en même temps quatre des plus fortes places de la Hollande,* etc. Remarquez les chapiteaux décorés d'une fleur de lys et de coqs gaulois, motifs inventés par Le Brun, signant « l'ordre français ». Au faîte de sa gloire, c'est la 1re fois que Louis XIV est représenté sous ses propres traits plutôt que sous ceux d'un personnage mythologique ou d'un héros antique ; une signification politique forte !

Dans ce décor incomparable se sont inclinées des ambassades prestigieuses : celle du roi de Siam quittant la galerie à reculons, par déférence envers Louis XIV et le saluant tout du long, vaut le coup d'œil. Et de grands événements ont eu lieu : le 18 janvier 1871, le roi de Prusse Guillaume Ier y fut sacré empereur, après sa victoire sur les troupes françaises ; le 28 juin 1919 y fut signé le traité qui mit définitivement fin à la 1re Guerre mondiale (... et préparait la 2de !) ; enfin, la Grande Galerie illuminée accueille toujours les chefs d'État en visite officielle, à l'exemple de John et Jacqueline Kennedy, reçus par le général de Gaulle en juin 1961, lors d'un mémorable banquet.

➢ Dans le ***cabinet du Conseil,*** Louis XIV réunissait ses ministres, et Louis XV puis Louis XVI y prendront également de grandes décisions (en 1756, renversement des Alliances ; en 1775, participation à la guerre d'Indépendance qui donnera naissance aux États-Unis d'Amérique). Boiseries et mobilier Louis XV.

➢ Puis on atteint la fameuse ***chambre du Roi*** où se déroulaient les cérémonies rituelles du Lever et du Coucher, avec leurs « entrées » comptées. C'est aussi ici que mourut le Grand Roi, le 1er septembre. Tentures d'hiver somptueuses, rouge et or.

➢ Petite incursion dans le ***salon de l'Œil-de-Bœuf,*** où les courtisans attendaient de pouvoir assister au Lever ou au Coucher du Roi. Là, jolie et curieuse toile de Nocret, *Les Dieux et les Déesses de l'Olympe sous les traits des membres de la famille royale*. 3 bustes ayant un petit air de famille : Louis XIV, Louis XV, Louis XVI (par Coysevox, Gois et Houdon).

➢ ***Le Grand Appartement de la Reine :*** de nouveau accessible après 3 ans de travaux. Symétrique à celui du Roi, il s'ouvre à l'autre bout de la galerie ; c'est une suite de vastes salons que Marie Leszczyńska et Marie-Antoinette ont beaucoup modifiés. Le *salon de la Paix,* entièrement restauré, ouvre cette enfilade. Il a servi de salon de jeu et de musique aux reines. Marbres, stucs, bronzes et miroirs sont coiffés par une coupole couverte d'un décor peint par Le Brun montrant la suprématie de la France sur les autres pays.

➢ ***La chambre de la Reine,*** créée pour Marie Leszczyńska, l'épouse de Louis XV, a aussi été restaurée, mettant en valeur le décor rocaille. Jolis portraits de ses 5 enfants, qu'elle ne voulait pas quitter des yeux. Aux angles du plafond, les stucs ont été réalisés pour Marie-Antoinette. Force dorures et richesse de mobilier et d'ornementation caractérisent cette pièce.

➢ ***Le salon des Nobles*** puis ***l'antichambre du Grand Couvert*** paraissent bien sages en comparaison. Beau damas vert pomme dans le salon des Nobles, et superbes tapisseries et tableaux (portraits de Louis XV d'après Van Loo...). Dans l'antichambre du Grand Couvert, au XVIIIe s, le roi et la reine soupaient « au grand couvert », et les courtisans, assis ou debout selon leur rang, et même des gens de condition modeste, y assistaient. ***La salle des Gardes,*** ensuite, vaut surtout pour son plafond, peint par Coypel.

Le musée de l'Histoire de France

La visite se termine par des salles réaménagées sous Louis-Philippe : la *salle du Sacre,* d'abord, avec une réplique du célèbre *Sacre* de Napoléon, où l'empereur couronne lui-même l'impératrice Joséphine (réplique réalisée par David, auteur de l'original tout de même !), puis *salle de 1792,* où figurent des portraits de héros des guerres de la Révolution et de l'Empire, et quelques tableaux, dont un grand *Valmy* d'Horace Vernet.
En fin de parcours, la *galerie des Batailles* (si elle est ouverte), formidable revue des grandes batailles de l'histoire de France, de Tolbiac (Clovis, 496) à Wagram (Napoléon, 1809) : 35 compositions bien académiques et parfois pompeuses (Baudelaire, à propos d'Horace Vernet : « C'est un militaire qui fait de la peinture »), mais avec quelques pièces notables (*Saint Louis à la bataille de Taillebourg,* de Delacroix). Spectacle plaisant que cette succession de grandes scènes mythiques, qui permet en tout cas de se rafraîchir la mémoire. Marignan, 1515, fastoche ! Mais Bouvines, hein ? Et Fontenoy ? Hop, un petit tour par la *galerie des Batailles,* et tout rentre dans l'ordre.
Au bout de la galerie, une *salle de 1830,* avec de grandes toiles à la gloire d'un type dont la tête ne dit rien à personne : des favoris, des bouclettes brunes, des traits quelconques... Pourtant, voici ce personnage déclamant, acclamé comme la Liberté ou la Vérité s'adressant au Peuple. Décidément, Louis-Philippe, le « roi-citoyen », ne doutait de rien et n'avait pas vraiment le sens du ridicule. Ce « musée » comporte en réalité d'innombrables salles, mais beaucoup ne sont accessibles que dans le cadre de visites guidées.

Circuit des appartements de Mesdames

Ce circuit, dans des salles qui ont été restaurées et remeublées en 2013, plus court (environ 30 mn), permet de se plonger dans le quotidien de Mesdames, les filles de Louis XV (il en a eu 8 au total !). Parmi elles, Adélaïde, Victoire et Sophie, Mesdames 4ᵉ, 5ᵉ et 6ᵉ, comme elles furent d'abord désignées, par ordre de naissance, avant leur baptême vers l'âge de 11 ans. Les 9 pièces en enfilade, dont les portes-fenêtres donnent directement sur le jardin, privilégient le confort et l'intimité, comme pour tirer définitivement un trait sur l'« étiquette » imposée par l'arrière-arrière-grand-père de Mesdames, Louis XIV, qui rendait toutes ses activités publiques. Outre l'évocation de l'atmosphère luxueuse dans laquelle vivaient les filles de Louis XV (tentures et rideaux en soieries de Lyon, meubles d'ébénisterie...), cette opération de réaménagement permet d'exprimer leur goût pour les arts, en particulier pour la lecture (des grands classiques grecs et latins) et surtout pour la musique, d'où l'exposition de bien beaux instruments.

Les visites guidées

➢ ***Versailles, côté privé :*** *départs tlj, en français et en anglais.* Découvrez « l'autre Versailles », celui du roi Louis XV et de sa famille, des appartements privés, et de la vie en petit comité. À l'écart du faste et de l'apparat, le luxe demeure... et les personnalités se révèlent.

➢ ***Chez les favorites du Roi :*** les favorites royales ont parfois fait l'histoire et la légende de Versailles. Mme de Pompadour et Mme du Barry, occupèrent toutes 2 de luxueux logements,

LA CHAISE VOLANTE DE MME DE CHÂTEAUROUX

En 1743, on fabriqua un ascenseur qui permettait à Mme de Châteauroux, favorite de Louis XV, de monter discrètement de ses petits cabinets jusqu'à ses appartements. Pour cela, il fallait qu'elle actionne elle-même un judicieux système de poulies et contrepoids qui divisait le poids total (voir votre programme de physique du collège).

à proximité immédiate des petits appartements du roi Louis XV. Au-delà de la visite de lieux magnifiques, cette thématique permet d'évoquer un aspect essentiel de la vie quotidienne des rois.

➢ ***Autres visites guidées :*** une dizaine de thèmes de visites guidées sont proposés chaque semestre pour partir à la découverte de l'histoire de Versailles du XVIIe s à nos jours, ses grands personnages, ses collections et ses jardins. Visites guidées des expositions temporaires également. *Infos et résas en ligne sur le site du château, par tél au ☎ 01-30-83-78-00 ou sur place le jour même (dans la limite des places disponibles).*

L'AFFAIRE DU COLLIER DE LA REINE

En 1784, le cardinal de Rohan saisit l'offre d'une prétendue amie de Marie-Antoinette, Mme de La Motte, qui le chargea pour la reine d'une transaction secrète, l'achat d'une sublime parure, le cardinal se portant caution. Le paiement des 1res échéances ne parvenant pas au bijoutier, et la reine ne portant pas le fastueux collier, l'affaire fit scandale. Jugés, le cardinal fut acquitté, mais Mme de La Motte fut condamnée à la prison à vie. L'acquittement du cardinal humilia la reine, devant une opinion publique qui ne croyait pas à son innocence. Les pierres du collier avaient été vendues par les escrocs, laissant une ardoise au cardinal dont ses héritiers ne s'acquittèrent définitivement qu'à... la fin du XIXe s !

Les jardins et le parc

Avant la Révolution, le domaine royal de Versailles couvrait plus de 8 000 ha, fermés par une enceinte de 43 km – plus que le boulevard périphérique ! Il se décomposait en 3 ensembles : le Grand Parc, réservé à la chasse ; le Petit Parc, comprenant la pièce d'eau des Suisses, le Grand Canal, la ménagerie et le domaine de Trianon ; et les jardins, répartis en parterres et bosquets.

La surface du domaine est aujourd'hui de 800 ha, couvrant approximativement le Petit Parc et les jardins ainsi que le domaine de Marly. Quelques splendeurs ont disparu : la ménagerie où barrissaient des éléphants et gloussaient des dindons, étranges volailles mexicaines ; le fameux Bosquet-labyrinthe où « il était presque impossible de ne pas s'égarer » ; la baroque grotte de Thétis, où « giclures et pissures » arrosaient la rocaille ; ou encore l'extravagante *ramasse,* wagonnet à sensation qui dévalait la pente de la ménagerie, ouaaahhh !

Mais il reste tout de même plus de 300 statues, vases et bustes – soit le plus important musée de sculptures en plein air qui soit au monde. Et, dans leurs grandes lignes, les jardins n'ont pas trop changé depuis Le Nôtre. Louis XIV, qui avait participé activement à leur élaboration, les aimait particulièrement. Il avait même rédigé un guide en 25 articles : *Manière de montrer les jardins de Versailles.*

Transports et locations dans le parc

Pour vous donner une idée des distances, sachez qu'à pied il faut compter 15 mn pour aller du château au début du Grand Canal (1h pour l'extrémité), et 30 mn du château au Domaine de Trianon.

– ***Petit train :*** *tte l'année, vente des tickets sur la terrasse Sud mais départ de la terrasse Nord du parterre d'eau pour un circuit d'env 50 mn (arrêts Petit Trianon, Grand Trianon et Grand Canal). Tel : 01-39-54-22-00. A/R assez cher : 8,50 € ; réduc.*

Vélos : ASTEL. *☎ 01-39-66-97-66. Loc près du resto* La Petite Venise *– au début du Grand Canal (tlj ; fév-mars 10h-17h30, avr-oct 10h-18h45, nov 10h-17h),*

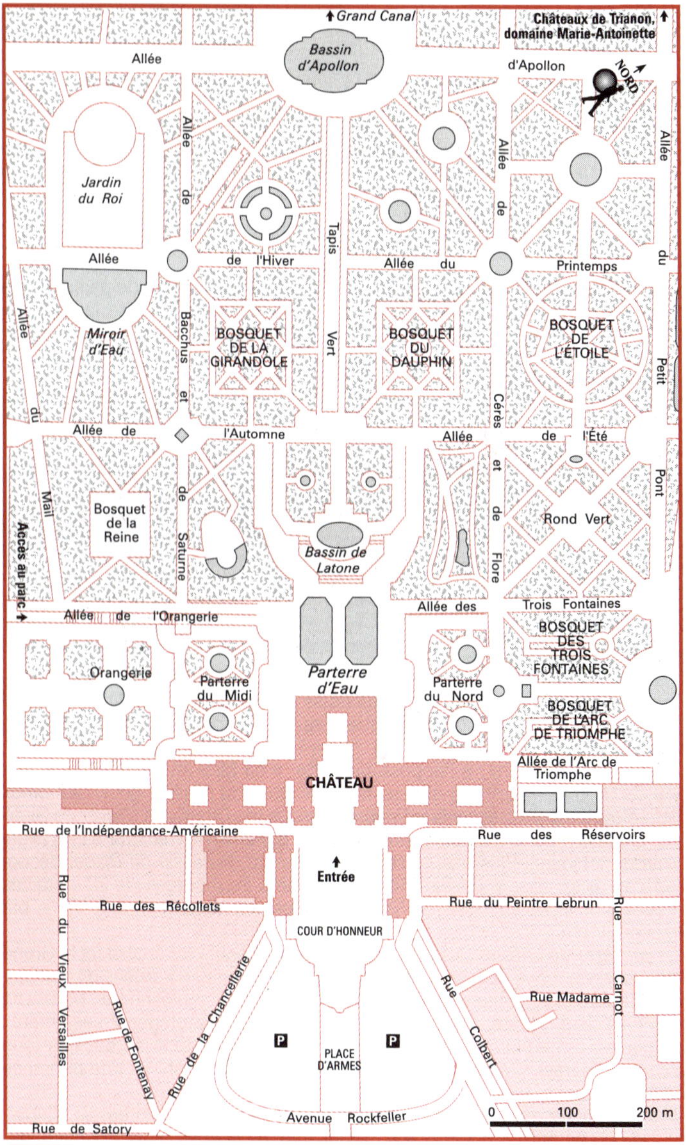

VERSAILLES – Les jardins

à la grille de la Reine ou à la porte Saint-Antoine (seulement les w-e et j. fériés ; horaires identiques à ceux de la loc près du resto La Petite Venise). Pas de loc en déc-janv. Tarifs : 9 €/h, 19 € la ½ journée et 21 €/j. Caution : pièce d'identité.

– ***Véhicules électriques :*** *au départ de la terrasse Sud du parterre d'eau. Mêmes horaires que pour les loc de vélos. Propose 1 circuit commenté pour découvrir les jardins et le pourtour du Grand Canal avec 5 arrêts stratégiques. Tarif : 36 € pour 1h et 4 pers (réduc pers handicapées). Rens au ☎ 01-39-66-97-66. Caution : permis de conduire ; il faut avoir plus de 24 ans et son permis.*
– ***Barques :*** *en haut du Grand Canal. Mars 13h-17h30 (11h le w-e), avr-juin 11h-18h45 (10h30 le w-e), juil-août 10h-18h45, sept-oct 13h-18h45 (10h30 le w-e), nov 13h-17h (11h le w-e). Barques pour 4 pers : 14 € les 30 mn, 18 €/h. Caution : pièce d'identité. Infos au ☎ 01-39-66-97-66.*

Les jardins : histoire d'eaux

– ***Le parterre d'eau :*** 2 bassins prolongeant la façade, décorés de personnages allégoriques représentant les 4 grands fleuves du royaume – la Loire, la Garonne, la Seine et le Rhône –, accompagnés chacun d'un angelot figurant leur principal affluent. Sur les côtés, 8 nymphes des eaux.
– ***Le parterre du Midi et l'Orangerie :*** du parterre d'eau, partir vers la droite (en regardant le château) pour traverser le *parterre du Midi,* joliment fleuri et encadré d'*Enfants chevauchant des sphinx* ; en face, perspective de la grande *pièce d'eau des Suisses,* longue de 682 m. Vous ne le voyez pas mais, en soutènement des parterres du Midi, sous vos pieds, si vous avancez jusqu'au bout de la terrasse, se trouve l'*Orangerie* : on y accède sur le côté par l'*escalier des Cent-Marches,* en marbre de Carrare. Sous Louis XIV, elle abritait 3 000 arbustes ; il y en a aujourd'hui 1 200, dont quelques orangers et palmiers. Magnifique à la belle saison.

PARFUM ROYAL

On craignait l'eau, souvent porteuse de maladies. On se frictionnait alors avec des lotions parfumées. À Versailles, tous ces parfums mélangés rendaient l'atmosphère pestilentielle pour le nez délicat du roi. Il finira par n'autoriser qu'un seul parfum, son préféré : la fleur d'oranger. D'où l'importance de l'Orangerie.

– ***Le parterre du Nord :*** à l'opposé du parterre du Midi (évidemment), ce *parterre du Nord* est peuplé de statues néoclassiques du meilleur goût. Nombreux chefs-d'œuvre, parmi lesquels le *Poème héroïque,* de Drouilly, et *L'Hiver* de Girardon. Le *bassin de la Pyramide,* au centre du parterre, ne manque pas d'allure (Girardon toujours). Plus bas, toujours vers le nord, le *bassin de Diane,* décoré d'un bas-relief, encore de Girardon. Par l'*allée d'Eau,* bordée de 22 fontaines baroques, on arrive au *bassin de Neptune.* Au centre, *Neptune et Amphitrite,* par Sigisbert Adam.
– ***Le parterre de Latone :*** il s'étend en face du château, vers l'ouest (et le Grand Canal) ; on y accède depuis le *parterre d'eau* par 2 rampes bordées de statues, copies d'antiques. *Vénus callipyge, Bacchus, Hercule...* Au centre du *bassin de Latone* se tient debout la mère d'Apollon et de Diane, protégeant ses enfants des injures proférées par la troupe des crapauds infestant les bassins (due aux frères Marsy). Très chouette. Certains spécialistes y ont vu une référence à la Fronde.
– ***L'allée Royale ou Tapis vert :*** allée monumentale menant au *bassin d'Apollon,* bordée de part et d'autre de vases géants, de statues grand format aussi, et prolongée par le *Grand Canal.* Au bout, le bassin, avec *Apollon sur son char,* exécuté par Tuby d'après un dessin de Le Brun. Vision fantastique du dieu des dieux, semblant sortir des eaux, surfer sur elles, tiré par ses chevaux magnifiques et impétueux.
– ***Les Bosquets :*** de part et d'autre de l'allée Royale. Les Bosquets sont de petites merveilles de décors extérieurs. Romantiques, antiques, rocailles, charmants, les Bosquets *(salle de Bal, Colonnade, bosquet des Dômes, bosquet*

du Rond vert, bosquet d'Encelade ou Bains d'Apollon) ont tous une valeur, un caractère propre. Marsy, Girardon, Coysevox, Le Hongre, en sont quelques-uns des illustres décorateurs. À voir absolument, au hasard d'une pérégrination, pendant les Grandes Eaux musicales (voir plus loin « Animations ») : il y a alors du Couperin, du Mozart ou du Lully en fond sonore, et les fontaines chantent. À découvrir également : le *bosquet du Théâtre d'eau* réaménagé par le paysagiste Louis Benech et l'artiste contemporain Jean-Michel Othoniel *(seul bosquet ouv tlj) et le bosquet de la Reine, dans le prolongement de l'Orangerie, qui vient d'être restauré avec des compositions végétales d'une grande diversité.*
– ***Le Grand Canal :*** long de 1 500 m, large de 120 m et coupé au milieu par un bras perpendiculaire de 1 013 m de long. De nombreuses fêtes s'y déroulaient, et un ensemble très hétérogène d'embarcations évoluaient alors dessus (chaloupes, galère miniature, gondoles...) manœuvrées et entretenues par un personnel important ; on les empruntait de la Petite Venise (point le plus proche du château) pour aller à Trianon... Aujourd'hui, la flotte navale est plus simplement composée des barques et des avirons...

Le Domaine de Trianon et le hameau de la Reine

Trianon était un village jusqu'à ce que Louis XIV décide de l'inclure dans le domaine de Versailles pour étendre son territoire de chasse. Longtemps réservé au roi et à ses plaisirs, le village est finalement rasé. Un palais, le Trianon de porcelaine, est édifié à cet endroit, très vite remplacé par le Grand Trianon. Commandité par Louis XV, le Petit Trianon, charmant et bucolique à souhait, sera offert par Louis XVI à Marie-Antoinette.
– Accès (payant) par la porte Saint-Antoine. *Ouv 7h-19h en hte saison ; 8h-18h en basse saison.* Voir plus haut le chapitre « Horaires et tarifs ».
– Depuis le château : compter 30 mn à pied par les jardins ; en petit train : arrêts *Petit Trianon* et *Grand Trianon.*

Le Grand Trianon

Pour cette section, une appli est disponible gratuitement sur Android et iPhone.
Construit par Hardouin-Mansart en 1687, le « petit palais de marbre et de porphyre avec des jardins délicieux » dont parle Saint-Simon est un « hôtel à la française » un peu particulier. Avec son simple et long rez-de-chaussée couvert d'un toit en terrasse fermé de balustrades, ouvert sur les jardins, il rappelle plutôt l'Italie.
Les *bâtiments du Nord,* les *bâtiments du Midi* et les *jardins* se visitent librement. Le décor et le mobilier se partagent entre style Louis XIV (les boiseries surtout, et des tableaux), style Louis XV (ce roi et Marie Leszczyńska ont beaucoup séjourné ici) et style Empire, l'impératrice Marie-Louise y ayant résidé.
Une partie appelée *Trianon-sous-Bois,* aile secondaire comportant 2 étages, est réservée au chef de l'État. Enfin, une suite de 5 pièces, le *Petit Appartement de l'Empereur,* avec un très remarquable mobilier Empire, n'est ouvert qu'aux visites accompagnées d'un guide-conférencier.
Dans les *bâtiments du Midi,* superbe *salon des Glaces,* aménagé sous Louis XIV, au mobilier Empire : pianoforte, travailleuse, table à dessiner... La *chambre* est également belle : coiffeuse, cuvette, pendule de Marie-Louise et grand lit à baldaquin exécuté pour Napoléon, et où mourut Louis XVIII... Dans le *salon de la chapelle,* notables Van Loo : *Louis XV* et *Marie Leszczyńska.*
Le *péristyle* relie les bâtiments du Midi à ceux du Nord. C'est une « loggia » aux fines colonnes de marbre rose. Napoléon la fit vitrer des 2 côtés, la transformant en vestibule.
Les *bâtiments du Nord,* plus importants que ceux du Midi, abritent quelques merveilles : dans le *salon Rond,* colonnes corinthiennes, tableaux de Verdier et

dessus-de-porte de Desporte (ça tombe bien !), tout étant d'époque Louis XIV. Dans le *Grand Salon,* canapés et fauteuils sont un rêve d'antiquaire. Le *salon des Malachites* s'orne d'un somptueux mobilier Empire estampillé Jacob-Desmalter, et surtout des meubles en malachite offerts par le tsar Alexandre Ier. Des toiles de Jouvenet et Houasse décorent le *salon Frais* et le *salon des Sources,* avec, là encore, un mobilier Premier Empire.
Dans les *jardins,* très romantiques, ne pas manquer le *bassin du Plat-Fond,* faisant miroir au péristyle et décoré de dragons (Hardy), et le *buffet d'Eau* de Jules Hardouin-Mansart. Par le *jardin des Marronniers,* on accède à l'*amphithéâtre,* où l'on trouve des bustes à l'antique ; dans le bassin, belles *Nymphes* de Hardy.

Le Petit Trianon

Construit de 1762 à 1768 par Gabriel. De plan carré et de lignes simples et élégantes, c'est le chef-d'œuvre du néoclassicisme français. La *salle à manger de Louis XV* possède un admirable décor sculpté, boiseries et cheminée, et de bucoliques tableaux : *La Chasse, L'Agriculture, Les Vendanges...* En outre, on peut y voir un parquet ayant pu dissimuler un mécanisme de « tables volantes » : un ingénieux système qui aurait dû permettre la descente des tables aux cuisines et leur retour servies ! Mais le projet n'a jamais abouti et ça n'a jamais vraiment fonctionné. Dans le *salon de Billard,* superbe commode Riesener. Dans le *salon de Compagnie,* Marie-Antoinette recevait familièrement ses amis et jouait du clavecin. Joli *boudoir* aux célèbres glaces mouvantes. Par une porte dérobée sous l'escalier d'honneur, on peut gagner le *réchauffoir*. Dans cet office on « finalisait » les plats royaux grâce aux feux d'une grande cheminée. Et le roi pouvait manger chaud. La dernière restauration a permis d'ouvrir l'attique à la visite.
Certaines salles, meublées, ne se visitent que dans le cadre d'une visite guidée. On y découvre avec étonnement que Louis XV, en dépit de toutes les conventions de l'époque, avait réservé l'étage noble à sa maîtresse. La tradition se perpétua, faisant du Petit Trianon un château de femmes, habité tour à tour par Marie-Antoinette (elle n'y passa toutefois jamais plus de 1 mois d'affilée...), Pauline ou Louise...
Dans les ***jardins du Petit Trianon*** se trouvent plusieurs bâtiments de dimensions modestes et des « fabriques », pour lesquels sont proposées des visites commentées. Le *pavillon du Jardin français,* de style rocaille, est encore l'œuvre de Gabriel. De plan en forme de croix de Saint-André, sa balustrade s'orne de groupes d'enfants et de vases fleuris. Le *théâtre* est celui de Marie-Antoinette (architecte Mique), petit mais avec un décor intérieur de carton-pâte raffiné ; le *salon Frais* est une salle à manger d'été, ouverte de grandes portes vitrées. Le *temple de l'Amour,* édifice circulaire de marbre blanc, est de Mique également.
Dans le *Jardin anglo-chinois,* tout en allées sinueuses, cascatelles et buttes, se trouvent le *Belvédère,* charmant pavillon de repos dont l'intérieur est décoré d'arabesques, et la *grotte de Marie-Antoinette.*

Le hameau de la Reine

– ***Le hameau de la Reine :*** dès les années 1780, Marie-Antoinette, imprégnée de la pensée rousseauiste qui prône un retour à la Nature, émet le souhait d'avoir un hameau. Construit par

MARIE-ANTOINETTE A COPIÉ !

Elle n'a pas eu l'idée de ce charmant village qui sentait le foin et la biquette. Quelques-uns avaient imaginé avant elle un tel endroit : Mesdames, filles de Louis XV, avaient leur hameau. Son amie la duchesse de Penthièvre à Rambouillet s'était fait construire en 1770 l'étonnante et rustique chaumière aux Coquillages, toujours visible. Tout comme le hameau que le Grand Condé avait imaginé pour son château de Chantilly, dès 1774.

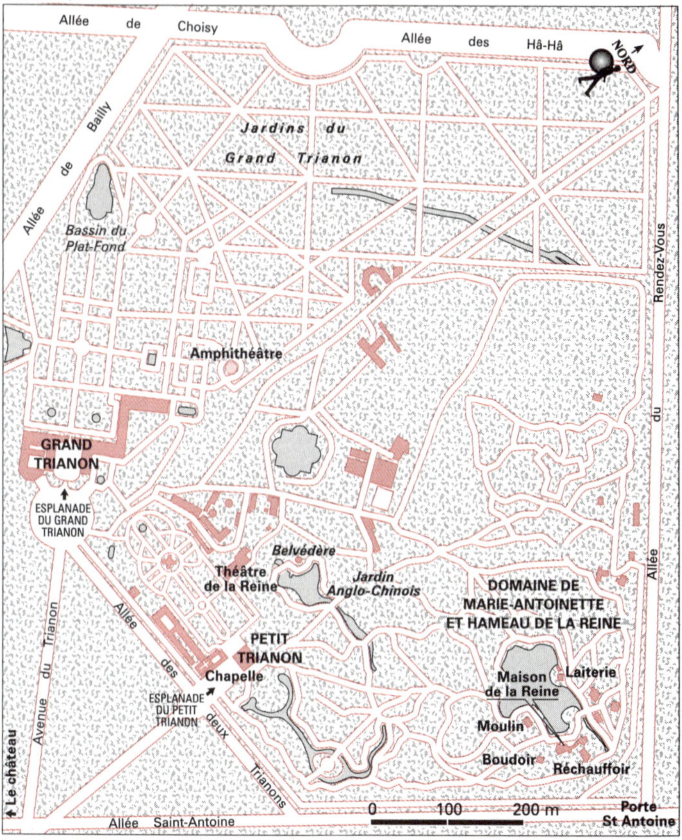

VERSAILLES – Trianon et domaine de la Reine

l'architecte Richard Mique en 1783, ce hameau d'opérette groupé autour d'un lac avec des collines environnantes était composé d'une douzaine de maisonnettes rustiques aux toits de chaume, d'un moulin (qui n'a jamais fonctionné en raison du manque d'eau), d'un lavoir, d'un phare, d'une laiterie, de potagers... Il fonctionnait comme une véritable exploitation agricole, capable de vivre en parfaite autarcie. Quelques maisonnettes ont disparu, mais il en reste une petite dizaine, dont la *maison de la Reine,* restaurée en 2018, édifice le plus important.

– ***La maison de la Reine :*** *accessible seulement lors des visites guidées (petits groupes en raison de l'exiguïté de certaines pièces, résa obligatoire • billetterie.chateauversailles.fr • ; durée : 1h30, 10 €).* Plusieurs fois restaurée, sous le Premier Empire et la Restauration, en raison de problèmes d'étanchéité et de remontées humides, la maison vient de subir un important lifting orchestré grâce au mécénat de Dior et LVMH. Elle a été rénovée, telle qu'elle a été conçue, en trompe-l'œil. Pas de fondations, murs de moellons, effets de pierres vétustes et irrégulières peintes à l'huile, le bois des colombages est volontairement vieilli et verdi pour l'effet mousse. Dans ses nouveaux atours et entièrement remeublé, l'intérieur révèle un raffinement extrême qui contraste avec l'environnement rustique et champêtre du hameau. Le mobilier ayant été dispersé par les ventes révolutionnaires, il ne subsiste quasiment rien de l'aménagement de Marie-Antoinette. La plupart des meubles et accessoires ont donc été reconstitués d'après les inventaires d'époque impériale.

UNE FERME PÉDAGOGIQUE

1re reine de France à posséder son domaine, son château (le Petit Trianon), son mobilier et des règles propres qui régissent la vie de son cercle, Marie-Antoinette décide de s'impliquer personnellement dans l'éducation de ses enfants. Elle avait même souhaité allaiter sa fille, Mme Royal. Fidèle à la pensée de Rousseau considérant que pour comprendre les choses il faut en faire l'expérience, la reine décide la création du hameau pour parfaire l'éducation du Dauphin. Le futur souverain se doit d'avoir une parfaite connaissance de l'agriculture pour régner sur un peuple de paysans !

Animations

– ***Les Grandes Eaux musicales :*** *avr-oct, w-e et certains j. fériés. Ouverture des jardins 9h-18h30, mise en musique 10h-18h30. Mise en eau 11h-12h, 15h30-17h30. Pas de résa. Entrée : 9,50 € ; gratuit moins de 5 ans. Inclus dans le billet Passeport. Rens : ☎ 01-30-83-78-89.* Un formidable moment, avec Bach, Haydn, Mozart... On découvre les fameux et mystérieux Bosquets, compositions architecturales et florales variées, sortes de salons d'extérieur ornés de magnifiques sculptures et de superbes fontaines. Malheureusement, on est énergiquement prié de quitter les Bosquets dès 17h pour rejoindre le bassin de Neptune où est joué le final (17h20-17h30) ; organisez donc bien le temps de votre visite. Pour être sûr de tout voir, le mieux est d'arriver dans la matinée et de pique-niquer dans le parc.
– ***Les Jardins musicaux :*** *ts les mar et ven (voir calendrier sur • chateauversailles.fr •). Pas de résa. Entrée : 8,50 € ; gratuit moins de 5 ans. Inclus dans le billet Passeport.*
– ***Les Grandes Eaux nocturnes :*** *ts les sam fin juin-début sept à 20h30. Entrée : 24 € ; tarif réduit 22 € ; gratuit moins de 5 ans. Rens : ☎ 01-30-83-78-89.* Promenade féerique dans les jardins et Bosquets illuminés par 1 500 projecteurs et 4 000 flammes, rien que ça ! Le spectacle des Grandes Eaux peut être couplé avec la *Sérénade royale de la galerie des Glaces* : juste avant les Grandes Eaux nocturnes, un parcours de 40 mn dans le Grand Appartement du Roi.

À voir encore à Versailles

👣👣 ***Promenade dans le quartier Notre-Dame*** *(plan B-C1)* **:** appelé aussi *Ville Neuve,* ce quartier est le plus animé de Versailles, autour de la rue de la Paroisse et de la rue du Maréchal-Foch. Il se signale aussi par le passage de la Geôle et par les antiquaires de l'enceinte du Bailliage, microquartier où sont installés une cinquantaine de professionnels.
Partir de l'intimiste *place Hoche,* autrefois place Dauphine, qui fut la 1re construite sur un plan octogonal (aux nos 5 et 7, jolis immeubles du XVIIIe s). En face, *Notre-Dame,* paroisse royale édifiée par Jules Hardouin-Mansart en 1684, à la noble façade. Contourner l'église par la gauche et emprunter la *rue Baillet-Reviron,* bordée d'immeubles anciens.
Un peu plus loin sur la droite (au niveau du no 14), par le passage de la Geôle, on rejoint le *coin des Antiquaires, avec sa placette* partiellement recouverte par un

étonnant chapiteau de bois. Dans le *passage des Antiquaires* *(ouv ven-dim et j. fériés 10h30-19h)*, les stands proposent tableaux, meubles et objets décoratifs. Plus loin dans le passage de la Geôle, on trouve à gauche le *Village des Antiquaires* *(mêmes horaires)*. Bric-à-brac sans fin d'objets hétéroclites. Vous pourrez prendre un verre en passant aux *Caves du Roi-Soleil* *(tlj 20h-2h)* : ce bar est installé dans les geôles d'autrefois. Dans l'enceinte du Bailliage quelques spécialistes du haut de gamme, regroupés au sein des *Antiquaires du Bailliage* *(ouv mar-dim)*. Construit en 1724, le Bailliage abritait l'administration locale et le tribunal.
Gagner ensuite le *marché Notre-Dame* (beau marché alimentaire) encadré par des immeubles du XVIIe s. C'est le centre populaire de l'ancien Versailles et le secteur le plus animé. Les halles actuelles datent de 1840, superbement réhabilitées. Ce marché est constitué de 4 « carrés » : à la Farine, aux Herbes, à la Marée et à la Viande. Forte concentration en restos.
Emprunter la *rue Ducis* qui longe le marché à droite (dans une niche, Vierge qui daterait de l'époque de Louis XIII) puis, au bout, la rue des Deux-Portes jusqu'à la rue Carnot. À gauche, à l'angle avec l'avenue de Saint-Cloud, se trouvait le *Café Amaury*, où Robespierre, Danton et d'autres députés du tiers état se retrouvaient après les séances des états généraux.

La place d'Armes *(plan B2)* **:** on trouve tout d'abord les *écuries* de Jules Hardouin-Mansart, en arc de cercle sur la place d'Armes, qui sont de véritables chefs-d'œuvre. Il y a la Grande Écurie au nord, la Petite au sud, de dimensions inverses en réalité, mais qu'on nommait pour le prestige de leur « population » équine : la Grande (plus petite en taille) était réservée aux chevaux de selle, la Petite (plus imposante) aux chevaux de trait et d'attelage. Mais la principale attraction du lieu désormais, c'est bien sûr l'Académie équestre de Versailles.

L'Académie équestre de Versailles *(plan B2)* **:** *Manège de la Grande Écurie du château de Versailles, av. Rockefeller. • bartabas.fr •*
Dirigée par le fameux Bartabas. Le fondateur de Zingaro, troupe à la réputation mondiale implantée à Aubervilliers depuis 1983, a installé une compagnie-école dans la Grande Écurie ouverte au public après une restauration très réussie. Louis XIV était un passionné d'équitation, et c'est en transférant la Cour, des Tuileries à Versailles, qu'il demanda à son Hardouin-Mansart de bâtir les 2 écuries royales. Imaginez, 600 chevaux attendant le bon vouloir du Roi-Soleil... Quand le soleil et son roi s'éclipsèrent, les lieux se dégradèrent lentement, jusqu'à devenir au fil des siècles un centre d'agronomie, un tribunal pour juger les communards, des casernes, et enfin les Archives départementales ! De quoi hennir un peu, non ?
Bref, il était temps d'en refaire quelque chose et c'est Patrick Bouchain, ex-collaborateur de Jean-Paul Goude, qui a mis la main à la pâte. Résultat, c'est contemporain, sobre et chouette : grands miroirs dans le manège, sans doute un clin d'œil à la galerie des Glaces, lustres-montgolfières en verre de Murano et chevaux dessinés au fusain par Jean-Louis Sauvat. Les box des chevaux tout en ferronnerie sont de facture contemporaine. Les chevaux, justement, parlons-en : ce sont des lusitaniens, sorraias ou quarter horses, déjà dressés au spectacle équestre ou en cours de dressage. Et les cavaliers sont des élèves écuyers engagés pour un cursus pluridisciplinaire avant d'acquérir le statut d'écuyers titulaires. Leur objectif : acquérir connaissances et sensibilité propres à la pratique artistique et à la création, sous la direction pédagogique de Bartabas et d'un maître écuyer.
– On peut aussi assister à « *La Voix de l'Écuyer* » *(sam à 18h et dim à 17h, et certains j. pdt les vac scol ; tarif adulte : 28 € ; réduc ; tarif préférentiel pour les pers à mobilité réduite ; durée : env 1h30)*, et des visites guidées sont possibles *(rens à l'office de tourisme)*.
– Possibilité d'une simple *visite des écuries* pendant les « *Découvertes du Patrimoine* » *(mer et sam 13h30-16h ; tarif : 5 €)*.
– Rens et résas : ☎ 01-39-02-62-70. • bartabas.fr • fnac.com •

La galerie des Carrosses *(plan B2)* **:** Grande Écurie du château de Versailles. Dépend du Château. ♿ Tte l'année, mar-dim 12h30-17h30 ou 18h30 selon saison. GRATUIT. Dans l'une des ailes de la Grande Écurie, une série de superbes carrosses, la plupart de la fin du XVIIIe s et du début du XIXe s, remarquablement mis en valeur. Aux grandes heures de Versailles, près de 1 000 personnes s'occupaient des chevaux... et des carrosses. On admirera les berlines de gala, les sublimes coupés, ainsi que certains attelages ayant été utilisés pour le mariage de Napoléon Ier. Pour chaque voiture, noter le raffinement du capitonnage, le faste des sculptures en bois doré, les élégants marchepieds, les lanternes extérieures, les systèmes d'amortissement grâce aux ressorts ou lanières de cuir... Rolls-Royce n'a rien inventé ! On verra encore d'incroyables traîneaux, utilisés dans les jardins quand il neigeait pour promener les marquises emmitouflées dans des peaux de bêtes. Au fond, l'impressionnant corbillard de Louis XVIII, orné de sombres cariatides. À ne pas manquer.

UN P'TIT TOUR EN CALÈCHE ?

Coupé, berline, soufflet, fiacre, calèche, litière, vinaigrette, voiture d'enfant, landau, chaise à porteurs... la gamme des véhicules de transport individuels était déjà bien étendue à la fin du XVIIIe s. Déplacer les bourgeois et les nobles donnait du travail à beaucoup de monde, car les modèles étaient souvent réalisés sur mesure. Forgerons, charrons, charpentiers, menuisiers, tapissiers, miroitiers, malletiers, corroyeurs et enfin cochers (ou porteurs) mettaient du cœur à l'ouvrage pour trimbaler – sans bringuebaler – tout ce petit monde.

Promenade depuis la place d'Armes : on reprend l'avenue de Paris, dos au château. Au no 4, l'imposant *hôtel de ville* date de 1900. Superbes salons d'apparat. Au no 6, le portail superbement sculpté et seul vestige de l'*hôtel des gens d'armes de la garde du roi,* édifié par Louis XV. Guirlandes de fleurs, coquilles, trophées militaires... Au no 22, l'*hôtel des Menus Plaisirs.* On y entreposait, sous Louis XV, le matériel utilisé pour les fêtes royales, d'où son nom. Mais le lieu est plus connu pour avoir, sous une construction éphémère, abrité les réunions des états généraux en 1789 et le vote de la Déclaration des droits de l'homme. Aujourd'hui y est logé le Centre de musique baroque (voir plus bas la rubrique « Fêtes, festivals et animations »).

Promenade dans le quartier Saint-Louis : emprunter la rue Royale jusqu'au *site des Carrés Saint-Louis.* Très harmonieux ensemble de maisons mansardées du XVIIIe s, initialement destinées à abriter un marché ; les marchands se regroupaient par carré – au Puits, à la Fontaine, à l'Avoine et à la Terre – selon leur spécialité. L'ensemble fut rapidement converti en habitations.
Poursuivre à droite par la rue d'Anjou d'où l'on aperçoit déjà la *cathédrale Saint-Louis,* sur la place du même nom (minimarché les jeudi et samedi matin). Avant d'y entrer, jetez un œil à la *fontaine* surmontée d'un joli bas-relief, et d'une plaque : « Pour apaiser toutes les soifs du cœur, et laver les taches de l'âme » ; tout un programme !

LA POMPADOUR, MÈRE MAQUERELLE

Mme de Pompadour, qui n'avait plus de relations physiques avec Louis XV, lui organisait, à partir de 1752, ses rendez-vous galants. Dans une résidence du quartier Saint-Louis, au 4, rue Saint-Médéric, appelée le Parc aux Cerfs, elle logeait de bien jolies jeunes filles, souvent vierges, afin d'éviter au roi les maladies vénériennes. En choisissant des filles en dehors de l'aristocratie, les relations étaient fugaces et sans lendemain.

Quant à la cathédrale, c'est Mansart de Sagonne qui l'édifia de 1743 à 1754. Plus jolie à l'intérieur qu'à l'extérieur, elle abrite une nef bien ouvragée et un intéressant mobilier (notamment des lustres à pampilles en cristal, cadeau de la reine Marie Leszczyńska). Peintures et objets liturgiques. De la même époque, l'orgue monumental de Clicquot, avec ses 3 130 tuyaux.

La cour des Senteurs *(plan A2)* **:** *8, rue de la Chancellerie. Les boutiques sont en général ouv tlj sauf lun 11h-19h env. On y trouve l'*Atelier Saveurs Versailles *(excellente épicerie fine),* Inédite Toile de Jouy *(objets autour de la toile de Jouy), le restaurant* La Table du 11 *et le salon de thé* Salon sur Cour.
Un ensemble qui relie le château au bien joli quartier historique Saint-Louis. Dans une ville qui abrite l'Osmothèque et qui était réputée abriter « le roi le plus fleurant du monde » (Louis XIV) puis « la cour parfumée » sous Louis XV – les parfums étaient bien sûr portés, mais s'invitaient aussi sur les gants ou les éventails des courtisans –, c'est tout naturellement qu'une telle thématique a été développée pour mettre en valeur le patrimoine de la ville.
La cour est aménagée dans d'anciens hôtels du XVIIe s. En sortant de la cour, passez donc par le ***jardin des Senteurs*** qui prolonge agréablement la thématique olfactive, puisque l'on y découvre quelque 200 espèces végétales, les matières premières utilisées en parfumerie (vétiver, jasmin...). Un lieu de grande sérénité.
Un agréable cheminement qui vous permet d'arriver au Jeu de paume et au potager du Roi (lire plus loin), qui méritent l'un et l'autre une visite.

Promenade dans le « Vieux Versailles » : ainsi appelé car érigé à la place de l'ancien village, ce quartier occupe les environs immédiats de la place d'Armes. Prendre la rue de Satory : partiellement piétonne, elle est bordée de restaurants et de quelques belles façades XVIIe et XVIIIe s. Sur la gauche, dans la ***rue de la Chancellerie,*** voir le Conservatoire au nº 24, construit en 1673 : fausse brique, pierre de taille, toit en ardoise et jardin, typique du « style Versailles » imposé par Louis XIV. Derrière, dans la *rue du Jeu-de-Paume,* la ***salle du Jeu de paume*** où a été prononcé, le 20 juin 1789, le serment éponyme dont s'inspira David pour son célèbre tableau *(accès libre et gratuit tlj sauf lun 9h-17h30 ou 18h30 selon saison ; visite guidée 1 fois/sem, rens auprès de l'office de tourisme).* Petit rappel historique : pour faire obstacle aux réunions du tiers état et des membres du clergé ayant rallié leur cause et s'étant formés en Assemblée nationale constituante, Louis XVI ordonne de fermer l'***hôtel des Menus Plaisirs*** où elle se réunissait. Les membres de l'Assemblée se dirigent alors dans une vaste salle voisine, où l'on pratiquait le jeu de paume, et s'engagent à ne se disperser qu'une fois le pays doté d'une Constitution. À l'extérieur, de grands panneaux expliquent le déroulé de l'histoire.
Remonter vers le château par la *rue de l'Indépendance-Américaine* qui fut véritablement la cité ministérielle des rois : au nº 5, voir la *bibliothèque municipale.* Construite par J.-B. Berthier en 1761, c'est l'ancien hôtel des Affaires étrangères et de la Marine. On y prépara le soutien français à la révolution américaine (c'est une manie !) et on y élabora, en 1783, le traité d'Indépendance des États-Unis. Au nº 3, l'*hôtel de la Guerre,* jadis ministère, et au nº 1, le *Grand Commun,* construit par Mansart sur le site de l'église de l'ancien village. Transformé en manufacture d'armes pendant la Révolution, le bâtiment abrita ensuite un hôpital militaire. Beau porche sculpté et notable fronton à angelots.

Le potager du Roi *(plan A3)* **:** *10, rue du Maréchal-Joffre. ☎ 01-39-24-62-62. • potager-du-roi.fr • ♿ (accès partiel). Avr-oct, tlj sauf lun 10h-18h ; visite guidée w-e et j. fériés à 11h, 14h30 et 16h. Nov-mars, mar-ven 10h-18h (et sam 10h-13h en nov-déc). Entrée : 5 € ; 3 € en basse saison ; supplément 3 € pour les visites guidées (les w-e) ; réduc moins de 26 ans ; gratuit moins de 12 ans. Boutique ouv aux mêmes horaires. Mise en vente de la récolte les mar et sam mat (prévoir la queue !).*
Partant du principe qu'il n'y avait pas de chaumière, et encore moins de château, sans jardin potager, le Roi-Soleil, qui dit-on adorait les figues et les melons, commanda à Jean-Baptiste de La Quintinie un potager en 1678. Ainsi, entre

Le Nôtre jardinier en chef, Hardouin-Mansart architecte de Versailles et La Quintinie s'établit une étroite collaboration qui permit la création de ce potager à 2 pas du château, dans les marécages de l'Étang-Puant ! Le creusement du superbe bassin des Suisses, visible du fond du jardin, permit de remblayer et assécher le marécage, en même temps qu'il créait un tampon thermique et une immense surface de réverbération profitable à l'orangerie. Habile collaboration.
Modèle de rigueur, l'organisation géométrique du potager n'a pour ainsi dire pas changé depuis 3 siècles et se développe autour d'un grand carré et de son bassin central, avec des terrasses, murs pour la culture en espalier, allées et passages voûtés. La Quintinie maîtrisait parfaitement son art, si bien qu'il faisait pousser toutes sortes de fruits et légumes (champignons, courges, poires, pêches, asperges et, bien sûr, figues et melons), mais aussi à contre-saison. Il parvint à faire pousser des fraises dès le mois d'avril ! Les plus beaux fruits et légumes étaient réservés à la table royale, tandis que d'autres étaient donnés aux habitants du quartier.
Depuis, le potager est toujours en activité, géré par l'École nationale du paysage qui se donne pour noble mission de réfléchir à un mode de culture durable compte tenu de nouveaux enjeux climatiques notamment. Et comme les jardiniers sont efficaces, la production est fructueuse : potiron bleu de Hongrie, des centaines de variétés de pommes, des poires, kiwis, groseilles, de merveilleuses tomates, mais aussi des légumes moins connus comme la tétragone (genre d'épinard), le gombo (qu'on consomme en Afrique ou en Inde), etc. ; tout cela pousse à l'ombre de la cathédrale. Également des jus, thés et crèmes de soins élaborées à partir de fleurs et créées en partenariat avec un apothicaire.

Le musée Lambinet *(plan B1)* **:** *54, bd de la Reine. ☎ 01-30-97-28-75. • musee.lambinet@versailles.fr • ♿ (sauf 1er étage). Tlj sauf ven et j. fériés 14h-18h. Entrée : 5 € (sauf expo temporaire 6 €) ; réduc ; gratuit pour tous le dernier dim du mois.* ***Ouvert partiellement pendant la durée des travaux.***
Installé dans un très bel hôtel particulier du XVIIIe s, du nom du juge versaillais qui en fut le propriétaire au siècle suivant. La famille Lambinet le lègue à la ville de Versailles en 1929, qui y installe un musée présentant une grande diversité d'œuvres de la Renaissance au milieu du XXe s : peintures, sculptures, dessins, gravures, meubles et objets d'art. Sur 3 niveaux et en une trentaine de petites salles, la belle muséographie s'articule autour de 3 thèmes :
– Le ***rez-de-chaussée*** est consacré à ***l'histoire du musée*** et aux collectionneurs qui ont enrichi les collections.
– Au ***1er étage,*** un ***appartement bourgeois de la fin du XVIIIe s a été reconstitué*** avec le souci du détail, nous permettant de nous immiscer dans le quotidien du Siècle des lumières : mobilier, orfèvrerie, porcelaines, pianoforte, harpe, table de jeux... tout y est. Amusant d'y découvrir des objets dont l'usage s'est perdu : « régulateur », « chiffonnier », « chaise de commodité », etc. Autres temps, autres mœurs !
– Le ***2e étage*** illustre ***l'histoire versaillaise d'avant et d'après 1789.*** Représentations du château et de ses jardins, une maquette en bois de plan incliné de l'abbé Nollet (Louis XV était entre autres féru de physique) ; 2 curieux œufs surprise (des vrais) offerts à la fille de Louis XV et abritant de petites scènes de vie, des plaques de cuivre minutieusement gravées destinées à l'impression des fameux tissus d'ameublement dits « toiles de Jouy » ayant pour sujet des scènes champêtres ou des chinoiseries, l'exotisme étant en vogue à l'époque. Dans les pièces suivantes

UNE ÉDUCATION NOUVELLE

À la différence des couvents où l'on enseignait surtout la religion en oubliant la culture générale, Mme de Maintenon privilégia l'éducation vraiment utile pour être mère, gérer une famille ou une propriété : français, calcul et arts ménagers. Et pour être agréable en société : théâtre, échecs, mais pas de jeux de cartes, à l'origine de jeux d'argent ruineux.

sont évoqués de grands événements historiques versaillais : le serment du Jeu de paume ou l'ouverture des états généraux (bonne idée que d'avoir reproduit sur soie le discours alors prononcé par Louis XVI), les luttes intestines entre Jacobins et Girondins, la célèbre figure de Charlotte Corday... Mais on y trouve aussi des objets, bien sûr : voyez la riche argenterie utilisée dans l'hôpital royal, ou les belles porcelaines de l'apothicairerie ; rigolo : des insignes – fixés sur les vêtements ou la coiffure – et un jeu de cartes révolutionnaires professant la « liberté de mariage » ou « l'égalité de devoirs », colorisé à la main ; et quand la vaisselle même devient média politique, ça donne des assiettes révolutionnaires, légendées. Un voyage dans le temps aussi dépaysant qu'intéressant. Bref, une visite qu'on vous recommande, et plutôt après celle du château.

Espace Richaud *(plan C1)* ***:*** *78, bd de la Reine. ☎ 01-30-97-28-66. Mer-dim 12h-19h. GRATUIT.* Bel hôtel particulier du XVIIIe s qui abrite des expos temporaires et contemporaines. Jolie cour plantée avec bassin tranquille.

Fêtes, festivals et animations

En plus des fêtes grandioses qui se déroulent régulièrement au château (voir plus haut), voici quelques temps forts de la vie versaillaise.
– ***Mois Molière :*** *chaque année en juin. Rens : ☎ 01-30-21-51-39.* Hommage rendu à celui qui a animé les grandes fêtes du Roi-Soleil. Il est placé sous le double signe de l'histoire de la ville et de l'ouverture à la jeunesse. De quartier en quartier, des représentations de comédies de Molière et toutes sortes d'animations sont données (certaines sont gratuites).
– ***Le Centre de musique baroque de Versailles*** *(plan C3)* ***:*** *hôtel des Menus Plaisirs, 22, av. de Paris, BP 353, 78003 Versailles Cedex. ☎ 01-39-20-78-10. • cmbv.fr •* Le « CMBV » fait référence dans le monde de la musique ancienne et plus particulièrement baroque. Riche programmation de concerts, spectacles de musique, régulièrement ponctuée de rencontres et conférences. Entre autres, les « Rencontres des menus plaisirs », d'octobre à juin, et les « Jeudis musicaux de la chapelle royale », presque tous les jeudis à 17h30 ; gratuit.
– ***Fêtes galantes :*** *1 fois/an en juin.* Bal costumé du XVIIIe s. Pour y accéder, costumes d'époque obligatoires !
– ***Sérénades royales de la galerie des Glaces :*** *juin-sept ts les sam.* Démonstrations de danse de 40 mn.

DANS LES ENVIRONS DE VERSAILLES

Le musée de la Toile de Jouy : *château de l'Églantine, 54, rue Charles-de-Gaulle, 78350* ***Jouy-en-Josas.*** *☎ 01-39-56-48-64. • museedelatoiledejouy.fr • Ouv mar 14h-18h ; mer-dim 11h-18h. Fermé lun. Entrée : 6 € (8 € en période d'expo) ; réduc ; gratuit moins de 7 ans. Visite guidée le 2e dim du mois (10 €).* Le musée de la Toile de Jouy est installé près de l'ancien site de la manufacture de Christophe-Philippe Oberkampf. Collection de plus de 10 000 pièces réparties dans des salles au design clair et moderne : l'audiovisuel de présentation, le salon reconstitué d'Oberkampf, les planches de bois, rouleaux, produits de teinture, etc., qui ont permis la production de ces tissus aux motifs incroyablement raffinés et extrêmement variés. Expos temporaires. Un bien beau musée.
– Et tant que vous êtes à Jouy, profitez-en pour remplir avantageusement votre frigo en passant à la ***ferme de Viltain*** *(☎ 01-39-56-38-14 ; • viltain.fr • ; lun-sam 9h-19h, dim et j. fériés à partir de 10h).* Cueillette de fruits et légumes de saison, lait, œufs, fromages, yaourts, volailles, mais aussi jus de pomme, etc., provenant des fermes avoisinantes.

Les fermes de Gally : *route de Bailly (CD 7), 78210* ***Saint-Cyr-l'École.*** *☎ 01-30-14-60-60. • lesfermesdegally.com • Cueillette tlj (sauf lun mat) 10h-18h30 avr-mai et 9h-19h de juin à mi-oct (selon météo).*
Une ferme vraiment (presque) unique. On y vient en famille goûter aux joies champêtres de la cueillette sur 60 ha : la saison débute avec les tulipes mais, dès juin, les petits fruits rouges font leur apparition... Puis on enchaîne : petits pois, choux, potirons, courgettes... Prévoyez vêtements confortables, bottes en caoutchouc, sacs, couteau. Le week-end, privilégiez le samedi matin pour avoir plus de choix. Au long de l'année, des serres proposent des fleurs et des plantes en pots, et un marché fermier.
Pour les enfants, toutes sortes d'animations et d'activités : découverte des animaux de la ferme, labyrinthe, prairie des Jeux, ateliers et parcours pédagogiques. Également une grande boutique qui réunit produits frais et épicerie fine. Attenant, le petit *café de Gally,* pris d'assaut le week-end (réserver en début de semaine). Charmant.

• Carte La vallée de Chevreuse *p. 449*

Si près de la capitale, un haut lieu de promenade et d'oxygénation des Parisiens, au sein du parc naturel régional de la haute vallée de Chevreuse, d'une grande richesse.
La rivière Yvette et ses affluents le Montabé et le Rhodon ont profondément creusé le plateau et enfanté de riantes vallées bordées de collines et de bois magnifiques. Et cette vallée de Chevreuse a conservé un cachet unique : le long de petites routes sinueuses s'égrènent souvenirs historiques, châteaux parfois superbes (Breteuil, c'est tout de même quelque chose !) et villages charmants (Dampierre, Milon-la-Chapelle, Saint-Lambert-des-Bois, Châteaufort...) autour de Chevreuse, le bourg principal et porte d'entrée du parc en venant de Paris.
Bien sûr, pareil îlot de verdure et d'agrément à quelques kilomètres de la capitale attire les promeneurs du dimanche, qui sont ici chouchoutés : sentiers balisés, itinéraires à parcourir à pied, à vélo ou à cheval dans la forêt ; on savoure d'autant plus cette bouffée d'oxygène, qu'elle est facilement accessible depuis la gare RER de Saint-Rémy-lès-Chevreuse.

Comment y aller en transports ?

➢ ***En RER :*** ligne B jusqu'au terminus, Saint-Rémy-lès-Chevreuse. Trajet : 45 mn.
Location de vélos : *à **L'Aiguillage,** 30, rue de la République, en face de la gare RER de Saint-Rémy-lès-Chevreuse. ☎ 01-34-60-14-45. • laiguillage-tourisme-mobilite.fr • Ouv tlj sauf lun. Mar et jeu 9h-13h, mer et ven-dim 10h-13h, 14h-19h. Possibilité de restitution après les horaires de fermeture les mar et jeu. Compter 15-20 €/j.* Location et réparation de VTT, VTC et vélos électriques. Casques et antivols fournis. Cartes et plans fournis gratuitement. Office du patrimoine culturel et naturel (au 1er étage). Une boucle de 34 km (dépliant gratuit) passe par Dampierre et Breteuil.
– Pour les accès au parc et les déplacements à l'intérieur, consultez : • *parc-naturel-chevreuse.fr* • Les différentes modalités étaient à l'étude à l'heure où nous bouclons le guide.

Adresse utile

Office du patrimoine culturel et naturel de Saint-Rémy : *30, rue de la République (face au RER). ☎ 01-30-52-22-49. • opcnsaintremy.fr • Avr-oct, mer 9h-12h30, 13h30-16h ; w-e et j. fériés 9h-12h30, 14h30-17h. Nov-mars, mer, w-e et j. fériés 9h-12h30, 13h30-16h.*

CHEVREUSE

(78460) 5 810 hab.

Chevreuse, « pays des chèvres », c'est le vrai centre de la vallée, à équidistance de la plupart des points d'intérêt. Un imposant château féodal, dont il reste le donjon et des remparts, domine le bourg. Beaucoup de monde dès le retour des beaux jours dans cette ville.

Adresses et infos utiles

Syndicat d'initiative : *3, rue de l'Église. Entrée par la vieille porte en bois du Prieuré. ☎ 01-30-52-02-27. • ot.chevreuse@wanadoo.fr • chevreuse-tourisme.com • Face à l'église. Mer 13h-17h ; le w-e 10h-12h, 14h-17h.*

Maison du parc naturel de la vallée de Chevreuse : *au château de la Madeleine (voir plus bas). ☎ 01-30-52-09-09. • parc-naturel-chevreuse.fr • Tte l'année, mar-ven 14h-18h, fermé le w-e (sauf événements, se renseigner).* Infos et docs sur le parc, les hébergements, ainsi que les itinéraires pédestres et à VTT (plus de 80 circuits de randonnée, possible de les télécharger sur smartphone). Boutique de produits locaux.

– **Stationnement :** grand parking gratuit près de la rivière.

Où dormir ? Où manger ?

Résidence-Hotel Les Ducs de Chevreuse : *7, route de Choisel. ☎ 01-30-07-33-30. • accueil@lesducs.com • lesducs.com • ♿ Du studio au 3-pièces, env 99-209 €/nuit. Meilleur tarif ts supports confondus proposé (en résa auprès de Cyril au 📱 06-68-21-07-26 ou par e-mail) sur présentation de ce guide.* À 600 m du centre-ville, cette résidence hôtelière entourée d'un grand parc et en lisière de forêt propose des logements spacieux, pratiques, équipés d'une excellente literie et d'une kitchenette. Pour les familles, des duplex. Petit déj chacun chez soi (panier suspendu à la porte à l'heure convenue) et repas servi en chambre possible, sur résa la veille au soir.

Crêperie-restaurant Les Bannières : *16, rue de Versailles. ☎ 01-30-52-25-51. • creperie.bannieres@gmail.com • Tlj sauf lun et le midi mar-jeu. Résa impérative sam soir. Congés : 1 ou 2 sem en août. Carte 17 €. Apéritif offert sur présentation de ce guide.* Façade rouge, pierres apparentes, plafonds bas et poutres sombres dans une maison médiévale du XVᵉ s, le cadre idéal pour un repas à prix raisonnable. Les galettes sont ici volaillères, paysannes, maraîchères ou classiques... Dans son genre, l'une de nos meilleures adresses avant de partir à l'assaut du château.

Le Clos de Chevreuse : *33, rue de Rambouillet. ☎ 01-30-52-17-41. • info@leclosdechevreuse.fr • Tlj sauf mar-mer. Congés : 3 sem en août. Formule déj en sem 30 € ; menu-carte 51 €.* Salle élégante où crépite un feu de cheminée en hiver, complétée par une charmante terrasse verdoyante sur l'arrière. Dans ce cadre gentiment chic, on savoure une cuisine raffinée et pleine de saveurs. Le menu du midi répond déjà aux attentes des plus exigeants.

Où dormir ? Où manger dans les environs ?

Hôtel de la Chapelle : *2, route de Chevreuse, 78470* ***Milon-la-Chapelle.*** *☎ 01-30-23-49-40. 📱 06-48-84-49-07. • contact@hotelchapelle.com • hotelchapelle.com • ♿ À 5 km au nord de Chevreuse. Tte l'année. Doubles 90-110 €.* Un hôtel de charme dans un joli village au fond d'une petite vallée boisée et fleurie. Moins d'une vingtaine de chambres, toutes différentes, aux couleurs douces et harmonieuses, calmes et bien équipées. Décoration pleine de goût, dans un style anglais et charmant. Excellente literie. Accueil adorable et terrasse avec pelouse bien agréable.

Chambres d'hôtes et gîtes Le Petit Nailly : *34, rue Antoine-Lemaistre, 78114* ***Magny-les-Hameaux.*** *☎ 01-30-44-01-12. • contact@petit-nailly.com • petit-nailly.com • À 7 km au nord de Chevreuse. Double 87 €. Appart*

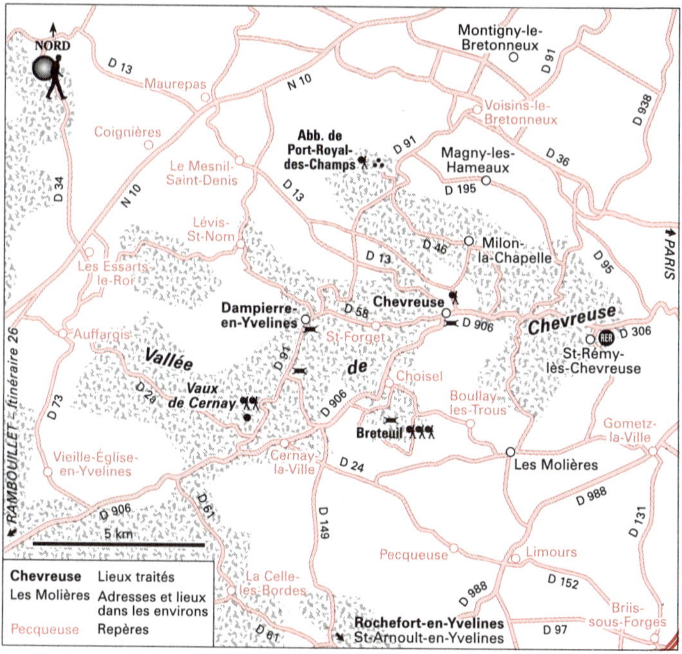

LA VALLÉE DE CHEVREUSE

pour 4-5 pers 110-115 € pour 2 et 17 €/pers supplémentaire. Plateau-repas (sur résa) 25 €. Au cœur d'un gentil hameau, adorables chambres d'hôtes nichées dans un corps de bâtiment en meulière qui encadrent une courette verdoyante. 2 chambres coquettes, douillettes et au calme. Les 2 appartements profitent du même confort.

Auberge de la Chapelle : *6, route de Romainville, 78470* ***Milon-la-Chapelle.*** *☎ 01-30-52-10-00. • contact@auberge-chapelle.com • auberge-chapelle.com • À 5 km au nord de Chevreuse. Ouv mer-dim midi. Fermé dim soir-mar. Formule express en sem 26 €, puis menus-carte 35-39 €.* Un cadre chaleureux et un accueil qui l'est tout autant. On mange devant un feu de cheminée si le temps s'y prête, ou sur la terrasse ombragée et fleurie. Une cuisine traditionnelle sur le fond, privilégiant les produits labellisés, frais et de saison. Dîners concert 1 vendredi par mois (rock, jazz...).

Le Chat Botté : *2, rue des Gometz, 91470* ***Les Molières*** *(à 7 km au sud-est de Chevreuse). ☎ 01-69-41-39-62. • contact@lechatbotte-restaurant.fr • Ouv mar soir-dim midi. Fermé dim soir-mar midi. Fermé certains j. fériés. Congés : 3 sem en août, 24-25 déc et 31 déc-début janv. Formule 17,90 € ; menu 30,90 € ; carte 26 €. Apéritif maison offert sur présentation de ce guide. Vente à emporter possible.* On n'y vient pas pour la déco, assez passe-partout, mais on apprécie bien le caractère décontracté et jeune de la cuisine et du service. Le sympathique *Breizh burger,* surmonté d'une gaufre au sarrasin, donne le ton de cette cuisine gentiment débridée. Bonnes salades, servies en entrée ou en plat.

Où boire un verre ? Où acheter de bons produits ? Où acheter de quoi pique-niquer ?

Lebonpicnic – Kitchen Vallée : *à la Boulangerie des Six-Moulins, 8, av. de Coubertin, à* ***Saint-Rémy-lès-Chevreuse,*** *tt près de la gare RER. 07-71-89-12-77. • hello@lebonpicnic.com • Commandes passées 3 j. avt, à récupérer le jour J, 9h-13h. Compter 8-18 €.* Des formules pique-nique préparées à base de produits locaux (de la *Ferme de Coubertin,* par exemple), parfois bio : sandwichs, salades, quiches... Quelques recettes originales à savourer au cours de vos balades dans le parc.

La Ferme de Coubertin : *chemin de Coubertin, à* ***Saint-Rémy-lès-Chevreuse*** *(à la limite de Chevreuse). ☎ 01-30-52-00-19. • ferme-de-coubertin.fr • Boutique ouv lun-mar 16h-19h ; mer-ven 9h-10h30, 16h-19h ; sam 9h-12h, 15h30-19h. Fermé dim. En hiver, ferme à 18h30. Ouv seulement l'ap-m en juil-août. En dehors des horaires d'ouverture, possibilité de se servir au distributeur de produits laitiers.* Une ferme vraie de vraie, avec des poules et des lapins, des vaches et des chèvres... Aux heures d'ouverture, on se balade librement sur le site pour saluer les animaux. Pour assister à la traite des vaches, allez-y entre 16h15 et 17h15, pour celle des chèvres, de mars à mi-novembre, vers 18h15 (hors période de crise sanitaire, bien sûr). Environnement champêtre et bon lait cru servi à la pompe. Yaourts, légumes, œufs et fromages. Un vrai bon plan.

L'Alchimiste : *9, rue Lalande, Chevreuse. ☎ 01-30-45-18-87. Ouv mer-dim 10h-19h. Formule goûter (boisson, biscuits) 7,50 €.* C'est dans une rue piétonne derrière l'église que le maître siropier élabore de manière artisanale des sirops d'origine naturelle. Une atmosphère charmante pour savourer une déclinaison de saveurs gourmandes (fruitées, aromatiques, florales, épicées ou torréfiées) au bar à sirops. Et on peut même créer son propre élixir. Gourmand et ludique, on adore !

À voir. À faire à Chevreuse et dans les environs

Le château de la Madeleine : *☎ 01-30-83-69-56. À 400 m à pied de la pl. des Halles par le chemin Jean-Racine. En voiture, prendre à l'entrée de Chevreuse en venant de Saint-Rémy, sur la droite, le chemin de la Butte-des-Vignes ; c'est indiqué. Tlj sauf lun, 11h-20h (18h oct-mars). GRATUIT.* Le château, juché sur un éperon dominant la vallée de l'Yvette, fut érigé entre le XIe et le XIVe s. On y accède par un itinéraire que suivait Racine en venant de Port-Royal (à 6 km) et qui fut, en 1939, jalonné de bornes, chacune portant 2 vers du poète. Bel exemple des châteaux forts de légende, il fut en partie démantelé par Louis XI. En effet, le seigneur de céans soutenait la ligue du Bien public, dangereuse pour le pouvoir royal. Il en fut châtié. Les imposants vestiges du château dégagent un vrai charme, même s'il n'y a finalement que peu de choses à visiter. À l'extérieur, le gros donjon rectangulaire est le seul vestige de la fondation du XIIe s et l'exemple parfait du donjon roman archaïque. De la courtine sud, superbe panorama sur toute la vallée.

Dans le bourg, ***église Saint-Martin*** *(tlj 9h-18h).* En pierre meulière, avec clocher du XIIe s. À l'intérieur, la meulière bien éclairée prend un aspect superbe. Élégant et large déambulatoire. Sur les murs, des toiles marouflées de Pierre Fredy de Coubertin, fragments de vitraux du XVIIe s et beau mobilier : *La Sainte Conversation,* primitif italien, et remarquable bois sculpté du XVe s *(Christ descendu de la Croix).*

➢ ***Balade dans Chevreuse :*** on découvre ainsi la *maison des Bannières* (du XVe s et qui abrite désormais un resto), rue de Versailles. Mais nous, ce qu'on a préféré, c'est la *promenade du vieux lavoir et des petits ponts* le long de l'Yvette... Au bord de la rivière, un ancien séchoir à peaux transformé en salle d'exposition.

LE CHÂTEAU DE BRETEUIL

Un beau château perdu dans la campagne, au milieu d'un parc de 75 ha. Construit en 1604, il présente la particularité d'être l'un des rares en France qui soient restés dans la même famille et transmis de père en fils en ligne directe depuis 3 siècles. De la période d'Henri IV, il subsiste le corps de logis central en brique et pierre. Les remaniements et les constructions nouvelles des XVIIIe et XIXe s ne brisent pourtant pas l'harmonie de l'ensemble. Jolis jardins à la française avec pièces d'eau, rangées d'ifs taillés, mosaïques de buis et labyrinthe. Une visite à ne pas manquer !

Comment y aller ?

Par la route

Se renseigner sur les possibilités d'accès en transports en commun auprès de la Maison du parc naturel de la vallée de Chevreuse et du château de Breteuil.

À pied

➢ ***De Chevreuse ou de Saint-Rémy :*** emprunter le GR 11 jusqu'à Herbouvilliers, puis le sentier de petite randonnée jusqu'au château par la forêt.

Infos pratiques

– **Rens :** ☎ *01-30-52-05-11.* • *breteuil.fr* • ♿ *(rdc seulement).*
– **Horaires :** *tlj, tte l'année. Parc ouv 10h-19h (dernière admission 17h30).* ***Visites commentées,*** *lun-sam 14h-17h30 (dernier départ), visites supplémentaires entre 11h30 et 12h30 les dim, j. fériés, et vac scol de la région parisienne. Durée : 55 mn. Contes de Perrault racontés à 16h30 ts les dim de l'année, plus le sam (avr-oct) et tlj pdt les vac scol. Durée : 50 mn.*
– **Tarifs :** *château, parc et contes 17,50 € adulte (tarif réduit 15,50 €), 14,50 € enfant ; parc et contes 11,50 €, réduc 10,50 € ; gratuit moins de 5 ans.*

La visite du château

Vivante et bien mise en scène (guides costumés le dimanche, en saison), la visite commentée est dense et agréable, chaque salle étant toujours remarquablement meublée et décorée. On parcourt une quinzaine de pièces, dont le salon de Marie-Antoinette, le fumoir, la chambre de Proust, la salle à manger, le salon de musique, la chapelle néogothique... L'ensemble est meublé dans le style XVIIIe s. Le week-end, M. de Breteuil accueille lui-même les visiteurs et transmet avec verve l'histoire de sa famille, liée à l'histoire de France.
Très belle vaisselle en porcelaine de Sèvres, et, plus rare, en faïence de Stockholm (1764). Çà et là, de délicats portraits, dont celui au pastel d'une jeune fille charmante, réalisé par un élève de Renoir, puis des fauteuils, commodes ou secrétaires pas vilains non plus – tout comme dans la bibliothèque ces rares éditions originales, œuvres complètes de Voltaire et autres encyclopédistes.

Mais la perle du château se situe dans le ***cabinet des trésors.*** On y voit la copie de la ***table de Teschen,*** un meuble-bijou, table ovale au plateau pavé de 128 pierreries et pierres semi-précieuses, toutes numérotées et répertoriées sur un carnet. Même si ce n'est pas l'original, le résultat est splendide.

Ailleurs, les *livres d'Égypte* ou la réplique du *collier de la Reine* (il n'y en aurait que 3 au monde) vous épatent, tout comme au sous-sol les superbes cuisines où des scènes du quotidien ont été reconstituées, et la table dressée selon les saisons. On y trouve aussi l'un des 1ers réfrigérateurs.

Le plaisir de la visite tient aussi au fait qu'on y suit l'histoire d'une dynastie, celle des Breteuil. Les portraits, collections, meubles ou documents ont toujours trait à l'un ou l'autre de ses membres. Parmi eux, saluons Mme du Châtelet, née Breteuil, égérie de Voltaire. Bien qu'elle fût en son temps célèbre d'abord pour ses nombreux amants, la postérité lui reconnaît d'avoir été l'une des 1res grandes mathématiciennes, tout de même traductrice de Newton.

QUELQUES MILLIONS SUR LA TABLE

La célèbre table de Teschen que l'on peut admirer au château de Breteuil est une copie. L'original est désormais au Louvre. Elle fut offerte par le Prince Électeur de Saxe en remerciement pour la signature d'un traité de paix entre la Prusse et l'Autriche (1779), pour lequel le baron de Breteuil intervint en tant que médiateur. En 2016, la famille se sépara de la table, pour la modique somme de...12,5 millions d'euros.

Autre originalité, la cinquantaine de ***personnages en cire*** réalisés par le musée Grévin, et qu'on retrouve dans des reconstitutions de scènes historiques et de contes de Perrault (écrivain qui a côtoyé Louis de Breteuil à la cour de Louis XIV). Ici, Proust bouquine tranquillement allongé dans la chambre d'amis. Ailleurs, ravissement pour petits et grands : Cendrillon est mise en scène dans un son et lumière féerique, comme la Belle au bois dormant, Barbe-Bleue vous terrifie, Peau d'Âne vous fait pleurer... Beaucoup de ces contes sont visibles en son et lumière.

D'autres personnages de Perrault animent aussi le ***parc,*** où même la maison du Petit Chaperon rouge est reconstituée. Pour les enfants, des séances de contes complètent cet univers féerique. Chouette « labyrinthe aux 1 000 buis ». Très agréable aire de jeux et plusieurs aires de pique-nique. On peut également visiter la *glacière,* grotte où l'on stockait la glace des étangs, ramassée pendant l'hiver. La réfrigération n'existant pas, cette glace permettait de conserver la viande et le poisson pratiquement toute l'année. Dans le ***jardin des Princes*** fleurissent, vers avril-mai, des cerisiers du Japon et une collection rarissime de pivoines arborescentes.

|●| 🍷 ***Petite restauration :*** snack (crêpes, croque-monsieur) *ouv le dim avr-oct et tlj pdt les vac de Pâques, d'été et de la Toussaint.* Salon de thé *(nov-mars, les dim et j. fériés).* Également des tables et abris de pique-nique.

ROCHEFORT-EN-YVELINES (78730) 940 hab.

Aux confins du parc naturel, un joli village perché, entouré de 4 rivières : la Rémarde, la Rabette, l'Aulne et la Gloriette. Il ne reste que de rares vestiges du château médiéval, maintes fois rasé, maintes fois reconstruit. Mais, au gré des rues et ruelles, on peut encore voir l'ancien baillage (qui abrite aujourd'hui la mairie), une église romane, de belles maisons à porche arborant blason, un beau lavoir. Au lieu-dit de Normont, la grotte ornée, de l'époque mésolithique, ne se visite malheureusement pas. Elle démontre cependant que le site était déjà habité à la préhistoire.

Où dormir ?

Chambre d'hôtes Le Nid de Rochefort : *34, rue Guy-Le-Rouge. ☎ 01-78-97-02-82. 06-13-24-50-99. • contact@lenidderochefort.fr • leniddero chefort.fr • Chambres 90-150 € ; appart familial.* Une bien jolie chambre d'hôtes en vérité. La façade sur rue cache bien son jeu. Elle abrite un superbe intérieur à la décoration lumineuse et étudiée. Beaucoup de goût dans les chambres. Sens des couleurs, jeux de matériaux, belles toiles marines aux murs. Aux beaux jours, on peut profiter du jardin en étage, aussi soigné que la maison. Accueil délicieux. Un ensemble de charme.

DANS LES ENVIRONS DE ROCHEFORT-EN-YVELINES

La maison d'Elsa Triolet et Aragon : *rue de Villeneuve, moulin de Villeneuve, 78730* ***Saint-Arnoult-en-Yvelines.*** *☎ 01-30-41-20-15. • maison-triolet-aragon.com • À 2 km du centre-ville. Parc et expos, tlj 14h-18h. Visites guidées de l'appartement les w-e et j. fériés 14h30-17h30 ; en sem, visite unique à 16h. Visite commentée du jardin des sculptures lun-ven à 15h. Fermé déc-janv. Entrée : 5 € parc et expos ; 9,50 € avec la visite commentée de la maison (45 mn), 7,50 € sur présentation de ce guide ; gratuit moins de 12 ans.*
Si le bâtiment date plutôt du XVIIIe s, le moulin remonte aux XIIe-XIIIe s. Celui-ci cessa son activité vers 1904 car le débit de l'eau qui actionnait la roue était devenu trop faible. Il devint alors la propriété de divers riches parisiens, dont vraisemblablement le directeur du Moulin-Rouge, puis de la famille d'Henri-Cartier Bresson qui le céda plus tard à Aragon, désireux d'offrir à Elsa « la Russe, la déracinée, l'étrangère », « ce petit coin de terre de France ». En 1976-1977, Aragon légua son fonds littéraire (près de 30 000 ouvrages) puis, en 1981, l'ensemble de la maison à l'État à la condition qu'elle reste vivante et que tout demeure intact. Lui-même avait déjà réussi à arrêter le temps le 16 juin 1970, le jour où le cœur d'Elsa « se brisa ».
Le moulin et son vaste parc sont donc devenus un lieu permanent d'***animation culturelle*** avec plusieurs expos temporaires à la fois, de sculpture, de peinture ou de photo... le plus souvent d'art contemporain. Concerts également. Le lieu permet de pénétrer l'intimité du couple Elsa-Aragon. Dans la maison dominent l'osier, les livres et le bleu – la couleur des yeux d'Elsa. La visite guidée débute par la cuisine. Décorée de carreaux de Delft, elle est librement inspirée de celle de Monet à Giverny (remarquez le dessous-de-plat, signé Picasso !). Le couple habitait à Paris, rue de Varenne, et le moulin n'était qu'une résidence secondaire où ils aimaient travailler et recevoir des amis (Picasso, Fernand Léger, Paul Éluard, Pablo Neruda), mais c'est bien à ce – fabuleux – bureau qu'Aragon écrivit ses plus belles pages sur Elsa... Le salon est le cœur du moulin ; il a gardé des vestiges de l'activité meunière, comme la cage qui abritait autrefois la roue. On découvre une Elsa tour à tour créatrice de bijoux (pour Paul Poiret, Elsa Schiaparelli et d'autres grandes maisons de couture !), traductrice (Colette en russe et Tchekhov en français)... On découvre surtout que les rapports qu'entretenait Aragon avec sa muse étaient bien plus compliqués que ne le laissent deviner les sublimes poèmes qu'il lui dédia et qui figurent parmi les plus belles pages de la littérature française.
Après cette passionnante visite, on peut se promener dans le parc, et peut-être suivre le chemin qui mène vers le tombeau réunissant dans l'éternité nos 2 amants. Un air de violoncelle y est diffusé en boucle : un enregistrement de Rostropovitch réalisé à l'occasion des obsèques d'Elsa.
– En 2021, est célébré (avec 1 an de retard, pour raisons sanitaires) ***le 50e anniversaire de la mort d'Elsa Triolet*** (le 16 juin 1970). Plusieurs manifestations se dérouleront à cette occasion, notamment le week-end du 12-13 juin 2021.
Salon de thé : *tlj (fév-nov) 14h-18h.*
Tables de pique-nique abritées à disposition dans le parc.

LES VAUX DE CERNAY (78720)

C'est l'une des promenades les plus chouettes des environs de Paris, à 3,5 km de Cernay par la D 24. Très calme en semaine, c'est évidemment plus fréquenté le dimanche. Petit affluent de l'Yvette, le ru des Vaux de Cernay tourne tout à coup en angle droit peu avant Cernay-la-Ville et creuse profondément le vallon. Quand on vient de Cernay, on surplombe sur sa droite tout le site. La route D 91 venant de Dampierre est également pittoresque. Après Garnes, laisser la voiture au lieu-dit *Moulin-des-Rochers,* où le ru passe sous la route. On trouve, comme à Fontainebleau, des amoncellements de rochers gréseux. Petite retenue d'eau.
Belle balade à pied, de 1h30 à 2h, jusqu'à l'*ancienne abbaye,* en prenant le chemin à droite de la route et en remontant le ru jusqu'à l'étang de Cernay, au pied de pentes couvertes de bois et de beaux rochers. En cours de route, on rencontre de petites cascades appelées *bouillons de Cernay.*

Où dormir ? Où manger ? Où boire un verre ?

Dans l'abbaye, bien sûr ! ... Du moins, ***à la fin des travaux, prévus courant 2022.*** En attendant, tout le domaine est fermé.

De chic à plus chic

Hôtel Abbaye des Vaux de Cernay-restaurant La Table du Prieur : *domaine des Vaux de Cernay. ☎ 01-34-85-23-00. • reception.cernay@leshotelsparticuliers.com • abbayedecernay.com •* ***Fermé pour travaux. Devrait rouvrir courant 2022.*** *Doubles 130-295 €. Petit déj 20 € (très cher !). Formule déj en sem 32 €, et menus 55-80 €. Parking.* Bien sûr, c'est cher, mais quelle classe ! Dans le cadre somptueux de l'abbaye, au milieu d'un parc de 65 ha bordé par un lac, vous voici dans un lieu au charme fou. D'où que l'on soit, le regard se pose sur les romantiques ruines de l'abbaye. Une adresse empreinte de sérénité, de classe, et de luxe tout à la fois. Calme absolu évidemment. Chambres équipées d'un mobilier d'époque et chaudes tentures. Malgré l'âge des murs, équipement très moderne. Pour la piscine, on se dirige vers l'*Hôtel des Haras* situé à 2 pas, toujours dans le parc. Au resto, cuisine française traditionnelle assez chère (normal vu la classe du lieu), mais les formules déjeuner sont abordables.

On peut aussi loger à l'*Hôtel des Haras,* situé à l'entrée du parc (également fermé pendant la période de travaux).

Salon et bar de l'Hôtel Abbaye des Vaux de Cernay : *sur le site de l'abbaye des Vaux de Cernay (même adresse). Tlj jusqu'à env 1h.* Si vous ne pouvez vous offrir une chambre dans ce lieu si particulier, profitez quand même des 2 superbes salons gothiques, aux murs lambrissés, aux cheminées de style et aux canapés de cuir pour prendre un verre ou un thé, lire en somnolant, tout en admirant les vénérables vestiges de l'abbaye.

À voir aux Vaux de Cernay et dans les environs

L'abbaye des Vaux de Cernay : *☎ 01-34-85-23-00. • abbayedecernay.com • Arrivé devant la grande grille du parc (le plus souvent fermée), suivre sur la gauche la D 24 jusqu'à l'entrée officielle (avec un bureau d'accueil). Accès au* *parc et aux ruines de l'abbaye tlj 10h30-19h. Payant les w-e et j. fériés : 8 € ; réduc (en réalité ouv et gratuit avt 10h30). Visite-conférence 10 € le dim à 15h. Pour 21 €, vous aurez droit en plus à une boisson et à une assiette de pâtisseries (forfait « salon de thé »).* ***Fermé pour travaux. Devrait rouvrir courant 2022.*** Au cœur d'un immense parc superbement dessiné, voici une ancienne abbaye cistercienne (XIIe s) où l'on se balade librement. Il subsiste de l'ancienne abbatiale de hauts murs à ciel ouvert, des éléments de la nef et une superbe rosace en façade. Quelques vestiges du cloître également. La vaste salle capitulaire, en revanche, est en très bon état. Elle possède une double travée voûtée en arête d'ogive avec ses 120 stalles (magnifique !), et le cellier. Un lieu sublime, où le temps semble suspendu et où déambuler est un vrai bonheur. À noter, les *concerts de musique classique* donnés dans l'abbaye (se renseigner pour le programme).

➢ Pour retourner au Moulin-des-Rochers, continuer la D 24 sur la gauche, en sortant du parc.

➢ De Cernay-la-Ville à Auffargis, la sinueuse D 24 longe étangs et forêt peuplée de gibier que même la circulation dominicale ne parvient pas à effrayer. Prudence, donc !

➢ Pour les heureux cyclistes, de petits chemins goudronnés ont été prévus à leur intention à travers les bois des Maréchaux.

DAMPIERRE-EN-YVELINES (78720) 1 050 hab.

Village très touristique au confluent de l'Yvette et du ru des Vaux de Cernay, sur la D 91. Célèbre pour son beau château qui a appartenu pendant 4 siècles aux ducs de Luynes avant d'être acheté fin 2018 par un membre de la famille Mulliez. Dampierre est également réputé auprès de tous les motards pour ses 17 virages qui sinuent sur la D 91 entre Dampierre et Voisins-le-Bretonneux. Mais la présence de ces derniers ne fait pas vraiment le bonheur des habitants.

Où manger ?

L'Art d'Oise : *20, Grande-Rue. ☎ 09-50-60-97-35. • lageyre.julie@gmail.com • Fermé le soir lun-mar et tte la journée mer-jeu. Plat du jour le midi en sem 10 €. Carte env 30 €.* Julie a apporté de son Sud-Ouest natal les recettes et la sincérité de sa cuisine. Salade landaise, magret de canard, frites maison, belles pièces de bœuf... Des plats francs du collier, servis généreusement. En attendant, on profitera des sympathiques aphorismes qui couvrent les murs. Quelques tables en terrasse.

À voir. À faire

Le domaine de Dampierre-en-Yvelines : *dans la Grande-Rue. ☎ 01-30-52-52-83. • domaine-dampierre.com • Ouv d'avr à mi-nov 10h-17h30 (18h30 les w-e, j. fériés et vac scol). Visite des jardins seulement : 8 € ; réduc. Salon de thé et boutique. Promenade en calèche 10 €, visite du chantier du château 10 €, du cabinet Deux Curiosités 10 €. Également loc de rosalies, de barques et voiturettes électriques.*

On aperçoit le château de la route, en contrebas, à travers une belle grille Régence. Construit vers 1680 par Hardouin-Mansart pour Honoré d'Albert de Luynes, duc de Chevreuse et gendre de Colbert, il a appartenu à la même famille

pendant plus de 3 siècles avant d'être racheté en 2018 par Franky Mulliez, le fondateur de *Kiloutou*. Il se compose d'un corps principal en pierre et brique, et de 2 ailes en retour, flanquées de tourelles. Des douves en eau entourent l'édifice.
Si le château en lui-même ne se visite pas encore, les 90 ha de jardins dessinés par Le Nôtre sont ouverts à la promenade : on peut faire le tour de l'étang, arpenter les ***jardins à la française*** (prochainement restaurés), pousser jusqu'au fond du parc où se trouve le ***jardin à l'anglaise,*** agrémentés de massifs fleuris entre les méandres de la rivière, et pique-niquer sous un saule pleureur. Entre les 2 jardins, ne pas manquer de résoudre l'énigme du « Mystère de Dampierre » au fil d'un parcours historique et pédagogique de 1,5 km (compris dans le droit d'entrée) dans le ***jardin pittoresque,*** redécouvert grâce à des plans anciens et baptisé au XVIIIe s *bosquet des Chimères*. Reste à saluer les cygnes noirs ou bien encore entreprendre une grande balade le long des allées cavalières dans la forêt. En calèche, on accède au parc forestier qui s'étend sur près de 400 ha et ceinturé par un mur long de 14 km, pour rejoindre, entre autres, le châtelet de Becquencourt, rénové depuis peu.
En attendant la fin des travaux et l'***ouverture du château à la visite, prévue en 2023***, on peut découvrir le ***musée d'Histoire naturelle*** dans une aile de la bâtisse, qui met en valeur les collections du grand érudit du XIXe s, Honoré de Luynes. Une visite exceptionnelle, puisque cet espace n'a jamais été ouvert au public depuis sa création en 1840. Par ailleurs, dès le printemps 2021, le propriétaire exposera sa collection d'objets d'art du XVIIe s dans l'ancienne orangerie. Ce passionné d'art équestre présente également, dans un ***musée des Attelages,*** un ensemble de voitures de la fin du XIXe s, construit par un grand carrossier français, juste avant l'apparition de l'automobile.

Les étangs des Roches : *1, chemin des Roches, à env 2 km de Dampierre. ☎ 01-30-52-55-26. • etangsdesroches.com • Mars-oct, tlj sauf mer-jeu 8h-20h. Tarifs variables selon type de pêche, sa durée...* On taquine la carpe et le gardon et, à l'occasion, brochets et silures, dans 2 beaux étangs.

LE MUSÉE NATIONAL DE PORT-ROYAL-DES-CHAMPS

Les derniers vestiges de la célèbre abbaye, dont le nom est lié au jansénisme, se trouvent toujours dans le même cadre de verdure qu'à son origine. Depuis Dampierre, on emprunte la D 91 par les « 17 tournants » (en fait, on les a comptés, il n'y en a que 15 !), pour atteindre ce site perdu dans les bois et encore porteur de beaucoup de poésie.

IL ÉTAIT UNE FOI(S)...

Dès le XIIIe s existait déjà une abbaye dans ce vallon, ***Notre-Dame-de-Porrois, fondée en 1204,*** et qui, par corruption du nom, devint « Port-Royal ». ***Au début du XVIIe s,*** une jeune abbesse de 17 ans, mère Angélique, fille d'un avocat célèbre de l'époque, décide de rompre avec la vie quasi mondaine de l'abbaye et de ***réintroduire les règles cisterciennes originales*** (la pauvreté, la vie communautaire et la « clôture », qui consiste à ne parler aux proches qu'à travers un guichet). Mère Angélique et les autres abbesses furent ensuite appelées à réformer d'autres abbayes à travers la France, dans l'élan du concile de Trente (1545-1563) qui répondit aux défis de la réforme luthérienne.

En 1625, les religieuses quittent Port-Royal à cause des fièvres provoquées par les terrains marécageux voisins et s'installent à Paris, sur l'emplacement de l'actuelle maternité Port-Royal. En 1636, l'abbé de Saint-Cyran, directeur spirituel de mère Angélique, édita l'ouvrage posthume d'un ami, Cornelius Jansen : l'*Augustinus,* à l'origine de ce que l'on a appelé la « querelle janséniste ». Un petit traité de morale, *De la fréquente communion,* écrit par le frère de mère Angélique, prônera, quant à lui, un catholicisme austère opposé au laxisme des jésuites et aux débordements de la Cour.
On analyse aujourd'hui cette fronde morale comme une opposition à l'absolutisme royal de la part de la bourgeoisie cultivée montante et d'une fraction de l'aristocratie hostile à son rôle de courtisan. La « querelle janséniste » pénétra cependant le clergé en profondeur et les persécutions contre le mouvement ne cessèrent jamais. Malgré celles-ci, ce que l'on a appelé le « jansénisme » (mélange de refus du monde, d'hostilité au jésuitisme et de gallicanisme) s'était implanté massivement et continua à diffuser sa doctrine austère tout au long du XVIIIe s. La Révolution française s'en inspira partiellement (liberté de penser, création d'une Église française). Le souvenir de Port-Royal perdura grâce à des écrivains (Sainte-Beuve, Maurois, Montherlant, Peter Handke...) et des artistes (Maurice Denis...) qui trouvèrent là une source d'inspiration.

Où dormir ? Où manger dans les environs ?

Auberge du Manet : *61, av. du Manet, 78180* ***Montigny-le-Bretonneux.*** *☎ 01-30-64-89-00. • mail@aubergedumanet.com • aubergedumanet.com • ♿ (chambres uniquement). À Montigny, suivre les panneaux « Ferme du Manet ». Tlj midi et soir. Congés : fin juillet-fin août. Doubles 90-160 € ; familiales. Menus 25-34 € ; carte env 50 €. Apéritif maison offert sur présentation de ce guide.* Un hôtel-resto de charme, aménagé dans le cadre d'une belle et vaste ferme, ancienne dépendance de l'abbaye, voisine de 2 km environ. Une enclave champêtre dans un environnement plutôt bétonné, entre grande banlieue et petite province. Bon niveau de prestations et calme total. Chambres impeccables, parquetées et colorées, hyper confortables et toutes différentes. Au resto, dont la véranda et la terrasse dominent un petit étang, une fine et plaisante cuisine de saison, assez inventive. Parcours rando depuis l'hôtel.

À voir

Le musée national de Port-Royal-des-Champs : *route des Granges, 78114* ***Magny-les-Hameaux.*** *☎ 01-39-30-72-72. • port-royal-des-champs.eu • Entrée : 4,50 € (musée), 1 € (parc) ; réduc ; gratuit moins de 26 ans et pour tous le 1er dim du mois. Fermé pour les fêtes de fin d'année.*
Le musée comprend ***2 sites*** : la ferme des Granges et les ruines de l'abbaye.
– ***Le site de la ferme des Granges (musée) :*** *prendre la route des Granges, laisser sa voiture au parking (à 200 m de la route D 91). Avr-oct, tlj sauf mar 10h30-12h30, 14h-18h (18h30 le w-e et j. fériés) ; nov-mars, tlj sauf mar 10h-12h, 14h-17h30 (18h le w-e et j. fériés).*
– ***Le site des ruines de l'abbaye :*** *redescendre vers Saint-Lambert-des-Bois, prendre à droite la route de l'Abbaye, laisser sa voiture au parking ou accrocher son vélo à un arbre pour s'engager sur le petit chemin qui mène aux ruines en suivant le Rhodon, petit ruisseau. Ouv seulement le w-e, 13h-18h30 (18h nov-mars).*
La ferme des Granges fut le lieu de retraite de gentilshommes qui, abandonnant charges et honneurs, vinrent vivre ici dans le recueillement et l'étude. On les appela alors les « solitaires ». Pendant le séjour des religieuses à Paris, de 1625 à 1648, ils travaillèrent à l'assainissement des marais autour de Port-Royal.

En 1652, certains de ces solitaires créèrent, à côté de la ferme, les « Petites Écoles ». Ils renouvelèrent l'enseignement, abandonnant notamment le latin pour le français, et attirèrent de nombreux élèves, dont le jeune Racine. Pascal y écrivit sa 1re *Provinciale* en 1656, lors de la fermeture temporaire de l'école pour soi-disant « diffusion d'idées proches du calvinisme ». Les Petites Écoles furent définitivement fermées en 1660 et les solitaires dispersés, sommés, en cas de maintien de leur activité, de choisir entre l'exil ou la Bastille.
En 1709, l'abbaye fut vidée de ses moniales sur l'ordre de Louis XIV, les bâtiments étant destinés à la destruction. L'essentiel des bâtiments monastiques et civils du site de l'abbaye fut démoli en 4 ans, les corps qui y étaient enterrés ayant été transférés dans le « carré de Port-Royal » du cimetière de Saint-Lambert-des-Bois. En revanche, la ferme des Granges échappa à la destruction et abrite aujourd'hui le ***musée*** qui présente une collection d'œuvres d'art et de souvenirs historiques. On y retrouve plusieurs tableaux de Philippe de Champaigne ou de son école (pour le XVIIe s), de Jean Restout et de Hyacinthe Rigaud (pour le XVIIIe s). Y figurent également un ensemble de gravures et de dessins, des éditions originales de livres de l'époque, dont un exemplaire de l'*Augustinus* de Jansénius, le masque mortuaire de Pascal, une maquette de l'abbaye du temps de sa splendeur, etc. La cour de ferme abrite le puits de Pascal ; elle est encadrée d'un verger conservatoire (établi selon les écrits de l'un des plus importants des solitaires, Arnauld d'Andilly), d'un jardin d'utilité (potager, herbier) et de la grange à blé du XVe s.
Sur le ***site de l'abbaye,*** il ne subsiste presque plus rien des bâtiments mais la beauté du lieu, sa solitude, son calme permettent de comprendre l'exigence de morale et de pureté des religieuses et des solitaires. On passe devant une croix et quelques marches où se réunissaient les religieuses (« Solitude ») : le seul endroit où elles avaient le droit de converser entre elles. Le chemin continue par un petit pont qui marque l'entrée de l'ancienne clôture monastique ; à droite un canal de 300 m, rectiligne au Moyen Âge, auquel le XIXe s ajouta un bras transversal pour en faire une croix ; à gauche, l'ancien moulin, transformé en habitation.
L'emplacement de l'église est délimité par des bases de colonnes sculptées qui témoignent de ce que fut la richesse architecturale de l'abbaye ; des pans de murs et des fondations de pierres plates au milieu dessinent les contours du chœur des moniales. Un petit bâtiment en forme d'oratoire fut édifié en 1891 pour servir de musée, à la place du chœur et de l'abside. Sur le bord du talus, une pierre indique l'emplacement de la tombe de Racine avec l'inscription : « Jean Racine, inhumé le 23 avril 1699, exhumé en 1711 ». À côté, un enclos gazonné avec une croix au centre, et des arbres figurant le déambulatoire, pour marquer l'emplacement du cloître. Dans l'enceinte du domaine de 18 ha, notez encore la grosse tour ronde du colombier, autre vestige de l'abbaye. Juste à côté, la grange, baptisée salle Gazier, accueille une saison de concerts.

• Carte Rambouillet et ses environs *p. 461*

RAMBOUILLET

(78120) 26 740 hab.

Proche de Paris, à mi-chemin entre Versailles et Chartres, Rambouillet semble déjà loin de la banlieue. La ville revêt plutôt l'aspect tranquille d'une petite ville de province, à l'environnement forestier et agricole. Son château, son parc, sa forêt et les villages alentour méritent bien quelques baguenaudes de fin de semaine. L'ensemble lui a valu d'ailleurs d'être classée « Ville d'art et d'histoire » et « Ville impériale ».

UN PEU D'HISTOIRE

L'histoire de Rambouillet est avant tout celle de son château. En 1368, un manoir, entouré de petites dépendances et d'un étang, est transformé en château fort par Jean Bernier, maître des requêtes du roi Charles V le Sage. ***En 1384, Regnault d'Angennes achète le domaine*** et l'agrandit. Sa famille garde le château pendant près de 3 siècles, le transforme allègrement, conséquences des assauts anglais notamment. Brûlé, il est reconstruit par Charles d'Angennes, qui étend le domaine. ***François Ier y meurt*** en 1547 (dans la tour qui porte son nom), à la suite d'une fièvre contractée lors d'une partie de chasse. En 1612, la terre est érigée en ***marquisat*** par Louis XIII pour Charles II d'Angennes dont l'épouse, Catherine de Vivonne, est célèbre pour les cercles littéraires qu'elle organise à Paris.
En 1706, Louis XIV y installe son fils, le ***comte de Toulouse,*** dont la mère est Mme de Montespan. Celui-ci puis son fils, le duc de Penthièvre, agrandissent et embellissent le château, et font dessiner les jardins français et anglais. On construit la chaumière aux Coquillages.
Louis XVI s'approprie le domaine en 1783, y fait planter de nombreuses essences rares et exotiques (cyprès chauve, chêne d'Amérique) et fait édifier pour Marie-Antoinette la laiterie de la Reine et la ferme expérimentale. Début XIXe s, Napoléon séjourne régulièrement à Rambouillet et y installe une sous-préfecture en 1811. L'aile est du château menaçant de s'écrouler, elle est démolie, et ne sera jamais reconstruite. Sur la route de l'exil vers Sainte-Hélène, ***Napoléon y passe sa dernière nuit,*** du 29 au 30 juin 1815. ***Charles X y signe son abdication en 1830.*** Sous Félix Faure, en 1885, le château devient ***officiellement résidence présidentielle.*** Plusieurs sommets de chefs d'État s'y sont déroulés au XXe s.

Comment y aller en train ?

➢ ***De Paris :*** 1 train direct ttes les heures de la gare Montparnasse. Durée du trajet : 40 mn.

– Rens SNCF : ☎ 36-35. • transilien.com •

Adresses utiles

ℹ *Office de tourisme Rambouillet Territoires :* *1, rue du Général-de-Gaulle. ☎ 01-34-83-21-21. • rambouillet-tourisme.fr • Avr-sept, tlj 9h-18h ; en hiver,* *lun-sam 10h-17h, fermé dim.* Propose le week-end, en été, des visites-conférences *(6 €)* de la ville. Documentation sur les balades à pied et à vélo.

Location de vélos : Loca Cycles, *Maison forestière de la porte Saint-Léger, 06-07-64-15-87 ; • rambouillet-location-velos.fr • Mars-oct, le w-e (plus j. fériés avr-sept). Résa obligatoire par SMS.*

Où dormir ?

Prix moyens

Chambre d'hôtes Le Carrousel : *2, pl. Félix-Faure. 06-09-65-39-74. • carrousel.78@free.fr • Studio pour 2 pers 60 € (plus 10 € pour lit d'appoint), plus 20 € de frais de ménage pour le séjour.* Pas beaucoup de chambres d'hôtes à Rambouillet même, c'est pourquoi cette adresse, en plein centre et au calme, à 2 mn du château, est une aubaine. Agréable studio avec cuisinette, à prix raisonnable. Pratique et fonctionnel.

Chic

Mercure-Le Relays du Château : *1, pl. de la Libération. ☎ 01-34-57-30-00. • h5954@accor.com • all.accor.com • En plein centre, en face de l'hôtel de ville et du château. Doubles 85-199 €. Petit déj 17 €. Restaurant bistronomique attenant. Apéritif offert sur présentation de ce guide. Parking payant face à l'hôtel.* Bel hôtel aménagé dans un ancien relais de poste du XVIIe s. Chambres spacieuses et calmes offrant un confort haut de gamme. Le professionnalisme du personnel et les prix raisonnables (promos régulières) achèveront de vous convaincre. Une adresse de charme à 2 pas du château.

Où manger ?

De prix moyens à chic

Restaurant Bisson : *1, pl. de la Libération. ☎ 01-34-83-04-21. • restaurantbisson@orange.fr • En plein centre, face à l'hôtel de ville. Fermé lun, jeu soir et dim soir. Menu 3 plats 24 €.* Dans une vaste salle à la déco contemporaine, on savoure une goûteuse cuisine élaborée avec soin. La terrasse sur la place est agréable aux beaux jours. Une vraie bonne affaire. Accueil à améliorer.

Le Cheval Rouge : *78, rue du Général-de-Gaulle. ☎ 01-30-88-80-61. • lechevalrouge@live.fr • Jeu-lun 12h-14h30, 19h30-23h. Formules brasserie midi en sem 15-19 € ; menu 39 €. Menu enfants.* Dans la rue principale, une adresse chaleureuse qui combine brasserie le midi et resto le soir dans un décor moderne, sobre et coloré. Pas de terrasse mais un agréable jardin d'hiver. Cuisine soignée plutôt traditionnelle, faite maison et renouvelée en fonction du marché. Belle présentation, cuissons parfaites et conseils avisés au service.

Chez Martin : *35, rue Chasles. ☎ 01-34-83-90-99. En plein centre, au fond d'une cour pavée. Tlj sauf dim-lun. Formule déj en sem 22 €, menu 39 €.* Un cadre à la fois chic et décontracté. Salle tout en longueur à l'atmosphère intimiste. Une carte courte qui propose une honnête cuisine de bistrot faite maison, travaillée avec des produits frais. Petit vin gouleyant au pichet. Terrasse dans la cour.

Auberge du Louvetier : *19, rue de l'Étang-de-la-Tour. ☎ 01-34-85-61-00. • aubergedulouvetier.com • À 2 km du centre-ville, le long de la D 906, direction Cernay-Chevreuse, sur la gauche. Tlj sauf sam midi et dim soir-lun. Congés : 3 sem en août, fêtes de fin d'année. Plat 24 € et menus 31-39,50 € ; menu Saint-Jacques 56 €. Café offert sur présentation de ce guide.* C'est surtout pour le poisson que l'on se déplace ici. Produits de qualité présentés avec raffinement et à déguster dans l'élégante salle ou sur la terrasse couverte en été. Service discret et attentif. Un excellent rapport qualité-prix.

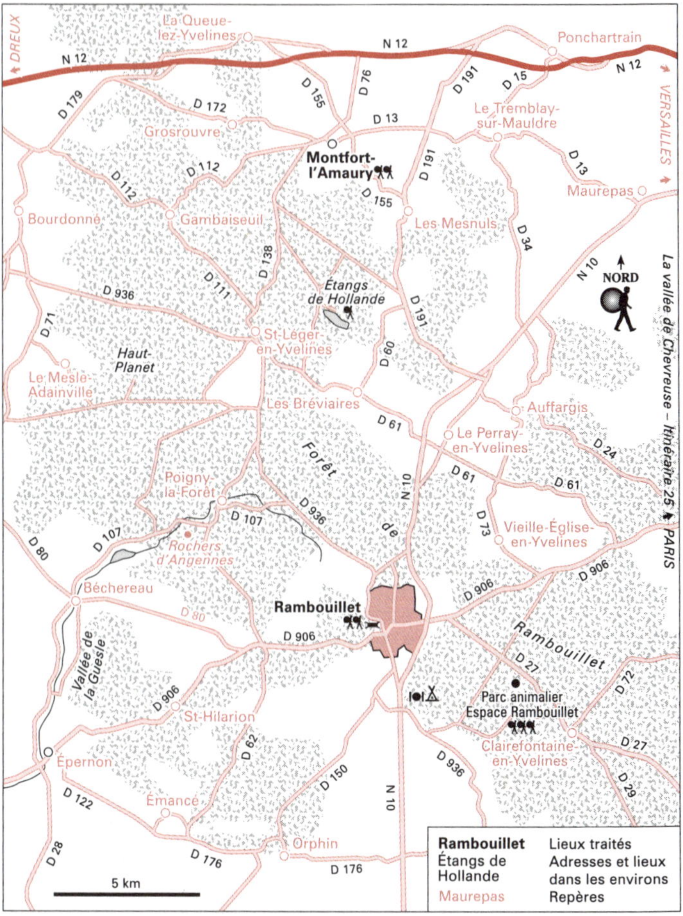

RAMBOUILLET ET SES ENVIRONS

Où camper dans les environs ?

Camping Huttopia Rambouillet (carte Rambouillet et ses environs) **:** *route du Château-d'Eau. ☎ 01-30-41-07-34. • rambouillet@huttopia.com • europe.huttopia.com/site/camping-rambouillet/ • Dans la forêt, pas loin du centre à pied. Ouv avr-nov. Emplacements 18,50-45,20 €. Loc de tentes canadiennes 75-99 €, de cabanes en bois (2 à 5 pers) 130-172 €, de roulottes 79-105 € et de cahutes (5-6 pers) 110-150 €/j. (min 2 nuits). Frais de dossier 20 € (juil-août).* Ce camping au cœur de la forêt, borde l'étang d'Or, où l'on peut pêcher le poisson destiné au barbecue. Des hébergements originaux à l'esprit écolo : cabanes en bois pour jouer les Robinson, tout confort avec le poêle à bois ; roulottes et tentes canadiennes tout équipées, avec lits et draps fournis, et même des tentes trappeurs. Un vrai bain de verdure, parfait pour un séjour familial. Piscine « naturelle ». Bar-resto sympa au bord de l'eau (ouvert à tous). Petite épicerie. Aire de jeux, ping-pong, badminton, volley. Également des activités nature et culture proposées. Location de BBQ et de vélos.

Le château de Rambouillet, son parc et les dépendances

Rens au ☎ 01-34-83-00-25. • chateau-rambouillet.fr • Tlj sauf mar, 10h-12h, 13h30-18h (17h oct-mars). Billetterie uniquement en ligne avec résa d'un créneau horaire pour la visite libre du château : 1er accès à 10h, dernier le mat à 11h15, puis 13h30 et dernier à 17h15 (16h15 en basse saison). Prix : 7,50 € ; réduc ; gratuit moins de 26 ans. Ouverture ponctuelle de la ***laiterie de la Reine*** *et de la* ***chaumière aux Coquillages*** *(voir sur leur site internet). Le* ***parc*** *est libre d'accès (voir ci-dessous pour les horaires).*

Le château : campé au bord d'un parc magnifique, sa façade hétérogène témoigne de ses nombreux et illustres propriétaires qui, chacun, voulurent apporter (ou démolir) leur pierre à l'édifice. D'abord forteresse au XIVe s dont seule subsiste la tour dite, « de François Ier ». Il subit diverses modifications au fil du temps. Napoléon Ier, encore un passionné de chasse, engage des réfections qui sont à l'origine des façades des 2 corps de bâtiment. C'est de cette époque que date la partie nord et sa tourelle en poivrière. Désormais résidence présidentielle, il abrite un appartement (privé) pour les hôtes étrangers.
On commence par les appartements de l'Empereur, une enfilade de 3 pièces, dans l'aile droite, à l'étage. Mobilier Directoire et Empire. À noter le superbe décor peint de la salle de bains dans un style pompéien et la baignoire en cuivre étamé. On passe ensuite dans une succession de salles lambrissées donnant sur le parc. Le boudoir, aux boiseries de style rocaille, peintes en blanc, est un chef-d'œuvre de l'art décoratif du XVIIIe s. On termine par une vaste salle à manger où est dressée la table, comme elle l'était pour le sommet du G6 en novembre 1975, sous la présidence de Giscard d'Estaing. Des photos et une vidéo permettent d'en savoir plus sur cette réunion historique.

Le parc : *ouv tlj 8h-21h (avr-sept) ; 10h-17h (oct-mars). Accès libre. Dans le parc, avr-oct, loc de vélos, rosalies, voiturettes électriques, balades en barque sur les canaux (📱 06-14-08-82-80. • lesbarquesduchateau.fr •) et petit chalet gourmand (avr-oct).*
Sur le millier d'hectares que compte le domaine, 150 sont ouverts au public. Le reste abrite l'ancien domaine de chasse (650 ha) et la *Bergerie nationale.* Un lieu extraordinaire, romantique à souhait, composé de belles forêts, immenses pelouses et étangs pour pêcher.
Au XVIe s, le château n'est pas encore embelli d'un grand parc structuré. Seule une ébauche de canaux a été tracée lorsque Jean-Baptiste Fleuriau, seigneur d'Armenonville et propriétaire du domaine, décide en 1700 de doter le château d'un parc avec un jardin d'eau, composé de canaux disposés en trapèze délimitant 6 îles et le bassin du Rondeau. C'est également au XVIIIe s qu'est créé le jardin à la française pour le comte de Toulouse. Il fut amélioré au fil des ans, notamment en 1740 par la plantation du grand quinconce de tilleuls. En 1779-1780, le duc de Penthièvre aménage le jardin anglais situé à droite du tapis vert.

La laiterie de la Reine : *billet à acheter à l'accueil du château. Visites libres, en principe ttes les heures, à confirmer auprès du château. Durée : 20 mn.* Construit par l'architecte Thévenin en 1785 à la demande de Louis XVI pour Marie-Antoinette, ce petit pavillon en grès, de style néoclassique, évoque un temple austère. À l'intérieur, 2 salles décorées par Pierre Julien. La 1re, une rotonde avec plafond à caissons, au centre de laquelle trône une table ronde étoilée, en marbre. Sur le pourtour de cette salle, des consoles également en marbre : on y déposait la vaisselle destinée au service du lait. La pièce la plus remarquable est un « bolsein » soutenu par un trépied à têtes de bélier en porcelaine de Sèvres. Ne subsistent, hélas plus que des photos ! La 2de salle, dite « de fraîcheur », est occupée par une grotte artificielle agrémentée d'une statue, la célèbre *Amalthée et la chèvre de Jupiter.* Aux murs, 2 panneaux en marbre se font face, reprenant des thèmes mythologiques. Superbe ! Dans un petit pavillon à gauche de l'entrée, on peut admirer 4 grisailles, peintes en trompe l'œil, représentant les 4 saisons.

La chaumière aux Coquillages : *mêmes conditions que celles de la laiterie. Durée : 20 mn.* Située dans le jardin anglais, la chaumière fut offerte en 1785 par le duc de Penthièvre à sa bru, la princesse de Lamballe, veuve dès la 1re année de son mariage. De l'extérieur, cette maisonnette rustique rappelle l'architecture du hameau de la Reine à Versailles. Coquillages, éclats de nacre et pâte de verre décorent harmonieusement tout l'intérieur en de délicats et précieux motifs architecturaux. Une façon originale de recycler les coquilles de moules ! Un adorable petit salon aux boiseries délicatement peintes permettait, entre autres, de se refaire une beauté, grâce à des automates présentant poudrier et autres accessoires.

La ferme de la Bergerie nationale : *☎ 01-61-08-68-70. • bergerie-nationale.educagri.fr • Ouv mer, w-e et j. fériés (tlj pdt vac scol zone C) 14h-17h ou 17h30 selon saison. Fermé 1er janv et 25 déc (et parfois 2 sem en sept). Entrée : 7 € ; enfants 5 € ; gratuit moins de 3 ans. Visite libre et animations saisonnières. Boutique de produits fermiers et de souvenirs, ouv mer-dim 14h-19h, plus sam 10h-12h. Petite restauration sur place.*

Quand Louis XVI achète le domaine, en 1783, il décide de créer une ferme expérimentale destinée à la culture d'essences exotiques et à l'élevage d'animaux importés de l'étranger. Débarque alors, en direct d'Espagne, un troupeau de moutons mérinos. Grâce à ces derniers, et par croisement, Louis XVI souhaite relancer l'industrie de la laine en France. L'expérience se révèle très concluante, et en 1800, des milliers de moutons de race pure ont déjà vu le jour. En 1805, sous l'impulsion de Napoléon, la ferme s'agrandit (il faudra équiper chaudement les soldats pour conquérir les territoires à l'Est) avec la construction des 1res bergeries impériales, qui deviendront ensuite nationales.

Depuis plus de 2 siècles, la Bergerie constitue un lieu d'expérimentation agricole. C'est ici qu'a été mise au point la technique de l'insémination artificielle. Aujourd'hui, elle rassemble des activités de production mais aussi de formation à divers métiers de l'agriculture. Elle s'est spécialisée dans l'agroécologie. Si les moutons restent les plus nombreux, on y élève aussi des vaches, des poules, des chèvres, des cochons et des volailles. Des panneaux pédagogiques, des ateliers de démonstration, et même un coin « câlin », ponctuent la visite, qui dure environ 1h. Certains week-ends *(avr-oct, sauf en août),* sur réservation, possibilité de faire une ***promenade en calèche*** dans l'ancien domaine des chasses présidentielles, d'ordinaire inaccessible.

Plusieurs ***manifestations*** s'y déroulent dans l'année, dont la ***tonte des moutons,*** au mois de mars (sur un week-end), et ***2 marchés fermiers,*** en mai et novembre. Bref, c'est une belle visite, dans une vraie ferme, très instructive pour le citadin ignorant, et les enfants adorent !

La boutique gourmande, située à l'accueil, vend les productions provenant de lycées agricoles de toute la France : crémerie, œufs, volailles, vins, charcuterie, etc. Ne pas manquer de goûter au yaourt et à la mozzarella fabriqués sur place.

Le Mérinos Café : *ouv mer-sam (avr-sept) 11h-18h. Hors saison mêmes horaires que la ferme.* Vend toute la production de la ferme nationale, dont les réalisations en laine de mérinos et les produits laitiers. Quelques tables permettent également de grignoter pizzas, fougasses et pâtisseries.

À voir en ville

Le palais du Roi de Rome : *52-54, pl. du Roi-de-Rome, dans la rue du Général-de-Gaulle. ☎ 01-75-03-44-50. • rambouillet.fr • Le musée d'Art et d'Histoire est ouv seulement lors des expos temporaires, mer-dim et j. fériés 14h30-18h et sam mat 10h30-12h30. GRATUIT. Jardin accessible par le fond de la cour du Roi de Rome, tlj 11h (10h sam)-19h30 (18h nov-mars). GRATUIT.* Cet hôtel fut construit à la demande de Napoléon Ier, puis affecté à son fils, l'Aiglon, proclamé roi de Rome dès sa naissance. Mais celui-ci n'y séjourna jamais. En 1835, vendu à des particuliers, l'hôtel fut coupé en 2. Ses 2 pavillons restants valent quand même un petit coup d'œil, ainsi que son jardin romantique contrastant joliment avec l'ordre du jardin à la française situé juste derrière. Le pavillon occidental abrite le musée d'Art et d'Histoire de Rambouillet.

L'hôtel de ville : *tlj, sauf sam ap-m et dim, 8h45-12h, 14h-18h (heures d'ouverture de la mairie).* Bel édifice de 1787, construit à la demande de Louis XVI par Thévenin. C'est l'ancien bailliage (palais de justice). À l'intérieur, bel escalier d'honneur. Remarquer, à l'entrée, la statue tombale de Nicolas d'Angennes (1611). Dans la salle du Conseil (si elle est ouverte), on peut voir une carte des chasses figurant Rambouillet et ses environs annotée par Louis XVI : cette pièce remarquable mesure 3,15 m x 5,70 m.

Le Musée rambolitrain : *4, pl. Jeanne-d'Arc. ☎ 01-75-03-44-60. • rambolitrain.com • Mer-dim et j. fériés 10h-12h, 14h-17h30. Fermé janv et 25 déc. Entrée : 4,50 € ; réduc ; gratuit moins de 3 ans. Livret pour enfants ; « Rambolos jeux » à faire en famille ; ou visite du musée à coupler avec un jeu de piste en ville. À l'heure où nous imprimons, les modalités de visite ont changé en raison de la crise sanitaire. Infos et résa sur leur site internet.*
Ce musée du train-jouet et du modélisme ferroviaire abrite plus de 4 000 pièces de collection et retrace l'histoire du chemin de fer, de ses 1res heures à nos jours. Locomotives, wagons, gares... et chaque vitrine recèle des merveilles de trains-jouets évoluant dans un décor particulier. Des écrans photonumériques insistent sur les objets phares. Reconstitution fidèle d'un magasin de jouets parisien des années 1930. Au 2e étage, dans un décor de la gare de l'Est plus vrai que nature (années 1930 environ), on admirera un immense réseau où se croisent trains voyageurs et convois de marchandises que les enfants peuvent parfois brièvement animer eux-mêmes. Super ! Le 1er dimanche d'octobre, *Festival vapeur vive,* une exposition de trains à vapeur de toutes les tailles (de lilliputienne à humaine !). Le 1er mai, *Rambouillet rétro* (train vapeur de jardin et bourse d'échange de jouets anciens). Animations pendant les petites vacances scolaires.

DANS LES ENVIRONS DE RAMBOUILLET

LA FORÊT DE RAMBOUILLET

La forêt de Rambouillet est un vestige de l'immense forêt d'Yveline qui couvrait autrefois une bonne partie du Sud-Ouest parisien. *Yveline* signifierait « abondante en eau » dans la langue celte, et il est vrai que la forêt est parsemée d'étangs, de marécages et de nombreux ruisseaux. Peuplée en grande partie de chênes, elle compte également des hêtres, des bouleaux et des pins sylvestres.

DRÔLES DE BESTIAUX

Dans les années 1970, quelques wallabies (petits kangourous) se sont échappés du parc d'Émancé (78). Ils se sont parfaitement acclimatés à la forêt. Aujourd'hui, une cinquantaine de ces marsupiaux vivent en paix dans les bois, protégés par les habitants.

À voir. À faire

À la richesse cynégétique de la forêt, qui attira nombre de souverains adeptes de la chasse à courre ou à tir, s'est ajoutée une vocation de loisirs. Randonneurs (le GR 1 traverse le massif et le GR 22 une petite partie nord), cyclistes (environ 50 km de larges pistes cyclables) et cavaliers (70 km de pistes) s'en donnent à cœur joie sur les quelque 15 000 ha de forêt domaniale. Vaste réseau de chemins forestiers, hérité notamment de la chasse à courre, son relief est peu accidenté. Pour la location de vélos, voir la rubrique « Adresses utiles » plus haut.

Parc animalier – L'Espace Rambouillet : *route du Coin-du-Bois, 78120* ***Sonchamp.*** *Sur la D 27 (entre Rambouillet et Clairefontaine). ☎ 01-34-83-05-00. • espacerambouillet.fr • Ouv début fév-dernier w-e de nov. Avr-oct, tlj sauf lun 10h-18h30 ; fév-mars et nov, ouv mar-sam et j. fériés 10h-17h. Ouv lun Pâques, Pentecôte et 1er nov 2021. Fermé déc-janv. Entrée : adulte 15 € ; 3-12 ans 12 € (fév, mars et nov respectivement 10 € et 7 €). Compter 4-5h pour une visite complète. Ni chiens, ni vélos. Tables de pique-nique et restauration rapide (ts les w-e, j. fériés et vac scol zone C). Balades à poney possibles le w-e (de mi-mars à mi-nov).*
Quelques petits conseils : *n'oubliez pas vos jumelles (sinon, loc sur place) et de bonnes chaussures. Venez dès l'ouverture (beaucoup moins de monde, surtout le sam). Sur le site internet, plan du parc à télécharger et calendrier des événements à consulter.*
Ateliers pour enfants : *pdt les vac scol (sans supplément ; dates et programme sur le site). Jeu de piste pour découvrir les animaux dans la forêt sauvage et geocaching.*
En pleine forêt, ce grand parc animalier de 250 ha, géré par l'ONF, est constitué de 4 espaces :
– La ***forêt des Aigles*** permet de découvrir plus de 130 rapaces représentant plus de 30 espèces différentes en volières. Circuit d'environ 1h pour explorer la quarantaine de volières. On verra notamment le pygargue à tête blanche, faucons, aigle pêcheur, hibou grand-duc... De mi-mars à fin octobre, présentation de rapaces en vol libre par les fauconniers. Explication sur la biologie des rapaces, etc.
– Un sentier balisé de 1 800 m vous fait parcourir la ***forêt des Cerfs.*** Des postes d'affût permettent de repérer les animaux. Panneaux d'explications pédagogiques. Entre mi-septembre et mi-octobre, on peut entendre l'impressionnant brame du cerf. On croise également de nombreux chevreuils.
– La ***forêt sauvage*** : là, au cœur de la forêt, pas d'obstacle entre vous et les animaux. N'hésitez pas à quitter les quelques sentiers tracés (on a le droit !), ouvrez l'œil et tendez l'oreille ! Sangliers, cerfs, biches, chevreuils sont là, tout près de vous. La densité d'animaux est ici environ 10 fois supérieure à celle de la forêt ouverte.
– L'***Odyssée verte*** : parcours aérien de zoom, ludique et pédagogique composé de plateformes et de ponts de singe, jalonné d'arbre en arbre de panneaux instructifs.

MONTFORT-L'AMAURY (78490) 3 020 hab.

À la lisière nord de la forêt de Rambouillet, cet élégant village médiéval à flanc de colline vaut le détour pour la beauté de son site, ses ruelles coquettes aux pavés disjoints, son église, les vestiges de sa tour et son cimetière. Bref, on y passe volontiers un après-midi de douce flânerie.

UN PEU D'HISTOIRE

Fondé à la fin du Xe s par Robert le Pieux, fils d'Hugues Capet, le village devint la propriété d'Amaury Ier et, rapidement érigé en comté, celle des comtes de Montfort jusqu'au XIVe s. Devenu indépendant du pouvoir royal, le domaine fut rattaché au duché de Bretagne en 1365 par le mariage d'une Montfort avec un duc de Bretagne. En 1491, Anne de Bretagne épousa Charles VIII, roi de France ; et c'est ainsi qu'à la mort de leur fille, Claude de France, en 1532, le duché tomba dans l'escarcelle du roi de France.
La ville est un lieu d'escale pour les rois de France : François Ier allait chasser en forêt de Montfort, Henri IV puis Louis XIII y font un saut. Parmi les nombreuses familles nobles attirées par Montfort, un certain Péteau de Maulette dont il reste aujourd'hui un superbe hôtel particulier, puis des artistes et des écrivains comme Maurice Ravel, Victor Hugo, Anouilh ou Clouzot. Aujourd'hui, d'autres artistes goûtent fort Montfort : Florent Pagny, Marc Lavoine, Didier Barbelivien, Yann Arthus-Bertrand...

Adresse utile

Maison du tourisme et du patrimoine : *3, rue Amaury. ☎ 01-34-86-87-96. • montfortlamaury.fr • Ouv mar-sam 10h-12h30, 13h30-19h (18h oct-mai) ; dim 10h-13h, 13h30-16h30. Fermé lun.* Très compétent. De mars à octobre, l'office organise une visite guidée d'environ 2h, un dimanche par mois à 14h *(5 € ; gratuit moins de 18 ans).*

Où dormir ? Où manger ?

Quelques jolies adresses en ville, et de bons restos sur la charmante place de la Libération.

Hôtel Saint-Laurent : *2, pl. Lebreton. ☎ 01-34-57-06-66. • reception@hotelsaint-laurent.com • hotelsaint-laurent.com • Congés : 3 sem en août et fin d'année. Doubles 95-190 €. Café offert sur présentation de ce guide.* Ce beau bâtiment du XVIIe s, ancien relais de poste, propose des chambres à la déco élégante, épurée et moderne, toutes bien équipées (TV satellite, coffre, minibar, etc.). Une autre poignée de chambres situées à 2 pas, dans une rue voisine, proposent le même confort. Certaines possèdent une petite terrasse donnant sur le jardin. Fait aussi resto le midi et room service le soir.

La Place : *7, pl. de la Libération. ☎ 01-34-86-01-30. Tlj sauf mar soir, mer tte la journée et dim soir. Plat du jour 14 € ; carte env 30-35 €.* Troquet accueillant proposant une cuisine de bistrot éclectique et sans complications : burgers, salades, *fish & chips* et quelques tartares. Bonne ambiance.

Le Jardin du Kashmir : *3, pl. de la Libération. ☎ 09-81-24-09-78. 06-13-83-20-85. Tlj sauf mer soir. Formules déj 10-12,50 € (sauf dim) ; le soir, menu 19,90 €. Apéro maison ou réduc de 5 % sur les plats à emporter offerts sur présentation de ce guide.* Ça fait bien longtemps que ce resto indien régale les locaux comme les touristes, avec une grande régularité. Autre point fort : c'est le seul resto à être ouvert quasiment en permanence.

À voir

L'église Saint-Pierre : *pl. de la Libération. Tlj 9h-19h.* En 1491, la reine Anne de Bretagne, alors épouse de Charles VIII, décida l'agrandissement de l'ancienne église romane dans un style gothique. Mais celle-ci ne fut achevée qu'en 1851. Ne pas se fier à la banale façade néoclassique, les merveilles se trouvent à l'intérieur.

L'église s'enorgueillit de posséder parmi les plus beaux vitraux Renaissance qui soient : couleurs rares et chatoyantes, qualité du dessin, finesse des visages, décors réellement stupéfiants. C'est d'ailleurs grâce à ses 37 sublimes vitraux que l'église Saint-Pierre fut l'un des tout 1ers édifices classés par Prosper Mérimée, en 1840. S'ils sont d'une qualité exceptionnelle, ils ont pourtant été dessinés tout au long du XVIe s, sans cohérence narrative (on trouve même 2 fois la même scène !). Belle chaire du XVIIIe s provenant de l'abbaye de Coulombs. Les clés de voûte de la nef portent des armoiries, notamment celles d'Anne de Bretagne.

Le cimetière le vieux charnier : *rue Amaury (à côté de l'office de tourisme). Tlj 7h30-20h (8h-18h oct-mars).* Son entrée est marquée par une belle porte de style gothique flamboyant (XVe s). Autrefois accolé à l'église, le cimetière a été déplacé à l'extérieur des remparts sous Anne de Bretagne à cause des épidémies de peste. Fosse commune au XVIe s, cet espace fut transformé en vrai cimetière plus tard, tout en conservant son nom de « charnier ». Le charme du cimetière vient surtout de ses 3 galeries à arcades (construites pour conserver les os) flanquées de chapelles. Parmi les people : Charles Aznavour repose ici, dans le caveau familial sur lequel se détache en lettres dorées le nom « Aznavourian ». Tout proche, la tombe de Céleste Albaret (gouvernante de Proust), Thierry Gilardi, Dany Robin et Georges Marchal.

La tour Anne-de-Bretagne : *ouv en permanence.* Sur le promontoire dominant le village, à 2 pas du centre à pied, la tour en brique et pierre est le seul élément rescapé du château reconstruit par Anne de Bretagne au XVe s. Il ne reste que quelques ruines de la forteresse des Montfort et des remparts. La promenade vaut autant pour la vue dégagée sur le village et la campagne que pour ses vestiges. Au pied de la tour, en surplomb du village, des bancs tout indiqués pour un pique-nique au soleil ou à l'ombre des arbres !

Le musée Maurice-Ravel : *5, rue Maurice-Ravel. ☎ 01-34-86-87-96 (office de tourisme). Visite guidée seulement (env 1h), et seulement sur rdv (max 6 pers), sam ap-m et dim à 10h, 11h, 14h30, 15h30 et 16h30. En sem, visite pour les groupes sur résa (min 10 pers). Entrée : 9,50 € ; réduc.* Maurice Ravel (1875-1937) vécut au *Belvédère*, ce petit pavillon à flanc de coteau de 1921 à sa mort en 1937. Rien n'a bougé depuis, le décor a été totalement conservé, avec ses innombrables bibelots et souvenirs, son petit jardin japonisant... Cette maison, tout en longueur et biscornue, dégage un charme inouï. C'était d'ailleurs un lieu de composition et de méditation : c'est là que Ravel a composé le célèbre *Boléro, Tzigane* et ses dernières œuvres. Les perspectives, les fantaisies décoratives de Maurice, ce beau mobilier chiné et son piano demi-queue Erard (réaccordé tous les 6 mois) en font un lieu unique. Et puis cette « intrusion » chez le musicien permettra peut-être de mieux comprendre son œuvre. La passionnante visite guidée n'est sans doute pas étrangère au charme pénétrant de ce lieu.

Le château de Groussay : *rue de Versailles. Infos à l'office de tourisme. • chateaudegroussay.com • Parc ouv 2de quinzaine d'août-fin oct, le w-e seulement, 13h30-19h (dernière entrée 1h avt fermeture). Entrée : 5 €. Pour le château, visite guidée uniquement, le w-e à 14h30 et 17h. Entrée : 12 € (château et parc) ; gratuit moins de 8 ans. CB refusées.* ***Fermé pour travaux en 2021.*** Construit en 1815 par la duchesse de Charost (gouvernante des enfants de Louis XVI et Marie-Antoinette), il fut racheté en 1938 par Charles de Beistegui, un riche collectionneur d'art. Groussay présente le goût et l'audace d'un homme qui, toute sa vie, a bousculé les convenances pour imaginer un paradis, s'entourant d'artistes anticonformistes, dans le seul souci d'approcher la beauté. Inspiré de ses nombreux voyages, le parc de 30 ha nous conduit dans une promenade envoûtante, ponctuée par une douzaine de folies : de la tente tartare à la pagode chinoise en passant par le pont palladien. Dans le château, on visitera notamment la bibliothèque, la galerie Goya et le théâtre, véritable chef-d'œuvre.

À voir. À faire dans les environs

Les étangs de Hollande : *Les Bréviaires. À 9 km au sud de Montfort-l'Amaury et à 16 km au nord de Rambouillet.* Du nom d'un ancien château d'Orlande, ces 6 étangs artificiels ont été créés sous Louis XIV pour alimenter Versailles et ses fontaines en eau. Une fonction qui a duré 3 siècles, jusqu'en 1977 ! Aujourd'hui, les étangs sont un lieu de promenade privilégié : allées forestières, base de loisirs *(mai-sept ; entrée payante)* avec baignade autorisée, minigolf, loisirs nautiques, pêche. Pour les promeneurs à pied ou à vélo, une balade agréable entre étangs et forêt, en ouvrant l'œil pour repérer les nombreux oiseaux : un paradis pour les ornithologues en herbe.

• Carte Dourdan, Étampes et Méréville *p. 471*

Surprenante Essonne, loin des clichés alliant béton et violence ; vert et or, de bois et de blé, elle nous offre une campagne aux doux reliefs, à 2 pas de la capitale. Des villages paisibles et fleuris, jalonnés de cours d'eau bordés d'anciens moulins et lavoirs, de belles demeures restaurées, simple ferme ou immense manoir, donnent envie de flâner. Parcourir un sentier de GR (grande randonnée) dans la forêt domaniale de Dourdan, longer la Juine et ses cressonnières, découvrir les nombreux parcs et châteaux... Une escapade au cœur de la nature et de l'histoire, où villes royales, églises, forteresses et châteaux ont écrit une page de l'histoire de France.

Comment y aller en train ?

➢ ***Paris :*** le RER ligne C dessert directement Dourdan (1h) et Étampes (1h) ; pour Méréville, correspondance en bus à partir d'Étampes.

– *Rens SNCF : ☎ 36-35. • transilien.com •*

Adresse et info utiles

ℹ ***CDT de l'Essonne :*** *19, rue des Mazières, 91000* ***Évry.*** *☎ 01-64-97-36-91. • tourisme-essonne.com •*

– ***Secrets de jardins et jardins secrets d'automne :*** *les 2 premiers w-e de juin. • tourisme-essonne.com •* Cette manifestation met en lumière divers coins de verdure du département. Que ce soient les somptueux parcs des châteaux ou les jardins privés, des circuits et visites sont suggérés, et des animations ont lieu dans de nombreux espaces verts.

DOURDAN (91410) 11 000 hab.

Située au sud de l'Essonne, aux confins de la Beauce et du Hurepoix, Dourdan, ville royale, gardant de cette époque un riche patrimoine, est entourée de bois. L'activité agricole y occupe un tiers de son territoire, ce qui n'a toutefois pas empêché le développement de zones d'activités, avec une forte implantation de PME. Tout autour, une belle campagne et de jolis villages dans lesquels musarder.

Adresse et info utiles

ℹ ***Office de tourisme :*** *pl. du Général-de-Gaulle. ☎ 01-64-59-86-97. • dourdan-tourisme.fr • Tte l'année, ouv mar-dim 10h-12h30, 14h-18h (17h nov-mars).* Plan de la ville ; plusieurs dépliants-itinéraires gratuits de découverte de la ville pour adultes et enfants ; visites guidées payantes à thème (nature, nocturne...) ; boutique de produits locaux.

– ***Marché :*** *mer et sam mat pl. du Général-de-Gaulle, sous la halle du centre historique.*

Où dormir à Dourdan et dans les environs ?

Camping

Camping Les Petits Prés : *11, av. Pierre-Mendès-France, à Dourdan. ☎ 01-64-59-64-83. • camping@mairie-dourdan.fr • Tlj avr-sept, seulement le w-e en oct et pdt vac scol de la Toussaint. Compter 15,40 € pour 2 avec tente et voiture.* Camping municipal agréablement arboré, mais planté au bord d'un axe routier fréquenté. Vous êtes prévenu ! Choisir une place bien en retrait de la route. Sanitaires vieillots mais propres. Jeux pour les enfants, ping-pong et salle TV.

Plus chic

Best Western Blanche de Castille : *7, rue Demetz, à Dourdan. ☎ 01-60-81-19-10. • contact@hotel-blanchedecastille.fr • hotel.hotel-blanchedecastille.fr • Devant la halle du centre historique. Tte l'année. Doubles 96-125 € ; familiales (4 pers max). Petit déj 12 €. Parking.* Si la bâtisse originale a indéniablement du charme, les chambres demeurent plutôt classiques, fonctionnelles, et bien tenues. Une étape confortable à seulement 100 m de la forteresse médiévale de Dourdan. Bon resto sur place.

Chambres d'hôtes La Manounière : *chez Françoise et Jean-Jacques Richer, 12, rue des Templiers, 91730* **Mauchamps.** *☎ 01-60-82-77-10. 06-74-05-20-35. • jean-jacques.richer@orange.fr • À 17 km à l'est de Dourdan. Double 70 €.* Cette ancienne ferme est certainement l'une des plus vieilles de ce joli village. Tout en pierre avec jardin clos, elle a été restaurée et aménagée avec raffinement. Au 1er étage d'une aile indépendante, voici 4 chambres spacieuses et lumineuses, chacune avec un nom de fleur et une déco personnalisée. Beaux meubles anciens chinés et restaurés par les charmants proprios. Salon commun avec TV. Une bonne adresse, idéale pour se mettre au vert. Au fait, le village possède une superbe église templière du XIVe s !

À voir

Le château et son musée : *pl. du Général-de-Gaulle. ☎ 01-64-59-66-83. • chateau.dourdan.fr • Mar-dim 10h-12h, 14h-18h (17h nov-mars). Fermé lun. Entrée : 5 € ; réduc. Visite guidée dim (tlj juil-août) à 15h (6 €). Attention, horaires susceptibles de changer : se renseigner.*
Cette forteresse fut construite vers 1220 à la demande de Philippe Auguste. Bel exemple d'architecture militaire, équipée de moyens de défense perfectionnés, elle est l'archétype du château fort médiéval, dont le donjon est l'élément le plus important. Isolé du château par son propre fossé, celui-ci communique avec l'enceinte par une passerelle. Actuellement haut de 25 m, il possédait 3 niveaux, le plus haut a hélas disparu pour être transformé en terrasse, d'où l'on profite d'une très belle vue. Ce château connut une histoire mouvementée, changeant maintes fois de propriétaire : Louis IX en a été le propriétaire, l'affectant en douaire à sa mère, Blanche de Castille, puis à sa femme, Marguerite de Provence. Philippe le Bel le donna à son frère, Louis d'Évreux. En 1400, le duc de Berry y aménagea un superbe logis. Cette forteresse fut attaquée lors de la guerre de Cent Ans et en partie détruite lors du siège de 1591, pendant les guerres de Religion. Louis XIII rattacha le domaine aux possessions royales, le donnant à sa mère, Marie de Médicis, Louis XIV fit de même pour Anne d'Autriche. À partir de 1672, Philippe d'Orléans transforma la forteresse en prison royale. Elle devint prison départementale à la Révolution française, et ce jusqu'en 1852. Acheté par Amédée Guénée, le château fut légué en 1864 à Joseph Guyot, qui le sauva en restaurant le donjon, et en aménageant l'ancien grenier à sel et le châtelet en habitation. C'est dans l'ancien grenier à sel que se trouve d'ailleurs le *musée,* consacré à l'histoire locale et aux beaux-arts. Plusieurs *animations* et *expos* temporaires

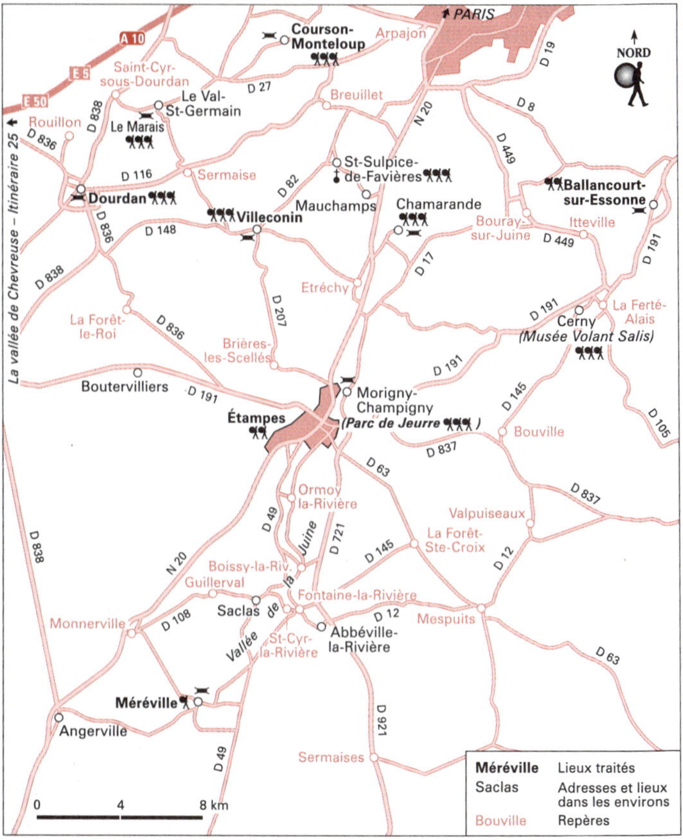

DOURDAN, ÉTAMPES ET MÉRÉVILLE

au cours de l'année, notamment l'été (fête médiévale le 1er week-end de juin, animations en juillet-août ; se renseigner).

L'église Saint-Germain-l'Auxerrois : *pl. du Général-de-Gaulle. ☎ 01-64-59-71-41 (presbytère). Face au château. Tlj sauf lun 10h-18h.* Édifiée entre le début du XIIe s et le XIIIe s, incendiée et saccagée lors de la guerre de Cent Ans et à nouveau lors des guerres de Religion, elle fut reconstruite et agrandie grâce à Anne d'Autriche. Son volume intérieur est impressionnant : la hauteur des voûtes est de 18,70 m sous clé, la longueur de 50 m et la largeur de 17,50 m. Quant à la plus haute de ses flèches, elle s'élève à 50 m, quasiment la hauteur d'une cathédrale !

La halle du marché : *pl. du Général-de-Gaulle, face au château.* Reconstruite en 1836, après la dégradation de la halle d'origine (XIIIe s), elle abrite toujours le marché 2 fois par semaine, les mercredi et samedi matin. Autrefois, le marché aux grains avait lieu sur la place entre la halle et le château, et celui aux herbes, de l'autre côté, entre la halle et l'hôtel-Dieu. D'ailleurs, remarquez le porche d'entrée de l'hôtel-Dieu (XIIIe s), ainsi que sa chapelle, à droite, dans la cour...

Le château du Parterre : *esplanade Jean-Moulin.* Construit en 1725, il fut la demeure du conseiller du roi et bailli de Dourdan, puis de la famille de Verteillac... Agrémenté d'un jardin, dans lequel il fait bon se promener, le château abrite aujourd'hui l'hôtel de ville.

***Les belles maisons anciennes** (du XVI*e *au XVIII*e *s)* **:** dans les rues du Petit-Croissant, des Fossés-du-Château, Saint-Pierre, Demetz, Michel et de la Haute-Foulerie...

DANS LES ENVIRONS DE DOURDAN

Le château du Marais : *21, rue du Marais (D 27), 91530* ***Le Val-Saint-Germain.*** *☎ 01-69-94-97-17. • lechateaudumarais.fr • À 12 km au nord-est de Dourdan. Ouv de mi-mars à mi-nov, dim et j. fériés 14h-18h. Entrée parc et musée : env 8 € ; gratuit moins de 12 ans.*
Chef-d'œuvre de l'époque Louis XVI, ce château est construit au cœur d'un parc de 40 ha, avec d'un côté un jardin à la française dessiné par Duchêne et un parc boisé aux arbres exceptionnels, de l'autre un miroir d'eau de plus de 500 m de long. Des anciens bâtiments ne subsistent que de vastes douves et un colombier visible à gauche en arrivant. En 1767, Jean Le Maistre, trésorier général de l'artillerie et du génie, se porte acquéreur du château du Marais et le fait démolir pour édifier, en 1772, le château actuel. Sa nièce fit de ce château un centre de rayonnement intellectuel et politique, fréquenté par Chateaubriand et Sainte-Beuve. Le château appartient à la famille Talleyrand depuis 1899...
L'intérêt de la visite réside dans la découverte du parc et de l'architecture extérieure du château. Car les intérieurs se visitent pour les groupes, sur réservation. Dans les communs se trouve le *musée,* en fait 5 salles consacrées à l'histoire du château, de ses jardins et de la famille de ses propriétaires, notamment à Talleyrand.

Le domaine de Courson : *91680* ***Courson-Monteloup.*** *☎ 01-64-58-90-12. • domaine-de-courson.fr • À 15 km au nord-est de Dourdan. Ouv de mi-mars à mi-nov, les dim et j. fériés : parc 10h-18h (plus lun-sam 14h-17h), château 14h-18h. Visite du parc 8 €, visite guidée du château et libre du parc : 12 € ; réduc ; gratuit moins de 7 ans.* C'est vers 1680 que Nicolas de Lamoignon modifia cet ancien manoir en brique et en pierre, perçant le bâtiment de nombreuses ouvertures, flanquant le logis principal de pavillons, dans un style à la fois monumental et harmonieux. À l'intérieur, des souvenirs napoléoniens, un salon à l'italienne et une galerie de peinture de diverses écoles du XVIIe s. On distingue une véritable recherche du parfait équilibre entre architecture et art paysager. Cette demeure lumineuse se trouve au cœur d'un parc romantique de 35 ha. Celui-ci fut composé à l'anglaise, sur les bases d'un parc formel du XVIIe s, en 1820 par Berthault, créateur du parc de l'impératrice Joséphine à Malmaison. On y suit un parcours botanique agréable. Le château d'eau est unique en France.

LE VINAIGRE DES 4 VOLEURS

*Un remède est exposé dans la galerie du château de Courson. Son histoire remonte à la terrible épidémie de peste, à Londres, au XVII*e *s, pendant laquelle 4 brigands découvrirent comment détrousser les pestiférés sans être eux-mêmes contaminés : ils se frictionnaient avec une macération de plantes dans du vinaigre, une potion qui les protégeait de l'infection ! À leur arrestation, ils révélèrent leur secret pour éviter le châtiment.*

L'église Saint-Sulpice : *pl. de l'Église, 91910* ***Saint-Sulpice-de-Favières.*** *☎ 01-64-58-42-09. À 10 km à l'est de Dourdan. Tlj 9h-19h.* C'est l'un des plus beaux édifices religieux de l'Essonne et parmi les plus jolies églises de village de France. Grande unité de son architecture, avec ses vitraux du XIIIe s, illustration de la splendeur de l'art gothique rayonnant d'Île-de-France à son apogée. Ces derniers sont particulièrement remarquables, l'édifice ayant été conçu pour être un hymne à la lumière. Plusieurs églises furent successivement bâties sur ce lieu de pèlerinage, où saint Sulpice, évêque de Bourges, guérissait les malades. À l'époque de Saint Louis fut construite l'église actuelle, aux dimensions d'une cathédrale… une si grande église dans un si petit village ! Son plan est simple : une nef terminée par une abside à 5 pans, 2 collatéraux, pas de transept. La hauteur est de 23 m sous voûte dans l'abside…

Le château de Villeconin : *6, Grande-Rue, 91580* ***Villeconin.*** *☎ 01-45-07-16-49. 06-07-88-14-77. • chateaudevilleconin.fr • À 8 km à l'est de Dourdan. Visites guidées 1er juin-10 juil 14h30-18h, plus lors des Journées du patrimoine ; groupes tte l'année sur rdv. Visite guidée château et parc : 5 € ; réduc ; gratuit moins de 14 ans ; parc seul 2 €.* Ce manoir fut construit à la fin du XIVe s par Jean de Montagu, surintendant des Finances de Charles VI, sur l'emplacement d'un ancien domaine royal datant d'Hugues Capet. Il était relié au château médiéval de la Grange par un souterrain. Remanié au XVIe s par la belle-famille de Sully, les Cochefilet, qui transformèrent cette austère bâtisse en une habitation plus confortable et lumineuse : le pont-levis fut alors supprimé, une nouvelle entrée créée, des étages aménagés et des ouvertures percées dans la salle des gardes et le donjon. En 1794, après l'exécution de son propriétaire, le domaine fut vendu comme « bien national » et transformé en exploitation agricole. Rachetés en 1932 par le comte de Jouvencel, les bâtiments retrouvèrent leur vocation initiale. Ses descendants font aujourd'hui visiter plusieurs salles du château et le parc, traversé par la rivière la Renarde et le ruisseau la Misère, et ses jardins plantés d'essences variées.

Le domaine de Chamarande : *38, rue du Commandant-Arnoux, 91730* ***Chamarande.*** *☎ 01-60-82-52-01. • chamarande.essonne.fr • À 15 km à l'est de Dourdan. Accès RER C (arrêt Chamarande). Tte l'année. Accès libre au parc tlj 9h-17h nov-janv, jusqu'à 18h fév-mars et oct, 19h avr-mai et 20h juin-sept. Château ouv pdt les expos. Spectacles dans le parc (spectacles vivants, concerts, cinéma). GRATUIT.*
Au début du XVIIe s, François Miron, initiateur de l'assainissement de Paris et financeur des travaux de l'Hôtel de Ville, fait réaliser l'actuel corps central du château. Alliant brique, pierre de grès et ardoise, c'est un bel exemple de l'élégance du style des 3 couleurs sous Henri IV. Il est entouré d'un parc de 98 ha qui conserve des ambiances paysagères des XVIIe et XVIIIe s (jeu de l'oie grandeur nature, glacière, buffet d'eau…), ainsi qu'un parc paysager à l'anglaise. Monument historique et site classé, le domaine de Chamarande est propriété du conseil départemental de l'Essonne.
C'est un lieu comme il en existe peu, où se marient l'histoire, le patrimoine, l'art et la nature, un formidable centre de rencontres et de créations : activités culturelles et éducatives. Le domaine abrite les archives départementales qui programment des expos temporaires historiques. Également une programmation de spectacles et d'expos d'art contemporain… On peut y assouvir sa faim de culture, mais aussi sa faim tout court, en pique-niquant dans les jardins. *Food truck (juin-sept).* Aire de jeux pour les enfants. Activités de loisirs payantes : canotage, draisiennes, vélos, poneys *(juin-sept).*

ÉTAMPES

(91150) 24 015 hab.

À 50 km au sud de Paris, Étampes, sillonnée par plusieurs cours d'eau – la Juine, la Louette, la Chalouette – allie nature et espaces fleuris à un patrimoine bâti remarquable, témoin de son prestigieux passé de ville royale. D'ailleurs, elle se targue de posséder le label « Ville d'art et d'histoire ». C'est aussi à Étampes

qu'est née la patrouille de France (1931), d'abord appelée « patrouille d'Étampes », célèbre pour ses spectaculaires démonstrations de voltige aérienne. En flânant dans ses rues, on découvre une paisible ambiance de ville de province, pourtant toute proche et facilement accessible depuis la capitale. Tout autour d'Étampes, on explore aussi avec plaisir les paysages typiquement beaucerons, en grande partie dédiés à l'agriculture. Bref, une région plaisante pour un séjour bucolique, quelques bonnes tables et de charmantes chambres d'hôtes.

UN PEU D'HISTOIRE...

À l'époque gallo-romaine, Étampes est située au carrefour de 2 voies romaines : celle de Sens à Chartres et celle de Paris à Orléans. C'est au XIe s que les rois Robert le Pieux et Louis VI le Gros vont véritablement développer la ville en construisant une résidence royale autour de laquelle vient se grouper la ville neuve. Cette cité, « Estampes-le-Châtel », va progressivement être reliée à l'ancienne « Estampes-les-Vieilles » par une 3e ville intermédiaire qui se développe autour de l'église Saint-Gilles. Aujourd'hui encore, en parcourant cette ville à la forme allongée, on décèle les particularités de chaque quartier. Le ***quartier Saint-Martin*** avec son église du XIIe s et sa tour penchée, cernée de petites maisons médiévales demeure le plus calme. La ***place Saint-Gilles*** semble tout droit venue de Provence, avec son allée de promenade bordée de tilleuls qui conduit à un jeu de boules ; les « Piliers », des maisons du XIIe s à l'architecture remarquable, forment une sorte de halle qui invite au marché... C'est toujours là que se tient le mardi matin le plus vieux marché d'Étampes, autrefois un des hauts lieux du commerce céréalier de France, où se négociaient les productions de la riche plaine de la Beauce. Marchands et aubergistes vivaient dans ce quartier laborieux et commerçant, alors que le centre-ville et ses très beaux hôtels particuliers nous rappellent qu'Étampes fut ***l'une des résidences favorites des rois de France*** du XIe s à la fin du Moyen Âge.
Plus tard, au XVIe s, les rois François Ier, Henri II et Henri IV remettront ce duché à leurs favorites, respectivement, Anne de Pisseleu, Diane de Poitiers et Gabrielle d'Estrées.

Adresse et info utiles

🛈 ***Service intercommunal de tourisme :*** *dans l'hôtel Anne-de-Pisseleu, pl. de l'Hôtel-de-Ville-et-des-Droits-de-l'Homme. ☎ 01-69-92-69-00. • etampois-sudessonne.fr • Tte l'année, tlj sauf dim-lun et j. fériés 9h-12h, 14h-17h (18h avr-oct) ; en continu le sam (plus dim ap-m avr-oct).* – ***Marchés :*** *mar mat pl. Saint-Gilles ; sam mat pl. Notre-Dame et pl. de l'Hôtel-de-Ville-et-des-Droits-de-l'Homme.*

Où manger ?

De bon marché à prix moyens

|●| ***Le Rendez-Vous des Amis :*** *41, rue Sainte-Croix. ☎ 01-69-78-05-97. • rdva-etampes@orange.fr • Tlj sauf dim-lun. Résa conseillée. Formules déj 13,90-15,90 € ; le soir, 23,50-27,50 €.* On s'est régalés d'une cuisine traditionnelle bien ficelée et mitonnée avec des produits frais et goûteux. Carte simple et variée, pour une présentation soignée. Bon rapport qualité-prix. Agréable terrasse aux beaux jours. On recommande !

|●| ***Chez Frach*** : *20, rue Aristide-Briand. ☎ 09-52-08-54-11. Fermé lun et le soir dim et mar. Plat 13,50 € ; menus 17-22 €.* À côté de l'office de tourisme, un bistrot sans manière qui a la bonne idée d'accueillir ses clients même le dimanche. Ambiance bonne franquette : sets à carreaux et

plats franchouillards à choisir sur une ardoise restreinte. Andouillette, pavé de rumsteck... c'est simple et sincère, comme l'accueil.

Où dormir ? Où manger dans les environs ?

De prix moyens à chic

Café de la Mairie : *11, rue de la Mairie, 91150* **Morigny-Champigny.** *☎ 01-64-94-07-18. (pas les chambres). À 1,5 km au nord d'Étampes. Dans le centre du village, à côté de l'église. Café-bar ouv tlj, brasserie seulement le midi lun-ven. Congés : août. Résa conseillée. Double env 56 €. Au resto, formule unique 15,90 €.* C'est le lieu de vie « tout-en-un » du village : brasserie, tabac, presse, PMU, bar et 4 chambres... Avec tout ça, normal que les proprios soient un peu expéditifs, à la fois au four et au moulin ! Mais c'est une adresse bien pratique, pas chère, avec une cuisine honnête et des chambres simples et fonctionnelles (salle de bains et TV) donnant sur le jardin.

Chambres d'hôtes de l'Orme : *route de Boischambault, 91150* **Abbéville-la-Rivière.** *☎ 01-60-80-91-82. 06-74-63-83-82. • beaumont.francois@wanadoo.fr • gitedelorme.fr • À 10 km au sud d'Étampes. Doubles 60-70 € ; familiale.* 3 chambres d'hôtes, avec sanitaires complets, qui se partagent une cuisine et un petit jardin. L'ensemble est confortable, bien aménagé et décoré avec goût et simplicité. Également 2 gîtes. Bon accueil.

Chambres d'hôtes Les Prés de la Cure : *17, rue Jean-Moulin, 91690* **Saclas.** *☎ 01-60-80-92-28. 06-38-83-32-55. À 10 km au sud d'Étampes. Au centre du village, 200 m après l'église, et face au groupe scolaire. Double 65 €.* Au 1er étage d'un joli corps de ferme donnant sur une cour agricole soignée avec jardin, voici 4 chambres confortables, proprettes et spacieuses, toutes dotées de salle de bains et TV. On a un faible pour celle qui fait l'angle du bâtiment, vraiment très lumineuse. Petit déj servi dans une pièce au rez-de-chaussée à la décoration provençale. Accueil prévenant.

La Maison des Blés – Restaurant Le Bouche à Oreille : *19, rue du Périgord, 91150* **Boutervilliers.** *☎ 01-64-95-69-50. • dreux-restaurant@orange.fr • À 8 km à l'ouest d'Étampes. Ouv mer-dim. Fermé lun-mar. Menus 40-58 € ; carte env 60 € ; à la Brasserie Louis (ouv tlj), menus 12-28 €.* Après avoir fait ses gammes dans de prestigieuses adresses parisiennes, le chef Aymeric Dreux, originaire de ce village, a ouvert cet hôtel-restaurant contemporain et gastronomique où il met les formes et sort le grand jeu ! Cuisine raffinée très appliquée, avec un grand souci du détail et quelques belles pointes d'originalité. Les plats sont généreux, élaborés avec des produits frais soigneusement sélectionnés, et les cuissons justes.

Où acheter de bons produits dans les environs ?

Aux Petits Lardons : *2, rue Jean-Moulin, 91690* **Saclas.** *☎ 01-64-95-60-47. À 10 km au sud d'Étampes. À côté de l'église. Tlj sauf dim-lun 14h30-18h.* Dans cette charcuterie – plusieurs fois primée dans des concours gastronomiques nationaux –, on fabrique des saucisses et terrines au cresson, potées mérévilloises, etc. Achat des produits sur place ou sur les marchés d'Étampes, Saclas, Méréville, Sainte-Geneviève-des-Bois et Orsay.

À voir

La tour de Guinette : *promenade de Guinette. Sur les hauteurs d'Étampes, derrière la gare, d'où l'on franchit une passerelle pour y accéder (panneaux) ; ou par l'ancienne route de Dourdan (aujourd'hui GR 111). Du parking, accès à pied par* *le chemin ou par des escaliers.* Cet endroit – un agréable parc boisé – offre un beau point de vue sur la ville, ses églises Saint-Basile et Notre-Dame-du-Fort ainsi que les bois alentour. Sur place, le donjon de l'ancien château royal, édifié vers 1130-1150, ne se visite pas actuellement. Son architecture, de forme quadrilobée, est néanmoins remarquable. Cette tour a servi pendant plusieurs siècles à protéger le château, enjeu de nombreux combats. En 1589, les Étampois, lassés de ces luttes perpétuelles, obtinrent d'Henri IV le droit de détruire les fortifications et le château (sans toucher au donjon). Sous Louis XVI, la tour servit de colombier. Vendues comme bien national sous la Révolution, les ruines du château, encore très importantes, furent démolies par les propriétaires successifs qui vendirent les pierres.

La collégiale Notre-Dame-du-Fort : *rue de la République. ☎ 01-64-94-46-48 (presbytère). Tlj sauf dim 9h30-18h.* Construite sur une crypte carolingienne parfaitement conservée, cette église a été voulue au XIe s par Robert le Pieux pour être desservie par un collège de chanoines ; c'est pourquoi l'église a porté, avant la Révolution, le titre de « collégiale royale ». On distingue mal le plan régulier qu'elle devait avoir à l'origine, les aménagements successifs masquant le plan en croix latine. L'édifice est remarquable par son clocher haut de 55 m, ainsi que par le beau portail sud du XIIe s, si ressemblant au portail royal de Chartres qu'on le suppose du même sculpteur. Voir également la crypte, les vitraux et peintures du XVIe s, et l'orgue, dont le buffet date de 1597.

L'église Saint-Gilles : *pl. Saint-Gilles. ☎ 01-64-94-46-48 (presbytère). Ouv tlj sauf dim 9h30-18h.* Datant du XIIe s, elle fut édifiée près d'un nouveau marché que le roi Louis VI le Gros avait établi entre les paroisses Saint-Martin et Notre-Dame. On peut y voir de nombreuses pierres tombales gravées pour les riches familles de marchands et d'aubergistes qui dominaient cette paroisse aux XVIe et XVIIe s.

L'église Saint-Martin : *rue Saint-Martin. ☎ 01-64-94-46-48 (presbytère). À 2 pas de la gare du RER C Saint-Martin-d'Étampes. Ouv dim 9h-11h, 14h-17h.* Cette église des XIIe et XIIIe s a certainement remplacé une église plus ancienne, Saint-Martin étant le plus vieux quartier d'Étampes. Les nombreux contreforts ainsi que l'inclinaison de la tour témoignent du sol instable et marécageux du lieu. Ce clocher de 40 m, baptisé « tour penchée » par les Étampois, date de 1537 et présente une inclinaison de 1,12 m. Le constructeur a pu corriger l'affaissement à partir du 3e niveau, ce qui donne au clocher une silhouette légèrement cambrée. L'église est cependant la plus parfaite de la ville, pour l'harmonie de ses proportions, notamment de son chœur arrondi ceint d'un collatéral sur lequel s'ouvrent 3 absidioles.

L'hôtel Anne-de-Pisseleu : *pl. de l'Hôtel-de-Ville-et-des-Droits-de-l'Homme, face à l'hôtel de ville.* Cet hôtel Renaissance a tout d'abord été construit pour Guillaume Audren, prévôt d'Étampes, au début du XVIe s. En 1537, François Ier érigea le comté d'Étampes en duché, pour Anne de Pisseleu, sa favorite. La façade nord – où se trouve l'entrée de l'office de tourisme – est la plus intéressante ; remarquez les frises ornées de végétaux et d'animaux, entrecoupées de figures humaines, la sarabande des Amours au-dessus de la porte, le petit cartouche gravé portant la date de construction de l'édifice (1538) sur un des montants de fenêtres. Vous verrez 2 médaillons sur le mur de la façade : à droite Anne de Pisseleu, à gauche François Ier. Admirez la tourelle de brique qui termine en encorbellement la façade sur la partie gauche, et qui est coiffée d'une toiture d'ardoise en forme de cloche. À l'exception d'une porte en pierre, l'intérieur n'a rien conservé de ce XVIe s.

L'hôtel Diane-de-Poitiers : *4, rue Sainte-Croix. ☎ 01-64-94-05-65. Face à l'église Saint-Basile ; le bâtiment abrite aujourd'hui la bibliothèque municipale et les archives de la ville. Ouv mar 14h-18h ; mer 9h-18h ; ven 14h-19h ; sam 9h-17h (horaires restreints en été).* En 1553, c'est au tour de Diane de Poitiers, favorite du roi Henri II, de recevoir le duché d'Étampes. Dès l'année suivante, on construisit ce très bel hôtel, pour Esprit Hacte, procureur du roi. Il fut plus tard attribué à Diane de Poitiers, qui n'y vécut jamais. La façade sculptée est intéressante, ajourée d'une grande porte cintrée à fronton triangulaire, mais c'est dans la cour intérieure qu'il faut pénétrer en traversant un large couloir où l'on peut voir les lettres « D », « H » et « C » enlacées ; initiales du roi et de son épouse. Dans la cour, remarquez le tympan de la porte sculpté sur le thème de la Pentecôte...

À faire

➢ ***Les Portereaux et la promenade le long de la rivière Étampes :*** à partir du Pont-Doré, une agréable promenade de 45 mn environ longe la rivière et conduit aux Portereaux, vanne fortifiée qui marquait l'angle sud-ouest des remparts, exemple intéressant de l'architecture militaire en France au XVIe s. On dévie le lit des 2 rivières Louette et Chalouette pour les réunir en ce point en « rivière d'Étampes ». Bastion carré garni de mâchicoulis, créneaux et meurtrières, la vanne permettait une inondation rapide de la prairie en cas d'attaque, mais aussi régulait le débit de la rivière qui traverse la ville, pour l'alimentation des moulins, tanneries, boucheries... Il s'agit des dernières vannes fortifiées encore en fonctionnement en France.

Manifestations

– ***Foire régionale de l'Essonne verte :*** *2e w-e de juin, à l'île de Loisirs.* Produits du terroir et animations.
– ***La Médiévale :*** *le dim des Journées du patrimoine, en sept.* Animations médiévales en tout genre.

DANS LES ENVIRONS D'ÉTAMPES

🚶🚶🚶 👨‍👧 ***Le parc de Jeurre et ses fabriques :*** *91150* ***Morigny-Champigny.*** *☎ 01-64-94-57-43 ou 08-78. • parcdejeurre.fr • À 2,5 km au nord d'Étampes. Ouv juin-août. Visite guidée tlj sauf jeu-ven (horaires sur le répondeur) ; durée : 2h30. Entrée : 8 € ; gratuit moins de 12 ans. Départ des visites à la conciergerie de Jeurre dont les grilles ouvrent directement sur la N 20.* Planté des essences rares de la région d'Île-de-France, ce parc de 60 ha est un jardin à surprises. L'aïeul de l'actuel propriétaire acheta divers monuments voués à la ruine ou à la démolition, les fit démonter puis réédifier dans son parc. C'est ainsi que l'on peut voir aujourd'hui, au fond d'une grande allée, le fronton de l'aile gauche du château royal de Saint-Cloud. L'avant-corps central du château, côté pièce d'eau, provient de l'hôtel d'Anglade de la rue des Archives à Paris. L'ensemble le plus remarquable du parc est constitué de 6 monuments historiques classés – « les fabriques » –, datant des XVIIe et XVIIIe s, dont la seule fonction était l'embellissement des jardins. 4 d'entre elles (la Laiterie, le Temple de la piété filiale, la Colonne rostrale et le Cénotaphe de Cook) proviennent du parc de Méréville, dessiné par Hubert Robert pour le marquis de Laborde, puissant financier sous Louis XV, qui voulait réaliser le plus beau parc de son époque.

🚶🚶🚶 👨‍👧 ***Le Musée volant Salis :*** *aérodrome de La Ferté-Alais, chemin des Fourneaux, 91590* ***Cerny.*** *☎ 01-64-57-52-89. • musee-volant-salis.fr • À 13 km au nord-est d'Étampes. Accès RER D, gare « La Ferté-Alais ». Ouv tte l'année, tlj 14h-17h (18h le w-e). Fermetures exceptionnelles mentionnées sur le site internet. Entrée : 9-12 € selon la saison ; 5-14 ans 5-6 €. Baptêmes de l'air tlj à partir de 250 €.* C'est l'un des plus importants musées volants d'Europe, avec une cinquantaine d'avions exposés dans 6 000 m² de hangars, présentant toute l'histoire de l'aviation, de ses débuts. Retour sur les prouesses des pionniers de l'air avec le

Blériot XI, le *Morane-Saulnier H* dans lequel Roland Garros traversa la Méditerranée en 1913 ou le *Caudron GIII,* à bord duquel Adrienne Bolland survole la cordillère des Andes en 1921, jusqu'aux derniers chasseurs et bombardiers à hélices, en passant par le *Boeing B-17* (ou « forteresse volante », le seul en France), par les *Fokker Triplan, Spad XIII* de la 1re Guerre mondiale, les avions de voltige ou de ligne de l'entre-deux-guerres. Cette très belle collection est d'autant plus extraordinaire que nombre de ces machines sont en état de vol, méticuleusement remises en état ou reconstruites par des passionnés, regroupés en plusieurs associations. Certains coucous sont couramment utilisés pour des tournages de films (le *Corsaire de la guerre du Pacifique* a été immortalisé par la série « Les Têtes brûlées »). Au quotidien, des baptêmes de l'air, et pour en prendre plein les mirettes, rendez-vous au formidable meeting aérien ***Le Temps des Hélices*** (infos sur ● *ajbs.fr* ●), qui a lieu chaque année durant le week-end de Pentecôte ; à ne pas rater !

Restaurant L'Amicale : *au bout de l'aérodrome. ☎ 01-60-87-06-09. Menu 25 €.*

Le château du Saussay : *91610* ***Ballancourt-sur-Essonne.*** *☎ 01-64-93-20-10. À 17 km au nord-est d'Étampes. Accès RER D, gare « Ballancourt ». Ouv avr-sept, dim et j. fériés 14h-18h, et tlj (mêmes horaires) en sept à partir du 1er dim. Visite guidée du château et visite libre du parc. Entrée château et parc : 7 € ; parc seul 4,50 € ; réduc ; gratuit moins de 12 ans.* La singularité de ce château est d'être composé de 2 bâtiments du XVIIIe s se faisant face. Entre les 2, une cour d'honneur ouvre sur le parc et les jardins à la française dont il reste le grand miroir et la grande perspective en direction de l'île du Saussay. L'intérieur retrace l'histoire des différentes familles qui y ont résidé : les Bragelonne, rendus célèbres par Alexandre Dumas dans *Les Trois Mousquetaires,* mais aussi les familles Canclaux et Colbert, ainsi que l'écrivain Jacques de Bourbon Busset, de l'Académie française, dont les enfants habitent aujourd'hui encore le château. Il ne faut pas manquer de voir l'impressionnante bibliothèque Colbert et ses plus de 4 000 ouvrages.

MÉRÉVILLE (91660) 3 200 hab.

À une vingtaine de kilomètres au sud d'Étampes, au cœur de la Beauce, dans la vallée de la Juine, Méréville, capitale du cresson, est classée Site remarquable du goût. Cette commune est construite sur 2 buttes ; sur l'une se trouve l'église, sur l'autre la halle et le château d'origine médiévale.

LE CRESSON DE MÉRÉVILLE

La culture du cresson est attestée en France dès le XIIIe s, il est véritablement cultivé à partir du XVe s, et connaît un vrai essor au XIXe s. L'Essonne est le 1er département producteur de cresson ; la production, estimée à 7 millions de bottes, couvre 30 % du marché national. Méréville compte aujourd'hui moins de 10 exploitations réparties sur environ 10 ha.

Une cressonnière se présente sous forme de plusieurs fosses parallèles de 50 à 70 m de longueur, de 2,50 à 3 m de large et de 50 cm de profondeur, avec une pente moyenne de 1 à 2 cm pour 10 m. Le cresson est « nourri » par les oligoéléments des sources, exsurgences de la nappe souterraine du plateau calcaire de Beauce et, en aucun cas, par l'eau de la rivière. On sème donc au plus près de la source, dans ces fosses, une fois par an, vers la mi-juillet, et l'on coupe le cresson lorsqu'il arrive à 30 cm de hauteur environ, toutes les 3 semaines, jusqu'au mois de mai de l'année suivante. Ici, le cresson est encore souvent coupé au couteau, puis lié en bottes manuellement. Il peut être coupé en vrac avec une sorte de faucheuse pour sa transformation en potages.

Adresse utile

Office de tourisme : *pl. des Halles. ☎ 01-69-78-36-87. • facebook • Mer-dim 14h-18h.* Bonne documentation sur la commune et les environs. Exposition sur la cressiculture.

Où dormir ? Où manger dans les environs ?

Hôtel de France : *2, pl. du Marché, 91670* ***Angerville.*** *☎ 01-69-95-11-30. • hotel-de-france3@wanadoo.fr • hotelfrance3.com • À 9 km à l'ouest de Méréville. Tlj sauf dim, lun midi et j. fériés. Doubles 140-165 €. Petit déj 16 €. Menus 20 € (déj en sem) et 35 € ; carte env 45 €.* Existant depuis 1715, cette étape royale a été restaurée sans rien enlever de son cachet à cette belle maison où tout respire un art de vivre à l'ancienne. Aux beaux jours, on proposera de vous servir, dans la belle cour intérieure, les recettes du cru qui déclinent notamment le cresson, spécialité locale. À signaler, des chambres charmantes et chics, très cosy avec lit à baldaquin. Également un spa.

Où acheter de bons produits ?

La Villa Paul – Olivier Barberot : *villa Paul, 17, route de Courcelles. ☎ 01-64-95-00-64. • cressonnieres.net • Lun-ven 10h-12h, 14h-18h ; sam sur rdv.* Producteur de cresson, la famille Barberot fabrique et vend un apéritif, le « Cressonnien », ainsi que d'autres produits à base de cresson. Vous pourrez aussi visiter sur place le petit musée consacré à la culture du cresson.

À voir

La halle : elle fut construite au début du XVIe s lorsque le seigneur local, Bertrand de Reilhac, obtint par une grâce spéciale de Louis XII le droit de tenir 4 foires annuelles ainsi qu'un marché hebdomadaire. Belle charpente en chêne et toit couvert de petites tuiles plates anciennes dont les 2 pans principaux tombent assez bas. Le petit bâtiment à l'angle de la rue Corpéchot et de la place, dénommé « château Gaillard », devait être initialement la maison de justice. Il servit ensuite d'octroi à la halle ; on y acquittait les différents droits de péage, d'étalage, de plaçage... Le marché ne s'y tient plus, mais c'est sous la halle qu'ont lieu la foire au cresson, à Pâques, et le salon des Sites remarquables du goût, en septembre.

La colonne Trajane : *rue du Maréchal-Joffre, près de l'ancienne gare. Ouv les w-e 14h-18h ; en sem, demander les clés à la mairie (☎ 01-64-95-00-20). GRATUIT.* Haute de 33 m et située à 132 m d'altitude sur le plateau, cette tour monumentale, classée Monument historique, annonce Méréville de loin. Elle est appelée la tour Trajane parce que sa taille et son allure générale rappellent celle du Forum de Trajan érigée à Rome en 112. Elle était en fait l'une des nombreuses « fabriques » construites entre 1791 et 1794 d'après les dessins

> **COUP DE CHANCE**
>
> *Le paysagiste Hubert Robert s'est rendu célèbre en peignant les ruines de Rome. Il travailla aussi pour le compte de Marie-Antoinette au Trianon, ce qui lui valut d'être emprisonné sous la Terreur. Il échappa miraculeusement à la guillotine puisque, par erreur, un homonyme fut exécuté à sa place...*

d'Hubert Robert, destinées à orner les jardins du parc du château selon le souhait du marquis de Laborde, dernier seigneur de Méréville. Son fût, formé de tambours de pierre superposés aux joints apparents, est lisse. À l'intérieur, un escalier à vis de 197 marches conduit à une plate-forme qui offre une vue panoramique sur la Beauce et la vallée de la Juine. C'est la « fabrique » la mieux conservée et encore visible à Méréville.

Le château et le parc de Méréville : *parc ouv avr-oct mer et le w-e 9h-18h (20h en juin-août) et visite guidée à partir de juin (résa à l'office de tourisme ; 5 €) 1ers sam du mois et le dim à 15h.* Le conseil départemental de l'Essonne est propriétaire du lieu. Le château ne se visite malheureusement pas.

Le lavoir du moulin du pont : classé Monument historique, ce lavoir du XVIIIe s est une ancienne dépendance du château de Méréville. On utilisa pour le construire des pierres, mais aussi des briques.

Randonnée dans les cressonnières

➢ ***Le long de la Juine et des cressonnières :*** l'office de tourisme propose un dépliant sur lequel figure cette balade (1h30 environ) accessible à tous. C'est aussi l'occasion de rencontres avec les producteurs de cresson au bord des chemins.

• Carte Chartres et ses environs *p. 483*

CHARTRES

(28000) 39 900 hab.

Chartres, c'est avant tout une fabuleuse cathédrale, véritable vaisseau de pierre surgi au milieu des champs de blé. Mais c'est aussi une vieille ville charmante, avec ses ruelles bordées d'édifices médiévaux et ses promenades romantiques le long de l'Eure.

IL ÉTAIT UNE FOIS...

Très rapidement, Chartres devient ***l'un des plus importants lieux de culte marial*** (de Marie) vers lequel des milliers de croyants affluent. Le « voile de la Vierge », relique offerte à la ville par Charles le Chauve (petit-fils de Charlemagne) en 876, accroît encore la renommée de la ville. Parallèlement, le développement économique, favorisé par l'exploitation des plaines fertiles de la Beauce, permet l'émergence d'une classe aisée qui participe au financement de la ***nouvelle cathédrale, en 1194.*** Chartres atteint alors l'apogée de son rayonnement. Mais bientôt, la guerre de Cent Ans et les guerres de Religion la laissent exsangue et ruinée, la privant du rôle majeur qu'elle aurait pu jouer dans l'histoire de France... Aujourd'hui, Chartres demeure un lieu de pèlerinage important.

Comment y aller ?

Par la route

➢ ***De Paris :*** A 6, puis A 10 et A 11 de la porte d'Orléans (possibilité également de rejoindre l'A 6 du pont de Sèvres par la N 118). Pour éviter l'autoroute, prendre la N 10 de la porte de Saint-Cloud ou la N 306 par Rambouillet, de la porte de Châtillon.

En train

➢ ***De Paris :*** gare Montparnasse, un train ttes les heures en moyenne. Durée : env 1h.
– Rens SNCF : ☎ 36-35. • oui.sncf •

Adresses et infos utiles

🛈 ***Office de tourisme :*** *maison du Saumon, 8, rue de la Poissonnerie. ☎ 02-37-18-26-26. • chartres-tourisme.com • Tlj : lun-sam 10h-18h ; dim et j. fériés : 10h-17h mars-déc et 10h-13h en janv-fév. « Accueil Vélo », « Tourisme et Handicap » et « Qualité Tourisme ».* Location d'un audioguide pour la visite libre de la ville *(5,50 € ; durée : env 2h).* Organise des visites guidées thématiques, dont la fameuse « Chartres en lumières » *(15-20 € selon la visite ; réduc).* Doc et expos.

🛈 ***Comité départemental de Tourisme Eure-et-Loir :*** *9, rue du Cardinal-Pie, 28000 Chartres. ☎ 02-37-84-01-00. • tourisme28.com •* Pas mal de documentation sur les manifestations saisonnières, les circuits de visites et les monuments à voir. Également, une liste de tous les lieux, sites, hébergements, restaurants labellisés Tourisme et Handicap. Pour mieux vous guider, téléchargez l'application « Eure-et-Loir Tour ».

Maison du Vélo : *gare de Chartres, pl. Pierre-Semard, à côté de la gare. ☎ 02-37-32-83-51. • maisonduvelo@filibus.fr • Mar-sam 9h30-12h30, 14h-18h. Vélo de ville et VTC 6 €/j., vélo à assistance électrique 12 €/j. ; réduc.* Bien pratique si l'on arrive en train, des locations pour 24h ou plus, selon vos envies.

■ **La Véloscénie :** *• veloscenie.com •* Cet itinéraire de 442 km relie Paris au Mont-Saint-Michel. Le tronçon de la vallée royale de l'Eure vous mènera d'Épernon à Chartres, en passant par le magnifique château de Maintenon. 37,5 km accessibles à tous.

■ **Petit train touristique :** *départ devant la cathédrale. ☎ 06-80-73-10-05. • lepetittraindechartres.fr • Circuit de jour : tlj fin mars-fin oct. Circuit nocturne Chartres en lumières : de mi-avr à début oct, ven-sam ; juil-août, tlj. Circuit de jour : 7 € pour 35 mn ; circuit nocturne : 8 € pour 45 mn ; réduc.* Visite commentée des quartiers historiques de la ville, haute et basse, et du parcours Chartres en lumières. Voir plus loin « Fêtes et manifestations. Chartres en lumières ».

■ **Loisirs nature :** le site *• randonnees.eurelien.fr •* met tout le monde dehors avec de nombreuses suggestions d'activités de plein air et plus de 150 randonnées à faire à pied, à cheval, à VTT, en canoë ou kayak. Un bon bol d'air assuré.

– **Marchés :** *mer et sam mat sous la halle de la pl. Billard.* ***Marché aux fleurs****, pl. du Cygne les mar, jeu et sam.* ***Marché aux textiles*** *sam 8h-19h butte des Charbonniers.*

Où dormir ?

Camping

Auberge de jeunesse – Camping municipal des bords de l'Eure : *9, rue de Launay. ☎ 02-37-28-79-43. • auberge-jeunes-chartres@wanadoo.fr • camping-de-chartres.fr • ♿ À env 3 km du centre de Chartres par la pl. Morard et le faubourg de la Grappe. Ouv mars-oct. Forfait 17,50 € en dortoir ; 17 € pour 2 (tente).* Spacieux parc avec une centaine d'emplacements sous les arbres ou dans la prairie. Accès direct à la rivière : embarcations à pédales, minigolf, pêche. Petite épicerie, jeux pour les enfants. Compter 30 mn pour rallier le centre-ville à pied en longeant la rivière. Veilleur de nuit.

De bon marché à prix moyens

Hôtellerie Saint-Yves : *1, rue Saint-Eman (accès plus pratique par la rue des Acacias). ☎ 02-37-88-37-40. • reception@saintyves.net • hotellerie-st-yves.com • ♿ À 2 pas de la cathédrale et en contrebas. Doubles 72-76 € ; petit déj 10 €. Parking.* L'ancien couvent des sœurs de la Providence, construit au XVIIe s sur les fondations d'un prieuré millénaire, a été transformé par le diocèse en une hôtellerie simple mais confortable et accueillante, très prisée par les groupes. Les chambres individuelles ont toutes vue sur les flèches de la cathédrale, les autres sur les quartiers bordant l'Eure. Petit déj-buffet complet avec gâteaux, fruits frais, etc., servi dans une belle salle voûtée d'ogives.

Chambres d'hôtes Les Conviv'hôtes : *10, rue du Pot-Vert. ☎ 02-37-90-88-62. 📱 06-10-17-17-60. • convivhotes@gmail.com • lesconvivhotes.com • Près des bords de l'Eure, non loin de la rue de la Porte-Guillaume. Tte l'année. Double 72 €. Studio 2 pers 3 nuits min (180 €). CB acceptées. Parking payant.* De l'extérieur, la maison est banale, mais elle abrite 3 chambres agréables : 2 meublées à l'ancienne et 1 plus moderne au dernier étage, avec poutres apparentes et salle de bains ouverte. Une cuisine commune. Attenant à la maison, le petit studio, lui aussi propre et récemment aménagé, est bien équipé, avec douche, toilettes et kitchenette. Pas de jardin. Bon

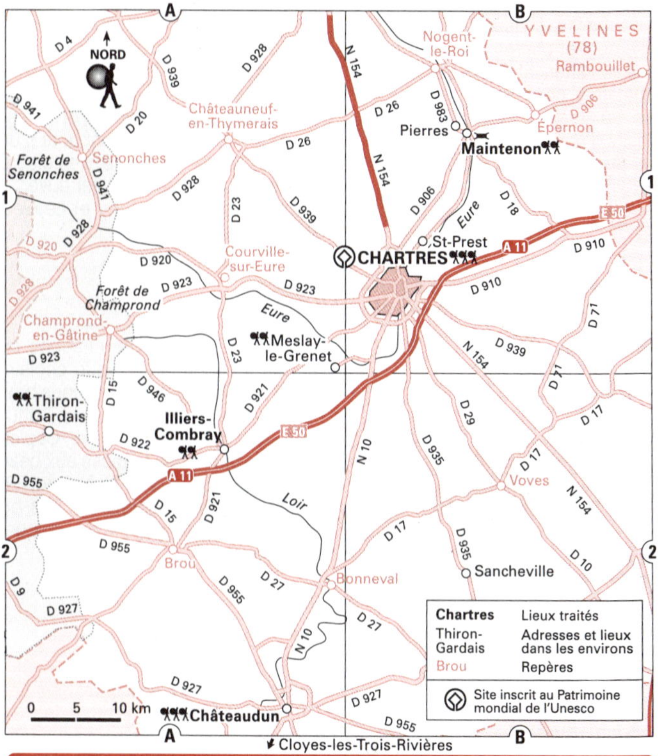

CHARTRES ET SES ENVIRONS

accueil, convivial et familial. Accueil vélo (garage).

De chic à plus chic

Le Bœuf Couronné – Restaurant L'Amphitryon : *15, pl. Châtelet. ☎ 02-37-18-06-06. 06-09-57-66-75. • resa@leboeufcouronne.fr • leboeufcouronne.com • Hôtel et resto fermés dim soir nov-avr, 1er mai, 1er et 11 nov. Congés : à Noël et 1er-10 janv. Doubles 89-121 € ; familiales. Menus 21 € (déj en sem), puis 29-40 €. Apéritif maison offert sur présentation de ce guide.* Cet hôtel familial a fait peau neuve en 2011 : tout est impeccable. Chambres, confortables et au style moderne, certaines un peu plus datées que d'autres. Vue cour ou cathédrale, lit en 140 ou 160 le prix est le même. Insonorisation moyenne. Petit déj dans le bar très cosy. Côté resto, baigné de lumière et tables nappées de blanc, le chef concocte de bons plats traditionnels avec les produits du terroir. Difficile de résister au pâté de Chartres et son cœur de foie gras. Accueil toujours très aimable et professionnel de la 4e génération qui a repris les commandes.

Chambres d'hôtes Le Parvis : *13, pl. de la Cathédrale ou 5, rue du Cheval-Blanc. ☎ 02-37-21-12-12. • le.parvis@orange.fr • le-parvis-chartres.fr • Fermé de mi-déc à mi-mars. Doubles 95-185 €.* Au pied de la cathédrale, dans une maison du XVIIe s, ancienne bibliothèque du domaine des chanoines. 5 grandes chambres, dont 3 traversantes, chacune décorée avec raffinement et confort : toutes avec un petit salon attenant. Parquet qui craque ou tomettes, poutres apparentes... Fait aussi bar-resto ; vente de quelques produits d'épicerie fine.

Best Western Le Grand Monarque : *22, pl. des Épars. ☎ 02-37-18-15-15. • info@monarque.fr • bw-grand-monarque.com • monarque.com • Doubles 129-220 €. Menu 34 €. Parking payant.* Véritable institution chartraine, cet ancien relais de poste a su conserver l'âme de ses vieilles pierres. Les chambres sont très confortables, l'atmosphère feutrée et l'accueil courtois. Un spa également doté d'une salle de remise en forme, de soins de beauté, etc. À noter qu'il est ouvert au public. 2 restos : *La Cour* et *Le Georges*. Également un bar.

Où dormir dans les environs ?

Chambres d'hôtes La Roguenette : *chez Mme Chagot, 8, rue du Détour, 28300* ***Saint-Prest.*** *À 8 km au nord-est de Chartres. ☎ 02-37-22-43-22. 06-78-85-16-29. • leschambresdelaroguenette@sfr.fr • leschambresdelaroguenette.com • Doubles 70-90 €.* Si près de la ville, et pourtant, l'ancienne fermette fleure déjà bon la campagne ! À l'étage, 2 chambres coquettes et spacieuses séparées par une bibliothèque, avec chacune une entrée indépendante. Vous choisirez entre la « Belle de Nuit » aux tons bruns (pour 2-3 personnes) ou la « Coquelicot » aux tons gris et mauve. Copieux petit déj servi sur la terrasse aux beaux jours ou dans la pièce à vivre équipée d'une cuisine à disposition. Très bon accueil de Danièle qui vous indiquera les balades à faire autour.

Où manger ?

De bon marché à prix moyens

Le Marigny : *11, pl. Général-de-Gaulle. ☎ 02-37-21-09-72. Tlj sauf dim, au déj seulement. Formule 13,90 ; menu 16,90 € ; carte env 20 €.* Ne vous attardez pas sur le décor de cette brasserie-bar-tabac mais penchez-vous plutôt sur votre assiette. De bons plats de bistrot, servis de manière généreuse et à des prix imbattables. Surnommée « la cantine » par les habitués, cette brasserie prépare les meilleurs œufs mayo de Chartres. Que dire de plus ? À l'arrière, une cour verdoyante, bien agréable aux beaux jours, tout comme la terrasse côté rue (passante).

Esprit Gourmand : *6, rue du Cheval-Blanc. ☎ 02-37-36-97-84. • leperegourmand@sfr.fr • Tlj sauf lun-mar, et dim soir. Menu (sauf dim) 25 € ; carte env 30-35 €.* Dans un cadre aux notes méditerranéennes, on sert ici une cuisine traditionnelle de terroir. La carte est certes courte mais garantie à base de produits frais. La preuve, le menu change toutes les semaines. Goûtez la souris d'agneau, spécialité du chef, un régal ! Accueil adorable des propriétaires et des serveurs prévenants.

La Cour : *22, pl. des Épars. ☎ 02-37-18-15-15. • lacour@monarque.fr • Il s'agit de la brasserie de l'hôtel Le Grand Monarque. Tlj. Menus déj en sem 28-34 € ; carte env 40 €.* La cour de l'hôtel a été reconvertie en immense verrière sous laquelle on apprécie la luminosité dès les 1ers rayons de soleil. Un endroit chic, mais qui sait rester décontracté, et qui concocte une vraie cuisine de terroir aux produits frais. Sans oublier les 2 recettes phares de la maison : le célèbre pâté de Chartres et le gâteau du Pèlerin.

Les Feuillantines : *4, rue du Bourg. ☎ 02-37-30-22-21. • restaurantlesfeuillantines@orange.fr • Tlj sauf dim-lun et j. fériés. Formule déj 19,90 € ; menus 24,90-35,90 €. Café offert sur présentation de ce guide.* Dans une petite salle tout en longueur à la déco ensoleillée ou sur la terrasse du fond au calme, le chef propose des plats traditionnels savoureux et bien présentés. Goûtez donc sa spécialité : le foie gras mi-cuit, une merveille ! Service prévenant.

Chic

Le Saint-Hilaire : *11, rue du Pont-Saint-Hilaire. ☎ 02-37-30-97-57. • lesainthilaire@hotmail.fr • Dans la ville basse, entre la pl. Saint-Pierre et le pont Saint-Hilaire. Tlj sauf dim-lun. Formule déj en sem 21 € ; ardoise 29-39 €.* Impossible de passer à Chartres sans aller faire un tour dans ce petit resto plein de charme, aux murs recouverts de glycine. Même si la déco est un peu vieillotte, on n'a rien à reprocher à l'accueil, au service et à la cuisine de qualité, qui forment un tout harmonieux. La carte change au rythme des saisons.

Où faire une pause ?

Le Comptoir de Sarah : *6, pl. Billard. ☎ 02-37-27-24-78. Ouv mar-dim 11h-18h. Brunch dim 19 €.* Un *coffee shop* lumineux et sobre, quelques coussins et touches de couleur. On peut y déjeuner, tout en profitant de l'animation du marché le mercredi midi ; tartiflette, flan de courgette... sans omettre de compléter par une douceur (tartelette chocolat caramel, etc. ; certaines sans gluten). Et chocolat chaud maison au goûter. Quant au brunch, il remporte son petit succès !

À voir

La cathédrale Notre-Dame

Rens : ☎ 02-37-21-75-02. • cathedrale-chartres.org • Tte l'année, tlj 8h30-19h30 (22h mar, ven et dim juin-août). Entrée libre. Visites guidées – on vous les recommande ! – avr-oct à 10h30 (sauf dim-lun) et 15h ; une seule visite l'hiver, tlj (sauf 1er janv, 25 déc et célébrations religieuses) à 14h30. Durée : 1h30. Tarif : 8 € ; réduc. Visite de la cathédrale avec visioguide (70 mn) : 8 €. Billet couplé cathédrale et crypte : 11 €. ***N'oubliez pas vos jumelles si vous voulez profiter des détails des sculptures et de la finesse des vitraux.***

Les origines de la cathédrale de Chartres, classée au Patrimoine mondial par l'Unesco, remontent vraisemblablement au IVe s. Elle fut plusieurs fois détruite par les guerres et invasions, et toujours reconstruite. En 1020, un incendie détruit la cathédrale, et l'évêque Fulbert décide de reconstruire l'une des plus importantes cathédrales de l'Occident chrétien. De cet édifice subsiste la crypte de style préroman. Après l'incendie de 1194, un grand élan populaire se manifesta pour la reconstruire. Ce chantier fut rapide : une trentaine d'années à peine pour le bâti et la pose des vitraux. Ce qui donna à la cathédrale une homogénéité architecturale quasiment unique en France.

Des innovations technologiques et architecturales (notamment le perfectionnement de l'arc-boutant) permirent d'augmenter la hauteur de l'église. Un véritable élan vers le ciel, qui favorisa l'explosion de l'art du vitrail. La cathédrale, peu modifiée par la suite, nous apparaît aujourd'hui telle qu'aux pèlerins ébahis du XIIIe s. Imaginez la sidération d'un homme du Moyen Âge, dont l'environnement habituel est très horizontal, de se retrouver au pied de ce spectaculaire vaisseau de pierre !

À l'extérieur

– ***La façade principale :*** remarquable par son *portail* royal, chef-d'œuvre de l'art du milieu du XIIe s, rescapé du grand incendie de 1194. Les belles statues-colonnes longilignes, avec des vêtements aux plis délicatement ciselés, portent

encore des caractéristiques romanes. À cette époque les décors étaient polychromes. L'ensemble est consacré au Christ. Au tympan de la porte centrale, le Christ, entouré des symboles des 4 évangélistes, et, au linteau, les 12 apôtres reconnaissables à leurs pieds nus. Aux extrémités, Élie et Énoch, des prophètes de l'Ancien Testament. Dans les voussures, les anges et les vieillards de l'Apocalypse, portant des instruments de musique et des fioles de parfum.
Au-dessus du portail de droite, le tympan est consacré, selon la tradition byzantine, à la Vierge, représentée assise avec l'Enfant Jésus sur les genoux. Le linteau inférieur figure l'Annonciation, la Visitation, la Nativité, l'Annonce aux bergers. Au-dessus, la Présentation au Temple. Dans les voussures sont représentés les 7 arts libéraux, ainsi que les hommes célèbres de l'Antiquité les ayant servis, tels que Pythagore ou Aristote.
Au-dessus du portail de gauche, représentation de l'Ascension. Les chapiteaux sont d'admirables sculptures représentant des scènes de la vie de Jésus.
– ***La tour sud*** (à droite), dite aussi *clocher Vieux,* possède une fluidité exceptionnelle. Haute de 103 m, sa flèche octogonale s'élève d'un seul jet.
– ***La tour nord*** (à gauche), appelée *clocher Neuf* et haute de 112 m, eut sa pointe décapitée par la foudre : elle fut remplacée au début du XVIe s par une magnifique flèche de pierre de style flamboyant édifiée par Jehan de Beauce. Possibilité de visite du clocher par un escalier de 300 marches *(tlj sauf dim mat et certains j. fériés, uniquement dans le cadre de visites guidées ; horaires et tarifs : se renseigner au ☎ 02-37-21-22-07).* La tour possède des accès menant aux combles (qui ne se visitent pas). Un incendie détruisit en 1836 la « forêt » de bois de la charpente. Le toit en plomb fondit et coula jusque dans les rues. On reconstruisit alors une charpente de fer et le toit fut recouvert de cuivre.
– ***Le pavillon de l'horloge,*** délicieux bâtiment Renaissance qui abritait le mécanisme de l'horloge de la cathédrale.
– ***Le porche nord, dit de l'Alliance,*** construit au début du XIIIe s, se développe sur 33 m de large et comprend 3 portails qui correspondent aux 3 portes donnant sur le transept. Toutes ses parties sont décorées d'une statuaire luxuriante sur les thèmes de l'Ancien Testament et de la Vierge. Sur le trumeau de la baie centrale (entre les portes), une Vierge sans tête est nichée dans les bras de sainte Anne. Aux ébrasements des portes (sur les côtés), une succession de grandes statues de patriarches et de prophètes annonciateurs de la venue du Christ depuis Melchisédech jusqu'à saint Pierre. Au linteau, la Dormition de la Vierge et son assomption ; au tympan, la glorification de Marie, accueillie par Jésus au ciel.
Dans les voussures les plus extérieures du porche central, toute la Genèse est décrite par des statuettes d'une variété et d'une expressivité étonnantes. Regardez attentivement les épisodes de la création du monde, en montant. Dieu y apparaît successivement dans plusieurs attitudes (désignant les plantes, les animaux) jusqu'à façonner le 1er homme sur ses genoux. À l'opposé, Adam et Ève, descendant, passent de la félicité de la vie au paradis aux réalités de la vie terrestre.
Dans la baie de gauche, principalement consacrée aux épisodes de la vie de la Vierge, dans le 3e cordon des voussures, les vices sont foulés au pied par les vertus (repérez l'illustration de la folie au Moyen Âge représentée par un personnage avalant une pierre). Aidé de Dieu, l'homme triomphe de Satan à l'origine de tous les maux. L'humanité se « rachète » par la vie active comme le travail de la laine ou par la vie contemplative comme la lecture et la prière, montrées sur la voussure la plus extérieure.
Sur les voussures du porche correspondant à la baie de droite sont représentés les travaux des champs avec la succession des mois de l'année scandée par les symboles du zodiaque. Sur les côtés de la porte, plusieurs statues figurant la révélation de la sagesse. Au tympan quelques scènes de l'Ancien Testament sur cette même thématique (le jugement de Salomon).
– ***Le porche sud, dit de l'Église,*** précédé d'un perron de 17 marches, est d'un style un peu plus sobre que le porche nord. Sa statuaire est consacrée à tous ceux qui suivent le Christ. Sur la porte centrale, le Christ foule aux pieds le lion et

le dragon. À ses côtés, les 12 apôtres. Le tympan, le linteau et les voussures montrent la Résurrection des morts et le Jugement dernier (voir la représentation de l'enfer). Au portail de gauche, dit des Martyrs, notez les statues des saints Georges et Roland, 4e à gauche et à droite de la porte, habillés comme les chevaliers du temps de Saint Louis. Le portail de droite met en scène les saints confesseurs.
– ***Le chevet :*** la vue sur celui-ci depuis le jardin est impressionnante. Notez la fantastique architecture des arcs-boutants à double volée, à la fois puissante et légère. La chapelle extérieure, du XIVe s, est reliée à l'église par un élégant escalier.

À l'intérieur

Sur le sol, au centre, se trouve le ***labyrinthe.*** Les pèlerins suivaient les 261,50 m de ses méandres, symbole de leur cheminement vers Dieu et vers l'éternité.
– ***Les vitraux :*** cet ensemble a traversé les siècles sans trop de dommages, puisque 80 % des vitraux sont d'origine ; exceptionnel ! Contrairement à d'autres, ils furent démontés lors des 2 guerres mondiales. Aujourd'hui, ils font l'objet d'un important programme de restauration. Au-delà de la finesse de leur exécution et de la richesse de l'éventail des épisodes relatés, l'art du vitrail constitue en lui-même toute une symbolique : il illustrerait les pierres précieuses évoquées dans la Bible à propos de la Jérusalem céleste, et la présence de Dieu (la lumière) dans l'humanité (la diversité des formes et des couleurs). Une 1re chose qui fascine, avant de se laisser envahir par cette magie des couleurs à proprement parler, c'est le bleu initial, visible sur la façade, le célèbre « bleu de Chartres », un bleu limpide et lumineux. Impossible de décrire les 176 verrières qui représentent plus de 5 000 personnages et plus de 150 heures de lecture, à la façon des bandes dessinées. Autant d'épisodes bibliques qui constituent une mine d'informations sur la vie au Moyen Âge.

CATHÉDRALE EN PENTE DOUCE

Le sol de la cathédrale est en pente vers l'entrée de l'édifice car, au Moyen Âge, beaucoup de pèlerins dormaient dans l'église ; il fallait pouvoir laver à grande eau, et cette dénivellation permettait d'évacuer l'eau plus facilement. Sur le sol, au milieu de la nef, un curieux dessin figurant un labyrinthe. Les pèlerins effectuaient les 261,50 m de méandres du labyrinthe à genoux, symbole de leur cheminement vers Dieu.

À défaut, souvent, de savoir lire, les visiteurs de la cathédrale maîtrisaient les codes gestuels de la communication et un peu de symbolique des couleurs, ce qui rendait les vitraux intelligibles par le plus grand nombre.
Parmi les plus caractéristiques, les 3 vitraux rescapés du grand incendie de 1194, sur la façade occidentale. *Le vitrail du centre,* le plus haut de la cathédrale (environ 11 m), est composé de carrés pesant entre 15 et 18 kg chacun. Il représente des scènes de la vie de Jésus. Comme dans la plupart des vitraux, il se lit de bas en haut et de gauche à droite. Le 1er rang en partant du bas figure, de gauche à droite : l'Annonciation, la Visitation, la Naissance de Jésus. Au 3e rang, on reconnaît les Rois mages (noter le souci du détail avec des pièces de monnaie en or portant l'écriture arabe). Sur le médaillon du centre, l'Offrande des cadeaux. Sur le rang au-dessus, au centre, Présentation de Jésus au Temple, etc.
Le vitrail de gauche présente la particularité d'être dominé par le jaune, il évoque la Passion du Christ, sa mort et sa résurrection, le jaune suggérant le soleil, donc la Gloire. En bas, à gauche du 2e rang, la Cène. À droite, le Lavement des pieds. Au milieu du vitrail, la Crucifixion et la Descente de croix où le vert représente l'espérance et le liseré rouge évoque la souffrance et le sang. Sur le vitrail de droite, l'arbre généalogique du Christ, dit *arbre de Jessé,* où le bleu domine. Maintenant si on balaie du regard ces 3 vitraux de la droite vers la gauche, on observe, outre l'intensification de la présence du jaune, de plus en plus de scènes représentées dans des cercles (le Divin) que dans des carrés (l'humanité, les 4 éléments).

La rose ouest donne l'impression d'un bijou scintillant. Scènes du Jugement dernier...
Beaucoup parmi les vitraux restants furent payés par les rois et les nobles, mais aussi par les corporations et corps de métiers de l'époque : bouchers, boulangers, maréchaux-ferrants, savetiers, corroyeurs, etc. Une illustration dans le bas du vitrail rappelle souvent le (ou les) généreux donateur(s).
Le bleu dans la plupart de ces vitraux a changé, il touche dorénavant plus au violet qu'à l'azur : le minerai de cobalt venant d'Europe centrale se raréfiant, on y mélangea du manganèse.
Le 2e vitrail dans le bas-côté nord, en partant de l'entrée principale, à gauche quand on est face à l'autel, détaille la vie de saint Lubin, patron des vignerons. On distingue dans la demi-lune du bas une taverne avec un aubergiste servant du vin. Dans le cercle suivant, un marchand de vin sur son cheval (l'intérêt de ce détail réside dans le fait que le cheval porte un collier d'épaule, témoignage d'une technique révolutionnaire pour l'époque) ; cercle au-dessus : un moine tirant le vin dans le cellier. Dernier cercle du vitrail, la messe avec les burettes de vin.
Dans le transept, 2 magnifiques roses. Celle du nord est formée de carrés donnant l'impression de timbres-poste. Elle célèbre la gloire de la Vierge, entourée d'anges et de colombes, de 12 rois de Judée et des 12 prophètes. La rose sud représente l'Apocalypse. Et en dessous, les grands prophètes portent les évangélistes sur leurs épaules. La cathédrale compte ainsi 3 roses, en comptant celle de la façade occidentale, et seules une vingtaine d'années séparent leur exécution successive ; et pourtant, voyez l'évolution des techniques, qui permit d'augmenter la surface vitrée, et ainsi de capter toujours plus de lumière.
– ***Le chœur*** est l'un des plus vastes de France. Aux fenêtres hautes, on a enlevé 8 vitraux pour donner de la lumière et permettre aux prêtres de lire leur missel, et on les a remplacés par des grisailles. Le chœur, réaménagé au XVIIIe s avec les placages de marbre, est entouré par une clôture, véritable dentelle de pierre sculptée qui date du XVIe s. Elle est composée de près de 200 statues, surmontées de dais à clochetons décorés d'une variété infinie de grotesques. La réalisation des 40 groupes, qui représentent les scènes de la vie de Marie et de Jésus, s'est étalée sur près de 2 siècles, et se regardent en commençant par le sud près du transept. À un endroit, amusant, on observe très nettement la transition opérée, en l'espace d'un an, entre le gothique et le style Renaissance, pour s'adapter à la demande et aux goûts des commanditaires. Dans le déambulatoire, côté sud, admirez *Notre-Dame de la Belle Verrière,* le vitrail le plus célèbre de Chartres. La Vierge, au centre, rescapée de l'incendie de 1194, possède toujours l'unique bleu de Chartres (avec les verrières occidentales), tandis que le reste, réalisé plus tard, est d'un bleu plus foncé.
– Dans une chapelle absidiale est présentée la relique du ***voile de Marie.*** L'impératrice Irène de Byzance l'avait offert à Charlemagne. Son petit-fils Charles le Chauve l'a donné à la cathédrale de Chartres en 876. Cette relique en soie naturelle, qui daterait de 2 000 ans, serait celle que portait Marie quand elle attendait la naissance de Jésus.
– ***La crypte :*** *rens au ☎ 02-37-21-75-02. Rdv pour la visite à la boutique de la cathédrale – près du portail principal – à 11h (sauf dim et j. fériés), 14h15, 15h30 et 16h45 avr-fin oct, plus une visite à 17h30 22 juin-21 sept ; nov-fin mars, visites à 11h (sauf dim et j. fériés) et 16h15. Crypte fermée 1er janv et 25 déc. Tarif : 5 € ; réduc. Billet couplé cathédrale et crypte : 11 €. Visite Chartres en lumières Privilège ven mai-oct : 20 €. Résa à l'office de tourisme.* La plus vaste de France, elle épouse la quasi-totalité de l'édifice et date essentiellement du 1er quart du XIe s et mesure quelque 250 m de long, c'est la plus vaste de France. Elle est composée de 2 galeries, au nord et au sud, d'un martyrium, de vestiges de l'église primitive et d'un puits dont la profondeur correspondrait au niveau de l'Eure en contrebas. Quelques fresques romanes sur le mur de certaines chapelles. La visite proposée lors de Chartres en Lumières offre une occasion de descendre dans la crypte à la lueur des bougies, magique !

Visite de la ville

Pour découvrir les ***vieux quartiers,*** l'office de tourisme propose des parcours audioguidés avec location d'écouteurs (durée : env 2h). Mais il est également possible de visiter le vieux Chartres en petit train *(fin mars-début oct ; 35 mn de promenade pour 7 € en circuit de jour, et 8 € de nuit ; réduc).*
À noter, de mi-avril à mi-octobre, le parcours nocturne « ***Chartres en lumières*** » ; une vingtaine de sites et monuments sont illuminés et mis en musique à la tombée de la nuit : une occasion de redécouvrir la ville d'une manière originale *(voir à l'office de tourisme les différentes visites guidées).*

Le musée des Beaux-Arts : *29, cloître Notre-Dame. ☎ 02-37-90-45-80. Situé à côté de la cathédrale, dans l'ancien palais épiscopal. Ouv jeu-dim 10h-12h30 (sauf dim mat), 14h-17h (18h sept-oct et 20h jeu). GRATUIT.* Dans le cadre raffiné de l'ancien palais épiscopal, construit pour l'essentiel aux XVIIe et XVIIIe s, le musée présente de belles collections de peintures, sculptures et objets d'art, du Moyen Âge au XXe s : on peut mentionner 12 émaux représentant les Apôtres de Léonard Limosin, commandés par François Ier, des toiles de Zurbarán, Chardin, Corot, Soutine, Vlaminck, Derain... Un important ensemble d'œuvres et documents consacrés aux civilisations de l'Océanie est également exposé et vaut vraiment la visite. En sortant, faire un tour dans les jardins qui surplombent la forêt de toits de la ville basse.

Balade dans la ville haute : peu de villes en France ont conservé un caractère médiéval aussi homogène. Les rues continuent à serpenter facétieusement et nous offrent de savoureux noms anciens : rues de la Poêle-Percée, au Lait, de la Porte-Cendreuse, de la Grenouillère... Partez à la recherche des maisons médiévales, vous les atteindrez souvent en empruntant des raidillons, coupés d'escaliers, les « tertres ».
Commençons la promenade par le quartier de la cathédrale, appelé aussi « le Cloître ». Face à la cathédrale, belle maison à tympans sculptés qui hébergea le roi Henri III venu en pèlerinage à Chartres.
– Au no 5 rue du Cardinal-Pie, dans une cour, voir l'ancienne grange aux Dîmes qui abrite aujourd'hui le ***Centre international du vitrail*** *(☎ 02-37-21-65-72 ; ● centre-vitrail.org ● ; lun-ven 9h30-12h30, 13h30-17h45 ; sam 10h-12h30, 14h30-17h45 ; dim et j. fériés 14h30-17h45 ; fermé 1er janv et 25 déc ; entrée : 7 €, réduc ; 5 € sur présentation de ce guide).*
Cette ancienne grange aux dîmes, datant du XVIIe s, abrite aujourd'hui un centre où des expos temporaires et permanentes vous en apprendront un rayon sur ces splendides verres colorés. On peut aussi admirer de près des copies des vitraux de la cathédrale et des églises Saint-Pierre et Saint-Aignan. Voir aussi le Cellier, salle du XIIIe s à triple nef voûtée d'ogives.
– Rue du Cheval-Blanc, quelques maisons en encorbellement. Au no 10 rue Noël-Ballay, la *maison Claude-Huvé* (XVIe s) dont la façade Renaissance est entièrement sculptée. Place de la Poissonnerie, aux nos 10 et 14, une maison de bois à colombages, la plus ancienne de Chartres : la ***maison du Saumon*** et ***de la Truie qui file.*** Encorbellements soutenus par des consoles sculptées représentant un cep de vigne, un ange, un poisson et une Vierge. Installé dans la *maison du Saumon,* l'office de tourisme reste un lieu d'accueil et d'information.
– ***La place Billard,*** entièrement rénovée en 2013, accueille depuis des siècles le marché. Il a lieu chaque mercredi et samedi matin, sous les halles. Les producteurs des environs viennent y vendre leurs produits.
– Rue du Bourg, à 2 pas, la ***maison des Consuls*** avec l'escalier de la reine Berthe aux poutres extérieures finement travaillées. De là, empruntez la rue des Écuyers, très pittoresque. On rejoint ensuite la rue Saint-Pierre avec, au no 16, la *maison des Trois-Pigeons.*

– ***Place de l'Étape-au-Vin,*** aux n°s 8 et 10, maison à pans de bois et entrée de l'ancien couvent des cordeliers. À côté, la jolie église Saint-Aignan, mi-gothique, mi-Renaissance, qui conserve quelques beaux vitraux Renaissance.
– ***Rue des Grenets,*** au n° 12, le magnifique *hôtel de la Caige* (XVe s) avec ses chaînages de pierre et son décor en brique. Voir encore l'hôtel de ville, belle construction du XVIIe s et, à côté, l'*ancien hôtel Montescot* dont les 3 corps de bâtiment arborent les bustes d'Henri IV, de Marie de Médicis et de Louis XIII.

L'église Saint-Pierre : *dans la ville basse.* Gracieux édifice, ancienne abbatiale des bénédictins. Clocher-donjon roman, à peine plus haut que le toit. À l'intérieur, on est surpris par l'étonnante clarté de l'édifice. La partie basse du chœur et les chapelles absidiales sont romanes, mais le vaisseau est du gothique le plus pur. La hauteur de la nef et la légèreté des arcs-boutants lui confèrent une grande finesse. Les vitraux des XIIIe et XIVe s complètent ceux de la cathédrale.

Balade dans la ville basse : de l'église Saint-Pierre, rejoindre l'Eure vers la porte Guillaume. Suivre ensuite le bras intérieur de l'Eure par la rue de la Tannerie, puis la rue du Massacre. Nombreux moulins et lavoirs anciens tout au long des eaux nonchalantes et des petits ponts de pierre qui livrent, de temps à autre, un joli point de vue. La collégiale Saint-André, du XIIe s, a vu son chœur tomber dans l'Eure. Petit jardin médiéval avec des plantes médicinales. Du pont du Massacre, plus loin, on embrasse la vision romantique des petites écluses, du vieux pont Saint-Thomas, à dos d'âne, et de l'église Saint-André. Pour finir, rejoindre par la rue de la Brèche la ***rue Chantault,*** l'une des plus charmantes de la ville. Au n° 29, la maison la plus ancienne (XIIe s) avec baies romanes et tympans sculptés.

La Petite Venise et le parc des Bords-de-l'Eure : *☎ 09-84-40-03-35. • petite-venise-chartres.fr • À la limite de la ville basse, près de la pl. Morard, au pont de la Courtille. Ouv mai-sept. Horaires variables selon météo. Loc d'embarcations à pédales à partir de 15 € les 30 mn.* Canoës, embarcations à pédales, à vous de choisir votre « monture » pour un parcours pouvant aller jusqu'à 6 km aller-retour sur l'Eure, dans un cadre de verdure reposant. Également une guinguette sur place, avec une terrasse plein sud, pour ceux qui préfèrent rester les pieds dans l'eau. Côté parc, volières, chèvres et lapins. Pour les tout-petits, aire de jeux sous les magnifiques arbres centenaires, et pelouse verdoyante.

La maison Picassiette : *22, rue du Repos. ☎ 02-37-34-10-78. ♿ (accès partiel). À 1,8 km à pied du centre-ville, pas loin du cimetière « Saint-Chéron ». De mi-mars à mi-nov, tlj sauf lun, mar-ven 10h-12h30, 14h-18h ; sam-dim 14h-18h. Fermé le reste de l'année, plus 1er et 8 mai. Entrée : 6 € ; réduc ; gratuit moins de 18 ans.* Petite maison confectionnée à l'aide de faïences, de porcelaines et de poteries brisées par Raymond Isidore, un balayeur de cimetière, poète à ses heures, qui passa les 30 dernières années de sa vie à réaliser ce chef-d'œuvre de l'art naïf.

MAINTENON (28130) 4 400 hab.

À 20 km au nord-est de Chartres par la D 906 ou, si vous êtes à pied, par le GR Vallée de l'Eure (4h). Agréable petite ville blottie autour de son château. Dans les environs, la charmante ville de *Nogent-le-Roi,* avec son église imposante, ses maisons à colombages et son parc où gambadent des daims en liberté.

Info utile

– ***Chartres-Maintenon :*** de nombreux trains quotidiens relient les 2 villes en 10 ou 20 mn.

À voir. À faire

Le château : *☎ 02-37-23-00-09. • chateau.maintenon@eurelien.fr • chateaudemaintenon.fr • Avr-sept, tlj sauf lun 10h30-19h ; fév-mars et oct-déc, tlj sauf lun 14h (10h30 le w-e)-18h30. Ouv les j. fériés sauf 1er janv et 25 déc. Fermé fin déc-janv. Dernière entrée 1h avt la fermeture. Visite nocturne de mi-mars à mi-nov (résa obligatoire, se renseigner). Entrée : 8,50 € ; réduc ; gratuit moins de 7 ans. Visite guidée à 15h le w-e, et tlj en juil-août. Pour les visites libres, l'accueil fournit un guide de visite et un livret ludique pour les enfants.* L'histoire de ce château d'origine médiévale (comme l'atteste la tour carrée du XIIe s) se confond avec celle de Françoise d'Aubigné, marquise de Maintenon, qui achète le domaine en 1674, l'agrandit et l'embellit avant de devenir, 10 ans plus tard, l'épouse secrète de Louis XIV. Très beau mobilier XVIIe-XIXe s, salons chinois, boiseries et dorures. Les jardins à la française ont été réaménagés sur les bases d'un plan attribué à Le Nôtre. En été, des visites nocturnes sont organisées dans les jardins illuminés. Magique, tout simplement !

INSATIABLE

Au soir de sa vie, à 70 ans, Louis XIV honorait encore assidûment sa 2de épouse, Mme de Maintenon (elle en avait 73), laquelle s'en plaignait régulièrement à son confesseur : « Il me tue au devoir conjugal », disait-elle.

L'aqueduc : excentré, au bout du parc du château. Vauban et La Hire en furent les auteurs, à la demande de Louis XIV qui voulait acheminer les eaux de l'Eure à Versailles. Construit par 30 000 hommes entre 1684 et 1694, ce projet gigantesque, fruit des caprices d'un roi (d'autres solutions étaient techniquement possibles), resta inachevé, ce qui lui donne son aspect si romantique. Initialement, l'aqueduc devait avoir 3 étages ; un seul fut réalisé. Il reste aujourd'hui 47 arcades qui s'étirent sur près de 1 km.

ILLIERS-COMBRAY (28120) 3 250 hab.

C'est ici que Marcel Proust passa ses vacances d'enfant, sources d'inspiration d'*À la recherche du temps perdu*. « Ce passé, descendu dans la terre, me donnant fort à songer, me faisant ajouter, dans le nom de Combray, à la petite ville d'aujourd'hui, une cité très différente, relevant mes pensées par son visage incompréhensible d'autrefois qu'elle cachait sous les boutons d'or. » Si vous souhaitez entrer dans l'intimité des inspirations proustiennes, vous devez passer quelques heures à Illiers-Combray, visiter la maison de tante Léonie, le Pré Catelan de l'oncle Amiot ou vous rendre au château de Tansonville (par la D 149 direction Bullou) dont le propriétaire, le comte d'Aymery, aurait inspiré le personnage de Swann (pas de visite).

DU CÔTÉ D'ILLIERS-COMBRAY

À l'origine, la ville ne s'appelait qu'Illiers. C'est en 1971, à l'occasion du centenaire de la naissance de Marcel Proust, que Raymond Marcellin, alors ministre de l'Intérieur, décida de rebaptiser la commune en incluant le toponyme imaginé par l'écrivain dans À la recherche du temps perdu. *À l'heure actuelle, Illiers-Combray est la seule commune française à avoir adopté un nom emprunté à la littérature.*

Où dormir ? Où manger à Illiers et dans les environs ?

Hôtel Les Aubépines : *17, av. Georges-Clemenceau (pl. de la Gare). ☎ 02-37-24-49-49. • lesaubepines28120@orange.fr • hotel-lesaubepines.com • Resto fermé dim soir. Doubles 75-89 € ; familiale. Formules et menu du jour le midi en sem 15-18 € ; menus 23-27 €. Parking privé ; accueil vélos.* C'est l'ancien hôtel de la Gare, mais ne craignez rien, l'insonorisation est bonne, et la circulation de nuit se fait rare. Les charmants propriétaires, des pros de l'hôtellerie et artistes dans l'âme, l'ont restauré en préservant son caractère et son histoire et ont même créé un petit jardin (voir les photos en noir et blanc qui ornent les murs du bar-restaurant). Les 12 chambres sont confortables et toutes différentes, décorées avec soin par la maîtresse des lieux. Quant à la cuisine, elle est tout simplement délicieuse et imaginative. Service de restauration dans le jardin quand le temps le permet.

L'Ascalier : *9, pl. du Dauphin, 28160* ***Brou.*** *☎ 02-37-96-05-52. • lascalier@wanadoo.fr • Tlj sauf dim soir, lun soir et mar. Formule en sem 16 € ; menus 24-43 €.* Place au terroir ! Ici, on cuisine des petits plats bien de chez nous avec une bonne dose de produits de saison et une pointe de raffinement. L'hiver, le feu crépite au rez-de-chaussée, mais pour une ambiance encore plus feutrée, empruntez donc l'imposant escalier du XVIe s. À l'étage, 2 salles, dont une petite et discrète idéale pour les repas en famille ou entre amis. Levez donc les yeux, les paniers accrochés au lustre vous surprendront. Et au fait, pourquoi *L'Ascalier* ? Pour faire honneur au patois du Perche, pardi !

À voir. À faire

La maison de tante Léonie – musée Marcel-Proust : *4, rue du Dr-Proust. ☎ 02-37-24-30-97. Tlj sauf lun 14h15-17h (17h30 juil-août). Visites guidées (conseillées ; env 1h) à 14h30 et 16h, ainsi qu'à 11h en juil-août. Fermé 15 déc-15 janv et j. fériés. Entrée : 7 € ; réduc ; gratuit moins de 18 ans.* Dans le centre du bourg, ravissante maison tapie au fond d'un petit jardin. Marcel Proust y a passé ses vacances enfant. La Société des amis de Marcel Proust, propriétaire des lieux, a reconstitué les décors d'époque (dont l'ornementation orientale créée par l'oncle Jules Amiot) à partir de photos et des détails fournis par l'auteur. Pour plonger dans l'univers proustien.
– Après la visite, baladez-vous à travers les rues du village jusqu'au ***Pré Catelan,*** le parc exotique créé par son oncle.

5 circuits pédestres dans le secteur, au départ de l'office de tourisme parmi lesquels un parcours sympa et facile de 3 km « À la recherche de Marcel Proust » pour découvrir la ville en 1h. Également une rando de 13 km (3h15), aménagée aussi pour le VTT, à la découverte des sources du Loir. Livrets à l'office de tourisme ou à télécharger sur • *123randonnee.fr* •

DANS LES ENVIRONS D'ILLIERS-COMBRAY

La Danse macabre de l'église Saint-Orien de Meslay-le-Grenet : *à 15 km au nord-est en allant vers Chartres. Ouv 1er dim du mois 14h-18h. Visite sur rdv auprès de l'Association des amis de l'église de Meslay : 06-31-12-10-21.* C'est, paraît-il, la *Danse macabre* la plus complète et la plus « harmonieuse » d'Europe. Cette superbe peinture de la fin du XVe s constitue en fait un sermon sur l'égalité devant la mort. Unique en Europe ! Si vous n'avez pas pu obtenir de rendez-vous pour une visite, sachez qu'il est possible de voir l'intérieur de l'église depuis un sas. Futé !

Le collège royal et militaire : *28480* ***Thiron-Gardais.*** *☎ 02-37-49-79-54. À 20 km à l'ouest direction Nogent-le-Rotrou. • collegeroyal-thirongardais.com • Ouv mai, ven-dim et j. fériés 14h-18h ; juin-sept, mer-dim 14h-18h (juil-août tlj 10h-13h, 14h-19h). Visites à la bougie (en nocturne) et visites thématiques en été (sur résa). Tarif : 8 €/pers ; réduc ; gratuit moins de 12 ans. Audioguide gratuit (enregistré par Stéphane Bern, himself !).* Stéphane Bern, féru d'histoire, c'est bien connu, s'est investi à fond dans la restauration de ce joyau architectural. La visite des anciennes salles de classe, transformées en musée, éclaire sur la vie de cet ancien établissement royal et militaire, l'un des 11 fondés par Louis XVI en 1776. Passionnant.
Visite également des ***jardins*** du collège, une merveille de tranquillité et de poésie, restaurés par le paysagiste Louis Benech à qui l'on doit, entre autres, le réaménagement des Tuileries à Paris.

CHÂTEAUDUN (28200) 13 000 hab.

À 45 km de Chartres et à 30 km d'Illiers-Combray en passant par Brou. Petite ville paisible, au bord du Loir que domine à quelque 60 m son majestueux château Renaissance.

Où manger ?

Aux Trois Pastoureaux : *31, rue André-Gillet. ☎ 02-37-45-74-40. • j-f.lucchese@aux-trois-pastoureaux.fr • Ouv mar soir-sam. Formule déj en sem 25,50 € ; menus 34-58 € ; carte env 48 €. Café offert sur présentation de ce guide.* Dans la plus ancienne auberge dunoise, une salle au décor moderne et chaleureux. La carte et les menus sont élaborés avec les produits du terroir pour une cuisine plutôt recherchée et succulente. Petite terrasse dans l'arrière-cour et accueil sympa.

Où dormir ? Où manger dans les environs ?

Hôtel Saint-Jacques : *35, rue Nationale, 28220* ***Cloyes-les-Trois-Rivières.*** *☎ 02-37-98-40-08. • info@lesaintjacques.fr • lesaintjacques.fr • Double 89 €. Resto gastro le soir mar-sam et midi w-e, menus 15,50-42,50 €.* Reconversion réussie pour cet ancien relais de poste du XVIIe s. Le mobilier moderne et les chambres aux tons clairs se marient à merveille avec les poutres apparentes et l'immense cheminée d'époque. Derrière l'hôtel, le jardin au bord de l'Eure offre un cadre de détente idéal. Même Zola en profita ; l'auteur descendit 2 jours ici pour écrire *La Terre*, son célèbre roman sur le monde paysan et la Beauce. Côté table, très bon rapport qualité-prix. Tout est fait maison, y compris les glaces.

À voir

Le château : *☎ 02-37-94-02-90. • chateau-chateaudun.fr • Mai-août, tlj 10h-13h, 14h-18h (18h15 juil-août) ; sept-avr, tlj 10h-12h30, 14h-17h30. Dernier billet 1h avt la fermeture. Fermé 1er janv, 1er mai et 25 déc. Entrée : env 6 € pour la visite du château et du jardin ; réduc ; gratuit moins de 18 ans, et moins de 26 ans ressortissants de l'UE.*

Souvent présenté comme le 1er château de la Loire, le château de Jean de Dunois, compagnon de Jeanne d'Arc, est un magnifique édifice (XIIe-XVIe s) qui surplombe le Loir à plus de 60 m. À ne pas manquer : la touchante Sainte-Chapelle, ainsi que l'escalier monumental, qui marque la transition entre le gothique flamboyant et la Renaissance. Dommage que le château soit très peu meublé... si ce n'est sur un mur, une tenture de 55 m formée de 14 tapisseries représentant des scènes de l'Ancien Testament. Les cuisines voûtées sont tout de même impressionnantes. Et, dans une salle, qui abrita un tribunal révolutionnaire, les anciennes peintures ont été mises en évidence : des fleurs de lys en l'honneur d'une visite de Louis XIV. Curieux contraste...
Au sous-sol, il faut passer sous les voûtes gothiques des cuisines pour rejoindre le jardin suspendu aménagé en 2013, selon les plans d'une gravure datant du XVIIIe s. Au pied du donjon, vous trouverez un jardin médiéval, avec 150 variétés de plantes médicinales, alimentaires et utilitaires.

• Carte La Loire, d'Orléans à Sully *p. 497*

Comment y aller ?

Par la route

➢ ***De Paris :*** A 10, sortie Orléans. Ou alors N 20 (porte d'Orléans), puis longer la Loire sur la rive droite (D 960) en direction de Châteauneuf-sur-Loire.

En train

➢ ***De Paris :*** pour Orléans, départ de la gare d'Austerlitz ttes les heures au moins. Durée : de 1h à 1h30 de trajet. **Attention**, tous les trains n'arrivent pas à Orléans-Centre ; certains s'arrêtent uniquement à ***Orléans-Les Aubrais*** *(hors plan par B1).* Mais la ligne A du tramway assure une liaison ttes les 6-10 mn entre les 2 gares (trajet très court).
– *Rens SNCF :* ☎ *36-35.* • *oui.sncf* •

ORLÉANS (45000) 114 900 hab.

• Plan *p. 498-499*

Orléans, Ville d'art et d'histoire, aurait pu être la capitale de la France. Sa position stratégique sur le plus long fleuve du pays avait tout pour l'aider. Mais son environnement sauvage et la Sologne, tout près, dont les marais favorisaient à l'époque la malaria, l'a finalement disqualifiée au profit de Paris.
Un temps ville « capitale », grâce à une certaine pucelle qui l'avait extirpée des griffes des conquérants anglais, elle ne le resta cependant pas longtemps.
Aujourd'hui, elle se console modestement en étant celle de la région Centre-Val de Loire.
Mais elle connaît surtout, depuis quelques années, une vraie métamorphose et sort de son image jusque-là terne et éteinte : aménagement de rues piétonnes et de places du centre historique, éclairages modifiés, ravalement de façades... La ville se tourne à nouveau vers son fleuve, avec ses quais animés et joliment entretenus, rendus aux promeneurs.

UN PEU D'HISTOIRE

Le ***siège d'Orléans,*** de 1428 à 1429, est un chapitre essentiel de l'histoire de France. On est en pleine guerre de Cent Ans quand, en octobre 1428, 4 000 Anglais s'installent aux portes de la ville pour un siège qui va durer de longs mois. C'est alors que ***Jeanne d'Arc*** lance un ultimatum aux envahisseurs (« Je suis ici de par Dieu le roi du Ciel et je vous bouterai hors de France ! ») et redonne courage aux Orléanais. Contre l'avis des responsables de la place, elle charge à plusieurs reprises l'adversaire, bannière blanche au vent et remporte à chaque fois une victoire ; le 8 mai, les forces anglaises dépitées rentrent la tête

basse, tandis que Jeanne reprend une à une toutes les villes de la Loire et remporte sa plus grande bataille à Patay, le 18 juin.
Pendant la ***Renaissance,*** Orléans se refait une beauté, mais arrivent les ***guerres de Religion...*** Le cœur intellectuel d'Orléans en fait une ville naturellement protestante (Calvin y a d'ailleurs fait ses études). La cathédrale (construite au XIIIe s) est détruite presque totalement. De nombreux protestants de la ville sont massacrés en 1572 lors de la ***Saint-Barthélemy.***
La ville redevient prospère au XVIIe s, en se lançant dans le raffinage du sucre qu'elle vend dans le monde entier. Le textile participe également à son essor, au point qu'au XVIIIe s Orléans est classée parmi les 10 plus grandes villes du pays grâce à son intense trafic fluvial.
Mais un ***déclin commercial et industriel*** se produit au XIXe s : la ville, très axée sur son commerce fluvial, n'a pas su profiter des bienfaits du tout nouveau chemin de fer... Seule la ***fabrication du vinaigre,*** dont elle s'est fait une spécialité, a pu redorer un temps l'industrie orléanaise.
La ***2de Guerre mondiale,*** à son tour, lui porte un rude coup : 17 ha du centre-ville sont détruits pendant les bombardements de juin 1940, dont une partie des quartiers historiques...
Après une longue phase d'endormissement, une importante politique d'urbanisme est mise en œuvre. Désormais, Orléans voit grand... et peut rivaliser avec sa dynamique voisine tourangelle !

Quelques conseils pratiques pour circuler et stationner en ville

Orléans est une ville à taille humaine, facile à parcourir à pied et dont les principaux sites sont desservis par le tram. Pour profiter de la ville sans vous soucier de votre carrosse, on vous conseille de vous garer ! La majorité des parkings sont payants. Mais de nombreux ***parcs-relais*** (la plupart surveillés) sont couplés avec un billet de tram pour 3 €. Sinon, un bon plan, ***les mails de la ville sont gratuits du samedi midi au lundi.*** Parfait pour le week-end !

– ***Tramway :*** Orléans possède une ligne de tramway qui va du nord au sud de la ville et dessert les 2 gares SNCF. Une 2e ligne est-ouest croise la 1re à la station « De-Gaulle » et relie « La Chapelle-Saint-Mesmin » à « Saint-Jean-de-Braye ». Achat des tickets (1,60 € par trajet ; 4 € pour la journée) sur le quai, dans le bureau de *TAO* ou dans les bureaux de tabac.

Adresses et infos utiles

🛈 ***Office de tourisme*** *(plan C2)* **:** *en attendant son déménagement futur pour la pl. du Martroi, le bureau est situé au 2, pl. de l'Étape (à côté de la cathédrale). ☎ 02-38-24-05-05. • tourisme-orleansmetropole.com • Ouv tte l'année : avr-sept, tlj 9h30-19h ; oct-mars, lun-sam 9h30-18h30, dim et j. fériés 10h-18h.* Documentation, visites de la ville (accès au sommet de la cathédrale en été, visite des cryptes sur inscription), billets à tarif préférentiel pour la visite de certains châteaux. Propose également un ***City Pass*** très avantageux *(18 € pour 1 jour)* incluant tous les sites majeurs de la métropole, plus des offres et réductions chez des commerçants partenaires. Partenaire de *La Loire à Vélo* (vente de cartes de différents tronçons).

🚴 ***Location de vélos :***
– ***Vélo' + :*** *infos au ☎ 0800-008-356 (n° Vert) ou sur • reseau-tao.fr •* Plus de 350 vélos en libre-service, disponibles tous les jours, 24h/24. Plusieurs formules d'abonnement (à la journée ou à la semaine notamment).
– ***Wheel-free :*** *44, rue du Général-de-Gaulle, 45650* ***Saint-Jean-le-Blanc.*** *☎ 02-38-44-26-85. • wheel-free.fr • Juin-août, mar-sam 9h-12h30,*

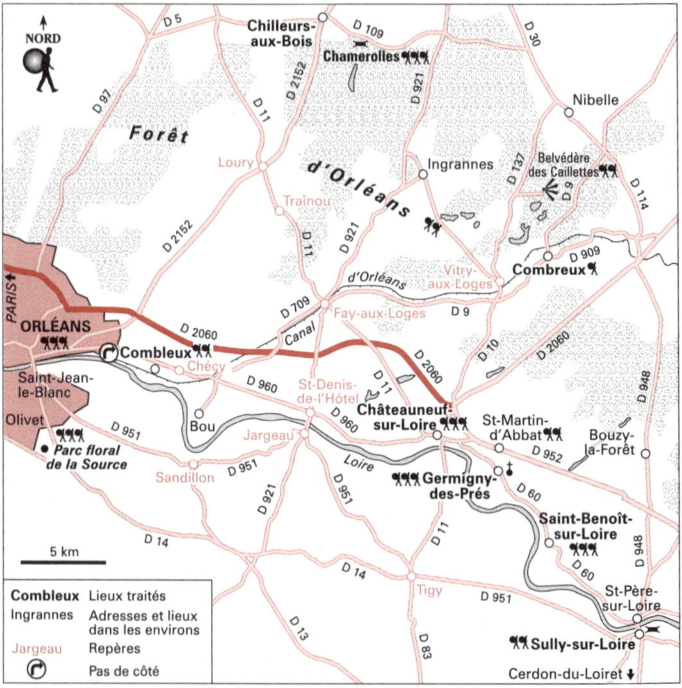

LA LOIRE, D'ORLÉANS À SULLY

13h45-18h30 (juil-août tlj 9h-19h). Compter 17-45 €/j. selon modèle. Location de vélos standard ou à assistance électrique.

Taxis : *station principale au 5, rue Saint-Yves (au centre bus, à côté de la gare Orléans-Centre). ☎ 02-38-53-11-11 (24h/24). • taxis-orleans.fr •*

■ **Location de voitures :** **Ada,** *27, rue Basse-Mouillère. ☎ 02-38-47-98-32.* **Avis,** *91, rue André-Dessaux. ☎ 02-38-62-27-04.*

– **Marchés :** *quai de Loire tous les sam mat ; marché nocturne tte l'année, ven 16h-22h, pl. du Martroi.*

Où dormir ?

Camping

Camping d'Olivet (hors plan par A3, **10**) **:** *rue du Pont-Bouchet, 45160* **Olivet.** *☎ 02-38-63-53-94. • infos@camping-olivet.org • camping-olivet.org • À 6 km du centre-ville d'Orléans. Traverser le pont du Maréchal-Joffre direction Vierzon (D 20). Des gares SNCF d'Orléans-Centre et des Aubrais, prendre le tram A direction La Source et descendre à l'arrêt Lorette, puis marcher 800 m. Ouv avr-oct. Résa indispensable dès juin. Compter 22 € pour 2 avec tente ; 10-12 € en escale vélo pour 1 pers.* Un petit camping d'une cinquantaine d'emplacements assez ombragés et agréables, calme et heureusement... car c'est le seul près d'Orléans ! Le

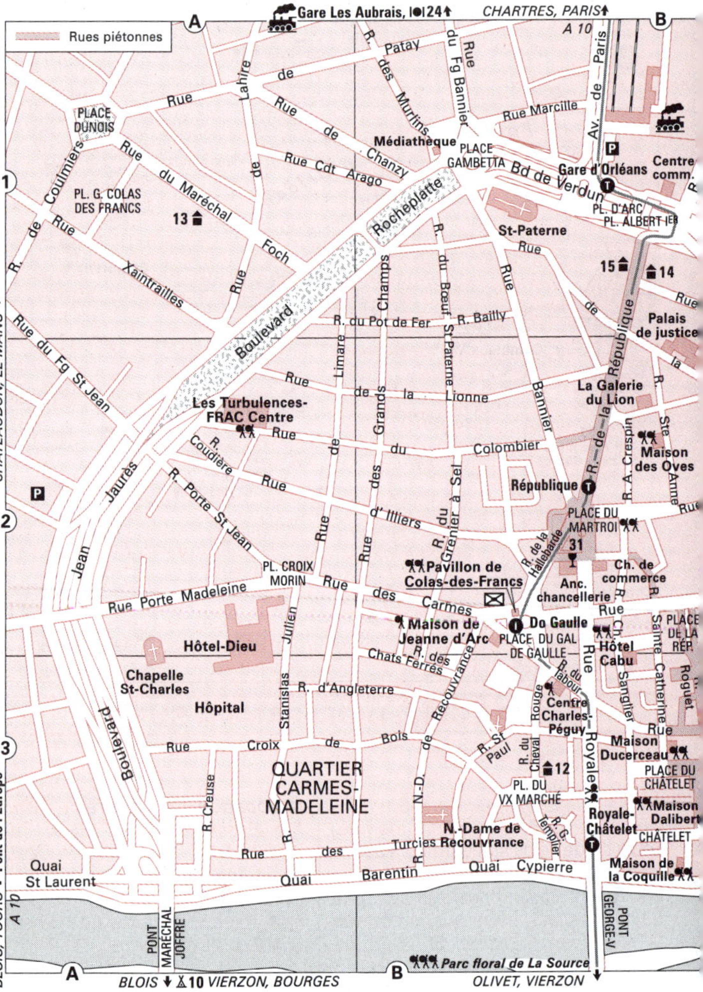

Adresse utile

Office de tourisme (C2)

Où dormir ?

10 Camping d'Olivet (hors plan par A3)
11 Auberge de jeunesse (hors plan par D3)
12 Hôtel Marguerite (B3)
13 Hôtel des Cèdres (A1)
14 Hôtel de l'Abeille (B1)
15 Best Western Hôtel d'Arc (B1)

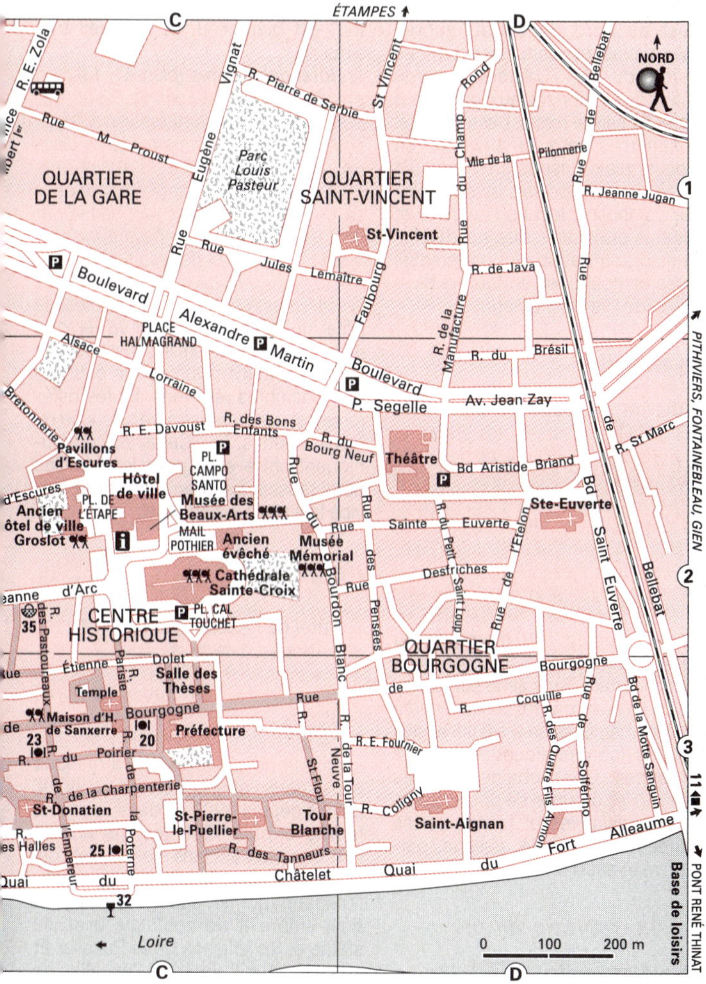

ORLÉANS

Où manger ?

20 Les Fils à Maman (C3)
23 La Mangeoire (C3)
24 De Sel et d'Ardoise (hors plan par B1)
25 Le Lift (C3)

Où boire un verre ?

31 La Chancellerie (B2)
32 L'Inexplosible (C3)

Où acheter du bon vinaigre ?

35 Martin Pouret (C2)

site est classé, et le coin charmant. On est au bord du Loiret, auprès duquel s'affairent silencieusement les pêcheurs du coin. Castors, canards et chant des p'tits zoziaux garantis... Tournée de pain le matin, bar sur place, et commerces dans les environs. En été, petits plats chauds (pizzas, œufs cocotte...) à emporter le soir. Sur place, trampoline, location de vélos et canoës. À proximité, piscine découverte (juin-août) avec tarif préférentiel pour les campeurs et, surtout, la base de loisirs de l'île Charlemagne.

Bon marché

Auberge de jeunesse *(hors plan par D3,* ***11****) : 3, rue Croix-Péchée. ☎ 02-38-53-60-06. • aubergedejeunesseorleans.fr • auberge.crjs45@orange.fr • Accueil lun-ven 8h30-23h ; le w-e 9h-14h, 16h-20h ; j. fériés 9h-23h. En dortoir (2-4 lits), nuitée 26 €/pers ; chambre individuelle 38 €, double 42 € ; petit déj et draps inclus. Jus de fruits offert à l'arrivée sur présentation de ce guide.* À 10 mn à pied du centre-ville, l'AJ bénéficie d'un environnement pourtant très calme sur le parcours de *La Loire à Vélo*. 50 lits répartis dans des chambres de 2 à 3 lits et des chambres (communicantes) jusqu'à 6 personnes. Une aubaine pour les familles ou les groupes de potes. Salles de bains privatives et toutes sortes d'équipements (laverie, cuisine, parking privé et aussi un local vélo).

De prix moyens à chic

Hôtel Marguerite *(plan B3,* ***12****) : 14, pl. du Vieux-Marché. ☎ 02-38-53-74-32. • reservation@hotel.marguerite.fr • hotel-orleans.fr • Congés : vac scol de Noël. Doubles 59-110 €.* Cette façade de brique très banale cache un hôtel fonctionnel refait alliant confort et prix raisonnables. Chambres agréables dans les tons bleus, spacieuse cage d'escalier (avec ascenseur). On aime particulièrement la belle chambre d'angle avec 3 fenêtres (bien chaude en été !), malgré sa petite salle de bains. Salle pour le petit déj (complet, servi, et non pas buffet) pas bien grande mais baignée de lumière. Mon tout est bien tenu, et l'accueil très aimable.

Hôtel des Cèdres *(plan A1,* ***13****) : 17, rue du Maréchal-Foch. ☎ 02-38-62-22-92. • contact@hotelcedresorleans.com • hotelcedresorleans.com • Dans un quartier tranquille et résidentiel d'Orléans, excentré mais à 10 mn de la pl. du Martroi. Congés : fin déc. Doubles 64-110 €. Parking payant (ou stationnement gratuit dans la rue). Réduc de 10 % sur le prix de la chambre sur présentation de ce guide.* Un paisible hôtel, qu'on aime bien pour sa véranda où les clients prennent leur petit déj aux beaux jours, avec vue sur un petit jardin. Chambres rénovées, toutes différentes et confortables, avec douche ou bains, toilettes, TV... Certaines communiquent entre elles pour les familles nombreuses. Excellent accueil et service très pro. Un bon hôtel.

Plus chic

Hôtel de l'Abeille *(plan B1,* ***14****) : 64, rue Alsace-Lorraine. ☎ 02-38-53-54-87. • hoteldelabeille@wanadoo.fr • hotel-abeille.com • Doubles 90-128 € ; familiales. Parking payant. Réduc de 10 % sur le prix de la chambre sur présentation de ce guide.* Il y a quelque chose dans l'atmosphère de cet hôtel, ouvert depuis 1903 et dans la même famille depuis 1919 (ce qui en fait l'un des plus anciens de la ville), qui nous a séduits : le chaleureux salon-réception (qui fait aussi salle de petit déj), empreint de nostalgie avec sa statue et les affiches de la Pucelle. Et aussi l'accueil aimable, l'escalier de bois patiné, le style des chambres, toutes différentes, plus ou moins grandes, avec double vitrage. Au 4e étage, terrasse-jardin avec vue exceptionnelle sur la cathédrale. Beaucoup de charme, en somme, pour cette petite adresse d'une vingtaine de chambres.

Best Western Hôtel d'Arc *(plan B1,* ***15****) : 37 ter, rue de la République. ☎ 02-38-53-10-94. • reception@bw-orleans.fr • Ouv 24h/24, tte l'année sauf 1er janv et 25 déc. Doubles 99-199 €. Petit déj 15 € (cher !).* Ce bel hôtel, avec un magnifique ascenseur

Art déco, bénéficie d'un accueil irréprochable et serviable. Les chambres sont très confortables : clim, TV satellite, etc. Les *prestige* et *deluxe* sont plus spacieuses, avec un coin salon, voire un balcon. Le seul hic : le prix excessif, particulièrement pour les *standard*, vraiment petites !

Où manger ?

De bon marché à prix moyens

La Mangeoire (plan C3, **23**) : *28, rue du Poirier. ☎ 02-38-68-15-38. Tlj sauf dim et j. fériés. Résa indispensable le soir. Plat du jour 9 € ; carte env 21 €.* « Copieux et on en a pour son argent », tels sont les mots qui reviennent en sortant de *La Mangeoire.* L'ambiance est jeune et décontractée, on s'y bouscule. Clientèle d'habitués le midi. Entre copains, on apprécie de s'attabler en terrasse ou dans cette petite salle un peu bruyante mais conviviale, pour une tartine Biquette, une cassolette de gambas et Saint-Jacques, etc.

Les Fils à Maman (plan C3, **20**) : *195, rue de Bourgogne. ☎ 02-38-53-44-09. • pierre.antoine@lesfilsamaman.com • Fermé dim soir-lun midi. Formules déj en sem 15,50-19 € ; plats env 14-19 €.* C'est l'antenne d'une petite chaîne qui a soigné son concept ludique : ici, on fait dans le régressif assumé, avec un brin de nostalgie. Alors on se régale de plats qui fleurent bon l'enfance, comme le cordon bleu-purée, ou carrément les croquettes de Babybel. Fallait oser ! Résultat, c'est simple, bon, copieux et marrant comme tout, à l'image de la déco vintage (jusqu'aux toilettes !).

De prix moyens à chic

De Sel et d'Ardoise (hors plan par B1, **24**) : *44, rue du Faubourg-Bannier (à 5 mn à pied de la gare). ☎ 02-34-50-23-40. • maximvoisin@gmail.com • Ouv mer-sam. Congés : sem de Noël et Jour de l'an. Résa indispensable. Formule et menu déj en sem 27 € ; menu 37 €.* C'est la pépite du faubourg, qui mérite largement les 10 mn de promenade depuis le centre. Car le jeune chef régale de plats de marché modernes, vifs et colorés. Sa spécialité, les légumes, dont la maîtrise acquise chez Passard (à Paris) sublime les viandes et les poissons aux cuissons justes. C'est bon, c'est beau, et c'est encore mieux avec un verre de vin de Loire (bio) proposé par madame.

Le Lift (plan C3, **25**) : *pl. de la Loire. ☎ 02-38-53-63-48. • antiquaire2@orange.fr • ♿ Au-dessus du cinéma Pathé. Tlj sauf dim soir. Résa conseillée. Menu 29 € (sauf dim) ; carte env 46 €. Brunch dim 42 €.* Oubliez Orléans la classique, ici la déco, elle décoiffe ! Dans les assiettes, moins d'excentricité, mais Philippe Bardau, chef en vogue, fait un lifting à la tradition en concoctant une cuisine recherchée et inventive à base de bons produits. La carte des vins offre une belle sélection de tout le vignoble français. Aux beaux jours, on peut aussi profiter des agréables terrasses avec vue sur la Loire ou sur le jardin public planté sur les toits du cinéma, auxquels on accède notamment par un ascenseur (d'où le nom du resto).

Où manger dans les environs proches ?

Le Pavillon Bleu : *351, rue de la Reine-Blanche, 45160* ***Olivet.*** *☎ 02-38-66-14-30. Ouv tlj sauf dim soir-lun. Résa indispensable. Menus 29-39 €.* Cet établissement à l'architecture « balnéaire » typique du début XXe s, et au cachet fou, a les pieds dans le Loiret. Du moins sa magnifique terrasse ombragée. La salle de restaurant est installée quant à elle dans un ancien hangar à bateaux, comme tous ceux qui jalonnent les bords de Loiret. C'est une table réputée, quasi gastronomique, avec tables nappées et service à la hauteur. Au menu, délicieuse et copieuse cuisine traditionnelle, légèrement revisitée, et qui fait la part belle aux produits de la région. Pour la digestion, une balade sur le bucolique sentier des Prés s'impose. Et pour la prolongation, une poignée de chambres simples et soignées sur place.

Où boire un verre ?

La Chancellerie *(plan B2, **31**) : 27, pl. du Martroi. ☎ 02-38-53-57-54. Tlj jusqu'à 23h.* La brasserie la plus célèbre et la plus cossue de la ville, presque une institution depuis près d'un demi-siècle. Dans cet immeuble du XVIIIe s, d'où partaient les diligences, se retrouve la bonne société d'Orléans. Mais l'adresse vaut surtout pour sa terrasse, animée en été ; pour trouver une place, mieux vaut être patient. Bonne carte de vins, et consommations assez chères, comme dans toute institution bourgeoise qui se respecte. On paie l'emplacement face à la statue de Jeanne...

Dans la série « Z'auriez pas un pub pour finir la soirée ? », le quartier de la ***rue de Bourgogne*** *(plan C3)* reste le meilleur endroit, en particulier en fin de semaine. Les bars et terrasses sont nombreux, pas évident de faire un choix, y aller au feeling ou selon son âge ! Bon à savoir, la plupart proposent de quoi grignoter pour pas cher.

Aux beaux jours, le ***quai du Châtelet*** *(plan B-C3)*, nouveau centre névralgique, reste un must. Larges terrasses, guinguettes, concerts. Parmi les permanents, ***L'Inexplosible*** *(plan C3, **32**)*, dernier survivant des bateaux de Loire dont les moteurs au charbon étaient conçus pour ne pas exploser, abrite un bar lounge.

– Possibilité aussi de ***prendre l'apéro sur une toue (bateau plat),*** avec petit tour sur la Loire. Se renseigner sur place ou à l'office de tourisme.

Où acheter du bon vinaigre ?

Martin Pouret *(plan C2, **35**) : 11, rue Jeanne-d'Arc. ☎ 02-38-62-19-64. • boutique@martin-pouret.com • Ouv tlj 10h-19h, sauf dim et lun mat.* Cette maison est la dernière des 300 maisons de vinaigre qui ont existé à Orléans ! Une digne résistante reprise, aux côtés du dernier représentant de la maison Pouret, par 2 jeunes entrepreneurs qui ont le souci de bien faire tout en redonnant jeunesse et noblesse à ce fameux exhausteur de goût. L'usine, à l'orée de la ville, s'approvisionne en matières premières locales : le vin blanc provient du Val de Loire, le rouge de Bourgogne, le tout vieilli en fûts de chêne selon des procédés ancestraux. Quant aux graines de moutarde, elles sont cultivées dans un champ voisin. Dans cette boutique lumineuse sont présentés tous les produits de la marque : vinaigres blancs et rouges aromatisés, moutardes et des cornichons conservés dans du vinaigre... d'Orléans !

À voir

La cathédrale Sainte-Croix *(plan C2) : ☎ 02-38-77-87-50. Avr-sept, tlj 9h15-19h ; oct-mars, tlj 9h15-18h. Consulter l'office de tourisme pour les visites guidées. L'été, des illuminations et des « son et lumière » animent la façade et les tours de la cathédrale, ainsi qu'à Noël et pdt les fêtes de Jeanne d'Arc.*
Sainte-Croix n'a pas la réputation qu'elle mérite. Sous prétexte que ses transepts, ses tours et sa façade effondrés ont été reconstruits au XVIIIe s, dans un style gothique plus que tardif, on n'imagine pas tout ce qui a pu se passer ici. Or, peu de cathédrales peuvent se prévaloir d'un passé comme le sien.
La 1re basilique fut construite à la fin du IVe s par saint Euverte. Lors de la consécration, une main apparut au-dessus de lui et bénit l'édifice ainsi que tous ceux

qui participaient à la cérémonie. Pour le moins troublé, Euverte interrompit la petite fête, ne voulant pas refaire mal ce que Dieu venait de faire bien. Difficile de le blâmer ! Impossible, donc, de trouver ici les croix de consécration sur les piliers. Effectivement, Sainte-Croix est la seule cathédrale à n'avoir jamais été consacrée. Mais, rappel de ce miracle, une main bénissante est peinte sur la clé de voûte maîtresse du chœur.
En 511, Clovis réunit ici le 1er concile mérovingien qui réorganise l'Église des Gaules. En 848, Charles le Chauve se fait couronner empereur d'Occident à Orléans. Un siècle plus tard, Robert le Pieux, fils d'Hugues Capet, y reçoit l'onction royale. En 989, la cathédrale est détruite dans l'incendie de la ville. Les Capets la font reconstruire et l'agrandissent : elle aura 5 nefs, à l'image des grandes églises de pèlerinage. Au XIIe s, Louis VI le Gros se fait sacrer roi à Orléans. Reims enrage de se faire voler la vedette... En 1286, tout le côté nord et une partie du chœur s'effondrent. En 1287, on pose la 1re pierre de la nouvelle cathédrale. De Henri IV à Charles X, en passant par les affres des guerres de Religion, les travaux s'éternisent. Elle retrouve finalement sa splendeur d'antan près de 600 ans plus tard, lorsqu'en 1920 ont lieu les cérémonies de canonisation de Jeanne d'Arc.
La façade et les tours datent du XVIIIe s. On les doit à la générosité de Louis XIV, Louis XV et Louis XVI. Dentelles pour la façade, pièces montées pour les tours hautes de 88 m, le style n'est pas forcément très pur, mais l'ensemble force le respect. La flèche centrale (à 114 m) fut élevée sur le modèle de celle d'Amiens, et les tourelles à jour au 1er étage des tours ont pour modèles celles de Strasbourg. Nef élancée de style flamboyant, d'une grande pureté. Au milieu subsistent les 2 travées authentiques du début du XVIe s. Dans les bas-côtés de la nef, une série de ***vitraux du XIXe s*** retrace en 10 tableaux la vie de Jeanne d'Arc. Une vraie bande dessinée ! Dans le ***chœur,*** admirables lambris (médaillons des stalles présentant des scènes de la vie du Christ) exécutés sous la direction de Mansart puis Gabriel, d'après des cartons de Le Brun, puis sculptés par Decoullons au XVIIIe s. Les ***chapelles*** du pourtour sont les seules qui subsistent de l'ancienne cathédrale où Jeanne d'Arc vint en 1429. Elles donnent une idée de la magnificence de l'endroit à l'époque. La chapelle dédiée à la sainte et inaugurée en 1929 détonne un peu avec ses curieuses statues de... léopards dorés ! Ses grandes orgues du XVIIIe s proviennent de l'abbaye de Saint-Benoît-sur-Loire. Le soir, ne manquez pas l'éclairage de la cathédrale et la belle perspective le long de la rue Jeanne-d'Arc depuis la place du Général-de-Gaulle.

Le musée des Beaux-Arts *(plan C2)* **:** *1, rue Fernand-Rabier (entrée du public pl. Sainte-Croix), juste à gauche de la cathédrale. ☎ 02-38-79-21-83. Tlj sauf lun et j. fériés 10h (13h dim)-18h (20h ven). Billet combiné avec la maison de Jeanne d'Arc, le Centre Charles-Péguy et l'hôtel Cabu, musée d'Histoire et d'Archéologie : 6 € ; réduc ; gratuit moins de 18 ans et pour tous le 1er dim du mois. Livrets enfants gratuits. Expos temporaires.*
Créé en 1797, ce musée est né de la volonté de rassembler des œuvres à partir de collections privées. Un projet original à une époque où les musées étaient constitués principalement de dépôt de collections publiques en provenance de la capitale. Cette politique de dons de grandes familles locales en a fait sans doute l'un des plus riches musées du genre. Outre un nombre important de peintures hollandaises et flamandes correspondant au goût des familles donatrices de l'époque, les collections couvrent l'ensemble de la création artistique européenne des XVe au XXIe s. Parmi les artistes connus : Watteau, Boucher, Fragonard, Delacroix, Courbet, Daubigny, Boudin, Rodin, Soutine, Chardin, Greuze, Vigée-Lebrun, Nattier, Corot, Zao Wou-Ki, Lempicka, Debré, Maillol, Gauguin... À propos de ce dernier, sachez que sa famille paternelle était originaire d'Orléans. Son oncle, Isidore (dit « Zizi ») y était bijoutier. La mère du jeune Gauguin s'y installa après la mort de son époux à la suite de leur retour en bateau du Pérou.
Enfin, le musée des Beaux-Arts d'Orléans est aussi réputé pour ses réserves de dessins, pastels et gravures exposés par roulement dans les cabinets d'arts

graphiques, des espaces dédiés à chaque étage en lien avec les collections permanentes. Bref, un ensemble d'une qualité exceptionnelle.

Depuis 2015, le musée fait l'objet d'un vaste lifting : peintures murales, éclairages (2 spots par œuvre, qui paraît-il restituent au mieux les couleurs), déambulation. Une réussite totale. Les œuvres sont présentées de façon chronologique, puis par école. Il est plus cohérent de commencer par le 2e étage.

UN MAL POUR UN BIEN

Il aura fallu une 1re Guerre mondiale dévastatrice pour que réapparaisse le droit à réparation des dommages de guerre, un droit voté en 1793 et tombé dans les oubliettes. Le musée des Beaux-Arts d'Orléans a eu le nez creux. Ayant payé un lourd tribut lors de la 2de Guerre mondiale, il a judicieusement enrichi ses collections en réinvestissant le montant de ses indemnités dans l'achat d'importantes œuvres françaises figurant parmi les stars exposées, dont un exceptionnel Bacchus et Ariane *des frères Le Nain.*

– ***Au 2e étage :*** salles dédiées à l'***école italienne*** (sculptures et peintures) du XVIe au XVIIIe s et aux ***écoles flamande et hollandaise*** du XVIe au XIXe s. Parmi ces collections figurent quelques illustres artistes : le Corrège (Il Correggio pour les aficionados !), Carrache, Van Dyck, Ruysdael, Jan Bruegel, un chef-d'œuvre de Vélasquez, *Saint Thomas,* si rare, et un Guido Reni juste restauré.

– ***Au 1er étage :*** collections du XVIIe s et ***salles Richelieu.*** Les thèmes de la peinture religieuse, du portrait et du paysage se succèdent et montrent l'émergence du courant classique français, réaliste ou idéal. 2 salles présentent des œuvres provenant du château disparu de Richelieu : décors extérieurs des jardins, des façades avec de monumentales sculptures antiques et modernes, dépôt du musée du Louvre. Les peintures témoignent du décor intérieur des appartements du cardinal, du roi, de la reine et de leur suite. Suivent les salles consacrées à la ***peinture historique française du XVIIIe s,*** à une impressionnante collection de portraits, ainsi qu'à des bustes d'Houdon et de Pigalle. Fleuron des collections du musée : le « ***cabinet des pastels*** », sans doute le plus riche de France après celui du Louvre, avec des œuvres majeures du XVIIIe s, comme le célèbre *Autoportrait aux besicles,* de Chardin, le *Portrait d'un jeune homme noir,* de Quentin de La Tour, et des pastels de Perronneau, de Valade...

– ***En mezzanine et à l'entresol*** se déploient les collections du XIXe s avec un bel ensemble d'œuvres et d'artistes romantiques et pompiers, ainsi que des pièces pour la plupart inédites du sculpteur Henri de Triqueti. Dans la salle rouge, grands formats de salons ou l'on croise Delacroix, Courbet... mais aussi Cogniet, Chassériau, William Etty, Boutet de Monvel ou Alexandre Antigna.

POURQUOI L'ART « POMPIER » ?

L'utilisation du mot « pompier » est apparue au XIXe s pour tourner en dérision l'art académique, par allusion aux casques brillants des personnages des grandes compositions pompeuses, rappelant ceux des sapeurs-pompiers.

– ***Le 1er sous-sol*** *(attention, fermeture prévue pour dernière tranche de rénovation)* rassemble une riche collection d'***art moderne et contemporain*** : quelques ***bronzes,*** notamment *Le Compositeur,* d'Ossip Zadkine, *La Nymphe,* de Maillol, et *L'Ombre,* de Rodin, puis les grandes toiles de Hélion sur Mai 1968, *La Caritas,* de l'Orléanais Gaudier-Brzeska, des ***abstraits grands formats*** (Hantaï, Manessier, Zao Wou-Ki, Debré), le célèbre *Saint-Moritz,* de Lempicka, et quelques artistes de la figuration narrative (Rancillac, Klasen, Monory, Fromanger)...

Cercil – Musée-mémorial des Enfants du Vel' d'Hiv *(plan C2)* ***:*** *45, rue du Bourdon-Blanc.* ☎ *02-38-42-03-91.* • *cercil.fr* • *Lun-ven 10h-12h30,*

14h-17h (20h mar), et dim 14h-18h. Fermé sam, j. fériés et 1er-15 août. Entrée : 4 € (2 € sur présentation de ce guide) ; réduc ; gratuit moins de 18 ans. Un musée passionnant et ô combien émouvant, qui retrace avec photos, documents et témoignages audio et vidéo l'histoire des 3 camps d'internement du Loiret durant la 2de Guerre mondiale ; Beaune-la-Rolande, Pithiviers et Jargeau, ce dernier ayant surtout servi de camp d'internement pour les tsiganes. Les 2 premiers sites sont tristement célèbres pour avoir « accueilli » les femmes et les enfants raflés, en juillet 1942, par les Allemands avec l'aide des autorités françaises. Les familles juives furent d'abord emprisonnées au vélodrome d'Hiver puis triées ; les familles, les hommes mais surtout les femmes et les enfants, furent évacuées vers les camps de Pithiviers et Beaune-la-Rolande, et les personnes seules envoyées à Drancy, en région parisienne. Début août, 4 convois déportent les femmes vers les camps d'extermination d'Auschwitz-Birkenau. Restent les enfants. Le gouvernement de Laval demande à Berlin l'autorisation de les déporter également. Il faut attendre le 13 août pour que l'autorisation soit donnée depuis le bureau d'Eichmann. Ces milliers d'enfants seront alors déportés à leur tour vers les camps de la mort. Sur les 4 700 enfants internés à Beaune et Pithiviers, 4 400 seront déportés et assassinés dans les camps. Des visages, des vies, des histoires individuelles auxquels le mémorial rend hommage dans une salle aux murs couverts de noms et de photos afin de restituer à chacune des petites victimes son identité et de fixer la mémoire sur ces terribles années.

*** L'hôtel Groslot*** *(plan C2) : pl. de l'Étape. ☎ 02-38-79-22-30. ♿ Juil-sept, tlj 9h-19h ; oct-juin, lun-ven 10h-12h, 14h-18h (sam 10h-19h), dim 10h-18h. Pas de visite en cas de mariage ou de réception. GRATUIT. Visite guidée sur demande auprès de l'office de tourisme. Brochure (1 €).*
Construit au XVIe s (1530-1550) pour le bailli de la ville, Jacques Groslot, officier de robe qui rendait la justice. Plus tard, entre 1790 et 1981, il abrita l'hôtel de ville et fut redécoré au milieu du XIXe s dans un style « gothique troubadour » fastueux. Devant le bâtiment, la statue de bronze de Jeanne d'Arc a été réalisée par la princesse Marie d'Orléans, fille de Louis-Philippe, en 1840. Son armure est percée de trous : pendant la 2de Guerre mondiale, la statue était enfouie à côté d'un dépôt de munitions qui l'endommagea lors d'une explosion !
À l'intérieur, on visite le somptueux ***salon d'honneur,*** l'ancienne salle du conseil municipal et la fameuse salle des mariages (toujours en usage), où François II mourut, à l'âge de 17 ans, d'une mastoïdite (complication d'une otite) qu'Ambroise Paré voulait trépaner ! Catherine de Médicis, mère du jeune roi, l'en empêcha, ce qui n'empêcha pas l'issue fatale. La scène est relatée sur un tableau du XIXe s exposé dans cette salle où séjournèrent par la suite Charles IX, Henri III et Henri IV (sans y mourir).
Dans l'ancien ***bureau du maire,*** beau fauteuil en bois tendu de cuir de Cordoue, tapisserie d'Aubusson, crédence et coffre du XVe s en bois fruitier. Également un coffre de mariage de François Ier et Claude de France (XVIe s), les présentant en médaillon autour d'une *Vierge à l'Enfant.*
Derrière, agréable petit ***jardin*** public qui abrite les vestiges d'une chapelle du XVe s édifiée par les pèlerins se rendant à Saint-Jacques-de-Compostelle. Ceux qui se souviennent de la série TV *Les Brigades du Tigre* reconnaîtront les lieux, plusieurs fois utilisés comme décor.

Hôtel Cabu, musée d'Histoire et d'Archéologie *(plan B2-3) : sq. Abbé-Desnoyers. ☎ 02-38-79-25-60. Tlj sauf lun : avr-sept 10h-13h, 14h-18h ; oct-mars 13h-18h. Billet combiné avec la maison de Jeanne d'Arc, le Centre Charles-Péguy et le musée des Beaux-Arts : 6 € ; réduc ; gratuit moins de 18 ans et pour tous le 1er dim du mois.*
Cette élégante maison du XVIe s, appelée *hôtel Cabu* (rien à voir avec le dessinateur de *Charlie Hebdo,* bien sûr !) abrite un petit musée fort intéressant. Au rez-de-chaussée, jolie collection de bronzes gallo-romains (trésor de

Neuvy-en-Sullias) représentant des animaux, ainsi que des stèles funéraires et des sculptures de la Renaissance du Val de Loire.
À l'étage (fermé en semaine), quelques portraits de femmes illustres de l'histoire d'Orléans : Jeanne d'Arc, la Grande Mademoiselle, cousine frondeuse de Louis XIV, des tableaux de Charles Pensée représentant la ville dans les années 1830. Au 2e étage, quelques salles présentent l'industrie de couronnes funéraires dans un contexte quelque peu macabre, et du mobilier de l'école de la Loire. Une salle est consacrée à l'histoire du port d'Orléans et à tout ce qui concerne la navigation commerciale sur le fleuve : le commerce du vinaigre, du sucre ou des *indiennes.*
Dans la cour, un espace récent est dédié à Jeanne d'Arc, à travers des peintures, des sculptures, des objets d'art et des dessins diffusés sur des bornes multimédias.

✦✦ Devant l'hôtel Cabu, toujours sur le square Abbé-Desnoyers *(plan B2-3)*, la ***maison de la Pomme*** doit son nom au fruit sculpté dans un cartouche de sa jolie façade Renaissance. Également, sur la place, s'amorce le *passage du Saloir,* voûté d'ogives (consulter l'office de tourisme pour les visites hors période estivale), qui traverse la cour de l'***hôtel des Créneaux*** (XVe et XVIe s), situé face au Musée historique : ce fut le 1er hôtel de ville d'Orléans.

Balade en ville, à la découverte des maisons anciennes

✦✦ ***La place du Martroi*** *(plan B2)* **:** le cœur et le symbole de la ville. Sa restauration met bien en valeur ses belles proportions et ses intéressantes perspectives. En son centre trône une statue de Jeanne d'Arc du XIXe s. Autour, façades du XIXe s et, à un angle, l'ancienne chancellerie, construite en 1754 par le duc d'Orléans. Il y a quelques années, des fouilles archéologiques ont permis de retrouver, sous la place, des vestiges des anciens remparts, dont la *porte Bannier,* à laquelle on peut accéder par un escalier dissimulé sous les dalles de la place (demander un guide à l'office de tourisme) ou que l'on peut apercevoir depuis le parking souterrain.

✦✦ ***La rue Royale*** *(plan B2-3)* **:** elle relie, sur 300 m, la place du Martroi (ici, on dit familièrement « le » Martroi) au pont George-V, de la même époque. Percée au XVIIIe s, elle ne manque pas de noblesse, en effet, avec ses arcades et ses élégantes façades. C'est aujourd'hui une rue commerçante. À l'angle avec la rue du Tabour, on découvre une *Baigneuse,* sculpture de Paul Belmondo, le papa de Bébel.

✦ ***La maison de Jeanne d'Arc*** *(plan B2)* **:** *3, pl. du Général-de-Gaulle. ☎ 02-38-68-32-63. Tlj sauf lun et j. fériés : avr-sept 10h-13h, 14h-18h ; oct-mars 14h-18h. Billet combiné avec le musée des Beaux-Arts et l'hôtel Cabu, musée d'Histoire et d'Archéologie : 6 € ; réduc ; gratuit étudiants (moins de 26 ans) et moins de 18 ans et pour tous le 1er dim du mois.* Cette vénérable maison à pans de bois est la reconstitution de la maison du trésorier du duc d'Orléans, Jacques Boucher, qui eut l'honneur de recevoir la Pucelle en 1429, lors de son passage à Orléans. Seule la façade est d'époque ! Elle abrite aujourd'hui un centre de recherche avec un important fonds documentaire sur Jeanne d'Arc. L'intérêt est par conséquent un peu limité pour le visiteur de passage. Pour un coup d'œil rapide donc.

✦ ***Le Centre Charles-Péguy, hôtel Euverte-Hatte*** *(plan B3)* **:** *11, rue du Tabour. ☎ 02-38-53-20-23. Près de la maison de Jeanne d'Arc.* Ce petit musée (gratuit), installé dans un hôtel particulier du XVIe s, retrace les principaux épisodes de la vie et l'œuvre de Charles Péguy. Voir surtout la belle galerie à arcades

Renaissance avec caissons, feuilles d'acanthe, chimères...

> ## UNE ÉTRANGE COÏNCIDENCE
> *Très patriote, Charles Péguy mourut au front en 1914, souhaitant donner sa vie à la « mère patrie ». Il est enterré à Villeroy, près de Paris, mais le buste du poète (à l'entrée du faubourg de Bourgogne) porte la marque d'un éclat d'obus allemand reçu en 1940... à l'endroit exact où Péguy lui-même avait été mortellement frappé en 1914 !*

Nombreuses maisons anciennes et beaux hôtels particuliers des XVIe et XVIIe s, disséminés dans la vieille ville *(plan B2 et C2-3)*. On pourra découvrir le ***pavillon de Colas-des-Francs*** (square Jacques-Boucher), la ***maison de Jean Dalibert*** (6, place du Châtelet), la curieuse ***maison de la Coquille*** (7, rue de la Pierre-Percée), la ***maison Ducerceau*** (6, rue Ducerceau), la ***maison d'Hector de Sanxerre*** (XVIe s) avec son curieux cabinet en encorbellement qui servait de cabinet de lecture (211, rue de Bourgogne), la ***maison des Oves*** (11, rue Sainte-Anne), à la façade intérieure étrange, ou encore les ***pavillons d'Escures*** (au début de la rue du même nom), jolies demeures en brique du XVIIe s, dont les façades rappellent celles de la place des Vosges, à Paris... Normal, le 1er propriétaire avait aussi un hôtel particulier sur cette place parisienne !

« Les Turbulences » FRAC Centre-Val de Loire *(bâtiment du Fonds régional d'art contemporain ; plan A2)* **:** *88, rue du Colombier, entrée bd Rocheplatte. ☎ 02-38-62-52-00. • reservation@frac-centre.fr • frac-centre.fr • ♿ Ouv mer-dim 14h-19h (20h 1er jeu du mois). Fermé 1er janv, 1er mai et 25 déc. Visites à 15h30 les w-e : sam visite de 1h30 (4 €, en plus de l'entrée) ; gratuites (30 mn) le dim à 15h30 ; pour les groupes mer-dim sur résa. Entrée : 4 € ; réduc ; gratuit moins de 18 ans et 1er dim du mois.* Une réalisation architecturale audacieuse imaginée par les architectes Jakob + MacFarlane (auteurs, entre autres, des Docks Cité de la Mode et du Design à Paris), sur le site des anciennes subsistances militaires, des bâtiments des XVIIIe et XIXe s, aujourd'hui flanqués d'étranges excroissances recouvertes de panneaux d'alu à facettes évoquant sans ambiguïté les centrales nucléaires voisines ! Cet ensemble accueille désormais les collections du FRAC Centre-Val de Loire. On y découvre, à mi-chemin entre architecture expérimentale et création artistique, les approches visionnaires et utopiques de l'habitat sous forme d'œuvres d'art, maquettes et dessins qui ont bouleversé l'architecture des années 1950 à nos jours. Expos temporaires, ateliers pédagogiques et conférences complètent la visite.

De l'autre côté de la Loire

Le parc floral de La Source *(hors plan par B3)* **:** *☎ 02-38-49-30-00. • parcfloraldelasource.com • ♿ Quartier Orléans-Sud, à 9 km du centre-ville (bien indiqué). En tram, descendre à l'arrêt Université-Parc-Floral. De mi-mars à mi-sept, tlj 10h-19h (dernière entrée à 18h) ; nocturne jusqu'à 23h entre juin et sept ; oct-début nov, tlj 10h-18h (dernière entrée à 17h) ; de nov à mi-mars, tlj 14h-17h. Entrée payante de mi-mars à début nov : 6 € ; réduc ; gratuit moins de 6 ans. Début de nov à mi-mars, gratuit.*

En 1959, la ville d'Orléans rachète le vaste domaine de 410 ha sur lequel est créée la ville nouvelle de La Source. Le château du XVIIe s héberge l'administration du pôle universitaire voisin, en attendant d'être converti prochainement en lieu de réception, tandis que 35 ha sont dévolus aux jardins. Quant à la source, il s'agit de celle du Loiret, le plus court affluent de la Loire, qui sort de terre – ou plutôt de l'eau de la mare – en bouillonnant. Sachez que cette petite rivière qui a laissé son nom au département est quand même symbolisée par l'une des 8 nymphes qui entourent la pièce d'eau face à la galerie des Glaces de Versailles. Pas mal

comme CV, pour une rivière qui ne fait que 11,6 km de long ! Pour la petite histoire, c'est aussi au château de La Source que Voltaire, ami de lord Bolingbroke, propriétaire du domaine de La Source, aurait eu l'idée de son *Candide.* De là à affirmer que c'est également ici qu'il eut l'intuition du célèbre « Cultivons notre jardin », il n'y a qu'un pas...
Que la balade est belle et sereine sur ces 35 ha aménagés en zones distinctes (jardin des formes, rocailles, etc.) où l'on admire dès le printemps, sous les chênes centenaires et autres espèces exotiques majestueuses (érables, cèdres, séquoias), la floraison de dizaines de milliers de tulipes, azalées, roses rares, iris... et de massifs colorés de dahlias plus tard dans la saison. Du reste, de ***nombreux événements floraux*** sont organisés tout au long de l'année dont le « tableau d'iris » en mai, qui présente une collection nationale de plus d'un millier de variétés dans un jardin contemporain unique en Europe.
Également des flamants roses qui trempent leurs pattes dans la rivière, des perruches en volières et des papillons exotiques sous une serre... sans oublier le jardin potager et de vastes pelouses sur lesquelles il est possible de buller ou de pique-niquer !
À la belle saison, ***location de rosalies*** et ***petit train*** pour une promenade pépère dans le parc (payant). Jeux pour enfants, et minigolf. Un site parfait pour une sortie familiale.

À faire dans les environs immédiats

– ***Base de loisirs de l'île Charlemagne :*** *sur la rive sud de la Loire, à env 5 km à l'est du centre-ville, direction Saint-Jean-le-Blanc. ☎ 02-38-51-92-04. Bus n° 7 direction Saint-Jean-le-Blanc (circule seulement juin-sept). Base ouv tte l'année. Entrée libre.* Cette base de 70 ha accueille les clubs nautiques (volles ligériennes, catamarans, dériveurs, canoës et kayaks). On s'y baigne, s'y promène, on y court, on se détend dès l'arrivée des beaux jours. Aires de jeux pour enfants, de pique-nique. Aussi beach-volley, pétanque, basket, ping-pong, cerf-volant, mur d'escalade, circuit VTT, parcours santé et accrobranche... Joli point de vue sur la cathédrale.

La promenade des moulins et des hangars à bateaux : *à* ***Olivet.*** *En bordure du Loiret par les rives nord et sud (boucle d'env 10 km). Départ au niveau des restos sur l'eau.* Ces vieux moulins à eau, aujourd'hui transformés en habitation, servaient dès le XVᵉ s, à fabriquer la farine ou encore le papier à huile. Ils ont été admirablement restaurés (moulin des Bêchets, par exemple), et leur nombre témoigne de l'importance de cette activité économique. Le long de la rivière, sur le sentier des Prés, on peut aussi découvrir de remarquables hangars à bateaux. Destinés à abriter les bateaux des riches propriétés établies le long de cette portion du Loiret, certains arborent de magnifiques architectures, comme celui de la Quétonnière dû à Thomas Garnier, l'architecte de l'Opéra de Paris. Voir aussi plus haut « Où manger dans les environs ? ». Une balade bucolique et photogénique en diable !

La Loire à Vélo : on vous rappelle qu'Orléans est situé sur le trajet de *La Loire à Vélo* (800 km de Nevers à Nantes). ***D'Orléans à Sully-sur-Loire,*** l'itinéraire, d'environ 50 km, suit les méandres sauvages de la Loire avec par endroits quelques passages sur route au trafic limité. L'adorable village de mariniers de Combleux, l'île de Sandillon appelée « île aux Oiseaux », Jargeau où Jeanne d'Arc vainquit les Anglais en 1429. Puis Châteauneuf, Germigny-des-Prés et l'île des Mahis un méandre de la Loire qui abrite une faune riche, Saint-Benoît et enfin les rives verdoyantes de Sully-sur Loire. Une promenade tranquille et familiale bien équilibrée entre nature et culture, le long d'un Val de Loire chargé d'histoire.

Fêtes et manifestations

– ***Fêtes de Jeanne d'Arc :*** *pdt les 10 j. qui précèdent le 8 mai. • orleans-metropole.fr •* Chaque année, ou presque, depuis 1429, la ville célèbre sa délivrance. Marchés médiévaux, concerts, animations... Les fêtes se concluent par la commémoration traditionnelle de la Jouvencelle, avec cortège en costumes d'époque, son et lumière sur la façade et les tours de la cathédrale.
– ***Jazz à l'évêché :*** *1 sem fin juin, au Campo Santo et dans le jardin de l'Évêché notamment. Programme auprès de l'office de tourisme.* Un bon festival où se retrouvent chaque année quelques grosses pointures (Hancock, Solal...). Concerts dans le cadre magnifique du jardin de l'Évêché, mais un peu partout aussi en centre-ville. La ville venant de célébrer son jumelage avec La Nouvelle-Orléans, on attend avec impatience la prochaine mouture « re-twistée » de ce festival déjà bien réputé.
– ***Fêtes de Saint-Fiacre :*** *un w-e fin août-début sept. • stfiacreorleans.fr •* Voilà près de 200 ans que les fleurs sont fêtées à Orléans au quartier Saint-Marceau. Autour de la peinture, de la musique ou de la photo, les horticulteurs, vignerons, fleuristes ou jardiniers sont à l'honneur. Impressionnante reconstitution de jardin et décoration de l'église Saint-Marceau (avec plus de 50 000 fleurs !).
– ***Festival Hop Pop Hop :*** *2 j. mi-sept. Prochaine édition 17-18 sept 2021. • hoppophop.fr •* Un jeune festival, dédié à l'émergence musicale qui se déroule dans des monuments historiques et autres lieux emblématiques de la ville. Parfait pour capter les tendances de demain.
– ***Festival de Loire :*** *biennale (années impaires), pdt 5 j. fin sept. Quai du Châtelet et au fort Alleaume. • orleans-metropole.fr •* Rassemblement de centaines de bateaux, défilés, démonstrations, guinguettes, spectacles, concerts, produits du terroir en bord de Loire. Un temps fort qui fait revivre les grands moments de la marine de Loire.

LE CHÂTEAU DE CHAMEROLLES (45170)

*À **Chilleurs-aux-Bois** (45170). ☎ 02-38-39-84-66. • chateauchamerolles.fr • ♿ (jardins et cour du château). À 30 km au nord-est d'Orléans par la N 152 (direction Pithiviers). Mai-sept, tlj sauf mar 10h-18h (tlj en juil-août) ; oct-avr, tlj sauf mar 13h30-17h30 (plus 10h-12h le w-e). Fermé en janv. Entrée libre : 8 € (5 € sur présentation de ce guide) ; visite guidée 10 € ; réduc ; gratuit moins de 6 ans. En visite libre, compter 1h30. Entrée offrant un tarif réduit au château de Sully, au château de Gien, au musée de la Résistance à Lorris, au musée de la Marine de Châteauneuf-sur-Loire et à l'arboretum des Grandes Bruyères d'Ingrannes.*
En passant le pont-levis (l'un des 3 en état de marche en France !), vous pénétrez dans le château de Lancelot du Lac. Bien sûr, Chamerolles n'est pas le mythique château de Camelot, ce Lancelot-là n'a jamais séduit la belle Guenièvre, et son roi ne

PARFUMEUR-VINAIGRIER

Jusqu'au début du XIXe s, on s'enduisait le corps de vinaigre de toilette pour « fouetter les sangs », à l'aide d'une toile imbibée. C'est l'origine du mot « toilette ». C'était efficace, mais l'odeur était insupportable. Guerlain, vinaigrier à l'origine, pensa à rajouter des essences de fleurs. Il créa un flacon spécial : Eau impériale, pour l'impératrice Eugénie. Le parfumeur était lancé. Aujourd'hui, ses usines sont toujours implantées dans la région.

se nommait pas Arthur mais François Ier. Néanmoins, il s'appelait vraiment Lancelot du Lac, prénom donné par son père, Jean Dulac, vraisemblablement en hommage au preux chevalier de la Table ronde. Pour pousser l'homonymie à son comble, Lancelot sépara les 2 syllabes de son nom. Guerrier émérite en Italie, gouverneur d'Auxerre puis d'Orléans, chambellan du roi, notre Lancelot n'a rien à envier à son illustre prédécesseur. Fort de sa renommée, il fit de cette grosse maison forte, édifiée par les Brouard au XIIe s, un très beau château Renaissance.

Avec son plan carré, ses grosses tours et peu d'ouvertures vers l'extérieur, il a tout d'une forteresse bien qu'il fût conçu comme un château de plaisance. En témoignent les façades de brique rouge et noire (typiques du Loiret du début du XVIe s), l'agencement de la cour intérieure ou la galerie couverte. Si l'architecture n'a été que peu modifiée au cours des siècles, les décorations intérieures ont largement suivi les modes. Voir dans les salles du rez-de-chaussée les ornementations rappelant les différentes époques du château. Mais ce ne sont que des reconstitutions. En effet, jusqu'à il y a une quinzaine d'années, le château était vide et en état de ruine avant que les services du patrimoine du département et le travail de compagnons de talent n'en fassent cet endroit superbe.

Cependant, l'intérêt principal de la visite réside dans la ***promenade des Parfums*** (en intérieur), véritable musée du parfum. Un thème qui se justifie dans cette région où – plus discrets qu'à Grasse – sont installés quelques-uns des plus grands parfumeurs contemporains. La balade débute au XVIe s, période de reconstruction du château et date clé de l'histoire de la parfumerie, art déjà ancien : les parfums sont désormais fabriqués à base d'alcool (et non plus d'huile ou d'eau) et on parvient, à partir de procédés assez simples, à extraire les essences parfumées des plantes. Reconstitution du cabinet de travail d'un parfumeur : double fourneau à réverbère, alambics, cornues, albarelles (vases). La promenade dévoile des objets intrigants comme ce miroir de vanité doté d'un volet à refermer en cas de crise de narcissisme aigu !

Sous les combles, superbe exposition de flacons de parfum : des grands classiques, du fameux No 5 de Chanel, à des bouteilles plus anecdotiques comme le Golli Wogg, qui évoque l'arrivée du jazz en Europe dans les années 1920. Salle consacrée aux créations de Lalique, Daum, Murano... qui prouvent qu'en parfumerie le contenant a tout autant d'intérêt que le contenu. Ouvrez grands vos yeux et surtout vos narines : ne serait-ce que pour reconnaître toutes les « touches », tous les accords de senteurs de l'orgue à parfums aux 270 flacons d'essences. Pas facile !

C'EST DU PROPRE

Au XVIIe s, de nombreux médecins estimant que l'eau était dangereuse pour la santé, la toilette était « sèche », et l'on se frictionnait longuement le corps avec des linges imbibés de parfum. À la cour de Louis XV, tout le beau monde se couvrait de parfum de la tête aux pieds, excepté les philosophes, qui cherchaient à se distinguer par leur mauvaise odeur.

Ne manquez pas non plus de visiter la ***chapelle,*** transformée en temple réformé au milieu du XVIe s. Au-dessus de la chaire, les plus anciens exemples d'inscriptions huguenotes conservées en France : un Credo et un Décalogue conformes à la Bible de Genève (Lancelot II du Lac avait adopté la religion réformée).

Derrière le château, ***jardin*** minutieusement reconstitué d'après des archives anciennes : préau (comprendre pré haut), parterres de broderies et de plantes rares (bien sûr aromatiques, odorantes ou odoriférantes, nécessaires à l'élaboration des parfums), labyrinthe, et 2 carrés de potager. Nombreuses expos temporaires dans la ***Grande Halle*** et dans les jardins, et animations diverses dont certaines pour les enfants (jeux d'énigme, spectacles, etc.). Aire de pique-nique abritée.

Où manger ?

Le Lancelot : *12, rue des Déportés, 45170* ***Chilleurs-aux-Bois.*** *☎ 02-38-32-91-15. • info@restaurant-le-lancelot.com • À 25 km au nord-est d'Orléans ; indiqué au cœur du village. Tlj sauf lun-mar, plus le soir des mer et dim. Formules déj en sem 19,50-25 € ; menu 34 € ; carte, 40-45 €.* Une parenthèse festive et gastronomique, avant ou après la visite du château de Chamerolles. Au déjeuner, formules d'un exceptionnel rapport qualité-prix. De la mise en bouche prometteuse jusqu'au pithiviers pour finir en fanfare, cette cuisine élégante au dressage flamboyant surprend les papilles. La chef aime faire voyager par des associations exotiques mais elle ne renie pas son terroir et les produits locaux sont ici mis à l'honneur. Déco évoquant les chevaliers de la Table ronde avec hallebardes et épées, mais aux beaux jours, on filera sur la terrasse ombragée.

COMBREUX ET LA FORÊT D'ORLÉANS

(45530) 240 hab.

Minuscule village situé en bordure du canal d'Orléans le long duquel on se promène paisiblement. Au nord du village, un étonnant *château* (XVIe-XVIIe s) dont la construction alambiquée semble sortir directement des cartons de Walt Disney. Il appartient toujours à la famille de La Rochefoucauld.
À 2 km en suivant les rives paisibles du canal (à pied ou en voiture), l'*étang de la Vallée,* entouré par la forêt d'Orléans. Une petite base de loisirs a été aménagée sur sa plage. On peut camper, se baigner (sous surveillance en été), louer des petites embarcations, des planches à voile et même faire du ski nautique tracté par un téléski. Un sentier artistique balisé de 7 km, *Forest Art,* contourne l'étang, ponctué de sculptures sur des troncs d'arbres dépérissants, déracinés ou morts de vieillesse.

Où camper dans les environs ?

Parc de Nibelle : *route de Boiscommun, 45340* ***Nibelle.*** *☎ 02-38-32-23-55. • info@camping-parcdenibelle.com • camping-parcdenibelle.com • À 8 km au nord-est de Combreux, avt Boiscommun. De fin avr à mi-sept. Env 30 € pour 2 avec tente et véhicule. Bungalows et mobile homes (4-6 pers) proposés à la nuitée le w-e : 69-129 €/j. CB refusées.* En pleine forêt, un camping de 110 emplacements bien ombragés offrant de bons équipements. Belle piscine couverte (et chauffée), court de tennis, terrains de volley et de basket, aire de jeux pour les enfants, trampoline, minigolf, billard, snack-bar où l'on peut piqueniquer s'il pleut... et l'on en passe ! Le tout, excepté les vélos et les karts à pédales, est inclus dans le prix du séjour. Pratique ! Pas d'animations, pour le bon repos de chacun. L'ensemble est géré par une dame dynamique et très accueillante.

À voir. À faire dans les environs

Balades en forêt d'Orléans : aux confins de la Beauce, du Gâtinais et du Val de Loire, elle constitue la plus grande forêt possédée par l'État et l'une des plus importantes de France. Formée de feuillus et de résineux, tantôt localisés, tantôt mélangés, elle présente des aspects extrêmement divers. À l'époque de Napoléon, on planta même des pins maritimes, dont la présence paraît quelque peu insolite dans cette région. De nombreuses ***routes, chemins et allées*** invitent à découvrir à pied, à vélo, à cheval, ou en voiture le charme de ces espaces presque inviolés dans un univers de silence et de quiétude, où il n'est pas rare de croiser un cerf ou un chevreuil.

★★ ⇐ *Le belvédère des Caillettes :* *à* ***Nibelle.*** *De Combreux, rejoindre Nibelle, à 10 km au nord, puis poursuivre la rue de la Cave (près de l'office de tourisme) jusqu'au bout, vers les Templiers, et entrer dans la forêt, pour découvrir, à 5 km, le belvédère (indiqué).* Vous voici au point culminant de la forêt d'Orléans, à 171 m. Refait tout en bois, le belvédère, de ses 24 m de haut et 127 marches, offre une vue dégagée sur toute la région, jusqu'à la cathédrale d'Orléans à 40 km de là. Table d'orientation et d'explication de la faune et de la flore à son sommet. Un très joli panorama. Pensez aux jumelles !

★★★ *L'arboretum des Grandes Bruyères :* *45450* ***Ingrannes.*** *☎ 02-38-57-28-24. • arboretumdesgrandesbruyeres.fr • À 12 km à l'ouest de Combreux ; bien indiqué. Tlj 10h-12h, 14h-18h (en continu dim et j. fériés ; sonner la cloche). De juin à mi-juil, ven-sam 10h-20h. Fermé 2 nov-mars. En visite libre, entrée : 10 € ; moins de 12 ans 5 € ; gratuit moins de 5 ans. Pique-nique et animaux interdits.*
Cet arboretum de 12 ha situé dans une ***réserve naturelle*** au cœur de la forêt d'Orléans a été, à juste titre, labellisé ***Jardin remarquable.*** Tout y est traité de façon naturelle, au compost « maison », sans pesticide ni engrais chimique. Créé voilà 50 ans, ce lieu enchante les visiteurs par son cadre féerique et unique, propice à la rêverie et à l'éveil des sens. On y hume les odeurs sucrées des fleurs sous le soleil, les émanations fraîches de chlorophylle après la pluie, on sent sous ses pieds la douceur du tapis de velours vert. On profite pleinement de chaque saison et de chaque floraison. Ici, vous l'avez compris, la spécialité, ce sont les ***bruyères*** (de mars à avril et d'août à octobre), mais également les roses anciennes, les magnolias, les cornouillers (classés)... Ainsi que des chênes et conifères.
La visite du parc s'ouvre sur un jardin à la française, aux dessins d'ifs et de buis taillés. Guidée par des tonnelles recouvertes de roses odorantes et de clématites, la promenade se poursuit à la découverte de collections riches, aujourd'hui, de 7 000 arbres et arbustes en provenance des 3 climats tempérés de l'hémisphère Nord : Europe, Amérique du Nord et Extrême-Orient.
Vous êtes aussi dans une réserve naturelle, alors pensez à prendre vos jumelles pour observer les oiseaux : plus de 100 espèces y sont recensées (panneau détaillé à l'entrée). Un potager et un labyrinthe végétal complètent l'ensemble.

COMBLEUX (45800) 480 hab.

Un merveilleux petit village à 8 km à l'est d'Orléans, non loin de la D 960. Un avantage de taille, il est à l'écart de la nationale et reste donc ignoré des touristes qui « font » le Val de Loire. À peine une vingtaine de ces maisons basses de mariniers et quelques chalets coincés entre la Loire et le canal d'Orléans, formant une petite île. Un charme certain, au milieu des fleurs.
Un chemin piéton longe la Loire. À cet endroit, le fleuve est large et forme de vastes bancs de sable. À l'horizon, on distingue les 2 majestueux clochers de la cathédrale d'Orléans.

Où manger ?

Restaurant de la Marine : *12, l'Embouchure. ☎ 02-38-55-12-69. • la.marine.combleux@gmail.com • loiretmarine.com • Tte l'année, tlj. Formule en sem 27 € ; menus 31-36 €.* On vient ici avant tout pour le site de ce village, où le temps semble s'être arrêté, et où une vieille écluse laisse s'écouler l'eau dans un grand bruit de cascade. Quelques mètres plus loin, la Loire passe, nonchalante. Une jolie maison, fleurie de glycines, avec sa terrasse, borde un petit canal. À table, des plats traditionnels de qualité, même si les assiettes ne sont pas pantagruéliques. Belle salle de pierre et de bois clair.

CHÂTEAUNEUF-SUR-LOIRE

(45110) 8 035 hab.

Sur la rive droite de la Loire, à 25 km à l'est d'Orléans, voici Châteauneuf, petite ville où l'écrivain Maurice Genevoix, ami de Max Jacob, passa toute son enfance. Châteauneuf recèle un intéressant musée de la Marine de Loire et un château (qui abrite la mairie et ne se visite pas). Parc à l'anglaise et belle orangerie, refuge de plantes en hiver. Du parc, prendre l'escalier conduisant à l'allée qui descend paresseusement jusqu'au fleuve.

Adresses utiles

Office de tourisme : *3, pl. Aristide-Briand. ☎ 02-38-58-44-79. • valdeloire-foretdorleans.com • Face aux grilles du château, dans une jolie maison à colombages. Mai-sept, mar-sam 10h-12h30, 14h-18h, plus dim mat et j. fériés juil-août ; oct-avr, ouv mer-sam.* Compétent et sympathique. Visite gratuite sur demande de la chapelle Notre-Dame-de-l'Épinoy, à proximité du château et du parc. Demander le livret de jeu de piste *La Ville* pour une balade ludique dans le parc du château et dans la ville *(2 €).*

Location de canoës : ***Absolument Canoë**, au port. 06-08-31-44-01. • absolumentcanoe.com • Loc 20 € la ½ journée, 25 €/j. (navette incluse).*

Où dormir ? Où manger ?

Camping

La Maltournée : *route de la Plage. ☎ 02-38-58-42-46. 06-32-11-41-13. • contact@camping-chateauneufsurloire.com • entreprisefrery.com/camping-la-maltournee • De l'autre côté du pont sur la Loire, en tournant à gauche, à env 2 km du centre-ville. Ouv de mi-avr à fin oct. Compter 14,50 € pour 2 (forfait La Loire à Vélo 11 €). Loc : compter 300 €/sem.* Ce camping se trouve au bord de la Loire, sur le périmètre classé par l'Unesco, et dispose de 175 emplacements ombragés par des pins. Jeux pour les enfants, salle TV avec billard, flipper, terrain de pétanque, tir à l'arc, pêche autorisée et plage, avec possibilité de louer des vélos. Un camping bien organisé (qui porte mal son nom ?), sur un grand terrain aux infrastructures récentes. Point camping-cars. Accueil vélos.

Prix moyens

Hôtel du Parc : *5, pl. Aristide-Briand. ☎ 02-38-56-13-13. • hotelduparc0176@orange.fr • Au centre-ville, à côté de l'office de tourisme. Double 73 €. Parking gratuit.* Certes, l'hôtel, installé dans un ancien collège rénové, manque de charme, mais c'est bien le seul reproche qu'on peut lui faire. Tout neuf et récemment repris, il offre une vingtaine de chambres tout confort. Modernes et fonctionnelles, elles sont équipées de la clim et de la TV satellite. Elles bénéficient d'une bonne insonorisation (avec double vitrage, notamment) et sont agréables avec leur cadre lumineux et coloré.

Auberge du Port : *83, Grande-Rue-du-Port. ☎ 02-38-58-43-07. ♿ Fermé dim-lun midi et mer soir. Carte 25-30 €.* Les bonnes tables dans le coin ne sont pas légion, aussi on vient de loin pour s'attabler dans ce resto situé juste en face du pont, et savourer de bons plats d'inspiration gastro, au dressage bien pensé, élaborés à base de produits frais. Peu de choix (2 entrées, 2 plats), mais que du bon, et la carte change régulièrement. Bon poisson frais de la Loire en saison et un dessert à ne pas manquer, le lingot d'or ! Ça se passe dans 2 jolies salles claires, à la déco sobre, ou sur une petite terrasse qui donne sur les bords de Loire.

Où dormir dans les environs ?

Chambre d'hôtes La Vélisière : *chez Bernadette et Michel Beaubois, 40, route de Louis, 45460* ***Bouzy-la-Forêt.*** *☎ 02-38-58-53-42. 📱 06-07-36-34-29. • bernadette.beaubois@orange.fr • chambres.com.fr/lavelisiere • À 9 km à l'est de Châteauneuf. Tte l'année. Double 62 €. Café offert sur présentation de ce guide.* On arrive par une longue allée qui laisse découvrir un beau jardin entourant une superbe maison du XIXe s. C'est que Bernadette a la main verte et adore les rosiers anciens. 2 chambres, aux teintes bleues ou soleil, propres et agréables, à l'arrière de la maison, vous attendent en ce lieu idéalement situé quand on veut rayonner dans la région. L'adresse plaira aux enfants, qui approcheront l'âne et les autres animaux du parc. Accueil chaleureux, et plein de bons conseils sur les environs. Location de vélos.

À voir. À faire à Châteauneuf et dans les environs

Le musée de la Marine de Loire : *dans les anciennes écuries du château du XVIIe s. ☎ 02-38-46-84-46. • chateauneuf-sur-loire.com • ♿ Tlj sauf mar : avr-oct 10h-13h, 14h-18h ; nov-mars, 14h-18h. Fermé 1er janv, 1er mai et 25 déc. Entrée : 5 € ; réduc ; gratuit moins de 7 ans. Pour tte entrée plein tarif au musée, entrée offrant le ½ tarif aux châteaux de Chamerolles et de Sully-sur-Loire. Visite guidée gratuite l'été, animations, ateliers et livrets pédagogiques gratuits pour les 3-12 ans.*

Force est d'admettre que ces anciennes écuries, construites par l'un des secrétaires d'État de Louis XIV, sont absolument superbes, et que l'expo à la belle scénographie est parfaitement mise en valeur. Un magnifique hommage est rendu à la Loire et à son environnement. Tout ce qui touche de près ou de loin à la marine et au fleuve est ainsi évoqué : photos anciennes, petits films, lithos et aquarelles, et surtout une cartographie on ne peut plus claire, histoire de comprendre enfin le difficile réseau de canaux et d'affluents.

On retrouve la plupart des activités nées de la présence de la Loire, sur laquelle nos lointains ancêtres naviguaient déjà et qui fut, jusqu'au XIXe s, le fleuve français le plus utilisé pour le transport des marchandises. Une foule d'objets liés à la vie quotidienne de la batellerie : outils et cabane de mariniers, maquette de bateau du XVIIIe s érigée en ex-voto ou encore celle du pont transbordeur de Nantes construit à Châteauneuf (le dernier existant se trouvant à Rochefort-sur-Mer). Également des coffres du XIXe s et puis ces pichets trompeurs qui ont dû en faire rire et baver plus d'un ! Enfin, une petite salle dédiée à l'histoire de la ville. Une bien belle visite pour mieux comprendre l'importance économique et sociale du célèbre fleuve royal.

Le parc naturel départemental : créé au XVIIe s, il s'inspire des jardins à la française de Le Nôtre et des parcs à l'anglaise du XIXe s. L'extension du parc en direction de la Loire est aménagée avec des panneaux pédagogiques, bancs et kiosque pour valoriser la gestion des espaces naturels sensibles protégés. Situé entre les bords de Loire et la ville, dominé par son château qui abrite la mairie, on a plaisir à s'y promener à la découverte des différentes essences botaniques, dont une cinquantaine d'arbres remarquables et une impressionnante collection de rhododendrons (floraison à la fin mai). Une promenade de 4,2 km, parfaite avant ou après la visite du musée. Plan du parc disponible à l'office de tourisme et au musée.

Si vous en avez le courage, vous pouvez continuer sur la ***balade des Mariniers*** le long du quai de Châteauneuf. Là se trouvent amarrées quelques reconstitutions de bateaux traditionnels : futreau, toue cabanée (pour pêcher jour et nuit, les rares poissons migrateurs tels les saumons ou les aloses qui réussissent encore à franchir les barrages).

➢ ***Les Passeurs de Loire :*** *embarcadère au lieu-dit La Tuilerie, à **Sigloy**, à 3 km de Châteauneuf ; pas de bureau d'accueil, sur résa seulement. 06-74-54-36-61. • passeursdeloire.fr • Avr-début nov, tlj sur résa. Compter 20-38 €/pers et 36-54 €/pers pour les sorties à thème en nocturne, promenades découvertes ou avec pique-nique. Réduc de 2 €/pers sur présentation de ce guide.* Intéressantes balades commentées en bateau à fond plat ou sur une gabarre, organisées par 2 mariniers pêcheurs (qui tiennent une conserverie à proximité de Sigloy). Ils proposent de faire découvrir ce beau fleuve, sa faune, sa flore et leurs méthodes de pêche sur des embarcations traditionnelles. Ils expliquent la construction de ces esquifs, qu'ils ont bâtis eux-mêmes, les techniques de navigation, et font même participer aux manœuvres. Convivial et enrichissant.

Saint-Martin-d'Abbat, le village des Boîtes aux Lettres : ce bourg, traversé par la Méridienne verte, est devenu, en peu de temps, célèbre dans tout le pays. De nombreux habitants ont fait de leur village la « cité de la boîte aux lettres personnalisée » en plaçant devant chez eux et selon leur goût d'imposantes boîtes aux allures d'animaux, de fleurs, de cœur ou simplement peintes. Tous les ans, un concours sélectionne la plus belle. On visite les lieux à pied ou, mieux encore, à vélo, en suivant un petit parcours qui mène aux plus surprenantes d'entre elles ! Animations tout l'été organisées par l'association du village, notamment un *festival des Boîtes aux lettres* *(rens au 06-87-24-00-70).*

GERMIGNY-DES-PRÉS (45110) 720 hab.

À 5 km à l'est de Châteauneuf-sur-Loire. Théodulfe, catalan, poète, théologien, se comptait parmi les *missi dominici* de Charlemagne. L'empereur, qui n'avait pas plus de barbe que de fleurs dedans, venait de lancer les travaux de sa chapelle d'Aix, et son conseiller, qui avait été nommé évêque d'Orléans et abbé de Saint-Benoît-sur-Loire, décida de faire appel à l'architecte d'Aix pour se faire construire une jolie maison sur le domaine que possédait le monastère à cette époque. Il lui fallait au moins cela ! Édifiés en 806, la villa et l'oratoire furent très endommagés un siècle après, lors de l'invasion des Normands. Visite conseillée tôt le matin ou en fin d'après-midi, pour la qualité de la lumière doucement filtrée par les feuilles d'albâtre qui parent les fenêtres de l'étonnante tour-lanterne.

Où dormir ?

Chambres d'hôtes Cerviña : *chez M. et Mme Kopp, 28, route de Châteauneuf. ☎ 02-38-58-21-15. • contact@kopp.fr • kopp.fr • À 300 m de l'oratoire, sur la droite à la sortie du bourg en allant vers Châteauneuf-sur-Loire. Double 65 €. Table d'hôtes sur résa 25 €. Local à vélos.* 5 chambres simples plutôt récentes et personnalisées de textes de chanson ou de poèmes écrits aux murs, toutes avec salle de bains à l'italienne. Dans une petite dépendance a été aménagé un coin salon-bibliothèque pour les soirées contes ou lectures. Cuisine à dispo, jeux pour les enfants, terrain de basket et de badminton dans le jardin. Mme Kopp propose à ses hôtes une visite guidée et gratuite de l'oratoire (voir plus loin). Une adresse qui vaut surtout pour son excellent accueil.

À voir

L'oratoire carolingien : *dans le centre du village. Avr-août, tlj 9h30-18h30 env (10h-17h hors saison ; fermé mar mat). GRATUIT.* L'oratoire fut construit en forme de croix grecque, dont chaque branche se terminait par une abside en fer à cheval. Il n'en reste que 3 depuis que l'on décida de supprimer l'hémicycle occidental pour construire une nef, sans intérêt esthétique, destinée à faire de l'endroit une église paroissiale. L'ensemble, formant un carré de 10 m de côté, était décoré de mosaïques. Il ne subsiste que celle du cul-de-four de l'abside orientale. Composée de 130 000 tesselles (petits cubes de verre), elle représente l'arche d'alliance, avec 2 chérubins, sous la main de Dieu sortant d'un nimbe et entouré de 2 archanges aux ailes déployées. Une merveille ! Quelques statues (pietà aux joues particulièrement saillantes du XVIe s, *Sainte Anne* du XVe s...) ne font qu'ajouter à l'intérêt exceptionnel de cette église carolingienne, 1er monument de l'art chrétien d'Occident, consacrée en 806.

À côté, petit ***office de tourisme*** : *(horaires variables, se renseigner au ☎ 02-38-58-27-97 ou sur • tourisme-valdesully.fr •). Organise des visites guidées de l'oratoire 1 w-e sur 2 avr-sept, sam et dim à 17h. Compter 3,50 €, sur résa.* Billetterie pour les concerts à l'oratoire en saison.

SAINT-BENOÎT-SUR-LOIRE (45730) 2 020 hab.

Par la D 60, 5 km plus loin, on arrive à Saint-Benoît-sur-Loire, siège de la célèbre abbaye bénédictine de Fleury, l'un des édifices romans les plus remarquables de France. Superbe balade à faire à vélo le long de la Loire. C'est également ici que le poète et écrivain Max Jacob a été inhumé après y avoir passé plusieurs années de sa vie.

Adresses utiles

Office de tourisme Val d'Or et Forêt : *44, rue Orléanaise. ☎ 02-38-35-79-00. Juin-sept, lun-sam 10h-12h30, 13h30-18h, dim 13h30-18h ; juil-août lun-dim 9h30-18h30. Oct-mars, tlj 13h30-17h.*

ULM Val de Loire : *Les Places, à la sortie de Saint-Benoît sur la route de Sully, à gauche. ☎ 02-38-35-76-78. • ulm.st.benoit@orange.fr • ulm-club-du-val-de-loire.fr • Sur résa. Vols en ULM 40-100 €/pers selon durée (de 15 mn à 1h).* Un club ULM sérieux, proposant des vols à prix très compétitifs en pendulaire ou multi-axes. Pour voir le château de Sully du ciel...

Où dormir ? Où manger ?

Camping

Camping OnlyCamp Le Port : *en bord de Loire et à 300 m de la basilique (fléché à partir du bourg). ☎ 02-38-35-12-34. • leport.onlycamp.fr • Ouv de juin à mi-sept. Forfait pour 2 pers env 13 €.* Petit camping agréable et calme offrant une cinquantaine d'emplacements ombragés dans un sous-bois en bord de Loire. Artisanal mais sympathique. Aire de service pour camping-cars. Pêche autorisée. À proximité, ULM, karting, location de canoës-kayaks.

De prix moyens à chic

Hôtel du Labrador : *7, pl. de l'Abbaye. ☎ 02-38-35-74-38. 06-30-49-63-62. • hoteldulabrador@wanadoo.fr • hotel-du-labrador.com • Double 77 €.* L'ancien bâtiment sur la petite place qui fait face à la sublime abbaye est fermé pour restauration, l'hôtel s'est délocalisé dans ses annexes neuves situées à l'arrière, autour d'un calme jardin propice au recueillement (la proximité de l'abbaye y est sûrement pour quelque chose !). En tout, une vingtaine de chambres fonctionnelles, plutôt petites mais de bon confort, dans les tons actuels, avec douche à l'italienne. Préférer celles qui donnent sur le jardin plutôt que sur le parking, bien sûr ! Quelques belles familiales mansardées également. Bon accueil.

Le Grand Saint-Benoît : *7, pl. Saint-André. ☎ 02-38-35-11-92. 06-71-57-64-77. • contact@restaurant-grand-saint-benoit.com • restaurant-grand-saint-benoit.com • En plein centre. Tlj sauf lun et le soir dim et j. fériés. Congés : de mi-août à début sept et vac scol de fin d'année. Résa conseillée. Formules déj en sem 23-27 € ; menus 34-57 € (66-87 € pour les menus dégustation).* L'une des meilleures tables de la région ! Et ce n'est pas le plus cher, loin de là, vu la qualité de la cuisine et la gentillesse de l'accueil (attention tout de même au prix des vins...). Les plats sont de vraies réussites, à la fois simples et recherchés, y compris le petit menu de la semaine. Ils sont servis avec du style (un peu trop ?) dans une salle cossue à la déco classique ou sur une plaisante terrasse dans la rue piétonne.

Chambres d'hôtes Ferme de la Borde : *chez Mireille et Dominique Bouin, 6-8, chemin de la Borde. ☎ 02-38-35-70-53. 06-76-05-69-72. • mireille-dominique.bouin@wanadoo.fr • fermedelaborde.com • À 2 km à l'est de Saint-Benoît. Double 80 € ; familiale. Table d'hôtes le soir (sur résa) 23 €, vin compris.* Dans cette ferme moderne où l'on cultive des céréales, 5 chambres plus ou moins spacieuses (dont 2 suites familiales), avec sanitaires, bien tenues. Repas concocté avec les légumes du jardin, pris autour d'une gigantesque table, dans une véranda donnant sur le jardin fleuri. Accueil agréable.

Chambres d'hôtes La Ferme des Hiboux : *chez Denise et Pierre Durin, 9, chemin du Pleu. ☎ 02-38-35-72-68. 06-80-68-05-76. • lafermedeshiboux@gmail.com • laferme-deshiboux.magix.net/website/ • À 3 km au sud-est de Saint-Benoît. Fermé d'oct à mi-avr. Double 72 € ; familiale.* Dans une ancienne ferme bicentenaire réaménagée, vraiment charmante avec ses poutres et ses colombages. 2 chambres avec salle de bains commune et une autre sous les toits pour 4 (attention à la tête !). Grand jardin et la campagne autour. Cuisine à disposition. Accueil très souriant et chaleureux. Une excellente adresse.

À voir. À faire

L'abbaye de Fleury : *☎ 02-38-35-72-43. • abbaye-fleury.com • Accès libre à la basilique tte l'année, tlj 6h30-22h (19h nov-mars), sauf pdt les célébrations. L'abbaye est habitée, une quarantaine de frères vivent encore sur place. Outre les* *offices pluriquotidiens, des concerts s'y déroulent également (pas de visite à ces moments-là). Visite guidée par les moines (participation libre) de 1h15 (vivement recommandée, mais résa conseillée) : mars-oct, sam (à partir de 5 pers) à 14h45, dim et j. fériés à 15h15. Messe avec chants grégoriens lun-sam à 12h, dim et j. fériés à 11h.*

L'abbaye fut fondée en 630. Il n'en reste que l'abbatiale, qui a traversé l'histoire (pillages, incendies, guerres) sans trop de dommages, sauf ceux du temps. Elle fut l'une des écoles les plus célèbres avant la fondation des universités, et sa bibliothèque était l'une des plus riches du monde monastique. Un manuscrit du XIIe s, conservé à la bibliothèque d'Orléans et racontant 10 drames liturgiques, prouve que Saint-Benoît fut également l'un des berceaux du théâtre français. En effet, les moines et leurs élèves jouaient ces « mystères chrétiens » en public. Une manière comme une autre de faire passer le message divin. Plus tard, Jeanne d'Arc vint se reposer ici avec le Dauphin, futur Charles VII (disent les mauvaises langues), pour prier et remercier Notre-Dame de Fleury qui l'avait « aidée » dans ses victoires. On va finir par croire que la Pucelle a visité toutes les églises du Loiret... À la Révolution, les bâtiments conventuels sont détruits, seule l'abbatiale (devenue église paroissiale) sauve ses murs. Le chœur et le transept datent du XIe s, le porche est surmonté d'une massive tour carrée dont le clocher de la croisée du transept rappelle celui du Mont-Saint-Michel. Chapiteaux extérieurs de toute beauté. Ils évoquent le dernier des livres de la Bible, *L'Apocalypse* (dans la tour-porche).

LE THÉÂTRE RELIGIEUX

Le théâtre d'aujourd'hui est né à l'église et tout particulièrement à Saint-Benoît-sur-Loire dès le XIe s. On jouait des « mystères », c'est-à-dire des scènes évoquant la vie du Christ afin d'éveiller le peuple illettré à la religion. Pour les asservir, il s'agissait de leur enseigner la notion du péché... et de l'enfer.

À l'intérieur, nef du XIIe s, romane dans ses parties basses et couverte d'une voûte gothique, les 2 styles cohabitant avec élégance. Dans le chœur, ne pas manquer les étonnants pavements d'origine romaine. Les pas de tous ceux qui les ont foulés ne sont pas parvenus à les user (on construisait solide à l'époque !). Sous le chœur, la ***crypte*** avec un coffre renfermant les reliques de saint Benoît qui avaient été abandonnées sur le mont Cassin et que des moines rapportèrent ici (entrée par le bas-côté gauche). On trouve aussi le gisant du roi Philippe Ier et, dans le transept nord, le portrait sculpté de Rainaldus, ce chef normand (et donc viking !) passé par là au XIe s.

➢ En face de la basilique, prendre la rue qui longe l'*Hôtel du Labrador*. Sur la gauche, de l'autre côté du parking, s'amorce un petit chemin qui mène à travers champs (600 m environ) à la Loire et au hameau du Port. Une ***balade*** à ne pas manquer, d'autant plus qu'on trouve le long du fleuve de vieilles maisons joliment restaurées qui appartenaient à des mariniers. Des plaques rappellent qu'au XIXe s les crues parvenaient à mi-hauteur des habitations ! Le port de Saint-Benoît était très prospère au Moyen Âge. On acheminait les récoltes produites par les immenses propriétés de l'abbaye.

SULLY-SUR-LOIRE (45600) 5 600 hab.

Au sud de la Loire, toujours sur la D 60, à 18 km de Châteauneuf, Sully a déjà un pied en Sologne et elle est devenue, en 2000, le point de départ du périmètre de la Loire classé au Patrimoine mondial de l'Unesco. Ayant

beaucoup souffert des bombardements en 1940, la ville ne conserve guère de maisons anciennes. À cette hauteur, le fleuve, très large, est encombré de bancs de sable. Sully est surtout connu pour son château. Les abords en sont particulièrement paisibles et agréables. L'idéal est de venir en fin d'après-midi se promener sur les rives verdoyantes et le pont aux Prêtres, jolie construction en bois enjambant les douves pour rejoindre le centre-ville.

Adresse utile

Office de tourisme : *pl. du Général-de-Gaulle. ☎ 02-38-36-23-70. • tourisme-valdesully.fr • Ouv tte l'année. Juin-sept, lun-sam 10h-12h30, 13h30-18h, dim 10h-12h30 ; juil-août, lun-sam 9h30-18h30, dim 9h30-12h30. Horaires restreints le reste de l'année.* Bonne documentation sur la ville et la communauté de communes. Résa d'hébergements.

Location de vélos : ***Passion Deux Roues,*** *☎ 02-38-35-13-13.*

Où dormir ?

La Closeraie : *14, rue Porte-Berry. ☎ 02-38-05-10-90. • contact@hotel-la-closeraie.com • hotel-la-closeraie.com • ♿ (1 chambre). Dans une rue calme à proximité du château. Congés : 25 déc-1er janv. Double 85 € ; familiales.* Une ancienne étude de notaire dans une maison bourgeoise transformée en hôtel de charme dans l'esprit d'une maison d'hôtes. Chambres coquettes et spacieuses, d'un romantisme fou, avec vieilles tomettes, parquet ancien ou jonc de mer. On a craqué pour celle mansardée avec sa salle de bains ouverte ; également un charmant cottage. Le petit déj se prend dans un salon cosy avec une bibliothèque ou dans le patio fleuri. Sauna dans une cave voûtée pour la détente (soins possibles). Accueil tout en douceur.

Hôtel Burgevin : *11, rue du Faubourg-Saint-Germain. ☎ 02-38-38-13-12. • contact@hotelburgevin.com • hotelburgevin.com • ♿ (1 chambre). Dans la rue principale, à 100 m du château. Doubles 96-130 € ; familiales ; petit déj 15 €. Parking gratuit. Apéritif maison offert sur présentation de ce guide.* Cet ancien relais de poste, tenu par la famille Burgevin de père en fille depuis 1898, s'est refait une jeunesse après de gros travaux de restructuration pour devenir ce superbe hôtel design et raffiné qui manquait à Sully. Les chambres sont magnifiques, spacieuses, de style contemporain. Salle de bains high-tech, minibar, coffre-fort, climatisation et tout le tintouin, pour offrir un grand confort. Copieux petit déj avec charcuterie, et vin blanc au frais pour les amateurs. Accueil attentionné et pas guindé, à la hauteur des lieux.

Où dormir dans les environs ?

Camping

Camping Le Jardin de Sully : *1, route d'Orléans, 45600* ***Saint-Père-sur-Loire.*** *☎ 02-38-67-10-84. 07-81-11-47-65. • lejardindesully@gmail.com • camping-bord-de-loire.com • À 2 km au nord de Sully. Traverser le pont au pied du château. Tte l'année. En hte saison, compter 20 € pour 2 (forfait La Loire à Vélo 14 €). Le reste de l'année, forfait pour 2 env 12-20 € (forfait La Loire à Vélo 6-11 €). Loc de mobile homes et bungalows toilés et meublés (2-6 pers).* Un camping de bon confort avec de petites haies entre les emplacements bien ombragés. Accès direct aux bords de Loire, et pas mal de loisirs sur place (canoë-kayak, tennis, minigolf, aire de jeux...). Piscine chauffée en été, location de vélos et animations en saison. Snack avec four à pizza. Bon accueil.

De prix moyens à chic

Chambres d'hôtes Les Vieux Guays : *chez M. et Mme Martinez-Porte, Les Vieux Guays, 45620* ***Cerdon-du-Loiret.*** *☎ 02-38-36-03-76. • lvg.france@gmail.com • les vieuxguays.com • À 17 km au sud de Sully. Double 98 € ; familiale. Gîte 4 pers : 105 € la nuitée (2 nuits min).* À ne pas confondre avec le Vieux Gué, un domaine juste à côté du village ! Cette adresse-là est située non loin de Cerdon, entre bois et étangs : c'est une élégante demeure solognote entièrement rénovée par un couple franco-chilien. Chambres chaleureusement tournées vers la forêt et l'étang. Petit déj copieux dans une salle à l'étourdissante charpente. Bon goût et tranquillité. Belle piscine en prime ! Les propriétaires ont ouvert un resto dans le village.

À voir

Le château : *☎ 02-38-36-36-86. • chateausully.fr • Mai-sept, tlj sauf lun 10h-18h (tlj juil-août) ; fév-avr et oct-déc, tlj sauf lun 13h30-17h30 ainsi que mat le w-e ; dernière entrée 30 mn avt la fermeture. Fermé le 25 déc et en janv. Visite guidée à 15h hors saison, à 14h30 et 16h en saison (plus 11h juil-août). Nombreuses animations en saison. Entrée : 8 € en visite libre, 10 € en visite guidée ; réduc ; gratuit moins de 6 ans. Billet offrant une entrée réduite au château de Chamerolles, au château-musée de Gien, au musée de la Résistance à Lorris et au musée de la Marine de Châteauneuf-sur-Loire.*
Bâti au confluent de la Sange et de la Loire à la fin du XIVe s sur des plans de Raymond du Temple, architecte du Louvre au temps de Charles VI, ce château rectangulaire flanqué de 4 tours n'a appartenu qu'à 3 familles : aux 1ers seigneurs de Sully, fondateurs de la baronnie au Xe s, puis à la famille de La Trémoille, barons de Sully de 1383 à 1602, et enfin à la famille de Béthune, descendant de Maximilien, 1er duc de Sully, fameux ministre d'Henri IV. En 1962, le département du Loiret racheta le château en ruine à Mahaut de Béthune.
Entouré de douves, il comprend 2 parties : le donjon, imposant bâtiment médiéval, et le « petit château ». Dans la salle d'honneur, nombreux portraits de la famille Béthune-Sully. Sur le manteau de la cheminée, l'autre château du duc à Rosny-sur-Seine. Voltaire, fuyant Paris en 1715, avait trouvé refuge à Sully et il donna d'ailleurs quelques représentations théâtrales dans cette pièce. Les poutres peintes au plafond marquent le devant de la scène. La pièce adjacente est dite « chambre du roi » en l'honneur de Louis XIV, venu ici en 1652 pendant la Fronde. Dans la chambre, 2 belles tapisseries du XVIIe s.
On accède aux chemins de ronde couverts par un escalier étroit à vis. Admirez la grande salle à la charpente en chêne, d'une hauteur de 15 m, et l'assemblage, entièrement à tenons et mortaises. Elle constitue un témoignage exceptionnel du XIVe s.
Quant aux appartements de Psyché, ils abritent une somptueuse tenture composée de 6 tapisseries du XVIIe s, racontant l'histoire de Psyché punie par Vénus, car elle était plus belle qu'elle. À voir encore, la chambre de Sully avec son plafond peint à l'italienne et, au centre, des divinités, dont Jupiter (symbolisant Henri IV) et un aigle serrant un foudre (Sully lui-même, ministre du roi). Sa devise « *Quo jussa Jovis* » se traduisant par : « Je vais où Jupiter ordonne. »
La visite se termine par la salle à manger, anciennement cabinet de travail du duc, où il a rédigé et imprimé clandestinement ses mémoires en 1638.
Parc prétexte à d'agréables promenades (inutile de chercher le fameux trésor de Sully ; depuis des siècles, il reste désespérément introuvable ; à se demander s'il existe vraiment...) avant de rejoindre la ville par la petite passerelle qui traverse la Sange en empruntant le parcours pédestre fléché « La Cheminade historique ».

Fête et manifestations

– ***Les Heures historiques de Sully :*** *un w-e mi-mai, dans le parc du château. GRATUIT.* Des animations (marché médiéval, défilé, feu d'artifice) et des reconstitutions en costume d'époque retracent 20 siècles d'histoire, des Gaulois aux années 1960.
– ***Festival de Sully et du Loiret :*** *fin mai-début juin. Rens sur • festival-sully.com • Payant.* Festival international de musique classique, au château, dans la ville et aussi dans des sites prestigieux du département.
– ***Fête de la Sange :*** *un w-e début sept. Rens sur • lafetedelasange.fr • Entrée : 5 €.* Grande fête de la nature, de la pêche et de la chasse. Animations avec chiens, chevaux et rapaces dans le parc du château.

• Carte Les plus beaux châteaux autour de Blois *p. 523*

BLOIS

(41000) 45 670 hab.

• Plan *p. 525*

Préfecture du Loir-et-Cher, Blois, bâtie en amphithéâtre sur les coteaux qui dominent la Loire, fut le centre de la Renaissance française, comme en témoigne son majestueux château. Si la ville fut gravement endommagée pendant la guerre, sa reconstruction permit de dégager parfaitement la vue sur son château. Mais on y trouve encore de vieux quartiers aux rues anciennes, tortueuses, escaladant les flancs escarpés de la rive. C'est une ville tranquille et douce à vivre qu'il faut découvrir aux beaux jours, et même aux belles nuits, car le son et lumière donné au château est une invitation à remonter le temps, en le prenant, justement.

Comment y aller en train ?

➢ ***De Paris-gare d'Austerlitz :*** Env 20 trains directs ou avec un changement à Orléans ou à Saint-Pierre-des-Corps (1h30 à 2h de trajet).
– *Rens SNCF :* ☎ *36-35.* • *oui.sncf* •

Adresses et infos utiles

i ***Office de tourisme Blois Chambord*** *(plan A2)* **:** *5, rue de la Voûte.* ☎ *02-54-90-41-41.* • *bloischambord.com* • *Avr-sept, tlj 9h-18h ; oct-mars, tlj sauf dim 10h-12h30, 14h-17h. Fermé 1er janv et 25 déc.* Vous y trouverez une brochure retraçant les itinéraires balisés sillonnant 4 quartiers de la ville, des plans (gratuits) des châteaux à vélo et de *La Loire à Vélo,* des renseignements sur les visites guidées en saison. Également 2 ***applications gratuites*** : « Blois Chambord Tour » et « Visit'Blois ». Vente des *Pass Châteaux* et billetterie ZooParc de Beauval à tarif préférentiel.

Location de vélos : ***Détours de Loire*** *(☎ 02-54-56-07-73 ;* • *detoursdeloire.com* • *; tlj sauf dim-lun hors saison).* Une boutique qui possède plusieurs points de location entre Ancenis et Orléans. ***100 % Bike,*** *à Blois ou livré, tte l'année,* 📱 *07-71-78-32-62.* ***Randovélo,*** *31, av. Jean-Laigret,* ☎ *02-54-78-05-38.*

■ ***Location de voitures :*** ***Rentacar,*** *20, bd Joseph-Paul-Boncour (à 3 km de la gare),* ☎ *02-54-20-32-03 ;* ***Avis,*** *58, av. de Vendôme (à 3 km de la gare),* ☎ *02-54-45-10-61.*

■ ***Navettes de bus pour Chambord et Cheverny :*** *fin mars-début nov ; 3 bus/j. en été, sinon le w-e, vac scol et j. fériés. Arrêts devant la gare et devant le château.* • *remi-centrevaldeloire.fr* • *Billet : 3 € l'aller.* Pratique quand on n'est pas motorisé. Compter 30 mn pour Chambord et 1h15 pour Cheverny.

Blois-Taxi : *permanence jour et nuit à la gare.* ☎ *02-54-78-07-65. Également des services de VTC à la gare.*

– ***Marché :*** *sam mat, pl. Louis-XII.* ***Marché bio*** *ven soir, pl. Rol-Tanguy (rive gauche, pont Jacques-Gabriel).*

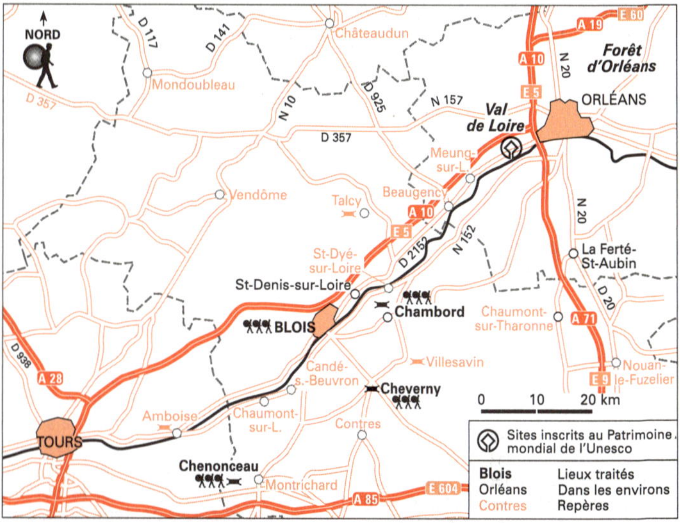

LES PLUS BEAUX CHÂTEAUX AUTOUR DE BLOIS

Où dormir ?

De prix moyens à chic

Hôtel Saint-Jacques *(plan A2,* ***10****) : 7, rue Ducoux. ☎ 02-54-78-04-15. • hotelsaintjacques@msn.com • hotelsaintjacquesblois.com • Doubles 55-65 € ; familiales. Réduc de 10 % sur le prix de la chambre nov-mars sur présentation de ce guide.* Une adresse entièrement rénovée ces dernières années, simple et bien tenue, aux chambres assez grandes et lumineuses (dont 2 pour 5 personnes, très demandées). Ne cherchez pas la clim et ne comptez pas trop sur l'insonorisation. Resto sur place.

Le Monarque *(plan A1,* ***11****) : 61, rue Porte-Chartraine. ☎ 02-54-78-02-35. • hotel-restaurant@lemonarque.fr • hotel-lemonarque.com • ♿ Congés : 17 déc-3 janv. Doubles 59-79 € ; familiales. Parking 5 €. Apéritif offert sur présentation de ce guide.* Cadre chaleureux au rez-de-chaussée, du côté de la réception et du restaurant, décorés sur le thème de Tintin. Les chambres, bien tenues, ont été rénovées dans un style plus conventionnel. Accueil très aimable.

Côté Loire – Auberge Ligérienne *(plan A2,* ***12****) : 2, pl. de la Grève. ☎ 02-54-78-07-86. • info@coteloire.com • coteloire.com • Resto fermé dim-lun. Congés : janv. Doubles 65-110 €. Menus 24 € (déj seulement)-34,50 €.* Hôtel croquignolet dans une auberge du XVIe s, la plus ancienne de la ville. Les chambres, décorées dans un style un peu daté mais coquet, sont confortables et très bien tenues. Certaines donnent sur la cour, d'autres sur la Loire (calme la nuit). Ambiance feutrée et comme à la maison. Arrière-cour paisible pour bouquiner ou boire un verre et une agréable salle de petit déj pour un réveil en douceur (bon buffet). Au resto, bonne cuisine à base de produits frais de saison. Accueil très sympa, dans un esprit d'auberge à l'ancienne qu'on aime bien.

Chambres d'hôtes La Maison du Carroir *(plan A1, **13**)* **:** *20, rue Sainte-Catherine. ☎ 02-54-74-69-94. 06-75-14-38-10. • lamaisonducarroir@gmail.com • lamaisonducarroir.com • Doubles 110-125 €.* Une jolie maison de ville, située au calme et tout près du centre. Tout y est très soigné, de la déco (beaucoup d'élément chinés, notamment des jouets) au confort, en passant par le jardin de curé. Chambres spacieuses, pimpantes et lumineuses, aux teintes sobres et contemporaines, toutes différentes. Petit déjeuner d'anthologie. Les prix sont vraiment justifiés. Accueil très aimable.

Où manger ?

Bon marché

F & B *(plan B1, **20**)* **:** *7, rue du Poids-du-Roi. ☎ 02-54-46-05-29. Lun-ven 12h-14h, 19h-1h30, sam-dim 11h-15h30, 19h-1h30 (22h fin de service repas). Plat du jour 12 €. Formules 15-17 €.* À la fois un bar sympa, un restaurant locavore et une microbrasserie. On se sent bien, quelle que soit l'heure, dans ce lieu animé et chaleureux, où l'on peut grignoter des plats simples et généreux, sans oublier de s'humecter le gosier avec une bonne bière artisanale ! De quoi faire bien des heureux.

Miss Goumard : voir plus bas « Où boire un thé tout en grignotant un gâteau ? ».

De prix moyens à chic

Au Coin D'table *(plan B1, **21**)* **:** *9, rue Henry-Drussy. ☎ 02-54-74-20-20. • aucoindtable@gmail.com • Tlj sauf mer, plus mar hors saison. Menus 16-19 €. Café offert sur présentation de ce guide.* Un petit *Coin D'table* au cadre rustique ponctué de vieux bouquins. Et c'est dans de vieux bouquins, justement, que le menu est présenté. On décide de la combinaison gagnante : d'abord, on choisit la base du plat de résistance : andouillette, burger, poisson frais, plat végétarien ou viande du jour ; puis l'accompagnement : frites maison, légumes du jour ou tomates provençales. Mon tout est simple et servi avec le sourire. Une petite escale chaleureuse et bon marché.

O'Blend *(plan A2, **23**)* **:** *6, av. Jean-Laigret. ☎ 02-54-79-89-25. • contact@oblend.fr • ♿ Tlj sauf dim midi (et soir hors saison). Menus midi 17,50-20,50 €, soir 35 €.* Situé pile face à la gare, ce bistrot fraîchement débarqué sur la scène blésoise nous a convaincus par sa cuisine fine et inventive où tout est fait maison, y compris les frites, les sauces et les desserts (qui sont à tomber !). La carte est inspirée et maîtrisée, le service agréable, le cadre contemporain bien léché et cosy. Tarifs raisonnables pour la qualité. Ce petit nouveau démarre par un sans-faute !

L'Hôte Antique *(plan A1, **24**)* **:** *5, rue du Pont-du-Gast. ☎ 02-54-74-39-10. • lhoteantique@hotmail.fr • ♿ Derrière le château. Tlj 12h-14h, 19h-22h. Formule du jour (sauf dim et j. fériés) 21,50 € ; menus 29,50-45 €.* Cuisine ouverte et décor cosy qui tranche singulièrement avec le type de cuisine (goûtez le risotto aux gambas), tandis que la broche qui tourne dans la rôtissoire rappelle les senteurs d'antan. Les époques se mêlent avec délice sur les murs et dans l'assiette. Bonne sélection de vins. Une adresse constante.

Le Bistrot du Cuisinier *(plan B2, **25**)* **:** *20, quai Villebois-Mareuil. ☎ 02-54-78-06-70. • le.bistrot.du.cuisinier41@gmail.com • De l'autre côté de la Loire, à 50 m du pont Gabriel (ou Vieux-Pont). Tlj (rare dans la région !). Menu déj en sem 23,50 € ; menus 29-38,50 €. Apéritif (spécial Routard !) offert sur présentation de ce guide.* Un resto sympathique à la déco refaite et avec une vue imprenable sur la ville depuis sa petite salle du 1er étage. La cuisine, à base de produits frais, devrait laisser un bon souvenir à vos papilles ! Carte des vins dûment sélectionnés.

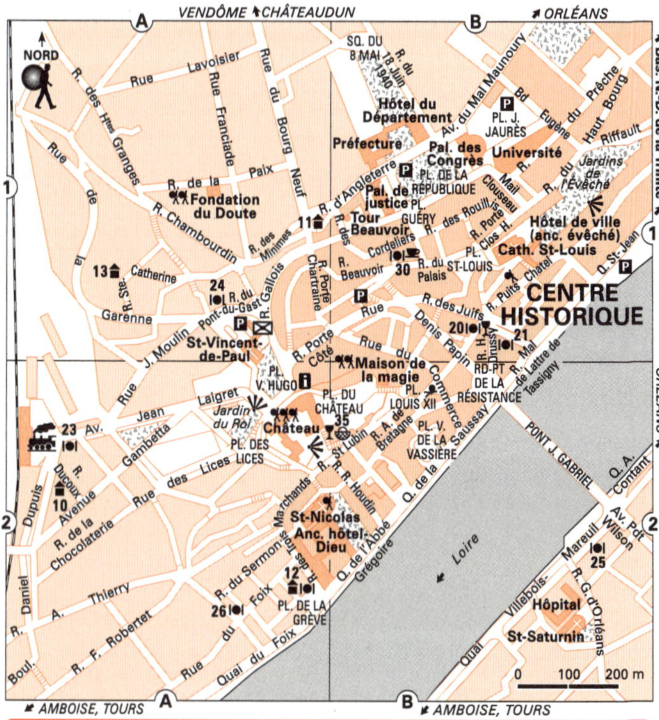

BLOIS

■ **Adresse utile**

- Office de tourisme Blois Chambord (A2)

Où dormir ?

- **10** Hôtel Saint-Jacques (A2)
- **11** Le Monarque (A1)
- **12** Côté Loire – Auberge Ligérienne (A2)
- **13** Chambres d'hôtes La Maison du Carroir (A1)

Où manger ?

- **12** Côté Loire – Auberge Ligérienne (A2)
- **20** F & B (B1)
- **21** Au Coin D'table (B1)
- **23** O'Blend (A2)
- **24** L'Hôte Antique (A1)
- **25** Le Bistrot du Cuisinier (B2)
- **26** Au Rendez-Vous des Pêcheurs (A2)

Où boire un thé tout en grignotant un gâteau ?

- **30** Miss Goumard (B1)

Plus chic

Au Rendez-Vous des Pêcheurs *(plan A2,* ***26****)* ***:*** *27, rue du Foix.* ☎ *02-54-74-67-48. • christophe.cosme@wanadoo.fr • Tlj sauf dim-lun (hors j. fériés). Fermé 3 sem en août. Résa indispensable. Formule plat avec dessert 27 € sauf dim et j. fériés ; menus 39-59 €.* Allez-y d'abord pour la formule du midi, et revenez, un soir, pour profiter de la cuisine de Christophe Cosme, qui ose des associations étonnantes.

Où boire un thé tout en grignotant un gâteau ?

***Miss Goumard** (plan B1, **30**) :* *20, rue du Palais. ☎ 02-54-58-96-99. • missgoumard@gmail.com • Mar-sam. Congés : 4-8 mai, 22 août-13 sept et 24 déc-2 janv. Formule déj 16 €.* Un petit vent d'outre-Manche a soufflé sur Blois, dans ce chouette salon de thé au décor broc chic dépareillé très *british* : canapé, papier à fleurs, abat-jour kitsch... En ouvrant *Miss Goumard,* Fanny (Goumard) a exaucé son rêve. Et pour ça, elle a passé son CAP de pâtissière. Elle y propose quelques plats salés et de délicieuses pâtisseries, certaines sans gluten/lactose : moelleux banane-noisette, cheese-cake, tarte au citron, *carrot cake...* Glaces artisanales en saison. À accompagner d'un thé, d'un smoothie ou d'un milk-shake, pourquoi pas ?

Où dormir ? Où manger dans les environs ?

De prix moyens à chic

Chambres d'hôtes La Source : *chez Catherine et Christian Forge, 4, rue Muraton, 41000 **Saint-Denis-sur-Loire.** ☎ 02-54-78-95-45. 06-15-74-33-73. • chambreslasource@orange.fr • chambreslasource.ogite.com • À env 5 km au nord-est de Blois. Congés : 15 oct-1er avr. Doubles 95-130 €.* Dans l'ancienne demeure du peintre Muraton, 3 chambres douces à vivre, donnant sur le jardin et la très jolie piscine. Du calme, du charme, du confort, de la couleur, que du bonheur ! Le décor, sobre, élégant et de bon goût, est jalonné de trouvailles chinées dans les brocantes. Superbe petit déj. Frigo et micro-ondes à dispo. Possibilité de pique-niquer, prendre l'apéro ou faire un barbecue sous le préau installé dans le jardin. Accueil vraiment chaleureux.

Chambres d'hôtes Villa Médicis : *chez Mme Cabin-Saint-Marcel, 1, rue Médicis, à Macé, 41000 **Saint-Denis-sur-Loire.** ☎ 02-54-74-46-38. 06-31-33-34-86. • medicis.bienvenue@wanadoo.fr • lavillamedicis.com • Congés : 2 sem en nov. Doubles 72-98 €. Table d'hôtes (sur résa) 32 €, boissons comprises.* Dans une belle demeure d'époque Napoléon III, ancienne station thermale entourée de sources et d'un parc, des chambres toutes différentes, simples mais confortables, avec leurs lits douillets. Amateurs de design s'abstenir. Produits frais et de la région servis à la table d'hôtes (terrines, gibier...). Très bon accueil.

Plus chic

La Maison et le Bistro d'à Côté : *17/25, rue de Chambord, 41350 **Montlivault.** ☎ 02-54-20-62-30 (bistrot : ☎ 02-54-33-53-06). • contact@lamaisondacote.fr • lamaisondacote.fr • À 12 km au nord-est de Blois. Bistrot ouv tlj sauf dim soir-lun. Resto tlj sauf mer, plus mar sept-avr. Congés : janv. Doubles 85-145 €. Formules bistrot 15-32 €. Menus au gastro 57 € (le midi, en sem) et 98-159 €. Carte env 100 €.* Christophe Hay, chef talentueux et créatif auréolé de 2 étoiles, s'est offert une salle de resto design et glamour à côté de la maison mère, où son second, Nicolas Aubry, propose une cuisine de bistrot surprenante et pleine d'harmonie de saveurs, textures et couleurs. De bons produits de saison, de producteurs locaux : poissons de Loire, gibier de Sologne... Côté hôtel, au-dessus du bistrot, 8 chambres aménagées autour d'un patio fleuri à la déco sobre, raffinée et design à la fois, et 4 suites.

À voir

Le château : *☎ 02-54-90-33-33. • chateaudeblois.fr • (accès partiel). Avr-oct, tlj 9h-18h30 (19h juil-août) ; nov-mars, tlj 10h-17h. Dernier billet*

30 mn avt la fermeture. Entrée : 12 € ; réduc. Billet combiné avec la Maison de la magie : 19,50 €. Visite libre ou guidée (3 € en sus ; durée : 1h ; profitez-en, elle est excellente !). Visite insolite du château avr-Toussaint w-e et j. fériés à 10h30 (plus mar et jeu en juil-août) sur résa (supplément de 5 €). Visite familiale ludique (enfants 6-10 ans + parents ; durée : 1h15), tlj sur résa pdt les vac scol à 14h, ainsi qu'à 10h30 vac de la Toussaint et de Noël. Visite nocturne à la lampe-torche le soir en basse saison.

– ***Son et lumière « Ainsi Blois vous est conté » :*** *avr-sept (sauf 21 juin et 13 juil), tlj à la tombée de la nuit. Audioguide : 11 € (20 € avec la visite du château ; billet valable plusieurs j.) ; lire plus loin « À faire ».*

Bâti dès le Xᵉ s sur un coteau en plein centre-ville, le château, dont vous contemplez les façades si différentes les unes des autres, est une remarquable illustration de l'évolution de l'architecture française entre les XIIIᵉ et XVIIᵉ s. Ne vous plaignez pas du prix du billet, ici on vous offre « 4 châteaux en 1 ».

Cette forteresse médiévale fut en effet transformée par ses différents occupants tout au long de son histoire. Dès le XIIIᵉ s, les comtes de Blois en font l'une des principales places fortes du royaume de France. Seuls vestiges de cette époque : la salle des états généraux et la tour de Foix de style gothique (de la tour et sa terrasse, formidable panorama sur la ville basse, qui justifie le mot de Victor Hugo, émerveillé par cet « amphithéâtre sur la Loire »).

Des rois et des auteurs qui n'en font qu'à leur guise

C'est en 1498 que le comte de Blois, Louis d'Orléans, devient roi de France (son cousin Charles VIII étant mort sans descendance) sous le nom de ***Louis XII.*** Il fait de Blois la capitale du royaume et transforme la forteresse médiévale en un palais royal prêt à accueillir une cour et ses réceptions. Témoins de cette époque : les ailes de brique et de pierre aux belles arcades de style gothique flamboyant, qui abritent désormais le musée des Beaux-Arts.

Son successeur, ***François Iᵉʳ,*** passionné d'architecture et séduit par celle qu'il a découverte en Italie au cours de ses visites (pas vraiment pacifiques !), introduit le style Renaissance en France. Il construit alors notre aile favorite, avec ses loggias sur la façade extérieure et, plaqué sur la façade côté cour, l'escalier d'apparat à vis, enfermé dans une tour octogonale et décoré de sculptures merveilleuses.

C'est dans cette aile qu'en 1588, sous le règne d'Henri III, fut assassiné le ***duc de Guise*** (23 coups de couteaux !). Bon, pour ne pas déflorer le suspense insoutenable du son et lumière, on ne vous dévoilera pas le nom des coupables. Mais, chef de la Ligue, soutenu par l'Espagne, le duc de Guise serait aujourd'hui considéré comme un religieux extrémiste. Son assassinat fut ce que l'on pourrait pudiquement présenter comme l'un des épisodes les plus tragiques des guerres de Religion.

Un palais urbain, un château dans la ville

Les rois de France délaissent peu à peu Blois pour leurs châteaux parisiens. Menacé de destruction sous Louis XVI, le château devient une caserne, et ce, jusqu'au XIXᵉ s, où commence alors sa restauration menée par Félix Duban. Excepté les façades, beaucoup de ce que vous verrez dans le château date donc du XIXᵉ s, notamment les étonnants décors peints, aux associations de couleurs et de style assez déroutantes.

Le parcours de visite

Un parcours de visite fort bien pensé et une signalétique contemporaine permettent au visiteur de découvrir tour à tour les aspects de la vie quotidienne à la cour, de mieux comprendre l'invention de la Renaissance, de percevoir la face tragique des guerres de Religion, par-delà le côté farce tragique du récit habituel, etc. Des tables tactiles permettent d'aborder de façon ludique les collections des ***salles d'architecture*** (au rez-de-chaussée de l'aile François-Iᵉʳ) avec notamment leur belle série de gargouilles. Au 1ᵉʳ étage des ***appartements royaux,*** l'accent est mis sur la vie de la cour. Un redéploiement astucieux des collections du ***musée***

des Beaux-Arts redonne cohérence et vie à l'aile Louis-XII : mobilier, armes... Remarquer, dans la ***chambre de la Reine,*** l'étonnant portrait d'Antonietta Gonsalvus, fillette de la cour d'Henri II atteinte d'hirsutisme (vous ne direz pas qu'on ne pèse pas nos mots).
Au 2e étage, retour sur un fait divers célèbre, avec la ***chambre du Roi...*** nommée ainsi bien qu'aucune preuve n'atteste que le souverain y ait passé la moindre nuit ! La ***salle du Conseil*** réunit les tableaux du XIXe s consacrés à l'assassinat du duc de Guise. Selon la légende, son corps aurait été incinéré et les cendres jetées dans la Loire, afin d'éviter de faire autour de sa dépouille un lieu de recueillement. On remonte le temps, ensuite, jusqu'à Félix Duban, qui avait une façon bien à lui de concevoir la restauration des monuments historiques. La suite à la nuit tombée, avec le son et lumière, qui revisite lui aussi l'histoire à sa façon.

UNE MÈRE HUMILIÉE

À la suite de l'assassinat de son mari Henri IV, Marie de Médicis prit le pouvoir au nom de son jeune fils qui deviendra Louis XIII. Taciturne et haineux, le roi ne supportait pas sa mère. Emprisonnée, elle tenta de s'échapper du château par une corde, mais tomba à cause de sa corpulence. Elle mourut dans le dénuement complet à Cologne en 1642.

La Maison de la magie Robert-Houdin : *1, pl. du Château. ☎ 02-54-90-33-33. • maisondelamagie.fr • Avr-août et pdt vac scol, tlj 10h-12h30, 14h-18h30 ; sept, lun-ven 14h-18h30, le w-e 10h-12h30, 14h-18h30. Entrée : 11 € ; réduc ; gratuit moins de 6 ans. Livret-jeu pour les enfants. Billet combiné avec le château 20 €, avec château + son et lumière 27 €.*

Dans une gigantesque maison bourgeoise face au château, construite entre 1856 et 1862, dans le style de l'aile Louis-XII. Une maison qui a du mal à garder son sérieux avec ces dragons qui surgissent des fenêtres (quand le temps le permet, bien sûr) pour annoncer aux petits et aux grands que l'heure de la magie a sonné. Elle accueille depuis 1998 ce musée créé en hommage à Jean-Eugène Robert-Houdin (1805-1871), un horloger remarquable qui avait découvert la magie en lisant le *Dictionnaire encyclopédique des amusements des sciences,* une encyclopédie du XVIIe s. Son théâtre parisien du Palais-Royal, dédié uniquement à la magie, présentait des numéros pleins d'humour, de poésie, de créativité, dans un décor de salon bourgeois. Retiré de la scène (et de la Seine) en 1852, il vivait à Saint-Gervais, à 3 km au sud de Blois.
La vie de ce magicien et inventeur étonnant se dévoile au fil des pièces. On pénètre d'abord dans une rotonde sonorisée avec 4 vitrines abritant des automates qui exécutent de célèbres tours de magie. Dans la salle des Illusions, au niveau 0, une pièce présente d'amusants effets d'optique avec kaléidoscopes et miroirs déformants. Au même niveau, chacun peut créer des ombres chinoises, ou encore... stop, on arrête là, prenez le plan, il y a plein de choses à voir, à sentir, selon son âge, selon ses envies.
Au 2e étage, la salle Robert-Houdin vous en dit un peu plus sur l'univers personnel du magicien. Au 3e étage, mise en scène d'une expérience ludique et troublante : l'« hallucinoscope », inventé par Gérard Majax. Au sous-sol, l'exposition thématique mêlant pièces de collection insolites et manipulations interactives. Bon, il y a parfois tellement de monde que la magie se dissipe, mais le spectacle saura le faire oublier !

UN CONQUÉRANT SANS ARME

En 1856, l'armée française était bien démunie face à ces marabouts qui fanatisaient les populations algériennes. Napoléon III envoya Robert-Houdin pour démonter le pouvoir factice de ces pseudo-sorciers. Notre célèbre magicien eut vite raison sur ces faux prophètes, et tout rentra dans l'ordre.

Les vieux quartiers : pour découvrir ces quartiers, procurez-vous à l'office de tourisme la brochure (2 €) retraçant les itinéraires fléchés (cloutés, pour être plus précis) ou suivez sur l'appli « Blois-Chambord ». Au pied de la roseraie et de l'ancien évêché devenu hôtel de ville, de beaux hôtels particuliers dans des ruelles étroites et escarpées : rue des Papegault, rue du Puits-Châtel, rue Rebrousse-Pénil (piétonne et donnant sur la rue du Commerce : adorable passage de pierre sous une maison). De l'autre côté, en bas du château, les flèches de l'église Saint-Nicolas dominent un quartier également préservé où se sont installés antiquaires et bouquinistes.

***La Fondation du Doute** (plan A1) : 14, rue de la Paix. ☎ 02-54-55-37-40. • fondationdudoute.fr • Avr-oct, mer-dim 14h-18h30, plus mar en juil-août ; nov-mars, ven-dim, mêmes horaires. Fermé 1er nov, vac scol de Noël et janv. Entrée : 7,50 € ; réduc. Billet combiné avec le château royal et la Maison de la magie : 22,50 €. Visites guidées en été : rens sur le site internet.*
Portée par l'artiste Ben et inaugurée en avril 2013, cette fondation s'éloigne autant d'un musée traditionnel que le mouvement Fluxus d'un art figé. Proche du dadaïsme, Fluxus est un état d'esprit, né dans les années 1960 aux États-Unis, caractérisé par la volonté de désacraliser l'art, avec pour but de révolutionner la culture. Passé la stupéfiante grande cour du « Mur des mots » constituée de 313 plaques émaillées de *tableaux-écritures* de Ben, l'exposition permanente présente plus de 300 œuvres déjantées, archives, documents et vidéos, réalisés par une cinquantaine d'artistes. Œuvres animées surprenantes, nécessitant pour certaines une implication physique, étonnante collection de restes de repas collés sur des toiles, *Art Postal,* etc. La visite amuse autant qu'elle pousse à la réflexion sur nos certitudes et... nos doutes.
Un pavillon d'expos temporaires est en accès libre dans le cloître pour prolonger le questionnement artistique sous toutes ses formes. Sur place, agréable café (mêmes horaires) pour une pause-douceur dans un décor *arty.*

À faire

➢ ***Son et lumière du château « Ainsi Blois vous est conté » :** avr-sept (sauf 21 juin et 13 juil), tlj à la tombée de la nuit, dans le château. Prix : 11 €.*

➢ ***Promenade en attelage dans la vieille ville :** départ pl. du Château. • attelagesdeblois.com • Achat des billets auprès du cocher. Avr-sept, tlj 14h-18h ; juil-août 11h-19h. Tarif : adulte 7,50 €, 2-12 ans 4,50 €. Circuit de 25 mn.*

➢ ***Promenade en bateau sur la Loire :** 06-24-74-27-87. • observatoireloire.fr • En juil-août, balades découvertes à 14h30, 16h et 17h 30 les w-e, mar-ven 14h30-16h. En mai-juin et sept, mar-sam 14h30-16h. **Résa obligatoire.** Billet : 9,50 € ; réduc. Billets et départ du port de la Creusille.* La balade (1h) sur ces embarcations traditionnelles de la Loire se déroule entre le pont Jacques-Gabriel et le pont Charles-de-Gaulle. Il s'agit d'une visite commentée axée sur la faune et la flore de la Loire. Propose d'autres balades, plus longue avec escale sur une île, ou crépusculaire en été.

➢ ***Promenade en canoë-kayak :** fin avr-fin sept, avec* Loire Kayak *(près du camping). 06-62-90-15-43. • canoe-france.com •* Circuits de 6,5 à 31 km.

Fêtes et manifestations

– ***Carnaval :** mars.* Un grand défilé dans le centre-ville.
– ***Festival Des Lyres d'été :** de mi-juin à mi-sept. • blois.fr •* Nombreuses animations à Blois et dans les communes autour de Blois : concerts, spectacles, visites gourmandes...

– ***Fête du Vélo :*** *le 1er dim de sept. ☎ 02-54-90-41-41. Tarif : 5 € ; gratuit moins de 12 ans.* Chacun vient avec son vélo et suit le circuit organisé, sécurisé et ponctué d'animations. Grand déjeuner en commun le midi. Festif et convivial.
– ***Les Rendez-vous de l'Histoire :*** *4 j. début oct. • rdv-histoire.com •* Conférences, expos, débats sur un thème défini chaque année. Un événement qui se prolonge avec un Salon du livre et un cycle cinéma.
– ***B.D. Boum :*** *fin nov. • bdboum.com •* Festival de bande dessinée.
– ***Marché de Noël :*** sur le parvis de la Halle-aux-Grains (en décembre... évidemment !).
– ***Des Lyres d'hiver :*** *rens sur • blois.fr •* Animations en décembre (patinoire en plein air, contes, visites insolites...).

CHAMBORD (41250) 100 hab.

Si Chambord est surtout connu pour son château, il s'agit également d'un immense domaine de 5 440 ha clos par un mur de 32 km, soit l'équivalent, grosso modo, de Paris intra-muros. Cette réserve nationale, principalement constituée de forêts, abrite une faune importante (sangliers, cervidés, mouflons importés dans les années 1950, chevreuils et quelque 120 espèces d'oiseaux) et a de tout temps constitué un terrain de chasse privilégié... ou de privilégiés puisqu'on ne vient chasser ici que sur invitation du président de la République ! Le petit village de Chambord, quant à lui, abrite une centaine d'âmes, et tout y est propriété de l'État (maisons et fermes comprises).

Adresse utile

ℹ ***Bureau d'information touristique de Chambord :*** *à côté de la billetterie du château. ☎ 02-54-33-39-16. • chambord@bloischambord.com • bloischambord.com • Avr-oct, tlj 9h-13h, 13h30-17h ; nov-mars, tlj sauf dim 9h30-13h, 14h-16h30. Fermé vac de Noël.* Vente des *Pass Châteaux.*

Où dormir ? Où manger dans les environs ?

Certes, vous ne risquez pas de mourir de faim à Chambord, vu le nombre de snacks qui étendent leurs terrasses face au château. Rien d'exceptionnel cela dit, mieux vaut s'éloigner un peu pour un bon repas ou se contenter d'une copieuse tartine aux ***Caves du Roy*** ou d'un plat du jour correct au self du ***Monument Café.***

Camping

⛺ 🍽 ***Camping du Cosson :*** *1, route Cordellerie, 41220* ***Crouy-sur-Cosson.*** *☎ 02-54-87-08-81 ou 51-07 (mairie, hors saison). • mairie-de-crouy-sur-crosson@orange.fr • ♿ Ouv Pâques-oct. Compter 9,20 € pour 2. Chalets pour 2 pers 30-40 €/nuit ou à la sem.* Petit camping municipal, pas complètement clos, aux emplacements gazonnés délimités par des haies. Joliment situé près de la rivière, dont il est séparé par un bel espace boisé garni de tables de pique-nique. Balades à pied ou à vélo tout autour. Snack sur place.

Prix moyens

🏠 ***Chambres d'hôtes Le Clos près Chambord :*** *chez Christine Hubert, 6, rue du Moulin, 41250* ***Maslives.*** *☎ 02-54-81-37-07.*

• leclospreschambord@orange.fr • le-clos-pres-chambord.com • À 4 km au nord-ouest de Chambord. Fermé de mi-nov à mi-mars. Double 85 €. Une maison au calme, à proximité du château, où l'on est accueilli avec le sourire. Christine a aménagé cette maison avec beaucoup d'amour. Salle commune au rez-de-chaussée pour partager impressions et petit déj, et chambres avec grands lits et clim à l'étage. Petite terrasse. Si le compagnon de Christine n'est pas là, c'est qu'il est de garde (forestier !) au château.

À voir

Le château : *☎ 02-54-50-40-00. • chambord.org • (pour tt ce qui est de plain-pied). Tlj, avr-oct 9h-18h ; nov-mars, 9h-17h. Entrée : 14,50 € ; réduc ; gratuit moins de 26 ans. Accès libre au parc du château, mais parking payant (4-6 €).* ***Spectacle de chevaux et de rapaces*** *(dans les écuries du maréchal de Saxe) à 11h45 et/ou 16h tlj avr-sept (sauf lun). Billet : 15,50 € ; réduc.* ***Pass Chambord*** *(entrée château, jardins, spectacle chevaux et rapaces, tablette tactile, réduc sur les activités de loisir) mai-sept, 30 € ; réduc. Résa : ☎ 02-54-50-50-40. • reservations@chambord.org • Distributeur sur place.*

Le château peut se visiter seul, mais pour vraiment l'apprécier, nous recommandons vivement les visites guidées (dont le prix est en sus du billet d'entrée ; horaires sur le site). Différentes formules :

– *La visite libre :* avec le dépliant de visite inclus dans le prix de la visite.

– *La visite découverte (1h) : tarif 5 € ; 3 € 5-17 ans.* Le guide vous commente des lieux incontournables du monument (salle en croix, escalier double, terrasses).

– *Histopad (1h30) : tablette 6,50 € (ou 17 € les 3).* Une tablette numérique qui offre une expérience de visite immersive au temps de François Ier : 8 salles reconstituées en 3D et réalité virtuelle. Inclus également, des plans interactifs, plus de 1h de commentaires et une chasse au trésor pour le jeune public.

– *La visite insolite (2h) : tarif 7 € ; réduc.* Exploration architecturale commentée du château, en le parcourant dans des zones habituellement fermées à la visite (entresols, charpentes, escaliers secondaires...).

– *La visite approfondie (3h) : w-e et j. fériés à 14h. Résa fortement conseillée. Tarif : 11 €.* Pour les acharnés, une visite menée par un guide-conférencier et principalement axée sur l'architecture de la Renaissance.

– *La visite ludique (1h30) : w-e et vac scol à 11h15 ou 14h45. Destinée aux 5-10 ans et leur famille. Tarif : 6 € adulte, 4 € 5-17 ans.* Chambord raconté aux enfants à travers la rencontre d'un personnage du passé, témoin des grandes heures de l'histoire du château.

– *Le Carnet d'énigmes : à partir de 8 ans. Tarif : 3 €.* 8 épreuves pour découvrir le mot mystère de Cassandre la salamandre.

Et un petit conseil : couvrez-vous bien hors saison, car même si quelques feux de cheminée ponctuent la visite, il fait froid dans le château.

Un fantasme médiéval à la sauce italienne

Bienvenue dans le château le plus fantasmatique de l'histoire de France : on est là, au milieu de nulle part, et on s'interroge, aujourd'hui comme hier, sur ce monument, très peu habité (qui n'a donc pas eu vocation à être meublé), d'un architecte méconnu, sinon inconnu, que l'on tint longtemps pour un relais de chasse...

Vu du ciel, c'est un château fort qui se profile. À l'intérieur, c'est un palais à la campagne dont les vastes logements et les nombreuses circulations étonnent à l'époque tous ceux qui le visitent.

Allez, commençons par 2 dates : 1519-1547. Tout le règne de François Ier s'inscrit ici dans la pierre. C'est en septembre 1519 qu'il décida en effet d'entreprendre la construction, au milieu des marécages, de ce château destiné à l'affirmation du pouvoir royal.

Juste quelques chiffres pour donner une idée de l'immensité du lieu, qui compte un peu plus de 440 pièces (environ 80 sont ouvertes à la visite), 282 cheminées, 77 escaliers, 9 étages d'habitation (en incluant les entresols et les combles) et environ 800 représentations de salamandres (l'emblème de François Ier).

HLM ROYALE !

Certains historiens parlent de Chambord comme du 1er immeuble locatif de l'Histoire, celui-ci ayant introduit l'idée des appartements standardisés, tous conçus sur le même modèle, et disposant d'un accès extérieur indépendant. Il y avait même des latrines avec un système d'aération (représenté sur les carnets de Léonard de Vinci), une révolution pour l'époque ! Le donjon, à lui seul, accueille une quarantaine d'appartements.

Les premiers meubles IKEA

Chambord fut donc construit par François Ier, qui ne le vit jamais achevé (c'est Louis XIV qui finira le travail et qui y donnera des fêtes somptueuses) et n'y passa, en tout et pour tout, que 72 jours. Chambord, à la différence de Blois, ne fut ni réellement habité (en tout cas pas par les rois de France), ni le théâtre d'événements historiques majeurs. Imaginez la vie de ce roi qui passait son temps à faire son tour de France, quand celle-ci était en paix. Temps qu'il partageait entre 4 ou 5 villes principalement, entraînant derrière lui 4 000 à 5 000 personnes, sans compter les milliers de chevaux. Il fallait de la place pour accueillir tout ce monde, notamment lors des fameuses parties de chasse.

Côté mobilier, on faisait dans le démontable (l'IKEA de l'époque, on n'a rien inventé). L'essentiel, pour Chambord, et ça l'est resté, c'était sa grandiose façade symétrique flanquée de 4 tours rondes qui se mirent dans les eaux du Cosson : c'est elle qui devait éblouir le visiteur et asseoir la puissance du souverain. Chambord est un chef-d'œuvre du style Renaissance, même si l'architecture rappelle encore l'époque féodale (le donjon central avec ses 4 tours en est le meilleur exemple). En fait, on aurait dû avoir là un château sur l'eau, relié par des arcades, comme Chenonceau. Un donjon sur une île !

Le mystérieux double escalier

Dans le bâtiment central, admirez un des éléments les plus célèbres du château : le grand escalier à double révolution, où 2 personnes peuvent monter chacune de leur côté, en s'observant par les ouvertures, sans jamais se rencontrer, même à l'arrivée. Essayez, c'est assez troublant ! Faites aussi attentivement le tour de l'escalier au rez-de-chaussée et admirez les clins d'œil des sculpteurs : ici un petit homme qui supporterait tout l'escalier à lui seul, là une vache tirant la langue... Un autre double escalier, plus discret, mène aux appartements du roi. Chambord « n'a qu'un escalier double afin de descendre et monter sans se voir : tout y est fait pour les mystères de la guerre et de l'amour », écrivait Chateaubriand, qui n'avait pas dû avoir le bon guide.

Si vous suivez une visite guidée, votre guide vous montrera aussi l'envers du décor, la face cachée d'un château qui nécessite du recul pour le comprendre. Il faut imaginer, quand on est côté canal, ce qu'aurait pu être l'arrivée en bateau si François Ier avait pu réaliser son projet de détourner « une partie de la rivière de Loire ». Les autres escaliers dits « de fond de comble » se nichent plutôt au cœur des tours et desservent discrètement tous les niveaux du donjon.

Aux étages, splendides plafonds à caissons ornés des emblèmes de François Ier (des salamandres et des dizaines de lettres « F »). En haut du grand escalier, on débouche sur de vastes terrasses d'où l'on peut contempler la riche ornementation des cheminées et des lucarnes et le domaine de Chambord. Tout un village en fait : des ruelles avec des portes, des étals pour les marchandises, des fenêtres pour faire la conversation. Levez les yeux, au sommet, c'est une couronne géante qui est posée là !

À faire

➢ Longues ***balades à vélo*** (d'avril à septembre) dans le parc, sentiers pédestres et cyclables agréables (possibilité de louer des vélos à l'embarcadère). Possibilité de ***promenades en barque,*** en saison (normalement).

– ***Les Écoutes du brame :*** *groupe limité à 16 pers. Attention, résa conseillée longtemps à l'avance. Rens au ☎ 02-54-50-40-00. Tarif : 35-40 €/pers (âge min : 12 ans).* Une soirée ou une matinée d'affût dans un observatoire au cœur des amours des grands cerfs.

Manifestations

– ***Spectacle équestre de Chambord :*** *voir infos pratiques du château. Dans les écuries, 2 fois/j. mai-sept.*
– ***Festival de musique de Chambord :*** *15 j. début juil. Rens et résas : ☎ 02-54-50-50-40.* Festival de musique classique et contemporaine dans la cour du château.

CHEVERNY (41700) 984 hab.

Situé à 17 km au sud de Chambord et 14 km au sud-est de Blois sur la D 765, ce petit village entoure joliment son célèbre château, que les fans de Tintin regardent d'un œil ému. Moulinsart, nous voilà ! Jetez au passage un autre coup d'œil à la charmante petite église précédée d'un caquetoir (lieu de discussion) du XVIe s.

Adresses utiles

ℹ ***Bureau d'information touristique :*** *12, rue du Chêne-des-Dames, à côté du château. ☎ 02-54-90-41-41. • bloischambord.com • Avr-sept, tlj 9h-13h, 14h30-19h ; oct-mars (sauf vac de Noël), mar-sam 10h-13h, 14h-16h30.* Vente des *Pass Châteaux*.

■ ***Maison des vins de Cheverny :*** *1, av. du Château. ☎ 02-54-79-25-16. • maisondesvinsdecheverny.fr • De mi-fév à mi-nov, tlj 11h-13h15, 14h15-19h (en continu l'été ; ferme à 18h l'hiver). Dégustation 3-7 vins env 4-6,50 € ; vin du jour en dégustation gratuite.* Un lieu dédié à la dégustation des AOC cheverny et cour-cheverny avec une salle immersive pour un plongeon au cœur de l'appellation. Et un système novateur : un verre muni d'une puce électronique à placer sous l'un des 100 becs de dégustation, où chaque référence est servie à la température idéale !

Où camper ?

⛺ ***Camping Sites & paysages Les Saules :*** *route de Contres, 41700 Cheverny. ☎ 02-54-79-90-01. • contact@camping-cheverny.com • camping-cheverny.com • ♿ Sur la route de Contres, à 1 km de l'entrée du château. Ouv d'avr à mi-sept. Compter 19-40 € pour 2.* L'endroit est idyllique, en début de saison, et reste agréable ensuite, ce qui est rare. Un camping familial coup de cœur, dans un parc arboré de 8 ha, avec tout ce dont on peut rêver par ici : épicerie sur place à prix doux, piscine chauffée, minigolf, terrain de pétanque, location de vélos, etc. Espace aquatique avec 3 bassins chauffés dont

1 couvert. Mention spéciale à l'équipe, super accueillante et qui dispense volontiers des conseils de visite à ses clients. C'est aussi le point de départ idéal pour le circuit des châteaux à vélo.

Où dormir ? Où manger à Cheverny et dans les environs ?

De prix moyens à plus chic

Auberge du Centre : *34, Grande-Rue, 41120* ***Chitenay.*** *☎ 02-54-70-42-11. • contact@auberge-du-centre.com • auberge-du-centre.com • Congés : fév. Resto tlj sauf dim soir, lun midi et mar midi. Doubles 75-159 € ; petit déj 13,50 € ; familiale. Formule déj sem 16 € ; menu 43 €. Kir offert sur présentation de ce guide.* La façade classique sur rue ne laisse pas deviner le havre de paix qu'est cette auberge dotée d'un agréable jardin. Les chambres sont fraîches, coquettes et de grand confort, tout comme le reste de l'établissement, à l'aménagement réellement plaisant. La cuisine, de bonne facture, propose un choix de plats très intéressant. Belle carte des vins. Accueil très pro. Piscine, hammam et sauna.

La Closerie de l'Aventure : *2, chemin de la Caneteríe, 41700 Cheverny. 06-67-21-54-94. • closeriedelaventure@gmail.com • chambres-dhotes-chateaux-loire.com • À 3,8 km à l'ouest de Cheverny. Double 90 €.* Apéritif offert sur présentation de ce guide. Sur 6 ha de terrain clôturé (poneys, moutons...), un corps de ferme du XVIIe s transformé en chambres d'hôtes. L'ensemble a été rénové avec de beaux matériaux et décoré de façon moderne et fraîche. Pièce à vivre avec cuisine équipée et cheminée. Jacuzzi, piscine chauffée. Et tout autour, plein d'espace pour que les enfants aillent se dépenser...

À voir

Le château : *☎ 02-54-79-96-29. • chateau-cheverny.fr • (pour l'expo « Les secrets de Moulinsart »). Avr-sept, tlj 9h15-18h30 ; oct-mars, tlj 10h-17h. Entrée : 12,50 € (visite du château seulement), 17 € avec l'expo Tintin, 22 € pour la visite complète, avec la découverte insolite du parc et du canal ; visite guidée possible (1 seule/j.) pour 4,50 €. Réduc de 1 € pour 1 pers pour la visite du château et des jardins sur présentation de ce guide. Boutique. Suites sur place pour qui voudrait dormir au château (prix en conséquence).*

Le domaine de Cheverny n'est pas un domaine royal, mais seigneurial : il appartient à la même famille depuis 600 ans, les Hurault. Un grand domaine, autour d'un des plus prodigieux châteaux de la Loire, et un des plus vivants aussi (on peut même y admirer quelques photos de famille des actuels propriétaires). Les pièces semblent n'attendre que le passage du dernier visiteur pour retrouver le rythme quotidien d'une famille ayant toujours su admirablement vivre avec son temps. Venez dès l'ouverture, pour mieux profiter de l'atmosphère des lieux.

Le charme de ce château réside dans son parfait équilibre, les 2 ailes encadrant un corps principal qu'un certain auteur de B.D. belge trouva suffisamment intéressant en lui-même pour y loger, entre 2 aventures, son célèbre héros à la houppe et aux idées fixes. Mais le principal intérêt de Cheverny réside dans sa somptueuse décoration intérieure constituée par les générations qui s'y sont succédé. La visite se fait seul, mais la brochure remise à l'entrée est bien faite, complète et intéressante. Admirez le bel escalier de pierre qui mène à l'étage où, précédant la chambre du Roi, une magnifique salle d'armes renferme une collection d'armes et d'armures des XVe, XVIe et XVIIe s. Quant à la chambre du Roi, elle abrite 6 tapisseries des ateliers de Paris antérieurs aux Gobelins.

LES PLUS BEAUX CHÂTEAUX AUTOUR DE BLOIS – ITINÉRAIRE 30

– Dans les communs, la ***salle des trophées*** abrite un vitrail représentant la sortie de l'équipage. Le château possède toujours une meute de plus de 100 chiens pour la chasse à courre. On peut d'ailleurs les voir dans le chenil ou même assister à leur souper, à 11h30 *(sauf mar, w-e et j. fériés de mi-sept à mars).*
– Entre le chenil et la salle des trophées, promenez-vous dans le charmant ***potager*** où tomates, choux, haricots et autres fruits et légumes poussent dans l'univers coloré des fleurs et belles plantes qui les entourent.
– L'exposition qu'abrite le bâtiment voisin, « ***Les secrets de Moulinsart*** », est un parcours initiatique qui nous ramène au temps heureux de l'enfance. Celle des jeunes de 7 à 77 ans, de Tintin, du moins de ceux qui n'ont cessé de rêver de posséder un jour un havre de paix nommé Moulinsart, avec sa cave pleine de trésors, ses dépendances où l'on pouvait créer les inventions les plus délirantes (la 1re télé couleur en relief !), son parc qui permettait à Tintin et à ses amis de se ressourcer entre 2 aventures à travers le monde. Un parcours à suivre selon son rythme, son âge, son envie aussi.

LE « PORT » D'ATTACHE DU CAPITAINE HADDOCK

Cheverny attire également les amateurs de bande dessinée, qui viennent ici en pèlerinage. En effet, Hergé, le père de Tintin, s'est directement inspiré du château de Cheverny, auquel il supprima les ailes, pour dessiner le château de Moulinsart, célébrissime demeure du capitaine Haddock. De nombreux épisodes des aventures de Tintin (dont les fameux Bijoux de la Castafiore*) ont pour théâtre cette propriété si souvent mise à mal par les expériences du professeur Tournesol.*

– D'avril à mi-novembre, ***découverte insolite du parc et du canal*** : il faut s'inscrire pour la visite de la partie forestière du parc et du canal, inaccessibles autrement, à bord d'un petit train puis d'un bateau. Promenade aménagée autour de la pièce d'eau.
– Terminez votre visite par le ***jardin des Apprentis,*** résultat du travail mené par « La Brigade des jardiniers ». Au printemps, ne pas manquer le ***jardin des Tulipes*** de 100 000 bulbes, magnifique ! Et puis le nouveau ***Jardin sucré***, et ses 180 arbres fruitiers (pommiers, kakis, cerisiers, figuiers...).

Snack et ***salon de thé*** dans l'orangerie en saison.
– Festival ***Jazz in Cheverny*** *(fin juin),* en plein air sur le parterre du château.
– ***Week-end vénitien*** tous les ans *(en avr, mai ou juin selon les années)* : déambulations costumées, visite nocturne du château, feu d'artifice...

LE CHÂTEAU DE CHENONCEAU

Castel privé le plus visité de France, archétype de la richesse monumentale française, ce château de la Loire posé sur... le Cher est en effet un must. Le formidable « château des Dames », repérable entre tous pour sa galerie-pont, est aujourd'hui une entreprise qui ne se contente pas de proposer à la visite ses jardins et vieilles pierres millésimées. On peut aussi s'y balader en barque sous les arches du castel, y acheter les (très bons) vins de l'appellation d'AOC touraine-chenonceaux et s'y restaurer, dans un cadre exceptionnel, en fonction de son budget.
Quant à *Chenonceaux* (avec un « x » pour faire la différence), on a beau être là dans l'une des communes les plus célèbres de la planète Terre, on n'en demeure pas moins dans un village.

À voir. À faire

Le château et les jardins de Chenonceau : *à **Chenonceaux** (37150). ☎ 0820-20-90-90 (0,09 €/mn). • chenonceau.com • Gare située à 400 m de l'entrée du château. Ouv tlj tte l'année : horaires variant selon saison de 9h-9h30 à 16h au plus tôt en hiver et 19h30 au plus tard en été. Entrée : 15 € (avec brochure)-19 € (avec audioguide) ; réduc ; gratuit moins de 7 ans. Pas de visites guidées. Mais, pour les enfants (7-13 ans), visite audioguidée « Philémon le marmiton ». Parking gratuit. Compter 2 bonnes heures de visite.*

Bon à savoir :

*– Il est **recommandé d'acheter à l'avance son billet** par Internet ou dans les offices de tourisme de la région (souvent à un tarif privilégié) ; il existe aussi des distributeurs à l'entrée du château (gain de temps appréciable en période de grande affluence).*

*– **3 restos (ouv seulement au déj, de mi-mars à mi-nov) :** la crêperie self-service (la partie self continue de fonctionner en hiver avec snacks et boissons), le restaurant gastronomique L'Orangerie (billet obligatoire pour y accéder ; résas au ☎ 02-47-23-91-97) et la Cave des Dômes pour des dégustations de vin de la tte jeune appellation AOC touraine-chenonceaux (2011) et de la petite restauration. Aires de pique-nique près du parking.*

*– **Tuyau :** ce n'est pas un scoop, Chenonceau est un must dans le circuit des châteaux de la Loire, et le nombre de visiteurs peut friser les 10 000/j. en été. Les groupes arrivant souvent le mat dès 9h, ne pas hésiter à visiter le site en fin d'ap-m. Il retrouve alors une certaine quiétude et la lumière, douce et dorée, fait de belles photos.*

Un peu d'histoire

Durant sa longue histoire, Chenonceau a appartenu à 6 femmes, dont Diane de Poitiers, maîtresse d'Henri II, qui a dû le céder à sa grande rivale, et pourtant cousine, Catherine de Médicis, à la mort du roi. Pas perdante pour autant, elle récupère en échange le château de Chaumont-sur-Loire, aux revenus bien plus prospères à l'époque. Catherine fit ensuite construire l'emblématique galerie qui enjambe le Cher, à l'image de son Ponte Vecchio natal. Chenonceau est le ***seul château-pont au monde.*** C'est d'ailleurs grâce à cette ambivalence qu'il fut sauvé 2 fois de la destruction. D'abord, pendant la Révolution, les paysans ne voulurent pas détruire le pont qu'ils utilisaient pour franchir le Cher. Ensuite, pendant la 2de Guerre mondiale, pratiquement tous les ponts de Touraine furent bombardés sauf le château, car tout le monde s'accordait à dire que Chenonceau était bien plus qu'un pont, l'un des châteaux les plus admirables de France. Pourtant, lors de l'occupation allemande, le château, bien que surveillé de près par les sentinelles allemandes, fut souvent utilisé par la Résistance. En effet, du côté nord, il était en zone occupée, tandis que le côté sud (côté forêt) appartenait à la zone libre, le Cher étant la ligne de démarcation...

COUPÉ EN DEUX

Pendant la dernière guerre, le cours du Cher fut utilisé par les Allemands comme ligne de démarcation. Le château de Chenonceau avait donc son entrée en zone occupée tandis que le bout de la galerie donnait sur la zone libre. La Résistance utilisa évidemment l'édifice comme lieu de passage clandestin.

Dans l'avant-cour s'élèvent la tour des Marques, un donjon cylindrique du XVe s, vestige de l'ancien château fort, et le château de Bohier, vaste pavillon carré, flanqué de tourelles en cul-de-lampe, bâti à partir de 1515 par Thomas Bohier, receveur général des Finances en Normandie. La grande galerie, qui s'appuie contre la façade sud de cet édifice, a été ajoutée en 1560 par Philibert Delorme dans un style déjà presque classique. Longue de 60 m, large de 6 m, haute de 2 étages et éclairée par 18 fenêtres, elle repose sur un pont de 5 arches franchissant le Cher sur toute sa largeur.

Tiens, encore un tuyau : pour avoir la plus belle vue de ce joyau architectural, on préconise d'arriver non pas par l'allée principale bordée de platanes, juste après l'entrée, mais de contourner par l'allée des Ânes, le potager des Fleurs, puis l'Orangerie.
À noter par ailleurs que Chenonceau est aussi célèbre pour les splendides ***compositions florales*** qui ornent chacune des salles ; réalisées par l'atelier floral du château (dirigé par un Meilleur Ouvrier de France, la classe !), les 200 compositions changées toutes les semaines nécessitent jusqu'à 4 000 tiges (provenant en majorité des jardins du château), et sont toujours en harmonie avec les couleurs de la pièce, en accord avec la saison, quand elles ne suivent pas le thème du moment, comme Pâques ou Noël... Certains visiteurs ne viennent que pour elles et la visite de l'atelier (voir plus bas « Les jardins ») mérite vraiment le coup d'œil !

La visite
La visite du château peut commencer, en guise d'introduction, par la ***galerie des Dômes.*** Située dans le bâtiment du même nom, l'***Apothicairerie de la Reine,*** ouverte en 2019 en l'honneur des « 500 ans de la naissance de Catherine de Médicis » présente un magnifique mobilier florentin et de rares ensembles de pots anciens.

MORDRA, MORDRA PAS ?

Après la mort du chocolatier Henri Menier en 1914, son frère Gaston transforma le château en hôpital militaire. De nombreux soldats blessés furent alors installés dans la galerie qui enjambe le Cher (et pas la Loire !), et pour se distraire... ils pêchaient dans la rivière depuis leur lit ! Un système de clochette avertissait ces pêcheurs d'un nouveau genre que le poisson avait mordu.

Dans le château, le parcours suit un ordre logique comme décrit ci-après, mais peut tout aussi bien être fait dans un autre sens, en fonction de l'affluence. Admirez l'agencement des salles (grandes pièces entourées de cabinets aux angles dans les encorbellements) ainsi que l'architecture et les éléments décoratifs typiquement Renaissance : plafonds à caissons, carrelages, les 2 uniques cheminées monumentales, la voûte en croisée d'ogives du vestibule, symbole d'une grande maîtrise technique (il n'en existe que 2 autres en France)... Et la riche collection de chefs-d'œuvre de la peinture du XVIe au XVIIIe s.
– ***La salle des Gardes :*** restes de beaux dallages en majolique italienne ayant malheureusement souffert des pas des soldats durant la 1re Guerre mondiale et tapisseries flamandes du XVIe s.
– ***La chapelle :*** marbre du XVIe s de la *Vierge à l'Enfant* de Mino da Fiesole. Une tribune domine la salle pour que les reines puissent assister aux offices sans être importunées.
– ***La chambre de Diane de Poitiers :*** tapisseries des Flandres du XVIe s et *Vierge à l'Enfant,* toile attribuée à Murillo. Également un lit à baldaquin et une vitrine d'autographes.
– Le ***cabinet Vert*** dont le plafond est d'origine (XVIe s) avec les deux C entrelacés. Tapisserie de Bruxelles de la même époque d'un bleu-vert étonnant et au thème inspiré par les découvertes des Amériques.
– La ***librairie*** avec plafond en chêne sculpté : *Sainte Famille* attribuée à Andrea Del Sarto.
– ***La Grande Galerie :*** emblématique du château, cet espace formidable au sol en damier noir et blanc accueillait les célèbres fêtes données par Catherine de Médicis dont une qui fit scandale, le « bal des seins nus », au cours duquel 60 femmes de la Cour firent le service vêtues d'un simple voile transparent. Ce bal coquin visait à prouver qu'Henri III, soupçonné (à tort) d'homosexualité, pouvait en pincer pour la gent féminine et de fait avoir une descendance. On connaît l'histoire, faute de descendant, Henri IV monta sur le trône et mit fin à la lignée des Valois. Tout au bout de la galerie trônait Catherine de Médicis lors des audiences publiques. Elle

était peu aimée. On imagine aisément l'humiliation suprême de ceux qui devaient quitter cette longue galerie à reculons et moult courbettes !

– ***La chambre de François Ier :*** meubles Louis XIII. *Diane de Poitiers* par le Primatice, peintre de l'école de Fontainebleau, *Archimède* par Zurbarán, etc.

– ***Le salon Louis-XIV :*** mobilier Louis XIV et une série de belles toiles : *L'Enfant Jésus et saint Jean* attribué à Rubens ; *Louis XIV* d'après Hyacinthe Rigaud : détail amusant sur le cadre d'origine, si l'aigle regarde le Roi-Soleil dans les yeux, c'est parce qu'il est le seul animal à pouvoir regarder le soleil sans être aveuglé. Portrait de *Madame Dupin* (l'une des propriétaires et protectrice de Chenonceau) attribué à Nattier. *Samuel Bernard, banquier de Louis XIV* attribué à Mignard.

REINE DE BEAUTÉ « PHOTOSHOPÉE »

Diane de Poitiers peinte par le Primatice apparaît sous les traits d'une femme rondelette, enjolivée selon les canons de beauté de l'époque. Or, elle était très mince et athlétique, elle se baignait quotidiennement dans l'eau glacée de la rivière et préparait elle-même ses crèmes de beauté. Elle était d'une beauté rare et ne faisait pas son âge. Elle avait pourtant 20 ans de plus que son grand amour, Henri II. Ça vous rappelle quelqu'un ?

– ***Les appartements privés :*** ils renferment un bel ensemble de tapisseries des XVIe, XVIIe et XVIIIe s et du mobilier Renaissance. Ne pas manquer la reconstitution provisoire de la chambre de Louise de Lorraine, belle-fille de Catherine de Médicis, et femme d'Henri III. Celle que l'on surnomme la Reine blanche (chez les Valois, on porte le deuil en blanc) vécut son deuil à Chenonceau dans cette chambre peinte en noir aux sombres motifs du deuil : couronnes d'épines, palmes de martyrs, pelles des fossoyeurs. Pas gai !

– ***La galerie Médicis :*** à l'étage de la *Grande Galerie,* elle renferme du mobilier et des tapisseries remarquables, et propose une exposition chronologique retraçant le parcours des 6 femmes qui ont fait de Chenonceau ce site extraordinaire.

– Les ***cuisines,*** immenses, aménagées dans les soubassements reliant les piles du pont, sont équipées, prêtes à être utilisées. Cheminée monumentale et four à pain. On aperçoit la plateforme où accostaient les bateaux qui livraient le ravitaillement.

– ***Les jardins :*** magnifiques, ils s'étendent de part et d'autre de l'entrée du château. *Jardin de Diane de Poitiers,* près de la Chancellerie, en terrasses, décoré d'arabesques et offrant de beaux points de vue ; *jardin de Catherine de Médicis,* propice à la rêverie. On peut aussi visiter les extérieurs de la ***ferme du XVIe s*** (et en profiter pour découvrir l'admirable ***galerie des Attelages,*** qui rassemble de beaux modèles de voitures hippomobiles, principalement du XIXe s), puis le potager des fleurs juste à côté (utilisées par l'atelier floral pour ses compositions), enchaîner avec le ***jardin musical*** (4 carrés renfermant des instruments aux formes étranges), puis le tout nouveau *jardin clos de Russel Page,* inspiré des croquis de ce paysagiste du XIXe s, enrichi des œuvres de François-Xavier Lalanne). Et enfin se balader dans le parc de 70 ha. En bref, on peut y passer la journée !

– Ne manquez pas le splendide ***labyrinthe*** planté dans les bois, à gauche de l'allée arborée qui conduit au château. Au Moyen Âge, les labyrinthes étaient tracés dans la nef des cathédrales. Ils symbolisaient le chemin difficile qui mène au paradis.

– Enfin, la visite serait incomplète sans un petit tour dans les belles ***caves,*** où l'on a aménagé un charmant espace de dégustation et vente.

➢ ***Promenade en barque sur le Cher :*** *juil-août seulement. À partir de 7 € les 30 mn pour 6 pers.*

➢ ***Promenades en canoë autour du château :*** • *canoe-company.fr* • Balades de jour ou de nuit.

LES PLUS BEAUX CHÂTEAUX AUTOUR DE BLOIS – ITINÉRAIRE 30

Spectacles au château

– ***Promenade nocturne :*** *2 w-e mi-juil et mi-août. Entrée : 6 € ; gratuit moins de 7 ans.* Jardins illuminés en musique. À noter qu'un soir de juillet, cette promenade est assortie d'une ***dégustation sous les étoiles,*** événement gourmand et festif qui permet aux amateurs de profiter du cadre magnifique de la galerie du rez-de-chaussée (ouverte exceptionnellement) et des jardins pour découvrir le vignoble touraine-chenonceaux, présenté dans les règles pour l'occasion.

PETITS TRUCS ET ASTUCES POUR ÉVITER LES ABUS ET MAUVAISES SURPRISES

Un routard informé en vaut 2 ! Pour éviter les désagréments en tous genres, il est bon de les connaître. Voici un petit vade-mecum destiné à parer aux coûts et aux coups de bambous.

Bien sûr, nos enquêteurs veillent au grain, et les établissements qui ne répondent plus à nos critères ou abusent sont vite supprimés de nos guides. La réciproque est aussi valable. N'oublions pas que les hôteliers et restaurateurs font un métier difficile. S'ils se doivent de toujours garder le sourire, nous nous devons de les respecter en n'arrivant pas chez eux en terrain conquis.

À L'HÔTEL

1 – Arrhes ou acompte ? : au moment de réserver votre chambre par téléphone – par précaution, toujours confirmer par écrit (ou mail) –, il n'est pas rare que l'hôtelier vous demande de verser à l'avance une certaine somme, celle-ci faisant office de garantie. Il est d'usage de parler d'arrhes (et non d'acompte). Légalement, aucune règle n'en précise le montant. Toutefois, ne versez que des arrhes raisonnables : 25 à 30 % du prix total, sachant qu'***il s'agit d'un engagement définitif sur la réservation*** de la chambre. Cette somme ne pourra donc pas être remboursée en cas d'annulation de la réservation, sauf cas de force majeure qu'il vous faudra justifier (maladie ou accident) ou en accord avec l'hôtelier si l'annulation est faite dans des délais jugés raisonnables. Si, au contraire, l'annulation est le fait de l'hôtelier, il doit vous rembourser le double des arrhes versées. Si vous avez réservé une chambre (sans avoir rien versé) et que vous avez un empêchement, ***passez un coup de téléphone pour annuler,*** c'est la moindre des politesses.

2 – Subordination de vente : les hôteliers ont interdiction de pratiquer la subordination de vente. C'est-à-dire qu'***ils ne peuvent pas vous obliger à réserver plusieurs nuits d'hôtel si vous n'en souhaitez qu'une.*** Dans le même ordre d'idées, on ne peut vous obliger à prendre votre petit déjeuner ou vos repas dans l'hôtel ; ce principe, illégal, est cependant toléré en pratique, surtout en haute saison, dans les zones touristiques, où la demande est bien plus importante que l'offre !

3 – Les réservations en ligne : elles se sont généralisées. Mais voilà, si les centrales de réservation en ligne sont devenues incontournables, elles ne garantissent pas systématiquement de meilleurs prix qu'en direct. En outre, les promesses ne sont pas toujours tenues et l'on constate parfois des dérives, telles que promos bidons, descriptifs exagérés, avis d'internautes truqués... Les hôteliers s'estiment souvent étranglés par les commissions abusives prélevées au passage. ***N'hésitez pas à réserver directement auprès de l'hôtel.*** Aujourd'hui, la plupart alignent leurs prix sur ceux des sites commerciaux. Autre avantage, vous pouvez préciser le type de chambre souhaité (sur rue, sur jardin) et obtenir des renseignements fiables sur l'établissement.

4 – Responsabilité en cas de vol : un hôtelier ne peut en aucun cas dégager sa responsabilité pour des objets volés dans la chambre d'un de ses clients, même si ces objets n'ont pas été mis au coffre. En d'autres termes, les éventuels panonceaux dégageant la responsabilité de l'hôtelier n'ont aucun fondement juridique.

AU RESTO

1 – Les prix : ils sont libres, mais ***l'affichage est obligatoire*** à l'extérieur de l'établissement, de manière visible. Tous les menus doivent être affichés, même le moins cher. Ils doivent être identiques à ceux que l'on vous présente à l'intérieur.

2 – Formule ou menu ? Généralement, la formule est une proposition écourtée comprenant entrée + plat ou plat + dessert. Avec parfois un verre de vin et/ou le café. De fait, elle est moins chère que le menu, en principe complet (entrée + plat + dessert). Très souvent, les formules et les 1ers menus (les moins chers) ne sont ***servis qu'en semaine et/ou seulement au déjeuner,*** et plus rarement avant certaines heures (12h30 et 20h environ). C'est parfaitement légal, à condition toujours que ce soit clairement indiqué sur le panneau extérieur et sur le menu que l'on vous présente une fois installé. Il arrive qu'il disparaisse comme par enchantement (humm, mauvais signe…). Demandez-les, ça ne mange pas de pain.

3 – Attention aux suppléments. Certains menus imposent 3 suppléments pour 5 plats proposés. Cherchez l'erreur !

4 – Le « fait maison » : depuis que la législation existe, pour parer au sous-vide et tout congelé, et parallèlement valoriser le travail de restaurateurs scrupuleux, le « fait maison » (logo d'une casserole surmontée d'un toit de maison avec cheminée) apparaît comme un faire-valoir évident et rassurant. Même s'il ne garantit pas le 100 % maison (la loi est un peu tordue, et il n'y a pas de contrôle), ni la qualité du chef ! Cela dit, ***c'est un bon début.***

5 – La carte en dit long ! Voici, foi d'enquêteur, quelques trucs très simples pour analyser un menu : tout d'abord la ***brièveté de la carte*** est un bon gage de fraîcheur ; quand les produits sont locaux et de saison, c'est encore mieux ! On peut aussi questionner le serveur. Sa franchise (ou son embarras) vous en dira long. Autre indice : si la carte n'est composée que de plats passe-partout dont certains peuvent nécessiter des cuissons très longues (parmentier de canard, suprêmes de volaille en sauce, souris d'agneau, bourguignon...), ce n'est pas forcément bon signe, surtout s'ils sont servis trop rapidement. Même topo avec les desserts bistrotiers type tarte Tatin, mi-cuit ou mousse au chocolat, crème brûlée, panna cotta, tiramisù qui sortent soit du congélateur, soit d'une brique ! Tout comme les mignardises qui accompagnent le café gourmand souvent surfacturé, insipide… et certainement pas « maison ». Un bon chef n'est pas forcément un bon pâtissier. Et il a rarement le temps de préparer 36 desserts ! Enfin, en dehors des zones côtières, on évite les poissons et fruits de mer le lundi… les livraisons ayant rarement lieu le week-end !

6 – Commande jugée insuffisante : sachez qu'il est illégal de pousser le client à la consommation.

7 – *Doggy bag* : la lutte anti-gaspi a du bon ! Si la pratique du *doggy bag* est déjà bien répandue dans certains pays, en France on a longtemps traîné la patte. À partir de juillet 2021, les restaurateurs seront dans l'obligation de proposer à leurs clients ce qu'ils auront laissé dans leur assiette. Dans les faits, certains le pratiquent déjà. Alors, n'hésitez pas à le demander, même si cela n'est pas (encore) dans nos habitudes culturelles.

8 – Eau : une carafe d'***eau du robinet*** est ***gratuite*** à condition qu'elle accompagne un repas. On ne peut pas vous la refuser, sauf si elle est jugée impropre à la consommation par décret. Dans certains restos, on vous l'apporte d'office en guise de bienvenue. Un vrai bon point ! La bouteille d'***eau minérale*** doit, quant à elle, comme le vin, être ouverte devant vous. L'arnaque consiste parfois à proposer d'emblée une eau minérale, facturée au prix fort. À la question du serveur : « … et pour l'eau, plate ou gazeuse ? », vous pouvez répondre : « une carafe, s'il vous plaît ».

9 – Vins (et autres alcools) : la marge la plus importante des restaurateurs ! Et certains en abusent… Au-delà de 2 verres (gare aux prix exorbitants), il peut être plus intéressant de commander une bouteille, quitte à l'emporter en fin de repas si elle n'est pas terminée. Sinon, ne pas hésiter à demander un ***petit vin de pays en pichet,*** l'occasion de découvrir ainsi des petites cuvées locales et bon marché.

les ROUTARDS sur la FRANCE 2021-2022

(dates de parution sur • *routard.com* •)

Découpage de la FRANCE par le ROUTARD

Autres guides sur la France

- Nos meilleurs campings en France
- Nos meilleures chambres d'hôtes en France

Autres guides sur Paris

- Paris
- Paris balades
- Restos et bistrots de Paris
- Le Routard des amoureux à Paris
- Week-ends autour de Paris

Le Routard à vélo

- EuroVelo6
- La Bourgogne du Sud à vélo
- La Flow Vélo
- La Loire à Vélo
- La Vélodyssée (Roscoff-Hendaye)
- Le Canal des 2 mers à vélo
- Paris Île-de-France à vélo
- ViaRhôna
- Les plus belles escapades à Vélo en France

les ROUTARDS sur l'ÉTRANGER 2021-2022

(dates de parution sur • **routard.com** •)

Découpage de l'ESPAGNE par le ROUTARD

Découpage de l'ITALIE par le ROUTARD

Autres pays européens

- Allemagne
- Angleterre, Pays de Galles
- Autriche
- Belgique
- Bulgarie
- Crète
- Croatie
- Danemark, Suède
- Écosse
- Finlande
- Grèce continentale
- Hongrie
- Îles grecques et Athènes
- Irlande
- Islande
- Madère
- Malte
- Norvège
- Pays baltes : Tallinn, Riga, Vilnius
- Pologne
- Portugal
- République tchèque, Slovaquie
- Roumanie
- Suisse

Villes européennes

- Amsterdam
- Berlin
- Bruxelles
- Budapest
- Copenhague
- Dublin
- Lisbonne
- Londres
- Moscou
- Naples
- Porto
- Prague
- Saint-Pétersbourg
- Stockholm
- Vienne

les ROUTARDS sur l'ÉTRANGER 2021-2022

(dates de parution sur • routard.com •)

Découpage des ÉTATS-UNIS par le ROUTARD

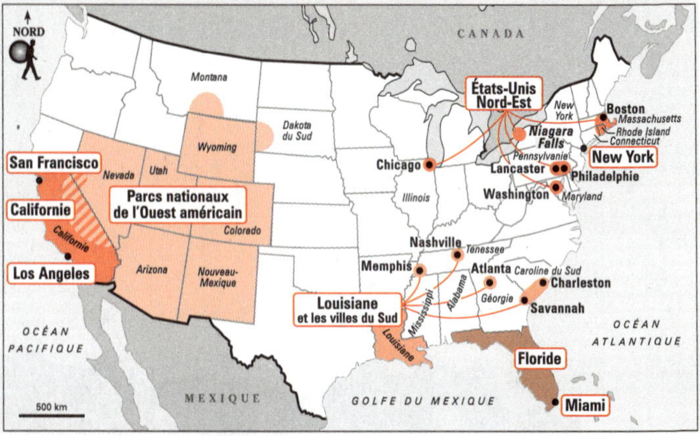

Autres pays d'Amérique

- Argentine
- Brésil
- Canada Ouest
- Chili et île de Pâques
- Colombie
- Costa Rica
- Équateur et les îles Galápagos
- Guatemala, Belize
- Mexique
- Montréal
- Pérou, Bolivie
- Québec et Ontario

Asie et Océanie

- Australie côtes est et nord + Red Centre
- Bali, Lombok
- Bangkok
- Birmanie (Myanmar)
- Cambodge, Laos
- Chine
- Hong Kong, Macao, Canton
- Inde du Nord
- Inde du Sud
- Israël et Palestine
- Istanbul
- Jordanie
- Malaisie, Singapour
- Népal
- Shanghai
- Sri Lanka (Ceylan)
- Thaïlande
- Tokyo, Kyoto et environs
- Turquie
- Vietnam

Afrique

- Afrique du Sud
- Égypte
- Kenya, Tanzanie et Zanzibar
- Maroc
- Marrakech
- Sénégal
- Tunisie

Îles Caraïbes et océan Indien

- Cuba
- Guadeloupe, Saint-Martin, Saint-Barth
- Île Maurice, Rodrigues
- Madagascar
- Martinique
- République dominicaine (Saint-Domingue)
- Réunion

Guides de conversation

- Allemand
- Anglais
- Arabe du Maghreb
- Arabe du Proche-Orient
- Chinois
- Croate
- Espagnol
- Grec
- Italien
- Japonais
- Portugais
- Russe
- G'palémo (conversation par l'image)

Livres-photos/Livres-cadeaux

- La France de Stéphane Bern (**nouveauté**)
- Voyages
- Voyages : États-Unis
- Voyages : France
- Voyages : Italie
- Road Trips Monde
- Road Trips en France (**nouveauté**)
- 120 coins secrets en Europe
- 50 voyages à faire dans sa vie
- 1 200 coups de cœur dans le monde
- 1 200 coups de cœur en France
- 52 week-ends dans les plus belles villes d'Europe
- 52 week-ends coups de cœur en France
- 52 escapades nature en France (**nouveauté**)
- Cahier de vacances du Routard

DÉCOUVREZ
EUROVELO 6
Bourgogne - Franche-Comté
avec Le Routard
EuroVelo 6
Bourgogne-Franche-Comté
Le Routard
DE BÂLE À NEVERS
routard.com
14,90 €
UN GUIDE ILLUSTRÉ TOUT EN COULEURS
7
itinéraires
34
étapes
1 300 km
de voies cyclables
ET TOUS LES BONS PLANS DU ROUTARD

Nous tenons à remercier tout particulièrement Loup-Maëlle Besançon, Thierry Bessou, Gérard Bouchu, François Chauvin, Grégory Dalex, Fabrice Doumergue, Cédric Fischer, Carole Fouque, Nicolas George, Michelle Georget, David Giason, Claude Hervé-Bazin, Emmanuel Juste, Dimitri Lefèvre, Fabrice de Lestang, Romain Meynier, Éric Milet, Pierre Mitrano, Jean-Sébastien Petitdemange, Thomas Rivallain et Jean Tiffon pour leur collaboration régulière.

Brice Andlauer
Jean-Jacques Bordier-Chêne
Agnès Debiage
Coralie Delvigne
Jérôme Denoix
Tovi et Ahmet Diler
Clélie Dudon
Sophie Duval
Alain Fisch
Bérénice Glanger
Adrien et Clément Gloaguen
Sébastien Jauffret
Alexia Kaffès
Augustin Langlade
Jacques Lemoine
Aline Morand
Louis Nagot
Caroline Ollion
Martine Partrat
Odile Paugam et Didier Jehanno
Céline Ruaux
Prakit Saiporn
Nejma Tahri Hassani
Alice Tonasso
Caroline Vallano

Direction : Sidonie Chollet
Direction éditoriale : Élise Ernest
Édition : Matthieu Devaux, Olga Krokhina, Gia-Quy Tran, Julie Dupré, Emmanuelle Michon, Pauline Janssens, Amélie Ramond, Margaux Lefebvre, Julie Wood et Ionah Vasseur
Ont également collaboré : Marie Sanson, Marie Gosset et Moca Popovska
Cartographie : Frédéric Clémençon et Aurélie Huot
Contrôle de gestion : Jérôme Boulingre et Yannis Villeneuve
Secrétariat : Catherine Maîtrepierre
Fabrication : Nathalie Lautout et Audrey Detournay
Relations presse : COM'PROD, Fred Papet. ☎ 01-70-69-04-69.
• *info@comprod.fr* •, Martine Levens (Belgique) et Maureen Browne (Suisse)
Illustration : Anne-Sophie de Précourt
Direction marketing : Stéphanie Parisot, Élodie Darty et Charlotte Brou
Couverture : le-bureau-des-affaires-graphiques.com
Silhouette du Routard : Clément Gloaguen (d'après Solé)
Maquette intérieure : le-bureau-des-affaires-graphiques.com, Thibault Reumaux et npeg.fr
Contact Partenariats : Jérôme Denoix • *jeromedenoix@gmail.com* •
Contact Partenariats et régie publicitaire : Florence Brunel-Jars
• *fbrunel@hachette-livre.fr* •

Pour que votre pub voyage autant que nos lecteurs,
contactez nos régies publicitaires :
• *fbrunel@hachette-livre.fr* •
• *veronique@routard.com* •

INDEX GÉNÉRAL

LISTE DES CARTES ET PLANS

UNE PANDÉMIE INOUÏE !

Depuis toujours, ***Le Routard* se plaît à dénicher hôteliers et restaurateurs** qui accueillent nos lecteurs avec sourire et professionnalisme. Malgré toute notre vigilance, certains d'entre eux auront malheureusement fermé quand ce livre sortira. De même, les horaires et modalités d'accueil de certains sites et musées auront été momentanément modifiés. Cette terrible **pandémie de Coronavirus** a, on le sait, des conséquences importantes pour tous les professionnels du tourisme. **Nous sommes de tout cœur avec eux !**

Remarque importante aux hôteliers et restaurateurs

Les enquêteurs du *Routard* travaillent dans le plus strict anonymat. Aucune réduction, aucun avantage quelconque, aucune rétribution n'est jamais demandé en contrepartie. Face aux aigrefins, la loi autorise les hôteliers et restaurateurs à porter plainte.

Avis aux lecteurs

Le Routard, ce n'est pas comme le bon vin, il vieillit mal. On ne veut pas pousser à la consommation, mais évitez de partir avec une édition ancienne. Les modifications sont souvent importantes.

Les réductions accordées à nos lecteurs ne sont jamais demandées par nos rédacteurs afin de préserver leur indépendance. Les hôteliers et restaurateurs sont sollicités par une société de mailing, totalement indépendante de la rédaction, qui reste donc libre de ses choix. De même pour les autocollants et plaques émaillées.

Avec routard.com, choisissez, organisez, réservez et partagez vos voyages !

✓ Rejoignez la plus grande communauté francophone de voyageurs : **plusieurs millions d'internautes.**

✓ Échangez avec les routarnautes : forums, photos, avis d'hôtels.

✓ Retrouvez aussi toutes les informations actualisées pour choisir et préparer vos voyages : près de 300 guides destinations, une centaine de dossiers pratiques et un magazine en ligne pour découvrir tous les secrets de votre destination.

✓ Enfin, comparez les offres pour organiser et réserver votre voyage au meilleur prix.

Les **Routards** *parlent aux* **Routards**

Faites-nous part de vos expériences, de vos découvertes, de vos tuyaux et de vos coups de cœur. Aidez-nous à remettre l'ouvrage à jour. Indiquez-nous les renseignements périmés. Faites profiter les autres de vos adresses nouvelles, combines géniales... On adresse un exemplaire gratuit de la prochaine édition à ceux qui nous envoient les meilleurs courriers, pour la qualité et la pertinence des informations.

Quelques conseils cependant:

– Envoyez-nous votre courrier le plus tôt possible afin que l'on puisse insérer vos tuyaux sur la prochaine édition.

– N'oubliez pas de préciser l'ouvrage que vous désirez recevoir, ainsi que votre adresse postale.

– Vérifiez que vos remarques concernent l'édition en cours et notez les pages du guide concernées par vos observations.

– Quand vous indiquez des hôtels ou des restaurants, pensez à signaler leur adresse précise et, pour les grandes villes, les moyens de transport pour y aller.

Si vous le pouvez, joignez la carte de visite de l'hôtel ou du resto décrit.

En tout état de cause, merci pour vos nombreux mails.

122, rue du Moulin-des-Prés, 75013 Paris

• guide@routard.com • routard.com •

Routard Assurance *2021*

Enrichie au fil des années par les retours des lecteurs, *Routard Assurance* reste l'assurance voyage référence des globe-trotters. Tout y est inclus, même la **Covid** : frais médicaux, assistance rapatriement, bagages, responsabilité civile... Avant votre départ, appelez *AVI* pour un conseil personnalisé. Besoin d'une **attestation Covid**, d'un avis médical, d'une prise en charge dans un hôpital ? Téléchargez l'appli mobile *AVI International* pour garder le contact avec *AVI Assistance* et disposer d'un vaste réseau médical à travers le monde. *AVI Assistance* est disponible 24h/24 pour une réponse en temps réel. De simples frais de santé en voyage ? Envoyez les factures à *AVI* dès votre retour, ils vous remboursent sous une semaine. *Le Colisée Gardens, 10 avenue de l'Arche, CS 70126, 92419 Courbevoie Cedex. ☎ 01-44-63-51-00. • avi-international.com • Ⓜ La Défense.*

Édité par Hachette Livre (58, rue Jean-Bleuzen, CS 70007, 92178 Vanves Cedex, France)
Photocomposé par Jouve (1, rue du Docteur Sauvé, 53100 Mayenne, France)
Imprimé par Lego SPA Plant (via Galileo Galilei, 11, 38015 Lavis, Italie)
Achevé d'imprimer : avril 2021
Collection n° 15 - Édition n° 01
38/3320/1
I.S.B.N. 978-2-01-713066-6
Dépôt légal : avril 2021

PAPIER À BASE DE FIBRES CERTIFIÉES